Lehr- und Handbücher der
Soziologie

Herausgegeben von Dr. Arno Mohr

Bisher erschienene Werke:

Helle, Verstehende Soziologie
Maindok, Einführung in die Soziologie
Mikl-Horke, Historische Soziologie der Wirtschaft

Historische Soziologie der Wirtschaft

Wirtschaft und Wirtschaftsdenken in Geschichte und Gegenwart

Von
Universitätsprofessorin
Dr. Gertraude Mikl-Horke

R. Oldenbourg Verlag München Wien

Die Deutsche Bibliothek - CIP-Einheitsaufnahme

Mikl-Horke, Gertraude:
Historische Soziologie der Wirtschaft : Wirtschaft und Wirtschaftsdenken in Geschichte und Gegenwart / von Gertraude Mikl-Horke. – 1. Aufl. – München ; Wien : Oldenbourg, 1999
(Lehr- und Handbücher der Soziologie)
ISBN 3-486-24007-2

Rosenheimer Straße 145, D-81671 München
Telefon: (089) 45051-0, Internet: http://www.oldenbourg.de

Gedruckt auf säure- und chlorfreiem Papier
Gesamtherstellung: R. Oldenbourg Graphische Betriebe GmbH, München

ISBN 3-486-24007-2

Inhaltsverzeichnis

Vorwort

Seit vielen Jahren beschäftigt mich die Frage der historischen Voraussetzungen und Folgen der Sozialwissenschaften und der Soziologie im besonderen. Da ich auf Grund meines Studiums und meiner akademischen Lehrtätigkeit viel mit Wirtschaft und Wirtschaftswissenschaften zu tun habe, war es daher naheliegend, daß ich mich auch der Frage nach den historisch-sozialen Grundlagen des Wirtschaftsdenkens zuwandte. Dieses Vorhaben, an dem ich vor etwa acht Jahren mit ersten "Ausflügen" in die Wirtschaftswelt der Vergangenheit zu arbeiten begonnen habe, bedingte massive "Grenzüberschreitungen" in die Historie und die Ökonomie. Dabei konnten selbstverständlich nicht alle Aspekte, die vielleicht aus der Sicht von Vertretern dieser Wissenschaften wichtig gewesen wären, berücksichtigt werden, so daß Auslassungen und ungleiche Gewichtungen der Darstellung in einzelnen Bereichen nicht auszuschließen sind. Sie mußten angesichts der zahlreichen Ebenen und Bezüge, die die Problemstellungen berühren, in manchen Fällen bewußt in Kauf genommen werden, um den Umfang des Werkes nicht übermäßig auszudehnen.

Das Buch entstand schließlich in der Form, wie sie hier vorliegt, auf Grund der wertvollen Hilfe von Frau Mag. Monika Lach bei der Textkorrektur und der bibliographischen Aufbereitung, besonders aber der unendlichen Geduld von Frau Gertrude Holzmann beim Schreiben der immer wieder abgeänderten Manuskriptentwürfe. Ich bin beiden zu großem Dank verpflichtet, weise aber darauf hin, daß Fehler welcher Art auch immer, in meiner Verantwortung liegen. Für eine finanzielle Unterstützung in bezug auf die Teile, die sich mit der Wirtschaftssoziologie in Österreich befassen, danke ich dem Jubiläumsfonds der Österreichischen Nationalbank.

Gertraude Mikl-Horke

Einführung

> "The first step we must make if we wish to understand our world is radically to reject any and all distinction between history and social science, and to recognize that we are part of a single discipline of study: the study of human societies as they have historically evolved. There are no generalizations that are not historically time bound, because there are no systems and no structures that are unchanging. And there is no set or sequence of social events that is comprehensible without reference to a theoretical construct whose function is to create meaning out of reality."[1]

Das obige Zitat umreißt eine grundlegende Einstellung und methodische Perspektive, die auch die folgenden Ausführungen bestimmt haben. In der vorliegenden Studie geht es nicht um die Konstruktion einer Soziologie der Wirtschaft, wenn man darunter die nicht hinterfragte allgemeine Anwendung disziplinkonventioneller Theorien, Begriffe und Methoden meint. Theorie wird hier als Element einer als unteilbar verstandenen Realität gesehen, sie wird durch diese beeinflußt, reagiert auf sie und verändert sie auch. Über die professionellen Netzwerke und akademischen Institutionen hinaus wird keine Systemhaftigkeit der Wissenschaft angenommen. Die Ablösung eines disziplininternen Diskurses von den soziohistorischen Prozessen seiner Zeit und Kultur führt zur Verdinglichung von Problemstellungen und Denkweisen, die dann in verschiedenen Formulierungen wie Bälle hin und her gespielt werden. Diese Art des Wissenschaftsbetriebs scheint mir nicht sinnvoll zu sein. Auch wird dabei allzu leicht übersehen, daß diese Sprachhülsen von ihren sachlichen Ursprüngen her eng mit den Voraussetzungen der europäischen Moderne verbunden sind, ja dafür geschaffen wurden, nur die "modernen" Aspekte der europäisch-amerikanischen Zivilisation zu erfassen. Zwar enthalten alle unsere Aussagen über die Wirklichkeit schon Theorien bzw. gedankliche Voraussetzungen, aber zeit- und raumgebundene Perspektivität sollte zumindest explizit gemacht werden. Ich habe daher versucht, dem "Gefängnis der Gegenwart"[2] und seinen Denkzwängen, soweit das möglich ist, zu entfliehen und Distanz zu gewin-

1 Immanuel Wallerstein, The Capitalist World-Economy, Cambridge-Paris 1995 (urspr. 1979), S. 133/134.

2 Agnes Heller, Von einer Hermeneutik in den Sozialwissenschaften zu einer Hermeneutik der Sozialwissenschaften, in: Kölner Zeitschrift für Soziologie und Sozialpsychologie 39/1987, S. 425-451, S. 426.

nen zur eigenen Zeit, Kultur und auch zu den Denk- und Sprachformen der "Wissenschaft als Beruf".

Hier wird selbstverständlich auch keine Wirtschaftsgeschichte oder Sozialgeschichte der Wirtschaft vorgelegt, obwohl historische Bezüge einen großen Raum einnehmen. Aber abgesehen davon, daß solches für eine Nicht-Historikerin vermessen wäre, ist es auch nicht die Suche nach neuen historischen Erkenntnissen aus dem Aufspüren und der Deutung der Quellen, die diese Arbeit motivierte, sondern die Absicht, einen historisch orientierten Blick auf die Entwicklung und die Zusammenhänge von Wirtschaft, Gesellschaft und Wirtschaftsdenken zu werfen, um eine von den Denkkonventionen der Moderne und insbesondere der modernen Sozialwissenschaft nicht vorweg eingeschränkte Sicht auf diese Problembereiche zu erhalten. In den folgenden Ausführungen sind drei Dimensionen, mit jeweils ihren eigenen Fragestellungen, miteinander verbunden:

Eine erste Dimension betrifft die Beziehung von Wirtschaft und sozialem Kontext. Dazu gibt es theoretische Bezüge in großer Zahl, die Traditionen im Rahmen des soziologischen Diskurses gebildet haben. Die Frage der Priorität von materiellen oder soziokulturell-geistigen Faktoren in bezug auf Veränderungen des gesamten Sozialsystems ist ein ehrwürdiger Bestandteil sozialwissenschaftlicher Diskurstradition, die mit Hilfe von zyklischen, dialektischen oder evolutionistischen Theorien und Stufen- oder Phasenmodellen operierte. Karl Marx unterschied auf der Basis eines weit gefaßten Begriffs von Produktion eine Reihe von differenten "Produktionsweisen"[3], die als Organisationsformen menschlicher Produktion nach Maßgabe der zugrundeliegenden Verhältnisse von Eigentum und Arbeit auch überhistorische Geltung besitzen und immanente Bewegungsgesetze aufweisen sollen. Kritisch kann man dazu einwenden, daß die ganze Geschichte aus der Rückwärtsprojektion von der bürgerlichen Gesellschaft her gedeutet wird und daher Denkvoraussetzun-

3 Karl Marx, Grundrisse der Kritik der Politischen Ökonomie, 2. Aufl., Berlin 1974. Er unterschied zwischen der primitiven, kommunitären Produktionsweise, wobei er weitgehend Morgans Typisierung eines Ur-Kommunismus folgte (siehe: Lewis Henry Morgan, Ancient Society, New York 1877), der Produktionsweise der Sklavenhaltergesellschaften der europäischen Antike, der feudalen und der kapitalistischen Produktionsweise. Als Zwischenformation nennen Marx und Engels einerseits die archaische, patriarchalische Produktionsweise mit Stammeseigentum, die bäuerliche der frühen Germanen und der Slawen und die "asiatische" Produktionsweise als erste der progressiven ökonomischen Gesellschaftsformationen.

gen des 19. Jahrhunderts auf frühere Epochen übertragen werden.[4] Hingegen ist positiv hervorzuheben, daß für Marx die Verbindung zwischen Produktionskräften und Produktionsverhältnissen, und damit einerseits die Eigentumsformen und andererseits die jeweiligen Kombinationen von Natur, Wirtschaft und Gesellschaft als politisch-ökonomische Aneignungs- und Verteilungsverhältnisse, wichtig war. Gesellschaftsstruktur und Wirtschaftsweise sind in dieser Sicht eine begriffliche Einheit, eine historische Totalität. Andere Auffassungen betonten die Rolle der Ideen für die wirtschaftliche Entwicklung. So sprach Werner Sombart von der Wirtschaftsgesinnung[5], während Max Weber die praktischen Antriebe zum Handeln darstellte, die in den Religionen angelegt sind. Aber er sah auch, daß "[...] Wirtschaftsethik [...] keine einfache 'Funktion' wirtschaftlicher Organisationsformen [ist], ebensowenig wie sie umgekehrt diese eindeutig aus sich herausprägt".[6] Marshall Sahlins sieht das Besondere des Menschen darin, seiner Umwelt und seinen Lebensumständen Bedeutung zuzuschreiben und dadurch vielfältige Kulturen zu entwickeln; die moderne Wirtschaft differiere von vormodernen nur dadurch, daß statt Mythos und Religion Politik und Wissenschaft die Deutungen liefern.[7]

Hinsichtlich der Beziehungen zwischen Wirtschaftsweise und dem Wandel der sozialen Strukturen sind die älteren Stufentheorien[8] durch evolutionistische Auffassungen einer endogenen Evolution von "Gesellschaften" abgelöst worden.[9] In bezug

4 Letztlich ging es um die Begründung und wissenschaftliche Voraussage der Herausbildung des Kommunismus als der nächsten notwendigen Stufe der Gesellschaftsformation. Die Unterscheidung von ökonomischen Produktionsverhältnissen und soziokulturellem Überbau selbst reflektiert bestimmte historische Zustände und deren Bewußtwerdung im 19. Jahrhundert. Die materialistische Interpretation von Gesellschaft und Kultur drückt die Überzeugung von der politisch-ökonomischen Bestimmtheit der Lebenschancen und der Ohnmacht der dies nicht berücksichtigenden Ideen aus, wie sie zur Zeit von Karl Marx durchaus naheliegen konnte.

5 Werner Sombart, Der moderne Kapitalismus, 2 Bde., 5. Aufl., München-Leipzig 1922.

6 Max Weber, Die Wirtschaftsethik der Weltreligionen Teil 1, Konfuzianismus und Taoismus, Bd. 19 der Gesamtausgabe (hg. v. H. Schmidt-Glintzer), Tübingen 1989, S. 85.

7 Marshall Sahlins, Kultur und praktische Vernunft, Frankfurt/Main 1981 (urspr. am. 1976).

8 Etwa die von Karl Bücher, der die Stufen der Hauswirtschaft, der Stadtwirtschaft und der Volkswirtschaft unterschied. Karl Bücher, Die Entstehung der Volkswirtschaft, Tübingen 1893.

9 Z. B. bei: Allen W. Johnson/Timothy Earle, The Evolution of Human Societies, Los Angeles-Cal. 1987. Die Argumentation ist in etwa wie folgt: Die ursprünglich relativ egalitär und segmentär organisierten Gesellschaften der Sammler und

auf moderne, komplexe Gesellschaften ist dann auf die funktionalistische Systemtheorie und die Betonung der Prozesse der Ausdifferenzierung und Integration von Herbert Spencer bis Talcott Parsons hinzuweisen.[10] Dabei werden die Unterschiede zwischen der modernen und der vormodernen Wirtschaft, die allerdings unter dem Aspekt der sich endogen wandelnden Gesellschaft als System gesehen wird, besonders betont. Auf die Unterschiede zwischen vormodernen und modernen Wirtschaften wies auch Karl Polanyi hin. Er ging von der Annahme der "Einbettung" vormoderner Gesellschaften in Verwandtschafts- und Staatsstrukturen aus und stellte deren Dominanz gegenüber individuellen Marktbeziehungen fest. Damit einher ging die Auffassung von der starken Gemeinschaftsorientierung in vormodernen Gesellschaften, in denen die wirtschaftlichen Interessen des einzelnen zugunsten der Aufrechterhaltung der gesellschaftlichen Bindungen zurückgestellt würden.[11] Die Wirtschaftsformen in den vormodernen Gesellschaften sah er durch Reziprozität und zentral gelenkte Redistribution neben der Hauswirtschaft bestimmt.[12] Begriffe wie "Einbettung" und "Ausdifferenzierung" der Wirtschaft sind zu Schlagwörtern geworden, und die Sichtweise, die vormoderne und moderne Wirtschaften geradezu als Gegensätze zeichnet, ist noch immer weit verbreitet.

Hier wird die prinzipielle Unterscheidung zwischen vormodernen und modernen Wirtschaften kritisch gesehen. Sie entsprach ursprünglich dem Bemühen europäischer Sozialdenker und Ökonomen, die Besonderheit und meist auch die Überlegenheit "westlicher" Gesellschaft, Wirtschaft und Wissenschaft hervorzuheben. Man neigte daher dazu, die Unterschiede allzu stark zu betonen und Gegensätze grundlegender Art zu konstruieren. Die Kritik in bezug auf die Interpretation vormoderner Wirtschaften betrifft zum einen das Denken in "Gesellschaften" oder "Systemen", sozialen Einheiten, die sich aus sich heraus, also endogen "entwickeln", und zum anderen die starke Betonung anderer als marktbezogener Strukturprinzi-

Jäger hatten sich durch Stärkung der Führungsfunktion zu sogenannten Häuptlingssystemen, die meist in Hirtengesellschaften auftraten, entwickelt. Unter bestimmten Voraussetzungen kam es dann in manchen Fällen zu zentralisierteren Formen der Herrschaft. Dies hatte vor allem mit dem Streben nach weiterem Anbau- oder Weideland zur Versorgung des Stammes zu tun, konnte aber nur dann zur Expansion führen, wenn die (Kriegs)-Führungsfunktion gestärkt wurde, was wieder zu sozialer Zentralisierung der Gesellschaft führen konnte.

10 Herbert Spencer, The Principles of Sociology, 3 Bde., London-Edinburgh 1876-1897; Talcott Parsons, Gesellschaften, Frankfurt/Main 1975 (urspr. am. 1966).

11 Karl Polanyi, The Great Transformation. Politische und ökonomische Ursprünge von Gesellschaften und Wirtschaftssystemen, Wien 1977 (urspr. engl. 1944), S.69.

12 Karl Polanyi, Societies and Economic Systems (1944), in: George Dalton (ed.), Primitive, Archaic and Modern Economies, Boston-Mass. 1971, S. 3-25.

pien in vormodernen Wirtschaften. Darüber hinaus geht es ganz einfach um die Frage, was "gesellschaftlich" und "wirtschaftlich" im einzelnen und innerhalb der konkreten Strukturen, Institutionen und Ereignisse der verschiedenen Zeiten und Kulturen, der Völker, Reiche und Staaten bedeutete und wie diese zusammenhingen. Eine Schwäche des Denkens in Begriffen von "Gesellschaft" und "Wirtschaft" scheint nur über deren Kontextabhängigkeit hinaus die noch immer geläufige Ausklammerung der Dimension der Emergenz zu sein. Um sie als "strukturierende Strukturen"[13] erfassen zu können, ist es aber notwendig, Emergenz nicht als quasinatürliche Eigenschaft von "Systemen" zu verstehen, sondern sie durch Bezüge auf "politische Interessenskonstellationen und Intentionen zu konkretisieren.

Eine zweite Dimension, die sich durch die gesamte Studie zieht, ist die der Beziehung zwischen "Wirtschaft" im Sinne der sozioökonomischen Verhältnisse und Praktiken einerseits und dem Wirtschaftsdenken andererseits. In bezug auf die "vormodernen" Wirtschaften wird häufig von der Annahme des Fehlens oder des Mangels an Rationalität des Wirtschaftshandelns und -denkens ausgegangen und dabei ein enger, an ökonomischem Kosten/Nutzendenken orientierter Vernunftbegriff zugrundegelegt. Karl Polanyi[14] untersuchte die Zusammenhänge zwischen Wirtschaft und Wirtschaftsdenken in primitiven und historischen Gesellschaften und gelangte zu vielen höchst interessanten Einsichten. Aber der richtigen Einsicht, wonach moderne Begrifflichkeiten nicht auf vormoderne Wirklichkeiten übertragen werden können, fügte er die Überzeugung hinzu, daß die Nationalökonomie die Wirklichkeit der modernen Marktwirtschaften wiedergäbe. Er schloß daraus, daß daher in der modernen Gesellschaft Wirtschaft und Ökonomie deckungsgleich geworden seien, oder anders ausgedrückt: daß Sach- und Formalbedeutung der Wirtschaft zusammenfielen. Das beruht auf der Unterscheidung von zwei Definitionen von "Wirtschaft": "In seiner sachlich-materiellen Bedeutung ist das Wort 'wirtschaftlich' von der Abhängigkeit hergeleitet, in welcher wir Menschen in bezug auf unseren Lebensunterhalt von Natur und Mitmensch stehen. In seiner formal-logischen Bedeutung leitet sich 'wirtschaftlich' aus dem Charakter der Zweck-Mittel-Beziehung ab, wie in 'Wirtschaftlichkeit' im Sinne von Sparsamkeit. Die Grundsituation ist die einer Wahl zwischen verschiedenen Verwendungsmöglichkeiten von Mitteln [...]. Den Inbegriff wahlbestimmter Normen wollen wir hier als Logik des rationa-

13 Vgl. die Ansätze in dieser Richtung: Pierre Bourdieu, Entwurf einer Theorie der Praxis, Frankfurt/Main 1976 (urspr. frz. 1972); Anthony Giddens, The Constitution of Society, Cambridge 1984.

14 Karl Polanyi, Ökonomie und Gesellschaft, Frankfurt/Main 1979, S. 209-218.

len Handelns bezeichnen [...]."[15] Polanyi bestritt daher die Relevanz der Formalökonomie für nicht-moderne Wirtschaften[16], schloß aber auch, daß die Gesellschaften, die keine Formalökonomie hervorbrachten, daher nicht nur keine Marktwirtschaften seien, sondern nicht einmal Markthandel im eigentlichen Sinn aufwiesen und auch kein individuell-rationales Denken, sondern nur ein kollektivitäts- und versorgungsorientiertes Denken.

Demgegenüber hat Max Weber zwar einerseits den Rationalisierungsprozeß der abendländischen Kultur hervorgehoben, aber gleichzeitig darauf hingewiesen, daß Handeln und damit auch wirtschaftliches Handeln immer Bewertungen impliziert. Er unterschied zwischen der formalen und der materialen Rationalität des Wirtschaftens, erstere ist das "Maß der im technisch möglichen und [...] wirklich angewendeten Rechnung", während materiale Rationalität als Grad der Versorgung einer gegebenen Menschengruppe mit Gütern durch "die Art eines wirtschaftlich orientierten sozialen Handelns [...] unter dem Gesichtspunkt bestimmter (wie immer gearteter) wertender Postulate"[17] definiert wird. Der Begriff der materialen Rationalität bezieht sich daher sowohl auf moderne als auch auf vormoderne Wirtschaft. Auch hat Max Weber zwischen dem zweckrationalen und dem wertrationalen Handeln als idealtypische Ausprägungen menschlichen Handelns unterschieden. In jeder Gesellschaft gibt es daher auch eine Dimension der Wirtschaftsethik, d. h. eine Beziehung zwischen Werten und Wirtschaft, so daß letztere nicht nur unter dem Aspekt rationaler Wahl und auch nicht von der Warte des einzelnen Wirtschaftssubjekts aus gesehen wird.

Das abendländische Selbstbewußtsein hat die Jahrtausende vor dem 17. und 18. Jahrhundert unserer Zeitrechnung als Vorbereitung auf den Höhepunkt der zivilisatorischen Entwicklung und der menschlichen Vernunft gezeichnet. Die moderne Ökonomie wurde zum Ausdruck von Rationalität schlechthin und diese zum "obersten Wert europäischer Zivilisation".[18] Dabei ging allerdings die Verbindung zu

15 Ebd., S. 209/210.

16 Darin sind zwei Problemdimensionen enthalten: zum einen die Interpretation der Formalökonomie als Produkt der ökonomisch-kulturellen Bedingungen der modernen europäischen Wirtschaft, die zweifellos richtig ist, zum anderen aber die Frage, ob es zulässig ist, deren Begriffe und Theorien auf andere Wirtschaften anzuwenden.

17 Max Weber, Wirtschaft und Gesellschaft, 5. Aufl., Tübingen 1985 (urspr. 1922), S.44.

18 Hartmut Böhme/Gernot Böhme (Hg.), Das Andere der Vernunft. Zur Entwicklung von Rationalitätsstrukturen am Beispiel Kants, Frankfurt/Main 1985, S. 10.

den Werten verloren und ökonomische Rationalität wurde nicht nur selbst zum Wert, sondern zum Maßstab für die Beurteilung der Logik oder Vernunftgemäßheit menschlichen Handelns. Vilfredo Pareto hat darauf verwiesen, daß der Begriff "Rationalisierung" sehr vielfältige Bedeutungsdimensionen enthält. Er kann einen Prozeß auf der Ebene des Denkens und/oder Handelns bezeichnen, für den charakteristisch ist, daß intellektuelle, logische Aspekte in den Vordergrund treten und einen Prozeß auf der praktischen Ebene, der durch eine stärkere Beachtung der Zweck-Mittel- bzw. der Kosten-Ertrags-Verhältnisse bestimmt ist. Darüber hinaus führt die Reflexion über diese Prozesse auch zu einer Präferenz für Rationalität, die selbst nicht rational begründet ist. Die Menschen möchten, daß ihr Denken, ihre Aussagen, ihr Handeln als rational gelten, und interpretieren daher ihre Handlungen nachträglich im Sinne der logischen Verknüpfung von Zwecken und Mitteln.[19] Der Rationalisierungsprozeß verselbständigt sich dadurch und bringt ein Auseinanderklaffen von Aussagen und Realität mit sich. Dieser wird geradezu ein konstitutives Merkmal der Moderne, was wiederum dazu führt, daß andere Gesellschaften in bezug auf das vorherrschende Handeln differentiell interpretiert werden. Wichtig erscheint mir in diesem Zusammenhang auch Marshall Sahlins' Feststellung, daß kaum eine andere Kultur solch einen starken symbolischen Kosmos geschaffen habe wie die moderne Marktwirtschaft. Er fragt daher: "[...] worin besteht dann die 'Einzigartigkeit' der westlichen 'Zivilisation'? Vielleicht hauptsächlich nur in der Illusion, daß sie anders sei, daß die Ökonomie und die Gesellschaft pragmatischen Prinzipien gehorchen."[20] Gerade die Zuschreibung von Eigendynamik und Marktlogik verweist auf die starke symbolische Dimension der kapitalistischen Marktwirtschaft, die allerdings in Form von Ökonomie statt in Form von Verwandtschaft und Religion aufscheint.

Kulturanthropologen haben immer wieder auf die Rationalität des wirtschaftlichen Handelns der vormodernen Völker hingewiesen, die sich allerdings von der in modernen Gesellschaften vorherrschenden unterscheide. Ernest Gellner hat das vormoderne Denken "multidimensional" genannt.[21] Die Mehrdimensionalität des Denkens impliziert eine mehrdimensionale Rationalität, die Aufrechnung von Aspekten der sozialen Geltung, der materiellen Sicherheit, der emotionalen Balance und der politischen Macht gegeneinander. Gellner sieht die Zentralisierung des Rituals,

19 Vilfredo Pareto, Allgemeine Soziologie, Tübingen 1955 (urspr. it. 1916).

20 Marshall Sahlins, Kultur und praktische Vernunft, Frankfurt/Main 1981 (urspr. am. 1976), S. 295.

21 Ernest Gellner, Pflug, Schwert und Buch. Grundlinien der Menschheitsgeschichte, Stuttgart 1990.

die Entstehung einer einheitlichen Geistlichkeit, die Mathematisierung der Natur und die monotheistische Religiosität als bestimmend für den Übergang von mehrdimensionalem zu eindimensionalem Denken an. Auch Maurice Godelier[22] betrachtet das Denken der einfach strukturierten Völker als rational, aber es ist eine andere Rationalität, weil sie auch religiöse Elemente und die soziale Organisation miteinbezieht.

Die Vorstellungen von Natur und Gesellschaft beeinflussen das Handeln und damit auch die Wirtschaftsweise als die strategische Beziehung des Menschen und seiner Gesellschaft zur Umwelt. Diese Vorstellungen sind aber ihrerseits von den Lebenserfahrungen und Milieubedingungen abhängig. Wirtschaft war zu allen Zeiten durch zwei mögliche Zielorientierungen bestimmt und resultierte in zwei sozialen "Gesichtern" der Wirtschaft: Zum einen geht es um Versorgung und Existenzerhaltung, wobei dies in der Regel die jeweilige Gruppe insgesamt und nur im Ausnahmefall das einzelne Individuum allein betrifft. Zum anderen aber spielt auch die Vorteilsgewinnung, der Reichtumserwerb der einen, wenn nötig zu Lasten der anderen, eine Rolle. Das eine Prinzip der Wirtschaft ist in sozialer Hinsicht gekennzeichnet durch die Merkmale der Inklusion und der Kooperation, das andere durch Exklusion und Konkurrenz. Beide Beweggründe des Wirtschaftens sind mit der menschlichen Existenz und dem sozialen Leben der Menschen eng verbunden, sie schließen einander auch in bezug auf konkrete Situationen nicht aus. Die Beziehung von Wirtschaft und Wertvorstellungen war immer eine enge, denn die Ethik hatte ihre Begründung über die Menschheitsgeschichte hinweg vor allem in dem Streben der Menschen nach "dem guten Leben" und nach "gerechter" Aufteilung der Mittel dafür und der Erträge daraus.[23] Sie verband sich daher durchaus selbstverständlich mit Politik, Ökonomie und Religion bis zur Ersetzung des Verständnisses von Wirtschaft als praktischem, sozialem Prozeß durch die moderne Ökonomie, die daranging, die Wirtschaft als rationales Unterfangen mit grundsätzlich positiven Zielen und selbsttätiger Kontrolle im Sinne des Gemeinwohls aufzufassen. Von da an öffnete sich eine Kluft zwischen Ethik und Wirtschaft, die gleichbedeu-

22 Maurice Godelier, Natur, Arbeit und Geschichte, Hamburg 1990 (urspr. frz. 1984).

23 Vgl. die Studien zur Bedeutung der aristotelischen Ethik für die Wirtschaft, etwa: Günther Bien, Die aktuelle Bedeutung der ökonomischen Theorie des Aristoteles, in: Bernd Biervert/Klaus Held/Josef Wieland (Hg.), Sozialphilosophische Grundlagen ökonomischen Handelns, Frankfurt/Main 1990, S. 33-64; oder: Annemarie Pieper, Ethik und Ökonomie. Historische und systematische Aspekte ihrer Beziehung, in: Bernd Biervert/Klaus Held/Josef Wieland (Hg.), op. cit., S.86-101.

tend wurde mit der zwischen Soziabilität und Individualität.[24] Erst eine radikale Umdeutung von Ethik führte zu deren Identsetzung mit Ökonomie im Utilitarismus. Damit wurde die Wirtschaft als rationale Praxis und Logik selbst zum Wert.

Die Relation von Wirtschaft und Wirtschaftsdenken wird hier als eine der Wechselwirkung verstanden, wobei die sachbezogenen Inhalte im Vordergrund stehen. Dahinter muß man sich diejenigen Prozesse denken, die bestimmte Denkweisen, Ideen und Theorien entstehen lassen. Diese konstituieren sich einerseits aus Gegebenheiten, die sich auf den "Autor" beziehen: seine soziale und ökonomische Stellung, seinen biographischer Hintergrund, seine intellektuelle Einbindung und seine Intentionalität, andererseits aus Bedingungen des kulturell-historischen Kontextes und der politisch-ökonomischen Situation. Zwischen diesen beiden Dimensionen besteht eine enge Wechselbeziehung, etwa in bezug auf die Beeinflussung der Absichten bzw. Interpretationen des Autors durch seine Erfahrungen und seine Einbindung in einen bestimmten politischen oder intellektuellen Kontext, die Bedeutung einer bestimmten Art des Wissens, die Art und Weise der Präsentation etc. Insbesondere muß hier auf die intermediäre Rolle der "Politik" im weitesten Sinne in bezug auf die Relationierung von wirtschaftlichen Sachverhalten und Ideen, Theorien, Ideologien hingewiesen werden. Louis Dumont[25] meinte, daß das jeweilige Denken, in der Moderne der Individualismus, mit der politischen Ideologie immer in enger Verbindung steht. Erst über den politischen Prozeß kam es, keineswegs ohne Konflikte und auch nicht endgültig und vollständig, zur Herauslösung der "ökonomischen Kategorie" aus dem politischen Denken. Dumont hebt damit die Rolle des Politischen hervor, die meist übersehen wird, so daß Strukturen und Denkweisen unmittelbar aufeinander bezogen werden. Zwischen der Idee des "Marktes" und der der "Gesellschaft" besteht ein enger Zusammenhang, der konkret geschichtlich durch die politischen und sozioökonomischen Veränderungen in Europa, insbesondere die Herausbildung des integrierten Territorialstaates mit einheitlicher Hoheitsverwaltung[26] in der Neuzeit begründet ist. Die Vorstellung eines umfassenden eigendynamischen Marktes erwies sich als konstitutiv für die Entstehung einer vom Staat differenten Gesellschaft mit ideologisch-politischer Begrün-

24 Friedrich Jodl, Volkswirtschaftslehre und Ethik, Berlin 1885, S. 35.

25 Vgl.: Louis Dumont, Individualismus. Zur Ideologie der Moderne, Frankfurt/Main-New York 1991 (urspr. frz. 1983), insbes. S. 118 ff.

26 Darauf wiesen sowohl der Nationalökonom Mancur Olson als auch der Soziologe Neil Fligstein hin. Mancur Olson, Aufstieg und Niedergang von Nationen, 2,. Aufl., Tübingen 1991 (urspr. am. 1982); Neil Fligstein, Markets as Politics, in: American Sociological Review 61/1996, S. 656-673.

dung und Wirkung. Es geht daher nicht um die gegenseitige Zuordnung von Wirtschafts- und Denkweisen als solchen, sondern um die aktive Rolle, die Absichten, Interessen, Ideologien und ihre Verfolgung gegenüber anderen Ideen und Intentionen im historisch-sozialen Kontext und im politischen Geschehen haben. Wirtschaftsstrukturen und -praktiken sowie Theorien basieren auf und begründen Interessen und Wertvorstellungen sowie ökonomische Macht- und Eigentumsverhältnisse. Ideen oder auch wissenschaftliche Theorien sind nicht nur "Denkweisen", die unverbunden neben ökonomischen Verhältnissen existieren, sondern enthalten wertende, absichtsbestimmte Bezüge, selbst dort, wo sie nicht unmittelbare problemlösungsorientierte Objekttheorien sind. Diese Sicht der Beziehung zwischen Wirtschaft und Vorstellungen ist nicht gleichbedeutend mit den Ansätzen, die das Wirtschaftsdenken als direkten Reflex der ökonomischen Gegebenheiten verstehen, da diese den soziopolitischen Prozeß vernachlässigen, und auch nicht mit jenen, die von der Dominanz der Ideen ausgehen, denn sehr häufig kann man feststellen, daß sich die Menschen recht wenig nach dem richteten, was Philosophen und Wissenschaftler erdachten, zumindest solange diese Ideen nicht im politischen Diskurs dominierten und zu Ersatz-Realitäten wurden.

In der letzten Zeit haben zwei Forschungsbereiche verstärkte Aufmerksamkeit auf sich gezogen, die im Zusammenhang mit den Vermittlungsprozessen zwischen Wirtschaft und Wirtschaftsdenken relevant sind. Zum einen die Diskursanalyse, die davon ausgeht, daß der situationale, institutionelle und soziale Kontext den Diskurs prägt und dieser auch umgekehrt auf die soziale und gesellschaftliche Wirklichkeit zurückwirkt.[27] Zum anderen ist auf die Ansätze zu verweisen, die von der Beziehung zwischen politischen Institutionen, wirtschaftlichem Wandel und ökonomischem Wissen ausgehen.[28] Dies sind sehr wichtige interdisziplinäre Forschungsbereiche, die auch ihrerseits von der wachsenden Bewußtheit um die Bedeutung medial-kommunikativer und politisch-diskursiver Konstitution unseres Weltverständnisses Zeugnis ablegen. Ich kann diesen Ansätzen hier jedoch aus dem Grund nicht folgen, weil sie nur in bezug auf raumzeitlich begrenzte Objektbereiche sinnvolle Ergebnisse erbringen, in dieser Studie aber die grundsätzliche Vermitteltheit

27 Siehe z. B.: Ruth Wodak, Zur diskursiven Konstruktion nationaler Identität, Frankfurt/Main 1998, S. 41 ff.

28 Siehe z. B.: Mary O. Furner/Barry Supple (eds.), The State and Economic Knowledge. The American and British Experiences, Cambridge 1990; Dietrich Rueschemeyer/Theda Skocpol (eds.), States, Social Knowledge and the Origins of Modern Social Policies, Princeton-New York 1996; Peter Wagner, Sozialwissenschaften und Staat, Frankfurt/Main-New York 1990.

von Wirtschaft und Wirtschaftsdenken in einem umfassenden Überblick aufgezeigt werden soll. Ich habe auch die Ansätze der "reflexiven Modernisierung"[29] nicht als Grundlage genommen, obgleich manche ihrer Sichtweisen, wie etwa in bezug auf die "sub-politics", relevant sind, weil es mir um die konkreten Strukturen und Prozesse in ihrem historischen Kontext ging.Denn vieles "von dem, was uns lenkt und mit dem wir uns auseinanderzusetzen haben, [hat] seine Wurzeln in einer Vergangenheit [...], die uns gar nicht mehr bewußt scheint, die uns sogar ganz ausdrücklich überhaupt nicht mehr interessiert oder bewußt ist".[30]

Als eine für die moderne Zeit und daher in den späteren Kapiteln angesprochene dritte Dimension geht es auch um die Relevanz sozialwissenschaftlicher Erkenntnis angesichts wirtschaftlich-politischer Veränderungen. Dabei ist das Verhältnis von Ökonomie und Soziologie von besonderer Bedeutung, sowie die Art und Weise, wie sich die Soziologen mit der Wirtschaft befassen. Soziologie wird als eine Einzelwissenschaft verstanden, die teilweise in enger Verbindung mit der Ökonomie auf Grund gemeinsamer intellektueller, politischer und sozioökonomischer Wurzeln, als eine spezifische Theorie der modernen europäischen Gesellschaft, entstanden ist. Da es um die Aussagen der Soziologie über Wirtschaft geht, spielt die Entwicklung der Wirtschaftssoziologie als Teildisziplin, die durch die wechselhaften Beziehungen zwischen Ökonomie und Soziologie und die sich wandelnden sozioökonomischen und politischen Bedingungen geprägt ist, eine besondere Rolle.

Über diese Objektfunktion hinaus wird Soziologie hier allerdings noch in einer anderen Weise verstanden und "betrieben": in sehr breiter Deutung als eine Perspektive, die gesellschaftliche Sachverhalte analysiert und bestimmte Fragen zu stellen vermag, und die dies ohne vorausgesetzte Beschränkung auf einen bestimmten Zeit-Raum-Kontext, aber auch nicht in abstrakt-generalisierender Weise etwa in bezug auf "die menschliche Gesellschaft", "die moderne Gesellschaft", "die Natur des Menschen" etc., tut. Soziologie bedeutet dabei weniger eine Spezialwissenschaft, sondern die breit angelegte Untersuchung menschlichen Zusammenlebens, die auf Erkenntnissen anderer Wissenschaften aufbaut. Sie stützt sich notwendig auf Geschichte, wie sie in den Erkenntnissen der Historiker vorliegt, zielt aber nicht selbst auf historische Erkenntnis ab. Trotz der historisch weit ausholenden Darstellung ergeben sich die eigentlichen Anliegen dieser Studie aus der Gegenwart: der krisenhaften Entwicklung der Wirtschaft in den Industriestaaten, der differenzierten,

29 Siehe: Ulrich Beck/Anthony Giddens/Scott Lash, Reflexive Modernization, Cambridge-Oxford 1994.

30 Dieter Claessens/Daniel Tyradellis, Konkrete Soziologie, Opladen 1997, S. 20.

aber problematischen Situation in den außereuropäischen Ländern, der Zerstörung unserer Ressourcen und dem, was wir als "Natur" bezeichnen. Unsere Wirtschaftsweise hat zwar während der letzten beiden Jahrhunderte einen ungeheuren Anstieg des Wohlstands für fast alle Menschen in den Industriegesellschaften gebracht, aber auch zahlreiche Probleme hervorgerufen. Die Dominanz eines Denkens, das die Wirtschaft - oder was wir dafür halten - nicht mehr nur als eigendynamisch, sondern als unbeherrschbar erscheinen läßt, erweckt Assoziationen mit übernatürlichen, magischen Erklärungen der Welt. Der Glaube an die inhärente Rationalität des Marktes ist eine erstaunliche Erscheinung, deren Entstehung eine Untersuchung wert wäre. Stattdessen dominiert unter dem Eindruck der Sachzwänge die "nützlichkeitsorientierte" Lehre und Forschung. Gerade eine wissenschaftliche Analyse sollte jedoch - über "technische" Problemlösungen hinaus - eine weiter gespannte Perspektive auf die Zusammenhänge von Wirtschaft, Staat, Gesellschaft und Wissenschaft richten, wenn wir nicht nur Getriebene einer mehr und mehr unbeherrschbar gewordenen "Naturbeherrschung" sein wollen. Die aristotelische Frage ist noch immer relevant: "Welche Art von Leben und Lebensform sollen wir wollen - einen bios politikos oder einen bios chrematistikos, ein Leben in freier Selbstbestimmung mit dem Zweck einer Realisierung humaner Glücksbedingungen oder eine auf die Produktion und Vermehrung von Gütern allein um ihrer selbst willen abzielende Arbeitsexistenz?"[31]

31 Günther Bien, Die aktuelle Bedeutung der ökonomischen Theorie des Aristoteles, in: Bernd Biervert/Klaus Held/Josef Wieland (Hg.), Sozialphilosophische Grundlagen ökonomischen Handelns, Frankfurt/Main 1990, S. 33-64, S. 61.

1. Kapitel: Die Wirtschaft der alten Welt

> "Wir müssen mit dem offenen Geständnis beginnen, daß wir eine andere Geschichte schreiben als die Geschichte des Thukydides. Und wir müssen zugeben, daß unsere Inspiration stärker aus unseren eigenen Problemen als aus den antiken Quellen stammt. Aber wir sind immer noch, zumindest scheint mir das so, mit dem beschäftigt, was bei Thukydides oder jedem anderen antiken Historiker richtig ist."[1]

Wirtschaft ist eng mit der Menschwerdung in soziokulturellem Sinn und mit der Entwicklung der Sozialstrukturen und -gebilde verbunden. Das Gehirn und auch der Körperbau des frühen Menschen entfalteten sich durch die Bewährung in seiner ökologischen und sozialen Umwelt, was vornehmlich die Versorgung des Individuums und der Gruppe mit den lebensnotwendigen Dingen bedeutete, also das, was wir unter "Wirtschaft" in ihrer substantiellen Bedeutung verstehen. Die Jäger-Sammlergesellschaft lebte zwar in absoluter Armut, aber dennoch im Überfluß, weil sie noch keinen Begriff der Knappheit in unserem, gerade die moderne Überflußwirtschaft beherrschenden Sinn kannte, wie Marshall Sahlins meint.[2] Primitive Gesellschaften lebten in unterschiedlichen Milieus mit unterschiedlichen Bedingungen von Mangel und Überfluß, auch nutzten sie in der Regel die Möglichkeiten ihrer Umwelt nicht voll aus, sondern nur soweit, wie dies für ihren augenblicklichen Bedarf notwendig war. Je nach den räumlichen und klimatischen Verhältnissen, dem Vorkommen bestimmter Pflanzen und Tiere, kam es in verschiedenen Regionen zu unterschiedlichen Entwicklungsverläufen.[3] Weder rassische noch intellektuelle Unterschiede sind für Differenzen in den erreichten Entwicklungsniveaus verantwortlich, sondern demographische und soziale Voraussetzungen, die aber ihrerseits wieder in enger Verbindung zu dem jeweiligen Habitat standen. In bezug auf die Festlegung von Stufen oder Phasen der wirtschaftlichen Entwicklung ist man gegenwärtig vorsichtiger als man das früher war. Selbst in bezug auf jene Völker, die den Übergang zu Ackerbau und Viehzucht schafften, nimmt man an, daß sich zwi-

1 Arnaldo Momigliano, Wege in die Alte Welt, Berlin 1991 (urspr. it. 1955), S. 78.
2 Marshall Sahlins, Stone Age Economics, London 1974.
3 Siehe: Jared Diamond, Arm und Reich. Die Schicksale menschlicher Gesellschaften, Frankfurt/Main 1998 (urspr. am. 1997).

schen das reine Sammeln und Jagen aus der Natur und der systematisch betriebenen Landwirtschaft eine lange Phase der Weidewirtschaft und der Gartenbaukultur schob und in den Übergangszeiten mehrere Wirtschaftsweisen nebeneinander existierten, was auch bis in die Gegenwart hinein Gültigkeit hat.

Daß der Mensch von Natur aus ein Kulturwesen[4] ist, manifestiert sich auch in seinem Wirtschaftsverhalten. Die Archäologen und Anthropologen zeigen uns anhand der Funde, daß die Menschen über die Jahrmillionen hinweg nicht nur geschickter in der Herstellung und Verwendung von Werkzeugen wurden, sondern sich auch ein Prozeß der Entwicklung von Fähigkeiten zur Vorwegnahme des zu Realisierenden erkennen läßt.[5] Gleichzeitig damit nehmen Sprache und Kommunikation eine neue Qualität an: Sie erschaffen sich ihre "Wirklichkeit", erzeugen Sinn und Geltung, die Begriffe "verdoppeln" die Welt. Diese Entwicklung ging sehr langsam und auch nicht geradlinig vor sich, sondern in Schüben und Brüchen. Solcherart entstanden auch die Veränderungen, die dann systematische Agrikultur, Vieh- und Weidewirtschaft ermöglichten, und auch die Technologien der Feuerbearbeitung, insbesondere der Metallurgie, und die Großbautechnologien, die sich in Städtebau, Deichbau, Pyramiden- und Palastbau niederschlugen.[6] Aber bald kam es auch zur Manifestation "überflüssiger", rein ästhetischer Formen und Verzierungen, von Symbolen des Glaubens und der Interpretation der Welt.[7] In der Wirtschaftsweise spiegeln sich die Lebensformen, aber auch die Wertungen und Denkweisen, und diese sind ihrerseits eng mit den wirtschaftlich-sozialen Bedingungen verbunden, vermittelt allerdings durch die Intentionalität der Menschen, die diese Verbindung nicht als eine deterministische erscheinen läßt.

4 Arnold Gehlen, Der Mensch. Seine Natur und seine Stellung in der Welt, 8. Aufl., Frankfurt/Main-Bonn 1966; siehe auch grundlegende Beiträge zum Verständnis der "menschlichen Natur" bei: Gregory Bateson, Geist und Natur. Eine notwendige Einheit, Frankfurt/Main 1982; Günter Dux, Die ontogenetische und historischen Entwicklung des Geistes, in: Ders./Ulrich Wenzel (Hg.), Der Prozeß der Geistesgeschichte, Frankfurt/Main 1994, S. 173-224.

5 Vgl.: Dieter Claessens, Instinkt, Psyche, Geltung. Bestimmungsfaktoren menschlichen Verhaltens. Eine soziologische Anthropologie, Köln-Opladen 1968, S.147 ff.

6 Vgl. u. a.: Heinrich Popitz, Der Aufbruch zur artifiziellen Gesellschaft. Zur Anthropologie der Technik, Tübingen 1995.

7 Siehe: Leon Festinger, Archäologie des Fortschritts, Frankfurt/Main-New York 1985 (urspr. am. 1983); Ernest Gellner, Pflug, Schwert und Buch, Stuttgart 1990; André Leroi-Gourhan, Hand und Wort. Die Evolution von Technik, Sprache und Kunst, Frankfurt/Main 1988 (urspr. frz. 1964/1965).

Produktion und Handel in der Geschichte

Der Raum und sein Ökosystem bestimmten die wirtschaftlichen Bedingungen und Möglichkeiten und auch die gesellschaftliche Entwicklung der Menschen. Durch die Verteilung der Klima- und Vegetationszonen auf der Erde entstanden nicht nur unterschiedliche Voraussetzungen für Wirtschaftsweisen, sondern gleichzeitig auch für gesellschaftliche Organisations- und Lebensformen. Nur wenige Gebiete eigneten sich für den Ackerbau; sie lagen verstreut neben und inmitten eines breiten Gürtels von Weideland von der Sahara der Vorgeschichte bis in die Mongolei. Während in diesem Wanderungsbewegungen stattfanden, kam es in den Ackerbauregionen allmählich zu Ansiedlungen und damit zu einer "zentripetalen" räumlichen Orientierung und Konzentration.[8] Vorderasien hatte günstige Voraussetzungen für diese "topische Evolution"[9] auf Grund der dichteren Bevölkerung in relativ schmalen fruchtbaren Landstrichen. Vor allem das Vorhandensein von Wasser in ausreichenden Mengen für die Bewässerung des Bodens hat sich entscheidend nicht nur auf die Wirtschaftsweise, sondern auch auf die soziale Organisation ausgewirkt.[10]

In segmentären Gesellschaften regelten die Verwandtschaftsbeziehungen gleichzeitig die Eigentums- und Nutzungsrechte: Jedes Individuum durfte im Gebiet seiner Abstammungsgruppe und den Gebieten seiner Verwandtschaftsgruppen jagen. Das von den Ahnen bewohnte und genutzte Land war das Eigentum der Gruppe, das auf die Nachkommen überging, und das als das "Land der Ahnen" heilig war. Manche Völker nutzten ein bestimmtes Territorium zusammen mit anderen Stämmen oder Gruppen, weil das "individuelle" oder familiale Eigentum an der Jagdbeute bzw. bei den Hirtennomaden am Vieh wichtiger war als der exklusive Besitz von Land. Nach dem allmählichen und auch sehr differenzierten Übergang, den wir als "neolithische Revolution" kennen, veränderte sich die Wechselbeziehung zwischen der Wirtschaft und der Gesellschaftsstruktur. Es zeigten sich tiefgreifende Änderungen in der sozialen Organisation: die Clan- oder Sippenbindungen traten zurück oder zerfielen zugunsten einer Zersplitterung in kleinere familiäre Einheiten und die Einbindung in größere, nicht verwandtschaftlich begründete Gemeinschaf-

8 Siehe dazu: Eric R. Wolf, Die Völker ohne Geschichte, Frankfurt/Main-New York 1991 (urspr. am. 1982), S. 49/50.

9 Wolf D. von Barloewen/Constantin von Barloewen, Die Gesetzmäßigkeit der Geschichte, 2Bde., Frankfurt/Main 1988, Bd. I, S. 255 f.

10 Karl A. Wittfogel, Die orientalische Despotie, Frankfurt/Main 1981, hat im Anschluß an Karl Marx' Begriff der "asiatischen Produktionsweise" den Zusammenhang zwischen Bewässerungsagrikultur und Formen totaler Machtstrukturen hervorgehoben.

ten. Die Frage des "Eigentums" am Territorium wurde in den Ackerbaukulturen von ausschlaggebender Bedeutung. Individueller, familialer, gemeinschaftlicher oder Hoheitsbesitz wurden genau geregelt, ebenso die Nutzung durch die einzelnen Gruppen.

Die "zentripetale" Kultur brachte aus verschiedenen Gründen despotisch-hierarchische soziale Strukturen hervor, zum einen, weil diese Räume immer wieder Ziel von Eroberungs- und Beutezügen, von ethnischen Über- und Abschichtungen wurden, zum anderen auf Grund der Produktionsprobleme einer wachsenden lokalen Bevölkerung. Bestimmte soziale Bedingungen ließen sich dann hier und dort so gestalten, daß große zentral gelenkte Wasserbau- oder Anbauprojekte unternommen werden konnten. Die Menschen begannen in Ägypten keineswegs "sofort", nachdem sie sich entlang des Nils angesiedelt hatten, die jährlichen Überflutungen durch Dämme und Umleitungen zu nutzen. Zunächst behalfen sie sich mit einzelnen Stichkanälen, bis schließlich auch die gesellschaftlichen Voraussetzungen für eine zentrale Autorität gegeben waren, die die Bewässerungsrevolution leiten und darauf ihre eigene Legitimation begründen konnte. Es kam zur Entstehung interstitieller Reiche von Ägypten über Mesopotamien, das Industal bis Han-China zwischen den Steppen- und Trockengebieten, die von Nomaden oder Halbnomaden mit losen, segmentären, nach Verwandtschaftsgruppen gegliederten Sozialstrukturen bewohnt wurden. Zwischen beiden Gesellschafts- und Wirtschaftsformationen kam es immer wieder zu Konflikten und Kriegen, aber auch zu friedlichem Nebeneinander und Austausch. Die wichtigste friedliche Beziehung stellte der Handel dar, bei dem die Nomaden oft verschiedene Funktionen innehatten: sie waren Vermittler, Transporteure oder Schutzgeld abschöpfende Zwischenreiche wie etwa entlang der Seidenstraße. Mitunter versuchten sie auch, die Agrargebiete unter ihre direkte Herrschaft zu bekommen, wie im Falle des Mongolenreichs Dschingis-Khans, und errichteten selbst Staatsorganisationen, die ihre soziokulturelle Struktur veränderten.

Die Unterschiede der natürlichen Bedingungen, der Bevölkerungsdichte und des Zusammenhalts innerhalb der einzelnen Gruppen, unterschiedliche technische Kenntnisse und Handelsvorteile führten zu ungleichen Bedingungen zwischen den Völkern. Wanderungsbewegungen, wie etwa die massive Einwanderung in das Zwischenstromland, und kriegerische Konflikte waren die Folge. Krieg wurde zu einem wichtigen Aspekt in der Entstehung und Entwicklung der Hochkulturen, er wurde zu einer dauerhaften Institution, zu einem spezialisierten und routinisierten Unterfangen, bei dem es um Landbesitz, Tribut und Arbeitskräftebeschaffung ging.

Erst in Ackerbaukulturen unter Voraussetzung der Seßhaftigkeit wurde die Sklavenwirtschaft eine sinnvolle Institution. In den Jäger- und Sammlergemeinschaften hingegen wären Sklaven nur hinderlich gewesen. Die unterworfene Bevölkerung konnte von den Eroberern als Sklaven oder abgeschichtete Bevölkerungsteile gezwungen werden, die schweren Arbeiten beim Bau der Paläste und Tempel, der Bewässerungsanlagen und bei der Bestellung der Felder zu verrichten. Mitunter erfolgte auch die Umsiedlung dieser Arbeitskräfte, so etwa die Entführung der Israeliten nach Babylon. Eine aristokratische Schicht entstand, die faktisch das Land kontrollierte und von den anderen Gruppen Tribute für Nutzungsrechte einheben bzw. ihre arbeitslose Mitversorgung sicherstellen konnte. Die ökonomische Grundlage dieser Erobererreiche eines Sargon, Cyrus, Alexander bis Cäsar lag in der Einhebung von Tributen und Steuern von den eroberten Völkern. Die militanten, predatorischen Gesellschaften, wie Herbert Spencer sie nannte, waren entstanden.[11] Dieses Merkmal wird von vielen modernen Kommentatoren für so typisch gehalten, daß sie die gesamte Wirtschafts- und Gesellschaftsformation dieser Völker und Reiche als "tributär" bezeichnen.[12] Ungleichheit und Zwang wurden in diesen Gesellschaften legitimiert durch die besondere Beziehung der Auserwählten zu den Göttern, die der gesamten Gesellschaft zugute kommen sollte. So teilten die Inkas das Land der unterworfenen Gruppen in drei Teile: Ein Teil ging an den "Vater" des Inka, die Sonne, und damit an die Priester und Tempel, einen anderen Teil behielt sich der Inka für sich, d.h. für den Staat, und den dritten Teil gab er den lokalen Gemeinschaften zurück unter der Voraussetzung, daß sie die beiden anderen Teile ihres alten Territoriums mitbearbeiteten. Der Herrscher Ägyptens besaß als Stellvertreter der Götter das ideelle Eigentumsrecht an allem Land, faktisch gab es aber auch private Verfügung über Grund und Boden, etwa das Tempelland oder das Veteranenland. Allerdings wurde die Nutzung des Landes nach genauen Plänen und von staatlichen Beamten kontrolliert.

Die Hochkulturen oder "multiplexen" Gesellschaften[13] waren gekennzeichnet durch Konzentration der Bevölkerung in Städten, Entstehung einer aristokratischen Schicht, kriegerische Konflikte, die arbeitsteilige Organisation der Wirtschaft

11 Herbert Spencer, The Principles of Sociology, 3 Bde., London-Edinburgh 1876-1897.

12 Siehe etwa: Eric R. Wolf, Die Völker ohne Geschichte, Frankfurt/Main-New York 1991 (urspr. am. 1982), S. 120 ff.

13 Multiplexe Gesellschaften sind jene, die zwar noch "von der Natur" leben, aber bereits eine höhere gesellschaftliche Komplexität mit Führerschaft, Rangordnung, Territorialverteidigung und zentraler Güterverteilung aufweisen.

sowie die kulturellen und symbolischen Manifestationen der Macht und des Glaubens. Die Religion fungierte vor allem in den theokratischen Reichen gleichzeitig als Organisationssystem der Produktion, der Arbeitsbeziehungen und der Eigentumsverhältnisse; dasselbe leisten die Verwandtschaftsbeziehungen in den segmentären Gesellschaften und die Politik in den säkularisierten Staaten.[14] Wirtschaftliche, gesellschaftliche und ideelle Bedingungen stehen immer in einer Wechselbeziehung zueinander, man kann daher nicht von der Priorität der einen vor den anderen sprechen. Materielle Lebensform und soziale Organisation treten seit jeher untrennbar verbunden auf und haben in einem langen kulturell-historischen Prozeß die konkreten historischen Konstellationen herausgebildet, deren Elemente sich durch Einflüsse von außen weiter veränderten. In Sumer und Akkad, in Ägypten und im Industal entstanden Zivilisationen, zwischen denen neben den kriegerischen Kontakten ein kultureller und wirtschaftlicher Austausch bestand. Territoriale Zusammenschlüsse und Reichsgründungen wurden durch Perioden des Zerfalls und der Zersplitterung unterbrochen. Wirtschaft aber - gerade weil sie eine Grundtatsache des Lebens ist - geht auch dann weiter, wenn Staaten und Reiche zusammenbrechen und Gemeinschaften auseinanderfallen. Für eine bestimmte Phase konnten Redistributions- und Befehlsstrukturen aufgebaut werden, für die daher Karl Polanyis Annahmen zutreffen, aber früher oder später gingen diese Reiche unter oder die zentrale Autorität wurde geschwächt und freiere Formen der Wirtschaft machten sich wieder geltend. Die Annahme einer endogenen Entwicklung der Gesellschaften ist in historisch-differenzierender Betrachtung daher problematisch[15], weil die geografischen und demografischen Voraussetzungen und die Überschichtungs- und Diffusionsprozesse zwischen Gesellschaften zu wenig berücksichtigt werden.[16] Es ist vielmehr anzunehmen, daß sich diese Entwicklungen nur in bestimmten Räumen und auf Grund bestimmter Voraussetzungen und Ereignisse ergaben und kompakte Gesellschaften jeweils nur für eine begrenzte Dauer existierten. Die Ursachen für Überlappungen, Durchmischungen und die ethnisch-kulturelle Diffusion waren vielfältig: Wanderungen, Eroberungen und Deportationen mischten Völ-

14 Maurice Godelier, Natur, Arbeit und Geschichte, Hamburg 1990 (urspr. frz. 1984).

15 Auch der Schluß von den gegenwärtig existierenden primitiven Gesellschaften auf die Ursprünge der Sozialorganisation der frühen Menschen ist problematisch. Ernest Gellner weist vor allem darauf hin, daß die heutigen Jägervölker Parallelausgrenzungen aus agrarischen Gesellschaften gewesen sein könnten und nicht Reste voragrarischer Formen. Vgl.: Ernest Gellner, Pflug, Schwert und Buch, Stuttgart 1990.

16 Darauf wies schon Vere Gordon Childe, Soziale Evolution, Frankfurt/Main 1975 (urspr. engl. 1951), hin.

ker und Kulturen, und Handel, Missionierungen und Kriegszüge verbreiteten Religionen, Wissen und Waren.

Der Tauschhandel ist sehr früh in der Menschheitsgeschichte anzusiedeln. Er geht mit Sicherheit der neolithischen Revolution und damit der landwirtschaftlichen Produktionsweise voraus, was Funde von Steinwerkzeugen und -waffen mit charakteristischer Bearbeitung in weit voneinander entfernten Gebieten bezeugen. Viel zu wenig bewußt ist unter dem Eindruck der Entstehung von Marktwirtschaft und Industriekapitalismus, daß schon seit frühester Zeit ausgedehnte Handelsverbindungen von Sibirien bis zu den Pyrenäen, von China bis Rom, von Afrika bis Hinterindien, von Vorderasien bis Skandinavien bestanden. Und vieles, was dann zum typischen westlichen Weltwirtschaftssystem wurde, baute auf Errungenschaften, Praktiken, Kenntnissen und Erfahrungen auf, die außerhalb Europas entwickelt worden waren, oft in Jahrtausende überspannenden Prozessen.

In seinen Anfängen war der Handel meist, aber nicht immer und nicht ausschließlich, eine interethnische Erscheinung zwischen Horden, Stämmen und Staaten, wie schon Max Weber anmerkte.[17] Im Inneren Afrikas etwa gab es seit jeher einen starken Austausch von Gütern auf Grund unterschiedlicher Habitats und dementsprechend differenziertem Angebot zwischen Ackerbauern und Jäger- oder Fischervölkern oder Hirtennomaden und den Bewohnern von Gebieten mit reichen Bodenschätzen wie Kupfer, Eisen und Salz. Dabei hatten die Austauschprozesse aber immer zwei Seiten: Auf der einen Seite besaßen sie einen sozialen Charakter, der sich aus dem Bestreben nach Friedenssicherung einerseits, Prestigedemonstration und Statusdifferenzierung andererseits, ergab; auf der anderen Seite hatten sie einen "wirtschaftlichen" Charakter zur Beschaffung lebensnotwendiger oder erstrebter Güter.[18] In bezug auf archaische Gesellschaften und primitive Völker wurde von den Anthropologen lange Zeit einseitig der rituelle Gabentausch betont. Raymond Firth, Bronislaw Malinowski und Marcel Mauss hatten den zeremoniellen Austausch von Prestigegütern, den Geschenktausch, etwa das Kula der Melanesier oder

17 Max Weber, Wirtschaftsgeschichte, Berlin 1958 (urspr. 1923), S. 174.

18 Die Betonung lag beim wirtschaftlichen Tausch auf der Versorgung mit Gütern, die Initiative ging von den Völkern aus, nicht von spezialisierten Händlern. Benveniste hat jedoch darauf hingewiesen, daß sich aus dem Studium der indoeuropäischen Sprachfamilien keine Hinweise auf kollektive Tauschbeziehungen ableiten lassen. Siehe: Emile Benveniste, Indoeuropäische Institutionen, Frankfurt/ Main-New York 1993 (urspr. frz. 1969), S. 111 ff. Das läßt immerhin auch die These zu, daß der interethnische Tausch ein nicht ubiquitäres Phänomen war bzw. bei diesen Völkern schon sehr weit zurückliegt.

den Potlatch der nordwestamerikanischen Indianer, beschrieben, und in der Folge schien es, als wäre damit auch die Wirtschaft dieser Völker rituell und sozial bestimmt. Obwohl Malinowski ausführt: "Das Kula ist eine Gabe, die nach einiger Zeit mit einer Gegengabe erwidert wird, und kein Tauschhandel"[19] und auch Marcel Mauss sich ähnlich äußerte, sprachen sie andererseits in widersprüchlicher Weise auch wieder von der "Ökonomie" des Geschenks, und die sich daran anschließende Diskussion verstärkte diesen Eindruck einer rituellen "gift-economy" der archaischen Völker, nachdem die alte auf Karl Bücher basierende Konzeption, die den Handel für "Naturvölker" als inexistent gesehen hatte, fallengelassen werden mußte. Eine andere Interpretation sieht in den "rituellen Eigentumskämpfen" sehr wohl eine ökonomische Funktion, allerdings eine der Destruktion, der Verausgabung von Überschüssen der Produktion. Georges Bataille[20] sah diese Destruktion als notwendiges Pendant der Produktion und insofern als Teil, wenn auch als "verfemter Teil", der allgemeinen Ökonomie.

Tatsächlich gab es aber neben diesen zeremoniellen Austauschhandlungen immer auch andere Formen des Tauschs: Bezahlungen für geleistete Arbeit, Tausch von Gütern gegen Privilegien, traditionelle Zahlungen und auch den reinen Handel als Tausch von Gütern oder Güter gegen "Geld". Das stellten auch Malinowski und Mauss in bezug auf die Trobriand-Insulaner fest, aber sie grenzten das Kula streng gegen "Gimwali", den einfachen Austausch, bei dem "Preise" ausgehandelt wurden, ab. Feilschen war beim Kula verpönt, weil es um eine feierliche Schenkung zur Demonstration der Ehre und des Ansehes der Häuptlinge und ihrer Stämme ging, bei der es eine fixe Abfolge und eine bindende Etikette gab. Allerdings entstand dabei auch das "Geld" in seinen sakral-magischen Aspekten, denn es wurden stets ganz bestimmte "Luxusgegenstände" - Armreifen gegen Halsketten - geschenkt. Auch entwickelte sich in diesem Prozeß des Geschenktauschs die Idee des Eigentums und des Vertrages, wie Mauss selbst betonte.[21] Daran läßt etwa auch der Glaube der Maori, den Sachen wohne ein von seinem ursprünglichen Besitzer und dessen Umgebung tief geprägter Geist inne, denken. Der Handel und die marktwirtschaftlichen Aspekte bei diesen Völkern

19 Bronislaw Malinowski, Argonauten des westlichen Pazifik, Frankfurt/Main 1984 (urspr. 1921), S. 130.

20 Georges Bataille, Die Aufhebung der Ökonomie, 2. Aufl., München 1985 (urspr. frz. 1967).

21 Vgl. insbes.: Marcel Mauss, Die Gabe. Form und Funktion des Austausches in archaischen Gesellschaften, in: Ders., Soziologie und Anthropologie 2, Frankfurt/Main 1989 (urspr. frz. 1950), S. 9-144.

wurden dennoch in der westlichen Interpretation wenig behandelt. Der eigentliche, "wirtschaftliche" Tausch zwischen primitiven Gesellschaften vollzog sich häufig im Anschluß an zeremonielle Tauschhandlungen, wobei allerdings die letzteren nicht als zweckorientierte Geste zur Einleitung von Handelsbeziehungen mißverstanden werden dürfen, denn sie fanden auch gänzlich unabhängig davon statt, erleichterten aber dann in vielen Fällen doch auch die wirtschaftlichen Transaktionen. Das Verhältnis zwischen rituellem Tausch und Handel ist also eines der Nebenordnung mit gewissen wechselseitigen Einflüssen, was nicht nur für archaische oder insgesamt "vormoderne" Gesellschaften gilt, sondern auch für moderne Gesellschaften; man denke an Höflichkeitsrituale, Empfänge, Gastmähler und Geschenke als begleitende Erscheinungen bei Geschäftsabschlüssen und Handelsvertragsunterzeichnungen.

Nach der Entstehung von komplexeren Gesellschaften, deren Genese häufig auf die Unterwerfung fremder Völker zurückging, zeichneten sich die Beziehungen zwischen diesen und den sie umgebenden einfacheren Völkern durch Abhängigkeit und Mißtrauen aus. Wenn es zu Tauschprozessen kam, erfolgte dies meist in Form des "stummen" Tauschhandels, der von Herodot bis Ibn Battuta belegt ist. Herodot beschreibt Erzählungen von Karthagern über den Handel mit Eingeborenen in einer Gegend "außerhalb der Säulen des Herakles":[22] "[...] zu denen kämen sie und lüden ihre Waren aus und legten sie dann nebeneinander am Strand aus, dann gingen sie wieder auf die Schiffe und machten tüchtig Rauch. Die Eingeborenen sähen den Rauch und gingen ans Meer, und dann legten sie für die Waren Gold hin und gingen wieder weit fort von den Waren. Die Karthager aber stiegen von den Schiffen und sähen es sich an, und wenn sie meinten, das Gold entspreche in etwa dem Wert der Waren, nähmen sie's und führen ab, entspreche es aber nicht, gingen sie wieder an Bord und blieben dort sitzen, die aber kämen heran und legten nun weiteres Gold dazu, bis sie sie zufriedenstellten. Und keiner betrüge den andern; denn weder rührten sie selber das Gold an, bevor es nach ihrem guten Glauben dem Wert der Waren entspreche, noch rührten jene die Waren an, bevor sie selber das Gold genommen hätten." Herodot schildert zwar viele phantasievolle Geschichten über fremde Völker und Gegenden, die Vorurteilen und Gerüchten seiner Zeit und nicht der Wirklichkeit entsprechen, für den "stummen Tausch" gibt es aber immer wieder Belege, so daß diese Geschichte doch glaubwürdig sein dürfte. Bemerkenswert dabei ist die Betonung der Ehrlichkeit bei dieser Form des Tausches.

22 Herodot, Buch IV der Historien, München 1991, S. 196.

Ulrich Köhler nennt ganz allgemein drei einander ergänzende Begründungen von Gütertausch: die unterschiedliche Verfügbarkeit an sich zugänglicher Güter, die Spezialisierung sowohl innerhalb einer Ethnie wie zwischen verschiedenen und das Knüpfen von sozialen Banden.[23] Auch der Handel hat somit soziale Funktionen, nicht nur der rituelle Tausch. Dies wurde meist als "nicht-ökonomische" Funktion des Handels definiert und dabei ein Begriff von Wirtschaft vorausgesetzt, wie er der modernen verwissenschaftlichten Ökonomie zugrundeliegt. Tatsächlich ist diese soziale Dimension untrennbar mit jeder Wirtschaftshandlung verbunden, insbesondere auch mit dem Handel, sowohl in archaischen Gesellschaften wie in den modernsten Industriegesellschaften, denn es geht dabei neben dem Tausch und den jeweiligen Vorteilen daraus immer auch um Vertrauen und Sicherheit. Die Sicherheit der Tauschpartner kann durch politische oder militärische Macht, gegenseitige Übereinkunft zur Wahrung des Friedens und durch die Einbettung des Handels in soziale Beziehungen zeremonieller Art unterstrichen werden.

Grundsätzlich ist zwischen dem lokalen Handel zwischen Individuen, Familien oder "Häusern" und dem Handel zwischen Stämmen oder Staaten zu unterscheiden. Beide differieren in bezug auf die räumlich-geographische Ausdehnung des Handels, die Zeiträume, die für den Austausch erforderlich sind, die Risiken, Gefahren und Aufwendungen, die damit verbunden sind, sowie auch in bezug auf die Träger und die Organisation des Handels. Auch die soziale Bedeutung des Austauschs ist eine andere, wenn sich dieser zwischen Stämmen oder innerhalb einer Gesellschaft abspielt. Der interethnische Austausch ist durch die beiden Schienen der rituellen Geschenke und des Handels bestimmt. Innerhalb einer Gesellschaft hingegen sind Austauschhandlungen durch die Vermengung "wirtschaftlicher" und "sozialer" Aspekte charakterisiert. So meinte Karl Polanyi, alle Austauschhandlungen hingen eng mit der Art der sozialen Beziehung zusammen und orientierten sich in archaischen Gesellschaften am Reziprozitätsprinzip und in den alten Reichen an redistributiven Prozessen.[24]

Das Ausmaß und in der Folge auch die Formen, die der Handel annahm, auch seine "Entwicklung", sind zunächst in enger Beziehung zu der Bevölkerungsdich-

23 Ulrich Köhler, Formen des Handels in ethnologischer Sicht, in: Klaus Düwel/Herbert Jankuhn/Harald Siems/Dieter Timpe (Hg.), Untersuchungen zu Handel und Verkehr der vor- und frühgeschichtlichen Zeit in Mittel- und Nordeuropa, Teil I: Methodische Grundlagen und Darstellungen zum Handel in vorgeschichtlicher Zeit und in der Antike, Göttingen 1985, S. 13-55.

24 Siehe vor allem: Karl Polanyi, The Livelihood of Man, New York-San Francisco-London 1977.

te der einzelnen Regionen der Erde zu sehen. Darauf ist es auch zurückzuführen, daß wir in Asien, sowohl in Vorderasien wie in Südostasien, wesentlich früher auf weitverbreitete intensive Handelsverflechtungen treffen als in Europa oder in anderen Gebieten vor der modernen Zeit. Eine vor allem im Binnenhandel übliche Zwischenform zwischen lokalem Handel - etwa auf Marktplätzen - und dem Fernhandel durch Karawanen oder Schiffe war der sogenannte "relay"-Handel, auch sukzessiver Fernhandel genannt, wobei die Waren von Dorf zu Dorf wanderten. Entsprechend den sozialen Beziehungen und Tauschkontakten zwischen den Gruppen entwickelten sich Handelsketten, nicht die Händler bzw. Verkäufer/Käufer reisten, sondern die Güter "wanderten" - und mit ihnen auch Kulturtechniken, Lebensweisen, Produktwissen etc. Im Vorderen Orient, in Zentralasien und im Raum des Indischen Ozeans gab es über den lokalen Handel hinaus bereits seit langer Zeit ausgedehnten Fernhandel. Hier befruchteten einander die Kulturen der seßhaften Ackerbauern mit ihrer bäuerlichen Lebensweise, die gleichwohl die Grundlage für die Entstehung der Städte und der frühen Reiche in diesem Raum waren, und der nomadisierenden Hirtenvölker, die auf Grund ihrer Lebensweise prädestiniert waren, auch zu den Trägern kultureller Diffusion und des Handels zu werden. Sie hatten selbst Bedarf an vielen Dingen, die die anderen Völker besaßen und die ein Hirtenvolk nicht in ähnlicher Weise herstellen konnte. Sie waren die idealen Vermittler zwischen den Gesellschaften, konnten vielfach auch ihre Tiere als Transportmittel benutzen, wie z. B. die indischen "banjaras". Überall wo es nomadisierende Völker gab, zeigte sich schon früh eine starke Entwicklung des Handels. Es wird angenommen, daß der frühe Fernhandel sich auf Waren, die wertvoll, nur an bestimmten Orten zu bekommen und leicht zu transportieren waren, konzentrierte. Seide, Purpur, Bernstein und Gewürze boten alle diese Merkmale. Wenn es auch richtig ist, daß Luxuswaren für den Bedarf der Oberschichten den Fernhandel dominierten, so war er doch nicht ausschließlich darauf beschränkt. Die archäologischen Funde zeichnen ein verzerrtes Bild, weil sich wertvolle Steine, Keramiken und Metallwaren natürlich besser erhalten, während Nahrungsmittel und Textilien längst unnachweisbar sind. Sicherlich gab es aber Massenlieferungen von Schlachtvieh über die Nomadenstraßen oder von Getreide per Schiff. Der Karawanenhandel ließ Transitmärkte an bestimmten Orten, die an der Kreuzung verschiedener Transportwege oder an Grenzen zwischen Herrschaftsbereichen lagen, entstehen. Entlang den Zügen der Nomadenvölker entstanden über die Jahrtausende hinweg existierende Handelsstraßen, wie der große Nomadenweg von Sibirien bis zu den Pyrenäen oder die Bernsteinstraße, die Seidenstraße und die Weihrauchstraße. Zunächst waren sie nur Transportrouten, später wurden sie von Handelsniederlassungen und Städten gesäumt, in denen die Händler je nach Herkunft und Religion ihre eigenen Bezirke hatten. Sie verbanden die Kulturen, förderten den Austausch und die Diffusion von Religionen, Kunst und Kulturtechniken zwischen Ägypten, Industal, Perserreich, Alexanderreich, China und Rom. Mönche und Missionare folgten den Wegen der Händler oder schlossen sich den Handelskarawanen an. So gelangte der Buddhismus nach China und in andere Regionen, und der Islam verbreitete sich nicht nur durch seinen kriegerischen Impetus, sondern auch durch muslimische Händler. Die großen Handelsstrassen waren die Medien der kulturellen Diffusion, die Rollbahnen der Glaubensverbreitung.

Die technischen und organisatorischen Erfordernisse der permanenten Behausungen und der Nahrungsmittelproduktion sowie die Verfeinerung und Differenzierung der Werkzeuge führten zu Spezialisierung und wachsender Arbeitsteilung zwischen den Gesellschaften und innerhalb der multiplexen Sozietäten. Das bewirkte eine Verstärkung des Tauschhandels, aber auch eine Spezialisierung und Differenzierung der Prozesse der Verteilung innerhalb der eigenen Gesellschaft, teils durch die Entstehung einer eigenen Händlerschicht, teils durch Distribution und Redistribution durch zentrale Instanzen. Handel und Redistributionsprozesse führten ihrerseits wieder zu weiterer Spezialisierung und zu einer Verstärkung der sozialen Unterschiede in der Gesellschaft. Auch die Notwendigkeit der Lagerhaltung und der Errichtung von Bauten hing damit zusammen und ließ wiederum die Neigung zu Spezialisierung, zu sozialen Rangunterschieden, zu Machtstreben und Herrschaftsstrukturen wachsen. Ackerbauern und Nomaden waren zwar aufeinander angewiesen, andererseits aber erwuchsen zwischen ihnen auch erbitterte Konflikte, die sich immer wieder in Kriegen und Unterwerfungen manifestierten, wie etwa dem Einfall der Hyksos in Ägypten, und solcherart auch zur Formierung von und zur Veränderung der sozialen Strukturen beitrugen. Bis in unsere Tage gibt es eine enge Verbindung zwischen Krieg und Handel. Diese war insbesondere seit der Expansion Europas ein typisches Merkmal gerade unserer Wirtschaftsbeziehungen mit anderen Kulturen und Ländern. Allgemein gesehen erschlossen Kriege neue Wirtschaftsgebiete, Absatzwege und -märkte, erzwangen Handelsöffnungen, brachten aber auch im Inland einen Aufschwung der Waffenerzeugung, der Kenntnis fremder Güter durch Kriegsbeute und die Entwicklung des Waffenhandels. Kriege, Handel und Versklavung unterworfener Völker waren lange Zeit gemeinsam die Grundlagen der Wirtschaft. Der Krieg stellte das probateste Mittel der Reichtumsbeschaffung und der Versorgungssicherung dar, denn er brachte Beute, Landokkupation, Sklaven, Lösegeld und Tributzahlungen. Zwischen der militärisch-politischen Machtausweitung und dem Handel bestand eine enge Beziehung. Alexanders Eroberungen beendeten nicht nur das persische Weltreich sondern bewirkten ausgedehnte weltwirtschaftliche Verflechtungen und kulturelle Expansion und Diffusion, die Herausbildung einer Weltwirtschaft, die den Zerfall des Reiches überdauerte. Einerseits gefährdeten kriegerische Handlungen die Sicherheit der Händler, andererseits begünstigte die Etablierung von Reichen und starken Zentralgewalten die Entwicklung und Ausbreitung des Handels, weil sie Sicherheit der Transportwege, Schutz und Kontrolle sowie Nachfrage und Absatzmöglichkeiten bedeuteten. Insbesondere Konstellationen mit mehreren großen Reichen, von denen und in die die Kaufleute ihre Waren brachten, bewirkten starke Handelsaufschwünge wie etwa zwischen Han-China, Maurya-Indien und der hellenistisch-römischen Welt.

Während sich in den archaischen Gesellschaften der Handel zwischen den Gruppen und Stämmen abspielte, wurden in den frühen Reichen eigene Gruppen für diese Tätigkeit zuständig. Häufig waren die Händler "Fremde", wie die Metöken in der griechischen Polis, die Juden und Syrer im frühmittelalterlichen Südeuropa, spezielle Schichten und Gruppen, wie die indischen Händlerkasten, oder ganze Völker, wie die Phönizier, die den Handel im Mittelmeerraum zwischen 1200 und 400 v. Chr. beherrschten. Soweit sie Fernhändler waren, gehörten sie nicht zu den niedrig geachteten Gruppen oder Schichten in ihren Völkern. In Indien finden wir unter den Fernhändlern viele Brahmanen, in Rom gehörten sie zu den Reichsten. In Zeiten der politischen Integration stieg auch der Luxuskonsum einer sich etablierenden Elite und damit der Handel mit Luxusgütern. Die Kontrolle über den Fernhandel und seine Güter und über die die wichtigen Handelsstraßen und -zentren war zu allen Zeiten eine der bedeutendsten Grundlagen der Herrschaft. Zweifellos begünstigte der Handelsverkehr die Oberschichten in den Gesellschaften, aber zumindest entlang der großen Handelsrouten profitierten alle Bevölkerungsschichten davon. Es entstanden neben den lokalen Märkten regelrechte Marktstädte und Fernhandelsplätze, die oftmals zu wichtigen Zentren des kulturellen, sozialen und geschäftlichen Austauschs wurden und ihre Funktion über Jahrtausende beibehielten. Überreste von Handelsstädten und Handelsniederlassungen lassen etwa einen ausgedehnten Handel der Völker Mesopotamiens in Richtung Nordosten, Südosten und Westen seit dem vierten Jahrtausend v. Chr. vermuten. Zwischen Indien, Persien, Ägypten und Ostafrika gab es seit Jahrtausenden einen Küstenseehandel. Die phönizischen Niederlassungen im gesamten Mittelmeerraum und später auch die griechischen Pflanzstädte zeugen von regem Seehandel im Mittelmeer, der schon auf langen Traditionen aus minoischer und vorminoischer Zeit beruhte. Aber auch der Norden Europas, von den Zinninseln vor Cornwall bis zu den Tundren, in denen die Samojeden Pelztiere jagten, wurde von dem alten Welthandel berührt. Und die

Seidenstraßen zu Land wie zur See stellten über Jahrhunderte hinweg die Verbindung zwischen China, Indien, dem Mittelmeer und dem Schwarzen Meer dar. Der Fernhandel hatte eine besondere Bedeutung auch für die soziale und kulturelle Entwicklung der Gesellschaften, denn er brachte Regionen unterschiedlicher wirtschaftlicher und sozialer Ausstattung und Entwicklung miteinander in Beziehung, Regionen mit verschiedenen politischen Regimen, sozialen Strukturen und Religionen, Sitten und Bräuchen. Nur für kurze Zeit und unter besonderen Umständen blieben manche Gesellschaften isoliert. Über die Menschheitsgeschichte hinweg standen die Gruppen in ständiger Interaktion mit anderen durch Krieg, Handel und Wanderung. Dabei kam es zu Konzentrationen in Zonen hoher Interaktionsdichte.

Der Begriff der Sozialwissenschaftler von kompakten, in sich geschlossenen "Gesellschaften" mit zeitlosen Merkmalen und deutlichen Grenzen entstand als eine Naturalisierung und Generalisierung der Nationalstaaten im Europa der Neuzeit. Dem muß man mit Blick auf die alten Kulturräume und auf die voreuropäische Weltgeschichte das Bild ständiger Interaktion und Bewegung, von Diffusion und Vermischung entgegensetzen.[25] Vielfältige Überlagerungen und Assimilationen verschiedenster Gruppen[26] prägten die Bevölkerung in den einzelnen Regionen der Erde, besonders in den Zentren der alten Hochkulturen. Ein Beispiel dafür stellt die Geschichte Altitaliens dar, insbesondere die Roms, wo die altmediterrane Bevölkerung im 10. und ab dem 11. Jahrhundert v. Chr. durch Bevölkerungsbewegungen und Siedlungsentwicklungen der Etrusker, Griechen und Phönizier überlagert und durchmischt wurden. Bei diesen Überlagerungen, Überschichtungen und kulturellen Vermischungen spielte zumindest im etruskischen Italien weniger die militärische Dominanz eine Rolle, als vielmehr die wirtschaftlich-kommerzielle Überlegenheit der Etrusker und die Diffusion ihrer Kultur. Diese erfolgte nicht zuletzt durch den Handel. Damit einher ging ein Ansteigen der Reflexivität, der Ideologien und eine Veränderung der Religionen, der Symbole und Institutionen. Mit Krieg, Expansion und Staatsbildung ist die gesellschaftliche Entwicklung keineswegs schon umrissen, denn darauf folgte die Ausdehnung und Diffusion der Kultur; sie erst erweiterte den archaischen Staat zum Kerngebiet einer universalen Hochkultur, die

25 Vgl.: Eric R. Wolf, Die Völker ohne Geschichte, Frankfurt/Main-New York 1991 (urspr. am. 1982), S. 110.

26 Vgl. dazu auch die Hinweise auf die vielfältigen Spaltungen und Neubildungen von Stammesgesellschaften und "Völkern", etwa am Beispiel der Völker während der Völkerwanderungszeit in Europa. Siehe z. B.: Herwig Wolfram, Die Goten, 5. Aufl., München 1993; Ders./Falko Daim (Hg.), Die Völker an der mittleren und unteren Donau im fünften und sechsten Jahrhundert, Wien 1980.

über die räumlichen und zeitlichen Grenzen des Staatsgebiets hinaus wirksam war und die Achsenzeit der Weltgeschichte markierte.[27]

Handel und Händler in den alten Reichen

Die altorientalische Welt war ein uraltes Wirtschaftsgebiet. Die Kombination von fruchtbarem Land, Gebirge und Wüste ließ gute Vorbedingungen für Produktion und Austausch entstehen. Auch die Lage zwischen zwei Meeren, dem Mittelmeer einerseits und dem Indischen Ozean andererseits, begünstigte eine Verbindung zu verschiedenen anderen Kulturen. Das Gebiet war, wie Stefan Breuer meint, in erster Linie durch wirtschaftliche Integration bestimmt, weniger durch politisch-militärische wie China oder Indien.[28] Allerdings hat die politisch-militärische Ausdehnung im Alten Orient immer wieder zu Großreichen geführt, die aber meist nicht sehr beständig waren und fast nie das ganze Gebiet wirklich kontrollierten. Auch die archäologischen Funde, insbesondere in den letzten Jahrzehnten, erzeugen das Bild zahlreicher Zentren unterschiedlicher Kulturen, die sich nebeneinander ausbreiteten, einander überlappten, aufeinander folgten: Sumer, Akkad, Ebla, Assyrien, Babylon, Mitanni, Hethiterreich, Palästina/Syrien. Ein "Gegenmodell" stellt Ägypten mit seiner langen Geschichte zentraler staatlich dominierter Wirtschaft dar. Zwischen Ägypten und China aber breitete sich ein weiter Wirtschaftsraum aus, in dem sich unterschiedliche Formen von Handelsaktivitäten mit der wechselvollen Geschichte des Raumes verbanden.

Im 3. Jahrtausend v. Chr. entstanden in Mesopotamien Stadtstaaten rund um einen Tempel, der auch die Wirtschaft kontrollierte. Obwohl von beschränkter Dauer wurde diese Konstellation als Typus der sumerischen Tempelwirtschaft im Sinne einer frühen Zentralverwaltungswirtschaft interpretiert.[29] Dem Tempel des Stadt-

27 Samuel Noah Eisenstadt, Kulturen der Achsenzeit, 2 Bde., Frankfurt/Main 1987 (urspr. am. 1984). Eisenstadt sprach in bezug auf die Entstehung der alten Hochkulturen von einer Schwelle in der soziokulturellen Entwicklung der menschlichen Gesellschaften und übernahm den Begriff Jaspers' von der "Achsenzeit", der damit das Auftreten einer Spannung zwischen der transzendentalen und der weltlichen Ordnung verstand.

28 Stefan Breuer, Imperien der Alten Welt, Stuttgart-Berlin-Köln-Mainz 1987, S.82f.

29 Diese staats- bzw. tempelsozialistische Interpretation übertrug sich als allgemeine These auf die Wirtschaftsstrukturen der Alten Welt und wurde erst seit den 70er Jahren durch die Forschung widerlegt. Vgl.: P. Deimel, Sumerische Tempelwirtschaft, in: Analecta Orientalia 2, Rom 1931, S. 79 ff.; Hartmut Schmökel (Hg.), Kulturgeschichte des Alten Orient, Augsburg 1995, S. 46 ff.; Karl Polanyi/Conrad M. Arensberg/Harry W. Pearson (eds.), Trade and Market in the Early Empires, Glencoe-Ill. 1957; Philip D. Curtin, Cross-Cultural Trade in World

gottes gehörte alles Land, er war der religiöse, administrative und wirtschaftliche Mittelpunkt des Staates. Oberster Priester des Stadtgottes und weltlicher Herrscher war der Fürst, während seine Gemahlin Priesterin und weltliche Verwalterin der Gemahlin des Stadtgottes und seine Kinder die Priester und Verwalter der Kinder des Stadtgottes waren. Das gesamte Land zerfiel in drei Teile. Jedes Mitglied der Tempelgemeinde erhielt Land für seinen Unterhalt (je nach Rang, Dienst, Familiengröße) und "zahlte" dem Gott dafür einen Teil des Ertrages zurück. Ein zweiter Teil des Bodens wurde vom Tempel an Zinsbauern verpachtet. Die Domanialwirtschaft des Tempels, d. h. die direkte Bewirtschaftung des Bodens durch die Tempelverwaltung, stellte den dritten Teil dar. Während die Oberpriester die religiösen Belange betreuten, waren die Tempelvorsteher, denen Beamte und Werkführer unterstanden, für die wirtschaftlichen Bereiche zuständig. Als landwirtschaftliche Arbeitskräfte fungierten Tempelsklaven, Tempelpfründner und Soldaten im Friedensdienst. Sie betrieben den Bewässerungsgartenbau, die Viehzucht, Fischerei und Jagd. Die Einnahmen der Tempel rekrutierten sich aus Erträgen des Handels, Geschenken, Kultgaben, Pachtzinsen (in Naturalien und Silber), Gebühren für Schiffe und Geräte aus Tempelmagazinen und den Gegenleistungen der Tempelpfründner, die in Naturalabgaben und Dienstleistungen bestanden. Die Tempel führten auch genaue Aufzeichnungen und Berechnungen der Einnahmen und Ausgaben durch, so daß man von einem relativ hohen Niveau der Wirtschaftsrechnung ausgehen muß. Der Handel - sowohl der Binnen- wie der Außenhandel der Stadtstaaten - erfolgte durch Tempelkaufleute, was jedoch nicht notwendig die vollständige Kontrolle der Tempel über alle Geschäftstransaktionen bedeutete. Volles Eigentumsrecht bestand an Haus, beweglichen Gütern und Sklaven. Auch Landverkäufe kamen vor, wovon eine große Zahl von Verträgen Zeugnis ablegt.

Die "Tempelwirtschaft" wurde zum Beweis herangezogen, daß in den alten Wirtschaftsgesellschaften die zentrale Kontrolle durch eine kultisch-staatliche Autorität vorherrschte. Tatsächlich war diese Form der Wirtschaftsorganisation aber nur auf eine bestimmte Epoche beschränkt und hatte auch während ihres Bestehens nie ganz die privaten Wirtschaftsaktivitäten beseitigt. Die Tempelwirtschaft barg in sich Spannungen, die sich durch das Auseinanderbrechen von religiöser und weltlicher Macht offenbarte und bald in einer Trennung zwischen Tempel- und Palastwirtschaft resultierte. Der Machtzuwachs des Fürsten schlug sich im Übergang bedeutenden Landbesitzes in sein Eigentum nieder, sein Anteil am Ertrag der Tempelwirtschaft wurde als Steuer einklagbar, die die Tempel und die Bürger zu zahlen hatten (III. Dynastie von Ur). Diese Entwicklung förderte auch die allgemeine

History, Cambridge 1984.

"Privatisierung" der Wirtschaft, d. h. die Tempelwirtschaft, die Vermögen der reichen Bürger und der Palasthandel der Krone wurden zu privaten Unternehmungen. Politisch-militärische Integration ging zwar auch wieder mit stärkeren Handelskontrollen und Erhöhung der Eigenwirtschaft der Krone einher, beseitigte aber die private Wirtschaft nicht. Auch die Palast- und Tempelhändler konnten nebenbei private Geschäfte machen; insbesondere die Kreditvergabe durch diese Kaufleute ist belegt.[30] Als die III. Dynastie von Ur zusammenbrach, fielen auch die staatlichen Handelskontrollen wieder, und die private Wirtschaft konnte sich voll durchsetzen. Das Beispiel Mesopotamiens zeigt, daß alle generellen Typisierungsversuche von vormoderner, religiös geprägter oder despotisch gelenkter Wirtschaft historisch unhaltbar sind und tatsächlich nur Strategien zur Untermauerung von Theorien über die moderne Wirtschaft darstellen.

Mesopotamien entwickelte eine blühende Keramik-, Textil- und Metallproduktion mit starker Arbeitsteilung. Es gab eine große Zahl von Berufen, wobei besonders die Vielfalt der Handwerke auffällt. Nach der im Codex Hammurabi getroffenen Einteilung des Volkes in freie Bürger, "muschkenu" und Sklaven, gehörten die Handwerker zur mittleren Gruppe, die wirtschaftlich abhängige, aber persönlich freie Arbeiter umfaßte.[31] Die Handwerker waren zunächst eng mit Tempel und Palast verbunden; sie waren vielfach gildenmäßig organisiert, meist aber persönlich frei und erhielten Löhne auf Grund von "Werkverträgen". Hammurabi setzte Mindestlöhne für gewisse Gruppen von Handwerkern fest. Zumeist waren sie in Tempeln untergebracht, dann auch in berufsmäßig unterteilten Basaren (Werkstatt/Verkaufsladen). Im Zwischenstromland waren auch viele fremde Spezialisten aus Syrien, Palästina und Kleinasien beschäftigt.

Mesopotamien war das klassische Land des Handels auf Grund seiner Lage zwischen Indien und dem Mittelmeerraum. Jede Stadt besaß einen Markt, wo Produzenten ihre Güter anboten, wo aber auch Monopolwaren vertrieben wurden.[32]

30 Vgl.: H. Neumann, Handel und Händler in der Zeit der III. Dynastie von Ur, in: Orientalische Forschung 6/1979, S. 15-67.

31 Siehe: Siegfried Herrmann, Sumer, Babylonien und Assyrien, in: Iring Fetscher/Herfried Münkler (Hg.), Pipers Handbuch der politischen Ideen, Bd. 1, München 1988, S. 135-167, S. 150 f.

32 Wie Polanyi aufgezeigt hat, ist die Existenz von Märkten nicht zu verwechseln mit der von Markthandel oder gar Marktwirtschaft im modernen Sinn. Aber seine Gegensatzbildung dazu ist auch überzogen. Herodots Hinweis (I, 153) auf die Absenz von Märkten bezog sich auf die Zeit des Perserreichs und erscheint von zweifelhafter Geltung in bezug auf die tatsächlichen wirtschaftlichen Gegebenheiten. Siehe: Karl Polanyi, Ökonomie und Gesellschaft, Frankfurt/Main 1979,

Könige setzten oft Höchstpreise fest, wie es etwa Hammurabi tat, der auch die Beurkundung jedes Geschäftes forderte. Die Kaufleute gliederten sich in Großkaufleute, Einzelhändler, Betreiber von Handwerksläden und Wanderhändler.[33] Die Kapitalakkumulation bei den Großkaufleuten war beträchtlich und schuf eine gute Grundlage für den weiteren Ausbau des Handels. Der Fernhandel erfolgte zwar hauptsächlich durch Angestellte des Tempels oder des Königs, aber reiche und mutige Kaufleute unternahmen auch auf eigene Faust Handelsreisen oder schickten Agenten aus. Dennoch waren sie immer auf den Schutz des Königs und der Fürsten in den Gebieten, durch die sie reisten, angewiesen und mußten Zölle bzw. Schutzgelder bezahlen. Die Güter des Fernhandels umfaßten Getreide, Sesamöl, Datteln, Trockenfisch, Schlachtvieh, Stoffe, Keramik, Parfums und Schmuck, die die Händler in die Gebirgs- und Wüstengebiete einerseits und die Hochkulturen an Nil und Indus andererseits brachten. Aus dem Norden und dem Libanon kam das Holz für das waldarme Gebiet zwischen Euphrat und Tigris, ebenso mußte Stein für Bauwerke eingeführt werden sowie Kupfer und Eisen. Es ist also keineswegs so, daß nur Luxusgüter im Fernhandel dominierten, auch "Massengüter" waren Gegenstand insbesondere des Seehandels entlang der Küsten bis Indien, Somaliland und Ägypten, und ganze Viehherden wurden über weite Strecken gebracht.

Die Handelszentren verlagerten sich im 2. Jahrtausend v. Chr. nordwärts nach Assur, von wo aus Kaufleute ein eindrucksvolles Netz von Märkten und Handelsniederlassungen zwischen Anatolien, Persien und Südmesopotamien bis zum Mittelmeer aufbauten. Auch in Mari am oberen Euphrat entstand ein solches Zentrum, an dem sich wichtige Handelsstraßen kreuzten, und das bis zu seiner Zerstörung durch Hammurabi bestehen blieb. Ugarit in Nordsyrien war vor allem durch seine Lage am Mittelmeer ein wichtiger kommerzieller Knotenpunkt, wie auch Byblos, das Verbindungen nach Zypern, Kreta, Kilikien und Ägypten unterhielt. Berühmte Handelsstädte waren auch Aleppo (Haleb) und Alalah.[34] Handel wurde mit Ägypten, Syrien, Kleinasien, Elam, dem Industal und den Gebirgsländern im Norden getrieben; autonome altassyrische Handelskolonien wurden in vielen Städten in

S.443/444.

33 Polanyi weist auf die außerhalb der Städte angesiedelten Handelsplätze und -häfen als Institutionen des verwalteten Außenhandels der Reiche und auf den Status des "Tamkarum" als Treuhänder des Staates hin. Vgl.: Karl Polanyi, Ökonomie und Gesellschaft, op. cit., S. 284-299, S. 300-316. Er bezieht seine Einschätzung des Handels daher nur auf die zweifellos vorhandenen "offiziellen" Transaktionen und auf die Großkaufleute.

34 Philip D. Curtin, Cross-Cultural Trade in World History, Cambridge 1984, S.60ff.

diesen Gebieten, insbesondere in Kappadokien, gefunden.[35] Es ergibt sich ein Bild, das die bewegte Geschichte der politischen Hegemonie und der vielschichtigen Sozialstrukturen zwischen Südmesopotamien, Anatolien und Syrien/Palästina mit den variierenden Schwerpunkten des Handels verbindet. Zahlreiche Handelsstädte erlebten ihre Blüte und verschwanden wieder oder sanken zur Bedeutungslosigkeit herab, wenn die Überschichtungen und Bewegungen andere Zentren begünstigten.[36] Darin zeichnet sich ein ständiger Wechsel von Kulturen und "Völkern", von Austausch, Diffusion und politischer Zentralisation ab. Auf Zeiten, in denen die Kontrolle, die die zentralen Autoritäten in den Reichen über die Wirtschaft ausübten, stark war, folgten Zeiten relativ freien Austausches und nie gelang es, die privaten Geschäfte und Wirtschaftsformen gänzlich auszuschalten.

Das Land am Nil war die bei weitem fruchtbarste Region in der Alten Welt; dazu kamen reiche Gold-, Feuerstein-, Kupfer- und Türkisvorkommen. Ägypten lag am Rand der großen Zone, in der sich die kriegerischen, händlerischen und expansiven Bewegungen abspielten[37] und entwickelte selbst kaum Expansionsbestrebungen, so daß wir hier eine bemerkenswerte Kontinuität vorfinden. Die ethnozentrische Kultur verband sich mit einer universalistischen und integrativen politisch-sozialen Struktur, die sich schon früh aus den verschiedenen Clans durch die Dominanz einer bestimmten Abstammungslinie entwickelte. Man kann annehmen, daß die verschiedenen Clanstaaten allmählich zu einem großen zusammengewachsen sind, an deren Spitze der Pharao als Mittler zwischen Menschen und Göttern stand. Der Herrscher Ägyptens war zwar nur Stellvertreter der Götter, aber in dieser Welt bedeutete das das Alleinverfügungsrecht des Pharao, das ideelle Eigentum am gesamten Land. Neben den königlichen Bauern, die das Land direkt für den Pharao bestellten und die an ihr Dorf gebunden waren, gab es auch private Verfügung über Grund und Boden, etwa im Fall des Tempellandes oder des Landes, das den Veteranen zugeteilt worden war. Das "private" Land wurde allerdings nach genauen Plänen und von staatlichen Beamten in bezug auf seine Nutzung kontrolliert, was durch die umfangreichen Bewässerungseinrichtungen auch in gewissem Maße notwendig war. Die Entstehung der ägyptischen Hochkultur nach der Integration von

35 Ebd., S. 67.

36 Das zeigt sich auch an der wechselvollen Geschichte der durch italienische Ausgrabungen entdeckten Stadt Ebla. Siehe: Paolo Matthiae, Ebla. Un impero ritrovato, Torino 1989.

37 Wilson weist auf die Beeinflussung durch mesopotamische Händler hin: John A. Wilson, Ägypten, in: Propyläen Weltgeschichte, Bd. 1, Berlin-Frankfurt/Main 1960, S. 323-521, S. 345.

Ober- und Unterägypten im Alten Reich, der Aufbau hierarchisch-bürokratischer Sozialstrukturen und einer charakteristischen religiösen Kultur hing eng mit wirtschaftlichen Produktions- und Eigentumsbedingungen zusammen. In den Zeiten der Krise, dem Niedergang des Alten Reiches, kam es zu einer Stärkung der zentrifugalen Kräfte, zum Auseinanderbrechen der zentralen Verwaltung und dem Entstehen mehrerer regionaler Machtzentren. Die Ursachen dafür mögen zahlreich gewesen sein, eine wichtige Rolle spielten dabei aber die Versorgungsschwierigkeiten mit Holz, Harz und Öl durch das Erliegen der Handelsbeziehungen mit Palästina/Libanon.

Ägypten entwickelte nicht nur einen bemerkenswerten Immobilismus und Isolationismus, es wurde dadurch auch der Aufbau einer viel zentralistischeren Verwaltungsorganisation ermöglicht, als dies in den Gebieten des Vorderen Orients als klassisches Durchzugs- und Überschichtungsland der Fall war. Auch die Ausschaltung der nomadischen Stämme und ihrer Kontrolle der Handelswege, sowie auch die des Privathandels in Ägypten waren Folgen davon.[38] Staatliche Handelsexpeditionen und ein zentrales Verteilungssystem traten insbesondere im Mittleren Reich an die Stelle des Privathandels. Das, sowie die Durchführung der riesigen kultischen Bauten, erforderte eine genaue Registrierung der Bevölkerung und die Festlegung von Dienstverpflichtungen gegen Nahrungsmittelversorgung aus den staatlichen Speichern, was wiederum die Kontrolle der landwirtschaftlichen Produktion und die Verpflichtung der Bauern zur Ablieferung eines Teiles ihrer Erträge bedeutete. Staatliche Beamte planten und kontrollierten dieses System. Soweit die einheimischen Arbeitskräfte dafür nicht ausreichten, wurden Sklaven durch staatlich organisierte Überfälle auf Nachbarvölker beschafft.

Im Neuen Reich zeigte sich ein Vordringen säkularer und persönlicher Herrschaftselemente, was zu einer Straffung der Verwaltung und einer Militarisierung durch ein stehendes Heer führte. Das hatte auch Folgen für die Wirtschaft.[39] Das Land blieb zwar agrar- und naturalwirtschaftlich geprägt, der Fernhandel wurde jedoch vom Pharao in Form von Expeditionen betrieben. In diesem Zusammenhang darf man nicht auf die Rolle der Phönizier als "Vertragskaufleute" des Pharao verges-

38 In Ägypten dürfte es tatsächlich wenig "Außenhandel" durch fremde oder eigene Händler gegeben haben, weil die anderen Völker allgemein nicht eigentlich als Menschen betrachtet wurden. Erst im Gefolge des Einbruchs der Hyksos und deren Ansiedlung von "Asiaten" in Unterägypten sowie nach dem Niedergang des Neuen Reiches kam es zu einer Änderung.

39 J. Janssen, Commodity Prices from the Ramesside Period, Leiden 1975.

sen; für ihn beschafften sie Kupfer aus Zypern, Zedern aus dem Libanon und Zinn aus Cornwall, denn in Europa wurde schon in alter Zeit Erz abgebaut, und auf der iberischen Halbinsel wurde Kupfer mit Zinn zu Bronze verschmolzen, als die ägyptische Hochkultur noch kaum größere Kenntnisse der Metallerzeugung besaß. Die durch den Fernhandel beschafften Exportgüter dienten nicht nur zur Eigenversorgung des "Hofes", sondern waren ein wichtiges Instrument zur Erhaltung der Macht durch Zuteilung von Statusgütern an die Beamten.[40] Diese hatten allerdings gleichzeitig eine andere Einnahmequelle auf Grund der Naturaldeputate, die ihnen aus der landwirtschaftlichen Produktion zustanden. Die hohen Beamten und lokalen Machthaber sowie auch die Tempel stellten daher potentiell zentrifugale Kräfte dar.[41] Als die Assyrer schließlich im 7. Jahrhundert v. Chr. große Teile Ägyptens vorübergehend eroberten, war zum ersten Mal das große Wirtschaftsgebiet zwischen Mesopotamien und dem Nil vereinigt. Diese Eroberung war eine aus einer Reihe von bewegten Auseinandersetzungen im zerfallenden Reich. Die politische Desintegration bedeutete aber nicht zugleich den Verfall von Wirtschaft und Handel. Letzterer intensivierte sich sogar, insbesondere durch die Verbindungen zu Griechenland und durch die Gründung griechischer Handelskolonien in Ägypten. Naukratis im Nildelta wurde zum Freihandelshafen der Griechen. Durch die Zentralisierung der Verwaltung und die stärkere Kontrolle in der Zeit der Perserherrschaft reduzierten sich diese Kontakte, obwohl die Griechen die Ägypter auch immer wieder militärisch gegen die Perser unterstützten. Der griechische Einfluß, der zunächst durch den Handel begründet worden war, bestand bereits seit einigen Jahrhunderten, ehe Alexander Ägypten dann kampflos übernehmen konnte. Im Inneren steigerte Ägypten in ptolemäischer Zeit die bürokratisch-zentralistischen Maßnahmen, die hier eine lange Tradition hatten, um die Agrarproduktion anzukurbeln. Besitzverhältnisse und Verpflichtungen wurden genauestens schriftlich festgelegt und durch Beamte regelmäßig kontrolliert. Nahezu alles unterlag der Besteuerung; die abgelieferten Naturalien, insbesondere Getreide, wurden in königlichen Speichern gelagert und von Alexandria aus nach Rhodos zur größten Kornbörse der Ägäis verbracht. Das Streben war darauf gerichtet, möglichst viel Gold und Silber

40 Morenz sprach in bezug auf Ägypten von einer "Prestige-Wirtschaft". Siehe: Siegfried Morenz, Prestige-Wirtschaft im Alten Ägypten, München 1969.

41 Die Verhältnisse in der Arbeiterstadt Deir El-Medineh zeigen nicht nur die Lebens- und Arbeitsbedingungen der Arbeiter, sondern auch die Korruption der Beamten am Ende des Neuen Reiches. Siehe: John Romer, Sie schufen die Königsgräber. Die Geschichte einer altägyptischen Arbeitersiedlung, München 1986 (urspr. engl. 1984); Arne Eggebrecht et al., Geschichte der Arbeit. Vom Alten Ägypten bis zur Gegenwart, Köln 1980, S. 23-94.

durch diese staatlichen Getreideexporte ins Land zu bringen. Zölle auf Importe, die Errichtung von Monopolen und die Münzpolitik kennzeichneten die merkantilistische Politik, und dienten dazu, einen militärischen Apparat aus Söldnern aufzubauen und zu erhalten.

Im Hochland von Anatolien hatte sich das Hethiterreich im 2. Jahrtausend v. Chr. entwickelt. Als reines Binnenland, das im Norden wie im Süden durch Gebirge vom Meer getrennt war, beruhte seine Wirtschaft mehr auf Viehzucht, Land- und Weinbau und weniger auf dem Handel, obwohl die großen Überlandhandelsstraßen auch ihre Verzweigungen nach Anatolien hatten. Es gab Privatbesitz und auch Palast- und Tempelwirtschaft, der Handel lag aber in Händen von Fremden; am besten nachweisbar sind Niederlassungen der altassyrischen Händler.[42] Die Quellen zeigen auch, daß es Bestrebungen zu Preisfestlegungen gab, bezahlt wurde wie überall im Orient mit Silber- und Goldbarren nach dem Maß der babylonischen Gewichte Sekel und Mine.

Assur erweiterte seit dem Ende des 2. Jahrtausends v. Chr. bis 609 v. Chr. sein Gebiet und wandelte sich zum weltpolitisch bedeutenden Territorialstaat, was auch hier mit dem Aufbau einer zentralen Verwaltung, eines stehenden Heeres und einer Kontrolle über Handelsstraßen und Handelsaktivitäten einherging, die jedoch nicht zum Staatshandel führte wie in Ägypten. Die Assyrer schonten sogar die eroberten Handelsstädte wie Babylon und weitgehend auch die phönizischen Staaten. Sie schufen ein Weltreich, indem sie das Kernland stärkten, benachbarte Fürsten tributpflichtig machten und die Handelswege beherrschten.[43] Trotzdem war es ein flüchtiges Reich, das bald neuen Anstürmen von Seiten eines rebellierenden Chaldäerfürsten in Babylonien und der Meder erlag.

Das größte Reich in der Geschichte des alten Orients entstand durch den Zusammenschluß von einigen seßhaften und einigen nomadisierenden persischen Stämmen unter der Dynastie der Achämeniden. Die Perser unter Kyros und Kambyses unterwarfen die Lyder in Kleinasien und drangen bis zum Indus, nach Babylonien und Ägypten vor.[44] Ein solch ausgedehntes Reich erhielt seinen Reichtum v. a.

42 Heinrich Otten, Das Hethiterreich, in: Hartmut Schmökel (Hg.), Kulturgeschichte des Alten Orient, Augsburg 1995, S. 311-446.

43 J. N. Postgate, The Economic Structure of the Assyrian Empire, in: M. T. Larsen (ed.), Power and Propaganda. A Symposium on Ancient Empires, Kopenhagen 1979, S. 193-222.

44 Muhammed A. Dandamaev, Politische und wirtschaftliche Geschichte, in: G. Walser (Hg.), Beiträge zur Achämenidengeschichte, Wiesbaden 1972, S. 15-58.

aus Tributzahlungen, ferner aus den Erträgen oder den Pachtzinsen des Königslandes sowie aus Abgaben der Satrapien und der Untertanen. Die Satrapien waren Verwaltungseinheiten mit einer weitgehenden Autonomie in zivilen Angelegenheiten, wurden aber von einer zentral organisierten militärischen Verwaltung parallelisiert und kontrolliert. Die hohen Beamten des persischen Weltreiches kamen allesamt aus dem Adel, der ausgedehnte Pfründen erhielt und solcherart dazu gebracht wurde, als "Staatsklasse" die Krone zu stützen anstatt sie zu konkurrenzieren. Wenngleich sich die Perser, zumindest laut Herodot, in Abgrenzung zu den Griechen rühmten, keinen Wert auf Märkte zu legen, blühten der Handel und das Gewerbe in dem Riesenreich.

Die Vereinigung der wichtigsten Wirtschaftsgebiete Vorderasiens bot eine günstige Voraussetzung für die Intensivierung des Handels durch die relative Befriedung, den Wegfall der politischen Schranken und durch religiöse Toleranz. Erst mit der Niederlage gegen die Griechen begann der Abstieg und Zerfall des Perserreichs. Die Perserkriege waren daher auch Wirtschaftskriege, bei denen es um Tribute ging, aber auch um unterschiedliche Formen des Wirtschaftsdenkens. Im 1. Jahrtausend v. Chr. rückten auch die phönizischen Stadtstaaten ins Zentrum der Weltwirtschaft. Tyros erweiterte seinen Hafen und Markt und baute ein System von Faktoreien auf. Phönizische Schiffe beherrschten im 8. Jahrhundert v. Chr. das Mittelmeer und brachten Kupfer von Zypern, Silber aus Kilikien, Gold aus Ägypten. Sie stellten die wichtigsten Handelspartner Ägyptens dar und phönizische Händler wurden zu den Kaufleuten des Pharao.[45] Die Phönizier selbst produzierten Purpurstoffe[46], Glas- und Metallwaren. Die Städte spezialisierten sich auf Handel und Gewerbe und gründeten auch eine ganze Reihe von Pflanzstädten, die berühmteste davon wurde Karthago. Das Netz der Niederlassungen erstreckte sich bis Südspanien. Im Hinterland entfaltete sich in Palästina die bäuerliche Wirtschaft, in den Städten aber auch ein vielfältiges, in Zünften zusammengeschlossenes Handwerk und ein wohlhabender, in Gilden organisierter Handelsstand, der sich oft genug durch Kredite an Bauern bzw. durch die Übernahme verschuldeter Bauerngüter bereicherte. Der Transithandel wurde zwar im 8. und 7. Jahrhundert vom König kontrolliert, aber der Inlandhandel mit Importgütern war frei. In den Städten entstanden Ge-

45 Sabatino Moscati, L'Enigma dei Fenici, Milano 1982.

46 Daher kommt vermutlich auch die Bezeichnung des Volkes. Die Griechen verwendeten das Wort "phoinike" für "das Land der roten Farbe" als Übersetzung für "Kanaan", das Purpurland. Siehe: Hartmut Schmökel (Hg.), Kulturgeschichte des Alten Orient, Augsburg 1995, S. 692.

schäftsviertel mit reich ausgestatteten Wohnhäusern und großen Lagerräumen.[47]

Zwischen dem 3. Jahrhundert v. Chr. und den ersten beiden Jahrhunderten nach der Zeitenwende nahm der Überlandhandel schlagartig zu, wurde zu einer regelmäßigen Einrichtung, und bezog auch den Fernen Orient mit ein. Die Welt zwischen Marokko und Japan wurde zu einem großen Handelsraum. Zwischen dem hellenistischen Bereich, dem Maurya-Reich und Han-China entstand ein reger Austausch und die Städte und die Kultur entlang der Karawanenstraßen erlebten einen großen Aufschwung.

In China war es nach einer langen und wechselvollen Geschichte unter dem Qin-Herrscher Shi Huang-ti (221-206 v.Chr.), durch die Entmachtung der alten Aristokratie zum Aufbau eines zentralen Verwaltungssystems gekommen. Sprache, Schrift, Maße und Gewichte wurden standardisiert. Ein Verwaltungssystem, hohe Steuern, Zwangsarbeit für riesige Bewässerungs-, Verkehrs- und Verteidigungsvorhaben wurden eingeführt und drakonische Strafen sowie die Bücherverbrennung von 213 v. Chr. verfügt. Solcherart wurde ein despotisches imperiales System errichtet, das von der folgenden Han-Dynastie trotz einer konfuzianistischen Reaktion in der Praxis in gemilderter Form weitergeführt wurde.[48] Auch in China bedingten einander soziale und wirtschaftliche Veränderungen gegenseitig. Die Wasserbauanlagen - einmal entstanden - wurden zur vielleicht wichtigsten Aufgabe des Staates, der sie erhalten und ausbauen mußte und dafür ein hohes Steueraufkommen und Arbeitskräftepotential brauchte. Er beschränkte sich darauf, die traditionell starken Autoritätsstrukturen auf lokaler Ebene durch die Schaffung einer spezifischen chinesischen Bürokratie zu ergänzen. Diese wurde repräsentiert durch die Mandarine, die die konfuzianischen Regeln des gesellschaftlichen Verhaltens studiert hatten und entsprechend der religiös sanktionierten Tradition lebten. Das begünstigte die Kombination einer zentralistischen Verwaltung bei gleichzeitiger lokaler Dorforganisation der Arbeit. Zwar stützte sich der Han-Staat auf das selbständige Kleinbauerntum, das durch große Siedlungsprojekte gefördert wurde, und konfiszierte sogar Grundbesitz von Kaufleuten und Großgrundbesitzern, aber er förderte auch den Aufbau einer Eisengewinnung und -verarbeitung von beträchtlichen Ausmaßen und un-

47 Giorgio Buccellati, Cities and Nations of Ancient Syria, Rom 1976.

48 Vgl. zur Geschichte Chinas: Joseph Needham, Science and Civilization in China, 6 Bde., Cambridge u. a. 1954-1985; Richard H. Tawney, Land and Labour in China, London 1932; Witold Rodzinski, A History of China, Vol. 2, Oxford 1971; Jacques Gernet, Die chinesische Welt, Frankfurt/Main 1979; E. Stuart Kirby, Wirtschafts- und Sozialgeschichte Chinas, München 1955 (urspr. engl. 1953).

terstellte sie dem staatlichen Monopol. Ein solches bestand auch für die Salzgewinnung, die Seidenweberei sowie die Lack- und Bronzewarenerzeugung. Die Agrarpolitik, die staatliche Industrieproduktion und die militärische Expansion nach Süden, Norden und Westen markierten einen gigantischen Aufschwung Chinas.[49] In dieser Zeit expandierte auch der Handel im Inneren, der See- und Landhandel mit Südostasien und Indien und der Karawanenhandel auf der Seidenstraße nach Westen.[50] Durch die relativ starken Austauschprozesse kam es jedoch zu massiven Veränderungen der Bodenbesitz- und Vermögensverteilung zugunsten der Großgrundbesitzer, deren politische Macht dadurch wieder zunahm, und schließlich nach einer Zeit der internen Konflikte zum Zerfall des Reiches führte. Unter den Sui- und T'ang-Dynastien erstand das Reich wieder auf der Basis eines Milizsystems, einer die freien Kleinbauern fördernden Agrarverfassung und einer meritokratischen Bürokratie mit einheitlicher Rechtsordnung. Ein riesiges System von Kanälen und Schiffahrtswegen wurde zum Zweck der Versorgung der für die Alte Welt gigantischen Millionenstädte Chang'an und Luoyang angelegt, das gleichzeitig das wirtschaftliche Schwergewicht vom Norden und Westen hin zum Süden verlagerte. Dies bewirkte auch eine Intensivierung des Handels mit Indien und Vorderasien. Die Geschichte Chinas zeigt einen mit den politischen Verhältnissen zusammenhängenden Wechsel von Öffnungs- und Schließungsphasen in bezug auf den Handel mit anderen Völkern und Reichen. Immer wieder zog sich China vollständig auf sich selbst zurück. Nachdem sich sein Territorium konsolidiert hatte, blieb das, was nun China genannt wurde, ein in politisch-kultureller Hinsicht ungemein dichter, aber weitgehend geschlossener Block. Kulturell gab es zwar Einflüsse auf Japan, Korea und Hinterindien, aber kaum darüber hinaus. China selbst war aber auch, anders als Indien, nicht Eroberungsgebiet vieler anderer Völker.[51] Auch chinesische Händler schienen nur relativ selten in weit entfernten Gegenden auf, meist bedienten sie sich dazu anderer Völker. Chinesische Handelsniederlassungen gab es in späterer Zeit nur in Südostasien.

Indien war immer schon Drehscheibe verschiedener Völker, Kulturen und Handelseinflüsse, insbesondere aus Zentralasien und dem Persischen Golf.[52] Sehr früh

49 Yu, Ying-shih, Trade and Expansion in Han China, Berkeley 1967.

50 Jean Pierre Drége, Seidenstraße, Köln 1986; A. Herrmann, Die alten Seidenstrassen zwischen China und Syrien, San Francisco 1977 (urspr. 1910); Horst Klengel, Handel und Händler im alten Orient, Wien-Köln-Graz 1979.

51 Vgl. dazu: Jürgen Osterhammel, China und die Weltgesellschaft, München 1989, S. 4-7.

52 Siehe: M. Chandra, Trade and Trade Routes in Ancient India, New Delhi 1977.

schon waren Städte entlang der Handelsstraßen entstanden, mit einer reichen Oberschicht von Kaufleuten, Bankiers und Grundbesitzern. Auch hier lösten sich die aristokratischen Clanstrukturen teilweise auf, es kam zur Errichtung von Königreichen und schließlich unter den Maurya-Herrschern (3. Jahrhundert v. Chr.) zur Ausdehnung nach Süden und auf die ursprünglich persischen Satrapien in Teilen des Indusgebietes. Kontakte des Maurya-Herrschers Aschoka mit Ägypten, Syrien und Makedonien sind belegt.[53] Das Maurya-Imperium stützte sich auf einen patrimonialen Militärapparat und Einnahmen aus Steuern auf Boden, Gewerbe und Handel. Der Maurya-Staat war aber keineswegs so konsolidiert wie Han-China, seine Verwaltung blieb den jeweiligen lokalen Potentaten überlassen, die zentrale Verwaltung vereinte nicht und kontrollierte kaum, sondern konzentrierte sich nur auf die Sicherstellung der Ressourcenzuflüsse. Auch die zentralen Maßnahmen wie Bewässerungsprojekte spielten nur eine untergeordnete Rolle. Anstelle der alten Aristokratenschicht (Kshatriya) entstand eine heterogene Führungsschicht von Bürokraten, Militärs, reichen Grundbesitzern und Kaufleuten. Diese Konstellation bewirkte gerade bei Intensivierung der Handelsbeziehungen und dem Anwachsen der Vermögen eine Erosion der imperialen Einheit. Das Maurya-Reich zerfiel schon bald wieder in eine Reihe von graecobaktrischen Kleinstaaten, die ihrerseits wieder von Wellen nomadischer Völker im Rahmen der großen zentralasiatischen Völkerwanderung überrannt wurden, bis im 4. Jahrhundert n. Chr. wieder weite Teile unter den Guptas geeint wurden. Diese Herrscher konsolidierten die Verwaltung, wobei hier aber weiterhin die Städte und Dörfer weitreichende Autonomie behielten. Die ganze Zeit über erfreute sich der Handel großer Bedeutung und lieferte auch wesentliche finanzielle Grundlagen des Staatswesens. Die indischen Kaufleute waren in weltwirtschaftlichem Maßstab tätig; sie handelten mit Kaufleuten aus dem Römischen Reich,[54] mit China, dem Iran, Ostafrika und Südostasien. Der Einfall der Hunnen erschütterte den Gupta-Staat, der daraufhin bald wieder in Einzelstaaten

53 Zur Geschichte und Gesellschaft Indiens: Hermann Kulke/Dietmar Rothermund, Geschichte Indiens, Stuttgart-Mainz-Köln 1982; Louis Dumont, Homo Hierarchicus, Paris 1966.

54 A. Herrmann, Die Verkehrswege zwischen China, Indien und Rom um 100 n. Chr. Geb., Leipzig 1922.

zerfiel. Sowohl in China als auch in Indien zeigte sich, daß langanhaltende ökonomische Aufschwünge eher desintegrierend auf Großreiche wirkten.[55]

Im Laufe der ökonomischen Blütezeit Indiens kam es zur Begegnung unterschiedlicher Religionen, des Buddhismus, des Manichäismus und des Christentums. Der wichtigste Kulturexport Indiens war die buddhistische Religion. Der Mahayana Buddhismus verbreitete sich entlang der Handelsrouten von Indien nach China und Japan, der Hinayana Buddhismus von Sri Lanka nach Burma, Thailand und Vietnam.[56] Die Gandharakunst war die erste religiöse Kunst, die Massenvotivgüter hervorbrachte und vielfältige kulturelle Einflüsse aufnahm. Indien unterhielt Handelsbeziehungen mit China, indische Handelsniederlassungen gab es in Südchina und Südostasien. Auch das ptolemäische Ägypten spielte eine große Rolle in diesem Kultur- und Handelsaustausch. Man begann dort, wo bislang eindeutig die indischen und arabischen Handelsschiffe dominiert hatten, im Indischen Ozean, nun auch von Ägypten und damit auch vom Mittelmeer und dem aufsteigenden Römischen Reich her[57], den Seeweg nach Indien mit Hilfe der Monsundrift zu nutzen. Einer der Kaufleute, die dabei waren, war der in den alten Schriften genannte Eudoxus, ein reicher Kaufmann aus dem Schwarzmeergebiet, der für den Pharao Handelsfahrten nach Indien unternahm. Aus Indien kamen Kupfer, Edelhölzer, Indigo, Gewürze, vor allem Pfeffer, Öle, Schildpatt, Lapislazuli, Musselin und Seide. Aus dem Mittelmeerraum kamen im Gegenzug Wein, Datteln, Edelmetalle, Purpur, Textilien, Weihrauch, Glaswaren und Leinen. Als Rom schließlich seine Herrschaft über den gesamten Mittelmeerraum ausdehnte, verschob sich das Schwergewicht des Handels nach Italien als dem Zentrum der Wirtschaft. Aber die Verbindungen zu den außerhalb davon gelegenen Kultur- und Wirtschaftsräumen blieben aufrecht. Karawanengüter kamen aus Zentralasien und China, Sklaven und Waren aus Südostasien und Afrika auf dem See- bzw. Landweg über Ägypten.

55 Siehe zum Zusammenhang zwischen Wirtschaftswachstum und Destabilisierung: Mancur Olson, Aufstieg und Niedergang von Nationen, 2. Aufl., Tübingen 1991 (urspr. am. 1982).

56 Siehe: Jacques Gernet, Les aspects économique du bouddhisme dans la sociéte' chinoise du Ve an Xe siècle, Saigon 1956.

57 Die Kenntnis der Welt wuchs auf Grund dieser Kontakte auch in den europäischen antiken Reichen. Marinus von Tyrus sammelte Daten und Informationen über diese Gegenden und Ptolemäus stützte sich bei seiner Weltkarte auf ihn. Marinus aber erhielt seine wichtigsten Informationen von Kaufleuten des 2. Jahrhunderts n. Chr. wie Alexander oder Maës Titanus. Schließlich entstanden um diese Zeit auch Handbücher für Seefahrt wie der "Periplus des Erythräischen Meeres" aus dem 1. Jahrhundert n. Chr. Siehe auch: Mortimer Wheeler, Der Fernhandel des Römischen Reiches in Europa, Afrika und Asien, München 1965.

Der Fernhandel in der alten Welt war keineswegs frei von staatlicher Einmischung, oftmals waren der Herrscher und sein Hofstaat Auftraggeber der Kaufleute, denn ein großer Teil des Fernhandels betraf Luxusgüter für den Bedarf der Oberschicht. Viele dieser Handelsbeziehungen, aber keineswegs alle, nahmen die Form staatlich organisierter Expeditionen an, wie die der ägyptischen Pharaos in den Süden, um Elfenbein, Myrrhe und Gold zu holen, und ihr Charakter konnte von wirtschaftlichen Zwecken auch durchaus in kriegerische Handlungen umschlagen. Vielfach vermischten sich in diesen Transaktionen wirtschaftliche mit politischen und kulturellen Elementen. Auf der anderen Seite gab es private Initiativen durch Händler und auch Freiräume auf Grund vergleichweise geringer universeller Regelung und ineffektiver Kontrollen. Aber auch der Handel auf eigene Rechnung des Kaufmanns konnte dem immer um Auffüllung seines Fiskus bemühten Herrscher nicht gleichgültig sein, weshalb dieser nach mehr oder weniger strenger Kontrolle und Regelung des Handels strebte.

Karl Polanyi zufolge gab es in den frühen Gesellschaften keine Märkte im modernen Sinn und keine freie Preisbildung; er folgt damit den Interpretationen, die etwa um 1920 aufkamen, als man gewisse Stellen aus dem Codex des Hammurabi nicht mehr als Beweise für Marktprozesse, sondern für die Existenz einer sumerischen "Tempelökonomie" und der bürokratisch-despotischen Priesterkontrolle der Wasserbaumaßnahmen ansah. Polanyi sah den Handel der Alten Welt charakterisiert durch die Existenz von Statushändlern und staatlich kontrollierte Handelshäfen, die sich seit dem zweiten Jahrtausend vor Chr. an der Nordküste Syriens, in einigen griechischen Stadtstaaten in Kleinasien und am Schwarzen Meer, in einigen Negerkönigreichen in Afrika, an der Küste des Indiks sowie in China belegen lassen, wo zu festgesetzten Preisen und unter staatlicher Verwaltung Handel betrieben wurde.[58] Ob man in allen Fällen von einem zentral gelenkten Handel in den frühen Reichen der antiken Welt sprechen und diesen Handel entschieden vom Markttausch unterscheiden bzw. wie Karl Polanyi dies tut[59], ihn durch das Prinzip der "Redistribution" durch die zentrale Autorität charakterisieren kann, ist in dieser Allgemeinheit fraglich. In den 70er Jahren zeigte dann neues Material, daß es zur Zeit der Tempelherrschaft in Sumer noch keine Irrigationsmaßnahmen großen Stils

58 Karl Polanyi, Ports of Trade in Early Societies, in: George Dalton (ed.), Primitive, Archaic and Modern Economies, Boston-Mass. 1971, S. 238-260.

59 Karl Polanyi, Der marktlose Handel zur Zeit Hammurabis, in: Ders., Ökonomie und Gesellschaft, Frankfurt/Main 1979, S. 300-316; siehe insbes.: Karl Polanyi/C. M. Arensberg/H. W. Pearson (eds.), Trade and Market in the Early Empires, Glencoe-Ill. 1957.

gegeben hatte und das Land vielmehr in Händen privater Individuen war. Man schloß daraus, daß Märkte mit preisbildender Funktion bereits im vierten vorchristlichen Jahrtausend existierten und die zentrale Kontrolle erst später folgte.

Man darf die Wirtschaftsgeschichte der einzelnen Reiche nicht mit der des Raumes verwechseln, wie Fernand Braudel in seinen Werken immer wieder aufzeigte.[60] Die Wirtschaft und das Wirtschaften der Menschen, ob zur Versorgung oder für Vorteil und Erwerb, gehört zur Geschichte des Raumes und seiner Menschen, ist beeinflußt durch die Entstehung von Herrschaftsformen, sozialen Distanzen und politischen und militärischen Ereignissen, entstand aber nicht erst mit diesen, sondern ging den Reichen voraus und überdauerte diese Superstrukturen. Die Krisen und Zusammenbrüche der Reiche sind nicht gleichzeitig auch immer Niedergänge der Wirtschaft, des Handels und des Handwerks, auch wenn politische Unruhen, Kriege und der Wegfall der Eliten sich negativ auf die Wirtschaft auswirken. Reiche und Staaten schaffen Wirtschafts-"systeme" und suchen sie zu kontrollieren, aber sie begründen nicht die wirtschaftlichen Aktivitäten, auch nicht den Handel, selbst wenn dieser ein gewisses Maß an Ordnung und Kontrolle benötigt. Wo sich eine starke politisch-militärische Zentralgewalt entwickelte, kam es naturgemäß auch zu einer staatlichen Reglementierung der Wirtschaft. Aber die Zeiten dieser starken Zentralgewalten sind meist nicht von allzu langer Dauer gewesen und selbst dort, wo zwar die administrativ-territoriale Einheit eines Reiches oder Staates bestehen blieb, konnte die Zentralgewalt sich jeweils mehr oder weniger stark durchsetzen. Das Gebiet des alten Orients ist ein uralter Handelsraum und es ist daher nicht sinnvoll, den Handel in diesem Bereich generell auf den staatlich administrierten zu beschränken. Vielmehr blieb immer ein Substratum des "privaten" Handels und auch des interethnischen Austausches bestehen, auf dem sich erst die zentralen Strukturen aufbauten.

Philip D. Curtin[61] wies auf die Existenz von Niederlassungen von Händlern in allen wichtigen Städten der Antike hin, die eine "trade diaspora" darstellten. Sie bestanden aus Gemeinschaften von mehr oder weniger unabhängigen Händlern, die in allen wichtigen Handelszentren des Vorderen Orients und Indiens je nach ihrer Herkunft oder ihrer Religion in speziellen Bezirken ihre Niederlassungen unterhielten. Sie stellten im Gastland eine Enklave dar, so daß regelrechte Doppelstädte entstanden: neben einer politisch-militärischen Stadt befand sich eine Handelsstadt. Die

60 Fernand Braudel, Das Mittelmeer und die mediterrane Welt in der Epoche Phillipps II., 3 Bde., Frankfurt/Main 1990 (urspr. frz. unveröff. 1949).

61 Philip D. Curtin, Cross-Cultural Trade in World History, Cambridge 1984, S. 1 ff.

niedergelassenen Kaufleute wie auch die Karawanenhändler mußten den lokalen Potentaten Schutzgelder bezahlen und ihnen und ihren Beamten mehr oder weniger freiwillig Kredite gewähren. Die Unabhängigkeit der Händler war daher immer eine prekäre und ihre Stellung und ihr Ansehen sehr unterschiedlich. Sie waren - und hier hatte Werner Sombart[62] zum Teil recht - meist die Fremden, isoliert und von geringem Ansehen, aber doch ungeheuer wichtig für den Kontakt der Kulturen und Völker. Während die Fernhändler mitunter eine bedeutende Position einnahmen, waren die lokalen Händler gering geachtet; tatsächlich zeigen sich so große Unterschiede zwischen ihnen und den Fern- und "Groß"händlern, daß man sie nicht als eine Gruppe oder Schicht zusammenfassen darf. Auch wenn wir die Existenz von Märkten, Markttausch und teilweise auf eigene Rechnung agierende Händler annehmen, muß es dennoch klar sein, daß der Handel und die Wirtschaft in den Gesellschaften der alten Welt keine mit modernen Gesellschaften vergleichbare Rolle spielten. Einerseits erfolgte die Versorgung der einfachen Leute meist aus dem Land, da wir Agrargesellschaften vor uns haben. Andererseits gab es für das Streben nach Reichtum gewinnträchtigere und vor allem angesehenere Alternativen zum Handel, nämlich Unterwerfungskriege und Beutezüge. Es gibt aber auch keinen Grund für die Annahme eines immanenten Unterschieds zwischen "vormodernen" und "modernen" Wirtschaften in bezug auf den Handel, die sich nicht durch realhistorische Bedingungen wie Bevölkerungsdichte, Volumen des Handels, Art der Güter und die Ereignisse wie Kriege, Eroberungen, Überschichtungen oder Regime begründen lassen.

Mythos, praktische Rationalität und politische Organisation

In bezug auf das Wirtschaftsdenken vergangener Epochen ist man auf die Dokumente angewiesen, die von diesen Kulturen existieren. Die Quellen sind umso spärlicher, je weiter wir in der Geschichte zurückgehen; ihre Interpretation ist problematisch, weil wir uns in unserer Denk- und Vorstellungs-, ja auch in unserer Ausdrucksweise weit von den Voraussetzungen, die den Quellen zugrundelagen, entfernt haben. Jede Gegenwart erzeugt überdies ihre eigene Geschichtsinterpretation. Insbesondere über die Griechen und Römer haben unzählige Generationen ihre jeweiligen Deutungen weitergegeben. Man muß daher zwischen der Wirtschaftsgesinnung der handelnden Menschen, der Reflexion der zeitgenössischen intellektuellen Elite und den Schichten der historischen Deutungen und Erklärungen, die bis in

62 Werner Sombart, Der moderne Kapitalismus. Historisch-systematische Darstellung des gesamteuropäischen Wirtschaftslebens von seinen Anfängen bis zur Gegenwart, Bd. 1, München-Leipzig 1922, S.883 ff.

unsere Zeit hinein gegeben wurden, unterscheiden. Vielfach ist das, was wir über eine versunkene Kultur zu wissen glauben, nur das amalgamierte Ergebnis von Interpretationen von Interpretationen. Die Autoren der zeitgenössischen Aussagen, Darstellungen und Texte waren selten auch diejenigen, die arbeiteten oder Geschäfte betrieben, sondern Könige, Geistliche oder Beamte. Das Denken der Menschen über ihre wirtschaftlichen Transaktionen, auch das der Philosophen, Dichter und Staatsmänner steht in einem Spannungsverhältnis zwischen den konkreten Bezügen und Umständen ihrer weiteren und engeren Lebensumwelt und dem diese transzendierenden Vorstellungsvermögen und Intentionen. Wie Karl Mannheim mit seinem Begriff des "seinsverbundenen Denkens" andeutete, handelt es sich weder um reine Ideen, noch um bloße Reflexe der materiellen, politischen und sozialen Verhältnisse. Stets ist die Absicht derer, die Aussagen über wirtschaftliche Tatsachen machten, im Rahmen ihrer soziopolitischen und ökonomischen Situation zu berücksichtigen. Gerade bei einer Thematik wie der Wirtschaft handelt es sich oft um auf Einfluß, Veränderung oder auch Kritik gerichtete Darstellungen, Programme oder Polemiken. Wir können in diesem Zusammenhang keine Quellenkritik betreiben und wollen dies auch gar nicht. Aber wir müssen uns bewußt sein, daß das, was wir von vergangenen Kulturen zu wissen glauben, immer hinterfragbar bleiben wird. Mit dieser Haltung vor Augen wagen wir es dennoch, einige Schlaglichter auf das Denken über Wirtschaft vergangener Zeiten zu werfen und bedienen uns dazu der Relikte und Texte der Alten Welt und der antiken Schriftsteller. So perspektivisch und unrepräsentativ sie auch sein mögen, so geben sie doch Aufschluß über die Probleme und Zustände ihrer Gesellschaft und die Art und Weise, wie die gebildeten oder herrschenden Kreise darüber dachten.

Die uns aus der Alten Welt bekannten Mythen, Kulte und religiösen Traditionen zeigen sehr starke Bezüge zu den Wirtschafts- und Lebensformen und den damit verbundenen Ängsten und Sorgen der Völker; sie erfüllten auch Funktionen in Hinblick auf die Erhöhung der Sicherheitsgefühle der Menschen und oft auch für die Rechtfertigung bestimmter Gruppen in den Gesellschaften. Viele Mythen sind mit der Entstehung und der Durchführung des Ackerbaus verbunden. Mit der Ausbreitung desselben wurden die zugehörigen Mythen und Riten auch an andere Völker weitergegeben und vermischten sich dort mit eigenständigen Formen, oder führten zu widersprüchlichen Sedimentierungen unterschiedlicher Lebensweisen. In der mesopotamischen Mythologie zeigt sich der Gegensatz zwischen Ackerbauern und Hirtennomaden im Inanna(Ischtar)-Mythos. Die Göttin gibt zuerst dem Bauern Enkidu den Vorzug, vermählt sich aber dann mit dem Hirten Dumuzi, der allerdings ein tragisches Schicksal erleidet und jeweils ein halbes Jahr in die Unterwelt hinabsteigen muß.[63] Dieser regelmäßige Wechsel Dumuzis bildet den natürlichen Fruchtbarkeitsrhythmus ab. Die Wirtschaft wird solcherart zur Grundlage auch der mythischen Darstellung des Wechsels von Leben und Tod. Mircea Eliade meint sogar: "Jede technische Entdeckung, jede wirtschaftliche und soziale Neuerung scheint mit einer religiösen Bedeutung, einem religiösen Wert gekoppelt zu sein."[64] Er differenziert neben den Ackerbau- und Hirtenmythen und -riten auch spezielle Mythologien des Steinschliffs, auf die Mythologien der Metalle folgten, die sich auf die Verbindung von Himmel (meteoritisches Eisen) und Erde, dann auf das Eindringen in den "Körper" der Erde (tellurisches Eisen) und die Verwandlung durch Feuer beziehen, und die besondere Stellung der Schmiede in Gesellschaft und Mythos begründen.

In den heiligen Schriften der Hebräer, Thora, Talmud und Mischna, spiegeln sich auch die Wirtschaftsgeschichte und viele Vorstellungen, die für den gesamten Vorderen Orient galten. Der Konflikt zwischen Kain, "der die Erde bebaute" und Abel, dem "Hirten", symbolisiert die Spannung zwischen Ackerbauern, die Technologie verwenden (Kain = Schmied) und Städte bauen, und Hirtenvölkern aus der Sicht letzterer.[65] Die Hervorhebung der dunklen Aspekte der Zivilisation wiederholten sich in dem Bericht über den Turmbau zu Babel, dessen Symbolismus sich im Bau der babylonischen Zikurrat wieder findet.[66] Die Zeit der Patriarchen wird mitunter mit bestimmten Wirtschafts- und Sozialformen, etwa der Interpretation der Stammväter der Hebräer als Eselzüchter und Karawanenhändler oder aber als Kleinviehhirten im Übergang zum Seßhaftwerden in Verbindung gebracht. Dem entspricht auch die Charakterisierung Jahwes als Nomadengott, der nicht an ein Heiligtum, sondern an eine Gruppe von Menschen gebunden ist, die er begleitet und schützt. Der Gegensatz zu den städtisch-organischen Kulturen des Vorderen Orients prägte die Religion Israels bis nach Mose und der Eroberung Kanaans unter Josua im Pentateuch. In den jüdischen heiligen Schriften ist Jahwe derjenige, der sein Volk mit dem Lebensnotwendigen versorgt; z. B. Manna während des 40jährigen Aufenthalts in der Wüste. Der Übergang zum Ackerbau schlägt sich

63 Mircea Eliade, Geschichte der religiösen Ideen, Bd. 1, Freiburg-Basel-Wien 1978 (urspr. frz. 1976), S. 69.

64 Ebd., S. 51.

65 Ebd., S. 160.

66 Man geht heute weitgehend davon aus, daß die Stämme Israels sich aus Gruppen zusammensetzten, die ursprünglich in die städtischen Bereiche in niederen Stellungen eingebunden und aus diesen dann ausgebrochen waren. Siehe: Siegfried Herrmann, Israel, in: Iring Fetscher/Herfried Münkler (Hg.), Pipers Handbuch der politischen Ideen, Bd. 1, München 1988, S. 169-188.

auch in der zeitweisen Identifizierung von Jahwe mit "Baal", dem Gott des Ackerbodens,[67] nieder. Die Bekämpfung des Baalkults zeigt dann die Spannung zwischen den Lebensweisen und Denkformen der Ackerbauern und der Hirten, die sich in der Religion ausdrückt. Der Kult um ortsgebundene Heiligtümer und die Ausbildung einer spezialisierten Priesterschaft reflektiert die Durchsetzung des Ackerbaus als die dominante Wirtschaftsweise. Die Priester formulieren die Glaubenssätze, in denen auch die Wirtschaftsgesinnung und -ethik zum Ausdruck kommt. Aller Reichtum, der nach dem Übergang zum Ackerbau als aus der Bebauung des Landes stammend verstanden wird, kommt von Gott. Der Mensch darf daher nicht stolz auf ihn sein, als sei er sein eigen, und muß ihn mit anderen teilen; er darf aber auch nicht untätig sein, sondern ist gehalten zu arbeiten - außer am Sabbat. Die Menschen sind Gott verantwortlich für das Land, für das Wohl der Mitmenschen und für das eigene Wohlergehen. Ein Band verbindet alle Kinder Israels und macht sie zu einer großen Familie, in der mit den Schwachen geteilt und ihnen geholfen wird. In dieser Idee zeigen sich die alten Werte des Nomadenvolks. Als Maxime, die dem Erhalt des Gemeinwesens dient, gilt, daß zu große materielle Ungleichheit eine Bedrohung der Einheit darstellt. Allerdings war dies nicht der Ansatzpunkt für eine kommunitäre Güterverteilung, sondern vielmehr für eine frühe Verbreitung des Darlehens- und Kreditwesens. Die Reichen müssen den Bedürftigen Güter oder Geld leihen, die diese brauchen, um sich mit dem zum Leben Notwendigsten zu versorgen. Wenn es ihnen besser geht, müssen sie dann das Darlehen zurückzahlen. Kredit spielt im jüdischen Leben eine größere Rolle als Barmherzigkeit einerseits oder staatliche Unterstützung durch Umverteilung andererseits. Barmherzigkeit, Geschenke und Almosen erscheinen als eine Art Nachahmung der Großzügigkeit Gottes, als Anmaßung, und sie sind deshalb nicht die richtigen Handlungsweisen, um die Ungleichheit zwischen den Menschen, die vor Gott eigentlich gleich sein sollten, zu beseitigen. Insbesondere gegenüber jenen, die sich noch aus eigener Kraft aus ihrer Armut, die per se nicht als Makel angesehen wird, befreien können, sind Almosen fehl am Platz. Die Versorgung und Umverteilung durch den Staat wiederum ist ebenfalls unvereinbar mit der jüdischen Vorstellung der direkten Beziehung zu Gott sowie der nomadischen Tradition. Nur Gott kann sein Volk versorgen, nicht eine weltliche Autorität, denn die Verteilung der Güter durch diese kann keine gleiche sein, da sie je nach der Stellung der einzelnen dem Herrscher gegenüber erfolgt. Das widerspricht der Vorstellung, daß die Menschen untereinander gleich sein sollten, zumindest in ihrer Beziehung

67 Mircea Eliade, Geschichte der religiösen Ideen, Bd. 1, Freiburg-Basel-Wien 1978 (urspr. frz. 1976), S. 174.

zu Gott. Nur die gegenseitige Hilfe durch Leihe erfüllt solcherart die biblischen Implikationen über die Beziehungen zwischen Gott und den Menschen. Allerdings lebten die reichen Kaufleute und Latifundienbesitzer diese Ethik nicht, was sich immer wieder bei den Propheten und ihren überlieferten Klagen niederschlug. Das alte Prinzip, wonach in Zeiten der Not auf die Rückzahlung der Darlehen verzichtet werden mußte, wurde durch Bar Hillel im 1. Jahrhundert v. Chr. abgeändert, da die Reichen sonst keine Darlehen mehr an die Armen gegeben hätten; der Kredit wurde durch Intervention des Gerichts im Interesse des Gemeinwohls geregelt. Man hat den Grund für diese Änderung in dem Übergang des jüdischen Volkes von einem reinen Bauernvolk in ein Volk der Handwerker und Händler gesehen. Damit wurde das Darlehen etwas anderes als es bis dahin gewesen war: nicht mehr primär eine Hilfestellung für den in Not geratenen Nachbarn, sondern eine Investition mit Gewinnchance. Nicht nur der Bedürftige borgte nun, sondern auch der Geschäftsmann, um einen günstigen Kauf tätigen zu können; nun allerdings auf der Basis einer geeigneten Sicherstellung.[68]

Was wir heute unter "Kultur verstehen - die geistige Nacherschaffung der Welt - und damit auch das Problem der "Wirklichkeit", steht in enger Verbindung zur Entstehung der Schrift, die jene Zäsur begründete, bei der Archäologen und Anthropologen den Übergang von den schriftlosen Kulturen zu den Hochkulturen zogen.[69] Neben den religiösen Darstellungen und Texten diente die Schrift zusammen mit der Erfindung der Ziffern dem Festhalten von Wirtschaftsgeschehen und ist solcherart mit der Entwicklung der sozialen und sozialökonomischen Strukturen, dem Übergang zu Ackerbau und Viehzucht, sowie mit dem Bedarf der städtischen Verteilung der Güter und der zentralen Verwaltung eng verbunden. Diese schriftlichen Aufzeichnungen der Völker, in denen die wirtschaftlichen Verhältnisse ihren Niederschlag fanden, sind für die Alte Welt seit den Sumerern und Elamitern bekannt. Sie bestanden vielfach in rein pragmatischen Aufzeichnungen von Lagerbeständen, Verkäufen, Baulisten etc., sodaß moderne Kommentatoren sogar zu dem Schluß gelangten, die Schrift sei eine Erfindung der Buchhalter gewesen und sei ausschließlich aus Gründen der Nützlichkeit entstanden.[70] Diese Dokumente geben wenig Aufschluß darüber, wie die Ägypter, Sumerer, Assyrer etc. über Wirt-

68 David Novak, Economics and Justice: A Jewish Example, in: Peter L. Berger (ed.), The Capitalist Spirit, San Francisco 1990, S. 31-50.

69 Siehe: Harald Haarmann, Universalgeschichte der Schrift, Frankfurt/Main-New York 1990.

70 Georges Ifrah, Universalgeschichte der Zahlen, Frankfurt/Main-New York 1989 (urspr. frz. 1981), S. 186.

schaft, Handel, Gewinn aus Geschäften und Zinsen oder über die Verteilung des Reichtums und der Arbeit und die Stellung der verschiedenen Berufe und Beschäftigungsgruppen dachten. Sie zeigen aber sehr deutlich das Ausmaß und die Art der wirtschaftlichen Transaktionen, die diese auch in den alten Reichen schon hatten. In Mesopotamien waren neun Zehntel der erhaltenen Keilschrifturkunden rechtlich-pragmatische Wirtschaftstexte wie Abrechnungen, Lagerlisten, Kauf-, Pacht- und Leihverträge. Daneben finden wir Gesetze und Erlässe über Steuern, Löhne und Preise, Regelungen von Darlehen und Zins, wie sie der Codex Hammurabi enthält. Dieser Text zeigt die Bedeutung, die dem Eigentum und seinem Schutz vor Diebstahl und Betrug zugemessen wurde. Die Sumerer hatten eine dezidierte Neigung zur schriftlichen Fixierung aller Handelsgeschäfte, was die relativ gute Quellenlage begründet, aus der wir jedenfalls ersehen können, daß die Wirtschaft des alten Mesopotamien eine Fülle sehr verschiedener Elemente aufwies: neben kollektivistischen und zentralverwaltungsmäßigen Formen finden wir Hinweise auf die Existenz von Kooperativen und freier Privatwirtschaft mit gewissen kapitalistischen Zügen.

Die Ägypter maßen der Landwirtschaft geradezu göttliche Bedeutung bei, was nicht wunder nimmt bei der Art und Weise, wie sie der Wüste durch die Nilüberflutungen fruchtbaren Boden abgewannen. Für sie gilt daher in höherem Maße, daß ihre Wirtschaftstransaktionen mit religiös-kultischen Kontexten verbunden waren. Dennoch bezeugen die Abrechnungen und Verordnungen, die Aufzeichnungen über die Ein- und Ausgänge der Schatzkammer und Getreidespeicher auch eine starke Tendenz zu praktisch-administrativer Dokumentation auf der Grundlage zentraler Verwaltungserfordernisse. Die "eigentlich wirtschaftlichen" Transaktionen, d. h. die "privaten" Handelsgeschäfte, die nicht direkt aus dem Willen der Herrscher oder ihrer Beamten folgten, spielten sich am Rande oder außerhalb der frühen Reiche an den Knotenpunkten der Handelsnetze der alten Welt ab. Sie waren zumindest nicht direkt im unmittelbaren Tätigkeitsbereich der Autoren der Dokumente, die vornehmlich Schreiber und andere Beamte des Pharao, des Königs oder des Fürsten waren, angesiedelt. Die Lage der Bauern rief allerdings mitunter Kommentare hervor, wie etwa in der "Satire der Berufe" aus dem Ägyptischen Mittleren Reich[71]. Eine andere interessante Quelle ist das "onomasticon", in dem der Schreiber Amenemope im Neuen Reich verschiedene gesellschaftliche Positionen und Be-

71 Vgl.: Ricardo A. Caminos, Der Bauer, in: Sergio Donadoni (Hg.), Der Mensch des Alten Ägypten, Frankfurt/Main-New York-Paris 1992, S. 18-49.

rufe vom Pharao bis zu den Händlern, Handwerkern und Beamten nach deren Rang auflistete[72].

"Die Wirtschaft" der alten Welt erschließt sich also aus Mythen und religiösen Schriften einerseits, aus pragmatischen Belegen andererseits, sie war aber als solche keine spezifische Reflexionssphäre im Sinne ethisch-politischer oder analytischer Behandlung. Daraus kann man allerdings nicht schließen, daß Handel und Wirtschaft von nur geringer Bedeutung gewesen seien. Aber vielleicht kann man daraus schließen, daß Wirtschaft und Handel nicht moralisch im individualethischen Sinn oder politisch problematisiert wurden und auch kein eigenes Wissensgebiet darstellten. Das bedeutet aber zumindest für Vorderasien keineswegs die Absenz von individuellem Erwerbsstreben als Motiv praktischen Handelns. Wirtschaft war in den Fluß des alltäglichen Lebens eingebunden und diente pragmatischen Zielen und Interessen, den Bedürfnissen der Menschen oder aber sie wurde von den Kontroll, Reichtums- und Machtansprüchen der Regierenden bestimmt und verwaltungsmäßig erfaßt. Die Quellen in bezug auf die alten Reiche und Völker des Vorderen Orients zeigen aber die durchaus rationalpraktische Haltung zu wirtschaftlichen Transaktionen. Die Hochkulturen Mesopotamiens und Ägyptens sind nicht so ergiebig in bezug auf besondere "wirtschaftliche" Vorstellungen, aber einzelne damit verbundene Aspekte finden sich in den religiösen Texten, wie etwa Hinweise auf den Reichtum und seine Bedeutung. Aufschlußreich sind hier etwa die persischen heiligen Bücher des Zoroaster, in denen sich eine Würdigung des Reichtums findet, der als Belohnung des guten Menschen auf der Erde aufgefaßt wird. Sittlichkeit und Wohlstand werden in eine natürliche Beziehung zueinander gesetzt. Reichtum und Überschuß werden als Ergebnis einer gerechten und weisen Regierung verstanden. Diese Vorstellungen beeinflußten wahrscheinlich in der hellenischen Epoche auch das Wirtschaftsdenken der Mittelmeervölker, insbesondere der Griechen. In der chinesischen Philosophie finden sich hingegen Anhaltspunkte dafür, daß der Aspekt individuellen Erwerbsstrebens negativ bewertet wurde, weil Gemeinschaftsbezug, Pietät und die Erhaltung der Ordnung die Grundziele darstellten. Weisheit und Tugend, nicht Reichtum oder aristokratische Geburt sollten die Menschen hochschätzen, wenn man Konfuzius und seinen Epigonen folgt. Allerdings gab es neben diesen Auffassungen auch andere, wie etwa die des Denkers Mo Di aus dem 5. Jahrhundert v. Chr., der die Förderung der agrarischen und der handwerklichen Produktion empfahl, vom Herrscher die Führung des Reiches zum Nut-

72 Vgl.: Dominique Valbelle, Der Handwerker, in: Sergio Donadoni (Hg.), op. cit., S. 50-78.

zen des Volkes auch im Sinne wirtschaftlichen Wohlstands forderte und gegen die materielle Verschwendung durch die Oberschicht nicht nur im Konsum, sondern auch in ritueller Hinsicht (Grabbeigaben, Zeremonien etc.) auftrat, da dadurch dem Volk dieser Reichtum entzogen würde.[73] Diese Befunde lassen sich mit den Erkenntnissen und Intentionen Max Webers in seinen Untersuchungen über "Die Wirtschaftsethik der Weltreligionen" und den religionssoziologischen Schriften in Verbindung bringen,[74] allerdings nur, soweit es dabei um die Betonung der lebenspraktischen Bedeutung der Wirtschaft geht. Weber wollte aber auch zeigen, daß es in keiner anderen der Weltreligionen außer dem okzidentalen Puritanismus zu einer positiven individual-ethischen Bewertung wirtschaftlichen Handelns gekommen war. Aus der religiösen Ethik auf die tatsächlichen Motive des Wirtschaftens zu schließen ist aber problematisch, weil Wirtschaft zunächst praktische Selbstverständlichkeit als Grundsicherung des Lebens ist. Die Verbindung der Wirtschaft mit der Funktion der zentralen Autorität und den sozialen Differenzierungen in multiplexen Gesellschaften überlagerte die Vorgänge der Produktion, Verteilung und des Konsums durch Kontroll-, Macht- und Statusstrukturen und formte sie um, was Auswirkungen auf den gesamten sozialen Aufbau der Gesellschaften in den alten Reichen und auch auf die Bedeutung der Wirtschaft hatte. Neben oder unter dieser "offiziellen" Wirtschaft gab es aber immer wirtschaftliches Handeln der Individuen und Gruppen, das aus Bedürfnissen und Interessen dieser selbst entstammte. Die Religionen enthielten zwar oft unterschiedliche Bewertungen des Reichtums, aber welchen Einfluß dies tatsächlich auf die wirtschaftliche Entwicklung hatte, ist sehr ungewiß. Die auf konkrete materielle Bedingungen bezogene Zweckhaftigkeit und die daraus hervorgehende praktische Rationalität des Wirtschaftens[75] einerseits und die soziopolitischen Strukturen und Intentionen andererseits sind jedenfalls mit zu berücksichtigen. Diese drei Komponenten oder Perspektiven: die praktische Rationalität des Handelns als autonom-mimetische Dimension, die politischen Strukturen und Strategien, sowie die verschiedenen Formen der Reflexion über

73 Wolfgang Ommerborn/Peter Weber-Schäfer, Die politischen Ideen des traditionellen China, in: Iring Fetscher/Herfried Münkler (Hg.), Pipers Handbuch der politischen Ideen, Bd. 1, München 1988, S. 41-84, S. 48 ff.

74 Max Weber, Die Wirtschaftsethik der Weltreligionen, Teil 1 und 2, Bd. 19 und 20 der Gesamtausgabe, Tübingen 1989/1996; Ders., Wirtschaft und Gesellschaft, 1. Halbbd., Tübingen 1972, S. 245-381; siehe auch insbes.: Wolfgang Schluchter, Religion und Lebensführung, 2 Bde., Frankfurt/Main 1988.

75 Die Zweckgebundenheit alsGrundbestimmung der Wirtschaft gegenüber Interpretationen, die sich auf einen mehr oder weniger immanenten Entwicklungsverlauf stützen, hob auch der Historiker Alfons Dopsch hervor: Alfons Dopsch, Naturalwirtschaft und Geldwirtschaft in der Weltgeschichte, Wien 1930.

wirtschaftliche Sachverhalte vom Mythos bis zur Wissenschaft werden in den folgenden Ausführungen immer wieder angesprochen werden.

2. Kapitel: Polis und Emporia: Wirtschaftsdenken der Griechen

"The Greeks of antiquity were also the initiators of all advanced human economy."[1]

Die Griechen betrachteten die "Wirtschaft" als einen eigenen Handlungs- und Reflexionsbereich und ihre Schriften hatten maßgeblichen Einfluß auf das Wirtschaftsdenken des europäischen Mittelalters und darüber hinaus bis in unsere Zeit. Aus diesem Grund erscheint die Bezeichnung "homo oeconomicus", die Claude Mossé für seinen Beitrag über den griechischen Wirtschaftsmenschen als Titel wählte, nicht unangebracht.[2] Die Griechen waren die Seefahrer und Händler des östlichen Mittelmeeres. Schon von alters her bestand eine starke Einbeziehung der griechischen Inseln und des Festlandes in die Handelsbeziehungen des Ostens sowie in die Kontakte und Austauschbeziehungen zwischen den Phöniziern, den Kretern, Ägyptern, Assyrern und anderen Völkern in diesem Raum. Dieser Aspekt der Rolle griechischer Seefahrer und Händler im antiken "Welthandel" tritt uns zwar auf Grund von Hinweisen in den Werken der griechischen Historiker und in Relikten und deren Deutung entgegen, spielt jedoch in den Reflexionen der großen griechischen Philosophen kaum eine Rolle, da diese auf die Probleme der Polis gerichtet waren.

Krieger und Bauern der Frühzeit bei Homer und Hesiod

Die minoische Kultur auf Kreta entwickelte sich inmitten eines den ganzen Nahen Osten umfassenden Netzes von Tauschbeziehungen. Ausgrabungen von Marktplätzen und Marktanlagen auf Kreta belegen die Bedeutung, die dem Handel schon in der mittleren Bronzezeit zukam. Der Reichtum Kretas allerdings beruhte nicht nur auf dem Seehandel, sondern auch auf kriegerischer Expansion. Die "Händler" in Kreta waren Beamte, die im Auftrag der Könige hauptsächlich für den Palastbedarf Handel betrieben, daneben aber auch private Austauschbeziehungen unterhielten.

1 Karl Polanyi, The Livelihood of Man, New York-San Francisco-London 1977, S.146.

2 Claude Mossé, Homo Oeconomicus, in: Jean-Pierre Vernant (Hg.), Der Mensch der griechischen Antike, Frankfurt/Main-New York-Paris 1993 (urspr. frz. 1991), S. 31-62.

Der Fernhandel, der als Etappenhandel über viele Zwischenstationen verlief, hatte schon im frühen Altertum eine beachtliche Ausdehnung; so kam der Bernstein von der Nord- und Ostsee bis nach Kreta. Zinn gelangte von England nach Hellas und wahrscheinlich gab es bereits Beziehungen zum Balkan, zur italienischen Halbinsel, zu Sizilien und zur Nuraghenkultur auf Sardinien. Die Kontakte zu Nordeuropa nahmen mit dem Niedergang der minoischen Kultur seit 1400 v. Chr. ab, in der Blütezeit Mykenes verstärkten sich die Beziehungen zum Osten, etwa zu Troja. Ab 1200 v. Chr. scheint der Handel rückläufig gewesen zu sein, weil die Zeiten unruhiger wurden. Die Paläste und stadtartigen Siedlungen in Südgriechenland verschwanden, Auswanderungswellen folgten, in deren Verlauf es auch zu einer starken kulturellen Diffusion kam. Pflanzstädte wurden gegründet, wie etwa die älteste griechische Siedlung auf italienischem Boden, Pithekussai auf Ischia.[3] Von einer Reihe anderer griechischer Siedlungen in Italien aus betrieben die Immigranten rege Tauschbeziehungen mit Norditalien, insbesondere mit Etrurien. Von einigen Küstenstädten Kleinasiens aus, wie Milet oder Phokis und Inseln wie Samos und Chios, entstand eine besonders rege Seehandels- und Kolonisationstätigkeit, die von einer Händleraristokratie getragen wurde. Der Handel ("emporia") war für die Griechen auf Grund der Tatsache, daß der Boden karg und nicht gut zum Anbau von Getreide geeignet war, sehr wichtig. Die Kolonien, deren Ausbreitung um das 8. Jahrhundert v. Chr. von Marseille und sogar der iberischen Halbinsel bis zur Schwarzmeerküste reichte, die aber vor allem in Kleinasien, Nordsyrien und im Nildelta, in Süditalien und Sizilien (Magna Graecia) bestanden, waren zum Teil Kornanbaukolonien, zum Teil stellten sie auch Handelsniederlassungen dar. Der Getreidehandel war von großer Bedeutung für die griechischen Stadtstaaten. Die Sicherung der Getreideimporte war eine der wichtigsten Aufgaben des Staates und ein großes Politikum; am Getreidepreis ließen sich die Schwankungen in der politischen und militärischen Situation der Polis ablesen.[4]

Homer führt uns die "Welt des Odysseus" vor, in der uns nicht nur aristokratische Krieger, sondern auch der häusliche Alltag entgegentreten: "Besonders die Odyssee umschließt ein weites Feld menschlicher Tätigkeiten und Beziehungen: gesell-

3 Günter Kopcke, Handel, Kapitel M, in: Archeologia Homerica, Göttingen 1990, S. 101; siehe auch: John Boardman, Kolonien und Handel der Griechen, München 1981.

4 Vgl. auch: Moses I. Finley, Die frühe griechische Welt, München 1982; Fritz Gschnitzer, Griechische Sozialgeschichte, Wiesbaden 1981; Chester G. Starr, The Economic and Social Growth of Early Greece, 800-500 B. C., New York 1977.

schaftliche Struktur und Familienleben, Königtum, Adelige und Gemeine, Gastmähler, Pflügen und Schweinehüten."[5] Die Aufschlüsse, die wir daraus über das soziale und ökonomische Leben entnehmen können, entsprechen den Tatsachen, wie Homer sie sah, müssen aber nicht die ganze Wahrheit sein. Erkenntnissen von Archäologen und Anthropologen zufolge war die Polisform der sozialen Organisation schon deutlich im Vormarsch, ohne in Homers Darstellungen explizit Eingang zu finden.[6] Die Welt der homerischen Dichtung reflektiert eine tiefe Spaltung zwischen den "aristoi", dem Erbadel, und der Menge der übrigen Bevölkerung. Zwei Prinzipien strukturierten das soziale Leben in Griechenland: "ethnos", die ursprüngliche Stammesgemeinschaft, auf die sich die "aristoi" stützten, und "demos", der ortsbezogene Verband.[7] Die Bevölkerung bestand aus freien Bauern und Sklaven, den Handwerkern des "demos" und auch aus Händlern. Die Geringsten von allen waren die "thetes", die ungebunden und besitzlos waren, keinem "oikos" und keinem "demos" angehörten.

Homers Helden sind die "aristoi", die Adeligen, die Nachfahren der alten Stammesführer. Ihre wirtschaftliche wie soziopolitische Basis ist der Landbesitz; dieser und die landwirtschaftliche Lebensweise sind die Werte, auf denen die Kultur der Griechen beruht. Körperliche Betätigung, sogar im Landbau, ist auch für vornehme Griechen keine Schande, wichtiger ist aber die Kontrolle und Leitung des Hausstandes als Aufgabe des Herrn, wenn er nicht gerade Krieg führt oder auf Beutezug ist. Hinsichtlich der Führung des Hausstandes gibt es widerstreitende Tendenzen: Einerseits wird die Klugheit und der vorsichtige Einsatz von Mitteln hervorgehoben, andererseits aber werden als besondere aristokratische Tugenden die Freigebigkeit, Großzügigkeit und die Gastfreundschaft betont. Geschenketausch und Verwandtschaft sind wichtige Grundlagen des Selbstverständnisses. Die Welt des Odysseus besteht aus dem Palast mitsamt seinen Bewohnern, der Familie und dem freien und sklavischen Gesinde, sowie den Gästen und Freunden, die sich zeitweilig darin aufhalten, auf der einen Seite, dem Krieg und der Seefahrt auf der anderen. Gerade die Odyssee zeigt die hohe Bedeutung der Seefahrt, und auch auf den

5 Moses I. Finley, Die Welt des Odysseus, Frankfurt/Main-New York 1992, S. 31.

6 Vgl.: Fritz Gschnitzer (Hg.), Zur griechischen Staatskunde, Darmstadt 1969.

7 Vgl.: Kurt Raaflaub, Die Anfänge des politischen Denkens bei den Griechen, in: Iring Fetscher/Herfried Münkler (Hg.), Pipers Handbuch der politischen Ideen, Bd. 1, München 1988, S. 189-271. Siehe dazu auch: Werner Cahnmann, Nature and Varieties of Ethnicity, in: Werner Cahnmann, Weber and Toennies: Comparative Sociology in Historical Perspective, New Brunswick-London 1995, S. 289-308.

Handel nimmt Homer Bezug. Er erwähnt sogar[8], daß es spezielle Kauffahrerschiffe gab und Händler, die gleichzeitig Schiffer waren. Aber der Handel, auch der Seehandel, war doch eine abwegige Betätigung für einen vornehmen Griechen, wenn auch eine selbstverständliche Gegebenheit. Bezeichnenderweise wurde Hermes, der Gott der Grenzsteine, später zum Gott der Händler und Diebe; er war ein zweitklassiger Gott, eigentlich nur ein Götterbote. Nur die kriegerische Seefahrt, jedenfalls jene, bei der Tapferkeit, Mut und die Vergrößerung der Ehre und dadurch auch der wirtschaftlichen Grundlagen des eigenen Heimatlandes eine Rolle spielten, erfreute sich großen Ansehens. Bei der Gründung der Kolonien vereinigten sich militärische und wirtschaftliche Ziele, so daß meist "aristoi" führend beteiligt waren. In der Welt der homerischen Helden gilt jede andere Betätigung außer dem Krieg und der Führung des Hauses als unangemessen. Handwerk und Handel werden zwar vorausgesetzt, aber gleichzeitig mit niederen Schichten der Bevölkerung bzw. mit Fremden verbunden. Auch das noch am meisten geschätzte Handwerk, das der Waffenschmiede, wurde personifiziert und symbolisiert durch Hephaistos, der zwar ein Gott war, aber doch anders als die anderen: Er war häßlich, ungestalt, ein ungeheures, hinkendes Ungetüm, dessen Kunst zwar gerühmt wurde, das im Rat der Götter aber eine eher periphere Rolle spielte.

Eine andere Welt, eine Welt von Bauern, führt uns etwa zur gleichen Zeit der böotische Dichter Hesiod vor Augen: Die "Werke und Tage" ("Erga") geben Ratschläge zur Einrichtung des Hauswesens und zur Bewirtschaftung; dabei hebt er den Landbau als die sicherere Lebensform hervor und warnt seinen fiktiven Bruder vor den Handelsfahrten auf dem unruhigen Meer, auch mißbilligt er die Spekulationsgeschäfte, die dabei eine Rolle spielen. Er kennt diese, war doch sein Vater regelmäßig zur See gefahren, um Handel zu treiben. Hesiods "Erga" ist in erster Linie ein Dokument des bäuerlichen Lebensstils der Griechen[9], bei dem allerdings gewisse kommerzielle Elemente schon auffallen, die in der Interpretation des Werks Hesiods aber meist zugunsten anderer Aspekte zurückstehen. Hesiod ermuntert seinen Bruder zu Vorsicht, Vorausschau, Planung und Umsicht in der Verwaltung, wobei sein Landwirt durchaus selbst arbeitet, auch wenn er Sklaven hat. "Tätigkeit ist's, die die Männer an Herden reich macht und Silber. Und wer zufaßt beim Werk, den Unsterblichen ist er viel lieber. Arbeit, die ist nicht Schande, das Nichtstun jedoch, das ist Schande."[10] Die Verse des Hesiod sprechen nicht von

8 Homer, Ilias. Odyssee (dt. v. Johann Heinrich Voß), 19. Aufl., München 1985, Buch 8.

9 Vgl.: Andrew Robert Burn, The World of Hesiod, New York 1966 (urspr. 1936).

10 Nach: Hesiod, Erga (Deutsch v. Walter Marg), Zürich 1968, Zeile 308-312.

einer Überflußgesellschaft: Das goldene Zeitalter der Gottmenschen ohne Not und Hunger ist lange vorbei, Hesiod sieht seine Zeit als die des Geschlechts von Eisen an, dessen Schicksal voll von Mühsal, Gewalt und Übel ist. Nur eines kann den Menschen in dieser Zeit retten: Selbsthilfe durch seine Arbeit. "Nämlich die Götter verbargen des Unterhalts Mittel den Menschen. Mühelos würdest du sonst und an *einem* Tag erwerben, daß übers Jahr hin genügend du hast, und wärst du auch müßig."[11] Durch die Betonung der Tugenden und Werte, die wir ansonsten gewöhnlich mit der puritanischen Wirtschaftsethik des neuzeitlichen Europa verbinden, Fleiß, Arbeitsamkeit und Sparsamkeit, mutet das Werk fast modern an, etwa wenn Hesiod den Wettbewerb preist[12]: "Den Nachbarn stachelt der Nachbar, wenn er nach Wohlstand strebt. Der Streit ist gut für die Menschen!" Darin äußert sich auch der oft zitierte "Individualismus" der Griechen, der durch den Zerfall der Clanorganisationen entstanden ist und zur Begründung eines auf die einzelne Wirtschaftseinheit bezogenen Denkstils führte.

Markt, Haus und Politik: Athen in der klassischen Epoche

Zwischen dem 8. und dem 4. Jahrhundert v. Chr. entstand jene soziopolitische und kulturelle Formation, die wir als das "klassische Griechenland" kennen. Dies war auch durch wirtschaftliche und soziale Veränderungen begleitet, die sich in den Werken der großen Philosophen, Historiker, Dichter und "Ökonomen" der Hoch-Zeit Athens niederschlugen.[13] Die darauffolgenden Jahrhunderte sehen die Entstehung der hellenischen Welt mit ihrem Ausgangspunkt in Mazedonien und ihrer Ausdehnung bis Indien, die eine Weltwirtschaft entstehen ließ, deren Erbe dann das Römische Reich wurde. Der große Raum, der durch die Eroberungen Alexanders geschaffen worden war, war auch durch Handelsbeziehungen verbunden; die Geldwirtschaft, der Handelsverkehr zu Land und zur See, die Entwicklung wichtiger Marktstädte nahmen einen ungeheuren Aufschwung und bewirkten ihrerseits einen nachhaltigen kulturellen Austausch und die Vereinigung in einem großen Kulturraum. Insbesondere das ptolemäische Ägypten verband sein hochentwickeltes Verwaltungswesen mit den gesteigerten wirtschaftlichen Möglichkeiten in bemerkenswerter Weise.[14] Die Eroberungen Alexanders verbreiteten die Kultur und

11 Ebd., Zeile 42-44.

12 Ebd., Zeile 23-24.

13 Vgl.: Kurt Raaflaub, Politisches Denken im Zeitalter Athens, in: Iring Fetscher/ Herfried Münkler (Hg.), Pipers Handbuch der politischen Ideen, Bd. 1, München 1988, S. 273-368.

14 Stefan Breuer spricht von merkantilistischen Elementen. Stefan Breuer, Imperien der Alten Welt, Stuttgart-Berlin-Köln-Mainz 1987, S. 153.

Wirtschaft der Griechen im Nahen und Mittleren Osten. Alexandria war nicht nur die größte Stadt der Antike vor dem Aufstieg Roms und durch ihre Bibliothek berühmt, sondern sie war auch das Kaufhaus der antiken Welt, in dem Weizen, Papyrus, Leinen und Glas aus Ägypten, Teppiche aus Arabien und Persien, Bernstein vom Baltikum, Baumwolle aus Indien, Seide aus China und Elfenbein aus Afrika gehandelt wurden. Im Alexanderreich hatte sich ein griechisch-orientalischer Wirtschaftsraum entwickelt, der weit über die Grenzen des Reiches selbst hinausging und zwischen Makedonien und Indien bzw. China einen regen Warenaustausch bewirkte. Aber schon im 5. Jahrhundert v. Chr. breitete sich die griechische Kultur im ganzen Ägäischen Raum aus und griechische Schiffer und Händler dominierten den Seehandel. Die Kolonien fungierten nun auch - und noch mehr in hellenistischer Zeit - als Handels- und Marktzentren für die Fertigprodukte und Erzeugnisse der Mutterstädte, vor allem für Wein, Oliven, Töpfereiwaren und Metallerzeugnisse. Wahrscheinlich war auch das Münzgeld eine "Erfindung" von Kaufleuten in den griechischen Kolonien Kleinasiens. Das begründete in der Folge die Dominanz Athens durch die Ausbeutung der Silberminen von Laurium. Es kam zu einem starken Wirtschaftsaufschwung Athens und der attischen Landstädte sowie der benachbarten Städte und Landschaften in Euböa und Böotien, aber nicht notwendig in ganz Griechenland.

Ein Gegenmodell zu Athen war Sparta, das ein aristokratisches Kriegerregime mit einer auf reiner Selbstgenügsamkeit beruhenden und von unterdrückten Bauern bearbeiteten Landwirtschaft ohne nennenswerten Handel und Geldakkumulation aufwies. Thukydides führt uns in seiner "Geschichte des peloponnesischen Krieges" diesen wirtschaftlichen Gegensatz in der Kriegsrede des Perikles vor: "Daß wir aber für den Krieg und im Vergleich der vorhandenen Mittel nicht schwächer dastehn, sollt ihr erkennen, indem ihr Punkt für Punkt vernehmt: alles bei den Peloponnesiern ist für den Hausgebrauch. Geld haben sie weder für sich noch im Staat, und in langwierigen und überseeischen Kriegen fehlt ihnen die Erfahrung, weil sie in ihrer Armut immer nur kurz einander selbst bekriegen. Ein solches Volk aber vermag weder Schiffe zu bemannen noch Fußtruppen öfters auszusenden, wofür sie ja von ihren Gütern fern sein und zugleich aus denselben die Kosten bestreiten müßten, und wo ihnen zudem die See versperrt ist. Und ein Krieg lebt vom Überfluß, nicht aus gewaltsamen Umlagen [...]."[15]

15 Thukydides, Geschichte des Peloponnesischen Krieges (übers. von G. P. Landmann), München 1991, S. 110/111.

Auch in Athen selbst war die Einstellung zur Wirtschaft eine unterschiedliche. Während der Aristokrat Kimon als Führer seines "demos" allen Demoten freie Nahrung in seinem Haus bot, zeigte sich Perikles demonstrativ als Förderer der Marktökonomie, indem er unter Beachtung kluger und sparsamer Wirtschaftsführung die Produkte seines Landbesitzes verkaufen und für den Erlös die Güter für den täglichen Bedarf seines Haushalts auf dem Marktplatz einkaufen ließ. Die "agora" war eine wichtige Machtbasis für die Verfechter der Demokratie.[16] In den Städten kam es zu einer Ausweitung der Handels- und Gewerbetätigkeit, die sich auf der und um die "agora" abspielte[17]. Es gab geradezu Spezialitätenmärkte für eine ganze Reihe von Gütern: einen Weinmarkt, einen Öl- und Käsemarkt, aber auch einen Bettenmarkt etc. und auch "Arbeitsmärkte", auf denen Sklaven als Träger, Hafen- und Marktarbeiter vermietet wurden. Sie wurden von ihren Herren hingeschickt, die solcherart die Arbeitskraft ihrer Sklaven gewinnbringend verwerteten. Die Leiharbeit ist also eine uralte "Erfindung". Darüber hinaus gab es in den angrenzenden Vierteln spezialisierte Handwerks- und Gewerbebetriebe; so gab es eigene Viertel der Gerber, der Töpfereiarbeiter etc. Generell befanden sich die Läden und Werkstätten in den Wohnungen der Händler oder Handwerker oder waren an sie angebaut. Die Händler wohnten und arbeiteten in den "stoai", den Wandelgängen rund um die "agora".[18]

In Griechenland wie in der ganzen vorindustriellen Geschichte des Handels ist zwischen dem Groß- bzw. Fernhandel und dem lokalen oder Kleinhandel nicht nur funktional, sondern auch sozial zu unterscheiden. Diese Differenzierung wird auch durch unterschiedliche Personen repräsentiert[19]: Der "emporos" war der Großkaufmann, oft ein Metöke[20], manchmal aber sogar, besonders in den ausländischen

16 Karl Polanyi, Über den Stellenwert wirtschaftlicher Institutionen in der Antike am Beispiel Athen, Mykene und Alalakh, in: Karl Polanyi, Ökonomie und Gesellschaft, Frankfurt/Main 1979, S. 387-413, S. 395.

17 Das Wort "agora" bedeutete ursprünglich Versammlungsplatz, erst später wurde es zu einem Synonym für Marktplatz, was an sich bereits auf die Veränderung des wirtschaftlichen Lebens und die Bedeutung von Handel und Markt in der Polis hinweist.

18 Vgl.: Thomas Pekáry, Die Wirtschaft der griechisch-römischen Antike, Wiesbaden 1976; Moses I. Finley, Economy and Society in Ancient Greece, New York 1981.

19 Vgl. auch: Karl Polanyi, The Livelihood of Man, New York-San Francisco-London 1977, S. 189 ff.

20 Die Metöken waren freie Fremde, die aus anderen Städten Griechenlands oder aus anderen Gesellschaften zugewandert waren. Es gab für sie eigene Institutionen, wie auch in späterer Zeit eine Art Konsuln für die Fremden aus den verschiede

Handelsniederlassungen, ein Bürger der Polis. Er war ein niedergelassener Händler, während die kommerzielle Seefahrt ausschließlich von Ausländern bzw. Metöken betrieben wurde. In dieser Differenzierung kommt auch ein Spezialisierungs- und Professionalisierungsprozeß zwischen Schiffern und Händlern zum Ausdruck. Im örtlichen Handel agierte der "kapelos"; er genoß ein weit geringeres Ansehen als der Großkaufmann. Oft wurde er in den Komödien des Aristophanes karikiert. Eine wichtige Rolle hatten auch die Zwischenhändler, die zwischen den kleinen Handwerks- und Gewerbebetrieben und den Großhändlern vermittelten, sowie die oft hinter den Kleinbetrieben stehenden Finanziers, meist reiche Bürger, die selbst nicht in Handel und Gewerbe tätig sein konnten, aber ihre Sklaven für sich arbeiten ließen.[21]

Im Piräus entstand eine Art Mustermesse, wo Proben einheimischer Erzeugnisse zur Prüfung durch die ankommenden ausländischen Kaufleute ausgestellt waren, das "deigma"[22]. In den griechischen Häfen gab es eine Art "Broker", die die Sicherheit für ausländische Schiffe und Kaufleute garantierten. Hier war auch der Treffpunkt und Verhandlungsort der Händler und der Geldverleiher, die auf Ladungen und Schiffe Darlehen gaben. Die Griechen hatten in nuce schon eine Art Bank- und Versicherungswesen entwickelt. Diese Darlehen waren eine beliebte Geldanlage der reichen Athener, die zudem gegenüber der Investition in Grund und Boden den Vorteil hatte, daß sie nicht besteuert wurde. Die Differenzierung in Hauswirtschaft und Markt war nicht nur eine zwischen verschieden geachteten wirtschaftlichen Betätigungsformen, sondern reflektierte eine soziale Differenzierung der jeweiligen Trägerschichten. Hauswirtschaft, die Führung, Verantwortung, Planung und Verwaltung eines Haushaltes und die Verantwortung für dessen Mitglieder war die Aufgabe der angesehenen Vollbürger Athens. Der "oikos" war keine ausschließlich ökonomische Institution, sondern ein sozialer Verband, der durch mehrere soziale Beziehungen bestimmt war: den Beziehungen zwischen den Ehegatten, zwischen Eltern und Kindern und zwischen Herren und Gesinde. Der "oikos" bestand nicht primär aus Besitztümern, stellte nicht so sehr Produktionsmittel, als vielmehr die Verbindung von Personen mit unterschiedlicher sozialer, politisch-rechtlicher Stel-

nen Gebieten. In Athen bestand im 4. Jahrhundert v. Chr. beinahe die Hälfte der Bevölkerung aus Metöken; sie waren meist Händler oder Handwerker. Da es in Griechenland keine eigene soziale Kategorie der Freigelassenen gab, wurden diese meist auch unter die Metöken subsumiert.

21 Vgl.: A. Aymard, Etudes d'histoire ancienne, Paris 1967.

22 Robert J. Hopper, Handel und Industrie im klassischen Griechenland, München 1982 (urspr. engl. 1979), S. 60 f.

lung und wirtschaftlicher Funktion dar.[23] Der Handel und das Gewerbe sollten nicht nur den Philosophen zufolge den Sklaven und Metöken überlassen werden, sondern wurden auch tatsächlich zum großen Teil durch Metöken, vorübergehend anwesende Fremde, Sklaven und Freigelassene durchgeführt. Auch im 5. und 4. Jahrhundert v. Chr. war der Besitz eines Landgutes Ausweis der Stellung als Bürger der Polis, als Herren-Bauer, der über seine Familie und seine Landarbeiter und Sklaven gebot. Diese "Herren-Bauern" konnten aber sehr unterschiedliche wirtschaftliche Lebenslagen haben. Es fanden sich darunter reiche Großgrundbesitzer, die viele Sklaven beschäftigten und aus ihrem Grund und Boden große Gewinne zogen, insbesondere wenn diese nicht nur für Ackerbau genutzt wurden, sondern auch für Viehzucht und Bergbau. Andere Bauern wiederum fristeten mit nur wenigen Sklaven und eigenem Arbeitseinsatz ein mehr als kärgliches Dasein und viele fielen in Schuldknechtschaft. Es gab also durchaus große wirtschaftliche Unterschiede, die sich auch im sozialen und politischen Leben manifestierten. Daher waren trotz des geringen Ansehens auch athenische Bürger in Handel, Geldverleih, Handwerk und Gewerbe beschäftigt, manche arbeiteten als Handwerker oder Händler, Gewerbetreibende und sogar Lohnarbeiter bei öffentlichen Bauten. Auch Frauen arbeiteten, insbesondere im Kleinhandel, bei bestimmten Diensten und Handwerken. Für Frauen war Handarbeit, auch wenn es sich um die Frauen von Bürgern handelte, nichts Entwürdigendes, da ihnen die Betätigung in Krieg und Politik verschlossen war. Das genaue Ausmaß der Beteiligung der Bürger an Handel und Gewerbe ist nicht bekannt; es dürfte nicht sehr hoch gewesen sein und zweifellos dominierten Sklaven oder Freigelassene im Gewerbe und im örtlichen Handel, die aber vielfach auf Rechnung ihrer Herren, die Bürger oder Metöken sein konnten, agierten. Es kam aber auch vor, daß insbesondere bei öffentlichen Bauwerken freie Bürger, Metöken, Sklaven-Leiharbeiter oder Staatssklaven und Freigelassene als Lohnarbeiter nebeneinander arbeiteten. Die Bergbaugebiete standen unter der Kontrolle der Polis, die Schürfrechte an Bürger vergab. Meist erhielten Großbauern, die Grundbesitz im Demos in der Nähe der Minen besaßen, diese Konzessionen und erwirtschafteten mit Hilfe ihrer Sklaven oft beträchtliche Gewinne. Manche vermieteten die Sklaven auch an andere Bergbauunternehmer gegen Entgelt. In der Nähe entstanden dann auch Hüttenbetriebe und im Einzugsbereich der Polis Verarbeitungsbetriebe,

23 Insbesondere für die Philosophen war der Charakter des "oikos" als soziopolitische Institution wichtig, weshalb Polanyi auch von der "Neigung zur Soziologie" bei Aristoteles und seiner Auffassung der "oikonomia" spricht. Siehe: Karl Polanyi, Aristoteles entdeckt die Volkswirtschaft, in: Ders., Ökonomie und Gesellschaft, Frankfurt/Main 1979, S. 149-185, S. 168 ff.

wobei insbesondere die Produktion von Waffen, Helmen und Rüstungen ein wichtiger Wirtschaftszweig war, bei dem Metöken dominierten. Die meisten der Betriebe waren klein, ein Meister oder Landwirt hatte vielleicht zwei bis drei Sklaven, aber es gab auch größere und vereinzelt sehr große Betriebe. Letzteres vor allem im Bergbau und in einigen der "ergasteria", wie etwa dem des Metöken Kephalos, wo etwa 120 Sklaven Schilde fertigten.[24] Manche Betriebe wurden auch von Sklaven geführt, die dann an ihren Herrn einen Teil des Gewinns ablieferten. Reiche Bürger kontrollierten solcherart ein kleines Imperium von Unternehmen, die von Vorarbeitern geleitet wurden und in denen Sklaven arbeiteten. Sie gaben aber auch Darlehen an freie Kleingewerbetreibende oder Händler. Das Geschäft des Geldwechslers wurde meist von Sklaven, Freigelassenen oder Metöken versehen. Es weitete sich im Laufe der Zeit aus und umfaßte auch Einlagen- und Darlehensgeschäfte. Der reichste Bankier, von dem wir wissen, war Pasion, ein ehemaliger Sklave, der aber schließlich Bürger von Athen wurde; eine wichtige Voraussetzung für sein Geschäft, da er nur als Bürger über Grundbesitz, der ihm als Sicherstellung übergeben wurde, verfügen konnte.[25] Er selbst investierte dann einen Teil seines beträchtlichen Vermögens in Landbesitz. Sein Sohn beschäftigte sich nicht mehr mit Handel und Geldwesen, sondern widmete sich dem politischen Leben.

Betrachtet man die Kulturdenkmäler der griechischen Antike, so könnte man mit Pierre Vidal-Naquet[26] der Meinung sein, daß die griechische Kultur eine Kultur des Handwerks und der Handwerker der heimliche Held der griechischen Geschichte gewesen sei. Es gab auch eine eigene Schutzgöttin des Handwerks und der Berufe, der die Arbeitenden Weihgaben in Höhe eines Zehntels ihrer Einnahmen widmeten. Der "demiurgos", der Handwerker für öffentliche Werke, der Spezialist, der "für das Volk arbeitet", hatte ursprünglich tatsächlich ein hohes Ansehen in den archaischen Dorfgemeinschaften, das er aber in klassischer und hellenistischer Zeit verlor. Im allgemeinen wurde das Handwerk, selbst das des Künstlers, gering geachtet, da es Geist und Körper beanspruchte, so daß wenig Zeit für Geselligkeit oder die politische Betätigung blieb. Dies aber waren die wichtigsten Dinge, mit denen sich die Bürger der Polis befassen sollten. Reichtum war zwar Vorausset-

24 Moses I. Finley, Die antike Wirtschaft, 3. Aufl., München 1993 (urspr. am. 1984), S. 78.

25 R. J. Hopper, Handel und Industrie im klassischen Griechenland, München 1982 (urspr. engl. 1979), S. 141.

26 Pierre Vidal-Naquet, Der schwarze Jäger. Denkformen und Gesellschaftsformen der griechischen Antike, Frankfurt/Main-New York-Paris 1989 (urspr. frz. 1981). Siehe auch: Michael Austin/Pierre Vidal-Naquet, Gesellschaft und Wirtschaft im alten Griechenland, München 1984 (urspr. frz. 1981), S. 26.

zung dafür, und er wurde auch durchaus geschätzt, aber er sollte die Ausübung der eigentlichen Tugenden ermöglichen und weniger um seiner selbst willen akkumuliert werden. Zumindest scheint dies die Auffassung Sokrates' gewesen zu sein, wenn man seinen Schülern glauben will. Allerdings waren die Griechen, bei aller Wertschätzung der Tugend, durchaus realistisch und pragmatisch genug, um die Bedeutung auch des Erwerbsstrebens nicht zu unterschätzen.

Der "oikos" und seine Verwaltung hatten im Gefolge der Entwicklung der Polis an Bedeutung gewonnen, er wurde als Keimzelle des Staates gesehen. Das Wort "nomein" (verwalten) bezog sich auch auf die Polis, die ihrerseits oft als "oikos" bezeichnet wurde.[27] Das 5. und 4. Jahrhundert v. Chr. war die Blütezeit der athenischen Demokratie. Die Anstrengungen richteten sich auf die Errichtung einer funktionsfähigen politischen Gemeinschaft. In dieser sollte nach Perikles nicht nur der Gedanke des "oikos", sondern auch der des Marktes eine wichtige soziale Rolle spielen. Er sollte die Menschen in diesem Gemeinwesen über die Grenzen des "oikos" hinaus miteinander verbinden. "Oikos" und "agora" wurden damit zu Symbolen unterschiedlicher politischer Ausrichtung in der Auseinandersetzung zwischen den Aristokraten und den Demokraten. Daß zwischen Politik und Ökonomie eine enge Verbindung besteht, wird auch bei den klassischen Philosophen klar; Platon setzt "oikos" und "polis" gleich. Aristoteles sieht nur den Unterschied, daß in der "polis" das Verhältnis von Regierenden und Regierten wechselt. Aber auch für ihn ist die Ökonomie Teil der "Politik", zum einen, weil es bei beiden um Verwalten und Regieren geht, zum anderen, weil es sich auch in der Politik letztlich um Einkünfte handelt.

Platon und Aristoteles über Tausch und Gelderwerb

Die großen griechischen Denker hoben die Landwirtschaft als die natürliche Wirtschaftsform hervor, in deren Mittelpunkt der "oikos" steht. Handel und Geldwirtschaft um ihrer selbst willen sind in der Theorie meist negativ besetzt, insbesondere Platon betonte die sittliche Fragwürdigkeit des Handels und die negativen Auswirkungen auf die menschliche Natur. In gewisser Weise kann man sagen, die klassische griechische Philosophie, insbesondere die Lehre Platons, sei der Versuch, den Menschen eine andere Orientierung als die am Gelderwerb zu geben, in-

27 Johannes Burkhardt, Wirtschaft, in: Otto Brunner/Werner Conze/Reinhart Koselleck (Hg.), Geschichtliche Grundbegriffe, Bd. 7, Stuttgart 1992, S. 511-594, S. 514.

mitten einer Gesellschaft, in der Handel und Erwerb steigende Bedeutung erhielten.[28]

Platon geht von der Arbeitsteilung als Voraussetzung des Staates aus, weil die in der Gemeinschaft der Polis lebenden Menschen verschiedene Bedürfnisse haben, die von den Menschen auf Grund ihrer unterschiedlichen Fähigkeiten in differenzierter Weise erfüllt werden können. Sein Interesse ist aber nicht auf die Analyse der Wirtschaft als solcher, sondern auf die Bedingungen einer "gerechten" Gesellschaftsordnung gerichtet. Die Arbeitsteilung ermöglicht das Wachstum und den Reichtum der Polis; dieser wieder bedingt die Notwendigkeit zur Verteidigung, denn durch ihren Reichtum wird die Stadt zum Ziel aggressiver Bestrebungen. Und hier führt Platon dann jenes hierarchische System in seiner "Politeia" ein, das ihn in den Verdacht des totalitären Vordenkers gebracht hat.[29] Der ideale Staat wird von Philosophen geführt, die in kommunitärer Weise ohne Privateigentum und ohne Familie leben, von Wächtern verteidigt und von einem Nährstand erhalten werden. In letzterem gibt es Privateigentum und Familie und eine Vielfalt von Berufen. Zwischen den drei Ständen kann nicht übergewechselt werden, denn jeder darf nur das tun, zu dem er berufen und befähigt ist.[30]

Platon gibt auch eine Auflistung von Berufen, eine "Systematik der Erwerbskünste"[31], wobei die Erwerbskünste grundsätzlich von der hervorbringenden Kunst differenziert werden und sich in die erbeutende und die austauschende Kunst teilen. Die letztere wird wieder in Geschenketausch und Markttausch unterteilt; der Markttausch setzt sich aus dem Eigenverkauf der Selbsterzeuger und dem Zwischenhandel[32], sowohl dem innerstädtischen Kleinhandel wie dem zwischenstädtischen Großhandel, zusammen.

28 Patrick Murray (ed.), Reflections on Commercial Life. An Anthology of Classic Texts from Plato to the Present, New York-London 1997, S. 41.

29 Vgl.: Karl Popper, Die offene Gesellschaft und ihre Feinde, 1. Der Zauber Platons, 7. Aufl., Tübingen 1992; Peter Koslowski, Politik und Ökonomie bei Aristoteles, Tübingen 1993, S. 80 ff.

30 Platon, Der Staat. Über das Gerechte (übers. u. erläutert v. Otto Appelt), 11. Aufl., Hamburg 1989.

31 Bertram Schefold, Platon und Aristoteles, in: Joachim Starbatty (Hg.), Klassiker des ökonomischen Denkens, Bd. 1, München 1989, S. 19-55, S. 31.

32 Diese Differenzierung schlug sich auch in der Sprache nieder. Vom etymologischen Standpunkt aus wies Emile Benveniste auf die grundsätzliche Differenzierung zwischen Kauf und Verkauf einerseits und dem Handel andererseits in den indoeuropäischen Sprachen hin. Siehe: Emile Benveniste, Indoeuropäische Institutionen, Frankfurt/Main 1993 (urspr. frz. 1969), S. 111 ff.

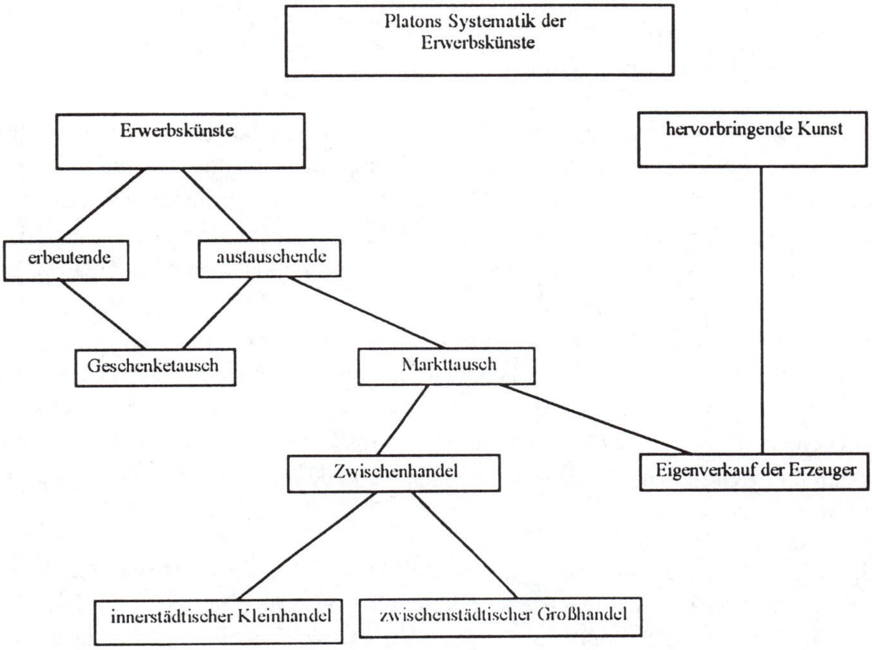

Krieg, Plünderung und Beutemachen sind neben dem Austausch die Betätigungen, in denen Reichtum erworben wird. Die Bedeutung des Geschenketauschs erklärt sich durch das Überleben traditionaler aristokratisch-stammesorientierter Gepflogenheiten. Zwar tritt Platon durchaus für die Existenznotwendigkeit von Händlern und Handel ein, aber gleichzeitig geht er davon aus, daß der Staat zugrunde gehen müßte, wenn jeder nach "händlerischen" Interessen agieren würde. Er spricht sich auch gegen allzu große Unterschiede zwischen reich und arm aus, denn beide - wieder steht das sittliche Ideal der Gerechtigkeit im Mittelpunkt - erzeugen negative Verhaltens- und Denkweisen. Er sieht die Entstehung eines Marktes und von Münzgeld als Zahlungsmittel bereits als selbstverständlich an, aber es fehlt die Bedeutung der Preisbildungsfunktion, die wir heute mit dem "Marktsystem" verbinden. Er geht ganz einfach davon aus, daß man Güter auf dem Markt auf Grund ihres Wertes verkaufen soll. Allerdings postuliert er auch, daß man niemals zweierlei Preise für seine Waren verlangen dürfe. Diese Forderung ist bedeutsamer als es zunächst den Anschein hat, da sie etwa die unterschiedlichen Preise je nach Reichtum und

Ansehen des Käufers, wie sie in manchen anderen Kulturen, etwa im alten China, üblich waren, verbietet und damit eine Grundlage der universalistischen Prinzipien des abendländischen Wirtschaftsdenkens darstellt.

In den "Nomoi" ("Gesetze"), dem Alterswerk, werden realisierbare Regeln für die Ordnung des Staates entwickelt. Von der Abschaffung des Privateigentums wird überhaupt abgesehen. Hingegen gibt es Vorschriften für die Verteilung des Landes und seiner Erträge, das wünschenswerte Ausmaß der Vermögensunterschiede, die Kontrolle darüber und die Umverteilung zu großer Vermögensanhäufungen. Die Bürger sollen sich mit Landwirtschaft beschäftigen, allerdings ist die tatsächliche Arbeit auf dem Land "ponos" und nicht "techne" und soll daher nicht von Bürgern verrichtet werden; selbst die Viehhaltung lehnt er für sie als unangemessene Beschäftigung ab. Handwerk und Handel sollen von den Metöken und ihren Sklaven betrieben werden. Platon beschreibt hier weitgehend die tatsächlichen Gegebenheiten und zieht daraus Schlüsse für Ansatzpunkte der politischen Regelungsmaßnahmen.

Grundlegend für die Polis wie für die Familie ist auch Aristoteles zufolge die Hausverwaltung oder Haushaltungskunst (Ökonomik), die darauf gerichtet ist, "alle jene Dinge zu beschaffen und zu bewahren, die für die Gemeinschaft in Haus und Staat zum Leben nützlich und notwendig sind".[33] Darin sieht Aristoteles auch den einzig wahren Reichtum, und dieser ist nicht ohne Grenze, er hat ein Maß. Sowohl Verschwendung wie Geiz gelten Aristoteles als Maßlosigkeit in zwei verschiedenen Richtungen; deren Mitte stellt die Freigebigkeit dar: "Man kann alles, wovon es einen Gebrauch gibt, gut und schlecht gebrauchen. Der Reichtum gehört aber zu den für den Gebrauch bestimmten Dingen, und da nun jedes Ding am besten der gebraucht, der die darauf bezüglichen Tugenden besitzt, so wird auch der Reichtum am besten der gebrauchen, der die auf Geld und Gut sich beziehende Tugend besitzt. Das ist aber der Freigebige. [...] freigebig ist wer nach Maß seines Vermögens und am rechten Ort austeilt."[34] Davon setzt er eine andere Art von Reichtum

33 Aristoteles, Politik, Erstes Buch (übers. v. Eugen Rolfes), 4. Aufl., Hamburg 1981, S. 17.

34 Aristoteles, Nikomachische Ethik, Viertes Buch (übers. von Eugen Rolfes), Hamburg 1985, S. 73/74, resp. S. 76. Allerdings verfolgte man mit Freigebigkeit durchaus nicht nur solch tugendhaften Gebrauch des Reichtums, sondern wußte auch die soziale Verpflichtungsfunktion des Gebens zu nutzen, wie Antiphanes, der Komödiendichter, meint: "Wozu ist es gut, reich sein zu wollen, wenn nicht, um seinen Freunden helfen zu können und die gute Saat der Dankbarkeit zu säen?" (zit. nach: Paul Veyne, Brot und Spiele, Frankfurt/Main-New York-Paris

und darauf gerichteten Erwerb ab, der vom Prinzip her grenzenlos und maßlos ist: "Es gibt aber noch eine andere Gattung von Erwerbskunst, die man vorzugsweise und mit Recht als die Kunst des Gelderwerbes oder der Bereicherung bezeichnet. Sie ist schuld daran, daß man meint, es gebe für Reichtum und Besitz keinerlei Grenze."[35] Berühmt ist in diesem Zusammenhang Aristoteles' Differenzierung zwischen Gebrauchs- und Tauschwert, die sich über die Scholastik bis Adam Smith und Karl Marx fortsetzte. Wenn Schuhe gegen etwas anderes eingetauscht werden, weil der eine Schuhe braucht und ein anderer sie gerade hat, so ist dieser Tausch im Rahmen des Haushalts erfolgt und im Mittelpunkt steht der Gebrauchswert der Schuhe. Wenn jemand jedoch Schuhe erzeugt, um sie zu verkaufen und damit den Tauschwert der Schuhe in Geld und den Gewinn vor Augen hat, liegt Bereicherungskunst vor. Aristoteles weist auch auf die Entstehung des Handels und des Geldes aus dem Tausch von Gebrauchswerten hin. Der Gebrauchswert ist daher für Aristoteles der wahre Wert, auf den sich auch der Wert des Geldes beziehen soll. Dieses wäre an sich daher eigentlich unnötig, es wird aber tatsächlich als Selbstzweck gesehen, die Menschen wollen es als solches vermehren. Er weist auf den Unterschied zwischen Reichtum und Gelderwerb hin: "Gelderwerb und naturgemäßer Reichtum ist zweierlei. Dieser letztere gehört zur Hauswirtschaft, jener dagegen beruht auf dem Handel und schafft Vermögen rein nur durch Vermögensumsatz. Und dieser Umsatz scheint sich um das Geld zu drehen. Denn das Geld ist des Umsatzes Anfang und Ende. Daher hat denn auch dieser Reichtum, der aus dieser Art Erwerbskunst fließt, kein Ende und keine Schranke."[36] Aristoteles erblickt also nicht im Handel oder Markttausch als solchem das Übel, sondern im Gelderwerb um seiner selbst willen. Der natürliche Tausch, bei dem der Gebrauchswert im Mittelpunkt steht, gehört bei ihm auch zur richtigen Haushaltsführung. Aristoteles unterscheidet daher zwischen der Ökonomik oder Haushaltskunst, wobei auch die haushaltsgemäße Erwerbskunst oder Beschaffung mit umfaßt ist, und der Chrematistik, als des die Grenzen des Haushaltsbedarfs sprengenden Erwerbs, des schrankenlosen und um des Erwerbs willen erfolgenden Geld-Güter-Tauschs.

1988 (urspr. frz. 1976), S. 166). Diese Dankbarkeit konnte immer wieder nützlich sein, insbesondere um in den Wahlen für ein öffentliches Amt Stimmen zu gewinnen.

35 Aristoteles, Politik, Erstes Buch (übers. v. Eugen Rolfes), 4. Aufl., Hamburg 1981, S. 17/18.

36 Ebd., S. 20. Diese unterschiedliche Bewertung von Vermögen und Erwerb ist charakteristisch für die Antike und fand auch über Augustinus Eingang in das christliche Mittelalter.

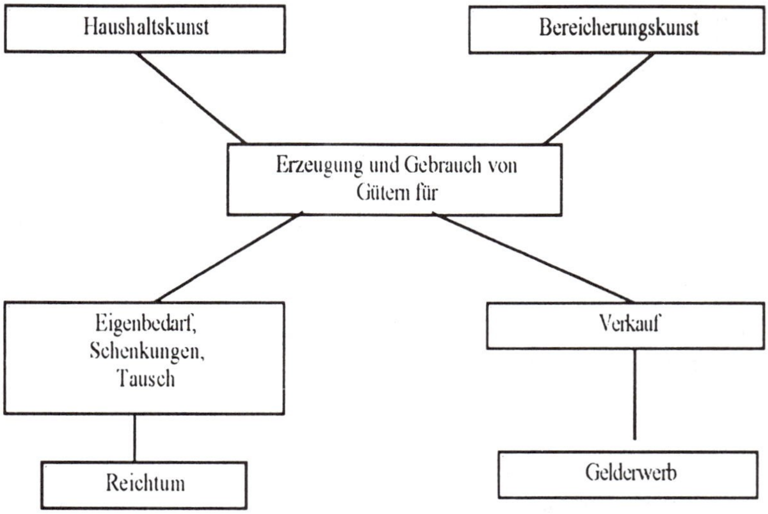

Der Begriff Chrematistik bedeutet bei Aristoteles nicht immer etwas negativ Besetztes, es ist Erwerbskunst gemeint, die auch im Rahmen der Haushaltsführung notwendig sein kann. Das griechische Wort für Erwerbskunst, Chrematistik, bedeutet in seinem Wortstamm eigentlich "das Brauchbare". Erst wenn sie nicht der materiellen Reproduktion des Haushalts, sondern ausschließlich Zwecken des Gelderwerbs dient, bedroht sie die Einheit des politischen Körpers durch die Verschärfung des Unterschieds zwischen arm und reich[37]. In der Praxis lassen sich die beiden Künste nicht leicht voneinander trennen, sie gehen ineinander über. Die Einteilung von Ökonomik und Chrematistik ist nicht eine Abgrenzung von zwei verschiedenen Sphären, sondern von zwei Grundprinzipien oder -haltungen des Wirtschaftens. Verwerflich ist immer die maßlose Ausübung des Erwerbs, nicht der notwendige Erwerb für den Unterhalt und für das gute Leben, d.h. der Handwerker, dem es nicht um die Herstellung eines brauchbaren Gegenstands, sondern um den möglichst hohen Verkaufspreis geht; der Künstler, der nicht die Verwendung seines Kunstwerks im Sinne hat, sondern den Lohn, den er dafür erhält; der Arzt, dem es nicht um Heilung, sondern um Reichtum geht. Eindeutig geht es dem Zwi-

37 Vgl. auch: Peter Koslowski, Politik und Ökonomie bei Aristoteles, Tübingen 1993; Ders., Haus und Geld. Zur aristotelischen Unterscheidung von Politik, Ökonomik und Chrematistik, in: Philosophisches Jahrbuch 86/1979, S. 60-83.

schenhändler um den Gewinn des Tausches und nicht um die Sache selbst. Am schlimmsten ist jedoch der Wucher, d. h. der Gewinn aus dem Geld selbst durch den Zins.

Die Frage der Gerechtigkeit des Tauschens wird in der Nikomachischen Ethik behandelt. Im V. Buch spielt die bekannte Unterscheidung zwischen verteilender und ausgleichender Gerechtigkeit eine große Rolle: die Zuteilung von Ehre, Geld und allem, was in einer Gemeinschaft "angemessen" verteilt werden kann einerseits, die Beseitigung von Ungerechtigkeit, ungleichen Lasten und Gewinnen andererseits. Aristoteles nimmt den Tausch von der Verteilungs- und Ausgleichsgerechtigkeit aus und spricht von der Gleichheit der Dinge und nicht der Personen, die beim Tausch eine Rolle spielen. Die Tauschgerechtigkeit beruht auf dem Prinzip der Gegenseitigkeit, und muß daher diesem genügen und nicht den Prinzipien verteilender oder ausgleichender Gerechtigkeit. Würde der Tausch unter die Verteilungsgerechtigkeit gestellt, so würden Personen von verschiedenem Status im Prinzip auch Ungleiches tauschen, denn die Gabe eines Höheren ist dann mehr wert als die eines Niederen. Aristoteles führt hier also eine sehr wichtige Unterscheidung zwischen personalen und sachlichen Beziehungen ein. Der "gerechte" Tausch, d. h. der auf Gegenseitigkeit beruhende, geht vom gleichen Wert von Gabe und Gegengabe aus. Aristoteles bestimmt somit die "Gerechtigkeit" des Tausches durch Gegenseitigkeit und die Orientierung an Bedürfnissen. Das "Bedürfnis" ist der gleichmachende Faktor beim Tausch von Gebrauchswerten, sein Ausdruck ist das Geld. Aristoteles akzeptiert die Funktion des Geldes als Wertmaßstab.[38] Es stellt einen allgemeinen Maßstab dar, der die zu tauschenden Güter vergleichbar machen soll: "Daher muß alles seinen Preis haben; denn so wird immer Austausch und somit Verkehrsgemeinschaft sein können. Das Geld macht wie ein Maß alle Dinge kommensurabel und stellt dadurch eine Gleichheit unter ihnen her. Denn ohne Austausch wäre keine Gemeinschaft und ohne Gleichheit kein Austausch und ohne Kommensurabilität keine Gleichheit."[39] Der Tausch wird gleichsam zur Grundlage der Gemeinschaft erklärt, aber dabei kommt es auf Gegenseitigkeit und Gleichheit in bezug auf die ausgetauschten Werte an, und Gewinn liegt

38 Bertram Schefold, Platon und Aristoteles, in: Joachim Starbatty (Hg.), Klassiker des ökonomischen Denkens, Bd. 1, München 1989, S. 19-55, S. 50. Siehe auch: Karl Polanyi, Aristotle Discovers the Economy (1957), in: GeorgeDalton (ed.), Primitive, Archaic and Modern Economies. Essays of Karl Polanyi, Boston-Mass. 1971, S. 78-115.

39 Aristoteles, Nikomachische Ethik, Fünftes Buch (übers. v. Eugen Rolfes), Hamburg 1985, S. 114.

ganz außerhalb dieses Gegenseitigkeitsprinzips. Für Aristoteles ist der Mensch nicht nur ein "zoon politikon", sondern auch ein "zoon oikonomikon" und ein "zoon koinonikon", ein politischer, wirtschaftender und sozialer Mensch. Die Beziehung auf die "Gemeinde" oder "Gemeinschaft" ist ein sehr wesentliches Kennzeichen, das die wirtschaftlichen Institutionen und Prozesse der antiken Welt bestimmte. Für Aristoteles war die materiale Organisation des Lebens der Gemeinschaft das Ziel des Wirtschaftens, das aber seinerseits dem Staat als dem eigentlichen Ziel und der Erfüllung des menschlichen Lebens dienen soll: "Der Staat ist eine Gemeinschaft Gleichberechtigter, die aber ein möglichst vollkommenes Leben zum Zwecke hat."[40] Dieses soll in der Polis unter den Bedingungen der Autarkie erreicht werden, unbeschadet der Tatsache, daß die griechischen Stadtstaaten durchaus auf die damalige Weltwirtschaft angewiesen waren.

Die "sokratische Wirtschaftsauffassung"[41] stellte die Ökonomie unter die Maxime der Förderung und Ermöglichung des "guten Lebens" nach den Werten, die den Bürgerstatus in einer vollkommenen Gemeinschaft ausmachten. Dafür braucht der Bürger: Unterhalt, Künste und Handwerke, Wehr und Waffen, eine gewisse finanzielle Aussteuer, Kult und "das Notwendigste": eine Institution zur Entscheidung über das, was dem Ganzen frommt und eine Institution für die Rechtsstreitigkeiten der Bürger. Die Aufgaben des Staates sind aber nicht auf verschiedene Gruppen von Bürgern verteilt, die somit gleichberechtigt auf Grund ihrer Funktionen wären. Im "besten" Staat hat die Tugend die größte Bedeutung, und in einem solchen Staate dürfen "die Bürger weder das Leben der gewöhnlichen Handwerker, noch das der Händler führen [...], da ein solches Leben nicht vornehm ist und wahrer Tugend zum Teil im Wege steht; auch dürfen sie deshalb, wenn sie solche Männer sein sollen, keine Bauern sein. Denn zur Entwicklung der Tugend wie zur Ausübung staatsmännischer Tätigkeit bedarf es der Muße."[42]

Bei Aristoteles' Wirtschaftsauffassung kann man nicht von einer "politischen Ökonomie" sprechen[43], denn der Begriff der "oikonomia" bleibt zum einen auf den "oikos" bezogen, und zum anderen ist die Polis die Gemeinschaft der Bürger, der die

40 Aristoteles, Politik, Siebentes Buch (übers. von Eugen Rolfes), 4. Aufl., Hamburg 1981, S. 253.

41 Barry Gordon, Economic Analysis before Adam Smith. Hesiod to Lessius, London and Basingstoke 1975, S. 25.

42 Aristoteles, Politik, Siebentes Buch (übers. v. Eugen Rolfes), 4. Aufl., Hamburg 1981, S. 255.

43 Alfred Bürgin, Zur Soziogenese der Politischen Ökonomie, Marburg 1993, S.127.

zentrale Subjekthaftigkeit im Bereich des wirtschaftlichen Handelns fehlt. Die Polis kann nur ausgleichend eingreifen, sie kann in Notfällen einzelnen Bürgern helfen[44] oder gemeinsam beschlossene Kriege oder Bauten mit Hilfe der Liturgien der Reichen durchführen, aber sie ist kein Wirtschaftsakteur vergleichbar dem modernen Staat.

Xenophons "Oikonomikos" und "Poroi"

Neben den großen Philosophen wie Platon und Aristoteles gab es eine Reihe von Autoren, die sich speziell mit der "oikonomia" befaßten. Die Vorstellung eines speziellen Reflexionsbereichs führte insbesondere in hellenistischer Zeit zu zahlreichen Werken mit wirtschaftlichem Inhalt. Auch weisen Schriften, die an sich anderen Themen gewidmet sind, ökonomische Bezüge auf, wie etwa die historischen Schriften des Thukydides oder die Werke der Sophisten und der Epikureer. Besonders bekannt ist der "Oikonomikos" von Xenophon neben anderen Werken mit ähnlichem Titel, die nicht alle überliefert sind.[45] Wahrscheinlich noch vor Xenophon schrieb ein Schüler des Sokrates und Freund des Xenophon, Antisthenes, der Begründer der kynischen Schule, ein Werk mit dem Titel "Oikonomikos". In ihm warnte er vor der Überschätzung des Reichtums und predigte Selbstgenügsamkeit und Muße. Ausgehend von dem immer wieder auftauchenden Vergleich zwischen dem objektiv Armen, der aber zufrieden und anspruchslos ist (Sokrates), und dem Reichen, der immer mehr Vermögen erstrebt, gelangt Antisthenes geradezu zu einer Umkehrung von Armut und Reichtum: arm ist der, der immerfort nach Geld und materiellen Gütern giert, während der reich ist, der reich an Freunden, Muße und Bescheidenheit ist. Armut und Reichtum liegen ihm zufolge nicht in den Gütern und im Besitz, sondern in der Seele.[46]

Xenophon, ein Schüler des Sokrates und Zeitgenosse Platons, hat zwei wirtschaftlich relevante Schriften verfaßt: "Oikonomikos" über die Haushaltskunst und "Po-

44 Hier gibt es bei Aristoteles Ansätze wohlfahrtsstaatlicher Maßnahmen, aber das Ziel ist nicht, die Armen von Sitzungsgeldern und Fürsorgeleistungen abhängig zu machen, sondern ihnen Startkapital zur Verfügung zu stellen, so daß sie durch Arbeit Wohlstand erringen.

45 Etwa die Schrift des Xenokrates, die auch den Titel "Oikonomikos" trug, die aber verlorengegangen ist.

46 Christos P. Baloglou/Helge Peukert, Zum antiken ökonomischen Denken der Griechen, 800 v. u. Z.-31 n. u. Z., Marburg 1992, S. 52-56.

roi" über die Staatseinnahmen.[47] Anders als Platon oder auch Antisthenes zeichnet Xenophon nicht moralisch idealisierte Visionen, sondern gibt Ratschläge auf der Basis der realen Gegebenheiten und diese muten überraschend "modern" an. Der "Oikonomikos" ist entgegen der oft gehörten Einschätzung keinesfalls eine Aporie der "Oikenwirtschaft" als einer geschlossenen Hauswirtschaft. Man könnte sie besser charakterisieren als eine Art auf die griechischen Verhältnisse zugeschnittene Managementlehre, vermischt mit einer subjektivistischen rationalen Handlungstheorie. Dies deutet sich schon an, wenn Xenophon Sokrates zu Kritoboulos sagen läßt: "[...] zunächst schien uns die Hauswirtschaft der Name einer bestimmten Wissenschaft zu sein; diese Wissenschaft aber erwies sich als diejenige, mit deren Hilfe die Menschen ihre Hauswesen vergrößern können. Als Hauswesen erschien uns, was den gesamten Besitz ausmacht, als Besitz aber definierten wir dies, was dem einzelnen zum Leben nützlich sei; nützlich wiederum fanden wir alles das, was einer zu gebrauchen verstünde."[48] Dieses Resumée, das Xenophon dem Sokrates in den Mund legt, zeigt bereits, daß das Ziel der Hauswirtschaft keineswegs nur die Versorgung mit dem Lebensnotwendigen in möglichst selbstgenügsamer Weise ist. Durch das ganze Werk zieht sich immer wieder der Hinweis auf die Vermehrung des Besitzes und auf den Gewinn, wobei auch durchaus nicht nur der Gewinn aus Feldbau und Viehzucht gemeint ist. Hauswirtschaft ist "Kunst" und beruht auf "Wissenschaft", so daß sie keinesfalls nur durch den Hausvater zur Anwendung gelangen kann, sondern auch durch einen speziell befähigten Verwalter. Der Verwalter-Manager eines Landgutes war also durchaus schon im klassischen Griechenland bekannt! Kriterium der effizienten Hauswirtschaft ist der Gewinn, d. h. der Überschuß, der durch kluge Investitionen erzielt werden kann und in einer Vermehrung des Vermögens resultiert. Besitz wird mit Gebrauchswert verbunden, wobei dieser aber hier in einer subjektivistischen Interpretation von den Fähigkeiten und der Umsicht des Besitzers abhängt, nicht vom Bedürfnis als solchem. Besitz ist auch, was Wert erhält, indem man es tauscht oder verkauft; es geht damit in den Besitz eines anderen über, der es vielleicht besser zu nutzen versteht. Wer etwas tauscht oder kauft, was er nicht zu nutzen versteht (auch Geld), hat keinen

47 Hier stütze ich mich auf: Xenophon, Oikonomikos (übers. u. komm. v. Klaus Meyer), Marburg 1975. Xenophon, Vorschläge zur Beschaffung von Geldmitteln oder Über die Staatseinkünfte (eingel., hg. u. übers. v. Eckart Schütrumpf), Darmstadt 1982.

48 Xenophon, Oikonomikos, Buch IV, op. cit., S. 4.

Wert daraus und der Besitz wird dann wertlos.[49] Xenophons Sokrates sieht den guten Gebrauch des Geldes also als Kriterium für dessen Wert an und rät zur Vorsicht im Umgang damit. Geld wird durch die Verwendung nützlich oder schädlich: "Das Geld also, sofern einer nicht damit umzugehen versteht, soll man so weit zurückstellen, mein lieber Kritoboulos, daß es nichts Wertvolles darstellt."[50] Und im selben Atemzug spricht Sokrates von den Freunden, die nützlicher seien als Rinder[51], und von den Feinden, die etwas Wertvolles sind für die, die aus ihnen Nutzen zu ziehen verstehen[52]. Auch der Reichtum wird subjektiv interpretiert; Xenophons Sokrates argumentiert hier vom subjektiven Bedürfnis aus: arm ist, wer mehr will als er hat, wer mehr braucht, weil seine Stellung in der Welt viel verlangt, oder wer den Erwerb von Vermögen vernachlässigt, weil er glaubt, reich genug zu sein. Besondere Bedeutung wird den Kriterien von Ordnung, Planung und Zielstrebigkeit beigemessen: "[...] denn da ich früher schon bemerkte, daß die einen von derselben Arbeit sehr arm, die anderen aber sehr reich sind, wunderte ich mich, und es schien mir der Untersuchung wert, was die Ursache dieser Erscheinung sei. Und indem ich das überprüfte, fand ich heraus, daß dies ganz natürlich geschieht. Diejenigen nämlich, die ihre Geschäfte unüberlegt betrieben, sah ich (dafür) bestraft, diejenigen aber, die sich mit Verständnis und Zielstrebigkeit darum kümmerten, so konnte ich bemerken, betrieben sie schneller, leichter und gewinnbringender. Wenn du von diesen lernen wolltest, würdest auch du, wie ich glaube, sofern dir der Gott nicht im Wege steht, ein tüchtiger Geschäftsmann werden."[53] Sokrates hebt die Rationalität hervor, die darin besteht, daß man das, was man zu tun unternommen hat, fachkundig und effizient versieht.

49 Diejenigen, welche ihren Besitz nicht effizient verwalten können oder wollen, nennt Sokrates "Sklaven" ihrer Laster oder ihrer Trägheit. Wenn sie vornehm sind, versklaven sie andere und zwingen sie zur Arbeit für die Befriedigung ihrer Laster. Gegen sie müsse man kämpfen wie gegen Feinde. Diese Stelle beschwört geradezu Assoziationen mit Marx' Klassenkampf herauf, wie dies etwa bei Michael Mann, Geschichte der Macht, Bd. 1, Frankfurt/Main-New York 1990, auch tatsächlich explizit gemacht wird. Aber Xenophon meinte nicht einen Aufruf zum Klassenkampf, sondern die moralische Ermahnung zur Vermeidung von Nachlässigkeit und zu Eifer in der Aufgabenerfüllung.

50 Xenophon, Oikonomikos, Buch I, op. cit., S. 14.

51 Hier läßt sich ohne weiteres eine Verbindung herstellen zu dem in der modernen Soziologie verwendeten Begriff des "sozialen Kapitals".

52 Xenophon meint hier offenbar die Gewinne aus Kriegen, die sowohl für die Polis als auch für den einzelnen möglich sind.

53 Xenophon, Oikonomikos, Buch II, op. cit., S. 17/18.

Landwirtschaft und Kriegstechnik sind die ehrenvollsten und notwendigsten Beschäftigungen. Sich mit Landwirtschaft dispositiv oder auch selbst händisch zu befassen, stehe selbst einem König (Xenophon verweist hier auf Kyros) gut an. Sowohl die Führung eines Landgutes wie der Krieg erfordern Zusammenarbeit und gute Führungsqualitäten. Auf letztere läßt Xenophon Sokrates immer wieder verweisen, denn derjenige erweise sich sowohl als Feldherr wie als Landwirt am tüchtigsten, der die Menschen dazu bringe, gerne und ohne Zwang zu arbeiten, sowie auch im Krieg ihre Aufgabe zu erfüllen. Eine dieser Stellen die das betrifft, was man heute "Menschenführung" nennen würde, sei hier zitiert: und zwar beschreibt Ischomachos, den Xenophon als den idealen "Ökonomen" einführt, wie er dabei vorgeht: "Wir lehrten sie (die Wirtschafterin) aber auch, sich uns gegenüber freundlich zu verhalten, indem wir sie, wenn wir uns freuten, teilnehmen ließen an unserer Freude und sie auch hinzuzogen, wenn etwas Unangenehmes vorlag. Ebenso erzogen wir sie dazu, mit Eifer die Vermehrung des Hauswesens zu betreiben, indem wir sie veranlaßten, eigene Vorschläge zu unterbreiten, und sie am Gewinn beteiligten."[54] Auch die Personalauswahl wird sorgfältig erläutert und die Bedeutung, die der Zuverlässigkeit und der Vorbildwirkung des Herrn (oder der Herrin) zukommt. Die Ausbildung der Verwalter in der Führung der Arbeiter und die Sanktionen, die dabei einzusetzen sind, werden abgehandelt, wobei nicht nur Strafen, sondern auch die Bedeutung positiver Sanktionen wie Anteile an Gewinn, Belohnungen in Form von besserem Essen, Kleidung, Lob und Anerkennung hervorgehoben werden.

Einen relativ großen Umfang in der Schrift nimmt die Arbeitsteilung zwischen Mann und Frau und die Stellung und Funktion der Frau im Hauswesen ein: "Das Vermögen kommt zwar gewöhnlich durch die Tätigkeit des Mannes in das Haus, es wird aber meistens durch die Wirtschaftsführung der Frau ausgegeben; und wenn diese gut ist, entwickeln sich die Hauswesen, wird sie aber schlecht gehandhabt, gehen sie zurück."[55] Die Frauen sollen zwar, da sie jung ins Haus des Mannes kommen, in den wichtigen Dingen von diesem unterwiesen werden, sowohl die rechtliche wie die soziale Stellung der Frau ist jedoch eine beinahe partnerschaftliche, sie ergänzen einander. Ebenfalls großen Raum nehmen die Abhandlungen über Sachprobleme der Landwirtschaft ein: die Beschaffenheit des Bodens, Zeitpunkt und Methode der Aussaat, des Einsetzens der Pflanzen, die Verwendung von

54 Xenophon, Oikonomikos, Buch IX, op. cit., S. 12.
55 Ebd., Buch III, S. 15.

Geräten, die besten Methoden des Säens, Jätens, Erntens und Dreschens. Auf sie kann hier nicht weiter eingegangen werden.

Ischomachos kennt sich auch im Grundstücksmarkt aus; er weiß, daß es vorteilhaft ist, Land, das vernachlässigt wurde, zu kaufen, weil man es billig bekommt und verbessern kann. So hat er schon viele Grundstücke auf das Mehrfache ihres ursprünglichen Preises gebracht.[56] Und dies hatte auch sein Vater getan, der offenbar gute Geschäfte mit dem Kaufen, Verbessern und Wiederveräußern von Land gemacht hatte. Und dieser Vater des Ischomachos verhielt sich auch in durchaus kapitalistischer Art und Weise, indem er den Erlös aus dem Verkauf eines Grundstücks sofort wieder in den Kauf eines anderen investierte. Ähnlich verhielten sich jene Kaufleute, die auf der Suche nach reichen Getreidevorkommen, "das Ägäische, das Schwarze und das Sizilische Meer überqueren"[57] um es dann dort zu verkaufen, wo sie den höchsten Preis dafür erzielten. Weiters wird auf jene hingewiesen, die Häuser bauen, sie verkaufen, um dann wieder neue zu bauen. Hier wird also die "oikonomia" eingesetzt, um Handelsgewinne zu erzielen, in einer Art und Weise, wie wir das mit kapitalistischen Verhältnissen verbinden.

Xenophon wandte sich auch den Finanzproblemen der Polis zu, die angesichts der Kosten für die Kriegsführung, die Errichtung monumentaler Bauwerke und die Veranstaltung großer Feste unter ständigem Geldmangel litt. Die Finanzmittel der Polis stammten in erster Linie aus den Schenkungen und Liturgien der reichen Bürger und aus der Besteuerung der Ausländer. Eine unbefristete Steuerverpflichtung von Bürgern wäre mit dem Freiheits- und Bürgerverständnis der Athener nicht vereinbar gewesen. Es gab daher auch keine eigentliche "Staatsverwaltung". Eine solche hätte dem "politischen" Verständnis der Menschen im klassischen Griechenland widersprochen. Es gab aus diesem Grund auch keine "Ämter", sondern die Institution der Liturgien. Ursprünglich waren damit Aufgaben gemeint, die die Volksversammlung jenen Bürgern übertrug, die am ehesten dazu befähigt waren. Sie erhielten dafür meist einen feststehenden Betrag aus "öffentlichen" Geldern, die sie für die dabei auftretenden Kosten verwenden konnten. Diese öffentlichen Mittel reichten allerdings in den seltensten Fällen wirklich aus und - noblesse oblige - die Liturgen mußten den Rest aus eigener Tasche zuschießen. Dies wurde zur allgemeinen Praxis, so daß Liturgien dann nur von den Reichen ausgeübt werden konnten, die, aus welchen Motiven immer, gewillt waren, die oft ruinösen Ausga-

56 Ebd., Buch XX, S. 24.
57 Ebd., Buch XX, S. 27/28.

ben zu übernehmen. Es gab auch Freundschaftsbünde zur gegenseitigen Unterstützung bei Liturgien durch Geldvorschüsse, so daß die Bürger der griechischen Polis durch vielfältige Darlehens- und Schuldensverpflichtungen miteinander verbunden waren. In diesen Freundschaftsbünden war auch der Erlaß oder Nachlaß von Schulden durchaus möglich; es waren also keine rein ökonomischen Institutionen. Formal nahmen die reichen Bürger diese Leistungen für den Staat "freiwillig" auf sich, sie wurden jedoch allmählich faktisch verpflichtend. Im hellenistischen und dann im römischen Griechenland verbanden sich diese Traditionen zum System der Euergesien[58], "freiwilligen" Leistungen von Honoratioren für die Allgemeinheit. Die Euergesien wurden aus verschiedenen Motiven und Gründen geleistet: um die Götter günstig zu stimmen, um im Wettstreit um Ehre, Ansehen und Macht gut abzuschneiden, aus Patriotismus, als Wahlwerbung oder Schenkung nach erfolgter Wahl, oder um sich durch testamentarische Schenkungen Unsterblichkeit zu erwerben.

Die athenische "Demokratie" schwankte beständig zwischen der ohnehin restriktiven, mit dem Bürgerrecht verbundenen Volksherrschaft und der Oligarchie, weil die politische Betätigung zwar allen Bürgern zustand, sich aber nur wenige wirklich aktiv daran beteiligen konnten und wollten. Der Großteil der Bürger war jedoch "arm", sie mußten sich ihren Lebensunterhalt mit Arbeit verdienen, die ihnen aber wieder die Teilnahme am politischen Leben unmöglich machte oder erschwerte. Man war daher dazu übergegangen, an die Bürger Sitzungsgelder zu zahlen mit dem Effekt, daß diese ihre Erwerbstätigkeit aufgaben, was sich finanziell und sozial ungünstig auswirkte. Die Reichen, die die Last der Liturgien auf sich nahmen, wollten auch die Macht und sahen es zunehmend als ungerecht an, daß auch jene, die nichts leisteten, im Sinne öffentlicher Ämter und Liturgien in der Polis mitbestimmen sollten. Die demokratische Organisation der Polis mündete daher nach der klassischen Zeit fast notwendig in die Oligarchie der Honoratioren. Damit ging auch eine Veränderung der Sozialstruktur der Bürgerschaft einher; die alte Kriegeraristokratie ging in die Klasse der Besitzenden über. Diese hatten faktisch die Macht im Staate, übernahmen die Liturgien und leisteten Euergesien nun auch als eine Versicherung gegen die Übernahme der Macht durch die Nicht-Begüterten.

58 Siehe dazu: Paul Veyne, Brot und Spiele, Frankfurt/Main-New York-Paris 1988 (urspr. frz. 1976).

Im 4. Jahrhundert v. Chr. waren diese Tendenzen bereits spürbar und bildeten den Hintergrund für Überlegungen über die Finanzen der Polis, wie die "Vorschläge zur Beschaffung von Geldmitteln" ("poroi") von Xenophon. Zu dieser Zeit gab es auch eine wirtschaftliche Krise nach den Bundesgenossenkriegen und athenische Bürger mußten alle Arten von Beschäftigungen bis zur körperlichen Arbeit in den Bergwerken übernehmen, weil die Not groß war. Xenophon schlug vor, allen bedürftigen Bürgern drei Obolen täglich auszuzahlen. Dies sollten nicht Sitzungsgelder sein, die eine wirtschaftliche Betätigung verhinderten, sondern eine Art "Grundsicherung" gegen Not und Arbeitsmangel, die nicht an Gegenleistungen in Form politischer Teilnahme gebunden war. Allerdings sollten sie eine mit der Teilnahme am öffentlichen Leben zu vereinbarende Erwerbstätigkeit ermöglichen. Er entwickelte auch ein Programm für die Förderung der Metöken, um ihre Ansiedlung zu fördern und ihre kontinuierliche Beschäftigung zu gewährleisten. Die Fremden sollten vom Hoplitendienst befreit werden, sie sollten Zugang zur Reiterei und zu Hausbesitz in Athen erhalten. Das sollte nicht dazu dienen, den Metöken zu einem höheren Status zu verhelfen, sondern den Staat durch die höheren Abgaben und die Übernahme der Kosten für die Reiter-Ausrüstung zu entlasten. Auch von Vorteil sowohl für die Metöken als auch für den Staat sollte sich die Förderung des Handels erweisen. Bei Xenophon ist wenig von der Verachtung des Handels oder der Erwerbstätigkeit überhaupt zu spüren. Er schlägt sogar vor, "Kaufleute und Reeder durch Ehrensitze im Theater auszuzeichnen und manchmal diejenigen zu einem Ehrenmahl einzuladen, von denen man glaubt, daß sie durch besonders gute Schiffe und Waren der Stadt Nutzen bringen."[59]

Xenophon nahm öffentliche Anleihen vorweg mit seiner Empfehlung von "Sondersteuern" der Bürger, wobei er diese im Sinne von Beteiligungen oder Darlehen an die Stadt versteht. Auch das Grundeinkommen von drei Obolen, das er den Bürgern zusichern wollte, wäre dafür verwendbar. Mit den Einnahmen könnte die Stadt Herbergen und Verkaufshallen für Schiffer und Kaufleute sowie eigene Handelsschiffe anschaffen, die dann vermietet werden könnten und solcherart wieder Geld in die Stadt brächten. Darüber hinaus empfahl er den Ausbau der Silberbergwerke und den Kauf von Staatssklaven, die an Bergbauunternehmer zu vermieten wären. Damit könnte der Staat die drei Obolen Taggeld hereinbekommen, wenn für jeden Bürger drei Sklaven arbeiteten. Sollten sich keine Unternehmer finden, die bereit wären, den Silberbergbau weiter auszubauen, so müßten die Phylen das

59 Xenophon, Vorschläge zur Beschaffung von Geldmitteln oder Über die Staatseinkünfte, Buch III, Darmstadt 1982, S. 4.

Risiko der Bergwerkserschließung übernehmen. Auch die Möglichkeit eines Konsortiums, eines Zusammenschlusses von Privatleuten, schwebte Xenophon vor. Darüber hinaus erwartete er sich auch eine wirtschaftliche Belebung der Region durch die Besiedlung und die Entstehung eines Marktes und den dadurch zu erwartenden Preisanstieg der Grundstücke. Zum Schluß seiner Ausführungen unterstrich Xenophon die Bedeutung des Friedens für die Finanzen, für die Kultur und den städtischen Markt und für diejenigen, "die mit Verstand und Geld sich Gewinne zu verschaffen verstehen", oder "die schnell viele Dinge verkaufen oder kaufen wollen".[60]

Die griechische Wirtschaft in der modernen Diskussion

In der Diskussion um die griechische Wirtschaft gibt es ein beständiges Schwanken zwischen der Auffassung, daß diese eben "antik" und ganz anders als die moderne gewesen sei, und derjenigen, daß in den griechischen Institutionen Vorläufer moderner Formen zu sehen seien. Ganz allgemein wurde aber die Tatsache der Einbindung Griechenlands in den größeren orientalischen Wirtschaftsraum zu wenig gewürdigt, sondern hier der Beginn der "europäischen" Geschichte angesetzt.

Johann Rodbertus und Karl Bücher[61] hatten festgestellt, die griechische Wirtschaft sei eine "oikos"-Wirtschaft gewesen, in der es ausschließlich um die Prinzipien der Hauswirtschaft, um die Erhaltung und Verwaltung des Landgutes gegangen sei, so daß auch Gewerbe und Handel nur als periphere und die Land- und Hauswirtschaft ergänzende Erscheinungen anzusehen seien. Vor allem das Merkmal der Autarkie, der wirtschaftlichen Selbstgenügsamkeit innerhalb des "Hauses", wurde mit der "oikos"-Wirtschaft identifiziert. Nun liegt das "oikos"-Prinzip dem Selbstverständnis der Athener[62] insofern zugrunde, als es sich hier um ein Volk von Einzelbauern handelte. Ackerbau und Seßhaftigkeit hatten zur Auflösung des Stammesverbandes, nicht aber zu einer zentralen autoritären Staats- bzw. Reichsentwicklung geführt, sondern zu einer relativ egalitären Gesellschaft von Einzelbauern und ihrer Familien.[63] Sie maßen der Institution des Privateigentums an Grund und Boden

60 Ebd., Buch V, S. 3/4.

61 Karl Bücher, Die Entstehung der Volkswirtschaft, Tübingen 1893.

62 In der Regel gilt alles, was in bezug auf die klassische Periode in Griechenland gesagt wurde auch für die athenisch-attische Gesellschaft.

63 Ganz im Gegensatz etwa zu Sparta, das zwar ebenfalls Landwirtschaft betrieb, wobei die Arbeit aber durch Heloten, sklavenähnliche Bauern, die demselben Volk wie die Lakedämonier angehörten, und nicht durch die Grundbesitzer geleistet wurde.

sogar identitätsstiftende kultisch-religiöse Bedeutung bei.[64] Religion, Familie und Eigentumsrecht sollten die Grundlagen des Staates sein. Auch das "oikos"-Prinzip ist daher in seinem Kern ein politisches. Der Staat besteht aus Hausverbänden, die in sich durch die Beziehungen von Herr und Sklave, Mann und Frau, Vater und Kinder konstituiert sind. Das Ziel ist selbstgenügsam und unabhängig zu leben, wie auch der Staat seinerseits auf Autarkie gebaut sein soll, um stark zu sein. Autarkie ist das erklärte Ziel der griechischen Gemeinschaftsformen in einer Welt, die wesentlich auf Krieg und Eroberung zwischen den einzelnen Stämmen, Völkern und sogar Gruppen beruhte. Zum anderen waren die Stadtstaaten auf den Handel - oder den Krieg - zur Beschaffung notwendiger Lebensmittel und auch von Luxusgütern für die Reichen durchaus angewiesen. Autarkie einerseits, Handel andererseits waren die scheinbar widersprüchlichen Ziele. Die Autarkie und das "oikos"-Prinzip waren zweifellos wichtige Merkmale der Reflexion und hatten den Charakter von Idealvorstellungen. Von den weitgehend auf die Texte der Philosophen angewiesenen Kommentatoren des 18. und 19. Jahrhunderts wurden sie als Merkmale der realen Verhältnisse interpretiert. Dazu kam die Neigung, alle vormodernen Formen als grundsätzlich anders zu sehen. Demgegenüber hatte Lujo Brentano[65] diese autarke Wirtschaftsform auf die homerische Zeit beschränkt, während die griechische Wirtschaft hernach zur Weltwirtschaft geworden sei. Wir haben allerdings gesehen, daß dies nicht mit der Bedeutung einer geradlinigen Weiterentwicklung von der Oikenwirtschaft zur Verkehrswirtschaft verbunden werden darf, da schon in kretisch-mykenischer Zeit die Entwicklung des See- und Fernhandels eine beträchtliche gewesen war und andererseits das, was für Athen galt, nicht auf ganz Griechenland zutraf.

Zu Beginn des 20. Jahrhunderts tauchte dann die Interpretation der griechischen Wirtschaft als einer Vorstufe der modernen Marktwirtschaft auf. Insbesondere die Meinung Michail Rostovcevs gewann an Bedeutung, der von einem antiken Kapitalismus gesprochen hatte.[66] Auch Edgar Salin war der Auffassung, daß man in Griechenland nicht von einer reinen Ackerbaukultur mit nur peripheren Handelselementen sprechen kann.[67] Eine Mittelposition nahm Max Weber ein, der zwar da-

64 Numa Denis Fustel de Coulanges, Der antike Staat, Stuttgart 1981 (urspr. frz. 1864), S.86 ff.

65 Lujo Brentano, Das Wirtschaftsdenken der antiken Welt, Hildesheim 1970 (reprog. Nachdruck der Ausg. Jena 1929).

66 Michail Rostovcev, Gesellschaft und Wirtschaft im Römischen Kaiserreich, 2Bde., Leipzig 1931.

67 Edgar Salin, Politische Ökonomie. Geschichte der wirtschaftspolitischen Ideen von Platon bis zur Gegenwart, 5. Aufl., Tübingen 1967.

vor warnte, sich die antiken Verhältnisse als "modern" vorzustellen, andererseits aber die Tatsache betonte, daß die "oikos"-Wirtschaft selbst auf der Akkumulation durch Tauschgewinne der Führer der "demoi" beruhte. Mit der Einschränkung auf die rein ökonomische und nicht soziale Bedeutung des Kapitalismus-Begriffs auf die Nutzung von Verkehrsobjekten von Privaten zum Zwecke des Erwerbes konnte sich Weber auch der Auffassung anschließen, daß die antike Wirtschaft den Kapitalismus zumindest phasen- und regionsweise gekannt hatte.[68]

In jüngerer Zeit vertrat Moses I. Finley die Auffassung, wonach die antike Wirtschaft doch deutlich andere Formen aufweise als die moderne, weshalb auch die Übertragung von Denkweisen und Begriffen der modernen Ökonomie auf die "antike Wirtschaft" ein falsches Bild derselben zeichnet.[69] Auch Karl Polanyi[70] hatte eine ähnliche Deutung vorgenommen, wonach die Wirtschaft in die sozialen, religiösen und politischen Institutionen der antiken Gesellschaft "eingebettet" gewesen sei mit dem Effekt, daß Wirtschaft nicht primäres oder alleiniges Ziel des Handelns gewesen sei, sondern immer gleichzeitig mit anderen Motiven, Absichten und Wertungen verbunden wurde, so daß "die Wirtschaft" als solche eigentlich gar nicht isoliert im Denken der Menschen existierte. Das war eine wichtige Erkenntnis, zumal die Wirtschaftsgeschichte meist kaum Rücksicht nahm auf die sozialen und kulturellen Kontexte. Aber die Tatsache der Einbettung ist sicherlich nicht auf die antike Wirtschaft beschränkt. In jedem Fall verändern sich die Handels- und Tauschaktivitäten immer wieder mit den sozialen und politischen Strukturen und Prozessen. Eine evolutive oder auch nur historische Aufeinanderfolge von reziprozitärem, redistributivem und marktmäßigem Austausch läßt sich nicht begründen. Obwohl Polanyi die große Verbreitung der Märkte und des Handels in Griechenland durchaus nicht ableugnete, versuchte er ihre Bedeutung als eine ganz andere zu interpretieren. Er sah sie durch die politische Funktion im Rahmen der Polis beherrscht, wobei allerdings bei Polanyi zweideutig bleibt, wie der Begriff "politisch" zu verstehen ist. Vielfach verstand er ihn als Synonym für zentrale Regelung im Sinne des Typus des redistributiven Tausches. Dabei taucht in bezug

68 Max Weber, Agrarverhältnisse im Altertum, in: Ders., Gesammelte Aufsätze zur Sozial- und Wirtschaftsgeschichte, 2. Aufl., Tübingen 1988 (urspr. 1898), S. 1-288.

69 Moses I. Finley, Die antike Wirtschaft, 3. Aufl., München 1993 (urspr. am. 1984), S. 9 ff. Zu einer kritischen Sicht des Finleyschen "Modells" der "antiken Wirtschaft" siehe insbes.: Raymond Descat, L'économie antique et la cité grecque, in: Annales, Histoire, Sciences Sociales 50/1995, S. 961-989.

70 Karl Polanyi, The Livelihood of Man, New York-San Francisco-London 1977, S.47 ff.

auf Athen jedoch ein Problem auf, nämlich die Absenz eines bürokratischen Apparates. Polanyi sah das auch selbst in bezug auf die Lebensmittelverteilung: "The distribution of food had to be done by the *polis* itself, yet bureaucracy was not to be permitted [...]. But how could this distribution by the state be accomplished without a bureaucracy? In Athens the food market served as an answer."[71] Die Regelung beschränkte sich also auf die Nutzung der "agora" für den Verkauf der Produkte der Bauern und Handwerker und die Erlaubnis für die Errichtung von Ständen. Auf der anderen Seite beschrieb Polanyi die Wirkung der "agora" als Funktion der Politik im Sinne der Konkurrenz zwischen den Fraktionen der Demokraten und der Aristokraten und als Geschöpf der "polis", die sie gebietsmäßig umklammerte. Sie war nicht "aus regellosen Transaktionen unabhängiger Einzelpersonen entstanden, deren kollektives Handeln schließlich zum Entstehen eines Marktes als selbständige Institution geführt hatte."[72] Markt wird hier in einer durch die moderne Ökonomie vermittelten Verständnis der historischen Entwicklung der Marktwirtschaft, wie sie in Europa entstanden war, verzerrten Sicht verallgemeinert und die griechische Wirtschaft des vierten oder fünften vorchristlichen Jahrhunderts daran gemessen. Für Karl Polanyi wird der Markt in den alten Stadtstaaten selbst zu einer politischen Institution, was er zweifellos auch war, aber seinem Anliegen - die Andersartigkeit der antiken Wirtschaft gegenüber der modernen zu beweisen - nicht dient; Politik und Markt waren zu allen Zeiten miteinander verbunden. Karl Polanyi kommt zu dem Schluß, daß es in der griechischen Wirtschaft wohl Marktelemente, aber kein Marktsystem gegeben habe.[73] Aristoteles' ökonomische Schriften aber wiesen bereits über ihre Zeit hinaus, weil darin "umfassend die Frage nach dem Stellenwert der Ökonomie in der Gesellschaft" auf der Basis eines erst in statu nascendi vorhandenen Marktes gestellt worden sei, lange bevor ein Marktsystem dann im 19. Jahrhundert entstanden sei.[74] Polanyi bringt damit sehr richtig zum Ausdruck, daß "Ökonomie" und "Markt-

71 Ebd., S. 172/173.

72 Karl Polanyi, Über den Stellenwert wirtschaftlicher Institutionen in der Antike am Beispiel Athen, Mykene und Alalakh, in: Ders., Ökonomie und Gesellschaft, Frankfurt/Main 1979, S. 387-413, S. 400.

73 Seltsamerweise und in Widerspruch zu seinem Denkmodell eines sich frei bildenden Marktes meinte Karl Polanyi, ein Marktsystem sei im Ansatz im hellenistischen Ägypten durch die Reformen des Cleomenes entstanden. Dabei handelte es sich um massive staatliche Interventionen, die zur Folge haben sollten, daß sich die Kornlieferungen je nach dem örtlichen Getreidepreis verteilt hätten. Dieses "Marktsystem" scheiterte u. a. am Widerstand Athens.

74 Karl Polanyi, Aristoteles entdeckt die Volkswirtschaft, in: Ders., Ökonomie und Gesellschaft, Frankfurt/Main 1979, S. 149-185.

system" nicht nur auf konkret-praktische Gegebenheiten verweisen, sondern gleichzeitig auch gedankliche Konstrukte sind. Die Behauptung der Absenz eines "Marktsystems" in archaischen und antiken Gesellschaften ist dann aber zirkulär, denn dieses kann als analytisch-realistischer Begriff nur mit einer Gesellschaft einhergehen, in der diese intellektuelle Konstruktion das Verständnis von Wirklichkeit bestimmt. Im übrigen kannten die Griechen aber alle Prozesse und Prinzipien, die Märkte kennzeichnen. Es ist daher eher Maurice Godelier[75] zuzustimmen, wenn er meint, es gäbe in allen Gesellschaften eine weitgehende Kenntnis der Produktivkräfte und der Regeln für den angemessenen Gebrauch derselben. Ein Marktsystem im sachlich-substantialistischen Sinn setzt die Allokation von Grund, Kapital und Arbeit durch den Markt, aber auch eine Befriedigung der Konsumbedürfnisse der ganzen Gesellschaft über den Markt voraus. Dies wird man für Griechenland wohl nicht durchgängig annehmen können, was aber eher einen graduellen als einen prinzipiellen Unterschied begründet. Michael Mann[76] hebt in bezug auf Griechenland hervor, daß hier erstmals eine Art Klassenstruktur auftritt, das heißt, daß neben zugeschriebenen Kriterien, wie Bürger/Nichtbürger, Männer, Frauen, Alte, Sklaven etc. eine ökonomische Differenzierung nach Reichtum und Besitz eigenständige Bedeutung bekommt. Schon Fustel de Coulanges hatte den unerbittlichen Kampf zwischen Armen und Reichen in der antiken Welt und insbesondere seine Auswirkungen auf die griechische Demokratie hervorgehoben.[77]

Auf einer anderen Ebene ist die Problematik angesiedelt, ob es sich bei den griechischen Autoren und ihren Aussagen um "Wirtschaftslehre" handle oder nicht. Schumpeter[78] sah die Hauswirtschaftslehre des Xenophon nicht als Wirtschaftslehre an und fand nur in der aristotelischen Chrematistik Ansätze dazu. Er war hier von der zentralen Bedeutung, die Markt und Geldwirtschaft für die moderne Wirtschaft haben, beeinflußt und sprach daher einer "Hauswirtschaft" ab, überhaupt wesentlicher Teil einer Wirtschaftslehre sein zu können. Schumpeter betonte auch, daß die Autoren wirtschaftliche Prozesse nicht "rein" bzw. "analytisch" erfaßten, sondern erstens immer verbunden mit politischen, sozialen und religiösen Argumenten sahen, und daß sie zweitens nicht systematisch im Sinne der Methoden

75 Maurice Godelier, Natur, Arbeit, Geschichte, Hamburg 1990 (urspr. frz. 1984), S.201 ff.

76 Michael Mann, Geschichte der Macht, Bd. 1, Frankfurt/Main-New York 1990, S.350 ff.

77 Numa Denis Fustel de Coulanges, Der antike Staat, Stuttgart 1981 (urspr. frz. 1864), S. 444 ff.

78 Joseph Alois Schumpeter, Geschichte der ökonomischen Analyse, Bd. 1, Göttingen 1965, S. 93.

neuzeitlicher Wissenschaft vorgegangen seien. Tatsächlich war die Wirtschaftslehre der Griechen entweder ihren moralisch-politischen Zielen und Wertungen untergeordnet, d. h. das "gute", würdevolle Leben der Bürger und Macht und Ansehen der Polis hatten Vorrang[79], oder sie gingen pragmatisch vor, denn sie wollten nicht für eine abgehobene Wissenschaftssphäre Diskursargumente bereitstellen, sondern konkrete Anleitungen für die Praxis geben.

79 Insoweit als damit auch Grundlagen für die Differenzierung in bezug auf ihre Sozialstruktur gegeben sind, kann man sich Adolf Menzels Sicht, daß die Griechen schon Soziologie betrieben hatten, anschließen. Adolf Menzel, Griechische Soziologie, Wien 1936.

3. Kapitel: Wirtschaft, Moral und Recht im Römischen Reich

Wenn man von "Rom" spricht, muß man sich bewußt sein, daß die Entwicklung dieses Reiches einen Zeitraum von etwa tausend Jahren umfaßt, in dem es gewaltige Umwälzungen und Veränderungen gegeben hat, und daß die Geschichte eines Reiches nicht identisch ist mit der des Raumes.[1] Tatsächlich spielen immer beide Ebenen und deren Wachstumsbeziehungen und unterschiedliche Rhythmen der Veränderung eine Rolle. Die schnelle Geschichte der Ereignisse ist mit dem langsamen Wandel der Strukturen[2] durch eine sequentielle Wechselbeziehung im Ablauf der Zeit verbunden. Die Strukturen ihrerseits, etwa die Formen der Wirtschaft und die Gesellschaftsstrukturen, hängen eng miteinander zusammen und ändern sich immer wieder in einem so langen Zeitraum, wie ihn die Geschichte Roms umfaßt.

Wirtschaft und Gesellschaft bis zum Ende der Republik

Die Italiker betrieben in archaischer Zeit - so wie auch die altmediterrane Urbevölkerung - in der Hauptsache Viehzucht; sie waren Hirtenvölker, die Rinder, Schweine, Schafe und Ziegen hielten und auch Esel und Pferde kannten. Offenbar dienten die Tiere auch als Zahlungs- und Tauschmittel, worauf das lateinische Wort für Geld "pecunia" (von "pecus", das Vieh) hindeutet.[3] Der Ackerbau hingegen war zur Zeit der Einwanderung der Indogermanen erst am Beginn seiner Entwicklung und wurde von diesen Völkern weiter ausgebaut. Sie brachten auch handwerklich-gewerbliche Techniken mit, und es kam zur Ausbreitung des Warentausches. Handel und Gewerbe schienen den archäologischen Funden nach im 8. Jahrhundert v. Chr. in Italien einen Aufschwung genommen zu haben. Eine Art Manufaktur-Produktion von Tonwaren dürfte um Bologna, im Einflußbereich der sogenannten Villanova-Kultur, bestanden haben; diese breitete sich nach Süden aus und ließ

1 Fernand Braudel, Das Mittelmeer und die mediterrane Welt in der Epoche Philipps II., 3 Bde., Frankfurt/Main 1990 (urspr. frz. unveröff. 1949).

2 Auf die unterschiedlichen Rhythmen der Geschichte hat am nachdrücklichsten wohl Fernand Braudel hingewiesen: Fernand Braudel, Geschichte und Sozialwissenschaften - Die «longue durée» in: Hans-Ulrich Wehler (Hg.), Geschichte und Soziologie, Köln 1972, S. 189-216, S. 189 ff.

3 Dies ist die konventionelle Auffassung, der jedoch Benveniste widerspricht: Er meint, in den indoeuropäischen Sprachen deute alles darauf hin, daß das Wort mit dem Stamm "peku" ursprünglich das "bewegliche Vermögen" und erst später das Vieh, insbesondere das Schaf, bezeichnete. Emile Benveniste, Indoeuropäische Institutionen, Frankfurt/Main-New York 1993 (urspr. frz. 1969).

schließlich unter dem Einfluß von Kauffahrern aus Griechenland und Phönizien eine "tyrrhenische Villanova-Kultur" entstehen, die sich alsbald mit Elementen von vermutlich ursprünglich aus dem kleinasiatischen Raum stammenden Einwanderern vermischte und allmählich in die "etruskische Kultur" überging. Unter dem Einfluß dieser Kultur kam es zu einer Reihe von rituellen Stadtgründungen; eine davon war Rom. Die Etrusker waren lange Zeit ein geheimnisvolles Volk, weil ihre "Herrschaft" in Italien nicht eigentlich auf militärisch-politischem Gebiet bestand, sondern in der kulturellen Durchdringung und Überlagerung und durch ihre wirtschaftliche und handelspolitische Bedeutung begründet war. Sie waren mehr "Zivilisatoren als Kolonisatoren".[4] So kam es im Raum der heutigen Toskana, zwischen Arno und Tiber, zu einer wirtschaftlichen und kulturellen Blüte, die vor allem dem Abbau von Eisen, Kupfer, Zinn, Blei und Silber zu verdanken war. Die Etrusker betrieben Handel zwischen den einzelnen Siedlungen und auch auf dem Seeweg. Sie gründeten eine Reihe von Stützpunkten und Emporien auf Korsika, Sardinien, den Balearen und Iberien; etruskische Waren gelangten bis in das Schwarzmeergebiet, nach Ägypten, auf die Iberische Halbinsel, Rhodos und Zypern. Auch der Landhandel mit Zentraleuropa nahm durch die Etrusker einen großen Aufschwung, Spuren davon finden sich soweit nördlich wie in Dänemark und im Baltikum. Etrurien wurde vom 7. bis zum 5. Jahrhundert v. Chr. zur dritten Handelsmacht des Mittelmeeres neben den Griechen und Phöniziern, wenn sich seine Seemacht auch weitgehend auf das tyrrhenische Meer beschränkte. Mit dem wachsenden Wohlstand hatten die etruskischen Stadtstaaten allmählich eine Veränderung ihrer inneren Verfassung vom Königtum zur Republik vollzogen, denn es war eine Aristokratie entstanden, die dem König die Herrschaft streitig machte. Die Stadtstaaten transformierten sich in etruskisch dominierte Oligarchien und standen unter der Verwaltung von Beamten, während in der Plebs der Stadtstaaten meist die italische Bevölkerung überwog. Eine ganz ähnliche Entwicklung vollzog sich zunächst auch in Rom, das dann aber eigene Wege ging und in einer Reihe von Auseinandersetzungen mit den etruskischen Stadtstaaten, insbesondere dem nächstgelegenen Veji, die etruskische Dominanz beseitigte und seine Herrschaft über Etrurien und später allmählich über ganz Italien ausdehnte.

In Rom herrschten die archaischen "gentes", die patriarchalisch organisierte Geschlechter mit eigenem Recht, eigener Religion und eigenem Grundbesitz waren; sie stellten den Kern des späteren Patriziats dar. An der Spitze der "gens" stand der "pater", der das "dominium" über die "familia pecuniaque", die "potestas"

4 Karl-Wilhelm Weeber, Geschichte der Etrusker, Stuttgart 1979.

über die Kinder, Kindeskinder und Sklaven und die "manus" über die eigene Ehefrau und die Ehefrauen der Söhne ausübte.[5] Die Häupter der einzelnen "gentes" hatten ursprünglich einen Geschlechterverband gegründet, ein Bündnis der "Burgherren" und ihrer "gentes" und "clientes". Mit der Entstehung des Staates traten neben die vertikalen persönlichen Beziehungen die horizontalen, an Amtskriterien geknüpften, Stände. Das alte Familienrecht wirkte aber weiter und begründete auch die spätere, auf Grund der Staatsverfassung notwendige Differenzierung zwischen Privatrecht und öffentlichem Recht. Die vertikalen privaten Strukturen dieser gentilizischen Gesellschaft wirkten noch bis in die Republik und Kaiserzeit nach und existierten neben der öffentlichen Struktur der staatlichen Verfassung.

Rund um die "gens" hatte sich schon seit alten Zeiten eine Gruppe von Abhängigen oder auch Gefolgsleuten, die "clientes", gebildet, die möglicherweise aus der unterworfenen Urbevölkerung stammten und den ersteren durch "fides" und "pietas" verbunden waren und unter deren Schutz standen. Die Quellen weisen insbesondere auf die Bedeutung der "fides" des Gentilen gegenüber seinen Klienten hin, so daß es sich hierbei nicht um eine Art Hörigkeit oder wirtschaftliche Abhängigkeit handelte, sondern eher um die Heerfolge oder ein Tributverhältnis. Der Herr rüstete den Klienten aus; dieser war ursprünglich besitz- und rechtlos, sein Vermögen, das er unter Umständen erwarb, war dem Patron geschuldet und fiel daher als Erbe an diesen zurück. In der Not war auch der Klient zur ökonomischen Hilfe für den Patron verpflichtet, etwa um Lösegeld bei dessen Gefangennahme zu beschaffen. Auch der Herr half dem Klienten wirtschaftlich aus und schützte ihn vor allem vor Übergriffen und gerichtlicher Verfolgung. In späterer Zeit gingen die ökonomischen Funktionen, die die "clientes" erfüllten, auf die "coloni" und die Freigelassenen über. Die Klienten der späten Republik und der Kaiserzeit waren freie Bürger, die sich um einen Reichen oder Mächtigen scharten, um politisch oder wirtschaftlich gefördert oder im Testament bedacht zu werden. Die "gens-clientes"-Beziehung war so eine eigentümliche Form, die bis in die Spätzeit der römischen Geschichte und darüber hinaus weiter wirkte, ihren Charakter dabei aber entscheidend veränderte.

Auf Grund der wirtschaftlichen Entwicklung hatte sich schon in der Königszeit in Rom eine von den "gentes" getrennte Schicht von Handwerkern, Händlern und Taglöhnern entwickelt, die teilweise aus Fremden, teilweise aus in die Stadt

5 Moses I. Finley, Die antike Wirtschaft, 3. Aufl., München 1993 (urspr. am. 1984), S. 10.

übersiedelten Kleinbauern des "ager Romanus" bestand, die "plebs". Diese war die von Ämtern, Priestertum, Rechtsfindung und Kommando ausgeschlossene, nicht zum Gentilverband gehörige Bürgerschaft.[6] Teilweise bestanden zwischen Angehörigen der "plebs" und den "gentes" Klientelbeziehungen von alters her, wobei diese Beziehungen aber durch die Entwicklung des Stadtstaats und des Königtums eine Umformung erfuhren und nicht mehr den der "clientes" der alten vorstaatlichen und gentilizischen Struktur entsprachen.[7] In historischer Zeit waren die Plebejer dann durchaus nicht besitzlos, das Zwölftafelgesetz unterschied die "asidui" (die Grundbesitzenden) von den "proletarii", den nicht grundsässigen Nachkommen eines Besitzenden. Grundbesitz war die Voraussetzung des Bürgerrechts in einer auf einem Bürgerheer fußenden Verfassung, dennoch waren die "proletarii" in der Volksversammlung vertreten, da sie als Nachkommen plebejischer Familien Bürgerrechte genossen, obwohl sie keinerlei Grundbesitz hatten. Die Krise des 5. Jahrhunderts v. Chr. führte zu Plebejeraufständen, bei denen es um die Zuweisung von Ackerland und die Institution der Schuldknechtschaft (das "nexum") ging. So wurden die "Plebejer" in der Republik auf Grund der Verschlechterung ihrer wirtschaftlichen Situation die Gegenspieler der "Patrizier". Die Zwölftafelgesetze sollten diese Situation zwar regeln, aber erst der Sieg über die etruskische Nachbarstadt Veji brachte durch Beschränkung der Okkupationsrechte der Patrizier und Zuweisung von Land der Vejaner an die Plebejer eine Verbesserung der wirtschaftlichen Situation der "plebs". Als die Plebejer dann auch zu hohen und höchsten Ämtern, als Zensoren und Volkstribunen, schließlich auch als Konsuln und Senatoren zugelassen wurden, entstand eine patrizisch-plebejischen Oberschicht, die sich durch den Besitz von Ämtern als Amtsadel etablierte und die alte patrizische Oligarchie ersetzte.

Roms Wirtschaft blieb in der ersten Zeit der Republik weitgehend archaisch und lokal begrenzt, es gab keinen ausgedehnten wirtschaftlichen Austausch bis weit in das 3. Jahrhundert v. Chr. hinein. Zwei Wirtschaftssysteme bestanden nebeneinander: der Überseehandel, der noch sehr geringfügig war und erst nach den Punischen Kriegen bemerkenswert anstieg, wobei die Orientalen auch dann noch lange in der Verschiffung und im Transport dominierten, und der lokale landwirtschaftliche Warentausch ("mancipatio"). Die Wirtschaft Roms veränderte sich erst nachhaltig, nachdem Rom nach dem Ersten und Zweiten Punischen Krieg zur imperialisti-

6 Siehe dazu u. a. auch: Max Weber, Agrarverhältnisse im Altertum, in: Ders., Gesammelte Aufsätze zur Sozial- und Wirtschaftsgeschichte, op. cit., S. 211.

7 So gab es patrizische und plebejische Geschlechter gleichen Namens, wie etwa die Claudier.

schen Politik übergegangen war. Auch hier ging die Entwicklung der politischen und wirtschaftlichen Macht parallel. Die römische Weltwirtschaft wurde, wie schon Otto Neurath[8] bemerkte, durch den römischen Weltstaat geschaffen. Damit kam es zu einem beständigen Fluß an Vermögenswerten in Richtung Rom, der aus Kriegsbeute, Sklaven und Tributzahlungen bestand. Auch der Handel, insbesondere der Fernhandel, erfuhr eine starke Ausweitung. Die "Modernisierung" des Binnen- und des Seehandels drückte sich auch im Übergang zu leichteren Münzen, die durch die Ausweitung des Handels notwendig geworden waren, aus. Im 3. Jahrhundert v. Chr. wurde der "denarius", eine Silbermünze, geschaffen, wenngleich in Sesterzen gerechnet wurde. Der ganze Mittelmeerraum wurde zu einem integrierten Handelssystem, das noch weit über die Grenzgebiete hinaus bis Indien und Nordeuropa ausstrahlte. Gleichzeitig aber nahm die Wirtschaft des römischen Weltreiches die charakteristischen Züge an, für die sie bekannt wurde: die Ausbeutung der Provinzen, d. h. die Abhängigkeit der Binnenwirtschaft Italiens von ihren Lieferungen und Tributleistungen und die Sklavenwirtschaft.

Schon in den ersten kriegerischen Auseinandersetzungen der Römer mit anderen Völkern bzw. Stadtstaaten in Italien ließen sie den Unterworfenen in der Regel einen Teil des Landes und machten sie durch Verträge zu Verbündeten ("Klientelstaaten"), denen das extensive territoriale Bürgerrecht zuerkannt wurde. In den eroberten Gebieten schuf man Kolonien von zweierlei Art: einmal die sich aus römischen Bürgern zusammensetzenden kleinen Stützpunkte mit vor allem strategischer Bedeutung, zum anderen die latinischen Kolonien mit vorwiegend landwirtschaftlicher Nutzung. Später, insbesondere nach der Eroberung Spaniens, ging man dazu über, das Land in den neuen Gebieten an die Veteranen zu verteilen. Soldat zu sein wurde also zur Chance, zu Landbesitz und Vermögen zu kommen. Dies setzte sich als Strategie der Landnahme in allen später annektierten Ländern durch, was auch mit einer Änderung der Politik gegenüber den unterworfenen Völkern verbunden war: sie verloren ihre formale Selbständigkeit und wurden Provinzen, die durch ihre wirtschaftlichen Leistungen Roms Herrschaft und Pracht ermöglichen mußten. Die Besiegten wurden in die Sklaverei verschleppt, so auch Griechen nach dem Sieg über Makedonien und der Zerschlagung des Archaischen Bundes. Durch die im Krieg gefangenen und die durch den ausgedehnten Sklavenhandel im Mittelmeerraum nach Rom gebrachten Sklaven kam es dazu, daß sich die römische Wirtschaft immer mehr in eine Sklavenwirtschaft transformierte.

8 Otto Neurath, Antike Wirtschaftsgeschichte, 2. Aufl., Leipzig-Berlin 1918, S. 71.

Beide Entwicklungen, Tributeinhebung und Sklavenarbeit, hatten nachteilige Folgen für die Binnenwirtschaft Italiens. Nach den Punischen Kriegen erlebte Mittel- und Süditalien einen dramatischen landwirtschaftlichen Niedergang. Nicht nur waren diese Gebiete durch die Aushebungen von Soldaten entvölkert und die Äcker daher lange Jahre unbestellt, sondern Rom siedelte hier nach den Kriegen, anders als im Norden, kaum in nennenswertem Umfang Veteranen an. Das Land wurde vielmehr von den Patriziern okkupiert, diese ließen es durch Sklaven extensiv in großen Latifundien bewirtschaften. Auch ging der Süden wieder weitgehend zur Hirtenwirtschaft über, da Rom durch große Getreidelieferungen aus den Provinzen versorgt wurde und man daher nicht auf die eher kargen Böden Süditaliens angewiesen war. Im übrigen Italien kam es auf der anderen Seite zu einer Rationalisierung in der Landwirtschaft, zur Entstehung mittlerer Güter rund um eine "villa" mit dem Plantagenbau von Obst, Öl, Wein etc.; diese Landwirtschaft kommerzialisierte sich in größerem Umfang. Eine Reihe von Abhandlungen, wie Catos Schrift "De agricultura" oder später Varros "De re rustica", bezeugen diese Entwicklung und auch ein gewisses Interesse der Oberschichten an der Führung und Verwaltung der landwirtschaftlichen Güter. Allerdings wohnte der Herr nur mehr gelegentlich auf seinem Landgut, wenn er gerade nicht in der Stadt seinen politischen und sozialen Aufgaben nachging. Die Wirtschaftsform der "villae" brachte neben dem Bestreben nach Autarkie[9] eine starke Orientierung am Ertrag mit sich, was auch die Spezialisierung der Güter auf bestimmte Produkte dokumentierte. Trotz dieser rationalen wirtschaftlichen Orientierung gab es jedoch relativ wenig technisch-organisatorische Verbesserungen, zumindest keine mit umwälzenden Folgen. Dies war sicher auch eine Folge der Sklavenarbeit.

Die Landwirtschaft prägte das Leben des weitaus größten Teils der Bevölkerung im Römischen Reich. Es gab Grundbesitzer, freie Bauern, Pächter, Sklaven und Landarbeiter.[10] Die Lage der freien kleinen Bauern war schlecht, weil sie immer

9 Zum Autarkiestreben vgl.: Paul Veyne, Mythos und Realität der Autarkie in Rom, in: Ders., Die Römische Gesellschaft, München 1995 (urspr. it. 1990), S.124-154.

10 Im Lateinischen gaben drei Wörter unseren Begriff "Bauer" wieder: "rusticus", das war eigentlich der "einfache", "unkultivierte" Landbewohner im Gegensatz zum Städter, gleichgültig, ob es sich dabei um einen freien Bauern, einen Freigelassenen, einen Pächter oder einen Sklaven handelte; dann "agricola", das war derjenige, der sich mit dem Bestellen des Bodens beschäftigte, wobei dies direkt wie indirekt sein konnte; man bezeichnete den Bauern genauso wie den reichen Grundbesitzer als "agricola". Die Bezeichnung "colonus" ist mehr dem "kleinen Bauern" vorbehalten, meint aber auch den Bewohner einer Kolonie, dem ein Stück Land zur Bestellung zugeteilt wurde; mitunter wird auch ein Pächter so ge

wieder zu oft lang dauernden Feldzügen einberufen werden konnten, so daß ihr Hof in der Zwischenzeit verfiel; überdies wirkte sich die Konkurrenz der Großgrundbesitzer, die aus den Reihen der Senatoren, der Ritter und des lokalen Adels stammten, für sie sehr nachteilig aus. Auch beanspruchten die Großgrundbesitzer das Gemeindeland, das für die kleinen Bauern eine wichtige Funktion als Weideland hatte, für sich. Die Arbeitskräfte in der Landwirtschaft bestanden teilweise aus Sklaven, wobei es zum Teil große Unterschiede in deren Arbeits- und Lebensbedingungen gab, je nachdem, ob sie in der "familia" eines Herren, als Hirten auf den Latifundien, als Kettensklaven auf großen Plantagen, in Bergwerken oder als Leihsklaven in der Landwirtschaft arbeiteten. Sie waren auch hier keineswegs nur auf der niedrigsten Stufe der Arbeiten zu finden, sie besetzten vom Knecht bis hinauf zum Gutsverwalter alle Funktionen. Neben den Sklaven arbeiteten auch Pächter auf dem Boden der großen Grundbesitzer, wobei sie meist in einem Klientelverhältnis zum Herrn standen. Erst allmählich entwickelte sich daraus das Pachtvertragsverhältnis, das Land und Sklaven mitumfaßte. Für die Grundbesitzer arbeiteten ferner Freigelassene, die verpflichtet waren, Tagewerke für den früheren Patron zu verrichten. Es gab auch freie Lohnarbeiter ("operarii", "mercenarii"), die entweder als Taglöhner oder im Werkvertrag arbeiteten; ihre Zahl war gemessen an der der Sklaven relativ gering, ihre Lage aber mitunter noch schlechter. Entgegen der geläufigen Auffassung, wonach die Sklavenarbeit typisch für die antike Wirtschaft Roms gewesen sei, sieht Paul Veyne in der Sklavenarbeit nicht die Basis der römischen Landwirtschaft. Er gibt an, daß von den ländlichen Arbeitskräften zur Zeit der größten Sklavenbeschäftigung in Italien etwa ein Viertel Sklaven gewesen seien. In manchen Provinzen gab es überdies so gut wie keine Sklaven, und in der späteren Zeit kam es zu einer stärkeren Entwicklung des Kolonats und der Lohnarbeit.[11] Häufig konnte man unter den Arbeitenden auf den Plantagen und Latifundien auch Schuldknechte finden, die ihre Schulden abarbeiten mußten. Denn die antiken Gesetze, Schulden betreffend, waren äußerst streng und dokumentieren eine Wertschätzung des Privateigentums, die dieses geradezu als unantastbar ansah. Schulden galten, zumindest in früher Zeit, als Vergehen; die Schuld mußte mit hohen "Zinsen" - allerdings gab es vermutlich in Geld errechenbare Zinsen erst lange nach den Zwölftafelgesetzen - zurückgezahlt werden. Konnte der Schuldner dies nicht, so drohten

nannt, in dieser Bedeutung werden auch die spätrömischen "coloni" verstanden.

11 Paul Veyne, Das Römische Reich, in: Philippe Ariès/Georges Duby (Hg.), Geschichte des privaten Lebens, Bd. 1, Frankfurt/Main 1989 (urspr. frz. 1985), S.19-203, S. 63.

ihm harte Strafen, er wurde praktisch zum Sklaven seines Gläubigers.[12] Vor der Landreform durch die Gracchen war es zu einer vermehrten Beschäftigung von Sklaven in der Landwirtschaft und deren rationaler Ausbeutung gekommen. Dies bedrohte die Existenzgrundlage der kleinen freien Bauern, die daraufhin ihr Land verließen und nach Rom zogen. Die Ansammlung von Massen verarmter Menschen in Rom begründete soziale Probleme, die in den Reformen der Volkstribunen Tiberius und Gaius Gracchus, der Zuweisung von Staatsland ("ager publicus") an arme Bauern und die Garantie für den Kauf von billigem Getreide resultierten.[13]

In den Städten fertigten kleine Handwerker in ihren Werkstätten, die gleichzeitig als Laden dienten, ihre Erzeugnisse. Es gab aber auch "Großbetriebe", in denen vorwiegend Sklaven, aber auch Freie oder Freigelassene beschäftigt waren. In anderen Fällen bestand eine Art Verlagswesen, d. h. ein Zwischenhändler kaufte die Rohstoffe, ließ die Güter herstellen und verkaufte sie dann in großem Umfang. Vielfach vermischten sich handwerkliche Produktionen mit anderen Funktionen, insbesondere auf den Landgütern. Die Kluft zwischen den Handwerkern der "villae", den Arbeitern der "Fabriken", den kleinen städtischen Gewerbetreibenden und dem berühmten Künstler-Handwerker war eine sehr große; das Ansehen des letzteren war aber vor allem abhängig von dem des Auftraggebers. Dessen Initiative, Geschmack und Ideen wurden Schönheit und Imposanz des Gebäudes, der Statue oder des Schmuckstücks zugeschrieben; der Handwerker bzw. Künstler war nur der Ausführende. Auch im Falle der Gewerbetreibenden, wie auch der Händler, war es ausschlaggebend für das Ansehen der Betreffenden, mit wem sie ihre Geschäfte machten: mit dem Kaiser, dem Staat, den Senatoren oder aber mit Leuten aus dem Volk. Im ersten Fall waren sie Notabeln und genossen durch ihre Beziehungen zu den Spitzen von Gesellschaft und Staat Ansehen.

Im alten Rom gab es auch "Unternehmer", die Produktionstechniken aus anderen Ländern einführten, neue Produktionsstätten errichteten und neue Märkte erschlos-

12 In den Zwölftafelgesetzen war festgehalten, daß der Darlehensnehmer der Gewalt des Geldgebers unterworfen war. Dieser erhielt in einem besonderen Akt das Recht, sich des Schuldners zu bemächtigen und ihn mit Genehmigung durch den Prätor als Knecht zu behalten, als Versicherung gegen die Nichtrückzahlung des Darlehens. Das "nexum" wurde später immer weniger angewandt, so daß es praktisch am Ende der Republik verschwunden war.

13 Yvon Thébert, Der Sklave, in: Andrea Giardina (Hg.), Der Mensch der römischen Antike, Frankfurt/Main-New York-Paris 1991 (urspr. it. 1989), S. 158-199; siehe auch: Gesa Alföldy, Römische Sozialgeschichte, 2. Aufl., Wiesbaden 1979.

sen; sie fanden jedoch nur selten Erwähnung in den alten Schriften. Noch weniger wissen wir über Frauen in Handwerk und Gewerbe, obwohl es sie in Griechenland und auch in Rom, insbesondere im Textilgewerbe, in Bäckereien und in der Keramikindustrie durchaus gegeben hat. Wieder reicht die Skala von der Arbeit einfacher Sklavinnen über freie Arbeit bis zur Führung von Gewerbebetrieben, wie etwa das Beispiel Eumachias und ihrer "Wollbörse" von Pompeji zeigt.[14] Neben Branchen mit überwiegend kleinbetrieblicher Struktur gab es auch große Betriebe mit hundert, in Einzelfällen fünfhundert Beschäftigten. Die Arbeiter in den größeren Handwerks- und Gewerbebetrieben waren Sklaven oder auch Lohnarbeiter ("mercenarii"). Die Handwerker desselben Fachs neigten dazu, sich nebeneinander in eigenen Straßenzügen oder Vierteln anzusiedeln. Es gab auch regionale und lokale Spezialisierungen, z. B. die Keramik"industrie" von Arezzo. Die Handwerker schlossen sich zu Verbänden, den "collegia"[15], zusammen, hatten ihre eigenen Kulte, Versammlungsbauten und Feste und gewährten ihren Mitgliedern Unterstützung im Notfall; sie stellten auch durchaus eine gewisse Macht im Staate dar. Daraus darf man aber nicht ableiten, daß diese Korporationen den mittelalterlichen Zünften vergleichbar gewesen wären. Auch Sklaven konnten Mitglieder in den "collegia" sein, allerdings wurde das von Kollegienvorständen meist nur bei reinen Kultvereinen akzeptiert.[16] Es gab in der Kaiserzeit eine große Anzahl an "Berufen", die über die im europäischen 18. Jahrhundert bekannten weit hinausging. Das zeigte nicht so sehr die Spezialisierung und Professionalisierung der Handwerker, sondern war vielmehr durch eine starke Aufsplitterung der Herstellungsverfahren bedingt.[17] Man schrieb es der Sklavenarbeit zu, daß es in der Antike zu keinem umwälzenden technischen Fortschritt kam, obwohl manche Voraussetzungen dies in einem Weltreich durchaus begünstigt hätten. Als in der späteren Entwicklung des römischen Weltreichs der Nachschub an Sklaven versiegte, kam es

14 Jean Paul Morel, Der Handwerker, in: Andrea Giardina (Hg.), Der Mensch der römischen Antike, Frankfurt/Main-New York-Paris 1991 (urspr. it. 1989), S. 243-275.

15 Die Einteilung der Handwerker in "collegia" wurde schon Numa Pompilius zugeschrieben: Er soll die Flötisten, die Goldschmiede, die Zimmerleute, die Färber, die Gerber, die Schuhmacher, die Gießer und die Töpfer jeweils in "collegia" eingeteilt haben. Alle anderen wurden in einem gemeinsamen "collegium" zusammengefaßt. Tatsächlich bestanden solche Vereinigungen mit einiger Sicherheit seit der Zeit der etruskischen Monarchie, allerdings hatten sie rein soziale und religiöse Funktionen und waren keine wirtschaftlichen Berufsverbände. Ihre Existenz bezeugt aber doch, daß Rom schon in früher Zeit keine reine Naturalwirtschaft hatte, sondern außerhäusliche Produktion und Spezialisierung kannte.

16 Moses I. Finley, Die antike Wirtschaft, op. cit., S. 234.

17 Jean Paul Morel, Der Handwerker, in: Andrea Giardina (Hg.), op. cit., S. 258.

in Handwerk und Gewerbe zu keinen wesentlichen technischen Veränderungen, da sich die wirtschaftliche Situation allgemein verschlechtert hatte und es auch eine wachsende Schicht von armen Arbeitern gab, denen eine technische Neuerung die Chance zum Broterwerb genommen hätte.

Für die Reichen und Angesehenen waren Handwerk, Gewerbe und Handel, insbesondere der Kleinhandel, keine angemessene Beschäftigung. Es galt als standesgemäß, in Grund und Boden zu investieren, aber nicht in Gewerbe und Handel. Den Senatoren war eine solche Beschäftigung überhaupt verboten. Zwar kam es vor, daß auch Mitglieder von Senatorenfamilien Gewerbebetriebe besaßen und vielleicht sogar die Oberleitung neben dem als Geschäftsführer fungierenden Sklaven innehatten, aber man rühmte sich dessen nicht. Viele Senatoren, oft die sogenannten "homini novi", aber auch solche aus alten Adelsgeschlechtern, investierten in Handels- und Bankgeschäfte, allerdings über Strohmänner, Freigelassene oder Klienten, denn der zur allgemeinen Praxis gewordenen Bereicherungsgier konnten sich tatsächlich nur wenige entziehen. Auch öffentliche Ämter konnten durchaus ein Weg zur Anhäufung von Reichtum sein, denn Geschäft und Politik waren stark vermischt. In der Blütezeit des Römischen Reichs, etwa zwischen 200 v. Chr. und 200 n. Chr., waren die Adeligen, Senatoren und Ritter heutigen Vorständen der "head offices" von Wirtschaftskonzernen vergleichbar. Sie kontrollierten die Verwalter ihres Grundbesitzes, die Geschäftsführer ihrer Gewerbe- und Handelsunternehmungen und beteiligten sich an Publikanen- und Finanzierungsgesellschaften.

In Rom gab es eine gehobene "Mittelschicht", die eine wichtige Rolle im Wirtschaftsleben spielte: die "equites". Ursprünglich entstammten sie der alten römischen Reiterei, die im 3. Jahrhundert v. Chr. zum größten Teil durch Hilfstruppen der jeweiligen Provinzen ersetzt wurde. Im 2. Jahrhundert v. Chr. wurde verfügt, daß dem Ritterstand alle Nichtsenatoren mit einem Mindestvermögen von 400.000 Sesterzen angehören sollten. Sie waren also wohlhabend, aber nicht so reich wie die Senatoren, waren Großgrundbesitzer, Offiziere und Provinzverwalter, aber auch Geschäftsleute, die sich vor allem mit staatlichen Aufträgen und Geldgeschäften befaßten. Der Staat führte öffentliche Vorhaben wie Gebäudebauten, Schiffsbau, Heeresversorgung, Eintreibung der Abgaben etc. nicht selbst durch - es gab keine Staatsverwaltung, sondern es wurde der jeweils Meistbietende beauftragt. Unter denen, die diese Aufträge erhielten, waren viele "equites", die damit hohe Gewinne machen konnten und sehr wohlhabend wurden. In Anbetracht der Größe der Aufträge traten sie meist nicht als einzelne Betreiber, sondern als Gesellschaften auf.[18] So entstand eine Schicht von großen Geschäftsleuten, die meist dem Ritterstand angehörten. Daneben gab es die "negotiatores" (Geschäftsleute) und die "mercatores" (Kaufleute). Dennoch gab es keine eigene Wirtschaftsschicht in Rom, denn die Beteiligung an Handel, Gewerbe und Geldgeschäften ging quer durch alle Stände und Schichten. Unklar ist, zumindest nach Meinung Francesco De Martinos, ob es echten Groß- bzw. Zwischenhandel gab oder dieser sich nur auf den Transport der Waren bezog. Eindeutig ist, daß es zumindest seit dem 1. Jahrhundert v. Chr. sogenannte Seedarlehen gab, die - nach griechischem Vorbild - rechtlich normiert waren und bei denen es die Rolle des "Geschäftsbeauftragten" gab. Seit dem 4. Jahrhundert n. Chr. sind sogenannte "argentarii" belegt, die Gelddarlehen gaben, Geldwechsel- und allgemeine Bankgeschäfte, wie Depositengeschäfte und Überweisungen, durchführten. Die Geldgeschäfte darf man sich nicht wie die moderner Banken vorstellen; die antiken "Bankiers" waren Geldwechsler und Geldverleiher ohne "Unternehmen" als rechtlichem Rahmen, sie agierten als Privatpersonen. Viele von ihnen, wie etwa Atticus, ein Freund Ciceros, betätigten sich zudem noch in unterschiedlichsten anderen Geschäften.

Wichtige Zentren des städtischen Handels waren die Marktplätze, die "fora", die in allen Städten mit Marktrecht ("ius nundinarum") bestanden. Häufig war der freie Platz, aus dem das Forum bestand, ringsum von Läden umgeben. Stets gab es an zentraler Stelle einen Tempel, aber auch eine "basilica", eine Art Markthalle, in der Bankgeschäfte und Handel mit feineren Gütern abgewickelt wurden, und eine "curia" für die Ratsversammlungen. Die Marktplätze waren also zentrale gesellschaftliche Einrichtungen der Städte, in denen sich das Leben am intensivsten abspielte. Neben dem Hauptforum konnte es auch Nebenfora für einen bestimmten Stadtbezirk oder Spezialmärkte für bestimmte Waren, wie etwa den Viehmarkt auf dem "foro Boario", geben. Die Händler mußten einem alten römischen Brauch zufolge Herkules, dem Gott des Marktes von Rom, ein Zehntel ihrer Profite weihen. Damit wurden dann Tempel gebaut, Gastmähler und Spiele abgehalten.[19]

18 Francesco De Martino, Wirtschaftsgeschichte des alten Rom, 2. Aufl., München 1991 (urspr. it. 1979/1980), S. 146 ff. Es ist auch bemerkenswert, daß das lateinische Wort für "Geschäft", "Betätigung", eine negative Wortbildung ist: "ne-gotium", was Nicht-Muße bedeutet. Benveniste erklärt dies als Übernahme aus dem Griechischen, wo "ascholia" die Bedeutung des "Zustandes, keine Muße zu haben" hatte. Siehe: Emile Benveniste, Indoeuropäische Institutionen, Frankfurt/ Main-New York 1993 (urspr. frz. 1969), S. 114.

19 Vgl.: Helmuth Schneider (Hg.), Zur Sozial- und Wirtschaftsgeschichte der späten Römischen Republik, Darmstadt 1976.

Das römische Kaiserreich: Staat, Wirtschaft und Sozialstruktur

Das Ende der Bürgerkriege und die Pax Augusta brachten einen wirtschaftlichen Aufschwung, der auch durch die Reformen des Augustus mitbestimmt war. Augustus wurde der "pater patriae" nicht nur für die Römer und Italiker, sondern für alle Völker des Reiches. Zwischen dem Herrscher und seinen Untertanen entwickelte sich eine Art Patron-Klienten-Verhältnis. Und in der Folge, insbesondere auch unter Claudius und dann unter Vespasian, kam es zu einer Liberalisierung der Bürgerrechte und Staatsämter, in die zunehmend auch Provinzangehörige eintraten. Wirtschaftlich und auch soziopolitisch wuchs die Bedeutung und Rolle der Provinzen im Verlauf der Kaiserzeit im Vergleich zu Rom und Italien. Unter Caracalla wurden alle männlichen freien Bewohner des Reiches zu römischen Bürgern. Mit Trajan kam dann sogar der Sohn eines römischen Siedlers in Spanien auf den Thron. Augustus schuf erst eine Staatsverwaltung im eigentlichen Sinne,[20] während Rom bis dahin, wie auch Griechenland, ohne besonderen Verwaltungsapparat ausgekommen war. Nun erst kam es zur Bürokratisierung und Zentralisierung; Institutionen auf staatlicher, regionaler und lokaler Ebene wie Polizei, Feuerwehr, Staatspost etc. wurden geschaffen. Die Zahl der "curatores", der öffentlichen Beamten, wuchs beständig. Zwar blieb die Struktur der Kontrolle des Umlandes durch die "polis" erhalten, aber alle Stadtstaaten unterstanden Rom. Während Augustus und Tiberius die alten republikanischen Strukturen achteten und ihr Kaisertum als Prinzipat betrieben, kam es unter Caligula zu stärker autokratischen Zügen; in der Folge blieb eine latente Spannung zwischen den Senatoren, als dem Rest der republikanischen Struktur, und den Kaisern, die ihre Macht vor allem auf das Heer stützten, während der ganzen Kaiserzeit bestehen und manifestierte sich mitunter in offenen Konflikten. Charakteristisch ist die Ausbildung der großen Vermögen der Kaiser, die sie durch die Einziehung von Gütern von Verurteilten und durch testamentarische Vermächtnisse erwarben. Im ersten, besonders aber im zweiten Jahrhundert n. Chr., wurde der Kaiser zum größten Eigentümer. Allerdings weist Paul Veyne darauf hin, daß es kein sogenanntes "Eigentum der Krone" gab, da es sich um keine erbliche Monarchie handelte. Der Kaiser war ein Magistrat, der über seinen Nachfolger nicht entscheiden konnte, wenn auch in der Praxis der Erbe des Kaisers meist auch der Thronfolger wurde. Daher kam es zu der schwer in die späteren Vorstellungen passenden Tatsache, daß der Fiskus zwar eine monarchische Institution war, aber dennoch nicht dem Kaiser gehörte. Im Kaiserreich gab es vier ver-

20 Augustus, Meine Taten, Res gestae divi Augusti (hg. v. E. Weber), 4. Aufl., Zürich-München 1985.

schiedene "Kassen": die eigentliche Staatskasse ("aerarium"), die seit dem 5. Jahrhundert v. Chr. belegt ist, den von Augustus geschaffenen "fiscus", durch den der Staat zum größten Latifundienbesitzer wurde, das "patrimonium" des Kaisers, aus dem das Mäzenatentum des Staates finanziert wurde, und die "res privatae" des Kaisers, die nichtsdestotrotz auch öffentliche Gelder waren. Jede Ausgabe des Kaisers für den Staat galt, insbesondere seit Nero, als Spende, denn der ganze Staatshaushalt war zugleich öffentlich wie auch Privatvermögen des Kaisers.[21]

Die Vermischung von Amts- und Privatsphäre und Amts- und Privatvermögen war gängige Praxis nicht nur der Kaiser, sondern aller Magnaten und Amtsträger. Korruption, Schmiergelder und Geschenke gehörten zum System, genauso wie Nepotismus, Protektionismus und Euergetismus. Der Euergetismus spielte in Rom bis in die erste Kaiserzeit hinein eine große Rolle; dies allerdings aus anderen Gründen und in anderer Form als in Griechenland. Die größeren sozialen Distanzen ließen die sozialmoralische Verpflichtung der Reichen zu Großzügigkeit und Freigebigkeit als Motiv zurücktreten, dagegen waren politische Motive stärker. Die Senatoren veranstalteten Spiele, um sich beliebt zu machen; man gab Feste für die Klientel, errichtete öffentliche Bauten zur Erinnerung an Siege, oder ließ Getreide an die Plebs verteilen, um für sich Stimmung zu machen. Die Gelder dafür entstammten der Kriegsbeute, den Ämterpfründen bzw. den Geldmitteln, die man als Amtsinhaber für sich hatte "abzweigen" können, verdeckten Beteiligungen an Wirtschaftsgeschäften, Erbschaften etc. In der Kaiserzeit wandelte sich dieser Euergetismus zum Mäzenatentum des Staates und der Magnaten. Nun nahm der Staat in einigen Fällen eine Art Wohlfahrtsstaatscharakter an, etwa in der Institution der "alimenta", die wahrscheinlich durch Kaiser Trajan eingeführt wurde, eine Unterstützungsleistung für bedürftige Jugendliche, die über eineinhalb Jahrhunderte hinweg bestand.[22]

Die große Bedeutung des Militärs in der Ausgabenstruktur Roms belegen einige Ziffern: 168 v. Chr. verschlangen Sold und Unterhalt des Heeres drei Viertel der Staatseinnahmen, 62 v. Chr. betrug dann der Anteil nur mehr einen Bruchteil davon, wenn auch der absolute Betrag höher war. Die weitaus größte Einnahmequelle in diesen Zeiten war die Kriegsbeute, sie belief sich auf ein Vielfaches des ordent-

21 Paul Veyne, Brot und Spiele, Frankfurt/Main-New York 1988 (urspr. frz. 1976), S. 493 ff.; vgl. auch: Michael Mann, Geschichte der Macht, Bd. 2, Frankfurt/Main-New York 1991 (urspr. engl. 1986), insbes. S. 45 ff.

22 Moses I. Finley, Die antike Wirtschaft, op. cit., S. 242 f.

lichen Budgets.[23] Unter Augustus wurden siebzig Prozent der Gelder des "aerarium" für das Heer, fünfzehn Prozent für Getreidezuteilungen an das Volk, dreizehn Prozent für Verwaltungsbeamte und zwei Prozent für Bauten und Spiele ausgegeben[24]. Im Verlauf der Kaiserzeit änderte sich jedoch die Haltung gegenüber militärischen Unternehmungen. Betrachtete man in der Republik und noch in der frühen Kaiserzeit Kriege durchaus als etwas Gewinnbringendes, so verwandelten sie sich später unter dem Druck der Verteidigung der ausgedehnten Grenzen des Reiches immer mehr zu einer Belastung.

Neben der noch immer vorhandenen Aristokratie der alten "gentes" entstand durch die Gunstbeweise der Kaiser eine neue Aristokratie, die, wie auch die Kaiser selbst, nicht immer den höchsten Adelsgeschlechtern entstammte. Die soziale Bedeutung des Senatorenadels unterschied sich von der politischen, denn sie war nicht mehr an die tatsächliche Beteiligung am politischen Leben, an das Innehaben eines Sitzes im Senat oder eines anderen Amtes gebunden, sondern wurde zu einem reinen Titel, der ihre Inhaber als Mitglieder der Oberschicht auswies. Die aktivste Schicht waren die "equites"; sie stellten die Beamten der kaiserlichen Verwaltung, sie betätigten sich aber auch nach wie vor im Handel und Geschäftsleben. Auch unter den Grundbesitzern gab es viele Ritter. In den Städten der Provinzen und auch in Rom bildete sich durch die Bürokratisierung sowie durch den wirtschaftlichen Aufschwung der Provinzen, insbesondere Galliens und des Rheinlandes, eine Mittelschicht, die ihr Vermögen durch Handel, Gewerbe und Landbesitz erworben hatte, der Dekurionenstand, dessen Mitglieder mehr oder weniger "freiwillig" die Ausgaben für die städtischen Bauten und Einrichtungen übernahmen ("municipales").

Die Besitzverhältnisse auf dem Land stabilisierten sich in den ersten beiden Jahrhunderten der Kaiserzeit. Neben dem Großgrundbesitz blieben auch die kleinen und mittleren Güter bestehen. Die großen Vermögen, die nun entstanden, wurden trotz zeitweiligen Aufschwungs der Wirtschaft nicht durch Handel und Gewerbe, sondern durch politische Konstellationen, Erbschaften und Investitionen in Grundbesitz erworben. Qualifizierte Berufe breiteten sich in größerem Maße aus, aber durch die Tätigkeit als Arzt, Lehrer, Richter, Dichter, Gelehrter oder Künstler kam man nicht zu großem Reichtum. Ein großer Teil des römischen Volkes, die städtische Plebs und die kleinen Bauern, wie auch Teile des Volkes in den Provinzen,

23 Paul Veyne, Brot und Spiele, op. cit., S. 376 ff.
24 Michael Mann, Geschichte der Macht, Bd. 2, op. cit., S. 46.

waren sehr arm und diese Armut stellte auch eine natürliche Schranke für die Ausweitung des Handels und der Märkte durch die begrenzte Nachfrage dar. Die Plebs setzte sich in überwiegender Mehrzahl aus armen Taglöhnern zusammen, denen es teilweise wesentlich schlechter ging als vielen Haussklaven. Ein anderer Teil konstitutierte sich aus Krämern, Schankwirten und Handwerkern und nur ein kleiner Teil aus reichen Kaufleuten. Es gab zwar eine nicht unbeträchtliche soziale Mobilität, der Aufstieg war möglich, aber er hatte sehr charakteristische Züge, war nicht so sehr durch wirtschaftliche Momente bestimmt, als vielmehr durch soziale Beziehungen und politische Verhältnisse, weshalb er sogar für Unfreie leichter zu erreichen war als für Freie.

Der Aufschwung des Handels durch die langen Friedensperioden der ersten beiden nachchristlichen Jahrhunderte im Mittelmeerraum ließ die Häfen Ostia, Pozzuoli und Brindisi aufblühen. Die Zahl und der Wohlstand der Kaufleute und Geschäftsleute, von denen viele selbst Schiffe besaßen und manche Schiffsführer waren, wuchs, und die italischen Kaufleute behaupteten sich gegen die starke Konkurrenz von Seiten gallischer, syrischer und jüdischer Händler. Sie schlossen sich in "collegia" oder "corpora" zusammen, die als Vereinigungen vor allem der Geselligkeit dienten; man kam in "scholae" zusammen, speiste dort, sprach über Geschäfte und betrieb auch gemeinsame Kulte. Ob die Vereinigungen auch Selbsthilfe- und gegenseitigen Unterstützungscharakter hatten, ist nicht sicher, aber wahrscheinlich.[25] Noch immer unterschied man zwischen den Kleinhändlern, die man verachtete, und den großen Kaufleuten, die den Fernhandel betrieben, der mit viel Risiko verbunden war und daher Mut erforderte, eine Eigenschaft, die die Römer bewunderten. Noch immer war der Haupthandelsverkehr auf das Mittelmeer konzentriert, der Binnenhandel hingegen war nach wie vor schwierig und relativ schwach entwickelt. Die großen römischen Straßen waren in der Hauptsache Militärwege und nicht Handelsstraßen. In den Städten gab es feste Märkte, aber auch "emporia", Warenhäuser, und Messen wurden an bestimmten Tagen des Jahres abgehalten; ambulante Händler zogen mit ihren Waren durch die Gegend. Der Aufschwung des Handels der frühen Kaiserzeit erlitt allerdings empfindliche Rückschläge in der Krise des 3. Jahrhunderts n. Chr. und es zeigte sich, daß die römische Wirtschaft nur eine dünne Schicht marktökonomischer Strukturen auf einer primär agrarischen Subsistenzbasis mit stark militärisch-bürokratischen Zügen aufwies.

25 Moses I. Finley sieht in der ausschließlich sozialen und kultischen Funktion der "collegia" einen bedeutsamen Unterschied zu den mittelalterlichen Zünften: Moses I. Finley, Die antike Wirtschaft, op. cit., S. 162. Siehe auch: Thomas Pekáry, Die Wirtschaft der griechisch-römischen Antike, Wiesbaden 1976.

Schon Max Weber[26] hob den agrarisch dominierten, lokal dimensionierten Unterbau der Wirtschaft und den dünnen, quantitativ beschränkten Überbau von internationalem Handel hervor. Letzterer konzentrierte sich auf die Beherrschung des Seeverkehrs und -transports und war abhängig von der Nachfrage einer dünnen Oberschicht oder von öffentlichem Bedarf der Armee oder des Staates. Die Marktwirtschaft, die darüber hinaus ging, beschränkte sich weitgehend auf die Städte. Der Reichtum des Staates, der Oberschicht und die Blüte der Wirtschaft kamen nicht aus Handel und Industrie, sondern aus Kriegsbeute und Tributzahlungen und hing auch vom Nachschub an unfreien Arbeitskräften aus den besiegten Gebieten ab. Nachdem die Landgewinne und der Sklavennachschub aufhörten, die Kaiser mehr und mehr darauf verzichteten, unterworfene Völker zu versklaven, und man auf die Kaufsklaverei durch den Sklavenmarkt des Ostens und die "interne Versklavung" etwa der ausgesetzten und verkauften Kinder und auf die natürliche Vermehrung der Sklaven angewiesen war, traten unweigerlich Schwierigkeiten auf.

Römische Wirtschaftsmoral und Römisches Recht

Die römische Wirtschaft ist nicht in einem konsistenten Bild zu zeichnen und auch das Wirtschaftsdenken in diesem Millenium änderte sich, wenn auch nicht so rasch und grundlegend wie die ökonomischen Verhältnisse. Diese wandelten sich nachhaltig, vor allem nach den Punischen Kriegen und dem Übergang zur imperialistischen Politik, erst dann nahm die Wirtschaft Roms ihre charakteristischen Züge an: Ausbeutung der Provinzen durch Tributleistungen und Sklavenwirtschaft. Die Ausdehnung des römischen Weltreiches ermöglichte vor allem im Mittelmeerraum die Entstehung eines integrierten Handelsnetzes, das aber durch die Orientierung auf ein politisches Zentrum charakterisiert war und daher ein "Weltreich" in Immanuel Wallersteins Terminologie darstellte.[27] Das Wirtschaftsdenken der Römer veränderte sich mit diesen Wandlungen, wobei ein Merkmal allgemeinen erhalten blieb: Die ethisch-moralischen Vorstellungen und die tatsächlichen Verhältnisse klafften stark auseinander, was sich in der Einstellung zu Arbeit, zu Reichtum und Gewinn, zu Eigentum und dessen Übertragung zeigte.

Die folgenden Stellen aus den "De officiis" des Marcus Tullius Cicero lesen sich in der Übersetzung wie eine moderne gesellschaftswissenschaftliche Abhandlung:

26 Max Weber, Die sozialen Gründe des Untergangs der antiken Kultur, in: Ders., Gesammelte Aufsätze zur Sozial- und Wirtschaftsgeschichte, op. cit., S. 289 ff.

27 Immanuel Wallerstein, The Modern World-System, Vol. I-III, San Diego-New York 1974-1989.

"Denn gerade die Gegenstände [...] sind zum größten Teil durch die Leistungen der Menschen geschaffen worden. Wir hätten diese nicht, wenn nicht die Arbeit der Hände und des Geistes hinzugetreten wäre, und wir bedienten uns ihrer nicht ohne die Zusammenarbeit der Menschen. Denn es hätte weder Pflege der Gesundheit noch Seefahrt, weder Ackerbau noch Einbringung und Speicherung der Feldfrüchte und übrigen Erträge ohne die Mithilfe der Menschen geben können [...]. Ferner gäbe es sicherlich keine Ausfuhr der Erzeugnisse, an denen wir Überschuß, keine Einfuhr derer, an denen wir Bedarf haben, wenn die Menschen nicht die einschlägigen Berufe ausübten. Ebenso würden nicht die zu unserem Bedarf erforderlichen Steine aus der Erde geschlagen, es würde nicht 'Eisen, Erz, Gold noch Silber', die ganz und gar verborgen sind, ausgegraben ohne das Mühen der Menschenhände. [...] Da also dieser Punkt keinen Zweifel daran zuläßt, daß die Menschen ihren Mitmenschen die größten Vor- und Nachteile bringen, so stelle ich fest, es sei dies die eigentliche Aufgabe der Vollkommenheit, die Menschen zu versöhnen und sie zur Wahrnehmung ihres Nutzens zu bringen. Deshalb wird der Vorteil, der für das Leben der Menschen bei leblosen Gegenständen sowie der Nutzung und Haltung von Tieren erzielt wird, arbeitsreicher handwerklicher Tätigkeit zugeschrieben, die Bereitschaft aber und Begeisterung unserer Mitmenschen zur Förderung unserer Interessen werden durch die Weisheit, d. h. durch Vollkommenheit (überragender Männer) wachgerufen."[28]

Der Text liest sich wie eine Lobpreisung der Arbeit und der Wirtschaft und ist zum Teil auch so gemeint. Alle angesprochenen Tätigkeiten sind nützlich und wertvoll, ohne sie könnte keine Gemeinschaft und kein Staat überdauern.[29] Dies bedeutet aber nicht, daß diejenigen, die diese Aufgabe erfüllen, deshalb hochgeschätzt sind. Denn sie sind letztlich nur die Werkzeuge der "vollkommenen", der überragenden Männer, die sie leiten und "motivieren".[30] In Griechenland wie in Rom galt stets der Auftraggeber als schöpferische Kraft, nicht der Handwerker oder Künstler selbst, im Staat der Amtsträger, nicht diejenigen, die sein Amt erst ermöglichten. Es gibt verschiedene Motive, die Menschen veranlassen, etwas für andere zu tun, wie z. B. Sympathie, Ansehen und Vertrauen, Macht, Geschenke oder Lohn. Diese Motive sind nicht alle gleich ehrenwert: Wenn Menschen sich von einer Belohnung leiten lassen, so ist das für Cicero "ein Verfahren, das zwar

28 Marcus Tullius Cicero, De officiis (übers. v. Heinz Gunermann), Stuttgart 1992, Abschnitt 2, Zeile 13-18.

29 Vgl. auch: Rudolf Schottlaender, Römisches Gesellschaftsdenken, Weimar 1969.

30 Man könnte hier eine Parallele zur Motivation der Arbeiter durch das moderne Pendant der "vollkommenen" Männer, die Manager, herstellen.

überaus abstoßend und entehrend ist sowohl für die, die sich dazu bestimmen lassen, als auch für jene, die versuchen, dazu ihre Zuflucht zu nehmen - denn schlecht steht es, wenn das, was durch Leistung erreicht werden müßte, durch Geld versucht wird".[31] Höchstes Lob genießt, wer uneigennützig hilft oder etwas leistet, schon weniger angesehen ist die Hilfe, die durch Furcht vor Sanktionen oder durch Vorteilserwartung begründet ist, aber am schlechtesten kommt der weg, der für Geld eine Leistung erbringt. Der Begriff der Arbeit zwischen "labor" und "pena" war in Rom mit Handarbeit, niedrigem Status, Abhängigkeit, Unfreiheit und "Schmutzigkeit" bzw. "Dumpfheit" verbunden. "Eines Freien unwürdig und schmutzig sind die Erwerbsformen aller Tagelöhner, deren Arbeitsleistung, nicht handwerkliche Geschicklichkeiten, erkauft werden", meinte Cicero.[32] Der Verkauf der eigenen Arbeitskraft gegen einen bestimmten Lohn war am geringsten geachtet, denn er brachte persönliche Abhängigkeit und Fremdbestimmtheit der Arbeitsgestaltung und des Arbeitsinhalts mit sich. Schon mehr geschätzt wurden die Handwerker, die ihr Produkt verkauften. Abgesehen von der unterschiedlichen persönlichen Rechtsstellung waren Lohnarbeiter aber keineswegs höher geschätzt als Sklaven. Bei öffentlichen Bauvorhaben arbeiteten meist Sklaven, Freigelassene und freie Handwerker und Arbeiter nebeneinander und wurden je nach ihrem Können auch gleich bezahlt. Die Tätigkeit, die eines Freien wirklich würdig war, galt nicht als Arbeit, sondern als "opus" oder noch besser als "officium". Die "freien" Berufe ("operae liberales") waren höher geschätzt, weil sie keine Körperkraft voraussetzten und auch nicht gegen einen Preis oder Lohn, sondern für ein "honorarium", ein Anerkennungsgeschenk, geleistet wurden; "officium" war hingegen die Beschäftigung der Oberschicht, deren Familien oft über Generationen hinweg die öffentlichen Ämter besetzten. Moses Finley charakterisierte die römische Gesellschaft daher als Ständegesellschaft, in der die Stände als juristische Gruppen innerhalb der Bevölkerung formale Privilegien besaßen und Beschränkungen in bezug auf die Beteiligung an der Regierung, am Militär, in bezug auf ihre Rechtsstellung, in Wirtschaft und Religion im Rahmen einer hierarchischen Beziehung zu anderen Ständen unterlagen.[33]

Es gibt in der Antike genügend Zeugnisse für die Verachtung, die man der "Sklavennatur" entgegenbrachte, für die negativen Merkmale, die man den Sklaven zuschrieb, die den Unterschied zwischen Sklaven und Herren als einen "natürlichen"

31 Marcus Tullius Cicero, De officiis, op. cit., Abschnitt 2, Zeile 21-23.
32 Ebd., Abschnitt 1, Zeile 159.
33 Moses I. Finley, Die antike Wirtschaft, op. cit., S. 44.

erscheinen ließen. Im Hellenismus hieß es: Sklave ist man, weil man von sklavischer Natur ist. Für Platon waren die Menschen nicht gleich, sondern ungleich geschaffen, denn alles in der Natur habe seinen eigenen Zweck. Aristoteles gab eine etwas andere Erklärung: er meinte, Sklaven seien unfähig zur Politik, denn der Sklave besitze selbst keine Vernunft, er nehme an der Vernunft nur teil. Sein Zweck sei aber die körperliche Betätigung. Politische Betätigung hingegen mache den Herrn aus. Diese Ansicht entwickelte sich vor allem dort, wo Sklaverei als "selbstverschuldet" angesehen wurde, wie die vereinzelte Kaufsklaverei oder Schuldsklaverei. Nachdem im Zuge von Eroberungen massenhaft Sklaven ins Land kamen, konnte eine einfachere Interpretation des Sklavenstatus gegeben werden; er verband sich mit dem Status des Fremden, mit dem Barbaren. Der Sklave gehörte nicht zum Staat, war daher von Natur aus minderwertig und zum Sklaven bestimmt. Rom, dessen Expansion wesentlich auf Eroberungen beruhte, übernahm diese Interpretation weitgehend, aber die Unterwerfung alter Kulturvölker - nicht zuletzt der Griechen selbst - und die "Normalität" der Existenz von Sklaven veränderte ihre Bedeutung und die Einstellung zu ihnen. Für die Juristen des 2. und 3. Jahrhunderts n. Chr. schließlich gab es keine "sklavische Natur" mehr, sondern nur mehr eine gemeinrechtliche oder zivilrechtliche Institution der Sklaverei, wodurch jemand "entgegen dem Naturzustand, dem Eigentum eines anderen unterworfen wird". (Codex Iuris Civilis, 1. Buch, 3/2) So entstand ein Gegensatz zwischen dem natürlichen Recht, demzufolge alle Menschen gleich sind, und dem Völkerrecht, das die Versklavung möglich machte. Da aber das Zivilrecht und das Völkerrecht dem "ius naturale" vorgeordnet waren, führte das Recht nicht wirklich zur Infragestellung der Sklaverei, sondern begründete diese in der Autorität des Staates.

Noch viel ambivalenter als die Wertvorstellungen über Arbeit und Sklaverei sind die Quellenhinweise, die die Einstellungen zu Gewinn und Reichtum wiedergeben. Aus der in antiken Texten immer wieder bekundeten Ablehnung von Wirtschaftstätigkeit, Gewerbe und Handel wurde oft auf die konservative, selbstgenügsame Haltung der antiken Menschen geschlossen, so als hätte die protestantische Ethik tatsächlich erst den wirtschaftlichen Erfolg als Wert und Motivator erfunden. Gerade in bezug auf Rom kann man - wenn auch mit einer gewissen Übertreibung in die gegenteilige Richtung - sagen, daß die Mentalität der römischen Oberschicht wahrscheinlich durch eine "universelle vornehme Geschäftstüchtigkeit"[34]

34 Paul Veyne, Das Römische Reich, in: Philippe Ariès/Georges Duby (Hg.), Geschichte des privaten Lebens, Bd. 1, Frankfurt/Main 1989 (urspr. frz. 1985), S.19-227, insbes. S. 141 ff.

ausgezeichnet war. Die Hinweise auf Autarkie und Selbstgenügsamkeit erfüllten in Kontrast dazu die Funktion eines Lieblingsmythos der antiken Gesellschaft. Das Autarkie-Ideal befriedigte die Tugendvorstellung von den "natürlichen Bedürfnissen", gewährte ein Gefühl der Sicherheit und Unabhängigkeit und erfüllte solcherart seinen Zweck. Die Existenz des Autarkie-Mythos beweist jedoch keineswegs die Absenz von Handel oder Geschäftstätigkeit, sondern belegt nur die soziale Vorrangstellung derer, die Grundeigentum hatten.[35]

Reichtum stellte in der antiken Gesellschaft wie schon in den orientalischen Reichen durchaus einen Wert dar. Es ging keineswegs nur darum, das Überkommene zu erhalten, sondern auch um die Anhäufung von Reichtum. Die Verwendung von Geld geschah aus unserem modernen Blickwinkel scheinbar wenig "wirtschaftlich rational", wenn wir die ostentative Verschwendung in Gastmählern, Spielen, Prunk etc. vor Augen haben. Zu bedenken ist aber, daß in der Oberschicht wirtschaftliche und politische Elemente ineinander griffen, denn Senator oder Prätor konnte man nur werden, wenn man einen bestimmten Richtsatz an Landbesitz aufweisen konnte. Reichtum, politische Macht und sozialer Status bedingten einander. Investitionen in die politisch-soziale Karriere versprachen daher den besten Gewinn. Reichtum erlangte in Rom eine weit größere Bedeutung als er es im klassischen Griechenland hatte. Er wurde mit Tugend gleichgesetzt und die Anhäufung von Reichtum mit allen nur erdenklichen Mitteln war daher durchaus nichts Ehrenrühriges. Allerdings war vor allem der Reichtum, der aus Grundbesitz stammte, angesehen und hochgeschätzt, so daß auch viele Kaufleute danach strebten, Grund und Boden zu erwerben und darin ihr Handelskapital anzulegen. Auch der berühmte Freigelassene Trimalchion kaufte die Güter, die er von seinem Herrn geerbt, dann veräußert und deren Erlös er in Geschäften investiert hatte, schließlich mit den Gewinnen aus diesen Geschäften wieder zurück und führte das Leben eines Landadeligen, ohne allerdings die entsprechende gesellschaftliche Stellung erreichen zu können.[36]

Für die "nobilitas", die patrizischen Geschlechter, waren Gewerbe und Handel keine akzeptablen Betätigungen. Auch in Rom galt es für den Patrizier oder den Senator nur als standesgemäß, Grund und Boden zu besitzen bzw. Reichtümer durch Krieg oder Politik zu erwerben. Das hielt ihn allerdings nicht davon ab, in ver-

35 Paul Veyne, Die römische Gesellschaft, München 1995 (urspr. it. 1990), S. 124-154.

36 Paul Veyne, Leben des Trimalchion, in: Ders., Die Originalität des Unbekannten, Frankfurt/Main 1988 (urspr. frz. 1961), S. 43-89.

schiedener Weise von der Kommerzialisierung zu profitieren, etwa durch verdeckte finanzielle Beteiligungen. Die besten Geschäfte konnte man allerdings im Dienst für den Staat machen, denn dieser führte öffentliche Vorhaben und auch laufende Verwaltungsagenden nicht selbst durch, sondern vergab Staatsaufträge. Die Anhäufung von Reichtum wurde zur beliebten Praxis gerade der Oberschicht. Und das, obwohl Cicero[37] meinte, dem Weisen könne der individuelle Reichtum nicht als Wert an sich gelten. Unbestritten ist ihm nur die Bedeutung des Reichtums für den Staat; dafür könne aber der Feldherr am besten sorgen. Der Feldherr ist also zugleich der eigentliche Wirtschaftskapitän des Römischen Reiches in der Zeit seiner stärksten Expansion. Dennoch galt die Anhäufung von Reichtum insofern als moralisch legitim, weil ein guter "pater familias" damit die Voraussetzung für die gesellschaftliche und politische Geltung und Stellung seiner ganzen "familia" und seiner Klienten schuf. Sehr bedeutsam war die Unterscheidung zwischen den privaten Reichtumsakkumulationen und den Gewinnen der Kaufleute und Händler. Hier findet sich wieder die unterschiedliche moralische Bewertung von Vermögen und Erwerb im Rahmen einer ausschließlichen und spezialisierten Tätigkeit. Sie reflektiert die Differenzierung in Oberschicht und "arbeitendes Volk", welche gleichzeitig soziale, politische und rechtliche Bedeutung hatte.

In einer Gesellschaft, die so viel Wert auf Reichtum legte, daß dieser - zumal als Besitz von Grund und Boden - Ausweis der Zugehörigkeit zur herrschenden Schicht war, war das Verständnis von Armut ein sehr weites. Jeder war arm, der nicht zur herrschenden Schicht gehörte. Er mußte nicht wirklich Not leiden oder besitzlos sein. Tatsächlich war Armut im Sinne von Besitzlosigkeit und Not eine Massenerscheinung im reichen Rom. Man war aber weitgehend davon überzeugt, daß dies entweder "natürlich" oder selbstverschuldet war. Wieder können wir den Moralisten Cicero zitieren, der sicherlich auch dem früheren "Moralapostel" Cato d. Ä. aus dem Herzen sprach: "Besitz aber muß durch die Mittel, denen Schande fernliegt, erworben, erhalten durch Umsicht und Sparsamkeit, auch durch dieselben Mittel vermehrt werden."[38] Vermehrung des Vermögens war also eine durchaus erstrebenswerte und lobenswerte Tat. Sie sollte aber - zumindest in der Theorie - durch ehrenvolle Mittel bewerkstelligt werden. Tatsächlich jedoch war das Reichtumsstreben der römischen Oberschicht durchsetzt mit Handlungen, die nach

37 Marcus Tullius Cicero, De re publica (übers. v. Karl Büchner), 1. Buch, Stuttgart 1995, S. 17. Vgl. auch: Horst Theodor Johann, Gerechtigkeit und Nutzen. Studien zur ciceronischen und hellenistischen Naturrechts- und Staatslehre, Heidelberg 1981.

38 Marcus Tullius Cicero, De officiis, op. cit., Abschnitt 2, Zeile 88.

unserem heutigen ethischen Verständnis als unehrenhaft, kriminell, ausbeuterisch und grausam charakterisiert werden müßten: mit Nepotismus, Korruption, politischen Intrigen, Ausbeutung und Erpressung. Es verschmolz eng mit dem sozialstrukturellen Beziehungsgefüge, das charakterisiert war durch Klientelismus, Paternalismus und Sklaverei. Auch Geld gegen Wucherzinsen zu verleihen, war eine allgemein übliche Methode, sich zu bereichern. Die Geschäfte des Reichtumserwerbs waren weit gestreut. Ein Beispiel dafür war Atticus, Freund des Cicero, der Geld verlieh, investierte, öffentliche Ämter bekleidete, sich an Handelsgeschäften und Gewerbebetrieben beteiligte und solcherart ein beträchtliches Vermögen anhäufte. Die Wertvorstellungen vom rational handelnden und rechnenden, aber redlichen Kaufmann, die die moderne Wirtschaftswelt und ihr ethisches Selbstbild beherrschen, gab es in der Antike nicht. Sie entstanden erst in einem langen Prozeß, der im Mittelalter begann. Der Geschäftsmann der Antike war der seine Freunde bevorzugende, seine Feinde plündernde, die Unterworfenen und Abhängigen ausbeutende Reiche. So korrupt und an Bereicherung interessiert die römischen Oberschichten waren, so moralisch empfindlich reagierten sie, was den Handel und die Gewinne der Kaufleute anbelangte.[39] Insbesondere den Kleinhändlern wurde immer wieder unterstellt, daß sie betrügerisch und listenreich vorgingen und Gewinn durch Betrug erzielten. Der Gewinn ("lucrum") war jener Aspekt, an dem sich die Geister schieden: Von den Dichtern und Philosophen wie von ihren aristokratischen "patrones" als betrügerische Übervorteilung durch Schwindler verurteilt, stellte er für die Kaufleute selbst ein durchaus hochgeschätztes Ziel dar, das auch durch kultische Riten, etwa zu Ehren Merkurs, religiös besetzt und legitimiert war. In einer Inschrift wird der Gott auch als "lucrorum potens et conservator", als Beherrscher und Bewahrer des Gewinns bezeichnet. Was immerhin andeutet, daß man Erfolg in Form von Gewinn schätzte, und keinesfalls als illegitime schuldhafte Betätigung verbarg.[40] Der Gewinn war Freude ("lucrum gaudium") für den Kaufmann, was ihn aber nicht hinderte, wenn er sich reich genug wähnte, zum Großgrundbesitzer und Staatsbeamten zu mutieren. In der späteren Kaiserzeit kam es durch die mißliche Lage der Städte im Römischen Reich und die fatale Situation der Kurialen, die für Abgaben und Aushebungen hafteten, zu einer höheren Einschätzung der Kaufleute, die über Geld und die Methoden es zu vermehren, verfügten und daher für die Stadträte von unschätzbarer Bedeutung waren. Mit der stärkeren sozialen Anerkennung eigneten sich die Kaufleute aristokratische Werte an; als angesehen galt, wer soziales Mitge-

39 Vgl.: Andrea Giardina, Der Kaufmann, in: Ders. (Hg.), op.cit., S. 276-304.
40 Ebd., S. 302 f.

fühl für die Armen bekundete und wer Reichtum umsichtig und systematisch anhäufte, nach der Art des "pater familias" und nicht auf der Suche nach schnellen Gewinnen.

Die wichtigsten Elemente römischen Wirtschaftsdenkens sind in den Schriften der Rechtsgelehrten enthalten. Diese wurden zusammen mit anderen in Justinians "Corpus Iuris Civilis" (533 n. Chr.) aufgenommen, der das abendländische Rechts- und Wirtschaftsdenken bis in die Neuzeit beeinflußte. Besonders wichtig war die Regelung des Eigentumsrechtes. Ein Grundsatz des klassischen Römischen Rechts war der der Allgegenwärtigkeit und Einheitlichkeit des Eigentums. Es machte prinzipiell keinen Unterschied, ob es sich um "pecunia" (Kleinvieh, dann: Geld), "familia" (Kinder, Sklaven, Großvieh) oder um Grund und Boden handelte. Im Römischen Reich galt, anders als im europäischen Mittelalter und in Roms frühester Zeit, der Grundsatz der Allmacht des Eigentümers: Die Eigentumsrechte an Grund, Boden und Sachen sowie an Personen und Vieh ("res mancipi") waren grundsätzlich unbeschränkt. Eigentumsrechte an Grund und Boden kannten keine gemeinschaftlichen Ansprüche oder Abstufungen. Zwar war Miteigentum möglich, in diesem Fall kam jedem das gleiche volle Eigentumsrecht zu und man konnte seinen Anteil jederzeit ohne Zustimmung der anderen Miteigentümer veräußern. Allerdings waren vom Eigentumsrecht Wegerechte, Wasserleitungsrechte, das Pfandrecht sowie der "usus fructus", der Nießbrauch, abtrennbar und übertragbar. Im Römischen Recht wurden diese Rechte aber als vorübergehende Ausnahmen verstanden und das dingliche Recht begünstigt. Das hatte auch wichtige Folgen für die Beziehung zwischen dem römischen Staat und den Provinzen, denn die Auffassung war die, daß das Land in den Provinzen dem römischen Staat gehörte; die Bewohner der Provinzen erhielten Nutzungsrechte gegen Abgaben.

Gewisse Einschränkungen der Handlungsfreiheit waren im Römischen Recht, sowohl auf privater als auch auf öffentlich-rechtlicher Ebene vorgesehen. Aus Rechtsmißbräuchen entwickelten sich besondere Bestimmungen für Sklaven. Diese konnten, wenn sie sich schlecht behandelt fühlten, in älterer Zeit in einen Tempel, in der Kaiserzeit zu einer Kaiserstatue flüchten, dann wurde ihnen eine Anhörung gewährt. Waren ihre Beschwerden begründet, so wurden sie zu Lasten ihres ehemaligen Besitzers an einen anderen verkauft und mußten nicht zu diesem zurückkehren. Solcherart kam es zur Aufstellung von Verhaltensregeln für die Eigentümer von Sklaven: ausreichende Ernährung und Kleidung, maßvolle Disziplinierung, kein Zwang zu unzüchtigen oder entehrenden Handlungen und gerechte Behandlung. Seit der späten Republikszeit wurden Sklaven immer stärker unter den

Schutz des Strafrechts gestellt, womit der unbedingte und einheitliche Eigentumsbegriff durchbrochen wurde. Auch hinsichtlich der Eigentumsübertragung gab es Unterschiede. Die Übereignung von Grund und Boden sowie von Sklaven und von Großvieh ("res mancipi") war viel aufwendiger als bei sonstigen Sachen ("resnec mancipi"), weil der Eigentumswechsel öffentlich angezeigt werden mußte. Auch waren Zeugen im Rahmen eines Übertragungsaktes ("mancipatio") notwendig. Die "mancipatio" konnte sich nicht nur auf Unfreie, sondern auch auf freie Personen wie Kinder, Ehefrauen etc. beziehen und betraf die Gewaltrechte. Erst Justinian schaffte die "mancipatio" ab, während sie im Westen bis ins 9. Jahrhundert n. Chr. bestehen blieb.[41]

Der Kaufvertrag fiel im Römischen Recht unter die Konsensualverträge, bei denen bereits die formlose Vereinbarung als bindend anerkannt wurde. Er konnte auch schriftlich und unter Hinzuziehung eines Notars erfolgen, im allgemeinen aber genügte es, sich über einen Preis einig zu sein. Der Preis bildete sich in einer Reihe von Näherungsschritten zwischen Verhandlungsparteien; der "Marktpreis" entsprach dem "ortsüblichen" Preis und spielte nur eine periphere Rolle; erst im Codex Iuris Civilis Justinians kam die Frage des gerechten Preises (im Zusammenhang mit der "laesio enormis") auf. Der Gewinn bedurfte der Begründung durch erfolgte Wertsteigerung oder als Entschädigungsleistung etwa auf Grund verzögerter Zahlung oder Lieferung. Der Kauf ("emptio venditio") wurde von der Zur-Verfügung-Stellung ("locatio conductio") unterschieden. Diese kannte drei Untertypen: "locatio conductio rei", der Gebrauch einer Sache gegen Entgelt, "locatio conductio operarum (sui ipsius)", der Arbeitsvertrag, und "locatio conductio operis", der Werkvertrag bzw. die Sach- oder Dienstmiete. Daneben bildete sich das "mandatum" heraus, die unentgeltliche Geschäftsbesorgung, die den aristokratischen Vorstellungen entsprach und für die "artes liberales" und für öffentliche Ämter und Aufgaben galt. Für die Leistung wurde im allgemeinen ein "salarium" oder "honorarium" gezahlt, zunächst freiwillig und ohne Rechtsanspruch, dann jedoch gab es auch Mittel, die Zahlung zu erzwingen, wobei gleichzeitig Bedacht genommen wurde, den Schein der Unentgeltlichkeit zu wahren, was dadurch möglich war, daß die Zahlung im vorhinein erfolgte. Sowohl Cicero wie Plautus und andere verurteilten das Zinsnehmen und die Geldverleiher. Nichtsdestoweniger waren Kredite und Zinsen an der Tagesordnung und auch rechtlich geregelt. Zinsvereinbarungen mußten durch einen separaten Vertrag festgelegt wrden, da sonst der Schuldner nur zur Rückgabe der Leihsumme oder ihres Äqivalents verpflichtet war. In privaten

41 Siehe: Detlef Liebs, Römisches Recht, 4. Aufl., Göttingen 1993, S. 170/171.

Darlehen, bei Depositeneinlagen, Hypothekarkrediten und anderen Krediten waren Zinsvereinbarungen üblich. Die Höhe der Zinsen erforderte auch zentrale Regelungen, wie die kaiserlichen Kontrollversuche beweisen. Diokletian schrieb eine Zinsgrenze von zwölf Prozent vor und begründete die "laesio enormis". Konstantin übernahm die Zwölfprozent-Grenze, Justinian I. setzte dann ein Limit von sechs Prozent für Gelddarlehen und acht Prozent für Handelsdarlehen fest.

Das Römische Recht kannte auch Gesellschaftsformen. Die älteste gemeinschaftliche Wirtschaftsform der Römer war das "consortium", die Schicksalsgemeinschaft von Erben, später von römischen Bürgern als "Wahlbrüder".[42] Dieses hatte große Nachteile, weil das gesamte Vermögen der Mitglieder miteinbezogen war. Man ging daher später zu formlosen Zusammenschlüssen über, bei denen die Haftung beschränkt werden konnte: die klassische "societas" entstand als eine sehr leicht erlöschende Gemeinschaft, die als beendet galt, wenn ein Gesellschafter kündigte, starb oder sein Vermögen verlor. Bemerkenswert sind Akribie und Genauigkeit der Rechtsnormen bezüglich Eigentum, Kauf und anderen Formen der Übertragung. Dies dokumentiert nicht nur das juristische Talent der Römer[43], sondern auch die Notwendigkeit, diese Transaktionen möglichst genau zu regeln. Das verweist auf die Ubiquität und Selbstverständlichkeit ihres Vorkommens. Eine wirtschaftstheoretische Orientierung wie wir sie im Ansatz insbesondere bei Aristoteles finden, fehlt bei den Römern jedoch. Wirtschaftliche Aktivitäten waren Gegenstand moralisch-patriotischer Reden oder rechtlicher Regelung, nicht aber Objekt analytischer Reflexion.

Die "antike" Wirtschaft

Die griechische und römische Wirtschaft wird oft als "antike Wirtschaft" bezeichnet, um ihre Besonderheit zu betonen. Tatsächlich lassen sich spezifische Merkmale herausarbeiten, die die Wirtschaftsweise der antiken Welt charakterisieren: Sklavenarbeit, Tributeinhebung, Vermischung von sozialen, politisch-militärischen und wirtschaftlichen Zielen etc. Aber genausogut könnte man erstaunlich modern anmutende Phänomene betonen: das individualistische Vertragsrecht, die Erwerbs-

42 O. Behrens/R. Knütel/B. Kupisch/H. H. Seiler, Corpus Iuris Civilis. Die Institutionen, Heidelberg 1993, S. 188.

43 Eliade spricht nicht nur vom Pragmatismus und dem leidenschaftlichen Interesse der Römer für das Konkrete, sondern hebt auch das religiöse Ansehen des Rechts hervor, in der sich die "fides", die Treue, gegenüber den übernommenen Verpflichtungen, als einer der Grundwerte, niederschlug. Mircea Eliade, Geschichte der religiösen Ideen, Bd. 2, Freiburg-Basel-Wien 1978 (urspr. frz. 1976), S. 106.

mentalität in Rom, die beachtlichen organisatorischen Leistungen der römischen Weltwirtschaft etc. Die Beurteilung der Wirtschaftshistoriker schwankte daher immer schon zwischen der Hervorhebung der "antiken" Züge und der "modernen" Elemente.[44]

Die römische Wirtschaft wird insbesondere seit Karl Marx als die einer Sklavenhaltergesellschaft verstanden. Moses Finley[45] ging der Frage nach, wie es zur Entstehung einer Gesellschaft der Sklaverei kam. Tatsächlich ist die Sklaverei zwar in gewissem Umfang immer schon bekannt gewesen, nicht jedoch in der Form und dem Ausmaß, die sie im Alexanderreich und im Römischen Imperium angenommen hatte. Moses Finley sprach allerdings auch in bezug auf Rom von einer "Wirtschaft mit Sklaven" und nicht von einer reinen Sklavenwirtschaft. Die Rolle, die die Sklaverei für die Wirtschaft des späten Griechenlands und Roms spielte, war durch die Eroberungen Alexanders des Großen und die Roms ermöglicht worden, wodurch große Massen der unterworfenen Völker als Sklaven verschleppt wurden. In den eroberten Gebieten selbst, insbesondere im Osten, hatte es hingegen nie Sklavenarbeit in so großem Umfang gegeben, daß die ganze Wirtschaft darauf beruht hätte; diese basierte vielmehr auf freier und gleichzeitig abhängiger Arbeit, die man aber nicht als "Leibeigenschaft" im Sinne des europäischen Mittelalters mißverstehen darf. Auch im Römischen Reich selbst gab es Unterschiede; z. B. dominierten in den nördlichen Provinzen die freien Kleinbauern. Die Römer veränderten in der Regel die Wirtschaftsstruktur der Länder, die sie eroberten, nicht, sondern nützten die dort herrschenden Strukturen und Gegebenheiten. Die Sklavenwirtschaft bezog sich daher in der Hauptsache nur auf das Mutterland. Hier kam es zum Einsatz von Sklaven in großer Zahl, da Bedarf an Arbeitskräften auf Grund der Entwicklung von Großgrundbesitz vorhanden war. Dies war typisch für Griechenland und vor allem für Rom, nicht aber für den Orient. In Athen entstand Sklaverei in größerem Umfang erst, nachdem Solon die Voraussetzung für die Schuldknechtschaft und andere Formen der Zwangsarbeit abgeschafft hatte; in Rom erst nach den Punischen Kriegen und der Konzentration des Landbesitzes.

Auch die Bedeutung, die mit der Würde und Ehre eines Bürgers der "polis" verbunden war, spielte eine Rolle, denn dies ließ Arbeit für andere als eines römischen oder athenischen Bürgers unwürdig erscheinen. Nur Landbesitz, Kriegs-

44 Die modernen Elemente hob insbesondere hervor: Michail Rostovcev, Gesellschaft und Wirtschaft im Römischen Kaiserreich, 2Bde., Leipzig 1931.

45 Moses I. Finley, Die Sklaverei in der Antike, Frankfurt/Main 1985 (urspr. engl. 1980), insbes. S. 79 ff.

dienst und Muße standen einem Bürger der "polis" an. Diese Einstellung und Abwertung der Arbeit war Voraussetzung, aber auch Folge des verstärkten Sklaveneinsatzes und der dadurch gegebenen Möglichkeit der Abwälzung der Arbeit auf die Sklaven. Die Verquickung von Besitz und Politik förderte die Präferenz für Unabhängigkeit von anderen (Freien), denn in der politischen Gemeinschaft war jeder vornehme Bürger - im Falle Griechenlands zusammen mit seinem "demos", im Falle Roms zusammen mit seinen Klienten und seinem Gefolge - eine permanente Wahlkampftruppe. Dabei war es von Vorteil, daß Sklaven Eigentum des Herrn waren; was sie taten, war genauso gut, als hätte es der Herr selbst getan. Sie gehörten zur "familia". Ihre Abhängigkeit ermöglichte eine enge und vertraute Beziehung und einen ungehemmten Umgang, wie sie mit einem Freien nicht möglich war. Herren und Sklaven in der "familia" des Hauses verbanden solcherart subtile psychische und soziale Beziehungen, die oft in durchaus guten Lebensbedingungen der Sklaven resultieren konnten. Mitunter verband Herrn und Sklaven sogar Freundschaft, und so mancher kam durch die Gunst seines Herren zu Einfluß und Vermögen, weit über das, was sich die Massen der armen Freien erwarten konnten. In seiner Studie "Leben des Trimalchion" zeichnete Paul Veyne[46] anhand des im "Satiricon" von Petronius verewigten Trimalchion den Prototyp des spektakulären Aufstiegs eines orientalischen Sklaven im 1. Jahrhundert n. Chr., der im Haushalt seines Herrn die höchste Position erreicht und von diesem mangels eigener Nachkommen adoptiert und zu seinem Erben eingesetzt wurde. Adoptionen von Sklaven, die damit gleichzeitig ihre Freilassung erhielten, kamen in Rom durchaus vor. Freilassung verdienter Sklaven und ihre Einsetzung als Erben durch testamentarische Verfügung des Herrn waren sogar sehr verbreitet und galten als sozial wünschenswertes Zeichen der Großmut.[47] Auf der anderen Seite gab es das elende Dasein der Massen von Sklaven in den Bergwerken und in den "Agrarfabriken" der "villae", oder in den berüchtigten "ergastulae", die oft schwerste Arbeit in Ketten unter erniedrigendsten und grausamsten Bedingungen verrichten mußten.[48].Die Lage der Sklaven war also durchaus nicht einheitlich, sondern sehr stark differenziert, es gab auch eine eigene vertikale Pyramide der Sklavenstellungen. Paul Veyne meinte, daß die Differenzierung zwischen Sklaven und Freien

46 Paul Veyne, Leben des Trimalchion, in: Ders., Die Originalität des Unbekannten, op. cit., S. 43-89.

47 Die Freigelassenen blieben aber eine gesonderte soziale Schicht ("libertini"), unterschieden von den Freigeborenen, und die Beziehung zum Herrn blieb bestehen ("libertus"). Vgl.: Gesa Alföldy, Die römische Gesellschaft, Wiesbaden 1986.

48 Yvon Thébert, Der Sklave, in: Andrea Giardina (Hg.), Der Mensch der römischen Antike, op. cit., S. 158-199, S. 168.

nicht horizontal verlief; die Sklaven waren nicht eine Unterschicht oder Pariakaste, sondern eine zweite mit der ersten spezifisch verbundene soziale Hierarchie. Der gesellschaftlichen Abstufung der Freien vom Kaiser bis hinunter zum armen freien Taglöhner entsprach eine nur jeweils um eine Stufe nach unten gerückte Abstufung der Unfreien vom Vertrauten des Kaisers bis zum Kettensklaven auf dem Land. Die ökonomisch gedrückte Lage der Unterschicht ließ außerdem die Differenzierung in frei/unfrei in der Praxis als weniger wichtig erscheinen als die gemeinsame Not. Es gab daher Fälle freiwilliger Sklaverei, etwa die vorgetäuschte Unfreiheit eines tatsächlich Freigeborenen.[49] Der Codex Iuris Civilis enthält noch den Hinweis auf die zivilrechtliche Möglichkeit, sich selbst als Sklave zu verkaufen, um am Kaufpreis teilzuhaben.

Der Sklavenmangel in der Kaiserzeit machte sich in einer Verbesserung der rechtlichen Lage der Sklaven bemerkbar. Gesetze zum Schutz der Sklaven gehen bereits auf Claudius zurück, ihre willkürliche Tötung wurde verboten, die "ergastulae" wurden abgeschafft, die Sklavenehe, das "contubernium", erlaubt. Man gestand den Sklaven unter bestimmten Bedingungen eigenen Besitz, das "peculium", zu, das sie aber nicht an ihre Kinder vererben konnten. Immer mehr machte sich hier auch die stoische Philosophie, insbesondere unter Marcus Aurelius, später auch das Christentum, bemerkbar; man sah dadurch - zumindest theoretisch - die Sklaven nicht mehr nur als "instrumentum vocale". Das Christentum, das zunächst in bestimmten Schichten Fuß faßte, ehe es unter Konstantin zur Staatsreligion wurde, war in seiner Lehre kritisch gegen die Sklaverei. In der Praxis jedoch bestand diese auch auf kirchlichen und klösterlichen Besitzungen bis ins Mittelalter hinein weiter. Die Spätantike war keine Gesellschaft der Sklaverei mehr, obwohl es weiterhin, vor allem im häuslichen Bereich, eine große Zahl von Sklaven gab.

Der Rückgang der Sklaverei war nicht das Ergebnis der Ethisierung der Gesellschaft, etwa durch das Christentum, sondern war durch den Ausfall großer Nachschublieferungen an Sklaven und die Entstehung einer Zwei-Klassen-Gesellschaft in der römischen Welt bedingt. In der Kaiserzeit entstand eine duale vertikale Differenzierung der Gesellschaft, die als so wichtig angesehen wurde, daß sie unter Kaiser Hadrian rechtlich institutionalisiert wurde: die "honestiores", denen die Senatoren, Ritter, Grundbesitzer, Soldaten, Beamte, Stadtpräfekten etc. zugezählt wurden, und die "humiliores", das übrige Volk, das auch vor dem Recht nicht

49 Siehe: Paul Veyne, Die römische Gesellschaft, op. cit., S. 237-269.

gleich war, denn es wurde härter bestraft und genoß generell weniger Rechte[50]. Diese rechtliche Differenzierung reflektierte auch eine allmähliche Änderung der Sozialstruktur, der die wachsende Verfügbarkeit von Arbeitskräften aus dem Volk selbst entsprach, denn die Situation der freien Bauern und Pächter verschlechterte sich in den späteren Jahrhunderten der Kaiserzeit merklich, ihr Bürgerrecht wurde bedeutungslos und damit auch die Unterscheidung in Freie und Unfreie. Die Freien wurden, sofern sie zu den "humiliores" gehörten, abhängig, dienstverpflichtet und halbfrei; sie bildeten eine arbeitende Unterschicht von "servi".

Michael Mann bezeichnete das Wirtschaftssystem, das sich zwischen 100 v. Chr. und etwa 200 n. Chr. herausbildete, als "Legionärswirtschaft", d. h. allgemein als auf militärischer Macht beruhende, gelenkte Wirtschaft, in der Soldaten- und bäuerlicher Kolonistenstatus ineinandergriffen.[51] Man kann allerdings kaum von einer geplanten Wirtschaft im Sinne einer zentralen staatlichen Lenkung sprechen, weil der römische Staat von seinen charakteristischen Ursprüngen her kein bürokratisch-integrierter Flächenstaat im modernen Sinn war, sondern ein Stadtstaat, der in der Zeit der Republik in Italien selbst nur durch Bündnisse mit anderen Städten und durch Kolonien präsent war. Er kam fast ohne Bürokratie aus und konnte dennoch auf Grund seiner militärischen Überlegenheit ein Weltreich kontrollieren. Insofern ist auch die Auffassung von der "redistributiven" Wirtschaft der Antike mit Vorsicht zu genießen, denn Rom hatte zwar die militärische Macht, aber nicht den Verwaltungsapparat für die Redistribution - und überdies ein "typisch kapitalistisches" Rechtssystem mit Betonung des Privateigentums und des Vertragsrechts. Wenn man die "property rights"[52] als Maßstab dafür nimmt, wie "marktwirtschaftlich-kapitalistisch" die Wirtschaft einer Gesellschaft ist, so müßten die griechische und die römische Wirtschaft dabei sehr weit oben rangieren, denn in beiden, insbesondere aber in Rom, war das Privateigentum in einem individualistischen Sinn anerkanntes Fundament der gesellschaftlich-rechtlichen Ordnung. Trotzdem blieben diese Wirtschaftsformen gleichzeitig stark landwirtschaftlich geprägt. Vorherrschaft der Landwirtschaft und des Privateigentums, enge Verflechtung von Wirtschaft, Politik und sozialer Stellung, die Nachwirkungen vertikaler Abhängigkei-

50 Die Unterscheidung betraf zwar zunächst das Strafrecht, wo bestimmt wurde, daß "honestiores" mit Vermögensverlust, "humiliores" mit körperlichen Sanktionen bestraft werden sollten.

51 Michael Mann, Geschichte der Macht, Bd. 2, op. cit., S. 50.

52 Das ist der Grundbegriff, den die Neoinstitutionalisten und die "neue Wirtschaftsgeschichte" ihrer Analyse zugrunde legen. Siehe dazu insbes.: Douglass Cecil North/Robert Paul Thomas, The Rise of the Western World, Cambridge 1989 (urspr. 1973).

ten in gentilizisch-patriarchalischen Verbänden und die Dominanz der Sklavenarbeit charakterisieren die "antike" Wirtschaft; manche dieser Merkmale finden sich in dieser Form nur in Rom, manche lassen sich bis in die orientalisch-griechische Welt hinein verfolgen, wieder andere haben weitergewirkt, sich mit anderen Elementen vermischt und Kontinuität in neuen Formen begründet.

Die antike Wirtschaft unterscheidet sich von der modernen nicht durch vollkommene Andersartigkeit der wirtschaftlichen Gebilde, Institutionen und Beweggründe des Handelns, sondern durch andere Bedeutungen und Ergebnisse im Kontext und Zusammenwirken mit den gesellschaftlichen Strukturen und den politischen Grundlagen. Rom war weder "kapitalistisch" im modernen Sinn, noch eine "oikos"- oder Staatswirtschaft; alle diese Züge waren ansatzweise vorhanden, und doch ganz anders, weil man sie mit den gesellschaftlichen und sonstigen Bedingungen der Zeit in Zusammenhang sehen muß. Auch der Handel, der dominiert war durch den Import von Nahrungsmitteln, insbesondere Getreide, die Beschaffung von Gütern für den Bedarf des Militärs und die Befriedigung von Luxusbedürfnissen der senatorischen Oberschicht, war etwas ganz anderes als der Handel, wie er sich etwa im merkantilistischen Europa als eine eigene, den Reichtum der Volkswirtschaft fördernde Wirtschaftssparte, entfaltete. De Martino ist nicht nur in bezug auf Rom zuzustimmen, wenn er warnt, man "sollte [...] jeden Vergleich mit Institutionen der modernen Zeit vermeiden"[53], soweit "Vergleich" die bedeutungsgleiche Übertragung von Begriffen meint. Andererseits darf man aber auch die Elemente der Kontinuität nicht übersehen, die von den Strukturen und Institutionen Roms bis weit in die Geschichte der europäischen Neuzeit führten.

53 Francesco De Martino, Wirtschaftsgeschichte des alten Rom, München 1991, S.176.

4. Kapitel: Synthese und Wandel: Vita activa in Spätantike und Frühmittelalter

Die Auffassungen darüber, ob der Übergang vom Römischen Reich zum Frühmittelalter in bezug auf die sozialen und wirtschaftlichen Verhältnisse eine Zäsur bzw. einen Einbruch bedeuteten oder ob eine kontinuierliche Entwicklung stattgefunden hatte, sind geteilt. Während Max Weber oder der österreichische Historiker Alfons Dopsch eine Kontinuität zwischen der antiken Gesellschaft und dem Mittelalter sahen[1], betonte Henri Pirenne stärker die Veränderungen, die durch den Niedergang des Handels und der Wirtschaft im karolingischen Frankenreich auf Grund der Dominanz der Moslems im Mittelmeer entstanden.[2] Diese brachten seiner Meinung nach erst die typischen sozioökonomischen Merkmale des Mittelalters hervor. Eine differenzierte Sicht vertrat Ludo M. Hartmann, der meinte, die Wirtschaft wäre zwar im Gefolge des Niedergangs des Römischen Reiches in den Gebieten, die außerhalb der Küstenkultur lagen, rückläufig gewesen, gleichzeitig lasse sich aber eine Kontinuität in bezug auf die institutionellen Strukturen konstatieren.[3]

Für Marc Bloch entstand die erste Phase des europäischen Feudalismus aus den Wirren der Völkerwanderungszeit auf Grund der "rücksichtslosen Auflösung älterer Gesellschaften" und der Verschmelzung von zwei auf völlig verschiedenen Stufen der Entwicklung befindlichen Gesellschaften, der römischen und der germanischen.[4] Auch Perry Anderson sah die Entwicklung des Feudalismus und der feudalen Produktionsweise als Ergebnis der regional unterschiedlichen Synthese von

1 Max Weber, Die sozialen Gründe des Untergangs der antiken Kultur, in: Ders., Gesammelte Aufsätze zur Sozial- und Wirtschaftsgeschichte, op. cit., S. 289-311; Alfons Dopsch, Wirtschaftliche und soziale Grundlagen der europäischen Kulturentwicklung: aus der Zeit von Caesar bis auf Karl den Großen, 1. Teil, Wien 1918, etwa S. 393 ff.

2 Vgl. dazu auch: Henri Pirenne, Mohammed und Karl der Große. Untergang der Antike am Mittelmeer und Aufstieg des germanischen Mittelalters, Frankfurt/Main 1985 (urspr. frz. 1936).

3 Ludo Moritz Hartmann, Der Untergang der antiken Welt, Wien-Leipzig 1910; Ders., Ein Kapitel vom spätantiken und frühmittelalterlichen Staate, Berlin-Stuttgart-Leipzig 1913; Ders., Zur Wirtschaftsgeschichte Italiens im frühen Mittelalter, Gotha 1904.

4 Marc Bloch, Die Feudalgesellschaft, Frankfurt/Main-Berlin-Wien 1982 (urspr. frz. 1939), S. 81 ff. und S. 526 ff.

römischem Erbe und germanischen Formen: "The long symbiosis of Roman and Germanic social formations in the boundary regions had gradually narrowed the gap between the two, although it still remained in most important respects an immense one. It was from their final, cataclysmic collision and fusion that feudalism was ultimately to be born."[5] Die typischen Züge des Feudalismus, die Vasallität, das Lehen, die Grundherrschaft und die Hörigkeit waren Formen, für die es sowohl in der römischen als auch in den germanischen Traditionen Vorläufer gab.

Viel früher als üblich setzte Heinrich Sieveking die entscheidende Umorientierung in der wirtschaftlichen Entwicklung von Spätantike zum Frühmittelalter an. Er sah schon in der nach dem Verfall der römischen Wirtschaft im 3. Jahrhundert unter Diokletian einsetzenden Neuordnung und der dadurch entstehenden Grundherrschaft das entscheidend Neue, das sich dann in das mittelalterliche Abendland hinein fortsetzte.[6]

Der Beginn des Mittelalters im Rom der Spätantike

Im 3. Jahrhundert n. Chr. kam es im Römischen Reich zu einer tiefgreifenden Krise von Wirtschaft und Staat, die vor allem auf die Landwirtschaft verheerende Auswirkungen hatte und zu einer grundlegenden Veränderung in der Gesellschaft und in der Beziehung zwischen Staat und Bevölkerung führte.[7] Ausgelöst wurde die Krise durch die hohen Lasten, die die Bevölkerung vor allem der Provinzen durch den enormen militärischen Bedarf und die immer schwieriger werdende Verteidigung der Grenzen des riesigen Reiches an Abgaben und Menschen zu tragen hatte. Der Bevölkerungsrückgang durch Aushebungen und durch Pestepidemien und der mangelnde Nachschub an Sklaven auf dem Land führte zur Verknappung der Nahrungsmittelproduktion, zum Verfall vieler "villae", zur Flucht der Landbevölkerung in die Städte, zur Stagnation des Handels, zur Geldentwertung, zum Rückgang der Abgaben und zu einem zeitweiligen Übergang zu Naturaltausch. Bürgerkriege, Germaneneinfälle, Räuberunwesen und der Verfall der Kultur waren die

5 Perry Anderson, Passages from Antiquity to Feudalism, London-New York 1988 (urspr. 1974), S. 111.

6 Heinrich Sieveking, Der Kaufmann im Mittelalter, in: Schmollers Jahrbuch 52, München-Leipzig 1928, S. 71-86.

7 Schon Alfons Dopsch hat darauf hingewiesen, daß die Veränderungen im Gebiet des Römischen Reiches in der Zeit zwischen Cäsar und Tacitus einerseits und dem 5. Jahrhundert n. Chr. andererseits wesentlich größer waren, als in der Zeit des Übergangs von der Spätantike zum Frühmittelalter. Siehe: Alfons Dopsch, Wirtschaftliche und soziale Grundlagen der europäischen Kulturentwicklung, op. cit., S. 38.

Folge. Die im Norden über die Grenzen drängenden Germanen wurden zum Teil als Kolonen in den spärlich bevölkerten Gegenden des Römischen Reiches angesiedelt und stellten auch einen großen Teil der Armee.[8] Viele Großgrundbesitzer verpachteten ihre Ländereien oder zumindest die schlechteren Böden an freie Bauern, Freigelassene oder auch an Sklaven, so daß sich unterhalb der Großgrundbesitzstruktur eine kleinbetriebliche Struktur entwickelte. Die Lage der Pächter war allerdings schlecht, sie mußten Pacht in Form einer fixen Geldsumme zahlen und Tagewerke für den Herrn verrichten. Das alles bewirkte in spätrömischer Zeit eine Änderung der Situation und Struktur der Landbevölkerung. Die Zahl der "coloni" nahm stark zu, aber diese Pächter wurden immer abhängiger und unfreier.[9] Schließlich verfestigte sich die Abhängigkeit durch Gesetze, wie die Verordnung des Diokletian 332 n. Chr., die die Bodenbindung der "coloni" aus Gründen der Einhebung der Kopfsteuer einführte. Jeder Mensch, der zur Zahlung einer Kopfsteuer verpflichtet war, mußte in seinem Wohnort in einem Steuerverzeichnis eingetragen werden, und die Gemeinde war verantwortlich für die Entrichtung der Steuer. Daraus ergab sich als Faktum die Bindung der Bauern an Grund und Boden, was wiederum den Großgrundbesitzern durchaus zugute kam. Die Verschlechterung der Lage der Bauern und Pächter und die starke Belastung durch die Grund- und die Kopfsteuer führten dann dazu, daß viele von ihnen ihr Land verließen und zu abhängigen Landarbeitern wurden. Auch an Sklaven wurde verpachtet, sie erhielten ein eigenes "mansus" und hatten künftig Familie und Besitz, waren aber arbeits- und abgabenpflichtig. Auch die Freilassung von Sklaven hatte nun mehr denn je wirtschaftliche Gründe, weil man damit die Sorge um die Erhaltung des Sklavenkapitals los war und gleichzeitig aus dem Selbstinteresse der Sklaven als Pächter oder Geschäftsführer Vorteil zog. Diese Verhältnisse überdauerten den Fall Westroms und bildeten die Grundlage der sozialen Verhältnisse des Frühmittelalters.[10] Sowohl freie Bauern als auch "coloni" und Sklaven transformierten sich allmählich in die unfreien Fronbauern und Hörigen, die wir mit dem Mittelalter in Europa verbinden. Max Weber

8 Viele Germanen wurden auch für ihren Kriegsdienst mit Land "belehnt", was Max Weber dazu veranlaßte, auf die spätrömischen Anfänge des Lehenswesens hinzuweisen und Karl den Großen als "Testamentsvollstrecker Diokletians" zu bezeichnen. Max Weber, Die sozialen Gründe des Untergangs der antiken Kultur, op. cit., S. 308.

9 Dies belegt auch die Einrichtung des "patrocinium", das durch die Anerkennung der Autorität der Grundherren durch die Bauern als Gegenleistung für Schutz und Erleichterungen entstand. Siehe: Moses I. Finley, Die Sklaverei in der Antike, op. cit., S. 179. Eine ähnliche Form, die zum Teil daraus hervorging, war die mittelalterliche "commendatio".

10 Vito Fumagalli, Coloni e signori nell'Italia settentrionale, Bologna 1978.

kommentierte: "Die Entwicklung der feudalen Gesellschaft lag in der Luft schon des spätrömischen Reiches."[11] Das Mittelalter begann bereits in den letzten Jahrhunderten Westroms.[12]

Der Niedergang der Städte brachte es mit sich, daß viele Grundbesitzer aus ihren "domus" in der Stadt in die "villae" auf dem Land übersiedelten, sich teilweise aus dem öffentlichen Leben zurückzogen und auf ihren Gütern verschanzten. Es entstanden große Wirtschaftseinheiten, die mehrere Dörfer umfaßten. Sie lösten sich von den Märkten der Städte, was einen merklichen Rückgang des Handels und der städtischen Gewerbe zur Folge hatte. Die Güter waren relativ autark; man betrieb neben der Landwirtschaft auch Gewerbe und Handel für den eigenen Bedarf. Die Herren herrschten in sozialer und wirtschaftlicher Hinsicht autoritär und bereiteten solcherart die Grundherrschaften des Mittelalters vor. Sie widersetzten sich in der Spätzeit Roms auch zeitweise dem staatlichen Verlangen nach Soldatenaushebungen, was dazu führte, daß Bauern sich unter den Schutz der Grundherren stellten, wenn sie dem Kriegsdienst entgehen wollten, und lieber zu "coloni" des Großgrundbesitzers wurden. Die Krise der Landwirtschaft des 3. Jahrhunderts n. Chr. griff auch auf die Gewerbe über und hatte Eingriffe des Staates zur Folge. Kaiserliche Fabriken entstanden vor allem für den direkten Bedarf von Heer und Hof (Ziegelerzeugung, Wasserleitungsrohre, Waffen, Textilien, Pumpen, Feinschmiedearbeiten, Münzwerkstätten etc.). Die Bindung an die "collegia" der Handwerker wurde erblich und im 4. Jahrhundert n. Chr. wurden die "collegia" zu Zwangsvereinigungen vor allem in jenen Gewerben, die im öffentlichen Interesse lagen. Als Gegenleistung gewährte ihnen der Kaiser Privilegien. Allerdings bezog sich der Zwang nicht nur auf die "collegiati" oder "corporati", denn auch die nicht-korporierten Arbeiter wurden zu Dienstleistungen für den Staat gezwungen. Die Folge dieser Zwangsmaßnahmen blieb nicht aus. Die Arbeiter flohen aus den Städten, die Handwerker verließen ihre Kollegien, die städtische Wirtschaft ging fast vollkommen zugrunde. Aufrechterhalten wurden nur die kaiserlichen Fabriken, in denen Sklaven und dienstverpflichtete Freie arbeiteten. Grundsätzlich war auch die Arbeit in den und für die Fiskalbetriebe erblich. Auch die Leistungen der Kurialen in den "municipiae" wurden nun vom Staat erzwungen, die Kurienmitgliedschaft selbst

11 Max Weber, Die sozialen Gründe des Untergangs der antiken Kultur, op. cit., S.303.

12 Das Christentum übte eine große Anziehungskraft aus, zum Teil dadurch, weil sich die Christen in vielen Fällen auch als wirtschaftlich erfolgreich zeigten. Siehe: Peter Brown, Die letzten Heiden. Eine kleine Geschichte der Spätantike, Berlin 1986.

erblich. Diese Entwicklungen hatten den Verfall der städtischen Mittelschichten überall im Reich, sowie den Niedergang der städtischen Wirtschaft und Kultur zur Folge. Die Zwangsmaßnahmen erfolgten nicht auf Grund systematischer zentraler Planung. Im Verlauf der Kaiserzeit wurde die zentrale Gewalt zwar immer stärker, Militärherrschaft und Absolutismus waren im Vormarsch, aber die Eingriffe stellten punktuelle Not- und Zwangsmaßnahmen auf Grund der wirtschaftlichen Krisen und des enormen Bedarfs des Heeres und des Hofes dar. Eine Planwirtschaft war im Römischen Reich schon auf Grund der hohen Bedeutung des Individualeigentums nicht möglich. Neben den kaiserlichen Betrieben blieben daher immer privatwirtschaftliche Betriebe bestehen.

Nach einer relativen Beruhigung der Lage im 4. Jahrhundert n. Chr. unter Diokletian und Konstantin[13] kam es im späteren Verlauf wieder zu einer fortschreitenden Verschärfung der sozialen und wirtschaftlichen Situation. Die Lage der landwirtschaftlichen Bevölkerung, verschlechterte sich immer mehr, ganze Dörfer stellten sich unter die Schutzherrschaft einzelner Offiziere oder Grundherren, um den kaiserlichen Steuereinnehmern oder den Aushebungen zu entkommen. Die großen Domänen wurden zu befestigten Territorien im Staat, die sich der Eingemeindung und dem staatlichen Druck widersetzten. Die Zwangsmaßnahmen ließen steigenden Widerstand der Bevölkerung gegen die Regierung entstehen. Bürgerkriege, Germaneneinfälle, Hungersnöte und raubend durch das Land ziehende Banden ließen das öffentliche Leben zum Erliegen kommen. Der Handel litt schwer durch die Schwierigkeiten des Transports und die Belastung der Kaufleute, etwa durch die unter Konstantin eingeführte "collatio lustralis", eine Steuer für die "negotiatores". Schon seit Vespasian hatten die Kaiser begonnen, ein stehendes Heer aufzubauen und die erbliche Verpflichtung der Soldaten einzuführen. Italien war seither aushebungsfrei, was aber den Geldbedarf für die Erhaltung des Heeres enorm ansteigen ließ. Die ganze Staatskunst schien sich in der Folge immer mehr um die Geldaufbringung für das Heer und die Erhaltung des Reiches zu drehen.

13 Diokletian, die führende Persönlichkeit in der Tetrarchie, erneuerte den Staat durch eine Reform der Verwaltung, des Steuersystems und durch Eingriffe in die Wirtschaft, wie die Festsetzung von Höchstpreisen für Waren, Transportkosten und Löhne. Das entstandene autoritäre Zwangssystem hatte allerdings nicht die Mittel, um tatsächlich wirksam zu werden. Konstantin, der seinen Regierungssitz aus militärisch-strategischen Überlegungen nach Byzanz verlegte, regierte absolutistisch und sah sich als Statthalter Gottes auf Erden. Unter Valentinian I. kam es zur endgültigen Aufteilung des Reiches, was sich für den Westen zunächst als wirtschaftlich günstig erwies. Dies war allerdings die letzte Blüte, die Westrom erleben sollte.

Die Gründe für den Untergang des Römischen Reiches haben immer wieder das Interesse der Historiker gefunden.[14] Nicht die Ereignisse des 5. Jahrhunderts n. Chr., die schließlich auch zum formalen Ende Westroms führten, sondern eine Reihe von Merkmalen, die die sozioökonomischen Strukturen der letzten Jahrhunderte Roms kennzeichneten, waren die eigentlichen Gründe für den Niedergang des Imperiums: die Entfremdung zwischen Herrschern und Volk durch die Zwangsmaßnahmen und das Hofzeremoniell; die große Zahl von Beamten, die aber nicht angemessen vom Staat bezahlt wurden, was Korruption und Amtsmißbrauch Tür und Tor öffnete; die ungerechte Verteilung der Lasten auf Kosten der landwirtschaftlichen Bevölkerung, die die Wirtschaft stark schwächte; die wachsenden sozialen und wirtschaftlichen Unterschiede zwischen den Reichen und den Armen, die Vernichtung des Mittelstandes in den Städten und schließlich die Ansiedlung von Germanen und ihre Verpflichtung zum Heer, ohne daß sie entsprechend in das Römische Reich integriert worden wären. "Ein Teufelskreis von Übeln war in vollem Gange. Auf Grund ihrer sozialen und politischen Struktur, ihrer tiefverwurzelten und institutionalisierten Wertvorstellungen und der Organisation und Ausbeutung ihrer Produktivkräfte, die das Ganze stützten, eilte die antike Welt ihrem Ende entgegen".[15] Die Epocheneinteilung in Antike und Mittelalter, die beide immer wieder auch wie getrennte Kultursysteme behandelt wurden, ist eine nachträgliche Konstruktion, eine artifizielle Periodisierung. Man kann nicht angeben, wann die "Antike" endete und das "Mittelalter" begann, beides ging fugenlos ineinander über, da früher, dort später, in manchen Bezügen lassen sich Spuren längst vergangener Kulturmuster und Gesellschaftsstrukturen bis in die Moderne aufspüren. Viele Institutionen der Antike blieben im "Mittelalter" erhalten, aber ihre Funktion, ihr Gehalt oder ihre Gestalt mußten sich ändern: das Römische Recht ging in das Vulgärrecht über, Christentum und katholische Kirche veränderten sich unter den neuen Bedingungen, die Städte verloren ihre Bedeutung und erstanden in neuer Form wieder, die Landbezirke trennten sich von den Städten und neue Beziehungen zwischen Land und Stadt entstanden. Die Strukturen wurden zugleich kleinräumiger und umfaßten doch wieder riesige Räume; Freiheit und Bindungen veränderten ihre Bedeutung. Der Raum, auf den sich diese Bestimmungen richteten, ist schwer zu orten, weil sich Grenzen und Territorien in unserem festgefügten Sinn

14 Siehe: Edward Gibbon, Geschichte des Verfalls und Untergangs des Römischen Reiches, 12 Bde., 4. Aufl., Leipzig 1863; Ludo M. Hartmann, Der Untergang der antiken Welt, Wien-Leipzig 1910; Max Weber, Die sozialen Gründe des Untergangs der antiken Kultur, op. cit., S. 289-311.

15 Moses I.Finley, Die antike Wirtschaft, op. cit., S. 207.

nur schwer ausmachen lassen, ständig wechselten und keine einheitliche Bedeutung im Sinne nationaler Souveränität hatten. Das Schwergewicht der uns als "Geschichte" geläufigen Ereignisse verschob sich allerdings vom Mittelmeerraum nordwärts und es verwundert nicht, daß die Vorstellung und die Bezeichnung "Europa" im frühen Mittelalter entstand.

Germanisch-fränkische Elemente einer neuen Synthese

Die Bevölkerung des Römischen Reiches war in seiner letzten Periode schon stark mit germanischen Elementen durchsetzt, wobei sich aber kulturell das römische Erbe meist als das stärkere erwies, obwohl zahlreiche Germanen in hohen Positionen in Heer und Politik des Römischen Reiches eingesetzt waren; Stilicho und Odoaker sind nur die bekanntesten davon.[16] Als die Germanen die Herrschaft übernahmen, wußte man vielfach nicht, ob sie nun die Eroberer oder nur die Soldaten des Römischen Reiches waren.[17] Sie waren ein buntes Völkergemisch, das seine Zusammensetzung durch weitere Vermischungen und Überlagerungen ständig veränderte. Sie waren kein homogenes Volk und verstanden sich auch nicht so. Sie wurden eher von Galliern und Römern als solches bezeichnet, wie wir überhaupt nur von diesen Berichte über die Germanen besitzen, welche jedoch stark verzerrt sind.[18] Ursprünglich war der germanische Adel ein kognatischer Verband, für dessen Identität und soziale Stellung die Ahnen bzw. die Sippentradition maßgebend waren. Noch für Cäsar waren die Germanenvölker freie Krieger-Bauern mit Clanstrukturen, Volksversammlungen und Volksgerichten (Thing) und einem Kriegshäuptlingstum. Tacitus stellte in seiner "Germania" bereits die Existenz von Individualbesitz fest, aber auch noch eine territoriale Verwurzelung und Abgrenzung - dies blieb bis in die Zeit der Karolinger spürbar. Die Versorgung des Stammes geschah noch immer durch Kriegszüge und Plünderungen, genauso wie durch Sammeln, Jagen und die gemeinschaftlich betriebene Landwirtschaft. Der Übergang zu ständiger Kultivierung des Bodens bewirkte in den Jahrhunderten nach der Völkerwanderung eine tiefgreifende Veränderung, die den freien germanischen Krieger all-

16 Die gegenseitige Beeinflussung zwischen Römern und Germanen in den Grenzregionen des Reiches beschreibt Patrick J. Geary, wobei er besonders den Handel zwischen den Legionen und den Bauern jenseits des Limes, vermittelt oft durch römische Händler, hervorhebt. Patrick J. Geary, Die Merowinger. Europa vor Karl dem Großen, München 1996 (urspr. am. 1988), S. 15 ff.

17 Henri Pirenne, Geschichte Europas. Von der Völkerwanderung bis zur Reformation, Frankfurt/Main 1982 (urspr. 1936), S. 24.

18 Cäsar und Tacitus berichten über "die Germanen". Siehe: Tacitus, Germania (übers. v. M. Fuhrmann), Stuttgart 1972.

mählich in einen abhängigen Bauern verwandelte. In Skandinavien erhielten sich hingegen bis ins 12. Jahrhundert n. Chr. hinein die alten Strukturen von freien Bauern, Clanführern, Volksversammlungen und zum Teil auch das Wahlkönigtum.

Die Oberschicht der dem Römischen Reich benachbarten Germanenvölker war romanisiert und christianisiert. Nun kam es in Gallien früher, in anderen Gebieten später, zur Ausbildung einer erblichen Aristokratie mit eigenen Gefolgsleuten quer durch die Clans. Für den germanischen Uradel war entsprechend der semi-nomadischen Lebensweise der Herrensitz, das "Haus", noch nicht maßgebend gewesen, erst nach und nach wurde dieser grundlegend für das Verständnis des Adels, der dann seine Identität und Stellung von seinem "Erbland" und seinem Herrschaftssitz, seiner Burg, ableitete und sich in einen agnatischen Verband verwandelte. Der Erbsitz wurde zusammen mit dem Ahnengrab, der Kult- und Thingstätte, später auch den Eigenkirchen, zu den Symbolen der "Vollfreiheit" der Adeligen, der "Edelfreien". Das Erbland begründete sowohl deren zentrale Unabhängigkeit, der gegenüber jede andere "Freiheit" in den folgenden Jahrhunderten nur eine "geschützte" und damit abhängige war, als auch ihre Stellung als "potentes" gegenüber den "pauperes". Die soziale Stellung wurde auch im Wergeld sichtbar, einer anstelle der Blutrache zu entrichtenden Zahlung. Die Höhe des Wergeldes war ein Kennzeichen der sozialen Stellung der Zahlenden, aber auch der Empfänger. Die Rechte enthielten Skalen für die Wergelder, je nach Kategorie der Menschen, die zu Schaden gekommen waren (Adelige, Freie, Minderfreie), und nach dem Verbrechen, aber die Wertung wurde darüberhinaus in jedem konkreten Fall einzeln vorgenommen und reflektierte auch das "Schlichtungsgleichgewicht", d. h. zu welchem Betrag die feindlichen Parteien bereit waren, Frieden zu halten. Gleichzeitig überlebte auch die antike "familia" als Gemeinschaftsverband Ungleicher und vermischte sich mit der germanischen Gefolgschaft zu den partikulären sozialen Gebilden, die noch bis ins Spätmittelalter hinein eine Erfassung mit Hilfe horizontaluniversalistischer sozialer Differenzierungen wie der in Stände nicht erlaubte.[19]

19 Vgl.: Karl Bosl, Die "Familia" als Grundstruktur der mittelalterlichen Gesellschaft, in: Ders., Die Gesellschaft in der Geschichte des Mittelalters, 4. Aufl., Göttingen 1987 (urspr. 1966), S. 84-111.

Die "Barbarenreiche"[20] waren in den ehemaligen römischen Provinzen entstanden. Ihr Königtum war aber nur auf den Geltungsbereich ihres Stammes oder Volkes beschränkt. Darin drückte sich einerseits die noch nicht territorial verstandene Königs- und Staatsvorstellung der germanischen Völker aus, andererseits aber auch die Tatsache, daß die Strukturen und Institutionen des Römischen Reiches keineswegs verschwunden waren. Bei Absenz eines weströmischen Herrschers übernahm theoretisch der oströmische Kaiser die Macht auch im Westen. Die germanischen Könige waren ihren germanischen Gefolgsleuten gegenüber Stammeskönige, den Romanen gegenüber jedoch Vertreter des oströmischen Kaisers. Sie siedelten sich in den ehemaligen römischen Provinzen nach dem Hospitalitätssystem an, d. h. sie eigneten sich nur einen Teil des Landbesitzes, der Häuser und Sklaven an und lebten mitten unter der romanischen Bevölkerung, nicht in der Art von Eroberern, sondern von "Gästen". Die Germanen waren daher in ihren neuen Gebieten auch in der Regel zahlenmäßig in der Minderheit und in bezug auf die Verwaltung der Gebiete vielfach auf die ansässigen, ehemals römischen Beamten und die einheimischen Oberschichten angewiesen. Zwar behielten sie selbst germanische Rechtsbegriffe bei, ließen aber für die romanische Bevölkerung auch das Römische Recht bestehen, so daß es zu einem Dualismus von römischem Rechts- und Verwaltungssystem und germanischem Militär- und Rechtswesen kam. Dabei übernahmen vielfach auch römische Rechtsgelehrte die Aufgabe, das germanische Recht zu kodifizieren. Überall blieben auch das Sklavensystem und das Kolonat bestehen, die Germanen schafften es keineswegs ab, sondern übernahmen diese Einrichtungen. Die Optimaten verteilten das ihnen zugewiesene Land an ihre Gefolgsleute, und diese wieder ließen es durch die Sklaven und Kolonen bebauen. Darin deutet sich schon die Abstufung des Eigentums an Grund und Boden und die Abhängigkeit der Produzenten, die tatsächlich den Boden bearbeiteten, an, die durch diese Vermengung germanischer und römischer Elemente entstand.

Auf dem Gebiet des Römischen Reiches konnten die Franken, die im Zuge einer zweiten Invasionswelle die Westgoten aus Gallien vertrieben hatten, ihre Eigenständigkeit bewahren und wie die Angelsachsen in Britannien und die Langobarden in Norditalien eine "Germanisierung" der gallo-romanischen Kultur einleiten. Die "Franken" waren aus einem Zusammenschluß rheinischer Stammesgruppen entstan-

20 Dazu zählen: das Vandalenreich, das Ostgotenreich des Theoderich in Italien, das Frankenreich der Merowinger nach der Eroberung der letzten römischen Bastion des Syagrius in Nordgallien, die angelsächsischen Königreiche in Britannien, das Burgunderreich in der Provence und das Westgotenreich in Aquitanien und Spanien.

den und hatten kaum eine gemeinsame Abstammung oder Tradition. Der fränkische König Chlodwig übernahm nicht nur die römischen Verwaltungsstrukturen, sondern manifestierte seine kulturelle Bindung an die Tradition Roms durch die Konversion zum Christentum.[21] Der typische Dualismus in Recht, Verwaltung und Militärwesen der früheren Besetzung verschwand allmählich und es kam zu einer Fusion römischer und germanischer Elemente in einer neuen Synthese. Das ging einher mit Enteignungen und Konfiskationen für den königlichen Schatz, aus dem dann wieder eine Neuverteilung an die Gefolgsleute vorgenommen wurde. Die Zahl der "villae" ging zurück, dagegen stieg die Zahl der Dörfer sowie der Eigengüter freier Bauern ("Allod") und auch der Allmenden, des gemeinsam bewirtschafteten Landes der Dorfgemeinschaften. Die germanischen Züge verstärkten sich also und das Ergebnis war eine bunte Mischung aus germanischen Adelsgütern, Pachtland, freiem Bauernland, Gemeindeland und römischen Gutswirtschaften. Die Arbeitskräfte auf dem Land waren einerseits freie Bauern und Pächter, andererseits Kolonen und Sklaven.

Die Franken eroberten Germanien, das Gebiet jenseits des Rheins, das nicht Teil des Römischen Reiches gewesen war, und übertrugen so ihre Mischung aus gallorömischer und fränkischer Tradition auch auf diesen Teil Europas. Die Stammesfürsten, die in das fränkische Reich eingegliedert worden waren, galten nach innen als Könige, gegenüber den Frankenkönigen jedoch als Herzöge; im 7. Jahrhundert n. Chr. erfüllten sie, wie etwa die Agilolfinger, auch die Funktion von Grafen, die die Grenzgebiete des Frankenreiches nach Südosten hin verwalteten und schützten. Das Amtsgut des Grafen hieß "ministerium" und war in einzelne Gaue ("pagi") geteilt. Als Ausweis des Adels galt "nobilitas", "virtus" sowie das "praedium libertatis", d. h. Besitz als Zeichen der Unabhängigkeit. Seit der Zeit der Merowingerkönige kam noch der Königsdienst dazu, und damit wurde eine neue Gruppe von Adeligen, der Dienstadel, geschaffen. Im Frankenreich ersetzte dieser allmählich die Kombination von gallorömischem Senatorenadel und germanisch-stämmigem Uradel. Im Karolingerreich gingen diese Gruppen über in die Reichsaristokratie einerseits und den Schwertadel andererseits, der sich aus dem Hof- bzw. Pfalzadel und dem Provinzadel zusammensetzte.

Die antike Kultur war nicht nur eine Küsten-, sondern auch eine Stadtkultur gewesen; sowohl in Griechenland als auch in Rom waren die Stadtstaaten der Nukleus der Gesellschaft, denn die Städte spielten auch nach der Ausweitung des Römi-

21 Patrick J. Geary, Die Merowinger, op. cit., S. 85 ff.

schen Reiches im Großteil der bekannten Welt eine dominierende Rolle. Sie beherrschten ihr Umland, das sich durch sie definierte. Die Germanisierung ging mit einem drastischen Rückgang der Bedeutung der Städte und damit auch der städtischen Bevölkerung, ihrer Kultur-, Lebens- und Wirtschaftsformen einher.[22] Die wichtigste Verbindung zur antiken Kultur wurde nun durch die Kirche aufrechterhalten. In ihr überlebten die antiken Verwaltungsstrukturen, das Recht und die Sprache. Ihre Bedeutung wuchs daher sowohl in kultureller als auch in politischer und geistiger Hinsicht. Die Merowingerkönige und noch stärker die Karolinger waren von Geistlichen in bezug auf das Wissen um Verwaltung, Recht und Sprache abhängig; ohne sie funktionierte der Staat nicht mehr. Die Kirche allein hatte Schulen, während das Schulwesen sonst im Frankenreich verkümmerte. Allerdings hatte die Kirche auch ein ungeheures Maß an Grundbesitz und Reichtum, dieses wuchs noch durch die Schenkungen der Könige und Großen, die sich mit den Geistlichen gut stellen wollten. Gregor dem Großen, dem "ältesten Nationalökonomen des Mittelalters", gelang es, den riesigen und verstreuten Grundbesitz der Kirche zurückzuerlangen und dessen Verwaltung wieder aufzubauen.[23]

Die Entwicklung des Christentums in dieser Zeit war gekennzeichnet durch den Aufstieg der Klöster und die Integration des Mönchstums in die Kirche, die sich dadurch die große geistig-religiöse und auch wirtschaftliche Macht dieser Bewegung sicherte. Zusätzlich gelang die Zentralisation der Kirche durch die Anerkennung des römischen Bischofs als oberste Instanz der Kirche aller katholischen Gebiete, was vor allem durch die von Rom mit Hilfe der Mönche organisierte Mission noch unterstützt wurde. Auf diese Weise wurde seit Gregor dem Großen das Papsttum zu einer geschichtlichen Macht. Damit kam es aber auch zu einem Konflikt mit dem oströmischen Kaiser und dessen Rolle als oberste geistliche Macht im Christentum. Schließlich befreite sich der Papst dadurch von der Oberhoheit Ostroms, daß er Karl den Großen zum Kaiser krönte und damit das Imperium Romanum im Westen wieder aufleben ließ. Aus dieser Konstellation erwuchsen jedoch die Machtkämpfe zwischen Päpsten und Kaisern, die das ganze Mittelalter prägten.

22 Das heißt nicht, daß bei den Germanen noch die Sozial- und Wirtschaftsformen vorkamen, die Tacitus ihnen zuschrieb. Siehe: Alfons Dopsch, Frühmittelalterliche und spätantike Wirtschaft, in: Ders., Verfassungs- und Wirtschaftsgeschichte des Mittelalters, Wien 1928, S. 219-234.

23 Henri Pirenne, Geschichte Europas, op. cit., S. 55.

Mittelmeer und Binnenland: Der Handel im Frühmittelalter

Während in Europa neue politische und soziale Strukturen entstanden, wurde die Küstenkultur des Mittelmeeres zum Expansionsbereich anderer Völker: der Vandalen, der Westgoten und schließlich der arabischen Kultur. Das Mittelmeer blieb zunächst Zentrum der Kultur, der Wirtschaft und des Handels. Vor allem die Syrer waren die Seefahrer und Händler zwischen dem 5. und 8. Jahrhundert n. Chr., die noch in beschränktem Umfang die Verbindung der europäischen Häfen mit denen Ägyptens und Kleinasiens aufrecht hielten. Der wirtschaftliche Niedergang im Bereich des ehemaligen Römischen Reiches war im ostmediterranen Raum weit weniger drastisch als im westlichen Teil. Aber auch im Westen gab es Unterschiede: Italien und Nordafrika betrieben nach wie vor Seehandel, hier blieben auch Kontakte zu östlichen Häfen und Handelszentren aufrecht. Noch im 6. Jahrhundert n. Chr. war auch Marseille noch ein blühender Handelshafen für den Osthandel, und auch die Städte im Hinterland hatten noch immer ein Handel treibendes Bürgertum und reiche Kaufleute. Die Beteiligung des westgotischen Spanien war hingegen gering und noch geringer die Galliens und des Frankenreiches. Letzteres schien tatsächlich vom Ende des 7. Jahrhunderts n. Chr. an weitgehend ausgeblendet. Der Sklavenhandel spielte im 6. und 7. Jahrhundert n. Chr., insbesondere im Frankenreich, noch eine gewisse Rolle: wichtigster Umschlagplatz war hier Marseille. Sklaven aus Spanien, Italien und Nordafrika, auch aus Irland, England und aus Sachsen kamen ins Frankenreich, umgekehrt wurden aber auch aus Gallien Sklaven, wahrscheinlich angelsächsischer oder germanischer Herkunft, verkauft.

Ab dem 7. Jahrhundert beherrschten dann die Sarazenen den Mittelmeerraum und den Seehandel. Die Araber brachten das Zuckerrohr aus Indien nach Sizilien und Afrika, den Reis nach Sizilien und Spanien, die Baumwolle aus Indien nach Sizilien und Afrika; aus China brachten sie die Seidenherstellung und die Papiererzeugung und auch den Kompaß. Es entstanden bedeutende Hafenstädte wie Kairo und Handelszentren wie Kairuan. Die Franken brachten die Expansion der Araber durch den Sieg Karl Martells bei Tours und Poitiers im Westen zum Stehen. Gleichzeitig bedeutete dies aber, daß das fränkische Reich von der florierenden arabisch dominierten Weltwirtschaft abgeschnitten war. Durch die arabische Dominanz im Mittelmeer kam auch der oströmische Einfluß auf Europa zum Erliegen; nur Venedig und Sizilien hielten Kontakt mit Byzanz, und Venedig verdankte seine spätere Größe seiner Rolle als Vermittler zwischen West und Ost. Im Ägäischen und Adriatischen Meer konnte sich die oströmische Flotte in Verbindung mit den süditalienischen Häfen noch halten und Byzanz gab seine imperialen Ansprüche sowie seine wirtschaftlichen Beziehungen zum Westen nicht auf. Aber die europäische Mittelmeerküste im Westen und die dahinter gelegenen ehemaligen Teile des Römischen Reiches wurden jedenfalls zur Peripherie der Weltwirtschaft. Abgesetzt vom restlichen Land, erhielten sich "trade diasporas" von Syrern und Juden. In Südfrankreich und Spanien waren sie unter der allgemeinen Bezeichnung "syri" bekannt. Sie bildeten Ghettos und eigene Gemeinden, die sowohl religiös wie ethnisch und sozial von der übrigen Bevölkerung abgesondert waren. Ein Grund für den Niedergang des Handels im westlichen Mittelmeer[24] zwischen dem 5. und 8. Jahrhundert n. Chr. lag auch im Wegfall Roms als Zentrum für die Nachfrage sowohl von Massengütern wie von Luxusgütern für die Oberschicht. Die Entstehung der Germanenreiche brachte keinen Ausgleich dafür, aber eine Verlagerung der Absatzzentren weg von der Küste und hinein ins Binnenland, was die Risiken, Kosten und die Dauer des Transports stark erhöhte. Im westlichen Mittelmeer war die abendländische Schiffahrt dann zur Zeit Karls des Großen "ganz und gar tot", wie der belgische Historiker Henri Pirenne in seiner vieldiskutierten These vom Erliegen des Handels und der Wirtschaft im Frühmittelalter durch die Beherrschung des Mittelmeeres durch die islamischen Araber ausführte.[25] Das Mittelmeer war nun nicht mehr durch römische Kultur oder gegebenenfalls byzantinische Beherrschung (z. B. Justinians zeitweilige Rückeroberung des "mare nostrum") geprägt, sondern durch die Konfrontation von zwei einander feindlich gesinnten Kulturen. Die Völker Europas waren auf das Binnenland reduziert, und das erst markiert den Beginn des Mittelalters. Die Pirenne-These gilt heute allgemein als widerlegt und die Kontinuität in bezug auf Wirtschaft und Handel des Frankenreiches wird stärker betont.

Zwischen dem 5. und 8. Jahrhundert n. Chr. war die Handelswelt der Spätantike im Binnenland doch noch in gewissem Umfang lebendig. Seit römischer Zeit bestanden im nunmehr fränkischen Bereich neben täglichen Märkten auch periodische Märkte, die eine spezielle Genehmigung erforderten. Auch Jahrmärkte gab es vor allem in der Lombardei, an der Nord- und Ostsee und an Flußläufen, die meist an Festtagen für Heilige in verschiedenen Orten abgehalten wurden. Der bedeutendste Jahrmarkt des späten Merowingerreiches war der von St. Denis bei Paris[26], der

24 Vgl. insbes.: Dietrich Claude, Der Handel im westlichen Mittelmeer während des Frühmittelalters, Teil II der Untersuchungen zu Handel und Verkehr der vor- und frühgeschichtlichen Zeit in Mittel- und Nordeuropa, Göttingen 1985.

25 Henri Pirenne, Sozial- und Wirtschaftsgeschichte Europas im Mittelalter, Tübingen 1986 (urspr. frz. 1933), S. 8; siehe auch: Ders., Mohammed und Karl der Große, Frankfurt/Main 1985 (urspr. frz. 1936).

26 Siehe: Johannes Fried, Die Formierung Europas 840-1046, München 1991, S.151.

sich zu einer Fernhandelsmesse entwickelte, auf der vor allem friesische, aber auch angelsächsische Händler auftraten. An den Küsten und Flüssen gab es befestigte Lager und Händlerstützpunkte für die Handelskarawanen, die Salz, Honig, Gold, Wein, Tuch und Sklaven von weit her brachten.[27] Gregor von Tours, der bedeutendste Chronist der Zeit, berichtet an verschiedenen Stellen von einem durchaus regen Binnenhandel, der sein Zentrum in den Städten hatte. Händler, Märkte und Geld waren vorhanden, die Kaufleute, die auch Darlehen vergaben, erlangten vereinzelt sogar große Macht und Ansehen, wie der syrische Kaufmann Eusebius, der Gregor von Tours zufolge Bischof von Paris wurde. Alfons Dopsch betonte für das 6. Jahrhundert n. Chr. die Existenz von freien Kaufleuten und wies die Behauptung zurück, daß der Handel ausschließlich oder überwiegend durch Fremde betrieben worden sei. Vielmehr sah er bereits einen eigenen Berufsstand von Kaufleuten und Händlern.[28] Dennoch waren im Landesinneren Galliens die wirtschaftlichen Aktivitäten ab dem 7. Jahrhundert n. Chr. durch den Rückgang des Fernhandels stark eingeschränkt. Zwar hörte der Fernhandel nie ganz auf, aber er war auf Grund der Absenz der Ordnungsmacht starker Staaten mit hohen Risiken verbunden. Das Schwinden der Städte und des Fernhandels ruinierte in der Folge aber viele jener Kaufleute, die es noch aus gallorömischer Zeit gab. Seit dem 7. Jahrhundert n. Chr. läßt sich hingegen ein gewisser Anstieg der Handelstätigkeit rund um Nord- und Ostsee durch friesische Händler feststellen.[29]

In bezug auf die Entwicklung der Wirtschaft im Karolingerreich gibt es Kontroversen: Einige Autoren sehen einen Aufschwung, andere eine tiefe Depression. Diese Unterschiede sind dadurch bedingt, daß jeweils andere Aspekte der Wirtschaft in den Blick genommen wurden. Der Mittelmeerhandel ist zweifellos nur ein Teil der Wirtschaft und er dürfte aus der Sicht des Frankenreiches tatsächlich nachrangig gewesen sein. Der größte Teil des Warenverkehrs wurde auf den überwiegend in Nord-Süd-Richtung verlaufenden Wasserstraßen (Rhône-Saône, Rhein, Maas-Schel-

27 Siehe: Dietrich Claude, Aspekte des Binnenhandels im Merowingerreich auf Grund der Schriftquellen, in: K. Düwel/H. Jankuhn/H. Siems/D. Timpe (Hg.), Untersuchungen zu Handel und Verkehr der vor- und frühgeschichtlichen Zeit in Mittel- und Nordeuropa, Teil III: Der Handel des frühen Mittelalters, Göttingen 1985, S. 9-99.

28 Alfons Dopsch, Wirtschaftliche und soziale Grundlagen der europäischen Kulturentwicklung, op. cit., S. 382 ff und S. 438 ff.

29 Das belegen insbesondere die Funde aus alten Handelsplätzen wie Haithabu. Vgl.: Heiko Steuer, Der Handel der Wikingerzeit zwischen Nord- und Westeuropa auf Grund archäologischer Zeugnisse, in: K. Düwel/H. Jankuhn/H. Siems/D. Timpe (Hg.), op. cit. Teil IV, S.113-197; Siehe auch: Herbert Jankuhn, Haithabu. Ein Handelsplatz der Wikingerzeit, 8. Aufl., Neumünster 1986.

de, Elbe, Dnjepr)[30] abgewickelt. Daraus, daß es etwa ab dem 8. Jahrhundert n. Chr. fast keine Quellen gibt, die den Fernhandel belegen, kann man nicht unbedingt auf ein totales Verschwinden des Handels selbst schließen, es ist aber zumindest wahrscheinlich, daß der gewerbsmäßige Handel stark zurückging.

Nach dem Zerfall des Römischen Reiches im Westen war auch das einheitliche Münzsystem sowie die Einheit der Maße und Gewichte nicht mehr gegeben. Zwar gab es immer Geld, eine Vielzahl verschiedener Münzen, aber Geldvolumen und Geldumlauf waren sehr gering, denn in der überwiegenden Agrarwirtschaft war Münzgeld, insbesondere in Form größerer Münzen nur in geringem Maße notwendig. Dennoch wurde das Münzgeld auch neben dem Naturaltausch verwendet. Georges Duby[31] meinte allerdings, daß mit Ausnahme der romanisierten Gebiete der Gebrauch der Münzen ein anderer gewesen sei: Sie dienten oft als Rechnungseinheit und Wertmaßstab, nicht aber als Zahlungsmittel; gezahlt wurde in Naturalien. Auch im Fernhandel trat das Münzgeld zunächst zurück; vielfach wurden Waren gegeneinander getauscht, was auch aus transportökonomischen Gründen nahelag: Wenn ein Kaufmann mit einer Fracht Getreide von Alexandria oder Konstantinopel nach Britannien fuhr, so wurde diese zum Teil mit "solidi", zum Teil mit Zinn und Blei bezahlt. Die Goldmünzen, deren wirtschaftliche Bedeutung praktisch nicht vorhanden war, erfüllten primär die Funktion der Symbolisierung der zentralen Autorität und Glorie des Königs. Als sie verschwanden, bedeutete das daher nicht den Rückgang der Wirtschaftsaktivitäten, sondern im Gegenteil die Öffnung zu kommerziellem Austausch. Zu einer Verringerung des Geldumlaufs kam es allerdings im 8. Jahrhundert n. Chr., was Patrick Geary mit dem Abfluß von Gold für die Luxusartikel der Oberschicht während der vorhergehenden Zeit begründet.[32] Wie auch immer, der Niedergang von Handel und Geldwirtschaft war keine Folge des Untergangs von Westrom, sondern setzte erst viel später ein.

Die Tatsache, daß das Karolingerreich dann fast überhaupt nicht mehr an den Handelsbeziehungen des Mittelmeerraumes und dem Orient teilnahm, bedeutete nicht das Versiegen jedweden Markttausches; dieser veränderte sich aber in bezug auf

30 Der Donauhandel in dieser Zeit ist kaum belegt, zumindest nicht für den Fernhandel, obwohl der Flußhandel durchaus regional von einiger Bedeutung war.

31 Georges Duby, Krieger und Bauern, Frankfurt/Main 1984 (urspr. frz. 1973), S.81ff.

32 Siehe dazu: Henri Pirenne, Mohammed und Karl der Große, op. cit., S. 74 ff; Patrick J. Geary, Die Merowinger, op. cit., S. 102 ff.

seine Struktur und seine Akteure.[33] Er beschränkte sich nun weitgehend auf lokale Dimensionen. Gerade die große Zahl der zur Karolingerzeit überall existierenden lokalen Märkte weist darauf hin, daß diese nur der Ergänzung des lokalen Bedarfs der sonst autarken Agrarwirtschaften dienten.[34] Nicht spezialisierte Händler waren dort zu finden, sondern Bauern, die ihre wenigen Überschußprodukte anboten, mit welchen die Beauftragten der Grundherren deren Bedarf deckten, soweit er über das hinausging, was auf dem Gut hergestellt werden konnte. Die landwirtschaftliche Produktion erwirtschaftete kaum Überschüsse, der lokale Handel beschränkte sich weitgehend auf Handwerksgüter (Töpferware, Waffen, Stoffe etc.). Die weltlichen und geistlichen Grundherren hatten ihre eigenen Beauftragten für die Beschaffung ihrer Bedarfsgüter und die Kontaktpflege durch Geschenke an andere Magnaten.[35] Die Märkte und Handelsorte befanden sich auch nicht mehr in den bedeutungslos gewordenen Städten, sondern entstanden an vielen anderen Orten, darunter vor allem auch in der Nähe von Klöstern und Bischofssitzen. Die Klöster wurden neben den Königs- und Adelshöfen die größten organisierten Wirtschaftseinheiten. Gerhard Dilcher[36] sieht in der Tatsache, daß sich die Klöster aktiv in den Handel einschalteten, ein Zeichen der beginnenden "mittelalterlichen" Welt.

Regelungen von Handel und Wirtschaft im Karolingerreich

Karl der Große ist eine glänzende historische Gestalt, sein Name wurde für die Völker jenseits der Grenzen seines Reiches im Osten nicht nur zum Synonym, sondern zur Bezeichnung für "König" schlechthin. Sein Ruhm war begründet durch die Reichseinigung, die vor allem durch die Unterwerfung und zwangsweise Bekehrung der Sachsen ermöglicht wurde, und durch die sogenannte karolingische "Renaissance".[37] Karl wollte auch die Verwaltung des Reiches reformieren, berühmt sind seine Verordnungen dazu, die sogenannten "Kapitularien". An seinem Hof gab es eine Akademie, in der junge Leute adeliger Abstammung entweder für den Dienst in der Kirche als Bischöfe oder für den Dienst als Beamte des Kaisers ausgebildet wurden. Er setzte Grafen und Vögte als Verwaltungsbeamte ein, letztere soll-

33 Siehe zur Wirtschaftsgeschichte. Knut Borchardt/Carlo Maria Cipolla (Hg.), Europäische Wirtschaftsgeschichte, Bd. 1, Stuttgart-New York 1978 (urspr. engl. 1973).

34 Zum Alltagsleben im Karolingerreich: Pierre Riché, Die Welt der Karolinger, 2. Aufl., Stuttgart 1981 (urspr. frz. 1963).

35 Patrick J. Geary, Die Merowinger, op. cit., S. 102 ff.

36 Gerhard Dilcher, Marktrecht und Kaufmannsrecht im frühen Mittelalter, in: K.Düwel/H. Jankuhn/H. Siems/D. Timpe (Hg.), op. cit., Teil III, S. 392-417.

37 Vgl.: Pierre Riché, Die Karolinger, Stuttgart 1987 (urspr. frz. 1983).

ten die Bistümer und Klöster als weltliche Verwaltungsinstanz betreuen. An den Grenzen des Reiches errichtete er Marken, die von Markgrafen verwaltet wurden. Er schickte "missi dominici" aus, die als Gesandte die Verwaltung in den einzelnen Bezirken des Reiches zu kontrollieren hatten. Sein Riesenreich kontrollierte Karl in der Weise, daß er von Pfalz zu Pfalz zog; sein Hof war also ein mobiler, was nicht zuletzt auch durch die fehlende wirtschaftliche Infrastruktur begründet war, die es nicht gestattete, an einem einzigen Platz einen großen Hof zu unterhalten. Der König und der Hof mußten jeweils durch das Volk, das in dieser Gegend lebte, unterhalten werden. Das Land wurde systematisch in den "Urbare" erfaßt, in denen die Grundbesitzverhältnisse, die Grundherrschaften und ihre Unterteilung in Herrenland und Bauernland, in freies und unfreies Land verzeichnet wurden.[38] Alles Niemandsland wurde zum privaten Besitz des Königs, er vergab daraus die Lehen. Das Bannrecht, das Strafrecht des Königs, brachte überdies durch "Enteignungen" Land in den Besitz des Königs. An Stadttoren und Flüssen wurden Zölle eingehoben. Darüber hinaus aber gab es, mit Ausnahme von Geschenken fremder Könige oder der Fürsten des Reiches, keine Einnahmequellen. Zudem floß ein Großteil der "öffentlichen" Einnahmen in die Taschen der "Beamten" des Königs, der Grafen, Markgrafen und Herzöge, die in ihren Territorien eine Doppelfunktion innehatten: Einerseits war es ihr angestammtes Land, ihr Herrschaftsbereich aus dynastischer Tradition, zum anderen sollten sie es als Vertreter des Königs verwalten - eine Interessenkollision, die sich als Belastung für das Königtum herausstellte.

Die Kapitularien Karls waren ein Ausdruck des Willens des Königs zur Integration des Reiches unter die zentrale Autorität. Wieweit dies gelang, hing davon ab, wie stark die königliche Macht im Vergleich zu der der Grundherren war. Im Osten des Reiches gelang die Durchsetzung des Markt- und Münzregals zunächst weit besser als im Westteil, dem alten römischen Gebiet, wo die "civitas"-Strukturen und auch die grundherrlichen Marktrechte weit stärker nachwirkten. Die Errichtung von Märkten, die Einhebung von Bann und Zoll und in vielen Fällen auch die Münze, waren hier Vorrechte der Grundherren, die allerdings vom König gesondert verliehen werden mußten. Nach dem Tode Karls zerfiel das Reich; seine Nachfolger ließen jeweils eigene Münzen prägen und auch den mächtigen Territorialfürsten mußte wieder das Münzregal zugestanden werden, so daß schließlich in jedem größeren Lehen mit Gerichtsbarkeit eigene Münzen geprägt wurden. Eine verwirrende Vielfalt von Münzen war im Umlauf, die zudem auf Grund des ständigen Geldbedarfs der Münzherren immer wieder abgewertet oder auch "verrufen", d. h.

38 Johannes Fried, Die Formierung Europas 840-1046, op. cit., S. 37.

durch neue geringwertigere Münzen ersetzt, wurden. Diese Vielfalt der Münzsysteme war vor allem in Deutschland und Italien sehr groß, während der König in England immer das Münzregal behielt und Frankreich sich nach einiger Zeit der Zersplitterung relativ früh wieder zu einem einheitlicheren Münzsystem durchrang. Die Vielfalt der Münz- und Geldsysteme ließ insbesondere in Italien den Berufsstand der Geldwechsler an Bedeutung gewinnen.[39]

Die Zeit Karls des Großen war auch die Zeit des Niedergangs der Städte und des Handels; die Strukturen wurden kleinräumiger, die Herrschaft dezentralisiert, die Wirtschaft lokal-segmentiert und überwiegend agrarisch, wenn es auch die absolut autarken Domänen nie gegeben hatte.[40] Nur die Kirche hielt noch einige städtische Strukturen, die sich um sie sammelten, aufrecht. Duby nennt das Karolingerreich respektlos "eine Dorfherrschaft, die nach den Dimensionen des Universums strebt, die sich in konzentrischen Kreisen immer weiter ausdehnt, um schließlich die Gesamtheit aller Territorien zu umfassen [...]".[41] Das Reich Karls des Großen war eine reine Landmacht und entfaltete so eine eigene "Welt". Äußeres Zeichen und Symbol dieses Bruchs mit der antiken Küstenkultur und ihrer Wirtschaft ist der Übergang vom römischen Goldsolidus, der in den ersten beiden Jahrhunderten nach dem Ende Westroms noch immer in Gebrauch gewesen war, zur Silbermünze der Karolinger. Der Münzumlauf hatte sich in den vergangenen Jahrhunderten schon stark verringert; die Könige prägten zwar Münzen, aber sie taten dies weniger aus wirtschaftlichen Gründen denn als Symbol königlicher und imperatorischer Macht. Dennoch darf man daraus nicht auf eine reine Naturalwirtschaft schließen. Die lange vorherrschende Auffassung einer "Germanisierung" im Sinne der Entstehung einer selbstgenügsamen Agrargesellschaft fast ohne Geld durch die Einführung der "Markgenossenschaft" und des Ersatzes des individuellen Eigentums durch genossenschaftliche Strukturen ist schon seit Alfons Dopsch[42] überholt. Er wandte sich ganz entschieden gegen die Verbindung des Frühmittelalters mit der Vorstellung einer fast reinen Naturalwirtschaft und hob die Bedeutung des Münzgeldes für diese Zeit hervor.[43]

39 Dieser stellte seine "banca" an den Handelsorten auf und wechselte darauf die verschiedenen Münzen gegeneinander, wobei er die Wechselkurse meist selbst bestimmte und so große Gewinne machen konnte.

40 Ebd., S. 41.

41 Georges Duby, Wirklichkeit und höfischer Traum, Frankfurt/Main 1990, S. 15.

42 Vgl.: Alfons Dopsch, Wirtschaftliche und soziale Grundlagen der europäischen Kulturentwicklung aus der Zeit Cäsars bis auf Karl den Großen, 1. Teil, Wien 1918, S. 393 ff.

43 Ebd., S. 502 ff.

Die Existenz von Märkten und Handel im Frankenreich wird durch die Verordnungen zur Marktregulierung nachgewiesen; so hatte schon Pippin den Bischöfen die Aufgabe übertragen, Preise und Maße gemäß dem jahreszeitlichen Angebot zu bestimmen.[44] Karl der Große erließ eine große Zahl von Verordnungen in bezug auf den Handel und die Märkte, er bemühte sich um eine gesetzliche Regelung des Brotpreises, die Unterbindung von Wucher und Spekulation (etwa mit Nahrungsmitteln, die gehortet wurden, bis man sie in Zeiten der Knappheit mit Gewinn zu einem höheren Preis verkaufen konnte) etc. Die Klöster erhielten privilegierte Märkte, aber die Geistlichen und Mönche durften nicht selber Handel treiben. Vor allem im Osten wurden Märkte im Auftrag des Königs durch die Grafen gegründet und einer strengen Marktordnung unterworfen. Die Fernhandelsmärkte, "mercati publici", wurden direkter oder indirekter königlicher Aufsicht unterstellt und durch Münze, Zoll und Marktrecht geordnet. Diese Eingriffe waren der Beginn einer neuen Entwicklung, denn nun stand das Marktrecht nicht einfach jedem "civis" frei, sondern nur jenen Personen und Gruppen, die dafür die entsprechende Privilegierung und Schutzgarantie des Königs oder seiner Vertreter aufweisen konnten. Diese Tendenz zur Reglementierung steigerte sich noch in ottonischen Zeiten durch Vergabe lokaler Privilegien und persönlicher Berechtigungen. Die Händler, zumal die Fernhändler, wurden zu besonderen Gruppen, die in direkter Beziehung zum König bzw. den "Großen" standen. Sie mußten für Schutz und Genehmigung zur Errichtung von Stützpunkten Gebühren entrichten. König und Kirche griffen durch das Verbot der Sonntagsmärkte, durch die Festlegung "angemessener" Preise, durch das Verbot des "Wuchers" und viele andere Maßnahmen in den Handel ein, was an sich bereits ein Hinweis auf eine durchaus rege und allgemein verbreitete Handelstätigkeit war.[45]

Man unterscheidet drei Arten des Handels im Frühmittelalter: den Kaufmannshandel, den "Herrschaftshandel" des Adels und der Königshöfe und den Produzentenhandel.[46] Sie waren zwar vielfach miteinander verbunden, beruhten aber auf ganz

44 Dietrich Claude, Der Handel im westlichen Mittelmeer während des Frühmittelalters, op. cit., S. 55.

45 Vgl.: Peter Johanek, Der fränkische Handel der Karolingerzeit im Spiegel der Schriftquellen, in: K. Düwel/H. Jankuhn/H. Siems/D. Timpe (Hg.), op. cit., Teil IV, S. 7-68.

46 Helmut Roth trifft diese Unterscheidung auf der Grundlage archäologischer Funde der Merowingerzeit, aber man kann sie wohl verallgemeinern; Helmut Roth, Zum Handel der Merowingerzeit auf Grund ausgewählter archäologischer Quellen, in: K.Düwel/H. Jankuhn/H. Siems/D. Timpe (Hg.), op. cit., Teil III, S. 161-192.

unterschiedlichen Sozialstrukturen und Organisationsformen des Handwerks. Der Kaufmannshandel war zwar in den wenigen Städten zentriert, aber er fand sich auch in Verbindung mit den Klöstern und den Höfen der Adeligen und des Königs. Die hauptsächlichen Produkte, die gehandelt wurden, waren Gold- und Silberschmuck, Waffen und Eisengeräte, Glasprodukte, Tuche und Drechslereiprodukte, die meist von freien Handwerkern erzeugt wurden. Der Herrschaftshandel spielte sich um die Höfe herum ab und betraf vor allem Bergwerksprodukte. Die Produkte des Herrschaftshandels wurden fast ausschließlich von unfreien Handwerkern hergestellt, die zudem von Hof zu Hof verleihbar waren. Der Produzentenhandel war kleinräumig und erfaßte einen Bereich von maximal drei Tagesmärschen im Umkreis des Dorfes. Es waren vor allem bäuerliche Eisenhandwerkswaren, einfache Waffen und Bronzegußerzeugnisse, Töpfereiprodukte, Weberzeugnisse und Drechslerprodukte, die gehandelt wurden. Die bäuerlichen Produkte wurden von freien Bauern als Nebenerwerb oder von unfreien Handwerkern auf großen Höfen hergestellt.

Nicht übersehen darf man, daß Eigentumsübertragungen, zumal solche großen Umfangs, viel häufiger anders als durch Handel und Markttausch vor sich gingen, und zwar durch Plünderungen, Kriege, Lösegeld und Piraterie. Diese stellten einen durchaus bedeutenden "Austausch" von Gütern und Geld dar, der leicht den durch Handel und Markt übertraf. Die durch diese Aktionen erworbenen Reichtümer wurden zu einem großen Teil von den Königen und den Anführern wieder an die Gefolgsleute verteilt. Die Zuteilung von Beutegut, die Schenkungen des Königs, stellten nicht nur eine materielle Umverteilung des Reichtums dar, sondern waren auch eine wichtige Grundlage des Regierungssystems. Ohne diese Traditionen wäre der Feudalismus nicht denkbar. Reichtum, der aus dem Krieg stammte, hatte die Bedeutung einer sozialen Auszeichnung.[47] Er wurde meist nicht zum Warenaustausch oder Weiterverkauf verwendet, sondern galt als Zeichen der Ehre und der Zugehörigkeit. Anführer verteilten Kriegsbeute an ihre Gefolgsleute, machten Geschenke, behielten sie als Trophäe oder fügten sie ihrem Schatz hinzu. Wertgegenstände, insbesondere auch Gold und Goldmünzen, wurden gehortet und vielfach zur Sicherung vergraben. Sie vermittelten nicht nur materielle Sicherheit, sondern inkorporierten quasi das Glück des Besitzers, und es wurde ihnen, insbesondere bei Germanen und Skandinaviern, eine Art sakrale Funktion zugeschrieben.

47 Aron J. Gurevic, Das Weltbild des mittelalterlichen Menschen, München 1986 (urspr. russ. 1972), S. 252.

Eine weitere Einkunftsquelle des Herrschers stellten die Besteuerung und die Zolleinnahmen dar. Ihre Einführung war allerdings keineswegs so einfach, da es in der Bevölkerung eine Reserve gegen Steuern gab; diese wurden mit Unfreiheit assoziiert. In diesem Zusammenhang ist auch darauf hinzuweisen, daß zunächst sogar die Abgaben und Leistungen, die die Bauern dem Herrn zwangsweise entrichteten, noch lange als "eulogiae", als "Geschenke" bezeichnet wurden.[48] Das erklärt sich aus der alten Tradition des Geschenketausches, der bei den meisten Völkern belegt ist und auch eine typische interethnische Erscheinung bei den germanischen Stammesgesellschaften war. Die grundlegenden Merkmale waren das Prinzip der Öffentlichkeit, der Überbietung und das der Annahmeverpflichtung. "Die Herstellung freundschaftlicher Verbindungen, Übernahme eines Patronats, eine Eheschließung, der Besuch von Gästen, ein erfolgreicher Abschluß eines Handelsgeschäfts oder von Friedensverhandlungen, ein Leichenschmaus und viele andere gesellschaftliche Akte waren ständig von Geschenken begleitet, welche die Seiten austauschten", schreibt Gurevic.[49] Mit der Veränderung der Sozialstrukturen im Frühmittelalter veränderte sich auch der Geschenketausch: Aus einem Stammesritual, das neben dem Wergeld mit über das "ranking" der Adeligen entschied, entstand einerseits im Zuge der Entwicklung des Lehenswesens die "bedingte" Schenkung, unter dem Einfluß des Christentums wurde andererseits daraus das Almosen.[50]

Kaufleute und Kaufmannsvereinigungen

Der Fernhandel im Frühmittelalter war Wander- bzw. Karawanenhandel, und da die Handelsreisen mühsam und risikoreich waren, schlossen sich die Kaufleute gerne zu Reiseverbänden zusammen und sorgten auch dafür, daß sie ihre Route nicht leer zurück machen mußten, sondern wieder Waren mitführten. Es gab unter den Kaufleuten Spezialisierungen in bezug auf Waren und in bezug auf Handelswege, etwa entlang der Bernstein- oder der Salzstraßen. Das Handelskapital wurde häufig durch Darlehen beigestellt, wobei vor allem Klöster und die Kirche, nicht hingegen die "argentarii", die Geldwechsler, als Darlehensgeber auftraten. Die Kirche bzw. die Klöster verfügten durch die Schenkungen der Gläubigen über große Ver-

48 Georges Duby, Krieger und Bauern, Frankfurt/Main 1984 (urspr. frz. 1973), S. 67.

49 Aron J. Gurevic, Das Weltbild des mittelalterlichen Menschen, op. cit., S. 257. Gurevic weist auch darauf hin, daß in den indoeuropäischen Sprachen die Begriffe "geben" und "nehmen" ursprünglich mit ein und demselben Wort bezeichnet wurden.

50 Siehe: Jürgen Hannig, Ars donandi. Zur Ökonomie des Schenkens im frühen Mittelalter, in: Richard van Dülmen (Hg.), Armut, Liebe, Ehre. Studien zur historischen Kulturforschung, Frankfurt/Main 1988, S. 11-37.

mögenswerte in Gold und Silber. Für ihre Darlehen erhielten sie meist ein Grundpfand, so daß sich aus diesen Praktiken unter anderem auch der Hypothekarkredit entwickelte. Darlehen und Kredite erfolgten auch häufig in Form von Beteiligungen nach dem "commenda"-Vertrag und waren sowohl im östlichen Mittelmeer wie im Festlandfernhandel bekannt.[51] Die Auflösung der römischen "collegia" der "navicularii" zwang die Kaufleute im Mittelmeerraum dazu, Kaufmann, Schiffseigner und Schiffsführer in einer Person zu sein. Das war vor allem im Westen der Fall, wo sie nicht mit orientalischen Partnern zusammenarbeiten konnten. Im östlichen Mittelmeer gab es hingegen eine lange Tradition der Seehandelskooperation. Die fränkischen Kaufleute sahen sehr bald die Notwendigkeit und die Vorteile von Zusammenschlüssen im Überlandhandel und - soweit existent - im Seehandel ein. Berühmt ist die Stelle im Pseudo-Fredegar, die für das Jahr 623 n. Chr. über den Franken Samo berichtet, der sich mit mehreren Kaufleuten zusammentat, um mit den Wenden Handel zu treiben.[52] Kaufmannsvereinigungen wurzelten aber auch in religiös-sozialen Formen, den sogenannten "coniurationes", religiös motivierten Kult- und Schwurgemeinschaften. Sie waren schon spätantike Erscheinungen, vermehrten sich im 6. und 7. Jahrhundert n. Chr. aber stark im romanischen und fränkischen Gallien und fungierten als Beistands- und Freundschaftsbünde mit Schwurcharakter. Wenn es auch nicht notwendig immer der Fall gewesen sein mag, so waren die Mitglieder doch sehr häufig Händler, so daß Otto Oexle in diesen "coniurationes" die Vorläufer der Gilden sieht.[53] Auf der anderen Seite ist in diesen Schwurverbänden auch eine Grundlage der okzidentalen Stadtgemeinde zu sehen, was die große Bedeutung der Kaufmannsgilden innerhalb der europäischen Städte des Mittelalters und der frühen Neuzeit mitbegründet haben mag.

Bereits in der Merowingerzeit lassen sich "societates"[54], Handelsgesellschaften, nachweisen, hinter denen sich oft die Reisegemeinschaften von Kaufleuten verbar-

51 Die Institution der "commenda" war schon im Rhodischen Seerecht angelegt und auch im Orient verbreitet. Sowohl Schiffe, Schiffsladungen wie auch die Dienste von Personen konnten kommendiert werden. Siehe: Dietrich Claude, Der Handel im westlichen Mittelmeer während des Frühmittelalters, op. cit., S. 234.

52 Samo gründete später auch das erste slawische Großreich. Siehe: Reinhard Wenskus, Phyteas und der Bernsteinhandel, in: K. Düwel/H. Jankuhn/H. Siems/D.Timpe (Hg.), op. cit., Teil I, S. 84-108.

53 Otto Oexle, Die Kaufmannsgilde von Tiel, in: H. Jankuhn/E. Ebel (Hg.), Untersuchungen zu Handel der vor- und frühgeschichtlichen Zeit in Mittel- und Nordeuropa, Teil VI: Organisationsformen der Kaufmannsvereinigungen in der Spätantike und im frühen Mittelalter, Göttingen 1989, S. 173-196.

54 Institutionalisiert war die "societas" - wie oben angedeutet - schon im Römischen Recht.

gen. Sie hatten eine soziale Organisation, die auf den Beziehungen zwischen "senior", dem Haupt der Gruppe, und "socii", den Mitgliedern der Gemeinschaft, aufbaute. Der "senior" war ein erfahrener Kaufmann, der im fremden Land bereits bekannt war und dem Vertrauen entgegengebracht wurde. Er hatte weitreichende Autorität über die Mitglieder und konnte sie sogar vor Gericht stellen. Die Gemeinschaft war von großer Bedeutung, was belegt wird dadurch, daß im Fall von Bußgeldzahlung für die Ermordung eines Kaufmanns vielfach "senior" und "socii", nicht die Familie, dieses erhielten. Auch ist die Existenz von Handlungsgehilfen belegt; insbesondere der Überseekaufmann hatte freie und/oder unfreie Handlungsgehilfen, die auch über eine gewisse Bildung verfügten - sie konnten lesen, schreiben und beherrschten das Rechnungswesen. Diese Gehilfen wurden teilweise als "pueri", teilweise als "famuli" bezeichnet, wobei erstere wohl so etwas wie Lehrlinge waren; das läßt darauf schließen, daß es schon eine berufliche Ausbildung und einen vorgezeichneten Aufstiegsweg gab. Die beschriebenen Einrichtungen fanden allerdings keinerlei Niederschlag in den "leges", weder bei den Westgoten, den Langobarden und Burgundern noch im Merowingerreich, so daß man sie lange Zeit wenig beachtete. Sogar die Lex Frisionum, die für eine Bevölkerung Geltung beanspruchte, die in dieser Zeit intensiv mit dem Handel in Berührung kam, enthielt keine Hinweise auf Kaufmannsvereinigungen oder Handelsgesellschaften.[55] Die Kaufleute regelten ihre Angelegenheiten offenbar nach Gewohnheitsrecht oder, weil die Groß- und Fernhändler in der Hauptsache Fremde waren, nach dem Recht ihres jeweiligen Herkunftslandes, was vom einheimischen Recht, zumindest in der Lex Visigothorum, akzeptiert wurde. Der Handel wird in diesem Gesetz als etwas behandelt, was von außen kommt. Das hat sicher nicht zu bedeuten, daß es keine einheimischen Kaufleute gab, aber deren Angelegenheiten wurden nicht speziell gesetzlich geregelt. Gesetzliche oder öffentliche Kenntnisnahme ist erst seit dem 9. Jahrhundert n. Chr. für den Nord- und Ostseehandel belegt, wo die germanischen Handelsgenossenschaften wahrscheinlich bereits eine längere Tradition hatten. Diese, sowie die "coniurationes", scheinen die beiden Gemeinschaftsformen gewesen zu sein, aus deren Symbiose sich die mittelalterlichen Gilden entwickelten.

Nicht immer waren die Fernhändler selbständig, in vielen Fällen betrieben sie Geschäfte für den Papst, den König, einen Bischof oder andere Große. Manche standen in ständiger Beziehung zu diesen und trieben als Palast-, Kirchen- und Kloster-

55 Harald Siems, Die Organisation der Kaufleute in der Merowingerzeit nach den Leges, in: H. Jankuhn/E. Ebel (Hg.), op. cit., Teil VI, S. 62-144, S. 140.

kaufleute Handelsgeschäfte in deren Auftrag. Hartmann erwähnt in Oberitalien einen eigenen Stand besitzloser Kaufleute im Langobardenreich, der mit den Händlern von Venedig und Comacchio verbunden durch den Po Handelsbeziehungen unterhielt. Haupthandelsware war dabei das Salz der Salinen von Comacchio und Gewürze und kostbare Stoffe aus Venedig. Dieser Handel beruhte auf speziellen Verträgen zwischen den langobardischen Königen und den Adriastädten, die jede Einzelheit regelten.[56] Dem Klerus war an sich die Betätigung in Handelsgeschäften untersagt, aber dennoch kam es immer wieder nicht nur zu Auftragsvergabe und indirekter Beteiligung, sondern auch zu eigener Handelstätigkeit, wie etwa der des Patriarchats von Alexandria, das im 7. Jahrhundert n. Chr. selbst über 13 Schiffe verfügte. Besonders unter den Karolingern nahm der Umfang der für den König getätigten Geschäfte stark zu und gegengleich auch die königliche Regelung in Hinblick auf Privilegien der Kaufleute, Schutzbestimmungen, Schlichtung in Streitfällen etc. Im Karolingerreich erhielten auch die Juden eine eigene Rechtsstellung, die explizit an ihre religiöse Sonderstellung anknüpfte. Sie durften nach eigenem Recht leben und auch ihre Tausch- und Handelsgeschäfte danach abwickeln.

Bis hinein ins Hochmittelalter blieb der Handel ein gefahrvolles und mit langen Reisen verbundenes Unternehmen. Die Kaufleute waren Wanderhändler und nicht eigentlich seßhaft. Unter ihnen gab es viele "self-made men" und Abenteurer aus allen Weltgegenden und Herkunftsschichten, was Henri Pirenne gegen das Argument vom "bürgerlichen" Ursprung der Kaufleute ins Treffen führt.[57] Die Quellen berichten von einem Godric von Finchale, der Ende des 12. Jahrhunderts n. Chr. in Norfolk einen Wanderhandel mit Strandgut begann, woraus sich dann eine regelrechte Kaufmannstätigkeit entwickelte, die darauf beruhte, Güter von Gegenden, in denen sie häufig waren, in solche zu bringen, wo sie selten waren, und solcherart einen Gewinn aus der Differenz zwischen dem niedrigen Einkaufspreis und dem höheren Verkaufspreis zu erzielen. Godrics Karriere und Tätigkeit war eine durchaus übliche und zeigt die einfachen Anfänge vieler Kaufleute.[58] Erst seit dem 12. Jahrhundert n. Chr. wurden die Kaufleute allgemein seßhaft und trugen damit viel zur Entwicklung der mittelalterlichen Städte bei. Das Kaufmannsprivileg entwickelte sich von den Anfängen im Karolingerreich allmählich bis zum 12. Jahrhundert

56 Ludo Moritz Hartmann, Zur Wirtschaftsgeschichte Italiens im frühen Mittelalter, Gotha 1904, S. 74 ff.

57 Henri Pirenne, Sozial- und Wirtschaftsgeschichte Europas im Mittelalter, Tübingen 1986 (urspr. frz. 1933), S. 47 ff.

58 Siehe dazu auch: Heribert R. Brennig, Der Kaufmann im Mittelalter, Pfaffenweiler 1993, S. 45.

n. Chr. zu einem eigenen Kaufmannsrecht, das zur Grundlage der örtlichen, mit Sonderrechten versehenen Verbände der Kaufmannschaft wurde, die sich in den Städten entwickelten und zu einer die mittelalterliche Welt mitprägenden Gruppe wurden.

Zur Wirtschaftsethik des Frühmittelalters

Drei Traditionen vermischten sich im spätantiken Europa hinsichtlich der Einschätzung und Bedeutung von Arbeit, Eigentum und Handel: das christlich-jüdische Erbe, das griechisch-römische Erbe und die Überlieferung der Barbaren.[59] Hinsichtlich der Wirtschaftsethik des Christentums im Mittelalter muß man zwischen den Auffassungen der Päpste, der Bischöfe, der Mönche und der weltlichen Autoritäten, die in den Quellen am weitaus häufigsten zu Wort kommen[60], und den Einstellungen und Vorstellungen des Volkes unterscheiden. Die Quellenlage für eine Mentalitätsgeschichte des Frühmittelalters ist jedoch sehr dürftig, so daß wir auf die biblischen, kirchlichen und weltlichen Dokumente angewiesen sind.

Im biblischen Denken zeigen sich starke Differenzen zum griechischen Denken über Wirtschaft, insbesondere im Alten Testament, in dem Wirtschaften als Verwaltung dessen, was Gott gegeben hat, verstanden wurde. Die fünf Bücher Mose weisen starke Elemente eines orientalisch orientierten Denkens auf, bei dem Handel und Geschäft als durchaus geläufige Alltagsgegebenheiten erscheinen. Man muß sich des Geschäftemachens nicht schämen und auch nicht der Profite, denn sie gehören zur Verwaltung der von Gott gegebenen Güter (Ecclesiastes 11, 1-6). Abhängigkeit von anderen gilt als unwürdig, daher sind Vermögens- und Einkommenserwerb notwendig, andererseits ist aber das ausschließliche Streben nach Geld und Gut abzulehnen (Ecclesiastes 31: 5-7, 40: 28-9). Vermögen soll gewinnbringend angelegt werden und dabei sollen Risiken nicht gescheut werden (Prediger 11: 1-6). Im

59 Jacques Le Goff, Für ein anderes Mittelalter, Weingarten 1987 (urspr. frz. 1977), S. 56 ff.

60 Die Quellen bestehen vor allem in den Schriften geistlicher Autoren - insbesondere haben Augustinus und Dionysius Areopagita hier eine wesentliche Stellung - ferner in den "Vitae" der Heiligen, in Ordensregeln wie der Benedikts, in päpstlichen Schreiben wie denen Gregors des Großen, der selbst in hohem Maße praktisch-wirtschaftliche Fähigkeiten besaß. Weltliche Quellen umfassen frühe Rechtstexte (die "leges", z. B. die Lex Salica), mythologische Quellen, die königlichen Erlässe, insbesondere die Kapitularien Karls des Großen etc. Über die Vorstellungen des "Volkes" wissen wir wenig, wir können darauf nur indirekt aus den genannten Quellen, aus künstlerischen Darstellungen, Grabbeigaben und anderen archäologischen Relikten schließen.

Neuen Testament manifestierte sich ursprünglich eine Fortsetzung dieser wirtschaftspragmatischen Züge des Alten Testaments, aber in den späteren Interpretationen wurden immer mehr Elemente der hellenistisch-antiken Traditionen hervorgehoben, was vor allem im Zuge der Ausbreitung des Mönchswesens erfolgte. Das Neue Testament nahm neben den starken jüdischen Traditionen auch griechische Elemente auf.

Das Christentum der Bibel und der Evangelien weist eine ambivalente Bewertung der Arbeit auf: Auf der einen Seite ist der Gott der Genesis ein Arbeitender, ein Schöpfergott; auf der anderen Seite erscheint Arbeit als Strafe für den Sündenfall, als Buße, und ist von Mühe und Plage gekennzeichnet. In den ur- und vorchristlichen Gemeinden wurde Arbeit hoch geschätzt, weil die frühen Christen vielfach aus städtischen Handwerkerkreisen stammten, andererseits ließ sich ein gewisser meditativer-jenseitsgerichteter Zug gerade auch im Gegensatz zur jüdischen Religion nicht verleugnen. Die Kontemplation genoß eine hohe Stellung gerade in der christlichen Religion: Das Ambiente Jesus' war zwar das der kleinen städtischen Handwerker und Händler in einer orientalisch-jüdisch-römischen Umgebung. Handwerk, Handel, Arbeit und Wirtschaft war der Alltag dieser Menschen. Religion erhob den Menschen aber aus dieser "vita activa" und führte ihn durch die Anleitung zur "vita contemplativa" näher zu Gott: Maria wird von Jesus der Vorzug vor Martha gegeben. Während im Alten Testament die Arbeit positiv bewertet und die Freude an der Arbeit als ihr eigener Lohn gesehen wurde, ist sie nun nur deshalb gut, weil sie den Müßiggang als Ursache der Sünde verhindert. Für die Menschheit wurde die Arbeit zu der ihr auferlegten Pflicht, wie es entsprechend etwa in den paulinischen Texten lautet, in denen die Ermahnung zur Arbeit bis zum radikalen: "Wer nicht arbeiten will, soll auch nicht essen!" (2. Brief an die Thessaloniker III, 10) geht. Im frühen Monastizismus galt Arbeit auch als Strafe. Während in den ersten Jahrhunderten des Christentums die Arbeit als Buße kaum in den Darstellungen aufschien, wird die Verbindung von Arbeit und Sündenfall typisches Motiv mittelalterlicher Bilder. Sie oblag daher auch den "professionellen Büßern", den Mönchen in den Klöstern.

In der Regel der Mönchsorden wird die Arbeit dem Gebet gleichgestellt und ihr Wert hervorgehoben. So heißt es in der Benedikt-Regel: "Müßiggang ist der Seele Feind. Deshalb sollen die Brüder zu bestimmten Zeiten mit Handarbeit, zu bestimmten Stunden mit heiliger Lesung beschäftigt sein [...]. Wenn es die Ortsverhältnisse oder die Armut fordern, daß sie die Ernte selber einbringen, sollen sie nicht traurig sein. Sie sind dann wirklich Mönche, wenn sie wie unsere Väter und die Apostel von ihrer Hände Arbeit leben. Alles aber geschehe der Kleinmütigen wegen maßvoll." (48, 1 und 7-9). Daraus geht zwar hervor, daß Wert auf Beschäftigung gelegt wurde, ob es sich um Lesung oder Handarbeit handelte, ist dabei zweitrangig. Auch erschien die Arbeit in erster Linie für das Seelenheil der Brüder von Bedeutung und war maßvoll und nur zu bestimmten, genau festgelegten Zeiten zu leisten. Arbeit für die Mönche war weniger ein Gebot der Not, sondern eine andere Art von Gebet. Die endlose Plackerei etwa in der Landarbeit als Lebenszustand war nicht Kennzeichen mönchischer Arbeit, sondern derjenigen der Laienbrüder und "servi".

Die Germanen waren teilweise seßhafte Krieger-Bauern in gentilizischen Verbänden gewesen. Die harte landwirtschaftliche Arbeit war ihnen zwar keinesfalls unbekannt, aber auch sie überließen diese zunächst gerne versklavten Völkern. Insbesondere die Großen des Stammes lehnten die Handarbeit für sich selbst ab, ihr Geschäft war das "Waffenhandwerk". Das Handwerk, sofern es nicht im Rahmen des Hauses von den Frauen besorgt wurde, konnte aber bei ihnen auch eine hohe Stellung einnehmen, vor allem wenn es um Metallverarbeitung und Waffenerzeugung ging, was die mythologischen Quellen an Hand der sagenhaften Gestalten der Grob- und Goldschmiede belegen. Diese Art von Handwerk hatte einen geradezu kultisch-religiösen Charakter; ähnlich hatte bei den Galliern der Gott Lug, der Gott der Technik und des Gewerbes, eine besondere Stellung. Im Frühmittelalter erhielt das Wort "laborare" die Bedeutung von Landarbeit als der allgemein typischen Arbeit, während spezialisierte Arbeit und Handwerk als Begriffe fast vollständig verschwanden.[61] Die "laboratores" waren die Landarbeiter, die Bauern, jene abhängige, arbeitende Bevölkerung auf den Grundherrschaften in der agrarischen Gesellschaft. Die karolingische Renaissance brachte eine allmähliche Aufwertung der Arbeit durch ein in der allgemeinen Vertragspraxis und auch den Regelungen der Arbeit durch den König bemerkbares Interesse an Effizienzsteigerung und Arbeitsleistung - die Verurteilung der Müßiggänger wurde aus dem Codex Justinianum übernommen, die Sonntagsruhe verfügt, die "artes mechanicae" neben den "artes liberales" anerkannt. Am schönsten aber kam die verstärkte Aufmerksamkeit für die Arbeit in einer Reihe von Darstellungen der Jahreszeiten und Monate und der landwirtschaftlichen Arbeiten in diesem Jahreskreis zum Ausdruck: die "Arbeiten der Monate". Die Arbeit war in der Antike als Mühsal, ja Schande angesehen worden,

61 Jacques Le Goff, Arbeit, Techniken und Handwerker in den Wertsystemen des Frühmittelalters (5.-10. Jahrhundert), in: Ders., Für ein anderes Mittelalter, op. cit., S. 56-76.

nur die Notwendigkeit des Lebensunterhalts und vielleicht die Möglichkeit der Bereicherung machte sie erträglich. Nicht so im christlichen Mittelalter, wo die Arbeit eben nicht der Bereicherung dienen durfte, aber als Sicherung des Lebensunterhalts und als Grundlage für die Unterstützung Bedürftiger ihre eigene Würde besaß. Arbeit, Askese, Armut und Almosen sind die Begriffe, die im Mittelalter zu Idealen aufstiegen. Jeder sollte auf seinem Platz - und in seinem "Beruf" - Gutes tun und Gott gefällig leben.[62] Besitz und Reichtum besaßen eine primär soziale Funktion, ihr Transfer diente mehr dem Erwerb von Ansehen und Würde, weshalb Weggeben oft mehr einbrachte als Nehmen. Aron Gurevic wies auf den persönlichen und sozialen Charakter von Besitz und Vermögen, den diese im frühgeschichtlichen Skandinavien besaßen, hin. Hier bestand eine untrennbare Verbindung zwischen Familie, ererbten Eigenschaften und Würden und dem Patrimonium: "There was no pure economic category of possession, irrespective of the dignity of persons who possessed it. It was as if the land and its owner were one, [...] the hereditary possession - was an inborn quality of free man."[63] Das galt in besonderem Maße in Skandinavien auf Grund der Tatsache, daß sich hier das Freibauerntum lange erhalten konnte. Aber in abgestufter Bedeutung galt es für alle Gesellschaften mit einem hohen Anteil an freier bäuerlicher Bevölkerung.

In der Eigentumsauffassung der Kirche verbanden sich Elemente dieser Vorstellungswelt mit der des Besitzdenkens der griechisch-römischen Antike. In den folgenden Jahrhunderten wurde die christliche Lehre vor allem von Kirchenvätern getragen, die in der griechisch-hellenistischen Tradition verwurzelt waren wie Clemens von Alexandria, Origenes, Athanasius, Zyrill, Basilius, Gregor v. Nyssa, Johannes Chrysostomos. Ihre Haltung ähnelt mehr der kynisch-stoischen Auffassung. Nur Origenes sah die Arbeit als Möglichkeit, die rationalen Fähigkeiten zu nutzen. Sie sollte aber nicht in Vermögensanhäufung ausarten. Die lateinischen Kirchenväter aus Afrika waren Tertullion, Zyprion, Hilarius, Ambrosius und Hieronymus, den größten Einfluß auf das europäische Christentum hatte aber Aurelius Augustinus.[64] Er betonte insbesondere die Begrenzung und Bezähmung der Bedürfnisse. Arbeit und die produktive und distributive Tätigkeit innerhalb und für eine christliche Gemeinde waren wünschenswert, doch in der Welt war die Harmonie in

62 Francis G. Gentry, Arbeit in der mittelalterlichen Gesellschaft, in: Reinhold Grimm/Jost Hermand, Arbeit als Thema in der deutschen Literatur vom Mittelalter bis zur Gegenwart, Königstein/Ts. 1979, S. 3-28.

63 Aron J. Gurevic, Historical Anthropology of the Middle Ages, Chicago 1992, S.178.

64 Aurelius Augustinus, Vom Gottesstaat, 2 Bde., München 1977/78.

der Gemeinschaft nicht zu erreichen, das Streben nach Gerechtigkeit daher ein ständiges, letztlich auf Erden unerreichbares Anliegen. Augustinus unterschied drei Arten der Lebensführung: die tätige, die müßige und die aus beiden bestehende. Sie waren gottgefällig, wenn Muße nicht zu Lasten anderer ging oder als reines Nichtstun betrachtet wurde, sondern der Erkenntnis der Wahrheit und der Mitteilung derselben an die anderen diente. Im tätigen Leben dürfe nicht um weltliche Ehre oder Macht gestrebt werden, sondern darum, etwas Gutes für andere zu tun. Arbeit ist für den Unterhalt wichtig, soll aber nicht als Mittel, um Überfluß anzuhäufen betrachtet werden. Die Kirchenväter hatten das Privateigentum, anders als die römischen Gelehrten, nicht zum Fundament der Gesellschaft gemacht; sie gingen vielmehr davon aus, daß ursprünglich alles in der Natur den Menschen gemeinsam gehörte. Cicero hatte die Okkupation des Landes durch einzelne für rechtmäßig erachtet, allerdings mit der Einschränkung, daß nur der gute Gebrauch des Besitzes das Eigentum rechtfertigt. Die Kirchenväter hingegen verwarfen diese Theorie; für sie war die "occupatio" widerrechtliche Aneignung gemeinschaftlichen Besitzes. Die real existierende Privateigentumsordnung erklärten sie als Folge des Sündenfalles. Nur in der klösterlichen Gemeinschaft lebte der Idealzustand des asketischen Besitzverzichtes und der Gütergemeinschaft fort. Clemens von Alexandria meinte andererseits, daß Armut keinesfalls der Königsweg zum Heil sei, sondern eher zu Abhängigkeit und Unwissenheit führte. Er befürwortete daher Privateigentum in gewissem Ausmaß, um selbst das Notwendige und die Mittel zur Hilfe für den bedürftigen Nächsten zu haben.[65]

Während die Kirchenväter der ersten Jahrhunderte nach Christus den gemeinschaftlichen Gebrauch aller Güter empfahlen, setzte sich später die Auffassung Augustinus' durch, der von der Berechtigung des Privateigentums sprach. Da Augustinus zwischen göttlichem und menschlichem Recht differenzierte, war dieses jedoch nur nach menschlichem Recht legitimiert. Der Besitz von Reichtum war demzufolge nicht sündhaft, aber er mußte über das Lebensnotwendige hinaus dazu verwendet werden, den Bedürftigen zu helfen. Die unterschiedlichen Eigentumsverhältnisse in der Welt mußten zwar von der Kirche hingenommen werden, aber sie erlegten dem Privateigentum eine starke Sozialverpflichtung auf. Der Reichtum der einen angesichts der Armut der anderen bedeutete die Verpflichtung des Reichen, den Armen zu helfen und sie zu unterstützen. Wohltätigkeit als Recht der Armen, Almosen und testamentarische Schenkung des Vermögens an die Kirche oder die Klöster

65 Barry Gordon, Economic Analysis before Adam Smith. Hesiod to Lessius, London 1975, S. 70 ff.

sollten das Unrecht des Privateigentums, das als gegeben hinzunehmen war, ausgleichen. Die antiken Ideale der Freigebigkeit und Großzügigkeit gingen in die christliche "caritas" über. Diese hatte ihre Begründung schon im Codex Theodosianus sowie in der Armengesetzgebung Justinians und schließlich in Gesetzen der Merowinger und Karolinger. Später erließen auch die Konzile und die Päpste Dekrete über die den Armen zu widmenden Teile des Ertrags. Weltlicher Besitz wurde als Treuhandvermögen gesehen, der Überfluß sollte den Armen gehören. Insbesondere König und Adel waren zur Barmherzigkeit und Großzügigkeit verpflichtet. Und so mancher Kaufmann, der Zeit seines Lebens emsig sein Vermögen vermehrt hatte, bestimmte dieses auf dem Totenbett der Kirche oder den Armen. Die Großen schenkten freigebig der Kirche, die Armenhäuser und Hospitäler neben den Bischofssitzen errichteten; Klosterhospize entstanden im Bereich der Orden mit den Mitteln aus den Spenden der reuigen Sünder. Aber auch die Geistlichen selbst mußten Opfer bringen. Bischöfe mußten den Armen im 5. und 6. Jahrhundert n. Chr. ein Viertel, Pfarrer ein Drittel ihrer Einkünfte zur Verfügung stellen.[66]

Irdische Güter sollten die Menschen nicht zu sehr gefangen nehmen, der wahre Schatz war der Glaube und der wahre Gewinn wurde im Himmel ausgeteilt. Augustinus sprach von der "heiligen Armut"[67] und meinte: "Denn was ist doch das Geld, verglichen mit alledem, was Himmel und Erde in sich fassen, auch wenn man alles zusammennimmt, was die Menschen unter dem Namen Geld ihr eigen nennen?"[68] Er wies aber auch mit Nachdruck darauf hin, daß nicht der Vermögensbesitz, sondern das Verlangen danach sündig sei. Reichtum und Geld waren ihm durchaus nicht gleichermaßen verwerflich. Was von Augustinus verurteilt wurde, war nicht der Reichtum an sich, sondern das Streben danach, das Streben nach Erwerb über das Notwendige hinaus. In der menschlichen Welt war es zu einer ungleichen Verteilung der Güter gekommen. Damit mußte sich der Christ abfinden; da sonst nur Kampf und Streit unter den Menschen wäre, mußte das Privateigentum und damit ein bestimmter Stand an Besitzverteilung hingenommen werden. Was jedoch nicht toleriert wurde, das war das Streben nach Erwerb und nach Reichtum, sowohl von Seiten der Reichen wie der Armen. Es gab sogar die Auffassung, wonach die Anhäufung von Reichtum bei den Mächtigen begrüßt wurde, weil dadurch den Armen besser geholfen werden könne. Zudem wird nicht klar zwischen materiellem und immateriellem Reichtum unterschieden, eine Vermischung, die

66 Vgl. Michel Mollat, Die Armen im Mittelalter, 2. Aufl., München 1987 (urspr. frz. 1978), S. 26 ff.

67 Aurelius Augustinus, op. cit., Bd. 1, S. 21 ff.

68 Ebd., Bd. 1, S. 335.

später immer auch Anlaß gegeben hat, den materiellen Reichtum als Zeichen immaterieller Werte, also Tugend, Glaube und Redlichkeit zu interpretieren. Der Reichtum durfte jedoch nicht zu Hoffart und Luxus und zur Abwendung von den wahren Werten führen, sondern dazu, Gutes zu tun, den Armen zu geben, der Kirche zu opfern und der Verantwortung gegenüber den Abhängigen nachzukommen. Nur dann war der Reiche wirklich "reich", und auch ein Mensch, der wenig irdische Güter sein eigen nannte, konnte in diesem Sinne reich sein. Allerdings durften Almosen nicht als Kompensationsgeschäft für die unredliche Bereicherung auf Kosten anderer gegeben werden, um deren Sündigkeit auszugleichen bzw. als himmlische Rückversicherung. In dieser Auffassung lag eine Haltung gegenüber Ungleichheit, Reichtum und Armut und in bezug auf die Veränderungsmöglichkeiten dieses Zustands, die die sozialen Verhältnisse und ihre Auffassung bis weit in die Neuzeit dominieren sollte. Erst die Legitimierung des Erwerbsstrebens durch die Reformatoren und die Idee der Revolution und der Gesellschaftsgestaltung erodierten diese Grundeinstellung, die der europäischen Kultur durch ihre christliche Komponente verliehen wurde.

Auch der Unterschied zwischen Mächtigen und Abhängigen verschwamm in dieser Auffassung, denn der Mächtige wurde zugleich als Diener derer, denen er zu befehlen schien, gesehen: "Denn nicht die Lust zu herrschen, sondern die Pflicht zu helfen heißt sie befehlen, nicht ehrgeiziger Hochmut, sondern fürsorgliches Erbarmen." Daher sah Augustinus auch die Sklaverei durchaus nicht der "natürlichen" und der gottgewollten Ordnung zuwiderlaufend an: "Denn das Los der Knechtschaft ist, wie man einsehen muß, mit Recht dem Sünder auferlegt."[69] Die Ursache der Knechtschaft war die Schuld, sie war zwar nicht naturgegeben, aber eine Folge der Sünde des Krieges. Die Knechtschaft war daher, auch wenn der Sieg den Bösen zufiel, dennoch ein Gottesgericht zur Demütigung der Besiegten, sei es, um sie von der Sünde zu reinigen, sei es, um sie zu strafen. Knechtschaft wurde daher akzeptiert als Zeichen der Sünde, erhielt aber darüber hinaus eine ambivalente Bedeutung: Einerseits war sie Chance zur Reinigung von der Sünde, andererseits Strafe. Die Haltung des Frühmittelalters den Armen und den Sklaven gegenüber war ambivalent.[70] Auch die Kirche und der Papst selbst traten als Auftraggeber und Käufer von Sklaven in Erscheinung. Auf der Synode von Clichy 626/627 n. Chr. wurde nur der Verkauf von Christen an Juden oder Heiden verboten. Noch lange beschäf-

69 Ebd., Bd. 2, S. 557.
70 Michel Mollat, Die Armen im Mittelalter, op. cit., S. 68 ff.

tigten Klöster und Bistümer Sklaven auf ihren Domänen, und die Sklaverei bestand bis tief ins europäische Mittelalter hinein.

Die Verdammung des Wuchers in der mittelalterlichen Auffassung gründet auf einer Stelle im Deuteronomion, einem der fünf Bücher Moses' (23, 20): "Du sollst von einem Bruder nicht Zins nehmen, weder mit Geld noch mit Speise noch mit allem, womit man wuchern kann. Von den Fremden magst du Zinsen nehmen, aber nicht von deinem Bruder [...]." Diese Bibelstelle gab zu verschiedenen Interpretationen Anlaß, insbesondere in bezug auf die Differenzierung zwischen "Brüdern" und "Fremden". Im antiken Judentum wurde dies im Sinne einer weitgehenden Übereinstimmung von Stammes- und Religionsgemeinschaft aufgefaßt. Zwischen den Mitgliedern des Stammes (bzw. der Religion) mußten andere moralische Normen gelten als in der Beziehung zu Stammesfremden. Die Wucherbestimmungen des Deuteronomion gründeten, wie schon Max Weber[71] aufgezeigt hatte, in der Moral einer Stammesgesellschaft. Das Christentum der Evangelien hingegen reflektierte die universale Gemeinschaft, wie sie im Römischen Reich vorlag, und weil es nicht auf den Kaiser hin gerichtet war, wurde daraus die universale Brüderlichkeit aller Menschen. Nicht nur Juden konnten Christen werden, sondern alle Menschen. Da aber alle Menschen Brüder waren, galt das Wucherverbot des Alten Testaments ganz allgemein. Eine Ausnahme fand sich im 4. Jahrhundert n. Chr. bei Ambrosius, der meinte, daß der Wucher gegen Kriegsfeinde keine Sünde sei. Während die Juden ihrer Religion zufolge von Nicht-Juden, also auch von Christen, Zinsen nehmen konnten, durften die Christen von allen Menschen, eben auch von Juden keine Zinsen verlangen - eine Disparität, die früher oder später zu Konflikten führen mußte. Die frühen christlichen Kirchenlehrer bezogen sich einerseits auf die Stelle im Deuteronomion, andererseits auf das Lukas-Evangelium, wo es in (6, 35) heißt: "Leihet, daß ihr nichts dafür hoffet, so wird euer Lohn groß sein." Auf dem Konzil zu Nizäa 325 n. Chr. wurde festgelegt, daß Geistliche, die aus Habsucht Gewinn anstrebten und Zinsen nahmen, vom geistlichen Stand ausgeschlossen werden sollten. Im 5. Jahrhundert n. Chr. dehnte Papst Leo I. diese Bestimmung auf alle Christen aus und verurteilte insbesondere die Kaufleute. Im Pseudo-Chrysostomos, einem Kommentar zum Matthäus-Evangelium aus dem 6. Jahrhundert n. Chr., heißt es dann sogar, daß nicht nur das Zinsnehmen sündhaft sei, sondern der Handel überhaupt. Ein Mensch, der Kaufmann sei, könne Gott nicht gefallen, daher dürfe kein Christ Kaufmann sein. Und im

71 Max Weber, Das antike Judentum, in: Ders., Gesammelte Aufsätze zur Religionssoziologie, Bd. 3, Tübingen 1988 (urspr. 1921), S. 1-400.

Matthäus-Evangelium fand man auch die Rechtfertigung für die Verurteilung der Reichen gemäß der berühmten Stelle (19, 24): "Eher geht ein Kamel durch ein Nadelöhr als ein Reicher ins Himmelreich ein."

Wucher, Handel und Reichtum waren in unterschiedlicher Weise Gegenstand kirchlicher Diskussionen auch in den folgenden Jahrhunderten. Derjenige Kirchenlehrer, der die stärkste Wirkung ausübte, war wieder Aurelius Augustinus. Seine Auffassungen über Eigentum, Reichtum und Wucher bestimmten weitgehend auch die späteren Theologen des Hochmittelalters. Hinsichtlich der weltlichen Quellen stellte Harald Siems[72] eine ungeheure Fülle und Vielfalt von Rechtsquellen zu Handel und Wucher fest. Dabei ist insbesondere auch das Ineinandergreifen ursprünglich verschiedener Rechtsmassen - Römisches Recht, Kirchenrecht, germanische Rechte etc., bemerkenswert. Es darf daher angenommen werden, daß es zu Handel und Wucher sehr unterschiedliche Meinungen gab. Die Auffassungen sind dabei regional sehr different, ausgefeilt in den südeuropäischen Küstengebieten und Byzanz und wenig entwickelt in den germanischen Reichen.

Die Begriffe "negotiatores" und "mercatores" werden in den Leges der germanischen Reiche kaum erwähnt; nur die Lex Salica verwendet das Wort "negotiatores", aber in einem berufsunspezifischen Sinn. In der Lex Visigothorum kommen immerhin Bemerkungen über "transmarini negotiatores" vor, in den fränkischen Leges werden Kaufleute überhaupt nicht erwähnt. Deutlich belegt ist in allen Leges nur der Sklavenhandel. Daraus darf man nun aber keineswegs auf die Absenz des Handels und der Kaufleute schließen, da die Leges nicht vollständige Aufzeichnungen des geltenden Rechts darstellten, sondern in der Hauptsache auf die Friedensordnung abzielten. Diese galt als aufzuzeichnendes Recht, während Vereinbarungen zwischen Geschäftsleuten nicht zu diesem allgemeinen und "öffentlichen" Recht zählten. Geschäftsabschlüsse basierten daher auf den Bestimmungen über Eigentum, Kauf und Verkauf aus dem Römischen Recht und den sich aus althergebrachten Praktiken herleitenden Gewohnheitsrechten.

Kennzeichnend für das Karolingerreich waren die Bemühungen, den Handel auf die Märkte zu verlagern, die man besser kontrollieren konnte. In der Karolingerzeit kam es zu einem deutlichen Anstieg der Bezüge auf "usura" und "turpe lucrum", diese beschränkten sich nicht mehr nur auf das Kirchenrecht, sondern wurden ein Anliegen weltlicher Normgebung in den Kapitularien Karls des Großen. Es kam zu

72 Harald Siems, Handel und Wucher im Spiegel frühmittelalterlicher Rechtsquellen, Hannover 1992.

einem Ineinandergreifen weltlicher und kirchlicher Normgebung. Der Wucher wurde daher nicht nur durch kirchliche, sondern auch durch weltliche Normen verboten, so etwa schon 626 n. Chr. im Frankenreich, später wieder von Karl dem Großen 789 n. Chr. Ab dem 9. Jahrhundert n. Chr. ahndeten die weltlichen Gerichte den Wucher und die weltliche Autorität des Kaisers trat als Vollstreckerin kirchlicher Auffassungen auf. Harald Siems schloß daraus, daß es zu einem parallelen Bemühen um "christliche Lebensführung" von König und Kirche kam, während davor im weltlichen Bereich die römisch-rechtlichen Gepflogenheiten des Zinsnehmens beibehalten worden waren. Allerdings ist der Gebrauch der Begriffe "usura" und "turpe lucrum" keineswegs einheitlich. In einem Kapitular aus dem Jahr 806 n. Chr. heißt es: "All die, die zur Zeit der Kornernte Korn und zur Zeit der Weinlese Wein kaufen, und dies nicht aus Notwendigkeit, sondern mit dem Hintergedanken der Bereicherung - indem sie beispielsweise einen Malter für zwei Denare kaufen und ihn aufbewahren, bis sie ihn für vier, sechs oder gar noch mehr Denare wieder verkaufen können - machen sich eines Vergehens schuldig, was wir als unredlichen Gewinn bezeichnen. Wenn sie dagegen aus Notwendigkeit entweder für ihren eigenen Verbrauch oder zur Weitergabe an andere kaufen, bezeichnen wir dies als negocium."[73] Man differenzierte hier also bereits zwischen Spekulationsgeschäften und Handelstransaktionen, die zur Eigenversorgung bzw. zum unmittelbaren Weiterverkauf vorgenommen wurden. Für Kirche und Staat war der Handel zu Spekulationszwecken eine moralisch verwerfliche Sache, was aber nichts daran änderte, daß gerade die Hervorhebung durch das Kapitular darauf hinwies, daß dies durchaus eine nicht allzu seltene Handlungsweise dargestellt haben dürfte, da die Preise etwa für Lebensmittel saisonal und regional extrem stark schwankten.[74] Zwischen diesen Formen von Spekulation und dem Wucher als dem Zinsnehmen bei Darlehen wurde kaum differenziert, beides fiel unter "usura".

Henri Pirenne sah das Zinsverbot als Reaktion auf die Gegebenheiten einer Agrargesellschaft an, in der jeder für seinen Eigenbedarf sorgte, "da jeder Gutshof sich selbst genügt und in sich eine geschlossene Welt bildet".[75] Reichtum bestand in dieser Gesellschaft nicht primär in Geld, sondern in Grund und Menschen. Jede

73 Zit. in: Georges Duby, Krieger und Bauern, op. cit., S. 140/141.

74 Alfons Dopsch stellte daher das Vorhandensein von Individualismus und kapitalistischem Geist im Frühmittelalter fest und meinte, vieles was diesem dann als "mittelalterlicher Geist" entgegenwirkte, entstammte einer späteren Zeit. Siehe: Alfons Dopsch, Wirtschaftsgeist und Individualismus im Frühmittelalter, in: Ders., Beiträge zur Sozial- und Wirtschaftsgeschichte, Wien 1938, S. 154-186.

75 Henri Pirenne, Sozial- und Wirtschaftsgeschichte Europas im Mittelalter, op. cit., S. 18.

rein geldliche Bereicherung war daher suspekt, jede Entschädigung für die Verwendung und das Verleihen von Geld stand nicht im Einklang mit der herrschenden Auffassung von Vermögenserwerb. Reichtum erwarb man sich durch Vererbung und durch Lehen bzw. Schenkungen, aber in hohem Maße, wenn auch nicht offen eingestanden wie in Rom, durch Krieg, Plünderung und Tribute. Handel wurde geduldet als Ausgleich der auftretenden Versorgungsungleichheiten der hauswirtschaftlichen Produktion, nicht aber als Mittel der Bereicherung. "Moralisch gesehen ist der Handel ein außerordentlicher, fast sogar ungewöhnlicher Vorgang, und die, die ihn betreiben, dürfen im Prinzip keinen Gewinn daraus ziehen, der eine gerechte Entschädigung für ihre Mühen übersteigt."[76]

Die Moral des Kaufens und Verkaufens im Mittelalter kommt sehr schön in der bekannten Anekdote über den Heiligen Gerald von Aurillac zum Ausdruck[77]. Dieser Graf hatte sich im 9. Jahrhundert n. Chr. auf einer Pilgerfahrt in Rom unter anderem ein kostbares Gewand aus orientalischem Tuch gekauft. Auf der Rückreise in seine Heimat machte er vor Pavia halt, einer wichtigen Handelsstadt dieser Zeit. Die dortigen Großhandelskaufleute eröffneten ihm, daß er mit dem Kauf des Gewandes ein gutes Geschäft gemacht habe, weil dieses in Konstantinopel erheblich teurer gewesen wäre. Gerald freute sich nun keineswegs über diese Mitteilung, sondern wurde von Gewissensbissen geplagt, und als Ergebnis derselben händigte er anderen Pilgern, die sich auf der Reise nach Rom befanden, den Differenzbetrag gegenüber dem Preis des Gewandes in Konstantinopel aus mit dem Auftrag, diesen dem Kaufmann, der ihm das Gewand verkauft hatte, zu übergeben. Der Chronist Odo von Cluny pries diese Haltung Geralds, die ihn wahrlich als einen Heiligen ausweise. Das "unökonomische" Verhalten Geralds interpretierte Henri Pirenne[78] als Ausweis des Konflikts zwischen kirchlicher Moral und Gegebenheiten des wieder neu aufblühenden Handels. Differenzierter urteilt Jürgen Hannig[79]: Er meinte, daß sich in diesem Beispiel drei Denktraditionen überschneiden: Zum einen belegte es, daß merkantile Traditionen durchaus lebendig und Handel und Gewinn eine Realität waren; zum anderen reflektierte die Episode die Wertvorstellung der cluniazensischen Interpreten mit ihren strengeren asketischen Ansprüchen einer spä-

76 Georges Duby, Krieger und Bauern, op. cit., S. 141.
77 Ebd., S. 190.
78 Henri Pirenne, Sozial- und Wirtschaftsgeschichte Europas im Mittelalter, op. cit., S. 30 f.
79 Jürgen Hannig, Ars donandi. Zur Ökonomie des Schenkens im frühen Mittelalter, in: Richard van Dülmen (Hg.), Armut, Liebe, Ehre, Frankfurt/Main 1988, S. 11-37, S. 32 ff.

teren Zeit, der Zeit des Chronisten; und schließlich fand sich darin eine uralte Statusauffassung wieder: Für den Adeligen war demnach ein kostbares Gewand ein Statusmerkmal und was er dafür ausgab, war durchaus bedeutsam für sein Ansehen, d. h. er war daher nicht so interessiert, derartige Gegenstände möglichst billig zu erstehen. Der ostentative Aufwand war wichtig für das Prestige in der Oberschicht dieser Gesellschaft und wir können daher annehmen, daß das Statusdenken des Adels der kirchlichen Moralauffassung hier entgegenkam. Dieses Statusdenken, das ökonomische Interessen überlagerte, darf nicht übertragen werden auf die Denkweise der Bevölkerung als solcher. Auch darf daraus weder auf die Absenz von kommerzieller Rationalität geschlossen werden, noch auf die Ablehnung von Geldrechnung.

Die Kirche sah den Kaufmann als jemand an, der Gott nicht gefallen könne, und immer wieder sahen sich die Händler im Zusammenhang mit entehrenden oder verachteten Gewerben genannt; allerdings zählte das Mittelalter außer Prostituierten und Jongleuren auch Soldaten, Advokaten, Notare, Richter, Ärzte, sowie Köche, Fleischer u. a. dazu. Am Kaufmann störte das Gewinnstreben, die Geldgier, die ihm als Motiv seines Handelns zugeschrieben wurde. Die Kirche und die mit ihr eng verbundene Oberschicht bestimmten als Auftraggeber der Kunst und Literatur auch die "öffentliche Meinung". In ihr tritt der Kaufmann als habgieriger, geiziger, gewinnsüchtiger Typ auf. Aus diesem Grund verschwammen Handel und Wucher auch immer wieder, die Differenzierung wurde zwar gelegentlich deutlich, oft aber überlagert durch die allgemeine Ablehnung des Händlers. Begründet war dies zum einen durch die schon in der Antike verbreitete Verachtung für den Krämer, aber auch durch die Tatsache, daß es im frühen Mittelalter meist Juden und Orientalen - also Nicht-Christen - waren, die den Handel in Europa beherrschten. Als dann auch einheimische Händler in größerer Zahl auftraten und die Kirche ihre Wichtigkeit anerkennen mußte, blieb die Ambivalenz der Einstellung trotzdem erhalten. Der Kaufmann und der Händler hatten auch keinen Platz in der gottgewollten Ordnung, wie sie die "Ideologen" der Kirche skizzierten, nachdem die feudale Revolution auf Erden eine vertikale Struktur suggerierte, die man himmlisch begründen konnte.

5. Kapitel: Ordnungsdenken und Wirtschaftsdynamik im Hochmittelalter

Im Laufe von Spätantike und Frühmittelalter entstanden die Strukturen, die dann in die "mittelalterliche" Gesellschaft übergingen, wie sie sich am prägnantesten in Nordfrankreich entwickelte. Charakterisiert durch eine starke territoriale Aufgliederung und eine vielstufige vertikale Ordnung.[1] Sie bildete sich im 10. und 11. Jahrhundert n. Chr. deutlich aus und begann sich im 12. und 13. Jahrhundert n. Chr. langsam zu transformieren. In Deutschland entstand der Feudalismus später und wies eigentümliche Strukturen auf, in Italien konnte er sich gegen die noch immer starken städtisch-kommerziellen Strukturen nicht so recht durchsetzen, in Skandinavien entwickelte er sich überhaupt erst im 12. Jahrhundert n. Chr. und mit geringer Tiefenwirkung. Die Normannen, skandinavische Eroberer in Nordfrankreich, übernahmen den Feudalismus zwar, aber auch hier mit spezifischen Zügen, die sie später auch auf England übertrugen. Perry Anderson unterschied daher drei regional differenzierte soziale Formationen des Feudalismus: das Kerngebiet (Nordfrankreich und das Karolingerkerngebiet), die dominant antike Synthese in Südfrankreich und Italien, und die dominant germanische Synthese im Norden und Osten Europas (Deutschland, Skandinavien, England). Auch Otto Hintze betonte die romanisch-germanische Kultursynthese und charakterisierte den Idealtypus des Feudalismus als Herrschaftssystem und Entwicklungsprinzip durch drei Gesichtspunkte: Durch einen partikularistischen Zug wurde die unvollkommene Integration der Reichsteile zu einem staatlichen Ganzen begründet. Es entstand ein zusammengesetztes Gebilde aus territorial relativ autonomen Teilen, die mehr oder weniger nur durch den König zusammengehalten wurden. Bei Nachfolgestreitigkeiten, die häufig waren, zerfiel das Staatsgebilde sehr leicht. Ein zweites Merkmal war das persönliche Moment der Herrschaftt, in dem sich auch noch die germanische Auffassung über das Königtum niederschlug. Otto Hintze sah darin den Grund für die unzureichende Unterscheidung von öffentlichem und privatem Recht, wodurch die Tendenz zum Patrimonialismus entstand. Drittens hob Hintze den hierarchischen Zug auf der Grundlage der engen Verbindung von Staat und Kirche hervor, die die Grenzen zwischen der geistlichen und der weltlichen Gewalt unscharf werden ließen. In der

1 Perry Anderson, Passages from Antiquity to Feudalism, London-New York 1988 (1974).

Ordnung des Feudalismus drückte sich die Vorstellung aus, daß alle Herrschergewalt von Gott stammte und den Inhabern nur leihweise übertragen war.[2]

Vasallität und Benefizium, Grundherrschaft und dörfliche Bauernwirtschaft, sowie territoriale Immunität waren die Faktoren, in denen sich der Feudalismus als militärische, ökonomisch-soziale und lokale Herrschaft ausprägte. Obwohl es die einzelnen Elemente schon in römischen Einrichtungen und germanischen Traditionen gab, wurden sie durch ihre Verbindung zu einer spezifischen Kulturerscheinung des 10.-13. Jahrhunderts n. Chr. Wie kürzlich Guy Bois wieder aufgezeigt hat, ist es daher nicht richtig, schon in bezug auf das Frühmittelalter vor dem 10. Jahrhundert n. Chr. von Feudalismus zu sprechen[3]; zum einen, weil seiner Meinung nach die spätantik-karolingischen Strukturen zu dieser Zeit noch dominierten, zum anderen, weil durch eine solche Betrachtung des "Frühmittelalters" dieses unrichtigerweise als eine Vorbereitungszeit in Richtung auf die volle Ausformung des Feudalismus erscheint. Dem hielt er den Ausdruck Georges Dubys von der "feudalen Revolution"[4] entgegen und meinte, daß um das Jahr 1000 n. Chr. ein fundamentaler Umbruch vor sich gegangen sei, der den Feudalismus und seine systemischen Elemente und Strukturen erst hervorbrachte.[5] Auch Marc Bloch hatte bereits von zwei völlig unterschiedlichen Phasen der Feudalgesellschaft vor und nach dem 11. Jahrhundert n. Chr. gesprochen. Blochs "Feudalgesellschaft" beschreibt eine Welt, in der keineswegs der Eindruck von Einheitlichkeit und systematischer Ordnung dominiert. Der "Feudalismus" als System miteinander sinnvoll verknüpfter Elemente

2 Otto Hintze, Feudalismus-Kapitalismus, Göttingen 1970, 12 ff.; Hintze wählte bewußt die idealtypische Definition, um den allgemeinen Begriff und die individuelle historische Erscheinung zu trennen, aber sein Begriff des Feudalismus ist doch stärker von den germanischen Elementen der Synthese beeinflußt.

3 Guy Bois, Umbruch im Jahr 1000. Lournand bei Cluny - ein Dorf in Frankreich zwischen Spätantike und Feudalherrschaft, Stuttgart 1993 (urspr.frz. 1989). Bois betont etwas zu stark die "antiken" Züge der Wirtschaft und Gesellschaft zur Jahrtausendwende. Die mikrohistorische Studie des Dorfes von Lournand nahe dem Kloster von Cluny stellt sehr lebendig und lebensnah die Strukturen dieser Gegend dar. Es ist aber fraglich, wie gut dieses Bild auf andere Gegenden Europas übertragbar ist.

4 Georges Duby, Die drei Ordnungen, Frankfurt/Main 1986 (urspr. frz. 1978), S.183 ff. Siehe auch: T. N. Bisson, The "feudal revolution", in: Past & Present 142/1994, S. 6-42, der eine differenzierte Interpretation gibt.

5 Ludolf Kuchenbuch/Bernd Michael (Hg.), Feudalismus. Materialien zur Theorie und Geschichte, Frankfurt/Main-Berlin-Wien 1977.

war eine ex post-Konstruktion.[6] Die im nachhinein beschworene Einheitlichkeit eines "Systems" des Feudalismus ist daher in Frage zu stellen, was Fernand Braudel[7] durch Differenzierung von fünf verschiedenen "Gesellschaften" in der mittelalterlichen Welt versucht. Er unterteilt die Feudalgesellschaft in die Beziehung zwischen Grundherren und Bauern, die theokratische Gesellschaft, den embryonalen Territorialstaat, das Lehenswesen und die Städte. Hier wollen wir auch dieser Differenzierung nicht folgen, sondern nur einzelne Institutionen näher betrachten, um die bestimmenden sozialen Beziehungen möglichst klar zu erkennen, vor allem die Beziehungen zwischen Führern und Gefolgsleuten, ausgedrückt durch die Begriffe von Vasallität und Lehen, dann die Institutionen der Grundherrschaft und der Hörigkeit.

Feudalstrukturen und Agrargesellschaft

Die germanische Gefolgschaft und das römische Klientelverhältnis können als Wurzeln des Vasallenverhältnisses[8] angesehen werden. Die Zuteilung von Land und Beutegut der germanischen Könige und Clanhäuptlinge an ihre Gefolgsleute und das römische "beneficium"[9] waren Vorläufer des Lehens, das sich ab dem 9. Jahr-

6 "Den Feudalismus" gab es als sozialstrukturelle Kollektivvorstellung im Mittelalter nicht. Dieser Begriff entstand erst im 17. Jahrhundert als rechtsinterpretative Konstruktion, und Montesquieu sprach davon, daß die "lois féodales" eine Phase der Geschichte kennzeichneten. Die Nationalversammlung schaffte 1789 offiziell die "Feudalherrschaft" vollständig ab, d. h. also das, was man im 18. Jahrhundert darunter verstand. Aus dem Französischen wurde dieser Begriff dann in andere Sprachen übernommen bzw. durch eigene Ausdrücke wiedergegeben wie im deutschen "Lehenswesen". Über die Einzigartigkeit oder Generalisierbarkeit des Feudalismus als politisch-soziales System gibt es bekanntlich eine lange Diskussion. Während Montesquieu den Feudalismus in Europa für einzigartig hielt, meinte Voltaire, er existiere beinahe auf der ganzen Welt. Marx selbst differenzierte zwar, stellte aber die ökonomische Beziehung zwischen Herren und abhängigen Bauern so sehr in den Vordergrund, daß die nachfolgenden Marxisten im 20. Jahrhundert Voltaires Version folgten. Heute ist man wieder stärker Montesquieus Auffassung und betont die Einzigartigkeit des europäischen Feudalismus. Nur für das vormoderne Japan wird ein ähnliches System angenommen. Marc Bloch, Die Feudalgesellschaft, Frankfurt/Main-Berlin-Wien 1982 (urspr. frz. 1939).

7 Fernand Braudel, Sozialgeschichte des 15.-18. Jahrhunderts, Bd. 2: Der Handel, München 1986 (urspr. frz. 1979), S. 512/513.

8 "Vasallus" ist ein latinisiertes keltisches Wort und bedeutete ursprünglich junger Bursch, Haussklave. Später dann bezeichnet es die Mitglieder der jungen Garde eines Anführers bzw. "Haus-Krieger".

9 Das "beneficium" war eine Schenkung zu Nutznießung und beschränktem Eigentum gegen die Verpflichtung zum Heeresdienst.

hundert n. Chr. als "fief"[10] einbürgerte. Es handelte sich nicht um volle Eigentumsrechte; ein Vorbehalt möglicher Zurücknahme durch den Herrn blieb immer bestehen, insbesondere im Falle des Todes des Empfängers. Ursprünglich waren Vasallenstellung und Lehen daher nicht erblich, teilweise wurden sie es seit dem 10. Jahrhundert n. Chr., allgemein aber erst seit dem 12. Jahrhundert n. Chr.[11] Das Lehen unterschied sich vom Zinsgut durch die spezifische Verpflichtung zu "Treudienst" in Krieg und Frieden. Häufig kam es auch vor, daß der Vasall sich zusammen mit seinem eigenen Land in den Schutz eines Herrn stellte. Dieser belehnte ihn später wieder mit seinen eigenen Gütern, die dann allerdings dem Recht des Herrn unterworfen und mit Verpflichtungen belastet waren. An sich bestand kein grundlegender Unterschied zwischen dem Bauern, der sich einem Herrn solcherart kommendierte, und dem Ritter, der einem Herrn huldigte.[12] Die Art der Verpflichtung und die Interpretation der damit verbundenen Beziehung zwischen Herrn und Vasall waren aber andere. Im einen Fall bestand die Verpflichtung aus Abgaben- und Arbeitsverpflichtungen, im anderen Fall in Kriegsdienst mit einem spezifischen Treuegelöbnis. Ein Mann konnte auch Vasall mehrerer Herren gleichzeitig sein und von ihnen jeweils Lehen erhalten haben. Dadurch kam es mitunter zu komplizierten Konflikten, wenn die Herren eines Vasallen miteinander im Streit lagen. Der König beanspruchte für sich die sogenannte "ligische Mannschaft", die persönliche und unbedingte Gefolgschaft. Die Vasallen schuldeten nicht nur Hilfe im Krieg, sondern auch Rat; der Herr versammelte seine Vasallen zu bestimmten Zeiten als Gerichtshof und Ratsversammlung und zur Steigerung seines Prestiges um sich, er hielt Hof. Brauchte er Geld, so waren die Hintersassen wie die Vasallen verpflichtet, ihm auch finanziell beizustehen. Später entwickelte sich daraus bei zunehmender Geldwirtschaft eine feudale Steuer, in Frankreich die berühmte "taille". Andererseits hatte der Herr auch Verpflichtungen dem Lehnsmann gegen-

10 Die Bezeichnung "fief", "feu", "fihu" (lat. "feodum") bezog sich ursprünglich auf bewegliches Vermögen, das als Entlohnung gegeben wurde; später aber nur noch auf Immobilien, die vom Herrn an die Vasallen gegeben wurden. Lehen konnten auch in anderen Dingen als Land bestehen, etwa in Einkünften aus Zehnten, Kircheneinnahmen, Marktrechten, Wegzöllen etc. Entsprechend dem vorbehaltlichen Besitzcharakter bürgerte sich im Deutschen ein von "Leihen" abgeleitetes Wort, "Lehen", ein, das die Überlassung eines Gutes gegen Dienstverpflichtung spezifischer Art bedeutete.

11 Wilhelm Ebel, Über den Leihegedanken in der deutschen Rechtsgeschichte, in: Studien zum mittelalterlichen Lehnswesen, Lindau-Konstanz 1960, S. 11-36.

12 Insbesondere bei den Afterlehen, den in Italien und Deutschland bekannten "valvassoren", den kleinen Vasallen, war der Unterschied zwischen Hintersassen und Rittern fließend.

über, der überdies seinem Herrn bei unbilligen Vorhaben nicht folgen mußte; er hatte ein gewisses Widerstandsrecht.[13]

Auf der anderen Seite mußte der König schon vom 6. Jahrhundert n. Chr. ab immer mehr Großen das Privileg der Immunität gewähren, d. h. das Vorrecht, das den Lehensmann auf seinem eigenen Territorium von jedem Eingriff von seiten des Staates bzw. des Königs in die Angelegenheiten seines Landbesitzes befreite. Die Großen des Reiches waren auch gleichzeitig die obersten Verwaltungsorgane des Königs, er übertrug ihnen die Funktionen von Herzögen und Grafen und damit die Ausübung "öffentlicher Gewalt" in ihren Gebieten. Dadurch wurde er von ihnen in großem Umfang abhängig und sie selbst erhielten solcherart die territoriale und materiale Ausgangsbasis, ihre Macht und ihr Vermögen abzusichern und zu vermehren. Die Immunität schuf die Grundlage für die immer wieder aufflammenden Konflikte zwischen Territorialfürsten und Königen und für die daraus folgende Schwäche der zentralen Autorität im europäischen Mittelalter.[14] Erst nachdem es den Königen gelungen war, die Eigenmacht der territorialen Herren zu brechen, konnte sich ihr Einfluß direkt auf ihren gesamten Herrschaftsbereich ausweiten. Wir bezeichnen dies als Absolutismus und beziehen uns damit auf eine historische Epoche. Allerdings gab es mehr oder weniger erfolgreiche Ansätze dazu immer wieder, einer der berühmtesten ist wohl die Herrschaft Friedrich II. in Sizilien, wo die historischen Bedingungen dafür im 13. Jahrhundert ungleich günstiger waren als im Gebiet des Frankenreiches.

Grundherrschaft und Hörigkeit haben ebenfalls sowohl antike wie germanische Wurzeln. Die dörfliche Gemeinschaft mit Almende, aber auch das Eigenbauerntum sind typisch germanisch, Kolonat und Sklaverei römisch. Aus beiden entstanden in unterschiedlicher Mischung und mit großen regionalen Unterschieden die Bauern des Mittelalters. Die Überlagerung der römischen Agrarverfassung mit Fronhof und abhängigen Kleinwirtschaften der "coloni" durch die germanische Dorfstruktur sah Rolf Engelsing als Ausgangskonstellation der Grundherrschaft mit ihrer dörflichen Struktur, wie sie in der fränkischen "Villikationsverfassung" am typischsten ausge-

13 Das stellte jedenfalls der im 13. Jahrhundert als private Bilderhandschrift geschaffene Sachsenspiegel fest. Siehe: Eike von Repgow, Der Sachsenspiegel (hg. v. Walter Koschorrek), Frankfurt/Main 1976, S. 46.

14 Vgl.: Rolf Sprondel, Verfassung und Gesellschaft im Mittelalter, Paderborn 1975; Heinrich Mitteis, Lehnrecht und Staatsgewalt. Untersuchungen zur mittelalterlichen Verfassungsgeschichte, Weimar 1933; Otto Brunner, Neue Wege der Verfassungs- und Sozialgeschichte, 2. Aufl., Göttingen 1968.

prägt war.[15] Der wesentliche Unterschied zwischen der mittelalterlichen und der römischen Grundherrschaft liegt in der rechtlichen Grundlage des Besitzes, im Übergang vom Eigentums- zum Lehensrecht. Die Eigentumsrechte des Grundherrn an Grund und Boden waren stark eingeschränkt durch die Verhufung[16], hingegen stand die persönliche und rechtliche Macht des Grundherrn über alle Menschen, die auf "seinem" Grund lebten, im Vordergrund. Die Grundherrschaft entwickelte sich allmählich als eine territoriale Herrschaft über Dörfer und Bauernhöfe, die typische Form war zweistufig: Das Land war geteilt in Herrenland (Domäne, Salland) und Bauernland. Letzteres stand unter der Herrschaft des Grundherrn und wurde an abhängige Bauern gegen Abgabe und Arbeitsleistung vergeben (Zinshufen). Auch gab es noch die Almende, das Gemeindeland, also jene Weiden, Wald- und Sumpfgebiete, die zwar unter dem Besitzrecht des Herrn standen, an denen aber die Bauern ein gemeinschaftliches Nutzungsrecht besaßen. Damit präsentierte sich die Grundherrschaft primär als Herrschaftsform und erst sekundär als Wirtschaftsform. Sie war keine einheitliche, geschlossene Organisation, sondern eine additive Agglomeration von einzelnen Hufen unter der rechtlichen Zuordnung unter einen Herrn. Die wirtschaftliche Beziehung zwischen Herrenland und Leiheland bestand darin, daß die Hörigen sich auch an der Bewirtschaftung des Herrenlandes beteiligten. Sie mußten neben der Abgabe eines bestimmten Teils der Ernte zusätzliche Arbeitsdienste auf der Domäne leisten. Darüber hinaus wurden im Laufe des Mittelalters auch die entgeltlichen Leistungen immer mehr; sie mußten von den Bauern etwa für die Benutzung von Mühlen, von Wald, von Bächen, für die Befreiung vom Militärdienst u. a. gezahlt werden.

Welche Möglichkeiten dem Grundherrn in bezug auf die Nutzung bzw. die Kontrolle des Bodens bzw. der Menschen offenstanden, hing mit dem Status von "frei" oder "unfrei" zusammen, der sich sowohl auf die Hufen wie auf die Personen beziehen konnte. Die Differenzierung zwischen Freien und Unfreien war im Frühmittelalter immer unschärfer geworden. Von großer Bedeutung für die tatsächliche Lage der freien wie der unfreien Bevölkerung war die Tatsache, ob die Menschen ein "Haus" bzw. "Land" (eine "Hufe" in Germanien, "mansus" in romanisierten Regionen)

15 Rolf Engelsing, Sozial- und Wirtschaftsgeschichte Deutschlands, Göttingen 1973; siehe auch: Henri Pirenne, Sozial- und Wirtschaftsgeschichte Europas im Mittelalter, Tübingen 1986 (urspr. frz. 1933) S. 61 ff.; Max Weber, Wirtschaftsgeschichte, 3. Aufl., Berlin 1958 (urspr. 1923).

16 Diese "Verhufung", d. h. die Einteilung des Besitzes in einzelne Bauernstellen, wie sie bereits in der Spätantike einsetzte, wurde in den von Karl dem Großen eingeführten schriftlichen Aufzeichnungen, den "Urbaren", festgehalten.

hatten, aus dem sie ihren unmittelbaren Unterhalt bezogen und das ihnen als Grundlage einer Familie dienen konnte. Die "servi" unterschieden sich danach, ob sie "behaust" ("servi casati") oder "unbehaust" ("servi incasati") waren. Die Situation wurde dadurch kompliziert, weil auch ein "mansus" frei oder unfrei sein konnte. Der "rusticus" konnte daher unfrei sein, entweder weil er persönlich unfrei war oder weil er auf einer unfreien Hufe saß oder beides. Wenn ein Unfreier eine Hufe innegehabt hatte, blieb diese unfrei und ihr neuer Besitzer mußte die darauf lastenden Dienste und Abgaben entrichten, auch wenn er selbst frei war. Ein "liber", der sich in einem "opus servile" betätigte, war tatsächlich unfrei, auch wenn er von freien Bürgern abstammte.[17]

Die Herrenschicht nannte sich selbst in den ersten Jahrhunderten nach dem Zerfall Westroms nicht "frei" ("liber"), obwohl sie allein es im modernen Sinn war, sie nannte sich "potentes" im Gegensatz zu den "pauperes", zu denen "liberi" wie "servi" zählten. Nur gelegentlich findet sich auch die Bezeichnung "edelfrei" für den Adel. Nach und nach veränderte sich die soziale Schichtung hin zu der in die "Großen", in eine Mittelschicht aus Freien und Unfreien, die sich durch eine gemeinsame wirtschaftliche Lage auszeichneten, und die "mancipia", die Abhängigen.[18] Die "liberi" waren nicht so sehr die persönlich Unabhängigen, sondern sie waren "das Volk"[19], das schließlich in der allgemeinen Leibeigenschaft aufging. Mit "Freiheit" hatte der Begriff der "liberi" nur mehr wenig zu tun. Die Diffusität des Freiheits-Unfreiheitsstatus zeigte sich aber auch bei einzelnen Gruppen; so waren die Eisenschmiede zwar meist "frei" und beschäftigten ihrerseits "mancipia", aber sie konnten dennoch mitsamt Haus, Werkstatt und Mitarbeitern "verschenkt" werden. Mühlen wechselten den Besitzer nie ohne Müller, der meist selbst unfrei war. Und schließlich ist auch auf die besonders in den deutschen Gebieten gewichtige Rolle der "Edelknechte", also unfreier adeliger Gefolgsleute, den Vorläufern der späteren "Ministerialen", hinzuweisen. Unfreiheit war nicht nur ein Merkmal der ökonomisch und sozial gesehen unteren Schichten, sondern zog sich durch alle Ebenen unterhalb der Reichsaristokratie hindurch.[20] Die Unterschiede zwischen

17 Heinrich Fichtenau, Lebensordnungen des 10. Jahrhunderts, 2. Aufl., München 1994 (urspr. 1984), S. 473.

18 Karl Bosl, Frühformen der Gesellschaft im mittelalterliche Europa. Ausgewählte Beiträge zu einer Strukturanalyse der mittelalterlichen Welt, München-Wien 1964.

19 Georges Duby, Krieger und Bauern, Frankfurt/Main 1984 (urspr. frz. 1973), S. 46.

20 Neben den Edelknechten bzw. Ministerialen im Bereich des mittelalterlichen Deutschland gibt es in der Geschichte noch andere Beispiele für unfreie Oberschichten: die Mameluken in Ägypten und die Janitscharen im Osmanischen

den Sklaven und den freien Hintersassen wurden immer undeutlicher, weil es auch behauste Sklaven einerseits und sehr stark belastete "freie" Bauern andererseits gab. In einem Dorf bei Paris zählte man im 9. Jahrhundert n. Chr. einhundertsechsundvierzig Familien, davon hatten elf den Status von Sklaven, einhundertdreißig waren "coloni" und neunzehn "geschützte" Personen. Letztere mußten einen Kopfzins entrichten, der schließlich allgemein zum Merkmal der Unfreiheit wurde. Bis zum 12. Jahrhundert n. Chr. hatte sich die Struktur des Dorfes so verändert, daß fast die gesamte Einwohnerschaft als unfrei galt.[21]

Duby bezeichnet die Annäherung der Lebensbedingungen der Sklaven und der Freien als "eines der wichtigsten Ereignisse in der Geschichte der Arbeit".[22] Tatsächlich entstanden vielfältige Formen der Unfreiheit, immer weitere Kreise der Bevölkerung verschmolzen zu einer großen Unterschicht, die sowohl ursprünglich Freie wie Unfreie und sogar Adelige umfaßte. Daß die Differenz von Freiheit-Unfreiheit ihre Bedeutung weitgehend eingebüßt hatte, geht auch aus den Bezeichnungen für die landwirtschaftliche Bevölkerung hervor: Die Bezeichnungen für "Bauer" ("rusticus", "villanus") und für "Höriger" ("servus") wurden austauschbar. Diese Unfreiheit war aber notwendig mit der Struktur der Grundherrschaft verbunden, sie war keine persönliche Schande oder Unglück, sondern die selbstverständliche Form des Lebens. Die "Hörigkeit" war eine Abhängigkeit persönlicher Art, nicht eine vom Boden, der "Hörige" konnte auch "freizügig" sein: Die "Freizügigkeit" erlaubte es, sich in anderen Gegenden anzusiedeln. Grundsätzlich galt im frühen Mittelalter die persönliche Abhängigkeit von einem Herrn weit mehr als die Bodenbindung. Dadurch konnte es auch zu Überschneidungen der Machtbereiche kommen: Ein Bauer konnte von einem Herrn persönlich abhängig sein und gleichzeitig in einer anderen Grundherrschaft "Grundholder" sein.

Es gab drei Formen herrschaftlicher Gewalt, die einander teilweise überlagerten: die Hausherrschaft, d. i. die patriarchalische Gewalt des Herrn über die "familia", die sich auf der Domäne, dem Herrenland, entfaltete, wobei dazu als Residuum der Sklaverei die Leibeigenschaft gehörte[23]; die Grundherrlichkeit, die nicht auf dem Besitz von Menschen, sondern von Boden beruhte, daraus aber Herrschaftsrechte

Reich.

21 Marc Bloch, Die Feudalgesellschaft, Frankfurt/Main-Berlin-Wien 1982 (urspr. frz. 1939), S. 312 ff.

22 Georges Duby, Krieger und Bauern, op. cit., S. 55.

23 Bosl sah die "familia" als Grundstruktur der mittelalterlichen Gesellschaft und erst ihre Erosion ließ die Ständegesellschaft entstehen. Karl Bosl, Die Gesellschaft in der Geschichte des Mittelalters, 4. Aufl., Göttingen 1987 (urspr. 1966), S. 84 ff.

und persönliche Verpflichtungen ableitete. Sie erstreckte sich über das gesamte Territorium aller der Grundherrschaft Unterworfenen; das Bannrecht, das durch die Beamten des Königs oder der Fürsten, durch die Burggrafen, Vögte etc. ausgeübt wurde. Gegen diese dreifache Gewalt der "Herren" hatten die Bauern nur die Möglichkeit der Berufung auf Sitte, Tradition und Gewohnheitsrecht als Schutz gegen Willkür. Die Kodifizierung der Sitten, Privilegien und Eigentumstitel war daher die wichtigste Voraussetzung für die "Befreiung" der Bauern.

Die typische Form der Grundherrschaft, wie auch überhaupt der Feudalstrukturen[24], entwickelte sich nicht überall in Europa in gleicher Art und Weise, es gab beträchtliche Unterschiede zwischen den einzelnen Regionen des Reiches: die additive Struktur tritt stärker in den Kernlanden des Frankenreiches und den germanisch-deutschen Gebieten (mit Ausnahme von Sachsen) hervor, wo sie durch Abhängigwerden der Freien einerseits und Verhufung der Gutswirtschaften andererseits als eine vielfach vertikal verschachtelte Struktur entstand, während im Süden Galliens oder in Italien sich das System der "villae" stärker erhielt. Die Eroberungseinfälle der Wikinger brachten regionale Unterschiede in diese Strukturen, denn die skandinavischen Völker kannten die Vasallität und die Grundherrschaft nicht. Dort wo sie herrschten, d. h. in den Ländern des "danelaw", blieb daher trotz der späteren Verschmelzung der Normannen mit der Bevölkerung und der Übernahme des Lehenswesens durch sie im ganzen Mittelalter eine andere Struktur erhalten. In Flandern, Teilen Englands und der Normandie entstanden zwar auch feudale Strukturen, aber deren soziale und wirtschaftliche Infrastruktur, die Grundherrschaft, war lange nicht so drückend wie in den anderen Gebieten. In der Normandie, in Teilen Nord-Englands, in Sachsen, Friesland und Skandinavien gab es keine oder nur gering ausgeprägte Leibeigenschaft. Das freie Bauerntum blieb in stärkerem Maße erhalten: bekannt sind insbesondere die englischen "yeomen". Äußeres Zeichen der Unterschiede war unter anderem das Fortbestehen von Sippennamen einerseits, während andererseits in den typisch grundherrschaftlich strukturierten Gebieten Hausnamen vorherrschten, die sich zum Teil bis in unsere Zeit erhalten haben. In England war die Stärke des normannischen Königtums groß, eine mächtige Grundbesitzeraristokratie entstand hier erst relativ spät. In Deutschland entwickelte sich - mit Ausnahme von Sachsen - die Grundherrschaft, die Domänen waren relativ groß, tägliche Fronarbeit der Hörigen üblich, und auch die Sklavenarbeit blieb in

24 Siehe dazu: Otto Brunner, Sozialgeschichte Europas im Mittelalter, Göttingen 1978; Otto Brunner, Land und Herrschaft. Grundfragen der territorialen Verfassungsgeschichte Österreichs im Mittelalter, 5. Aufl., Wien 1965; Werner Rösener (Hg.), Strukturen der Grundherrschaft im frühen Mittelalter, Göttingen 1989.

größerem Umfang, vor allem in den slawischen Gebieten, erhalten. Die verschiedenen Gruppen der ländlichen Bevölkerung verschmolzen erst ab dem 13. Jahrhundert n. Chr. zu einer Rechtsgruppe von Eigenleuten und Leibeigenen.

In den meisten Gebieten Europas bestanden die Grundherrschaft und die dörfliche Gemeinschaft als die zwei typischen Strukturmerkmale der Agrargesellschaft, in der sich genossenschaftliche und herrschaftliche Ordnungsprinzipien in vielfältiger Weise verbanden.[25] Es ist eine Frage historischer Diskussion, ob die dörfliche Struktur in Europa bereits vorhanden war, und die Grundherrschaften darauf errichtet wurden, oder umgekehrt die Grundherrschaften erst die Entstehung von Dörfern begünstigten. Es zeigt sich, daß das Domänensystem überall dort entstand, wo gleichzeitig auch eine dörfliche Struktur der bäuerlichen Ansiedlung nachweisbar ist: "The socalled manorial system, with its great estates and its labor services, was in full force only in the parts of Europe where the large villages and the open-field system existed [...], where the villagers were in the habit of working together in the same way in cultivating their own lands."[26] Die Tradition des Zusammenarbeitens in der dörflichen Mehr-Familien-Gemeinschaft begünstigte demzufolge die Struktur der Grundherrschaften, während Einzelhof und Großfamilie sich mit freiem Bauerntum verbanden. Der "lord of the manor" hatte daher auch die Funktion des traditionellen "village chief" zu übernehmen. Während in England sonst das "open-field system" mit Dörfern und Grundherrschaften bestand, wiesen East Anglia und Kent, wo die Normannen stärkere Spuren hinterließen, eine Struktur einzelner "hamlets" mit Großfamilienstruktur und keiner nennenswerten "manorial organisation" auf.[27]

Die Theorie der drei "ordines" und die Bildung der Stände

Seit dem 9. und 10. Jahrhundert n. Chr. waren die Ritter, wenn sie Eid und Treuegelöbnis abgelegt und den Ritterschlag empfangen hatten, eine "Ordnung". Das Wort "ordo" bedeutete zunächst Lebensart, dann wurde es auf den Klosterverband

25 Vgl.: Georges Duby, L'économie rurale et la vie des campagnes dans l'occident médiéval, 2 Bde., Paris 1962.

26 Der Soziologe George C. Homans, der auch Historiker war, zeigte in England die unterschiedlichen ländlichen Sozialstrukturen in normannischen und angelsächsischen Gebieten auf. Siehe: George C. Homans, Men and the Land in the Middle Ages, in: Ders., Sentiments and Activities, London 1962, S. 127-144, 127 ff. und: Ders., The Rural Sociology of Medieval England, in: Ders., Sentiments and Activities, op. cit., S. 145-157.

27 Vgl.: M. M. Postan, The Medieval Economy and Society. An Economic History of Britain in the Middle Ages, London 1972.

übertragen und schließlich auch auf die weltliche Dimension, wo es im Sinne von "Stand", aber in der Bedeutung der antiken "ordines" der Senatoren, Ritter und der städtischen Korporationen gebraucht wurde. Die römischen "ordines" waren durch Insignien und äußere Abzeichen differenziert und durch spezifische Regelungen institutionalisiert. Dies war im Mittelalter zunächst weniger ausgeprägt. So z. B. wurde das Waffentragen erst ab dem 12. Jahrhundert n. Chr. zum Symbol und Vorrecht des Adels und für alle anderen verboten, zu einer Zeit also, als Waffen schon weitgehend ihre kriegerische Funktion verloren und Statussymbole geworden waren. Wie Heinrich Fichtenau meint[28], waren die mittelalterlichen "ordines" keine institutionalisierten Herrschaftsordnungen an sich, weil ihnen sowohl germanische Traditionen als auch christliche Anschauungen entgegenstanden. Das ursprüngliche Lehenswesen beruhte auf einer personenbezogenen Rangordnung, zumindest vor seiner Versachlichung und Verrechtlichung entsprach es keiner horizontalen universellen Schichtung. Auch Karl Bosl wies darauf hin, daß entgegen der allgemeinen Vorstellung vom Mittelalter als "Ständegesellschaft", diese tatsächlich erst am Ausgang desselben entstand.[29]

Der erste Stand, der sich während des Verlaufs des Hochmittelalters entwickelte, war der des Adels. Im 10. Jahrhundert n. Chr. begann zunächst in Frankreich, allmählich aber überall, der Adel zu einem Geburtsadel zu werden, d. h. der Sohn eines Ritters gehörte automatisch mit seiner Geburt dem Ritterstand an, ohne erst den Ritterschlag empfangen zu müssen. Aber erst nachdem die persönlichen Beziehungen zwischen Herrn und Gefolgsmann und die "familia"-Struktur der Gesellschaft durch die sozialen und ökonomischen Veränderungen im Zuge der städtisch-kommerziellen Entwicklung "horizontalisiert" wurden, entstand der Adel als eine eigene Gruppe mit universalistischen sozialen Merkmalen. Der Adel war zu einem Stand geworden, als Lehenswesen und Vasallentum bereits am Verschwinden waren.[30] Er genoß Vorrechte und stellte das Heer und die Beamten des Königs. Damit deutete sich bereits eine Tendenz zur Zentralisierung der weltlichen Autorität des Königs an. Die Genehmigung zum Ritterschlag wurde von einem Adelsbrief durch das Hofgericht des Königs abhängig. Dafür mußte der angehende Ritter einen Geldbetrag entrichten, war aber dann von allen Steuern befreit. Das war die Privilegierung des Adels, der als Gegenleistung für seine militärischen Dienste keine Abgaben zu zahlen hatte. Am Ende des 13. Jahrhunderts n. Chr. erwarb der Adelige

28 Heinrich Fichtenau, Lehensordnungen des 10. Jahrhunderts, op. cit., S. 47.
29 Karl Bosl, Kasten, Stände, Klassen im mittelalterlichen Deutschland, in: Ders., Die Gesellschaft in der Geschichte des Mittelalters, op. cit., S. 61-83.
30 Marc Bloch, Die Feudalgesellschaft, op. cit., S. 341.

seinen Stand dann vollends nicht mehr durch einen Ritus, sondern durch Geburt als ererbten Rechtsanspruch, der sich mit bestimmten Rechten und Pflichten verband: Lehnsbesitz, Unterwerfung unter ein spezielles Adelsgericht, Wappenführung, Steuerbefreiung und Verbot der persönlichen Betätigung in Handel und Ackerbau (zumindest in Frankreich). So kam es zur Entstehung eines neuen Adelsstandes, der durch Vermögen aus Grundherrschaft, durch über Generationen hinweg beibehaltene Freiheit, durch die relativ autonome Herrschaft über ein Territorium und gleichzeitig durch die Standesvertretung dem König gegenüber charakterisiert war. Vermögen, Vorrecht und Repräsentation prägten in der Folge auch das Verständnis des Standesbegriffes.

Mit der Erblichkeit der Lehen kam es auch zur Vererbung der damit traditionell verbundenen Ämter. Bis ins 12. Jahrhundert n. Chr. behielt sich zwar der Kaiser die Besetzung der höchsten Ämter vor, danach wurden sie aber auch im Reich erblich, und im Jahr 1196 verlangte Kaiser Heinrich VI. die Erblichkeit der Krone. In England kam es nicht zur rechtlichen Verankerung der Erblichkeit des Adels, obwohl hier nach dem Ende des normannischen Königtums die großen Grundherren und Amtsträger des Landes seit dem 12. Jahrhundert n. Chr. noch mächtiger geworden waren als in Frankreich. Aber in England war der Adel, anders als auf dem Kontinent, immer durch Freiheit definiert und blieb stärker sozial als rechtlich bestimmt. Jeder Freie erhielt auf Grund von freiem Grundbesitz den Ritterschlag und die Vertretung in den "Commons". Der Adel in Frankreich, Deutschland und England war ein ländlicher Adel; nur der Adel im Süden hatte seinen städtischen Charakter bewahrt. Hier war auch der Feudalismus nicht zu seiner typischen Entfaltung gelangt, denn dieser beruhte auf agrarisch-ländlichen Wirtschaftsbedingungen und landsässigem Adel.

In Deutschland bildeten die Kurfürsten und Fürsten die Spitze des Laienadels; sie waren Herren über mehrere Grafschaften und unmittelbare Lehensträger des Königs. In gewisser Weise war diese Hocharistokratie zunächst das, was man als "Herrenstand"[31] bezeichnen kann. Ihm entsprachen während der Periode vom 10. bis zum 13. Jahrhundert n. Chr. aber keine anderen Stände, sondern eine Priesterkaste und eine Leibeigenenklasse, wie Bosl meinte.[32] Auf der untersten Ebene der Adeligen standen die "Ministerialen", unfreie adelige Dienstleute der Herren. Viele der Mini-

31 Siehe: Otto von Dungern, Adelsherrschaft im Mittelalter, Darmstadt-München 1927.

32 Karl Bosl, Kasten, Stände, Klassen im mittelalterlichen Deutschland, in: Ders., Die Gesellschaft in der Geschichte des Mittelalters, op. cit., S. 61-83, S. 68/69.

sterialen erhielten den Ritterschlag, blieben aber Hörige. Sie besorgten die Verwaltung, fungierten als Haushofmeister, Marschall, Kellermeister, Kammerherr und Vorsteher. Ursprünglich kamen sie aus der Masse der Hörigen, aus denen sie sich durch Vermögen oder Fähigkeiten heraushoben. Für ihre Dienste erhielten sie Lehen, hatten selbst mitunter Vasallen, trugen Waffen und hatten Pferde. Die Lehen der Ministerialen wurden rasch erblich. Mit der sogenannten Reichsministerialität war eine rechtlich begründete, genossenschaftlich-berufsständische Ritterschaft entstanden. Erst im 13. Jahrhundert n. Chr. erkannte man die Unvereinbarkeit von Ritterschlag und Hörigkeit, und in der Folge kauften sich viele Ministeriale frei. Die Ministerialen wurden dann zum Kern des neuen Adelsstandes seit dem Hochmittelalter im Sinne einer Korporation mit Vertretungsfunktion gegenüber dem Fürsten.

Allmählich formierten sich auch Klerus und Bürger in den politisch-sozialen Prozessen des Hoch- und Spätmittelalters. Der Klerus war sozial nicht einheitlich: Die Landpfarrer kamen aus dem Volk, waren wie diese ungebildet und arm und vor der Gregorianischen Reform auch noch verheiratet. Sie wurden zunächst noch von den Grundherren eingesetzt. Die Bischöfe leisteten den karolingischen Königen die Lehnshuldigung und wurden dann erst durch das geistliche Oberhaupt der Kirche geweiht. Diese Lehnshuldigung der Geistlichen den weltlichen Herren gegenüber wurde vor dem Hintergrund der Gregorianischen Reform von der Kirche abgelehnt, den Treueeid hingegen durften sie leisten. In Deutschland blieb das Band zwischen den geistlichen Herren und dem Kaiser noch weiter bestehen; letzterer stützte sich in großem Maße auf die Bischöfe als Amtsträger des Reiches. Die grundherrschaftliche Ausbeutung auch durch die Bischöfe bewirkte, daß sich eine Kluft zwischen den ländlichen Geistlichen und Laienbrüdern auf der einen Seite und den "geistlichen Herren" auf der anderen Seite auftat. In der Folge kam es zu Reaktionen innerhalb der Kirche, sowie zur Entstehung und Ausgrenzung von "ketzerischen" Bewegungen. Der von der Kirche proklamierte "Gottesfrieden" und die sich daran anschließende soziale und religiöse Bewegung befriedeten das Land im Inneren und verbanden sich mit der religiösen Kraft der Kreuzzüge zur Kanalisierung der Gewalt nach außen, gegen die Ungläubigen statt gegen die eigene Bevölkerung. Nach innen wirkte sich diese Bewegung insbesondere dadurch aus, daß sie den Gewinn durch Raub und Plünderung verdammte und zum Ausgleich dafür die grundherrliche Ausbeutung legitimierte.

Die Kirche war ein "ideologisches Weltreich" geworden.[33] Sie hatte aber eine effiziente innere Struktur aufgebaut, die gleichzeitig auch wirtschaftliche (Grundherrschaft, Zehnt, Eigenwirtschaft, Almosen) und politische Macht darstellte und vielfach die staatliche Verwaltung gleich mitbetrieb. Die Kirche hatte auch ein Eigenrecht, das Kanonische Recht, und eine eigene Gerichtsbarkeit; sie stellte so einen Staat neben und über den weltlichen Autoritäten dar. Die Zwei-Schwerter-Vorstellung, die auf der Auslegung einer Stelle im Lukas-Evangelium (22: 35-38) beruht, durchzog das gesamte Mittelalter in bezug auf das Verhältnis von geistlicher und weltlicher Gewalt. Die zeitgenössischen Interpretationen waren so zahlreich wie die Parteien und Interessen und prägten die großen Konflikte zwischen Päpsten und Kaisern, insbesondere im Investiturstreit. Die Zwei-Schwerter-Vorstellung bedeutete aber keineswegs eine Trennung der beiden Rechts- und Strafzuständigkeiten, sondern vielmehr hatte der weltliche Arm "keine andere Aufgabe, als jene Ordnung im Sichtbaren herzustellen, um die in den Herzen der Priester sich mühte", d. h. die "gesamte kirchlich-politische Zwangsgewalt" war als Einheit zu sehen.[34] Der Kaiser oder König erhielt keine spezielle "kirchliche Vollmacht", sondern übte seine volle Macht als "advocatus ecclesiae" aus. Es lag also eine unauflösliche Kompetenzverschränkung hierokratischer Art vor.

Im 11. Jahrhundert n. Chr. nahm eine Auffassung Gestalt an, die eine Art christliche Version der Platonischen Differenzierung in die drei Stände der Philosophen, des Wehr- und des Nährstandes war. Um die Jahrtausendwende war diese Denkfigur von drei Gruppen oder Ständen, den "sacerdotes", den "milites" und den "agricolae" bereits weit verbreitet, denn auch im Imperium Romanum hatte man zwischen drei Ordnungen, den "senatores", "milites" und "agricolae" unterschieden. Die Dreiständetheorie wurde dann bei Adalbero von Laon und Gerhard von Cambrai um 1020 n. Chr. konkret ausformuliert, wobei diese sich wieder auf Augustinus und Dionysius Areopagita beriefen.[35] Das besondere an dieser Konstruktion war, daß der erste Stand von den Geistlichen gebildet wurde und die ganze Struktur sozusagen Abbild und Verlängerung der himmlischen Ordnung war. Die einzelnen "Stände" stellten auch nicht das dar, was man viele Jahrhunderte danach unter

33 Michael Mann, Geschichte der Macht, Bd. 2, Frankfurt/Main-New York 1991, S.211 ff.

34 Hartmut Hoffmann, Die beiden Schwerter im hohen Mittelalter, in: Deutsches Archiv für Erforschung des Mittelalters, 20. Jg., Köln-Graz 1964, S. 78-114, S. 81.

35 Otto G. Oexle, Die funktionale Dreiteilung der "Gesellschaft" bei Adalbero von Laon, in: Frühmittelalterliche Studien 12/1978, S. 1-54; siehe auch: Frantisek Graus (Hg.), Mentalitäten im Mittelalter, Sigmaringen 1987.

"Ständen" verstand, sondern es waren ihrerseits jeweils geschlossene "ordines", die zusammen keine einlinige Hierarchie bildeten, sondern je für sich die eigenen Prinzipien ihrer Konstitution entwickelten.

Die Theorie ging im allgemeinen davon aus, daß Gott den Menschen seit der Schöpfung schon spezifisch unterschiedliche Aufgaben zugedacht hatte: Die einen hatten für das Heil aller zu beten ("oratores"), die anderen mußten zum Schutz des gesamten Volkes kämpfen ("bellatores") und wieder andere mußten die beiden ersten durch ihre Arbeit erhalten ("laboratores", "agricultores"). Zwischen Himmel und Erde, so die Vorstellung von der "ecclesia", gab es eine Homologie der Ordnungen, wobei in beiden Dimensionen eine Position multidimensional blieb: Christus war zugleich "orator" und König der Könige, und auf Erden war der König über die "bellatores" hinausgehoben, obwohl er auch einer der ihren war, denn er war "gesalbt" und gehörte daher eigentlich zu den beiden oberen Ordnungen. Diese theokratische These begründete die Deszendenz der Autorität und die Legitimität der Macht über die Untertanen. Alle Rechte eines Untertanen stammten aus der Gnade des Königs, es gab keinen Rechtsanspruch, nur die moralische Verpflichtung des Königs, für die Untertanen zu sorgen.[36] Die Vorstellung einer prinzipiell ungleichen Ordnung entstand somit gleichzeitig mit einer Idealisierung von Einheit und Harmonie durch die Verbindung zum Himmel. Sie gewährleistete die Erringung und Aufrechterhaltung des "supremum bonum", des öffentlichen Wohles, das in jedem Fall Vorrang vor dem privaten Wohl hatte. Diese "trifunktionale Ordnung", wie Georges Duby[37] sie nennt, stützte vor allem die dominante ideologische, aber auch materiell-weltliche Position der Kirche.

Adalbero und Gerhard von Cambrai waren der Meinung, jeder "ordo" müsse nach seinen Geboten leben, der Priester dürfe nicht kämpfen, der Adel nicht händisch für den eigenen Unterhalt arbeiten und Bauern dürfen nicht herrschen. Die Reformatoren von Cluny und später Bernhard von Clairvaux waren etwas mehr als ein Jahrhundert später der Auffassung, alle Menschen sollten zu Streitern Christi werden und auch die Adeligen sollten "mönchisch" leben, was eine Verschiebung der relativen Bedeutung innerhalb der "oratores" zugunsten der Mönche im Laufe des 12. Jahrhunderts reflektierte. Es war die "Zeit der Kathedralen", die sichtbarer Ausdruck der zunehmenden Verinnerlichung und Askese waren, gerade dadurch, daß

36 Marc Bloch wies auf die Ursprünge in der Heilsfunktion des Königs hin. Marc Bloch, Les rois thaumaturges, 2. Aufl., Paris 1983.

37 Georges Duby, Die drei Ordnungen, Frankfurt/Main 1986 (urspr. frz. 1978).

sie die Pracht des Himmels widerspiegelten.[38] Bernhard von Clairvaux predigte Entsagung, Entbehrung und Weltablehnung; diese mönchischen Werte verbanden sich im Kampf gegen die Ungläubigen auch mit ritterlichen Tugenden: die Ritterorden, etwa die Templer, Johanniter und der Deutsche Orden entstanden. Im Gegenzug kam es durch diese Entwicklungen im Gefolge der Kreuzzüge und die Gottesfriedensbewegung nun allmählich auch zu einer wirklichen Verchristlichung des Rittertums. Das Seelenheil, so die sich wandelnde Auffassung, konnte nicht mehr nur durch Almosen an die Kirche erworben werden, sondern durch das eigene Tun, die eigene religiöse Lebensführung. Damit wurde auch für die Laien das Verständnis des Wortes Gottes wichtig; es entstanden "scholae", in denen Mönche die Weltgeistlichen auf ihr neues Wirken vorbereiteten. Bald entwickelten sich manche "scholae" zu berühmten und oft auch weit über das Trivium hinaus lehrenden und forschenden Stätten des Wissens; so wurden in Chartres z. B. die Naturgesetze erforscht. Die Absolventen der "scholae" wurden nicht nur Prediger, sondern traten oft auch in den Dienst der profanen Mächte als Verwalter, Notare oder Chronisten. In ersten Ansätzen entstand auch ein Staats- und politisches Denken. Traktate wie "Policraticus" von Johannes von Salisbury, dem Sekretär Thomas Beckets, zogen schon eine säuberliche Linie zwischen der himmlisch-kirchlichen Ordnung und der profanen Welt; ähnlich kam es zu dualistischen Darstellungen des Sakralen und des Profanen als Symbol für die Aufgabe der Idee einer Einheit der himmlischen und irdischen Ordnung. "Die drei Ordnungen stehen nicht mehr, homolog zu den Engelschaften, im Dienst des Allmächtigen; sie erfüllen die Dienste des Hofes: das Gebet, den Waffendienst und die Versorgung."[39] Solche Auffassungen einer weltlichen Trifunktionalität fanden im 12. Jahrhundert n. Chr. Eingang am Plantagenet-Hof und im kapetingischen Staat.

Die drei Ordnungen wurden zunehmend verweltlicht und in eine auf die weltliche Autorität bezogene Ständeordnung umgedeutet. Nicht die Mönche oder die Bischöfe standen an der Spitze dieser Ordnung, sondern die Ritter als Gesamtstand. Die Umwandlung des "ordo"-Denkens in das ständische Denken bedeutete die Verweltlichung und Institutionalisierung, aber auch die Stärkung der zentralen Autorität des Königs. Die Schlacht von Bouvines im Jahr 1214 war nicht nur ein Sieg Frankreichs gegen England, sondern auch Symbol und Ausgangspunkt für die Durchsetzung der Autorität des französischen Königs unter den "Großen". In Frank-

38 Georges Duby, Die Zeit der Kathedralen. Kunst und Gesellschaft 980-1420, 4. Aufl., Frankfurt/Main 1985.

39 Georges Duby, Die drei Ordnungen, op. cit., S. 405.

reich kam es relativ früh zur Herausbildung der Grundelemente des monarchisch-dynastischen Staates[40] und der ständischen Verfassung. Die Generalstände wurden im Jahr 1302 als Institution des monarchischen Staates und zur Unterstützung des Königs geschaffen. Sie umfaßten den Klerus, den Adel und den Dritten Stand, wobei letzterer nicht "das Volk", sondern eine städtische Elite darstellte. Auch in Deutschland entstanden die Reichs- und Landstände als Gremien von an der Herrschaft im Territorium unmittelbar oder durch Repräsentanten beteiligten Personen. Hier gab es drei Kurien wie in Frankreich[41], während sich in England ein Zweikammersystem, in Skandinavien eine Einteilung in vier Kammern (die Bauern als vierter Stand) entwickelte. Der "Staat" bzw. die ständische Verfassung beruhte auf einem Dualismus zwischen Fürst und Ständen. Auch hatte sich das öffentliche Recht noch nicht vom patriarchalischen bzw. feudalen Privatrecht getrennt, sondern beide vermischten sich. Statt des Prinzips der staatsbürgerlichen Rechtsgleichheit herrschte das der rechtlichen Ungleichheit, das Privilegienrecht.[42] Alle politischen Befugnisse beruhten auf Privilegien, denen aber auch Pflichten und Leistungen für das Land bzw. das Reich entsprachen. Die Stände hatten ein Mitregierungsrecht und konnten daher die königliche Macht beschränken. Das politische Gewicht verschob sich manchmal zugunsten des Fürsten, manchmal zugunsten der Stände. In der ständisch-feudalen Verfassung waren daher bereits zwei Tendenzen angelegt sind: die Tendenz zum Absolutismus und die Tendenz zum Parlamentarismus.

Sozialer und politischer Wandel: Kommerzialisierung, Stadtautonomie und Zunftzwang

Während die Wirtschaft des Frühmittelalters noch durch geringe Erträge der Landwirtschaft, durch Kriege und Plünderungen und Wikingereinfälle beeinträchtigt war, kam es zwischen 1050 und 1250 zu einer Wirtschaftsrevolution. Eine auffallende Entwicklung stellt in dieser Periode auch das bemerkenswerte Anwachsen der Bevölkerung dar, die sich zwischen 1000 und 1300 ungefähr verdreifachte und dann einen Höchststand aufwies, der erst wieder im 18. Jahrhundert n. Chr. erreicht wurde. Die Gründe für diese Bevölkerungszunahme lagen in der besseren

40 Dieser Begriff des "Staates" darf jedoch keineswegs mit dem des modernen Staates identifiziert werden, wie schon Otto Brunner aufgezeigt hat. Die Trennung in "Staat" und "Gesellschaft", wie sie das 18. und 19. Jahrhundert entwickelt hat, darf noch nicht mitgedacht werden, genauso wenig wie eine eigendynamische "Wirtschaft". Otto Brunner, Land und Herrschaft, Baden 1939, S. 132 ff.

41 Otto Hintze, Feudalismus-Kapitalismus, Göttingen 1970.

42 Michael Mitterauer, Grundtypen alteuropäischer Sozialformen, Stuttgart-Bad Cannstatt 1979, S. 215.

Ernährungslage durch steigende landwirtschaftliche Produktivität und der relativen Befriedung des politischen und sozialen Lebens. Die Produktivitätssteigerung in der Landwirtschaft ist zum Teil durch bessere Anbaumethoden (Dreifelderwirtschaft), durch technische Neuerungen (Wassermühlen, Pferdepflug, später im 12. Jahrhundert n. Chr. die Windmühlen, Sensen etc.)[43], durch die Rodung der Wälder und die Nutzung aller Arten von Böden zu erklären.

Die Grundherrschaften veränderten sich von außen her durch das Vordringen der Geldwirtschaft und des Handels.[44] Viele Domänen wurden in der Folge in Zinsgüter aufgeteilt und die Arbeitsleistungen der abhängigen Bauern in Geld- und Sachleistungen umgewandelt.[45] Die Bauern waren dadurch zwar schwer belastet, wurden aber andererseits allmählich zu unabhängigen Produzenten, die selbst Interesse hatten, höhere Erträge zu erwirtschaften.[46] Das Bevölkerungswachstum im Hochmittelalter ließ andererseits die Hufen der Bauern immer kleiner werden, was zu einer Vergrößerung der sozialen Distanzen innerhalb der bäuerlichen Dorfgemein-

43 Man spricht daher vielfach von einer Agrarrevolution im 11. und 12. Jahrhundert n. Chr., die es ermöglichte, den ungeheuren Bevölkerungsanstieg der folgenden Jahrhunderte aufzufangen. Sie ging aber auch einher mit einem technischen Wandel in Landwirtschaft, Bergbau und Textilgewerbe, der es vielleicht sogar rechtfertigt, von einer Ersten Industriellen Revolution zwischen dem 11. und dem 13. Jahrhundert n. Chr. zu sprechen. Vgl. dazu etwa: Dieter Otten, Die Welt der Industrie, Bd. 1, Reinbek bei Hamburg 1986, S. 41 ff; Jean Gimpel, Die industrielle Revolution des Mittelalters, 2. Aufl., Zürich-München 1981. Das Mittelalter entwickelte eine ganze Reihe von Erfindungen, die allerdings in den meisten Fällen nicht wirtschaftlich verwertet wurden. Vgl. zu den erstaunlichen technischen Kenntnissen etwa: Lynn White jr., Die mittelalterliche Technik und der Wandel der Gesellschaft, München 1968.

44 Das bedeutet nicht den Übergang von einer "reinen" Naturalwirtschaft zur "Geldwirtschaft", denn beides war auch vorher vorhanden und miteinander verbunden. Der Feudalismus darf nicht mit Naturalwirtschaft identifiziert werden, wie schon Alfons Dopsch aufgezeigt hat. Alfons Dopsch, Naturalwirtschaft und Geldwirtschaft in der Weltgeschichte, in: Ders., Beiträge zur Sozial- und Wirtschaftsgeschichte, Wien 1938, S. 85-94.

45 Bis ins 13. Jahrhundert hinein und je nach Region verschieden, differierten die Abgaben und Servitute der Bauern, je nachdem, ob es sich um ehemalige Leibeigene, Hörige oder Freie handelte. Auf den unfreien Inhabern lasteten über die Frondienste und Naturalabgaben hinaus auch persönliche Lasten bei Heirat, im Todesfall etc., die mit der Zeit auch in Geldabgaben umgewandelt wurden.

46 Georges Duby, Krieger und Bauern, Frankfurt/Main 1984 (urspr. frz. 1978), S.242 ff. Eine andere Meinung vertritt John Langdon, der die aktive Rolle der Bauern bei der Verbesserung der landwirtschaftlichen Anbaumethoden betont. John Langdon, Lordship and Peasant Consumerism in the Milling Industry of Early Fourteenth Century England, in: Past & Present 145/1994, S. 3-46.

schaften und zu Abhängigkeiten von den reicheren Bauern führte. Im 12. und 13. Jahrhundert n. Chr. wuchs daher die Zahl der Taglöhner und der Pächter.[47] Die Grundherren wurden zum Teil zu Grundrentiers, die persönliche Abhängigkeit nahm ab und mit ihr der patriarchalische Charakter der Grundherrschaft. Das Verhältnis zwischen Herren und Bauern selbst wurde kommerzialisiert und in ein Pachtverhältnis umgewandelt. Die Zeitpacht wurde in den fortgeschrittensten Gebieten üblich, mitunter wurden auch ganze Herrenhöfe an reiche Bauern verpachtet oder verkauft. Auch in jenen Gegenden, in denen es durch die Übervölkerung zu einer neuerlichen Welle der Unterwerfung der Bauern unter die Abhängigkeit von Grundherren kam, machte sich eine Verrechtlichung in Form der schriftlichen Niederlegung der Rechte und Pflichten von Bauern und Grundherren bemerkbar, wodurch die feudalen Beziehungen einen stärker vertragsrechtlichen Charakter anzunehmen begannen.[48] Viele arme und unfreie Bauern beteiligten sich auch an den ausgedehnten Rodungs- und Urbarmachungsprojekten des 11. Jahrhunderts n. Chr. in den Niederlanden, östlich der Elbe in Ostpreußen und in anderen Kolonisierungsgebieten. Sie galten als frei, auch wenn sie ursprünglich Leibeigene irgendeines Grundherren gewesen waren. So entstanden "villae novae", in denen freie Zinsbauern siedelten. Nicht nur in diesen Ausbausiedlungen waren Elemente der Leibeigenschaft verschwunden, auch auf den Klöstergründen der Zisterzienser wurden nur Taglöhner und Laienbrüder beschäftigt, es gab keine Leibeigenschaft und keine Fronarbeit. Im Laufe des 12. Jahrhunderts n. Chr. kam es auch auf den Domänen vieler Grundherren zu einem Rückgang der Beschäftigung von Leibeigenen und von Fronarbeit zugunsten der Lohnarbeit.

In zunehmendem Maße wurden auch die Lehen zum Gegenstand von Kauf und Verkauf. Die Domänen wurden zerstückelt und verpachtet; vereinzelt traten auch schon städtische Bürger als Käufer eines Gutes oder eines Grundstückes auf. Das Lehen sank auf die Stufe eines Landbesitzes, bei dem es vor allem auf den Ertrag ankam, die Lehensbeziehungen wurden dadurch auf allen Ebenen erodiert. Beim Verkauf der Lehen wurde zunächst noch die Einwilligung des Lehengebers eingeholt, der daraufhin das Treudienstverhältnis auf den neuen Besitzer übertrug. Solcherart,

47 Werner Rösener, Bauern im Mittelalter, 2. Aufl., München 1987.

48 Diese Verschriftlichung und Verrechtlichung lag im Zug der Zeit, in der Wiederentdeckung des Römischen Rechts und in verstärkter Schriftkundigkeit der Bevölkerung. Giovanni Cherubini, Der Bauer, in: Jacques Le Goff (Hg.), Der Mensch des Mittelalters, Frankfurt/Main-New York 1989 (urspr. it. 1987), S.130-155, S. 147.

meinte Marc Bloch, wurde auch die Lehenstreue zur Handelsware.[49] Voraussetzungen dafür waren die Entwicklung der Lehen zu erblichen Besitztümern, und der Übergang zur Primogeniturregelung der Erbfolge. Erbrecht und Kommerzialisierung wirkten dann gemeinsam in Richtung auf die Veränderung der Eigentumsrechte.

Der Begriff des Eigentums, insbesondere bezogen auf Grund und Boden, war im Mittelalter nicht eindeutig. Mit dem "nackten Eigentum", also dem abstrakten Eigentumsrecht, wußte man nicht viel anzufangen. Juristen unterschieden zwar zwischen dem "dominium directum" und dem "dominium utile"[50], also zwischen Eigentum und Besitz. Tatsächlich aber war die Situation noch vielschichtiger: es gab Alloden, Lehen, Pachtgüter freier Bauern oder Fronbauern etc. Auf dem Eigentum lag eine ganze Reihe von Rechten der verschiedensten Personen und Personengruppen. Den letzten Empfänger der Rente, der nichts mehr selbst abzuführen hatte, können wir daher als den Eigentümer ansehen[51], was aber wenig mit dem heutigen Begriff von Eigentum zu tun hat; es bedeutete mitunter nur geringe Verfügungsgewalt über den Boden oder die Anlagen, wenn mehrere Unterverträge bestanden, die meist ohne zeitliche Begrenzung abgeschlossen wurden und sogar das Recht, den Besitz zu veräußern, enthalten konnten. Das feudale Eigentum entspricht nicht dem Privateigentum des Römischen Rechts, das die freie Verfügung beinhaltete. Insbesondere das Land als das eigentliche feudale Eigentum war jedoch kein Objekt freier Verfügung. Der Besitzer mußte Dienste dafür entrichten und die Bauern auf "seinem" Land belassen, sofern sie ihrerseits ihre Abgaben und Dienste leisteten. Sogar im Fall eigentlich freien Eigentums, das nicht aus einem Lehen des Herrn bestand, nahm man dennoch an, daß es geliehen war, wenn auch der Herr nicht bekannt war. Der gravierende Unterschied zum römischen Eigentumsbegriff bestand aber darin, daß dem Feudaleigentum keine Sachbeziehung, sondern eine persönliche Beziehung zugrunde lag, die dann auf das Land übertragen wurde. Die Ablösung dieser persönlichen Verpflichtungen durch Geldabgaben symbolisierte den Übergang zu sachlich-rechtlichen Beziehungen im Verlauf des Hochmittelalters. Damit kam es aber auch zur Umwandlung vieler Pflichten und Abgaben, die ursprünglich nur in Not- oder Kriegszeiten eingehoben worden waren, in ständige Lasten; Besitz und Rechte wurden formalisiert und Lasten verrechtlicht. Das zeigte

49 Marc Bloch, Die Feudalgesellschaft, op. cit., S. 255 ff. Siehe auch: Jacques Le Goff, Das Hochmittelalter, Frankfurt/Main 1965.

50 Johannes Fried, Die Formierung Europas 840-1046, München 1991, S. 142.

51 Jean-Claude Hocquet, Weißes Gold. Das Salz und die Macht in Europa von 800 bis 1800, Stuttgart 1993 (urspr. frz. 1985), S. 65.

sich auch in dem Anwachsen schriftlicher Dokumente, wie Verträge, Vereinbarungen über Lasten und Pflichten und Verzeichnisse über Besitzstände und Rechte. Dennoch bildeten sich die individuellen exklusiven Rechte erst allmählich heraus. Eigentumsrechte waren noch immer auf Gewohnheit gegründet, erst nach der Wiederbelebung des Römischen Rechts erfreute sich das "Privat"eigentum auch der normativen rechtlichen Anerkennung durch den Staat; ausschlaggebend aber war der "effektive" Besitz. Michael Mann sieht darin ähnlich den Neoinstitutionalisten die "mittelalterliche Dynamik", die wie ein "Schwungrad" die ökonomischen Aktivitäten ankurbelte und die Entwicklung zum Kapitalismus hin vorantrieb.[52]

Das "Mittelalter" war eine äußerst bewegte Zeit, in der auch die Mobilität, sowohl räumlich wie sozial, durchaus hoch war. Erst die Konsolidierung der mittelalterlichen Dynamik ließ in den Jahrhunderten der Neuzeit jene starren Strukturen entstehen, die wir mit dem Begriff "feudalistisch" assoziieren. Die Geschichtsinterpretation des 18. und 19. Jahrhunderts ließ dann den Eindruck des "statischen" Mittelalters entstehen. Der Feudalismus mittelalterlicher Prägung endete, wie Marc Bloch bemerkte, bereits seit Mitte des 13. Jahrhunderts, aber in geänderter Form fand er eine Fortsetzung, die erst in der Großen Revolution hinweggefegt wurde. Die Einschätzung der zeitlichen Erstreckung des Feudalismus war immer sehr zwiespältig. Aber auch die Allgemeinheit seiner Erscheinungsform darf bezweifelt werden. Karl Bosl zeigte, daß es in Europa verschiedene Strukturmodelle gab.[53] Bemerkenswert ist dabei insbesondere die unterschiedliche wirtschaftliche und politische Bedeutung der Städte und ihre Beziehung zur Feudalgesellschaft.

Die Neugründung und der Aufschwung der Städte im mittelalterlichen Europa war eine Folge der zunehmenden Kommerzialisierung. Sie waren daher in erster Linie Schöpfungen der Kaufleute und Handwerker und entstanden nicht als Militär- oder Verwaltungszentren. Mit den Händlern kamen die Handwerker und siedelten sich in den Städten an; sie waren meist aus den Grundherrschaften geflohen; solcherart veränderte sich allmählich das Schwergewicht des Handwerks von einem überwiegend ländlichen, dörflichen zu einem städtischen, für einen "Markt" arbeitenden Gewerbe. Mit dieser Veränderung vom Land in die Stadt ging auch eine Verschiebung in der Arbeitsteilung der Geschlechter einher: die Weberei etwa, die in den Dörfern von den Frauen betrieben wurde, ging auf die männlichen Handwerker in

52 Michael Mann, Geschichte der Macht, op. cit., 2. Bd., S. 234 ff.
53 Siehe dazu: Karl Bosl, Europa im Aufbruch, München 1980. Bosl differenzierte zwischen dem italienischen, französischen, deutschen und slawischen Strukturmodell als typischen Ausprägungsformen.

den Städten über. Das Tuchhandwerk gehörte zu den ersten städtischen Gewerben, dann kamen die Kupferschmiede, die Steinmetzen und die Seidenweber. Die Städte begannen eine große Anziehungskraft auf die Dorfbewohner auszuüben; viele von ihnen siedelten sich in den neuen Zentren an und übten hier ihr Gewerbe aus, was seinerseits wieder Kaufleute anzog.[54] In manchen Städten kam es daher zu einer fulminanten demographischen und wirtschaftlichen Entwicklung. Die Städte wurden durch das Zusammenleben vieler Menschen unterschiedlicher Herkunft und unterschiedlichen Standes und Berufs in ihren Mauern zu Gemeinschaften, die einer internen Verfassung und Organisation bedurften. Sie mußten sich ein eigenes Recht geben bzw. es von den Autoritäten erringen. Sie benötigten Sonderfreiheiten und Privilegien, die sie gegenüber den Landgemeinden auszeichneten.[55] Die Menschen in den Städten waren vielfach noch Leibeigene, sie brauchten aber die Rechte der Freiheit des Ortswechsels, des Besitzes und der Verfügung darüber, um Handel und Gewerbe betreiben zu können. Auch Adelige zog es mehr und mehr in die Städte, und zunächst suchten sie diese auch im Sinne ihrer grundherrlichen Rechte zu beherrschen. Alle Bestrebungen der Feudalherren, die soziopolitischen Beziehungen von feudaler Grund- und Territorialherrschaft auf die Städte zu übertragen oder zurückzugewinnen, mußten aber gegen die Interessen der Bürger gehen. Die Grundherren hatten de facto wenig Möglichkeit, entflohene Leibeigene wieder zurückzuholen, und die Landesherren hatten ihre liebe Not damit, ihren Bannrechten bei den Stadtgemeinden Geltung zu verschaffen. Faktische Bedingungen wurden allmählich zu Rechten: "Stadtluft macht frei". Die Städte entwickelten ein der feudalen Gesellschaft total entgegengesetztes Prinzip der Freiheit, das sie aus der sie umgebenden, noch immer dominierenden Agrargesellschaft und deren sozialen Strukturen heraushob.[56] Auch die Rechtsstrukturen der feudalen Gesellschaft paßten nicht für eine kommerzielle Stadtgemeinde; zuerst zeigte sich das

54 Siehe auch: Michael Mitterauer, Markt und Stadt im Mittelalter, Stuttgart 1980.

55 Vgl.: Gerhard Dilcher, Die Entstehung der italienischen Stadtkommune, Aalen 1967; Edith Ennen, Die europäische Stadt des Mittelalters, 4. Aufl., Göttingen 1987.

56 Demgegenüber hatte Karl Bücher sie als die Übertragung des Grundgedankens der Markgenossenschaft auf Stadt- und Zunftverwaltung verstanden. Karl Bücher, Die Bevölkerung von Frankfurt am Main im 14. und 15. Jahrhundert, Tübingen 1886, S. 327. Das mag in gewisser Weise in bezug auf den Charakter der Kommune als Schwurgemeinde zutreffen, wurde aber dann überlagert durch die politischen und ökonomischen Aspekte der Autonomiebewegung und der Differenzierung der internen Sozialstruktur der Stadt. In diesem Prozeß trat der genossenschaftliche Charakter zurück. Siehe: Karl Lamprecht, Zur Sozialstatistik der deutschen Stadt im Mittelalter, in: Archiv für Soziale Gesetzgebung und Statistik 1/1888, S. 485-531, S. 490.

im Handelsverkehr als solchem, was zur relativ frühen Kodifizierung von handelsrechtlichen Bestimmungen etwa im 11. Jahrhundert führte. Dieses "ius mercatorum" war eine Art internationales Gewohnheitsrecht, das zwischen Kaufleuten galt, allerdings bei den feudalen Gerichten nicht einklagbar war. Daher entstand eine eigene rechtliche Struktur für den Handel, mit Normen, eigenen Richtern und Gerichten, wie etwa der "Mercanzia" in Venedig und Florenz. Bald wurde dieses Eigenrecht zur Vorlage für ein kommunales Recht und eine kommunale Verwaltung, die schlußendlich auch von den Autoritäten anerkannt werden mußten. Schöffengerichte wurden in Flandern, Italien, Frankreich, Deutschland und England eingesetzt, und die Städte erlangten Gerichtsautonomie. Damit war notwendig auch eine Verwaltungsautonomie verbunden. In allen Städten entstanden eigene Stadtverwaltungen, wobei der Schutz der Stadt und der Bau und die Erhaltung von Wehranlagen vordringliche Aufgaben waren. Sie erforderten Finanzmittel, die wieder den Ausgangspunkt für eine eigene Finanzverwaltung und einen Gemeindeetat darstellten, der durch Gemeindesteuern, Bußabgaben und eine Reihe von sonstigen Gebühren, wie sie etwa Reisende oder Neuankömmlinge entrichten mußten, gespeist wurde. Die Steuern und Abgaben wurden in den Städten auf eine einheitliche Grundlage gestellt und vom Vermögen berechnet, was ihnen den willkürlichen Charakter nahm, mit dem die Steuern der Feudalverwaltung behaftet waren. Damit wurden Ämter der Stadtregierung und Stadtverwaltung geschaffen, die eine neue Grundlage für sozialen Status, Reichtum und Macht darstellten.

Die italienischen Städte waren die ersten, die sich selbstbewußt eine eigene kommunale Verwaltung gaben und in Konflikt mit den Territorialautoritäten kamen. Schon 1035 erkämpfte sich Mailand seine Freiheit und 1176 bereitete die Liga der lombardischen Städte dem Heer Friedrich Barbarossas eine empfindliche Niederlage. Zum einen mußten die Städter ihre Unabhängigkeit von den Grund- bzw. Stadtherren erringen, zum anderen gerieten sie in Konflikt mit dem Fürsten bzw. König, wenn sie eine eigenständige Politik und allzu große Selbständigkeit zeigten. Für die Fürsten und Könige hatten die Städte vor allem militärisch-politische Bedeutung als Stützpunkte und Verwaltungszentren, aber auch eine große Rolle als Finanzierungsquellen für Kriege und daher als Bundesgenossen. Durch den stärkeren Verkehr und die Vergrößerung des Geldvolumens auf Grund der Gewerbe- und Handelstätigkeit der Städte landete mehr Geld in Form von Weggeldern, Zöllen u. a. in den Taschen der Landesherren. Vor allem die weltlichen Landesherren standen daher den Städten in Deutschland, Frankreich und Flandern eher freundlich gegenüber, während jene, vor allem auch kirchlichen Landesherren, die in den Städten residierten und ihre Vormachtstellung in diesen beanspruchten, mit den Stadtkommunen in Konflikte gerieten, was zahlreiche Aufstände bezeugen. Die Könige gewährten den Städten häufig auch Privilegien, um sie als Genossen in ihren Konflikten mit den Territorialherren zu gewinnen. Solcherart errangen etwa auch die deutschen Städte ihre Sonderstellung als Reichsstädte, die unmittelbar dem Kaiser unterstellt waren.

Der städtische Wiederaufschwung hatte in den Hafenstädten Italiens, Venedig, Genua, Pisa etc. begonnen. Von dort strahlte er auch ins Hinterland aus, wo es ebenfalls zur Entstehung urbaner Zentren wie Mailand, Florenz u. a. kam. Hier siedelten sich vor allem Handwerker-Kaufleute an, die vornehmlich für den Export produzierten. Mit Bezug auf Deutschland unterscheidet Rolf Engelsing[57] drei Stadttypen: die Ackerbürgerstädte, deren Bevölkerung aus Bauern bestand; in Mitteleuropa war dies die häufigste Stadtform kleineren und mittleren Ausmaßes. Daneben gab es Gewerbe- und Handelsstädte, in denen hauptsächlich Kaufleute und Handwerker lebten; die soziale Differenzierung war hier in der Regel größer als in den Ackerbürgerstädten. Die Fernhandelszentren schließlich waren von überregionaler Bedeutung, oftmals waren sie Reichsstädte, mit großen internen sozialen Distanzen. Oftmals entstanden städtische Strukturen im Binnenland auf Grund des Zerfalls der Domänen und der Entstehung von Marktflecken anstelle des Gutshofes.[58] Neben Stadt- und Landgemeinden gab es noch die Kultgemeinden der Pfarren; eigene Judendörfer mit rechtlichem, wirtschaftlichem und religiösem Eigenstatus sind belegt; sie entstanden im Umkreis der Städte und wurden später in diese eingemeindet. Marktgemeinden entstanden durch das Marktrecht, das vom Fürsten gegen eine Abgabe verliehen wurde; es berechtigte zur Abhaltung von Märkten zu bestimmten Zeiten. Marktordnung und Marktgerichtsbarkeit wurden institutionalisiert, wobei vor allem die Regelung der Tätigkeit der zu den Markttagen in die Stadt strömenden fremden Kaufleute Gegenstand des Interesses war. Diesen wurde vorgeschrieben, daß sie in bestimmten Gasthöfen wohnen, ihre Waren an bestimmten Orten lagern mußten, ihre Geschäfte nur mit Vermittlung eines Einheimischen vornehmen durften. Marktgemeinden entstanden überall in Europa; für England weist Hilton sogar auf ein dichtes Netz von Marktstädten hin.[59] Die Stadt war auch der Absatzmarkt für ländliche Produkte, denn der Bedarf der Städter wuchs

57 Rolf Engelsing, Sozial- und Wirtschaftsgeschichte Deutschlands, Göttingen 1973.

58 Henri Pirenne, Geschichte Europas, Frankfurt/Main 1982 (urspr. frz. 1936), S.121.

59 R. H. Hilton, Medieval Market Towns and Simple Commodity Production, in: Past & Present 109/1985, S. 3-23.

mit zunehmender Größe und Zahl der urbanen Zentren. Dies bewirkte automatisch eine Geldzirkulation, die auch das Land in den Geldfluß mit einbezog. Manche Adelige mit kleineren Gütern verarmten und waren gezwungen, Teile oder auch die ganze Domäne zu verpachten oder zu verkaufen. Die reichen städtischen Patrizier erwarben diese Gründe und brachten damit Teile des die Stadt umgebenden Landes in den Besitz der Städter. Diese verpachteten es ihrerseits, was meist auch zu einer Rationalisierung der Landwirtschaft führte. In Italien, wo sich immer eine größere städtische Tradition erhalten hatte, kam es zu einer Art Wiederaufleben der alten Stadtstaatstrukturen, denn die Städte verleibten sich über den Erwerb von Grundbesitz und über Marktabhängigkeit mehr und mehr das umliegende Land ein. Vielfach siedelten sich Städter, die zu Vermögen gekommen waren, wieder auf dem Land an. Charakteristikum der italienischen Entwicklung war die große Anziehungskraft der Städte für die feudale Aristokratie und die stärkere Abhängigkeit des "contado" von der Stadt. Die Städte zwangen dem Land auch in Mitteleuropa über ihre Privilegierung durch den Territorialherrn Beschränkungen auf; so gab es rund um die Stadt eine Bannmeile, innerhalb welcher kein Handel oder Handwerk, außer für den Eigenbedarf, betrieben werden durfte. Auf diese Bestimmung achteten späterhin die Zünfte eifersüchtig, und sie wurde erst durch das Vordringen des Verlagssystems erodiert. Das Land aber wurde seinerseits nun auch zu einem bedeutenden Absatzmarkt für die handwerklichen und importierten Güter der städtischen Wirtschaft.

In den Städten[60] entstanden neue Schichten der Gesellschaft, die Bürger, die anders als in der feudalen Ordnung nicht eine Gemeinschaft von Ungleichen darstellten, sondern einen Schwurverband der Bürger, die Kommune, bildeten. In ökonomischer und sozialer Hinsicht aber waren die Bürger keineswegs gleich. Die Reichen beherrschten die Städte, und die Stadtverwaltung lag in den Händen einer plutokratischen - später einer oligarchischen - Elite, da es meist die Mitglieder immer derselben Familien waren, die die Führerschicht stellten. Das städtische Patriziat, das zunächst die Vertreter des Fürsten oder Grundherrn umfaßt hatte, ging nach den in den einzelnen Gebieten unterschiedlich heftig geführten Kämpfen um die Selbständigkeit der Städte auf die reichen Kaufleute und Handwerksmeister über. Sie konstituierten dort, wo nicht der Landesherr regierte, das Patriziat, die Ratsherren, die

60 Zur mittelalterlichen Stadt: Edith Ennen, Die europäische Stadt des Mittelalters, 4. Aufl., Göttingen 1987; Carl Haase (Hg.), Die Stadt des Mittelalters, 3 Bde., Darmstadt 1973; Michael Mitterauer, Markt und Stadt im Mittelalter, op. cit.; Fritz Rörig, Die europäische Stadt und die Kultur des Bürgertums im Mittelalter, Göttingen 1955.

die Geschäfte der Stadt führten. In den italienischen Städten kam es im 13. Jahrhundert zur "kommunalen Revolution", die in der Ersetzung der Ratsaristokratie durch "popolo"-Verwaltungen der Städte resultierte.[61] Der "popolo" war keineswegs das ganze Volk, sondern der Mittelstand der zünftischen Handwerker und Kaufleute, wobei vor allem die großen Handelsherren dominierten. Die "magnati", der grundbesitzende Adel, aber auch der zahlenmäßig weit größere Teil der Einwohner der Stadt, die nicht in Zünften organisiert waren und auch keinen Grundbesitz und kein Bürgerrecht hatten, wurden von der Verwaltung der Städte ausgeschlossen. Der "popolo" umfaßte am Ende des 13. Jahrhunderts in Florenz sieben höhere, fünf mittlere und neun niedere Zünfte. Die Tuchhändler, Geldwechsler, Woll-, Seiden- und Pelzhändler bildeten die Oberschicht; die mächtigsten und angesehensten von ihnen hatten sich in der "ars mercatorum Calimala" zusammengeschlossen, später gewannen die in den "artes della lana" und den "mercatores Sancte Mariae" vereinigten Händler große Bedeutung. Diese Gruppen, sowie die Notare und Richter, die Ärzte und Apotheker bildeten die sieben oberen Zünfte, den "popolo grosso", während die fünf mittleren und die neun unteren Zünfte den "popolo minuto" darstellten. 1282 setzte sich das Regiment der Zunftprioren in Florenz durch, dann ebenso in Bologna und in anderen Städten. In vielen von ihnen gab es neben den Zünften auch Nachbarschaftsverbände und Stadtviertelbünde, die ebenfalls politische Bedeutung erlangten. Im Verlauf des 13. Jahrhunderts wandelten sich die Zünfte überall zu politischen Verbänden, die den Rat stellten, die "podestà" und die "capitanei populi" wählten. Die "popolo"-Herrschaft wurde allerdings sehr bald durch eine aus Adel und Patriziern gebildete neue "nobilità", die "Signoria", deren Kennzeichen eine enge Verknüpfung zwischen politischer und wirtschaftlicher Macht war, ersetzt.

Venedig hatte eine Sonderstellung inne. Hier waren die Adeligen gleichzeitig die großen Kaufleute. 1298 erfolgte die Begrenzung des Adels in Venedig auf die im Goldenen Buch Eingetragenen, und bis ins 17. Jahrhundert bestimmte diese "Serrata", wer adelig war. Mit dieser Struktur entging Venedig den heftigen Auseinandersetzungen um die Macht in der Stadt, wie sie im 13. und 14. Jahrhundert in den anderen italienischen Städten tobten. Dazu kam, daß die adeligen Familien in Venedig seit alters her auch die großen Kaufleute und Reeder stellten, so daß sich hier keine Kluft zwischen "magnati" und "popolo" auftat und die Zünfte unter der Kontrolle der staatsbeherrschenden Aristokratie standen. Allerdings waren auch in

61 Siehe dazu die Darstellung bei: Karl Bosl, Gesellschaftsgeschichte Italiens im Mittelalter, Stuttgart 1982.

den anderen italienischen Städten die Grenzen zwischen "nobilità" und "popolo" ziemlich durchlässig: große Bankiers und Kaufleute zählten genauso wie Adelige zur Oberschicht, und der Adel war als Stadtadel durchaus selbst an Wirtschaftsgeschäften beteiligt; berühmte Kaufleute wurden überdies geadelt. Während die Trennung der Stände, die im übrigen Europa vielfach verrechtlicht zu werden begann, dazu führte, daß die kommerzielle Betätigung für die Adeligen etwa in Frankreich und Spanien verboten war, kam es in den italienischen Städten zur Entstehung einer neuen Wirtschaftsaristokratie, in der die soziale Position und der finanzielle Erfolg mehr als Geburt und Herkunft zählten. Insbesondere in Florenz gingen die großen Bankiers der Bardi, Peruzzi, etc. die großen Zünfte und der Geist des städtischen Adels eine enge Verbindung ein.

In den deutschen Städten entstanden vier Stände,[62] die sich nach Herkunft, Vermögen, Stellung und Rang der Korporation, bei der man Mitglied war, differenzierten, und zwar die Ratsfamilien, also adelige oder bürgerliche Geschlechter mit "Ratsfähigkeit", sodann die Gruppe der Kaufleute, Stadtschreiber und Offiziere, die zünftischen Handwerker und Kleinhändler, und schließlich das "kleine Volk", das oft auch kein Bürgerrecht besaß. In den Städten in Mitteleuropa kam es zu einer spezifischen Vermischung von Feudalsystem und Stadtverfassung. Das Patriziat Kölns, die Mitglieder der Kölner "Richerzeche" des 12. Jahrhunderts, bestand aus Bürgern, die gleichzeitig Ministeriale[63] waren; sie stammten von unfreien Rittern ab bzw. standen im Dienst eines Domstifts oder Bischofs. Das hinderte sie indes nicht, sich auch erfolgreich - und das meist auch über Generationen - im Handel zu betätigen, wobei ihr Aufstieg sowohl durch ihr Amt als auch durch ihren wirtschaftlichen Erfolg begründet sein konnte. Die Verbindung zwischen Bürgern und Adel im Köln des 12. Jahrhunderts zeigt sich auch an der Figur des "Guten Gerhard", dessen Vorbild wahrscheinlich der Kaufmann und Ministeriale Gerhard Unmaze war.[64]

In den Städten waren die Zünfte entstanden, weil das Patriziat, der Rat oder der Stadtherr Interesse daran hatte, die immer zahlreicher zuwandernden Handwerker nach Berufen getrennt zu erfassen und zu kontrollieren. Diese Kontrollinteressen

62 Rolf Engelsing, Sozial- und Wirtschaftsgeschichte Deutschlands, op. cit., S.52/53.

63 Siehe: Thomas Zotz, Städtisches Rittertum und Bürgertum in Köln um 1200, in: Lutz Fenske/W. Rösener/Thomas Zotz (Hg.), Institution, Kultur und Gesellschaft im Mittelalter, Sigmaringen 1984, S. 609-638.

64 Vgl. auch über den "Guten Gerhard": Heribert R. Brennig, Der Kaufmann im Mittelalter, Pfaffenweiler 1993, S. 179 ff.

der Obrigkeit trafen sich mit den Schutzbestrebungen der bereits ansässigen Handwerker, die Organisationen mit religiösem Charakter, die Bruderschaften, gebildet hatten und sich nun in gewerblichen Vereinigungen zusammenschlossen. Die Städte gewährten diesen zünftischen Organisationen die Anerkennung als öffentliche Korporation, so daß sich der freiwillige Zusammenschluß in eine zwangsweise Vereinigung verwandelte. Das führte zur Errichtung des Zunftzwanges, der Innung. Jeder Neuankömmling in der Stadt mußte sich einer Zunft anschließen, da er sonst boykottiert wurde. Nur diejenigen, die Mitglieder einer Zunft waren, konnten den betreffenden Beruf auch tatsächlich ausüben. Jeder Beruf wurde zum Monopol einer Gruppe bevorrechteter Meister, die interessiert waren, die Konkurrenz so gering wie möglich zu halten. Für Landleute wurde es immer schwieriger, in der Stadt Fuß zu fassen, und auch innerhalb des Handwerks war der Aufstieg zum Meister im Laufe der folgenden Jahrhunderte nur mehr wenigen möglich. Die Zünfte achteten auch genau darauf, daß sich das Gewerbe auf dem Land nicht entwickeln konnte.[65] Innerhalb der Zünfte gab es Zunftälteste oder Dekane, und Berufsstatuten regelten genau die Ziele und die Ordnung des Verbandes. Letztere setzte drei Abstufungen der Mitglieder fest: Man trat als Lehrling ein, stieg dann zum Gesellen auf und wurde Meister. Zunftverordnungen kontrollierten eine ganze Reihe von Dingen: die Anzahl der Lehrlinge und Gesellen, die einzusetzende Technik, die Kundenkontakte, wobei die Anpreisung der eigenen Waren auf Kosten der anderen Zunftmitglieder verboten war etc. Technische Neuerungen galten als unlauterer Wettbewerb, ebenso niedrigere Preise. Damit unterwarfen die Zunftordnungen die produktiven Gewerbe stark restriktiven Bedingungen, die ihre rasche Veränderung in technischer und organisatorischer Hinsicht für viele Jahrhunderte verhinderten, denn die Zünfte erwiesen sich als sehr beständig; sie blieben fast ein halbes Jahrtausend nahezu unverändert bestehen. Allerdings waren nicht alle Handwerker in Zünften organisiert; es gab auch die zunftlosen Gewerbe, die überall zu den wenig geachteten und nicht einflußreichen städtischen Gruppen zählten. Die Zunftorganisation selbst und die Mitgliedschaft in einer solchen waren wesentliche Faktoren für das Prestige und die Macht eines Handwerks. Darüber hinaus war auch der Grad der Selbstverwaltung ein Differenzierungskriterium, denn die Schutz- und Kontrollbestimmungen und -verordnungen waren nicht überall durch die Zunftmitglieder autonom bestimmt. In Deutschland hingegen blieb zunächst die Herrschaft des überwiegend adeligen Patriziats der Städte über die Zünfte weitgehend unangetastet. Nur in

65 Berent Schwineköper (Hg.), Gilden und Zünfte, Sigmaringen 1985; Henri Pirenne, Sozial- und Wirtschaftsgeschichte Europas im Mittelalter, Tübingen-Basel 1994 (urspr. frz. 1933), S. 171 ff.

Italien und in gewissem Maße in Flandern kann man von einer wirklichen Selbstverwaltung der Zünfte sprechen, allerdings immer nur in bezug auf die "arti maggiori", denn dort errangen die Zünfte nach und nach die Beteiligung an der ursprünglich von der kaufmännisch-aristokratischen Oberschicht beherrschten Stadtverwaltung. Allerdings wurden die Zünfte etwa im Tuchgewerbe in Florenz, bei den Seidenarbeitern von Lucca oder den Kupferschmieden von Dinant von Kaufleuten beherrscht. Für sie arbeiteten kleine Meister und Arbeiter, die aber von den Kaufleuten abhängig waren. Die Zahl der Arbeiter war hier nicht beschränkt und in vielen Gewerben waren die abhängigen Produzenten sehr zahlreich. Dasselbe war auch in den flandrischen Städten, in Brügge, Gent, Douai, Ypern und Brüssel der Fall, so daß man in bezug auf das Exportgewerbe tatsächlich schon in dieser Zeit von kapitalistischen Strukturen und der Existenz eines industriellen Proletariats sprechen kann. Die Zunftorganisation bestand zwar hier auch - zumindest formal - in den qualifizierten Berufen, sie wurde aber faktisch von den exportorientierten Strukturen gesprengt, weil die Produzenten keinen Zugang zum Markt besaßen; hier konnte keine effektive Politik der Markt- und Preiskontrolle durchgesetzt werden. Auch die Meister waren faktisch Angestellte der Kaufherren und den Wechselfällen des Welthandels ausgeliefert. Noch schlechter ging es ihren Arbeitern, die ständig unter der Drohung von Arbeitslosigkeit lebten und deren Arbeitsbedingungen sehr schlecht waren. Hier gab es auch seit dem Ende des 13. Jahrhunderts immer wieder Aufstände und Streiks der Arbeiter, so etwa in Douai im Jahr 1245 oder in Gent 1274. Von da an bis 1435 erstreckt sich die Geschichte der Volksaufstände in fast ununterbrochener Reihenfolge.[66]

Die Entwicklung des Fernhandels und der Aufstieg der Kaufmann-Bankiers

Die Existenz des Exportgewerbes deutet auf ein wichtiges Merkmal des Hochmittelalters, das Wiedereinsetzen des Fernhandels, hin. Am Rande Europas waren rege Fernhandelsbeziehungen entstanden, als das Frankenreich selbst im Inneren Europas noch weitgehend isoliert war. Diesen Handelsaufschwung trugen die Wikinger im Norden und die Venezianer im Süden: sie hatten sehr unterschiedliche Sozialstrukturen und auch ihre Art, Handel zu treiben, war anders. Beide aber orientierten ihre Aktivitäten besonders an Konstantinopel, das damals das Wirtschafts- und Kulturzentrum schlechthin war. Die skandinavischen Völker hatten, während sich im Frankenreich und den Gebieten seines Einflußbereichs der Feudalismus ent-

66 Michel Mollat/Philippe Wolff, The Popular Revolution of the Late Middle Ages, London 1973, S. 12.

wickelte, ihre ursprüngliche Sozialstruktur bis in das 12. Jahrhundert erhalten: Stammesorganisation, Kriegskönigtum und freie Kriegerbauern. Zu einer Zeit, als das Frankenreich noch kaum eine nennenswerte Seefahrt entwickelt hatte, befuhren die "Wikinger" die Nord- und Ostsee, fielen in Frankreich ein, landeten in England, besiedelten Island und fuhren schließlich mit ihren Schiffen über Grönland bis nach Nordamerika einerseits und bis nach Sizilien andererseits. Wie Else Ebel[67] aufzeigt, unterschieden die altnordischen Quellen strikt zwischen Plünderungsfahrten, organisierten Zügen mit politischem Ziel, Kriegszügen mit Eroberungsziel und Handelsreisen. Die küstenansässigen Kriegerbauern und -fischer brachen oft jahreszeitlich bedingt entweder zu Plünderungs- und Streifzügen auf, oder unternahmen Handelsreisen. Es waren durchaus dieselben Leute, die einmal plünderten und das andere Mal Handel trieben. Die am stärksten frequentierte Route des Handels der Dänen und Norweger war die zwischen Skandinavien und England. Die Schweden hingegen richteten ihr Augenmerk nach Südosten, in die slawischen Gebiete, von wo sie über die seit urdenklichen Zeiten bekannte Bernsteinstraße ans Schwarze Meer und nach Konstantinopel kamen. Die Wolga entlang fuhren sie auch an das Kaspische Meer, wo sie mit Juden und Arabern Geschäfte machten. Diese kombinierten Eroberungs- und Handelszüge der schwedischen Waräger, die von den Slawen "Russen" genannt wurden, in den Gebieten um den Dnjepr verwandelten sich bald in reinen Handel, vor allem mit Sklaven, die sie in den slawischen Gebieten fingen und nach Konstantinopel verkauften, aber auch mit Honig und Pelzen. Entlang ihrer Wege, vor allem den Flußläufen, hatten die Waräger Waffenplätze errichtet, aus denen später Siedlungen wurden. Die berühmteste Handelsniederlassung und Hauptstadt ihres Erobererstaates in Rußland war Kiew; für den Handel noch wichtiger aber wurde Nowgorod.

Allmählich führte die Entwicklung des Gewerbes in Flandern und des Handels im Norden Europas zwischen England, Skandinavien, Rußland dazu, daß hier ein großer Wirtschaftsraum entstand. In ihm spielten die Städte Flanderns und Nordfrankreichs, aber dann auch die skandinavischen Städte eine große Rolle. Im 12. Jahrhundert wurde in Flandern die Londoner Hanse als Zusammenschluß der einzelnen Gilden für den Handel mit England gegründet. Auch eine Hanse der 17 Städte in Flandern und Nordfrankreich, die auf den Champagne-Messen vertreten

67 Else Ebel, Der Fernhandel von der Wikingerzeit bis in das 12. Jahrhundert in Nordeuropa nach altnordischen Quellen, in: K. Düwel/H. Jankuhn/H. Siems/D. Timpe (Hg.), Untersuchungen zu Handel und Verkehr der vor- und frühgeschichtlichen Zeit in Mittel- und Nordeuropa, Teil IV: Der Handel der Karolinger- und Wikingerzeit, Göttingen 1987, S. 266-312.

waren, wurde gebildet. Zu Zusammenschlüssen kam es auch in den großen Handelsstädten des Nordens, Brügge, Bergen, Visby, Nowgorod, Riga, Memel und Danzig. Aus diesen nördlichen Kooperationen entstand dann im 13. Jahrhundert die deutsche Hanse, eine Liga der Handelsstädte an der Nord- und Ostsee und anderen bedeutenden Handelsstädten wie Köln, zum Zwecke des Fernhandels, der etwa im Jahr 1367 200 Städte angehörten.[68]

Auf Grund seines auf dem Handel gegründeten Reichtums wurde Venedig zur bedeutendsten Seehandelsstadt im Mittelmeer. Konkurrenten erwuchsen ihr in Pisa und Genua, die ebenfalls eine starke Seehandelsaktivität entwickelt hatten. Die Nachschublieferungen für die Kreuzfahrer[69] und die Handelsverbindungen mit den entstehenden Kreuzfahrerstaaten belebten den Handel des Abendlandes auf dem Mittelmeer. Bald gründeten die Venezianer im Heiligen Land Handelsniederlassungen und Kolonien. Auch Pisa und Genua lieferten Waren für die syrischen Kreuzfahrerstaaten. 1203 eroberten die Kreuzfahrer mit Venedigs Hilfe unter dem Dogen Enrico Dandolo Konstantinopel und errichteten das kurzlebige Lateinische Kaiserreich. Der Handel im Mittelmeer brachte auch eine Ausweitung der wirtschaftlichen Aktivitäten des Hinterlandes. Es entstand ein System von Handelswegen, Märkten, Messen und Niederlassungen, das sich um die Süd-Nord-Achse zwischen den italienischen Stadtstaaten, allen voran Venedig, und den Champagne-Messen bis zu den niederländischen Städten Brügge und von da ostwärts zu den Hansestädten erstreckte.

Die Messen entstanden als Kennzeichen einer auf ständigen Reisen der Kaufleute beruhenden Handelstätigkeit, die keine Grenzen kannte. Mit Ausnahme der Messe von St. Denis bei Paris, die auf die Merowingerzeit zurückging, waren sie meist Schöpfungen des 11. und 12. Jahrhunderts. Sie waren periodische Märkte für Fernhandelsgüter aller Art und ohne jede Beschränkung; hier kamen Fernhändler aus allen Teilen Europas zusammen, um Waren en gros zu kaufen und zu verkaufen.

68 Die Hanse war nicht nur eine Verbindung von Kaufleuten, sondern auch von Städten, den sogenannten Hansestädten, deren Bürger diese Kaufleute waren. Zentrum dieses Städtebundes war Lübeck. Voraussetzungen für die Entstehung und den Aufstieg der Hanse waren die Ostkolonisation und die Privilegierung deutscher Städte. Offiziell tritt der Städtebund erst 1356 auf dem ersten allgemeinen Hansetag in Lübeck in Erscheinung; tatsächlich hat er aber eine lange Vorgeschichte. Vgl.: Philippe Dollinger, Die Hanse, 3. Aufl., Stuttgart 1981.

69 Henri Pirenne sah die Kreuzzüge als wichtigste Faktoren für die Entwicklung des italienischen Seehandels und die Wiedereroberung des Mittelmeeres durch das Abendland an. Siehe: Henri Pirenne, Geschichte Europas, op. cit. Siehe auch: Aziz S. Atiya, Kreuzfahrer und Kaufleute, Stuttgart 1964.

Diese Messen unterschieden sich durch Art und Vielzahl der Waren, das Handelsvolumen und die Personen, die hier als Käufer und Verkäufer auftraten, von den seit dem 9. Jahrhundert in zahlreichen Ortschaften entstandenen Wochenmärkten. Die Messen wurden durch Privileg der Territorialherren geschaffen und standen unter deren Schutz. Es gab Aufseher, die über die Marktordnung wachten und eine eigene Messegerichtsbarkeit. Die berühmtesten Messen waren die im 12. Jahrhundert gegründeten Champagne-Messen in den vier Städten Troyes, Provins, Lagny und Bar-sur-Aube. Sie dauerten jeweils sechs Wochen und wechselten einander periodisch ab. Im 12. Jahrhundert kam es in Italien zu einem Zusammenschluß der Kaufleute, die die Champagne-Messen besuchten. Als dann, auf Grund des enorm gestiegenen Handelsvolumens im 13. Jahrhundert, von den italienischen Städten, vor allem von Venedig und Genua, der Seeweg von Gibraltar zur Nord- und Ostsee, dem Landweg über die Alpen vorgezogen wurde, verfielen die Champagne-Messen, und die großen Handelsstädte an der Nordsee erlebten einen ungeheuren Aufschwung; zunächst Brügge, später dann Antwerpen. Im Inland wuchs die Bedeutung von Lyon, Frankfurt und Genf als Messestädte.

Die wichtigsten Gewerbezweige in den Städten des Hochmittelalters waren die Tuchfabrikation, das Baugewerbe und die Metallverarbeitung. Dabei kam insbesondere der Tuchindustrie eine große Rolle zu, weil sich hier in Flandern und auch in Florenz zum ersten Mal so etwas wie industrielle Verhältnisse andeuteten. Technische Neuerungen wie der Webstuhl, das Spinnrad oder die Wassermühle, erleichterten die Erzeugung für den Markt. Die flandrische Tuchfabrikation, die schon aus römischer Zeit belegt ist, expandierte in großem Umfang und arbeitete für den Export. Im Laufe des 12. Jahrhunderts wurde ganz Flandern zu einem Volk von Webern und Walkern. Flandrische Tuche wurden auf der Messe von Nowgorod gehandelt, italienische Händler kauften sie an Ort und Stelle gegen Gewürze, Seide und Schmuck. Die Flamen besuchten die Champagne-Messen und trafen dort italienische Händler, die die Tuche über Genua nach den levantinischen Märkten brachten. Flandern und Brabant wurden zu den wirtschaftlich entwickeltsten Gebieten, wobei sie ihren Wohlstand in erster Linie der Produktion verdankten, während sie den Handel mehr den ausländischen Händlern überließen. Während die italienischen Städte ihre Dominanz im Seehandel beibehielten, obwohl auch sie in der gewerblichen Produktion eine große Rolle zu spielen begannen, zogen sich die Städte Flanderns und Brabants aus diesem zurück, nachdem sie ihre Industrie entwickelt hatten, und konzentrierten sich darauf. Auch in den metallurgischen Gewerben hatte die Erfindung des Schmelzofens und die Nutzung der Wasserkraft zu einer weiteren Verbreitung von Metallgegenständen, eisernen Werkzeugen, Hufeisen, Pflügen etc.

geführt, die ihrerseits wieder die landwirtschaftliche Produktivität erhöhten. Weitere wichtige Gewerbezweige waren die Färberei, die Lederverarbeitung und die Glaserzeugung, wobei als besondere Neuerung etwa auch die Herstellung von Augengläsern hinzu kam, ferner die Herstellung mechanischer Uhren, Feuerwaffen, die Papier- und die Seifenerzeugung. Wichtige Handelsgüter, die aus dem Orient über das Mittelmeer nach Europa kamen, waren die Gewürze. Sie waren teuer und gleichzeitig nicht voluminös und eigneten sich daher sehr gut für den risikoreichen Fernhandel. Später importierte man Reis, getrocknete Früchte, Farbstoffe, Rohseide und Baumwolle.[70] Europäische Regionen hatten auch eine wachsende Anzahl von Gütern zu exportieren: allen voran das flandrische Tuch, das sich auch als hochwertiges Luxusprodukt gut im Fernhandel einsetzen ließ. Die Wolle dafür kam zunächst überwiegend aus England, das zum Rohstofflieferanten Flanderns wurde, später auch aus Spanien. Die Tuchproduktion in Flandern und Brabant und der darauf aufbauende Fernhandel waren so wichtig, daß man Brügge wohl als den zentralen Ort im Norden Europas ansehen muß. Allerdings vertrieben und verschifften die Niederländer ihr Tuch bald nicht mehr selbst, sondern überließen beides den darin ungleich versierteren Italienern und der Hanse. Diese errichteten Niederlassungen vor allem in Brügge und London, von wo sie ihren Handel organisierten. Bald waren vor allem die Italiener überall in den wichtigsten Handelszentren angesiedelt und hatten, insbesondere auf Grund ihrer ausgefeilten Handelstechnik und -organisation, überall das Monopol. Der Handel der Hansestädte hingegen beruhte auf weniger fortschrittlichen Handels- und Zahlungsverkehrsformen und beschränkte sich in seinem Aktionsradius auf den Bereich von Nowgorod bis zum Golf von Biscaya und über die großen Flüsse ins Innere Deutschlands, Polens und bis an die Grenzen der Balkanländer. Die Handelsmengen, die die Hanse transportierte, übertrafen wahrscheinlich sogar die des Mittelmeers, ihr Wert war aber bedeutend geringer. Dies schlug sich auch in der unterschiedlichen Kapitalbildung nieder: In den Hansestädten kam es nicht zu einer Anhäufung so großer Vermögen und zur Entstehung so reicher und mächtiger Kaufleute wie in Italien. Das lag aber auch in der geringeren Beteiligung an Kredit- und Finanzgeschäften und wahrscheinlich auch in der unterschiedlichen sozialen Organisation der Hanse gegenüber den Handelsgesellschaften in italienischen Städten.

Bis zum Ende des 12. Jahrhunderts war der Fernhandel über Land ein Verkehr bewaffneter Karawanen, der "Hansen". Zwischen den Mitgliedern einer solchen Kara-

70 Siehe: Jean Favier, Gold und Gewürze. Der Aufstieg des Kaufmanns im Mittelalter, Hamburg 1992 (urspr. frz. 1987).

wane herrschte Solidarität, sie waren eine verschworene Gemeinschaft, meist wurde auch die Ware gemeinsam eingekauft und verkauft, wobei der Gewinn proportional zur Einlage jedes Mitglieds ausgezahlt wurde. Hinsichtlich der Herkunft und dem Status der Kaufleute gibt es Unterschiede der Interpretation. Henri Pirenne meinte, daß die frühen Fernhändler in Europa, soweit sie nicht "Fremde" waren, Abenteurer und entwurzelte Elemente gewesen seien. Demgegenüber betonten Hermann Rörig und Heinrich Sieveking[71] die Herkunft der frühen Kaufleute aus den Kreisen der städtischen und ländlichen Eliten, etwa der Einkäufer oder Kommissionäre von Grundherren, Klöstern oder Pfalzen. Sieveking lehnte damit auch die starke Betonung der Trennung von Stadt und Land im Mittelalter ab, indem er auf den zumindest teilweisen Ursprung der Kaufleute aus den agrarisch-grundherrlichen Strukturen verwies. Es liegt nahe zu vermuten, daß die Händler unter den Bedingungen in dieser Zeit sowohl besondere Risikofreudigkeit aufwiesen, wie auch des Schutzes von Grundherren und Fürsten bedurften. Der Handel war immer noch ein risikoreiches und gefährliches Unterfangen, nicht nur über Land, sondern auch zur See. Wie riskant der Seehandel zu dieser Zeit war, geht daraus hervor, daß Korsaren und Freibeuter ständig den Handelsverkehr bedrohten. So gering war noch der Umfang der transportierten Waren, daß sich jeder Verlust einer Schiffsladung sofort auf die Preise für dieses Gut auswirkte. Gleichzeitig waren die Frachtwege noch sehr weit, die Schiffe waren lange unterwegs, so daß das Kapital auch lange gebunden war. Schon aus diesem Grund war die Streuung der Geschäfte sehr naheliegend. Die Gewinne im Fernhandel waren dennoch recht hoch, zumal wenn es gelang, Waren im Herkunftsland billig einzukaufen und weit entfernt auf Grund ihrer Seltenheit und der mangelnden Transparenz der Preise an verschiedenen Orten teuer zu verkaufen. In allen großen Handelszentren mußten die Kaufleute nach ihrer Herkunft getrennt, bestimmte Lagerhäuser und Stapelplätze benützen; die bekanntesten und ältesten Beispiele sind der Stalhof für die Hansekaufleute in London und der Fondaco dei Tedeschi in Venedig.

Allmählich aber wurden die Händler seßhaft, es entstanden Kontore und die Kaufleute dirigierten von Ort aus die Geschäfte. Das Kapitalgeschäft nahm zu, der Handel wurde gefahrloser und die Schriftkundigkeit verbreitete sich unter den Kaufleuten. Hand in Hand damit ging die Rationalisierung und Ausweitung der Institutionen und Formen des Geschäftsverkehrs; Versicherungen, neue Methoden des Zah-

71 Heinrich Sieveking, Der Kaufmann im Mittelalter, in: Schmollers Jahrbuch 52, München-Leipzig 1928, S. 71-86; Hermann Rörig, Hansische Beiträge zur Deutschen Wirtschaftsgeschichte, München-Leipzig 1928.

lungs- und Wechselverkehrs, der Kreditvergabe und des Bank- und Rechnungswesens entstanden. Die Seßhaftigkeit der Kaufleute und die Bevorzugung des Seeweges brachten dann auch eine Weiterentwicklung der Seehandelstransaktionen, der Schiffbautechniken und der Professionalisierung des Seetransports. Weit verbreitet war seit alters besonders im Seehandel, und sowohl unter christlichen wie moslemischen Kaufleuten wohlbekannt, eine besondere "Arbeitsteilung" unter den Kaufleuten, die "commenda", bei der der eine Partner das Kapital beisteuerte und der andere mit den Waren reiste. Die Gewinne wurden dann etwa in der Weise aufgeteilt, daß drei Viertel der Financier und ein Viertel der reisende Händler erhielt. Bei der "societas maris" in Genua oder der "collegantia" in Venedig streckte der Geldgeber zwei Drittel des Kapitals vor, während der reisende Kaufmann ein Drittel des Kapitals und seine Arbeit beisteuerte. Der Verlust wurde dann im Verhältnis zum investierten Kapital verteilt, der Gewinn zur Hälfte geteilt. An der Finanzierung derartiger Geschäfte beteiligten sich bald durchaus nicht nur Kaufleute, sondern auch Stiftungen, Klöster, Witwen etc. Besonders in italienischen Städten wurde diese Form der Beteiligung sehr beliebt.

Erste Formen des Zahlungsverkehrs tauchten im 12. Jahrhundert auf: die Messebriefe wurden in der Champagne üblich; überhaupt nahm das Kredit- und Bankwesen einen ungeheuren Aufschwung; Wechsel, verzinsliche Anleihen und verschiedene andere Formen kamen auf. In der Regel war der mittelalterliche Bankier gleichzeitig Geldverleiher und Händler. Seine Vorfahren waren oft Geldwechsler, aber häufiger noch waren es große Kaufleute, die ihre Vermögen in Beteiligungen oder in Krediten anlegten; daraus entstand oft eine Erweiterung zum veritablen Bankgeschäft. Depositenbanken entstanden im 12. Jahrhundert in Venedig und Genua, Überziehungskredite wurden gewährt. Durch die frühen Handelsbeziehungen mit Byzanz und die Kontakte mit den arabischen Händlern waren hier Formen des Waren- und Zahlungsverkehrs schon früher als im übrigen Europa verbreitet, da die römischen Institutionen weiterlebten und dazu andere von der durchaus nicht rückständigen islamischen Welt übernommen wurden. Dasselbe gilt auch für die Handelsgesellschaften; auch sie entwickelten sich in großem Umfang früher im Süden Europas als im Norden. Die italienischen Kaufleute waren gleichzeitig Bankiers, unterhielten Filialen im Ausland, kannten den Wechsel und das Depositengeschäft, gewährten Kredite und Darlehen.[72] Die Bankiers wurden zu Financiers der Könige, Fürsten und Bischöfe und wickelten in deren Auftrag Geschäfte ab; sie dienten

72 Man nannte die italienischen Geldhändler "Lombarden" (heute noch: Lombard Street, Lombard Kredit etc.).

zugleich auch als Steuereinnehmer, als Münzmeister und Schatzmeister. Sie standen aber auch hinter großen Handelsgesellschaften wie denen der Peruzzi in Florenz oder den Buonsignori in Siena.

Die gesamte Geldzirkulation stieg gegenüber dem frühen Mittelalter gewaltig. Das machte auch stabilere und einheitlichere Geldsysteme notwendig, sowie größere Münzeinheiten. Das karolingische Geldsystem blieb dabei in seinen grundlegenen Relationen lange Zeit weitgehend erhalten. Im 12. und 13. Jahrhundert prägte Venedig den Groschen, in Deutschland wurde der Heller üblich, in England der Sterling. Besondere Bedeutung erlangte der französische Groschen von Tours, der neben dem Sterling auch in Deutschland und den Niederlanden verwendet wurde. Der karolingische Denar war noch immer im Umlauf, allerdings wurde er zu Kleingeld. Dem gestiegenen Volumen des Geldverkehrs trug man schließlich mit dem Übergang zur Prägung von Goldmünzen Rechnung, wobei der florentinische "fioro d'oro" und die venezianischen Dukaten und Zechinen, sowie der französische Golddenar von besonderer Bedeutung waren.

Der Übergang vom Landweg zum Seeweg im Süd-Nord-Handel im 13. Jahrhundert bedeutete auch eine Revolution in der Organisation des Handels und der Geschäftsabwicklung. Man spricht daher mitunter von einer kommerziellen Revolution des Mittelalters[73], repräsentiert durch die großen Handelsgesellschaften, die ihren Hauptsitz meist in Italien, aber Niederlassungen und Partner in allen bedeutenden europäischen Städten hatten und sowohl Handels- wie Bankgeschäfte betrieben. Diese Handelsgesellschaften oder "compagnie" beruhten auf einem Vertrag, wobei die Geschäftspartner eng miteinander verbunden waren und Risiken, Verluste und Gewinne teilten. Allerdings waren die Verträge sehr kurzfristig, meist mit einer Laufzeit von zwei bis drei Jahren, die aber immer wieder erneuert werden konnten. Diese Erneuerung ging gewohnheitsmäßig vor sich, so daß eine doch große Stabilität der Beziehungen gegeben war. Diese Handelsgesellschaften hatten dann in den folgenden Jahrhunderten Niederlassungen, "fondaci", an allen wichtigen Handelsplätzen, auf denen sie zu tun hatten. Sie beschäftigten auch verschiedene Gruppen von Mitarbeitern: Faktoren ("fattori"), Notare, Buchhalter, Kassierer, Boten und Lehrlinge. Die italienischen Kaufmann-Bankiers waren die großen Aufsteiger des Mittelalters. Sie verwalteten das gewaltige Vermögen des Papsttums, trieben Abgaben und Steuern ein, pachteten sie, übernahmen schließlich die

73 Z. B.: Roberto S. Lopez, The Commercial Revolution of the Middle Ages 950-1350, Cambridge-Mass. 1976.

Münzprägung, liehen Gelder aus, betrieben Handelsgeschäfte, Reedereien und Herbergen, und konnten, trotz bedeutender Risiken, große Vermögen anhäufen. Viele mußten allerdings auch Verluste in großem Maßstab hinnehmen, wenn die Großkunden, die Fürsten und Städte, die Kredite nicht zurückzahlen konnten.

Neben den italienischen Städten und Barcelona entwickelten sich bald auch Genf, Brügge und London zu bedeutenden Bankplätzen. Insbesondere kam dem Kreditwesen große Bedeutung zu; im Warenverkehr waren Kreditgeschäfte an der Tagesordnung, um die Versendung von Bargeld möglichst zu vermeiden und aus Gründen der Vielfalt und der oft sehr unterschiedlichen Qualität der Münzen. Geschäfte auf Kredit, die Schuldentilgung durch Kompensation erlaubten, waren daher sehr beliebt. Der Wechsel - allerdings ohne Indossament und Diskontierung - gehörte zu den normalen Handelstechniken und kam gerade im Fernhandel, wo man Geldsendungen nur unter größtem Risiko vornehmen konnte und zudem verschiedene Währungen im Spiel waren, sehr gelegen. Le Goff meinte, der Wechsel entsprach vier verschiedenen Bedürfnissen des Kaufmanns: Er war Zahlungsmittel für ein Handelsgeschäft, Überweisungsmittel für Geld, Kreditquelle und Gewinnmöglichkeit, weil man die Kursdifferenzen und -schwankungen an verschiedenen Handelsorten ausnutzen konnte.[74]

Das Kaufmannsgeschäft wurde im Laufe der Zeitspanne vom 12. bis zum14. Jahrhundert zu einem Beruf, der eine relativ hohe Ausbildung, vornehmlich die Kenntnis des Lesens, Schreibens, der Arithmetik, des Latein und dann auch des Französischen als Handelssprache, Rechtskenntnisse, warenkundliche Erfahrungen, geographisches Wissen u. v. m. erforderlich machte. Diese Fähigkeiten konnten nicht in den kirchlichen Schulen vermittelt werden. Es kam daher zur Gründung von städtischen Schulen, die zunächst sogar in bürgerlicher Hand waren, dann allerdings auch unter kirchliche Leitung gerieten. Die ersten Gemeindeschulen gab es bereits 1179 in Gent, wie überhaupt die Niederlande hierbei führend waren. Im Zuge dieser Entwicklung kam es nicht nur zu einer Erhöhung der allgemeinen Bildung im Volk, zumindest der Verbreitung des Lesens und Schreibens, es setzte sich auch immer mehr die jeweilige Volkssprache gegenüber dem Latein als allgemeines Kommunikationsmedium durch. Für den Kaufmann war die Kenntnis der Volkssprache der Menschen, mit denen er Handel trieb, wichtig. Er mußte daher auch mehrere dieser Sprachen beherrschen, zumindest aber die wichtigsten Handels-

74 Vgl.: Jacques Le Goff, Kaufleute und Bankiers im Mittelalter, Frankfurt/Main-New York 1993 (urspr. frz. 1956), S. 33.

sprachen: das Französische, später immer mehr das Italienische und im norddeutschen Bereich das Niederdeutsche. Das Rechnen leuchtet als notwendiges Berufswissen des Kaufmanns ein; der Abakus kam in allgemeine Verwendung. Handbücher für Kaufleute wurden vor allem von Italienern geschrieben und halfen, kaufmännische Kenntnisse zu verbreiten. Sie waren meist in der Volkssprache, zunächst also vor allem dem Italienischen, und nicht mehr in Latein geschrieben. Die Kaufleute übten auch einen Einfluß in Richtung auf größere "Rechenhaftigkeit" und Planung der wirtschaftlichen Vorgänge aus, was durch den Übergang zu arabischen Zahlen vereinfacht wurde.[75] Auch die doppelte Buchführung wurde nicht erst im 15. Jahrhundert erfunden, sondern entwickelte sich seit dem 13. Jahrhundert, wie die Handlungsbücher der italienischen "compagnie" zeigen.[76] Die Kaufleute hatten nicht nur in bezug auf die Sprache und die Verbreitung von bestimmten Kenntnissen Einfluß auf das Leben ihrer Zeit, sondern auch in anderer Hinsicht; so etwa führte ihr Bedürfnis nach Zeitmessung zum verstärkten Einsatz von Uhren und damit auch zu einer Veränderung des gesamten Lebensrhythmus. Dieser war während des Mittelalters weitgehend durch die Kirche bestimmt; der religiöse Kalender mit seinen beweglichen Festen legte den Ablauf des Jahres fest. Die klösterliche, klerikale Zeit, die Terzen, Nonen usw. regelte nicht nur das Leben der Geistlichen, sondern auch die Arbeitszeit des Volkes. Durch die städtisch-handwerkliche und die kommerzielle Entwicklung kam es zu einer Veränderung im Zeitregime. Die Kaufleute begehrten eine stärkere Kontrolle der Arbeitszeit und führten die Werkglocke und Geldbußen bei Verspätung ein.[77] Arbeitszeitregime entstanden als Verbindung von Arbeitsleistung und Zeitmessung schon im späten Mittelalter und wurden auch Grund für Arbeitskonflikte in der Folge.[78]

75 Ferdinand Seibt sieht dann im Spätmittelalter bereits einen ausgeprägten Trend zu Rationalisierung und Leistungsdenken. Siehe: Ferdinand Seibt, Karl IV. Ein Kaiser in Europa 1346-1378, München 1994 (1978), S. 26-33.

76 Armando Sapori, Storia interna della compagnia mercantile dei Peruzzi, in: Ders., Studi di storia economica medievale, Firenze 1940, S. 243-284; Ders., Elenchi dei fattori delle Compagnie dei Peruzzi e dei Bardi, in: Ders., Studi di storia economica medievale, Firenze 1940, S. 457.

77 Jacques Le Goff, Für ein anders Mittelalter. Zeit, Arbeit und Kultur im Europa des 5.-15. Jahrhunderts, Weingarten 1987 (urspr. frz. 1977), S. 29 ff.

78 Dabei ging es aber nicht um Verkürzung der Arbeitszeit. Die Arbeiter in der Tuchindustrie etwa verlangten ein Abgehen von den Nonen und damit eine Verlängerung des Arbeitstages, weil sie dadurch mehr Lohn fordern konnten. Franco Franceschi stellt daher schon unter den florentiner "lavoratores" Einstellungen fest, wie sie später erst unter den Bedingungen der frühen Industrialisierung bekannt sind. Franco Franceschi, La mémoire des laboratores à Florence au début du XVe siècle, in: Annales 45/5/1990, S. 1143-1167.

Das Wirtschaftsdenken der Scholastik

Das Christentum und die Kirche hatten große Bedeutung für die mittelalterlichen Einstellungen zur Wirtschaft. Besonders den Mönchsorden kam dadurch ein starkes Gewicht zu, daß sie nicht nur die moralische Autorität der Religion verkörperten, sondern daß die Klöster auch die größten Wirtschaftsbetriebe waren und durch ihr Beispiel wirkten. Nicht nur über Predigten und durch die von den Klöstern miterhaltenen "scholae", sondern auch durch das praktische Handeln beeinflußten sie die Volksmeinung, aber auch die Auffassungen der Theologen. Deren Lehren waren keineswegs nur für die Disputationen unter den Scholastikern bestimmt, sondern sollten in allgemein zu verbreitenden Ratschlägen für die Gläubigen resultieren. Und schließlich war das kanonische Recht auch für die weltliche Gerichtsbarkeit ein wesentliches Hilfsmittel und wurde im Verlauf des Frühmittelalters mehr und mehr zur Grundlage des weltlichen Rechts. Aber es war nicht nur das Christentum, das das Denken der Menschen formte, sondern dieses war viel stärker durch die langen Traditionen des Gemeinschaftslebens und die generationenübergreifenden Praktiken des Arbeitens und Wirtschaftens geprägt. Die Erfahrungen, Praktiken und Beziehungen, die die materielle Basis der Gesellschaft schufen, bestimmten die Handlungen der Menschen viel nachhaltiger als dies die Ermahnungen und Reflexionen der Kirche konnten. Christliche Lehren mußten sich erst allmählich als dominante Orientierungsmuster durchsetzen, wobei dies durch die Uneinigkeit innerhalb der Kirche erschwert wurde. Diese und die regional unterschiedlichen Erfahrungen des Volkes schlugen sich in religiösen Bewegungen nieder, die von der Kirche als ketzerisch bezeichnet wurden.

Ideal und Wirklichkeit lagen oft weit auseinander. Die Lehren der Prediger, die zum Verzicht auf Eigentum und Bereicherung aufriefen, blieben selbst in Ordenskreisen oft bloße Rhetorik. Die Welt außerhalb der Orden dachte schon gar nicht daran, buchstäblich dem Armutsideal zu folgen. Vielmehr nahm man dieses Ideal zum Anlaß, sich als sündiger Mensch zu fühlen, der durch Reue und Buße Gnade und Nachsicht seiner Sünden erreichen konnte. Dadurch wurde ein enges Band geknüpft zwischen der Kirche als Mittler der Gnade und den Menschen, gerade auf Grund von deren Unzulänglichkeiten. Die Bettlerorden aber gaben ein Beispiel, das die Welt nie erreichen konnte - und auch nicht wollte.[79] Die Folge der Idealsierung der Armut war allerdings, daß man sich keine Gedanken über die grundlegen-

79 Michel Mollat hob die Neubewertung der Armut durch die Bettlerorden hervor. Michel Mollat, Die Armen im Mittelalter, 2. Aufl., München 1987 (urspr. frz. 1978), S. 107 ff.

de Verbesserung der wirtschaftlichen Situation der Armen machte, vielmehr war die "Lösung" des Armenproblems das Almosen. So finden sich geradezu Heere von Armen rund um die Klöster, wie in Cluny, wo man manches Jahr bis zu 17 000 Arme nährte.[80] Die Armut war ein dominantes Merkmal des Mittelalters, obwohl dieses einen beeindruckenden wirtschaftlichen Aufschwung erlebte.[81]

In der kirchlichen Diskussion wurde die Verurteilung des Wuchers im Hochmittelalter wieder aufgenommen, nachdem von der Kirche oder ihren Gelehrten lange Zeit wirtschaftliche Themen kaum behandelt wurden. Es liegt nahe, dies mit dem allgemeinen Wirtschaftsaufschwung in Verbindung zu bringen, der einerseits den Bedenken bezüglich der religiös-moralischen Rechtfertigung von Handel und Zins neue Nahrung gab, andererseits die Diskrepanz zwischen kanonisch-kirchlichen Regeln und Realität als Problem erscheinen ließ. Auf dem zweiten Laterankonzil von 1139 wurde bestimmt, daß Zinsnehmen mit Verlust der Berechtigung eines kirchlichen Begräbnisses bestraft werden sollte, es sei denn, der Wucherer hätte sich vor seinem Tode bekehrt und den Zinsgewinn dem Schuldner zurückgegeben. Diese Bestimmungen wurden auch im Decretum Gratiani von 1142 festgehalten. Die Strafe wurde im dritten Lateranum von 1179 noch verschärft, indem auch bei Reue und Restitution kein kirchliches Begräbnis gewährt werden sollte. Das Konzil von Vienne (15. Ökumene) von 1311 legte fest: Wer es wagt, gegen das Zinsverbot aufzutreten, ist als Ketzer zu betrachten; städtische Statuten, die Zinsen zuließen, sind als nichtig zu betrachten, Richter, die sie dulden, zu exkommunizieren. Die weltlichen Gesetzbücher, wie schon der Sachsen- und Schwabenspiegel u. a. folgten weitgehend dem kirchlichen Recht. Die praktische Rechtsprechung ging aber nicht so rigoros vor; man beschränkte sich im allgemeinen aus exemplarischen Gründen auf extreme Fälle. Das kanonische Recht verurteilte den Wucher, worunter man in erster Linie Zinsen auf Darlehen verstand, und stellte ihn unter Strafe.[82] Die Legistik jedoch ging vom Römischen Recht aus, in dem der Zins als eine selbstverständliche Sache behandelt wurde. Dazu kamen jüdisch-orientalische Einflüsse und die Beschäftigung mit den Schriften der griechischen Philosophie, die neben dem Römischen Recht und dem Kirchenrecht auf die Auffassungen der Kirchengelehrten des

80 Aron J. Gurevic, Das Weltbild des mittelalterlichen Menschen, München 1986 (urspr. russ. 1972), S. 277.

81 Über die mittelalterliche Vorstellung der Armut: Bronislaw Geremek, Poverty. A History, Oxford-Cambridge-Mass. 1994, S. 18 ff.

82 Die Wucherbestimmungen blieben bis 1918 Teil des Kirchenrechts. Die Ablehnung des Wuchers gehört aber auch heute noch zu den Themen der katholischen Kirche.

Mittelalters einwirkten. Während im Frühmittelalter der Einfluß Platons über arabische Gelehrte auf die Kirchenväter stark war, kam es im Laufe des 11. und 12. Jahrhunderts zu einer "Wiederentdeckung" der Werke des Aristoteles, meist ebenfalls über die Vermittlung arabischer Gelehrter wie Avicenna und Averroes, sowie auch jüdischer Philosophen (Maimonides). Diese Verbindung von religiöser Lehre und griechischer Philosophie führte zu einem Aufschwung gelehrter Diskussionen der Theologen, die als Scholastik bezeichnet wird, weil sie mit der Gründung geistlich-kirchlicher Schulen einherging und aus diesen gespeist wurde.

Die Hinwendung zur griechischen Philosophie brachte eine Wendung zu rationalerer Argumentation, so daß die Scholastiker den Wucher als "logische" Sünde behandelten.[83]In der Scholastik waren Wirtschafts"theorie" und Ethik eng verbunden und in der Moraltheologie eingebettet, wie auch Schumpeter betonte[84], und dennoch war es eine methodisch-rationale Art der Argumentation.[85] Die scholastische "Methode" beruhte auf der Disputation von Für und Wider auf Grund der philosophischen Literatur und der biblischen Schriften, wie sie am besten von Abaelardus ausgebildet wurde. Die Argumente betrafen eine große Reihe von Themen, worunter die wirtschaftsbezogenen einen eher kleinen Teil ausmachten. Daß Wirtschaft als solche nicht im Vordergrund des Interesses der Scholastiker stand, zeigt sich auch daran, daß nur wenige kleine Schriften sich zur Gänze auf ökonomische Themen richteten. Die großen philosophischen Auseinandersetzungen fanden zwischen Neuplatonismus und Aristotelismus und zwischen Realismus und Nominalismus statt und durchzogen neben den eigentlich theologischen Problemen von Gnade, Sünde und Erlösung die ganze Literatur. Da es nicht primär um Reichtum und Wohlstand im materiellen Sinn und deren Förderung ging, gab es keine eigentliche scholastische Wirtschaftstheorie. "[...] we may perhaps describe the economic doctrines of the medieval theologians as a set of compromises, codes of economic conduct which must be operational while abandoning as little as possible of the Christian vision of society."[86] Hervorzuheben ist, daß die Scholastiker zwar an die aristotelische Unterscheidung von "oikonomia" und "chremati-

83 Karl Pribram, Geschichte des ökonomischen Denkens, Bd. 1, Frankfurt/Main 1992 (urspr. am. 1983), S. 51.

84 Ebd., S.127.

85 Siehe zum Aufklärungscharakter mittelalterlicher Reflexion: Kurt Flasch/Udo Reinhold Jeck (Hg.), Das Licht der Vernunft. Die Anfänge der Aufklärung im Mittelalter, München 1997; Jacques Le Goff, Die Intellektuellen im Mittelalter, 3. Aufl., Stuttgart 1991 (urspr. frz. 1957).

86 Odd Langholm, Economics in the Medieval Schools, Leiden-New York-Köln 1992, S. 565.

stike" anknüpften, sich aber mit Wirtschaft nicht im Sinne der "oikonomia" oder Haushaltslehre, wie das spätere Jahrhunderte taten, befaßten. Ihre Anliegen betrafen die Fragen des Privateigentums, des gerechten Preises, des Tauschhandels und des Wuchers, also in stärkerem Maße die Verbindung von "oikonomia" und "chrematistike", wenn nicht überhaupt letztere. In einigen dieser Fragen zeigten sie Ansätze einer Markttheorie der Preise und einer Nutzentheorie des Wertes, die nur von modernen ökonomischen Theorien differierten, weil das Hauptziel der Betrachtungen auf das "gute Leben" im christlichen Sinn und das Seelenheil gerichtet war.

Den Beginn des scholastischen Denkens über Wirtschaft setzt Odd Langholm[87] mit der "Summa aurea" von Wilhelm von Auxerre an, in der bereits aristotelische Gedanken verarbeitet wurden. Wilhelm behandelte unter anderem das Problem der Willensfreiheit in Geschäftsverträgen. Vertragsschließung beruht an sich auf der Übereinstimmung der Willen der Parteien. Das konnte jedoch bei Verträgen, die Zinsen auf Darlehen vorsehen, nicht angenommen werden. Wilhelm differenzierte zu diesem Zweck zwischen absoluter Freiheit und bedingter oder komparativer Freiheit. Der Kreditnehmer will dem Wucherer nicht mehr zurückzahlen als er erhalten hat. Da er aber andernfalls kein Darlehen erhielte und dann mögliche Gefahren und Schädigungen erführe, willigt er in den Darlehensvertrag ein, der jedoch nicht mehr auf absoluter, sondern auf relativer Freiheit beruht. Daher ist unbeschadet der Vertragsschließung Wucher gleich Diebstahl.

In der Folgezeit dominierten die Dominikaner das Wirtschaftsdenken; ihre bekanntesten Vertreter waren Albertus Magnus und Thomas von Aquin. Die Diskussion über Eigentum, Gelddarlehen, Wucher und Geschäfte mit Gewinn war aber seit langem schon immer wieder Gegenstand verschiedener Lehrer. Während die Dominikaner die Universität von Paris beherrschten, entwickelten auch die Franziskaner ihre eigene scholastische Tradition. Ihre hervorragendsten Vertreter waren Alexander von Hales, Bonaventura und später insbesondere Johannes Duns Scotus. Petrus Olivi, den Langholm als den vielleicht größten Wirtschaftsdenker des Mittelalters bezeichnet[88], scheint jedoch in der theologischen Literatur nicht auf, weil er als Häretiker betrachtet wurde. Der Einfluß des Aristotelismus bewirkte unter anderem, daß in den Argumenten gegen den Wucher dieser generell nicht als Sünde wider die Barmherzigkeit, sondern gegen die Gerechtigkeit aufgefaßt wurde. Auch wird der Handel nicht negativ beurteilt, solange er von Laien und für notwendige oder

87 Ebd., S. 63 ff.
88 Ebd., S. 118.

fromme Ziele, wie die Erhaltung des Lebensunterhalts der Familie oder um Werke der Barmherzigkeit tun zu können, durchgeführt wird. Voraussetzung ist auch, daß die Geschäfte ohne Lüge und Betrug, nicht an kirchlichen Feiertagen oder Sonntagen und an geeigneten Orten betrieben werden. Hinsichtlich der Preisbildung sagte schon Alexander von Hales, daß die gerechte Schätzung des Wertes sowie der handelsübliche Preis in der Stadt oder Gegend, in der das Geschäft abgeschlossen wird, bestimmend sein sollen.[89]

Die Institution des Privateigentums wird sowohl von Dominikanern als auch Franziskanern anerkannt mit der Begründung, daß es Konflikte verhindere. Man differenzierte nun auch, entsprechend dem stärker vordringenden römischen Rechtsdenken, zwischen dem Eigentumstitel und dem Gebrauch oder der Nutzung. Allerdings betonten alle Scholastiker die Sozialpflichtigkeit des Eigentums. Bonaventura hob die Verpflichtung hervor, unter bestimmten Bedingungen und in gewissem Ausmaß sein Eigentum mit anderen zu teilen. Die Hilfe für Bedürftige sollte vor allem aus dem Überfluß, der über das zum Leben Notwendige hinausgeht, getätigt werden. Was zum Leben notwendig ist, richtete sich nach Auffassung der Kirchenlehrer nach der sozialen Stellung oder der "üblichen" Lebensführung der Menschen. Die Unterstützung der Armen aus dem "superfluo" erfolgt nicht aus Barmherzigkeit, sondern ist ein Postulat der Gerechtigkeit. Wie schon seit Augustinus, so gilt auch den Scholastikern nicht der Reichtum selbst als Fehler, sondern es ist das Erwerbsstreben, das sie als Grundlage für Geiz und Habgier sehen. Der Besitz als solcher steht dann dem christlichen Ideal entgegen, wenn der Mensch an seinen Reich- und Besitztümern auch über das Notwendige hinaus festhält oder sie darüber hinaus zu vermehren trachtet. Während Franziskus selbst sich daher gegen das Privateigentum aussprach, differenzierte Bonaventura zwischen den Ordensprinzipien und der Welt und transformierte das franziskanische Urteil über das Privateigentum in eines über psychische Haltungen. Das Ziel, so Bonaventura, muß sein, den Wunsch nach Besitz materieller Güter, insbesondere aber nach Geld überhaupt, zu überwinden, wobei er ganz ähnlich wie Aristoteles in seiner Unterscheidung zwischen "oikonomike" und "chrematistike" mehr eine psychologische Haltung als eine effektive Verhaltensweise meinte. Bonaventura war sich des rationalen Kalküls in Tauschgeschäften durchaus bewußt, und er erkannte auch die Nützlichkeit von Händlern an, allerdings nur insoweit, als sie Handel trieben, um die Bedürfnisse anderer zu stillen und nicht um des eigenen Gewinns willen. In bezug auf Zinsen und Wucher differierte Bonaventura nur wenig von den üblichen Argumenten, auch das

89 Ebd., S. 136.

Zeitverkaufsargument ist bei ihm schon vorhanden. Daß gerade Bettelorden sich so viel mit Wirtschaft befaßten, mag durch ihre eigene Zurückweisung des Reichtums und des Geldes begründet gewesen sein. Dadurch gerieten sie beständig unter Druck, sich über das Problem des Reichtums zu äußern. Bonaventura[90] betonte auch immer wieder das Arbeitsethos. Als Zweck des Arbeitens sah er die Bekämpfung des Müßiggangs, die geistige Erhebung und den Erwerb des Lebensunterhalts an. Geistige Arbeit hielt er für wertvoller als Handarbeit, weil letztere meist wenig geistige Erhebung bietet, ja diese regelrecht verhindern kann. Dies erinnert an die griechische Einstellung zur körperlichen Arbeit. Handarbeit ist aber nützlich, weil sie die Erhaltung geistig Arbeitender ermöglicht. Trotz dieser unterschiedlichen Bewertung ist es für Bonaventura wichtig, daß alle Menschen arbeiten.

Obwohl aristotelische Elemente schon früher die theologischen Diskussionen beeinflußt hatten, verfaßte erst Albertus Magnus den ersten vollständigen lateinischen Kommentar zur "Ethik" und zur "Politik" des Aristoteles und galt so der Nachwelt als der Wiederentdecker des griechischen Philosophen.[91] Albert nahm die aristotelische Argumentation der Rechtfertigung des Privateigentums in seiner Argumentation gegen Gemeinschaftseigentum wieder auf, weil die Menschen dafür am liebsten und besten arbeiten, was ihr Eigen ist. Das Privateigentum figuriert bei Albert also in Anlehnung an Aristoteles als Motivationsfaktor, der die Bereitschaft zur Arbeit und ihre Effizienz fördert. Nicht nur Reichtum, sondern auch große Armut können dem "guten Leben" im christlichen Sinn abträglich sein. Für jeden gibt es ein materielles Minimum, das für ihn notwendig ist; von dem Überflüssigen jedoch soll er den Bedürftigen geben. Dabei hat Albert auch Unterschiede des notwendigen Besitzes je nach den Positionen und der Stellung ("status vel gradus") im Auge. Alberts Haltung dem Handel gegenüber kann nicht als negativ bezeichnet werden; er sah ihn als gesellschaftlich notwendig an. Der Markthandel soll allerdings Beschränkungen in bezug auf Personen (keine Priester), Zeiten (nicht am Sonntag) und Mittel (ohne Betrug) unterliegen. Kritik erntet derjenige Kaufmann, der aus Habgier, Lüge und Betrug handelt. Als Ursache des Tauschhandels werden die Bedürfnisse angesehen, das aber wurde von Albert dahingehend interpretiert, daß der Wert der Dinge, die getauscht werden, nicht in sich gleich sein muß, sondern vom Ausmaß des Bedürfnisses der Tauschenden abhängt. Albert sprach vom Nutzen ("utilitas"), dessen Maß das Geld sei. Auch Geld als Zahlungs-

90 Bonaventura, Die Welt als Zeugnis des Wortes (übertr. u. eingel. v. Robert Grosche), Freiburg i. Br. 1938.

91 Albertus Magnus, Ausgewählte Texte (hg. u. übers. v. Albert Fries), Darmstadt 1994.

mittel, das den notwendigen Austausch von Gütern erleichtert, ist nicht an sich sündhaft, solange es nur dazu verwendet wird, Bedürfnisse zu stillen und nicht um seiner selbst willen angehäuft wird.

Thomas von Aquin, der lange Zeit als der scholastische Denker schlechthin galt[92], sah das Privateigentum nicht als Einrichtung des Naturrechts, sondern als rationale Institution der menschlichen Gesellschaft, um Konflikte zu vermeiden und die Bereitschaft zur Arbeit zu fördern. Die erste Aufgabe jedes Fürsten sei die Sorge für das tugendhafte Leben seiner Untertanen, meinte Thomas[93], und dafür bedarf es des Friedens sowie einer ausreichenden materiellen Grundlage des Lebensunterhalts. Armut ist für Thomas nicht nur keine notwendige Forderung christlicher Tugend, sondern kann diese sogar beeinträchtigen. Wie Albert wandte sich auch Thomas gegen die Armutsforderungen der Bettelorden. Die Menschen dürfen sich nicht nur um ihren eigenen Besitz kümmern, sondern auch um das Gemeinwohl, was Thomas naturrechtlich in der Anlage des Menschen als Sozialwesen begründet sah, aber auch als mitmenschliche Pflicht und politische Aufgabe verstand. So gut wie alle Scholastiker waren der Auffassung, daß nur das Überflüssige für Bedürftige herangezogen werden muß. Fraglich war dabei, wieweit die zukünftige Absicherung des Lebensunterhalts berücksichtigt werden durfte. Thomas verwies hier auf Jesu Wort, nicht an das Morgen zu denken, woraus er aber unterschiedliche Aussagen ableitete, einmal, daß eine vernünftige Schätzung zukünftigen Bedarfs erlaubt sei, zum anderen, daß wir uns auf die gegenwärtigen Bedürfnisse beschränken sollten, wenn die Not der anderen besonders groß sei.[94]

Das Postulat der Gerechtigkeit stellte Thomas über seine Auffassungen von Wirtschaft[95], die daher in moralischen Regeln und Gesetzen resultierten, wobei er der Ethik des Aristoteles folgte. Unter diesem Aspekt befaßte sich Thomas mit den Problemen des Geldes, des Zinses und mit den Händlern und Geldwechslern. Geld ist ihm Instrument des Austausches und Wertmaßstab; es besitzt selbst keinen Nutzen. Das Anhäufen von Geld als solchem ist daher nur ein artifizieller Reichtum, während der natürliche Reichtum in den Gütern besteht, die für das Leben der Menschen nützlich sind. Soweit Handel für den Austausch von notwendigen Gütern

92 Thomas von Aquin, Summe der Theologie (zsgf., eingel. u. erl. v. Joseph Bernhart), 3 Bde., 3. Aufl., Stuttgart 1985.

93 Thomas von Aquin, Über die Regierung der Fürsten (hg. u. m. Anm. vers. v. A. Portmann), Luzern 1897.

94 Odd Langholm, Economics in the Medieval Schools, op. cit., S. 218-220.

95 Vgl.: Thomas von Aquin, Ökonomie, Politik und Ethik aus Summa theologiae (hg. v. Horst C. Recktenwald), Düsseldorf 1991.

wichtig ist, soll dieser durch professionelle Händler erfolgen. Thomas warnte hingegen davor, daß alle Bürger sich mit dem Handel befassen, also Kaufleute bzw. Geschäftsleute werden.[96] Bedürfnis (oder Nutzen) und Geld sind die beiden Maßstäbe im Austausch der Güter. Dementsprechend bestimmt sich auch der gerechte Preis durch dieses doppelte Maß. Das Bedürfnis bestimmt durch seine Aggregation in der Nachfrage den jeweiligen Wert eines Gutes, der also nicht immer gleich sein muß und auch nicht von rein subjektiven Nutzenschätzungen abhängt, sondern vom Wert, den das Gut am jeweiligen Ort zur jeweiligen Zeit hat. Das wurde mitunter so interpretiert, daß Thomas den Marktpreis als gerechten Preis anerkannte. Zweifellos verstand Thomas die Wirkung der Knappheit und die Wirkung von Angebot und Nachfrage auf die Preise, aber er ging sicherlich nicht so weit, den Marktpreis in jedem Fall für den gerechten Preis zu halten. Er ging vielmehr davon aus, daß notwendige Güter für alle Menschen bereitgestellt werden müßten, weil Macht und Manipulation auf Märkten nicht auszuschließen seien. Unter dieser Einschränkung sah Thomas den Austausch grundsätzlich als Institution zum gemeinsamen Vorteil und Nutzen beider Parteien an und akzeptierte Austausch, Handel und Händler in diesem Sinne.[97] Eine Rechtfertigung der Handelsgewinne sah er in der Arbeit der Kaufleute. Das Weiterverleihen dieser in Geld ausgedrückten Leistung mit Zinsen aber, also der Wucher, ist sündhaft, weil er gegen natürliches und göttliches Recht verstößt. Geld ist nur Maß für den Nutzen anderer Dinge; daher bedeutet der Zins, daß dieses Maß in sich variabel wird und mithin nicht mehr als einheitliches Meßinstrument angesehen werden kann. Geld ist zum Tauschen und Kaufen von Gütern da, ist selbst aber "steril", es bringt keine Früchte hervor. Wucher ist nicht auf Gelddarlehen gegen Zinsen beschränkt, sondern kann auch in anderer Form auftreten, etwa als Preisaufschlag bei Kreditverkäufen oder umgekehrt als Preisabschlag bei Vorauszahlung. Wie andere Scholastiker meinte Thomas, in allen diesen Fällen werde Zeit, die Gott gehört, verkauft. Hingegen verurteilte er Gewinn aus Beteiligung in einer Partnerschaft nicht, weil der Einsatz eigenen Vermögens Risiko bedeute. Daher erkannte Thomas auch "damnum emergens", eine durch nicht rechtzeitige Rückzahlung erlittene Schädigung des Gläubigers, als Grund für eine höhere Rückzahlung an, allerdings nicht "lucrum cessans", also den entgangenen Gewinn. Darin differiert Thomas vom Römischen Recht, das "lucrum cessans" anerkannte. Wenn die Notsituation eines anderen ausgenützt wird, so liegt auch beim Handel und Markttausch Wucher vor. Diese Ausdehnung des Wu-

96 Odd Langholm, Economics in the Medieval Schools, op. cit., S. 222.

97 Vgl.: Ralph MacInerny, Aquinas on Human Action. A Theory of Practice, Washington 1992.

cherbegriffs hat in der Folge oft zu einer Verurteilung des Handels im allgemeinen geführt. Das Kriterium ist für Thomas aber, ob frei, d. h. ohne Druck durch Not oder Zwang verhandelt bzw. die Härte gleichmäßig auf beide Seiten verteilt ist; dann kann ein gerechter Preis zustande kommen. Im Unterschied zum Römischen Recht fällt bei den mittelalterlichen Theologen die starke Berücksichtigung der subjektiven Situation der Kontrahenten auf, wobei insbesondere das Ausnützen der Notlage anderer als verwerflich gilt.

In der Abhandlung "De usuris" des Albertus Magnus' Schülers Ägidius Lessinius differenzierte dieser zwischen "usura" und "turpe lucrum". Für letzteren ist vor allem die Motivation, d. h. das Vorliegen von Habgier ausschlaggebend.[98] "Turpe lucrum" ist dann gegeben, wenn die freie Aushandlung durch Zwang oder Betrug beeinträchtigt ist. Liegt das nicht vor, so meinte Lessinius ähnlich den römischen Juristen, daß jeder Preis, der zwischen Käufer und Verkäufer frei ausgehandelt wird, gerecht ist bzw. der Wert eines Gutes zu einem bestimmten Zeitpunkt dem Preis entspricht, zu dem es verkauft werden kann. Bei einem Darlehensvertrag, der eine höhere Rückzahlungssumme im Vergleich zum geliehenen Betrag involviert, kann jedoch von freier Aushandlung keine Rede sein, denn der Darlehensnehmer akzeptiert diesen Vertrag nur als Folge einer Notlage. Entscheidend ist aber nicht so sehr der Zins selbst, als die Absicht der Bereicherung zu Lasten anderer. In manchen Fällen von höherer Rückzahlung liegt kein Wucher vor, wenn nachgewiesen werden kann, daß die Motivation nicht in Bereicherung, sondern in Erlangung des Notwendigen zum Leben bestand. Lessinius argumentierte auch mit dem Wandel im Wert der Dinge, die geliehen oder verkauft werden. Wenn angenommen werden kann, daß das Gut sich auf Grund von Zeit- oder Ortsveränderung bei der Rückzahlung im Wert verändert hat (z. B. Getreide, Vieh etc.), dann stellt auch eine höhere Rückzahlung keinen Wucher dar. Heinrich von Ghent, der sich auch zu wirtschaftlichen Fragen äußerte, sah den Handel als eine rechtmäßige Betätigung an, solange die Austauschbedingungen gerecht seien. Risiko, Wissen, Arbeit und Kosten rechtfertigen Handelsgewinne. Marktpreise sind gerecht, wenn sie nicht durch Zwang, Manipulation an den Waren, Spekulation oder Monopol verzerrt sind. Als Spekulation gilt ihm nicht das Ausnutzen von Marktpreisschwankungen, sondern etwa das Horten von Gütern, von denen zu erwarten ist, daß sie von Zeit zu Zeit verknappen. Da dies häufig auf Lebensmittel (Getreide) zutrifft, die zu den lebensnotwendigen Gütern zählen, ist dieser Gewinn nicht rechtmäßig im naturrechtlichen Sinne.

98 Odd Langholm, Economics in the Medieval Schools, op. cit., S. 299 ff.

Was die Beurteilung von Handel, Markttausch und gerechten Preis anbelangt, zeigte sich eine unterschiedliche Auffassung zwischen den aristotelischen Scholastikern, die vor allem unter den Dominikanern zu finden waren, und den neuplatonisch argumentierenden Franziskanern, bei denen der gerechte Preis durch die Produktionskosten einerseits, und durch behördliche Preisfestsetzungsmaßnahmen andererseits als objektiv bestimmt angesehen wurde. Die Aristoteliker hingegen meinten, daß sich der gerechte Preis auf Grund freier Verhandlung auf dem Markt einpendle. Der springende Punkt dabei war die Sicherung der Freiheit des Aushandelns, d. h. gleicher Stand der Informationen und Absenz von Monopolen und Zwang. Die Preise konnten daher schwanken und waren nur jeweils von Käufern und Verkäufern auf Grund ihrer Schätzung gemeinsam zu bestimmen. Zusammen mit der Forderung nach gleichen Ausgangsbedingungen, Absenz von Monopolen und Zwang als Bedingungen des freien Tauschs klingt bei ihnen das Motiv des vollkommenen Marktes an. Bei allen Scholastikern findet sich auch der Hinweis auf den "valor secundum se", den jedem Gut auf Grund seines Nutzens innewohnenden Wert. Hierbei wurden in Ansätzen sowohl nachfrageorientierte Nutzentheorien als auch Elemente der Arbeitswertlehre entwickelt; letztere stärker von den Franziskanern.

Eine überraschend große Betonung ökonomischer Sachverhalte findet sich in den Schriften von Petrus Joannis Olivi, die auch Bernhard von Siena und Antoninus von Florenz beeinflußten. Petrus Olivi war Franziskaner und zog sich mit seiner strikten Betonung des Armutsprinzips seines Ordens entgegen der gemäßigten Auslegung von Bonaventura das Mißfallen der Kirche in so starkem Ausmaß zu, daß seine Schriften bis über seinen Tod hinaus verboten blieben.[99] In bezug auf den Handel nahm er aber einen bemerkenswert modernen Standpunkt ein. Olivi verteidigte Handelsgewinne auf der Basis der gesellschaftlichen Notwendigkeit des Handels, die den Einsatz von Wissen, Arbeit, Kapital und Risikobereitschaft von Seiten der Kaufleute voraussetzten. Er betonte insbesondere die Bedeutung eines hohen Risikokapitals. Zwar unterstrich er die Rolle freier Verhandlung und vollständiger Übereinstimmung beim Abschluß eines Kaufes. Das aber rechtfertige nicht Betrug oder überhöhte Preise, denn in dem Moment, in dem der Verkäufer ein Gut anbietet, geht es sozusagen in die öffentliche Sphäre über und muß nach allgemein akzeptierten Gerechtigkeitsnormen bewertet werden. Olivi propagierte daher die Feststellung des gerechten Preises durch die Obrigkeit, die jedoch unter Bedacht-

99 Petrus Johannes Olivi, Das Heil der Armen und das Verderben der Reichen (hg. v. Johannes Schlageter), Werl in Westfalen 1989.

nahme darauf erfolgen muß, daß zu diesem Preis überhaupt Angebot und Nachfrage zustandekommen. Der Preis muß so hoch sein, daß Verkäufer bereit sind, knappe und notwendige Güter anzubieten. Olivi trat daher nicht für die exakte Festlegung der Preise ein, sondern für Höchst- und Niedrigpreisregelungen. Letztlich kann der genaue Preis des Abschlusses nicht vorweg, sondern nur durch Vereinbarung der Käufer und Verkäufer zustandekommen. Erstaunlich ist die Ansicht Olivis, daß keine Ungerechtigkeit im Einzelfall vorliegt, wenn der Käufer weiß, daß er einen überhöhten Preis zahlt, außer er kann als unzurechnungsfähig gelten bzw. steht unter Druck. Er nennt als Kriterien für den wirtschaftlichen Wert eines Gutes Qualität, Seltenheit, Knappheit und subjektive Wertschätzung. Der Wert wird durch Knappheit und Nutzen, durch sowohl die objektive Nützlichkeit als auch die subjektive Präferenz, bestimmt. Der gerechte Preis bezieht dazu noch die Produktionskosten ein und soll dann die jeweiligen Angebotsbedingungen reflektieren, d. h. in Zeiten der Knappheit sollten die Preise steigen, zum einen, weil auch die Anbieter höhere Einkaufspreise haben, zum anderen, damit sie motiviert sind, überhaupt zu verkaufen. Olivis Auffassung ist am Ziel der Sicherung des Gemeinwohls und der Versorgung orientiert, für die Preise und auch der Handel selbst immer nur Mittel sind. Daher sollen diese obrigheitlicher Regelung unterliegen, gleichwohl aber an den realen Markt- und Kostenentwicklungen orientiert sein.

Die Leistung der Kaufleute sah Olivi vor allem in ihrer Umsicht und Klugheit; sie verdienen einen höheren "Lohn", weil Wissen und Fertigkeiten höher remuneriert werden als einfache Arbeit. Bessere Qualifikation und geistige Leistung setzen längere Ausbildung und Erfahrung voraus, die ihrerseits Kosten verursacht haben; auch sind diejenigen, die darüber verfügen, seltener und ihre Leistungen haben daher einen höheren Wert. Olivi bringt hier Elemente eines "Unternehmerlohnes" ins Spiel, der im Sinne einer gemeinschaftsbezogenen "funktionalistischen" Einkommenstheorie zu verstehen ist. In bezug auf den Wucher nannte Olivi alle Gründe, die schon dagegen angeführt wurden. Er ging jedoch ab von der Annahme, daß niemand freiwillig Wucherzinsen zahlen würde. Vielmehr brachte er ins Spiel, daß genauso, wie man bereit sein mag, einen höheren Preis beim Kauf zu zahlen, man auch in gewissen Fällen akzeptieren kann, Zinsen auf Darlehen zu bezahlen. Olivi erkannte sowohl "damnum emergens" wie "lucrum cessans" bei Verzug an. Die Auffassung, daß Zeit Gott gehöre oder allen gemeinsam und Wucher daher Zeit-Diebstahl sei, fehlt bei ihm hingegen. Von besonderer Bedeutung ist, daß Olivi bereits zwischen Geldvermögen und Kapital unterschied und letzteres als jenes Geld oder Sachvermögen definierte, das von seinem Besitzer dazu bestimmt wurde, ihm Gewinn zu erwirtschaften. Wenn dieses Kapital seiner ursprünglichen

Bestimmung entzogen wird und aus Barmherzigkeit bzw. auf Grund der Notlage eines anderen, diesem als Darlehen gegeben und dafür ein Aufschlag verlangt wird, so liegt Olivi zufolge kein Wucher vor. Die Grundlage für die Idee des Kapitals liegt in einem neo-platonischen Element bei Augustinus, der von "rationes seminales" oder Keimen der Entwicklung sprach, die von Gott in die Schöpfung gelegt wurden, damit sie sich nach seinem Plan für jede Art in bestimmter Weise entfalten. Olivi bezog dies zunächst nicht auf Geld, sondern auf Gütervorräte, die auf Lager bleiben, um sie später mit Gewinn zu verkaufen, argumentierte aber dann, es sei gleichgültig, ob man Realkapital oder Geldkapital meine.[100] Was Olivi aber in bezug auf Kapital immer mitdachte, ist die menschliche Arbeit oder die unternehmerische Leistung, die erst das Geld dazu bringt, mehr Wert zu schaffen als ursprünglich investiert wurde. Die Vorstellung eines rein aus dem Geld erwachsenen Profits war ihm hingegen fremd.

Der Autor, der für die franziskanische Scholastik den bestimmendsten Einfluß ausübte, war Johannes Duns Scotus.[101] Er differenzierte Typen des Austauschs, je nachdem, was Gegenstand des Tausches ist (Gut-Gut, Gut-Geld, Geld-Geld), ob Nutzung oder Eigentumstitel transferiert werden und nach dem Zweck des Tausches, d. h. ob dieser auf Konsumbedürfnissen oder auf professionellen Interessen an Gewinn beruht ("commutatio oeconomica" versus "commutatio negotiativa"). Das Eigentum sah Scotus weder im Naturrecht noch im göttlichen Recht begründet, sondern betonte noch stärker als Thomas die Auffassung, daß die Verteilung des Privateigentums ausschließlich auf menschlichem Recht beruhe. Allein die Menschen haben es zu dem gemacht, was es ist (und können es daher auch ändern). Eigentumsrechte sind daher nicht unverletzbar, sondern bedürfen der ständigen Anerkennung durch die weltlichen Autoritäten. Jeder Eigentumstransfer involviert damit die Zustimmung derselben bzw. die Regelung durch Gesetze. Das betrifft auch Kaufleute und ihre Geschäfte, die unter der allgemeinen Verpflichtung stehen, zum Nutzen des Gemeinwesens zu wirken. Ehrlicher Handel tut das im allgemeinen auch, meinte Scotus, doch es gäbe auch solche, die der Allgemeinheit schaden, weil sie allein auf Spekulationsprofite aus seien. Hinsichtlich des Wuchers brachte Scotus ein neues Element in die Diskussion, weil er meinte, der Wucherer könne das aus den Zinsen unrechtmäßig Erworbene behalten, da es seiner Arbeit

100 Odd Langholm, Economics in the Medieval Schools, op. cit., S. 372.
101 Allan B. Wolter, Duns Scotus' Political and Economic Philosophy, Santa Barbara 1989.

entspringe und die Restitution an den ursprünglichen Schuldner diesen dadurch selbst zum Wucherer machen würde.

Der in Wien und Paris lehrende Heinrich von Langenstein sah im 14. Jahrhundert den gerechten Preis bestimmt durch den inneren Kalkül der Individuen im Hinblick auf ihre Wünsche und die relative Knappheit bzw. den Überfluß der betreffenden Güter. Der Wert der Güter wird durch ihre Marktpreise bestimmt, die wiederum ein Maß für die Bedürfnisse und ihre Befriedigungsmöglichkeiten durch die vorhandene Menge dieser Güter darstellen. Langenstein befürwortete obrigkeitliche Preisfestsetzung aus praktischen Gründen einerseits, aus Gründen der Bewahrung der Standesgesellschaft andererseits. Er argumentierte in bezug auf die Preisbildung vom Verkäuferstandpunkt aus und betonte, daß diesem ein standesgemäßes Leben ermöglicht werden müsse. Der Verkäufer darf daher auf einem Preis bestehen, der es ihm ermöglicht, seine soziale Stellung in der Gemeinschaft aufrechtzuerhalten.[102] Dies bedeutet, daß bei einer solchen Preisbildung die soziale Stellung des Kaufmanns großen Einfluß auf die Preishöhe haben muß, zumindest unter den Bedingungen stationärer Nachfrage. Dies kann als eine soziologische Preis- bzw. Einkommenstheorie auf der Basis einer statischen Gesellschaftsauffassung verstanden werden. Langenstein argumentierte dann weiter, wer mehr verlange, um seinen sozialen Status durch Bereicherung zu erhöhen, begehe eine Sünde. Die Auffassung, daß die Erhaltung des sozialen Status in der Gesellschaft Relevanz für die Preisbestimmung habe, unterscheidet sich von der etwa von Thomas von Aquin vertretenen, die auf der Tauschgerechtigkeit beruht. In gewisser Weise reflektiert dies sowohl eine Veränderung in den sozialen und politischen Verhältnissen als auch im Akzent der Scholastik. Während im 13. Jahrhundert noch ein gewisses Übergewicht der Aristoteliker festzustellen ist, machen sich im 14. Jahrhundert stärker die franziskanischen Scholastiker geltend und mit ihnen auch eine Hinwendung zum Neu-Platonismus. Dies stellte auch E.K. Winter in seiner Studie über Rudolph IV., dessen scholastischer Gegenspieler Heinrich von Langenstein war, fest.[103] Winter sah in der ablehnenden Haltung der Kirche gegenüber einer zwar öffentlich kontrollierten aber dennoch "freien" Wirtschaft den Grund für die spätere Entwicklung eines "negativen Kapitalismus" aus rein individualistischen Antrieben. Die Scholastiker waren in ihrer Orientierung zwar nicht einheitlich: die einen tendierten zu städtischer Kontrolle, die anderen stärker zu Marktpreisbildung, aber staatliche Len-

102 Siehe: Barry Gordon, Economic Analysis before Adam Smith, London 1975, S.227 ff.

103 Ernst Karl Winter, Rudolph IV. von Österreich, 2 Bde., Wien 1934/1936 (insbes. 2. Bd./Teil 2).

kung konnten sie aus dem Grund-Gegensatz des Mittelalters zwischen "imperium" und "ecclesia" nicht befürworten.

Zwei Tendenzen, die teilweise aus dem scholastischen Denken selbst resultierten, erwiesen sich als gefährlich für die in der Scholastik entstandene Verbindung von rationaler Philosophie und Religion: die als Reaktion darauf zu sehende stärkere Betonung des Glaubens gegenüber dem Wissen, die zu mystischen Bewegungen führten (Meister Eckhart, im islamischen Raum Al Gazali) und die Betonung der Erfahrung, die sich auf dem Boden des Nominalismus entwickelte (Roger Bacon, Wilhelm von Ockham) andererseits. Der Einfluß des Ockhamismus auf das Denken über Wirtschaft zeigte sich im 14. Jahrhundert in Johannes Buridans Betonung der subjektiven Bedürfnisse als Maß des Wertes der Güter im Tausch und dem intrinsischen oder Metallwert der Münzen gegenüber dem "valor impositus" des Thomismus, der die Bedeutung der Wechselkursfestsetzung hervorhob. Die Problematisierung der Praxis der Münzverschlechterung war erst auf der Basis dieser Neuorientierung möglich. Nikolaus Oresmius setzte sich in einer gesonderten Abhandlung mit dem Geld und seiner Entwertung auseinander.[104] Er verdammte die von den Münzherren betriebene Praxis der Münzverschlechterung, während die thomistische Auffassung diese Tatsache gar nicht erfassen konnte. Ansätze zu einer Tauschwerttheorie des Geldes entwickelte der Ockhamist Antoninus von Florenz. Er unterstrich die individuelle Wertschätzung als eine der Wertgrundlagen im Markttausch, da offensichtlich der Käufer das Gut höher schätze als seinen Preis, während es sich beim Verkäufer umgekehrt verhält. Er ging also vom thomistischen Äquivalenzprinzip ab. Eine ähnliche Auffassung vertraten auch der Franziskaner Bernardino di Siena[105] und der Wiener Rechtsgelehrte Johannes Nider.[106] Schließlich mußte die Idee eines "gerechten Preises" aufgegeben werden zugunsten individueller Wertschätzungen. Parallel zu diesen Auffassungen machte sich auch eine zunehmend positivere Einstellung zu den Kaufleuten und ihren Transaktionen bemerkbar, einschließlich des Zinsnehmens auf Darlehen, was auch vor dem Hintergrund der tatsächlich geübten, das Zinsverbot umgehenden Praktiken wie etwa den Rentenverträgen, die weit negativere Folgen hatten, zu sehen ist. Auch machte sich immer mehr das Kapitaldenken bemerkbar, d. h. die Vorstellung des produktiven in Gewerbe- oder Handelsunternehmungen eingesetzten und sich daher vermehrenden

104 Nicolaus Oresme, Traktat über Geldabwertungen (hg. v. Edgar Schorer), Jena 1937.
105 Vgl. auch: Iris Origo, Der Heilige der Toskana, München 1989.
106 Johannes Nider, Tractatus de contractibus mercatorum, Paris 1495. In dieser Abhandlung über Handelsverträge werden auch externe Effekte diskutiert.

Vermögens, was der hochmittelalterlichen Ablehnung der Bereicherung entgegenstand.

Im 15. und 16. Jahrhundert hatte die thomistische Tradition fast überall in Europa entscheidend an Bedeutung verloren; nur an der Universität von Salamanca hatte sich eine dominikanisch beherrschte Schule erhalten. Auch jesuitische Theologen wie Luis Molina lehrten hier. Molina führte den Begriff des nach den jeweiligen Umständen schwankenden Geldwerts ein, der sich nicht mehr nur nach dem Metallgehalt richtete. Er sah, daß ein Überfluß an Geld die Güterpreise steigen läßt, und entwickelte in Ansätzen eine Quantitätstheorie des Geldes. Im Unterschied zu den Dominikanern waren die Jesuiten wesentlich nachsichtiger in bezug auf das Wucherproblem. Ihre liberalere Haltung dem Wucher und dem Handel gegenüber gründete in der Überzeugung, daß die Menschen nicht durch Ge- und Verbote gezwungen werden, sondern in Freiheit Gutes tun sollen. Darauf wies auch August M. Knoll[107] hin und betonte, daß nicht erst der Calvinismus jenes kapitalistische Bewußtsein geschaffen hätte, das den modernen Kapitalismus geistig ermöglichte, sondern der Jesuitismus schon in diese Richtung wirkte, wenn auch in anderer Weise. Unsere kurze Übersicht zeigt allerdings, daß die Ansätze noch weiter zurückzuverfolgen sind.

Joseph Schumpeter meinte, daß der Aufstieg des Kapitalismus das scholastische System zertrümmert habe. Tatsächlich ist jedoch das Wirtschaftsdenken der Scholastik selbst bereits ohne die Existenz von Markt und Kapital nicht denkbar, was Schumpeter selbst zugibt, da - wie er sagte - die Gesellschaft des feudalen Zeitalters "den Keim des kapitalistischen Zeitalters bereits in sich" getragen habe.[108] Die Entwicklung im Denken der Gelehrten reflektierte durchaus reale Veränderungen im Umfang des Handels und der Geldwirtschaft, die seit dem Hochmittelalter und insbesondere seit dem 13. und 14. Jahrhundert zu einem Wandel der Wirtschaftsstrukturen führten. Überall, vor allem aber in Italien, blühten die Städte politisch und wirtschaftlich auf, der Feudalismus und die Grundherrschaft wurden mehr und mehr durch kommerzielle Orientierungen unterwandert und aufgelöst. Der Zins und der Gewinn waren normale Bestandteile geschäftlicher Transaktionen geworden, wobei allerdings auf die Meinung der Kirche insofern Rücksicht genommen wurde, als die Tatsache des Zinsnehmens unter verschiedenen Transaktionen verborgen wurde. Die Gründe für die weite Verbreitung und das Wachstum der Han-

107 August M. Knoll, Zins und Gnade, Neuwied-Berlin 1967, S. 25-48.
108 Joseph Alois Schumpeter, Geschichte der ökonomischen Analyse, Bd. 1, Göttingen 1965, S.124.

delsgesellschaften liegen auch zum Teil darin begründet, daß die Verzinsung von Depositen unter das Zinsverbot gefallen wäre, wenn sie sich als Darlehen manifestiert hätten. Als Beteiligungen von "socii" hingegen wurden sie toleriert. In ähnlicher Weise blühte auch das Rentenwesen in der spätmittelalterlichen Welt auf, sowie eine Reihe anderer Erscheinungen, die Gewinne und Zinsen verschleiern sollten. Zwischen der Auffassung und der Praxis auch der Kirche selbst klaffte eine erstaunliche Lücke. Denn auch die Kirche bediente sich immer wieder der Kaufleute für ihre wirtschaftlichen und finanziellen Anliegen. Man suchte nach Auswegen, um den Widersprüchen zwischen Lehre und Praxis zu begegnen. Die Theologen begannen stärker zu differenzieren und nach Legitimationen für rechtmäßigen Handel zu suchen. Gerade die Bettelorden, die in den Jahrhunderten des Spätmittelalters entstanden, waren am hellhörigsten für die wirtschaftlichen Veränderungen, da sie meist dem urbanen Milieu entstammten, vor allem die Franziskaner, wie Bernardino di Siena oder Antonino di Firenze. Die Frage nach dem "gerechten" Preis und dem "gerechten" Lohn wurde abgelöst von Argumenten für gerechtfertigte Gewinne und Zinsen: etwa das Risiko, das der Händler oder Geldverleiher trug; die Arbeit des Händlers, für den der Gewinn ein "stipendium laboris" darstellte; das "lucrum cessans", also Zins als Kompensation für den durch das Ausleihen entgangenen Gewinn, den ein Unternehmer durch seine Arbeit und Umsicht in der Zwischenzeit erwirtschaften hätte können. Und dann gab es noch das von Aristoteles übernommene Argument des Gemeinwohls, das durch die Leistung des Händlers für die Versorgung der Bevölkerung erhöht werde. Darin drückte sich auch die Einsicht in die Interdependenz der Wirtschaftseinheiten aus, jedenfalls aber liegt diesem Denken keine Vorstellung geschlossener Hauswirtschaften zugrunde.

Die Kaufleute wurden eine immer wichtiger werdende politische Kraft in den Städten und mitunter auch Stütze der Kirche als Gegengewicht gegen die Kontrollwünsche der Kaiser, Fürsten und der Feudalherren. Später entstammten auch zunehmend mehr Geistliche, ja selbst Päpste, dem Kaufmannsstand. Der Handel wurde immer mehr zum Beruf, was sich in einer Reihe von Leitfäden und Ratgebern für Kaufleute im 14. und 15. Jahrhundert niederschlug, wie etwa Benedetto Cotruglis "Der Handel und der ideale Kaufmann". Eine Rolle in bezug auf die sittliche Bewertung des Handels und des Wuchers spielt auch die deutlich akzentuierte Differenzierung der Kaufleute des Spätmittelalters: auf der einen Seite die verachteten Kleinhändler und Pfandleiher, meist Juden, denen Habgier und Gewinnsucht vorgeworfen wurde, und auf der anderen Seite der "Kaufmannsfürst", der gleichzeitig Ratsherr, Kunstmäzen und Philantropist war. Letzterer war auf Grund seiner sozialen Stellung und seines Ansehens über Wucherverdacht erhaben.[109] Den Aufstieg des Handels und der Geldwirtschaft sieht Jacques Le Goff[110] auch in der "Erfindung" des Fegefeuers im 13. Jahrhundert reflektiert, mit dem die christliche Religion dem Phänomen des Wuchers begegnete. Le Goff nennt dies die Geburtsstunde des Kapitalismus, weil damit die Gefahr der ewigen Verdammnis für den Wucherer gemildert wurde. Auch der Geldwechsler und Händler kann demnach über den "Umweg" des Fegefeuers doch noch ins Paradies eingehen. Prediger wie Berthold von Regensburg brachten die kirchlichen Anschauungen über Wucher und Handel, Arbeit und Gewinn, Reichtum und Armut unters Volk.[111] Die Beichte, die das vierte Laterankonzil 1215 allen Christen als jährliche Pflicht vorschrieb, zeigt, daß sich in der Folge eine Verinnerlichung des Glaubens vollzog. Buße und Fegefeuer werden zu den Mitteln, im Leben die Entscheidung über das jenseitige Schicksal zu beeinflussen. Lange Zeit war das allerdings an die Bedingung der Restitution, der Rückzahlung der Wuchergewinne, gebunden, was auch eine Schranke für die Akkumulation von Kapital darstellte. Viele der reichen Kaufleute und Händler versuchten, ihre Startbedingungen ins Jenseits dadurch zu verbessern, daß sie große Teile ihres Vermögens als Rückerstattung an Klöster, Kirchen und "die Armen" verschenkten oder vererbten[112], Messen lesen ließen und ihre Angehörigen zu Gebeten und Opfern verpflichteten. Die Kirche und die Klöster konnten auf diese Weise große Vermögen an sich ziehen. Tatsächlich war die Furcht vor der Verdammung häufig so groß, daß Kaufleute, die ihr ganzes Leben darauf verwandt hatten, Gewinne zu machen und Reichtümer anzuhäufen, am Ende ihres Lebens ihren Erben nahezu nichts hinterließen, weil sie ihr Vermögen an die Armen oder die Kirche weggaben.[113] Allerdings waren die Kaufleute auch während ihres Lebens in der Regel durchaus gläubige Christen, einige von ihnen wurden sogar heilig gesprochen, wie z. B. Homobonus aus Cremona im 12. Jahrhundert. In allen Korrespondenzen, Geschäftsaufzeichnungen und bei Vertragsunterzeichnung wurde Gottes Segen angerufen und ein Opfergeld an die Armen verteilt. Die Kaufleute gaben auch sonst häufig Almosen, so etwa an Feiertagen oder bei sonstigen

109 Benjamin N. Nelson, The Usurer and the Merchant Prince. Italian Businessmen and the Ecclesiastical Law of Restitution, 1100-1550, in: The Journal of Economic History VII/1947, S. 104-122.

110 Jacques Le Goff, Wucherzins und Höllenqualen, Stuttgart 1988 (urspr. frz. 1986).

111 Aron J. Gurevic, Stumme Zeugen des Mittelalters. Weltbild und Kultur der einfachen Menschen, Weimar-Köln-Wien 1997 (urspr. russ. 1990), S. 152 ff.

112 Jacques Le Goff, Kaufleute und Bankiers im Mittelalter, Frankfurt/Main-New York 1993 (urspr. frz. 1956), S. 84 ff.

113 Jean Favier, Gold und Gewürze, Hamburg 1992 (urspr. frz. 1987), S. 351 ff.

Anlässen. Bei der Gründung einer Handelsgesellschaft in Italien wurde auch für Gott, "Messer Domeneddio", ein Konto eingerichtet; er wurde sozusagen zum stillen Teilhaber, die tatsächlichen Empfänger des Geldes waren die Armen, denn sie repräsentierten ihn auf Erden. Kaufleute stifteten Kirchen, Altäre und Heiligenstatuen, gründeten Krankenhäuser, Asyle und Hospitäler und ließen Klöster renovieren. In Geschäftsbriefen und Verträgen, wie sie der Prateser Kaufmann Francesco di Marco Datini hinterließ, wurden Formeln wie "Im Namen Gottes und des Geschäfts" verwendet;[114] darin deutet sich aber vielleicht auch der Aufstieg des Handels an, denn immerhin stehen nun schon beide in dieser Redewendung nebeneinander. Der Kaufmann wird ein selbstverständlicher, notwendiger und wichtiger Faktor der spätmittelalterlichen Gesellschaft. Sein Bild allerdings bleibt kontrastreich und widersprüchlich. Er bleibt in gewissem Sinne immer Dantes Habgieriger im Höllenkreis. Die Spannung zwischen Welt und Himmel, Diesseits und Jenseits zeigt während des gesamten Mittelalters eine charakteristische Diskrepanz: Auf der einen Seite wird eine Verbindung hergestellt, auf der anderen scharf zwischen beiden getrennt.[115]

114 Iris Origo, "Im Namen Gottes und des Geschäfts", München 1986 (urspr. engl. 1957).

115 Die Verquickung von weltlicher und kirchlicher Rechts- und Strafbefugnis wird auch im "Christus-Fiskus" offenbar, in den anteilig die zwischen Kirche und Krone geteilten Vermögenskonfiskationen oder Strafen eingezahlt wurden. Siehe: Ernst Kantorowicz, Die zwei Körper des Königs, 2. Aufl., München 1994 (urspr. am. 1957), S. 178-206.

6. Kapitel: Handelskapitalismus und Reformation

Die Epoche vom 14. bis ins 16. Jahrhundert war eine sehr wechselvolle Zeit sowohl in bezug auf die wirtschaftlichen wie auch die politischen Verhältnisse in Europa; Historiker setzen an ihrem Ende den Übergang zur "Neuzeit" an. Besonders hervorgehoben wird dabei die Rolle der "Entdeckungen", doch sind diese selbst nicht isoliert zu sehen, sondern zusammen mit der Transformation der europäischen Staatenwelt, den wirtschaftlichen Konjunktur- und Organisationsveränderungen und den soziokulturellen Neuorientierungen, die in dieser Epoche stattfanden. Wirtschaftlich gesehen war es eine Zeit, in der man Auf- und Abschwünge in bezug auf die Preis- und Produktionsentwicklung zum ersten Mal deutlich erkennen kann, aber auch die Formation großer Kapitalien und wirtschaftlicher Akteure zeichnet sich ab. Es war die Epoche des Handelskapitalismus in seiner vollen Blüte. Allerdings waren seine Merkmale noch stark durch die "mittelalterlichen" Strukturen und Verhältnisse geprägt. Allmählich formierten sich die Stände in der weltlichen Gesellschaft; allerdings noch keineswegs in fester institutionalisierter Form, sondern als eine komplexe Wirklichkeit, deren strukturierendes Prinzip die Ungleichheit war. Lehenswesen und Rittertum verloren in dieser städtisch-fürstlichen Periode des Mittelalters an Bedeutung, der Adel aber formierte sich zur politisch-sozial und kulturell dominierenden Kraft, wenn auch seine wirtschaftliche Basis zunehmend auf der Handels- und Kreditmacht des "Großkapitals" ruhte. In bezug auf die kulturellen Merkmale kam es in dieser Epoche erst zur religiösen Durchdringung des ganzen Volkes, sodaß etwa das 16. Jahrhundert dann auch als das Jahrhundert der Volksfrömmigkeit bezeichnet wurde; das war auch die Voraussetzung für die Konflikte, deren Ursachen sehr oft sozioökonomischer und politischer Art waren, die sich aber als Glaubenskriege und religiöse Spaltungen manifestierten.

Zeichen der Krise: Bauern- und Handwerkeraufstände des 14. Jahrhunderts

Seit dem 11. Jahrhundert war die Bevölkerung in Europa stark gestiegen und im 14. Jahrhundert machten sich regionale Symptome einer Übervölkerung bemerkbar. Hungersnöte brachen aus, die Preise stiegen, gleichzeitig ergaben die erschöpften Böden nur sinkende Erträge, die letzten neuen Gründe waren schon kultiviert. Das Banditenwesen durch Raubritter und Condottieri nahm überhand, es war Ausdruck und Folge des sozialen und ökonomischen Niedergangs der Ritter. Langdauernde Kriege (100jähriger Krieg zwischen Frankreich und England, "war of the roses" in England, spanischer Bürgerkrieg) brachen aus, wiederholte Pestepidemien überzogen den Kontinent. In Italien und im Reich entzündete sich der Streit zwischen Guelfen und Ghibellinen, den Kaiser- und den Papstparteien, der Papst verließ Rom und zog nach Avignon, das Schisma folgte.[1]

Als Reaktion auf die Ausbeutung und Verelendung des Volkes inmitten der Schrekken wiederholter Pestepidemien, Kriege und Verwüstungen kam es überall in Europa zu Bauernaufständen. Durch die religiösen Elemente, die in den Aufständen der Bauern, noch mehr in denen der städtischen Handwerker, insbesondere der flandrischen Weber, eine Rolle spielten, erhielten die Aufstände zum Teil über spontane Gewaltausbrüche hinausgehende visionäre Elemente einer anderen Gesellschaftsordnung. So etwa im Bauernaufstand von 1381 in England, in dem die "lollards", die Anhänger John Wyclifs, eine bedeutende Rolle spielten. Viele dieser Bewegungen wurden als ketzerisch gebrandmarkt, wobei religiöse Gründe dafür genannt wurden. Aber bedrohlich erschienen wohl vielmehr die politisch-gesellschaftlichen und ökonomisch-sozialen Visionen und Ziele, die sich mit diesen Bewegungen verbanden. 1357 kam es in Frankreich zur sogenannten "Jacquerie" (Jacques = Bauern). Das Interessante daran war die Verbindung der Bewegung der "Jacques" mit dem Aufstand der Pariser Commune unter Etienne Marcel, dem Vorsteher der Kaufmannschaft, gegen König und Adel und für eine ständisch-demokratische Reform. Auch in den wirtschaftlich führenden Städten kam es zu Aufständen der Handwerker. Mitunter hatte das politisch-wirtschaftliche Gründe, wie in Paris oder Gent. Die Commune zu Gent, einer flandrischen Stadt, die sich im 13. und 14. Jahrhundert zu einer der führenden Handelsstädte Europas (Tuchhandel) entwickelt hatte, und der es im Jahr 1340 unter Jakob van Artevelde gelungen war, den Grafen von Flandern zu vertreiben, erhob sich und verbündete sich mit Ypern und Brügge gegen den französischen König, wobei die Weber in allen drei Städten eine besondere Rolle spielten. Der Aufstand in Flandern instigierte auch Aufstände in Paris, Rouen, der Normandie und anderen Gebieten. Andere Gründe hatte der Aufstand der "ciompi" in Florenz, der nach einer Reihe von vorhergehenden Konflikten 1378 entbrannte. Als "ciompi" wurden die niederen Kategorien der Arbeiter, insbesondere in der Tuchindustrie, bezeichnet. Diese Erhebung erlangte insofern Berühmtheit, als moderne Kommentatoren darin in nuce einen Klassenkonflikt erblickten und die

1 Für ein anschauliches Panorama des krisengeschüttelten 14. Jahrhunderts siehe insbes.: Barbara Tuchman, Der ferne Spiegel. Das dramatische 14. Jahrhundert, Düsseldorf 1980 (urspr. am. 1978); Johan Huizinga, Herbst des Mittelalters, 11. Aufl., Stuttgart 1975 (urspr. engl. 1941).

"ciompi" als Vorproletariat definierten. Tatsächlich ähnelt dieser Konflikt einem Arbeitskonflikt, allerdings hatte er auch politische Ursachen, die in der Auseinandersetzung zwischen Guelfen und Ghibellinen lagen. In deren Folge hatte der Papst Florenz mit einem Interdikt belegt, das die Wirtschaft der Stadt empfindlich traf. Dies führte zu Arbeitslosigkeit, Preissteigerungen und Verelendung gerade der unteren Schichten der Handwerker, was sich eruptiv äußerte.[2]

Die Trennlinie zwischen wirtschaftlichen, politischen oder religiösen Konflikten ist nicht leicht zu ziehen, denn meist vermischten sich die Elemente. Konflikte zwischen Patriziat und Handwerker-Zünften, zwischen "arti maggiori" und "arti minori", Konflikte zwischen Meistern und Arbeitern in den einzelnen Handwerken, Aufstände der Bauern gegen Steuerexzesse, Proteste gegen überhöhte Steuern oder Münzverschlechterung[3], verbanden sich mit religiösen und politischen Themen. Die Auslöser von Unruhen waren diffus und nicht als ökonomische oder als Klassenkonflikte ausdifferenziert, was ja erst den Rationalisierungsprozeß der folgenden Jahrhunderte voraussetzte. Es gab keine Unterschicht oder untere Klasse im Sinne des 19. Jahrhunderts als eine in erster Linie sozioökonomisch bestimmte Klasse. Oft hatten religiöse Konflikte auch ökonomische Gründe, und politische Konflikte kleideten sich in das Gewand religiöser Auseinandersetzungen. Soziale, ökonomische und auch religiös motivierte Kämpfe hatten vor dem Hintergrund der prekären Machtverhältnisse des Mittelalters immer auch eine politische Dimension. Die Trennung, wie sie Mollat und Wolff[4] vornehmen, zwischen sozialen und ökonomischen Konflikten einerseits und politisch-religiösen Konflikten andererseits, ist daher problematisch. Es scheint vielmehr so, daß die bevorzugte Sprache, in der sich die Ansichten und Probleme des Mittelalters ausdrückten, die der Religion war, da die Intellektuellen stets die geistlich-kirchlich Geschulten waren, die Ziele waren jedoch politischer und wirtschaftlicher Art. Das findet eine gewisse Bestäti-

2 Siehe auch: Alessandro Stella, La révolte des Ciompi. Les hommes, les lieux, le travail, Paris 1994.

3 Die Landesherren oder Städte ließen manchmal minderwertige Münzen prägen, kauften damit gutes Geld sowie Gold- und Silbersachen auf und erzielten so hohe Gewinne. Auch Friedrich III. ging 1459, um diese Praktiken anderer Münzherren abzuwehren, dazu über, minderwertige Münzen in so großer Zahl prägen zu lassen, daß sie praktisch wertlos waren; sie wurden "Schinderlinge" genannt. Die anschließende Teuerung führte in Wien zu Unruhen und auch zu einem Konflikt zwischen Kaiser und Stadtobrigkeit. Schließlich mußte der Kaiser nachgeben und den Hausgenossen wieder das Münzrecht einräumen, die neue Münzen an Stelle der Schinderlinge herstellen ließen.

4 Michel Mollat/Philippe Wolff, The Popular Revolution of the Late Middle Ages, London 1987.

gung darin, daß die Aufstände in erster Linie in den wirtschaftlich fortschrittlichsten Gebieten wie Flandern, Florenz, Nordfrankreich und England entstanden. Wie bei sozialen Konflikten typisch, waren es nicht die Ärmsten und Elendsten und nicht die am härtesten betroffenen Regionen, die sich erhoben, sondern es revoltierten jene Gruppen und jene Gegenden, die wirtschaftlich und sozial relativ besser gestellt waren.

Auch der "Staat" tritt bereits als ein Akteur der gesellschaftlichen Auseinandersetzungen und als Adressat der Proteste auf. Die Gründe dafür lagen in der obrigkeitlichen Praxis der Münzverschlechterung und den dadurch ausgelösten wirtschaftlichen Folgen einerseits und in den Ansätzen einer staatlichen Arbeitsgesetzgebung andererseits. Die Dezimierung der Arbeitskräfte durch die Hungersnöte, Geburtenrückgänge und Pestepidemien im Laufe des 14. Jahrhunderts ließen einen Arbeitskräftemangel entstehen. Dies veranlaßte die Obrigkeiten vielfach zu Versuchen, das Arbeitsangebot zu regulieren und die durch die steigenden Löhne verursachten Verzerrungen der soioökonomischen Strukturen zu reduzieren, wobei sie sich als Instrument meist der Höchstlohnfestsetzungen bedienten. In England wurden die "Statutes of Labourers" 1349-1351 verabschiedet, in Frankreich die "Ordonnance" von 1351, ähnliche Regulierungen gab es in Spanien und Deutschland. Nirgendwo waren die staatlichen Maßnahmen jedoch so rigoros wie in England, wo der König ein Verbot überhöhter Löhne und die Arbeitsverpflichtung aller "able-bodied men" verfügte.

In bezug auf die "Geldpolitik" sind dann im 15. Jahrhundert zwei Tendenzen zu sehen: das Umsichgreifen von separaten Münzprivilegien, wie sie etwa Friedrich III. seinen Gläubigern oder auch Städten wie Nürnberg zumindest für die geringwertigeren Silbermünzen gewähren mußte, sowie die Bestrebungen der Münzherren, Gewinne durch Verminderung des Silbergehalts, dessen Preis damals ungemein gestiegen war, zu machen .[5] Die zwei Geldsysteme, die Silber- und die Goldwährung, symbolisierten auch unterschiedliche soziale Schichten und Lebensformen zwischen den "Pfennigverdienern" und den "Guldenverdienern". Vor allem die kleinen mit anderen Metallen gemischten Münzen, das "schwarze Geld", mit dem die Löhne bezahlt wurden, war von den Münzverschlechterungen betroffen. Die Folge waren exorbitante Preissteigerungen. Eine Ausnahme stellte der Getreidepreis dar, der nicht oder nur wenig auf Geldverschlechterungen reagierte, was mit einer

5 Zur Geldgeschichte: Pierre Vilar, Gold und Geld in der Geschichte, München 1984; Michael North, Das Geld und seine Geschichte, München 1994; Jack Weatherford, The History of Money, New York 1997.

Besonderheit der Wirtschaftsmentalität des Mittelalters zusammenhängt: Getreide wurde wie eine eigene Währung behandelt. Das bedeutete aber auch, daß es sich eigentlich bei der Münz-Getreide-Relation nicht um eine Zahlungsrelation, sondern um eine Tauschrelation handelte. Oder anders ausgedrückt: Es kam beim Tausch nicht so sehr auf den Geldwert im Sinne von Edelmetallgehalt an, sondern auf die Geldmenge, die verfügbar war. Die geringe umlaufende Geldmenge aber hielt die Preise für Getreide trotz Abnahme des Geldwertes niedrig. Erst am Ende des 15. Jahrhunderts kam es durch Mißernten und Bevölkerungswachstum zu einer Verknappung der Getreidemengen in manchen Jahren, was den Preis für Roggen sehr deutlich erhöhte. Die Getreidepreise schwankten je nach den Ernteerträgen und sonstigen Ereignissen (Verwüstungen durch Kriege etc.) beträchtlich von Region zu Region und von Jahr zu Jahr. Hungersnöte und Spekulationsgeschäfte waren die unausweichlichen Folgen. Daher kam der Frage der Preisregulierung einerseits und der Vorratshaltung andererseits große Bedeutung zu. Dies geht auch aus einer Chronik des mittelalterlichen Wien hervor. Die Häufigkeit von Nahrungsmittelverknappung und die gewissenlose Ausnutzung der Preisunterschiede zwischen den Regionen waren durchaus beeindruckend. Die Landesherren verboten daher oft die Ausfuhr von Getreide, oder aber sie griffen zu Preisfestsetzungen wie Herzog Albrecht V. im Jahr 1416.[6]

Zwei Welten der spätmittelalterlichen Wirtschaft: Die Städte und die Kaufherren

In vielen Städten wuchs in dieser Epoche der Wohlstand in beträchtlichem Ausmaß. Aeneas Silvius Piccolomini, Sekretär Friedrichs III., beschrieb die Stadt Wien 1438 als eine sehr wohlhabende, mit prunkvollen und offenbar durchaus behaglichen Häusern, guter Versorgung mit Lebensmitteln - er sprach geradezu von der Genußsucht des Volkes -, einem eher lässigen Universitätsbetrieb und keineswegs sehr starren Schranken zwischen den Ständen, zumindest was das "convivium" und "connubium" betraf. Der Wohlstand der Stadt zog aber auch viele Zuwanderer aus anderen Regionen an, was mit eine der Ursachen für die häufigen Unruhen gewesen sein mag.[7]

Im Spätmittelalter kam es zu einer Transformation des Patriziats der Städte, das nun stärker durch die Reichtumsmacht als durch die alten feudalen Rang- und Wert-

6 Ferdinand Opll, Nachrichten aus dem mittelalterlichen Wien, Wien-Köln-Weimar 1995, S. 119.
7 Ebd., S. 133-136.

vorstellungen bestimmt war.[8] Gegen das neue Kaufmanns-Patriziat erhoben sich die Handwerkerzünfte, bedienten sich dabei der armen Schichten der Städte, machten aber in der Folge gleich wieder gemeinsame Sache mit Adel und Kaufmannszünften, als die rebellierenden Arbeiter- und Bauernmassen zur Gefahr wurden. Das neue Patriziat schloß sich gerade dort, wo es zu gewaltsamer Auflehnung gegen den alten Adel gekommen war, in der Folge stärker nach unten hin ab und nahm seinerseits adelige Wertvorstellungen und Lebensstile an. Die Herrschaft in den Städten Italiens konsolidierte und zentralisierte sich wieder um die neue "Signoria", eine erbliche Amtsträgerschicht, die zum Teil im Wege der Einsetzung durch Papst oder Kaiser oder aber durch Usurpation entstanden war. Auch in den deutschen Städten gab es eine deutliche Differenzierung in die "ratsfähigen" Familien der Grundbesitzer, Rentiers und Großkaufleute und in die anderen Stände.[9] Hier waren die Handwerkerzünfte in bezug auf die Ordnung des Wirtschaftslebens aber von großer Bedeutung. Im 14. und 15. Jahrhundert verstärkten sich die protektionistischen Züge in den Städten, die Zünfte bauten ein immer stärkeres Monopol auf. Sie beherrschten in vielen Fällen die Stadtverwaltung, nachdem sie zu öffentlichen Korporationen geworden waren. Ihr Einfluß machte aus den Städten, insbesondere in Deutschland, "geschlossene Gesellschaften" mit einem Netz von Regelungen, Verordnungen und Verboten. Auf der anderen Seite zeigte sich die Schliessung der Zünfte durch die restriktive Kontrolle des Zugangs neuer Arbeiter von anderen Städten oder vom Land bzw. durch die Behinderung des Aufstiegs dieser Schichten. Damit schufen die Zünfte die Voraussetzung für die Entstehung eines städtischen Proletariats und behinderten die Entwicklung des ländlichen Handwerks und Gewerbes, so daß sich eine soziale Kluft zwischen Stadt und Land auftat und beide einander weitgehend fremd gegenüberstanden.[10] Der Protektionismus der Zünfte bewirkte den Niedergang der flandrischen Tuchindustrie, die einheimischen Unternehmer wurden zu reinen Maklern der ausländischen, vornehmlich der italienischen Großkaufleute und Handelsgesellschaften. Davon profitierte die englische Tuchindustrie, wo seit jeher die Kontrolle des Königs über die Städte weit stärker war. Im 14. und 15. Jahrhundert wandelte sich England von einem Rohstofflieferanten zum wichtigsten Wollindustrieland.

8 Zu den Städten im Spätmittelalter: Hartmut Boockman, Die Stadt im späten Mittelalter, München 1986.

9 Rolf Engelsing, Sozial- und Wirtschaftsgeschichte Deutschlands, Göttingen 1973, S. 52/53.

10 Die ländlichen Handwerker in den Dörfern oder Domänen arbeiteten meist im Lohnwerk, vor allem soweit sie für den Haushalt des Grundherren produzierten, während das Preiswerk typisch für das städtische Handwerk war.

Auch der Niedergang Brügges und der Aufstieg Antwerpens hing mit diesen Entwicklungen zusammen: Während die Kaufleute in Brügge den üblichen zünftischen städtischen Beschränkungen wie Maklerzwang, Benutzung von Kaufhallen etc. unterworfen waren, war Antwerpen frei davon.[11] Aus diesem Grund verlegte die Hanse ihren Sitz von Brügge nach Antwerpen, obwohl die Hansestädte ihrerseits sehr restriktiv mit fremden Kaufleuten umgingen. Der Dirigismus in den Städten behinderte daher auch den Handel. In vielen Städten gab es die Bestimmung, daß sich jeder, der seine Waren in die Stadt bringen wollte, mit einem Zunftbürger oder Makler zusammentun mußte. Die von den Städten bestellten Makler fungierten als Zwischenhändler zwischen den lokalen Abnehmern oder Käufern und dem fremden Großhändler. Sie halfen letzterem auch in bezug auf Unterbringung und mit allgemeinen Informationen. Die Makler waren Spezialisten für bestimmte Waren, es gab Makler für Wolle, Wein, Metallwaren etc. Daneben gab es auch Verbindungen zwischen den Fernhändlern und deren Herbergswirten, die oft gleichzeitig als Informanten, Vermittler, Kommissionäre und Warenlagerverwalter dienten.[12] Die großen Handelsgesellschaften allerdings hatten ihre eigenen Filialen oder Gesellschafter und Geschäftspartner in den wichtigsten Handelsorten in ganz Europa und hatten so Informationen und Vermittlung aus erster Hand. In England mußten Händler in jedem Fall einer "company" angehören. Niederlags- und Stapelrechte, die den Städten durch die Landesherren verliehen wurden, stellten so große Hemmnisse dar, daß uns der mittelalterliche Handel heute extrem umständlich erscheint. Die Schwierigkeiten bestanden nicht nur in der Mühsal und Gefahr, denen die Handelszüge auf den Landstraßen ausgesetzt waren, sondern darüber hinaus in Problemen mit an der Strecke liegenden lokalen Gemeinden. So entbrannte im Jahr 1449 ein "Handelskrieg" zwischen Wien und Wiener Neustadt, nachdem der Landesherr letzterer das Niederlagsrecht verliehen hatte, aus dem aber die Waren für Wien ausgenommen waren. Die Wiener Neustädter beschlagnahmten daraufhin die Güter, die die Wiener aus Venedig kommen ließen, und Friedrich III. mußte das Privileg auch auf die Waren, die für Wien bestimmt waren, ausweiten, d. h. diese mußten in Wiener Neustadt niedergelegt und zum Verkauf angeboten werden. Dagegen wehrten sich die Wiener natürlich vehement.[13]

11 Eine Ausnahme stellte auch Nürnberg im 15. Jahrhundert dar, das damals gerade eine ungeheure Expansion durchmachte, die alle protektionistischen Bestrebungen hinwegfegte.

12 Gerhard Dilcher, Personale und lokale Strukturen kaufmännischen Rechts, in: Klaus Friedland (Hg.), Gilde und Korporation in den nordeuropäischen Städten des späten Mittelalters, Köln-Wien 1984, S. 65-77.

13 Ferdinand Opll, Nachrichten aus dem mittelalterlichen Wien, op. cit., S. 142-144.

Hartnäckig aber hielten sich archaische ökonomische Formen im agrarischen Binnenland und mit ihnen verbundene Vorstellungen. Der lokale Handel in den meisten Gegenden Europas spielte sich noch in relativ kleinem Umfang auf der Basis persönlicher Kontakte ab und involvierte geringe Summen. Auch die Formen des Zahlungs- und Kreditverkehrs, die in Italien schon lange praktiziert wurden, der Wechsel, die doppelte Buchführung, Versicherung etc. waren im 16. Jahrhundert in weiten Bereichen Europas tatsächlich noch unbekannt oder zumindest unüblich. Die mittelalterliche Wirtschaft beruhte weitgehend auf lokalen Märkten und regionalen Messen, es war eine Wirtschaft praktisch ohne Zwischenhandel. Das Verbot des Vorkaufs findet sich häufig vom 13. Jahrhundert an und hatte den Zweck, daß die Waren direkt vom Erzeuger auf den Markt gebracht wurden, um so das niedrigst mögliche Preisniveau zu erreichen. Künstliche Verknappung durch Vorkauf bestimmter Herren, bevor die Waren auf den Markt kamen, hätte die Preise in die Höhe getrieben und einige zu Lasten der Allgemeinheit begünstigt. Im 15. Jahrhundert finden sich dann aus dem Vorkaufsverbot abgeleitete Verordnungen gegen den Zwischenhandel. Die Kölner Obrigkeit ordnete an, daß die Händler erst nach einer gewissen Zeit als Käufer auf dem städtischen Markt zugelassen sein sollten, um die Konsumenten nicht vom ansässigen Kleinhandel abhängig zu machen. Viele städtische Händler waren dazu übergegangen, direkt auf dem Land zu kaufen, so daß die Erzeuger nicht mehr selbst auf den städtischen Markt kommen mußten. Die Obrigkeit führte einen vehementen Kampf gegen diese Praktiken, die das städtische Marktwesen zu untergraben drohten und die Preise der Willkür und dem Vorteil der Händler überließen. Die Vorkaufsverbote richteten sich gegen zwei Gruppen: einerseits gegen die mächtigen Grundherren und andererseits gegen den entstehenden städtischen Kleinhandel. Letzterer entwickelte sich in den folgenden Jahrhunderten trotzdem immer stärker, wurde aber in seiner Tätigkeitsentfaltung durch Gesetze und städtische Regelungen beschränkt. Dennoch entstand allmählich die personale Trennung der Funktionen von Produktion und Verkauf. Noch bis ins 18. Jahrhundert hinein wurden aber die Vorteile dieser Differenzierung nicht wirklich gesehen und dem Kleinhandel nur eine Zusatzrolle auf Grund seiner Lagerhaltungsfunktion zugewiesen.

Die "Großhändler"[14], d. h. die Fernhändler, die meist auch in gewissem Ausmaß Produzenten und Bankiers waren, operierten nicht auf städtischer Ebene, ihr Han-

14 Nur in Ausnahmefällen gab es wirkliche Großhändler im modernen Sinn, so etwa die "woolmen" im englischen Wollhandel, die unabhängige Zwischenhändler und meist auch Weiterverarbeiter waren.

deln hatte jedoch Auswirkungen auf die städtische Bevölkerung. Sie waren in bezug auf eine ganze Reihe von wichtigen Gütern und Leistungen die einzigen Anbieter und konnten so die Preise bestimmen. Das Monopolproblem wurde in den süddeutschen Städten im 15. und 16. Jahrhundert durch das Auftreten der großen Handelshäuser wieder akut und war wichtig genug, um auf Reichstagen behandelt zu werden.[15] In der Monopoldiskussion kam auf beiden Seiten immer wieder der Bezug auf den "gemeinen Nutzen" vor. Die einen hielten den gesamten Großhandel für schädlich, die anderen rechtfertigten ihn und auch die Monopole damit, daß das Gemeinwohl davon profitiere.

Entgegen der Vorstellung einer agrarisch-feudalen Wirtschaft wurden Grundstücke und Häuser schon im 13. Jahrhundert in einem nicht auf Einzelfälle beschränkten Sinn zum Gegenstand wirtschaftlicher Transaktionen. Es gab bereits im 13. Jahrhundert einen funktionierenden Geld- und Kapitalmarkt in Italien, Deutschland und den Niederlanden, und im 16. Jahrhundert hatten viele Städte Börsen und Effektenmärkte. Lohnarbeit war in unterschiedlichem Umfang in den einzelnen Regionen verbreitet, aber in den Städten durchaus nicht unüblich. In Tudor-England bezogen bis zu zwei Drittel der Haushalte ihre Einkünfte zumindest teilweise in Form von Löhnen.[16] Auf der anderen Seite stellten die Schließungstendenzen der Zünfte einen Gegenpol des Protektionismus, Partikularismus und Lokalismus dar. Die Verordnungswut der Städte galt allerdings nur für den Bereich ihres Territoriums und ihrer Bannmeile. Auf den internationalen Austausch, die interurbanen Geschäfte und die ausländischen Großkaufleute war sie nicht anwendbar. Daher kann man geradezu von zwei verschiedenen Welten der Wirtschaft des ausgehenden Mittelalters sprechen: der "geschlossenen", lokal begrenzten Wirtschaft der städtischen Zünfte auf der einen Seite und dem internationalen Groß- und Fernhandel der Kaufherren und Handelsgesellschaften auf der anderen Seite.

Die Großkaufleute konnten sich überall mit den Königen und Fürsten und den territorialen Herren verständigen, so daß sie von diesen Privilegien, Monopole und Freiheiten eingeräumt erhielten. Der Kleinhändler hingegen[17], der nur am Ort seinen Laden hatte, war meist spezialisiert, weil er viel stärker als der Großkaufmann den Zwängen der Zünfte unterworfen war, und auch nicht über genügend finanzielle

15 Bereits in der Antike wurde das Monopolproblem Gegenstand von Gesetzen: "De Monopoliis" unter Kaiser Zeno.

16 Fernand Braudel, Sozialgeschichte des 15.-18. Jahrhunderts, Bd. 2: Der Handel, München 1986 (urspr. frz. 1979), S. 48.

17 Erich Köhler, Einzelhandel im Mittelalter, Stuttgart-Berlin 1938.

Mittel verfügte, um ein reich sortiertes Warenlager zu unterhalten. "Der Unterschied zwischen dem internationalen Großkaufmann und dem 'kleinen Krämer' bestand weniger darin, ob einer en gros oder en detail handelte, ja nicht einmal darin, ob er große oder kleine Warenmengen umsetzte, sondern vielmehr in der völlig verschiedenen Geisteshaltung von zwei gegensätzlichen Menschentypen", schreibt Iris Origo in ihrer Studie über Francesco di Marco Datini. "Der Kaufmann, der nur am Ort Handel trieb, war in seiner ganzen Mentalität noch immer ein Handwerker, der mit einer Anzahl von Kunden, die er persönlich kannte, Geschäfte machte, der sich ängstlich und buchstabengetreu an die Zunftregeln hielt, jedes größere Risiko mied, sich aber dafür mit einer kleinen Gewinnspanne begnügte. Der Kaufmann, der Fernhandel betrieb [...] hatte noch etwas von dem verwegenen Unternehmungsgeist seiner Vorgänger, der fahrenden Händler. Er war bereit, große Risiken auf sich zu nehmen, und damit nicht zuviel auf einmal auf dem Spiel stand, streute er so groß wie möglich. Er machte sich mit fremden Sprachen und fremden Sitten vertraut, paßte sich den Bedürfnissen fremder Märkte an, war Kaufmann und Bankier in einem und handelte sowohl en gros als auch en detail."[18]

Die großen Handelszentren des Spätmittelalters waren Byzanz, Venedig, Genua, Lissabon, Brügge, Antwerpen und Amsterdam. Andere wichtige Handelsstädte waren Florenz, London, Lübeck, Hamburg, Barcelona, Augsburg, Nürnberg, Ravensburg, Leipzig und Paris. Nach wie vor gab es zwei Drehpunkte des mittelalterlichen Fernhandels: Venedig und die Hanse. Eine "Weltwirtschaft" gravitierte um Venedig und die norditalienischen Städte als Kerngebiet und strahlte bis Westeuropa und England, bis Lübeck und Brügge aus. An diesen Hauptachsen war der Verkehr bedeutend, wobei Venedig seine Vormachtstellung ausnützte: Die deutschen Kaufleute, die in Venedig verkaufen wollten, mußten ihre Waren im Fondaco dei Tedeschi lagern, wurden genau kontrolliert und reglementiert, umgekehrt mußten sie auch die Waren, die sie kaufen wollten, in Venedig abholen, da die Stadt ihren Kaufleuten den direkten Kauf und Verkauf in Deutschland verbot. Der gesamte Handelsverkehr der Adriastädte mußte über den Hafen von Venedig laufen. Das Arsenal war die größte Schiffswerft der Zeit und beschäftigte bereits 2000 Arbeiter. Dem Aufstieg Venedigs war ein langer Kampf der Serenissima um die Monopolstellung in der Adria mit den anderen Adriastädten vorausgegangen. Nicht nur die Verbindung Venedigs mit Byzanz und die seit alters her bestehende Vormachtstellung im Levantehandel machten die Größe Venedigs aus, sondern vor allem die Rolle bei

18 Iris Origo, "Im Namen Gottes und des Geschäfts", München 1986 (urspr. engl. 1957), S. 78.

den Kreuzzügen stellte die Grundlage für den Aufstieg dar, sowie die Behauptung in der Auseinandersetzung mit der Konkurrenzstadt Genua. Venedig schaffte sich durch die Besetzung der Städte Padua, Verona, Brescia, Bergamo und der Insel Korfu einen Wirtschaftsradius, der sie gegen das übrige Italien abgrenzte und schützte. Auch die anderen großen Städte Italiens schufen sich solcherart ein Territorium: Mailand weitete sich zur Lombardei, Florenz zur Toskana, Genua unterwarf die Riviera di Levante und die Riviera di Ponente. Jede der italienischen Seestädte hatte ihre eigenen Formen und ihre spezielle "Weltwirtschaft" entwickelt, die eng mit der sozialen Struktur und den politischen Gegebenheiten zusammenhing und sich aus der spezifischen Entwicklung dieser Städte erklärt. Die Hanse beherrschte den Handel im Nord- und Ostseebereich im 14., 15. und teilweise noch im 16. Jahrhundert. Sie unterhielt Kontore, die von allen Hanseaten gemeinsam benutzt werden konnten und mußten und die privilegierte Handelsplätze darstellten (St. Petershof in Nowgorod, Deutsche Brücke in Bergen, Stalhof in London). Sie waren exterritoriale Enklaven mit eigener Gerichtsbarkeit, besonderen Normen und eigenen Ausbildungseinrichtungen. Die Verbindung von Handel und Stadtpolitik ergab sich auf Grund des besonderen Status der deutschen Städte im Reich und der schwierigen politischen Aspekte des Handels im Norden Europas zwischen den Interessen Deutschlands, Flanderns, Englands und der Skandinavischen Länder. Der Nordhandel mit seinen sperrigen, geringwertigen Gütern (Holz, Teer, Wachs, Pelze, Roggen vom Osten und Norden, Salz, Tuche, Wein vom Westen und Süden) erforderte eine genaue Kalkulation und mehr Kooperation als Konkurrenz.

Die Handelsgesellschaften und die Geschäfte der Kaufherren

Das Wachstum der großen Handelsgesellschaften war eine der bemerkenswertesten Erscheinungen des 14. und 15. Jahrhunderts und kann zumindest zum Teil auch als Anpassungsreaktion auf die Wuchergesetze verstanden werden, die Erträge aus Risikokapital tolerierten. Sie entstanden vor allem in den italienischen und süddeutschen Städten. Insbesondere Florenz, Venedig, Genua, Pisa und einige kleinere Städte wurden zwischen 1450 und 1650 zum Modell für den Rest Europas.[19] Die großen Handels- und Bankhäuser der Alberti, Scali, Acciaiuoli, Frescobaldi, Bardi, Peruzzi und Medici beherrschten seit dem 14. Jahrhundert das Geschäft in ganz Europa.[20] Auch in anderen Teilen Europas kam es zum Aufstieg einiger Kauf-

19 Fernand Braudel, Modell Italien 1450-1650, Stuttgart 1991 (urspr. frz. 1989).
20 Siehe: Armando Sapori, Il mercante italiano nel Medievo, Florenz 1990.

mannsfamilien und ihrer Unternehmungen im 15. Jahrhundert: In Frankreich stieg die Familie Briconnet von Salzhändlern zu Kardinälen und Kanzlern auf, in Deutschland die Fugger, die Hochstätter, die Welser u. a., die vor allem in Nürnberg und Augsburg ansässig waren, sowie die schon im 14. Jahrhundert gegründete Große Ravensburger Handelsgesellschaft mit Filialen in Köln, Nürnberg, Wien, Bern, Genf, Pest, Brügge, Antwerpen, Genua, Mailand, Lyon, Barcelona, Valencia und Saragossa.[21]

Die Compagnia von Lapo und Doffo de' Bardi in Florenz wurde 1310 gegründet und umfaßte vierundzwanzig Gesellschafter, von denen dreizehn Familienangehörige waren. 1331 wurde sie neu gegründet und trug den Namen "Societas Bardorum de Florentina quare appellatur societas Domini Rodulfi de Bardis et sociorum". Nun gab es nur mehr elf Gesellschafter und sechs von ihnen gehörten zur Familie.[22] Die Familie der Bardi war ursprünglich einfacher Herkunft, stieg aber zu einem der mächtigsten Geschlechter der Stadt auf, hatte großen Einfluß im Rat, stand aber gleichzeitig immer wieder in gewalttätigen Auseinandersetzungen mit anderen mächtigen Familien. Familienfehden, dubiose Machenschaften und politische Einflüsse bildeten den Hintergrund der Geschäfte der "compagnia", wenngleich man diese nicht mit den Querelen der Familie in direkte Verbindung bringen kann, da es eine gewisse Trennung zwischen der "compagnia" und den privaten Bereichen durchaus gab. Diese war aber nicht vollständig institutionalisiert und auch die Ethik des redlichen Kaufmanns war noch nicht allgemein verbreitet. Das Bankhaus Compagnia dei Bardi wurde dann vor allem durch seinen Bankrott von 1346 berühmt, verursacht durch die Zahlungsunfähigkeit des englischen Königs Eduard III., dem es bedeutende Summen geliehen hatten.

Die florentiner Tuchhändlerfamilie der Medici schaffte erstmals mit Giovanni di Averardo de Medici (Giovanni di Bicci) den Durchbruch. Dieser streute die Geschäfte über ganz Italien, so daß aus der kleinen Handels- und Bankgesellschaft bald ein Imperium mit Niederlassungen in Florenz, Venedig, Genua, Rom und später auch in Neapel geworden war. Der Zusammenschluß mit den Bardi und

21 Jacques Le Goff, Kaufleute und Bankiers im Mittelalter, Frankfurt/Main 1989 (urspr. frz. 1956); Zu den Handelsgesellschaften siehe schon: Max Weber, Zur Geschichte der Handelsgesellschaften im Mittelalter, in: Ders., Gesammelte Aufsätze zur Sozial- und Wirtschaftsgeschichte, 2. Aufl., Tübingen 1988 (urspr. 1889), S. 312-443; Aloys Schulte, Geschichte der großen Ravensburger Handelsgesellschaft 138-1530, 3 Bde., Wiesbaden 1964 (urspr. 1923).

22 Vgl. dazu: Carlo M. Cipolla, Geld-Abenteuer. Extra vagante Geschichten aus dem europäischen Wirtschaftsleben, Berlin 1995 (urspr. ital. 1994), S. 7-44.

einigen anderen Handelshäusern brachte eine weitere Expansion. Man gründete auch Gewerbebetriebe für die Erzeugung von Wolltuchen. Die Söhne Cosimo und Lorenzo gründeten Filialen in Brügge und in Genf, einem wichtigen Messeplatz, unterhielten während des Konzils ein Büro in Basel und hatten eine Kommanditgesellschaft in Ancona. Die Muttergesellschaft in Florenz hatte auch drei Manufakturen für die Verarbeitung von Seide und Wolle errichtet. Zu den schon bestehenden Filialen kamen bis 1452 noch Rom, Pisa, London, Avignon, Mailand, Barcelona, Lübeck und andere wichtige Orte hinzu. Einen besonderen Aufschwung nahmen die Geschicke der Firma mit der Übertragung des Monopols für den Alaunabbau von Tolfa auf dem Gebiet des Kirchenstaates durch den Papst an die Medici.[23] Damit war man von dem von den Genuesen betriebenen Import von Alaun aus Kleinasien, einem wichtigen Beizmittel für die Tucherzeugung, unabhängig. Ab 1458 führte Francesco Sassetti als Direktor die Medici-Geschäfte äußerst erfolgreich.

Die italienischen Handelsgesellschaften unterschieden sich in ihrer internen Organisation: diejenigen der großen Seerepubliken waren meist nach dem Modell der "commenda" organisiert, während in der Toskana die "compagnie" dominierten.[24] Ihr Ursprung (cum panem = Personen, die dasselbe Brot essen) lag in Partnerschaften zwischen Familienmitgliedern, die später auch auf Personen erweitert wurden, die nicht der Familie angehörten, aber in einer Art Familienbeziehung zum Haupt der Handelsgesellschaft verblieben. Mitunter wurden auch langjährige Faktoren Gesellschafter. Das Aushängeschild der Handelsfirma war der Name der Familie, und ihre Kreditwürdigkeit war nur so gut, wie der Ruf dieser Familie war. In vielen Handelsgesellschaften wurde der Seniorpartner "capo", manchmal auch "padre" genannt. Der "capo" war oft gleichzeitig Hauptgesellschafter in mehreren, meist von ihm gegründeten Firmen. Das Prinzip, daß jeder nur einer "compagnia" angehören könne, wie man eben nur einer Familie angehört, erhielt sich im erweiterten Sinne, denn alle diese Compagnonverbindungen, die ein Kaufmann einging, verblieben - obzwar autonom - dennoch unter der "Holding", die von Namen und Familie des Kaufmannes, von der "Firma", bestimmt war. Die einzelnen Gesellschaften, deren Hauptgesellschafter Medici oder im anderen Fall Datini heißen mochten, unterstützten einander nach Kräften. Die Gefahr von Konkurrenzierung durch die eigenen Leute als Gesellschafter oder Teilhaber in anderen Firmen, wurde aber auch durch explizite Verbote unterbunden. Die Fugger etwa verboten es ihren

23 Jean Favier, Gold und Gewürze, Hamburg 1992 (urspr. frz. 1987), S. 179 ff.

24 Siehe dazu: Armando Sapori, Una compagnia di Calimala ai primi di Trecento, Florenz 1932.

Gesellschaftern, einer anderen Firma gleichzeitig anzugehören. In vielen Fällen hatten sich neue "compagnie" auch aus dem ursprünglichen Handelshaus herausentwickelt. Die Handelsgesellschaften dezentralisierten sich insbesondere seit dem 15. Jahrhundert, d. h. ihre Filialen und Geschäftszweige erlangten Autonomie und wurden nicht mehr von Angestellten, sondern von Geschäftsleuten in eigenem Recht geführt, stillen Teilhabern oder "compagni" des Handelshauses. Die Medici etwa fungierten als Bindeglied, das die einzelnen Teile des Wirtschaftsimperiums vergleichbar einer modernen Holding-Gesellschaft zusammenhielt, vor allem durch die Mehrheitsbeteiligung, die sie an allen ihren Unternehmungen besaßen, und durch die Geschäftspolitik, die in ihren Händen zentralisiert war.

In Venedig gingen die Kaufleute hingegen nicht gerne längerfristige Bindungen ein, sondern schlossen "colleganza"-Verträge für einzelne Geschäfte ab.[25] Dabei suchte man Verbindungen mit möglichst vielen verschiedenen Partnern, um das Risiko zu streuen und die Gewinnmöglichkeiten auszuschöpfen. So hatte etwa der Schiffer Frachten von verschiedenen Partnern an Bord, und die seßhaften Kaufleute finanzierten gleichzeitig mehrere verschiedene Reisen mit. Nicht nur in bezug auf die Warengeschäfte sondern auch in bezug auf die Finanzierung hielt man in Venedig nichts von Konzentration, sondern bevorzugte die Streuung. Die "commenda"-Verträge gab es nicht nur im Seehandel sondern auch als Anlagemöglichkeit, d. h. auch Nicht-Kaufleute konnten stille Teilhaber sein. Man konnte dadurch auch das Risiko streuen, denn es war in jedem Fall besser, zehn Anteile an verschiedenen Schiffen zu haben, als ein einziges Schiff ganz zu besitzen.

In Genua hatte sich seit dem 13. Jahrhundert die "societas maris" herausgebildet, eine schon sehr modern anmutende Gesellschaft, die sich aber aus der "commenda" heraus entwickelt hatte. Dabei war der "aktive" Kaufmann mit einem Drittel des Kapitals beteiligt und erhielt dann die Hälfte vom Gewinn, während die Gewinnanteile der stillen Teilhaber je nach ihrer Einlage vom Rest aufgeteilt wurden. Im 15. Jahrhundert hatten solche Sozietäten viele Investoren, was die Qualität der Partnerschaft veränderte, so daß sich geradezu Anklänge an die modernen Aktiengesellschaften abzeichneten. Eine ähnlich große Kapitalakkumulation aus zahlreichen, weit gestreuten, mitunter auch kleinen Einlagen wies die Karat-Gesellschaft auf, die in Genua entstand, dann aber auch in den anderen Seestädten gebräuchlich wurde, und bei der die Einlagen in 24 Karat und deren weitere Untergliederung aufgeteilt

25 Siehe dazu auch: Bernard Doumerc/Doris Stockly, L'évolution du capitalisme marchand à Venise: le financement des galères da mercato à la fin du XVe siècle, in: Annales 50/1995, S. 133-157.

waren. Der Vorteil bestand darin, daß die Kontrolle durch die Beteiligten auf Grund der Streuung nicht besonders groß war, und die Zahlung nur im Verhältnis zum Gewinn erfolgte. Sowohl bei der "societas maris" als auch bei der Karat-Gesellschaft konnten die Anteile veräußert werden, so daß einerseits der Unternehmer über große und gleichbleibende Kapitalien verfügen konnte, der Anleger andererseits seinen Anteil jederzeit verkaufen konnte. Für diese Anteile gab es regelrechte Notierungen, die Kurse reagierten etwa auf das Sinken eines Schiffes oder andere Vorkommnisse.

Die Geschäfte der großen Handelsgesellschaften waren stark diversifiziert, weil eine große Vielfalt von Waren, die in den Schiffen transportiert wurden, die Fahrten erst rentabel machen konnte. So handelte Francesco di Marco Datini mit Waffen, Tuchen, Seide, Wolle, Weizen, Metallen, Tierhäuten, Gewürzen, Bildern, Juwelen und Sklaven. Einige dieser Handelsgesellschaften hatten allerdings Monopole in manchen Bereichen wie zunächst die Genuesen, dann die Medici im Alaunhandel. Aber Spezialisten im Großhandel, wie die englischen "woolmen", waren selten. Sie handelten nur mit Wolle und Tuchen, während alle anderen Waren in England durch die "aventarii" vertrieben wurden. Viele der Handelsgesellschaften waren auch als Bankiers, Geldwechsler, Steuerpächter oder im Versicherungsgeschäft tätig, sie betrieben in den Städten meist auch Läden und besaßen Gewerbebetriebe.

Die Kommunikation war eine wichtige Voraussetzung für den Handelsverkehr. Dafür war der Aufbau eines Netzes von Filialen, Geschäftsfreunden und Maklern nötig, sowie ein ausgedehnter Briefverkehr. Letzterer war ein überaus intensiver; so weiß man von über 140.000 Briefen, die der Prateser Kaufmann Francesco di Marco Datini innerhalb von etwa zehn Jahren geschrieben hatte.[26] Man nutzte Reisen von Partnern, Nachbarn und Verwandten dazu, Briefe zu befördern und Nachrichten zu übermitteln. Die großen Handelshäuser sandten ihre Faktoren aus, die gleichzeitig auch die Briefe anderer Kaufleute an deren Geschäftspartner und Faktoren am Zielort brachten. Das setzte die Solidarität der Kaufleute aus derselben Stadt oder Region im Ausland voraus. Manchmal schlossen sich Handelsgesellschaften bzw. Kaufleute in einer Stadt zusammen und organisierten gemeinsam einen Botendienst zu den wichtigsten Destinationen wie Avignon zur Zeit des Schismas, London, Paris oder den Messen. Die Arte di Calimala etwa schickte täglich zwei Boten zu den Messeorten. Und 1357 schlossen sich siebzehn florentinische Kaufleute

26 Siehe: Iris Origo, "Im Namen Gottes und des Geschäfts", op. cit., S. 8.

zusammen und beförderten gemeinsam durch einen Boten ihre Post nach und von Avignon.

Hinsichtlich der Zahlungen zeigte es sich, daß die wirtschaftlichen Aktivitäten in bezug auf Volumen und Umschlagsgeschwindigkeit in den vorhandenen Geldsystemen eine Grenze fanden. Diese waren durch wiederholte Münzverrufungen und-manipulationen entwertet worden, und es gab zahlreiche Münzen, die gleichzeitig im Umlauf waren, wobei sogar bei denselben Münzen stets auf das Ausgabedatum zu achten war. Vor allem aber kam es immer wieder zu Verknappungen des im Umlauf befindlichen Geldes. Für Geschäftszwecke waren die Zahlungen in Münzen auch sehr umständlich. Man ging in Handelskreisen daher sehr früh dazu über, Buchgeld zu schaffen, indem die Kaufleute zwischen ihren Kunden und Lieferanten bzw. deren Konten in ihren Büchern Umbuchungen an Stelle von Zahlungen vornahmen. Im Falle von Kaufmannsbankiers, die auch Einlagen akzeptierten, konnten die Einleger auch einfach durch schriftliche Mitteilung Überweisungen veranlassen. Der gezogene Wechsel[27] erleichterte dann die Zahlungen im Geschäftsverkehr bedeutend, er war in Italien seit dem 13. Jahrhundert, im übrigen Europa aber erst wesentlich später gebräuchlich. In Italien wurde die Indossierung der Wechsel seit dem 15. Jahrhundert, im übrigen Europa erst im 16. Jahrhundert üblich. Die Entwicklung des modernen Bankwesens entstand aus dem Geldwechselgeschäft im Rahmen des Warenhandels, was aber nur unter Großkaufleuten üblich war. Der Händler z. B. in Florenz sollte in Paris zahlen und übergab dem Kaufmannsbankier Florins, dieser zog einen Wechsel auf seine Filiale in Paris, die dem Lieferanten des florentinischen Händlers den Gegenwert in Ecus zahlte. Die verschiedenen Forderungen/Schulden waren natürlich nicht alle gleich hoch, aber da Wechselgeschäfte meist auf Gegenseitigkeit beruhten, glichen sich die Zahlungen im Lauf der Zeit aus. So entstand eine abgehobene Sphäre des Kredit- und Zahlungssystems zwischen den großen Kaufleuten und Bankiers in ganz Europa. Und in Antwerpen gab es schon im 15. Jahrhundert eine Börse[28] als Versammlungsplatz der Wechsler. Die Gegenseitigkeit der Wechselbeziehungen ersetzte die Gegenseitigkeit des Warentausches, d. h. die Notwendigkeit, Pelze aus Rußland zu importieren, wenn man Wein dorthin verkaufte. Das Import- und Exportgeschäft wurde dadurch voneinander unabhängig. Mit dem Wechsel ist auch ein Kredit verbunden, und die Italiener kamen schon im 13. Jahrhundert darauf, daß man keine Zahlungen

27 Jean Favier, Gold und Gewürze, op. cit., S. 231 ff.

28 Die Bezeichnung "Börse" stammt von dem Namen, den der Marktplatz vor dem Haus der Kaufmannsfamilie Van der Beurse in Brügge erhielt.

braucht, um mit Kredit zu handeln: das Bankgeschäft löste sich dadurch von seinem Ursprung, dem Handel. Einige Bankiers gaben den Warenverkehr ganz auf und spezialisierten sich auf das Bankgeschäft, was in Italien schon im 14. Jahrhundert gelegentlich der Fall war. Im Norden hingegen war dies eher selten und wenn doch, wie im Fall des Lübecker Bankiers Klendenot, so ging das nicht lange gut. Aber auch in Italien selbst erwies sich das Kreditgeschäft häufig als ruinös, insbesondere wenn Fürsten als Schuldner involviert waren.

Eine Art Papiergeld kam im 15. Jahrhundert auf, als Händler einfach schriftliche Anweisungen als Bezahlung für Wechselschulden einsetzten. Allerdings war dieses Papiergeld tatsächlich Fiduziärgeld, denn es setzte eine gehörige Portion Vertrauen voraus, um es zu akzeptieren, da noch keine Staatsbank die Garantie übernehmen konnte. Voraussetzung bzw. unabdingbare Begleiterscheinung dieser Entwicklung war die Verschriftlichung und Verrechtlichung der Geschäftsbeziehungen durch notariell beglaubigte Verträge. Die Zahl der Notare stieg denn auch beträchtlich und viele Handelsgesellschaften hatten ihre eigenen. Da diese nach Seiten bezahlt wurden, setzten sie meist sehr umständliche und lange Vertragsdokumente auf, was sich beim Wechsel zunächst als sehr hinderlich erwies. Erst als man daranging, nur einen Urvertrag anfertigen zu lassen, in jedem einzelnen Wechselgeschäft aber nur den Wechselbrief, d. h. jene Notifikation, durch die der Bezogene verständigt wurde, daß er zu zahlen habe, dem Wechselnehmer übermittelte, vereinfachte sich die Transaktion entscheidend. Auch das Versicherungsgeschäft entstand in größerem Umfang aus dem Bedürfnis, Risiken zu mindern. Seit dem 13. Jahrhundert war es in Genua üblich, für die Dauer der Seefahrt die Ladung an einen Dritten zu verkaufen, von dem man sie nach der Ankunft gegen einen höheren Betrag wieder zurückkaufte. Dabei spielte in der Regel auch der Wechselkredit eine Rolle. Die Versicherung "alla fiorentina", die auch heute übliche Prämienversicherung, setzte sich dann allgemein durch. Dabei zahlte der Kaufmann vor Geschäftsabwicklung eine Prämie an den Versicherer, der im Schadensfall den Wert der Waren ersetzte.

Eine Voraussetzung für die Entwicklung und Durchsetzung der Wechselgeschäfte, Terminverkäufe und Depositen war die Entwicklung der Buchhaltung. In Europa finden wir diese zuerst in Italien, wobei allerdings noch keine regelmäßigen Abschlüsse der Konten üblich waren; die Salden wurden einfach in ein neues Buch übertragen. Das Ausmaß der Geschäfte, die Entwicklung des Kredit- und Buchgeldes, aber auch die Hierarchisierung der Verantwortung in den Unternehmen, sowie das erhöhte Bewußtsein der rechnerischen Abwägung von Vor- und Nachteilen der Transaktionen, der Gewinnspannen, Kosten und Marktschwankungen erhöhte den

Bedarf an kalkulatorischen und buchhalterischen Kenntnissen und Systemen.[29] Die Bücher des Kaufmanns Datini aus Prato waren nicht nur äußerst umfangreich, sondern basierten seit 1393 auf der doppelten Buchführung.[30] Diese wurde von einzelnen italienischen Kaufleuten schon im 13. Jahrhundert entwickelt, und Luca Pacioli, der Franziskanermönch, hat mit seiner "Summa aritmetica, geometria, proporzioni e proporzionalità" nur die jahrhundertealte Praxis in Italien systematisiert. Während Pacioli einen jährlichen Bücherabschluß forderte, sah Benedetto Cotrugli 1458 in seiner "Della mercatura e del mercante perfetto" einen regelmäßigen Abschluß alle sieben Jahre als ausreichend an. Im 16. Jahrhundert verbreitete sich dann die Kenntnis und Anwendung der doppelten Buchhaltung auf der Grundlage von Paciolis Systematik in ganz Europa.

"Mercatura"- und "Oeconomica"-Literatur

Der Bedarf der Kaufleute nach berufsbezogenen Informationen führte im 14. Jahrhundert zu vermehrtem Auftreten von Kaufmannsspiegeln und Handbüchern wie Francesco Balducci Pegolottis berühmtes Werk "La pratica della mercatura"[31] oder die schon genannten Werke von Pacioli und Cotrugli. Es gab in der Zeit vom Spätmittelalter bis zur Industrialisierung eine sehr umfangreiche und vielfältige Literatur, die Kaufleuten im gesamten europäischen Raum zum praktischen Gebrauch zur Verfügung stand. Sie umfaßte Handbücher für die kaufmännische Ausbildung, technische Traktate und Sammlungen sachlicher Informationen. Daneben gab es eine große Zahl von Werken mit einerseits mehr theoretisch-philosophischer Orientierung, andererseits politisch-polemischer Absicht. Die didaktischen Hand- und Lehrbücher befaßten sich mit Arithmetik oder doppelter Buchhaltung und Aufstellungen von Maßen, Gewichten, Münzen, Zöllen und Mitteilungen über kaufmännische Usancen, mit rechtlichen und institutionellen Informationen, die oft auch in Reisebüchern oder juristisch orientierten Texten enthalten waren. Damit setzten sich auch in der frühen Neuzeit die im Mittelalter vor der Erfindung des Buchdrucks existierenden zwei Stränge der Kaufmannsbücher, das "libro d'abaco" und die "pratica della mercatura", fort. In vielen Handbüchern wurden sie nun miteinander verknüpft. Die Auflistung der Inhaltskategorien zeigt ein eindeutiges Übergewicht der informativ-technischen Themen, vor allem vor 1540, allerdings wurden

29 Vgl.: Armando Sapori, I libri della ragione bancaria dei Gianfigliazzi, Mailand 1947; Ders., I libri di commercio dei Peruzzi, Mailand 1934.

30 Siehe auch bereits: Enrico Bensa, Francesco di Marco da Prato, Mailand 1928.

31 Francesco Balducci Pegolotti, La pratica della mercatura, 1310/1340 (hg. v. Allan Evans), Cambridge-Mass. 1936.

auch Aspekte wie Recht und Gewohnheit, Standesethik, Wucher etc. angesprochen.[32]

In Frankreich kam es erst im 17. Jahrhundert zu einem Anwachsen des kaufmännischen Schrifttums, nachdem die Führungsrolle der italienischen Handelswelt zu Ende war. Eines der berühmtesten Kaufmannsbücher Frankreichs war das Werk von Jacques Savary, "Le parfait négociant", das 1675 erschien.[33] Es ist bemerkenswert, daß diese Werke nicht in den führenden Handelsnationen der damaligen Zeit, den Niederlanden, England oder zumindest in Italien geschrieben wurden, sondern in dem handelsmäßig eher schwachen Frankreich. Aber gerade hier war die Förderung des Handels und die Hebung des Ansehens der Kaufleute von größter Bedeutung. Es war auch ein Anliegen der Krone und diese Handbücher wurden daher auch von Staatsbeamten verfaßt; auch Savary war zwar zunächst, wie in seiner Familie üblich, "négociant", dann jedoch, als er es zu einigem Reichtum gebracht hatte, wechselte er in die Staatsverwaltung über - was er wie viele seiner Kaufmannskollegen als ideale Karriere ansah. In England hingegen fanden sich in weit stärkerem Maße selbstbewußte Kaufleute, die sich nicht gerne von Staatsbeamten hätten sagen lassen, wie sie ihre Geschäfte führen sollten. Auch in Deutschland waren kaufmännische Handbücher entstanden, in besonderer Weise entwickelte sich hier aber eine ökonomische Literatur, die von der antiken Vorstellung der "oikonomia" ausging und sich mit der Hauswirtschaft und Hausgemeinschaft beschäftigte.[34] Diese und die Kaufmannsliteratur standen völlig unverbunden nebeneinander. Erst im 18. Jahrhundert kam es durch reale wie geistes- und kulturgeschichtliche Transformationen zu einer Verknüpfung.[35] Dabei wurde der Begriff "Ökonomie" beibehalten, aber mit einer neuen Bedeutung versehen.

32 Die Sammlung "Ars Mercatoria" beschränkt sich auf jene Schriften, die tatsächlich dem praktischen Gebrauch der Kaufleute dienten. Jochen Hoock/Pierre Jeannin (Hg.), Ars Mercatoria. Eine analytische Bibliographie, Paderborn u. a. 1991-1993.

33 Weniger bekannt ist, daß sein Sohn, der ebenfalls Jacques hieß, 25 Jahre lang an einer Enzyklopädie des Handelswesens gearbeitet hatte, die schließlich mit Ergänzungen von seinem Bruder 1749 erschien.

34 Das berühmteste Buch ist jedoch ein italienisches und zwar: Leon Battista Alberti, I libri della famiglia, 1443 (dt.: Über das Hauswesen, hg. v. Walter Kraus, Zürich-Stuttgart 1962).

35 Diesen Prozeß haben Johannes Burkhardt und seine Mitautoren begriffsgeschichtlich nachzuzeichnen versucht. Stichwort "Wirtschaft", in: Otto Brunner/ Werner Conze/Reinhard Koselleck (Hg.), Geschichtliche Grundbegriffe. Historisches Lexikon zur politisch-sozialen Sprache in Deutschland, 7 Bde., Stuttgart 1972-1992, Bd. 7, S. 511-594.

Während sich die Scholastik mit Handel und Geldleihe befaßt hatte, war in der weltlichen Literatur eine Renaissance des "oikos"-Denkens der Antike in den Vordergrund getreten. Die Wurzeln dieser "oeconomica"-Literatur gehen auf die römischen Schriften, auf die Kirchenväter und auf die islamische Ökonomik zurück. Im deutschsprachigen Raum ist besonders auf die Fürstenspiegel zu verweisen, die seit dem hohen Mittelalter entstanden. Vinzenz von Beauvais und Ägidius Romanus verfaßten ökonomische Schriften, die "Oeconomica" des Konrad von Megenberg um 1350 aber ist aus quellentechnischen Gründen weit besser bekannt.[36] Sie war der zweite Teil eines dreibändigen Werkes neben der "Monastik" und der "Politik". Die "Oeconomica" war als Fürstenspiegel gedacht und befaßte sich mit der Hauslehre des königlichen Hofes. Konrad sah den Menschen als Mitglied zweier Kreise, der "societas domestica" und der "societas civilis". In den nächsten Jahrhunderten entstand eine ausgedehnte Hausväterliteratur, z. B. von Johann Coler, "Oeconomia ruralis et domestica", 1593, der auf die besonderen Bedingungen der deutschen Wirtschaft als Verbindung von agronomischem Wissen und Haushaltskunst einging. Die "oeconomica"-Literaten richteten sich an grundherrliche Haushalte. Das Haus wurde als autonome Institution, als ein eigener Rechtsbezirk und als Rahmen für Produktion und Konsum betrachtet. Die Außenbeziehungen und damit auch die faktische Abhängigkeit vom Markt wurden kaum behandelt, was dann in der rückblickenden Interpretation dazu führte, daß die alteuropäische Ökonomik durch das "ganze Haus" bestimmt gesehen wurde.[37] Aus der "oeconomica"-Literatur zu schließen, die Sozialordnung der alteuropäischen Welt sei eine der geschlossenen Hausgemeinschaften und -wirtschaften gewesen, ergäbe jedoch ein falsches Bild. Zwar liegt die Annahme nahe, daß in einer Agrargesellschaft das Zusammenleben in erweiterten Familienverbänden vorherrschte, aber es gab insbesondere in den Städten auch andere Formen der Familien- und Haushaltsstruktur.[38] Die Auffassung der Wirtschaft der Vormoderne im Sinne des "ganzen Hauses" reflektierte eher die sozialmoralischen und sozialpolitischen Wertungen des 19. und frühen 20. Jahrhunderts, während sie in ihrer Entstehungsphase verschiedene Zwecke hatte,

36 Siehe: Sabine Krüger, Zum Verständnis der Oeconomica Konrads von Megenberg, in: Deutsches Archiv für Erforschung des Mittelalters, 20. Jg., Köln-Graz 1964, S. 474-561.

37 Otto Brunner, Das "ganze Haus" und die alteuropäische "Ökonomik", in: Ders., Neue Wege der Verfassungs- und Sozialgeschichte, 2. Aufl., Göttingen 1968, S. 103-127.

38 Siehe zu den familienhistorisch-soziologischen Implikationen: Michael Mitterauer, Vorindustrielle Familienformen, in: Ders., Grundtypen alteuropäischer Sozialformen, Stuttgart-Bad Cannstatt 1979, S. 35-97.

aber in der Regel eher ein Zeichen gesellschaftlicher Veränderung als eines der sozialen Statik war. Die Hausväterliteratur reflektierte in gewisser Weise auch die Ausweitung der frühneuzeitlichen Wirtschaft hin zur Territorialwirtschaft, weil der Fürst nun selbst als Hausvater seines Hofes und Landesvater angesehen wurde. Der Landesherr stand als "pater familias" der Landesökonomie vor, die als hierarchisch abgestuftes Beziehungs- und Kooperationsnetz von Haushalten gedacht wurde. Kontrolle und Gehorsam waren wie im Haus auch im Land die Grundlagen der Ökonomie. So war die "oeconomica"-Literatur auch als Zeichen für bestimmte politische und sozioökonomische Entwicklungen zu werten, die gerade die Autarkie des sozialen Mikrokosmos des "Hauses" bedrohten, zum einen den Bestrebungen der Landesherren zur Integration ihrer Territorien und zum anderen den wirtschaftlichen Schwierigkeiten der adeligen Grundherren. Die Voraussetzung dafür war, daß die alte feudale Bodenordnung kaum mehr existierte und die Güter kommerziell bewirtschaftet werden mußten. Der Boden wurde zum echten Eigentum und zum Gegenstand rationaler Nutzung. Der größte Teil der Literatur beschäftigte sich daher mit der Landwirtschaft und ähnelte den römischen Anleitungen für die Führung eines landwirtschaftlichen Gutes. Die "oeconomica"-Literatur hob neben praktischen Ratschlägen insbesondere die Tugend der Sparsamkeit bzw. der kostenorientierten Effizienz hervor, so daß dies fast bedeutungsgleich mit "ökonomisch" wurde.

In bezug auf die Fürstenwirtschaft traten die Belange der Schatzkammer und die Probleme der Hofökonomie in den Vordergrund. Die Fürstenspiegel verstanden sich als Ratgeber, die den König oder Fürsten bzw. seine Minister bei der Verwaltung der Kammer und des Hofes unterstützen sollten. Dies deutet eine Entwicklung zur späteren Kameralismus-Literatur an. Wolf-Hagen Krauth[39] differenziert aber zwischen der "oeconomia satrapica", also der Fürstenwirtschaft, und dem merkantilistischen Kameralismus. Während es bei dieser eindeutig um Einkommensbeschaffung für die fürstliche Schatzkammer geht, wird später bereits der Zusammenhang von Produktion und Konsumtion in der Volkswirtschaft gesehen. Krauth sieht drei Bezugspunkte, die er mit den zeitgenössischen Bezeichnungen der frühen Neuzeit "Marckht-Ordnung", "Oeconomia" und "Lands-Würthschafft" bezeichnet[40], und aus ihrer Genese seit dem Hochmittelalter herleitet. Die Einkommen der fürstlichen Schatzkammer stammten aus Steuern und Abgaben, die durch die Goldene Bulle von 1356 auf der vollen Regalhoheit der Kurfürsten, der Kirche und der weltlichen Fürsten beruhten. Diese umfaßten auch Einkommen aus der Münze, aus

39 Wolf-Hagen Krauth, Wirtschaftsstruktur und Semantik, Berlin 1984, S. 114 ff.
40 Ebd., S. 12.

Markt- und Mautabgaben, Abgaben für Jagd- und Fischereirechte, Zölle etc. Da die Ausgaben der Fürsten durch ihre Kriege und die Repräsentationskosten ihrer Höfe ständig stiegen, waren sie an maximaler Ausnutzung ihrer Regalhoheit interessiert. Bald zeigten sich aber die Folgen dieser Belastung für die Untertanenwirtschaft. Man begann zu erkennen, daß eine die Reproduktionskraft der letzteren schwächende Abschöpfung die zukünftigen Einkommenschancen auch der Fürsten beeinträchtigte und suchte nach "schonenderen" Formen der Einkommenssicherung des fürstlichen Haushalts. Als eine solche wurde die Akzise auf Bier, Wein und andere Konsumgüter verstärkt eingesetzt. Es wurde erkannt, daß die Besteuerung der Untertanen nicht deren wirtschaftliche Substanz vermindern darf, sondern sich an der Abschöpfung vom Ertrag orientieren muß. Gleichzeitig damit entstand eine fürstliche Bürokratie; das öffentliche und das fürstlich-private Haushaltswesen trennten sich systematisch voneinander. Die Prinzipien der Sparsamkeit und Gerechtigkeit begannen auch im Finanzwesen der frühneuzeitlichen Staaten Fuß zu fassen. Aber die Bemühungen um eine Ordnung und Sicherung des Staatshaushalts endeten keineswegs bei den Einkommensprinzipien des Fürstenhaushalts. Nachdem man erkannt hatte, daß die Wirtschaftskraft der Untertanen wichtig war, versuchte man eine Vielzahl von Verhaltensregeln und Vorschriften für deren Wirtschaftsgebarung aufzustellen. Die Untertanen sollten dazu gebracht werden, möglichst gut für die Mehrung ihrer Finanzkraft zu sorgen. Eine relativ ausführliche Personenstatistik wurde eingeführt, überdies zahlreiche "Polizei"-Vorschriften zur Regelung des Konsums und Aufwands der Untertanen, je nach ihrem Stand und ihrer Stellung, sowie ein Ausbau der Landesverwaltung mit Differenzierung der Justiz- und Wirtschaftsangelegenheiten, wobei die Kammer nun eine bürokratische Instanz wurde. Solcherart bildeten dann schließlich "Polizeiordnung", Ökonomik und Kameralwissenschaft ein integrales Ganzes im Dienst der Wirtschafts- und Fiskalpolitik des Absolutismus.

Soziokulturelle Konjunkturen und Handelskapitalismus

Unter dem Eindruck des wirtschaftlichen Aufschwungs des 15. Jahrhunderts und der Aktivitäten der Handelsgesellschaften und Kaufmann-Bankiers wurde immer wieder von der "kapitalistischen Wirtschaft" des Spätmittelalters gesprochen, am nachdrücklichsten hatte Pirenne den "Handelskapitalismus" betont.[41] Ob die kapitalistischen Elemente in der Entwicklung des Handels, im Geld- und Kreditwesen und in den städtischen Handelszentren eine Veränderung der gesamten sozialen For-

41 Henri Pirenne, Sozial- und Wirtschaftsgeschichte Europas im Mittelalter, 7. Aufl., Tübingen-Basel 1994 (urspr. frz. 1933), S. 156 ff.

mation zur Folge hatte, ist aber fraglich. War der "Handelskapitalismus" dieser Zeit ein die ganze Gesellschaft transformierender Prozeß? Richard Britnell versuchte die Beantwortung dieser Frage auf der Grundlage einiger Kategorien, die seit Marx und Engels mit Feudalismus bzw. Kapitalismus verbunden werden, insbesondere das Ausmaß der Produktion für den Markt, der Kapitalakkumulation und der Lohnarbeit.[42] Er bezog sich dabei auf England und kam zu dem Ergebnis, daß keineswegs eine gesteigerte Entwicklung in Richtung Kapitalismus festzustellen war. Allerdings waren die Verhältnisse und ihre Veränderung auf dem Kontinent und besonders in Italien anders als in England, wo Bevölkerungsrückgang und wirtschaftliche Krisen herrschten. Viele lokale Märkte verloren hier im Spätmittelalter ihre Bedeutung, die Entwicklung der landwirtschaftlichen Produktion war rückläufig, der Markttausch von Gütern reduzierte sich. Auch die Lohnarbeit, die nach Britnell um 1300 schon etwa ein Fünftel bis ein Viertel der gesamten Arbeitsbevölkerung ausgemacht hatte, sank auf Grund des Übergangs zu stärkerer Weidewirtschaft. Die "enclosures", die in dieser Epoche stark zunahmen, erfolgten meist, weil die Bauern den Grund verlassen hatten.

Während die Wirtschaft in England und auch in anderen Regionen Europas stagnierte, erlebten besonders Italien und Süddeutschland im 15. Jahrhundert eine spektakuläre Entwicklung. Das Wachstum der großen Handelshäuser in diesen Ländern weist auf das Volumen und die Bedeutung des Handels und der Geldwirtschaft hin. Die Strukturen und Methoden des damaligen Großkapitals legten eine kapitalistische Gesinnung nahe. Die in Geschäfte reinvestierten akkumulierten Vermögen der Fugger und anderer lassen an "kapitalistische" Praktiken denken. Jacob Strieder hatte auf Grund genauer Analysen der Augsburger Handelshäuser und Großkaufleute 1396-1540 zu beweisen gesucht, daß nicht die Grundrente, sondern der Handel selbst Kapitalvermögen entstehen ließ.[43] Während Venedig die Hochburg des Handelskapitals war, entwickelte sich in Florenz das Industriekapital und in der Folge das Finanzkapital in bemerkenswert "moderner" Weise. Die wirtschaftliche Begrenztheit der Polis begünstigte allerdings nicht die Ausdehnung des Industriekapitals, das Finanzkapital wurde auf ausländische Märkte verwiesen. In soziokultureller Hinsicht machte sich eine Refeudalisierung bemerkbar, die politische Macht in

42 Richard Britnell, Commerce and Capitalism in Late Medieval England: Problems of Description and Theory, in: Journal of Historical Sociology 6/1993, S. 359-376.

43 Jacob Strieder, Zur Genesis des modernen Kapitalismus. Forschungen zur Entstehung der großen bürgerlichen Kapitalvermögen am Ausgange des Mittelalters zu Beginn der Neuzeit, zunächst in Augsburg, Leipzig 1904.

den Städten konzentrierte sich in Händen eines in adeligen Lebensformen schwelgenden Patriziats. Der Industriekapitalismus in Florenz blieb ähnlich wie der Handelskapitalismus der anderen Städte eine Episode und führte nicht zu einer kontinuierlichen Fortentwicklung. Zwei Gründe wurden dafür geltend gemacht: Alfred von Martin betonte die fehlende Wirtschaftsgesinnung in der "saturierten Arriviertenkultur"[44], Agnes Heller hingegen machte die Unfähigkeit, einen Nationalstaat zu entwickeln, für den Untergang des Renaissance-Kapitalismus in Italien verantwortlich.[45]

Der "kommerzielle Kapitalismus" im Mittelalter bestand in bezug auf den Fernhandel und das dafür arbeitende Exportgewerbe, während die Grundherrschaft und die Stadtwirtschaft protektionistisch, exklusiv und differenzierend organisiert waren. Gewinnstreben, Ausnützen von Marktvorteilen und Kapitalrechnung gab es zwar auch im Mittelalter, aber die soziale Organisation und die sozialen Strukturen, in die diese eingebettet waren, unterschieden sich doch grundlegend vom liberalen Kapitalismus des 19. Jahrhunderts. So meint auch Jean Favier: "Sagen wir es geradeheraus. Der mittelalterliche Kapitalismus hat nur entfernte Beziehungen mit jenen Produktionsstrukturen des gesellschaftlichen Reichtums, die Karl Marx im vergangenen Jahrhundert für die Industriegesellschaft analysiert hat. Täuschen wir uns nicht über Begriffe: Die Wirklichkeit, die sie abdecken, ist immer die einer Epoche.[46] Die wirtschaftlichen Aktivitäten erfolgten in der Regel im Rahmen von sozialen Gebilden, von Gruppen, Familien und Gilden. Zwar sind uns Namen einzelner Handelsherren oder Bankiers bekannt, vielfach weil sie besonders gut auswertbare Quellen oder Dokumente, hinterließen, aber die Interpretation, die Wirtschaftskapitäne im Sinne des liberalen Kapitalismus daraus machten, sind Dichtungen, die die Nachwelt hinzufügte.[47] Verwandtschaftsbeziehungen erwiesen sich im ausgehenden Mittelalter auch in Handwerk und Handel als sehr wichtig. Es zeigte sich durch die zunehmende Schließung der Zünfte, daß fast nur mehr Söhne von Meistern die Möglichkeit erhielten, den Meisterbrief zu erwerben. Auch im Handel spielten sich vor allem im städtischen Patriziat auf Grund der auch hier offensicht-

44 Alfred von Martin, Soziologie der Renaissance, München 1974 (urspr. 1931).

45 Agnes Heller, Der Mensch der Renaissance, Frankfurt/Main 1988 (urspr. ung. 1982), S. 32 ff.

46 Jean Favier, Gold und Gewürze, op. cit., S. 13.

47 Sowohl die großen Kaufleute der italienischen Städte wie auch die süddeutschen Händler entstammten Zünften und Gilden; in Augsburg etwa die Fugger, Hochstetter u. a. aus der Weberzunft und wieder andere aus der Zunft der handwerksmäßigen Händler. Siehe: Jacob Strieder, Zur Genesis des modernen Kapitalismus, op. cit.

lichen Schließungstendenzen ähnliche Prozesse ab. Auch hier war der Zugang zum Berufswissen und zur Berufsgruppe der Kaufleute fast nur mehr für Söhne von Kaufleuten möglich. Verwandtschaftsbeziehungen waren auch nützlich für die Kommunikations- und Informationsübermittlung, für die Anknüpfung von Geschäftsbeziehungen, das Eingehen von Partnerschaften, sowie das Investieren von Kapital und die Eröffnung von Handelsverbindungen. So machte etwa die Heirat eines Nürnberger Kaufmanns mit einer Lübecker Patrizierin diesem erst den Zugang zur Hanse möglich. Obwohl es immer einige führende und richtungsweisende Persönlichkeiten gegeben hat, beruhte das Wirtschaftsleben nicht auf dem Tun der Individuen, sondern auf dem Tun von Kollektiven: Familie, Sozietät oder Stadtgemeinde. Dabei handelt es sich natürlich wieder um sehr unterschiedliche soziale Strukturen und Bindungen, aber der Bezug auf die Gruppe, das "Haus", die Korporation oder die Kommune ist immer da. Allerdings lassen sich auch gegenteilige Argumente ins Treffen führen; im Kaufmannsleben war immerhin der Aufstieg aus einfachen Verhältnissen unter bestimmten Bedingungen möglich. Dabei erwiesen sich Leistung, Erfahrung und Wissen, etwa als Faktor, in einem Handelshaus neben Verwandtschaftsbeziehungen und Heirat mit einer Kaufmannstochter als wichtig. Durch erfolgreiche Tätigkeit als Faktor konnte auch ein einfacher Mann zum Leiter einer auswärtigen Filiale und zum Mitgesellschafter der Handelsgesellschaft aufsteigen und so zu einem der "ersten Bürger" seiner Stadt werden.

Die Kontinuität und Akkumulation des Kapitals war noch untrennbar mit dem Leben des Kaufmanns und seiner Erben verbunden. Heirat bedeutete daher Kontinuität, erhöhte Sicherheit und Zusammenlegung der Handelskapitalien zweier Kaufleute. In England war auch die Heirat zwischen Adeligen und Bürgerlichen keine Seltenheit und eine Möglichkeit, wie auch Kaufleute in Adelskreise aufsteigen konnten. Generell war die Interpenetration zwischen reichen Bürgerlichen und Adeligen hier ziemlich hoch. Auch in Deutschland, dessen Städte mit Ausnahme von Köln, Trier, Mainz und Regensburg als reine Handels- und Handwerksniederlassungen entstanden waren, gab es Verbindungen zwischen reichen Kaufleuten und Adeligen, was sich dann wieder auf die Mobilitätschancen der folgenden Generationen auswirkte. Wo das Bürgertum viel in Grundbesitz investiert hatte und durch Lebensweise, Titel und Heirat mit dem Adel verbunden war, waren die ständischen Barrieren stärker, während in den Städten, wo die Kaufleute ihre Betätigung noch überwiegend dem Handel widmeten, ihre Kreise offener blieben für Außenstehende. Hierbei zeigte sich bald ein regionaler Unterschied zwischen Nord- und Süddeutschland; während im Süden ein geschlossenes Patriziat vorherrschte, war das Bürgertum der nördlichen Städte wesentlich durchlässiger und offener. Hier wie in Venedig trieben auch Adelige und geadelte Kaufleute ohne weiteres Handel. In den Hansestädten spielte der Adel als Differenzierungskriterium keine große Rolle. In Frankreich hingegen war die soziale Differenzierung zwischen Adel und Kaufleuten am stärksten und der Handel galt als gering geachtet. Jeder, der auf sich hielt, strebte ein Amt bei Hof an und dadurch vielleicht eine Erhebung in den Adelsstand.

Mit zunehmendem Erfolg und Reichtum suchten die Kaufleute überall Zugang zum Adel und Abgrenzung nach unten, ein Prozeß, der sich in den folgenden Jahrhunderten verstärkte, aber bereits im 15. Jahrhundert begann. Manche suchten deshalb den Dienst für den König, um von ihm später in den Adelsstand erhoben zu werden. Allerdings sprach auch ein gewichtiger wirtschaftlicher Grund für das Erstreben des Adelstitels, da Adelige in der Regel Steuerprivilegien besaßen und keine Steuern zu zahlen hatten. Das Interesse der Kaufleute an der Adelung trieb sie auch dazu, ihre Überschüsse meist nicht in ihr Geschäft, sondern in Grundbesitz zu investieren - dem besten Ausgangspunkt für den Aufstieg in den Adelsstand. Der Kauf eines Lehens bedeutete allerdings nicht schon die Adelung, diese mußte vom König oder vom Kaiser verliehen werden. Die Kaufleute wurden vor allem in den Städten die größten Grundbesitzer, was dazu führte, daß sich manche von ihnen später zur Ruhe setzen konnten und als Rentiers lebten. Durch die Akquisition des Reichtums im Sinne des feudalen agrarischen Mittelalters, nämlich Grundbesitz durch Bürger, kam es zu einem Wandel der Bedeutung des Bürgerbegriffs: von dem Vertreter der ständischen Macht der Städte wurde daraus allmählich der horizontale Schicht- bzw. Klassenbegriff der Besitzenden.

So bedeutsam die wirtschaftlichen Aktivitäten der Kaufleute und Bankiers waren, so wenig wurde darüber gesprochen, wenn es um die Würdigung der Personen ging. Vespasiano da Bisticci,[48] der im 15. Jahrhundert eine große Zahl von Viten der Renaissancepersönlichkeiten[49] schrieb, hob deren Gelehrsamkeit, christliche Gesinnung und Kultur hervor; selbst bei Cosimo de Medici standen diese Dinge im Vordergrund, während sein Bankiers- und Wirtschaftshandeln nur nebenbei erwähnt werden.[50] Der Enkel Cosimos, Lorenzo, der später "der Prächtige" heißen

48 Vespasiano da Bisticci, Große Männer und Frauen der Renaissance, München 1995, S. 320 ff.

49 Das Wort "Renaissance" kam erst ab 1850 in allgemeinen Gebrauch gleichzeitig mit einer Ausweitung des Begriffs auf eine historische Epoche als Kontrast zum Mittelalter. Siehe: Lucien Febvre, Michelet und die Renaissance, Stuttgart 1995 (urspr. frz. 1992); Johan Huizinga, Das Problem der Renaissance, Berlin 1991, S. 17-67.

50 Vgl. auch: Horst Wagenführ, Handelsfürsten der Renaissance, Stuttgart 1957.

sollte, widmete sich mehr der Politik, der Dichtkunst, dem edlen Lebensstil und dem Mäzenatentum. Sein Sohn Piero fand ebenfalls nur mehr wenig Geschmack an der kommerziellen Betätigung; sein Konflikt mit Karl VIII. von Frankreich führte zur Vertreibung der Medici aus Frankreich. Als eine Angehörige des Hauses Medici, Katharina de Medici, im 16. Jahrhundert Königin von Frankreich wurde, gab es das Bankhaus Medici nicht mehr, die Familie Medici aber zählte zur Elite Europas. Alessandro de Medici wurde 1532 von Kaiser Karl V. zum Herzog der Republik Florenz erhoben. Der Familie Medici entstammten auch einige Renaissancepäpste wie Leo X. und Klemens VII. Die Zirkulation der Generationen wurde von Jacques LeGoff[51] als Begründung für diese Entwicklung herangezogen. Auf eine Gründergeneration folge eine Generation, in der das Bestehende teils gehalten, teils ausgebaut werde, worauf in den folgenden Generationen nicht mehr so sehr auf das Geschäft geachtet werde als auf Lebensstil und Genuß. Durch diesen "natürlichen" Wechsel der Generationen erklärt er den Übergang, der aus Familien von Geschäftsleuten solche von Rentiers machte. Dies erfolgte in Italien früher als in Deutschland, England oder Frankreich, wo sich erst nach dem teilweisen Rückzug der Italiener für die einheimischen Kaufleute jene Möglichkeiten boten, die eine Gründergeneration entstehen ließen. Ein anderer Grund mag allerdings auch in der Tatsache gelegen sein, daß die alten Kaufmannsfamilien sich den vor allem im 16. Jahrhundert geänderten, schwieriger gewordenen Bedingungen des Handels nicht mehr anpassen wollten und sich deshalb mehr dem Grundbesitz und dem Landleben oder der Kultur zuwandten, zumal das Leben des Kaufmanns trotz Glanz und Einfluß einiger weniger Großer in ihrer Erfolgsperiode für die meisten doch hart und risikoreich war.[52]

Man darf auch in dem Lebensstil, dem Mäzenatentum und den Investitionen in Grundbesitz und Renten nicht nur soziale Statusinteressen sehen, zumal der Grundbesitz eine relativ sichere Anlagemöglichkeit für die angehäuften Vermögen der Kaufleute war und daher durchaus auch aus ökonomisch-rationalen Überlegungen erfolgte. Unter arrivierten Kaufleuten entstand die Auffassung, daß "der Handel nichts einbringe" - im Vergleich zu anderen Anlagemöglichkeiten. Sogar der erfolgreiche Direktor des Medici-Bankhauses in Florenz, Francesco di Tommaso Sassetti, investierte zwischen 1462 und 1466 nur 68,6 Prozent des Gesamtvermö-

51 Jacques Le Goff, Kaufleute und Bankiers im Mittelalter, Frankfurt/Main 1989 (urspr. frz. 1956), S. 63 ff.

52 Franz Irsigler, Kaufmannsmentalität im Mittelalter, in: Cord Meckseper/Elisabeth Schraut (Hg.), Mentalität und Alltag im Spätmittelalter, 2. Aufl., Göttingen 1991, S. 53-75.

gens in die Gesellschaft, den Rest legte er in Immobilien, Möbeln, Büchern und Goldschmiedearbeiten an.[53] In Venedig legten die Nachkommen Andrea Barbarigos überhaupt nur mehr zehn Prozent ihres Vermögens in wirtschaftlichen Unternehmungen an, dafür umso mehr in Häusern, Gütern und Staatsanleihen.[54] Es schien so, daß mit wachsendem Vermögen die Risikobereitschaft der Geschäftsleute bedeutend abnahm. Diese Investitionen in Grundbesitz und andere Wertgegenstände dünnten dann das arbeitende Handelskapital aus und führten zu einer Reduktion der Kapitalakkumulation für produktive und kommerzielle Zwecke.

Es war daher eine Zeit, in der es zu einer kolossalen individuellen Prachtentfaltung kam, der Reichtum wurde ostentativ vorgezeigt. Einer der schönsten "Nebeneffekte" dieser Haltung ist im Aufschwung der Renaissance-Kunst zu erblicken. Diese aber wurde selbst Kulturwirtschaft, wie eine ganze Reihe von Künstler-Unternehmern von Leonardo bis Lucas Cranach zeigen. Auf die Tatsache der starken Kommerzialisierung der Kunst in der italienischen Renaissance weist auch Joachim Schumacher hin, wenn er in bezug auf Leonardo da Vinci meint, dieser sei als "Archetypus der Kaufmannsgesellschaft" zu verstehen.[55] Die Paläste, Landhäuser, Möbel und Kunstwerke waren für die Auftraggeber gleichzeitig Vermögensanlage, Symbole des Reichtums, des sozialen Status und der Macht, boten aber auch Sicherheit in einer unruhigen Zeit.[56] Dieses Sicherheitsbedürfnis ließ auch das Rentengeschäft anwachsen. Darlehen an adelige Grundherren wurden oft durch jährliche Rentenzahlungen getilgt. Wenn der Adelige dann die Renten nicht mehr bezahlen konnte, übernahm der Kaufmann den Grundbesitz. Auch Staatsrenten, bei denen die großen Kaufleute ihrer Stadt größere Summen vorstreckten und dafür Leibrenten von dieser gezahlt bekamen, waren sehr beliebt. Sie waren nicht nur ein gutes, relativ risikoloses und müheloses Geschäft, sondern trugen auch noch weiter zum Ansehen und Einfluß des Rentiers in seiner Stadt bei. Schon Cosimo de Medici und andere Großkaufleute seiner Zeit besaßen Renten und Anleihen der Städte in beträchtlichem Umfang.

53 Jean Favier, Gold und Gewürze, op. cit., S. 266.

54 Jacques Le Goff, Kaufleute und Bankiers im Mittelalter, op. cit., S. 66.

55 Joachim Schumacher, Leonardo da Vinci. Maler und Forscher in anarchischer Gesellschaft, Berlin 1981, S. 16. Siehe auch: Michael Baxandall, Die Wirklichkeit der Bilder, Frankfurt/Main 1987 (urspr. engl. 1972).

56 Die Entstehung eines Kunstmarktes im Quattrocento betonten auch Peter Burke und Michael Baxandall. Peter Burke, Die Renaissance in Italien, Berlin 1984 (urspr. engl. 1972), S. 110 ff.; Michael Baxandall, op. cit. S. 12 ff.

Die Grundherren, die Angehörigen des alten Schwert- und Feudaladels, sowie die Ritter, gerieten mehr und mehr in Abhängigkeit von den Darlehen der Kaufleute, aber auch umgekehrt verketteten die Kaufleute ihr wirtschaftliches Schicksal allzusehr mit dieser Gruppe von eher unzuverlässigen Schuldnern. Das zeigte sich sowohl bei den Bardi wie den Fuggern, es hängt aber auch mit dem Ende des Wirtschaftsimperiums der Medici zusammen. Über die Gründe für den Zusammenbruch der Medici-Bank wurde viel gerätselt. Sie war die größte ihrer Art in dieser Zeit mit sieben oder acht Filialen und vierzig bis fünfzig Faktoren. In Florenz selbst hatte sie zehn bis zwölf Angestellte. Die Medici-Bank arbeitete mit einem Kapital, das die Einlagen der Gesellschafter bei weitem übertraf und das sich aus drei Quellen speiste:[57] aus nicht verteilten Gewinnen, die akkumuliert wurden, aus Geldern der Gesellschafter über die Gesellschaftsanteile hinaus, die verzinst wurden und aus Depositen. Es war für solche Gesellschaften üblich, Gewinne erst bei Vertragsablauf auszuzahlen. Das ist auch der Grund dafür, daß die Verträge von sehr kurzer Dauer waren, aber immer wieder erneuert wurden. Jedenfalls konnten beträchtliche Gelder angehäuft werden, was auch durch die Vorsichtsmaßnahme relativ hoher Reservefonds verstärkt wurde. Raymond de Roover argumentierte, daß die Bank über zuviel Kapital verfügte, dem sich nicht genügend Investitionsmöglichkeiten boten. Daher ließ sie sich auf höchst unsichere Darlehen an Könige und Fürsten ein. Der Schritt vom privaten Bankgeschäft in den Bereich der Staatsfinanzierung konnte jedoch die Wirtschaftslage nur verschlechtern. Dennoch beschritten viele Kaufmann-Bankiers diesen Weg, teils gezwungenermaßen, teils freiwillig. Dafür erhielten sie - zumindest für eine gewisse Zeit - Ansehen, Macht und Einfluß, sie saßen im Rat des Königs, wurden in den Adelsstand erhoben, beherrschten ihre Städte. Die Tatsache, daß die großen Kaufmann-Bankiers die Kunst förderten, Kirchen und andere öffentliche Bauten errichten ließen, Almosen an Arme und an die Kirche gaben, ist auch unter dem Gesichtspunkt der politischen Macht, die die Kaufherren sowohl um ihrer selbst willen wie auch zur Förderung ihrer Geschäfte anstrebten, zu sehen. Für ihre an die antiken Euergesien und Leiturgien erinnernden Leistungen kam ihnen ein besonderer, oftmals beherrschender Einfluß auf die städtische Regierung zu.

Ein Gemälde von Ambrogio Lorenzetti im Palazzo Publico von Siena, genannt "Die gute Regierung", stellt diese als Verwaltung von Kaufleuten dar, die für Stadt und Land Wohlstand und Arbeit bringt. Die politische Macht der Kaufmannsoligar-

57 Raymond de Roover, The Decline of the Medici Bank, in: The Journal of Economic History, Vol. VII/1947, S. 69-82.

chien in den italienischen Städten war außerordentlich groß; sie stellten die Signoria. In Florenz wurden die Zunftprioren aus den größten Kaufmannsfamilien ausgelost und diese wählten den "gonfaloniere di giustizia", der auf zwei Monate gewählt wurde. Lorenzo de Medici, obwohl nur einmal "gonfaloniere", konnte auf Grund seiner Macht als "erster Bürger" der Stadt die Zahl der niederen Zünfte in Florenz von 14 auf fünf reduzieren, das Amt des "capitano del popolo" aufheben und den "podestá" weitgehend entmachten. In Venedig rekrutierte sich der Große Rat nach der Serrata von 1297 ausschließlich aus den alten Ratsfamilien: Er wählte die 120 Mitglieder des Senats, den Rat der Zehn und den Dogen, der auf Lebenszeit gewählt wurde. Dazu kamen noch sechs Räte der Stadtviertel, die zusammen mit dem Rat der Zehn die eigentliche Macht ausübten, während der Doge kaum wirklich über reale Macht verfügte. In Genua, wo der Handel weit freier gehandhabt wurde als in Venedig, wurde der Doge auch auf Lebenszeit von einer außerordentlichen Versammlung gewählt, besaß aber mehr wirkliche Macht. Allerdings war er gehalten, sich mit dem Rat der Alten und den Schutzherren von San Giorgio abzusprechen. Im Großen Rat der Stadt mit seinen 300 Mitgliedern saßen auch Handwerker, was in den anderen Städten so gut wie nie der Fall war. Eine besondere Rolle kam der 1407 gegründeten Casa di San Giorgio zu, das vielfach als erstes modernes Bankhaus bezeichnet wird. Allerdings führte sie lange Zeit keine Bankgeschäfte durch und beschränkte sich Privaten gegenüber auf das Depositen- und Girogeschäft, denn sie war auf Grund der hohen Staatsverschuldung Genuas gegründet worden. Ihre Hauptaufgaben bestanden daher in der Staatsfinanzierung und der Regelung des Geldumlaufs. Sie nahm als Glied der genuesischen Staatsverfassung an den politischen Entscheidungen etwa in bezug auf Handels- und Kolonialpolitik maßgeblich teil. Ihre Organisation wurde oft als der einer Aktiengesellschaft ähnlich beschrieben, aber tatsächlich erinnert sie mehr an einen gesetzlichen Mehrheitsverband, wie die Konkursgläubiger.[58] Sie stand den staatlichen Behörden als Organisation der Staatsgläubiger gegenüber, die das Genueser Schuldenwesen konsolidierte, und gleichzeitig wichtige Aufgaben wie die Verwaltung des Salzmonopols betrieb. Auch in den deutschen Städten, vor allem in den größeren, wo das Patriziat immer an der Macht geblieben war, bestand dieses aus großen Kaufleuten, Rentiers und reichen Handwerkern. Vor allem das Kriterium des Reichtums war ausschlaggebend für die Stellung in der Stadt; so wurde Köln bis zum Ende des 14. Jahrhunderts von einem "Klub der Reichen" beherrscht. Eine ähnliche Entwick-

58 Heinrich Sieveking, Genueser Finanzwesen mit besonderer Berücksichtigung der Casa di San Giorgio, in: Volkswirtschaftliche Abhandlungen der Badischen Hochschulen, Bd. 3, Freiburg i. B. 1899, S. 285-543.

lung verzeichnete Lübeck, wo erst im 15. Jahrhundert die Hälfte der Ratssitze für einfachere Wirtschaftskreise geöffnet wurden. Gelegentlich saßen in den Räten der deutschen Städte wie auch in Genua und in Venedig mit seiner traditionellen städtisch-kommerziellen Adelsschicht auch Angehörige des alten Adels, nicht jedoch in Florenz, wo sie ausgeschlossen worden waren. Überall zeigte sich die große Bedeutung der Reichtumsmacht, aber auch deren Abhängigkeit von politischer Macht; es entstand eine "Diplomatie der Geschäfte", die sich sowohl auf wirtschaftliche als auch auf politische Inhalte bezog.[59]

Die sozialen Strukturen der Gesellschaften hatten sich durch den Aufstieg der reichen Kaufleute verändert. Fernand Braudel stellt zwischen dem 15. und 18. Jahrhundert "soziale Konjunkturen" fest, die eng mit wirtschaftlichen Konjunkturen verbunden sind.[60] Jacques Le Goff[61] spricht von einer inversen, aber konvergenten Doppelbewegung von Verbürgerlichung des Adels und Adelung der Kaufleute, die die großen Kaufmannsbankiers des Spätmittelalters und den Stadtadel in Italien zusammenführte. Im Rest Europas war diese Bewegung allerdings weit weniger ausgeprägt, am ehesten vielleicht noch in England, allerdings in anderer Form. In Frankreich durfte der Adel keinen Handel betreiben und auch die Adelung der Kaufleute ging nicht so einfach vor sich; in der Regel nur über den besonderen Dienst am Hof des Königs. Der Aufstieg der Kaufleute zu sozialem Ansehen und auch zu politischem Einfluß zumindest im Rahmen der Städte, rief seit dem 16. Jahrhundert auch eine Reaktion hervor, die sich in einer "Refeudalisierung" im kulturellen Sinn manifestiert; im 17. Jahrhundert schloß sich der Adel nach unten hin stärker ab.[62]

Welthandel und Staatsfinanzen: Achsenverschiebungen und Machtkonstellationen

In bezug auf den Welthandel kam es im 16. Jahrhundert zu markanten geographischen Schwerpunktverlagerungen. Zunächst waren der Süden, insbesondere Italien, und im Norden die Hanse führende Handelszentren, dann verschob sich für eine gewisse, aber sehr wichtige Zeitspanne das Schwergewicht in die Mitte des Konti-

59 Jean Favier, Gold und Gewürze, op. cit., S. 311.
60 Siehe: Fernand Braudel, Sozialgeschichte des 15.-18. Jahrhunderts, op. cit., Bd. 2, S. 525 ff.
61 Jacques Le Goff, Kaufleute und Bankiers im Mittelalter, op. cit., S. 46.
62 Der Begriff "Refeudalisierung", der oft damit verbunden wird, ist irreführend, weil es nicht zu einer Wiedereinführung des Lehnswesens, sondern zur Hierarchisierung und Aristokratisierung der Gesellschaft kam.

nents zu den süddeutschen Städten, um sich schließlich auf den Nordwesten zu verlagern. Die italienischen Städte, die Hanse wie auch die Fugger und Welser blieben noch bis in die erste Hälfte des 16. Jahrhunderts wichtige Mitspieler im Welttheater des Handels. Aber Verschiebungen deuteten sich schon an. In Zusammenhang mit den Entdeckungsfahrten wurden Portugal und Spanien zu den ersten Seemächten, und die neuentdeckten Weltregionen wurden vom Papst zwischen ihnen aufgeteilt. Portugal hatte auf Grund seiner frühen Entdeckungsfahrten das Gewürzmonopol, es gründete Stützpunkte in Südasien, und Lissabon wurde zu einem führenden Handelshafen. Als Portugal durch Erbschaft für 40 Jahre an Spanien fiel, stieg dieses zum mächtigsten Staat und zur bedeutendsten See- und Handelsmacht auf. Die Ausbeutung der Silberminen Perus, die Entstehung der ersten Kolonien in Amerika (Neu-Frankreich, Virginia) und der Beginn des Handels mit afrikanischen Sklaven für diese Kolonien markieren die Zeichen einer neuen Zeit.

Auch im Osten und Norden zeigten sich Veränderungen: in Polen kam es zum Preußischen Bund zwischen dem Adel und den Städten gegen den Ordensstaat der Deutschen Ritter, in Rußland stiegen die Moskowiter auf und unterwarfen Nowgorod, was dann auch zur Schließung des Hansekontors führte. Schweden wurde durch Gustav Wasa, der von der Hanse finanziert war, geeint und begann sich politisch und militärisch zu regen. Auch die Wirtschaft des Landes wurde gefördert und in der Folge entstand ein reger Handel zwischen Schweden und Rußland. Im Norden sank die Macht der Hanse; ihr Niedergang hatte verschiedene Gründe: Zum einen entwickelte sich die Preissituation im 15. Jahrhundert nicht günstig für die Waren, mit denen die Hanseaten handelten; die Verlagerung des weltwirtschaftlichen Schwergewichts nach Westen um die Zentren Amsterdam und London und die Formierung der Territorialstaaten schufen ungünstige Voraussetzungen für die auf stadtpolitischer Ebene agierende Hanse. Insbesondere die Enstehung Polens und des Moskowiterreiches bewirkte Spannungen dieser mit den Hanseinteressen, die schließlich in der Zerstörung und Plünderung von Nowgorod kulminierten. Auch die skandinavischen Staaten formierten sich nun zu selbständigen politisch-territorialen Einheiten und hörten auf, das ausbeutbare Hinterland und Rohstofflieferant der Hansestädte zu sein. Die Handelspolitik der Hanseaten selbst erwies sich als zu schwerfällig und restriktiv für die neuen wirtschaftlichen Bedingungen des 15. und 16. Jahrhunderts. Ihre Handelspraktiken schwankten noch immer zwischen Tausch- und Geldwirtschaft. Insbesondere ihre Ablehnung von Krediten und die Abstinenz in Geldgeschäften wirkten sich hinderlich aus. Die Hansestädte gestatteten nur Hansebürgern, an den Handelsprivilegien teilzuhaben, sie betrieben in fremden Ländern direkten Detailhandel, benützten nur eigene Schiffe, ihre Aktivitäten waren ausschließlich auf den Warenhandel konzentriert. Die Konkurrenz durch die Engländer, Holländer und die oberdeutschen Kaufleute machte sich dann im 15. und 16. Jahrhundert bemerkbar. Diese gewannen immer mehr Einfluß im ursprünglichen Interessensgebiet der Hanse. Auch Streitigkeiten zwischen den Hansestädten traten vor allem seit dem Ende des 16. Jahrhunderts auf, wobei Danzig und die östlichen Hansestädte mit den Holländern zusammenarbeiteten, Hamburg seinen eigenen Weg in enger Verbindung mit englischen Kaufleuten ging, Lübeck und die anderen Städte zunehmend isoliert wurden. Die Hanse als solche verlor an Bedeutung, wenn auch einige ihrer Städte weiterhin eine große Rolle spielten.

Nach dem Ende des 100jährigen Krieges erholte sich England nach und nach von den Wirren und der Not der Kriegszeit, und erste Anzeichen seiner späteren Größe begannen sich allmählich zu zeigen. Nach außen hin wurden die Engländer in ihren Handelsaktivitäten aggressiver: die "Merchant Adventurers" etablierten sich in den Niederlanden. Seit der zweiten Hälfte des 16. Jahrhunderts begann der Aufstieg Englands zur ersten See- und Handelsmacht in Europa, seine Schiffe machten zunächst durch von der Regierung stillschweigend geduldete Seeräuber- und Kaperfahrten (Francis Drake) die Meere, den Atlantik und dann auch den Pazifik, unsicher und besiegten schließlich auf Grund der neuen Geschütztechnik die spanische Armada im Handelskrieg der beiden westlichen Staaten, ein Symbol der Verlagerung des wirtschaftlichen Schwergewichts vom Süden auf den Nordwesten Europas. Anfangs am erfolgreichsten waren die Niederländer, d. h. die Vereinigten Provinzen. Sie stiegen in Europa bereits seit der zweiten Hälfte des 16. Jahrhunderts zur führenden Seehandelsmacht auf. Ihre Handelsflotte beherrschte vor allem den Handel und Transport von Massengütern. Sie waren auch die Erben der Italiener in bezug auf die Führungsrolle in den Handelstechniken, vor allem im Wertpapiergeschäft und den Finanzdiensten.

Im Unterschied zur dominierenden Stellung der Handelsgesellschaften im 15. Jahrhundert kam es im 16. Jahrhundert zu einer Politisierung der Wirtschaft durch die Konsolidierung der monarchischen Gewalt und deren Indienstnahme von Handel und Finanzwesen für ihre dynastischen und militärischen Zwecke. In gewisser Weise ist das 16. Jahrhundert weniger kapitalistisch als das 15., wenn man die liberalistischen Vorstellungen vom Unternehmer zugrundelegt, denn Handel und Wirtschaft geraten nun viel stärker in den Sog des aufkommenden Absolutismus und einer sozialen Refeudalisierung der Gesellschaft. Auf Grund der "Preisrevolution"[63] durch das Bevölkerungswachstum des vorangegangenen 15. Jahrhunderts kam es zu einer fieberkurvenhaften Entwicklung kommerzieller Aktivitäten; diese basierten allerdings nicht auf einer Steigerung der Massennachfrage, denn auf Grund der hohen Preise, der meist durch Statut niedrig gehaltenen Arbeitseinkommen und der Tatsache, daß Europa noch immer vor allem eine Agrargesellschaft war, konnte sich kaum ein breites Nachfragepotential entwickeln. Das Anwachsen des Güter- und Geldvolumens bezog sich daher vor allem auf Luxusgüter für die Haushalte der Reichen und die Höfe der Fürsten sowie auf den Bedarf der immer aufwendiger werdenden Kriegsführung.

Als wichtige Impulse der Wirtschaftstätigkeit im 16. Jahrhundert kann man die Vergrößerung und Konzentration der Vermögen, das ungeheure "deficit spending" der Fürsten und die Entdeckung und Ausbeutung der Neuen Welt nennen. Gleichzeitig aber verstärkten sich die protektionistisch-restriktiven Tendenzen der Städte, der Zünfte und des Adels. Auch die Kaufleute suchten Schutz und Sicherheit durch Privilegien, Monopole, Zusammenschlüsse und Rückzug ins Rentiersdasein. Es war nicht die Zeit der individuellen Unternehmermotivation, überall entstanden Zusammenschlüsse und Organisationen, die die neuen größeren Risiken auffangen sollten. Und der Staat bzw. die Fürsten machten sich mehr und mehr geltend, bedienten sich der Geschäftswelt, wie es ihnen beliebte, wo sie vorher auf diese angewiesen waren. Karl V. legte eine ganz andere Haltung gegenüber den Geldgebern an den Tag als sein Großvater Maximilian I. Dahinter standen die gigantische Ausweitung des Reiches, die neuen Dimensionen der staatlichen Politik und der unersättliche Finanzbedarf des Hofes bei gleichzeitig erst embryonal entwickeltem Bewußtsein des Gesamtzusammenhanges der Wirtschaft. Ohne spezielle Privilegierung durch den König ging nichts mehr, die großen Vermögen machte man bei exorbitantem Risiko im Zusammenspiel mit den Fürsten, man verdiente am Krieg direkt oder indirekt, am sich ins Barocke steigernden Luxus des Hofes und des Adels, an gewagten Investitionen in staatliche oder private Initiativen in den neuentdeckten Gebieten der Welt. Für viele waren die Risiken zu groß, sie zogen sich lieber auf ihre Güter zurück und ahmten den adeligen Lebensstil nach. Andere investierten in Geschäfte oder beteiligten sich an Kompanien, aber nur mit geteilter und

63 Pierre Vilar, Gold und Geld in der Geschichte, München 1984 (urspr. frz. 1974), S. 39 ff.; Michael North, Das Geld und seine Geschichte, München 1994, S. 93 ff.; Fernand Braudel/Frank Spooner, Die Preise in Europa von 1450 bis 1750, in: Fernand Braudel, Schriften zur Geschichte 2, Stuttgart 1993 (urspr. frz. 1990), S. 11-161.

begrenzter Haftung. Das Private bekam eine zweifache Bedeutung: als Individualisierung der Sitten im Alltag und als Differenzierung des Vermögens in Geschäfts- und Privatvermögen.[64]

Die bereits im Spätmittelalter zunehmende Bedeutung der zentralen Autorität der Könige, insbesondere in England und Frankreich und später auch in Spanien und Burgund, sowie in dem dann auch unter spanische Herrschaft kommenden Königreich beider Sizilien, brachte in diesen Ländern eine Reduktion der Macht der Städte. Damit sank auch die Macht der Zünfte und ihre lokale Kontrolle über Handel und Gewerbe; die Verbindung von überlokalen Wirtschaftsstrukturen mit den politischen Zentralisierungsbestrebungen sprengte in der Folge die relativ geschlossenen Enklaven der Städte. Der sich entwickelnde Staat hatte zwar die Ambition, möglichst vieles zu kontrollieren, besaß aber nicht die verwaltungsmäßigen Mittel und das Personal. Man verpachtete daher seit jeher die Eintreibung von Steuern und Abgaben, die Verwaltung der Domänen, Bergwerke etc. an Kaufleute, die dafür dem Fürsten ein gesichertes Einkommen ohne Mühewaltung und Aufwand verschafften und ihm darüberhinaus Kredite einräumten.[65] Ein wichtiges Monopol war das Salzmonopol und die Kaufleute betrieben Abbau, Transport des Salzes und die Eintreibung der Salzsteuer.[66] Viele Kaufleute hatten daher auch enge Beziehungen zu den Fürsten als Financiers, Steuerpächter, Verwalter-Unternehmer und Berater. Ein frühes Beispiel war Jacques Coeur, der es außerordentlich gut verstand, aus seiner Stellung als Hoflieferant und Schatzmeister und den dadurch gegebenen Verbindungen zum König und dem Adel Kapital zu schlagen. Er selbst wurde auch 1440 in den Adelsstand erhoben. Er unterhielt und betrieb eine große Zahl von Unternehmungen, besaß eine eigene Handelsflotte, handelte in großem Stil mit dem Orient, hatte einen Betrieb in Florenz, unterhielt Werkstätten für die Waffenerzeugung in Bourges, betrieb die Steuer- und Zollpacht, insbesondere für die Salzsteuer, für die er auch Oberaufseher war, besaß Bergwerke im Lyonnais, gründete Handelsgesellschaften zusammen mit Finanzbeamten, spekulierte mit Kaperbriefen, hatte auch einzelne Münzstätten in Pacht und ließ in dieser Funktion auch Münzmanipulatio-

64 Philipp Ariès/Georges Duby (Hg.), Geschichte des privaten Lebens, Bd. 3: Von der Renaissance zur Aufklärung, Frankfurt/Main 1991 (urspr. frz. 1985). Vgl. auch: Heinrich Bechtel, Wirtschaftsstil des deutschen Spätmittelalters, in: Alfred Vierkandt (Hg.), Handwörterbuch der Soziologie, München 1931, S. 370-390.

65 Charles Tilly hat diese Konstellation als "time of brokerage" in seiner Phaseneinteilung staatlicher Kontrollformen genannt. Charles Tilly, Coercion, Capital, and European States, AD 900-1990, Oxford 1990, S. 53.

66 Zu Salzproduktion, -handel und -monopol siehe insbes.: Jean-Claude Hocquet, Weißes Gold, Stuttgart 1993 (urspr. frz. 1985).

nen durchführen. Sein Vermögen investierte er auch in zahlreiche Liegenschaften. Sogar die Geschäfte mit den Lösegeldern für englische Kriegsgefangene aus dem 100jährigen Krieg ließ er sich nicht entgehen.[67] Sein Beispiel zeigt die enge Verquickung zwischen eigener Geschäftstätigkeit und öffentlichem Amt.

Einen Einblick in die Beziehungen zwischen Handelsstädten, Kaufleuten und kirchlichen wie weltlichen Fürsten vermittelt auch die Affäre Chigi.[68] Während des Krieges mit der Liga von Cambrai 1509-1517, in dem sich Venedig zunächst allen anderen europäischen Mächten gegenübersah, kam es zu einer einschneidenden Beeinträchtigung des venezianischen Handels wie auch der Transaktionen, die über die Serenissima abgewickelt wurden und zur finanziellen Krise Venedigs. In dieser Situation wurde zwischen dem Abgesandten des Papstes, dem reichen Großkaufmann Agostino Chigi aus Rom und der Stadt Venedig ein Vertrag geschlossen, der die Monopolstellung der päpstlichen Alaunminen, dessen Pächter Chigi war, auf dem Markt gewährleisten sollte. Chigi konnte "sein" Alaun über Venedig zu einem Monopolpreis absetzen; als Gegenleistung dafür gewährte er der Stadt ein Darlehen gegen Sicherheiten. Dieses Darlehen wurde allerdings als fiktiver Verkauf behandelt, um nicht gegen die Wuchergesetze der Kirche zu verstoßen. Agostino Chigi, der als der reichste Mann seines Zeitalters galt, kontrollierte die ökonomischen Ressourcen des Papsttums durch Steuerpacht, Alaunmonopol und Salzpacht. Er stammte aus Siena, wie auch die vordem von den Borgia-Päpsten favorisierten Spannocchi, unterhielt auch zu den Medici geschäftliche Beziehungen und diente drei bedeutenden und sehr unterschiedlichen Päpsten: Alexander VI. (Borgia), Julius II. (della Rovere) und Leo X. (Medici). Insbesondere unter Julius II. wurde durch Chigi überall in Europa versucht, die Monopolstellung des päpstlichen Alaun durchzusetzen, die Kirchenmacht sollte durch wirtschaftliche Unabhängigkeit abgesichert werden.

Am deutlichsten zeigte sich die Abhängigkeit der Fürsten von den Kaufleuten in der Finanzierung der Kriege, da die Könige die dafür notwendigen Geldmittel in größerem Umfang über Kredite zu beschaffen suchten; sie ersparten sich damit die lästige Einholung der Zustimmung der Parlamente und Stände, die bei der Finanzierung über Steuern und Abgaben notwendig gewesen wäre. Die großen Handelshäuser fungierten quasi als öffentliche Institutionen durch ihre enge Verbindung mit

67 Vgl.: Michel Mollat, Der königliche Kaufmann. Jacques Coeur oder der Geist des Unternehmertums, München 1991 (urspr. frz. 1988).

68 Felix Gilbert, Venedig, der Papst und sein Bankier, Frankfurt/Main-New York 1994.

Kommune und Hof. Sie stellten oft gleichzeitig die Verwaltungsorgane der Stadt, die Finanzminister und -verwalter der Fürsten und Könige, Steuer- und Abgabeneintreiber und Kreditgeber im königlichen, städtischen und öffentlichen Interesse. In dem lang andauernden Konflikt zwischen Karl V. und Franz I. von Frankreich setzte sich bei der Kaiserwahl die Finanzkraft der Fugger durch. Sie errangen bei der Bestechung der deutschen Kurfürsten vor der Kaiserwahl einen Vorteil vor den italienischen Bankiers Franz I., und Karl V. wurde Kaiser. Die Fugger hatten sich im 16. Jahrhundert entschieden zur größten und finanzkräftigsten Kaufmannsfamilie entwickelt, sie überrundeten die Medici mühelos. Allerdings zeigt gerade die Geschichte dieser Handelsfamilie den großen Umschwung in der wirtschaftlich-politischen Konstellation zwischen dem 15. und dem 16. Jahrhundert und die Problematik der engen Bindung an die Fürsten.[69]

Die Transformation in Gewerbe und Landwirtschaft

Die Gewerbeproduktion und ihr Aufschwung im Spätmittelalter wurde durch den Handel ermöglicht[70]; nicht nur brachte er die notwendigen Rohstoffe aus aller Herren Länder zusammen: Wolle aus England und Spanien, Alaun aus Kleinasien, Farbstoffe aus Spanien oder aus dem Orient, Seide aus China, Bernstein aus dem Baltikum etc., sondern er beherrschte auch das Gewerbe, weil die Handwerker selbst nicht in der Lage waren, große Mengen von Rohstoffen zu kaufen und daher in bezug auf Finanzierung, Transport und Lagerung auf die "Großhändler" angewiesen waren. Diese lieferten ihnen die Rohstoffe auf Kredit und meist auch die Aufträge, so daß die Produzenten eigentlich - obwohl formal selbständig - zu Lohnarbeitern wurden. In Italien wurden schon im Spätmittelalter die zünftischen Organisationen durch die Händler beherrscht. In England und teilweise in Frankreich sank seit dem 14. Jahrhundert die Macht der Handwerkerzünfte, viele von ihnen fusionierten sich mit Händlergilden. Die Händler wurden in den Zünften zur beherrschenden Kraft, während die Handwerkergruppen zu Lohn- bzw. Heimwerkern herabsanken. Dadurch verloren die Handwerker schließlich auch weitgehend die Kontrolle über die Gestaltung der Produktion. Schließlich kam es auch zu einer weiteren Spezialisierung der Händler in Verleger und in Exporteure. In manchen Bereichen war

69 Vgl.: Jakob Strieder, Die Geschäfts- und Familienpolitik Jakob Fuggers des Reichen, Leipzig 1927; E. Schemmer, Die Fugger, Frankfurt/Main 1960; R. Mandroû, Les Fuggers, Paris 1969.

70 Vgl.: Sylvia L. Thrupp, Das mittelalterliche Gewerbe 1000-1500, in: Knut Borchardt/Carlo M. Cipolla (Hg.), Europäische Wirtschaftsgeschichte, Bd. 1, Stuttgart-New York 1983 (urspr. engl. 1973), S. 141-176, S. 164 ff.; Peter Kriedte, Spätfeudalismus und Handelskapital, Göttingen 1980, S. 45 ff.

die Beherrschung des Gewerbes durch die Händler schon lange Zeit so stark, daß sich dies sogar in Regelungen niederschlug, wonach es den Handwerkern verboten wurde, ihre Produkte selbst zu verkaufen. Im Exportgewerbe und im Verlagssystem gab es zwischen den Unternehmern und den Arbeitern schon lange keine regelnde Instanz und keine kollektive Organisation mehr. Die Arbeiter wurden nach Stücklohn bezahlt und die Höhe unmittelbar zwischen dem einzelnen Arbeiter und dem Verleger ausgehandelt.

In Deutschland, wo der Stadtpartikularismus die Schließung der Zünfte begünstigte, behielten die Handwerkerorganisationen ihre Macht. Es kam nicht zur Fusion, sondern zu einer stärkeren Differenzierung in Handwerks- und Händlervereinigungen. Die Zünfte blieben von den Handwerkern beherrscht, allerdings entstand hier wie auch in Italien eine interne Stratifikation nach den einzelnen Produktionsstadien, und das führte zu bzw. war Resultat von Konflikten zwischen den spezialisierten Handwerkern um die Kontrolle über den gesamten Produktionsprozeß und damit über den Marktzugang. So spezialisierten sich im Tuchgewerbe die Weber, die Wollschläger, die Färber, die Schneider u. a., und zwischen diesen Gruppen errangen schließlich die Wollschläger die Funktion des Einkaufs der Rohstoffe und des Verkaufs des Produkts, während ihnen die anderen Gruppen zuarbeiteten. Im eisenverarbeitenden Gewerbe wurden die Schwertfeger führend und die Schmiede und Schwertreiber von ihnen abhängig. Ähnlich bei der Lederverarbeitung, wo sich die Sattler gegen die Gerber durchsetzten. Unterhalb der zünftischen Handwerker gab es etwa in der Verlagsgewerbestadt Nürnberg[71] Schichten von Lohnarbeitern mit wechselhafter Beschäftigung, verbreiteter Nebenerwerbsarbeit und schwankenden Lohneinkommen. In den Handwerken spielten sich aber auch in Deutschland zwischen Gesellen und Meistern bereits soziale Konflikte ab. Die Gesellen fanden immer weniger Möglichkeiten zum Aufstieg und die Institution des Wanderns fördene die überlokale Vereinigung. Die bereits seit dem 14. Jahrhundert bestehenden Gesellenverbände, die im 15. Jahrhundert überlokal organisiert waren, hatten ein System gegenseitiger Hilfeleistungen geschaffen.

Noch immer aber stellten die zünftischen Regeln in den Städten Hemmnisse der Kommerzialisierung dar. Dazu kam der wachsende Widerstand der städtischen Arbeiter gegen die Kaufleute, was diese dazu zwang, ihre Produktionsinteressen aufs Land zu verlagern. Man wollte sich nicht mehr durch die städtischen Vorschriften und Einschränkungen binden lassen, man wollte freien Handel und die Frei-

71 Valentin Groebner, Ökonomie ohne Haus, Göttingen 1993.

heit, auch außerhalb der Städte Gewerbe zu betreiben. Die Kaufleute orientierten sich deshalb an den Fürsten, von denen sie sich eine Befreiung von den lokalen Beschränkungen versprachen. Zwischen Fürsten und Kapitalisten entstand eine Art Interessengemeinschaft, denn ohne die Bankiers konnten die Fürsten ihren Finanzbedarf nicht mehr bewältigen. Die Fürsten ihrerseits unterstützten die Kaufleute in deren Bestrebungen nach Freiheit des Handels und Gewerbes. In zweifacher Hinsicht kam es zu einer Beschneidung der Privilegien der Zünfte und der städtischen Verordnungen, die Hemmungen des Handels und des Verkehrs bedeuteten: Durch Verlagerung der gewerblichen Produktion auf das Land und durch Manufakturgründungen. Das Verlagssystem entwickelte sich daher nicht aus dem Handwerk heraus, weil die Verleger die zünftischen Handwerker umgingen und auch zum Teil neue Gewerbezweige aufbauten. Ein wesentlicher Teil des Textilgewerbes wurde im 16. Jahrhundert ausschließlich im Verlagssystem aufgebaut: die Baumwollproduktion, weil die Handwerker hier auf die Importe von Baumwolle durch die Händler angewiesen waren und diese keine städtischen Handwerker der Zünfte, sondern ländliche Handwerker in Heimarbeit beschäftigten. Die Heimarbeit, die von einem Händler-Unternehmer organisiert und bezahlt wurde, wurde seit der Mitte des 16. Jahrhunderts die dominante Form der gewerblichen Produktion in den wirtschaftlich führenden Gebieten wie Flandern, England und Norditalien und blieb dies bis ins späte 18. Jahrhundert hinein. Nur in jenen Gewerben, die für den örtlichen Markt produzierten, hielt sich das städtische Handwerk. Die Produktion über die lokalen Bedürfnisse hinaus aber mußte bis auf einige kunsthandwerkliche Bereiche von den Zünften aufgegeben werden. Die Tuchproduktion, mit der England im 14. Jahrhundert begonnen hatte, ließ sich hier - anders als die Gewerbe auf dem Kontinent - leicht auf das Land hinaus verlegen, denn die Handwerker waren in den Zünften relativ schwach.[72] Auf dem Land aber gab es unter der bäuerlichen Bevölkerung eine große ausbeutbare Reservearmee, da die Bauern keine Erblichkeitsrechte erworben hatten und daher leicht unter Druck gesetzt werden konnten. Nicht nur konnten die Grundbesitzer ihr Land dem in Pacht geben, der es am besten bewirtschaften konnte, sie konnten die Bauern auch zu Nebentätigkeiten veranlassen oder auf ihrem Grund Manufakturen errichten. Die Grundbesitzer wurden daher nicht nur zu kommerziell-landwirtschaftlichen Unternehmern in einem Ausmaß und einer Art und Weise, wie dies nur in England möglich war, sondern sie wurden vielfach auch selbst zu gewerblichen Unternehmern.

72 Christopher Hill, Von der Reformation zur Industriellen Revolution. Sozial- und Wirtschaftsgeschichte Englands 1530-1780, Frankfurt/Main-New York 1977 (urspr. engl. 1967), S. 64 ff.

Ein Gegenmittel gegen das Gewerbemonopol der Städte waren auch die Manufakturen, in denen es zu neuen Arbeits- und Beschäftigungsmethoden kam. Die Fabrik[73] entwickelte sich nicht aus dem Handwerk, sondern neben ihm, wie auch das Verlagswesen. Wie dieses florierten die Manufakturen vor allem in jenen Bereichen, in denen neue Produkte oder neue Produktionsformen auftraten. Die Woll-, Papier-, Leinen-, Porzellan- und Tapisseriemanufakturen waren im 16. Jahrhundert die neue Form, in der sich der Handelskapitalismus wieder des Gewerbes bediente. Betriebsmittel, die größere Kapitalien erforderten, befanden sich in der Regel schon seit langem im Eigentum des Grundherrn oder der Gemeinde, wie es bei Mühlen, Backöfen, Brauhäusern, Gießereien und Hammerwerken der Fall war. Der Herr verpachtete sie dann an die eigentlichen Betreiber, manchmal beschäftigte er sie auch direkt. Und im Fall der fürstlichen Anlagen produzierten diese für den administrativen, militärischen und höfischen Bedarf: etwa die Münzwerkstätten, die Waffenfabriken, die Uniformerzeugung, die Pulverfabriken und die Manufakturen für den Luxusbedarf des Hofes (Porzellan, Seidenverarbeitung, Tapeten etc.). Nur in diesen Bereichen gab es einen "Massenbedarf", der sich durch die absolutistischen und ökonomisch-nationalistischen Bestrebungen der Dynasten in dieser Epoche stark steigerte.

Die Interessen der Kaufleute an der Brechung der protektionistischen Praktiken der Städte und des zünftischen Gewerbemonopols verbanden sich mit den Interessen der Krone zur hoheitlichen Integration des Landes und gegen den Partikularismus der Städte. Henri Pirenne bezeichnete den Merkantilismus als die Übertragung der protektionistischen Praktiken der mittelalterlichen Städte auf den Staat im ganzen.[74] Jean Favier sieht im Zunehmen merkantilistischer Bestrebungen den Einfluß der Kaufleute durch deren Eintritt in die Sphäre der politischen Entscheidungen am Werk, der gleichzeitig den Staat zum ökonomischen Entscheidungsträger machte.[75] Es kam solcherart zu einer Interpenetration der ökonomischen und politischen Dimensionen im sich formierenden Staatswesen der Neuzeit. Die Entwicklung zum absolutistischen Staat hatte überall eine verstärkte königliche Manufakturgründung oder -förderung zur Folge. Der König mußte das stehende Heer ausstatten, die Mün-

73 Max Weber bezeichnete Fabrik und Manufaktur als Werkstattproduktion mit freier Arbeit. Er stellte fest, daß der Werkstattbetrieb mit freier Arbeit nur im Okzident so weit verbreitet war. Entgegen üblichen Annahmen wurde sprachlich nicht zwischen Fabrik und Manufaktur unterschieden. Siehe auch: Max Weber, Wirtschaftsgeschichte, 3. Aufl., Berlin 1958 (urspr. 1923), S. 148 ff.

74 Henri Pirenne, Sozial- und Wirtschaftsgeschichte Europas im Mittelalter, 7. Aufl., Tübingen-Basel 1994 (urspr. frz. 1933), S. 208/209.

75 Jean Favier, Gold und Gewürze, op. cit., S. 297 ff.

zenherstellung zentral kontrollieren und die absolutistische Pompkonkurrenz betreiben. Er tat dies allerdings nicht als Unternehmer, sondern vergab Monopole und staatliche Konzessionen an andere, die dadurch zu staatlich privilegierten "Unternehmern" wurden, deren Aktivitäten von der Kontrolle durch die Zünfte ausgenommen waren. Ohne Privilegierung kamen nur die Manufakturen in England aus, weil dort die Zünfte schon stark geschwächt waren.[76] Auch in den Niederlanden war kaum staatliche Privilegierung erforderlich. Manufakturen entstanden aber nicht nur auf Initiative der Fürsten im Rahmen ihrer neuen wirtschaftspolitischen Rolle, sondern überall wurden solche Betriebe auch von privaten Unternehmern gegründet. Viele von ihnen waren vor allem in den Niederlanden hugenottische Gründungen. Die ersten Manufakturen für Seide und Brokat entstanden durch die Hugenotten in Zürich, dann kam es auch in Deutschland zu ähnlichen Werkstätten in Augsburg, in Nürnberg (Seifenerzeugung), Sachsen, Halle und Magdeburg (Tuchmanufakturen); die Fürsten selbst und Adelige gründeten Porzellan- und Tapetenmanufakturen. In England zeigten sich am deutlichsten die Übergänge zu einer gezielten Gewerbepolitik des Staates, denn die zentrale Autorität von König und Parlament war hier unter den Tudors stark ausgeprägt. Im 15. Jahrhundert wurde die Einfuhr der Seidenstoffe, der Export von Wolle durch Ausländer und die Einfuhr von Tuchen nach England verboten, um die heimische Industrie zu fördern. Heinrich VII. schließlich stellte die Weichen um die Wende zum 16. Jahrhundert, die das Land in ein Industrieland verwandeln sollten. In Frankreich war es vor allem Ludwig XI., der die wirtschaftliche Entwicklung des Landes nachhaltig steuerte und daher auch "König der Kaufleute" genannt wurde.

Zu den führenden Gewerben des 16. und 17. Jahrhunderts zählte die Textilindustrie, das Baugewerbe und der Schiffsbau. Die niederländische Handelsflotte verzehnfachte sich zwischen dem Beginn des 16. und der Mitte des 17. Jahrhunderts, was nur auf Grund von Rationalisierungsmaßnahmen der holländischen Schiffswerften in Richtung auf elementare Massenfertigung möglich war. Die metallverarbeitenden Gewerbe erfuhren eine starke Steigerung durch den wachsenden Bedarf an Feuerwaffen und Artilleriegeschützen. Das war wiederum nur möglich auf Grund von Verbesserungen der Hochofentechnik. Auch hier spielten die Niederlande eine führende Rolle, aber auch Deutschland, Norditalien und Nordspanien. Im 17. Jahrhundert war es dann Schweden mit seinen reichen Ressourcen, das mit Hilfe nie-

76 Max Weber erwähnt dennoch einen englischen Betrieb aus dem 16. Jahrhundert, in dem 200 Webstühle standen, der aber auf Grund von Zunftbeschwerden verboten wurde. Max Weber, Wirtschaftsgeschichte, op. cit., S. 153.

derländischer Unternehmer die größte Eisenindustrie Europas aufbaute. Auch die Silberextraktionsverfahren wurden in Mitteleuropa verbessert und ermöglichten dann auch die Massenausbeutung der Silberlager von Mexiko und Peru. Der Holzmangel in weiten Bereichen Europas führte zu einer zunehmenden Ersetzung von Holz durch Ziegel und Stein als Baustoff, durch Kohle und Torf als Brennstoff und durch Metalle in vielen anderen Bereichen, was ein weiteres Anwachsen der industriellen Produktion mit sich brachte. Die neuen Rohstoffe aus Amerika und anderen von den Europäern neu entdeckten Weltgegenden stimulierten die Entstehung neuer Industrien: Zuckerrohrverarbeitung, Tabakerzeugung, Porzellanindustrie, Rum- und Gindestillerien, Arzneimittelherstellung etc. Auch bereits bestehende Gewerbe, die in den vorangegangenen Jahrhunderten in bestimmten Gegenden konzentriert waren, verbreiteten sich nunmehr auf Grund des steigenden Bedarfs in ganz Europa: Glas-, Papier-, Uhrenindustrie und die Erzeugung optischer Geräte.

Auch die Naturwissenschaften verzeichneten einen Aufschwung, insbesondere ermöglicht durch die Verbreitung technischen Wissens durch den Buchdruck, der im 16. Jahrhundert eine bemerkenswerte Entwicklung der technischen Publizistik auslöste. Gegen Ende des Jahrhunderts erschienen dann die ersten technischen Zeitschriften. Die Auffassung, wonach die Erfahrung maßgebend für die Erweiterung des Wissens sei, trat an die Stelle der Spekulation; die "Probierkunst", also das Experiment, wurde zur Methode dieser Wissenschaft.[77] Die technischen Verbesserungen des 16. und 17. Jahrhunderts liegen zum Teil in begrenzten Verbesserungen im Bereich der Mechanik, etwa von Getrieben, Pumpen und Schrauben. Die Drehbank entstand, die Schraubenpresse, die Walze, das Schießpulver wurde allgemein verwendet für Feuerwaffen, die Silber- und Kupferproduktion durch das Saigerverfahren verbessert, auch die Amalgamation von Silber und Quecksilber, die Blechherstellung, die Verbesserungen in der Glaserzeugung u. v. m. sind zu nennen.[78]

Wesentliche Impulse zur Mechanisierung waren durch die Entwicklungen im Bergbauwesen beeinflußt. Mit dem zunehmenden Kapitalbedarf wegen der Eröffnung tieferer Stollen differenzierten sich die Gewerken allmählich in solche, die

77 Siehe: Francis Bacon, Essays (hg. v. Helmut Winter), Frankfurt/Main-Leipzig 1993, S. 29-30.

78 In England kam es schon lange vor der eigentlichen industriellen Revolution zu bedeutenden technischen Erfindungen, vor allem in der Textilindustrie, die die Vormacht der englischen Tucherzeugung begründete. Auch die Erfindung des Wirkstuhls durch William Lee revolutionierte die Strumpfindustrie schon im 16. Jahrhundert.

arbeiteten und solche, die andere für sich arbeiten ließen: die Berggemeinde, die auch die Bergarbeiter, die im Lohnwerk arbeiteten, umfaßte, wurde von den Gewerken, also den "Unternehmern", abgegrenzt. Die Bergwerke waren von den Erzhändlern abhängig, die große Teile des Bergbaus über Pachtverträge mit dem Fürsten wirtschaftlich kontrollierten, wie etwa die Fugger, die sich ihre Kredite an die Habsburger mit der Verpachtung der Tiroler Silber- und Kupferminen absichern ließen. Dies förderte auch die Entstehung der Hütten als selbständige, von den Bergwerken unabhängige Werkstätten mit großbetrieblichem Charakter, die in der Regel von den Erzhändlern mit Privilegierung durch die Fürsten betrieben wurden. Insbesondere der Abbau von Steinkohle in großem Umfang machte einen starken Aufschwung der Eisenverhüttung im 16. Jahrhundert möglich, der sich mit dem steigenden Bedarf für die militärische Ausrüstung verband.

Dennoch darf die Bedeutung von Verlagsproduktion und Manufakturen in dieser Periode nicht überschätzt werden, noch immer stellten sie in Europa insgesamt gesehen nur eine Minderheit dar, waren konzentriert auf einige begrenzte Regionen. Auch war trotz vieler Veränderungen und einer Reihe von technischen Erfindungen des 15. und 16. Jahrhunderts die wirtschaftliche Relevanz der Produktion in größeren Betriebsstätten und mit neueren technischen Verfahren verhältnismäßig gering. Ein Grund für die Hemmung des technischen Fortschritts in bezug auf arbeitssparende Prozesse bestand in der relativen Übervölkerung und dem daraus resultierenden Beschäftigungsmangel, der das 16. Jahrhundert kennzeichnete. Die Krone und die Behörden waren daher arbeitsparenden Verfahren gegenüber von vornherein negativ eingestellt und lehnten sie ab. Und von den Zünften kam ohnehin erheblicher Widerstand gegenüber technischen Neuerungen.

Bei aller Entwicklung der Städte, der höfischen Gesellschaft und der Ausdehnung der Welt auf Grund der Entdeckungen und des Fernhandels, war Europa noch immer ein überwiegendes Agrargebiet. In der Landwirtschaft arbeiteten in den meisten Regionen, mit Ausnahme des Nordostens (vor allem der holländischen Niederlande), 90 bis 95 Prozent der erwerbstätigen Bevölkerung und noch mehr bezogen ihren Lebensunterhalt von ihr. Trotzdem stagnierte die landwirtschaftliche Produktion und das angesichts stark steigender Bevölkerungsziffern. Die Folge dieses Ungleichgewichts wie auch der Ströme von Gold und Silber aus Afrika und der Neuen Welt waren die schon erwähnten exorbitanten Preissteigerungen.[79] Gegen Ende

79 Vgl.: Friedrich-Wilhelm Henning, Wirtschafts- und Sozialgeschichte, Bd. 1: Das vorindustrielle Deutschland 800-1800, 2. Aufl., Paderborn 1976, S. 179 ff.

des 16. Jahrhunderts waren die Preise im Schnitt etwa drei bis vier mal höher als zu Beginn des Jahrhunderts. Gleichzeitig sanken die Löhne bzw. ihre Erhöhung hinkte weit hinter den Preissteigerungen einher, weil sie behördlich fixiert waren. Trotz der Preissteigerungen blieb die Agrarproduktion in den meisten Gebieten auch weiterhin hinter dem Bedarf zurück. Der Grund dafür lag in der Tatsache, daß es in der landwirtschaftlichen Produktion keine Ertragssteigerungen gab, die Bodenqualität durch Überbeanspruchung zurückging und auch keine neuen Böden mehr durch Rodung in Betrieb genommen werden konnten. Es gab kaum technische Verbesserungen in Anbau und Ernte und die Produktivität blieb gering. Der eigentliche Grund aber bestand in der Agrarverfassung und den sozialen Strukturen auf dem Land während der Periode vom 15. zum 17. Jahrhundert in den verschiedenen Regionen Europas.[80] Westlich der Elbe und in Nordfrankreich, Dänemark, Skandinavien und in England herrschte das "open field system" vor. Dieses beruhte auf der Dorfsiedlung und der Hufnergemeinschaft, über der sich im Mittelalter die feudale Grundherrschaft entwickelt hatte, die im Verlauf des 14. und 15. Jahrhunderts überwiegend eine "Herrschaft" von Rentiers geworden war; die Grundherren waren nur mehr an Natural- und Geldleistungen, aber nicht mehr an Arbeitsdiensten interessiert. Auch wechselten Grundherrschaften durch Verkauf und Verpachtung den Besitzer, mitunter entstanden daraus auch selbständige Bauernwirtschaften. Die Pachtverträge sahen allerdings unterschiedliche Bestimmungen vor: es gab die Erbpacht, die Halbpacht oder Teilpacht, die Zeitpacht, die Dauerpacht etc. Zeitpacht und Teilpacht waren die vorherrschenden Formen. Die Art des Pachtvertrages bestimmte die Stellung der Bauern, war aber auch von der allgemeinen Wirtschaftslage abhängig. So gab es in vielen Gebieten Zeitpachten mit relativ kurzer Laufzeit von drei bis vier Jahren, was vor allem mit den hohen Preissteigerungsraten des 16. Jahrhunderts zu begründen war. Nachdem die Inflation nachgelassen hatte, verlängerte sich auch die Pachtdauer. Auf der anderen Seite weist das Vorhandensein von Erbpacht auf bevorzugte Verhältnisse für die Bauern hin, sie war auch die Ausnahme und kam vor allem in den Küstenprovinzen der Niederlande vor.

Die bedeutendste Veränderung vollzog sich im Osten Europas, vor allem in den Gebieten östlich der Elbe und nördlich der Donau, wo sich ein dramatischer Niedergang der Bauernschaft seit dem 15. Jahrhundert bei gleichzeitiger Ausbreitung von Gutsherrschaft und Leibeigenschaft abzeichnete. Ihr Kennzeichen war der hohe

80 Vgl.: Aldo de Maddalena, Das ländliche Europa 1500-1750, in: Knut Borchardt/Carlo M. Cipolla (Hg.), Europäische Wirtschaftsgeschichte, op. cit., S. 171-221.

Anteil der Dominikalwirtschaft, daneben die fast sklavenähnliche Stellung der Bauern, die zu ausgedehnten Arbeitsdiensten, teilweise auch mit ihren eigenen Geräten und Vieh, auf der Domäne verpflichtet waren, sich nicht vom Boden entfernen konnten und zusätzlich vor allem im russischen Bereich kollektiv durch Solidarhaftung der Dorfgemeinschaft dem Herrn gegenüber gebunden waren. In der Ukraine und in Weißrußland, erhielten sich Enklaven mit starker Einzelhofstruktur. In den südslawischen Gebieten herrschte die Hausgemeinschaft, die "zadruga", vor, eine Großfamilie mit kommunaler Wirtschaftsweise. In den ehemals römischen Gebieten erhielten sich noch immer Reste der römischen Flurverteilung mit Fronhof und abhängigen Kolonenwirtschaften.

Die Grenzen zwischen der Gutsherrschaft des Ostens und der Grundherrschaft des Westens waren nicht deutlich gezogen. So kam Gutswirtschaft, d. h. Großgrundbesitz mit Dominikalverwaltung auch westlich der Elbe vor. Ein Beispiel dafür bietet Westfalen, wo links der Weser Einzelhöfe und rechts davon Hufendörfer vorherrschten.[81] Vor allem im Donauraum zeigte sich eine große Vielfalt von Formen nebeneinander, so etwa der allmähliche Wechsel von Bauernland zu Dominikalwirtschaft, wenn man von Oberösterreich über Niederösterreich und die Steiermark nach Mähren und dann nach Böhmen blickte.[82] In Bayern, Österreich, Mecklenburg und Holstein gab es sowohl Gutsherrschaften wie Grundherrschaften, hier kam es auch zum sogenannten Bauernlegen, d. h. dem Zusammenlegen kleiner Wirtschaften zu Latifundien und zur Wiedereinführung der Fronarbeit. Im 17. Jahrhundert kam es teilweise auf Grund des Bevölkerungsrückgangs auch in Frankreich und Westdeutschland zur Vergrößerung der Grundherrschaften, teilweise auch auf Wunsch der Bauern selbst zur Flurbereinigung mit gleichzeitiger Umwandlung der Grundherrschaften in Pachten.

In der Regel war das Bevölkerungswachstum in und um die Städte am größten, und als unmittelbare Lieferanten und Absatzmärkte der Städte hatte das Land rund um die wichtigen Städte die besten Bedingungen für relativ unabhängige Bauernwirtschaften. Insbesondere die Niederlande waren ab dem 16. Jahrhundert das "modernste" Agrarland Europas, hier gab es viele freie Bauern auf Grund der Kolonisation und Landgewinnung des Mittelalters, die hochwertige Güter wie Käse, Dün-

81 Siehe: Max Weber, Wirtschaftsgeschichte, op. cit., S. 26.

82 Herbert Knittler, Zwischen Ost und West. Niederösterreichs adelige Grundherrschaft 1550-1750, in: Zeitschrift für Geschichtswissenschaften 4/1993, S. 191-217.

ger, Gartenbauprodukte, Blumen etc. für einen schon weiten Markt erzeugten. Im Zusammenhang mit den Deichbauten und Trockenlegungen, die einen hohen Kapitalbedarf erforderten, bildeten sich Zusammenschlüsse von Investoren, die dann das so gewonnene Land verkauften oder verpachteten. In den Vereinigten Provinzen, besonders in Seeland, Holland und Friesland wurden die grundherrlichen Rechte überhaupt abgeschafft.

Auch England hatte im 16. Jahrhundert bereits eine gewisse Kommerzialisierung seiner Landwirtschaft erfahren. Die Einhegungen des Gemeindelandes zum Zwecke der Expansion der Weidewirtschaft und die Einziehung von Klosterbesitz nach den Suprematsakten ließen Großgrundbesitz entstehen, und die kleinen freien Bauern verschwanden; eine Entwicklung, die sich besonders im 17. Jahrhundert auf Grund hoher Steuerbelastungen beschleunigte und zur faktischen Auflösung der englischen Bauernschaft führte. Eine Drei-Schichtenstruktur von Grundherren, Pachtbauern und Landarbeitern entstand. Die Preisrevolution hatte zu großen Verschiebungen der Besitzverhältnisse geführt. Während Bauern und Kaufleute, wenn sie Geld genug hatten, von verschuldeten Aristokraten Land kaufen konnten, mußten Adelige, um ihr Land nicht zu verlieren, selbst zu Bauern und Viehzüchtern werden. Eine breite Schicht von "gentry" entstand, die sich selbst um die Landwirtschaft kümmerte und zur dynamischen Kraft der weiteren Kommerzialisierung wurde.[83] In Schottland, wo Pfluggenossenschaften mit Almende und temporäre Fluraufteilung durch Los die traditionale dörfliche Struktur prägten, und in Irland, wo die keltische Tradition der Hausgemeinschaft mit Verteilung der Fluranteile durch den Häuptling seit alters vorherrschte, kam es hingegen zu keiner Kommerzialisierung der Landwirtschaft.[84]

Im Mittelmeerraum gab es im 16. Jahrhundert sehr unterschiedliche soziale Bedingungen der Bauern: freie Kleinbauern und unabhängige Pächter in Norditalien, Latifundien mit "mezzadria" (Teilpacht, bei der der Grundherr Geräte und Vieh stellte) und Lohnarbeiter in Sizilien und Süditalien, während an den Küsten Süditaliens wieder Kleinbauernbesitz überwog. In der Campagna herrschte adelige oder kirchliche Grundherrschaft in Form von Weidewirtschaft mit Pächtern vor. In Umbrien und der Toskana gab es kleine Güter mit teilweise gemeinschaftlicher Bewirtschaftung durch Eigentümer und Pächter, um Mailand und Mantua Zeitpacht und Halbpacht auf großen Gütern. In der Po-Ebene bestanden zunächst kleine Güter, die

83 Christopher Hill, Von der Reformation zur Industriellen Revolution, op. cit., S. 50.

84 Max Weber, Wirtschaftsgeschichte, op. cit., S. 30/31.

dann ab dem 17. Jahrhundert zu Großgrundbesitz zusammengefaßt wurden. Venetien hatte eine sehr unterschiedliche Struktur, teilweise mit Großgrundbesitz, teilweise mit relativ selbständigen Pächtern. Auch in Südfrankreich herrschte das System der Teilpacht und der Zeitpacht; hier wie in manchen Teilen Norditaliens kam es ab dem 17. Jahrhundert zu einer Refeudalisierung der sozialen und ökonomischen Strukturen auf dem Land. In Spanien kam es zur Vergrößerung der Güter der adeligen und kirchlichen Grundherren durch Einhegungen von Weideland vor allem im Landesinneren, in der "meseta". Die Schafzüchter organisierten sich in Gilden, deren Dachorganisation, die "Mesta", sehr einflußreich war. Die Gartenbaukulturen der Araber, sowie ihre Bewässerungsanlagen waren nach der "reconquista" vernichtet und auch nicht wieder aufgebaut worden, denn die Bewirtschaftung der Ländereien der Grundherren in Teilpacht- und Kurzpachtsystemen erlaubte keine solch großangelegten und kostspieligen Bewässerungsanlagen. Die landwirtschaftliche Produktivität blieb daher gering, sie hielt nicht Schritt mit dem Bevölkerungswachstum, und die kleinen Pächter gerieten unter starken Druck; eine Ausnahme hievon stellte Andalusien dar, wo es relativ wohlhabende Pachtbauern gab.

Emmanuel Le Roy Ladurie zeigte in seinen "Bauern des Languedoc" die Zusammenhänge zwischen Landwirtschaftszyklus, Grundbesitzstrukturen und Bevölkerungsentwicklung am Beispiel der südwestlichen Provinz des Languedoc vom 15. bis zum 17. Jahrhundert. Er bezeichnet diese Jahre zwischen 1526 und 1535 sogar als "Knotenpunkt der Sozialgeschichte"[85], denn nun begann nicht nur im Languedoc, sondern auch in anderen Gegenden in Frankreich, in Spanien, Deutschland, den Niederlanden und England eine Zeit des Hungers, der Unterdrückung der Bauern und der Verelendung der Massen. Es kam zu einer zweifachen Pauperisierung: auf der einen Seite der der kleinen Grundbesitzer, die durch die Bodenzerstückelung verarmten, und der der Arbeiter andererseits durch das Sinken des Reallohns auf Grund der Preissteigerungen. Meist waren das aber dieselben Personen, denn kleine Grundbesitzer arbeiteten nebenbei meist als Landarbeiter für andere. Die Löhne waren im Verhältnis zu den Preisen bis auf das Existenzminimum gesunken und fielen gelegentlich darunter. Diese Situation war damals in Europa weit verbreitet.[86] Durch die Ansiedlung von Kaufleuten auf dem Land und die Übernahme von Gutshöfen gelangten auch kommerzielle Überlegungen und Methoden in die Agrar-

85 Emmanuel Le Roy Ladurie, Die Bauern des Languedoc, München 1990 (urspr. frz. 1969), S. 160.

86 Vgl.: Michel Mollat, Die Armen im Mittelalter, München 1987 (urspr. frz. 1978), S. 176 ff.; Bronislaw Geremek, Geschichte der Armut, Oxford-Cambridge-Mass. 1994, S. 142-167.

wirtschaft und verursachten einen Wandel der alten Bewirtschaftungsweisen. Die Bauern profitierten allerdings am wenigsten davon, denn sie gerieten unter den bürgerlichen Domänenherren noch stärker unter Druck. An die Stelle der persönlichen Unfreiheit und Abhängigkeit war die ökonomische Unterdrückung getreten.

Die unterschiedlichen Produktionsweisen und Arbeitsbeziehungen in der Landwirtschaft nahmen ab dem 16. Jahrhundert auch eine globale Struktur an. Immanuel Wallerstein sah auf Grund der Entdeckungen und der Einbeziehung der Neuen Welt in die Wirtschaft Europas im 16. Jahrhundert eine Europäische Weltwirtschaft entstehen. Sie war für ihn gekennzeichnet durch unterschiedliche Arten der Nutzung der Arbeitskraft in der primären Produktion, die wieder mit unterschiedlichen Produktionsweisen zusammenhingen. Das Kerngebiet der neuen Weltwirtschaft umfaßte England, die Niederlande und Nordfrankreich, die Peripherie im 16. Jahrhundert stellte Osteuropa einerseits und die amerikanischen Kolonien auf der anderen Seite dar. Dann gab es auch noch jene Gebiete, die früher Kernbereiche waren, aber mehr und mehr zur Semiperipherie geworden waren: Südeuropa, insbesondere Italien, dann auch Spanien und Portugal.[87] In diesen Gebieten kamen auch unterschiedliche Formen der Arbeit in der primären Produktion zum Einsatz: Sklavenarbeit, zunächst auf den Zuckerplantagen der Mittelmeerinseln, dann auf denen der Atlantikinseln, schließlich in Brasilien und den Westindischen Inseln. Hörige und Leibeigene arbeiteten in den Gutswirtschaften in Osteuropa, die für den Export produzierten[88], sowie in Teilen Spanisch-Amerikas, wo die einheimische Bevölkerung herangezogen wurde ("encomienda"-System). Pachtbauern, Lohnarbeiter und freie Bauern waren typisch für Zentrum und Semiperipherie in West- und Südeuropa; solche mit fixem Vertrag gab es stärker in England und Nordwesteuropa. Die Vorstellung einer europäischen Weltwirtschaft, wie sie Wallerstein entwickelt hat, ist fokussiert auf die Produktion in Landwirtschaft und Bergbau, die schon auf einen Massenbedarf ausgerichtet war und eine spezifische Arbeitsteilung innerhalb der Zonen dieser Weltwirtschaft bedingte. Sie läßt ausschließlich durch den Handel

87 Immanuel Wallerstein, The Modern World-System, Vol. I: Capitalist Agriculture and the Origins of the European World-Economy in the Sixteenth Century, San Diego-New York 1974, insbes. S. 347 ff.

88 Anderson bestreitet die Exportorientierung der osteuropäischen Gutswirtschaften, von der Wallerstein ausgeht, da sie nur sehr bedingt an der wirtschaftlichen Expansion des Westens im 16. und 17. Jahrhundert teilnahmen. Vgl.: Perry Anderson, Lineages of the Absolutist State, London-New York 1989 (urspr. 1974).

verbundene Weltgegenden wie etwa Indien, China und den Vorderen Orient unberücksichtigt.[89]

Reformation und Wirtschaft: Luther und Calvin

Das Wucherverbot des europäischen Mittelalters richtete sich in erster Linie gegen Zinsen auf Konsumentenkredite und die Ausnutzung von Zwangslagen. Hingegen wurden Produzenten- bzw. Handelskredite keineswegs so negativ beurteilt. Ab dem 14. Jahrhundert galt dieser geschäftsbedingte Kredit als weitgehend selbstverständlich auch im Denken der Spätscholastik. Die Reformation brachte hier zunächst eine Verschärfung insofern, als sich die Kritik nun gegen die Monopole und Geschäftspraktiken der großen Kaufleute richtete. Im Zeitalter der Fugger und des Ablaßhandels der Kirche war die Wirtschaft für einen Kirchenreformer von besonderer Bedeutung. Martin Luther setzte aber auch in gewisser Weise die diesbezüglichen Theorien der Scholastiker fort. Er nahm eine spezifische Deutung der mittelalterlichen Drei-Stände-Theorie vor, indem er den "ordo ecclesiasticus", den "ordo politicus" und den "ordo oeconomicus" unterschied. Dabei handelt es sich nicht so sehr um Stände im Sinne einer vertikalen Ordnung, sondern um Funktionsbereiche von "ecclesia", "politia" und "oeconomia" (Hausstand).[90] Luther zufolge hat jeder Mensch in verschiedenem Umfang an jedem der drei "ordines" Anteil, deren Differenzierung daher keine ständische, sondern eine sozialethische ist.[91] In bezug auf den "status oeconomicus" betonte Luther den Dienstcharakter der Arbeit für das Gemeinwesen und den Nächsten, die notwendige Bedarfsdeckung für den Lebensunterhalt des Hauses und die Gebundenheit der Arbeit an die Schöpfung Gottes. Die Arbeit erhielt durch diese Bezogenheit auf die Gemeinschaft auf allen Stufen eine Aufwertung. Die Berufe bewertete Luther anders als Thomas von Aquin, denn bei ihm rangierten Landwirtschaft und Bergbau an der Spitze, gefolgt vom Handwerk, während der Kaufmann ambivalent beurteilt wurde. Gelehrte Berufe und Ämter schätzte auch Luther besonders hoch ein.

Luthers Gesellschaftsideal ist das eines berufsständisch differenzierten, an Bedarfsdeckung und gemeinschaftlichen Diensten orientierten Gemeinwesens, in der die

89 Auf diese Europalastigkeit von Wallersteins Weltsystem-Konzept wies insbesondere Andre Gunder Frank hin. Siehe: Andre Gunder Frank/Barry K. Gills (eds.), The World System, London-New York 1996 (urspr. 1993).

90 Luther hat auch ein Vorwort zu Justus Merius' "Oeconomia Christiana" verfaßt, in dem der Beitrag der Hauslehre zum Gemeinwohl betont wird, was das Wiederaufleben der "oeconomia"-Lehre andeutet.

91 Hans-Jürgen Prien, Luthers Wirtschaftsethik, Göttingen 1992, S. 162 ff.

Berufe aber nicht von Geburt durch Standeszugehörigkeit bestimmt sind, sondern durch "vocatio Dei", die Berufung Gottes. Daher hielt er auch nicht viel von der Differenzierung in Adel und Bürgerstand, denn auch die Adeligen sollen nach ihrer jeweiligen Berufung tätig sein. Von größter Bedeutung war jedoch, daß Luther mit seiner Berufslehre auch die weltliche Arbeit als eine Art Gottesdienst auffaßte und solcherart die scharfe Trennung zwischen Welt und "ecclesia" durchbrach. In bezug auf das Eigentum hob auch Luther dessen Dienstfunktion für den Nächsten und das Gemeinwohl hervor. Der Obrigkeit obliegt im Gemeinwesen die Sicherung des Gemeinwohls, insbesondere im Hinblick auf die Versorgung mit den lebensnotwendigen Gütern. Die Verhinderung der Entstehung von Armut war ihm dabei ein besonderes Anliegen, während die Praxis der Almosen an die Armen ihm nur eine geringe Linderung der Not zu bewirken und oft die Absicht der Förderung des eigenen Seelenheils dabei im Vordergrund zu stehen schien. In bezug auf die soziale Ordnung der Wirtschaft neigte Luther einem genossenschaftlichen Ideal zu, theologisch argumentierte er auf der Grundlage der Bergpredigt und dem Liebesgebot Christi.

Im Ablaßhandel der Kirche erblickte Luther eine bedenkliche Art der Bereicherung derselben, griff aber auch die großen Handelshäuser, insbesondere die Fugger, an, die diesen Handel organisierten.[92] Als Folge desselben sah Luther die Ausweitung der Geldgeschäfte, insbesondere des Wuchers dadurch, daß die Geldleiher sich von ihren Sündenstrafen freikaufen konnten. Die Reformatoren waren der Geldwirtschaft und dem Handel gegenüber sehr kritisch. Luther wetterte gegen die großen Kaufleute und Ulrich von Hutten prangerte sie als Räuber an. Insbesondere aber war die kommerziell getönte Frömmigkeit der Kaufleute Gegenstand der Kritik. Jakob Fugger etwa organisierte den Ablaßhandel der Kirche, und obwohl er die Intentionen und Praktiken dabei bestens kannte, kaufte er für sich und seine Frau dennoch Ablässe um große Summen. Er war auch, so gerissen er in seinen Handelsgeschäften war, von einer nicht zu leugnenden Frömmigkeit. So z. B. richtete er ein Konto für den Heiligen Ulrich ein, auf dem Ausgaben für Gebete und Messen eingetra-

92 Der Ablaßhandel im Blickfeld Luthers hing mit politisch-ökonomischen Interessen zusammen, i. e. mit der Affäre um Albrecht von Brandenburg, der in seinen Händen die Bistümer von Mainz, Magdeburg und Halberstadt vereinte. Dafür mußte er an den Heiligen Stuhl eine beträchtliche Summe zahlen, die ihm Jakob Fugger vorstreckte. Die Kurie schlug den Hohenzollern darauf den Ablaßhandel vor, dessen Erträge zur Hälfte dem Papst und zur anderen Hälfte Albrecht zufliessen sollten, der damit seine Verbindlichkeiten gegenüber Fugger abtragen konnte. Der Dominikaner Johann Tetzel hielt an vielen Orten Ablaßpredigten, welche an sich aber vollkommen übliche Praxis waren. Siehe: Lucien Febvre, Martin Luther, Frankfurt/Main-New York 1996 (urspr. frz. 1928), S. 77 ff.

gen wurden. Mit Hilfe solcher Praktiken glaubte man, sich ein "himmlisches Vermögen" auf der Aktivseite der jenseitigen Bilanz anhäufen zu können. Gewissermaßen wurde die Geschäftslogik auf den Himmel und die Beziehung zu Gott übertragen. Man kommerzialisierte die Gebete und war dennoch tief religiös. Die Kommerzialisierung der Ablässe war eigentlich nur die Kehrseite der allmählich weit um sich greifenden, das ganze Volk erfassenden, religiösen Durchdringung des Lebens und auch der Geschäfte.

Martin Luthers Einstellung zur Wirtschaft hat bis auf die heutige Zeit zahlreiche und sehr unterschiedliche Deutungen erfahren. Zum einen sah man ihn als einen Vorläufer bürgerlicher Wirtschaftsauffassungen, zum anderen in mittelalterlichen Denkweisen über Wirtschaft gefangen. Er knüpfte zweifellos an Diskussionen innerhalb der Kirche an, die im Hochmittelalter begonnen hatten, aber er muß auch aus seiner Zeit heraus verstanden werden. Selbst entstammte er einer bäuerlichen Familie, hatte aber mehr Kontakt zu bürgerlichen Handwerks- und Handelskreisen in Wittenberg. Diese, sowie seine Freundschaft mit Lucas Cranach, der nicht nur Künstler, sondern unter anderem auch Verleger, Kaufmann und Geldverleiher war, lassen ihn nur bedingt als Kritiker des Frühkapitalismus erscheinen.

Luthers Ansichten zu Wucher und Handel sind vor allem in den zwei Sermonen zum Wucher von 1519 und 1520, in der Schrift "Von Kauffshandlung und Wucher" von 1524 und in der "Vermahnung" von 1539/40 "an die Pfarrherrn, wider den Wucher zu predigen" enthalten. Die Sermone gegen den Wucher schließen an die kanonischen Auffassungen an, nehmen aber auch Bezug auf Gegebenheiten der Zeit, wie die starke Verschuldung der Bauern durch Mißernten, die Abhängigkeit auch bürgerlicher Kreise von weltlichen und geistlichen Zinsherren und die Abhängigkeit von jüdischen Geldverleihern. In der Schrift von 1524 wurden auch die Argumente der Kaufleute, Handwerker und Adeligen gegen die Monopole der großen Augsburger Handelsgesellschaften verarbeitet. Erst später sah sich Luther veranlaßt, die Thematik des Wuchers auf das gesamte kaufmännische Handeln auszudehnen. In der "Vermahnung an die Pfarrherren" macht er die adeligen Kornspekulanten in Brandenburg für die Lebensmittelknappheit verantwortlich. Im Osten war man bekanntlich zu einer exportorientierten Gutswirtschaft übergegangen, und die Junker waren nicht an der Versorgung der Menschen, sondern an ihren Gewinnen interessiert. In bezug auf die Preisbildung stand Luther auf dem Standpunkt, daß der natürliche Wert der Waren eigentlich den Preis bestimmen müsse und Geld reine Tauschmittelfunktion haben solle. Preisunterschiede für bestimmte Güter an verschiedenen Orten oder Zeiten müßten durch Qualitätsunterschiede, Einkaufspreise,

Transportkosten und Risiken gerechtfertigt sein. Darüber hinaus gestand er dem Kaufmann einen geringen Aufschlag für allgemeine Risiken sowie den Unternehmerlohn in gerechter Höhe zu, so daß der Kaufmann daraus eine angemessene "Nahrung" erhalte, die seinen Lebensunterhalt gewährleiste. Das schrankenlose Gewinnstreben jedenfalls verurteilte er scharf. Im Idealfall sollte die Preisfestsetzung durch die Obrigkeit erfolgen. Marktpreise akzeptierte er als Gegebenheit, soweit es sich um traditionelle regionale Märkte handelte, auf denen sich die Preise nach Herkommen und für die Käufer überschaubar bildeten. Wo aber Monopole und Spekulation die Preisbildung bestimmen, liegt Luther zufolge zügelloses Profitstreben und Sünde gegenüber Gott und den Mitmenschen vor. Und wenn die Notlage durch Kreditzinsen ausgenutzt wird, liegen die Todsünden des Geizes und der Habgier vor. Wenn durch verspätete Rückzahlung von Krediten ein faktischer Geschäftsentgang erfolgt, oder wenn der Kreditgeber selbst dadurch seinen anderweitigen Verpflichtungen nicht nachkommen kann, gestand Luther allerdings die Möglichkeit von Schadenersatzforderungen zu.

Die Wucherge- bzw. -verbote waren eng mit der Entwicklung der Trennung zwischen kirchlich-kanonischem Recht und bürgerlichem Recht verbunden.[93] Im 16. Jahrhundert hatte das Zivilrecht die Zuständigkeit des kanonischen Rechts weitgehend auf religiöse Belange zurückgedrängt. Man orientierte sich zwar noch immer stark an den Empfehlungen der Kirche, aber eine neue intellektuelle Strömung war von Italien ausgegangen, der Humanismus, oder besser: die vielen verschiedenen Strömungen, die den "Geist der Renaissance" bildeten. Die Reformation vollendete die Loslösung von kirchlicher und weltlicher Rechtsprechung und die Verlagerung der religiösen Moral in das individuelle Gewissen[94], die sich schon in der katholischen Scholastik mehr und mehr abgezeichnet hatte und im jesuitischen Denken zum Ausdruck gekommen war. Die Lostrennung vom Gottesstaat im Renaissancedenken mit seiner Betonung des Menschen einerseits, die Vereinheitlichung der Verhaltensanforderungen für Kirche und Menschheit durch die Reformation andererseits, markieren die Distanz zur mittelalterlichen Vorstellungswelt und führen zu einer Widersprüchlichkeit der Neuzeit: der Parallelität von Diesseitsorien-

93 Siehe: Benjamin Nelson, Über den Wucher, in: René König/Johannes Winckelmann, Max Weber zum Gedächtnis, Kölner Zeitschrift für Soziologie und Sozialpsychologie, Sonderheft 7/1963, 2. Aufl., Opladen 1985, S. 407-447.

94 Siehe dazu auch: Benjamin Nelson, The Medieval Canon Law of Contracts. Renaissance Spirit of Capitalism and the Reformation Conscience, in: Robert B. Palmer/Robert Hamerton-Kelly, Philomathes: Studies and Essays in the Humanities, Nijhoff 1971, S. 525-548.

tierung und Volksreligiosität. Die geistig-religiösen Bewegungen erhielten vor dem Hintergrund brennender sozialer Probleme im 16. Jahrhundert, der Hungersnöte und der Volksarmut, eine breitenwirksame Bedeutung. Radikalere Stimmen erhoben sich und suchten die Menschen gegen die Gläubiger und Zinsnehmer - darunter nicht nur Juden, die durch das Recht zur Pfandleihe zu Gläubigern des Volkes geworden waren, sondern auch kirchliche Institutionen - aufzubringen. Es entstand allenthalben eine Stimmung, in der die unteren Schichten in Land und Stadt sich zu weigern begannen, ihre Schulden zurückzuzahlen und sogar das Privateigentum angriffen und sich dabei auf die Bibel beriefen. Aufstand und Unruhe lagen in der Luft. Luther war darüber keineswegs erbaut, denn daß die einfachen Menschen ihre Sache selbst in die Hand nahmen, das wollte er keineswegs. Ein Ausweg zeigte sich entlang der Position Melanchthons, der argumentierte, daß das Gesetz Christi nicht Grundlage der weltlichen Ordnung sein müsse, vielmehr folge diese ganz anderen Regeln. Zwar änderte Luther seine Meinung hinsichtlich der Sündhaftigkeit des Wuchers nicht; Regelung und Kontrolle wollte aber auch er den weltlichen Autoritäten überlassen. Melanchthon war in bezug auf Wucher und Handel wesentlich liberaler als Luther; er trat entschieden für weltliche Regelung und Festsetzung eines Höchstzinssatzes ein. Eine ähnliche Haltung nahm auch Zwingli ein, der zwar gegen die Ausbeutung durch berufsmäßige Wucherer kämpfte, andererseits aber begrenzte Zins- und Rentenzahlungen auf Grund der in der Welt herrschenden Verhältnisse zugestand und für die Trennung von göttlicher Gerechtigkeit und weltlichem Recht eintrat.

Schon einige Scholastiker hatten den Kapitalbegriff eingeführt; am entschiedensten brach jedoch Jean Calvin mit der Konzeption der Unproduktivität des Geldes und mit dem Wucherverbot.[95] Gerade weil alle Menschen Brüder seien, könne das mosaische Gebot nicht mehr gelten, denn sonst handelten die Christen schlechter als die Juden, da sie nicht zwischen Brüdern und Fremden differenzierten und daher von ihren Brüdern Zinsen nähmen. Calvin nahm die Praxis des Zinsnehmens als gegeben an, es ging daher nicht um die Abgrenzung des "gerechten" von einem ungerechten Zins durch allgemeine kirchliche oder weltliche Regelung. Das individuelle Gewissen und die Erfordernisse des Gemeinwohls sind die Grenzen und Maßstäbe wirtschaftlichen Handelns. Calvin schrieb 1556 in einem Brief an einen unbekannten Hugenotten in Frankreich über das Zinsfordern eher ausweichend und meinte dann: "Hier in Genf ist zwar ein gewisser Zinssatz gesetzlich festgestellt, doch

95 Johannes Calvins Auslegung der Heiligen Schrift (hg. v. R. Müller), Neukirchen-Vluyn 1956-1963; Joachim Staedtke, Johannes Calvin, Zürich 1969.

folgt daraus noch nicht, daß der Gläubiger bei einem Armen nun mit gutem Gewissen von diesem Zinsfuß Gebrauch machen dürfte, wenn dadurch der Arme doch irgendwie gedrückt wird."[96] Und er schließt seinen Rat mit dem Hinweis auf das Bibelwort, wonach wir selbst nicht tun sollen, was wir nicht wollen, daß es uns angetan wird. Im übrigen ist es durchaus bemerkenswert, wie wenig Calvin in seinem Briefverkehr auf wirtschaftliche Belange direkt eingeht. Seine Einstellung dazu ergibt sich vielmehr aus den theologischen Besonderheiten seiner Lehre und seiner Argumentationsweise als solcher. Calvin appellierte an Verstand und Logik, er stand den mystischen Einschlägen Luthers fern. Allein die Reinheit des Lebenswandels und die rastlose Berufsarbeit konnten dem Gläubigen Selbstgewißheit geben, zu den Auserwählten zu gehören. Es reichte dabei nicht aus, einzelne, unzusammenhängende gute Werke zu tun, Sünden zu beichten und Buße zu tun, wie im Katholizismus, um einen tadellosen Lebenswandel vorzuweisen. Das calvinistische Bewährungsprinzip verlangte eine ganzheitliche asketische Lebensführung, die durch systematische Selbstkontrolle gekennzeichnet war. Jede Vergeudung von Kräften durch ziel- und planloses Tun wurde verdammt und der Alltag zu einer konsequenten Methode der ganzen Lebensführung ausgestaltet. Nur so konnte sich das Wirken der Gnade als Erhebung des Menschen aus dem "status naturae" in den "status gratiae" vollziehen. Diese Rationalisierung des diesseitigen Lebens diente allein dem Ziel, Gottes Ruhm auf Erden zu mehren, denn nicht Gott war um des Menschen, sondern der Mensch um Gottes Willen da. Während im Katholizismus die rationale Lebensführung auf die Kreise des Mönchtums beschränkt blieb, galt diese jetzt für alle Menschen. Die religiösen Naturen, die vorher ins Kloster gegangen waren, mußten nun innerhalb der Welt das gleiche leisten. Für diese innerweltliche Askese schuf der Calvinismus eine adäquate Ethik. Das Mönchtum und die Ehelosigkeit wurden abgeschafft. Reichtumserwerb führte nicht mehr zur Verdammnis, durfte aber auch nicht zu gedankenlosem Genuß verleiten. Der Satz: "Wer nicht arbeitet, der soll auch nicht essen" galt genauso für Reiche wie für Arme. Almosen wurden abgelehnt als Verführung zum Müßiggang, und die Armengesetze, die in den folgenden Jahrhunderten erlassen wurden, zeugten speziell in den protestantischen Ländern von diesem Geist. Die rastlose Arbeit bei Zurückhaltung im Konsum begünstigte sowohl eine Mentalität der Sparsamkeit als auch die konkrete Bildung von Kapital, das für weitere Erwerbszwecke einsetzbar war.

96 Rudolf Schwarz, Johannes Calvins Lebenswerk in seinen Briefen, 3 Bde., Neukirchen Kreis Moers 1961/1962, Bd. 3, S. 847.

Inzwischen hatte die Gegenreformation eingesetzt und die päpstliche Inquisition widmete sich der Bekämpfung der Ketzerei. Insbesondere der eben gegründete Jesuitenorden stellte sich in den Dienst der Inquisition. Die Ketzerverfolgung in Frankreich trieb Calvin nach Genf, wo es schon seit einiger Zeit politisch gärte. Calvin machte aus Genf das Vorbild eines christlichen Staates und ein Zentrum der religiösen Propaganda. Von dort aus zogen die Calvinisten in andere Städte, um die Lehre in Frankreich und den Niederlanden, aber auch in England, Schottland, Polen und Ungarn zu verbreiten. Sie taten dies mit solcher Vehemenz und solchem Eifer, daß ihnen selbst die härteste Verfolgung[97] nichts anhaben konnte.

Die Verbreitung der Reformation und der Wandel der Werte

Die Reformation hatte sowohl sozialökonomische und politische Hintergründe wie Folgen, und sie hatte auch nicht erst mit dem Anschlag der Thesen Luthers an der Kirchentür von Wittenberg 1517 begonnen, sondern war in statu nascendi schon Jahrzehnte davor spürbar. Ihr Zentrum hatte sie zwar in Mitteleuropa, aber ihre wichtigsten wirtschaftlichen Konsequenzen kamen in den folgenden Jahrhunderten in Nordeuropa und Großbritannien zum Tragen. In gewisser Weise mag die These Braudels daher stimmen, daß die Reformation den Bruch mit der Vorherrschaft Südeuropas gleichzeitig mit der Lösung von Rom bedeutete.[98] Die führenden Länder Europas vom 16. bis ins 18. Jahrhundert waren denn auch protestantisch, und das Schwergewicht verschob sich nordwestwärts, wo es sich in Schweden und England auch mit zentralstaatlichen Tendenzen der Krone zu einer Reformation von oben verband.

Für die Verbreitung gerade des reformierten Glaubens mit seiner Betonung der Bibelkenntnis für das ganze Volk war auch die Entwicklung des Buchdrucks und die Tatsache, daß viele Druckereibesitzer in Frankreich protestantisch wurden und die Schriften der Reformatoren auflegten, besonders wichtig. Alle gebildeten Schichten, aber auch das Volk als solches, konnten sich mit den revolutionären Ideen eines Luther und Calvin auseinandersetzen, und nicht wenige entschieden sich mit Begeisterung für den neuen Glauben. Sogar Bischöfe, Priester, Äbte und Mönche

97 Wie etwa in Frankreich vor dem Toleranzedikt von 1598 in den Hugenottenkriegen. Das Wort "huguenot" dürfte sich von dem in Genf gebräuchlichen Ausdruck für Eidgenossen "eyguenots" herleiten.

98 Fernand Braudel, Die Ablehnung der Reformation in Frankreich, in: Ders., Schriften zur Geschichte, Bd. 2, Stuttgart 1993 (urspr. frz. 1990), S. 162-175. Braudel sah eine strukturelle Kontinuität darin, daß das alte Europa der Antike dem Katholizismus treu blieb.

bekehrten sich zum reformierten Glauben und fanden als "Laien" eine neue Aufgabe. Auch viele Adelige wurden protestantisch und förderten die Verbreitung des Glaubens in ihren Herrschaftsbereichen.

In Frankreich entstand eine große Debatte über die Frage, ob die Reformation in Frankreich anfangs ein Ausdruck des sozialen Protestes der niederen Schichten der Handwerker gewesen sei. Viele dieser Handwerker nahmen tatsächlich den neuen Glauben an, aber bemerkenswerterweise bestanden große branchenmäßige Unterschiede. Manche Berufsgruppen blieben hartnäckig katholisch, andere wiederum, so z. B. Schuster und Textilhandwerker, schlossen sich verstärkt der Reformation an.[99] Was die ganz armen Schichten der Gesellschaft betrifft, wie z. B. die gewöhnlichen Tagelöhner, so neigten diese dazu, in ihrem Glauben zu verharren. In den protestantischen Gebieten Südfrankreichs kristallisierte sich im Laufe der Zeit vielfach folgendes Bild heraus: Die Meister und Manufakturbesitzer waren Hugenotten, während ihre Arbeiter katholisch waren. Die Bauern, die mit über 80 Prozent die überwiegende Mehrheit der französischen Bevölkerung ausmachten, wurden nur zum Teil für die neuen Ideen gewonnen und nur in gewissen, ganz wenigen Gebieten, die vorwiegend im Süden des Landes lagen (Cevennen). Im großen und ganzen blieben sie aber in ihrem tradierten Glauben und lehnten die Reformation ab. Die Reformation war in der Hauptsache eine städtische Bewegung, in der Handwerker und Kaufleute die führende Rolle spielten. Mitunter erfaßte sie auch ländliche Gebiete, vor allem dort, wo die landbesitzende Aristokratie schwach war oder selbst kommerzielle Interessen entwickelt hatte - wie dies vor allem in den Niederlanden und in England der Fall war. Auch wenn die entstehende reformierte Kirche in Frankreich aus allen Gesellschaftsschichten Zulauf erhielt, war daher der calvinistische Glaube doch insbesondere eine Religion der Städte. Gebildete Bürger und durch die mündliche Verbreitung informierte Handwerker bildeten quasi den reformierten Brückenkopf in Frankreich. Durch das Toleranzedikt konnten sich die Hugenotten hier auch wirtschaftlich etablieren. Die Aufhebung des Toleranzedikts durch Ludwig XIV. im Jahr 1685 führte dann jedoch zur Auswanderung einer großen Zahl von Hugenotten in die Niederlande, nach Deutschland und nach England und bedeutete eine große wirtschaftliche Schwächung Frankreichs, was Männer wie Vauban oder Colbert dazu veranlaßte, immer wieder für die Wiederherstellung des Edikts einzutreten. Wenn Colbert die Hugenotten als nützlich für seine merkantilistische Wirtschaftspolitik erachtete, dann lag dies zu einem großen Teil an dem Umstand, daß sie in dem ihm so wichtigen Bereich der Manufaktur stark

99 Jean Delumeau, Naissance et Affirmation de la Réforme, Paris 1973, S. 257 ff.

vertreten waren. Gerade die manufakturielle Produktion von Gütern für die internationalen Märkte machte die Hugenotten für den merkantilistischen Staat so wertvoll. Aber auch im Handel spielten die Hugenotten eine gewichtige Rolle, dabei insbesondere im Fernhandel mit dem Ausland und den Kolonien. Hierbei kam ihnen ein internationales Beziehungsgeflecht zugute, das man gewisserweise als eine Art "Calvinistische Internationale" bezeichnen könnte. Neben Frankreich gab es bedeutende calvinistische Gemeinden auch im deutschen Rheinland, in England (Puritaner), der Schweiz und in den Niederlanden. Die regen Kontakte untereinander betrafen nicht nur die Ausbildung von Predigern an ausländischen Akademien oder den Druck von Schriften, sondern förderten auch den internationalen Warenaustausch. Eine herausragende Funktion in der französischen Wirtschaft hatten die Hugenotten auch als Bankiers inne. So lag es nahe, die Reformation selbst auf den wirtschaftlichen Aufstieg des Bürgertums zurückzuführen, wie Marx und Engels dies taten. Allerdings steht dem entgegen, daß viele der stark protestantischen Gebiete zu dieser Zeit keine nennenswerte Bourgeoisie besaßen, und andererseits die Elite der Bourgeoisie in vielen Fällen katholisch blieb (Fugger, italienische Kaufleute). Max Weber hatte die Zusammenhänge zwischen Religion und Wirtschafts"geist" untersucht und in seinem Werk "Die Protestantische Ethik und der Geist des Kapitalismus"[100] auf die einer kapitalistischen Gesinnung förderlichen Lehren der puritanischen Spielarten der Reformation hingewiesen, insbesondere des Calvinismus und des aus diesem hervorgegangenen Pietismus und Methodismus. Weber sah den Zusammenhang durchaus nicht als einen einfachen Kausalkonnex, aber er wies auf die in der Veralltäglichung der religiösen Prinzipien liegende Bedeutung für das wirtschaftliche Verhalten hin. Prädestinationsglaube und Askese in der Welt förderten ein diesseitsgerichtetes Leistungsdenken, eine wie Weber meinte, rationale Methodik der Lebensführung.

Simon Schama spricht von der Entwicklung der Niederlande im 17. Jahrhundert als "the most formidable capitalism the world had yet seen".[101] Gleichzeitig war dies ein Land mit einem überaus hohen Anteil an Protestanten calvinistischer Prägung. Dennoch meint er, daß die These Max Webers von der Beziehung zwischen Calvinismus und Kapitalismus auf die Niederlande nicht wirklich zutreffe. Es stimme nicht, daß die Niederländer einen einfachen, frugalen Lebensstil, eine Zurückhaltung in bezug auf die Konsumtion gezeigt hätten, die dann den Kapitalismus geför-

100 Max Weber, Die Protestantische Ethik und der "Geist" des Kapitalismus, 2. Aufl., Weinheim 1996 (urspr. 1904/1905).

101 Simon Schama, The Embarrassement of Riches, Berkeley-Los Angeles-London 1988, S. 323.

dert hätte. Es schien sogar, daß die calvinistischen Prediger ihr Bestes gaben, um die Menschen von ihrem Hang zur Bereicherung, zu Gewinn und Konsum abzubringen, aber nicht viel ausrichteten. Die Dokumente zeigen einen ununterbrochenen Fluß an Polemiken gegen den Reichtum, der auch in der Kunst seinen Niederschlag fand. So etwa in der satirischen Darstellung des Kampfes zwischen den Geldsäcken und den Geldspeichern von Peter Brueghel d. Ä. oder Cornelis Anthoniszoons Holzschnitt über den Mißbrauch des Reichtums. Tatsächlich zeichnete den niederländischen Kapitalismus keineswegs die Risikofreudigkeit aus, die man mit dem modernen Kapitalismus verbindet, sondern eine Haltung, die darin bestand, möglichst Risiken zu vermeiden und sich allseitig abzusichern. Der niederländische Kapitalismus beruhte auf einem extensiven System der Protektion und zeigte solcherart eher Züge eines mittelalterlichen Systems des Handels als eines Vorläufers des modernen Kapitalismus. Zumindest aber war die Art des Handels um Amsterdam und Nordholland sehr pragmatisch. Am ehesten entsprachen die Unternehmer um Leiden dem Weberschen Idealtypus einer Verquickung von Protestantismus und Kapitalismus, aber sie waren diejenigen, die am stärksten unter wirtschaftlichem Druck standen. Auch darf nicht vergessen werden, daß der Calvinismus keineswegs dem Erwerb oder Gewinnstreben als solchem gegenüber positiv eingestellt war. Es bestand vielmehr eine Ambiguität: auf der einen Seite Fleiß und Sparsamkeit, auf der anderen Seite Verurteilung der "acquisitiveness". Diese widersprüchlichen Züge hat Weber allerdings sehr gut gesehen. Es blieb das historisch kaum zu bestreitende Faktum, daß viele der geflüchteten Hugenotten in den Niederlanden etwa an dem bedeutsamen wirtschaftlichen Aufschwung der Vereinigten Provinzen maßgebend mitwirkten, und daß die Puritaner[102] in England vielfach unter Kaufleuten und Handwerkern zu finden waren. Das gilt in dieser Form weniger für Deutschland, wo der mildere Lutherismus hauptsächlich unter den Handwerkern und Bauern Verbreitung fand. Von der Notwendigkeit "nicht schlechthin nach der Herkunft des Kapitalismus oder einer seiner historischen Erscheinungsformen, sondern nach dem konkreten Zusammenhang von kapitalistischer ideologi-

102 Seit Mitte des 16. Jahrhunderts war die Bezeichnung "Puritaner" für alle streng calvinistisch gesinnten Protestanten in England und Schottland üblich, die sich aus der Einfachheit im alltäglichen wie im kirchlichen Leben sowie aus den strengen Moralbegriffen herleitet. Das Streben nach immer höherer Befestigung und Vollkommenheit als Zeichen des Gnadenstandes und der Glaube, daß es Gottes Vorsehung sei, die in den Erwählten wirkte, machte die Berufsarbeit zum Instrument und den Erfolg zum Ausdruck des Erwähltseins.

scher Entwicklung zu fragen [...]"[103] sprach Leo Kofler und bezeichnete den Calvinismus als Ideologie der Frühmanufaktur. Als soziale Ideologie stellte sie eine Verbindung revolutionärer Tendenzen im Kleinbürgertum mit konservativem Auserwähltheits- und Ordnungsdenken dar. Letzteres fand seinen Ausdruck in der sogenannten Prädestinationslehre, die Calvin vom Straßburger Reformator Martin Bucer übernommen hatte.[104]

Die Reformation trug insbesondere in ihren puritanischen Versionen zu verstärkter Affektkontrolle und in diesem Sinn auch zum Rationalisierungsprozeß bei. Der Mensch sollte in allen Beziehungen Zurückhaltung üben, was eine Versachlichung in den persönlichen Beziehungen mit sich brachte, aber die Entwicklung des gegenseitigen Vertrauens unter den Menschen als einzelne Mitglieder der christlichen Gemeinschaft förderte. Aus diesem Grund legte man größten Wert auf den Ruf der Vertrauenswürdigkeit auch in bezug auf wirtschaftliche Transaktionen, was die Ethisierung der Geschäfte unterstützte. Die Sektenform förderte eine Trennung von Staat und Kirche und wirkte daher mit an der Herausbildung der heutigen Form des staatlichen, politischen und wirtschaftlichen Lebens.

Durch die große Aufmerksamkeit, die der Bedeutung des Reformationsdenkens in bezug auf den "Geist des Kapitalismus" zuteil wurde, entstand der Eindruck, daß die katholische Kirche und mit ihr das Wirtschaftsdenken der katholischen Gebiete wie auch das des gesamten Mittelalters nicht-kapitalistisch bzw. anti-kapitalistisch gewesen sei. Das ist ein durchaus irriger Eindruck und man muß als Beleg nicht nur auf die italienischen und süddeutschen Kaufmann-Bankiers verweisen. Die Reformation hatte den Kapitalismus nicht erfunden. Es ist auch fraglich, ob es sich bei der Lockerung der Wuchergesetze um den "Sieg des Kapitalismus über die biblische Moral" handelte, wie Horst Fuhrmann meint.[105] Vielmehr kann man davon ausgehen, daß Geschäftspartnerschaften, Handel und Vermietung/Verpachtung alltägliche und selbstverständliche Transaktionen waren und Gewinne daraus als durchaus legitim anzusehen waren. Wucherverbote waren nicht aus der Absicht entstanden, alle Unternehmergewinne als sündhaft hinzustellen und die Wirtschaftserfolge der berühmten Handelsgesellschaften waren keineswegs nur als Umgehun-

103 Leo Kofler, Zur Geschichte der bürgerlichen Gesellschaft, Neuwied-Berlin 1996 (Halle a. d. S. 1948), S. 289.

104 Über die Voraussetzungen, Grundlagen der Verbreitung und Annahme und Folgen der Reformation. Euan Cameron, The European Reformation, Oxford 1992; Hugh R. Trevor-Roper, Religion, Reformation und sozialer Umbruch, Fankfurt/Main-Berlin 1970 (urspr. engl. 1967).

105 Horst Fuhrmann, Überall ist Mittelalter, München 1996, S. 123 ff.

gen derselben ausreichend zu charakterisieren. Die Analyse der Entwicklung der scholastischen Lehrmeinungen über Wucher und Handel zeigte auch, daß sich schon lange vor den Reformatoren nicht nur wirtschaftsfreundlichere Auffassungen durchsetzten, sondern daß sich wichtige ökonomische Begriffe wie Kapital, Marktpreisbildung, Nutzen und Bedürfnis und angemessener Zins schon gebildet hatten. Der Kaufmann war der große Aufsteiger des Mittelalters gewesen, und seine Wert- und Denkweisen bestimmten daher immer stärker die Vorstellung von den Dingen dieser Welt, insbesondere das Verständnis des Reichtums. "Dinge, die nie mit den Maßen des Geldwerts gemessen worden waren, unterlagen jetzt der Bewertung. Der Begriff des Reichtums erhielt einen anderen Inhalt."[106] Die Ubiquität von Geld und Geschäft ließ den Reichtum als materielles Vermögen zum Zeichen des Glücks, des Erfolgs, der Macht und schließlich auch der Gottgefälligkeit werden. Dies drückte sich in religiös-sozialen Vorstellungen aus, nicht nur in den protestantischen Glaubensüberzeugungen. Die verschiedenen Formen der religiösen Lehren verliehen damit in den jeweiligen Regionen ihrer Ausbreitung auch dem wirtschaftlichen Leben eine bestimmte Nuancierung.

Mit der Verberuflichung der Kaufleute kam es seit dem Spätmittelalter zu einer größeren Ausgeglichenheit und einem Selbstbewußtsein, das auf der Beständigkeit des Geschäfts beruhte. Die stärkere Betonung der diesseitigen Aspekte des Lebens in der Renaissance kam der Geschäftstätigkeit und ihrer Akzeptanz zugute, allerdings auch der Neigung zum Genuß des Reichtums und zu aufwendigem Lebensstil, was wieder dem Fleiß und der Effizienz der Arbeit abträglich war.[107] Sie drückt sich in einer Moralisierung von Reichtum, Macht und Ansehen auch in der weltlichen Literatur aus, wie etwa im "Narrenschiff" von Sebastian Brant.[108] Die Reformation brachte eine Vertiefung und Verinnerlichung der mehr an äußeren Zeichen denn an inneren Zweifeln orientierten Moral der Kaufleute des Spätmittelalters, gleichzeitig mit einer moralischen Anerkennung des ganzen Berufsstandes.[109]

106 Henri Pirenne, Geschichte Europas, Frankfurt/Main 1982 (urspr. frz. 1936), S. 199.

107 Alberto Tenenti, Der Kaufmann und der Bankier, in: Eugenio Garin (Hg.), Der Mensch der Renaissance, Frankfurt/Main-New York 1990, S. 215-250; Franz Irsigler, Kaufmannsmentalität im Mittelalter, in: Cord Meckseper/Elisabeth Schraut (Hg.), Mentalität und Alltag im Spätmittelalter, 2. Aufl., Göttingen 1991, S. 53-75.

108 Sebastian Brant, Das Narrenschiff, Stuttgart 1995 (urspr. 1494).

109 Demgegenüber hob Sombart das Fortwirken traditionaler Religion und Sitte in der "Idee des ehrenhaften Erwerbs" hervor. Werner Sombart, Der moderne Kapitalismus, 5. Aufl., München-Leipzig 1922, Bd. 2, 1. Hälfte, S. 36 ff.

Der redliche Kaufmann wurde zur Idealfigur. Ehrlichkeit und ein guter Ruf erwiesen sich als beste Empfehlung im Geschäftsleben, so daß Moral und Vorteil eine funktionale Verbindung eingingen.

Bemerkenswert ist auch die Änderung der Einstellung zur Armut, die seit dem 16. Jahrhundert sichtbar wird. Sie ist einmal darauf zurückzuführen, daß große Teile der stark angewachsenen Bevölkerung trotz Wirtschaftsaufschwung und immer ostentativer werdendem Reichtum der Fürsten und der wohlhabenden Bürger verelendeten. Das 16. Jahrhundert gilt Historikern als das Jahrhundert der Volksarmut. Zum anderen änderte sich im Protestantismus und Calvinismus die religiöse Haltung der Armut gegenüber. Armut ist nicht mehr ein direktes Tor ins Himmelreich oder die Ermöglichung für "caritas", sondern wird als anstößig, gefährlich und selbstverschuldet angesehen. Während Reichtum und Gelderwerb moralisch aufgewertet wurden, erfuhr die Armut - nun auch als rein materieller Zustand verstanden - eine ethische Abwertung. Je mehr der Einkommenserwerb durch individuelle Leistung Grundlage des Ansehens wird, umso weniger akzeptabel wird die Armut. Auch die Änderung der sozialen und politischen Struktur machte sich bemerkbar, denn nun wird Armut auch zum öffentlichen Anliegen und zum Sicherheitsproblem. Die Massen der Armen vor allem in den Städten wurden zur potentiellen Bedrohung, die öffentliche, behördliche Maßnahmen erforderte, und auch die Wohltätigkeit gewann den Charakter des Selbstschutzes und der öffentlichen Institution. Armut war kein Problem, mit dem man sich primär religiös auseinandersetzte, sondern die weltlichen Autoritäten waren mehr und mehr aufgerufen, Abhilfe zu schaffen. Sie taten es durch Institutionen der öffentlichen Barmherzigkeit, aber auch des Zwanges und der Gewalt. Spitäler und Arbeitshäuser entstanden, Vagabundismus wurde unter Strafe gestellt. Der Jesuit Juan Luis Vives entwickelte Konzepte zur Unterstützung der Armen.[110] Auf seine Ideen ging die Reform des Armenwesens in Ypern zurück und erste Armengesetze entstanden. Das Ziel war, den Armen durch das Verschaffen von Arbeit die Möglichkeit zu geben, selbständig für ihren Lebensunterhalt zu sorgen. Diese Gesetze zeigen schon die Verbindung von Arbeit und Armut auf; der Arme wurde nicht mehr als Abbild Jesu, sondern als Müßiggänger und Schmarotzer gesehen, der notfalls auch mit Zwang - zu seinem eigenen Heil - zum Arbeiten gebracht werden mußte. Die Änderung der Denkweise hatte sich bereits in der späten Scholastik angedeutet, sie verband sich nun mit den säkularen Autoritäten.

110 Juan Luis Vives, De subventione pauperum, 1526.

Reformatorische Einstellungen zu Arbeit und Almosen sowie die Interessen der Fürsten an der Entwicklung von Handel und Produktion als Basis für die Aufbringung öffentlicher Finanzen bewirkten die Erkenntnis der Bedeutung von Arbeitsamkeit für Seelenheil und staatliche Finanzen. Die Folge waren Polizeigesetze gegen Bettler und Vagabunden und die Errichtung von Arbeitshäusern. Zuerst entstanden diese in Oberitalien, in Genua und Turin, dann erst in London (Bridewell 1550) und in Amsterdam (1595). Es folgten fast alle größeren Städte, z. B. Brüssel 1626, Lübeck 1613 und Wien 1670. In diesen Zucht- und Arbeitshäusern herrschten abschreckende Zustände, überlange Arbeitszeiten, karge Mahlzeiten und drakonische Strafen. Gebete gehörten zu den ständigen Begleiterscheinungen des Tagesablaufs. Man rechtfertigte all dies aber mit den Hinweisen auf die Notwendigkeit der "correction" der liederlichen Insassen, eine Variante des neuen Denkens über den Menschen, das diesen nicht hinnahm, wie er war, sondern zum Objekt der Besserung und Bildung machte. Auch in den Schulen und in den Werkstätten zog die neue an Fleiß und Gehorsam orientierte Denkweise ein, so daß schließlich Philipp Peter Guden 1768 eine "Polizey der Industrie" vorschlug, die Müßiggang und Trödeln aus den Arbeitsbereichen in Manufakturen, Handel und Verlag verbannen sollte. Die Jugend sollte mit Hilfe von Fleißnoten und Prügelstrafen zur "industriousness" erzogen werden. Aber auch Völker wetteiferten miteinander, welches das fleißigste sei, auch die Selbst- und Fremdeinschätzung der "fleißigen Deutschen" entstand im Verlauf der frühen Neuzeit.[111]

111 Vgl.: Paul Münch, Lebensformen in der Frühen Neuzeit 1500-1800, Frankfurt/Main-Berlin 1996, S. 355 ff.

7. Kapitel: Die Entstehung des ökonomischen Nationalismus

Wir haben schon gesehen, daß merkantilistische Maßnahmen im Sinne einer Politik der Importbeschränkungen bzw. Ausfuhrförderung mit den stärkeren oder schwächeren Interessen der Herrschenden am Handel und den Handelsgewinnen zu allen Zeiten verbunden waren. Besonders hervorzuheben sind hier etwa die Maßnahmen Kaiser Friedrichs II. in Sizilien, die kastilische Wirtschaftspolitik unter Isabella und Ferdinand, die Maßnahmen Heinrichs VIII., insbesondere die Einrichtung der "Royal Commission on Exchange" im Jahr 1564. In allen diesen Fällen kam es zu einer, allerdings meist kurzfristigen Steigerung der Kontrolle über wirtschaftliche Prozesse in Händen der Krone. Merkantilistische Prinzipien zur Unterstreichung staatlicher Souveränitätsansprüche sind nicht an eine bestimmte Zeit gebunden, sondern Erscheinungsweisen, die sich in verschiedenen Geschichtsepochen und in unterschiedlicher Form manifestieren können.[1] Die frühen Beispiele waren aber nicht Maßnahmen im Rahmen einer systematischen Politik und auch nicht Ergebnis einer allgemeinen Veränderung der Wirtschafts- und der politischen Strukturen.

Was den "Merkantilismus" des 17. Jahrhunderts auszeichnete, war die Konvergenz zwischen absolutistischen, zentralistischen Bestrebungen der Fürsten und der Erkenntnis der Bedeutung der Wirtschaft nicht nur als Finanzquelle für den unerschöpflichen Geldbedarf des Staates für Kriegsführung und Hofhaltung, sondern als Territorialwirtschaft mit beginnenden nationalstaatlichen Elementen. Die Einheit von Wirtschaft und Politik und das Aufkommen einer systematischen Wirtschaftspolitik des Staates lassen sich nun erkennen. Diese Konvergenz im Inneren wurde angetrieben durch die Konkurrenz zwischen den Staaten um Überseebesitzungen und Handelsrechte in den Außenbeziehungen. Cameron zieht es daher vor, von einer Politik des "ökonomischen Nationalismus" zu sprechen.[2] Im Inneren war er gekennzeichnet durch die Übernahme von Funktionen der wirtschaftlichen Kontrolle und Regelung durch die Zentralregierung, insbesondere der Zoll- und Steuereintreibung, der Festlegung von Arbeits- und Lohnbedingungen und der Preisregelungen, die bisher von lokalen Gemeinden und den Zünften wahrgenommen worden

1 Herbert Matis, Staatswerdungsprozeß und Ausbildung der Volkswirtschaft, in: Ders. (Hg.), Von der Glückseligkeit des Staates, Berlin 1981, S. 15-28, S. 16.

2 Rondo Cameron, A Concise Economic History of the World, New York-Oxford 1989, S. 128 ff.

waren. In England erwies sich die Tatsache, daß es hier anders als in Frankreich oder Spanien keine Binnenzölle gab, sehr förderlich für Handel und Wirtschaft. Nach außen hin zielten die Maßnahmen auf die Autarkie des Staates in Kriegszeiten und das Streben nach größeren Anteilen an Land und Handel in Übersee.

Die Art und Weise und das Ausmaß, in dem diese Politik in den einzelnen Staaten zum Tragen kam, differierte stark und hing ab von den bereits existierenden Traditionen, von der Zusammensetzung der herrschenden Schicht, von geographischen Umständen und dem Charakter des Staates selbst. Je stärker der Absolutismus ausgeprägt war, desto größer war auch der Kontrollanspruch der zentralen Autorität über die Wirtschaft und umso mehr wurden Ressourcen benötigt, um die militärischen und dynastischen Ziele zu erreichen. Der ökonomische Nationalismus verstärkte dabei die bestehenden Antagonismen auf Grund religiöser Unterschiede und dynastischer Rivalitäten. Die zunehmende Konkurrenz zwischen den Staaten um Handelsanteile und -monopole förderte die Transformation derselben in Nationalstaaten. Die damit zusammenhängenden Zentralisierungstendenzen innerhalb der Staaten trieben den schon seit dem Mittelalter sich abzeichnenden Prozeß der Territorialisierung der staatlichen Kontrolle weiter. Aber noch immer stand der militärische Konflikt zwischen aristokratischen Eliten als Form der Auseinandersetzung und vielfach auch als Mittel der Reichtumspolitik des Staates im Vordergrund. Wirtschaftliche Vorteile wurden nicht so sehr um ihrer selbst willen gesucht, sondern um die staatliche Macht zu stärken, die dann ihrerseits wieder Handels- und Kolonialpotentiale erzwingen konnte. Dies galt zumindest für Spanien, Frankreich, Preußen und Schweden - jeweils mit charakteristischen Unterschieden - und in geringerem Maße für das Habsburgerreich. Auf der anderen Seite zeigten die Niederlande und England eine relativ starke Entwicklung der Kaufmannsinteressen; in den Niederlanden dominierten sie den Staat, in England wurden sie nach 1640 immer stärker, so daß man hier umgekehrt davon sprechen kann, daß die Interessen "der Wirtschaft" als nationale Angelegenheit begriffen wurden.

Hoheitliche Integration: Aufbau und Krise der Staatsgesellschaften

Seit dem Mittelalter gab es die Landtage (Deutsches Reich) oder die Generalstände (Frankreich), das Parlament (England), die "cortes" in Spanien und Portugal, den Rijksdag in Schweden; diese Vertretungskörperschaften waren Repräsentanten der Aristokratie, des Klerus und der städtischen Bürgerschaften. Sie waren nicht gegründet worden, um Interessen zu vertreten, sondern um den König zu beraten. Dabei konnten sie in unterschiedlichem Maße auf die Entscheidungen Einfluß nehmen. Im Laufe des 16. Jahrhunderts kam es zu Theorien über die göttlichen Rechte des Monarchen, die gleichzeitig den Bruch mit den Vorstellungen vom Herrscher als dem Bewahrer traditioneller Gerechtigkeit zugunsten der Auffassung des Herrschers als Schöpfer neuer Gesetze und als Garant für deren Durchsetzung bedeuteten; die Vorstellung von politischer Gewalt im Sinne einer Theorie vom Staat setzte sich durch.[3]

Die Bestrebungen der Krone zur Stärkung der zentralen Autorität gegenüber Adel und Ständen führte zu Auseinandersetzungen im Inneren der Staaten, die durch die Struktur der Bevölkerung, die Beziehungen zwischen Grundherren und Bauernschaft und zwischen Bürgern und Adel bestimmt waren und sich in der Art der staatlichen Verwaltung, die sich herauszukristallisieren begann, niederschlugen. Dabei konnte mehr oder weniger Gewalt und Kontrolle von oben zum Einsatz kommen.[4] In Regionen, wo sich in zahlreichen mehr oder weniger autonomen Städten große Kapitalien in Form von Handelshäusern, Gewerbebetrieben und Banken angesammelt hatten, konnte die Staatsbildung nur unter Mitwirkung der städtischen Schichten und insbesondere des Handelskapitals geschehen. In anderen Teilen Europas, in denen agrarfeudale Zustände und die Dominanz des flachen Landes vorherrschten, behinderten die Grundherren und Magnaten nicht nur die Entwicklung von Städten und städtischer Wirtschaft, auch der Staat war durch ihre dezentrale Machtentfaltung in seiner Souveränität beschränkt. Die lokalen Potentaten hatten oft eigene Privatarmeen, auf deren Unterstützung auch die Staatsmacht nur zu oft angewiesen war. Die Zentralisierung konnte nur gelingen, wo sie durch Adelsverbände gestützt wurde, also eine Kombination von zentraler und aristokratisch-feudaler Macht erfolgte. In wieder anderen Regionen verband sich ein städtisches Handels- und Gewerbekapital mit einer starken Stellung des grundbesitzenden Adels. Gerade in diesen Ländern fand der europäische Absolutismus seine typische Ausprägung, weil die Staatsbildung sich sowohl auf das städtische Kapital als auch auf ständische Privilegien und zentrale Autorität gründen konnte; Bürgertum, Adel und Krone waren die Hauptakteure bei der Herausbildung des absolutistischen Staates, und die säkular begründete ständische Gesellschaft entstand zusammen mit diesem.

3 Jean Bodin, Les six livres de la république, Paris 1583.

4 Charles Tilly, Coercion, Capital, and European States, AD 990-1990, Oxford 1990, S. 27 ff.

Wohl bestanden große Unterschiede zwischen den einzelnen Staaten, doch ist allen ein wichtiges Merkmal gemeinsam, das den europäischen Absolutismus deutlich gegen despotische Regime abgrenzt: Die staatliche Territorialisierung und die Zentralisierung der Rechts- und Autoritätsstrukturen waren Ergebnis einer Balance zwischen verschiedenen Gruppen, wobei sich die Balance der Macht von Ständen, Städten oder rivalisierenden Machthabern hin zum Staat und zur Krone verschob. Individuelle Gewalt, private Armeen, Waffentragen wurden kriminalisiert, Befestigungen im Inneren, wie die Burgen, wurden geschliffen (in Frankreich unter Ludwig XIII.), an den Grenzen des Territorialstaates ließen die Könige hingegen Festungsbauten (Vaubans Befestigungslinie) errichten. Das Staatswachstum erfolgte zu Lasten fast aller anderen Gruppen und in Auseinandersetzung mit dem Hochadel, den Ständen und der nunmehr allmählich als "Bevölkerung" des Staatsgebietes wahrgenommenen Menschen. Michael Mann nennt dies die durch die "Logistik territorialer Zentralisation" und die "militärische Revolution" geförderte Transformation des "koordinierten Staates" in den "organischen Staat", die verschiedene potentielle Möglichkeiten zu mehr absolutistischen und mehr demokratischen Formen in sich barg.[5] Perry Anderson schreibt: "The absolute monarchies introduced standing armies, a permanent bureaucracy, national taxation, a codified law, and the beginnings of a unified market."[6] Damit verweist Anderson auf das bedeutsame Faktum des Beitrags des absolutistischen Staates zur Entstehung eines überlokalen, nationalen Binnenmarktes, das auch Mancur Olson in bezug auf die ökonomische Bedeutung "hoheitlicher Integration" hervorhebt.[7] Die Bemühungen der Krone um den Aufbau einer zentralen Verwaltung und der ungeteilten und gleichmäßigen Kontrolle über das gesamte Territorium schuf die Voraussetzungen für die Entstehung des Nationalstaates und der Integration des Wirtschaftsgebietes. In jedem Fall stellte der absolutistische Staat einen Wirtschaftsfaktor ersten Ranges dar. Es war die staatliche Politik der Privilegierung, der Monopole und der Manufakturgründungen, die Impulse setzte. Zwar wirtschaftete der Staat in den meisten Fällen nicht selbst, Politik und Verwaltung waren getrennt, die einen in staatlicher Hand, die anderen durch Private (z. B. Generalpächter, Handelskompanien) betrieben, aber dennoch ging nichts ohne ihn. Erst die Bewegung für Freihandel, gegen die Monopole der Handelskompanien und die Idee des selbststeuernden Marktes be-

5 Michael Mann, Geschichte der Macht, 2 Bde., Frankfurt/Main-New York 1991 (urspr. engl. 1986), Bd. 2, S. 305 ff. und 333 ff.

6 Vgl.: Perry Anderson, Lineages of the Absolutist State, London-New York 1989 (urspr. 1974), S. 17.

7 Mancur Olson, Aufstieg und Niedergang von Nationen, 2. Aufl., Tübingen 1991 (urspr. am. 1982), S. 158 ff.

wirkten, in der Ideologie des Liberalismus im 19. Jahrhundert mündend, die Reduktion des Staates als aktiver Betreiber wirtschaftlicher Ziele. Dies ging einher mit einer Änderung der sozialen Strukturen und manifestierte sich sowohl im politischen Machtverhältnis wie in Denkweisen und Theorien.

Anderson weist darauf hin, daß die feudalen Verhältnisse auf dem Land im Absolutismus keineswegs aufgehört hatten. Die Unterscheidung zwischen "feudalistischen" und "kapitalistischen" Produktionsverhältnissen ist jedenfalls zu einfach und zu wenig differenziert. Die absolutistischen Staaten waren daher nicht "kapitalistisch", obwohl die Generalpächter zwar große Kapitalien akkumulierten, die staatliche Politik aber meist nicht an den wirtschaftlichen Interessen als solchen orientiert war. Der Handel war ein Mittel zum Zweck und nicht das Ziel selbst. Es ist viel richtiger, die absolutistischen Staaten, wie Anderson dies auch ausdrückt, als "machines built overwhelmingly for the battlefield"[8] zu sehen. Oder anders ausgedrückt: Die Interessen an Reichtum wurden noch in anderen Quellen als kaufmännisch-gewerblichen Aktivitäten gesehen; noch wirkten jene Auffassungen nach, die den Königsweg zum Erwerb von Reichtum in Eroberungen und Tributen erblickten. Anderson sieht zwischen Absolutismus und Feudalismus keinen Widerspruch. Er bezeichnet die feudale Aristokratie als die auch im Zeitalter des Absolutismus herrschende Schicht, obwohl sich Macht und Reichtum zunehmend auf Krone, Bürokratie und städtische Handelseliten verlagerten. Der Adel ist allerdings seiner Natur nach, soweit es sich um den landbesitzenden Adel handelt, "übernational". Die absolutistischen Staaten verstanden sich zwar bereits in einem steigenden Maße als "national", allerdings begrenzt dadurch, daß der Staat als Vermögen des Dynasten angesehen wurde. Er war begründet durch die Person bzw. Dynastie, nicht durch eine Kultur oder ein Volk. Daher konnten sich Staatswesen durch die Verbindung von Personen bilden und umbilden, die dynastische Machtpolitik bediente sich neben dem Krieg der Heiratspolitik. Anderson schließt daraus auf den "irreducibly feudal character of absolutism".[9] Tatsächlich ist eher vom aristokratischen Charakter des absolutistischen Staates auszugehen, weil der Adel, insbesondere die Hocharistokratie, diesen Staat sozial und politisch prägte. Das drückt sich auch darin aus, daß höhere Ämter oder Dienste für Staat und Krone in der Regel zur Nobilitierung der Betreffenden führten, sofern sie nicht bereits dem alten Adel entstammten.

8 Perry Anderson, Lineages of the Absolutist State, op. cit., S. 32.
9 Ebd., S. 41.

Zu einer "Refeudalisierung" kam es auch in einem soziokulturellen Sinn durch die verstärkte Betonung der Distanzen zwischen den Ständen, die nun eine das gesamte Volk auf dem Territorium des Staates umfassende, unilineare vertikale Ordnung bilden konnten. Darin drückt sich auch aus, was Norbert Elias den Zivilisationsprozeß genannt hat, und den er in einen Zusammenhang mit der Herausbildung und Entwicklung des Absolutismus und der unterschiedlichen soziokulturellen Staatsbildungsprozesse gebracht hat.[10] Elias orientierte sich primär am französischen Zivilisationsprozeß der höfischen Gesellschaft des Absolutismus und verglich damit andere Wege der Entwicklung.[11] Die soziokulturelle Eigenart des Absolutismus in den verschiedenen Ländern übertrug sich allmählich auch auf die verschiedenen Schichten der Gesellschaft und formte die nationalen Kulturen, die ihrerseits die Wirtschaftspraxis bzw. ihren jeweiligen Stil prägte.

Das 17. Jahrhundert war aber auch eine Zeit der Krise der Autoritäten; allerorts brachen zahlreiche Aufstände - in Spanien, Portugal, Frankreich, England, Irland, Neapel und Rußland - aus, deren Ursachen in den immer wieder auftretenden Hungersnöten und den Steuererhöhungen lagen. Sie waren zumeist gemischte Rebellionen, die von Bauern und Städtern, Bürgern und Adeligen getragen wurden und teilweise schon nationale oder regionale Motive mit religiösen und wirtschaftlichen Zielen verbanden (z. B. der Haiducken-Aufstand in Ungarn, Aufstände in den dann zu den Vereinigten Provinzen gewordenen Teilen der Niederlande).[12] Vielfach hatten sie auch den Charakter von Widerständen gegen die Zentralisierung der Staaten und den einsetzenden Absolutismus, aber sie blieben im allgemeinen kurzfristige Erscheinungen ohne nachhaltige Folgen, mit Ausnahme der nördlichen Niederlande, deren Aufstand gegen Spanien eine der ersten erfolgreichen Revolutionen war, in denen "bürgerliche" und "nationale" Elemente eine große Rolle spielten, und des Bürgerkriegs und der "Glorious Revolution" in England. Die Forderung des Egalitarismus wurde in vielen Protesten und Aufständen des 17. Jahrhunderts zum

10 Norbert Elias, Über den Prozeß der Zivilisation, 2 Bde., 2. Aufl., Frankfurt/Main 1969; Ders., Die höfische Gesellschaft, 5. Aufl., Darmstadt-Neuwied 1981.

11 Helmut Kuzmics hat dieses Modell von Elias seinem Vergleich zwischen England und der Habsburger Monarchie zugrundegelegt. Helmut Kuzmics, State Formation, Economic Development and Civilization, in: Geschichte und Gegenwart 16/1997, S. 80-91.

12 In Frankreich sind hervorzuheben: die sogenannte Jacquerie von 1636-1637, der Aufstand der Nupieds ("nackte Füße") der Normandie 1639, der bretonischen Bauern 1675 und der "Camisards" im Süden nach der Aufhebung des Edikts von Nantes 1685. Siehe: Winfried Schulze (Hg.), Europäische Bauernrevolten der frühen Neuzeit, Frankfurt/Main 1982.

Allgemeinplatz. Seinen stärksten Ausdruck fand er in der Bewegung der Leveller und Digger in England, deren Ziel zumindest rhetorisch die Anerkennung der allgemeinen Rechte der Menschen war. Aber auch in Italien (Masaniello 1647) oder in Paris tauchten Lieder, Flugschriften und Pamphlete mit ähnlicher Stoßrichtung auf. Politische Flugschriften waren der bevorzugte Ausdruck einer neuen Öffentlichkeit. Auch gab es durchaus ein starkes Selbstbewußtsein unter den einfachen Leuten, die diese Proteste trugen. So meinte ein Arbeiter in Essex schon 1594: "Was können die Reichen gegen die Armen schon machen, wenn die Armen sich erheben und zusammenhalten?"[13] Manche Kommentatoren stellten daher die These auf, daß der Absolutismus ein Ergebnis der verschärften Klassengegensätze und der bäuerlichen Klassenkämpfe war, so daß Adel und Krone zusammenrücken mußten und der Adelsstand sich eines starken zentralisierten Staates bedienen mußte. Gerhard Heitz stimmt dieser These zwar zu[14], meint aber, der Absolutismus hätte andererseits auch die gegen den Feudalismus gerichteten Kräfte gefördert, weil der König sich oftmals mit diesen gegen die Interessen des Adels verbünden mußte.

Die Unruhen und die Verbreitung neuer sozialer Ideen zusammen mit dem Aufstieg des Bürgertums als ökonomisch und zunehmend politisch erstarkende Kraft förderten die Tendenzen zur Festschreibung der traditionalen sozialen Unterschiede und Standesprivilegien. "French noblemen talked steadily more about lineage and descent after 1570 or so. Noble blood acquired greater importance in these years obscuring other plausible justifications of privilege. The monarchy contributed to this enhanced evaluation, by inspecting genealogies more carefully and penalizing those who lacked proper ancestry. Concepts of lineage (race in the language of the seventeenth century) performed comforting ideological functions. They provided ways for individuals to understand their situations and for the aristocracy as a whole to understand its relationship to the rest of society."[15] Die ständischen Schranken wurden im 17. und 18. Jahrhundert stärker betont als vorher, gerade weil der Aufstieg reicher Bürger oder bürgerlicher Amtsträger in gewissem Maße zunahm und die gesellschaftliche Hierarchie durch die Beziehung zum Dynasten

13 Henry Kamen, Die europäischen Volksaufstände 1550-1660 und die Struktur der Revolten, in: Winfried Schulze (Hg.), op. cit., S. 129-170.

14 Gerhard Heitz, Der Zusammenhang zwischen den Bauernbewegungen und der Entwicklung des Absolutismus in Mitteleuropa, in: Winfried Schulze (Hg.), op. cit., S. 171-190.

15 Jonathan Dewald, Aristocratic Experience and the Origins of Modern Culture, France 1570-1715, Berkeley-Los Angeles-Oxford 1993, S. 15.

bestimmt war. Dies ließ erst eine säkulare institutionalisierte "ständische Gesellschaft" entstehen, was aber die politische und soziale Zentralisierung der staatlich-gesellschaftlichen Ordnung voraussetzte.

Die Rede von der nur von oben diktierten absolutistischen Politik entspringt einer einseitigen Deutung der Geschichte, die eine historische Interpretation aus der Zeit nach der Französischen Revolution war. Tatsächlich gab es insbesondere im 16. Jahrhundert auf Grund der drückenden Not weiter Teile der Bevölkerung, der noch immer gegebenen Machtzersplitterung und daraus folgenden Unsicherheit in bezug auf Leben und Vermögen eine breite Zustimmung, wenn nicht sogar Forderung nach Zentralisierung der Regierungsgewalt, Vereinheitlichung des Münzsystems, staatlicher Regelung von Löhnen und Preisen, Handels- und Marktordnungen für überlokalen Austausch, Schutz gegen die Ausbeutung durch Grundherren und Spekulanten etc. Die allgemeine Wohlfahrt oder der "common weal" waren in der Einschätzung der Menschen Aufgaben des Staates und der Regierenden. Wie sowohl Max Weber mit dem Begriff der Legitimität der Herrschaft, als auch in der Gegenwart Anthony Giddens mit dem Hinweis auf die duale Struktur der Herrschaft, aufgezeigt haben, bedarf jeder Machtanspruch von oben auch der Anerkennung der Machtunterworfenen und in vielen Fällen ist der Druck von unten sogar konstitutiv für größere Machtfülle der Regierenden.[16] Man kann das auch für die Genese des Absolutismus annehmen, wenn es hierbei auch sicherlich beträchtliche Unterschiede gegeben hat. Initiative und Anspruch konnten einmal stärker von oben, dann wieder mehr von unten kommen. In jedem Fall ist es sinnvoller, von einem Zusammen- und gleichzeitigem Gegenspiel auszugehen, das den Prozeß bestimmte. Das schließt natürlich auch Gewalt, Ausbeutung und Abschichtung keineswegs aus, genausowenig wie den Pomp und Prunk barocker Hofhaltung. Diese geriet auch immer mehr ins Kreuzfeuer der Kritik, bis sie schließlich zu einem der Gründe der Revolution wurde. Verschwendung, Prunk und Luxus der Hofökonomie zusammen mit der selbstherrlichen Ausbeutung des Landes ließen schließlich in Frankreich die letzten Verfechter einer Harmonie von Fürsten- und Volkswohl verstummen. Dennoch kann man auch von einer Versachlichung und Verrechtlichung der Regierungsgewalt im 18. Jahrundert sprechen, in dessen Verlauf die administrativ-regierende Funktion des Fürsten immer mehr in den Vordergrund rückte, und die glanzvolle Eigenweltlichkeit des Hofes zurücktrat.

16 Max Weber, Wirtschaft und Gesellschaft, 5. Aufl., Tübingen 1985 (urspr. 1922), S. 122 ff.; Anthony Giddens, The Constitution of Society, Berkeley 1984, S. 297 ff.

Absolutismus und Merkantilismus auf dem Kontinent

Die Staaten, in denen sich der Absolutismus am stärksten ausprägte, waren Spanien und Frankreich. In Spanien gab es schon früh eine starke Tradition königlicher Macht und Autorität in Kastilien, nicht jedoch in Aragon. Im vereinigten Königreich von Ferdinand und Isabella konzentrierten sich die absolutistischen Bestrebungen daher weitgehend auf Kastilien, das auch weit volkreicher war. Eine systematische Reorganisation fand statt: Die Ritterorden und ihr Landbesitz wurden aufgelöst, Burgen und Herrschaftssitze der Barone geschliffen, private Kriegsführung verboten. Die Autonomie der Städte wurde beschnitten und staatliche Verwaltungsorgane eingesetzt; die königliche Rechtsprechung wurde verstärkt und erweitert, die kirchlichen Benefizien wurden für den Staat reklamiert, die "Cortes" zu reinen Vertretungen der Financiers für die Kriege der Könige. Da die Aristokratie und der Klerus von den dafür vorgesehenen Abgaben ausgenommen waren, wurden sie auch nicht konsultiert. Der königliche Rat wurde verstärkt, eine Bürokratie direkt unter den Königen geschaffen. Die Vergrößerung der Einnahmen der Krone ging nicht zu Lasten der ökonomischen Interessen der Grundherren, die in der "Mesta" vereinigten Schafzüchter wurden durch Privilegien gestützt. Die rücksichtslose Förderung der Schafwollproduktion bedeutete eine Katastrophe für die spanische Landwirtschaft, und die soziale Struktur auf dem Land wurde mehr und mehr von Lohnarbeit und Arbeitslosigkeit beherrscht. In Aragon kam es hingegen zu keinen derartigen Reformen, es gab daher keine verwaltungsmäßige Vereinigung zwischen den beiden Teilen, interne Zölle zwischen Kastilien und Aragon blieben aufrecht, es gab sogar unterschiedliche Währungen, unterschiedliche Steuern und Rechtssysteme. Das behinderte die weitere Entwicklung der Wirtschaft, insbesondere den Binnenhandel. Die Einfuhr amerikanischen Silbers und Goldes ermöglichte dann Philipp II. ausgedehnte Kriege, trotz einer immer weniger leistungsfähigen Wirtschaft. Die jahrzehntelangen Kriege in den Niederlanden, die Beteiligung Spaniens am Dreißigjährigen Krieg, die Kriege gegen England, die Osmanen und gegen Frankreich verschlangen riesige Summen Geldes und Menschenleben.

Die Vereinigten Provinzen der Niederlande wurden in der Auseinandersetzung mit Spanien Ursprungsland der bürgerlichen Revolution. 1579 hatten sie sich nach einer Reihe von Aufständen gegen die Spanier von den südlichen Teilen getrennt und 1609 einen Dauer-Waffenstillstand erreicht. Mit dem Verlust der nördlichen Provinzen verlor Spanien nicht nur ein reiches Gebiet, sondern auch die Möglichkeit, ein Weltreich aufzubauen, das wirtschaftlich von den Niederlanden her kontrolliert hätte werden können. Die Vereinigten Provinzen waren eine Konföderation von Stadtregierungen mit kaufmännischer Führung. Die Generalstände, als Vertretung der Provinzen, die Ständeversammlung jeder Provinz und deren Statthalter bildeten die formale Verwaltungsstruktur. Tatsächlich hatte jedoch Holland die Macht, denn es zahlte sechzig Prozent aller Regierungskosten und Amsterdam davon wieder die Hälfte. Die Niederlande stellten innenpolitisch das Gegenmodell zu Spanien und Frankreich dar: statt absolutistischer Monarchie eine konstitutionelle Ordnung, in der die reichen Kaufleute das Sagen hatten.

In Frankreich wuchs unter Franz I. und Heinrich II. die Macht der Krone, aber erst unter Heinrich IV. kam es zu einer Entwicklung hin zum Absolutismus. Sein erster Architekt war der Graf Sully, Freund und erster Minister Heinrichs. Wichtig dafür war die Zentralisierung der Verwaltung, die eigenständige Finanzkraft der Krone und die Beschneidung der regionalen Macht des Adels. Das Münzrecht wurde schon seit langem zentral ausgeübt, aber wie die alten dezentralen Feudalstrukturen weiterwirkten, zeigt die Affäre der gefälschten "luigini".[17] Von besonderer Bedeutung war die "Paulette", der Ämterkauf. Dieser bestand zwar schon seit einem Jahrhundert, aber nun wurden die Ämter gegen Zahlung einer bestimmten Summe pro Jahr erblich, was eine eigene Schicht von Bürokraten mit oft nur nominellen Aufgaben entstehen ließ. Viele neue Ämter wurden geschaffen, die keine Funktion hatten. Sie dienten vor allem einer gehobenen Schicht von reichen Bürgern, vielfach Kreditgebern der Krone, dazu, in den Adelsstand aufgenommen zu werden, wodurch eine neue Schicht von Adeligen, die "noblesse de la robe", entstand. Der Kauf eines mit Adelung verbundenen Amtes war auch ein gutes Geschäft, da der Adel von Steuern ausgenommen war. So opferte der Staat langfristige Einnahmen für kurzfristig lukrierbare Einkünfte.

17 Zu Beginn der 40er Jahre des 17. Jahrhunderts wurden in Frankreich Silbermünzen geprägt, deren Scheidemünzen "louis des sous" hießen. Da Frankreich mit dem türkischen Reich eine passive Handelsbilanz hatte, flossen viele dieser Silbermünzen in die Türkei, wo aber - aus nicht ganz geklärten Gründen - eine Manie nach den louis des sous entstand, die als Schmuckstücke heiß begehrt wurden. Genuesische Adelige, die als Lehensleute des französischen Königs das Münzrecht besaßen, obwohl sie es seit Jahrhunderten nicht mehr ausgeübt hatten, ließen - vermutlich auf Anregung von Spekulanten - nun zahlreiche Silbermünzen prägen und verkauften sie in die Türkei. Bald gingen sie dazu über, den Silbergehalt dieser Münzen stark zu reduzieren, um ihre Gewinne zu erhöhen. Diese entwerteten "luigini" lösten große Unsicherheit im Handel aus, die den Sultan schließlich dazu veranlaßte, alle entwerteten "luigini" einschmelzen zu lassen. Siehe: Carlo M. Cipolla, Geld-Abenteuer, Berlin 1995 (urspr. it. 1994), S. 45 ff.

Richelieu schuf das System der Intendanten und damit eine zentrale Verwaltung des ganzen Reichsgebietes. Die Provinzverwaltung, die bisher durch die Aristokratie durchgeführt worden war und ihre Machtbasis dargestellt hatte, wurde nun zu einem vom König abhängigen Amt, welches aber im Unterschied zu den anderen mehr oder weniger dekorativen Ämtern nicht erblich war. Das Intendantensystem war wenig beliebt, und um die Mitte des 17. Jahrhunderts kam es zur sogenannten "Fronde": Aristokraten, städtische Notabeln und reiche Bürger benutzten die Unruhe und Unzufriedenheit im Volk auf Grund von Mißernten, Hungersnöten, Inflation und Steuerbelastung für ihre eigenen Ziele, nämlich die Abschaffung des Intendantensystems und als Protest gegen die Abwertung der Staatsschulden.[18] Aber der Aufstand wurde niedergeschlagen und als 1661 Ludwig XIV. selbst die Regierungsgeschäfte in die Hand nahm und der Staat unter einem personalen Souverän mit bemerkenswerten expressiven Fähigkeiten stand, entfaltete sich das absolutistische Potential der französischen Konstellation in spektakulärer Form. Jakob Burckhardt deutete die Regierung Ludwigs XIV. als eine Übernahme der katholischen Weltmonarchie-Vorstellung Spaniens durch Frankreich und kulturell als Hispanisierung Frankreichs.[19] Die "parlements" wurden zum Verstummen gebracht, die städtische Autonomie eingeschränkt, die Provinzstädte ihrer Macht beraubt, Befehlsgewalten und Machtpositionen rotierten nach einem strengen System, die Hocharistokratie wurde gezwungen, am Hofe von Versailles zu leben.

Die ökonomische Rationalität, die im Spätmittelalter auch unter den französischen Adeligen vorhanden war, wich einer Pfründen- und Privilegienmentalität.[20] Die Notwendigkeit, große Summen Geldes für Ämter und für das Leben bei Hof aufzuwenden, zwang die Adeligen zur Kreditaufnahme und in die Abhängigkeit. Geld spielte im Frankreich des 17. Jahrhunderts daher eine sehr starke Rolle im Bewußtsein und im Leben der Adeligen, die Karriere machen wollten, wenn auch nicht als Geldtransaktionen auf dem Markt, sondern in Form von Ämterkauf, Schulden, Repräsentationsausgaben, Bestechungen etc. Vergeldlichung und die spezifischen Bindungen der "höfischen Gesellschaft" verbanden sich und schufen eine Situation, in der Rivalitäten um politische Macht und politischen Einfluß die Konkurrenz überlagerten, die aus autonomem Privateigentum und Erwerbsstreben stammte.

18 Das war eine ingeniöse "Erfindung" Sullys, bei der einfach die Schulden des Königs abgewertet oder überhaupt "abgeschrieben" wurden - zum Schaden der Kreditgeber.

19 Jakob Burckhardt, Historische Fragmente, Nördlingen 1988, S. 208.

20 Jonathan Dewald, op. cit., S. 150 ff.

Der Grundbesitz galt dem französischen Adel als Quelle für Konsumeinkommen, nicht als Grundlage für Produktionsgewinne und Kapitalbildung.[21]

Der König und sein engster Rat wurden zur unumschränkten Autorität im Staat und regierten mit Hilfe berufsmäßiger, oft aus dem Bürgertum kommender Minister. Unter Colbert erfolgte dann die Zentralisierung der Verwaltung, die Steuereintreibung wurde in Form der Generalpacht zentralisiert, wenn auch nicht dem Staat verwaltungsmäßig einverleibt. Vauban errichtete einen Befestigungsring von Lille im Norden bis zum Mittelmeer. Das Militär wuchs an Zahl, erhielt regelmäßigen Sold, eigene Uniformen und wurde systematischem Drill unterzogen. Frankreich hatte zu dieser Zeit bereits die bestorganisierte und größte Armee Europas. Das 17. Jahrhundert verzeichnete eindeutig einen Anstieg im Ausmaß und der Dauer der Kriege. Hatte Ludwig XII. in Frankreich noch Kriege mit 20.000 bis 40.000 Mann geführt, so waren es unter Ludwig XIV. 300.000.[22] Das war bedingt durch die weite Verbreitung von Feuerwaffen und Artillerie, die wieder neue Militärtaktiken und -strategien erforderlich machten.[23] Die enorme Steigerung der Größe des Heeres brachte auch einen gigantischen Anstieg des Finanzbedarfs der Staaten mit sich. Die Kriege waren ein dauernder Begleitdonner des Sonnenkönigs, dessen höfisches Zeremoniell und absolutistisches Regime zum Muster für die anderen europäischen Höfe wurde.

Jean-Baptiste Colbert gelang es, den König davon zu überzeugen, daß Handel und Wirtschaft wichtig seien, um die Größe Frankreichs und die Stärke der Monarchie zu erhöhen. Colbert sah die Wirtschaft als Tätigkeitsbereich und Instrument des Staates und des Königs. Colberts Aufgabe war zum einen, möglichst viel Geld für

21 Die kommerzielle Entwicklung der ländlichen Wirtschaft und die Unterschiede zwischen Landadel und Feudalherren bis zum Ausbruch der Französischen Revolution beschreibt Jonathan Dewald anhand einer Fallstudie. Jonathan Dewald, Pont St. Pierre 1398-1789, Berkeley u. a. 1987.

22 Siehe: Charles Tilly, Coercion, Capital, and European States, AD 990-1990, Oxford 1990, S. 79.

23 Die Bedeutung der Entwicklung der Kriege und der Armeen für die absolutistischen Staaten wurde von mehreren Autoren wie Lawrence Stone, Charles Tilly oder Michael Mann betont. Letzterer spricht von der "zentralisierenden Kraft der Feuerwaffen"; die großen Heere mit ihrem hohen Finanzbedarf sind nicht mehr private Armeen feudaler Heerführer, sondern werden zur Angelegenheit des ganzen Staates. Dabei wies Mann auch auf die Unterschiede zwischen typischen See- und typischen Landmächten hin. Die Entwicklung in der Kriegsführung ließ schließlich ein multistaatliches System mit weitgehender militärischer Pattstellung zwischen den wichtigsten europäischen Mächten entstehen. Vgl.: Michael Mann, Geschichte der Macht, Bd. 2, Frankfurt/Main-New York 1991, S. 324 ff.

Ludwigs Kriege und den Luxus des Hofes aus dem Land herauszupressen, zum anderen versuchte er, die staatliche Kontrolle über die Wirtschaft zu systematisieren und zu rationalisieren. In seiner praktischen Tätigkeit erwies sich Colbert als überaus motivierter Administrator. Er schloß die fünf großen Zollkreise zu einem einheitlichen Zoll- und Staatsgebiet zusammen, hob die Handelsschranken auf, ließ Kanäle, Häfen, Schiffe und Straßen bauen, errichtete königliche Manufakturen[24] und Handelskompanien, zwang Städte und Zünfte unter die Kontrolle einer gemeinsamen Ordnung des Staates, schränkte die Befugnisse der lokalen Gewalten ein, forcierte Binnenwirtschaft wie Außenhandel und festigte die wirtschaftliche Einheit Frankreichs.

Von besonderer Bedeutung war die Sanierung der Staatsfinanzen durch die Reform des Steuerwesens. Allerdings reichten die Einnahmen durch Steuern und Abgaben nicht aus, so daß Staatsanleihen und Ämterverkauf zu permanenten Erscheinungen des staatlichen Finanzhaushalts wurden. Steuern waren ursprünglich gedacht als außerordentliche Aufwendungen in Notzeiten, wurden dann aber ständige Einrichtungen, die die französischen Könige seit dem Ende des 15. Jahrhunderts sogar ohne Einverständnis der Generalstände einheben konnten. Die Steuereinhebung erfolgte durch Pächter und ursprünglich getrennt für die einzelnen Arten von Steuern, die "aide" (eine Verbrauchssteuer) und die "gabelle" (die Salzsteuer, die zur fixen Abgabe wurde), die Zölle und Tarife, die innerhalb von Frankreich und auch im internationalen Handel eingehoben wurden. Insbesondere die "gabelle" erregte immer wieder den Unwillen der Bevölkerung, denn die Nutznießer waren in erster Linie die Steuerpächter und die Anleihezeichner, wieder privilegierte Personen, die selbst keine "gabelle" zahlten. Der Kreislauf des Reichtums, bei dem die Grundrente und die Feudalabgaben in staatliche Renten flossen, die wieder an die Feudalklasse ausgeschüttet wurden[25], trug solcherart auch zur ökonomisch-sozialen Refeudalisierung trotz politisch-administrativer Zentralisierung bei. Colbert suchte Ord-

24 Mit der Errichtung von Manufakturen hatte schon Franz I. begonnen, indem er italienische Handwerker nach Frankreich holte, die in privilegierten königlichen Manufakturen die Herstellung von Seide, Wandteppichen, Porzellan und Luxusgläsern leiten sollten. Heinrich IV. erhöhte die Zahl dieser Manufakturen. Sein Minister Sully war zwar gegen die Subventionierung dieser königlichen Manufakturen gewesen, aber er setzte sich nicht durch und mußte sich dann darauf konzentrieren, den Ertrag der königlichen Monopole auf Salpeter, Schießpulver, Munition und Salz zu steigern.

25 Necker bezeichnete im ausgehenden 18. Jahrhundert die Salzsteuer als die verhaßteste aller Steuern. Sie trug schließlich auch zum Ausbruch der Französischen Revolution bei. Jean Claude Hocquet, Weißes Gold, Stuttgart 1993 (urspr. frz. 1985), S. 406 ff.

nung in die staatlichen Finanzen zu bringen, indem er alle Steuern in einer Generalpacht zusammenfaßte. Die Steuerpächter zahlten der Krone eine vereinbarte Summe und trieben diese dann ein, wobei sie natürlich darauf achteten, ihren Gewinn dabei zu machen.[26] Sie bildeten auf Grund der Höhe der involvierten Beträge Syndikate von Financiers. Den Financier bezeichnet Daniel Dessert[27] als eine zentrale Figur der Gesellschaft des Barockzeitalters, wobei er insbesondere hervorhebt, daß diejenigen, die die Gelder für den König und den Adel auftrieben, vorstreckten, zwischenfinanzierten, in Frankreich eine besondere Gruppe darstellten, von der der Staat mehr als überall sonst abhing. Der Financier war gleichzeitig eine der meistgehaßten Personen, er war Inbegriff der Habgier und der Ausbeutung des Volkes. Die Financiers im Frankreich des 17. Jahrhunderts kamen aus der katholisch-adeligen Beamtenschicht und waren selbst meist auch Amtsträger. Nur wenige kamen aus dem Handel oder Gewerbe oder aus Bankierskreisen. Der Financier holte sich das Geld für die Vorschüsse an den König von den reichen grundbesitzenden Herren, die ihr Geld gewinnbringend, aber anonym anlegen wollten. Gegenüber dem König fungierte er als Steuerpächter, wurde als Financier Mittelsmann zwischen Monarchie und Geldgebern, die ihm entweder als stille Teilhaber oder über Darlehen gegen Wechsel oder Anteilscheine Geld zur Verfügung stellten. Als Sicherstellung dienten die Grundstücke, Immobilien und Ämter der Financiers. Colbert trug zum Sturz seines Vorgängers, des Finanzministers Fouquet bei, der an der Spitze einer Gruppe von Steuerpächtern stand. Als er selbst dieses Amt bekleidete, baute aber auch er um sich eine Gruppe von Financiers auf, die die wichtigsten Ämter der Finanzverwaltung besetzten und damit über die Einnahmequellen aus direkten und indirekten Steuern verfügten. 1673 erließ Colbert die Handelsverordnung, eine Kodifikation des Handelsrechts, und versuchte auch, die Gewerbe zentral zu kontrollieren; zu diesem Zweck erließ er eine Unzahl unglaublich detaillierter Anweisungen, die jeden Schritt der Herstellung von hunderten von Produkten regelten und setzte ein Corps von Inspektoren und Richtern ein, die die Einhaltung überwachen sollten. Um Frankreich autark zu machen, verfügte er 1664 ein System von Schutzzöllen, was dann Auslöser für einen Handelskrieg mit den Niederlanden wurde. Auch Frankreich gründete Handelskompanien, die aber nicht nur mit Monopolrechten ausgestattete private Vereinigungen waren, sondern staatliche Einrichtungen, in die

26 Diese Art der finanziellen Gestion des Staates verhinderte auch die Bildung einer zentralstaatlichen Justiz- und Finanzverwaltung; an ihrer Stelle wurde eine private "Verwaltung" vom Syndikat der Generalpächter aufgebaut.

27 Daniel Dessert, Der Finanzier, in: Rosario Villari (Hg.), Der Mensch des Barock, Frankfurt/Main-New York-Paris 1997 (urspr. it. 1991), S. 82-113.

Private zwangsweise investieren mußten. Handelsposten und Kolonien in Kanada, den Westindischen Inseln und in Indien sollten für Frankreich geschaffen werden. Auch dafür erließ Colbert detaillierte Anweisungen und Richtlinien. Einmal errichtet, erhielten die Niederlassungen jedoch wenig Unterstützung durch die Krone. Der Colbertismus begründete auch keine dauerhafte Sanierung der Finanzen. Als Colbert starb, waren die Finanzen Frankreichs bald wieder zerrüttet und eine Depression setzte ein.

Im Osten Europas trug der Absolutismus stärker despotische Züge, er war hier keine Verbindung mit kommerzieller, industrieller und finanzpolitischer Entwicklung eingegangen, sondern entstand im 16. und 17. Jahrhundert als ein Mittel der Konsolidierung der Adelsherrschaft und der Leibeigenschaft. Fast überall ging hier die Entwicklung des Absolutismus einher mit der rechtlichen Anerkennung und effektiven Durchsetzung der Leibeigenschaft, denn der Souverän konnte als Exekutor der Adelsherrschaft die Abwanderung der Landbevölkerung viel besser unterbinden als der regionale Gutsherr. "A ruthlessly centralized and unitary repressive apparatus was an objective necessity for the surveillance and suppression of widespread rural mobility in times of economic depression."[28] In der Regel ging das auch einher mit einer einschneidenden Schwächung der Städte. Der "Zemsky Sobor" in Rußland beschloß 1648 die "Sobornoe Ulozhenie", das erste umfassende Gesetzeswerk in Rußland, durch das die Städte der Staatskontrolle unterstellt, die Bodenbindung der Bauern fixiert und die Grundlage für eine zentrale, legislative und exekutive Macht des Staates gelegt wurde. Rußland war das Land, in dem sich Absolutismus und Refeudalisierung am stärksten verbanden, aber ähnliche Prozesse gab es in ganz Mittel- und Osteuropa, so etwa auch in Böhmen und Mähren unter der Habsburgerherrschaft, wo der Dreißigjährige Krieg fast den ganzen Adel ausgerottet hatte und sich ein neuer kosmopolitischer Adel entwickelte.

Auch in Deutschland mit seinen zahlreichen Fürstentümern und Staaten machten sich die Zentralisierung der Finanzverwaltung und eine merkantilistische Politik bemerkbar. In diesem Fall war es offenkundig, daß es weniger die Handelsbilanz oder die Monopolisierung und Kontrolle des Außenhandels sein konnte, die das Streben der Fürsten nach politischer und wirtschaftlicher Autonomie fördern konnten, sondern die Gestion und Verwaltung der "camera", der fürstlichen Schatzkammer. In vollem Ausmaß zeigten sich Absolutismus und Kameralismus hier jedoch

28 Perry Anderson, Lineages of the Absolutist State, London-New York 1989 (urspr. 1974), S. 208.

erst im 18. Jahrhundert. Am erfolgreichsten erwiesen sich die Hohenzollern in Preußen, das aus dem Kurfürstentum Brandenburg durch die Vereinigung mit dem 1618 annektierten Ostpreußen entstanden war. Das Land war gekennzeichnet durch Landwirtschaft von geringer Produktivität und daher nur mäßig wohlhabend. Hier führte der "Große Kurfürst" Friedrich Wilhelm ab 1640 eine ständige Verwaltung, ein stehendes Heer, die Aufhebung der ständischen Finanzrechte, Kontributionen und die Akzise ein, sowie merkantilistische Praktiken, d. h. Schutzzölle, Monopolpolitik und Subventionen für die Industrie. 1653 schlossen der "Große Kurfürst" und die Ständeversammlung einen Vertrag, der dem Kurfürsten Steueraufkommen für ein stehendes Heer bewilligte, wofür dieser die Bindung der Bauern an das Land verordnete. Friedrich Wilhelm war selbst Calvinist und nach dem Widerruf des Edikts von Nantes im Jahre 1685 lud er insbesondere hugenottische Unternehmer und Facharbeiter ein, sich in Preußen, das sehr spärlich bevölkert war, niederzulassen.[29] Darüber hinaus - und das ist vielleicht das Spezifische an der kameralistischen Politik vor allem im 18. Jahrhundert - förderten die Hohenzollern, zunächst Friedrich Wilhelm I., der Soldatenkönig (Brandenburg-Preußen war 1701 zum Königreich geworden), die Zentralisation der Verwaltung, den Einsatz von berufsmäßigen Beamten mit eigenem Verantwortungsbereich, die Sparsamkeit in den Ausgaben (mit Ausnahme der Heeresausgaben, die die Hälfte des Budgets ausmachten) und die pünktliche Eintreibung der Steuern. Das machte die preußische Verwaltung außerordentlich effizient. Die dem Fürsten gehörenden landwirtschaftlichen Güter, Kohlebergwerke, Eisenwerke etc. warfen die Hälfte der Staatseinnahmen ab. Diese dienten in erster Linie für die Erhaltung der Armee, die so unverhältnismäßig groß, vor allem aber so gut gedrillt war, daß man davon sprach, Preußen sei eine Armee mit Staat. In dieser Militärmonarchie aber entstanden neue Aufgaben und Karrierechancen für den Adel als Offiziere, hohe Beamte und Gutsherren.

Der Identifikationsfunktion der Person des Monarchen kam im Habsburgerreich auf Grund der ethnisch-nationalen Unterschiede die größte Bedeutung zu. Gleichzeitig konnte hier kein wirklich einheitliches Staatsbewußtsein entstehen, so daß der Absolutismus einen weniger zentralistischen Akzent erhielt als in Westeuropa und auch weniger despotische Elemente enthielt als in Osteuropa. Überdies wirkte sich auch die Kombination von deutscher Kaiserwürde und landesfürstlichen Funktionen hinderlich für die Zentralisierung aus, da die ständischen Vertretungen dadurch noch lange bestehen blieben. In der Habsburgermonarchie herrschte daher eine rela-

29 Vgl.: Reinhard Koselleck, Preußen zwischen Reform und Revolution, Stuttgart 1981 (urspr. 1967).

tiv milde Form des Absolutismus vor, auch deshalb, weil die Habsburger nach den Weltmachtambitionen Karls V. und den Erfahrungen des Dreißigjährigen Krieges machtpolitisch eher zurückhaltend waren, und zum anderen, weil hier der Adel nicht so sehr seiner Gegenmachtpotenz verlustig ging wie in Frankreich. Dies lag auch in der Heterogenität des Reiches und seines Adels begründet und darin, daß dieser niemals so stark von seinen Landgütern entfremdet wurde. Auch der Aufbau einer Armee wie in Preußen und Frankreich und die Entwaffnung der Privaten gelang hier nicht, man behalf sich noch im Dreißigjährigen Krieg mit Söldnerheeren, die von Kriegsunternehmern wie Wallenstein bereitgestellt wurden. Die Spannung zwischen Landesfürsten und Landständen setzte sich auch nach dem Dreißigjährigen Krieg und trotz der Zentralisierungsbemühungen der Krone in anderer Form weiter fort.[30] Die sozialen Verhältnisse im Volk waren, ebenfalls nach Ländern und Völkern des heterogenen Reichsgebildes, stark differenziert; während in den östlichen Gebieten die Gutswirtschaft und die sekundäre Leibeigenschaft seit dem 16. Jahrhundert wieder erstarkt war, gab es in den westlichen Regionen immer auch einen freien Bauernstand. Die merkantilistischen Interessen am Aufbau des Außenhandels und der Manufakturen gingen zwar auch im Habsburgerreich von der Krone aus, aber der Wirtschaftspolitik waren durch die ständischen Privilegien und Interessen Grenzen gesetzt, insbesondere in bezug auf die Vereinheitlichung der Steuerpflicht und den Aufbau einer zentralen Verwaltung. Der Wegfall der zentralen Bedeutung des Mittelmeers für den Fernhandel und das Fehlen eines ausgeprägten Exportgewerbes ließen Wiens Stellung als wichtigem Handelsplatz, den es im Hochmittelalter noch innehatte, schrumpfen. Zwar hätte der Hof die Wirtschaft beleben können, aber dadurch, daß die Habsburger, um ihre Kriege finanzieren zu können, ihre wichtigen Bergwerke in Tirol, Kärnten, Krain und der Steiermark an die oberdeutschen Handelshäuser verpachtet hatten, untergruben sie gleichzeitig die Kapitalbasis für die Entstehung eines eigenständigen starken Handelsstandes. Dazu kamen Staatsverschuldung und Münzverschlechterung. 1666 war ein "Commercien-Kollegium" auf Initiative J. J. Bechers gegründet worden, das die Wirtschaft im Sinne der "Landesökonomie" lenken sollte; dieses geriet jedoch bald in Konflikt mit der Finanzkammer. Eine "Orientalische Kompanie" war 1667 ebenfalls unter dem Einfluß J. J. Bechers als Aktiengesellschaft gegründet worden, die sich mit dem Osthandel befaßte. Ihre Hintermänner waren Adelige und "Niederleger".[31] Sie ging

30 Heinz Dopsch, Der österreichische Adel, in: Erich Zöllner (Hg.), Österreichs Sozialstrukturen in historischer Sicht, Wien 1980, S. 25-43; Ernst Bruckmüller, Sozialgeschichte Österreichs, Wien-München 1985.

31 Das waren Filialen ausländischer Handelsgesellschaften.

nach vielen Schwierigkeiten im Türkenkrieg zugrunde. Eine von Karl VI. 1719 gegründete Handelskompanie der Levante war auch nicht besonders erfolgreich. Die einzige hoffnungsvolle Gründung, die einer Ostindischen Kompanie in den Habsburgischen Niederlanden, wurde von Karl VI. im Austausch für die Anerkennung der Pragmatischen Sanktion wieder aufgegeben.[32] Die Staatsfinanzen auf der Einnahmenseite waren in die Camerale und in die Contributionale gegliedert. Aus der Camerale sollte sich der Hofstaat finanzieren; zuständig war die 1527 gegründete Hofkammer; die Einnahmen stammten ursprünglich aus den Domänen, was aber bei den Habsburgern schon früh nur mehr einen geringen Teil der Einkünfte ausmachte. Größere Bedeutung kam den Regalien zu (Verpachtung und Überschuldung von Bergwerken), sowie der Überführung von Zöllen und Mauten in landesfürstliche Hoheit. Die Contributionale, für die seit 1527 die Hofkanzlei zuständig war, wurde von den von den Landständen zu bewilligenden Steuern, das waren zum Großteil direkte Abgaben wie die auf Grundbesitz, Vermögen und Einkommen, aufgebracht, und diente der Finanzierung der Armee. In Staatsnotlagen ging die Regierung dazu über, neue direkte Steuern ohne Bewilligung durch die Landstände einzuheben. Im 17. Jahrhundert gelang jedoch noch keine grundlegende Veränderung des Finanzsystems in Richtung Zentralisierung und Zurückdrängung der Macht der Stände. Erst im 18. Jahrhundert, vorbereitet durch die Trennung von deutscher Kaiserwürde und der Ausübung der Regierungsgewalt in den Erblanden unter Franz Stephan I. und Maria Theresia, und dann insbesondere durch die Bemühungen um den Aufbau eines souveränen Staates, die mit dem Begriff Josephinismus bezeichnet sind, kam es gleichzeitig mit dem Aufklärungsdenken und den neuen Staatsideen zum Aufbau des "aufgeklärten Absolutismus".

Politische Ökonomie und Kameralismus

Karl Pribram[33] differenzierte in bezug auf die räumliche Verteilung der unterschiedlichen Denkmuster im 17. Jahrhundert, die auch die Wirtschaftsauffassungen prägten, zwischen England (und den Niederlanden) auf der einen und Frankreich, Spanien und Mitteleuropa auf der anderen Seite. Er unterschied zwischen der baconschen empirischen und der cartesischen Richtung des Wirtschaftsdenkens. Wäh-

32 Und auch die von dem Holländer Wilhelm Bolts geschaffene Österreichisch-Ostindische Kompanie von 1722, die eine Faktorei in Südostafrika angelegt und die Nikobaren für Österreich in Besitz genommen hatte, ging 1785 zugrunde. Günther Chaloupek/Peter Eigner/Michael Wagner, Wien. Wirtschaftsgeschichte 1740-1938, Bd. 2: Dienstleistungen, Wien 1991, S. 1001 ff.

33 Karl Pribram, Geschichte des ökonomischen Denkens, Bd. 1, Frankfurt/Main 1992 (urspr. am. 1983), S. 119 ff.

rend die Erosion der thomistischen Scholastik durch den Nominalismus und Empirismus in England bereits weit fortgeschritten war, herrschten in Süd- und Mitteleuropa noch die scholastischen Denkstrukturen vor und gingen einerseits mit dem Denken der deutschen Reformatoren, andererseits der cartesischen Philosophie eine Verbindung ein. Als einen der ersten, der Bacons Methoden auf soziale und wirtschaftliche Zusammenhänge anwandte, sah Pribram Sir William Petty an. Wirtschaftliche Probleme faßte Petty als Relationen zwischen meßbaren Größen auf. Die Bezeichnung, die er seiner Schrift gab, "Politische Arithmetik", weist auf einen weiteren Umstand hin: die Übertragung von Verfahren und Denkmustern aus der Kaufmannspraxis auf die gesamtgesellschaftliche Ebene. Aber auch die Newtonsche Physik und die Vorstellung mechanischer Abläufe, sowie die große Bedeutung der Mathematik für das Verständnis der Naturgesetze, beeinflußten das Denken über Wirtschaft und Gesellschaft in England.[34] Dies geschah in gewisser Weise auch im Fall der Kameralisten, insbesondere der österreichischen.[35]

Eine andere wichtige Veränderung betraf die Herkunft und Stellung der Wirtschaftsfragen behandelnden Autoren. Während bis ins 16. Jahrhundert hinein Theologen die wirtschaftsrelevante Literatur beherrschten[36], wurde die Wirtschaft im 17. und 18. Jahrhundert ein Thema, mit dem sich vorzugsweise Philosophen, gebildete Bürger und Politiker befaßten. Bemerkenswert war daher im 17. Jahrhundert das Auftreten einer größeren Zahl von Büchern und Abhandlungen wirtschaftspolitischen Inhalts. Diese stammten zum überwiegenden Teil von Praktikern der öffentlichen oder para-öffentlichen Verwaltung (d. i. Finanzministern und/oder Direktoren der großen Handelskompanien).[37] Weil in den einzelnen Staaten sehr unter-

34 Siehe: Margaret C. Jacob, The Newtonians and the English Revolution 1689-1720, New York 1990; Dies., The Cultural Meaning of the Scientific Revolution, New York 1988.

35 Louise Sommer, Die österreichischen Kameralisten in dogmengeschichtlicher Darstellung, Teil 1, Wien 1920, S. 57 ff.

36 Daneben gab es noch immer die schon erwähnte Kaufmanns- und die oeconomia-Literatur, sowie eine wachsende Zahl von Reiseberichten, die sich teilweise zu wirtschaftsgeographischen und -vergleichenden Studien entwickelten. Z. B. Lewes Roberts, The Merchants Mappe of Commerce, 1638; John Roberts, The Trades Increase, 1615.

37 Siehe: Joseph Alois Schumpeter, Geschichte der ökonomischen Analyse, 2 Bde., Göttingen 1965, Bd. 1, S. 197 ff. Schumpeter trifft hier seine Unterscheidung in "konsultative Administratoren" (Lehrer, Beamte, Praktiker, die sich mit Wirtschaft sozusagen von Amts wegen befaßten; sie sind die Vorläufer der deutschen Kameral- und Staatswissenschaften des 18. Jahrhunderts) und in "Pamphletisten" (Vertreter der Handelskompanien, Unternehmer, Bankiers, Ideologen), die bestimmte Interessensstandpunkte vertraten, und setzt diese die merkantilisti

schiedliche Situationsbedingungen vorlagen, differierten die vertretenen Standpunkte in bezug auf die Argumentation und die Ziele der Autoren. Allen gemeinsam aber war die Orientierung an den Reichtums- und Handelsproblemen des Staates.[38]

Den "Merkantilismus" als eine einheitliche Literaturgattung gab es so wenig wie ein derartiges Wirtschaftssystem.[39] Sein allgemeines Merkmal war vielmehr ein Argument in bezug auf das Verhältnis des Reichtums eines Landes oder Fürsten zum Überschuß der Ausfuhr gegenüber der Einfuhr von Waren bzw. dem Zustrom oder Abfluß von Münzgeld. Die Bezeichnung "Merkantilismus", die oft zur Kennzeichnung der ökonomischen Ideen des 17. und der ersten Hälfte des 18. Jahrhunderts verwendet wird, entstand auf Grund von Adam Smith' berühmter Kritik am "mercantile system" und ist kein von den "Merkantilisten" selbst verwendetes Etikett, sondern eine viel später erfolgte Zusammenfassung und Interpretation bestimmter Meinungen und Auffassungen. Vor allem das Eintreten für die Handelsbilanztheorie des Reichtums, für den Exportmonopolismus und die Devisenbewirtschaftung im Gefolge des Geshamschen Gesetzes von der Verdrängung des guten Geldes durch das schlechte bestimmten die Argumentation der "Merkantilisten". Dabei zeigten sich jedoch unterschiedliche Facetten und Tendenzen, die die historische Situation im jeweiligen Staat widerspiegelten.

Im Frankreich des 17. Jahrhunderts entwickelte sich eine charakteristische Auffassung über Wirtschaft. Als Beispiel sei zunächst auf Antoyne de Montchrétien verwiesen. Sein Buch "Traité de l'oeconomie politique" aus dem Jahr 1615 war sehr bekannt und wurde viel gelesen. Er verfaßte es als ein (selbsternannter) Ratgeber des Königs, dem er den Schutz und die Förderung des Dritten Standes ans Herz legen wollte. Er verwies auf die nationale Bedeutung der wirtschaftlichen Tätigkeiten des Volkes und auf die Notwendigkeit, diese in die Sicht der staatlichen Politik zu integrieren. Das weist darauf hin, daß er bereits eine Gesamtvorstellung von "Wirtschaft" als gedanklicher Zusammenfassung der Wirtschaftstätigkeiten der einzelnen zu einer Einheit besaß. Auch für den Staat ist "oeconomia" notwendig, nicht nur

sche Literatur beherrschenden Attitüden der eigentlich "wissenschaftlichen" Beschäftigung mit Wirtschaft entgegen.

38 Derartige Problemstellungen gab es vereinzelt schon früher, wie etwa der "Gute Fürst" des neapolitanischen Grafen Diomede Carafa zeigt. Siehe bei: Joseph Alois Schumpeter, Geschichte der ökonomischen Analyse, op. cit., S. 220.

39 Darauf verwies auch Louise Sommer schon dezidiert, als sie "die theoretische Auffassung vom Merkantilismus als ökonomisches System von kosmopolitischer Geltung mit abstrakter Allgemeinheit" ablehnte. Siehe: Louise Sommer, Die österreichischen Kameralisten in dogmengeschichtlicher Darstellung, Teil 1, Wien 1920, S. 23 ff.

für den Hausvater. Daher kommt die Bezeichnung "oeconomie politique", die bei Montchrétien zum ersten Mal im Titel einer Abhandlung aufscheint. Kurz vorher hatte Turquet diesen Begriff schon gebraucht, danach tauchte er erst wieder bei Rousseau auf. Montchrétien verband mit seiner Gesamtvorstellung von Wirtschaft keine naturrechtlichen oder naturgesetzlichen Ideen, er setzte auch keine vom Staat gesonderte eigengesetzliche Sphäre der "Gesellschaft" als Grundstruktur des Zusammenhangs der Wirtschaftstätigkeiten der einzelnen voraus. Die Aufgabe der politischen Ökonomie war auf den Reichtumserwerb des Staates gerichtet. Dies wurde begründet durch die Tatsache, daß die Souveränitätstheorie, die den König als die alleinige souveräne, nur mehr Gott verantwortliche Macht im Staate ansah, in Frankreich ihre deutlichste Umsetzung fand. Während Montchrétien in der Folge von den meisten Wirtschaftstheoretikern ob seiner geringen theoretisch-analytischen Leistung geringgeschätzt wurde, verwies Alfred Bürgin mit Recht darauf, daß eine solche außerhalb der historischen Möglichkeiten der französischen Gesellschaft und deshalb auch außerhalb der Intentionen des Autors lag: "Die *unsichtbare* Hand des (englischen) Schöpfergottes vermochte noch nicht über marktwirtschaftliche Allokationen zu gebieten; in Frankreich blieb es noch die *sichtbare* Hand des Königs, dem 'an die Hand zu gehen' geradezu als die Aufgabe der politischen Ökonomie erscheinen mußte."[40]

Die Verkörperung der absolutistischen Wirtschaftspolitik war Ludwigs Minister Jean Baptiste Colbert, der auch Verfasser einer Flut von schriftlichen Abhandlungen und Konzepten zur Wirtschaftsverwaltung und -politik war.[41] Besonders hervorzuheben ist seine Rede im ersten "Conseil de Commerce" 1664, den der König präsidierte, in der er den Sonnenkönig davon zu überzeugen suchte, daß er sich mit so banalen Dingen wie Wirtschaft und Handel befassen müsse. Das System Colberts war eine von oben dekretierte politische Wirtschaftsadministration. Die ökonomische Literatur wandte sich daher entweder an die Krone oder wurde überhaupt von Staatsbeamten verfaßt. An der "Ordonnance de Commerce" Colberts wirkte der schon genannte Jacques Savary maßgeblich mit. Aus seinem Engagement in Wirtschaftspolitik und öffentlicher Verwaltung erwuchs auch seine Idee für ein Handbuch für Kaufleute. Dieses sollte nicht nur Grundlagen des Handelsrechts dar-

40 Alfred Bürgin, Zur Soziogenese der Politischen Ökonomie, Marburg 1993, S. 252/253.

41 Joachim Starbatty widmet Colbert daher in seinem Sammelwerk "Klassiker des ökonomischen Denkens" ein eigenes Kapitel: Karl Erich Born, Jean-Baptiste Colbert (1619-1683), in: Joachim Starbatty (Hg.), Klassiker des ökonomischen Denkens, Bd. 1, München 1989, S. 96-113.

legen, sondern darüber hinaus der Erziehung und Bildung eines auf Vertrauensbildung und Redlichkeit gründenden Handelsstandes dienen; denn Kaufmann zu sein galt in Frankreich mehr als anderswo als Makel. Nicht nur verloren Adelige, die sich dem Handel (mit Ausnahme des Überseehandels) widmeten, bis zu Ludwig XIII. ihre Titel und Vorrechte wegen Ausübung einer nicht standesgemäßen Tätigkeit, es gab auch später noch eine starke soziale Diskriminierung und eine schlechte Reputation insbesondere für die im Einzelhandel tätigen "marchands". Demgegenüber konnten sich die "négociants", insbesondere wenn sie im Bank- und Finanzwesen tätig waren, einer gewissen Achtung erfreuen. Hier waren dann auch Adelige engagiert, und bürgerliche Bankiers wurden bei großen Verdiensten geadelt. Der "négociant" genoß ein gewisses Ansehen, weil seine Tätigkeit in enger Verbindung mit den Bemühungen von Staat und Krone in der Zeit merkantilistisch-absolutistischer Politik gesehen wurde. In Frankreich gab es zur Zeit Colberts kaum eine nennenswerte merkantilistische Literatur. Erst im 18. Jahrhundert findet sich dann eine bedeutendere spätmerkantilistische Literatur, repräsentiert unter anderen durch Véron de Forbonnais und Jacques Necker. Als Reaktion auf den "Colbertismus" entstand die Physiokratie und das liberale Denken Boisguilberts; erst damit meldeten sich vom Staat unabhängige Denker zu Wort, die sich mit Wirtschaft befaßten.

Als ein bemerkenswertes Dokument unabhängiger wirtschaftlicher Reflexion in Frankreich kann das "Projekt eines königlichen Zehnten" gelten, verfaßt vom berühmten Militärarchitekten und Marschall Vauban, in dem sich gewisse Elemente kameralistischen und sogar gesellschaftskritischen Denkens finden. Es war auch Vauban, der sich den Plänen Ludwigs XIV., in Europa eine französische Universalherrschaft nach spanischem Muster zu errichten, widersetzte.[42] Demgegenüber riet er zur zielstrebigen Kolonisation Kanadas, Louisianas und Santo Domingos. Vauban, obwohl Verfechter des Katholizismus als Staatsreligion, sah nichtsdestoweniger die negativen wirtschaftlichen Folgen der Vertreibung der Hugenotten und forderte vom König die Wiederherstellung des Edikts von Nantes. Sein Denken war stark empirisch-induktiv ausgerichtet; wie Pascal trat er für die "geometrische Methode" ein. Mathematik, Statistik und Geographie waren sein Handwerkszeug als Militärarchitekt, und er verfügte über einen großen Mitarbeiterstab für die Berechnungen und Konstruktionen. Diese Arbeitsweise und -organisation kam auch sei-

42 Siehe auch: Fritz Karl Mann, Der Marschall Vauban und die Volkswirtschaftslehre des Absolutismus, München-Leipzig 1914.

nen ökonomischen Studien zugute und machte ihn zu einem der großen Wegbereiter naturwissenschaftlich-empirischen Denkens und Forschens.

Vaubans Grundüberzeugungen in sozioökonomischer Hinsicht verwiesen auf die Zukunft: Er sah die menschliche Arbeit als Grundlage des Reichtums an und die Landwirtschaft als den wichtigsten Wirtschaftszweig der Nation. Eine zahlreiche produktiv tätige Bevölkerung war für ihn die Voraussetzung für den Reichtum der Nation. Alle ökonomischen Tätigkeiten sah er als miteinander verbunden, weshalb auch Handel und Industrie zu fördern, die Binnenbeschränkungen durch Zölle aufzuheben und ein der Warenzirkulation entsprechender Geldumlauf aufrechtzuerhalten sei. Auch sah Vauban die Bedeutung eines hohen Konsumniveaus, wobei es ihm auf Massen- nicht auf Luxuskonsum ankam. Schließlich befürwortete er die Gleichheit aller Bürger vor dem Gesetz und im Hinblick auf die Besteuerung. Das waren geradezu revolutionäre Töne von einem engen Mitarbeiter des Sonnenkönigs! Vauban legte diese Auffassungen allerdings nicht theoretisch und systematisch nieder, was teilweise erst durch Boisguilbert und John Law erfolgte. In bezug auf seine Forderungen nach freiem Handel und Gleichheit der Bürger kann Vauban als Vertreter liberaler Ideen angesehen werden. Soweit er für die Landwirtschaft als Grundlage des Reichtums und für eine einheitliche Steuer eintrat, nahm er physiokratische Ideen zwar vorweg, kann aber selbst nicht als Vorläufer gelten, weil er keineswegs die Vorstellung vertrat, nur durch agrarisches Mehrprodukt könne Mehrwert erzielt werden. Für ihn war jede Arbeit produktiv, sofern sie Einkommen erwirtschaftete. Angesichts der holländischen und englischen Konkurrenz bei Manufakturexporten sowie der Selbstschädigung durch die Hugenottenvertreibung sah Vauban es allerdings als geraten an, sich stärker auf die Landwirtschaft zu konzentrieren. Das setzte moderne Anbaumethoden, Infrastrukturinvestitionen wie Bewässerungsbauten, Straßenbau, Trockenlegungen, die Abschaffung der Fronarbeit und eine gerechte und gleiche Besteuerung voraus. Sein Vorschlag einer einzigen allgemeinen Steuer auf alle Arten von Einkommen stellte ausnahmslos alle, auch die bisher steuerbefreiten Adeligen und Geistlichen, unter Steuerpflicht. Jeder sollte nach Maßgabe seines Einkommens einen "Zehnten" bezahlen. Allerdings wies er darauf hin, daß dieser Satz nicht zu hoch sein dürfe, "weil feststeht, daß jemehr man dem Volk abverlangt, man um so mehr Geld dem Handel entzieht, und es ist das im Königreich am besten angewandte, welches in seinen Händen verbleibt, wo es niemals nutzlos oder untätig ist".[43] Man kann leicht voraussagen, was aus dem Vorschlag

43 Sébastien LePrestre de Vauban, Projekt eines königlichen Zehnten, Berlin 1994 (urspr. frz. 1707), S. 20.

Vaubans einer derart radikalen Steuerreform wurde: Unter dem empörten Aufschrei der maßgebenden Kreise ging sie unter, obwohl ein solches System zumindest für die Krone auch viele Vorteile gehabt hätte, wie z. B. die Stärkung der absoluten Gewalt auch über Adel und Klerus oder die Zentralisation der Steuereinhebung.

Auch im Habsburgerreich und in den deutschen Fürstentümern gab es eine konsultative Literatur[44], in der Vorschläge für die Verbesserung der staatlichen Verwaltung gemacht wurden. Sie waren aber weniger wirtschaftspolitischer Natur als vielmehr administrative Konzepte mit finanzpolitischer Betonung. Der Kameralismus war in seiner engen und nächstliegenden Bedeutung aus den Anliegen der fürstlichen Kammer motiviert, insbesondere denen der Einnahmen, also fiskalisch ausgerichtet. Der Fürstenhof war eine integrale Erscheinung des 17. und 18. Jahrhunderts, er umfaßte zeremoniell-kulturelle, sozial-organisatorische und ökonomisch-administrative Aspekte.[45] Der Hof war auch eine eigene Gesellschaft, ja war "die Gesellschaft", mit ihrer eigenen Hierarchie und mit eigenen Verhaltensregeln und Lebensweisen. Symbol dieser entrückten gesellschaftlichen Sphäre war Versailles und der Stil Ludwigs XIV. Sein Hof wurde Vorbild für alle anderen, auch für die kleinen Höfe in Deutschland. Die Hofhaltung erforderte große Geldmittel, und der Hof war ein wichtiger Konsumfaktor der gesamten Wirtschaft des Landes. In der Verschwendung und dem repräsentativen Aufwand des Hoflebens wurde aus späterer Sicht eine "Wirtschaftsgesinnung spezifisch vormoderner Art" erblickt, in der Großzügigkeit und Ressourcenvergeudung vorherrschten.[46] Tatsächlich kam darin nicht so sehr eine "Wirtschaftsgesinnung", sondern eine Strategie des sozialen Differenzierungsverhaltens und der Herrschaftslegitimation zum Ausdruck, die ihre eigene Rationalität besaß. Der Konflikt zwischen Zeremonialaufwand und den Prinzipien der guten Hausverwaltung, wie sie nun auch auf die fürstlichen Haushalte ausgedehnt wurden, blieb unauflösbar. Volker Bauer hat gezeigt, daß sich die Zeitgenossen durchaus dieser Widersprüche bewußt waren, wie die Diskurse zwischen Zeremonialwissenschaft, Hausväterliteratur und Kameralismus bezeugen.[47] Während die Hausväterliteraten, wie etwa Franciscus Philippus Florinus, die Für-

44 Schumpeter charakterisiert viele dieser Schriftsteller sehr zutreffend als "konsultative Administratoren". Siehe: Joseph Alois Schumpeter, Geschichte der ökonomischen Analyse, op. cit., S. 197 ff.

45 Vgl.: Norbert Elias, Die höfische Gesellschaft, 5. Aufl., Darmstadt-Neuwied 1981.

46 Vgl.: Werner Sombart, Der Bourgois. Zur Geistesgeschichte des modernen Wirtschaftsmenschen, München-Leipzig 1913.

47 Volker Bauer, Hofökonomie. Der Diskurs über den Fürstenhof in Zeremonialwissenschaft, Hausväterliteratur und Kameralismus, Wien-Köln-Weimar 1997.

sten verantwortlich sahen für die innere Ordnung des Hofes als einer moralischen, sozialen und finanziellen Einheit, war der Blick der Kameralisten über den Hof hinaus auf die ganze Landesökonomie gerichtet, deren Lenkung aber auch weitgehend von Verwaltungsmaßnahmen des Fürsten abhängig gesehen wurde. In bezug auf die deutschen Fürstenhöfe des 17. und 18. Jahrhunderts unterscheidet Bauer drei Idealtypen: den hausväterlichen, den zeremoniellen und den geselligen Hof.[48] Der erste Typus fand sich vor allem in den protestantischen Ländern, der dritte Typus war eine Vorwegnahme rechtsstaatlicher Funktionalität des Herrschers, der bereits zwischen seiner öffentlichen Aufgabe als Staatsoberhaupt und seinem "privaten" Haushalt unterschied. Er findet sich eigentlich erst in der zweiten Hälfte des 18. Jahrhunderts, während in der Kernzeit des Absolutismus und der höfischen Kultur à la Versailles zwischen 1680 und 1740 fast überall eine starke Zeremonialisierung vorherrschte. Der Hof hatte vor allem in den kleinen Fürstentümern in Deutschland große direkte Wirtschaftsbedeutung, zum einen durch die zugehörigen Domänen und Güter und deren Bewirtschaftung, durch den Konsum von Gütern und Dienstleistungen ihres Landes, zum anderen durch die Beschäftigung von Handwerkern, Landarbeitern und Hofbediensteten, durch den Import von Gütern hochwertiger Art aus dem Ausland, durch die Errichtung von Manufakturen etc. Soweit der Fürstenhaushalt sich der Kaufleute, Bankiers, Handwerker und Pächter bediente, stellte diese Beziehung zum Hof ein besonderes Statusmerkmal für die Betreffenden dar, das mitunter auch mit einer förmlichen Ernennung zum Hofbankier, Hoflieferanten u. a. verbunden war, und die Marktchancen entsprechend steigen ließ. Mitunter führte die Protektion durch den Hof bei manchen Handwerkern auch zu einer stärker kapitalistischen Orientierung, da sie sich dem Zunftzwang leichter entziehen konnten.

In seiner weiteren Bedeutung bezog sich der Kameralismus auf die gesamte Verwaltung des Landes, was sich zum Teil aus der fiskalischen Funktion ergab, zum Teil aber auch durch eine gewisse Gemeinwohlorientierung bestimmt war. Diese Gemeinwohlorientierung diente der Legitimation des Fürsten und seines aufwendigen Hofes bzw. der Kosten seiner Macht- und Geltungspolitik, deren Nutzen für Volk und Staat betont wurde. Andererseits bemühten sich die Kameralisten auch, dem Fürsten die Notwendigkeit des Wohlstands und der Zufriedenheit seines Volkes klarzumachen. Die Intentionen und Schwerpunktsetzungen konnten sehr unterschiedlich sein, was sich in der Vielfalt kameralistischer Literatur niederschlug. In allen seinen Versionen beharrte der Kameralismus auf der Handlungsvollmacht der Fürsten, die sich auf eine Wissenschaft der Verwaltungsexperten stützen sollte. Die

48 Ebd., S. 40 ff.

frühen Kameralisten waren Kammerbeamte an fürstlichen Hofkammern, und man kann sie bereits in der ersten Hälfte des 16. Jahrhunderts finden, als sich eine Abkehr von der römisch-rechtlichen Auffassung, wonach der Staat zwar Recht schaffen und verwirklichen, aber auf das Leben der Bürger so wenig wie möglich Einfluß nehmen solle, abzuzeichnen begann. Auf Grund der beträchtlichen Teuerungen, der Verelendung breiter Massen und der zerrütteten Münzverhältnisse entstand im 16. Jahrhundert die Forderung, der Staat müsse auch für Wohlstand und Ordnung sorgen. Das setzte weitreichende wirtschaftspolitische Befugnisse der Obrigkeit voraus.

Der sächsische Kanzler Melchior von Osse forderte vom Regenten eine Verwaltung, die Tugend, Bildung und Wohlstand des Volkes fördere.[49] Er maß den wirtschaftlichen Aktivitäten der Bevölkerung große Bedeutung für den allgemeinen Nutzen bei. Die Wirtschaft des Landes wurde von den Kameralisten oft mit einem Organismus gleichgesetzt, der durch Geld und Handel belebt würde. Das Geld wurde mit dem Blut verglichen und seine Zirkulation als Grundlage des Wohlstands gepriesen. Geld war der "spiritus vitalis" oder der "Nerv der Dinge" ("pecunia nervus rerum").[50] Geldbeschaffungsmaßnahmen waren auch die Hauptaufgabe der kameralistischen Berater der Fürsten. Im deutschen Bereich sind hier vor allem der Straßburger Georg Obrecht, Jakob Bornitz in Sachsen, Christoph Besold in Tübingen, Kaspar Klock in Basel, Hermann Conring in Helmstedt sowie Ludwig von Seckendorff in Sachsen-Gotha zu nennen. Einer der frühen Kameralisten nach Melchior von Osse war Benjamin Leuber, Kammer-Prokurator in der Lausitz, der eine ganze Reihe von Schriften hinterließ, sonst aber völlig unbekannt blieb.[51] Leuber befaßte sich in bezug auf Wirtschaft vor allem mit dem Geldwesen und beklagte, an die Grafen Schwarzenberg und Hohenstein gerichtet, das zerrüttete Münzwesen. Er verfaßte eine theoretische Analyse des Geldes auf der Grundlage einer nominalistischen Auffassung und erhob daran anschließend die Forderung, daß der Kaiser sich des Münzregals als des wichtigsten Faktors zur Erlangung allgemeiner Wohlfahrt und Reichtum des Volkes nicht begeben dürfe, sondern dies zum allgemeinen Besten einsetzen müsse. Das Geldwesen war seiner Auffassung zufolge von größter Wichtigkeit für den Reichtum des Volkes. Auch er sah die Sicherstellung der Ord-

49 Melchior von Osse, Testament gegen Herzog August, Kurfürst zu Sachsen, Halle 1715 (urspr. 1556).

50 Michael Stolleis, Pecunia nervus rerum, Frankfurt/Main 1983, S. 63-128.

51 Angaben über Leuber machte erst K. H. Wessely auf Grund eigener Forschungen: K. H. Wessely, Ein vergessener Kameralist: Benjamin Leuber, in: Schmollers Jahrbuch 52, Leipzig 1928, S. 25-59.

nung und der Wohlfahrt des Volkes als Pflicht des Fürsten bzw. des Staates an. K. H. Wessely meinte, die Kameralisten seien nicht einfach Fürstendiener gewesen, die nur die Interessen der Herrschenden vertreten hätten, sondern typisch für sie sei vielmehr die Orientierung am allgemeinen Wohl gewesen; dabei gingen sie aber meist von der Gleichsetzung von Fürstenwohl und Volkswohl aus.[52]

Der Handel, insbesondere der Außenhandel, war bei den frühen Kameralisten kein vordringliches Thema, vielmehr ging es um die Ordnung und Verwaltung der Wirtschaft im Inneren. Im 17. Jahrhundert brachten in dieser Hinsicht Becher, Hornigk, Schröder und Seckendorff neue Elemente in die kameralistische Denkweise ein.[53] Zwischen ihnen bestanden aber auch Unterschiede; insbesondere Hornigk paßte nicht ganz in die kameralwissenschaftliche Tradition. Der typischste Kameralist unter ihnen war Veit Ludwig von Seckendorff. Er behandelte in seinem "Teutschen Fürsten-Staat" von 1656 in erster Linie die Cameralökonomie, d. h. er sah die Wirtschaft des ganzen Landes aus der Perspektive der fürstlichen Finanzverwaltung. Er beschrieb die Einkünfte des Fürsten aus Domänen, Rechten und Privilegien, stellte die Geschäftsgebarung der Kammer und die Ausgaben dar, die er in fünf Gruppen einteilte: Ausgaben für den Hof, für Regiment und Staat, für Wohlfahrtstätigkeiten, für Bauten und für Schuldentilgung. Bemerkenswert war hierbei, daß zwischen Hof und Staat, zumindest im Rechnungswesen, noch keine klare Trennung bestand. Seckendorff sah den Fürsten in erster Linie als guten Hausvater und legte daher großen Wert auf die richtige Mischung von Sparsamkeit und Großzügigkeit. Sein Buch diente als Grundlage der ersten kameralwissenschaftlichen Vorlesungen an der Universität Halle.

Johann Joachim Becher sah die Wirtschaft bereits losgelöst von der Finanzverwaltung der Krone. In seinem "Politischen Diskurs: Von den eigentlichen Ursachen des Auf- und Abnehmens der Städte, Länder und Republiken" (1668) vertrat er die Auffassung, die Aktivitäten des Hofes störten die positive Funktion der Wirtschaft durch Importe von Luxuswaren und Vorkaufsrechte. Die "Zivil-Sozietät" mit ihren funktionalen Beziehungen zwischen Bauern-, Handwerks- und Kaufmannsstand sah er als Grundlage der Wirtschaft. Becher sprach von dem engen Zusammenwirken der drei "Stände" als einer Wirtschaftsgemeinschaft, die die "Nahrung" für eine möglichst wachsende Bevölkerung erwirtschaften sollte. Stadt und Land sollten

52 Ebd., S. 39.

53 Charles Gide/Charles Rist, Geschichte der volkswirtschaftlichen Lehrmeinungen, 3. Aufl., Jena 1923; Kurt Zielenziger, Die alten deutschen Kameralisten, Jena 1914.

einander ergänzen und dafür jede Stadt von einem Ring landwirtschaftlicher Betriebe umgeben sein. Hier kündigten sich schon Vorstellungen an, wie sie im 19. Jahrhundert Heinrich von Thünen vertrat. Als eigentliche Säule der Wirtschaftsgemeinschaft betrachtete Becher aber den Kaufmann, weil dieser durch die Distribution eben dieses Zusammenspielen erst ermögliche. Ziel des ganzen Systems sei die Konsumtion, die die Wirtschaftsgemeinschaft als solche begründe; allerdings müsse die Gruppe, die selbst keine produktive Arbeit leiste, die Diener der Gemeinde, die Obrigkeit, Beamte und Intelligenz, im Hinblick auf ihre zahlenmäßige Größe in einem angemessenen Verhältnis zu den anderen Ständen stehen. Bei Becher spielte auch das neue naturphilosophische Denken und damit die Vorstellung eines natürlichen Gleichgewichts eine große Rolle. Der Staat muß Becher zufolge durch "gute Ordnung und Policey" dafür sorgen, daß der Kreislauf der Wirtschaft "in Proportion" bleibe und keine Störung erfahre. In bezug auf die Preisbildung etwa müsse der Staat sowohl Monopole wie Polypoie und Propole verbinden, denn das Ideal sei nicht die freie Konkurrenz aller, sondern die Erhaltung einer breiten wohlhabenden Mittelschicht. Interessanterweise sah Becher in den Kompanien eine das Monopol und gleichzeitig das Polypol einschränkende Wirkung, da sie eine Zusammenfassung mehrerer kleiner Kaufleute zu einer großen Aktiengesellschaft waren. Die Hauptaufgabe dieser Handelsgesellschaften lag im Außenhandel; ihre Aktivitäten bestimmten die Handelsbilanz. Becher empfahl auch die Errichtung von sogenannten Proviantháusern als Lager- und Verkaufsinstitutionen für landwirtschaftliche Güter, von Kaufhäusern als Zentralstelle der Kaufleute, von Werkhäusern zur Unterstützung der Zünfte der Handwerker - insbesondere bei der Übernahme manufaktureller Produktionsweisen - sowie von Banken. Becher war zuletzt in Wien tätig, wo er einigen Einfluß auf die österreichische Wirtschaftspolitik nahm.

Wilhelm von Schröder betonte in seiner "Fürstlichen Schatz- und Rentkammer" von 1686 im Gegensatz zu Becher die positiven ökonomischen Wirkungen durch die Ausgaben des Hofes. Diese seien nicht nur notwendig für die Repräsentation, sondern auch, um den Reichtum der Untertanen durch Anregung der Geldzirkulation auf Grund des Konsums des Hofes zu fördern, sofern dieser sich auf einheimische Güter beschränke. Schröder setzte auch die von Becher begonnene Förderung des Manufakturwesens fort, allerdings nahm sie bei ihm viel stärker merkantilistische, auf den Export gerichtete Züge an. Er war stark von der englischen Diskussion beeinflußt, wobei er die Haltung der Bullionisten übernahm. Im Edelmetallschatz sah er Reichtum und Wert an sich verkörpert, weil dieser die finanzielle Unabhängigkeit des Fürsten ermögliche. Er ging von einer Patrimonialstaatsauffassung aus, d. h. alle Untertanen und deren Besitz stellten demzufolge Eigentum des

Herrschers dar. Gerade deshalb aber bedürfe dieser reicher Untertanen. Wichtig sei die Anhäufung und Zirkulation von Geld, was entweder durch Edelmetallförderung aus Erzlagern oder durch Außenhandel bewerkstelligt werden könne. Dies würde auch den Handel im Lande beleben, den Schröder für überaus wichtig hielt, allerdings nur solange er den Reichtum des Fürsten erhöhte. Die privatwirtschaftlichen Interessen der Kaufleute hingegen sah er als diesem Ziel abträglich an. Somit war Schröder mehr "Fürstendiener" als Becher, er verfaßte sein Werk im Dienste Leopolds I. und unter geänderten finanziellen Verhältnissen des Herrschers sowie der außenpolitischen Bedingungen.

Philipp Wilhelm Hornigk, der auch unter Pseudonymen als politischer Pamphletist gegen die Universalansprüche Frankreichs auf Deutschland, die dieses aus der Geschichte Austrasiens ableitete, argumentierte, sah in seinem "Österreich über Alles, wenn es nur will" von 1684, in dem er Österreich eine Führungsrolle in wirtschaftlicher Hinsicht zuwies, den Hof und seine Verschwendung durchaus in Widerspruch zu einer gedeihlichen Landesökonomie. Um diese ging es ihm in erster Linie und nicht nur um die Kameralökonomie, die fürstlichen Einnahmen und Ausgaben. Die Förderung von Produktion und Kommerz, ein Einfuhrverbot für ausländische Waren mit Ausnahme von Rohstoffen, die Deckung des höfischen Bedarfs durch inländische Güter, die dadurch in ihrer Qualität gesteigert werden sollten, waren die Ratschläge Hornigks. Der Kaiser sollte als Herrscher von Österreich die autarke Wirtschaftsentwicklung leiten. Hornigk meinte, daß aller Reichtum potentiell vorhanden sei, es ermangle jedoch der Anstrengung der wirtschaftlichen Kräfte. Der Reichtum liege allerdings nicht im Edelmetall, sondern in den Gütern (womit er eine ähnliche Haltung wie die Gegner der Bullionisten in England einnahm). Worauf Hornigk abzielte, war die Autarkie des Landes und die daraus folgende Independenz von anderen Staaten. Nicht nur der Handel sei maßgebend für die wirtschaftliche Stärke, sondern die Existenz von Rohstoffen und die Erzeugung im Land selbst. Daher sei jedenfalls der Export von Rohstoffen sinnwidrig. Hornigk legte große Bedeutung auf die Entwicklung des Manufakturwesens und des Gewerbes und sah dafür in bezug auf natürliche Infrastrukturbedingungen und Rohstoffe günstige Ausgangsbedingungen für Österreich. Ziel sei aber stets die Verbesserung der Stellung gegenüber den anderen Staaten, nicht nur die Bedürfnisbefriedigung. Daher dürfe die Wirtschaft nicht statisch sein, sondern müsse nach Wachstum trachten, da auch die Ökonomie der anderen Länder nicht gleichbleibe, sondern ständig in Bewegung sei. Er nahm also die Wachstumskonkurrenz, wie sie sich in der Moderne zwischen den Staaten entwickelte, bereits vorweg. Hornigk bewirkte weniger direkte praktische Veränderungen, er beeinflußte aber die merkantilistischen Politik des 18. Jahrhunderts. Der pragmatisch ausgerichtete Kameralismus der Konsultatoren und Kammerbeamten wurde in der Folge immer akademischer, und im 18. Jahrhundert waren die Kameralisten keine Praktiker mehr, sondern Lehrer. Der Kameralismus wurde zur Universitätswissenschaft und zum Vorläufer der Staatswissenschaften.[54]

Die politische Funktion der Ökonomiediskussion in England

Der Absolutismus fand in England vor der eigentlichen, als "absolutistisch" gekennzeichneten, Epoche statt, also früher als auf dem Kontinent. Schon die Normannen- und Plantagenetkönige hatten ein königliches Regime aufgebaut, das an Autorität und Durchschlagskraft zu seiner Zeit nicht seinesgleichen hatte. Die Parlamente entwickelten sich unter den Anjoukönigen zu landesweiten Körperschaften, es gab keine lokalen bzw. regionalen Parlamente wie etwa in Frankreich. Das Parlament wies auch keine Dreikurienstruktur auf wie auf dem Kontinent, sondern umfaßte seit Edward III. in einer einheitlichen Struktur Ritter und Städte genauso wie Barone und Bischöfe. Erst später entstand daraus die bekannte Zweiteilung in das Ober- und das Unterhaus, oder das House of Lords (Aristokratie und hoher Klerus) und das House of Commons (niederer Adel und reiche Bürger). Perry Anderson merkt an, daß diese Zweiteilung nicht die Ständeordnung reflektierte, sondern eine Klassendifferenzierung innerhalb des Adels.[55] Auch in der Rechtsprechung wich England vom Kontinent ab, denn Elemente eines vorfeudalen Volksgerichts überlebten und wurden zum Kern eines Gerichtssystems, das die für den kontinentalen Feudalismus so typische Trennung in königliche Gerichte und Grundherrengerichte nicht kannte. Es gab einen gewissen Dissens zwischen Juristen, ob der König an das Common Law gebunden war oder seine Prärogative davon unberührt blieb. Im Konflikt mit den Stuarts setzte sich dann die erstere Auffassung durch.[56] Die Verwaltung des Landes erfolgte schon seit dem Mittelalter durch Sheriffs, die aus dem lokalen Adel stammten und königliche Beamte waren, die ihr Amt nicht vererben konnten. Der Absolutismus in England fand seinen Höhepunkt in der "neuen Monarchie" der Tudors, die das Parlament, das vordem jährlich einberufen worden war, kaum mehr aktivierten. Dennoch hatte das Parlament nie auf sein Recht der

54 Zu frühen Darstellungen der Geschichte des Kameralismus: Kurt Zielenziger, Die alten deutschen Kameralisten, op. cit.; Louise Sommer, Die österreichischen Kameralisten in dogmengeschichtlicher Darstellung, op. cit.

55 Perry Anderson, Lineages of the Absolutist State, London-New York 1989 (urspr. 1974), S. 115.

56 Siehe: Reinhard Bendix, Könige oder Volk. Machtausübung und Herrschaftsmandat, 2 Bde., Frankfurt/Main 1980 (urspr. am. 1978), Bd. 2, S. 87-95.

Zustimmung verzichtet. Heinrich VII. regierte mit einer kleinen Gruppe von königlichen Gefolgsleuten und Vertrauten. Das "Privy Council" wurde zum Exekutivorgan der Krone und das "Star Chamber" übte die höchste königliche Gerichtsbarkeit auch über den Adel aus. In England wie anderswo hatte der Adel im Spätmittelalter seine Reihen geschlossen, das Anrecht auf den Adelstitel kontrolliert und auch Grade und Ränge innerhalb des Adels festgelegt. Das Symbol des Adelsstandes war, wie überall, das Waffentragen. Durch die tatsächliche Abkehr vom Waffengeschäft wurde dann jedoch den Verboten von Privatarmeen und Waffenführen durch die Tudors kaum Widerstand entgegengesetzt. Neben den formell anerkannten "peers" gab es eine "social aristocracy", die nicht formell privilegiert war, aber Großgrundbesitzer, meist zweite und dritte Söhne von Adeligen, und "gentry" ohne Titel darstellte. Sie waren in ihrem Lebensstil weitgehend bürgerlich und kommerziell orientiert.

Unter Heinrich VIII. wurde die königliche Bürokratie weiter ausgebaut. Die "Tudorsche Verwaltungsrevolution", die die Administration zentralisierte und vereinheitlichte, wurde möglich auf Grund der schwindenden Macht des Hochadels und der Zusammenarbeit zwischen Krone und dem im Unterhaus dominierenden Landadel. Im Unterhaus saßen neben dem Landadel auch die reichen Kaufleute; zwischen beiden Gruppen kam es oft zu enger Kooperation, und auch die sozialen Schranken wurden durchbrochen. So war es üblich, daß die jüngeren Söhne der "gentry" als Geschäftsleute in die städtischen Handelshäuser eintraten und häufig auch einheirateten. Aus dem Landadel rekrutierten sich auch die Beamten sowie die Friedensrichter und "deputy lieutenants". Die "gentry" war in dieser Epoche schon ein landesweiter Stand, und da sie politisch die Städte und Gemeinden vertrat, wurde auch die Einheit der englischen Städte in nationaler Hinsicht gefördert. So entstand eine hybride politische Gesellschaft, charakterisiert durch eine zentralisierte Monarchie und die nationsweite Konföderation lokaler politischer Interessen.[57] Als sich Heinrich VIII. auch die Kontrolle über die Kirche vom Parlament übertragen ließ, bedeutete dies eine weitere Stärkung der Königsmacht. Auch die territoriale Expansion brachte eine Vergrößerung der Macht der Krone. Allerdings hatte Tudorengland ein Merkmal, das sich nicht mit dem Absolutismus vertrug: eine schwache militärische Landmacht. Die territoriale Erweiterung erfolgte daher weitgehend durch Vertrag. Die Tudormonarchie expandierte zunächst "zu Hause":

57 Christopher Hill, Von der Reformation zur Industriellen Revolution, Frankfurt/Main 1977 (urspr. engl. 1967), S. 16 ff. Vgl. auch: Ders., Change and Continuity in 17th Century England, London 1974.

Wales wurde unter Heinrich VIII. verwaltungsmäßig an England angeschlossen, unter Elisabeth I. wurde Irland annektiert. Schottland wurde dann durch die Krönung von James I. Stuart als englischer König in einer Personalunion mit England verbunden. Durch den Aufstieg Englands zur Seemacht unter Elisabeth I. war es schon zur außenpolitischen und militärischen Manifestation absolutistischer Macht gekommen. Die königliche Flotte war ausgebaut und technisch verbessert worden, die Schiffe wurden schneller und mit weitreichenden Kanonen bestückt. Der Sieg über die Armada der Spanier markierte die Wende und Englands Aufstieg zur Seemacht mit Expansionsbestrebungen nach außen; die Engländer mischten von nun an kräftig im Wettkampf der Mächte um außereuropäische Besitzungen und Handelsstützpunkte und die Ausweitung der Exporte mit.

Traditionell waren die Einkünfte des Königs vor allem aus Domänen und Zolleinkünften gekommen. Die Kosten der Seekriegsführung stiegen jedoch nach 1580 exorbitant und konnten mit diesen Mitteln und den fallweisen Genehmigungen von Steuern oder Steuererhöhungen im Kriegsfall durch das Parlament nicht mehr gedeckt werden. Der erste Stuart, James I., versuchte, Steuererhöhungen, Monopole und andere Maßnahmen gegen den Willen des Parlaments durchzusetzen, das er nicht mehr einberief. Die Stuartkönige zeigten eine Neigung zur Förderung der Aristokratie, die sie mit den immer stärker werdenden Gruppen des Unterhauses, der "gentry" und den reichen Kaufleuten in Konflikt brachte. Adelige konnten nicht zur Rückzahlung von Schulden gezwungen werden; sie konnten sich der Autorität der Friedensrichter entziehen und zahlten nur sehr geringe Steuern. Die Stuarts traten nicht für die Interessen der Wirtschaft ein, während es auf der anderen Seite, in Kreisen der "gentry", zur wachsenden Überzeugung kam, daß die Wirtschaft, speziell der Außenhandel, für England von immer größerer Bedeutung wurde. Die resultierende Entfremdung zwischen Krone und "House of Commons" verstärkte sich unter Charles I., der auch allein zu regieren suchte, und führte zu grundsätzlichen Debatten über das göttliche Recht der Könige. Charles I. wollte den Anglikanismus im überwiegend calvinistischen Schottland einführen, was 1640 einen Aufstand auslöste. Die Armee unter der Führung des Adels, der trotz Privilegien ebenfalls nicht mit der Stuart-Regierung einverstanden war, weigerte sich zu kämpfen. Der König sah sich, nachdem er erst das "Kurze Parlament" nach dreiwöchiger Sitzung aufgelöst hatte, gezwungen, wieder ein Parlament einzuberufen. Das "Lange Parlament" tagte und erzwang die Gleichstellung von Puritanern und Anglikanern, die Auflösung der Bischofskirche und die Abschaffung der königlichen Sondergerichte. Bestrebungen wurden offenkundig, die darauf abzielten, den König stärkerer Kontrolle zu unterwerfen. Die "Petition of Rights" sah die statutarische Beschränkung der königlichen Prärogative, insbesondere des Rechtes der Schaffung von Monopolen, vor, wenngleich man an der Aufrechterhaltung der Monarchie festhielt. John Pym wandte sich an das Volk, um das Parlament unter dem Druck der Öffentlichkeit dazu zu bringen, Charles I. zu bestimmten Maßnahmen zu zwingen. Es entstand eine revolutionäre Situation in England, die durch viele und wechselnde Parteiungen gekennzeichnet war. Im Parlament (Ober- und Unterhaus) und in der Armee gab es konfessionell oder politisch differenzierte Gruppierungen, und zahlreiche Konflikte überlagerten einander: politische Macht- und Interessenkonflikte zwischen Hochadel, Krone und "gentry", zwischen Parlament und Armee, ökonomische Interessenskonflikte, Proteste wegen hoher Belastungen, wegen ungerechter oder schädlicher Privilegien und Monopole, konfessionelle Differenzen, dynastische Erbfolgekonflikte und nationale Unabhängigkeitsbestrebungen. Durch den Aufstand der Katholiken in Ulster und die Depossedierung von Landbesitzern kam es dann auch zur Spaltung des Parlaments in Royalisten einerseits und einer Zweiteilung von Presbyterianern und Independenten auf der anderen Seite.[58] Oliver Cromwell gelang es zusammen mit den Generälen in Regierung und Armee, die Feinde zur Rechten und zur Linken auszuschalten. Eine Reform der Armee wurde durchgeführt, die als "new model army" zur Stütze Cromwells wurde. Das "Common Law" wurde zur wichtigsten Rechtsprechungsgrundlage gemacht. Das Unterhaus erklärte sich selbst zum Vertreter des Volkes, von welchem nach Gottes Wille das Recht und die Macht ausgehe. Das Oberhaus wurde abgeschafft und die Bischöfe abgesetzt. Der König wurde des Hochverrats für schuldig befunden, weil er das Parlament nicht anerkannt hatte. Charles I. wurde 1649 hingerichtet und die Republik, der "freie Commonwealth", proklamiert und Cromwell zum Lord-Protecktor ausgerufen.

In den Jahren der Republik war England in seiner Außen- und Überseepolitik bemerkenswert erfolgreich und errang eine starke Stellung in der Welt. Ein venezianischer Beobachter meinte 1651, der Handel Englands mache große Fortschritte, weil er in denselben Händen liege wie die Regierung.[59] Im Inneren wurde die bereits unter den Tudors begonnene Einigung und Integration des Landes durch die Zerstörung der Burgen, das Schleifen der Stadtmauern und die endgültige Beseitigung der dezentralen Macht der "counties" durch die "new model army" vollendet. Nach Cromwells Tod kam es, nachdem es den Militärs nicht gelungen war,

58 Lawrence Stone, The Causes of the English Revolution 1529-1642, London 1972.

59 Christopher Hill, Von der Reformation zur Industriellen Revolution, op. cit., S. 124.

eine ausreichende politische Unterstützung zu finden, 1660 zur Restauration der Monarchie unter Charles II., dem der katholische James II. folgte. Die demokratischen Kräfte waren in der Zwischenzeit aufgerieben worden und die revolutionären Bestrebungen einer konservativen Akzeptanz der bestehenden Gesellschaftsordnung und der Eigentumsrechte gewichen. Die Privilegien des Adels und der Bischöfe wurden wieder eingeführt, die religiöse Freiheit wurde aufgehoben, die Bildungsreformen auf allen Ebenen rückgängig gemacht. Auf dem Land gewannen lokale Machtgruppen die Vorherrschaft, die Nonkonformisten wurden aus der Lokalpolitik ausgeschlossen, die Puritaner lösten sich in sektiererische Splittergruppen auf. Obwohl es noch keine verfassungsmäßigen Bestimmungen der Kontrolle des Monarchen gab, respektierte der König nun die Rolle des Parlaments, in dem es fortan zwei Parteien, die Whigs und die Tories, gab. Die Tatsache, daß Besitz und Ansehen zu wichtigen sozialen Kriterien geworden waren, belegt die 1679 erlassene Habeas Corpus-Akte, die jeden vor willkürlicher Verhaftung bewahrte, soferne er über Geld und Ansehen verfügte. 1688 wurde dann von den Whigs die Revolution, die "die Glorreiche" genannt werden sollte, ausgerufen, nachdem James II. versucht hatte, das Land wieder katholisch zu machen und die Rechte der Krone zu stärken. Es war eine unblutige Revolution, obwohl es auch Unruhen, Demonstrationen und Aufstände gab. Die besitzende Klasse hatte durch ihre Politiker Wilhelm III. von Oranien zu Hilfe geholt, und dieser war mit einer starken Berufsarmee gekommen, wodurch es nicht zur Ausweitung der Revolution auf das Volk kam. In der Folge wurde zwar die Monarchie beibehalten, aber sie war nun eine Funktion des Staates geworden, die Macht der Krone wurde durch die "Declaration of Rights" konstitutionell beschränkt. Wilhelm III. von Oranien und seine Gemahlin Maria, die protestantische Tochter des katholischen James II., übernahmen die Königswürde von England als konstitutionelle Herrscher. Die Staatsfinanzen und die Verwaltung wurden nach holländischem Muster reformiert. Das Parlament übernahm die direkte Kontrolle der Regierungsfinanzen, was auch zu einer begrifflichen Differenzierung zwischen dem Staatshaushalt und dem königlichen Haushalt, zwischen Staatsschuld und den persönlichen Schulden des Königs führte.

Die Schaffung der Bank of England 1694, die Herausgabe neuer Münzen, die Entstehung eines organisierten Marktes für öffentliche und private Anleihen markierten die Herausbildung der "national economy". Diese zeichnete sich durch eine vielfältige Dynamik aus: Die Zahl der "joint-stock companies" stieg zwischen 1688 und 1695 von 22 auf 150 an. Die "coffee houses" schossen hier wie in Amsterdam aus dem Boden, in denen Makler Versicherungen oder Wertpapierspekulationsgeschäfte abschlossen. Die "goldsmiths" und Depositenbanken vermehrten sich. Messen und Märkte gab es in großer Zahl. Die Börsen waren ständige Messen für Waren- und Geldgeschäfte, und sie entwickelten sich auch als Geld-, Kapital- und Wertpapiermärkte. Allmählich differenzierten sich die einzelnen Geschäfte, es entstanden spezialisierte Börsen nach dem Muster der Amsterdamer Getreidebörse und Effektenbörsen wie die Londoner "Royal Exchange". Großkaufleute beteiligten sich an Regierung und Politik nach 1688 in noch höherem Maße als vorher. Die Politik der Folgezeit begünstigte sowohl die Interessen der Grundbesitzer und landwirtschaftlichen Unternehmer als auch die der einheimischen Industrie und der Schiffahrts- und Handelsinteressen.[60] Der Staat wurde in klarem Gegensatz zu den kontinentalen Monarchien nicht mit der Dynastie identifiziert, sondern wurde zum Instrument der herrschenden sozioökonomischen Gruppen. Der Begriff "Nation" wandelte sich in seiner Bedeutung und umfaßte die einheimische Bevölkerung eines Territorialstaates, repräsentiert im funktionalen Sinn allerdings durch die herrschende Schicht. Das förderte die Entstehung und das Selbstverständnis nicht nur des Adels als nationale Klasse, sondern aller Gruppen in der englischen Gesellschaft.[61] Und es war gleichzeitig die "civil society" als eine vom Staat losgelöste Vorstellung von Gesellschaft, die in diesen Prozessen im 17. und 18. Jahrhundert in England entstand. Sie fand erst viel später und nach und nach unter teilweise gewaltsamen Umbrüchen eine Entsprechung in anderen Teilen Europas.[62] Wirtschaftliche Ideen und Argumente spielten dabei eine große Rolle.

Im 17. Jahrhundert wurde in England eine sehr modern anmutende Diskussion geführt, die in der Dogmengeschichte der Ökonomie höchstens als Auseinandersetzung zwischen Vertretern der Bullionisten und Vertretern der Handelsbilanztheorie Aufmerksamkeit erlangt hat. Tatsächlich war die Bedeutung dieser Diskussion eine ganz andere, denn wie Joyce Appleby meint: "The weight of English social thought shifted to its modern foundations during the course of the seventeenth century [...]."[63] Die herausragende Gestalt dieser Diskussion war wohl Sir Thomas Mun, ein führender Kopf in der Ostindischen Handelskompanie, der unter Ökonomiehistorikern als der Merkantilist Englands galt, was allerdings etwas ande-

60 Vgl.: Fernand Braudel, Sozialgeschichte des 15.-18. Jahrhundert, Bd. 2: Der Handel, München 1986 (urspr. frz. 1979), S. 482 ff.

61 Michael Mann, Geschichte der Macht, Bd. 2, Frankfurt/Main 1991 (urspr. engl. 1986), S. 442.

62 Ernest Gellner spricht von Zeitzonen: Westeuropa, Deutschland, Österreich und Italien, Osteuropa und Rußland. Siehe: Ernest Gellner, Bedingungen der Freiheit. Die Zivilgesellschaft und ihre Rivalen, Stuttgart 1995.

63 Joyce O. Appleby, Economic Thought and Ideology in Seventeenth-Century England, Princeton 1978, S. 24.

res bedeutete als auf dem Kontinent.[64] Mun hatte durchaus "unmerkantilistische" Auffassungen, so betonte er etwa die Bedeutung der Inlandsnachfrage nicht nur nach englischen, sondern auch nach ausländischen Gütern. Neben Mun sind eine große Zahl anderer Diskutanten zu nennen, wie etwa: John Wheeler, Roger Coke, Thomas Culpeper, William Foster, Josiah Child, John Roberts und Dudley North.

Die Idee der Handelsbilanz war keineswegs neu, man war sich des Zusammenhangs von Ausfuhren und Einfuhren und der Konsequenzen ihrer Disparität bereits im 14. Jahrhundert bewußt, und eine Darstellung findet sich in dem "Discourse of the common weal of this realm of England" eines unbekannten Autors des 16. Jahrhunderts. Thomas Mun entwickelte die Vorstellung eines beständigen Flusses von Gütern und Geld, der durch Ankurbelung des Handels auch zur Reichtumssteigerung führe ("treasure follows trade"). Geld aber sei nicht selbst Reichtum, sondern der wahre Wert liege in den Gütern, die ausgetauscht werden. Nicht die Anhäufung, sondern die Zirkulation des Geldes als Ausdruck der Intensität des Austauschs stelle den Reichtum einer Nation dar. Diese Auffassung verbreitete sich in der Folge rasch und die Handelsbilanztheorie trug zunächst den Sieg davon. Die allgemeine Auffassung war, daß derjenige, welcher horte und geize, der Nation mehr schade als der Räuber. Muns und seiner Mitstreiter Intention war nicht die akademische Argumentation, sondern die Sache der Handelskompanien ökonomisch und politisch zu fördern in einer Zeit, in der die Krone sich durchaus nicht besonders handelsfreundlich gab.[65]

Die Wirtschaft wurde von Mun und anderen als autonomes, von der Krone unabhängiges System von Austauschhandlungen dargestellt. Der Wirtschaftskreislauf wurde bewußt von den politischen und sozialen Entscheidungen und Handlungen abgelöst und ihm eine Eigendynamik zuerkannt. Das hatte jedoch keineswegs nur theoretische oder rein wirtschaftliche Implikationen, sondern implizierte die Ableh-

64 In Großbritannien wurde der Begriff durch die Kritik Adam Smith' am "mercantile system" der privilegierten großen Handelskompanien und der "manufacturers" festgelegt; auf dem Kontinent bedeutet Merkantilismus die Wirtschaftspolitik der Fürsten in bezug auf den Außenhandel und im Zusammenhang ihrer absolutistischen Maßnahmen in bezug auf die Territorialisierung und Zentralisierung ihrer Herrschaft.

65 Diese Absicht ist ganz deutlich in der "Petition and Remonstrance of the Governor and Company of Merchants of London Trading to the East-Indies" von 1628. In "Discourse of Trade, from England into the East Indies" von 1621 und "England's Treasure by Foreign Trade" von 1623 (publ. erst 1664) ist dieses Konzept mehr theoretisch ausgeführt.

nung der Monopol- und Privilegienwirtschaft, die die Angebotsseite der absolutistischen Wirtschaften regelte. Politische und moralisch-soziale Aspekte wurden aus der Vorstellung über den Wirtschaftskreislauf entfernt, und zwar primär, um die spezifische Führungsrolle von Krone und absolutem Staat zurückzuweisen, nicht weil sie nichts mit Wirtschaft an sich zu tun hätten. Dieser Aspekt läßt auch die Beteiligung von Geistlichen an der wirtschaftlichen Diskussion der Zeit plausibel erscheinen, da damit auch die "moral economy" des Elisabethanischen Zeitalters sowie wichtige Wertgrundlagen bedroht erschienen, die das ganze Mittelalter beschäftigt hatten, wie die lange Geschichte der Auseinandersetzung um den Wucher bezeugt. Es versteht sich allerdings, daß es hierbei zwischen anglikanischen und presbyterianisch-puritanischen Geistlichen charakteristische Differenzen gab.

Auch die Auseinandersetzung zwischen Gerald de Malynes, einem Direktor der Münze, und Edward Misselden, einem führenden Händler, zeigte die unterschiedlichen Auffassungen. Während Malynes von der Vorstellung eines geordneten Austausches notwendiger Güter zu feststehenden Preisen ausging, wobei Krisen durch Eingriffe von oben bewältigt werden sollten, sah Misselden einen dynamischen Handelskreislauf in Aktion, wobei die Vorteilseinschätzung der Kaufleute der treibende Motor sei; die Interventionen von oben stören diesen "circle of commerce". Die Vorstellung vom Handel, die Misselden u. a. vertraten, involvierte nicht nur eine andere Auffassung von den Motiven der Menschen, sondern auch unterschiedliche Haltungen gegenüber der Autorität, der Rolle der Krone und des Staates. Der Kreislauf des Handels folgt ihrer Meinung nach eigenen Gesetzen, die sich nicht um das Tun und Wirken der Fürsten kümmern, ganz ähnlich den Naturgesetzen, die in dieser Zeit auch ins Blickfeld der Aufmerksamkeit rückten. Was bisher im Sinne der Herrschafts- und Ordnungsvorstellungen des Spätmittelalters aufgefaßt worden war, wurde nun als "Natur" verstanden und damit dem Zugriff von weltlichen und geistlichen Autoritäten zu entziehen gesucht.[66] Die Idee des "Freihandels" im Sinne der freien Marktwirtschaft hatte sozialrevolutionäre Implikationen, in einer Zeit der absolutistischen Bestrebungen zwischen Stuart-Königen und Kaufleuten und den folgenden politischen Ereignissen wie Bürgerkrieg, Cromwell-Protektorat und Glorious Revolution. Die Betonung der Tatsache, daß der Handel und

66 Die neue Naturphilosophie und insbesondere dann Newtons Physik hatten in der Folge große Bedeutung für die Vorstellung vom natürlichen Mechanismus der Wirtschaft. Hingegen war in England die Verwissenschaftlichungstendenz der Ökonomie im Sinne einer rationalen Konstruktion eher gering. Eine Ausnahme stellte Sir Dudley North dar, der die Ökonomie auf cartesianischer Grundlage als Wissenschaft konzipieren wollte.

der Geldumlauf den Wert der Dinge und den Reichtum des Volkes bestimmen, hatte revolutionäre Bedeutung, weil damit auch die Vorstellung substantiell-immanenter Werte verlassen wurde. Dies ging Hand in Hand mit der Minderung der Stellung formaler Machtpositionen. Das Geld, und zwar das zirkulierende, arbeitende Kapital[67], war das Instrument, in dem der Wert aller Dinge ausgedrückt zu werden begann. Macht, die nicht in Verfügung über arbeitendes Kapital, und damit in einem sich ständig regenerierenden Reichtum bestand, verlor zunehmend ihre Bedeutung. Da es nicht auf einen möglichst großen Schatz an Gold und Silber, sondern auf die Güter ankam, die damit zu kaufen und mit Gewinn zu verkaufen sind, konnten die prinzipiell unbegrenzten Bedürfnisse bzw. der Wunsch nach reproduzierbarem und steigerbarem Reichtum als "prime mover" des Wirtschaftsprozesses erkannt werden. Dieser Wunsch wurde als ein universales Merkmal aller Menschen aufgefaßt, als eine Regelmäßigkeit der menschlichen Natur. Das machte diese Ideen nicht nur wirtschaftlich wichtig, sondern ließ sie auch als die Grundlage für die Umdeutung von Gesellschaft und Staat erscheinen. Im Zuge dieser Diskussionen entstand ein unterschiedliches Bewußtsein in bezug auf Reichtum und Ansehen, das mit Besitz und Arbeit statt mit Stand und Privilegien verbunden wurde.[68] Die Schaffung von Reichtum beruhte demnach nicht auf der Politik der Krone und der Behörden, sondern auf den Fähigkeiten und Vorteilserwartungen der Kaufleute. Diese waren maßgebend für den Wohlstand des einzelnen und auch des ganzen Landes auf Grund des Zusammenwirkens der privaten Aktivitäten der vielen einzelnen. Damit ging die Umdefinition des Gewinns und des Gewinnstrebens von einer betrüblichen menschlichen Schwäche in eine für das Gemeinwohl wichtige Sache einher. Gewinnstreben und Kaufmannshandel wurden Gegenstand einer versachlichten, entmoralisierten Diskussion. Der Kaufmann erfuhr eine beträchtliche Aufwertung an Ansehen, ja, er wurde zum Prototyp des Staatsbürgers; Thomas Sheridan meinte im Jahr 1677: "Every man in a society or commonwealth, even from the King to peasant, is a merchant [...]."[69]

In England ging es schon im 17. Jahrhundert um die Fragen, die später Adam Smith behandelte, d. h. im Grunde eigentlich um die Wirtschaft, die nicht nur von

67 Als einer der ersten verwendete Nicholas Barbon den Begriff des Nationalvermögens bzw. -kapitals. Nicholas Barbon, A Discourse of Trade, London 1690.

68 Manfred Brocker hat dies als Ablösung der Okkupationstheorie, wie sie Cicero formuliert hatte, durch die Arbeitstheorie des Eigentums, die vor allem auf John Locke basiert, interpretiert. Siehe: Manfred Brocker, Arbeit und Eigentum. Der Paradigmenwechsel in der neuzeitlichen Eigentumstheorie, Darmstadt 1992.

69 Zitiert nach: Joyce O. Appleby, Economic Thought and Ideology in Seventeenth-Century England, op. cit., S. 188.

Schutzzöllen und Importverboten, sondern auch von den Privilegien und Monopolrechten, die die Krone verlieh, frei sein sollte, so daß sich jedermann, der über die Mittel und Fähigkeiten verfügte, daran beteiligen konnte. Der Unterschied besteht darin, daß die Diskussion des 17. Jahrhunderts in eine Beziehung zu den revolutionären Ereignissen dieser Epoche gesetzt werden kann, weil sie auch gegen die Ansprüche und Maßnahmen der absolutistisch regierenden Stuarts gerichtet war. Demgegenüber machte sich ein Jahrhundert später Adam Smith einerseits schon mehr akademisch-gelehrte Gedanken darüber, andererseits waren seine Auffassungen aber auch aus der spezifischen politischen Konstellation zwischen Friedens- und Kriegsparteien und der geänderten Bedeutung der Handelskompanien zu verstehen.

Handelskompanien und Kaufmannsmerkantilismus: Niederlande und England

Dem "Merkantilismus" von oben, wie er von den absolutistischen Herrschern und ihren Beratern verfolgt wurde und der letztlich nicht-ökonomischen Zielen diente, entsprach in den Niederlanden und in England ein "Kaufmanns-Merkantilismus", der stark von den Interessen der Handelskompanien und der großen Kaufleute bestimmt war. Auch hier war es aber die Konkurrenz der Staaten um Handelsanteile, die dazu führte, daß die Interessen der Wirtschaft als nationale Angelegenheit begriffen wurden, was auch zur Entwicklung der Nationalstaaten beitrug.

Die Handelskompanien des 17. Jahrhunderts waren etwas ganz anderes als die Handelsgesellschaften, wie sie seit dem Spätmittelalter in Italien und Süddeutschland bestanden. Fernand Braudel[70] sah das Kriterium darin, daß die Handelsgesellschaften nur für den Kapitalismus Bedeutung besaßen und in ihren unterschiedlichen Formen dessen Entwicklung widerspiegelten, während Kompanien wie die Ostindien-Kompanien gleichzeitig Kapital und Staat ins Spiel brachten. Die "compagnie" des Spätmittelalters überlebten als Familienunternehmen und Personalgesellschaften bis heute. Sie beruhten auf dem Prinzip der unbeschränkten Haftung und der wechselseitigen Durchdringung von Privat- und Geschäftssphäre. Allmählich kam es auch bei diesen zur Tendenz, die Haftung zu beschränken, und es entstanden die ersten Kommanditverträge, wie in Florenz Anfang des 16. Jahrhunderts und in Frankreich. Die Unterscheidung zwischen diesen Kommanditgesellschaften und den "compagnie" ist allerdings keineswegs leicht, der Übergang ist fließend. Da die Kommanditisten nicht namentlich aufscheinen, war dies auch eine willkomme-

70 Fernand Braudel, Sozialgeschichte des 15.-18. Jahrhunderts, op. cit., Bd. 2, S. 475 ff.

ne Möglichkeit für Adelige und Beamte der Krone, sich an Geschäften zu beteiligen. In England kam es relativ früh zur Entstehung von Aktiengesellschaften, reinen Kapitalgesellschaften, die auf Einlagen beruhten, wobei die Haftung stets nur auf diesen Anteil beschränkt war. Sie war kein Zusammenschluß von Personen, sondern von Anteilen, die auf dem Markt gehandelt werden konnten. Vorläufer gab es im Seehandel der italienischen Städte, wo das Eigentum der Schiffe anteilig in Form von "partes" oder "luoghi" erworben und auch gehandelt werden konnte. Zu erwähnen ist auch die Karatgesellschaft in Genua, ähnliches gilt auch für die Bergwerke in ganz Europa (Kuxen). Die erste richtige Aktiengesellschaft war die 1555 gegründete englische "Moscovy Company". Die Einbürgerung der Aktiengesellschaft erfolgte aber eher schleppend, zuerst war sie im Versicherungswesen und in der Ausrüstung von Kaperschiffen zu finden. Daneben bestanden die im 15. Jahrhundert entstandenen Außenhandelsgesellschaften weiter: die "Merchants of the Staple", die Wollexportkaufleute, und die "Merchant Adventurers", die Tuchgroßhändler. Erstere verloren bald ihre Bedeutung, als England seine Wollexporte einstellte. Die "Merchant Adventurers" aber wurden zu den großen Gegenspielern der Hanse im Nord- und Ostseeraum. Sie waren eine sehr lose Verbindung von Außenhandelskaufleuten mit gildenhaftem Charakter. Sie hatten zünftische Regeln und Disziplinarordnungen, redeten sich gegenseitig als Brüder an, traten bei Gottesdiensten gemeinsam auf und achteten auf Haltung, Benehmen und moralische Integrität ihrer Mitglieder. Die Kompanie war moralische Instanz, berufliche Schutzorganisation und Handelsvereinigung in einem ("regulated company"). Die Mitglieder betrieben ihre Geschäfte aber grundsätzlich einzeln und es gab kein eigenes Gesellschaftskapital. Ab 1475 charterten sie zwar gemeinsam Schiffe und traten dem Staat bei Zollabgaben und Privilegienanträgen als organisierte Gruppe gegenüber, aber Handel trieben sie auf Rechnung des jeweils einzelnen Mitgliedes. Die "Merchant Adventurers" waren in ihren Aktivitäten stärker in den Niederlanden als in England selbst verankert und waren auch seit 1611 in Hamburg etabliert. Sie existierten in ihrer traditionellen Form bis 1809 weiter, als Napoleon Hamburg besetzte. Die seit dem späten 16. und frühen 17. Jahrhundert entstandenen Aktiengesellschaften in England ersetzten also nicht die "regulated companies", sondern existierten neben diesen. Es kam sogar vor, daß "joint-stock companies", wie die "Moscovy Company" und die 1581 gegründete "Levant Company" später in "regulated companies" umgewandelt wurden; die "African Company" sogar noch 1750. Das weist darauf hin, daß hier keine einseitige zeitliche Aufeinanderfolge gegeben war, und die Aktiengesellschaft keineswegs als spezifisch "moderne" Form gelten kann.

Um 1600 entstanden dann jene großen Handelskompanien, deren bestimmendes Merkmal weniger ihre rechtliche und soziale Organisation war, sondern die Orientierung an der (national)staatlichen Politik. Die Zusammenarbeit von Staat und Kapital war zwar schon früher gegeben; besonders im Falle Venedigs, Spaniens und Portugals. Während aber in diesen Fällen der Staat selbst die Monopole besaß und über staatliche Behörden ausübte, lagen die Verhältnisse bei den großen Handelskompanien der Niederlande und Englands anders. Der Staat vergab die Privilegien für den Inlandsmarkt, die er sich von den Handelskompanien erkaufen ließ, und die Monopole für den Außenhandel. Jede Kompanie beruhte daher auf einem Geschäft mit dem Fiskus und auch auf einem System von Banken, Märkten und Börsen, wo Einleger und Kunden gefunden werden konnten. Aber sie setzte auch das Szenario von rivalisierenden Mächten voraus, die um Dominanz in fernen Regionen der Welt kämpften. Große Kapitalien, aber auch der Rückhalt durch den eigenen Staat oder durch Monarchen, waren unerläßlich. Es ging in diesem Spiel zwar um Profite, aber auch um die Aufteilung der Welt. Diese Rivalität trug daher zur Entwicklung des Nationalbewußtseins und in der Folge zur Entstehung des modernen Nationalstaats nicht unerheblich bei.[71]

Das 17. Jahrhundert war im besonderen das Jahrhundert der Niederlande - oder besser, der Vereinigten Provinzen. Immanuel Wallerstein spricht von der produktiven, kommerziellen und finanziellen Hegemonie der Niederlande zwischen 1625-1675.[72] Während die flämische Wirtschaft gegen 1585 niederging, erlebten die Vereinigten Provinzen einen starken Wirtschaftsaufschwung, unter anderem auch durch den Zuzug von calvinistischen Kaufleuten und Handwerkern aus Flandern. Innerhalb der Niederlande vollzog sich eine Verlagerung des Schwergewichts von Antwerpen nach Amsterdam. Antwerpen war der nördliche Endpunkt des Landhandels von Venedig aus gewesen und mit dem Rückgang der Bedeutung der italienischen Seerepubliken, dem Niedergang des Messehandels, dem Ausfall Mitteleuropas als Absatzmarkt auf Grund des Dreißigjährigen Krieges und dem Übergang des

71 Die Beziehungen zwischen den Handelskompanien und den europäischen Staaten behandeln insbesondere: M. N. Pearson, Merchants and States, in: James D. Tracy (ed.), The Political Economy of Merchant Empires, Cambridge 1991, S. 41-116; Thomas A. Brady, jr., The Rise of Merchant Empires, 1400-1700: An European Counterpoint, in: James D. Tracy (ed.), op. cit., S. 117-160; Geoffrey Parker, Europe and the Wider World, 1500-1700: The Military Balance, in: James D. Tracy (ed.), op. cit., S. 161-195.

72 Immanuel Wallerstein, The Modern World-System, Vol. I: Capitalist Agriculture and the Origins of the European World-Economy in the Sixteenth Century, San Diego-New York 1974, S. 211-215.

Schwergewichts auf den Seehandel verlor Antwerpen als Festlandstadt ihre Bedeutung. Amsterdam wurde der zentrale Handels- und Finanzplatz der neuen Welthandelsachse, die über den Atlantik verlief. Venedig und Amsterdam waren Symbole für zwei einander ablösende Handelssysteme, das eine zentriert im Mittelmeer, das andere vom Nordwesten Europas her bis in den Indik und Pazifik ausstrahlend. Peter Burke hat in seinem prosopographisch fundierten Vergleich zwischen den Eliten Venedigs und Amsterdams den Unterschied in bezug auf die politischen und sozialen Strukturen und die Kultur und Lebensweise der beiden Städte zwischen Handelsaristokratie und Kaufmannsoligarchie dargestellt.[73]

Während des 16. Jahrhunderts hatten sich die Entwicklungen des Banken- und Geldwesens von Italien auf Nordwesteuropa ausgedehnt und erlebten dort eine neuerliche Entfaltung. Hier notierten an der Börse in Amsterdam die einzelnen Waren und diese Notierungen bestimmten die Preistendenz in ganz Europa. Neben dem Produktehandel an der Amsterdamer Börse wurde auch der Effektenhandel immer wichtiger. Sowohl an der Effekten- wie an der Produktenbörse entwickelte sich ein Terminhandel trotz aller Verbote der Spekulation. Ein Beispiel für die Einbeziehung sogar landwirtschaftlicher Produkte in die Spekulation war die sogenannte Tulpen-Manie 1636/37.[74] Nicht nur die Effektenbörse machte Amsterdam so wichtig für das internationale Geldsystem, sondern auch die 1609 gegründete Wechselbank, die die internationalen Clearinggeschäfte, die vordem durch die Italiener durchgeführt worden waren, übernahm. Das bedeutete aber auch, daß der Großteil der amerikanischen Edelmetalle über Holland nach Europa strömte. Jeden Herbst traf in Amsterdam eine von Kriegsschiffen bewachte Silberflotte ein. Die dominierende Stellung der nördlichen Niederlande schlug sich auch in bedeutenden Kapitalexporten und Investitionen im Ausland (z. B. in Schwedens Kupferbau) nieder. Ab 1683 nahm dann auch das Kreditgeschäft mit typischerweise niedrigen Zinssätzen einen besonderen Aufschwung.

War das 16. Jahrhundert im Welthandel von Spanien und Portugal beherrscht, so entstand im 17. Jahrhundert ein internationales arbeitsteiliges Wirtschaftssystem, in dem die Holländer die stärksten Trümpfe in der Hand hielten: die Kontrolle

73 Peter Burke, Venedig und Amsterdam im 17. Jahrhundert, Göttingen 1993 (urspr. engl. 1974).

74 Bei dieser Spekulationskrise, die teilweise weite Kreise der Bevölkerung erfaßte, wurden Papierobligationen auf Tulpen gehandelt. Siehe eine ausführliche Beschreibung in: Simon Schama, The Embarrassement of Riches, Berkeley-Los Angeles-London 1988, S. 350-361.

über das Finanzsystem und über die Endfertigung und Verteilung der Produkte. Die Holländer profitierten vor allem auch durch ihre Lage auf dem Seeweg zwischen Portugal und der Ostsee. Sie konnten Getreide, Salz, Wein und Gewürze daher jeweils zur richtigen Zeit transportieren. Im Nord- und Ostseehandel dominierten noch immer das Getreide und der Fisch, aber die Holländer gewannen nun auch die Oberhand über die Hanse. Eine Besonderheit im Handel der Niederländer war unter anderem die Tatsache, daß im Inneren weitgehender Freihandel herrschte; restriktive Praktiken betrafen nur die Fischerei und den Überseehandel. Zölle und Steuern waren niedrig. Zünfte waren auf die Städte beschränkt und nicht sehr mächtig. Allerdings blieb gerade der Ostseehandel von der Krise des 17. Jahrhunderts nicht unberührt, was sich auch im Rückgang der Verschiffung von Getreide aus dem Ostseeraum in der zweiten Hälfte des 17. Jahrhunderts niederschlug.[75]

Die VOC ("Vereinigte Ostindische Kompanie") wurde 1602 gegründet, um ruinöse Konkurrenz zwischen den einzelnen Kaufleuten auszuschalten, um stabile Investitionsmöglichkeiten zu schaffen und um den Gewürzhandel zu fördern und zu dominieren, aber auch um eine ökonomisch-politische Waffe gegen Spanien zu haben. Die niederländische VOC war nach den einzelnen Provinzen in sechs Kammern strukturiert, an deren Spitze ein Führungsgremium der "Siebzehn Herren" stand, unter denen die Vertreter Hollands jedoch eindeutig das Übergewicht hatten; auch scheinen in der Führung immer wieder Mitglieder derselben Familien auf. Sie hatte ein eigenes Gesellschaftskapital, das durch die Investitionen privater Kaufleute und Handelshäuser aufgebracht wurde. Die Aktien der VOC notierten an der Amsterdamer Börse. Die Investoren hatten keinen Zugriff auf das Kapital der Gesellschaft und konnten auch nur zu einem geringen Teil die Politik der Kompanie bestimmen. Diese wurde letztlich von der Regierung der Vereinigten Provinzen entschieden, so daß Amsterdam ein beträchtlicher Einfluß zukam und die VOC solcherart eher eine staatliche Handelsbehörde mit privatwirtschaftlicher Finanzierung darstellte.

Der Unterschied zwischen der VOC und der 1621 gegründeten WIC ("Westindische Kompanie") bestand darin, daß erstere von Amsterdamer Kaufleuten beherrscht war, während die Westindien-Gesellschaft von deren Gegnern, den Orangisten, Calvinisten und Seeländern dominiert war. Diese waren wesentlich fanatischer in ihren religiösen Auffassungen, und in ihre wirtschaftlichen Handlungswei-

75 Jonathan Israel, Dutch Primacy in World Trade 1585-1740, Oxford 1989; Maurice Aymard (ed.), Dutch Capitalism and World Capitalism, Cambridge 1982.

sen mischten sich daher viel stärker als bei der VOC, in der pragmatische Handelsinteressen überwogen, religiös-missionarische und politisch-militärische Impulse. Allerdings gab es auch Amsterdamer Kapitalbeteiligungen an der WIC, was ständige interne Konflikte in dieser mit sich brachte, die für den Erfolg der Gesellschaft nicht günstig waren. Die WIC führte den sogenannten Dreieckshandel durch, d. h. sie führte Baumwolle, Zucker, Tabak, Silber aus Amerika aus, brachte afrikanische Sklaven nach Amerika und Gewürze und Tee aus Ostindien nach Europa. Diesen Handel hatten die Niederländer aufgebaut, später - als er gewinnträchtig zu werden begann - mischten jedoch schon verstärkt die Engländer und Franzosen mit. Gegen Ende des 17. Jahrhunderts hatten dann die Niederländer ihre Hegemonie im Atlantik weitgehend eingebüßt.

Douglass C. North und Robert P. Thomas nannten die Niederlande das erste Land "to achieve sustained economic growth"[76] und wiesen darauf hin, daß das Wachstum anhielt, auch nachdem das Zentrum der wirtschaftlichen Bühne Europas nach England hinübergewechselt hatte. Sie sehen diese besondere Position der Niederlande vor allem in der Entstehung eines effektiven Systems von Besitzrechten begründet. Demgegenüber meinte Julia Adams[77], daß sich der Erfolg der Vereinigten Provinzen vor allem dem Nexus zwischen "patrimonial state" und "merchant elite" verdanke. Die starke Rolle der Kaufherren im Staat und die Verbindung von privater Initiative und Staatsinteressen in der VOC begünstigte die niederländischen Handelserfolge zunächst, wirkte sich später aber ungünstig aus, vor allem als es zum Konflikt zwischen der VOC und der WIC kam. In der politischen Diskussion in Holland ging es schon damals um zwei konträre Standpunkte: die einen verlangten den freien Handel und die Gründung und Ausbeutung von Kolonien und die anderen traten für staatlich kontrollierten Handel und Spekulationsgewinne ein. Letztlich trug der Spekulationsgesichtspunkt den Sieg davon, die Holländer errichteten nur in Batavia eine Kolonie.

Der Dominanz der Holländer begegneten die Engländer mit den Navigationsakten von 1651 und 1660; diese gelten als Paradebeispiel merkantilistischer Politik, obwohl sich in allen Staaten mit eigener Schiffahrt ähnliche Gesetze fanden und die

76 Douglass Cecil North/Robert Paul Thomas, The Rise of the Western World, Cambridge 1989 (urspr. 1973), S. 145.

77 Julia Adams, Trading States, Trading Places: The Role of Patrimonialism in Early Modern Dutch Development, in: Comparative Studies in Society and History 36/1994, S. 319 ff.

berühmten Cromwellschen Akte auch schon Vorgänger hatten.[78] Die vom Langen Parlament der Commonwealth-Regierung beschlossenen Navigationsakte sollten die Handelsmarine vor allem vor den niederländischen Schiffen schützen und wenn möglich Holländer aus ihrer Fast-Monopolstellung in der Schiffahrt und in der Fischerei in englischen Gewässern verdrängen. Noch 1670 war die niederländische Tonnage dreimal so hoch wie die britische. Schließlich kam es zum Ausbruch von Handelskriegen zwischen Holland und England, die den Weg für den Aufstieg Englands zur ersten Handelsmacht Europas im 18. Jahrhundert bereiteten. Nach dem englisch-niederländischen Krieg von 1672 und dem Übergang großer Teile der spanischen Niederlande an Frankreich im Vertrag von Nimwegen bezog sich die Hauptachse der Rivalitäten auf England und Frankreich, während die Niederlande bei der neuen aufwendigen Art der Kriegsführung nicht mehr mithalten konnten.

Die "British East India Company" entstand ursprünglich schon 1600[79]; sie wurde von der Regierung mit dem Monopol für den englischen Handel östlich des Kaps der guten Hoffnung ausgestattet und war auch ermächtigt, militärische Aktionen zu setzen. Sie war eher klein im Vergleich zu ihrer niederländischen Gegenspielerin, besaß nur ein Zehntel des Kapitals der VOC und war anfangs auch nicht wirklich als "joint-stock company" zu bezeichnen, obwohl sie über ein gemeinsames Kapital der Gesellschaft verfügte.[80] Dieses bestand aus Einlagen der beteiligten Kaufleute und sonstiger Investoren, die aber nur für die Dauer eines bestimmten Unternehmens zur Verfügung gestellt wurden; danach wurden die Gewinne verteilt, und für das nächste Unternehmen mußte neuerlich Kapital aufgenommen werden. Nach einiger Zeit wurde eine zeitliche Begrenzung der Einlagen vereinbart, erst allmählich entstand wirklich ein ständiges Gesellschaftskapital. Ab 1658 wurde das Gesellschaftskapital dann dem Zugriff der Aktionäre entzogen und von 1688 an wurden die Aktien an der Börse gehandelt.

Die Holländischen und die Englischen Ostindien-Gesellschaften fanden sehr viel Beachtung unter Historikern, Wirtschaftshistorikern und Ökonomen. Diese Kompanien repräsentierten neue Elemente in der Handelsstruktur: die große Organisation als eine eigene juristische Körperschaft, die Entwicklung des Aktienwesens und

78 1381 wurden ähnliche Bestimmungen erlassen, die sich aber als ineffektiv erwiesen, weil keine Handelsmarine in nennenswertem Umfang vorhanden war.

79 Kirti N. Chaudhuri, The English East India Company: The Study of an Early Joint-Stock Company, 1600-1640, London 1965.

80 Larry Neal, The Dutch and English East Companies Compared: Evidence from the Stock and Foreign Investment Markets, in: James D. Tracy (ed.), The Political Economy of Merchant Empires, S. 195-223.

des Börsengeschäfts. Dabei ist jedoch darauf hinzuweisen, daß diese neuen Elemente auf Grundlagen aufbauten, die in den vorhergehenden Jahrhunderten gelegt worden waren, wie Niels Steensgaard aufzeigte.[81] Die große politische Bedeutung der Organisationen in ihren Ländern ließ aber auch die Unterschiede zwischen den sich formierenden Staaten hervortreten und deren Stellung im Konzert der Mächte in Europa. Während die Niederländer und die Engländer mit ihren Gesellschaften Erfolg hatten, waren die Franzosen, die in der zweiten Hälfte des 17. Jahrhunderts ebenfalls Handelskompanien ins Leben riefen, weniger erfolgreich. Sowohl die "Compagnie du Levant" als auch die Französisch-Westindische Kompagnie gingen bald wieder unter, und auch die "Compagnie du Nord", die als Konkurrenz zur "Hudson Bay Company" gegründet worden war, erwirtschaftete nur Verluste. Nur die Französisch-Ostindische Kompagnie konnte sich halten, auch sie verlor aber ihr Privileg. Sicherlich war dafür der späte Zugang der Franzosen verantwortlich, der sie zwang, mit den schon bestehenden und gefestigten Handelsnetzen der anderen zu konkurrieren. Auch war die Konjunktur bereits verebbt und die größten Gewinne abgeschöpft. Die Tatsache, daß Regierung und Bourgeoisie in Frankreich nicht wirklich kooperationsfähig waren, weil sie einander zum Teil sogar feindselig gegenüberstanden, spielte ebenfalls eine Rolle.

Die Wirtschaft und die Wirtschaftspolitik Englands wies in dieser Epoche einen vielschichtigen Charakter und wechselhafte Merkmale auf. Der "Merkantilismus" der Cromwell-Ära war ein ganz anderer als der der Tudor- und Stuart-Regierungen, und auch die Gruppen, die dahinter standen, waren jeweils andere. Die Gruppen, die "die Wirtschaft" in England repräsentierten, waren gespalten in die mit Monopolen und Privilegien ausgestatteten Handelskompanien einerseits und in die Kaufleute und Gewerbetreibenden, die keinen Anteil an deren Monopolgeschäften hatten, andererseits. Letztere errangen einen ersten Erfolg als 1624 das "House of Commons" die Öffnung des Tuchhandels für alle verlangte. Unter Karl I. hatte sich aber die Distanz zwischen den privilegierten Monopolisten und der großen Masse der einfachen Kaufleute weiter vergrößert. Die aristokratische Einstellung Karls I. einerseits, sein Geldbedarf andererseits, führten zu einer exzessiven und willkürlichen Handhabung der Vergabe von Monopolen. Diese Politik der Begünstigung einiger, vor allem der großen Handelskompanien, band eine Reihe Londoner Kaufleute fest an den Hof und machte sie so zu willfährigen Gläubigern. Die City-Oli-

81 Niels Steensgaard, The Growth and Composition of the Long-Distance Trade of England and the Dutch Republic Before 1750, in: James D. Tracy (ed.), op. cit., S. 102-152.

garchie bezog daraus hohe Gewinne und Adelstitel, auf der anderen Seite bestand die Gefahr königlicher Zahlungsunfähigkeit und der Eingriffe der Regierung bzw. der Krone in die Gestion der Kompanien. Die Masse der Kaufleute aber wurde zu Gegnern der Regierungspolitik und der Kompanien unter den beiden Stuarts. Ihre Vorstellungen und Interessen bewegten sich mehr und mehr in Richtung auf die Förderung der Produktion anstelle der Konzentration auf die Zirkulation. Man wollte mehr exportieren, wofür man aber auch im Land mehr erzeugen mußte und dafür waren wieder Importe in größerem Umfang nötig. Demgegenüber vertraten die Könige und ihre Berater eine Politik der Restriktion der Importe. Die Handelskompanien verfolgten die Ausweitung der Macht- und Handelssphäre in der Welt und konnten eine Umorientierung auf Produktionsinteressen nicht tragen. Wichtig war daher, daß der Staat den Schutz des "freien" Handels übernahm, was dann, nachdem sich die Kaufleute und die "gentry" 1640 ein Mitspracherecht erkämpft hatten, insbesondere aber nach der "Glorious Revolution", zu einem entsprechenden Wandel der staatlichen Politik führte.

In bezug auf den Welthandel hatten die Bestimmungen der Navigationsakte Auswirkungen insofern, als alle Kolonien dem Parlament unterstellt wurden. Dadurch wurde eine einheitliche Kolonialpolitik möglich, durch die der Verkehr mit den Kolonien englischen Schiffen vorbehalten werden konnte. Das Gesetz bestimmte, daß Güter, die nach England eingeführt wurden, auf englischen Schiffen oder auf Schiffen des Produktionslandes transportiert werden mußten. Dreiviertel der Mannschaft mußten überdies britische Untertanen und die Schiffe in England gebaut worden sein. Importe mußten - auf englischen Schiffen - direkt nach England gebracht werden, ohne Amsterdam zu berühren. Küstenschiffahrt und -handel waren für britische Schiffe reserviert. Kolonialimporte von Fertigprodukten aus anderen Ländern mußten über England abgewickelt werden, ebenso die Exporte der Kolonien. Das waren Restriktionen, die später die Loslösung der britischen Kolonien in Amerika vom Mutterland zur Folge hatten. Die kurzfristigen Folgen der Navigationsakte waren aber für England höchst vorteilhaft. Ende des 17. Jahrhunderts waren die Zolleinnahmen Englands zehnmal so hoch wie zu Beginn des Jahrhunderts. Die englischen Exporte und Reexporte verdrei- und vervierfachten sich bis 1688. Die englisch-niederländischen Seekriege brachen die niederländische Vormachtstellung im Handel mit Überseegütern wie Tabak, Zucker, Pelze und Sklaven, aber auch dem isländischen Kabeljau, und begründeten die Voraussetzungen für die englische Kolonialherrschaft in Indien und die Ausbreitung der Engländer in Nordamerika. Die Navigationsakte hatten auch den Effekt, eine industrielle Entwicklung in den Kolonien zu verhindern, was einen Gegensatz des englischen Systems etwa zum spanischen Kolonialwesen sichtbar werden läßt, wo sich die Industrien in den Kolonien stärker entwickelten als im Mutterland. Demgegenüber wurden die Kolonien Englands als Absatzmarkt für englische Fertigprodukte betrachtet.

Die Navigationsgesetze markierten auch den Übergang von einer Wirtschaftsform, deren Grundlage Monopolgeschäfte waren, zu einer vollständigen Integration des englischen Handels auf der Basis eines nationalen Monopols, wobei der Staat eine führende Rolle übernahm. Sie machten die Kompanien in gewisser Weise überflüssig, denn ganz England wurde zu einem einzigen großen Stapelmarkt und zum europäischen Handelsplatz für koloniale Produkte. Für die großen Handelskompanien wurde es zunehmend schwerer, ihre Privilegien zu behalten, denn sie erhielten immer mehr Konkurrenz durch Privatinitiativen, und Kritik an ihrer Monopolpolitik wurde laut. Die Navigationsakte schufen ein Monopol für die gesamte englische Kaufmannsklasse, während die Kompanien nur für privilegierte Gruppen standen. Die Ostsee wurde 1673 allen englischen Kaufleuten geöffnet und bald verloren die "Merchant Adventurers", die diesen Bereich traditionell monopolisiert hatten, alle ihre Privilegien, so daß man zumindest in bezug auf den Tuchexport von einem "freien Handel" sprechen konnte. Auch der Handel mit Afrika, Rußland und Neufundland wurde Ende des Jahrhunderts allen Kaufleuten erlaubt. Die alten Tudor-Kompanien, wie die "Royal Mines" und die "Mineral and Battery Works", wurden aufgelöst, und die "regulated company" der "Merchant Adventurers" und die "Royal African Company" verloren ihre Monopolstellung. Neue Kompanien entstanden in großer Zahl um 1690, die allgemeine Kapitalgesellschaften darstellten und eine integrierte Führung aufwiesen. Kapital aus dem ganzen Land wurde in diese vielen neuen Kapitalgesellschaften investiert. 1696 wurde der "Board of Trade" als ständige Regierungseinrichtung zur Förderung von Handel, Industrie und Gewerbe gegründet. Die East India Company wurde in eine parastaatliche Organisation umgewandelt. Ihre Macht war bedeutend, ihre Dividenden stiegen und der Wert der Anteile verneunfachte sich seit ihrer Gründung bis zum Ende des Jahrhunderts.

Zwischen1640 und 1688 kam es zu großen Umwälzungen in Handel und Wirtschaft, so daß oft von einer kommerziellen Revolution in dieser Zeit die Rede ist. Englands freie Wirtschaft war damals einmalig in ganz Europa. Der Staat wandelte sich in dieser Zeit vom Herrn zum Gehilfen von Industrie und Handel. Die kommerziellen Interessen von kapitalistischen Grundeigentümern und Großkaufleuten bestimmten die Wirtschaftspolitik. Entscheidungen über Steuern, Zölle, Handelsbeschränkungen oder -öffnungen etc. lagen beim Unterhaus des Parlaments.[82] Die Krone hatte schon 1641 ihre Kontrolle über die Vergabe der Monopole und die Verwaltung der Armenfürsorge verloren. Der Fall der Restaurations-Monarchie war der endgültige Wendepunkt, von 1688/1689 an kann man davon sprechen, daß der Staat durch ein kapitalistisches Regime repräsentiert wurde. Das Jahr der "Glorious Revolution" markierte auch das Entstehen eines starken wirtschaftlichen Aufschwungs Englands. Das Geschäftsleben machte einen Niveausprung durch, das Geld- und Kreditwesen wurde ausgebaut, die Bank of England stabilisierte den Kapitalmarkt; Wechsel und Scheck nahmen eine wichtige Rolle im Binnenmarkt ein, Aktien wurden zu einer beliebten Geldanlage, die Zahl der "joint-stock companies" stieg sprunghaft an. Der Außenhandel weitete sich stark aus, das britische Kolonialreich entstand. Trotz der Krise von 1696 hielt der Investitionsboom bis 1720 an, dem Jahr der "South Sea Bubble", die das Verbot von Aktiengesellschaften nach sich zog, das erst 1825 aufgehoben wurde. Noch immer aber war der Handel führend und nicht die Industrie, vielleicht mit Ausnahme der Schiffbauindustrie. Das änderte sich erst im Laufe des 18. Jahrhunderts und bildete die Voraussetzungen für die industrielle Revolution.

82 Rondo Cameron spricht in der Folge von "Parliamentary Colbertism" in England. Rondo Cameron, A Concise Economic History of the World, New York 1989, S. 154 ff.

8. Kapitel: Von der Peripherie zur Dominanz: Am Beginn der europäischen Weltwirtschaft

Im Gefolge der Entdeckung des Seeweges um das Kap der guten Hoffnung tauchten im 16. Jahrhundert europäische Handelsschiffe im indischen Ozean auf. Zwar waren christliche Kaufleute schon vorher in Südasien tätig, sie kamen aber vorwiegend über Ägypten, Armenien, Äthiopien oder Kleinasien und traten nur vereinzelt auf. Nun jedoch brachten sie nicht nur Abenteuerlust und Geschäftsinteressen nach Asien, sondern auch Herrschaftsinteressen europäischer Monarchen oder Regierungen. Die Entdeckungen waren eng verbunden mit fürstlichen Wirtschafts- und Hegemonialbestrebungen im Europa des 16. und 17. Jahrhunderts und mit der Entstehung von "nationalen Interessen" der Portugiesen, der Spanier, der Niederländer, der Franzosen und der Engländer. Die Konkurrenz um die Handelsmonopole für Gewürze, Tee, Zucker und Sklaven, die Ausbeutung der Gold- und Silbervorkommen in der Neuen Welt, die Handelskriege und der Absolutismus in den führenden Staaten Europas waren eng miteinander zusammenhängende Prozesse und veränderten Wirtschaftsstrukturen, politische Verhältnisse und Denkweisen nachhaltig. Stand Europa bis zum 16. Jahrhundert an der Peripherie der Weltwirtschaft, so änderte sich dies in der Folge rasch. Eine europäische Weltwirtschaft entstand. Damit kam es auch zu Wandlungen in den außereuropäischen Gebieten, die vorher wichtige Zentren des Welthandels gewesen waren.

Die moslemische Weltwirtschaft

Der Islam war dem Handel gegenüber nicht negativ eingestellt, denn Mohammed kam aus einer Handelsstadt und war in seiner Jugend selbst Händler gewesen. Daher verbreitete sich der Islam relativ leicht in der Bevölkerung und fand auch Eingang in den Händlerschichten anderer Gegenden wie in Indien und sogar in China. Schon im 7. Jahrhundert n. Chr. ist eine moslemische Handelskolonie auf Ceylon belegt, die auf die Ausdehnung der Handelsbeziehungen bis nach Malaysia, Indonesien, die Südphilippinen und auch China verweist. Die moslemischen Handelsfahrten führten über Nordafrika bis zur iberischen Halbinsel, nach Nordosten entlang der Seidenstraße bis zu den Nomadenvölkern der Weiten des asiatischen Rußland.

Solcherart entstand eine regelrechte moslemische Weltwirtschaft.[1] Die militärisch-politische Expansion erfolgte zunächst durch die arabische Eroberung Mesopotamiens, Syriens und Ägyptens und die Errichtung des Kalifats. Die Moslems verbanden Mission und Handel mit politisch-militärischer Eroberung. Vor allem seit dem 9. Jahrhundert, nach einer Agrarrevolution durch neue Anbau- und Bewässerungsmethoden, breitete sich der Islam besonders stark aus. Ein islamisches Kerngebiet entstand zwischen Indischem Ozean und Mittelmeer, einem Wirtschaftsraum, in dem die wichtigsten Handelsstraßen und Seerouten mit einem in ständiger Verbindung stehenden urbanen Netz einander kreuzten, mit einer dominierenden Münze, dem islamischen Dinar, und mit dem Arabischen als Handelssprache.

Eine bemerkenswerte Eigenschaft des Islam war die Überbrückung der bis in archaische Zeiten zurückreichenden Differenz zwischen agrarisch-urbanen Bevölkerungsgruppen und nomadischen Hirtenvölkern durch die Einbeziehung der Nomadenvölker in die "umma", die islamische Gemeinde.[2] Möglicherweise erklärt diese Eigenheit auch die Expansionsleichtigkeit des Islam, die Bewegung mit Zentrierung verband. "Nomaden waren die Eroberer des islamischen Reiches, aber die islamische Kultur [...] ist eine Kultur der Städte."[3] Förderlich für die rasche Verbreitung des islamischen Machtbereichs war sicherlich die relativ pragmatische und tolerante Haltung der arabischen Invasoren in religiösen Dingen und die Nutzung der bestehenden Verwaltungsinstitutionen der eroberten Reiche. Die Einheit unter den Kalifaten, die die zentrale religiöse und politische Autorität in der "umma", der islamischen Gemeinschaft, beanspruchen konnten, blieb bis in die zweite Hälfte des 11. Jahrhunderts, der Blütezeit des Islam, bestehen, dann zerfiel die islamische Welt in einen türkischen, persischen, syrischen, ägyptischen und maghrebinischen Islam.

Vom 9. Jahrhundert an hatten die islamischen Gebiete faktisch das Monopol über das Gold des Sudan und die Reichtümer Ägyptens und Persiens. Der Schwerpunkt der Handelstätigkeit verlagerte sich aber, insbesondere seit der Verlegung des Kalifensitzes von Damaskus nach Bagdad, nach Osten (Innerasien, China, Indien, Südostasien), während der Mittelmeerhandel nur zweitrangige Bedeutung besaß und

1 Vgl.: Kirti N. Chaudhuri, Trade and Civilization in the Indian Ocean. An Economic History From the Rise of Islam to 1750, Cambridge 1985; Marshall G. S. Hodgson, The Venture of Islam, 3 Vol., Chicago-London 1974.

2 Vgl. hierzu insbesondere die Diskussion bei: Ernest Gellner, Der Islam als Gesellschaftsordnung, München 1992 (urspr. engl. 1981).

3 Gerhard Endreß, Der Islam, 2. Aufl., München 1991, S. 97.

den syrischen und jüdischen Händlern überlassen blieb.[4] Die wichtigste Handelstätigkeit entfalteten die Moslems im Bereich des Indischen Ozeans und des Persischen Golfs. Gegen Ende des 11. Jahrhunderts wurden in Nordindien muslimische Reiche gegründet und Bengalen und Gujarat waren in den Händen von Muslims, im späten 13. Jahrhundert dann auch das Gebiet entlang der Straße von Malakka, der Schlüsselpassage für den südostasiatischen Handel und wichtiger Militärstützpunkt, und bald danach auch die anderen Gebiete auf den südostasiatischen Inseln. Anfang des 16. Jahrhunderts wurde der Islam auch von den Herrschern im Inneren Javas angenommen.

Die Ausbreitung des Islam und des Handels ging auch in Afrika Hand in Hand. Der Karawanenhandel quer durch die Sahara ließ an deren nördlichen und südlichen Endpunkten wichtige Handelszentren entstehen, wie etwa Timbuktu am Niger, eine Gründung der Tuaregs im 10. Jahrhundert als Stützpunkt für die Salzkarawanen. Von hier aus bestanden ständige Verbindungen zu den Mittelmeerhäfen, und zur Zeit von Ibn Battuta war in Timbuktu nicht nur ein florierender Markt vorhanden, sondern die Stadt war auch ein bedeutendes Religions- und Bildungszentrum der arabischen Welt mit einer berühmten Moschee und Universität, wo Recht, Medizin, Philosophie und Geschichte gelehrt wurden. Weitere Handelszentren waren Dschenné und Gao, große Umschlagplätze für Baumwollstoffe, Sklaven, Gold, Elfenbein, Salz, Vieh und Gewürze, auch Schiffe wurden hier gebaut.[5] Ein wichtiger Wirtschafts- und Handelsbereich, den die Araber in der Form von Handelsfahrten abdeckten, war die Gegend nördlich des Schwarzen Meeres entlang der Bernsteinstraße zur Ostsee und entlang von Don, Wolga und Kama bis zu den Pelztierjägern der Tundren und über den Ural bis zum Aralsee. Von hier kamen auch viele Sklaven für die orientalischen Märkte. Byzanz war ein wichtiger Handelspartner der Araber, und im Laufe des 11. Jahrhunderts entwickelten sich Handelsbeziehungen mit Venedig und Amalfi, dann auch mit Pisa und Genua, die durch die Kreuzzüge nicht wesentlich beeinträchtigt wurden. Als die christlichen Ritter auszogen, um die Araber aus Jerusalem zu vertreiben, betrieben christliche Kaufleute gleichzeitig regen Handel mit den Arabern, insbesondere die Venezianer und die Pisaner. Erst nachdem der Handel in Ägypten durch die Gilden der "Karimi" und dann durch den Sultan kontrolliert wurde, verringerte sich dieser Verkehr.

4 Maurice Lombard, Blütezeit des Islam. Eine Wirtschafts- und Kulturgeschichte, 8.-11. Jahrhundert, Frankfurt/Main 1992 (urspr. frz. 1971); Abdalaziz Duri, Arabische Wirtschaftsgeschichte, Zürich-München 1979.

5 Eric R. Wolf, Die Völker ohne Geschichte, Frankfurt/Main-New York 1991 (urspr. am. 1982), S. 66.

Innerhalb der Moslemwelt hatte Ägypten bis in das Jahr 1250 die führende Handelsrolle inne. Es war vor allem das Ägypten der Fatimiden, in dem sich der Handel in großem Umfang entwickelte und in dem die Kaufleute innerhalb der islamischen Gesellschaft aufstiegen. Kaufleute traten auch oft als Mäzene und Wohltäter auf, lebten in großen Stadthäusern, waren gebildet und hatten Zugang zu höchsten Kreisen. Sie waren Financiers des Kalifen oder hoher Hofbeamter und hoben für diese die Steuern ein. Viele der großen Handelsherren waren aber auch Juden oder Christen, was die religiöse Toleranz der Moslems unterstreicht. Der Islam unterwarf den Handel gewissen Beschränkungen: auch hier gab es das Verbot des Wuchers (Koran 102: 1-2, 69: 33-34, 2: 276), andererseits wurde als selbstverständlich vorausgesetzt, daß arbeitendes Kapital Gewinn abwerfen sollte. Man fand in der Praxis auch durchaus Wege, um das Zinsverbot zu umgehen. Auch hier wirkten sich die Verbote viel stärker auf den kleinen lokalen Handel aus, während der große Fernhandel sich darüber hinwegsetzen konnte. Der Islam verurteilte den schrankenlosen Egoismus der Reichen, kritisierte die Ungleichheit und sah die Abgabe für die Armen als eine Grundpflicht an.[6] Nicht die Aufhebung der bestehenden Ordnung, sondern die moralische Besinnung des einzelnen sollten den sozialen Ausgleich bewirken, ähnlich dem individuellen Gewissen der Protestanten. Entgegen der geläufigen Interpretation auf Grund des Ausbleibens einer industriekapitalistischen Entwicklung wie im Westen, enthält der Koran durchaus eine rationale Tendenz, die sogar stärker betont wird als im Juden- und Christentum.[7] Das mündliche Zeugnis hatte zwar in der islamischen Rechtstheorie Vorrang, beschränkte sich aber auf den lokalen Handel. Die Handelstechniken waren im Vergleich zu den im frühmittelalterlichen Europa bestehenden fortschrittlich zu nennen. Sie waren zudem im gesamten islamischen Raum relativ einheitlich. Viele der Handelspraktiken und -techniken übernahmen die Italiener von den moslemischen Kaufleuten. Der im arabisch-islamischen Raum schon früh erreichte hohe Grad an Schriftlichkeit des kommerziellen Verkehrs stellte auch einen der größten Beiträge der muslimischen Welt zum Wirtschaftsleben des europäischen Mittelalters dar.[8] Allerdings war die schriftliche Form allein im arabischen Raum nicht ausreichend, es bedurfte darüber hinaus vertrauensfördernder Rituale, um die Einhaltung von vertraglich festgelegten gegenseitigen Verpflichtungen zu gewährleisten.

6 Stefan Breuer, Imperien der Alten Welt, Stuttgart-Berlin-Köln-Mainz 1987, S. 194.

7 Maxime Rodinson, Islam und Kapitalismus, Frankfurt/Main 1986 (urspr. frz. 1966), S. 113 ff.

8 Peter Feldbauer, Die islamische Welt 600-1250, Wien 1995, S. 147 ff.; vgl.: William M. Watt, Der Einfluß des Islam auf das europäische Mittelalter, Berlin 1988.

Verwandtschaftsbeziehungen, ethnischer Solidarität und gemeinsamen religiös-moralischen Werten, aber auch der Entrichtung von Schutzkosten sowie dem Austausch von Geschenken kam dabei erhebliche Bedeutung zu. Offensichtlich waren die meisten Kaufleute neben den formellen Geschäftsbeziehungen auch zu informeller Kooperation bereit. Das entsprechende Reziprozitätsdenken, das übrigens auch bei den berühmten oberitalienischen Kaufleuten des Spätmittelalters eine nicht unerhebliche Rolle spielte, war für das gute Funktionieren informeller Geschäftsbeziehungen in der islamischen Welt wichtig. Besonders bewährte Geschäftsbeziehungen basierten auf einem persönlichen Vertrauensverhältnis, das sich im Zuge jahrzehntelanger Zusammenarbeit in einem Austauschprozeß von gegenseitigen "Gefälligkeiten" entwickelt hatte.

Da Handel und kommerzielle Aktivitäten nicht geächtet wurden, investierten auch die herrschenden Eliten in die Wirtschaft. Häufig waren unterschiedliche Formen der Partnerschaft, wobei entweder alle Gesellschafter gleichermaßen am Vermögen und Gewinn beteiligt waren und auch mitarbeiteten, oder ein Geschäftsführer sich mit einem oder mehreren Geldgebern zusammentat. Besonders die zweite Variante, die "mudãraba", ist mit der italienischen "commenda" des Spätmittelalters verwandt und wird als das Vorbild aller ähnlichen Institutionen in Südeuropa interpretiert.[9] Sie erlangte sowohl im See- als auch im Karawanenhandel große Bedeutung. Bisweilen wurden auch reine Kredit-Partnerschaften geschlossen, in denen das Geschäftskapital nicht aus Bargeld oder Waren, sondern ausschließlich aus Kredit bestand. Kaufen und Verkaufen auf Kreditbasis war offenbar schon im achten Jahrhundert eine wichtige, später dann eine sehr verbreitete Praxis, die nicht nur als legal, sondern auch als unentbehrlich für Handel und Gewerbe galt. Die Geniza-Dokumente des 11. Jahrhunderts belegen, daß Kreditoperationen ein integrales Element des Geschäftslebens im Mittelmeerraum und im Indischen Ozean waren. Großkaufleute führten auch Wechselgeschäfte und Geldüberweisungen durch, nahmen oder gaben Kredit, ohne daß es aber zu einer vorrangigen oder gar ausschließlichen Spezialisierung auf Bankfunktionen kam. Neben den auch mit Geldgeschäften befaßten Kaufleuten gab es überall in der islamischen Welt spezialisierte Geldwechsler, die sich in aller Regel auf diese Tätigkeit beschränkten, also keine sonstigen "Bankgeschäfte" durchführten. Sie teilten ihr Wirkungsfeld in gewisser Hinsicht mit staatlichen Finanzbeamten, denen neben der Münzkontrolle auch der Geldwechsel anvertraut war. Schon relativ früh gab es verschiedene Varianten eines

9 Siehe: Abraham L. Udovitch, Partnership and Profit in Medieval Islam, Princeton 1970.

bargeldlosen Zahlungsverkehrs, bei denen die Händler immer auch die Funktion des "Bankiers" übernahmen. Das wichtigste Mittel war eine Art von Wechselbrief, "suftaga" genannt, der sich vom europäischen Wechsel dadurch unterschied, daß er nicht für Transaktionen zwischen unterschiedlichen Währungen, sondern lediglich für Überweisungen im Rahmen einer bestimmten Geldsorte eingesetzt wurde. Eine weitere Möglichkeit waren die Zahlungsanweisungen der Steuerbeamten, die in vielen Regionen als Äquivalent für Geld akzeptiert wurden. Aus Basra ist für das 11. Jahrhundert ein anderes Verrechnungssystem bekannt, bei dem Kaufleute Einlagen bei einer Art von Bank unterhielten und der wechselseitige Zahlungsverkehr durch schriftliche Überweisungsaufträge an diese erfolgte.

Der islamische Handel reichte auch über die von Moslems eroberten Gebiete hinaus, denn in allen wichtigen Zentren der damaligen Welt gab es Niederlassungen von moslemischen Händlern und andererseits auch solche fremder Kaufleute in islamischen Herrschaftsbereichen. Viele Reisende deklarierten sich als Händler, auch wenn sie nur nebenbei Handel betrieben, etwa um den Unterhalt während der Reise zu bestreiten, wie z. B. Ibn Battuta während seiner zwanzig Jahre dauernden Reisen in Asien.[10] Kaufleute verschiedener Religionen machten friedlich miteinander Geschäfte, sowohl im arabisch-ägyptischen Raum (vor allem Moslems, Juden und Kopten), wie auch in Indien (Hindus, Moslems, Juden und Christen), es war eine Art von "ökumenischem Handel".[11] In Alexandria etwa gab es Kaufmannsgemeinden aus Byzanz, Syrien, dem Irak, dem Jemen, dazu einige Türken und Franken, sowie Lagerhäuser für Venezianer, Genuesen und Katalanen. Die fremden Kaufleute lebten in richtigen Gemeinden mit eigener Verwaltung in bestimmten Vierteln der Stadt. Sie konnten sich zwar im gesamten Stadtgebiet frei bewegen, des Nachts allerdings wurden diese Viertel gesperrt. Wenn man die Verbreitung der Kaufleute unterschiedlicher Herkunft und Religion betrachtet, so fällt auf, daß manche Gruppen regelrechte "welt"umspannende Handelsnetze hatten, insbesondere die Juden, die Armenier und die "Syri".[12] Die Händler schlossen sich mitunter auch quer über alle Herkunfts- und Religionsgruppen zu Partnerschaften und Handelsgesellschaften zusammen. Juden und Moslem-Gemeinden waren nicht scharf voneinander

10 Ibn Battuta, Reisen ans Ende der Welt. Das größte Abenteuer des Mittelalters (hg. v. H. D. Lucht), Stuttgart 1985.

11 Philip D. Curtin, Cross-Cultural Trade in World History, Cambridge 1984, S. 111 ff.

12 Fernand Braudel, Sozialgeschichte des 15.-18. Jahrhunderts, Bd. 2: Der Handel, München 1986 (urspr. frz. 1979), S. 164.

getrennt. Obwohl die Juden ihr eigenes Recht und ihre eigene Gemeinde hatten, waren sie gleichzeitig Teil der moslemischen Welt.

Eine besondere Institution war der sogenannte "wakil al-tujjar", ein amtlich eingesetzter rechtlicher Vertreter der fremden Kaufleute, ähnlich dem Makler in vielen spätmittelalterlichen Städten Europas. Der Wakil, meist selbst ein früherer erfolgreicher Fernhändler, konnte auch angewiesen werden, die Waren gegen Kommission zu verkaufen oder zu versteigern.[13] Er war oft Inhaber eines Lager- und Gasthauses, in dem die fremden Händler wohnten und ihre Waren lagerten. Diese Lager hießen "funduq", und wir finden sie auch in europäischen Städten, vor allem in Venedig ("fondaco dei Tedeschi", "fondaco dei Turchi"). In der islamischen Welt gab es auf Grund der Größe der Städte schon zur Zeit des europäischen Mittelalters zahlreiche Suks, "funduqs" und Basare in den Städten,. mithin genug Märkte, so daß die Messen keine herausragende Bedeutung hatten, wie etwa die Champagnemessen in dem noch weitgehend unterentwickelten Europa des 12. Jahrhunderts. In bezug auf die Messen in der arabischen Welt zeigt sich eine bemerkenswerte Uneinigkeit unter den Wirtschaftshistorikern. Fernand Braudel[14] war der Auffassung, es habe sehr wohl ein Netz von Messen, vor allem in Ägypten, Arabien und Syrien, gegeben. Allerdings ist fraglich, ob die islamischen Messen auch die behördlich-institutionelle Dimension der europäischen Messen hatten oder nicht vielmehr "private" Treffen der Kaufleute waren, die mit Wallfahrts- und Pilgerfahrten verbunden wurden.

Die ökonomische Prosperität und Stärke des fatimidischen Ägypten beruhte zu einem großen Teil auf dem Aufschwung der Textilproduktion im Verein mit der ertragreichen Landwirtschaft. Funktionärs- und Agrareliten, die seit der Mitte des 9. Jahrhunderts zu Ansehen und Einfluß gelangten und denen durch die Verwaltung von Großgrundbesitz sowie durch die Übernahme staatlicher Ämter - etwa als Steuereintreiber - relativ große Einkünfte zur Verfügung standen, investierten im privat betriebenen Leinengewerbe bzw. in der kommerziellen Landwirtschaft. Diese Investitionen schufen hervorragende Voraussetzungen für das "goldene Zeitalter" des ägyptischen Handwerks und Handels. Selbst höchste Beamte der fatimidischen Administration beteiligten sich finanziell am Vertrieb von Stoffen, Kleidern und Teppichen. Aber die Entwicklung anderer Branchen war nicht weniger bemerkens-

13 Vgl. auch: Janet Abu-Lughod, Before European Hegemony, New York-Oxford 1989, S. 221/222.

14 Fernand Braudel, Sozialgeschichte des 15.-18. Jahrhunderts, op. cit., Bd. 2, S. 130 ff.

wert. Dies gilt etwa für das Bauhandwerk, das durch das Bedürfnis des Regimes nach Präsentation seiner Macht starke Impulse erhielt, und in noch größerem Maß für die Zuckerindustrie, die zu einem der wichtigsten ägyptischen Wirtschaftszweige des 11. Jahrhunderts aufstieg. Wie in Syrien lag die Zuckerproduktion in den Händen finanzstarker Privatunternehmer - wiederum häufig fatimidischer Funktionäre - die kostspielige Anstrengungen zur Verbesserung der Technologie unternahmen und sich die in den Geniza-Dokumenten erwähnten großbetrieblichen Anlagen leisten konnten. Die Gewinnaussichten anderer Gewerbezweige waren wahrscheinlich weniger günstig, dennoch vermochten auch Glas-, Töpfer- und Lederwaren ihre überregionale Bedeutung zu steigern. Nach dem 12. Jahrhundert kam es zu einem Niedergang des Gewerbes, dessen Umfang und Geschwindigkeit große regionale Unterschiede aufwies. Beispielsweise erlitt die berühmte Textilindustrie Unterägyptens zu Beginn des 13. Jahrhunderts schwere Einbrüche. Plünderungen christlicher Kreuzfahrerheere spielten dabei auch eine Rolle. Die Mongoleninvasion des 13. Jahrhunderts ruinierte das iranische und irakische Exportgewerbe, denn die Verlagerung von Fernhandelsrouten konnte für das Gewerbe einer vom internationalen Geschäft abgeschnittenen Stadt sehr negative Folgen haben. Die zunehmende politische Instabilität in vielen Teilen des zerfallenen Kalifats sowie der seit dem 11. Jahrhundert zu beobachtende Niedergang der Landwirtschaft wichtiger Regionen verstärkte diese Tendenzen.

Nach dem 12. Jahrhundert errangen die moslemisch-ägyptischen Kaufmannsgilden der "Karimi" die Kontrolle über den Osthandel, wobei sie von der Regierung unterstützt wurden. Ähnliche "Staatshändler-Gilden" gab es im 12. und 13. Jahrhundert auch in Südindien. Erst im 15. Jahrhundert endete die Macht dieser Gilden, nachdem der Sultan das Monopol im Gewürzhandel an sich gerissen hatte. In Ägypten, dem führenden Land in der moslemischen Welt, kam es danach zur Staatskontrolle über den Handel, was zur Folge hatte, daß die moslemische Welt in der Folge wirtschaftlich und technisch gegenüber dem expandierenden Europa zurückfiel. Die lokalen, regionalen und überregionalen Märkte wurden streng von Staatsbeamten kontrolliert und die Kaufleute benötigten eine staatliche Lizenz, alle Markttransaktionen wurden registriert und besteuert.[15] Zusammen mit der zentralistischen Wirtschaftslenkung und Steuerpolitik entstanden feudal-despotische Strukturen unter den seldschukischen und aiyubidischen Sultanen. Als Mittel zur Bewältigung unmittelbar anstehender Finanz- und Administrationsprobleme der Zentral-

15 Subhi Y. Labib, Handelsgeschichte Ägyptens im Spätmittelalter (1171-1517), Wiesbaden 1965.

gewalt wurden Konzessionen zur Einhebung von Steuern an Prinzen, Emire und Gouverneure vergeben, die dafür Heere unterhalten und dem Sultan zur Verfügung stellen mußten. Diese "iqta"-Konzessionen wurden teilweise in Lehen umgewandelt und führten vor allem in Syrien wieder zur Schwächung der zentralen Gewalt.[16] In der Folge ergriffen die türkischen Mamelucken (Soldaten, die ehedem Sklaven waren) im Jahr 1250 die Macht, damit kam es zur Militarisierung des Staates. Wichtige Branchen des städtischen Handwerks dürften auf diese Weise jene Geldgeber verloren haben, die seit dem 9. Jahrhundert maßgeblich zur Prosperität des ägyptischen Gewerbes beigetragen hatten. Die auf Kriegsdienst spezialisierten "iqta"-Konzessionäre hatten keinerlei Interesse an Wirtschaft und die jahrhundertelang in Landwirtschaft und Gewerbe erfolgreichen unternehmerischen Gruppen von Funktionären und Landkontraktoren waren stark geschwächt. Unter den Mamelucken kam es zu einem großen Aufschwung des Handelsvolumens, der allerdings nicht mehr durch eine entsprechende eigene Produktion untermauert war. Durch den Bevölkerungsrückgang auf Grund verheerender Pestepidemien, die Konkurrenz europäischer Erzeugnisse und den Übergang der Seeherrschaft auf die Europäer geriet die islamische Wirtschaft in die Krise und politische Unruhen unterminierten den Mameluckenstaat. Schließlich tauchten auch noch die Portugiesen in Ostafrika und im Indischen Ozean auf und machten den Moslems diesen Handelsbereich streitig.

Im 16. Jahrhundert erfolgte dann die Auseinandersetzung mit den Osmanen, türkischen Nomaden aus Zentralasien, die sich allmählich nach Westen hin ausgebreitet hatten. In Persien und Mesopotamien hatten sie das Seldschukenreich errichtet. Einer der kleineren Fürsten in diesem Feudalstaat, Osman, und seine Nachfolger unterwarfen weite Bereiche Anatoliens und rückten bis zur Donau vor. Nach der Niederlage gegen Timur Lenk 1402 begann eine zweite Expansion der Türken, der Byzanz endgültig zum Opfer fiel. Militärpfründen einerseits, persönlich dem Sultan verpflichtete Militärsklaven (Janitscharen) andererseits bildeten die Basis der Eroberungserfolge und waren auch die Stütze des Osmanenreichs, das sich in der Folge weithin ausbreitete und unter Mehmed II. stark zentralisiert wurde. 1516/17 zerschlug Selim den Mameluckenstaat, damit gewann der Osmanenstaat auch die Dominanz im Roten Meer sowie im Mittelmeer und Schwarzen Meer. Über drei Jahrhunderte hinweg blockierte dieses gewaltige Reich den direkten Zugang von Europa nach Asien und zwang die Europäer, andere Wege nach Asien um das Kap der Guten Hoffnung - sogar durch das nördliche Eismeer und um die Tschuk-

16 Stefan Breuer, Imperien der Alten Welt, op. cit., S. 220.

tschen-Halbinsel - zu suchen und über den Atlantik nach Westen zu segeln. Die osmanische Weltwirtschaft dehnte sich bis in den indischen, chinesischen und russischen Raum aus. Handel wurde auch mit Frankreich, England, Holland und dann sogar mit der Neuen Welt getrieben. Dabei tritt allerdings immer klarer zutage, daß ungeheuer vielfältigen Importen aus aller Welt nur die traditionellen Exportgüter (Kamelhaar, Leder, Wachs, Saffian, Ziegenhaar, Seide etc.) gegenüberstanden. Das bedeutete eine passive Handelsbilanz, die Istanbul aber dadurch ausglich, daß Wechsel auf andere Stapelplätze in tributpflichtigen Gegenden ausgestellt wurden. Istanbul war daher eine typische "Konsumstadt", war Börseplatz und Konsumzentrum, während die eigentlichen Handelsplätze weiter südlich in der Levante lagen. Der Staatshaushalt geriet im 17. und 18. Jahrhundert immer mehr unter Druck, innere Schwierigkeiten und Konflikte brachen auf, die zur faktischen Dezentralisierung von Autorität und Verwaltung führten; lokale Honoratioren wurden zu lokalen Despoten. Trotzdem tat dies der Lebenskraft der osmanischen Wirtschaft so lange noch keinen Abbruch, solange der Inlandsmarkt intakt blieb und solange eine große Nachfrage nach den eigenen Produkten des Handwerks und Gewerbes bestand. Das änderte sich erst mit dem Einbruch großer Mengen billiger Industriegüter aus dem Westen, der das einheimische Gewerbe ruinierte.

Der Handel mit der Levante und über die traditionellen Handelsrouten mit Asien kam während des Bestandes des osmanischen Reiches auch für den europäischen Handel keineswegs zum Erliegen. Die Europäer unterhielten Kontore in den Stapelplätzen der Levante.[17] Der Geschäftsverkehr in der osmanischen Wirtschaft wurde von den arabischen, armenischen[18], jüdischen, indischen und griechischen Kaufleuten betrieben, während sich die Türken nicht sonderlich zum Kaufmannsberuf hingezogen fühlten. Überall wimmelte es von Wanderhändlern, Krämern, Kleinverkäufern, Verkaufsbuden und von Kommissionären unterschiedlichster geographischer und ethnischer Herkunft. Europäische Kaufleute hatten wohl Zugang zu den großen Handelsstädten wie Saloniki, Istanbul, Smyrna, Aleppo, Alexandria oder Kairo, sie kamen hier jedoch nicht mit den letzten Weiterverkäufern in Kontakt, sondern

17 Vgl.: Eliyahu Ashtor, Levant Trade in the Later Middle Ages, Princeton 1983.

18 In den orientalischen Weltwirtschaften spielten die Armenier im Überlandhandel eine große Rolle. Sie waren meist Transporteure, die Güter zwischen Persien, Rußland, Europa, Indien und China beförderten. Sie hatten seit einem Jahrtausend eigene Händlerkolonien entlang der großen Überlandrouten, der Seidenstraße, der Schwarzmeer- und Wolgarouten und der Wüstenroute und fungierten auch als Übersetzer und Broker. Ihre starke Orientierung am Handel belegt auch die Tatsache, daß sie eine eigene kaufmännische Ausbildung besaßen. Philip D. Curtin, Cross-Cultural Trade in World History, op. cit., S. 179 ff.

mußten alle Geschäfte über jüdische oder armenische Vermittler abwickeln. Auch das Exportgeschäft mit dem Westen betrieben diese griechischen, armenischen oder jüdischen Kaufleute und gründeten dafür an den Handelsorten Europas Niederlassungen.

War die arabisch-ägyptisch dominierte Moslemwirtschaft im Vergleich zum europäischen Handel vordem weit entwickelt, so kehrte sich nun das Verhältnis um. Noch im 18. Jahrhundert gab es nur ein rudimentäres Kredit- und Bankwesen, und dem gesamten Güteraustausch haftete eine gewisse Altertümlichkeit an. Den eigentlichen Kern der islamischen Wirtschaft prägte die sogenannte Basarwirtschaft, die Märkte in und um die Städte, bei der es kaum Buchhaltung, Kredit oder Wechsel, sondern nur Geschäfte auf Treu und Glauben gab. Ein äußeres Merkmal dieser Wirtschaft waren die im Vergleich zu Europa äußerst niedrigen Preise. Fernand Braudel sah dafür auch den Grund: "Während das Geld im Westen die Triebfeder des Handels bildet, durchquert es den türkischen Raum meist nur. Einen Teil schluckt die unersättliche Schatzkammer des Sultans, ein weiterer hält die Handelsgeschäfte der Großkaufmannsschicht in Gang und der Rest wandert weitgehend in Richtung Indischer Ozean ab."[19]

China und die Weltwirtschaft

China erlebte während der Sung-Dynastie ab dem 10. Jahrhundert einen unvergleichlichen Wirtschaftsaufschwung, der mit Verstädterung, Ausweitung des Handels und Aufbau eines Gewerbes mit großem Produktionsvolumen einherging. Kerngebiet der Wirtschaft war das Flußsystem von Hoangho und Yangtze und deren Verbindung durch den Großen Kanal. Besondere Betonung verdient die Eisen- und Stahlindustrie, die bis zur Mongolenherrschaft florierte.[20] Der Fernhandel verlief vor allem auf dem Seeweg, wobei Seide, Textilien, Lackgegenstände, Eisen und Stahl nach Südostasien gebracht und gegen Gewürze und sonstige Tropenprodukte getauscht wurden. Die Sung förderten den Handel und suchten die Staatseinnahmen durch Monopolabschöpfung, Zölle und Handelsabgaben zu steigern. Sie erlaubten aber ein relativ freies Spiel der Marktkräfte und verzichteten auf allzu starke Regulationen. Sie förderten den Geldumlauf und führten sogar Papiergeld ein.

19 Fernand Braudel, Sozialgeschichte des 15.-18. Jahrhunderts, op. cit., Bd. 2, S. 528.

20 Die Chinesen kannten den Eisenguß bereits 200 v. Chr. und betrieben ihn schon unter Verwendung von Steinkohle. Zur Geschichte Chinas: Jacques Gernet, Die chinesische Welt, Frankfurt/Main 1979; Mark Elvin, The Pattern of the Chinese Past, Los Angeles-Cal. 1973.

Auch die bäuerliche Wirtschaft mußte sich nun verstärkt auf Kommerzialisierung und Monetarisierung umstellen, was zu einer beträchtlichen Steigerung der Nahrungsmittelproduktion, zur Verbesserung der Anbaumethoden und zur Freisetzung ländlicher Bevölkerung führte. Diese wanderte in die Städte ab, so daß China zu dieser Zeit die am stärksten urbanisierte Gesellschaft der Welt war.[21] Das wieder ließ die handwerklich-gewerbliche Produktion ansteigen und auch der inner- und zwischenstädtische Handel blühte auf. Sowohl die Handwerker als auch die Kaufleute schlossen sich in Zünften bzw. Gilden zusammen.[22] Die Zivilverwaltung wurde ebenfalls ausgebaut und ein dichtes Netz von Beamten, die zentrale Pfründen erhielten und strengen Kontrollen unterlagen, eingerichtet. Die Spitzenbeamten erhielten ihre Ämter nach einem Prüfungssystem und nach Bildungsstand, so daß eine bürokratische Verdienst-Elite entstand. Allerdings bedeutete das nicht die völlige Absenz von Protektion und Ämterkauf.[23] Die grundbesitzende Elite profitierte zwar von den staatlichen Maßnahmen und dem Wirtschaftsaufschwung, sie blieb aber zum Großteil außerhalb des Staatsapparats. Sie stützte das System daher nur so lange, als dies zu ihrem eigenen Vorteil war. Als der Staat versuchte, in ihre Eigentumsrechte einzugreifen, kündigte sie ihm ihre Loyalität auf. Dies aber kam den Mongolen zugute, die daher bei ihrem Eroberungssturm nur auf geringen Widerstand trafen. Die alten Handelsstraßen im Norden Zentralasiens, die von alters her eine Verbindung mit Europa darstellten, wurden nach 1250 infolge der Handelspolitik der Mongolenherrscher (Yüan-Dynastie) für kurze Zeit belebt,[24] insbesondere förderten diese auch die "commenda"-Verträge im Karawanenhandel, wo sie sonst eher selten anzutreffen waren. Für die Eisen- und Stahlindustrie Chinas jedoch zeigten die Mongolenherrscher nur soweit Interesse, als sie für die Waffenproduktion notwendig war. Die Werkstätten wurden unter staatliche Kontrolle gestellt und nicht mehr durch private Unternehmer, sondern durch Staatsbeamte mittels unfreier Arbeit geführt.[25]

21 Vgl.: Lawrence Ma, Commercial Development and Urban Change in Sung China (960-1279), Ann Arbor 1971.

22 Siehe: Etienne Balazs, The Birth of Capitalism in China, in: Ders., Chinese Civilization and Bureaucracy, New Haven-London 1964, S. 35-54.

23 Fu-jui Chang, Les fonctionnaires des Song: index de titres, Paris 1962.

24 Es war dies das China, das Marco Polo bereiste. Marco Polo, Description of the World (hg. v. Ch. Moule/P. Pelliot) 2 Bde., London 1938.

25 Vgl.: Janet Abu-Lughod, Before European Hegemony, New York-Oxford 1989, S. 322 ff.; Robert Hartwell, A Cycle of Economic Change in Imperial China; Coal and Iron in Northeast China, 750-1350, in: Journal of Economic and Social History of the Orient 10/1967, S. 103-159.

Die Islamisierung in Vorder- und Zentralasien und später die Vorstöße der Turkvölker bewirkten eine Verschlechterung der Reisebedingungen für die Karawanen auf den Seidenstraßen.[26] Der Fall des Reiches von Timur Lenk, die Einigung Persiens als schiitisches Reich und der daraus resultierende Konflikt mit den sunnitischen Türken brachte den Handel beinahe zum Erliegen. Zwar ging der Handel in gewissem Umfang auch zwischen dem Osmanischen Reich, den Arabern und Persien weiter, aber nach Europa gelangten nur mehr wenige Waren. Für Europa war dies das Ende des Asienhandels über Land[27], er sollte sich erst wieder allmählich in der zweiten Hälfte des 19. Jahrhunderts beleben. Als die Ming-Dynastie auf die Mongolen folgte, mußten zunächst gewaltige Anstrengungen unternommen werden, um die Wirtschaft und Verwaltung des Landes wieder aufzubauen. Das imperiale System wurde noch mehr verstärkt als unter den Sung, was den Dualismus zwischen militärisch-politischem System im Norden und dem ökonomisch prosperierenden Süden des Reiches unterstrich. Der bürokratisch-militärische Apparat des Nordens lebte fortan von der Wirtschaftskraft des Südens und griff auch immer wieder massiv regulierend ein, was die weitere Entwicklung in sozialer und wirtschaftlicher Hinsicht blockierte.

In China machte sich - vielleicht als Reaktion auf die Handelsförderung unter den Mongolen - eine antikommerzielle Stimmung zusammen mit der Verstärkung des Konfuzianismus geltend, was zu einer Erschwerung des Handels, vor allem aber zu starker Staatskontrolle führte. Der Handel wurde zwar durch private Kaufleute besorgt, aber er wurde von der Regierung kontrolliert, insbesondere die Beziehungen mit Gebieten außerhalb des Reiches wurden stark eingeschränkt. Fernhandel, den die Chinesen bisher bis nach Ostafrika auf ihren seetüchtigen großen Schiffen betrieben hatten, war auf einige wenige Hafenstädte beschränkt.[28] Trotzdem kamen chinesische Schiffe noch im 15. Jahrhundert sogar bis nach Aden und nach Ostafrika; China war zu dieser Zeit die stärkste Seemacht und die erste Handelsmacht in Asien.[29] Ab der Mitte des 15. Jahrhunderts kam es dann aber zu einem völligen Erliegen aller Expeditionen und Handelsunternehmungen chinesischer Kaufleute im Ausland, vermutlich auf Grund militärischer Niederlagen und schwerer ökono-

26 Dies insbes. seit der zweiten Hälfte des 16. Jahrhunderts. Siehe: Morris Rossabi, The "Decline" Of the Central Asian Caravan Trade, in: James D. Tracy (ed.), The Rise of Merchant Empires, Cambridge 1993, S. 351-370.

27 Allerdings verfaßte Francesco Balducci Pegolotti im 14. Jahrhundert sein berühmtes Handbuch noch als Führer für den Karawanenhandel.

28 Einer der Gründe mag auch eine verheerende Pestepidemie gewesen sein. Siehe dazu: Janet Abu-Lughod, Before European Hegemony, op. cit., S. 340/341.

29 Siehe dazu: Jack Goody, The East in the West, Cambridge 1996, S. 92.

mischer Krisen. Der Neokonfuzianismus unter den Ming-Kaisern schuf eine starke Abneigung sowohl gegen Fremde wie gegen den Handel. Das Land schloß sich zunehmend ab: der private Handel mit dem Ausland wurde mit Ausnahme der Kontakte, die über Macao liefen, untersagt; nur staatlich sanktionierte Tributtransaktionen waren erlaubt.[30] China verwandelte sich in eine Agrargesellschaft mit zentralisierter Bürokratie und despotisch-militärischer Herrschaft, in der Kaufleute gering geachtet waren.[31]

Im 16. Jahrhundert öffnete sich das Land in gewissem Ausmaß für den Handel mit den Portugiesen, da man dadurch einen Zustrom von Silber, das dringend benötigt wurde, erzielte. Das kurbelte die chinesische Wirtschaft wieder an, Gewerbe und Austauschbeziehungen wurden für kurze Zeit angeregt. Durch äußere Konflikte mit Japan und den Mandschus und durch innere Bürgerkriege kam diese Blüte aber bald wieder zum Erliegen. Die Mandschu-Kaiser, die bis 1911 regierten, führten Reformen im Bereich der Agrarbesteuerung und der Bodenaufteilung (Aufteilung der großen Domänen in Pachtland) durch, die eine Verbesserung der Lebenslage der Bauern brachten. Kommerzialisierung, gewerbliche Produktion und die Spezialisierung der Regionen machten Fortschritte. Dennoch entwickelte sich hier kaum eine kapitalistische Wirtschaft, weil die Staatskontrolle immer noch zu stark war, die Großgrundbesitzer ihre Stellung weitgehend erhalten konnten und die kleinräumige Parzellenzersplitterung nur eine beschränkte Kommerzialisierung der Landwirtschaft zuließ. Der wesentlichste Grund für die geringe Entwicklung der chinesischen Wirtschaft lag jedoch in der Existenz des Beamtensystems. Da die Beamten ihr Einkommen aus Pfründen bezogen, hatten sie ein inhärentes Interesse an der Aufrechterhaltung der bestehenden Ordnung. Die Schwäche des chinesischen Staates zeigte sich dann im Opiumkrieg, der ausbrach, weil die englische Handelskompanie Opium in großen Mengen ins Land brachte und durch den so verursachten Silberabfluß der gesamte Staatshaushalt zusammenzubrechen drohte. Aufstände und Bürgerkriege prägten die zweite Hälfte des 19. Jahrhunderts und der völlige

30 Diese Isolation wurde allerdings von den Kaufleuten nicht immer eingehalten, worauf diese strafweise verbannt wurden. Aus diesem Grund entstanden chinesische Händlergemeinden auf Sumatra, den Philippinen, Malakka, Batavia, auf Java sowie in Nagasaki in Japan etc. Siehe: Wang Gungwu, Merchants Without Empire: The Hokkien Sojourning Communities, in: James D. Tracy (ed.), The Rise of Merchant Empires, S. 400-421.

31 Karl A. Wittfogel, Die Theorie der orientalischen Gesellschaft, in: Zeitschrift für Sozialforschung 7/1938, S. 90-122; Ders., Die orientalische Despotie, Frankfurt/Main 1981.

Zusammenbruch des Reiches verzögerte sich nur auf Grund der finanziellen und militärischen Unterstützung durch die europäischen Staaten.[32]

Das chinesische Wort für Wirtschaft ("ching-chi") bedeutet "Reichtum kontrollieren/verwalten" und impliziert eine starke Sozialbezogenheit der Regulierung des Wirtschaftshandelns von oben, um Gerechtigkeit herzustellen.[33] In China hatte der Herrscher seit den Han das moralische Recht, die Produktion und Verteilung zu kontrollieren. Das bedeutete, daß sich große Kapitalien nur in seinem Bereich anhäufen konnten, was allerdings nicht hieß, daß nicht auch Private durchaus ansehnliche Vermögen hatten. Aber sie waren nie sicher vor dem direkten Zugriff und sogar vor der Enteignung. Auch lasteten zahlreiche soziale und religiöse Verpflichtungen auf dem Vermögen, das die Clans aus der Verpachtung ihres Landes akkumulierten. Adelige Beamte erhielten das Privileg, Darlehen an Agenten zu geben, die das Geld investierten und die Kreditsumme plus der Profite abzüglich eines Honorars zurückzahlten. Diese Darlehen galten aber als öffentlich und die Rückzahlung mit Zinsen konnte daher mit den Mitteln der Staatsgewalt erzwungen werden. Manchmal wurden diese öffentlichen Darlehen in der Folge in Steuern verwandelt und die Abgaben ohne vorherige Bevorschußung eingehoben. Die zentrale Autorität tat relativ wenig, um die wirtschaftlichen Aktivitäten an der Basis zu regeln. Nur selten verfügte sie Beschränkungen in bezug auf Wucherzinsen, so daß die Bauern weitgehend den lokalen Beamten und den Wucherern ausgeliefert waren, die häufig dieselben Personen waren. Die Pachtbauern waren meist ständig verschuldet. Die Kaufleute und Händler wurden von Seiten der Regierung, aber auch von ihren eigenen Gilden, die keine unabhängigen Vereinigungen wie in Europa waren[34], überwacht. In China gab es immer eine starke Kontrolle über die Aktivitäten der Kaufleute, denn der Fernhandel wurde in gewisser Weise als "tribute-trade", als Tribut von Völkern niederer Zivilisation interpretiert.[35]

32 R. H. Myers, The Chinese Economy. Past and Present, Belmont 1980.

33 Das meint zumindest Norman Jacobs, der China und Japan verglich, um die Frage zu diskutieren, warum Japan und nicht China zum modernen Kapitalismus gelangte. Norman Jacobs, The Origin of Modern Capitalism in Eastern Asia, Hongkong 1958, S. 48 f.

34 Max Weber hebt die Tatsache hervor, daß die Städte in China keinen eigenen autonomen Status errangen und die Gildenmitglieder daher sippenverhaftet blieben. Max Weber, Die Wirtschaftsethik der Weltreligionen, Teil 1, Konfuzianismus und Taoismus, Bd. 19 der Gesamtausgabe, Tübingen 1989, S. 128 ff.

35 Philip D. Curtin, Cross-Cultural Trade in World History, Cambridge 1984, S. 167 ff.

Auf die Bedeutung der Religion Chinas auf die Wirtschaft wurde schon von Max Weber[36], und auch von anderen Kommentatoren hingewiesen. Dabei wurde besonders die Rolle des Konfuzianismus hervorgehoben, der die soziale Harmonie durch Einordnung der einzelnen in die gegebenen gesellschaftlichen Bedingungen anstrebt. Individualistisches Erfolgsstreben galt demnach als unerwünscht, Selbstbeherrschung und Weisheit waren die Tugenden dieser vor allem von den Mandarinen getragenen Religion. Im Neokonfuzianismus kam dann durch Übernahme gewisser Elemente des Taoismus noch die harmonische Einfügung des Menschen in die natürliche Ordnung hinzu. Zur Tugend gelangte man durch Erziehung und Pietät gegenüber jenen, die älter, weiser oder höhergestellt waren. Harmonie und Gleichgewicht als Anpassung an den Weg der Mitte waren die obersten Ziele. Der Konfuzianismus transzendierte die gegebene soziale Ordnung nicht durch den Glauben an ein Jenseits oder einen Himmel. Der Kaiser war selbst der Sohn des Himmels und China das Reich der Mitte. Er erlaubte auch keinen Rückzug in die Innerlichkeit des Individuums durch den direkten Bezug zwischen Gott und Mensch wie im Christentum. Der Konfuzianismus kannte weder Gott noch Jenseits, er war eine reine Diesseitsreligion, also eigentlich eine Sammlung sozialethischer Prinzipien, die dann von Kaiser und Beamten politisch propagiert und im Sinne der Akzeptanz und Anpassung an die Gesetze des Staates umgedeutet wurden. Das Streben nach Weiterentwicklung und Kultivierung der eigenen Tugend und Weisheit, die Ehrfurcht für die nach Alter, Bildung und Erfahrung Höheren, begründete zwar ein Element der Leistungsorientierung, das aber nicht universalistische, sondern partikularistische Züge trug, weil es auf die konkreten Beziehungen in der lokalen Sippe ausgerichtet war.[37] Diese lokal-partikularistische Bindung stellte eine Gegentendenz zu den zentralistischen Bestrebungen des Staates dar, insbesondere weil die einzelnen Sippen einander um die Ämter in den Provinzen konkurrenzierten. Das Amt war Besitz und Pfründe, und die Kontrolle über das Amtsgebiet erfolgte im Interesse der eigenen Sippe. Die Kaiser versuchten zwar immer wieder, die lokale Machtentfaltung der Beamten einzuschränken, so etwa durch kurze Amtsdauer, durch Verbote der Übernahme von Ämtern in der eigenen Provinz, der Bevorzugung von Verwandten, ein Überwachungssystem sowie die Ablegung von

36 Max Weber, Die Wirtschaftsethik der Weltreligionen, Teil 1, op. cit.; Andreas E. Buss (ed.), Max Weber in Asian Studies, Leiden 1985; Wolfgang Schluchter (Hg.), Max Webers Studie über Konfuzianismus und Taoismus, Frankfurt/Main 1983.

37 Vgl.: Talcott Parsons, Gesellschaften, Frankfurt/Main 1975 (urspr. am. 1966). Siehe auch die Bedeutung chinesischer Wissenschaft: Joseph Needham, Science and Civilization in China, 6 Bde., Cambridge u. a. 1954-1985.

Examen durch die Amtsanwärter. Aber dem Amtsmißbrauch, der Korruption und Begünstigung tat dies dennoch keinen Abbruch.

Die Bedeutung der Religion für das wirtschaftliche Verhalten darf nicht überschätzt werden. Institutionelle und kulturelle Weichenstellungen für die Akzeptanz gewisser Verhaltensweisen und die Ablehnung anderer können zwar durch religiöse Werthaltungen über die Generationen hinweg begründet werden, die direkte Beeinflussung der Handlungsmotive folgt daraus aber nicht zwangsläufig, denn gerade der Konfuzianismus war nie das, was man Volksreligion nennen könnte. In der Masse der Agrarbevölkerung bestanden vielmehr uralte Natur- und Ahnenverehrungen, ferner gab es auch den Buddhismus, sowie Enklaven des Islam und später des Christentums. Der Konfuzianismus wirkte aber zweifellos durch seine Instrumentalisierung als Staats- und Beamten"religion" und die dadurch legitimierten Maßnahmen und Verbote hemmend auf die Durchsetzung kapitalistisch-marktwirtschaftlicher Bestrebungen.

Indien und Südostasien: Drehscheibe des Welthandels

Der indische Subkontinent erlebte zahlreiche Eroberungen und kulturelle Einflüsse. Die Industal-Zivilisation war eine der Hochkulturen der Alten Welt. Vom Ganges-Gebiet aus kam es zur Errichtung des zentralistischen Großreichs der Maurya im ausgehenden 4. und im 3. Jahrhundert v. Chr. mit einem dirigistischen Wirtschaftssystem. Darauf folgte eine vielgestaltige, wechselhafte Geschichte von Eroberungen und Völkerwanderungen über mehr als ein Jahrtausend. Zentralistische Reichsbildungen (die Guptas) folgten auf dezentrale Adelsherrschaften und umgekehrt, wobei wechselnde religiöse Zugehörigkeiten zu Buddhismus und Hinduismus das Bild prägten. Nach einer Phase hinduistischer Regionalstaaten gelang im 11. und 12. Jahrhundert n. Chr. den afghanisch-türkischen Invasoren die Errichtung des islamischen Sultanats von Delhi, eines Großstaates mit einer islamischen Herrschaftsschicht. Davor war es schon zu einer weitgehenden Islamisierung des Handels in einigen Gebieten Indiens gekommen, was die spätere politische Unterwerfung sicherlich begünstigt hatte.[38] Obwohl es den Sultanen gelang, die Zentralmacht des patrimonialen Staates zeitweise zu stärken, verfiel aber auch dieses Reich immer mehr in den schon von den hinduistischen Staaten gepflogenen "prä-

38 Kirti N. Chaudhuri, Asia before Europe. Economy and Civilization of the Indian Ocean from the Rise of Islam to 1750, Cambridge 1990.

bendalen Feudalismus"[39], also das Pfründensystem, das immer dann zur Dezentralisierung führte, wenn die Pfründenansprüche nicht mehr durch neue Expansionen befriedigt werden konnten. Das Sultanat hielt sich nach der Zerstörung Delhis durch Timur Lenk noch bis 1526, aber die Eigenmacht der Hindu-Aristokratie der Rajputen und der Militärelite führte zur Abspaltung selbständiger Staaten. Als die Portugiesen 1510 Goa besetzten, kam es zu einer Zusammenarbeit des südindischen Vijayanagar-Königreichs mit der fremden Macht in bezug auf den Handel, der in Südindien von in Gilden vereinigten Kaufleuten betrieben wurde.[40] Schließlich errichtete ein mongolischer Eroberer, Babur, die neue islamische Dynastie der Moguln, die von großer Stabilität und Dauer war. Die Stärke der Patrimonialgewalt und deren Allianz mit der hinduistischen ländlichen Oberschicht der Zamindaren ermöglichte es dem Enkel Baburs, Akbar, sein Herrschaftsgebiet zu vergrößern. Er untergrub das Pfründensystem durch besoldete Beamte und Offiziere und reformierte das Steuersystem. Sein Reich dehnte er bis weit in den Süden aus, was den portugiesischen Handel schwächte, da die Mogulherrscher den Landhandel zu Lasten des Seehandels förderten.

Handel und Gewerbe erlebten im Mogulreich für eineinhalb Jahrhunderte eine beträchtliche Blütezeit, die Verstädterung nahm stark zu, damit auch die Entstehung einer städtischen Elite als Grundlage für einen großen Inlandsbedarf. Es entstanden eine ganze Reihe von blühenden Handelsstädten, zwischen denen ein reger Austausch in Luxus- wie in Massengütern bestand, so daß man von einer regionalen Arbeitsteilung und Spezialisierung sprechen kann: Reis und Rohseide kamen aus Bengalen, Weizen aus dem Panjab, gewerbliche Produkte aus dem Gujarat, Pfeffer von der Malabarküste, Salz und Baumwolle von der Koramandelküste.[41] Zur Mogulzeit bestand in Nordindien die bedeutendste "trade diaspora" bis zum Ende des 17. Jahrhunderts; arabische, armenische, jüdische, chinesische und europäische Händler hatten ihre Niederlassungen und Gemeinden in den großen Städten des Landes. In Indien selbst wurde der Fernhandel von spezialisierten Händlerkasten beherrscht.

39 Max Weber, Die Wirtschaftsethik der Weltreligionen, Teil 1, op. cit.; R. S. Sharma, Indian Feudalism 300-1200, Calcutta 1965.

40 Siehe: Sanjay Subrahmanyam, The Political Economy of Commerce: Southern India 1500-1650, Cambridge 1990.

41 Zur Wirtschaftsgeschichte siehe: Tapan Raychaudhuri/Irfan Habib, The Cambridge Economic History of India, Bd. 1, Cambridge 1982.

Indien war zur Zeit, als die Europäer auftauchten, schon seit sehr langer Zeit nicht das, was man im Westen im 19. Jahrhundert darin erblickte: ein riesiges Land, bestehend aus selbstgenügsamen Dorfgemeinschaften mit primitivem Wanderhandel. Zwar gab es ein lokales System von Produktion und Austausch ("jajmani"-System), das weitgehend ohne Geld auskam, bei dem Reis und Nahrungsmittel gegen andere Güter und Leistungen im Dorf ausgetauscht wurden. Es setzte allerdings eine weitgehende Arbeitsteilung und Spezialisierung in der Gemeinschaft selbst voraus. Kommentatoren wie Louis Dumont sahen es als religiös begründet an im Sinne der "hierarchischen Kollektivität" des Kastensystems.[42] Die Beziehung zwischen "religiös" und "ökonomisch" war angesichts der hierarchisierten Funktionalität des Kastensystems eine andere, zumindest implizierte sie keinen Gegensatz. Zwar war insbesondere der Fernhandel manchen Kasten verboten, während die Moslems ihrerseits ein gewisses Problem mit dem Wucher hatten. Hindus fanden sich daher verstärkt im Bankgeschäft, Moslems im Fernhandel. Auch der Buddhismus hatte nicht die weltabgewandte Haltung zufolge, die Max Weber ihm auf Grund der idealen Lehre zuschrieb, denn die Erleuchteten bedurften sehr wohl der Masse arbeitender und wohlhabender Gläubiger, die ihnen Almosen geben konnten und die ihr mönchisches Leben ermöglichten.

Typisch für Indien ist die Verbindung von archaischen Formen mit komplexer Funktion, wie etwa bei den "banjaras", Hirtennomaden, die Waren über weite Strecken auf dem Rücken ihres Viehs, das sie gleichzeitig von Weideplatz zu Weideplatz trieben, transportierten. So konnten sie mit Hilfe ihrer Herden große Mengen von Gütern in riesigen Zügen von zehntausenden Rindern über weite Strecken bringen, ohne dabei besondere Kosten zu haben. Allerdings ging dieser Transport sehr langsam vor sich und eignete sich vor allem für Getreide, Reis, Salz oder Holz. Manchmal wurden sie von Kaufleuten für den Transport von Gütern angeheuert, die ihnen auch Vorschüsse zahlten, so daß die "banjaras" von ihnen abhängig wurden. Manchmal waren sie selbst allerdings auch als Händler tätig. Sie waren jedenfalls nicht die primitiven Wanderhändler, die oft mit dem asiatischen Inlandhandel verbunden werden. Sie betrieben Geschäfte - auch Spekulationsgeschäfte - in großem Umfang, allerdings ohne irgendwelche Aufzeichnungen oder Dokumentationen. Irfan Habib nannte sie auch eine primitive Form der Aktiengesell-

42 Louis Dumont, Homo hierarchicus, Paris 1966. Dumont versteht seine Analyse als eine auf der Ebene der Ideologie, also des Bewußtseins der Interpretation der Handelnden; auf der realsoziologischen Ebene wäre sie wenig überzeugend.

schaft.[43] Sie waren Verbände von Familien auf der Basis von Bruderschaften oder freiwilliger Vereinigung, nicht eigene Stämme oder Kasten, und es bestand Individualeigentum, kein Gemeinschaftseigentum am Vieh. Sie waren generell gering geachtet, gehörten aber unterschiedlichen Kasten an. In Kasten organisiert waren hingegen die "banyas", die in ganz Indien den Handel dominierten - außer im Panjab und in Südindien. Im Panjab war eine andere Kaste, die "khatris", tätig, und in Gujarat die moslemischen "bohras". In Südindien agierten neben fremden Händlern die seit dem 8. Jahrhundert existierenden "breni"-Gilden der Kaufleute, die sogar Brahmanen umfaßten und ihren Handel von befestigten Niederlassungen mit eigenen Armeen aus betrieben. Obwohl die "banyas" regional in endogamkommensurale Subkasten gegliedert waren, konnten Mitglieder verschiedener Subkasten auch Partnerschaften bilden, und es bestand auch Konkurrenz zwischen den Händlern. Die "banyas" verfügten bereits über ausgefeilte schriftliche Handelstechniken, ein Ausbildungswesen und spezifische Werthaltungen. Die Kenntnis der Arithmetik und der Buchhaltung, Tugenden wie Sparsamkeit und Frugalität und die Beachtung der religiösen Vorschriften standen hoch im Kurs. Es gab die sogenannten Dorf-Banyas, die das Getreide der Bauern aufkauften und ihnen, mitunter auch den Grundherren und der Dorfgemeinde als ganzer, Kredite gewährten. Eine zweite Gruppe waren die Ladenbesitzer, die von den einfachen Läden in den armen Vierteln der Stadt, wo vor allem Reis verkauft wurde, bis zu den vornehmen Geschäften für die Oberschicht reichten. Und es gab drittens die Wanderhändler, die oft mit beträchtlichen Werten handelten, wie etwa die wandernden Juwelenhändler. Und schließlich waren da die Groß-Kaufleute, die den Handwerkern und Wanderhändlern Darlehen gaben. Sie waren Makler, die mit allen möglichen Gruppen quer über ethnische und religiöse Grenzen, auch mit den europäischen Handelskompanien, ihre Geschäfte abwickelten, und Geldwechsler und Bankiers, die Depositen- und Kreditgeschäfte, Diskont von Rechnungen und Wechseln duchführten. Es war in Indien ohne weiteres möglich, ohne Bargeld zu reisen, denn an jedem Ort konnte zusätzlicher Kredit aufgenommen werden, der erst am Endpunkt einer Reise zurückzuzahlen war - natürlich mit den inzwischen aufgelaufenen beträchtlichen Zinsen. Diese Art der bargeldlosen Abwicklung war möglich auf Grund des dichten und engmaschigen Netzes von Bankiers in den indischen Orten. In jedem Dorf gab es einen Geldwechsler, weil die Abgaben der Dorfgemeinde an Grundherren und Moguln in Geld zu erfolgen hatten. Die Geldwirtschaft war daher in Indien schon seit etwa dem 14. Jahrhundert sehr stark entwickelt. Die Kaufleute traten als

43 Irfan Habib, Merchant Communities in Precolonial India, in: James D. Tracy (ed.), op. cit., S. 371-399.

Individuen auf, aber sie waren die Häupter einer Familie, für die sie agierten; sie repräsentierten Familienunternehmen. Auch gab es Partnerschaften zwischen Kaufleuten und Aktiengesellschaften, wobei ungeklärt ist, ob letztere unter europäischem Einfluß entstanden, oder ob bereits davor ähnliche Gebilde existierten. Ähnlich unklar ist die Herkunft der Institution der Warenversicherung und das Auftreten von Papiergeld. Auch an Märkten mangelte es nicht, wobei drei Arten zu unterscheiden sind: Seehäfen, deren Operationen ein gestaffeltes Vorschußwesen und Zwischenhandelsebenen voraussetzten; regionale Zwischenhandelsplätze wie Benares für die regionale und interregionale Verteilung durch Großhändler und lokale Märkte der Dörfer.[44] Auch in Indien waren die Messen eng verbunden mit Wallfahrten und Pilgerreisen. Besonders auffallend ist die kulturelle und ökumenische Vielfalt der Händler, die auf der Existenz eines weitgespannten Handelsnetzes beruhte, das von Südostasien über Indien und Zentralasien bis zur Mittelmeerküste und über den Indischen Ozean bis Ostafrika reichte.

Um 1600 lief ein Großteil des Welthandels über Indien. Die Kaufleute beschäftigten Faktoren oder Agenten, die für sie reisten, auch bis ans Rote Meer. Auch als die Europäer in diesen Raum kamen, veränderte sich die bestehende Handelsstruktur zunächst nicht wesentlich. Der portugiesische Handel wurde sogar zum Teil durch asiatisches Kapital mitfinanziert. Die Herrschaftsbereiche blieben weitgehend unverändert, wenn die Portugiesen auch Schutzgeldzahlungen verlangten oder gelegentlich in interne Angelegenheiten eingriffen. Mit den Portugiesen kamen aber missionarisch-militärische Elemente in den asiatischen Handel, der bewaffnete Handel zu Schiff wurde normal. Im Gegenzug verband er sich bei den Moslems mit der Idee des "Dschihad", so daß auf beiden Seiten Religion, Handel und Krieg zu einer Einheit verschmolzen. Assymetrisch wurde der Handel allerdings dann mehr und mehr durch das Eingreifen der Kompanien der Holländer und der Engländer, dem die Mogul-Administration nicht entsprechend begegnen konnte.[45] Der Handel in Indien wurde von den Herrschern als privat betrachtet und nicht geschützt und war daher der Kombination von militärischer Gewalt und Geschäft durch die europäischen Kompanien regelrecht ausgeliefert. Diese brachten durch ihre Käufe Edelmetalle ins Land, wovon die Moguln, und nach dem Zerfall in hinduistische und islamische Staaten die verschiedenen Fürsten, profitierten, weil dadurch der Mone-

44 Kirti N. Chaudhuri, Markets and Traders in India During the Seventeenth and Eighteenth Century, in: Ders./C. J. Dewey (eds.), Economy and Society: Essays in Indian Economic and Social History, Oxford 1979.

45 Kirti N. Chaudhuri, The Trading World of Asia and the English East India Company, 1660-1760, Cambridge 1978.

tarisierungsgrad der indischen Wirtschaft und damit auch des Steueraufkommens gesteigert wurde. Allerdings geschah dies um den Preis einer wachsenden Abhängigkeit von den europäischen Edelmetallzuströmen. Portugiesen, Niederländer, Engländer und Franzosen setzten sich mehr und mehr in Forts und Faktoreien fest, und Indien wurde zu einem Teil des europäischen Welthandels, was schließlich auch die politische Unterwerfung und Kolonialisierung des Subkontinents nur mehr als logische Konsequenz erscheinen ließ.[46]

Als die Europäer nach Indien kamen, fanden sie keineswegs ein armes rückständiges Land vor, in dem nur Paläste und Hofleben prunkvoll waren. Dies sind Legenden späterer Zeiten. Die Textilproduktion des Landes hatte einen hohen Standard, die Kaufleute waren wohlhabend und operierten nahezu im Weltmaßstab. Der Import indischer "calico"-Baumwolltextilien hatte eine enorme Auswirkung auf die europäische Wirtschaft, weil sie zum ersten Mal die Massennachfrage in Europa in vorher nie gekanntem Maße aktivierte. Die indische Industrie zeigte sich erstaunlich flexibel in ihrer Anpassung an den europäischen Markt in bezug auf Qualität und Design. Die große Nachfrage hatte aber auch Auswirkungen auf die Baumwollindustrie Indiens. Diese arbeitete im Verlagssystem mit Geldvorschüssen an die Arbeiter. Da nun immer mehr Weber benötigt wurden, es gleichzeitig mehrere Zwischenstufen (die europäische Kompanie, den indischen Großhändler, den Händler, der die Weber bereiste) gab, verteuerte sich die Produktion, was noch durch die Habgier der indischen Potentaten verstärkt wurde. Als die europäische Produktion als Reaktion auf die Baumwollimporte auf Maschinen umgestellt wurde, geriet die indische Industrie in Schwierigkeiten. Zwar wurde versucht, auch auf maschinelle Fertigung umzustellen, was aber dann nicht im Interesse der europäischen Kolonialherren war.

Auch Südostasien war ein reges Wirtschaftsgebiet: Auf Java entstanden mehrere kleine moslemische Handelsstaaten, die mit Indien und China Geschäfte betrieben. Okinawa und Südostasien übernahmen die Handelsaktivitäten der Chinesen nach der Schließung Ming-Chinas. Im 15. Jahrhundert war eine neue ökumenische Zone zwischen Indischem Ozean und südchinesischem Meer mit vielen Handelshäfen entstanden. Von Alexandria im Mittelmeer über das Rote Meer, Sofala, über Aden, Cambay, Malakka, Zaitun bis Japan erstreckte sich ein riesiger Handelsraum, wo Kaufleute vieler verschiedener Herkunftsorte und -länder und verschiede-

46 Vgl.: Dietmar Rothermund, Asian Trade and European Expansion: The Age of Mercantilism, New Delhi 1981.

ner Religionen miteinander in Geschäftskontakt traten. Die südostasiatische Handelszone konstituierte sich aus der Interaktion von etwa fünfunddreißig Subregionen, von denen manche in stabilen Reichen existierten, andere Enklaven darstellten. Hierher flossen die gewerblichen Erzeugnisse aus Europa, China, Indien und teilweise auch aus dem moslemischen Mittelosten.[47] Diese wurden gegen die Rohstoffe getauscht, die aus politisch schwachen und wirtschaftlich wenig differenzierten Subregionen wie Borneo kamen. Aber auch die stark spezialisierten Güter aus den Gebieten der Hirtennomaden Innerarabiens, Baluchistans etc. wurden hier gehandelt. Alle diese unterschiedlichen Regionen waren untereinander verbunden mit einem internationalen Währungssystem, das auf Gold, Silber, Kupfer und Kauri beruhte. In den Häfen dieser Region gab es eine Handelsinfrastruktur mit Banken und Marktinstitutionen; die Herrscher erhoben nur mäßige Schutzgebühren; in den Handelsstädten entstanden multiple Gemeinden von Kaufleuten derselben Herkunft und Religion. Mitunter beteiligte sich auch die ansässige Oberschicht mitsamt dem Herrscher am Handel, wie in Malakka, wo der Herrscher auch selbst Schiffe besaß. Die reichen Kaufleute reisten nicht, sondern ließen ihre Agenten reisen oder wickelten Güter- und Zahlungsverkehr über Spezialisten ab. Commendaähnliche Verträge bestanden, allerdings waren die Gewinn- wie die Verlustmöglichkeiten extrem hoch, so daß die Geschäftsverbindungen schnell wechselten. Hinsichtlich der Preisbildung gab es eine bemerkenswerte Praxis, den kollektiven Preishandel, eine Art Auktion. Großkaufleute, Bank- und Kreditwesen, Geschäftsverträge und eine große Dichte und Vielfalt von Märkten zeichneten die Region aus, die Ausdehnung des Handelsnetzes war bereits hochentwickelt, wenn auch die Bedingungen und die Verhaltensweisen andere waren, als die Europäer dies gewohnt waren.[48] Schwer zu verstehen war aus europäischer Sicht insbesondere die Völker und Religionen übergreifende Qualität des Handels in diesem Raum. Dieser "internationale" und tolerante Charakter des Handels ermöglichte es auch, daß sich Europäer am Inlandhandel in Asien beteiligten. Der Handel war "frei", wobei allerdings die Willkür der Herrscher immer einen Unsicherheitsfaktor darstellte. Die Fürsten investierten auch selbst in Geschäfte und griffen in die Wirtschaft ein, wenn und soweit sie ihre Einkünfte dadurch verbessern konnten. Händler ihrerseits konnten über ihre kaufmännischen Verdienste auch in die Oberschicht aufsteigen. Diese ungeregelte Freiheit des Handels in diesem Raum unterschied sich deutlich von den Bestrebun-

47 Jack Goody, The East in the West, Cambridge 1996, S. 91.
48 Fernand Braudel, Sozialgeschichte des 15.-18. Jahrhunderts, Bd. 2: Der Handel, München 1986 (urspr. frz. 1979) S. 123-127; Jack Goody, op. cit., S. 96.

gen der europäischen Staaten und Handelskompanien, die nach Monopolstellung strebten.

Bis ins 18. Jahrhundert hinein hatten sich in Asien und im Handel zwischen Europa und Asien Strukturen erhalten, die schon seit langem funktionierten. Die Europäer waren bis in die zweite Hälfte des 18. Jahrhunderts nicht so stark, um diese Strukturen entscheidend dominieren oder sogar zerstören zu können. Das gelang ihnen in diesem Raum - anders als in Amerika - erst relativ spät, nachdem sie seit fast dreihundert Jahren eine Handelsgruppierung unter vielen gewesen waren, und das trotz der von Anbeginn an viel stärkeren organisatorischen Geschlossenheit und der kriegerischen Interventionen.[49] Erst den Engländern und den Franzosen gelang es, Schlüsselbereiche in diesem Raum zu Kolonien umzugestalten. Der Eintritt Europas in den Welthandel brachte schließlich eine Dominanz der europäischen Wirtschaft in der Welt und ermöglichte in der Folge den Aufbau der westlichen Industrie. Diese Dominanz war allerdings nicht nur - oder vielleicht auch überhaupt nicht - auf besseren Geschäftstechniken, größerer Erfahrung, rationalerer Organisation etc. gegründet, sondern auf der Verbindung von Handel und staatspolitisch-militärischen Aktionen.[50] Keine Gruppierung oder Gemeinschaft von Kaufleuten in Asien hatte je die organisatorische Geschlossenheit und Größe einer europäischen Handelsgesellschaft oder einer Seehandelsrepublik erreicht. Die Handelskompanien, vor allem die englische East India Company, veränderten den Handel in und mit Asien nachhaltig. Der Landhandel zwischen Europa und Asien sank durch die Monopolisierung des Asienhandels durch die Kompanien und ihre Schiffe zur Bedeutungslosigkeit herab.

Zur Interpretation außereuropäischer Wirtschaft

Die Wirtschaft in der außereuropäischen Welt wurde im Gefolge des Aufschwungs des Liberalismus und der Industrie in Europa als primitiv und rückständig und/oder als durch Staatskontrollen und herrscherliche Willkür bestimmt gesehen. Karl Polanyi hob Staatshandel und "Redistribution" hervor und Karl August Witt-

49 Nirgends im asiatischen Raum scheint es Handelsorganisationen von der Art der europäischen Kompanien gegeben zu haben, wenn auch Kooperationen loserer Form oder von zeitweiligen Partnerschaften bzw. Familienunternehmen allgegenwärtig waren.

50 Philip D. Curtin, Cross-Cultural Trade in World History, Cambridge 1984; James D. Tracy (ed.), The Rise of Merchant Empires, Cambridge 1993.

fogel sprach von der "orientalischen Despotie".[51] Sanjay Subrahmanyam sieht die Staatskontrollen differenziert[52]; so stellten die Hafenstadt-Staaten Aden, Hormuz und Malakka eine besondere Gruppe dar, weil das gesamte Staatswesen vom Handel abhing, demgegenüber muß man Flächenstaaten wie z. B. Ägypten anders betrachten, da deren Wirtschaftsbasis primär landwirtschaftlich begründet war. Eine besondere Rolle weist der Autor der Region Gujarat in Nordwest-Indien zu, deren Handelsnetz über den ganzen asiatischen Raum eine dominante Rolle im Indik-Handel spielte und eine Art "vergessene Thalassokratie" darstellte, wie auch jene des Oman, der als einer der letzten asiatischen Staaten eine bedeutende Marine aufgebaut hatte und einen Handelsstaat darstellte. Militärisch-politische Ambitionen verbanden sich mit Handelsinteressen aus verschiedenen Gründen in vielen differenziert zu beurteilenden Regionen und zu unterschiedlichen Zeiten, aber all dies bedeutete nicht, daß in diesen Regionen generell ein Staatshandel vorherrschte. Vielmehr kooperierten die Sultane und Fürsten mit unabhängigen Händlergruppen. "Staat" oder "Freihandel" waren daher in diesem Kontext keine Alternativen[53], sondern verbanden sich miteinander, so daß eine vielgestaltige Koexistenz relativ freier "trade diasporas" mit einem Staatsmerkantilismus von sehr pragmatischer Art anzunehmen ist.

Die Interpretation Asiens aus der Sicht der Europäer unterlag häufig auch insofern einem Fehlschluß, als man Bedingungen des 18. und 19. Jahrhunderts in Asien dafür heranzog, um die allgemeine und zeitübergreifende Andersartigkeit dieser Wirtschaftsstrukturen und -formen im Vergleich zu Europa zu betonen. Ein Blick auf die wechselvolle politische Geschichte Chinas, das als das statische traditional-bürokratische Staatsgebilde schlechthin galt, und auch anderer Regionen Asiens, zeigt, daß dies jeweils nur eine Phase in der wechselvollen Geschichte dieser Räume war. Die Vorstellung einer steten Weiterentwicklung von traditionalen zu westlich-modernen Wirtschaftsgesellschaften hält unter historischer Analyse nicht

51 Karl Polanyi, Ports of Trade in Early Societies, in: George Dalton (ed.), Primitive, Archaic and Modern Economics. Essays of K. P., Boston-Mass. 1971, S. 238-260; Karl August Wittfogel, Die orientalische Despotie, Frankfurt/Main 1981. Siehe auch: Kirti N. Chaudhuri, Reflections on the Organizing Principles of Premodern Trade, in: James D. Tracy (ed.), The Political Economy of Merchant Empires, Cambridge 1991, S. 421-442.

52 Sanjay Subrahmanyam, Of Imârat and Tijârat: Asian Merchants and State Power in the Western Indian Ocean, 1400 to 1750, in: Comparative Studies in Society and History 37/1995, S. 750-780, S. 754.

53 Das wurde sie im europäischen Kontext, und die Fragestellung selbst ist daher eine irreführende Übertragung auf Asien, wo sie sich gar nicht stellte.

stand. Auch zeigt sich, daß gerade die Wirtschaftsstrukturen und -praktiken sich überall an politische und demographische Veränderungen anpassen und in der Folge wechselnde Formen hervorbringen. Was aus westlicher oder besser: modernistischer Sicht als "traditionalistisch" erscheint, ist oft nur eine pragmatische und durchaus rationale Entscheidung für das Beibehalten von Dingen oder Prozessen, die sich bewährt haben. Demgegenüber ist eher die moderne westliche Bevorzugung des Wandels an sich, des Neuen um der Neuheit willen, der Reform als solcher ohne Berücksichtigung ihrer Folgen, erklärungsbedürftig. Stefan Breuer spricht in diesem Zusammenhang vom "Fortschrittsnarzißmus des Okzidents"[54], der den "Rise of the West" als Maßstab für die Welt sieht.[55] Dadurch entstand eine merkwürdige Verzerrung der Optik, die zur Folge hatte, daß die dauerhaften Strukturen in modernen "westlichen" Gesellschaften genauso wenig beachtet wurden wie die historischen Veränderungen in außereuropäischen Kulturen.

Auch die Existenz von "Weltwirtschaften" ist eine Sache der Wahrnehmung und des Wissens über andere Kulturen und deren Weltperspektiven. Nicht erst zwischen dem 16. und dem 18. Jahrhundert entstand die Weltwirtschaft, sondern eben nur jene, die Europa als Zentrum hat. Die bekannteste Darstellung erfuhr sie in der Weltsystemtheorie Immanuel Wallersteins, der das Spezifikum des modernen Weltsystems in der wirtschaftlichen Verbindung politisch autonomer Gebiete sah und darin auch die Entstehungsbedingungen des Kapitalismus erblickte.[56] Aber Weltwirtschaften gab es aus unterschiedlichen Perspektiven als Verflechtung durch Handel über weite und die jeweilige "Welt" mehr oder weniger umfassende Gebiete der Erde in der Geschichte immer wieder.[57] Janet Abu-Lughod zeigte, daß man mit Bezug auf das 13. Jahrhundert bereits von einem Weltsystem sprechen kann, in dem Europa allerdings noch Peripherie war.[58] Die Wirtschaftsverflechtungen und die Beziehungsdynamik von Hegemonie und Rivalität zwischen den Regio-

54 Stefan Breuer, Imperien der Alten Welt, Stuttgart-Berlin-Köln-Mainz 1987, S. 244.

55 Vgl.: William McNeill, The Rise of the West: A History of the Human Community, Chicago 1963; Amin Samir, Eurocentrism, London 1989; John A. Hall, Powers and Liberties: The Causes and Consequences of the Rise of the West, London-Oxford 1985.

56 Immanuel Wallerstein, The Modern World-System, 3 Vol., Vol. 1, San Diego 1974, Vol. 2, New York 1980, Vol. 3, San Diego 1989. Vgl. auch: J. Baechler/J. A. Hall/M. Mann (eds.), Europe and the Rise of Capitalism, Oxford 1988.

57 Darauf wies schon Fritz Baade hin. Fritz Baade, Dynamische Weltwirtschaft, München 1969.

58 Janet Abu Lughod, Before European Hegemony, New York-Oxford 1989.

nen sind zumindest so alt wie die Hochkulturen. Tatsächlich ist das Weltsystem, in dem wir leben, fünftausend, und nicht fünhundert Jahre alt.[59]

Fernand Braudel verwies auf die Tatsache, daß die Betonung der eigendynamischen Schöpferkraft und Rationalität der Marktwirtschaft eine Konstruktion der ethnozentrischen abendländischen Geschichtsschreibung ist; in Wirklichkeit hat Europa vielfältige Anleihen bei anderen Völkern gemacht: "Diese Anleihen als Tatsache zu akzeptieren aber heißt, den Westen der traditionellen Geschichtsschreibung aufgeben, das Bild vom Abendland als einer genialisch eigenschöpferischen, als einzige den Weg der technischen und wissenschaftlichen Vernunft beschreitenden Welt fallenlassen [...]."[60] Braudel hebt insbesondere die Rolle des Islam und der Handelsentwicklung der islamischen Reiche hervor und meint: "In der Tat leitet sich der von den italienischen Stadtstaaten getragene Fernhandel des ersten europäischen Kapitalismus nicht vom Römischen Reich her. Er löst vielmehr die Pracht und Herrlichkeit des Islam des 11. und 12. Jahrhunderts ab, jenes Islam, der so viele Industrien und Exportprodukte hervorbrachte und einen ausgedehnten Fernhandel trieb [...]. So ist also der europäische Handel bei den islamischen Städten und Byzanz in die Schule gegangen."[61] Sehr oft wurde die "Rückständigkeit" außereuropäischer Wirtschaften auch in ihren sozialen Strukturen und kulturellen Mustern begründet gesehen. Insbesondere die Bedeutung der Familienbeziehungen und die Gemeinschaftsorientierung wurden als Hemmnisse für einen individualistischen Kapitalismus hervorgehoben. Wenngleich es zweifellos richtig ist, daß Familienbeziehungen an der Basis der Wirtschaft, nicht nur im ländlichen Bereich, sondern auch in Handel und Bankwesen große Bedeutung hatten und daß Kaufleute, Unternehmer und Produzenten nicht nur nach individuell-rationalen Vorteilserwägungen handeln konnten, sondern immer auch als Teile ihrer Dorfgemeinschaft, Kaste oder Familie, so ist dies doch auch für die europäischen Verhältnisse "real" nicht anders gewesen; es wurde aber zunehmend unter einer ganz bestimmten einseitigen Interpretation verdeckt und schließlich übersehen. Die enge Verbindung, die zwischen der Versachlichung der Beziehungen und der Wirtschaftsentwicklung

59 Auswahl der zahlreichen Literatur zur Weltsystem/Zivilisationstheorie: Andre Gunder Frank/Barry K. Gills, The 5000-Year World System, in: Stepehn K. Sanderson (ed.), The World System, London-New York 1996 (urspr. 1993), S. 3-55; Janet Abu-Lughod, Discontinuities and Persistence, Ebd., S. 278-291; David Wilkinson, Central Civilization, in: Stephen K. Sanderson (ed.), Civilizations and World System, Walnut Creek-London-New Delhi 1995, S. 46-74.

60 Fernand Braudel, Sozialgeschichte des 15.-18. Jahrhunderts, op. cit., Bd. 2, S. 617.

61 Ebd., S. 619.

hergestellt wurde, gilt aber nur auf der Basis der Ideologie der europäischen politisch-ökonomischen Entwicklung. Die Identifizierung der Rationalität als spezifisch westliche "Erfindung" ist überzogen, weil Rechenhaftigkeit und Schriftlichkeit wie auch praktische Vernunft schon in den Alten Reichen, besonders aber in dem weiten und alten Handelsraum zwischen Nordafrika und Südostasien seit langer Zeit bestanden. Die Interpretation der Geschichte muß immer unter dem Gesichtspunkt gesehen werden, daß die Menschen eine enorme Kreativität in bezug auf Denkmuster und Ideologien entfalten, mit denen sie ihre eigene Situation so deuten können, wie sie diese verstanden wissen wollen. Jack Goody sieht sich daher zu der Frage veranlaßt: "How far did the prejudiced perception of oriental society distort Western social theory in general?"[62]

Die Europäer in Asien und Amerika

Die Aufnahme von Handelsfahrten duch die Portugiesen erfolgte auf Initiative der Krone und des Adels. Die portugiesische Oberschicht und auch der König selbst waren an Handelsunternehmungen finanziell beteiligt, verbanden mit ihren Expansionen nach Südasien aber auch missionarische Ziele, die sie mit Hilfe militärischer Macht unterstützten. Vorbild in bezug auf Welthandelsaktivitäten war Venedig, und auch nach dem Niedergang der italienischen Seestädte blieben Venedig und vor allem Genua sehr stark durch finanzielle Interessen und Handelsniederlassungen in Portugal und Spanien an den Expeditionen und der Errichtung von Handelsstützpunkten im Indischen Ozean und in Übersee beteiligt. In Portugal waren viele Italiener, darunter insbesondere Venezianer und Genuesen ansässig. Sie vertraten italienische Handelsgesellschaften oder standen im Dienste des portugiesischen Königs. Die Portugiesen gingen in Asien zunächst nach Art von Seepiraten vor; sie besetzten gewaltsam strategische Punkte im Indischen Ozean, von denen aus sie die Seewege kontrollieren konnten: Hormuz, Mombasa, Kilwa in Südostafrika, Goa und Malakka in Südostasien. Sie forderten Schutzgelder für das Passieren der Schiffahrtswege und errichteten militärische Stützpunkte, die die portugiesischen Schiffe, die Waren transportierten, schützen und den Patrouillen, die die Schiffahrtswege überwachten, als Ausgangsbasis dienen sollten. Die fremden Schiffe mußten nach Entrichtung der Schutzgebühr überdies einen von Portugal kontrollierten Hafen anlaufen und Zoll entrichten. Solcherart entstand ein eigener, von portugiesischen Interessen kontrollierter Wirtschaftsraum, der auch eine große Eigenständigkeit gegenüber dem allzu fernen Mutterland entwickelte. Schon 1505 wurde ein

62 Jack Goody, The East in the West, Cambridge 1996, S. 161.

Vizekönig von Portugals Besitzungen im Indischen Ozean, Francisco de Almeida, ernannt.[63]

Portugals Präsenz bezog sich vor allem auf die indische Westküste, auf Malakka und Hormuz, zeitweise auf die Molukken und dann auf Macao in China. In Südostasien selber war Portugal jedoch zu schwach - vor allem auf den Gewürzinseln - um den Handel zu kontrollieren, so daß es insgesamt gesehen nur einen kleinen Teil des Gesamthandels in diesem Raum beherrschte. In Portugal gab es zwei Organisationen für den Handel in Südostasien: die "Casa da India", eine königliche Handelsfirma in Lissabon, die das Monopol für die asiatischen Importgüter, vor allem Gewürze, aber auch Lackwaren, Seide etc. hatte. Zum anderen gab es den "Estado da India", der für die politische Verwaltung der Handelsstützpunkte und für die See- und Landstreitkräfte verantwortlich war. Der "Estado" überwachte auch die Regulierung des Handelsverkehrs, sein Sitz war Lissabon, aber er funktionierte tatsächlich von Goa aus. Es ist bezeichnend, daß die Einnahmen des "Estado" wesentlich höher waren als die der "Casa". Für die Krone war dies ein Verlustgeschäft. Für die Offiziere und Beamten des "Estado" hingegen lohnte sich der Einsatz schon auf Grund der Bestechungsgeschenke. Um die Mitte des 16. Jahrhunderts importierten die Portugiesen etwa die Hälfte des gesamten für Europa bestimmten Pfeffers. Gegen Ende des 16. Jahrhunderts verschlechterte sich die Situation der Portugiesen im asiatischen Raum durch das Auftauchen der Spanier, die über den Pazifik von Acapulco her kamen. Die Vereinigung der beiden Kronen zwischen 1580 und 1620 verhinderte aber eine militärische Auseinandersetzung. Die portugiesischen "trading posts" blieben zum Teil bis ins 20. Jahrhundert hinein bestehen, lange nachdem die Portugiesen ihre Dominanz verloren hatten.

Manila wurde einer der Stützpunkte Spaniens, von dem aus der Gewürzhandel kontrolliert wurde. Der Überseehandel Spaniens wurde von Sevilla aus betrieben; hier befand sich die "Casa de Contratacion de las Indias", die das staatliche Monopol für den Überseehandel mit Gewürzen hatte. Es handelte sich um eine gildenähnliche Organisation, die unter staatlicher Aufsicht stand. Außerdem kontrollierte der Staat durch den "Consejo de Indias" und die "Carrera de Indias" die Geschäfte mit Indien. Fernand Braudel spricht auf Grund der hohen Beteiligung der Krone von einem "monarchischen Kapitalismus".[64] Der König errichtete auch Barrieren und

63 Siehe: Eric R. Wolf, Die Völker ohne Geschichte, Frankfurt/Main-New York 1991 (urspr. am. 1982), S. 326 ff.

64 Fernand Braudel, Sozialgeschichte des 15.-18. Jahrhunderts, op. cit., Bd. 2, S. 487.

Kontrollen auch für den nichtmonopolisierten Bereich, die den privaten Handel stark einschränkten.

Der Papst hatte vor 1580 die "Welt" zwischen Spanien und Portugal aufgeteilt. England und Holland hingegen mußten sich darauf beschränken, am Handel in diesen Weltgegenden nur insgeheim mitzunaschen oder ihn durch Piraterei zu stören. Erst nachdem solcherart schon etwas Terrain gewonnen werden konnte, kam es zu größeren Unternehmungen, die eine Reihe von Kaufleuten, Financiers und kampferprobte Seeleute gemeinsam betrieben. Auch die Krone war daran durch die Vergabe von Privilegien und Monopolen und die dafür erhaltenen Entgelte, und auch als privater Investor beteiligt. Da die erste Phase des Handelskrieges zwischen den nordeuropäischen Staaten und Spanien und Portugal sich in der Form der "Störung" durch Freibeuterei dargestellt hatte, waren die Kompanien zunächst Syndikate, die die Piraterei quasi kommerziell betrieben. Den großen Schlag gegen die spanisch-portugiesische Vormacht stellte erst der Sieg Englands gegen die Armada 1588 dar. Tatsächlich war der Kampf vor Ort jedoch schwieriger als man es sich vorgestellt hatte, weil die portugiesischen Stützpunkte mittlerweile in Asien recht fest verankert waren. Man ging also dazu über, statt die Portugiesen zu vertreiben, ein zweites System von Stützpunkten zu errichten. Hauptstützpunkt der Holländer wurde Batavia auf Java. Von hier aus suchte man Taiwan als Stützpunkt für den China-Handel und Teile Ceylons als Gegenspieler des portugiesischen Goa zu erobern. Kapstadt und Brasilien waren weitere "trade posts" im Welthandelsnetz der Niederländer. Ganz ähnlich wie die Portugiesen gaben sie Pässe aus, die die Handelsschiffe unter ihren Schutz stellten und passieren ließen. Dabei gingen sie allerdings restriktiver vor als die Portugiesen, weil sie Teile des Transports bzw. des Handels, wie den Textilhandel zwischen der Coromandelküste und Java, selbst monopolisieren wollten. Die Holländer errangen tatsächlich Monopolstellung im Handel mit einigen Gewürzen in Südostasien, vor allem dadurch, daß sie selbst die Produktion dieser Gewürze kontrollierten. Von Ceylon aus dominierten sie den Handel mit Indonesien und in Mogul-Indien genossen sie Zollfreiheiten und andere Privilegien, weil sich die einheimischen Herrscher von der Zusammenarbeit mit den europäischen Handelskompanien Vorteile versprachen.

Die Engländer begannen ihre Eroberungen nicht gewaltsam, sondern paßten sich zunächst den örtlichen Gegebenheiten an. Sie zogen sich zunächst auf Indien zurück, wo sie sich "unauffällig" am Handel beteiligten, die örtlichen Machthaber akzeptierten und nur Handelsvorteile zu erringen suchten. Sie gründeten eine Faktorei in Masulipartam (Golconda), eine zweite in Surat und erwarben die Stadt Madras von einem Hindufürsten. Bombay wurde 1665 zu einer englischen Kolonie als Mitgift der portugiesischen Prinzessin für Charles II. Dieser überließ sie der East India Company. 1690 gründete die Kompanie eine Ansiedlung in Kalkutta. Charakteristisch für die frühe Phase des europäischen Welthandels war die Tatsache, daß der Handel in Asien selbst von Volumen und Ertrag her weit bedeutsamer war als der interkontinentale Handel.

Im Handel mit Amerika zeigte sich eine ganz andere Entwicklung als in Asien; hier kam es zu direkten Eroberungen und Besetzungen großer Gebiete als Herrschaftsbereiche der einzelnen Staaten, die damit zu Kolonialreichen wurden und den Imperialismus des 18. und 19. Jahrhunderts vorbereiteten. Schon die Portugiesen fanden es leichter, in Amerika ein peripheres Handelsreich zu errichten, als in Asien. Sie übertrugen ihre agro-maritime Wirtschaft auf Brasilien und ergänzten sie durch den Aufbau einer Rohstoffexportindustrie mit Hilfe von indianischer Zwangsarbeit, später dann von afrikanischen Sklaven. Insbesondere während der Zeit der Fusion der portugiesischen und der spanischen Krone 1580-1640 wurde Brasilien aktiv zur Kolonie umgestaltet. In den spanischen und portugiesischen Besitzungen bestand eine genaue Kontrolle über die Landvergabe und die Verfügung über die Arbeitskräfte. Die Krone verlieh nur zeitlich begrenzte treuhänderische Besitztitel ("encomienda"). Eine "encomienda" gestattete ihrem Empfänger Tribute und Arbeitsleistungen der Indianer bis zu einer bestimmten Grenze für die eigenen Zwecke in Anspruch zu nehmen und dafür ihre Seelen zu bekehren. Er durfte aber keine Rechte auf das Land der Indianer und keine unbegrenzten Ansprüche auf ihre Dienstleistungen erheben. Diese Rechte behielt sich die Krone selbst vor. Für die Masse der Indianer war dies keine wirkliche Veränderung, sondern die Übertragung der ursprünglichen Tribut- und Dienstleistungen ihrer alten Reiche auf die fremden Herren.[65] Die treuhänderische Überlassung von Land wurde mit der Zeit durch echte Besitztitel am Land verdrängt; die "haziendas" entstanden, also Landbesitz, auf dem ansässige Arbeiter, die vom Grundeigentümer direkt abhängig waren, arbeiteten. Die Krone besaß nicht die Mittel, das Überhandnehmen der "haziendas" zu verhindern. Die Arbeiter der "haziendas" wurden in der Folge zu einer Art von Leibeigenen, denen zwar zunächst noch ein Stück Land zur Verfügung stand, für das sie aber einen Teil der Ernte abliefern und Arbeitsleistungen erbringen mußten. Besonders um die Städte und Bergbaugebiete herum entstanden "haziendas", die für deren Bedarf arbeiteten, und um diese herum entstanden Siedlungen der Eingeborenenbevölkerung, die sogenannten "republicas de indios", an

65 Eric R. Wolf, op. cit., S. 192 ff.

deren Spitze die ehemalige indianische Elite von den Spaniern als Vorsteher eingesetzt wurde.

Insbesondere Zucker, Holz und - etwas später - Tabak und Kakao, sowie peruanisches Silber aus Potosi und Ende des 17. Jahrhunderts Gold und Diamanten aus Minas Gerais waren die hauptsächlichen Importgüter aus Amerika. Es war, wie Eric Wolf bemerkt[66], ein erzwungener Handel, er kam nicht durch das Interesse beider Seiten zustande, sondern nur durch den europäischen Bedarf an Edelmetall. Während die Europäer im asiatischen Handel auf ein schon lange bestehendes Handelsnetz zurückgreifen, die Produktion einheimischen Produzenten und den Zwischenhandel indischen, chinesischen oder anderen Kaufmannsgruppen überlassen konnten, mußten sie in Amerika dies alles erst aufbauen. Die Portugiesen hatten den Zuckerhandel bereits dadurch revolutioniert, daß sie die Produktion auf die Westindischen Inseln und Brasilien verlagerten, dort Plantagen anlegten und den Handel organisierten. Im 17. Jahrhundert begann die holländische Westindienkompanie in die portugiesischen Bereiche in Brasilien, West- und Ostafrika einzudringen; nach ihrem Fehlschlag in Brasilien verzichtete sie jedoch darauf, in Südamerika und Afrika eine territoriale Herrschaftsbasis zu erringen und behielt nur die Karibikinseln Curaçao und Aruba. Sie spezialisierte sich auf die Verarbeitung des Zuckers in Holland, die Finanzierung und die Lieferung von know-how an die Zuckerproduzenten sowie die Lieferung von Sklaven. Auch die Engländer organisierten Zuckerkolonien auf den Westindischen Inseln, etwa auf Barbados, das zunächst Tabak produziert hatte. Schließlich kam auch Frankreich, das lange Zeit als europäisches Lagerhaus und Aufnahmeland für den Reexport der asiatischen und amerikanischen Güter durch Niederländer und Engländer gegolten hatte, und errichtete Zuckerplantagen. Die Zuckermühlen wurden von den Plantagen, aber auch von den freien Zuckerrohranbauern beliefert, denn neben der Sklavenarbeit gab es auch die freie Arbeit der kleinen Grundbesitzer und der Lohnarbeiter. Die Portugiesen produzierten den Zucker in Amerika, und die Holländer besorgten die Raffinierung desselben sowie die Finanzierung von Produktion und Vertrieb. Von Brasilien dehnte sich die Zuckerproduktion auf die karibischen Inseln aus und verdrängte dort die kleinen - weißen - Tabakbauern. Auch Tabak wurde dann in Plantagen angepflanzt; hier waren vor allem die nordamerikanischen Gebiete der Engländer - Virginia und Maryland - die größten Produzenten, und schließlich entstanden die großen Baumwollplantagen im Süden Nordamerikas.

66 Ebd., S. 205.

Der Anbau und Handel mit diesen Gütern brachte auch einen Aufstieg eines anderen Phänomens: des Handels mit Sklaven von Afrika für die Plantagen. Nachdem die Spanier und Portugiesen in Amerika Produktionseinheiten aufgezogen hatten und sich die Indianer als Arbeitskräfte weitgehend als ungeeignet herausgestellt hatten, nahm der Handel mit afrikanischen Sklaven einen enormen Aufschwung. Der atlantische Sklavenhandel setzte bereits im 15. Jahrhundert ein und endete erst in den 60er Jahren des 19. Jahrhunderts.[67] Seine größte Expansion erlebte er jedoch im 17. Jahrhundert, seinen Höhepunkt im 18. Jahrhundert. Afrikaner waren als Sklaven mit geringen Unterbrechungen oder Schwankungen immer schon in die alten Kulturräume in Vorderasien und Südeuropa gebracht worden. Zunächst aber nur in geringem Umfang, so daß der Import von Gold, Elfenbein und anderen Gütern aus Afrika zunächst weit den Wert des Sklavenhandels übertraf; erst im 18. Jahrhundert fiel dieser entscheidend hinter den Umsätzen an Sklaven zurück. Die afrikanischen Sklaven wurden in Amerika vor allem auf den Zuckerplantagen Brasiliens und des karibischen Raumes, im peruanischen und neuspanischen Bergbau und dann auf den Baumwollplantagen im Süden Nordamerikas eingesetzt. Initiatoren des Sklavenhandels entlang der afrikanischen Westküste waren die Portugiesen, die Sklaven schon auf ihren Zuckerplantagen auf Madeira und Sao Tomé eingesetzt hatten. Zunächst hatten die Portugiesen in Afrika nicht primär Sklaven gesucht, sondern Gold, Gewürze, Elfenbein, Kautschuk, Holz und Leder. Der Sklavenhandel entwickelte sich erst parallel zu den Expansionen in Übersee. Vor allem Brasilien wurde dann zum Hauptabnehmer für die Sklaven aus Afrika und der Sklavenhandel in der Folge eine sehr wichtige und gewinnbringende Sache für die portugiesischen Händler und die Krone. Im Sklavenhandel dominierten dann im 17. Jahrhundert die Niederländer und die britischen Afrika-Kompanien, die neben Gold später vor allem mit Sklaven handelten, sowie die Franzosen. Der Sklavenhandel wurde für die europäischen Staaten von größter wirtschaftlicher Wirkung. Eric Williams[68] meinte sogar, aus dem Sklavenhandel und den von ihm lebenden Geschäftszweigen sei das Kapital aufgebracht worden, das die industrielle Revolution in England ermöglicht hätte. Das ist wahrscheinlich übertrieben und einseitig, weil man das Wachstum des internen europäischen Marktes nicht unterschätzen

67 1807 schaffte Großbritannien den Sklavenhandel ab, was allerdings die Praxis desselben keineswegs unterband. Zum Sklavenhandel: Eric R. Wolf, op. cit, S. 278 ff.; Herbert S. Klein, The Middle Passage: Comparative Studies in the Atlantic Slave Trade, Princeton 1978; Philip D. Curtin, The Atlantic Slave Trade, Madison 1969.

68 Eric Williams, Capitalism and Slavery, London 1964 (urspr. 1944).

darf, aber zweifellos war die Bedeutung des Sklavenhandels sowie des gesamten Atlantik-Handels sehr groß.

Sklaven waren während der gesamten Zeit der Geschichte der Alten Welt eine bekannte und vertraute Erscheinung, sie kamen aus unterschiedlichen Gebieten und wurden in den verschiedensten Gegenden eingesetzt. Auch Europäer kamen zur Zeit der arabischen Expanison als Sklaven in den Vorderen Orient. Vor allem im Mittelmeerraum waren Sklaven bis ins 17. und 18. Jahrhundert durchaus keine seltene Erscheinung, aber auch in Schottland hatten die Bergleute noch im selben Zeitraum Sklavenstatus, genauso wie die Arbeiter in den Salzsiedereien. Sie waren Kriegsgefangene, Schuldsklaven oder durch Verkauf in die Sklaverei gekommen. Schottische und irische Kriegsgefangene wurden zwar nicht als Sklaven, aber als dienstverpflichtete Arbeiter in die Neue Welt verschickt. Es ist daher nicht davon auszugehen, daß auch in der Epoche der europäischen Expansion schon vorwiegend rassische Vorurteile gegenüber Schwarzen bestanden hätten und diese für die Orientierung an Afrika als Sklavenlieferant ausschlaggebend gewesen seien. Dies ist ein Bild, das erst im Zuge der moralischen Infragestellung der Sklaverei konstruiert wurde, wie auch das der "primitiven Wilden", als die die Afrikaner hingestellt wurden. Afrika bot sich als Massensklavenlieferant an, weil hier noch wenig europäische Besitzansprüche geltend gemacht werden konnten und weil die afrikanischen Staatswesen noch keine langjährigen Kontakte zu Europa unterhielten (mit Ausnahme von Nordafrika). Auch konnten die bestehenden Konflikte zwischen den Völkern und Stämmen in Afrika und die existierenden sozialstrukturellen Verhältnisse von den europäischen Sklavenhändlern ausgenutzt werden. In diesem Gewerbe kam es daher zu einer Arbeitsteilung zwischen den afrikanischen Sklavenjägern und Sklavenverkäufern einerseits und den europäischen Händlern und Transporteuren andererseits. Afrikaner, die im Zuge von Fehden und Kriegen zwischen den afrikanischen Stämmen gefangen wurden, bereits in Afrika selbst versklavte Menschen, Rechtsbrecher, verschuldete und von ihren Angehörigen in die Sklaverei verkaufte Menschen, später auch in gezielten Sklavenjagden erbeutete Neger, wurden von den afrikanischen Häuptlingen an die Europäer verkauft. Vor allem im Inneren Afrikas entstanden regelrechte Sklavenjägerdomänen mit tributpflichtigen Stämmen und Völkern rundherum. Die Verpfändung von Menschen zur Begleichung einer Schuld war in Afrika selbst bereits weit verbreitet. Im Fall einer Hungersnot kam dies sogar in großem Umfang vor. Der Sklavenhandel wurde, als er zu einem großen Geschäft geworden war, auch zum "trigger" der politischen und sozialen Konflikte und Beziehungen in Afrika, die aus Stammesgesellschaften Staaten entstehen ließen wie Oyo und Dahomey und die Königreiche am Oberlauf des

Kongo und an der Goldküste. Die Königreiche Kongo und Benin im südlichen Nigeria waren Staatswesen, die schon vor der Ankunft der Europäer existiert hatten. Nach dem Spanischen Erbfolgekrieg wurde England zur größten Sklavenhandelsnation der Welt und lief den Niederländern den Rang ab. Der Dreieckshandel wurde zur Institution: Sklaven wurden in die spanischen und englischen Kolonien geliefert, von dort kamen Rohstoffe, Zucker, Tabak etc. nach England, während Fertigprodukte aus England in die Kolonien und nach Afrika flossen. Die Europäer finanzierten und organisierten das ganze Unternehmen des Sklavenhandels, das Ergreifen und die Auslieferung der Sklaven lagen weitgehend in afrikanischen Händen, Verschiffung und Verkauf am Ankunftsort hingegen waren Sache der Europäer.

Die Entstehung des britischen Kolonialreiches und die Aufteilung der Welt

Zwischen 1700 und 1780 kam es zu einer Verdoppelung des englischen Außenhandelsvolumens, ab 1780 innerhalb von zwei Jahrzehnten zu einer Verdreifachung. Der Hauptanteil dieses Wachstums rekrutierte sich aus dem Handel mit Nordamerika und den westindischen Inseln. Charakteristisch für das Außenhandelsmuster aller Staaten des 18. Jahrhunderts war, daß Außenhandel eigentlich nur innerhalb der eigenen Einflußsphäre erfolgte, während der Handel mit den anderen europäischen Mächten genau reglementiert war und sich nur auf gewisse Güter des Luxusbedarfs der Oberschicht bezog. Michael Mann spricht von einer "segmentalen Kette von ökonomischen Interaktionsnetzen".[69] Die Kaufleute stiegen zu angesehenen Leuten auf, Handel und Wirtschaft bestimmten die Politik nach der "Glorious Revolution". Die Kaufleute der Ostindischen Kompanie und die westindischen Plantagenbesitzer kamen als Gentlemen in die Heimat zurück. Die jüngeren Söhne des Adels traten in Handel und Marine ein und wurden Staatsbeamte, der Adel akzeptierte die Wirtschaft als wichtig für den Staat, was sich auch darin ausdrückte, daß George I. Gouverneur der Südsee- Kompanie war.

Um die Mitte des 18. Jahrhunderts lagen zwei politische Standpunkte miteinander in Konflikt, die auch Alternativen der wirtschaftlichen Entwicklung darstellten: die einen setzten auf Krieg und koloniale Eroberungen (Stanhope, Pitt), die anderen (Walpole, Harley) auf die industrielle Entwicklung im Land durch die Senkung der Steuern. Zunächst kam zwar die Friedenspartei an die Regierung, wurde aber dann durch die Kriegspartei unter Pitt abgelöst, hinter dem die großen Kompanien und die Sklavenhändler standen. Staatsaufträge und die koloniale Expansion schu-

69 Michael Mann, Geschichte der Macht, Bd. 2, Frankfurt/Main-New York 1991, S. 386/387.

fen Absatzmärkte als Voraussetzung für die englische Weltwirtschaft. Die Kriege spielten sich nun in der Hauptsache im außereuropäischen Bereich ab, wie der Kolonialkrieg zwischen England und Frankreich 1755-1763 in Nordamerika und in Indien.[70] Im Frieden von Paris erhielt Großbritannien 1763 Kanada und Louisiana und die französischen Besitzungen in Indien. 1765 beschloß das britische Parlament ein Gesetz betreffend die Souveränität über die Kolonien. Das Empire entstand als ein riesiger Markt, und dieser Markt war die Voraussetzung für die industrielle Entwicklung der Folgezeit. Waren früher ausländische Besitzungen meist als Rohstofflieferanten gesehen worden, so wurden sie nun zu Absatzmärkten für englische Fertigprodukte. Zwischen 1700 und 1780 wurde der Export von Fertigprodukten in die Kolonien auf der Grundlage der Monopolgesetze vorangetrieben. Allerdings blühte überall der Schmuggel mit und in den Kolonien, war geradezu ein Volkssport geworden. Die Gesetze wurden als Klassengesetze gesehen, ihre Übertretung wurde zum Gentlemen-Delikt, ja manchmal zur Ehrensache, und verband sich mit moralischen, patriotischen, sozialen und religiösen Motiven. Sogar Adam Smith fand positive Worte dafür und hielt den Klasseninteressen der reichen Oligarchien die individualistische liberale Moral entgegen.[71] Die alten Monopole und die merkantilistische Politik brachen um 1770 endgültig zusammen. Bald entstanden auch Schwierigkeiten mit den Neuengland-Kolonien, die selbst Fertigprodukte exportieren wollten. Als das englische Parlament Einfuhrabgaben auf Überseeprodukte zur Bezahlung der britischen Truppen in Amerika beschloß, erhob sich Widerstand, der schließlich zum Unabhängigkeitskrieg der Neuengland-Kolonien gegen England und zur Gründung der Vereinigten Staaten führte. In der Folge exportierte man ab den 1780er Jahren wieder verstärkt nach Europa.[72]

In Indien begann die Ausbeutung des Subkontinents und ließ ungeheure Kapitalien entstehen, die auch beim Aufbau der Industrie eingesetzt wurden. Die britische Vorherrschaft in Indien war mit Hilfe der Ostindischen Handelsgesellschaft und deren Truppen erzwungen worden. Dann übernahm jedoch die Regierung in London die Herrschaft in Indien, weil die politisch-militärischen Strukturen eines Staates, Armeen, Verwaltungsapparat, Steuer- und Rechtssystem erforderlich waren, um

70 In Indien begannen Clive und dann Warren Hastings nach den Siegen Englands über den Nabob von Bengalen 1757, über die französischen Truppen 1760 sowie nach der Vernichtung der Truppen des Großmoguls die absolute Souveränität Englands zu errichten.

71 Adam Smith, Der Wohlstand der Nationen, München 1974 (urspr. engl. 1776).

72 Siehe: Christopher Hill, Von der Reformation zur Industriellen Revolution, Frankfurt/Main 1977 (urspr. engl. 1967).

Territorialherrschaft auszuüben. Während in den französischen Kolonien dies seit dem Ende des 17. Jahrhunderts schon von Colbert verfolgt worden war und auch die Niederlande ihre staatliche Kontrolle in den Überseegebieten stärker eingesetzt hatten, mischte sich der britische Staat offiziell erst zehn Jahre nach Clives Sieg ein und auch dann nur als Kontrollgewalt. Das Merkmal der britischen Kolonialherrschaft war im allgemeinen, daß die einheimischen Fürsten weiter in ihren Positionen blieben, allerdings unter genauer Kontrolle durch die Briten. Nach den Siegen Wellingtons befand sich 1815 dann fast ganz Indien unter britischer Herrschaft, wie auch die wichtigsten Stützpunkte auf der Indienroute von Gibraltar über Ägypten und Teile Persiens. Im 19. Jahrhundert expandierten die Briten nach Nepal, Malakka, China, Singapur und Hongkong.

Die größten Konkurrenten der Engländer waren die Niederländer und die Franzosen. Die Holländer dominierten durch eine Reihe von Stützpunkten, die sie auf den Inseln zwischen Ceylon und Timor errichteten, aber auch durch ein Netz von Verträgen, Allianzen und Vereinbarungen. Sie traten weniger als Eroberer auf, sondern waren in erster Linie am Handel und dem Aufbau spezialisierter Produktionsgebiete interessiert. Die meisten ihrer Besitzungen verloren sie an die Engländer. Nur in Indonesien erhielt sich die Herrschaft der Holländer bis 1949 und die Kolonie Batavia errang die Herrschaft über ganz Java und Indonesien. Nachdem die Kämpfe mit den Briten die VOC geschwächt hatten, wurde sie von der Regierung übernommen, die damit auch direkt die Herrschaft in Batavia übernahm. Auch hier trat der Staat an die Stelle der Kompanien.

Im Unterschied zum britischen Kolonialismus war die staatliche Kontrolle bei den französischen Unternehmungen immer sehr stark gewesen.[73] Die französischen Gesellschaften waren Staatsunternehmungen, deren Geschäftsführer von der Regierung bestimmt wurden. Dadurch war auch der Legitimationsdruck ein größerer, der dazu führte, daß Eroberungs- und Handelsinteressen mit Missionierungsbestrebungen verbunden wurden.[74] Nach Fehlschlägen gründete Frankreich immer wieder neue

73 Zu den Auswirkungen dieser Unterschiede auf die nordamerikanischen Kolonien: K. A. Stanbridge, England, France and Their North American Colonies: An Analysis of Absolutist State Power in Europe and the New World, in: Journal of Historical Sociology 10/1997, S. 27-55.

74 Und mitunter, wie in Kanada, waren die Jesuitengründungen auch die wirtschaftlich erfolgreichen Unternehmungen. Wenn sich auch Pioniere wie Jaques Cartier oder Samuel de Champlain gefunden hatten, so zog es in der Folge nur sehr wenige Siedler in die neuen Gebiete nach Kanada, mit Ausnahme einiger weniger Waldläufer und Pelzjäger und -händler. Noch 1620 bestand das neue Frankreich

Kompanien: von Richelieu über Colbert bis John Law. Aber sie alle erwiesen sich meist als nicht erfolgreich und wurden nach einiger Zeit wieder aufgelöst oder umgewandelt. Vielfach lag der Grund dabei gerade in der Tatsache, daß sich der Staat viel mehr engagierte. Die französische Regierung unternahm Anstrengungen, um Kolonien aufzubauen: Die Kaufleute wurden von Steuern befreit, der König stellte Kapital und Militär für die Kolonialpolitik zur Verfügung. Die "Compagnie Française des Indes" wurde als einheitliche Organisation aller französischen Kolonialunternehmen gegründet. Ein königlicher Erlaß von 1722 begrenzte ihre Funktionen auf den Handel, und diese Gesellschaft florierte bis 1763, als der Frieden von Paris Frankreich nur mit einem kolonialen Rumpfreich zurückließ. Besser stand es zunächst mit Indien, wo die Franzosen einige Erfolge gegen die Engländer erringen konnten. Der Direktor der französischen Kompanie, Joseph-François Dupleix, konnte die Ausweitung der französischen Besitzungen über die Niederlassung in Pondicherry hinaus erreichen, nachdem er gute Beziehungen zu den Fürsten in Südindien und Bengalen aufgebaut hatte; 1741 erhielt er vom Großmogul sogar ein Lehen, wodurch Frankreich zum indischen Territorialherrn wurde. Durch den Sieg Clives in der Schlacht von Plassey 1757 über den mit Frankreich verbündeten Fürsten von Bengalen war aber auch das französische Kolonialabenteuer in Indien zunächst zu Ende. Die eigentliche Kolonialzeit allerdings begann erst im 19. Jahrhundert, und da spielte Frankreich wieder kräftig mit.

Die europäische Weltwirtschaft des 17. und 18. Jahrhunderts war anders als die orientalischen Netze von Kaufmannsniederlassungen durch starke staatliche Beteiligung charakterisiert. Sie ist daher nicht von den jeweils vorherrschenden Bedingungen und Entwicklungen zu trennen, auch nicht von den absolutistisch-nationalstaatlichen Bestrebungen, deren Unterschieden und differenzierenden Merkmalen in den einzelnen Staaten, sowie von den politisch-militärischen Beziehungen und Konflikten zwischen den europäischen Mächten. Ebenso muß man die Entwicklung der nationalen Wirtschaft, insbesondere auch die Industrialisierung, die in dieser Phase besonders in England einsetzte, im Zusammenhang dieser Prozesse und Strukturen der Weltwirtschaft sehen. Die außereuropäische Welt konnte dieser Art und diesen Formen der Expansion weder militärisch noch wirtschaftlich entsprechend begegnen, wurde politisch abhängig und wirtschaftlich rückständig.

Die Weltwirtschaft, die entstand, war eine Aufteilung der Welt in Einflußsphären und Handels"reiche", je nach Dominanz der einzelnen europäischen Märkte, die in diesem Konkurrenzkampf um Weltanteils"claims" mitspielten. Zwischen den Ein-

hier aus ganzen fünfzig Seelen. Nur die Jesuiten halfen die Kolonie am Leben zu erhalten und sie zu einer Bastion der Kirche zu machen.

flußbereichen gab es nur relativ geringe Austauschprozesse und innerhalb derselben eine deutliche Über- und Unterordnung in Hegemonialmacht, Protektorate und Kolonien. Jedenfalls war dies nicht Weltwirtschaft im Sinne der wirtschaftlichen Beziehungen der Einzelwirtschaften der Welt, wie spätere Theorien einer Weltwirtschaftslehre sie definierten.[75] Und sie unterschied sich deutlich von der hellenistisch-römischen, den asiatischen "trade diasporas" und ebenso von der modernen "Globalisierung". Der Aufschwung des Kolonialimperialismus hatte militärisch-politische, ökonomisch-soziale und kulturelle Implikationen im Weltmaßstab. In seinem Verlauf kam es nicht nur zu wesentlichen Machtverschiebungen und Veränderungen im Welthandel, sondern auch zur Verbreitung europäischer Kultur, zu einem Boom von Forschungsreisen und zum Aufschwung der Naturwissenschaften. Die Weltkarte vervollständigte sich zum Ende des Jahrhunderts mit Ausnahme des Inneren Afrikas und Asiens.

75 Siehe Stichwort "Weltwirtschaft" in: Andreas Predöhl, Das Ende der Weltwirtschaftskrise, Reinbek bei Hamburg 1962, S. 146/147.

9. Kapitel: Kontinuität und Wandel: Wirtschaft, Gesellschaft und Nationalökonomie im 18. Jahrhundert

Das 18. Jahrhundert ist vor allem durch die beiden Umwälzungen, die bis auf den heutigen Tag nachwirken: die "Industrielle Revolution" und die Französische Revolution, von besonderer Bedeutung für die europäische Geschichte. Aber es gab auch eine Reihe anderer Ereignisse; die Unabhängigkeit der dreizehn nordamerikanischen Staaten und die Verfassung der USA, der Aufstieg Preußens und Rußlands, der Niedergang des Osmanischen Reiches und der Aufstieg Großbritanniens zur Kolonialmacht. Auch an Kriegen, den Lieblingskindern der politischen Historiographie, war dieses Jahrhundert reich: dem Großen Nordischen Krieg, den Schweden gegen Dänemark, Polen, Rußland und ab 1715 auch gegen Preußen führte, und dem Spanischen Erbfolgekrieg zwischen Frankreich und Spanien unter Philip V. einerseits und Kaiser, England, Niederlande, Preußen und Portugal andererseits, in dessen Verlauf Frankreich seine Vormachtstellung in Europa verlor. Auch in der außereuropäischen Welt mußte Frankreich im Zuge der Auseinandersetzungen mit England seine kolonialen Bestrebungen zum Großteil begraben. Der Österreichische Erbfolgekrieg und die Schlesischen Kriege, die russisch-türkischen Kriege, die Teilung Polens etc. prägten die politisch-militärische Ereignisgeschichte. Das führende Land, sowohl wirtschaftlich als auch im Hinblick auf seine gesellschaftspolitischen Ideen wurde England - oder vielmehr Großbritannien.[1] Das 18. Jahrhundert sah auch das Ende der Hexenverfolgungen - allerdings mit starken zeitlichen Unterschieden (in England 1712, in Österreich 1740) - die zumindest formale Abschaffung der Leibeigenschaft (mit Ausnahme von Rußland, wo sie einen Höhepunkt erlebte), die Abschaffung der Folter, den Aufschwung der Wissenschaften, bedeutende technische Erfindungen, die Ausgabe von Banknoten und die Entstehung der Wissenschaft der Ökonomie. Das 18. Jahrhundert war aber auch die Hoch-Zeit des Sklavenhandels und des Imperialismus.

1 1707 war es zur Vereinigung der Parlamente von England und Schottland zum Königreich Großbritannien gekommen. Trotz einer Reihe von sozialen und kulturellen Problemen erlebte Schottland - insbesondere nach der Niederschlagung der Rebellion von 1745 - sein goldenes Zeitalter. Nicht ohne Grund wurde das bedeutendste Werk, mit dem der Beginn der modernen Nationalökonomie datiert wird, von einem Schotten, Adam Smith, verfaßt; und nicht von ungefähr war auch der Konstrukteur der ersten rationell arbeitenden Dampfmaschine, die die industrielle Revolution markierte, ein Schotte: James Watt.

Die argarisch-gewerbliche Transformation Europas

Die Landwirtschaft im Europa des 17. Jahrhunderts war, insgesamt gesehen, ausdehnungs- und produktionsmäßig rückläufig.[2] Dies vor allem durch die Verwüstungen durch den Dreißigjährigen Krieg und den Bevölkerungsrückgang auf Grund von Kriegen, Hungersnöten und Epidemien.[3] Die Refeudalisierung im Osten, die schon im 16. Jahrhundert eingesetzt hatte, machte im 17. Jahrhundert noch weitere Fortschritte. In Brandenburg, Mecklenburg, Polen und anderen Gebieten wurden die Bauern der Willkür der Junker ausgeliefert, die Bodenbindung institutionalisiert, und in Rußland entstand aus der Bindung der Bauern an den Boden eine richtige Leibeigenschaft; die Fronarbeit stieg auf bis zu sechs Tage in der Woche. Auch in Böhmen und Mähren dehnten sich die Robotleistungen aus. Belastung und Leibeigenschaft waren vor allem in der Exportlandwirtschaft hoch, weil diese auf Grund der Konkurrenz der überseeischen Gebiete immer mehr unter Druck geriet. Während sich im Osten solcherart die Gutswirtschaft mit der "zweiten" Leibeigenschaft ausbreitete, ging in vielen anderen Gebieten eine Zerstückelung der Güter vor sich, vielfach auch ein Rückgang des Ackerlandes zugunsten von Wiesen und Weiden.

In England und in Holland entstand eine "moderne", d. h. kommerziell arbeitende Landwirtschaft. Die Fruchtwechselwirtschaft wurde in den Niederlanden und dann auch in England eingeführt, wobei Getreidearten und Futterpflanzen als Fruchtfolge wechselten. Jedes Stück Land mußte in den Niederlanden sorgfältig genutzt und dem Meer zusätzlicher Grund abgerungen werden. Im 17. Jahrhundert war es zu einer sprunghaften Höherentwicklung in der Landgewinnung gekommen. Das begünstigte eine weitere Kapitalisierung der Landwirtschaft und die mit Ausnahme einiger Landschaften fast vollkommene Auflösung der Grundherrschaft. Die Fischerei war eine der Stützen des Reichtums der Niederlande und wichtig für viele vor- und nachgelagerte Sektoren. In diesem Zusammenhang kam es nun zu entscheidenden neuen Technologien und Verfahren, die es erlaubten, Fabriksschiffe einzusetzen und von der küstennahen Fischerei aufs hohe Meer zu wechseln und in weit entfern-

2 Vgl.: Rondo Cameron, A Concise Economic History of the World, New York-Oxford 1989, S. 106 ff.; Jan de Vries, The Economy of Europe in an Age of Crisis, 1600-1750, Cambridge 1976; Immanuel Wallerstein, The Modern World-System, 3 Vol., San Diego-New York 1974-1980.

3 Zu den Auswirkungen des Dreißigjährigen Krieges: Hermann Schäfer (Hg.), Wirtschaftsgeschichte der deutschsprachigen Länder, Freiburg-Würzburg 1989, S. 49 ff.; Friedrich-Wilhelm Henning, Wirtschafts und Sozialgeschichte. Das vorindustrielle Deutschland 800 bis 1800, Paderborn 1974, S. 238 ff.

te Gebiete zu fahren. Nicht nur kam es in den Niederlanden zu einer starken Entwicklung auf dem Gebiet der technischen Fertigkeiten und des Wissens, insbesondere der Holzmechanik - die Windmühlen kamen in Gebrauch - sondern man "erfand" auch neue vorwiegend für industrielle Nutzung oder für den Export bestimmte Produkte wie Flachs, Hanf, Raps, Hopfen, Tabak und Färbereistoffe. Viele freie Bauern spezialisierten sich auf die Produktion hochwertiger Erzeugnisse (Viehzucht: Käse; Gartenbauprodukte: Obst) nicht nur für die Versorgung der Städte, sondern auch für den Export. Ergänzend dazu führten sie geringerwertige Güter für den eigenen Bedarf ein.[4]

Auch in England kam es zur Steigerung der landwirtschaftlichen Produktion und zum Sinken der Preise für Agrarprodukte. Allerdings brachte das erhebliche Umstellungsschwierigkeiten gerade für die ärmeren Schichten der Bevölkerung mit sich, da man in manchen Landstrichen dazu übergegangen war, die Schafzucht in grossem Umfang zum Zweck der Produktion und des Exports von Tuchen zu fördern. Dafür war eine bessere Bewässerung, aber auch eine rationalere Verteilung des Bodens notwendig, und so nahmen die Einhegungen in England, die es seit dem Mittelalter immer wieder gab, seit 1640 umfangmäßig stark zu. Die adeligen Grundherren, freie Großbauern und große Pächter profitierten von dieser Exportwirtschaft. Nach dem Bürgerkrieg war es zur Abschaffung des feudalen Systems auf dem Land und des Vormundschaftsgerichts gekommen. Christopher Hill meinte dazu allerdings, das feudale System sei nur nach oben, nicht aber nach unten hin abgeschafft worden.[5] "Freiheiten", d. h. Verfügungsrechte besaß faktisch nur die besitzende Klasse, denn diese wurden immer stärker mit Vermögensbesitz verbunden. Kapitalisierung und Rationalisierung der Landwirtschaft nahmen nach dem Bürgerkrieg, insbesondere aber nach dem Aufstieg der Whigs im Parlament 1689 stark zu. Der Verkauf ihres Landes war für viele kleine Bauern oft der einzige Ausweg angesichts der Preissituation und der Steuerlasten. Der Preisverfall in der Landwirtschaft zwischen 1720 und 1750 stellte einen zusätzlichen Druck in Richtung auf große landwirtschaftliche Einheiten dar. Die Bauern wurden Landarbeiter oder wanderten in die Städte ab. In vielen Fällen ging dieser Prozeß aber den Einhegungen schon voraus, weil die Bauern ihren Lebensunterhalt nicht mehr erwirtschaften konnten und daher ihr Land verkauften. Die dörflichen Selbstverwaltungsstrukturen verschwanden. Die Probleme der Versorgung der wachsenden städtischen Bevölke-

4 Vgl.: Jan de Vries, The Dutch Rural Economy in the Golden Age, 1500-1700, New Haven 1974.

5 Christopher Hill, Von der Reformation zur Industriellen Revolution, Frankfurt/Main-New York 1977 (urspr. engl. 1967), S. 116/117.

rung riefen überdies Regierungsinteresse an der Förderung von Einhegungen und Kommerzialisierung hervor. Die "enclosures", die zwischen 1760 und 1815 besonders kontroversielle Diskussionen hervorriefen, erleichterten nicht nur die Kommerzialisierung, sondern ermöglichten auch die zusätzliche Landgewinnung durch Rodung und Trockenlegung. Dies (das sogenannte Norfolk-System intensiver Landwirtschaft) erforderte den Einsatz von hohen Kapitalsummen.

Die These von der agrarisch-industriellen Doppelrevolution[6] geht davon aus, daß der industriellen Revolution eine Umwälzung in der Landwirtschaft vorausging. Nur durch den Wandel in der Agrarstruktur und -produktivität konnten innerhalb von Jahrzehnten große Zahlen von Arbeitern für die Industrie zur Verfügung gestellt werden. Ester Boserup bestreitet allerdings die These von der landwirtschaftlichen Revolution vor der industriellen Revolution, zumindest wenn darunter eine Steigerung der Produktivität durch verbesserte Anbaumethoden und -techniken verstanden wird.[7] Sie argumentiert vielmehr, daß sich die landwirtschaftliche Produktion im 18. Jahrhundert nur deshalb steigerte, weil die landwirtschaftliche Bevölkerung und damit der mögliche Arbeitskräfteeinsatz pro Einheit anwuchsen. Tatsache blieb jedoch, daß die Landwirtschaft nach wie vor auf dem Einsatz menschlicher und tierischer Arbeitskraft beruhte, und Verbesserungen nur in bezug auf die Fruchtfolge, auf Einhegungen, Bewässerung- bzw. Trockenlegung usw. erfolgten, jedenfalls nicht mit dem Ergebnis einer Einsparung an Arbeitskräften. Technologische Verbesserungen folgten hingegen erst im Verlauf der industriellen Revolution. Die in der niederländischen und englischen Landwirtschaft durch Exportorientierung und Kommerzialisierung bewirkte höhere Produktivität war auf bestimmte Produkte beschränkt: Schafzucht, Milchwirtschaft und Blumenzucht. Diese kommerzielle Landwirtschaft entwickelte sich nur in ganz bestimmten Regionen mit hoher Bevölkerungsdichte, einer bestimmten sozialen Agrarverfassung und der Existenz entsprechender kommerzieller Interessen und Kapitalien.

Die agrarisch-gewerbliche Transformation beruhte auf dem Zusammenhang zwischen den landwirtschaftlichen Verhältnissen, der Verländlichung und Rationalisierung im Gewerbe und den politisch-sozialen Veränderungen in der Macht der Zünfte und der Politik der Regierungen. Die Voraussetzungen dafür hatten sich zum

6 Michael Vester, Die Entstehung des Proletariats als Lernprozeß. Die Entstehung antikapitalistischer Theorie und Praxis in England 1792-1848, 2. Aufl., Frankfurt/Main 1972.

7 Ester Boserup, Population and Technological Change. A Study of Long-Term Trends, Chicago-Oxford 1981, S. 114 ff.

Teil schon in den vorangegangenen Jahrhunderten gebildet. Was sich im 17. und 18. Jahrhundert in England abspielte, war nicht so sehr eine technische als eine soziale Revolution auf dem Lande. Die großen "landlords" waren die Gewinner dieser Entwicklung, und die ländliche Sozialstruktur formierte sich in der Dreiteilung von "landlords", Pachtbauern und Landarbeitern. Es kam zur weitgehenden Proletarisierung der ländlichen Bevölkerung, der Bauernstand verschwand zusehends. Hingegen erstarkten Handel und Groß-Gewerbe, die Verstädterung schritt rasant voran, und das Zusammenwirken von unternehmerischen Grundbesitzern und reichen Kaufleuten machte sich im wirtschaftlichen Aufschwung des Landes bemerkbar.

Während der Adel in England stark in der kommerziellen Landwirtschaft involviert war, zeigten die französischen Adeligen kein Interesse daran; sie lebten vorzugsweise in der Stadt und überließen Verwaltern die Bewirtschaftung ihrer Güter. Die Hocharistokratie aber wurde vom König gezwungen, große Teile des Jahres bei Hof zu verbringen. Barrington Moore[8] hob die Gegensätze zwischen England und Frankreich in bezug auf die ökonomisch-soziale Situation von Adel und Bauernschaft hervor, insbesondere die "Zerstörung" der französischen Aristokratie in dem Sinne, daß sie einerseits vom König in bezug auf Ämter, Privilegien und Ansehen abhängig wurden und andererseits keine eigene andere Existenzgrundlage hatte als die Pachteinkünfte ihrer in kleine Parzellen aufgeteilten Ländereien. Die Bauern mußten für Grundrente, Feudalrente und staatliche Abgaben aufkommen, was sie schwer belastete.[9] Damit überlebte in Frankreich aber im Gegensatz zu England ein de facto Eigentumsrechte ausübender breiter Bauernstand, welcher in der Hauptsache jedoch auf Grund der Kleinheit des Besitzes und der Ausbeutung durch die an die Grundherren, den König und die Kirche abzuliefernden Lasten in sehr gedrückten Lebensumständen verblieb. Zu einer langen Periode des Sinkens der Produktion, der Bevölkerungsstagnation, verschärft durch weitere Steuererhöhungen, kam es zwischen 1690 und 1720, so daß Emmanuel Le Roy Ladurie[10] eine Konjunkturwende in dieser Periode feststellt. Erst in der zweiten Hälfte des 18. Jahrhunderts gewannen Bestrebungen zu kommerzieller Landwirtschaft auf dem Land an Gewicht. Die Erträge aus den Herrenrechten, die Grundherrenrente, verschmol-

8 Barrington Moore, Soziale Ursprünge von Diktatur und Demokratie. Die Rolle der Grundbesitzer und Bauern bei der Entstehung der modernen Welt, Frankfurt/Main 1969 (urspr. am. 1966), S. 62 ff.

9 Für eine klassische Darstellung siehe: Marc Bloch, French Rural History, California 1966.

10 Emmanuel Le Roy Ladurie, Die Bauern des Languedoc, München 1990 (urspr. frz. 1969), S. 279 ff.

zen im Laufe des 18. Jahrhunderts mit der Pachtrente zur Grundrente, was die zunehmende Kommerzialisierung von Grund und Boden und den faktischen Übergang der Eigentumsrechte auf die Großpächter widerspiegelte. Die ehemaligen Grundherren wurden tatsächlich zu reinen Grundrentenbeziehern. Der "große Agrarzyklus", die Langzeitbewegung der Wirtschaft in der Agrargesellschaft, zeigte dann, daß die Landwirtschaft vor der Großen Revolution durchaus im Aufschwung war.[11] Auch Gewerbe und Handel entwickelten sich, die Tuch-, Seiden-, Baumwoll-, Strumpf- und Metallwarenindustrie entstand in proto-industrieller Form, die Kohleförderung wurde begonnen etc. In der Revolution wurden die Herrenrechte beseitigt und Besitzrechte an Grund und Boden in Volleigentum verwandelt, gleichgültig ob es sich um Adelige oder Bürgerliche handelte. Die Kontinuität im Eigentum und seiner Nutzung blieb aber weitgehend gewahrt und die Pachtrente war weiterhin die Quelle des Einkommens für eine besitzende Schicht, die sich schon im "ancien régime" herausgebildet hatte.

Zu Beginn des 16. Jahrhunderts waren die dominierenden Gewerberegionen in Europa Oberdeutschland, Nord- und Mittelitalien und die südlichen Niederlande. Im 17. Jahrhundert hatte sich das Schwergewicht der gewerblichen Produktion auf die nördlichen Niederlande, England und Frankreich verlagert.[12] In England drang das Handelskapital immer stärker in die Bereiche der städtischen Gewerbe vor. Manche Privilegien und Zulassungsbeschränkungen in den Handwerken fielen, so etwa die Lehr- und Gesellenordnungen im Baugewerbe. Die "Levellers" waren im englischen Bürgerkrieg für die Sache der kleinen Handwerker eingetreten, waren aber unterlegen. Die Regelungen des "Statute of Artificers" wurden zum Teil aufgehoben und die Lohnfestsetzungen beseitigt. In den Städten waren die Löhne der Gesellen und Lehrlinge niedrig, weil hier ein besonders starker Bevölkerungsanstieg zu verzeichnen war, der durch die laufenden Zuzüge an verarmter und landloser bäuerlicher Bevölkerung zur Entstehung eines städtischen Proletariats führte. Die dadurch verursachten sozialen Probleme wurden von der Obrigkeit durch Errichtung von Armen- und Arbeitshäusern, von privaten Gesellschaften durch Bemühungen zur Hebung von Sitten und Moral der unteren Schichten nur sehr ungenügend bekämpft. Vielfach wurde auch versucht, die Arbeitslosigkeit durch die Deportation von Personen, die oft aus geringer Ursache verurteilt worden waren, in die Kolonien zu exportieren.

11 Ebd., S. 318 ff.

12 Vgl.: Carlo M. Cipolla, Before the Industrial Revolution: European Economy and Society, 1000-1700, Vol. III, New York 1980.

Einige Ökonomen erkannten schon damals die Bedeutung hoher Löhne für die Inlandsnachfrage, aber meist ging man davon aus, die Arbeiter sollten nur bekommen, was zum Überleben reiche, sonst würden sie mit ihrer Arbeitskraft zurückhalten. Die Problematik des Existenzminimums wurde bereits im 17. Jahrhundert begründet, als man die Frage der Einkommenshöhe mit einer "Theorie" der Arbeitsmotivation, die einen "logischen" Zusammenhang zwischen niedrigen Löhnen und hoher Arbeitsmotivation herstellte, verband. Trotz der Expansion der Wirtschaft und des Handels war die Situation der abhängigen Bevölkerungsschichten dadurch gekennzeichnet, daß selbst die höchsten Löhne zum Erwerb von Dingen, die tatsächlich eine merkliche Verbesserung der Lebenslage bedeutet hätten, noch zu niedrig waren. Nur Einkommen aus Grundbesitz und Handelskapital waren geeignet, den Wohlstand ihrer Bezieher merklich zu erhöhen. Während das Volkseinkommen insgesamt stieg, verarmte der rasch wachsende Teil der Bevölkerung ohne Besitz und die soziale und wirtschaftliche Distanz zwischen Arm und Reich vergrößerte sich ganz entscheidend.

Christopher Hill[13] stellte für diese Epoche schon die Existenz einer "Mittelklasse" unterhalb der "gentry" und den reichen Kaufleuten fest, zu der er den Großteil der Kaufleute, die reicheren Handwerker, die freien Bauern und die wohlhabenden Pächter zählte. Sie hoben sich von der Masse der armen Bevölkerung, die in ständiger Gefahr war, zu Vagabunden und Pauperen zu werden, deutlich ab, weil doch soviel an Vermögen vorhanden war, daß es vor den Unbilden der wirtschaftlichen Schwankungen schützen konnte. Die Mittelklasse war kein Stand, denn sie war nicht durch Privilegien geschützt, sondern durch Besitz. Sie war gesellschaftlich gesehen eine große und wichtige Schicht, wenn sie auch politisch keine Vertretung hatte. Der Wohlstand, den sie im ausgehenden 16. und 17. Jahrhundert erreichte, war einer der wesentlichsten Voraussetzungen für die Umgestaltung der Gesellschaft und Wirtschaft der kommenden Jahrhunderte.

Schon seit dem Spätmittelalter war es immer wieder das Bestreben der Kaufleute, die Zünfte zu umgehen und das Gewerbe auf dem Land zu entwickeln. Nun kam diesen Absichten die Tatsache entgegen, daß neue Produkte auftraten, deren Herstellung nicht zünftisch gebunden war. Dies erfolgte schon durch den Übergang von den schweren, gewalkten Tuchen zur Zeugproduktion und dann durch die Verarbeitung der Baumwolle. Die Zeugproduktion, die ursprünglich von den südlichen

13 Christopher Hill, Von der Reformation zur Industriellen Revolution, op. cit., S. 167.

Niederlanden ihren Ausgang genommen hatte, ließ sich mit der Kommerzialisierung bäuerlicher Techniken verbinden. Gegen Mitte des 17. Jahrhunderts machte die Zeugproduktion bereits fast die Hälfte der gesamten Tuchproduktion in England aus. Während die oberdeutschen Gebiete, in denen vor allem Barchent produziert wurde, zum Teil Anschluß an diese Entwicklung fanden, wo sich etwa in Calw ein Zentrum der Zeugproduktion entwickelte, wurde diese Art der Textilproduktion in Italien überhaupt nicht heimisch. Auf bäuerliche Textilgewerbe aufbauend entwickelte sich auch die Leinenproduktion in starkem Maße, dies vor allem in den nördlicheren Gebieten Mitteleuropas, die für den Flachsanbau geeignet waren: Nord- und Nordwestfrankreich, Niederlande, Westfalen, Oberschwaben und Schlesien. Handelskapital aus Nürnberg, Holland und England strömte nach Schlesien und begünstigte dort unter Umgehung der Zünfte die Entwicklung einer ländlichen Industrie. Die niederländische Textilproduktion geriet in der Folge zunehmend in Schwierigkeiten auf Grund der hohen Preise des im städtischen Gewerbe hergestellten Tuches. Daher wurden sie auf dem Textilsektor bald von England und Frankreich verdrängt und blieben nur in gewissen Hochqualitätsprodukten, die nicht für die Massenerzeugung bestimmt waren, führend. Im Gebiet des Deutschen Reiches insgesamt blieb das Zunftwesen als Organisationsform des Handwerks noch weitgehend bestehen, allerdings mit großen regionalen Unterschieden. Absolutismus und Territorialisierung in Preußen drängten die Zunftautonomie weitgehend zurück, diese beschränkte sich auf innerhandwerkliche Angelegenheiten. Der große Kurfürst erließ neue Ordnungen und lockerte die Bedingungen für außerzünftige Meister. Demgegenüber erhielten sich die Funktionen und die politische Stellung der Zünfte in den süddeutschen Reichsstädten, die sich in Handwerksbelangen noch im Jahr 1800 an die Verfassungen der einzelnen Zünfte halten mußten. Auch im Habsburgerreich blieben trotz Absolutismus die zünftischen Regelungen noch bestehen, zumindest erforderte jede Umgehung derselben eine spezielle Privilegierung durch den Kaiser. Seit 1731 gab es zwar eine Reichszunftordnung, die bis 1806 in Kraft blieb, allerdings war sie kaum wirksam.[14]

In manchen Gegenden Europas war es im 17. und 18. Jahrhundert zu einer Konzentration ländlicher Industrie gekommen, die als "Proto-Industrialisierung" bezeichnet wird. Charakteristisch dafür war neben dem Verlagssystem und der hausindustriellen Produktionsweise auf dem Land als Haupt- oder Nebenerwerb neben der

14 Siehe: Rudolf Stadelmann/Wolfram Fischer, Die Bildungswelt des deutschen Handwerkers um 1800. Studien zur Soziologie des Kleinbürgertums im Zeitalter Goethes, Berlin 1955, S. 100 ff.

Bewirtschaftung kleiner landwirtschaftlicher Anwesen die Tatsache, daß ganze Regionen davon erfaßt wurden wie etwa in der Leinenindustrie in den Dörfern rund um Gent und anderen Städten in Flandern. Der Begriff "Proto-Industrialisierung" impliziert das Abgehen von einer strengen Trennung zwischen "vorindustriellem" und "industriellem" Gewerbe zugunsten der Annahme eines allmählichen Prozesses mit vielfältigen Überschneidungen und Variationen. Verlagssystem und Manufaktur verlieren in dieser Sicht den "vorindustriell-traditionellen" Charakter und ihre Zuordnung als Vorstufen der Industrie; sie wurden keineswegs generell durch industrielle Produktion ersetzt. Das Verlagssystem überbrückte in England vielfach die Unterbeschäftigung durch den Rückgang der traditionellen Landwirtschaft zugunsten der Weidewirtschaft, wie sie etwa in den Midlands beobachtet werden konnte. Die ländliche Bevölkerung mußte in der Textilindustrie zusätzliche Einkommen erarbeiten, wobei hier vor allem die Frauen und die Kinder zum Einsatz kamen. Deren niedrige Löhne begünstigten die Expansion der ländlichen Industrie. Reine Lohnarbeiter waren trotzdem noch selten, die Regel war eine Verbindung zwischen Lohnarbeit und landwirtschaftlicher Beschäftigung.[15] Der Anstieg der Nebenerwerbsarbeit bewirkte eine Erhöhung der Nachfrage nach alltäglichen Gebrauchsgütern, die die bäuerlichen Haushalte nicht mehr selbst herstellten bzw. herstellen konnten. Auf der anderen Seite wurde die Expansion der Protoindustrie durch den "gemeinsamen Markt" Großbritanniens mit Irland und den britischen Kolonien in Nordamerika gefördert, der einen enormen Anstieg der Nachfrage nach Massengütern begründete. Die Protoindustrie schlechthin war die Baumwollindustrie in Lancashire, die schon im 17. Jahrhundert industrielle Ausmaße erreicht hatte, nachdem das Handwerkerstatut für alle nicht-korporativen Gewerbe aufgehoben worden war. Die Baumwollstoffe konnten im Inland billig genug angeboten werden, um Massenabsatz zu finden, sie wurden aber vor allem in die Kolonien verkauft, wo sie zur Einkleidung derselben Sklaven, die die Baumwolle für die Verarbeitung in Lancashire ernteten, verwendet wurden. Besonderen Auftrieb erhielt die englische Baumwollindustrie durch die Maßnahmen gegen die indische Baumwollstoffeinfuhr.[16]

15 Mitunter wurde auch von einer "industrious revolution", die der "industrial revolution" vorausging, gesprochen. Pat Hudson, Proto-Industrialisierung in England, in: Markus Cerman/Sheilagh C. Ogilvie (Hg.), Protoindustrialisierung in Europa. Industrielle Produktion vor dem Fabrikszeitalter, Wien 1994, S. 66-78.

16 Vgl. zur englischen Industrie dieser Periode: George Unwin, Industrial Organization in the Sixteenth and Seventeenth Century, London 1957 (urspr. 1904); Maurice Dobb, Studies in the Development of Capitalism, London 1963 (urspr. 1946).

Bemerkenswert war, daß die ländliche Industrie mit einer Reihe unterschiedlicher Organisationsformen einherging. Nicht überall wurde sie von einem Verlagskaufmann betrieben, sondern nur dort, wo die Zirkulationsperiode des Kapitals zu lang war, um von den Erzeugern selbst überbrückt zu werden. Auch höherwertige Tucherzeugung machte das Verlagssystem notwendig, während sich die Zeugproduktion etwa in Yorkshire des Kaufsystems bedienen konnte. Auch die Verfügbarkeit und Flexibilität der Arbeitskräfte und der Produktionstypus bedingten Unterschiede in der Struktur der ländlichen Industrie. Soziale und institutionelle Faktoren, Grundbesitz- und Sozialstrukturen, Familien- und Haushaltsstrukturen, Eingriffsmöglichkeiten und Regelungen durch Behörden, Grundherren etc. waren für den Bestand und Erfolg der Protoindustrie ausschlaggebend. So war sie in der Region Birmingham erfolgreich, wo sich ein Mangel an institutioneller Regulierung, religiöse Toleranz, zahlreiche qualifizierte Arbeitskräfte, traditionelle Kooperationsstrukturen der Handwerker und Synergieeffekte aus unterschiedlichen Branchen miteinander verbanden.[17] Dort, wo große Verleger hunderte von Arbeitern beschäftigten, stellte sich das ländliche Gewerbe als nicht besonders erfolgreich heraus, denn dies bedingte Inflexibilität sowohl auf Seiten der Unternehmer wie auch auf der der Arbeiter. Es darf nicht geschlossen werden, daß in jenen Gegenden, in denen sich die Protoindustrialisierung ausgebreitet hatte, sich auch der Übergang zur eigentlichen Industrialisierung vollzog. Handwerker, Verlagsunternehmer und Heimarbeiter leisteten vielfach den größten Widerstand gegen Veränderungen, etwa in West Yorkshire und Lancashire. Die Protoindustrie verschwand auch nicht, als die Fabriken sich auszubreiten begannen, sie wurde teilweise über Subkontraktverträge in diese einbezogen, teilweise bestand sie nebenher weiter und wurde mit den Fabriken in die Struktur der Industrie integriert, etwa in der Weise, daß das Spinnen in Großbetrieben, das Weben aber in Hausindustrie erfolgte.

Auch im Bergbau und Hüttengewerbe vollzog sich seit dem 16. Jahrhundert immer stärker der Übergang zu Verlagssystem und kapitalistischem Betrieb. Die kleinen Gewerken wurden abhängig vom Handelskapital, das überdies in manchen Fällen auch selbst den Abbau übernahm. In England verloren die Gewerken ihre Gruben in den Blei- und Zinnbergwerken. Ein besonders zentralisiertes Montanunternehmen war schon im 16. Jahrhundert in der Fugger-Thurzo-Gesellschaft für den Kupferabbau von Neusohl entstanden. Die wichtigste Entwicklung in der Eisen- und Stahlindustrie war der Übergang zur Kohlenfeuerung, die vor allem in England

17 Pat Hudson, Proto-Industrialisierung in England, in: Markus Cerman/Sheilagh C. Ogilvie (Hg.), op. cit., S. 66-78.

in großem Maße und sehr schnell vor sich ging. Hier nahm die Kohleproduktion auch bald eine kapitalistische Form an, weil dafür hohe Fixkapitalinvestitionen erforderlich waren. Eine Art vorindustrielles Proletariat entstand rund um die Kohlengebiete in Nordengland und Wales. Im Kohlenbergbau von Newcastle waren 1638 etwa 5.800 Menschen beschäftigt, davon 3.000 als Bergleute.[18] Ähnliche Verhältnisse gab es nur noch im Kohlerevier von Lüttich. Die Kohleförderung aber war die Voraussetzung für den Aufbau einer ganzen Reihe neuer Industrien bzw. neuer Verfahren in alten Industrien (Papier, Waffen, Zucker, Ziegelei, Glas, Salz, Brauerei), allen voran der Erweiterung der Hüttenindustrie, die umfangreiche Kapitalinvestitionen erforderlich machte. Auch der Abbau anderer Bodenschätze wie Blei, Kupfer und vor allem Zinn wurde seit dem 16. Jahrhundert intensiviert. Die Verarbeitung dieser Metalle bedeutete auch einen wesentlichen Vorteil in den kriegerischen Auseinandersetzungen, denn sie machten neue Maßstäbe der Waffenproduktion möglich (z. B. Schiffskanonen). Mit diesen Entwicklungen ging eine deutliche Tendenz zu größeren Produktionseinheiten einher; Betriebsstätten mit 500 oder 1.000 Beschäftigten etwa in der Seidenverarbeitung, der Salzherstellung und der Glasindustrie waren keine Seltenheit mehr. Auch technische Fortschritte sind zu erwähnen: die Spalt- und Walzmühlen in den Eisenwerken, der holländische Bandwebstuhl, der Strumpfrahmen, die Färbe- und Stempelmaschinen, das Bleichen des Papiers etc. entstanden in dieser Zeit, teilweise auch schon auf Entwicklungen des 16. Jahrhunderts aufbauend. Bei Textilien und Eisen breitete sich schon im 17. Jahrhundert das Fabrikssystem aus. Ende des Jahrhunderts gab es große Manufakturen, wo die verschiedenen Handwerker, Sortierer, Kämmer, Spinner, Weber, Walker und Färber zusammenarbeiteten, mitunter arbeiteten solcherart einige 100 Personen unter einem Dach. In Glasgow gab es im Jahr 1700 eine Textilfabrik mit 1.400 Arbeitern. Zum Teil wurden Maschinen verwendet, die aber mehr zur Erleichterung gewisser Schwerarbeiten als zur Produktion selbst dienten. Arbeitsteilung und Spezialisierung waren z. B. in der Uhrenerzeugung schon weit entwickelt.[19]

18 Christopher Hill, Von der Reformation zur Industriellen Revolution, op. cit., S. 70; Peter Kriedte, Spätfeudalismus und Handelskapital. Grundlinien der europäischen Wirtschaftsgeschichte vom 16. bis zum Ausgang des 18. Jahrhunderts, Göttingen 1980, S. 54.

19 Vgl.: Samuel Lilley, Technischer Fortschritt und Industrielle Revolution 1700-1914, in: Carlo M. Cipolla/Knut Borchardt (Hg.), Europäische Wirtschaftsgeschichte, Bd. 3: Die Industrielle Revolution, Stuttgart-New York 1976 (urspr. 1973), S. 119-163.

Die Niederlande waren der Stapelplatz für den Welthandel des 17. Jahrhunderts. Hier entstanden daher auch jene Industrien und Gewerbezweige, die den Abschluß einer Kette von Wirtschaftsprozessen, die auf Rohstoffen und Halbfertigprodukten aus Übersee beruhten, darstellten: Zuckerraffinerien, die den in Westindien und Brasilien produzierten Zucker aufbereiteten und das Tabakgewerbe, Pfeifenerzeugung, Brauerei, Destillieranlagen, Seifenindustrie, Ölindustrie, Ziegelwerke, chemische Industrie (Farbstoffe), Papierindustrie, Sägewerke, Bücherproduktion, Geschirrerzeugung und Waffenproduktion. Alle diese Industrien waren nicht mehr zünftisch organisiert, sondern wurden in Manufakturen und im Verlagswesen betrieben. Auch im Schiffsbau übernahmen die Niederländer und die Engländer die Führung. Die Werften in Italien und den anderen Mittelmeerländern mußten der Konkurrenz weichen. Die Niederländer bauten die Schiffe bereits mit weitgehend standardisierter und mechanisierter Produktionsweise, sie verwendeten windbetriebene Sägewerke, denen das Holz mechanisch zugeführt wurde, und Kräne. Zahlreiche vor- bzw. nachgelagerte Industrien erhielten Wachstumsimpulse. Gerade ihre starke Stellung im Welthandel erwies sich jedoch für die Holländer auf lange Sicht als ungünstig, denn zu vieles in ihrer Landwirtschaft, in ihrem Gewerbe und in ihren Finanzen war vom Welthandel allein abhängig. Englands Aufstieg war demgegenüber stärker an Binnenmarktentwicklungen orientiert. Das bedeutete für die Zukunft jedoch, daß sich das Industriekapital stärker als in Holland vom Handelskapital lösen und zu einer selbständigen Wachstumskraft werden konnte.

England war zu Beginn des 18. Jahrhunderts"[...] the most flourishing and opulent country in the world [...]".[20] Die Wirtschaft war hier auch vorrangiger Diskussionsgegenstand und Grundlage der nationalen Identität. Daniel Defoe, Kaufmann, Fabrikant, Journalist, politischer Agent und Schriftsteller ging es in seiner Reisebeschreibung nicht um Prinzen, Paläste und Prunk, sondern um die Landwirtschaft, um die Handels- und Gewerbetätigkeiten der einzelnen Regionen und um die Städte als Zentrum von Geschäft und Industrie in England. Er sprach von den Webern in und um Norwich, von der Heringsfischerei in Yarmouth, dem Kohlenhandel von Newcastle, dem Bekleidungsgewerbe in Leeds, der Flanellindustrie in Salisbury, dem Amerikahandel von Liverpool, dem Irlandhandel von Bri-

20 Daniel Defoe, Tour Through the Whole Island of Great Britain", Harmondsworth 1724-1726, S. 43. Defoes "Robinson Crusoe" wurde nicht von ungefähr zum Prototyp des "homo oeconomicus". Defoe war auch ein sehr produktiver Wirtschaftspublizist und schrieb unter anderem eine "General History of Commerce" (1713) und "A Plan of the English Commerce" (1728), sowie "The Complete English Tradesman" (London 1726).

stol und natürlich von der enormen Einzugskraft, die von London ausging. Durchaus noch nicht kritisch, sondern mit Stolz, beschrieb Defoe die Kinderarbeit, die es schon Fünf- bis Sechsjährigen ermöglichte, ihr eigenes Brot zu verdienen. Von der großen Messe zu Sturbridge, die auf freiem Feld abgehalten wurde, meinte Defoe, sie sei die größte Messe der Welt. Er berichtete von der Werft von Woolwich, wo Schiffe mit 100 Kanonen an Bord gebaut wurden, vom Arsenal der königlichen Marine in Rochester und Chatham, vom Hafen von Portsmouth. Er kam auf seinen Reisen auch durch fashionable Kur- und Badeorte wie Tunbridge Wells, wo er das gesellige Treiben und die offensichtliche Ungezwungenheit selbst prinzlicher Persönlichkeiten beschrieb; aber er fühlte sich hier nicht so wohl wie in den Industrie- oder Handelsorten, und wußte auch warum: Weil hier nur längere Zeit sich vergnügen könne, wer genügend Geld habe - und nur das zähle letztlich. Defoes Beschreibungen machen klar: England war bereits um 1700 ein stark verstädtertes Land; es gab unzählige größere und kleinere Städte und Marktgemeinden und die städtische Bevölkerung nahm im 17. und 18. Jahrhundert besonders stark zu, insbesondere in London. Im Unterschied zu vielen Gegenden auf dem Kontinent war die Differenz zwischen Stadt und Land nicht so groß, was einerseits durch die geringere städtische und zünftische Autonomie und Eigenart und andererseits durch den Niedergang des Bauerntums und des Ackerbaus begründet war; das hatte zur Folge, daß auch in den Dörfern viele nicht-bäuerliche Bevölkerungsgruppen lebten. Die "ruralization" des Gewerbes, die in England schon in der zweiten Hälfte des 17. Jahrhunderts einen drastischen Anstieg durchmachte, hatte auch ihren Anteil daran. Die Londoner Kaufleute dehnten ihre Geschäfte auf das ganze Land aus und das kapitalistische Gewerbe verbreitete sich weit über London hinaus, verlagerte sich in die nördlichen und nordwestlichen Gegenden auf Grund der dort herrschenden niedrigeren Lohnniveaus. Birmingham, Liverpool und Manchester entwickelten sich zu wichtigen gewerblich-industriellen Zentren.

Während die Wirtschaft ein rasantes Wachstum verzeichnete, sanken die Löhne der Landarbeiter nach 1765 und mußten durch Zuschüsse aus der Armenfürsorge ergänzt werden. Dies stellte eine Subventionierung der kommerziellen Landwirtschaft dar, war aber für die Arbeiter selbst nicht vorteilhaft, weil die Löhne dadurch langfristig niedrig gehalten wurden. Zu Beginn des 18. Jahrhunderts erhielt jeder fünfte Arbeiter Zuschüsse aus der Armenfürsorge, die mit verschiedenen Auflagen für die Bezieher verbunden waren, wie etwa der, daß sie eine bestimmte Kleidung zu tragen hatten und nicht betteln durften. Nach 1772 konnte diese Unterstützung dann auch entzogen werden, wenn die Bezieher sich weigerten, in ein Arbeitshaus zu gehen. Viele Arme gaben sich daher lieber mit geringfügigen Zuschüssen zufrieden als Gefahr zu laufen, gar nichts zu erhalten oder in ein Arbeitshaus gesteckt zu werden. Korruption und Bereicherung aus den Fonds der Armenfürsorge waren auf allen Ebenen weit verbreitet. Die Armen konnten auch für geringste Vergehen, wie z. B. den Diebstahl geringwertiger Nahrungsmittel, äußerst schwer bestraft werden. Zwar verringerte sich die Häufigkeit, mit der die Todesstrafe in solchen Fällen im Laufe des 18. Jahrhunderts verhängt wurde, aber die Armen standen nach wie vor unter hartem Druck. Die Armenfürsorge arbeitete daher nur bedingt zu ihren Gunsten, sie subventionierte vielmehr die Reichen und hielt die Löhne niedrig. Man war, wie Mandeville es ausdrückte, daran interessiert, die ärgste Not zu lindern, aber keinesfalls, sie zu beseitigen.

Schon im 18. Jahrhundert zeigte andererseits die Wirtschaft Englands zum Unterschied von allen anderen Ländern mit Ausnahme der jungen Vereinigten Staaten die Entwicklung des Inlandsmarktes zu einem Massengütermarkt. Dies scheint ein Widerspruch zu den "Poor Laws" und der Lebenslage der Armen zu sein. Tatsächlich ging die Expansion der Wirtschaft und des Binnenmarktes an den untersten Schichten der landlosen und besitzlosen Armen vorbei. Während die Armen wenig Chancen für eine Verbesserung ihrer Situation sahen und daher ihren Arbeitseinsatz zu begrenzen suchten, herrschte in den Mittelschichten, unter den aufstrebenden Handwerkern und Gewerbetreibenden, den Kaufleuten und Unternehmern eine Aufstiegshoffnung, die sich auf individuelle Leistung und Risikofreude gründete. Diese divergenten Einstellungen und Erfahrungen rechtfertigten auch die Ausbeutung der Arbeiter, die man als schlechte Schmiede ihres eigenen Glücks ansah.

Zur "Konsumrevolution" des 18. Jahrhunderts

In jüngster Zeit konstatierten einige Autoren eine "consumer revolution" im England des 18. Jahrhundert.[21] Derzufolge kam es zu einem ziemlich plötzlichen Ansteigen des kommerziellen Niveaus, einem "sharp break in trend between Stuart England and Georgian England"[22], der England zu einer Konsumgesellschaft mach-

21 Besonders: Neil McKendrick/John Brewer/John H. Plumb (eds.), The Birth of a Consumer Society. The Commercialisation of Eighteenth-Century England, London 1982. Allerdings dürfte das auch für andere Länder Geltung haben. So stellt Cissie Fairchilds auch eine Komsumrevolution für das Frankreich des 18. Jahrhunderts fest. Cissie Fairchilds, The Production and Marketing of Populuxe Goods in Eighteenth-Century Paris, in: John Brewer/Roy Porter (eds.), Consumption and the World of Goods, London-New York 1993, S. 228-248.

22 Neil McKendrick/John Brewer/John H. Plumb (eds.), op. cit., S. 5.

te. Andere, wie Carole Shammas[23], wiesen hingegen auf eine eher kontinuierliche Expansion des breiten Konsums hin. Die These von der Konsumrevolution bedeutet, daß sich nicht nur eine schmale Oberschicht aus Adel und reichen Bürgern neue Güter für ihren persönlichen Bedarf leisteten, sondern daß auch breitere Schichten immer mehr Güter verschiedenster Art käuflich erwarben. Auch dauerhafte Konsumgüter wurden nun primär durch Kauf erworben und nicht durch Erbschaft übernommen, und sie wurden während einer Generation wiederholt gekauft. Das waren vor allem Textilprodukte, Keramik- und Porzellanwaren und Metallwaren, die Produkte der Manufakturen, der Gewerbetriebe und der kapitalistischen Hausindustrie waren. "It was not for nothing that the first industries to blossom in die Industrial Revolution were more characteristically to be found in the consumer sector than in the heavy industrial sector."[24] Anstöße von außen, wie die weitverbreitete Kaufmanie für indische Baumwollstoffe zu Beginn des 18. Jahrhunderts, die großen Unmut unter den heimischen Textilerzeugern und politische Maßnahmen gegen die Einfuhr der "calicos" hervorriefen, bewirkten, daß englische Hersteller darangingen, den Bedarf selbst zu befriedigen.[25] Auch die Verbreitung der Kolonialwaren, vor allem von Zucker, Tee, Kaffee, Schokolade und Tabak erreichte im 18. Jahrhundert in England die breite Masse. Carole Shammas sieht diese Waren als Schlüsselgüter der "consumer revolution", da sie tatsächlich massenhaft verkauft wurden, während die Nachfrage nach dauerhaften Konsumgütern sich eher auf die Mittelschichten beschränkte.

Die Änderung der Konsumgewohnheiten war durch den sozialen und ökonomischen Wandel bewirkt und beeinflußte diesen in der Folge wieder. Das ging einher mit einem allgemeinen Wertewandel. War das "bloße Konsumieren" bisher eher als abträglich für Wirtschaft und Moral angesehen worden, so wurden nun in wachsendem Maße Stimmen laut, die die Nachfrage als Vorbedingung für die Wirtschaft und den Wohlstand bezeichneten und Steigerungen der Nachfrage als Vorteil priesen. Lange Zeit hatte man die Bedürfnislosigkeit der Massen als gegeben und unabänderlich angenommen und sie damit auch zum moralischen Axiom erhoben. Nun erkannte man mehr und mehr, daß die Nachfrage auch der Masse der Bevölkerung nicht inelastisch war. Überall wo dies nur irgend möglich war, zeigten sich auch mittlere und untere Schichten interessiert am Erwerb von Dingen, die vordem nur den Reichen und den Adeligen vorbehalten gewesen waren. Manche Kommentato-

23 Carole Shammas, The Preindustrial Consumer in England and America, Oxford 1990.

24 Neil McKendrick/John Brewer/John H. Plumb (eds.), op.cit., S. 31/32.

25 Ebd., S. 29.

ren der Konsumrevolution sahen darin eine Tendenz zur Demokratisierung des Konsums, andere die zunehmende Marktabhängigkeit der Menschen. Man kann aber sicherlich eine gewisse Annäherung der materiellen Kultur der Oberschicht und der der anderen Schichten feststellen. Neil McKendrick wies insbesondere auf die Kleidung hin, die er als die "most public manifestation of blurring of class divisions"[26] bezeichnet. Sie äußerte sich in den bedauernden Feststellungen der Zeitgenossen, daß sich schon die Dienstboten so kleideten wie ihre Herren, oder in der Unterdrückung solch egalitärer Formen in den Bekleidungsvorschriften auf dem Kontinent. Auch die Unternehmer, die Händler und Fabrikanten ihrerseits, wollten nicht mehr nur Luxusartikel für den Adel erzeugen und vertreiben, sie hatten im 18. Jahrhundert schon die breiteren Schichten als mögliche Abnehmer entdeckt und zielten auf Massenabsatz ab. Voraussetzung der Konsumrevolution war natürlich, daß die Einkommen einer breiteren Schicht von Menschen zum Teil "verfügbar", d. h. disponibel über die Existenzerhaltung hinaus wurden. Das betraf kaum die Bauern, die durch die Einhegungen geschädigt, durch hohe Steuern verarmt, durch Schulden um ihre Existenzgrundlage gebracht wurden und auch nicht die städtischen Handwerksgesellen, die keine Aussicht hatten, jemals Meister zu werden, oder die ländliche, vor allem aber städtische Masse von entwurzelten Menschen, die in die Arbeitshäuser getrieben wurden, wenn man sie obdachlos antraf. Sie bildeten mehr oder weniger das, was man als Proletariat bezeichnete. Aber oberhalb dieser Schichten einer neuen Armut verbesserten sich die Einkommensverhältnisse und ließen eine breitere Nachfragebasis entstehen, für die es nun auch entsprechende Angebote an billigerer "Massen"ware gab. Die Verbilligung der Waren war durch verbesserte Transportwege, größeren Absatz, billige Imitationen von Luxusartikeln etc. möglich.

Im 18. Jahrhundert gingen die Vorstellungen über die Mode und den Lebensstil vor allem vom französischen Hof aus, dem der Adel und auch die reichen Bürger in ganz Europa nacheiferten. Dies war auch von einem Einstellungswandel in der Bevölkerung selbst begleitet; die neuen Möglichkeiten erzeugten auch neue Bedürfnisse und einen Wandel der Lebensstile. Ein wichtiger Faktor, der bei der Verbreitung von Bedürfnissen und Informationen über Produkte mitwirkte, war die größere Öffentlichkeit des 18. Jahrhunderts durch Vereine, Zeitungen und Zeitschriften, die Verstädterung und die relativ geringen ständischen Schranken in England. Die Oberschicht gab viel Geld aus für Häuser, Möbel, Porzellan, Keramik, Besteck,

26 Neil McKendrick, The Commercialisation of Fashion, in: Neil McKendrick/John Brewer/John H. Plumb (eds.), op.cit., S. 34-99, S. 53.

Leuchter, Spiegel etc., wobei sich hier schon seit langem Modeerscheinungen bemerkbar gemacht hatten. Die Mode kommerzialisierte sich, d. h. der Handel übernahm die Manipulation und Leitung der Modeentwicklung, die nun nicht mehr auf die Höfe und den Adel beschränkt war, sondern an der sich breitere Schichten beteiligten. Während die exklusive teure Mode noch immer von Paris "gemacht" wurde, entstand auch ein Markt für die sogenannten "populuxe goods".[27] Die Elite und ihre "conspicuous consumption"[28] war zwar noch immer entscheidend für den "Geschmack", aber ihre Führungsrolle kam mehr und mehr unter die Manipulation und Kontrolle der Wirtschaft. Sie wurde selbst zum Werkzeug und Sponsor der Industrie und der Kaufleute, die sie werbewirksam benutzten, um den Massenkonsum durch die allgemein verbreitete Tendenz der Menschen, die gesellschaftlich höherstehenden Schichten nachzuahmen, zu fördern. Die Strategien, die der kommerziellen Revolution zugrunde lagen, waren daher keineswegs "demokratisch", denn sie bauten gerade auf den Unterschieden zwischen den Ständen zum Vorteil für die Absatzpolitik der Kaufleute auf. Als Beispiel sei auf Josiah Wedgwood[29], Sohn eines einfachen Töpfers, der ein beeindruckendes Imperium für Keramik- und Porzellanwaren aufbaute, hingewiesen. Er profitierte von der Expansionstendenz des Marktes und der Nachfrage, wie auch von seinen technischen Erfindungen, durch die neue Arten von Keramik auf den Markt kamen, was allerdings sofort von Konkurrenten kopiert wurde. Interessant war auch die Organisation und Arbeitsteilung in seinen Werken, in denen schon lange vor Taylor und Ford die Arbeiter "wie gut funktionierende Maschinen" eingesetzt wurden. Was besonders erstaunt, ist der Erfolg Wedgwoods angesichts der Tatsache, daß er eine Hochpreispolitik betrieb. Seine Produkte waren weit teurer als die seiner Konkurrenten; teilweise begründete er dies mit dem Hinweis auf die Qualität seiner Produkte, tatsächlich aber waren die hohen Preise Teil einer Marketingstrategie, die bewußt die sozialen Distanzen und die Distinktionsbedürfnisse gerade der Mittelschichten miteinbezog. Wedgwoods Preise richteten sich nicht nach den Kosten

27 Siehe: Cissie Fairchilds, The Production and Marketing of Populuxe Goods in Eighteenth-Century Paris, in: John Brewer/Roy Porter (eds.), op. cit., verwendet diesen Ausdruck, der die beginnende Popularisierung von "Luxusgütern" kennzeichnet.

28 Diesen Begriff von Thorstein Veblen verwendet Peter Burke für die elitären Verhaltensweisen in bezug auf die Innenausstattung der Räume in der frühen Neuzeit in China, Japan und Euopa. Siehe: Peter Burke, Res et verba: Conspicious Consumption in the Early Modern World, in: John Brewer/Roy Porter (eds.), op. cit., S. 148-161.

29 Neil McKendrick, Josiah Wedgwood and the Commercialization of the Potteries, in: Neil McKendrick/John Brewer/John H. Plumb (eds.), op. cit., S. 100-145.

der Herstellung, sondern nach den höchsten am Markt vertretbaren Preisen. Er bemühte sich sehr aktiv um höfische und adelige Sponsoren für seine Produkte und darum, Lieferant des Hofes zu werden. Er machte Spezialanfertigungen für Monarchen, Adelige und Kunstkenner, um seinen Ruf zu festigen und verfolgte genauestens die Bewegungen der Mode, um an der Spitze der Neuerungen zu sein. Solcherart festigte er sein Image und etablierte eine Marke, die mit der freundlichen Unterstützung des Hofes und des Adels abgesegnet war, bis es schließlich für alle wichtig wurde, einen "echten" Wedgwood zu haben. Mit dieser Strategie eroberte er dann auch mit entsprechend billigeren Produkten den Massenmarkt. Dafür baute er eine eigene Vertriebsorganisation auf, eröffnete ein Lagerhaus, einen prunkvoll ausgestatteten Ausstellungsraum, schuf eine Großhandelsorganisation und eine Einzelhandelskette in London. Er arbeitete mit Musterkoffern, Katalogen, Werbung in Zeitungen etc. und setzte ambulante Verkäufer und Handelsvertreter ein, um entferntere Orte zu erreichen.

Die Veränderung der Konsumstrukturen bewirkte auch eine neue Organisation des Handels im 18. Jahrhundert, die durch die starke Erweiterung des Einzelhandels, die Entstehung des spezialisierten Großhandels und die Erfindung von Marketing und Werbung charakterisiert war. Man kaufte nicht mehr nur auf Messen, Märkten oder von traditionellen Wanderhändlern, die die typischen Güter der Hausierer mit sich führten. Es kam zu einer Expansion von Läden nicht nur in den Städten, sondern auch in den kleinsten Orten in der Provinz. Auch neue Wanderhändler, die en gros und en detail verkauften, fungierten als Verteiler zwischen den Fabrikslagern und den Einzelhandelsläden oder auch den Konsumenten selbst (z. B. die sogenannten "Manchester men"). Diese verkauften auch auf Kredit in ihrem Bezirk und besuchten ihre Kunden regelmäßig in kurzen Abständen. Auf die starke Verbreitung der Läden wurde auch in dem berühmten Zitat Napoleons von England als Nation der Ladenbesitzer angespielt. Der Zwischenhandel blühte auf, weil Vorkaufsverbote gefallen waren und die Händler sich zunehmend nicht nur auf bestimmte Güter, sondern auch auf Funktionen spezialisierten. Eine Spezialisierung im Handel stellte der Niederlagehandel dar mit Lager, Speicher und Magazinen in allen Gegenden des Landes. Der Großhandel wurde durch die Lagerhaltungsfunktion unabhängig von periodischen Messen und Märkten und konnte dadurch mehr Spekulationsgewinne machen. Daneben gab es aber auch noch den traditionellen Wanderhandel, der weder auf offiziellen Märkten auftrat, noch öffentliche Läden unterhielt, sondern eine Art "private market" darstellte, wie es Fernand Braudel nannte, der damit schon die beginnende Differenzierung zwischen formeller und informeller

Wirtschaft andeutete.[30] Die Handelsorganisation war aber nicht nur eine Folge dieser Entwicklung des Marktes, sondern war ein kreatives Moment derselben. Sie wurde bewußt und gezielt aufgebaut und eingesetzt, wobei es zu Neuerungen und Initiativen auf allen Gebieten und allen Ebenen, von den großen Gesellschaften bis zu den kleinen Ladenbesitzern, kam.

Durch den Ausbau der Verkehrswege und des Transportgewerbes wurde diese Entwicklung ermöglicht und gefördert. Da der Transport zu Wasser wesentlich billiger war und größere Mengen auf einmal transportiert werden konnten, wurden im 18. Jahrhundert vor allem Kanäle gebaut, wodurch die Länge der schiffbaren Wasserstraßen in Großbritannien fast verdoppelt wurde. Durch den Bau von schiffbaren Kanälen konnten um 1760 die Güter auf dem Wasser schon überall hin verbracht werden; das war auch ein wichtiger Faktor in der Ersetzung kleiner lokaler Erzeugungsstätten von Gebrauchs- und Verbrauchsgütern durch zentralisierte Großbetriebe. Bier kam direkt von London und nicht mehr von den lokalen Brauern. Vor allem die Kohle konnte auf den Wasserstraßen in großen Mengen und zu niedrigen Preisen unabhängig von der Witterung über weite Strecken transportiert werden.[31] Dadurch verschwand nach und nach im Laufe des 18. Jahrhunderts die traditionelle Infrastruktur des Gewerbes (die zünftischen Regeln waren seit 1688 nicht mehr in Kraft) und des Handels; die Verleger und Großhändler belieferten von London oder anderen Städten aus jeden Ort in Großbritannien.

"Im Laufe des 18. Jahrhunderts wurde aus Britanniens Wirtschaft eine nationale Wirtschaft, [...] welche einen Industriesektor ausbildete, der durch die Nachfrage dieses Geflechts gekräftigt und mit seinen überschüssigen proletarischen Arbeitskräften betrieben wurde."[32] Man darf jedoch die Entstehung des Industriekapitalismus nicht durch die Kommerzialisierung und die Entstehung einer "Konsumgesellschaft" allein zu erklären versuchen. Die "Selbsterzeugung" des Marktes aus den vielen individuellen Orientierungen an Kaufen und Verkaufen, Produzieren und Verteilen ist nur eine Dimension in dem komplexen Geschehen. Eine Voraussetzung der Entstehung eines flächendeckenden Inlandsmarktes war auch die Entwicklung einer integrierten Territorialherrschaft mit zentraler Koordination durch Staat

30 Fernand Braudel, Sozialgeschichte des 15.-18. Jahrhunderts, Bd. 2: Der Handel, München 1986 (urspr. frz. 1979), S. 41 ff.

31 Christopher Hill, Von der Reformation zur Industriellen Revolution, op. cit., S. 202.

32 Michael Mann, Geschichte der Macht, Bd. 2, Frankfurt/Main-New York 1991 (urspr. engl. 1986), S. 390.

bzw. Regierung. In England war diese Vereinheitlichung durch die politischen Ereignisse des 17. Jahrhunderts in spezifischer Form entstanden, wobei die Zentralisation des staatlichen Finanzwesens eine große Rolle spielte. Sie ermöglichte eine "national-ökonomische" Entwicklung. Fernand Braudel bestätigte den Einfluß der staatlichen Zentralisation und Wirtschaftspolitik auf die Entstehung eines nationalen Marktes: "Unter diesen Voraussetzungen erstaunt es nicht weiter, daß ein nationaler Markt nur da entstehen kann, wo Fiskus oder Administration, Militär oder Verfechter des Merkantilismus den politischen Willen zur Zentralisation ins Spiel bringen."[33] Die Entstehung eines territorialwirtschaftlichen (oder nationalen) Marktes war eng an die politischen Strukturen und damit auch an die diese verändernden Ereignisse gebunden. Die Marktgesellschaft, die sich auf dieser Grundlage entwickelte, zeigte aber große Unterschiede, etwa in England und in Frankreich, da sie vor dem Hintergrund unterschiedlicher politischer Institutionen entstand, einer parlamentarischen Konstitution einerseits und der absolutistischen Politik andererseits.[34] Verschiedene Ausformungen und Auffassungen der "national-staatlichen" Wirtschaft und differente Geschichtsverläufe waren die Folge.

Kapital, technischer Fortschritt und industrielle Revolution in England

Auch eine "Finanzrevolution"[35] wurde in dieser Epoche in England wahrgenommen, die etwa 1660 einsetzte, sich 1688 verstärkte und bis 1756, dem Ausbruch des Siebenjährigen Krieges, zu einer tiefgreifenden Reorganisation des Finanzwesens geführt hatte. Sie war "revolutionär" in bezug auf die vergleichsweise frühe und undramatisch verlaufende Konzentration und Zentralisation des englischen Finanzsystems. Auch in England war vorher das System der Steuerpacht durch in Syndikaten zusammengeschlossene Financiers üblich gewesen. Zunächst wurden die Zölle und die Getränkesteuer verstaatlicht und schließlich das Amt des Lord Treasurer und die Errichtung des Board of Treasury als Kontrollinstitution für die Überführung der Einnahmen in den "Exchequer", die Staatskasse, geschaffen. Auch die Gründung der Bank of England 1694 ist hier zu nennen. Ein System der unkündbaren Staatsschuld wurde geschaffen, d. h. langfristiger Anleihen, die nicht mehr vom Staat zurückgezahlt wurden, sondern auf dem Markt als Rentenpapiere

33 Fernand Braudel, Sozialgeschichte des 15.-18. Jahrhunderts, Bd. 3: Aufbruch zur Weltwirtschaft, München 1986 (urspr. frz. 1979), S. 316.
34 Hilton L. Root, The Fountain of Privilege. Political Foundations of Markets in Old Regime France and England, Berkeley-Los Angeles 1994.
35 Der Ausdruck stammt von Peter George Muir Dickson, zit. bei: Fernand Braudel, Sozialgeschichte des 15.-18. Jahrhunderts, Bd. 2, S. 581 ff.

gehandelt wurden. Das System zog viele ausländische Geldgeber an, und auch inländische Investoren beteiligten sich in großem Ausmaß.[36]

Die Politik spielte bei der Schaffung der Institutionen des Finanzmarktes in England besonders von 1672 bis 1712 eine große Rolle, insbesondere der Konflikt zwischen den Whigs und den Tories.[37] Darüberhinaus ging es aber um die gleichzeitige Herausbildung des Staates im modernen Sinn und des Marktes als bestimmende Wirtschaftsorganisation des ganzen Landes. England wurde in diesem Prozeß zur führenden politischen Macht in Europa und gleichzeitig zur ersten Wirtschaftsnation der Welt. Die Aktien der East India Company, der South Sea Company und der Bank of England dominierten den Aktienmarkt, gleichzeitig waren die "companies" die größten Gläubiger des Staates. In der Frage der Staatsschulden manifestierten sich die geänderten Beziehungen zwischen Krone und Parlament und zwischen Wirtschaft und Staat. Die Konflikte zwischen den politischen Parteien bestimmten die Rivalitäten zwischen verschiedenen Gruppen von Kaufleuten und führten auch zur Gründung einer zweiten East India Company. Tories dominierten die South Sea Company und Whigs die Bank of England. Auch die Investitionstätigkeit selbst war keineswegs eine "rein ökonomische" Angelegenheit, bei der nur die Profite zählten. Vielmehr war sie auch Ausdruck politischer Präferenzen und Allianzen. Auch Hugenotten investierten in den britischen Aktienmarkt als Ausdruck der Gegnerschaft gegen das Frankreich Ludwigs XIV. während der Kriege Wilhelm III. mit diesem. Märkte reflektieren politische Gruppierungen und Interessen ebenso wie ökonomische, und man darf dies in bezug auf die Zeit um 1700 in England nicht als Zeichen für ein "unentwickeltes Marktsystem" deuten, denn auch in der Gegenwart sind Politik und Markt eng miteinander verbunden.

Für die Kapitalbildung in der Industrie hatte die Finanzrevolution aber negative Folgen, da das Kapital in hohem Ausmaß in Staatsanleihen zur Finanzierung von Kriegen floß. Die Wuchergesetze von 1651 und ihre Neuauflagen hatten sechs Prozent, ab 1714 sogar fünf Prozent als Obergrenze für Zinsen auf Kredite festgelegt. Nur die Regierung konnte nach Belieben höhere Zinsen zahlen. Investitionen in private Kredite warfen also weniger Rendite ab als die Staatsschuldverschreibungen, und rund um diese entstand auch nach 1694 das neue Banksystem. Eine Untersuchung des "Board of Trade" von 1715 konstatierte, daß die Zinsen der

36 Vgl.: Larry Neal, The Rise of Financial Capitalism, Cambridge 1990; Geoffrey Parker, The Emergence of Modern Finance in Europa 1500-1730, London 1973.

37 Bruce G. Carruthers, City of Capital. Politics and Markets in the English Financial Revolution, Princeton 1996.

Staatsschulden höher waren als der Gesamtumsatz des Kolonialhandels.[38] Daneben wurden Investitionen in Landbesitz, Gebäude, Parks, Kunst und in Spekulationen wie im Fall der berühmten Südsee-Bubble getätigt. Die Südseekompanie hatte Kapital aus allen Gegenden des Landes und auch fast aus allen Schichten angezogen. Ihr Zusammenbruch machte die Investoren zaghaft und vorsichtig; der Bubble Act von 1720 verbot die Gründung von Kapitalgesellschaften ohne königliche Bewilligung, was die Beschaffung von Kapital für die industrielle Entwicklung erschwerte.[39] Auch Bankkredite waren zumindest in England kaum zu bekommen. Adam Smith wies auf einen interessanten Unterschied zwischen Schottland und England in der zweiten Hälfte des 18. Jahrhunderts in bezug auf die Einräumung von Kreditrahmen in schottischen Banken hin, die es den schottischen Kaufleuten ermöglichte, mit geringeren Liquidationsreserven zu arbeiten.[40] Kapitalmangel bremste den Industrialisierungsprozeß zunächst insbesondere im Schwerindustriebereich. Hier ging die Ablösung der Holzkohle durch Kohle und Koks nur langsam vor sich. Erst ab 1750 kam es zu einem Umschwung auf Grund des Kriegsbedarfs. Man ging nun dazu über, billiges Gußeisen herzustellen und damit alle Holzteile in Maschinen und Waffen zu ersetzen. Auch der Eisenpflug und andere Eisengeräte setzten sich in der Landwirtschaft in den 70er Jahren des Jahrhunderts durch. Ab 1760/1770 kam es dann zu einer Beschleunigung des Aufbaus der Industrie, was als Beginn der "industriellen Revolution" gedeutet wurde.

Das Kapital für die industrielle Revolution kam nach Christopher Hill[41] vor allem aus dem Sklavenhandel und aus der Ausbeutung Indiens, teilweise aus dem Tabak- und Teehandel, sowie aus den Investitionen von Ausländern, vor allem der Niederländer, die in England günstige Möglichkeiten für die Anlage von Kapital sahen. Grundbesitzer häuften große Vermögen an, besonders wenn auf ihrem Boden Kohle gefunden wurde, und investierten in industrielle Unternehmen. In sehr vielen Fällen stellte auch die Reinvestition kleinerer Gewerbetreibender vor allem zu Beginn der industriellen Entwicklung eine wichtige Form der Kapitalaufbringung dar, etwa beim Aufbau der Baumwollindustrie in Lancashire. Schließlich sind auch

38 Christopher Hill, Von der Reformation zur Industriellen Revolution, op. cit., S. 197; Siehe auch: Charles P. Kindleberger, A Financial History of Western Europe, London 1984; John Brewer, The Sinews of Power. War, Money and the English State, 1688-1783, New York 1980.

39 John Carswell, The South Sea Bubble, 2. Aufl, London 1993.

40 Adam Smith, Der Wohlstand der Nationen. Eine Untersuchung seiner Natur und seiner Ursachen (hg. v. Horst C. Recktenwald), München 1974 (urspr. engl. 1776), S. 246 f.

41 Christopher Hill, op. cit., S. 198/199.

die Investitionen von nonkonformistischen Sekten (z. B. die der Quäker in der Brauereiindustrie) zu nennen, die sich der Wirtschaft zuwandten, weil ihnen der Zugang zur Politik, zum Staatsdienst und in die Universitäten verwehrt war. Ihre Energie und ihr Geld kamen der Wirtschaft zugute, wobei sie auch die Tendenz hatten, ihr Geld in der Familie oder zumindest innerhalb ihrer Glaubensgemeinschaft zu halten. Dadurch konzentrierte sich die Investitionstätigkeit und gleichzeitig entstand ein landesweites Netzwerk von Geschäftsverbindungen. Sie genossen auch Kreditwürdigkeit auf Grund ihrer religiösen Orientierung, was sich offenbar schon in Großbritannien positiv auf ihre wirtschaftlichen Aktivitäten auswirkte und nicht erst bei den Nachkommen der Auswanderer in Amerika, wie dann Tocqueville und später Max Weber anmerkten.[42]

Englands Industrialisierung wurde meist als ein Sonderfall beschrieben, der autochthon vor sich gegangen sei, alle anderen Länder seien dann diesem Beispiel gefolgt. Mitunter wurde zwar auch der Gesamtkontext der europäischen Wirtschaft und der Handelsverflechtungen als Voraussetzung der Industrialisierung in England gesehen; so etwa wurde darauf hingewiesen, daß Englands Wirtschaft sich erst mit dem Druck der Handelsauseinandersetzung mit Holland entwickelte bzw. dem Vorbild Hollands nacheiferte. Weniger beachtet wurden allerdings die Einflüsse, die vom Kontinent durch die Immigration von Handwerkern und Kaufleuten kamen.[43] Einwanderungswellen gelangten insbesondere im Zuge der Religionskriege im 16. Jahrhundert und dann vor allem nach der Aufhebung des Edikts von Nantes im späten 17. Jahrhundert nach England, als mehr als 80.000 Hugenotten, die meisten qualifizierte Handwerker, nach England flohen. Auch aus Flandern und Deutschland kamen Protestanten. Viele von ihnen zogen dann weiter nach Amerika, aber eine große Zahl blieb in England. Es ist auch nicht eindeutig erwiesen, daß die Einwanderung tatsächlich nur aus religiösen Gründen erfolgte. Viele Händler und Handwerker waren schon im 15. und 16. Jahrhundert nach England gekommen, weil hier die Zünfte keine so große Macht mehr hatten, und weil die Herrscher eine dezidierte Politik der Handels- und Wirtschaftsförderung betrieben. Heinrich VIII. und Elisabeth I. förderten vor allem den Bergbau und die Waffenindustrie und

42 Alexis de Tocqueville, De la démocratie en Amérique, 3 Bde., Paris 1864 (urspr. 1835); Max Weber, Die protestantische Ethik und der "Geist" des Kapitalismus, Weinheim 1996 (urspr. 1904/1905).

43 Margit Schulte Beerbühl, War England ein Sonderfall der Industrialisierung? Der ökonomischeEinfluß der protestantischen Immigranten auf die Entwicklung der englischen Wirtschaft vor der Industrialisierung, in: Geschichte und Gesellschaft 21/1995, S. 479-505.

holten dafür französische und deutsche Bergleute und Waffenschmiede ins Land. Zu jener Zeit bestand auf dem Kontinent ein technischer Vorsprung in diesen Bereichen, neue Verfahren zum Abbau von Kohle, Eisenerzen und anderen Metallen und neue Verhüttungstechniken waren entstanden. England war zu dieser Zeit im Vergleich zu den wirtschaftlich forschrittlichsten Regionen Europas ein relativ unterentwickeltes Land, und die Einwanderer brachten viele Techniken und neue Produkte ("new draperies", Samt, Brokat, Baumwollverarbeitung, Nahrungsmittelindustrie, Glasindustrie) mit, die hier dann weiterentwickelt wurden.[44] Manchmal erlernten Engländer neue Verfahren im Ausland, wie etwa den Buchdruck in Deutschland, und brachten sie dann nach England. Aus Deutschland kamen auch Papiermühlen, und die englische Kupfer- und Messingproduktion wurde im 16. Jahrhundert durch einen Deutschen aus Augsburg aufgebaut. Die Kohleförderung und Eisenproduktion wurden ebenfalls im 16. Jahrhundert durch Deutsche verbessert. Protestantische Flüchtlinge begründeten den Ruf von Sheffield und Birmingham als metallverarbeitende Zentren. Franzosen brachten Verfahren der Tapeten- und Teppichherstellung, Holländer solche der Porzellanerzeugung ins Land. Nach der Aufhebung des Edikts von Nantes kamen mit der neuen Einwanderungswelle zahlreiche Bankiers und Financiers (z. B. Richard Cantillon) von Frankreich nach England; sie brachten große Kapitalien mit sich, die der Wirtschaft zugute kamen und auch die Entwicklung des englischen Banken- und Versicherungswesens förderten.

Die Initiative zu organisatorisch-technischen Innovationen auf dem Textilsektor war von Kaufleuten aus der Provinz ausgegangen, von Verlagsunternehmern, die schließlich die gesamten Produktionsprozesse vom Rohstoff zum fertig bedruckten Tuch kontrollierten. Sie waren meist sehr vielseitig und hatten durch Investitionen in Gewerbe, Groß- und Einzelhandel und Grund und Boden oft ein beträchtliches Vermögen erworben. In ihren Werkstätten setzten sie neue Maschinen ein oder entwickelten rationellere Verfahren und zwangen abhängige Produzenten, mit den neuen Methoden zu arbeiten. Viele dieser Kaufleute besaßen großes technisches Verständnis. In dieser Hinwendung zur Technik und Organisation der Produktion wurden sie zu einem neuen Typ von Wirtschaftstreibenden. Dazu kamen auch die aus dem Handwerk selbst kommenden Unternehmer, die ihre handwerklichen Kenntnisse mit den neuen mechanischen Verfahren verbanden, sowie einige innovative Landadelige und Großgrundbesitzer, die auf ihrem Land Fabriken errichteten. Englands

44 Eric J. Hobsbawm, Industrie und Empire. Britische Wirtschaftsgeschichte seit 1750, Frankfurt/Main 1972; David S. Landes, Der entfesselte Prometheus. Technologischer Wandel und industrielle Entwicklung in Westeuropa von 1750 bis zur Gegenwart, Köln 1973.

Handwerker brachten, frei von Zunftreglements, selbst viele Innovationen hervor. Das Handwerk in England veränderte sich stark und einige Sparten gingen zur mengenmäßigen Ausweitung ihrer Erzeugnisse über, wie etwa die Uhrmacherei und die Instrumentenherstellung (zunächst v. a. nautischer Instrumente). Die dafür notwendigen Kenntnisse und Fertigkeiten breiteten sich bald aus und kamen anderen Sparten zugute. Die Uhrmacherei, in der sich vor allem die Quäker betätigten, expandierte im 18. Jahrhundert stark; Uhren fanden eine große Verbreitung in der Bevölkerung. Die Herstellung derselben erforderte so spezialisierte Verfahren und Kenntnisse, daß die Vorteile der Arbeitsteilung bei ihrer Produktion offensichtlich waren.

Das steigende technische Interesse war auch ein Resultat des Aufschwungs der Naturwissenschaften. Ein bemerkenswertes Anwachsen der Naturforschung war seit dem 17. Jahrhundert vorhanden. Das Interesse an der Nutzung der Natur förderte die Beobachtung, die Experimente und die Anwendung der Erkenntnisse für technische Zwecke. Es kam zur Entwicklung neuer Verfahren und Maschinen, sogar von Automaten, deren praktische Bedeutung jedoch über die Schaustellung auf öffentlichen Plätzen nicht hinausging. In diesem Klima eines breiten Interesses an solchen neuen Techniken und Kunststücken konnten auch verwertbare Erfindungen entstehen. Versuche und Konstruktionen von weitgehend autodidaktischen Mechanikern und Ingenieuren, wie James Watt oder Richard Arkwright, waren grundlegend für die technisch-industrielle Entwicklung. Hier ist auch auf die Bedeutung der Handwerker-Techniker für die Entfaltung der Naturwissenschaften selbst hinzuweisen.[45] Insbesondere die experimentell-kausallogische Forschung kann auch auf die Tradition des Handwerker-Wissens zurückgeführt werden. Die Anerkennung dieser Tradition durch das Aufkommen des Empirismus nach Francis Bacon und David Hume ermöglichte die Anbindung dieser praktischen Traditionen an die rationale Schulung der Universitätsgelehrten. Experiment, Gesetz und Fortschritt wurden zu den Kennzeichen der neuen Wissenschaft.

Naturwissenschaften wurden vor allem in den nonkonformistischen Akademien gepflegt, welche wesentlichen Anteil an der Entwicklung praxisbezogenen technischen Wissens hatten. Die Universitätswissenschaftler in England hatten sich

45 Christopher Hill, op. cit., S. 203 f.; Edgar Zilsel, Die sozialen Ursprünge der neuzeitlichen Wissenschaft, Frankfurt/Main 1976, S. 49 ff. Edgar Zilsel sah auch einen Zusammenhang zwischen modernem Staat und Wissenschaft und meinte, daß das Denken in Gesetzen mit dem Aufkommen des absolutistischen Staates, mit dem positiven Recht und der Idee der zentralen Souveränität verbunden gewesen sei.

hingegen im Gefolge Newtons auf die höhere Mathematik verlegt, so daß von ihnen wenig direkte Mitwirkung an der industriellen Revolution kam. Die "Royal Society" stand unter der Patronage des Königs und widmete sich mehr öffentlichen Aufgaben. Der eigentlich praktisch verwertbare technisch-wissenschaftliche Fortschritt kam daher aus den Kreisen der Handwerker und Gewerbetreibenden selbst, vor allem der Midlands und Nordenglands, wo sich parawissenschaftliche Gesellschaften gebildet hatten, wie etwa in Birmingham oder in Manchester. Man tauschte in diesen Gesellschaften Informationen über wissenschaftliche Erkenntnisse in Naturwissenschaft und Technik aus, betrieb eigene Forschungen und unterhielt geschäftliche Verbindungen. Auch befaßten sich diese Gesellschaften mit praktisch-technischen Problemen ihrer Gemeinden, wie etwa im Fall der Stadt Birmingham (Spitäler, Straßenbau, Nahrungsversorgung). Besondere Bedeutung hatten die ökonomisch-landwirtschaftlichen Gesellschaften, in denen nach Abhilfen für die Krise der Landwirtschaft gesucht wurde: Düngung, Bewässerung, Anbaumethoden, neue Pflanzen und Produkte, Trockenlegung, moderne Pflüge und Straßenbau waren die Vorschläge, die die Gesellschaften erarbeiteten und deren praktische Durchführung sie förderten. Daniel Defoe merkte die besondere Neigung seiner Landsleute zur "Projektmacherei" an, die gerade zu seiner Zeit sehr stark gewesen sei[46], wenngleich kein Zeitalter ganz ohne sie auskäme. Er bezog sich dabei allerdings nicht nur auf technische Neuerungen, sondern auf alle Arten von "Erfindungen" und neue Verfahren auch im Bereich des Handels, des Gewerbes und in sozialpolitischer Hinsicht. Er selbst machte konstruktive Vorschläge in ganz unterschiedlichen Bereichen, wie etwa dem Bank- und Versicherungswesen, der Handelsgerichtsbarkeit, der Konkursgerichte etc.

Margaret C. Jacob macht dafür, daß es nicht zu einer ähnlich frühen industriellen Revolution in den Niederlanden kam, den geringeren Erfolg der "scientific societies" verantwortlich.[47] In den Niederlanden wurde im 18. Jahrhundert mehr Astronomie und Medizin, Navigationskunst und Theologie gelehrt als die neuen mechanischen Wissenschaften. Auch in den Curricula der Akademien und Universitäten spiegelte sich ein Wandel von den progressiven Inhalten des 17. Jahrhunderts zu den konservativen des 18. Jahrhunderts. Die Händleroligarchie war zum Großteil calvinistisch und lehnte die Newtonsche Wissenschaft ab. Die Wissenschaft, die die Oberschicht in den Niederlanden interessierte, war jene, die als Ausdruck der

46 Daniel Defoe, Über Projektmacherei, Wiesbaden 1975 (urspr. engl. 1697).
47 Margaret C. Jacob, The Cultural Meaning of the Scientific Revolution, New York 1988, S. 128 ff.

Zivilisation und der Bildung gesehen wurde. In Belgien und den südlichen Niederlanden förderte die österreichische Regierung die neue Wissenschaft und Technik vielleicht mehr als sie dies in ihren angestammten Kernländern tat; sie unterstützte einheimische und fremde Unternehmer in deren Bestrebungen, neue mechanische Verfahren und chemisches Wissen in der Industrie anzuwenden, vielfach in bewußtem Gegensatz zu den lokalen Interessen der flämischen Aristokratie und des Klerus.

In England selbst entwickelte sich die Industrie regional sehr unterschiedlich; es entstanden Regionen, in denen sich Kohleförderung mit Eisen- und Stahlindustrie verband (Birmingham, Südwales, Sheffield, Newcastle, Whitehaven), und Textilregionen (Manchester, Liverpool für Baumwolle; Leeds, Norwich, Salisbury für Wolle). Die Tonwarenindustrie entstand in Staffordshire, Cornwall lieferte Zinn und Kupfer, hatte aber wenig Industrie. Der Süden blieb primär landwirtschaftlich genutzt, aber durchaus auf kommerzieller Basis, im Norden und Nordwesten überwog die Weidewirtschaft, hier waren auch die Durchschnittseinkommen relativ niedrig. Auch Wales blieb mit Ausnahme der südwalisischen exportorientierten Bergwerks- und Industrieregion ein eher armes Weideland. In Schottland vollzog sich im 18. Jahrhundert eine sehr rasche Entwicklung, so daß es am Ende des Jahrhunderts an der Spitze der industriellen Entwicklung stand. Es produzierte mehr als ein Viertel des Eisens Großbritanniens und mehr als ein Fünftel der Baumwollerzeugnisse. Die 1759 gegründeten Carron-Werke waren die ersten großen integrierten Eisenwerke auf der Basis von Koks auf der Welt.

Die industrielle Revolution in England war Resultat einer Vielzahl von Ursachen, begleitet von sozialen und ökonomischen Prozessen im Handwerk, von der Ausweitung der Märkte im In- und Ausland und von Veränderungen in der Mentalität in breiten Schichten des Volkes. Für das Zustandekommen der industriellen Revolution hält Christopher Hill[48] insbesondere die Dialektik zwischen Inlandsmarkt und überseeischem Markt wie auch die zwischen Krieg und Frieden für besonders wichtig. Das Wachstum der Bevölkerung und die Ausweitung des Handels mit Übersee trugen wesentlich dazu bei. Der wachsende Absatzmarkt in den Kolonien schuf die Nachfrage für billige Massenfertigwaren, diese gaben mehr Menschen im Inland Arbeit und Einkommen, was dann wieder in einer Erhöhung der Inlandsnachfrage resultierte. Unter den verschiedenen Voraussetzungen, die man zur "indu-

48 Christopher Hill, Von der Reformation zur Industriellen Revolution, Frankfurt/Main 1977 (urspr. engl. 1967), S. 193 ff.

striellen Revolution" zusammengefügt hat, wird die Technik heute nicht mehr als der "prime mover" gesehen, denn: "Die wirksame Anwendung der Technik hinkt hinter der allgemeinen Entwicklung des Wirtschaftslebens her und kommt erst wirklich zum Tragen, wenn eine präzise und dringende Nachfrage auftaucht."[49] Die Industrialisierung begann nicht mit der Fabrik und der Maschine.[50] Sie war vielmehr ein vielschichtiger und in Schüben verlaufender, weit in die Vergangenheit reichender Prozeß, der untrennbar mit sozialen und politischen Entwicklungen sowie mit Ideen-, Einstellungs- und Verhaltenswandel verbunden war.

Wirtschaftstheorie und politische Philosophie in Großbritannien

Sowohl im 17. wie im 18. Jahrhundert bediente man sich in England der ökonomischen Argumente zu strategisch-diskursiven, politischen Zwecken. Die Finanzkrise durch den Krieg Wilhelm III. mit Frankreich und eine der eklatantesten Münzverschlechterungen der Geldgeschichte führten etwa dazu, daß in der ökonomischen Diskussion in England die Markttheorie des Geldes fallengelassen wurde. Es kam zur Einführung des Goldstandards, der Wert des Silbershillings wurde an den Wert des Goldes gebunden. Hinter dieser problematischen "Recoinage" von 1696 standen bereits die gegensätzlichen Interessen von Grundbesitzern und Großgläubigern, sowie auch schon der "manufacturers" auf der einen und jener der Kaufleute auf der anderen Seite. John Locke betonte den intrinsischen Wert des Geldes und lehnte Interventionen des Staates oder von bestimmten Gruppen in die Wirtschaft ab. Er baute seine Argumentation auf der Idee auf, daß Gold und Silber durch ihr allgemeines Ansehen bei den Menschen ein autonomer Wert zukomme, wodurch der Wert der Edelmetalle von den Interventionen der Regierung grundsätzlich unabhängig sei.

Der Markt oder besser die Freiheit des Handels wurde in eine enge Beziehung zur bürgerlichen Freiheit gesetzt.[51] David Hume verglich Regierungsformen und Han-

49 Fernand Braudel, Sozialgeschichte des 15.-18. Jahrhunderts, op. cit., Bd. 3, S. 633.

50 Vgl. zum Begriff "Industrie" auch: Fernand Braudel, Frankreich, Bd. 3: Die Dinge und die Menschen, Stuttgart 1990, S. 298 ff. Die Unterscheidung zwischen "Manufaktur" und "Fabrik" gibt es im Englischen nicht, und auch das englische Wort "industry" wird viel freier und allgemeiner auch zur Kennzeichnung von "Gewerbe" verwendet.

51 Wenn man die Sprache in diesen Auseinandersetzungen und Abhandlungen genauer untersucht, kommt das Wort "Markt" eher selten vor. Zu sehr war es noch mit den konkreten Institutionen verbunden; die Auffassung vom "Markt" als eigendynamischer überlokaler Mechanismus entwickelte sich erst allmählich.

delsstärke und stellte fest, daß der Handel in der Geschichte nur unter freien Regierungen blühen konnte, weil die Kaufleute in diesen als ehrenhaft angesehen werden. Als mögliche Ausnahme von dieser Regel verwies er zu seiner Zeit auf die Erfolge der französischen Handelsbemühungen.[52] Man sah aber auch die Nachteile der "commercial society", wie Adam Ferguson, der auf die Vereinsamung der miteinander in Wettbewerb liegenden Individuen hinwies, die untereinander handelten wie mit Vieh, des Gewinnes willen: "Die mächtigste Maschine, von der wir annehmen, daß sie die Gesellschaft gebildet hat, sie dient hier nur dazu ihre Mitglieder zu entzweien [...]."[53] Das Eigeninteresse und der Marktmechanismus wurden daher nicht völlig unkontrolliert sich selbst überlassen, sondern durch eine "rechtsstaatlich" rationalisierte Autorität begrenzt, wie sie im Konzept der "political or civil society", wie sie John Locke sah[54], vorgesehen war. Rationale Amtsautorität, Demokratie und Markt ergänzten einander in den Argumenten der Vertreter des frühneuzeitlichen "modernen" England. Die Gesellschaft erschien janusköpfig einmal als die vom Staat losgelöste Sphäre quasi-natürlicher Zusammenhänge individueller Handlungen, andererseits war sie die Quelle der neuen, sozial verpflichteten Autorität. Im England des 17. Jahrhunderts hatte die Herausstellung des naturgesetzlichen Zusammenhangs der eigeninteressiert tätigen Individuen eine pragmatisch-politische Funktion. Die Tatsache, daß ökonomische Zusammenhänge mit quasi-natürlicher Eigengesetzlichkeit verbunden und von der gesellschaftlichen voluntaristischen Sphäre des Lebens abgetrennt wurden, sollte sich dann, legitimiert durch die Verwissenschaftlichung der Ökonomie, als einschneidende Änderung der Vorstellungs- und Diskursrealität in bezug auf Wirtschaft bis in unsere Tage erweisen.

Seit der Antike war der Eigennutz als verwerflich angesehen worden. Im 18. Jahrhundert tritt er uns plötzlich als Tugend gegenüber; er wurde nun als "Interesse" den sündhaften Leidenschaften gegenübergestellt und seine zivilisierende Funktion betont.[55] Insbesondere Sir James Steuart hob in seiner "Inquiry into the Principle of Political Oeconomy" (1767) den günstigen Einfluß des Handels und der Geschäfte auf die politischen Verhältnisse hervor und pries den wie eine Taschenuhr funk-

52 Vgl.: David Hume, Über die bürgerliche Freiheit, in: Politische und ökonomische Essays, 1. Teilband, Hamburg 1988, S. 94 ff.

53 Adam Ferguson, Versuch über die Geschichte der bürgerlichen Gesellschaft, Frankfurt/Main 1986 (urspr. engl. 1767), S. 121.

54 Hier nach: John Locke, Bürgerliche Gesellschaft und Staatsgewalt. Sozialpolitische Schriften, Berlin 1986.

55 Vgl.: Albert O Hirschmann, Leidenschaften und Interessen, Frankfurt/Main 1980 (urspr. am. 1977).

tionierenden Mechanismus der Wirtschaft. John Millar[56] sah in den Interessengruppen der Händler ein wichtiges gesellschaftliches Gegengewicht gegen die Fürsten und Aristokraten. Das Eigeninteresse erfüllte in der Auffassung der Zeit somit nicht nur wirtschaftliche, sondern auch politisch-soziale und kulturelle Funktionen. Die Betonung des Eigennutzes als politische Tugend ist nur vor dem Hintergrund Englands wirklich zu verstehen. Eigennutz und händlerisches Gewinnstreben beseelten sicherlich auch die Medici und die Welser, aber sie machten daraus keine Tugend. Auch alle jene, die den cameralistischen Staat verteidigten oder den colbertistischen Unterbau des Absolutismus, konnten im Eigennutz keinen Vorteil erkennen, denn er konkurrierte mit und bedrohte die Interessen und die Gewalt des Staates bzw. des Dynasten. Er ist daher nur verständlich aus der Situation der Kaufleute im England der frühen Neuzeit im Gefolge der soziopolitischen Auseinandersetzungen des 17. und 18. Jahrhunderts. Als der Monarch mehr oder weniger ein Staatsorgan geworden war, konnte die Vorstellung eines nationalen Reichtums vertreten werden, der unabhängig vom Herrscher war, und durch das Zusammenwirken der vielen Individuen, die ihre eigenen materiellen Interessen vertraten, gefördert wurde. In gewisser Weise kann man sagen, daß die Interessen der Kaufleute verallgemeinert und zur öffentlichen Tugend erklärt wurden.

Die Betonung des Eigeninteresses wurde begleitet von einer neuen Auffassung der Bedürfnisse der Menschen und des Reichtums. Boden, Kriegsbeute und Handel waren bisher die Grundlagen des Reichtums und der Möglichkeiten des Eigentumserwerbs gewesen. Reichtum war als "Schatz" verstanden worden, nicht als Potential, das aus sich immer mehr Reichtum - "Mehrwert" - erzeugen kann. Ansätze in dieser Richtung tauchten im protestantischen Denken bzw. in den puritanischen Bewegungen auf[57], sowie im merkantilistischen Denken, bei dem es aber dann doch nur um eine Umverteilung von Welthandelsanteilen ging. Die Grundlage für eine epochale Neuorientierung bildeten die sozioökonomischen und politischen Veränderungen des 17. Jahrhunderts in England. Robert Filmer machte als Antwort auf eine im 17. Jahrhundert wieder aufflammende Diskussion um das Zinsnehmen nicht den Wucher, sondern die Faulheit und Untätigkeit sowohl derer, die "aus Geld Gewinne machten" als auch jener, die auf Grund der Renten und Erträge ihrer Güter ohne eigene Arbeit lebten, verantwortlich.[58] Eigennutz und Arbeit gehörten von

56 John Millar, The Advancement of Manufacture, Commerce, and the Arts, in: William C. Lehmann, John Millar of Glasgow 1735-1801, Cambridge 1960, S. 330 ff.

57 Peter L. Berger (ed.), The Capitalist Spirit, San Francisco 1990.

58 Robert Filmer zitiert nach: Joyce O. Appleby, Economic Thought and Ideology in Seventeenth-Century England, Princeton 1978, S. 68.

nun an zusammen und begründeten eine Vorstellung von Wirtschaft, die auf Mehrung des Reichtums und Arbeitsteilung setzte. Ihre deutlichste und nachhaltigste Ausprägung fand sie bei den rationalistischen englischen Naturrechtstheoretikern, allen voran John Locke.[59] Das Privateigentum wurde anders als in der Scholastik als unmittelbares Naturrecht aufgefaßt, dessen Rechtstitel nicht durch das Faktum der Okkupation, sondern durch die "natürliche" Verpflichtung, sich die Natur durch Arbeit untertan zu machen, erworben wurde. Das Privateigentum als solches und das Streben nach Vermehrung desselben wurde dadurch von seiner pejorativen Konnotation von unmoralischer Habgier, die ihm bisher angehaftet hatte und die nur durch die Art der Verwendung (Almosen, Restitution) ins Positive gewendet werden konnte, befreit. Durch Arbeit erworbenes Eigentum war als solches bereits moralisch gerechtfertigt, erhöhte an sich schon das gemeinsame Vermögen und den "common wealth". Möglich wurde diese Umdeutung und Legitimation durch die Hervorhebung von Berufsarbeit und Fleiß durch die protestantisch-puritanischen Ideen, denen sich Locke als Mitstreiter von Lord Shaftesbury und der Sache der Whigs verbunden fühlte. Die Idee des *Privat*eigentums entstand nun eigentlich erst in vollem modernem Wortsinn, denn bis dahin war das Eigentum nie wirklich rein individuell, es beinhaltete immer ein Element der Sozialpflichtigkeit. Allein die Privatnützigkeit des Eigentums ist nun von Belang, weshalb auch der Staat nicht mehr in die Eigentumsrechte der Besitzenden einzugreifen berechtigt war.[60]

Diesem Eigentumsbegriff kam insbesondere die Ambiguität des englischen Wortes "property" entgegen, bzw. dieses drückte die Zweideutigkeit des Eigentumsbegriffs im Sinne von Locke aus: "Property" ist sowohl Eigenschaft als auch Eigentum, es

59 Manfred Brocker sieht einen "Paradigmenwechsel in der neuzeitlichen Eigentumstheorie". Vor Locke behauptete kein Theoretiker, daß allein durch Arbeit und erbrachte Leistung ein Anrecht auf den Besitz erworben werde. Die Gütergemeinschaft wurde vielmehr als die "ursprüngliche" Situation angesehen, von der durch Okkupation abgegangen wurde. Die Okkupationstheorie hat ihre Begründung in der frühen römischen Landrechtspraxis, bei der die Okkupation von Land ein Recht auf dieses vermittelte, ähnlich den "claims" im amerikanischen Westen oder den Inbesitznahmen von überseeischen Entdeckungen durch die frühneuzeitlichen Konquistadoren. Vgl.: Manfred Brocker, Arbeit und Eigentum. Der Paradigmenwechsel in der neuzeitlichen Eigentumstheorie, Darmstadt 1992.

60 Siehe: Crawford B. Macpherson, The Political Theory of Possessive Individualism: Hobbes to Locke, London 1962. Typisch für die "possessive market society" ist die Ungleichheit der Fähigkeiten oder des Besitzes, des Markt- und Erwerbsstrebens und das Merkmal der Veräußerbarkeit von Arbeitskraft als eine Art von "Eigentum". Hobbes und Locke bezogen sich Macpherson zufolge bereits auf diese Merkmale.

war daher leicht interpretierbar als die dem Menschen von Natur zukommende Rechtssphäre, innerhalb derer er sicher vor dem handelnden Eingriff Dritter sein konnte. Jeder Mensch ist der Eigentümer seiner selbst und hat das Besitzrecht an all jenen Gütern, die ihm von Natur aus zukommen: Leben, Gesundheit, körperliche Unversehrtheit, Freiheit und Ehre. Alle anderen Güter wie Land, bewegliche Güter oder sonstige Vermögensgegenstände müssen vom Menschen rechtmäßig erworben werden, um zu seinem Eigentum im weiteren Sinne werden zu können. "Property" umfaßte bei Locke "life, liberty and estate". Um sie zu schützen, geht er mit anderen Menschen einen Sozialvertrag ein und bildet einen Staat. Regeln und Gesetze werden von diesem als Schutz und Schranken für die "properties" aller Gesellschaftsmitglieder gesetzt. Allerdings kannte auch Locke die Einschränkung des Verfügungsrechts, da alle Güter letztlich von Gott verliehen würden und dieser daher das Obereigentum daran habe. Die Folgerungen waren aber ganz andere als bisher: nicht "caritas" und Freigiebigkeit, sondern Erhaltung und Pflege dieses Eigentums wurde als Pflicht des Menschen aufgefaßt; das berechtigt ihn aber auch zum Widerstand gegen jeden, der ihn in diesen natürlichen Rechtsgütern schädigen will. Desgleichen hat der Mensch auf Grund seiner Vernunft auch das Recht zum Gebrauch der "niederen Geschöpfe", soweit es zur Erhaltung seines Lebens, seiner Gesundheit und seiner "property" im engeren Sinne notwendig ist. Er hat daher auch ein Recht des Eigentums an diesen Geschöpfen, die für sein Dasein nützlich sind. Diese Eigentumsauffassung verband sich mit einer Bedürfnistheorie, die den Menschen nicht nur mit einem Selbsterhaltungstrieb ausgestattet sah, sondern auch mit einem Streben zur Steigerung seines Wohlbefindens, mit einem Glücksstreben, das stets nur temporär zu befriedigen ist, weil es auf grundsätzlich offenen Trieb- und Bedürfnisstrukturen beruht. Daher ist er durchaus berechtigt, sein Eigentum zu vergrößern und zu vermehren, und zwar ohne die für Aristoteles und die Scholastiker wichtige Betonung vorweg feststehender Grenzen, denn die Bedürfnisse wurden als prinzipiell "grenzenlos" verstanden.

Die wohl bekannteste Apologie des Reichtumserwerbs- oder -vermehrungsstrebens der Individuen enthält die berühmte "Bienenfabel" des gebürtigen Rotterdamers Bernard de Mandeville, die 1723 auf englisch erschien. Zwei Dinge treten hier mit dem Eigentumsbegriff gemeinsam auf: nicht nur wird das Denken und Handeln gemäß dem eigenen Vorteil rehabilitiert, sondern der Vorteil wird in erster Linie in materiell-geldlicher Hinsicht interpretiert, während alles das, was möglicherweise früher Ziel des Handelns und Strebens gewesen sein mag, Macht, Ansehen, Standeszugehörigkeit und standesgemäßer Lebensstil, eher instrumentellen oder vordergründigen Charakter erhält. Zum anderen verbirgt sich dahinter das Phänomen der

Effekte der "großen Zahl" bzw. der unbeabsichtigten Konsequenzen absichtgeleiteten Handelns durch die Wechselwirkungen der Aktivitäten vieler Menschen. Sie führen dazu, daß sich die Laster und Begierden der einzelnen zu öffentlichem Nutzen, zu Gemeinwohl, wandeln. Allerdings plädierte Mandeville keineswegs für das freie Ausleben der Begierden, sondern für deren Lenkung und Kontrolle durch "Regierungskunst".

"So kann auch Laster nützlich sein,
Schränkt das Gesetz es weise ein.
Ja, will das Volk nach Größe streben,
Muß es im Staat auch Sünde geben,
Wie's Hunger braucht zum Überleben.
Allein von Tugend kann auf Erden
Kein Staat groß, reich und mächtig werden."[61]

Die Bienenfabel und ihre Moral steht nicht für freie Marktwirtschaft, sondern für die Nutzung des individuellen Erwerbsstrebens durch staatliche Politik. Daher lautete Mandevilles Definition von "Gesellschaft": "[...] eine politische Körperschaft [...], in der der Mensch entweder durch überlegene Gewalt unterworfen oder durch Überredung aus dem Zustand der Wildheit herausgeholt und zu einem disziplinierten Geschöpf gemacht worden ist, das sein eigenes Glück in der Arbeit für andere finden kann, und wo unter einem Oberhaupt oder einer anderen Regierungsform jedes Mitglied dem Ganzen untergeordnet ist und alle durch kluge Leitung dazu gebracht werden, einheitlich zu handeln".[62] Gesellschaft erwächst hier nicht aus einem Bedürfnis nach Geselligkeit, gegenseitigem Austausch und Kooperation, sondern auf Grund der Vielfalt der Begierden und deren Kontrolle und positiver Nutzung durch den Staat. Das Paradies wäre eine schlechte Voraussetzung für Gesellschaft, Staat und wirtschaftlichen sowie politischen Fortschritt. Das Menschenbild der Bienenfabel scheint dem der Bibel zu widersprechen und einen Bruch mit der christlichen Moral darzustellen. Aber auch die Apologeten des Erwerbsstrebens beriefen sich auf die Bibel und fanden darin Stellen, die das Eigennutzstreben rechtfertigten. Weltliches Recht und individualistische Moral wurden zu einer Einheit und zur Grundlage der staatlichen Ordnung und des Denkens und Handelns. Ein neues Verständnis von Staat und Individuum begann sich durchzusetzen, in dem der "ökonomischen Kategorie" vermittelnde Bedeutung zukam. Der Mensch wird

61 Bernard de Mandeville, Die Bienenfabel oder Private Laster als gesellschaftliche Vorteile, München 1988 (urspr. eng. 1724), S. 312.

62 Ebd., S. 333/334.

nicht vom Staat abhängig gesehen, es entstand allmählich eine auf Recht gegründete Staatsauffassung. Der "Wert" eines Menschen bemißt sich nach Besitz und "Moral", nicht nach seinem Stand, und der Reichtum löst sich ebenfalls aus seiner Einbettung in soziale Beziehungen und wird zu einer Beziehung zwischen Menschen und Dingen.[63] Die ökonomische Vernunft wird selbst zum Wert, und Geschäft wird als Selbstzweck gesehen. Sparsamkeit, Wirtschaftlichkeit und Mäßigkeit werden nicht aus ethisch-religiösen Gründen verfolgt, sondern aus Gründen des Erwerbs und der praktischen Vernunft.[64] Diese Denkweise fand ihre stärkste Ausprägung in den Vereinigten Staaten, wie sie etwa in den Schriften von Benjamin Franklin reflektiert ist. Franklin war erfolgreicher Geschäftsmann, Wissenschaftler und Diplomat; er verfaßte eine Autobiographie, die neben Hinweisen für kaufmännische Organisation und Methodik auch ein moralischer Ratgeber war, der den Menschen helfen sollte, ihr Leben zu meistern und zu verbessern. Er betonte die Möglichkeit des Aufstiegs für jedermann auf Grund eigener Leistung und wirkte solcherart mit an der Entstehung des amerikanischen Mythos vom Erfolg. Moral und Erfolg wurden zu einander gegenseitig bedingenden Größen.[65] Bei Franklin findet sich die Hervorhebung des Vertrauens in die Planbarkeit und selbständige Gestaltung des Lebens. Als Voraussetzung dafür aber sah er das "self-improvement" als allseitige Persönlichkeitsschulung und lebenslange Bildung. Die Prämisse der Machbarkeit des eigenen Schicksals wurde zur Mentalitätsgrundlage der Moderne, ermöglicht zuerst auf Grund der besonderen Situation des Lebens in der Neuen Welt. Bei Franklin wie auch bei anderen Zeitgenossen lag die Betonung nicht nur auf der Leistung, sondern auch das Streben nach Glück stellte sich als neuer zentraler Wert dar.

Adam Smith: Die Ökonomie der "commercial society"

Wirtschaftliche Themen fanden im 18. Jahrhundert Engang in akademische Diskussionen in Frankreich, Preußen, Österreich und in Großbritannien, wobei es in allen diesen Staaten Unterschiede im Hinblick auf die Inhalte und Ziele gab. Auch in Gesellschaften, Vereinen, Salons und Zeitschriften wurden Wirtschaftsprobleme erör-

63 Vgl.: Louis Dumont, Individualismus. Zur Ideologie der Moderne, Frankfurt/Main-New York 1991 (urspr. frz. 1983), S. 120/121.

64 Daniel Defoe, The Complete Tradesman, London 1726.

65 Manfred Pütz (Hg.), Benjamin Franklin. Lebenserinnerungen, München 1983 (urspr. engl. 1771); siehe auch: Klaus P. Hansen, Die Mentalität des Erwerbs. Erfolgsphilosophien amerikanischer Unternehmer, Frankfurt/Main-New York 1992, S. 31 ff.

tert und bewegten die Gemüter der gebildeten Kreise, so daß der Erfolg der Universitätsgelehrten, insbesondere ihr Ruhm in der Nachwelt, vielfach in den Salons begründet wurde.

Die neue Wissenschaft der Nationalökonomie entstand v. a. auf dem Boden der schottischen Schule der Moralphilosophie und stand in der Tradition der Eigentumstheorie Lockes, der Freihandelstheorie Francis Hutchesons u. a. und des Empirismus David Humes. Adam Smith war aber keinesfalls "nur" Ökonom, denn die Moralphilosophie umfaßte so ziemlich alles, von der Theologie über die Sozialphilosophie, Jurisprudenz bis zur politischen Ökonomie. Smith' Vorlesungen über Moralphilosophie gliederten sich in vier Teile: Natürliche Religion, Ethik, Jurisprudenz und Politische Ökonomie. Seine Interessen zielten eigentlich auf eine umfassende Kulturgeschichte, deren ausgearbeitete und in sich geschlossene Elemente die "Theorie der ethischen Gefühle", der "Reichtum der Nationen" und eine sprachphilosophische Abhandlung neben einer großen Zahl kleinerer bzw. unvollendeter Arbeiten waren.[66] Smith hat "über *Ursprung* und *Entwicklung* der modernen *Markt*- und Tausch*wirtschaft* in seiner historischen Analyse geschrieben, wobei er die soziologischen und politischen Strukturen, die sich jeweils daraus ergeben haben, einbezieht."[67] Kulturgeschichtliche Darstellungen waren im 18. Jahrhundert sehr beliebt. Man ordnete die Gesellschaften der Gegenwart wie der Geschichte in linearer Abfolge in Stufen hin bis zur modernen "zivilisierten" Gesellschaft. Diese Entwicklung wurde unter dem Einfluß von Naturrecht und Naturphilosophie als eine "natürliche" angesehen, die sich mit geringen Abweichungen immer wiederhole. Während die französische Aufklärungsphilosophie mehr Gewicht auf die Darstellung der Entfaltung der Wissenschaft und der Bildung legte, finden wir in der englischen Aufklärung eine stärkere Betonung der institutionellen Geschichte. Hume versuchte, eine Naturgeschichte der Religion zu entwickeln, John Millar eine der Herrschaftsbeziehungen und der sozialen Schichtung, und Adam Ferguson zeigte die Genese der "bürgerlichen Gesellschaft".[68] Die schottischen Moralphilo-

66 Adam Smith, Theory of Moral Sentiments, Glasgow 1759 (2. Aufl., 1761 ergänzt durch "Dissertation on the Origin of Languages"). Ders.: An Inquiry into the Nature and Causes of the Wealth of Nations, London 1776; Ders., Lectures on Justice, Police, Revenue and Arms, Oxford 1896 (hg. v. Edwin Cannan nach Vorlesungsmitschriften).

67 Horst Claus Recktenwald, Würdigung, in: Adam Smith, Der Wohlstand der Nationen, München 1974 (urspr. engl. 1776), S. XLIII.

68 Adam Ferguson, An Essay on the History of Civil Society, Edinburgh 1767; John Millar, The Origin of the Distinction of Ranks, Glasgow 1779 (erste Fassung 1771); An Historical View of the English Government, London 1803

sophen können daher mehr noch als Montesquieu oder Voltaire in Frankreich als "Soziologen" ihrer Zeit und Gesellschaft verstanden werden.[69] Sie standen dabei auf dem Fundament von Naturrecht einerseits und politischem Humanismus andererseits. Dies bedeutete, daß sie zum einen die Entwicklung hin zur "commercial society" analysierten, sie zum anderen aber am Ideal der "societas civilis" maßen. Anders als französische Aufklärer wie z. B. Condorcet huldigten sie als Empiriker keineswegs einem bedingungslosen Fortschrittsenthusiasmus. Insbesondere Adam Ferguson kritisierte die Erwerbs- und Handelsinteressen und sah die Gefahr der Entwicklung der Tyrannei auf Grund der Furcht vor Wohlstandsverlust.

Adam Smith' Wirtschaftstheorie war eingebettet in eine Theorie der sozioökonomischen Entwicklung. Der Zivilisationsprozeß wurde sowohl bei Smith wie auch bei Hutcheson in eine enge Beziehung mit der Entwicklung der "Freihandelsgesellschaft" gebracht.[70] Smith unterschied vier Wirtschafts- und Gesellschaftsformen, die er als Phasen eines natürlichen Entwicklungsablaufs verstand[71]; er versuchte, eine Naturgeschichte der gesellschaftlichen und ökonomischen Entwicklung zu geben, bei der allerdings der ökonomischen Betrachtung der Geschichte, insbesondere dem Aspekt der Bevölkerungszunahme, primäre Bedeutung zukam. Den Jägern und Sammlern folgte die Hirtengesellschaft, in der das Privateigentum entstand, auf diese die Ackerbaukultur, in der es zur Arbeitsteilung kam, und nachdem der gegenseitige Tauschverkehr einen eigenen Berufsstand von Kaufleuten hervorgebracht hatte, entstand die Händlerkultur, die Smith als "zivilisiert" in dem Sinne begriff, daß die unmittelbare Bedrohung der Bevölkerung durch Hunger gebannt war.[72] In Europa vollzog sich aus der Sicht von Smith insofern eine Sonderentwicklung, als sich hier der Aufschwung der Landwirtschaft erst im Gefolge von Handel und Gewerbe entfaltete, zumindest war die Blüte des Handels nicht Folge, sondern die Ursache des agrarischen Wachstums.[73] Smith differenzierte zwei Systeme der Politischen Ökonomie: das "commercial" oder "mercantile sy-

(1787); David Hume, Politische und ökonomische Essays, 2 Bde., Hamburg 1988 (urspr. engl. 1741/42).

69 Albert Salomon etwa sah Adam Smith als Begründer der Soziologie. (Zit. in: Gottfried Eisermann, Wirtschaftstheorie und Soziologie, Tübingen 1957).

70 Siehe: Richard F. Teichgraeber III, 'Free Trade' and Moral Philosophy, Durham 1986, S. 17.

71 In: Adam Smith, Lectures on Jurisprudence (1723). Glasgow Edition of Works and Correspondence of Adam Smith (ed. by R. L. Meek), Oxford 1978 .

72 Zu Smith' Stufenvorstellung der Entwicklung der "commercial society" vgl.: Michael A. Landesmann, Adam Smith' Stages Theory of Economic Development and the Problem of the Relative Productiveness of Different Economic Sectors, in: Ökonomie und Gesellschaft 9, Frankfurt/Main 1991, S. 224-243.

73 Adam Smith, Der Wohlstand der Nationen, op. cit., S. 311 ff.

stem" und das "agricultural system", dem, wie er bemerkte, die Ökonomen in Frankreich, die Physiokraten, den Vorzug gaben. Er verstand das in Großbritannien vorherrschende "commercial system" als das moderne, aber keineswegs als das "natürliche", sondern als dominiert von den Interessen des Gewerbes und Handels.

Smith' Bedeutung als Gesellschaftstheoretiker liegt insbesondere in seiner Sicht der Arbeit, des Tausches und des Konsums, hinter der sich die gesellschaftlichen, wirtschaftlichen und politischen Umwälzungen des 17. und 18. Jahrhunderts in England verbergen. Zwar betonte auch er die Selbststeuerungsfähigkeit der Wirtschaft über das Eigennutzstreben der Menschheit[74], aber in dieser Identifikation einer "unsichtbaren Hand" des Marktes hatte er Vorläufer von Shaftesbury bis Mandeville.[75] Smith sah, wie viele seiner Zeitgenossen, den Eigennutz als Motor des menschlichen und nicht nur des wirtschaftlichen Handelns. Eigeninteresse sei ein angeborener Zug des Menschen - genauso wie sein Gegenstück, das Mitgefühl. Smith wies auf den Nutzen des Eigeninteresses hin, aber auch darauf, daß es in seiner Wirkung begrenzt und ergänzt werden müsse durch Mitgefühl, freiwillig akzeptierte ethische Prinzipien, staatliche Gesetze und die Konkurrenz der anderen. Smith entdeckte durchaus auch das Dilemma der modernen Gesellschaft: Die zunehmende Arbeitsteilung bewirke zwar, daß Güter in ausreichendem und auch darüber hinausgehendem Maß vorhanden seien, führe aber gleichzeitig zur geistigen Verelendung der Massen und damit sowohl zur Bedrohung der Demokratie und Freiheit als auch zu wachsender ökonomisch-sozialer Ungleichheit. Daher wies Smith dem Staat bzw. der Regierung wichtige Funktionen zu: den Schutz nach außen, den Schutz der Bürger vor Unrecht, das andere Mitglieder der Gesellschaft zufügen, und die Verfügung von Maßnahmen und Institutionen, die das Gemeinwohl sichern. Weder von einer Moralisierung der Selbstsucht noch von einer völlig staatsfreien Harmonisierung atomistischer Individuen kann bei Smith und den schottischen Moralphilosophen die Rede sein.[76] Diese Deutungen waren vielmehr eine nachträgliche Interpretation bzw. entsprachen den Ansichten späterer Ökonomen wie Say und Ricardo, die sich auf Smith beriefen. Bei Smith selbst erforderte

74 Siehe zur Gesellschaftsvorstellung Smith' auch: Hans G. Nutzinger, Das System der natürlichen Freiheit bei Adam Smith und seine ethischen Grundlagen, in: Ökonomie und Gesellschaft 9, Frankfurt/Main 1991, S. 79-100.

75 Siehe: Raimund Ottow, Modelle der unsichtbaren Hand vor Adam Smith, in: Leviathan 19/1991, S. 558 ff.

76 Siehe auch: Gerhard Streminger, Der natürliche Lauf der Dinge. Essays zu Adam Smith und David Hume, Marburg 1995, insbes. S. 159 ff.

die unsichtbare Hand des Marktes die Ergänzung durch die sichtbare Hand des Staates. Was er aber abgeschafft sehen wollte, das waren die Privilegierungen und Monopole, weil dadurch der Wettbewerb behindert würde und die natürlichen Vorteile eines Landes sich nicht durchsetzen könnten. Smith sah zwar Freihandel und freie Konkurrenz als förderlich für die Verbesserung des Wohlstandes an, entband aber das Wirtschaftssubjekt keineswegs davon, ethisch zu handeln. Ein Marktautomatismus der Wohlfahrts- und Reichtumsförderung lag Smith fern. Smith trat für das freie Spiel des Marktes nur soweit ein, als dieses die bestmögliche Versorgung gewährleiste. Dabei ging es ihm nicht um ein rein geldlich bewertetes Reichtumsverständnis, vielmehr sah er Überfluß oder Mangel an Konsumgütern für das Volk als Gegenstand der Ökonomie und als Maßstab des realen Reichtums an. Politische Ökonomie hatte nach Smith zwei Ziele: ein reichliches oder doch auskömmliches Volkseinkommen zu schaffen und den Staat oder die Gemeinschaft mit Einkünften für die öffentlichen Leistungen zu versorgen.

Wie schon Josiah Tucker und andere im 17. Jahrhundert, traten Smith und David Hume[77] für Freihandel und Konkurrenz im Außenhandel ein. Hume kritisierte die protektionistische Handelsbilanzauffassung der Colbertisten und Merkantilisten und stellte fest: "Ich möchte im Gegensatz zu dieser engstirnigen und bösartigen Meinung die Behauptung wagen, daß das Wachsen von Reichtum und Handel in jeder einzelnen Nation den Reichtum und Handel all ihrer Nachbarn nicht etwa beeinträchtigt, sondern im allgemeinen fördert, und daß ein Staat Handel und Gewerbe kaum sehr weit entwickeln kann, wenn alle benachbarten Staaten in Unwissenheit, Faulheit und Barbarei versunken sind."[78] Smith führte gegen die Auswirkungen der Handelsbilanzpolitik an, daß der Handel, "which ought naturally to be [...] a bond of union and friendship"[79], zum Streitgrund der Nationen geworden sei. Zwar gab er zu, daß der Reichtum der anderen Nation im Kriegsfall für das eigene Land Nachteile bringen könne, hob aber hervor, daß im Frieden der Handel mit einem prosperierenden Nachbarn für das eigene Land nur Vorteile biete. Smith' Argumentation für Freihandel verband sich daher mit der Annahme und wohl auch Präferenz für Frieden, und Handel und Industrie seien die Träger dieser friedlichen Welt der Wirtschaft. Tatsächlich aber war die Wirtschaft gerade in sei-

77 Siehe: Clemens Picht, Handel, Politik und Gesellschaft. Zur wirtschaftspolitischen Publizistik in England im 18. Jahrhundert, Göttingen-Zürich 1993.

78 David Hume, Über den Argwohn im Handel, in: Politische und ökonomische Essays, 2. Teilbd., Hamburg 1988, S. 251 ff., S. 251.

79 Adam Smith, The Wealth of Nations, Vol. I, London-New York 1950 (urspr. 1776), S. 436

ner Zeit nationaler Machtpolitik unterworfen. Smith' Freihandelsargumentation enthielt daher ein utopisches Element oder eine Vision einer gewaltfreien Staatenwelt.

Nicht den Außenhandel sah Smith als entscheidend für den Reichtum eines Landes an, sondern die Entwicklung des Binnenmarktes: "the inland or home trade, the most important of all, the trade in which an equal capital affords the greatest revenue, and creates the greatest employment to the people of the country"[80]. Im Handel bedürfe es nicht der Verbote und Restriktionen, denn jede Ware würde in bezug auf die Menge, in der sie erzeugt oder gekauft wird, "natürlich" durch die effektive Nachfrage nach ihr reguliert. Das aber gelte in besonderem Maße für Gold und Silber, und wenn sie daher die effektive Nachfrage übersteige, könne keine Regierung den Export von Gold und Silber verhindern. Wenn die Edelmetallmenge jedoch zu gering sei, gäbe es eine Vielzahl von Möglichkeiten, den Austausch von Gütern dennoch weiter zu führen, von Barter bis Papiergeldemissionen. Eine Handelsbilanzpolitik, die in Importbeschränkungen und Exportförderungen bestehe, erfüllt laut Smith nicht ihren Zweck, nicht nur, wenn die Herstellung im Land teurer sei als die Beschaffung durch Import, oder wenn durch Reexport größere Gewinne gemacht werden könnten etc., sondern in jedem Fall. "But the trade which, without force or constraint, is naturally and regularly carried on between any two places, is always advantageous, though not always equally so, to both."[81] Daher komme es nicht auf die Menge von Gold und Silber an, sondern auf den Tauschwert der Produkte oder das Einkommen des Volkes, die der wahre Maßstab für den Reichtum eines Landes seien.

Smith wurde für seine Freihandelslehre bekannt, obwohl sie kaum als originell anzusehen ist. Tatsächlich lag die Bedeutung seiner Argumentation in einem Abgehen von der großen Rolle, die seine Zeit dem Außenhandel zubilligte, zugunsten einer stärkeren Betonung der Reichtumserzeugung im Land durch agrarische und gewerbliche Produktion und Handel. Er stellte der Handelsbilanz die "balance of the annual produce and consumption" gegenüber und betonte, daß diese durchaus positiv sein könne, auch wenn die Handelsbilanz ungünstig sein sollte.[82] Damit unterstützte er aber nicht so sehr die Interessen der "manufacturers" und damit die Entwicklung der Kapitalgewinne aus gewerblich-industrieller Investition, vielmehr sah er gerade die Interessen der Fabrikanten als Motor des Merkantilsystems, die

80 Ebd., S. 380.
81 Ebd., S. 431.
82 Ebd., S. 440.

darauf drängten, die Einfuhr von Fertigprodukten und die Ausfuhr von Know-how ("instruments of trade") zu unterbinden und möglichst hohe Preise für ihre Erzeugnisse zu erzielen. "It is the industry which is carried on for the benefit of the rich and the powerful that is principally encouraged by our mercantile system."[83] Nicht die Produktion sollte daher die Leitlinie der wirtschaftlichen Verbesserung sein, sondern der Konsum und zwar der Konsum der Masse des Volkes. "Consumption is the sole end and purpose of all production; and the interest of the producer ought to be attended to only so far as it may be necessary for promoting that of the consumer."[84] Dies bedeutete eine Aufwertung des Binnenmarktes gegenüber dem Außenhandel und die Notwendigkeit, die Einkommen des Volkes als wichtigen Wirtschaftsfaktor zu sehen; diese Einkommen aber werden durch Arbeit erzielt. Im Grunde war es diese Betonung des breiten Konsums, die das besondere Verdienst Smith' darstellte, das auch durch die Erkenntnisse über die Konsumrevolution im England des 18. Jahrhunderts eine neue Bedeutung erlangt.

"Mere consumption", der Verzehr, die Vergeudung von Gütern über das zum Leben Notwendige hinaus, galt vom wirtschaftsethischen Standpunkt aus noch im 17. Jahrhundert als nutzlos. Die Diskussion des 17. Jahrhunderts zeigte aber schon, daß die in einer Subsistenzökonomie vorherrschende Versorgung mit "Lebensmitteln", mit "Nahrung", nicht mehr der beherrschende Aspekt war. Auch lebensnotwendige Güter wurden mehr und mehr als Waren wie alle anderen behandelt, was die Lage der Armen in der Gesellschaft nicht eben erleichterte. Damit war ein anderer Begriff von Knappheit entstanden, der nicht Mangel an Überlebensgütern implizierte, sondern in eine Relation von Menge und Preis umgedeutet wurde. Mit dieser Ablösung von dem Versorgungsdenken verschwand auch die auf einer moralischen Verpflichtung für die Lebenserhaltung des Volkes beruhende Verbindung zwischen dem König und den Großen einerseits und der Wirtschaft des Volkes andererseits, die vordem Direktiven und Eingriffe von oben in die Wirtschaft legitimiert hatte. Gegen Ende des 17. und während des 18. Jahrhunderts kam es allerdings auch zu den ersten Anzeichen eines revolutionären Umdenkens in bezug auf die Inlandsnachfrage. Bislang wurde diese mehr oder weniger - mit Ausnahme der Luxusartikel - als inelastisch angesehen. Nun zeigte es sich, daß die Massennachfrage auch elastisch sein konnte, wenn neue Bedürfnisse geweckt wurden. Das aber war nur möglich durch eine größere "Öffentlichkeit" und durch verstärkte soziale Kontakte zwischen den Ständen in der verstädterten Kultur Englands. Das

83 Ebd., Vol II, S. 139.
84 Ebd., Vol II, S. 155.

gab der Auffassung von den prinzipiell unbegrenzten Bedürfnissen neue Nahrung, und Konsum wurde damit als positive produktive Kraft und der Inlandsmarkt als Quelle nationalen Reichtums erkannt. Von der Bedeutung des Konsums als reinem Verzehr, Verbrauch und Vergeudung wandelte sich das Verständnis allmählich hin zu einer Sicht, die den Konsum sogar als den eigentlichen Zweck des Handels ansah, wie dies Adam Smith tat. Das wiederum öffnete den Weg für die Verbindung zwischen Arbeitsmotivation, Lohn bzw. Kaufkraft und Ausgabeverhalten als autonomen Aspekten wirtschaftlichen Wohlstands. Die Mitglieder der Gesellschaft erhielten dadurch auch eine andere Bedeutung; sie waren nicht mehr nur Arbeitskräfte, die Produkte erzeugten, die im Ausland verkauft werden konnten, sondern auch Konsumenten. Reichtum, so die einfache, aber bedeutungsvolle Schlußfolgerung, konnte also auch im Inland selbst *erzeugt* werden. Allmählich erschien nun Reichtum verknüpft mit Bedürfnissen, mit Produktion und mit Warenangebot, während Geld nur auf seine Funktionen als Tauschinstrument und Zahlungsmittel reduziert wurde; es war das Öl, das die "Räder des Handels leicht und glatt" laufen lasse.[85]

Smith übernahm auch die Arbeitswertlehre von John Locke und sah den Reichtum in der Menge der Arbeit, die in einem Land vorhanden ist, und in der durch Arbeitsteilung möglichen Vervielfältigung der Produktion. Die allgemeine Neigung "to truck, barter and exchange" führe dann dazu, daß sich die Güter über den jeweiligen Eigenbedarf hinaus in der Gesellschaft verteilen, denn jeder hat Bedarf an den Produkten der Arbeit anderer. "Every man thus lives by exchanging, or becomes in some measure a merchant, and the society itself growes to be what is properly a commercial society."[86] Oder anders ausgedrückt: Arbeit, die in die Produkte eingegangen ist, stellt das wahre Maß des Tauschwertes der Waren dar. Ein Mensch ist dann in dem Maße reich, als er über die Arbeit anderer verfügen kann. Geld bzw. die Güter, die damit gekauft werden, ersparen uns Mühe und Anstrengung, und für diese Arbeit anderer zahlen wir. Die Arbeit ist der wahre Preis der Güter, das Geld nur der nominelle. Und der wahre Lohn des Arbeiters sind die Güter, die er dafür kaufen kann. Wenn sich Kapital in Händen einiger akkumuliert, gehört nicht mehr das ganze Arbeitsprodukt dem Arbeiter, sondern teilt sich in Profit und Lohn, ebenso wenn sich das Eigentum an Grund und Boden bei einigen konzentriert. Der Preis der Güter besteht daher aus drei Teilen: Grundrente, Lohn und Profit.

85 David Hume, Über Geld, in: Politische und ökonomische Essays, 2. Teilbd., Hamburg 1988, S. 205 ff.
86 Adam Smith, The Wealth of Nations, op. cit., Vol. I, S. 20.

Die Preistheorie wurde in der Folge der erfolgreichste Teil der modernen Nationalökonomie und deren Herzstück. Es war auch jener Teil, der sich am besten aus Smith' Analyse als abstrakt-logische Konstruktion herauslösen und unabhängig vom historischen Kontext erörtern ließ. Smith unterschied ähnlich wie die Scholastiker zwischen dem natürlichen und dem Marktpreis. Der natürliche Preis ist dabei gleich dem Preis bei freier Konkurrenz, während der tatsächlich gezahlte oder Marktpreis durch jeweilige Umstände, Verhandlungsstärke, Monopole, Staatseingriffe oder aber natürliche Beschränkungen des Angebots gegenüber der effektiven Nachfrage bestimmt ist. Bei freier Konkurrenz pendelt sich die Angebotsmenge der Waren "natürlich" entsprechend der effektiven Nachfrage ein. Der Preis, dem die Marktpreise der Waren zustreben, ist dieser natürliche Preis. In einen historischen Kontext gebracht, ist dieser Teil des Smithschen Werkes aber von utopisch-idealer Qualität.[87] Und Smith selbst stellte auch nichts anderes fest, indem er darauf hinwies, daß die Marktpreise lange Zeit über dem natürlichen Preis, aber nur kurz darunter liegen könnten. Er gab auch eine ökonomische Erklärung der Lohnhöhe als Preis der Arbeit, stellte aber die Unterschiede dieser Ware zu den anderen Waren fest. Die Löhne bzw. die Einkommen der arbeitenden Bevölkerung wurden zwar schon lange auch ökonomisch begründet, aber in der Weise der Merkantilisten aus der Perspektive der Außenhandelsförderung. Hinsichtlich der ökonomischen Begründung der Lohnhöhe gab es daher zwei Auffassungen: Diejenigen, die am Aussenhandel orientiert waren, suchten die Lohnkosten möglichst niedrig zu halten, während diejenigen, die für den Inlandsmarkt produzierten, bereits den Zusammenhang zwischen Volkseinkommen und Gewinnen sahen und wie Sir Josiah Child die Bedeutung eines breitgefächerten Wohlstands betonten.

Aber der Lohn war immer auch Gegenstand sozialer und moralischer Erwägungen gewesen, mehr noch als der "gerechte" Preis der Güter. Traditionale "soziale" Definitionen gingen von Begriffen der "Nahrung" (d. h. der Deckung der notwendigen und angemessenen Bedürfnisse), des "standesgemäßen Einkommens" und des "Existenzminimums", das immer schon als sozial abgestuft verstanden wurde, aus. Man brachte die Lohnhöhe auch in einen Zusammenhang mit der Arbeitswilligkeit, und gerade im England des 17. und 18. Jahrhunderts waren "Theorien" populär, die darauf hinwiesen, daß die Arbeiter nur solange und soviel arbeiten würden, bis ihr Lebensunterhalt gedeckt sei. In einer Atmosphäre der "innerwelt-

87 Das drückt auch Robert Heilbroner aus, wenn er von der "wonderful world of Adam Smith" spricht. Siehe: Robert L. Heilbroner, The Worldly Philosophers. The Lives, Times and Ideas of the Great Economic Thinkers, 6. Aufl., London 1986 (urspr. am. 1953).

lichen Askese" wurde es dann von einer ganzen Reihe frömmelnder Heuchler geradezu als unmoralisch bezeichnet, dem arbeitenden Volk ein Einkommen über dem Existenzminimum zuzugestehen. Smith sah nicht nur den Reichtum der Nationen in der Beschäftigung und im Inlandskonsum des ganzen Volkes, sondern gab einerseits eine von politischen Erwägungen unabhängige rein ökonomische Erklärung der Lohnhöhe als dem "natürlichen Preis" der Arbeit und andererseits eine Analyse der Einflußfaktoren der tatsächlichen Löhne. Neben den Marktbedingungen selbst wies er dabei auf die Effekte von Vereinigungen und Absprachen auf Arbeitgeber- wie Arbeitnehmerseite hin. Der gesamte "Lohnfonds" jedoch, der für Löhne zur Verfügung stehe, würde bestimmt durch die Einkommens- und Kapitalmenge, die nach Abzug der Selbsterhaltung der Unternehmer und ihrer Familien und der Reinvestitionen übrig bleibe. Dabei ist es nicht die Größe des Nationaleinkommens, sondern seine Wachstumsrate, die die Erhöhung des Lohnfonds und damit sowohl des Ausmaßes der Beschäftigung wie der Lohnhöhe bestimme. Die Armut großer Teile der Bevölkerung sei daher ein Hinweis darauf, wie schlecht es um den Reichtum des Landes bestellt sei, unbeschadet einer möglicherweise großen Menge an Gold und Silber oder eines Handelsbilanzüberschusses.

Smith differenzierte drei Gruppen oder Klassen, je nach der Quelle ihres Einkommens: jene, die von Kapitalgewinnen, jene, die von der Grundrente und jene, die von Löhnen leben, also Kapitalisten, Grundeigentümer und Arbeiter. Diese Gruppen sind durch unterschiedliche Interessen und Stellungen im Wirtschaftszusammenhang konstituiert, sie haben differente Lebensbedingungen und -weisen, aber dennoch zunächst nichts zu tun mit den traditionellerweise im sozialen, politischen und rechtlichen Verkehr der Menschen in der Gesellschaft des 18. Jahrhunderts gemeinhin unterschiedenen Gruppen, "Kreisen" oder Ständen. Sie sind zwar durchaus reale Gruppierungen, allerdings - und darauf weist Smith bereits hin - werden sie zu soziopolitischem Leben erst nach Maßgabe ihres Bewußtseins ihrer eigenen Interessen "erweckt". Während dies bei den Kaufleuten und "master manufacturers" bereits auf Grund ihrer Praxis des Planens und Projektierens in hohem Maße der Fall ist[88], kann dies von den beiden anderen Gruppen nicht gesagt werden. Als Kapital bezeichnete Smith jenen Teil des Vermögens/Einkommens ("stock"), der nach Abzug des für den unmittelbaren Konsum bestimmten Teiles übrig ist, und der so verwendet wird, daß er Einkünfte erbringt.[89] Er teilt sich wieder in fixes Kapital und in "circulating capital". Das Verhältnis von Kapital und

88 Adam Smith,The Wealth of Nations, op.cit., Vol. I, S. 231.
89 Ebd., S. 243.

Volkseinkommen ("revenue") zeigt das Verhältnis von "industry and idleness" in einem Land an. Während das unproduktive Volkseinkommen konsumiert wird, und zwar vor allem von Gruppen, die dafür keine produktive Leistung erbringen (Dienstboten, höfischer Konsum, Beamte etc.), wird das Kapital zwar auch verbraucht, aber von produktiven Gruppen wie Arbeitern, Fabrikanten und Handwerkern[90], die das verbrauchte Kapital wieder reproduzieren und durch Fleiß und Sparsamkeit sogar sein Wachstum ermöglichen. Während in den meisten Staaten das öffentliche Vermögen zu großen Teilen für unproduktive Zwecke verbraucht wird, wäre es für den wahren Reichtum einer Nation viel besser, es produktiv einzusetzen. Der Kapitalgewinn ("profit of stock") sinkt allerdings mit dem Wachstum des Kapitals, weil die Beteiligung an bestimmten Geschäften und damit die Konkurrenz der Händler steigt. Gegengleich erhöhen sich die Profite, wenn der gesamte "capital stock" in der Gesellschaft sinkt, die Zinsen steigen, aber die Löhne sinken. Smith meinte, daß der Lohnanteil der Preise sich in arithmetischem Verhältnis zum Anstieg der Löhne verhalte, während sich der Profitanteil des Preises in geometrischem Verhältnis zum Profitwachstum erhöhe. Daher würden hohe Profite die Preise viel stärker in die Höhe treiben als hohe Löhne. Mit dem zunehmenden Wohlstand des Landes sänken die Kapitalgewinne tendenziell, während Grundrente und Löhne stiegen.

Für die ökonomische Theoriegeschichte war Smith im Hinblick auf drei Fragen interessant: der Frage der Wirtschaftsordnung, der der Bestimmungsgründe der Preise und der Verteilung der Einkommen und der Frage nach der richtigen Wirtschaftspolitik.[91] Diese Fragen wurden nach Smith in der Zunft der Ökonomieprofessoren heftig diskutiert, ihn selbst hätten sie allerdings erstaunt. Es sind die Fragen der akademischen Diskussion, die weitgehend losgelöst von den Schwerpunkten der Zeit waren, aber nicht die wichtigsten Erkenntnisse Smith' über seine Gesellschaft und die Wirtschaft in der Welt des 18. Jahrhunderts. Hier ist eher auf seine Interpretation des Reichtums, die Betonung des Binnenmarktes und des Konsums und seine Vorstellung einer Gesellschaft von ökonomischen Interessengruppen hinzuweisen. Erst durch den Erfolg des Buches wurden die wichtigen Perspektiven auf Gesellschaft und Wirtschaft einem breiten Publikum bewußt. Die Rezeption Smith', insbesondere durch Liberalismus und Utilitarismus, hob stets nur

90 Ebd., S. 302.

91 John Kenneth Galbraith, Die Entmythologisierung der Wirtschaft. Grundvoraussetzungen ökonomischen Denkens, Wien-Darmstadt 1988 (urspr. am. 1987), S. 81/82.

einzelne Aspekte hervor[92], tat ihm aber gerade damit unrecht, es entstand vielfach ein falsches Bild von seinen Intentionen. Jede einseitige Interpretation verbietet sich gerade bei einem Werk wie dem "Wealth of Nations", weil es selbst Resultat der Zusammenfügung verschiedener Dimensionen war. Wenngleich Smith kein Sozialrevolutionär[93] war, so führt von seiner Sicht der Dinge doch ein direkter Weg zu Karl Marx. Mehr noch als Smith definierte David Hume das Kapital bereits als "Befehlsgewalt über Arbeit und Güter".[94] Smiths Denken entsprach es jedoch auch nicht, die Arbeiter schutzlos dem Gewinnstreben der Kapitalisten auszuliefern, um diese Ausbeutung dann mit dem Wirken des Marktes zu rationalisieren, wie das der ökonomische Liberalismus und manche Ökonomen, die sich als Epigonen Smith' fühlten, taten. Smith übernahm zwar die Vorstellung von der "unsichtbaren Hand", aber dennoch war er von der Konstruktion eines eigendynamischen politiklosen Marktes noch weit entfernt. Wenn er Distanz zur Politik signalisierte, so war dies Reaktion auf eine noch immer von Adel und Monopolgesellschaften dominierte Politik seiner Zeit und bedeutete nicht, daß er Politik und "Markt" als getrennte Sphären sah.

Physiokratie und Aufklärung: Gesellschaft und Wirtschaft auf dem Weg zur Französischen Revolution

Zu einer Zeit, da Daniel Defoe den Wohlstand in England pries, konstatierte Vauban für Frankreich, daß ein Großteil der Bevölkerung mehr oder weniger in Armut und Elend lebte.[95] Allerdings war ein Lebensalter später Frankreich dasjenige Land in Europa, das den größten Wohlstand aufwies, den nicht nur der ostentative Glanz und die Feste des französischen Hofes widerspiegelten. Die Beschreibung des frühen Demographen Moheau aus dem Jahr 1770 ist sicherlich begründet; er wies auf den Volkreichtum und die Kultur und Lebensfreude hin, die das 18. Jahrhundert

92 Siehe zur Neudefinition Smith' in der Gegenwart: Arnold Mayer-Faje/Peter Ulrich (Hg.), Der andere Adam Smith, Bern-Stuttgart 1991.

93 Diesbezüglich ist sicherlich Karl Pribram, Geschichte des ökonomischen Denkens, Bd. 1, Frankfurt/Main 1992, S. 255, recht zu geben, der Smith sonst allerdings allzu einseitig nur als Verfechter einer utilitaristischen Philosophie interpretiert.

94 David Hume, Politische und ökonomische Essays, 2. Teilbd., Hamburg 1988, S. 219-231. Darauf weist auch besonders Edgar Salin hin. Ders., Kapitalbegriff und Kapitallehre von der Antike zu den Physiokraten, in: Ders., Lynkeus. Gestalten und Probleme aus Wirtschaft und Politik, Tübingen 1963, S. 153-181, S. 177.

95 Sébastien LePrestre de Vauban, Projekt eines königlichen Zehnten, Berlin 1994 (urspr. frz. 1707), S. 12.

auszeichneten.[96] Großer Reichtum verband sich jedoch mit einer sehr ungleichen Verteilung und einer schlechten Verwaltung.

In Frankreich hatte Paris ökonomisch und kulturell eine zentrale und beherrschende Position: Paris war nicht nur eine Stadt des Geschäfts, des Handels, der Banken, der Kultur, sondern hier konzentrierten sich auch die neue Industrie, die Manufakturen, die Glashütten, die Hochöfen, nirgendwo war das Gewerbe so frei, und die Arbeiter dieser Industrien prägten das Bild mancher "faubourgs". Technik und Wissenschaft nahmen einen gewaltigen Aufschwung und auch die Industrie entwickelte sich bereits in großem Ausmaß; es entstanden neue Produktionsverfahren, neue Produkte und auch an unternehmerischen Personen mangelte es nicht. Frankreich war international in Artillerie und Schiffsbau führend, aber auch in bezug auf andere Produkte wie etwa bei Glasplatten, war das Land im Export stark vertreten. Neben so manchem neuen Unternehmer waren es aber die königlichen Manufakturen und privilegierte Betriebe, die in den verschiedenen Branchen dominierten. Das wieder führte zur Einschätzung vieler Kommentatoren, daß der französische Absolutismus nicht nur die Entwicklung des Kapitalismus nicht förderte, sondern diese geradezu behinderte. David Parker[97] meint, die absolutistische Politik der Beseitigung städtischer Autonomie durch das Intendantensystem hätte der Entwicklung der Wirtschaft geschadet, weil sich Aufstiegshoffnungen mehr auf politische Ämter als auf Handel und Gewerbe konzentrierten. Der Handelsstand blieb gespalten zwischen einigen wenigen "négociants", die oft Ausländer waren, und der Masse kleiner und kleinster Händler und Ladenbesitzer. Parker weist auch auf die starken regionalen Unterschiede zwischen den Provinzen hin, die kaum berechtigen, von einer französischen Wirtschaft als solcher zu sprechen. Überdies war das Lohnniveau sehr niedrig, die Verkehrswege wenig ausgebaut. Auf dem Land überwogen kleine und kleinste Parzellen und das Halbpachtsystem, das die Bauern in Abhängigkeit und Ausbeutung hielt. Die Lage der französischen Bauern war sehr schlecht und knapp vor Ausbruch der Revolution kam es an verschiedenen Orten zu Hungerrevolten.

Die wirtschaftliche Situation Frankreichs war charakterisiert durch starke Interventionen von oben und die Abhängigkeit aller Transaktionen von Privilegien der Kro-

96 Vgl.: François Bluche, Frankreich zur Zeit Ludwigs XVI. Leben und Kultur am Vorabend der Revolution, Stuttgart 1989 (urspr. frz. 1980), S. 22.

97 David Parker, Class and State in Early Modern France. The Road to Modernity? London-New York 1996, S. 78 ff.

ne.[98] Noch immer dominierten die agrarische Struktur der Produktion und ein Konsum, der vor allem vom Luxuskonsum des Hofes und des Hochadels bestimmt war. Auf der anderen Seite kam es aber durch die Zentralisierung und die Loslösung des Adels vom Land, die vorherrschende Rentiersorientierung und die Steuereinhebung durch Generalpacht auch zu einer ausgeprägten Geldwirtschaft, und das Kreditwesen entwickelte sich in hohem Maße. Die Generalpacht konsolidierte sich insbesondere zwischen 1726 und 1776 unter der Leitung eines Konsortiums angesehener und reicher Financiers, die meist gleichzeitig Amtsträger des Königs waren und häufig aus der Hocharistokratie stammten.[99] Die Gesellschaft der Generalpächter verwaltete die indirekten Steuern und baute dafür eine rationale Bürokratie auf ("Ferme générale"). Im öffentlichen Bereich herrschte hingegen Redundanz der Ämter sowie ein Durcheinander von gekauften Ämtern und Ernennungen vor.

Der Physiokratismus muß als Reaktion auf diese Verhältnisse verstanden werden[100], als spezifische Form, in der sich in Frankreich eine Ablösung wirtschaftlicher von politisch-sozialen Dimensionen vollziehen ließ.[101] Es war dies die Vorstellung eines quasi-natürlichen Kreislaufs zwischen Klassen der Gesellschaft, der ebenfalls eine natürliche, d. h. von den Handlungen der Krone unabhängige Ordnung darstellte, die besser sich selbst überlassen bliebe: "laissez faire, laissez passer". Der Physiokratismus löste sich von der Tradition ökonomischen Denkens, die an Fürstenhaushalt und Staatsfinanzpolitik orientiert war und aus diesem Grund sich mit Fug und Recht "politische Ökonomie" nach dem bekannten Werk Antoyne de Montchrétiens von 1615 nannte. Allerdings bestand die merkantilistische Orientierung im französischen ökonomischen Schrifttum weiter. Elemente, die als vorbereitend für das physiokratische Denken gelten können, finden sich bei dem bereits erwähnten Marschall Vauban, aber auch bei einigen erst viel später voll

98 Das läßt sich auch an der anderen Struktur und Funktiosweise der französischen Handelskompanien ablesen, die mehr Ähnlichkeit mit der spanischen "Casa de Contratacion" als mit den niederländischen oder englischen Kompanien aufwiesen.

99 Fernand Braudel, Sozialgeschichte des 15.-18. Jahrhunderts, Bd. 2: Der Handel, München 1986 (urspr. frz. 1979), S. 594 ff.

100 Siehe dazu auch: Elisabeth Fox-Genovese, The Origins of Physiocracy. Economic Revolution and Social Order in Eighteenth-Century Frande, Ithaca-London 1976; Georges Weulersse, Le movement physiocratique en France de 1756 a 1770, Paris 1910; François Bluche, Dictionaire du Grand Siècle, Paris 1990.

101 Tatsächlich waren die einzelnen wirtschaftspragmatischen Vorschläge der Physiokraten, für die sie in die Ökonomiegeschichte aufgenommen wurden, nicht neu - so hatte schon Vauban den "impôt unique et directe" vorgeschlagen; viel bedeutsamer waren die politischen Implikationen.

gewürdigten Autoren, die vor allem eines gemeinsam haben: Sie belegen den Einfluß des englischen Denkens auf Frankreich, so etwa bei Pierre Le Pesant de Boisguilbert, der bereits 1695 in "Détail de la France" und dann 1707 in "Dissertation sur la nature des richesses, de l'argent, et des tributs" stark antimerkantilistische Auffassungen vertrat. Der Einfluß der Ideen der englischen politischen Arithmetiker wie William Petty, Gregory King und Charles Davenant auf Boisguilbert ist nicht zu verkennen. Er trat für freie Warenzirkulation und freien Handel ein, der von selbst zu einem spontanen Gleichgewicht führen sollte. Den Reichtum sah er in den Gütern, nicht in der Ansammlung von Geld. Boisguilbert empfahl auch die Förderung der Landwirtschaft, eine expansive Bevölkerungspolitik und ähnlich wie Vauban eine Vereinfachung des Steuersystems. Die englischen Ideen vertrat auch Richard Cantillon ("Essai sur la nature du commerce" 1755), dessen Familie nach der Vertreibung James II. nach Frankreich ausgewandert war, wo eine große englische Kolonie entstand, für die Cantillon dann sogar ein Bankhaus errichtete. Wie Friedrich August Hayek schrieb, blieb Cantillon zu seiner Zeit ohne große Wirkung; erst William Stanley Jevons entdeckte ihn und nannte sein Werk "die erste Abhandlung über Nationalökonomie".[102] Als ein Wegbereiter physiokratischen Denkens erscheint Cantillon insofern, als er den Boden als die Quelle oder den Stoff bezeichnete, woraus man den Reichtum, der in Nahrungsmitteln und Annehmlichkeiten des Lebens bestehe, gewinne. Allerdings nicht ohne die gestaltende Kraft der Arbeit; der Wert oder der "innere Preis" einer Sache sei daher das Maß der Menge von Boden und Arbeit, die in seine Erzeugung eingehe. Der Marktpreis kann davon abweichen, weil es unmöglich ist, Produktion und Verbrauch aufeinander abzustimmen, so daß ein ständiges Auf und Ab der Preise entsteht. Cantillons Folgerung aus der Feststellung, daß der Boden die Quelle des Reichtums sei, führte ihn dazu, nur die Grundeigentümer als unabhängige Gruppe anzusehen, alle anderen lebten in Abhängigkeit von und "auf Kosten" dieser.[103] Eine zweite Gesellschaftsgruppe umfaßt alle Lohnempfänger vom Höfling bis zum Landarbeiter und die dritte die "Unternehmer" vom einfachen Handwerker bis zum großen Financier. Cantillon kannte also drei große "Klassen": die Grundeigentümer, die Lohnempfänger und die Unternehmer. An anderer Stelle meinte er: Je mehr Arbeit es in einem Staat gebe, für umso reicher werde er gehalten. Diese Aussage bezog aus der Sicht einer viel späteren Zeit erst ihre eigentliche Gültigkeit. Er nahm Thünens Kreise

102 Friedrich A. Hayek, Einleitung, in: Richard Cantillon, Abhandlung über die Natur des Handels im allgemeinen, Jena 1931 (geschrieben 1730).

103 Richard Cantillon, Abhandlung über die Natur des Handels im allgemeinen, Jena 1913, S. 29 ff.

vorweg, denn er sah die Preise der Güter auch bestimmt durch die Entfernung von der Hauptstadt. Als Bankier war Cantillon aber vor allem in Gelddingen erfahren, wenn er auch im reinen Geldbesitz nicht den Reichtum erblickte, und so nimmt es nicht Wunder, daß er einen großen Teil seiner Schrift der Diskussion von Geldwert, Zirkulation, Bank- und Kreditgeschäften widmete, die in der Empfehlung zur Errichtung einer Nationalbank kulminierte.[104] Die große Bedeutung der Geldzirkulation in Frankreich bezeugen auch die Aktivitäten und Ideen eines anderen Engländers, John Law. Für ihn war die Geldzirkulation die zentrale Frage in bezug auf Reichtumssteigerungen, und er suchte daher nach Mitteln und Wegen der Manipulierung von Währung und Kredit.[105] Law ist durch seine Projekte der Mississippi-Gesellschaft und der Banknotenausgabe wesentlich bekannter geworden als durch seine theoretischen Überlegungen.

Das Frankreich der "économistes", wie die Physiokraten[106] sich selbst nannten, unterschied sich von dem Colberts durch eine erhöhte wirtschaftliche Aktivität, technische Verbesserungen in bezug auf Verkehr und gewerbliche Erzeugung, die aber noch keine industriellen Ausmaße angenommen hatten. Das Land war immer noch eine Agrargesellschaft und die vielen Kriege Ludwigs XIV., die in seiner Spätzeit zu Niederlagen geführt hatten, sowie die Rückschläge in der Konkurrenz mit Großbritannien um Kolonien und Außenhandelsanteile hatten das Land finanziell geschwächt und die sozialen Gegensätze schärfer hervortreten lassen. Die Aufmerksamkeit der Wirtschaftsdenker mußte sich wohl oder übel auf das Inland richten. Sowohl den Aspekt der Verteilung wie den der Produktion verbanden die Physiokraten in einem theoretischen System der Wirtschaft. Ihre Absicht dabei war, das "ancien régime" zu reformieren, gleichwohl aber es zu bewahren. Die agrarische Basis Frankreichs zeigte sich in ihrer Auffassung, wonach der Reichtum aus der Landwirtschaft stamme und nicht vom Außenhandel. "Die Landwirtschaft" bezog sich auf die agrarische Tätigkeit der Pachtbauern, die den "produit net" erwirtschafteten, wie es François Quesnay, der Kopf der physiokratischen Bewegung, ausdrückte. Die grundbesitzende Aristokratie verwaltete nur in seltenen Fällen ihre Güter selbst und gehörte daher nicht zur "classe productive", sie war Teil der "classe

104 Ebd., S. 195 ff. Schumpeter hebt besonders Cantillons Geldtheorie hervor. Joseph A. Schumpeter, Geschichte der ökonomischen Analyse, Bd. 1, Göttingen 1965, S. 403 ff.

105 Ebd., S. 407/408.

106 Die Bezeichnung Physiokratie geht auf "La Physiocratie", eine Sammlung von Arbeiten Quesnays, des Leibarztes der Pompadour und anderer, die Pierre Samuel du Pont de Nemours 1767 herausgab, zurück.

propriétaire" bzw. "classe distributive". Distribution wurde als Funktion der Oberschicht, der Herrschenden gesehen, im Sinne der "Redistribution" der ihnen zugeflossenen Vermögen und nicht im modernen Sinn als Funktion des Handels. Dieser wurde vielmehr durch die "classe stérile" verkörpert, in der Quesnay vornehmlich die Händler und Kaufleute ansiedelte. Er sah sie als "stérile" an, also als nichts beitragend zum "produit net", denn sie verbrauchten selbst nur, fügten durch ihre Arbeit aber keine Wertsteigerung hinzu. Diese Einteilung in drei Klassen, die die Grundstruktur seines "tableau économique" ausmachte, übernahm Quesnay von Cantillon. Der Tableau enthielt bereits die Idee eines Gleichgewichts, das allerdings nicht als durch den Markt bewirkt, sondern als "ordre naturel" aufgefaßt wurde; damit folgten die "économistes" einerseits der schon seit der Scholastik starken Naturrechtsvorstellung, andererseits verbanden sie sie mit den mechanistischen Modellen der Newtonschen Naturphilosophie. Der Tableau steht aber auch für die Idee einer vom Staat getrennten Gesellschaft, die sich als wirtschaftliches Klassengefüge jenseits der politisch-ständischen Gegebenheiten versteht, in dem die Ströme und Bewegungen von Gütern und Geld eine "natürliche" Ordnung begründeten, einen Kreislauf von Produktion und Verteilung. Auf Grund der Orientierung an einer "classe productive" als der zentralen Gruppe war dies auch als eine sozialökonomische, dynamische Auffassung von Gesellschaft zu werten[107], nicht als eine an Rechten, Privilegien und ständischen Grenzen orientierte.

Bei Rousseau wird der Physiokratismus utopisch und kritisch. Die Wirtschaftslehre Rousseaus ist im dritten Teil des Artikels über "Politische Ökonomie" in der Enzyklopädie enthalten. Darin unterscheidet Rousseau die öffentliche Ökonomie von der privaten des Hauses und identifizierte erstere mit politischer Ökonomie. Das Prinzip der Gesellschaftsordnung nach dem "ordre naturel" ist Gleichheit und Freiheit; im Haus aber herrschen bei Rousseau weiterhin Ungleichheit und Abhängigkeit. Neben der Wahrung des Rechts und dem Schutz der Bürger besteht die dritte Pflicht der Regierung in der Vorsorge für das allgemeine Wohl. Dafür sollen öffentliche Finanzmittel, die der Staat für Fürsorgeaufgaben verwenden soll, bereitgestellt werden. Rousseau empfahl die Errichtung eines staatlichen Kapitalfonds, der aus Erträgen der Gemeingüter und Steuern, insbesondere der progressiven Vermögenssteuer und der Luxussteuer gespeist werden sollte. Der wichtigste Grundsatz für die Finanzverwaltung nach Rousseau ist es, "sehr viel mehr Sorgfalt darauf zu verwenden, den Bedürfnissen vorzubeugen, als die Einnahmen zu vermeh-

107 Johannes Burkhardt, Das Verhaltensleitbild "Produktivität" und seine historisch-anthropologische Voraussetzung, in: Saeculum 25/1974, S. 277-289.

ren".[108] Dies klingt eher wie eine geeignete Empfehlung an heutige Regierungen als an eine Gesellschaft am Vorabend der Industrialisierung. Im Gegensatz zu den um sich greifenden Vorstellungen grundsätzlich unbeschränkter Bedürfnisse plädierte Rousseau für die Reduzierung der Bedürfnisse und Ansprüche und nahm keine autonomen wirtschaftlichen Ziele an. Die Einigkeit im Staat sah er durch zu große Vermögensunterschiede bedroht, da sich die Partikularinteressen der durch Reichtum Mächtigen durchsetzen. Sein Ideal waren die kleinen Selbständigen (etwa die Bürger von Genf), sein Idealbild die staatliche Autarkie durch Förderung von Ackerbau und Viehzucht, aber auch regionale und lokale Einheiten sollten autark sein, wie auch das einzelne "Haus". Bei Rousseau lebte also die alte "oikonomia"-Vorstellung weiter, wie auch die platonische Abneigung gegen Geld. Daher trat er in bezug auf die Agrarwirtschaft gegen Handel und Geld auf, denn die Geldwirtschaft führe zu Habgier und Korruption. Auch Steuern sollten nicht in Geld, sondern in Dienstleistungen der Staatsbürger bestehen. Er trat für die Begrenzung des privaten Eigentumerwerbs ein und für eine möglichst gleichmäßige Befriedigung der Grundbedürfnisse aller Bürger; sein Gegenkonzept gegen den Merkantilismus war dem "geschlossenen Handelsstaat" bei Fichte verwandt, sein Ideal eine gerechte und weise Ökonomie, die auf der Grundlage der Landwirtschaft betrieben werden sollte.

Ein anderer wichtiger Vordenker war Anne Robert Jacques Turgot.[109] Auch er sah die Landwirtschaft als grundlegend an. Er teilte die Klassen aber in die "classe disponible", die "classe productrice" und in die "classe stipendiée". Diese Einteilung differiert in bemerkenswerter Weise von der Quesnays. Insbesondere in bezug auf die Einschätzung der Handels- und Gewerbetreibenden wich Turgot von Quesnay ab, indem er sie nicht als steril sah, sondern sie weit positiver einschätzte. Sie waren für ihn nicht eine einzige Klasse, sondern konnten sowohl Mitglieder der über die Produktionsfaktoren verfügenden Klasse ("classe disponible") als auch der "classe stipendiée" sein. Zwar waren die Landwirte auch bei Turgot die "produzierende Klasse", aber er wies besonders auf die Bedeutung der Akkumulation des Kapitals und die Rolle der Unternehmer hin. Er sah das Kapital als die unumgänglich notwendige Grundlage jedes Unternehmens und warnte, daß der Gewinn aus Kapitalinvestition in produktive Zwecke den Kapitalzins übersteigen müsse, da sonst

108 Jean-Jacques Rousseau, Politische Ökonomie, Frankfurt/Main 1977 (urspr. frz. in: Grande Enzyclopédie von Diderot/D'Alembert, 1755), S. 83.

109 Anne Robert Jacques Turgot, Betrachtungen über die Bildung und Verteilung des Reichtums, Frankfurt/Main 1946 (urspr. frz.: Réflexions sur la formation et la distribution des richesses, 1766).

arbeitsloses Renteneinkommen bevorzugt würde. Er sah aber auch schon den Gegensatz zwischen den Kapitaleignern, Unternehmern und Fabriksherren einerseits und den einfachen Werkleuten andererseits, die nichts hätten außer ihrer Arbeitskraft und ihrem Lohn. Turgot wertete diesen Konflikt als "epochalen Einschnitt in der Geschichte der Wirtschaft, der Wirtschaftslehre und der Kapitallehre".[110] Als Finanzminister verfügte er die Aufhebung der Beschränkung des Getreidehandels, die Aufhebung der Zünfte, die Umwandlung der Wegfronen in Abgaben der Grundbesitzer, die Beschneidung der Hofausgaben. Er schlug Verfassungsreformen vor, die ständische Unterschiede aufheben sollten. Sein Ziel war auf die einheitliche Verfassung mit Stufenfolge der Selbstverwaltungskörperschaften und auf die Erneuerung des Steuersystems im Sinn einer einheitlichen Steuer gerichtet. Er scheiterte am Widerstand des vom Adel beherrschten Parlaments und auch dem Ludwigs XVI. und nahm daraufhin seinen Abschied. In den 1766 geschriebenen "Reflexions" vervollständigte Turgot die physiokratische Theorie und verallgemeinerte die Begriffe von Kapital und Nettoprodukt.[111] Die Darstellung der ökonomischen Sachverhalte erfolgte aber auch mit Bedacht auf entwicklungsgeschichtliche Perspektiven.[112] Er war überzeugt vom Nutzen von Wissenschaft und Technik, voll moralischer Verantwortung für das Allgemeinwohl, blieb aber doch in einiger Distanz zu den "philosophes" und den "économistes", denn er sagte: "Ich bin kein Ökonomist, denn dann würde ich keinen König wollen."[113] Er glaubte an die Reformbereitschaft des Monarchen und an die Möglichkeit eines aufgeklärten Absolutismus.

Der Physiokratismus enthielt eine Kritik der bestehenden Gesellschaftsordnung auf dem Wege der Wirtschaftstheorie, die aber keine Verurteilung des Bestehenden implizierte, sondern den Versuch, mit wissenschaftlichen Mitteln zu einer Verbesserung zu gelangen. Dabei ging es mehr um die (natur-)wissenschaftliche Durchdrin-

110 Edgar Salin, Kapitalbegriff und Kapitallehre von der Antike zu den Physiokraten, in: Ders., Lynkeus. Gestalten und Probleme aus Wirtschaft und Politik, Tübingen 1963, S. 153-181, S. 180.

111 Anne Robert Jacques Turgot, Betrachtungen über die Bildung und Verteilung des Reichtums, op. cit.; W. Weddingen, Anne Robert Jacques Turgot, Leben und Bedeutung des Finanzministers Ludwigs XVI., mehrere Bde., Bamberg 1950; Siegmund Feilbogen, Smith und Turgot. Ein Beitrag zur Geschichte und Theorie der Nationalökonomie, Wien 1892.

112 Anne Robert Jacques Turgot hat auch ein geschichtsphilosophisches Werk verfaßt, das sein Freund Condorcet fortsetzte. Johannes Rohbeck u. a. (Hg.), Anne Robert Jacques Turgot. Über die Fortschritte des menschlichen Geistes, Frankfurt/Main 1990.

113 Anne Robert Jacques Turgot, Betrachtungen über die Bildung und Verteilung des Reichtums, op. cit., S. 23.

gung als um politische Stellungnahme; das Resultat war daher eine relativ abstrakte Theorie, die Konstruktion eines Systems, das sich von der Realität weit entfernte.[114] Die Physiokraten tendierten zu mathematisierend-wissenschaftlichen Formen, sie orientierten sich mit wenigen Ausnahmen nicht an praktischen Problemen. Ihre Realität war die der Salons und Diskussionszirkel. Während der Physiokratismus weitgehend eine Diskursrealität blieb[115], waren die englischen Wirtschaftsideen viel stärker in Übereinstimmung mit der Praxis. Für die neue Wissenschaft der Nationalökonomie wurde die Physiokratie in ihrer theoretischen Geschlossenheit Vorbild, das begründete aber auch die Tendenz zu realitätsferner Abstraktion. Der Physiokratismus reflektierte auf seine Art eine grundlegende Idee des 18. Jahrhunderts, die eigengesetzliche Ordnung. Sie stand in einem notwendig spannungsgeladenen Konfliktzustand zu jenen Auffassungen, die im Herrscher als Inbegriff des Staates das alles bewegende movens annahmen. Bei den Physiokraten allerdings blieb die Freiheitsforderung auf den Bereich der Wirtschaft beschränkt und förderte so die Idee der Trennung von Wirtschaftsgesellschaft einerseits und politischem National- und Machtstaat andererseits.

Neben den Physiokraten waren während des ganzen 18. Jahrhunderts auch "merkantilistische" und andere Strömungen im ökonomischen Denken in Frankreich vorhanden. Unter den Spätmerkantilistischen ist etwa auf Véron de Forbonnais zu verweisen. Der auf Grund seiner Rolle als Finanzminister nach Turgot bekannteste ist aber wohl Jacques Necker, ein Genfer Protestant, dann Bankier in Paris, der durch Getreidespekulationen als Verwalter der "Compagnie des Indes" und Regierungskredite ein Vermögen gemacht hatte. Er war ein Gegner Turgots und der Liberalisierung des Getreidehandels und orientierte sich an Colbert, dem er auch eine "Eloge" widmete (1773). Er hielt Interventionen des Staates insbesondere im Interesse der armen Schichten der Bevölkerung für unerläßlich. In seiner Schrift "De l'administration des finances de la France" von 1785 verurteilte er die Ungleichheit der Steuerbelastung, ohne allerdings der Steuertheorie der Physiokraten zuzuneigen. Anders als die Physiokraten sah er Handel und Industrie für wichtig an und forderte niedrige Zinsen und mäßige Steuern im Interesse der Kapitalbildung, i. e. der "richesse active". Sozialpolitisch stark von Rousseau beeinflußt, war er ökono-

114 So argumentiert etwa auch: Stephan Raditz, Quesnay und die Gesellschaftsordnung in Frankreich vor der Revolution, in: Zeitschrift für Volkswirtschaft und Sozialpolitik NF 3/1923, S. 280-311.

115 Die Physiokraten werden daher mitunter als Sekte bezeichnet, so etwa bei Giorgio Gilibert, François Quesnay (1694-1774), in: Joachim Starbatty (Hg.), Klassiker des ökonomischen Denkens, Bd. 1, München 1989, S. 114-133.

misch aber Merkantilist, wenn sich in seine Auffassungen etwa in bezug auf das Privateigentum auch gewisse sozialistische Züge mischten. Politisch trat er für die konstitutionelle Monarchie ein. Die Macht des Staates und das Glück der Bevölkerung schienen ihm untrennbar miteinander verbunden.[116] Hier ist auch auf den Italiener Ferdinando Galiani hinzuweisen, der sich in der französischen Diskussion einen Namen gemacht hatte und gegen die Physiokraten argumentierte, wobei er allerdings nur zum Teil von merkantilistischen Auffassungen ausging. Er kannte auch die Schriften David Humes und entwickelte eine bemerkenswert moderne und ausgewogene Wirtschaftsauffassung. Er plädierte für die Bedeutung industrieller Produktivität gegenüber der physiokratischen Auffassung von der Landwirtschaft als dem allein Werte schaffenden Sektor. Auch befürwortete er zwar Freihandel, aber gerade im Agrarsektor eine gewisse staatliche Lenkung, denn das alleinige Vertrauen in "Natur" und den natürlichen Kreislauf sei nicht zielführend ("Dialogues sur le commerce des blés", 1770).[117] Galianis erstes Werk erschien 1751 und beschäftigte sich mit dem Geld ("Della Moneta"), was in einem Land wie Italien mit seinen Bank- und Geldtraditionen nicht verwundert. Bemerkenswert ist auch, daß es gerade Italiener waren, die schon im 18. Jahrhundert Ansätze zu einer subjektiven Werttheorie entwickelten, was auch auf das Weiterwirken der spätscholastischen Markttheorie zurückzuführen sein dürfte.[118] Neben Galiani ist hier insbesondere dessen Lehrer Antonio Genovesi ("Delle lezioni di commercio o sia d'economia civile", 1763) zu nennen. Stärker kameralistische Orientierungen an der "economia pubblica" zeigten die in Mailand an der unter österreichischem Einfluß geschaffenen Universität lehrenden Pietro Verri und Cesare Beccaria sowie der Venezianer Gian Maria Ortes.

Naturwissenschaften gewannen im 18. Jahrhundert zunehmend an Boden und wurden zum Inbegriff von Wissenschaft schlechthin. In Frankreich wurde die Einheit der Wissenschaften, die "science universelle" durch die französischen Enzyklopädisten, vor allem Diderot und D'Alembert propagiert. Die Konzeption dieser Wissenschaft wurde aber schon im 17. Jahrhundert entwickelt: die Annahme einer festen Naturordnung, die Gesetzeserkenntnis erlaubt; die Trennung von Materie und

116 Berta Kraus, Das ökonomische Denken Neckers, Wien 1925; Wolfgang Oppenheimer, Necker. Finanzminister am Vorabend der Französischen Revolution, Stuttgart 1988.

117 Siehe: Gottfried Eisermann, Galiani. Ökonom, Soziologe, Philosoph, Frankfurt/Main 1997, S. 53 ff; Karl Pribram, Geschichte des ökonomischen Denkens, Bd. 1, Frankfurt/Main 1992 (urspr. am. 1983), S. 226 ff.

118 Terence Hutchinson, Before Adam Smith, Oxford-Cambridge 1997 (urspr. 1988), S. 254 ff., S. 298 ff.

Geist und damit die Passivität der Materie, die "objektiv" erkennbar wird; die Geometrie Euklids als das entsprechende Modell der Erkenntnis. Diese Voraussetzungen sollten es ermöglichen, durch logische Ableitungen zu einer adäquaten Naturerkenntnis zu gelangen.[119] Zwischen den Physiokraten und den Aufklärungsphilosophen bestanden durchaus Verbindungen. Manche der "économistes" wie auch Quesnay waren Autoren der Großen Enzyklopädie von Diderot und d'Alembert, und auch die großen Denker der Aufklärung standen der Wirtschaft in der Regel positiv gegenüber.

Rationalismus und empirischer Naturalismus standen an der Wiege der Aufklärung. In der Projektion auf die gesellschaftlich-politischen Zustände insbesondere im Frankreich nach Ludwig XIV. wurden den Ansprüchen des absolutistischen Staates und denen der Kirche eine auf Vernunft und Natur bezogene Gesellschafts- und Moralauffassung entgegengesetzt. Die "philosophes" wurden solcherart zu den Lehrern der Moderne, und sie stilisierten sich auch als diese. So groß war ihr intellektueller Einfluß in Frankreich und in ganz Europa, daß es keineswegs als grotesker Widerspruch erschien, wenn gerade die Kreise, die die Aufklärung als Träger der alten Ordnung geißelten, ihre Ideen am begierigsten aufgriffen. In den Salons, an den Universitäten, in den gelehrten Gesellschaften, ja sogar bei Hofe wurden diese Ideen heftig diskutiert. Immerhin standen sie auch für die neuen Wissenschaften und Künste, die bereits in den gebildeten Kreisen weit verbreitet waren. Wer wollte schon gegen Vernunft, Naturerkenntnis und Bildung sein? So etwa unterstützte auch Madame de Pompadour die Drucklegung der "Grande Encyclopédie".[120] Der Erfolg der Aufklärung erklärt sich aus dem gleichzeitigen Angriff auf die reale Ordnung und die geistigen Grundlagen, dem weder die Verteidiger der bestehenden Verhältnisse noch die an nur scholastische Disputationen gewöhnten Kleriker gewachsen waren. Die Aufklärung verbreitete sich in ganz Europa und unter allen Schichten von Gebildeten, sie wurde zur modernen Art des Denkens schlechthin.[121] Insbesondere in Preußen und Österreich wurde sie sogar von oben her zu einer Art Staatstheorie des "aufgeklärten Absolutismus".

119 Stephen Toulmin, Kritik der kollektiven Vernunft, Frankfurt/Main 1983, S. 26 ff.

120 Siehe: Helmut Hatzfeld, Geschichte der französischen Aufklärung, München 1922, S. 60 ff.

121 Davon zeugen Darstellungen der französischen Verhältnisse wie: Lorenz von Stein, Geschichte der sozialen Bewegung in Frankreich von 1789 bis auf unsere Tage, 3 Bde., Leipzig 1850; Bernhard Groethuysen, Die Entstehung der bürgerlichen Welt- und Lebensanschauung in Frankreich, 2 Bde., Halle 1927.

Für das Wirtschaftsdenken wichtig war, daß die "philosophes" Handel und Industrie gegenüber positiv eingestellt waren, weil diese als praktische Umsetzung von Vernunft, Freiheit, Gleichheit und Naturwissenschaft erschienen. Insbesondere die neue Bedürfnislehre mit ihren individualistisch-utilitaristischen Elementen wurde befürwortet, wenn auch Voltaire, Montesquieu und Diderot den sozialen Momenten durchaus Bedeutung zuerkannten. Condorcet[122] sah die Macht und den Reichtum der Staaten als vom Wohlergehen der Individuen und der Achtung ihrer Rechte abhängig. Auf die Ungleichheit des Reichtums und der Lebenslagen der Besitzenden einerseits, der Arbeitenden andererseits und auf die großen Bildungsunterschiede hatte er hingewiesen, aber er sah darin keinen Klassenkonflikt zwischen Unternehmer-Kapitalisten und Arbeitern, sondern zwischen letzteren und den Rentiers. Das entsprach der tatsächlichen Lage im Frankreich des "ancien régime", in dem weder die Industrie noch der Unternehmer bzw. Kapitalist eine strukturbestimmende Realität darstellten. Wohl aber hob Condorcet bereits den pazifierenden und ordnenden Einfluß von Handel und Gewerbe hervor und plädierte auch für Handels- und Gewerbefreiheit, allerdings verbunden mit sozialpolitischen Maßnahmen zur Absicherung der Arbeitenden.

Insbesondere den neuen Industrien als Anwendungen der naturwissenschaftlichen Erkenntnisse zollten viele "philosophes" Anerkennung und schufen damit eine geistige Atmosphäre, die für die Industrialisierung günstig war. In Frankreich kam es trotzdem erst viel später zur praktischen Verwertung der neuen Wissenschaft und dies, obwohl schon im frühen 18. Jahrhundert Mechaniker, Ingenieure, Chemiker und Wissenschaftler für den industriellen Aufbau eintraten und versuchten, die Regierung für ihre Entwürfe und Verfahren zu interessieren. Die Universität von Paris nahm erst in den Jahren um 1740 Newton-Vorlesungen auf. Die neuen Wissenschaften fanden primär zur Verbesserung der Militärtechniken Anwendung, erst später auch in der Landwirtschaft, wo es in der zweiten Hälfte des 18. Jahrhunderts auch in Frankreich zu Einhegungen und einer weiteren Kommerzialisierung kam; allerdings konzentrierten sich die Verbesserungen auf die Getreidewirtschaft, und es dauerte ein Jahrhundert, bis sie in allen Gegenden angenommen worden waren.[123] Die

122 Condorcet, Entwurf einer historischen Darstellung der Fortschritte des menschlichen Geistes, Frankfurt/Main 1976 (urspr. frz. 1795). Zu Condorcet siehe auch: Karl Acham, Fortschritt und Demokratie. Betrachtungen zur Gesellschaftstheorie Condorcets, in: Annalen für dialektische Philosohpie VI/1989, S. 152-158; Paul Thiry d'Holbach, System der Natur oder von den Gesetzen der physischen und der moralischen Welt, Frankfurt/Main 1978 (urspr. frz. 1770).

123 Jean-Marc Moriceau, Au rendes-vous de la "révolution agricole" dans la France du XVIIIe siècle, in: Annales 49/1994, S. 27-63.

"Encyclopédie" war zwar voll von Abhandlungen zur neuen Wissenschaft, aber es fehlte die privatwirtschaftliche Umsetzung. Erst die Revolution schrieb die industrielle Nutzung der Wissenschaft allgemein auf ihr Banner; in ihrem Zeichen wurde die "École Politechnique" im Jahre 1794 gegründet. Ein wichtiges Merkmal, das auch in bezug auf Wirtschafts- und Gesellschaftsauffassungen der Folgezeit eine prägende Wirkung ausübte, war das nun auch in Frankreich üblich werdende Entwicklungsdenken. Geist, Gesellschaft und Kultur wurden linearisiert und historische bzw. außereuropäische Formen als Vorstadien eines Fortschrittsprozesses interpretiert, dessen Ziel das Einmünden in die nun von Frankreich und England in geistig-kultureller Hinsicht eingeschlagenen Wege der Weiterentwicklung war. Hierbei ist insbesondere auf Montesquieus "Ésprit des lois" von 1748, auf Voltaires "Versuch über die Sitten und den Geist der Nationen" von 1775 und Condorcets "Esquisse d'un tableau historique des progrès de l'esprit humain" von 1795 hinzuweisen.

Für die Entstehung der Revolution gerade in Frankreich[124] kann man eine Reihe von Gründen nennen, die zum einen in den realen wirtschaftlichen und politisch-sozialen Mißständen lagen, zum anderen in der Tatsache, daß Frankreich der absolutistische Staat par excellence geworden war. Wichtig war auch die Art und Weise, in der hier die politischen Grundlagen kommentiert und interpretiert wurden. Frankreich war in bezug auf die politischen Ideen führend, die nicht nur den Absolutismus theoretisch begründeten und legitimierten, sondern darüber hinaus grundsätzliche Überlegungen über Staat und Gesellschaft begünstigten - und dies in allen Schichten und Ständen.[125] Auch die Ereignisse in England, der Unabhängigkeitskrieg der amerikanischen Kolonien gegen Großbritannien und die Erklärung der Menschenrechte 1776 hatten großen Einfluß auf die französische Öffentlichkeit.[126] Mit den soziopolitischen Umwälzungen eng verbunden war der "Strukturwandel"

124 Alexis de Tocqueville, Der alte Staat und die Revolution, München 1976 (urspr. frz. 1856).

125 Koselleck weist auf die Trennung von Moral und Politik als Voraussetzung für die bürgerliche Kritik hin. Reinhard Koselleck, Kritik und Krise, Frankfurt/Main 1973 (urspr. 1959), S. 81 ff.

126 Vgl.: Louis Dumont, Individualismus. Zur Ideologie der Moderne, Frankfurt/Main-New York 1991 (urspr. frz. 1983), S. 106. Wie sehr die Ideale der Revolution auch im Adel selbst Fuß gefaßt hatten, geht daraus hervor, daß viele französische Adelige, meist die Freimaurer unter ihnen, vehement gegen Tendenzen in den USA, eine Art Militäradel zu begründen (Cincinnatus-Society) protestierten. Reinhard Bendix, Könige oder Volk. Machtausübung und Herrschaftsmandat, Bd. 2, Frankfurt/Main 1980 (urspr. am. 1978), S. 166.

dieser Öffentlichkeit.[127] Um die Mitte des 18. Jahrhunderts entwickelte sich eine Sphäre politischer oder "bürgerlicher" Öffentlichkeit, ein Raum für Diskussion und Gedankenaustausch, jenseits der staatlich-höfischen Kultur. Bücher, Zeitschriften, Zeitungen, Vereine, Salons und Gesellschaften gab es in großer Zahl, durch sie entstand ein kritisches Potential, das Publikum wurde zum Tribunal.

Die Verbindung zwischen "Aufklärung" und Revolution wurde meist als eine von Ideen, ihrer Verbreitung und ihrem Wirksamwerden als Vorbereitung der Revolution gesehen. Dabei wurde zeitlich und geographisch weiter oder enger ausgeholt, aber immer wurden die Ideen der Aufklärung als Voraussetzung der Revolution und als Beispiel dafür interpretiert, daß Handlungen von Gedanken hervorgerufen werden. Roger Chartier hingegen nimmt an, daß zwischen Diskursen und Praktiken weder Kontinuität noch Notwendigkeit des Zusammenhangs bestehen und spricht bewußt von kulturellen Ursprüngen der Revolution, von denen er die "intellektuellen" abgrenzt. Die kulturelle Produktion der Zeit vor der Revolution war durchaus differenziert und wurde auch unterschiedlich rezipiert. Chartier meinte, daß erst nachträglich, d. h. nach Beginn der Revolution, interpretiert wurde, was davon als "Aufklärung" verstanden werden sollte. Jede der revolutionären Parteien hatte ihre eigene Auffassung von Aufklärung und den Autoren und Ideen, die sie repräsentierte. Die Revolutionsversammlungen erhoben nur zwei der Autoren, Voltaire und Rousseau (letzterer vor allem durch Robespierre) zu den "grands hommes" der Aufklärung, nicht aber Descartes, nicht Fénelon, Buffon oder Mably. "So gesehen war es also wirklich die Revolution, die die Bücher 'gemacht' hat, und nicht umgekehrt, da erst die Revolution gewissen Werken eine vorausschauende und programmatische Bedeutung verlieh und sie nachträglich als ihren Ursprung hinstellte."[128] Aufklärung und Revolution sind daher zwei getrennt zu sehende Manifestationen eines größeren Prozesses des Wandels im Hinblick auf die soziokulturellen Denkweisen, die wir als "die Moderne" verstehen, i. e. der Defini-

127 Jürgen Habermas, Strukturwandel der Öffentlichkeit. Unterrsuchungen zu einer Kategorie der bürgerlichen Gesellschaft, Neuwied 1962. Vgl. auch: Marvin B. Becker. The Emergence of Civil Society in the Eighteenth Century. A Privileged Moment in the History of England, Scotland and France, Bloomington-Indianapolis 1994.

128 Roger Chartier, Die kulturellen Ursprünge der Französischen Revolution, Frankfurt/Main-New York-Paris 1995 (urspr. frz. 1990). Im Bereich der Ökonomiegeschichtsschreibung kam es zu einem ganz ähnlichen Auswahlprozeß, denn nur die Physiokraten wurden als Vorläufer der modernen Ökonomie akzeptiert, während alle anderen zu dieser Zeit existierenden Wirtschaftsauffassungen als nicht beachtenswert unterschlagen wurden.

tion einer vom Staat getrennten Gesellschaft unabhängiger Individuen, ohne Mythen oder Religion, basierend auf einer sehr eigenartigen Vorstellung von "Natur" und von "Entwicklung", einer "modernen Gesellschaft", die sich von ihren als obsolet verstandenen Traditionen distanziert, der Gegenwart angehörend und auf die Zukunft hin orientiert. Damit entstand ein neuer Mythos[129], zu dem die Realität sehr oft in einen krassen Widerspruch geriet.

Aufgeklärter Absolutismus und Wirtschaft: Das Habsburgerreich und die Polizei- und Kameralwissenschaft

Der Technologieprofessor und Mitglied ökonomischer Sozietäten Benedikt F. Hermann stellte 1784 in seiner kommentierten Ausgabe von Hornigks "Österreich über alles" fest: "Die Gewerbe, der Handel, die Wissenschaften und Künste haben sich seit ungefähr einem Jahrhunderte mit so starken Schritten in den österreichischen Staaten verbreitet, daß solche dermal die Augen ganz Europens auf sich ziehen."[130] Seiner Aussage zufolge war Österreich in den letzten Jahrzehnten des 18. Jahrhunderts "reich, mächtig und voll von Fabriken und Manufakturen". Dabei fällt auf, daß Hermanns Einschätzung der Leistung und Bedeutung der Kaufleute sich von der Hornigks unterschied. Hornigk bezeichnete die Händler als Gegner des staatsökonomischen "Kommerzes" und der Industrie, weil sie nur ihre eigenen Interessen verfolgten, aber nicht die des Staates, wobei die Importeure von Fertig- und Luxuswaren besonders kritisiert wurden. Demgegenüber sah Hermann die Kaufleute, egal welche Art von Handel sie betrieben, als positiv für die Staatswirtschaft an, und pries eine Politik, die Handel und Industrie gegenüber aufgeschlossen sei. Wünschenswert erschien ihm eine große und breit gestreute Kaufkraft im Lande, denn die Macht eines Staates liege in der "größtmöglichen Menge wohlhabender Bürger".[131] Hermanns Auffassung beweist, daß die Bedeutung von Inlandskonsum und Binnenmarkt nicht nur in England bewußt geworden war. Die Einschätzung der wirtschaftlichen Lage im Habsburgerreich ist unter den Kommentatoren ambiva-

129 Vgl. dazu auch: Peter Wehling, Die Moderne als Sozialmythos. Zur Kritik sozialwissenschaftlicher Modernisierungstheorien, Frankfurt/Main-New York 1992.

130 Benedikt Franz Hermann, Herrn Johann von Horneks Bemerkungen über die österreichische Staatsökonomie, Wien 1784, S. 1 f. Hermann fügte dem Text Hornigks Anmerkungen in bezug auf Veränderungen seit dem 17. Jh. hinzu. Große Teile der Anmerkungen beziehen sich auf Darstellungen der Vorkommen von Primärproduktion sowie der Fabriken und Manufakturen in den einzelnen Ländern. Diese Auflistungen wurden in der Folge "Statistik" genannt. Vgl. dazu z. B.: Johann Andreas Demian, Darstellung der östereichischen Monarchie nach den neuesten statistischen Beziehungen, 6 Bde., Wien 1804-1807.

131 Benedikt Franz Hermann, op. cit., S. 24.

lent. Während manche der Zeitgenossen und der Großteil der Nachwelt immer wieder auf die Rückständigkeit der wirtschaftlichen Bedingungen des Habsburgerreiches in bezug auf Handel und Industrie sowohl im 18. wie im 19. Jahrhundert hinwiesen[132], gibt es auch Gegenstimmen[133], die die großen Fortschritte der Wirtschaft in vielen Teilen des Reiches in dieser Periode aufzeigen. Good sieht die Entstehung von "sustained growth" in den westlichen Teilen des Reiches und in Böhmen bereits im 18. Jahrhundert. Diese Ambivalenz erklärt sich auf Grund der großen Unterschiede in der wirtschaftlichen Struktur und Entwicklung in den verschiedenen Ländern und Regionen der Monarchie. Die Geschichte des Handels und der Produktion in der Habsburgermonarchie zeigt aber, daß das Eingreifen des Staates in alle Einzelheiten des Wirtschaftslebens durch Privilegien, Patente und Erlässe, sich meist bremsend auf die wirtschaftliche Entwicklung auswirkte, obwohl der merkantilistische Staat die Förderung des "Kommerzes" verfolgte.

Die kommerzielle Entwicklung bildete in den westeuropäischen Ländern die Grundlage für die industrielle Entwicklung des 18. und 19. Jahrhunderts. Die merkantilistische Politik Maria Theresias bemühte sich zwar um den Aufbau des Handels, aber an seiner traditionellen Strukturschwäche konnte dies nichts ändern. In Wien hatten sich keine bedeutenden Handelshäuser entwickelt, was die wirtschaftliche Entwicklung und Kommerzialisierung des Landes zusätzlich zu den Importrestriktionen, den vielen Binnenzöllen und der Überfremdung des Handels behinderte. Um den Kaufmannsstand aufzuwerten, wurden 1774 die "Großhändler", d. h. die Gruppe der Groß-Kaufleute, als ein eigener, quasi dem Adel gleichgestellter Stand von oben geschaffen, der sich grundlegend von den einfachen bürgerlichen Kaufleuten unterschied. Die Großhändler genossen seitdem bedeutende Steuerprivilegien, sie durften Kommissions- und Wechselgeschäfte neben den üblichen Handelsgeschäften durchführen und sie genossen ein hohes Ansehen. Sie waren in einem eigenen Gremium zusammengeschlossen und ihre Zahl erhöhte sich gegen Ende des 18. Jahrhunderts stark. Viele dieser Großhändler waren auch Nachkommen ehema-

132 Unter den Prominentesten: Walt Whitman Rostow, The Stages of Economic Growth, Cambridge 1965; Alexander Gerschenkron, An Economic Spurt that Failed, Princeton-New York 1977.

133 Friedrich Hertz, The Economic Problem of the Danubian States. A Study in Economic Nationalism, London 1947; David F. Good, The Economic Rise of the Habsburg Empire 1750-1914, Berkeley-Los Angeles-London 1984. Vgl. zur Wirtschaftsgeschichte der Habsburgermonarchie auch: Roman Sandgruber, Ökonomie und Politik, Wien 1995; Ders., Die Anfänge der Konsumgesellschaft, Wien 1982; Günther Chaloupek/Peter Eigner/Michael Wagner, Wien. Wirtschaftsgeschichte 1740-1938, 2 Bde., Wien 1991.

liger Niederleger, die ihrerseits meist Ausländer gewesen waren. Fremde, vor allem "türkische" (bzw. griechische) Großhändler und jüdische Kaufleute standen außerhalb dieser Gremien, nur einigen Juden gelang es gegen Ende des 18. Jahrhunderts, in das Gremium der Großhändler Aufnahme zu finden. Einzelne errangen auch als "Hofjuden" eine besondere Stellung. Die Lage der anderen jüdischen Händler, die meist Kleinhändler waren, war jedoch keine besonders gute, da ihnen der dauernde Aufenthalt in Wien verwehrt war; erst mit dem Toleranzpatent besserte sich ihre Position. Die Aufwertung der Großhändler resultierte nicht in einer Verbesserung der Lage des Handelsstandes als solchem, sondern nur in dessen Spaltung. Durch die Adelung wurden die Großhändler über die bürgerlichen Kaufleute hinausgehoben, wodurch eher eine Abschichtung letzterer erfolgte. Diese Maßnahme wurde bereits von den Zeitgenossen kritisch kommentiert[134]. Sie ist aber in gewisser Weise symptomatisch für die Widersprüche der habsburgischen Wirtschafts- und Sozialpolitik.

Zwischen den alten hierarchisch-aristokratischen Strukturen, auf denen auch die Monarchie beruhte, und den Bestrebungen der aufgeklärten Fürsten zur Förderung neuer wirtschaftlich und staatspolitisch wichtiger Gruppen bestand ein Widerspruch sowie auch zwischen den zentralistisch-universalistischen Zielen der absolutistischen Herrscher und den partikularistisch-landständischen Strukturen. In dieser Situation betrieb die Krone eine Schaukelpolitik, die nur zu oft eine liberale Politik in bezug auf die Ökonomie mit absolutistischen und/oder feudalistischen Mitteln durchsetzen wollte; sie verfolgte eine Art von "liberalem Zentralismus" eines absolutistisch regierten Vielvölkerreiches, dessen Monarchen, insbesondere Joseph II., durchaus liberale Ideen rezipiert hatten.[135] Der Liberalismus konnte nur selektiv und begrenzt sein und mußte sich gleichzeitig mit dem Absolutismus verbinden. Beides stand in Gegensatz zu den sich mit ständisch-vertikalen Traditionen verbindenden dezentral-nationalen Interessen. Klare theoretische Aussagen über den Wirtschaftszusammenhang waren in dieser Situation kaum zu erwarten; nicht Rückständigkeit in bezug auf das neue ökonomische Wissen und auch nicht in bezug auf die wirtschaftlich-sozialen Ausgangsbedingungen des Reiches, sondern die divergierenden und widersprüchlichen Ziele und Interessenstrukturen waren dafür verantwortlich.

134 Siehe: Benedikt Franz Hermann, op. cit., S. 171.

135 Siehe: Christian Dirninger, Wirtschaftliche Integration als ambivalentes wirtschaftspolitisches Konzept des aufgeklärten Absolutismus, in: Gerhard Ammerer/H. Haas (Hg.), Ambivalenzen der Aufklärung, Wien-München 1997, S. 49-74.

Ein großes Hindernis für die Entwicklung des Binnenhandels waren die vielen Zollinien im Reich. Die Beseitigung der meisten Binnenzölle erfolgte 1775, aber auch die der Privilegien und Verbote war Voraussetzung für die Entwicklung des Handels im Inland. Eine Maßnahme waren neben der Liberalisierung des Hausierwesens die Detailverkaufsberechtigung für Produzenten, durch die den erbländischen Fabrikanten der Handel gestattet wurde, später dann auch der Kleinverkauf in allen Städten. Zu einer Neuordnung im kommerziellen Bereich kam es durch die Errichtung einer gemeinsamen Außenzollinie 1784 und die Reduktion des Fertigwarenimports. Weniger erfolgreich war man bei der Förderung des Fertigwarenexports, und die österreichischen Händler konnten nur in geringem Maße in den internationalen Austausch eingreifen. Das war aber auch gar nicht die Absicht der theresianisch-josephinischen Wirtschaftspolitik, die mehr auf Isolationismus als auf Außenhandelsintegration setzte. Dies zum einen deshalb, weil schon die Belebung des Handelsaustausches zwischen den einzelnen Ländern des Reiches eine große Aufgabe darstellte und zum anderen, weil der Förderung des Gewerbes und der Industrie im Inland vor der Ankurbelung des Außenhandels Priorität eingeräumt wurde.[136]

Wenig günstig war die starke Ausrichtung der Handelsbeziehungen nach Osten, insbesondere mit Teilen des Osmanischen Reiches, zumal England und Frankreich sich auch hier bereits die prosperierendsten Absatzmärkte gesichert hatten. Es zeigte sich, daß der Außenhandel Österreichs nach Osten stark von politisch-militärischen Ereignissen und Konstellationen abhängig war, und man darf wohl auch davon ausgehen, daß abgesehen von den großen Risiken, die aus diesem Grund für Händler und Transporteure erwuchsen, die Struktur der Exporte eher zu einer Konservierung traditioneller Gewerbe im Inland führte und wenig Impulse für den Aufbau moderner Industrien bot. Mehrere habsburgische Handelsgesellschaften operierten im Osten, ihr Aktionsradius war aber begrenzt und wo sie Erfolge erzielten, beruhten diese nicht auf Handel, sondern auf dem Betrieb von Gewerbeunternehmen. Erst die Expansion Rußlands sowie der Verfall des Osmanischen Reiches und Polen brachte Österreich eine etwas bessere Stellung im Außenhandel, insbesondere durch den Erwerb Galiziens, während sich der der unterentwickelten Bukowina nicht als Gewinn herausstellte.[137] Die Schwächung des Osmanischen Reiches

136 Vgl. hierzu: Manfred Sauer, Aspekte der Handelspolitik des "aufgeklärten Absolutismus", in: Herbert Matis (Hg.), Von der Glückseligkeit des Staates, Berlin 1981, S. 235-265.

137 Vgl.: Carl Grünberg, Studien zur österreichischen Agrargeschichte, Leipzig 1901.

reduzierte auch die Aktivitäten der türkischen Kaufleute im Reich und brachte die Gleichstellung der bisher aus fiskalischen Gründen beim Fernhandel mit dem Orient benachteiligten einheimischen Kaufleute. Und 1783 gelang es auch, für die Kaufleute aus dem Habsburgerreich in der Türkei umfangreiche Privilegien herauszuschlagen. Schließlich schufen englisch-französische Auseinandersetzungen und die Französische Revolution günstige Bedingungen für Österreich im internationalen Handel, insbesondere nach der Erwerbung Venedigs. Bis zum Tode Josephs II. 1790 kann man sagen, daß sich Österreich mit einigen Besonderheiten und regionalen Ungleichgewichten doch in Richtung eines Wirtschaftsaufschwungs, beginnender Entwicklung von Industrie und Gewerbe sowie Erfolgen im Handel aufgemacht hatte. Nach 1790 allerdings setzte eine Reaktion ein. Die Niederleger zogen sich aus Wien zurück, nachdem sie ihre Privilegien mehr und mehr gefährdet sahen. Auch wurden ihre Rechte und Monopole an die Auflage gebunden, daß sie Fabriken zu errichten hätten. Am Ende des 18. Jahrhunderts war daher der Niederlagehandel drastisch zurückgegangen. Der Wiederaufstieg Frankreichs kostete Österreich wieder Venedig. Erst ab 1815 konnte sich das Habsburgerreich mit Triest wieder als führende Handelsmacht im östlichen Mittelmeer etablieren, bis etwa Mitte der 30er Jahre, als die Engländer dann diese Position eroberten.

Die Ausweitung der Nachfrage, wie sie für England im 18. Jahrhundert konstatiert wurde, läßt sich auch auf dem Kontinent feststellen. Roman Sandgruber analysierte dies am Beispiel des Textilienmarktes in der zweiten Hälfte des 18. Jahrhunderts in Österreich.[138] Drei Dinge sind dabei für die Entstehung eines Massenmarktes als Voraussetzung anzusehen: der Aufbau entsprechender Vertriebssysteme, die Beseitigung von Kleiderordnungen und anderer Hemmfaktoren und das Entstehen von Mode als eine die Massennachfrage beeinflussende Größe. In England waren die Luxusgesetze schon im 16. Jahrhundert ohne Bedeutung, 1604 wurden sie endgültig abgeschafft. In Österreich hingegen kam es erst im 16. und 17. Jahrhundert zu Kleiderordnungen, wobei das Luxuspatent Leopolds I. von 1671, das eine genau nach Ständen abgestufte Kleiderordnung dekretierte, besonders erwähnenswert ist. Im 18. Jahrhundert wurden die Luxusgesetze gelockert, denn die bürgerlichen Schichten waren nun als Abnehmer der inländischen Erzeugnisse entdeckt worden. Sowohl die Wiener Kaufmannschaft wie die Hofkammer wandten sich daher gegen die

138 Roman Sandgruber, Massenproduktion und Ausdehnung des Marktes, in: Herbert Matis (Hg.), op. cit., S. 211-234. Siehe auch: Roman Sandgruber, Die Anfänge der Konsumgesellschaft. Konsumgüterverbrauch, Lebensstandard und Alltagskultur in Österreich im 18. und 19. Jahrhundert, Wien 1982; John Brewer/Roy Porter (eds.), Consumption and the World of Goods, London-New York 1993.

Absicht Maria Theresias, wieder Kleiderordnungen für die unteren Stände zu erlassen. Die Dynamik der Mode wurde von volkswirtschaftlicher Bedeutung. Die Ausbreitung bestimmter Konsummuster der "feinen Gesellschaft" im Volk resultierte in neuen Distinktionsbestrebungen der Elite. Solcherart zeichnete sich auch in der Habsburgermonarchie in der zweiten Hälfte des 18. Jahrhunderts die Entstehung einer "Konsumgesellschaft" ab, zumindest in den Erbländern, und förderte die Entwicklung der Textilindustrie. Diese war aber im Habsburgerreich nie die führende Industrie, hingegen spielte der Montansektor hier traditionsgemäß eine große Rolle, so daß es nicht zu demselben Industrialisierungsverlauf, wie er in England stattfand, kam. Technische Veränderungen vollzogen sich nur langsam, so arbeitete man in der schon 1672 gegründeten Linzer Wollzeugfabrik noch lange mit Spinnrädern und erst 1840 kam es zu einer teilweisen Mechanisierung mit Dampfkraft. Durch seine Größe und Monopolstellung hatte diese Manufaktur auch die Entstehung einer privaten Wollindustrie in den Erbländern verhindert, diese wich nach Mähren und Schlesien aus. Auch die Entwicklung der Baumwollindustrie wurde durch die staatliche Privilegienpolitik behindert. In Österreich nahmen hingegen die Rübenzuckererzeugung, die Glas- und Papierindustrie seit dem Ende des 18. Jahrhunderts einen starken Aufschwung.

Der Industrialisierungsprozeß wies im 18. Jahrhundert in Österreich die Form der Proto-Industrialisierung auf. Manufaktur, Verlag und Fabrik traten dabei weitgehend vermischt auf; nur allmählich und vereinzelt kam es zur Verwendung von neuen Techniken und Maschinen. Anzumerken ist hierbei, daß wohl von "Fabriken"[139] gesprochen wurde, die Produktion derselben jedoch bis ins späte 19. Jahrhundert eine Mischung aus zentralem Betrieb und dezentralisierter Hausindustrie, die für den "Fabrikanten" im Verlag arbeitete, darstellte. Das 18. Jahrhundert wurde auch das Jahrhundert der Frauenarbeit in Proto-Industrie und Manufakturen, wie auch der Kinderarbeit (Einrichtung von Fabrikswaisenhäusern und Spinnschulen). Roman Sandgruber[140] meinte, man müsse die erste Phase der Industriellen Revolution als das Resultat eines ungeheuren Disziplinierungsvorganges im Bereich der Landwirtschaft, der Warenproduktion, im militärischen Bereich (Volksheer) und der Verwaltung verstehen. Er spricht von der Periode zwischen 1750 und 1850 als dem "Jahrhundert des Fleißes", das sich im "Josephinismus" und in einer allgemeinen Steigerung der Arbeitsamkeit ausprägte. Die Arbeitszeit wurde verlängert

139 "Fabrik" war einfach ein privilegierter Gewerbebetrieb. Zwischen den Bezeichnungen "Fabrik" und "Manufaktur" wurde kaum unterschieden.

140 Roman Sandgruber, Ökonomie und Politik. Österreichische Wirtschaftsgeschichte vom Mittelalter bis zur Gegenwart, Wien 1995, S. 144.

(Abschaffung von Feiertagen unter Maria Theresia und Joseph II.) und betrug im Vormärz vierzehn bis sechzehn Stunden pro Tag.

Die Kommerzialisierung des Gewerbes war auch hier durch die Zunftrestriktionen behindert. Die merkantilistische Förderung der Inlandsproduktion zielte daher auf Lockerung derselben. Dennoch blieben die Zünfte formell bis 1859 bestehen, wenn ihre Autonomie auch seit dem "Reichsgesetz wegen der Abstellung der Mißstände bei den Zünften und Handwerken" von 1731 beseitigt war. Das Gesetz war jedoch wenig wirksam. 1732 folgte eine "Allgemeine Zunft- und Handwerks-Ordnung", die das Reichsgesetz für den Bereich "ob und unter der Enns"[141] konkret festlegte, aber auch sie war weitgehend bedeutungslos. Gewerbefreiheiten wurden dann vor allem von Joseph II. gewährt[142], aber noch nicht in Form einer systematischen Gewerbeordnung. Die Fabriken stellten daher noch lange Zeit Ausnahmeerscheinungen dar, sie standen in Widerspruch zu der religiös-sozial fundierten Handwerks- und Gewerbetradition. Auch aus diesem Grund waren viele der neuen Unternehmer aus dem Ausland gekommen. Die Arbeiterschaft in den Fabriksbetrieben bestand vielfach aus entwurzelten Individuen, Zuchthäusler und Waisen, ohne bürgerliches Selbstbestimmungsrecht. In den Fabriken, die in Grundherrschaften errichtet worden waren, wurde die Fabriksarbeit gleichsam als Robot eingefordert. Die Arbeiter erhielten oft nur Naturallohn oder ein geringes zusätzliches Entgelt.[143] Im Verlag arbeiteten Frauen und Kinder neben kleinen Meistern, "Störern" und Gesellen. 1808 wurde in Österreich die Industrialfreiheit beschlossen, was einen Schritt in Richtung Gewerbefreiheit bedeutete. In der Diskussion darüber wurde deutlich, daß die Vorstellungen, die man sich über die Industrialisierung in England machte, ein sehr negatives Bild, insbesondere in bezug auf die moralische und sittliche Verwahrlosung der Arbeiter, zeichneten. Diese Argumente wurden von den Gegnern einer liberaleren Politik begierig aufgegriffen und verstärkt. Im Vormärz wurde dann eine widersprüchliche Gewerbepolitik betrieben, die einerseits auf liberaler Wachstumspolitik, andererseits auf Wiederherstellung zünftischer Beschränkungen beruhte. Es kam zu einer Expansion des Kleingewerbes mit eher hausrechtlichen

141 Max Adler, Die Anfänge der merkantilistischen Gewerbepolitik in Österreich, Wien-Leipzig 1903, S. 105 ff.

142 Seit Jahrhunderten war auch schon die "Hofbefreiung" für Handwerker möglich, deren Produkte im Interesse der Politik des Hofes und der Hofökonomie lagen. Und auch die sogenannten "Störer" konnten, gegen eine Art Schutzgebühr direkt dem Landesfürsten unterstellt, ihr Gewerbe außerhalb der Zünfte durchführen. Ihre Zahl war auf Grund der zunehmenden Schließung der Zünfte seit dem Spätmittelalter erheblich angewachsen.

143 Max Adler, op. cit., S. 85 ff.

Zügen in bezug auf die Arbeitsbeziehungen. Die Betriebe arbeiteten teilweise direkt auf Bestellung und nur zum Teil auch für den Markt. Es waren eigentlich größere Handwerksbetriebe. Auf dem Land bestanden Verlag und Hausindustrie weiter neben vereinzelten Fabriken. Solcherart war die Wirtschaftsstruktur des Reiches, vor allem in den Erbländern, durch komplexe Beziehungen zwischen agrarischen Familienbetrieben, Kleingewerbe und sich entwickelndem industriellem Kapitalismus charakterisiert.

Es gab Ende des 18. Jahrhunderts zwei Gruppen, die sich der Produktion zuwandten: die Kaufleute einerseits und die "Fabrikanten" andererseits. Sie wurden von der Regierung auch unterschiedlich behandelt. Kaufleuten wurde das Recht zur Errichtung von Produktionsbetrieben gewährt, während die Verkaufsrechte der Fabrikanten eingeschränkt wurden. Erst Joseph II. erweiterte die Verkaufsrechte derjenigen Fabriken, die eine gewisse Größe erreicht hatten. Sie durften Niederlassungen in allen Hauptstädten der Erbländer errichten und ihre Produkte vertreiben. Sie wurden als "Landesfabriken" von den "Einfachen Produktionsbetrieben" unterschieden. Die Kaufleute neigten dazu, in verschiedenen Betrieben und Branchen zu investieren, was sich mitunter als riskant herausstellte. Der Anteil der Ausländer war relativ groß, und insgesamt besehen war die Unternehmerschaft ziemlich heterogen.[144] Unter ihnen befanden sich viele Juden und Protestanten, die sozial und politisch leicht abhängig gemacht werden konnten. Der Schweizer Calvinist Johann Fries handelte mit Maria Theresia-Talern, beteiligte sich an verschiedenen Betrieben und gründete schließlich ein Bankhaus. Zu erwähnen sind weiters Johann Georg Schuller, Nathan Arnstein, François Dunant, Johann Heinrich Offermann, Johann Josef Leitenberger u. a. Auch John Law wollte ursprünglich seine Projekte in Österreich durchführen und besuchte Wien zu diesem Zweck. Er hatte auch bereits diesbezügliche Kontakte angeknüpft, scheiterte letztlich aber an der Ablehnung des einflußreichen Prinzen Eugen von Savoyen. Erst dann wandte er sich nach Paris.[145] Ein Charakteristikum der Industrialisierung in Österreich war die Tatsache, daß Beamte in bezug auf die Initiative der Gründung von Unternehmen generell stark beteiligt waren. Sie leiteten oder sanierten staatliche Betriebe, führten neue Produktionsmethoden ein und gründeten auch mitunter eigene private Unternehmen. Das hatte Tradition im Habsburgerreich, denn als "Projektanten", als Beauftragten-Unternehmer, die neue Industrien und Manufakturen für den Adel oder

144 Vgl.: Josef Mentschl, Unternehmertypen des Merkantilzeitalters, in: Herbert Matis (Hg.), op. cit., S. 341-354.
145 Richard Kerschagl, John Law und Prinz Eugen, Wien 1956.

die Krone aufbauten, hatten sich auch schon Johann J. Becher und Wilhelm von Schröder sowie Philipp Wilhelm von Hornigk neben anderen betätigt.

Der Adel spielte in der wirtschaftlichen Entwicklung der Habsburgermonarchie eine nicht zu unterschätzende Rolle. Für das 18. Jahrhundert berichtet Roman Sandgruber[146] auch von einer ganzen Reihe adeliger Manufaktur-Unternehmer in Niederösterreich (Auersperg, Esterházy, Batthyány etc.). Sogar Franz Stephan selbst errichtete auf seinen Gütern Textil- und Keramikmanufakturen. Allerdings handelte es sich dabei in der Regel nur um ein finanzielles Engagement der Adeligen an diesen Unternehmungen, während die Leitung in der Hand von beauftragten Direktoren lag. Insbesondere die Hocharistokratie der böhmischen Länder hatte sich im 18. Jahrhundert als führend in der industriellen Entwicklung erwiesen. Auf ihren Ländereien errichteten die Adeligen Fabriken und Verlagssysteme und konnten auf ihre Untertanen als Arbeitskräfte zurückgreifen, weshalb man hier oft von "Hörigenindustrie" spricht. Es war dies in gewisser Weise eine Facette der Gutswirtschaft des Ostens, ermöglicht durch die relativ großen Dominikalanteile.

In sozialer Hinsicht schloß sich zwar der kleine Kreis der Hocharistokratie auch im 19. Jahrhundert streng ab, aber darunter begannen sich die ständischen Schranken zu verschieben, wenn sie als solche auch durchaus aufrecht blieben. Die wirtschaftlichen Veränderungen bewirkten aber gewisse Wandlungen auch in den Strukturen. Die "zweite Gesellschaft" unter der Hocharistokratie wurde zu einer gemischten Gesellschaft aus hohen Bürokraten, Offizieren, Großhändlern, Bankiers und Großindustriellen, wobei insbesondere unter Joseph II. vielen reichen Bürgerlichen die Erhebung in den Adelsstand gelang. Dies war vor allem für die "Geldaristokratie" typisch, während unter den Großindustriellen nur relativ wenige Neu-Adelige waren.[147]

Der Finanzsektor hatte eine traditionell enge Beziehung zum Herrscherhaus. Die Doppelidentität des Staates als Schuldner und als Obrigkeit, die die Gesetze erließ, schuf eine Rechtsunsicherheit, in der ein langfristiges Gedeihen der Bankiershäuser nicht möglich war.[148] Die ständige Finanzmisere des Staates ließ die Idee einer

146 Roman Sandgruber, Ökonomie und Politik, Wien 1995.
147 Ernst Bruckmüller, Sozialgeschichte Österreichs, Wien-München 1985.
148 Die prekäre Stellung der Bankiers in bezug auf die Fürsten wird auch durch das Schicksal Samuel Oppenheimers, des Hofkriegsfactors der Habsburger im 17. Jahrhundert belegt. Immer wieder zahlte der Hof die Kredite nicht zurück, sondern zog es vor, gegen Oppenheimer Anklage wegen Übervorteilung zu erheben. 1703 ging Oppenheimer in Konkurs, was eine Wirtschaftskrise auslöste. Ähn

eigenen Bank entstehen, was 1703 zur Gründung des Banco del Giro in Wien führte, dem zwei Hocharistokraten als Kontrollorgane und ein Bankkollegium, bestehend aus Vertretern der Hofkammer, der niederösterreichischen Landesregierung, dem Wiener Magistrat und dem Wiener Handelsstand, vorstanden. Die Girobank wollte die Finanzmisere des Staates durch die Ausgabe von Assignaten lösen, ging aber sehr bald wieder zugrunde. Ein erfolgreicheres Schicksal war der Wiener Stadtbank von 1706 beschieden, die dann 1762 dazu überging, Bankzettel, numerierte Inhaberpapiere ohne Verzinsung, auszugeben. Die Verknüpfung von Krone und Finanzinstitutionen zeigte sich 1716 in dem Zusammenschluß von Hofkammer und Universal-Bancalität, einer Schöpfung Karls VI., in der "Finanzkonferenz". 1759 gab es dann endgültig keine vom Staatsvermögen gesonderte Bankdotation mehr. In der Reform der Finanzverwaltung durch Haugwitz 1748 wurden Camerale, Contributionale und Justiciale in der "Direction in publicis et cameralibus" vereinigt. Die Konkurrenz der einzelnen Amtsbereiche bzw. deren Inhabern um Macht und Einfluß wirkte sich allerdings nicht günstig aus.[149] Die endgültige Zentralisation der Finanzverwaltung wurde nicht vollzogen, möglicherweise weil die Kaiser keine so mächtige Institution wie ein allgemeines Wirtschaftsministerium wollten. 1771 kam es auch in Österreich zur Gründung einer Börse, und zwar auch aus Gründen der Staatsverschuldung. Nachdem die Staatsobligationen für unkündbar erklärt wurden, wurden nicht zurückgezahlt, sondern konnten nur im Privatverkehr weiterverkauft werden. Nun entstanden auch Privatbanken (Fries, Geymüller, Arnstein, Eskeles) und es kam zur Trennung von Bank- und Handelsgeschäft. Jüdische Kapitalisten engagierten sich unter Joseph II. stärker, unter ihnen insbesondere Salomon Rothschild, der zum führenden Bankier Österreichs wurde und dann auch in Industrieunternehmen investierte. Die Banken waren stark durch die Politik des Fiskus und die bedeutende Stellung der Hocharistokratie bestimmt. Sie schlossen sich oft zu Kompanien zusammen, um das Risiko zu mindern. Mitunter kam es auch zur Verbindung der Bankiers mit Handwerkern bzw. Technikern, um Produktionsbetriebe zu gründen. 1787 wurde die Wiener Commerzial-, Leih- und Wechselbank unter führender Beteiligung des Hochadels als Aktiengesellschaft gegründet. Sie finanzierte ihrerseits wieder die 1802 gegründete Pottendorfer Baumwollspinnerei, ging aber 1830 endgültig zugrunde. Auch die erste Aktienbank, die "Commercial-Leih- und Wechselbank" (Bargum-Bank) von 1786, hatte als Hauptaktionäre neben Bargum selbst die Fürsten Schwarzenberg, Colloredo-Mannsfeld und Graf Nostiz.

lich erging es auch Simson Wertheimer, dem Neffen Oppenheimers.

149 Zu diesem Schluß gelangt auch: Peter L. Berger, Finanzwesen und Staatswerdung. Zur Genese absolutistischer Herrschaftstechnik in Österreich, in: Herbert Matis (Hg.), op. cit., S. 105-136.

Erst 1816 kam es zur Gründung der Nationalbank als Aktiengesellschaft und ihre Banknoten verdrängten allmählich das alte inflationäre Papiergeld.

Der aufgeklärte Absolutismus in Preußen und Österreich vereinigte Bestrebungen zur Zentralisierung und Stärkung der Krone gegen die Stände und Zünfte mit einer Rationalisierung der Verwaltung und der Übernahme von Aufgaben in bezug auf Ordnung, Wohlfahrt und Wirtschaftspolitik durch den Staat. Er ging einher mit einer fachlichen Gliederung der Verwaltung durch berufsmäßige Beamte ohne Appropriation des Amtsvermögens und der Unmittelbarkeit der Beziehung aller Bürger zum Staat.[150] Dafür wurde auch die Entstehung eines geschulten Beamtenstandes wichtig und in diesem Zusammenhang kam es zur Akademisierung des Kameralismus. Dem Beispiel von Preußen, Hessen und Schweden folgend richtete auch Österreich Ausbildungsgänge für Beamte ein. Nachdem der Kameralismus zur akademischen Disziplin geworden war - in Preußen schon ab 1727 - traten curriculare Bemühungen in den Vordergrund, und es entstanden Lehrbücher. Unter den zahlreichen Autoren wie Simon Peter Gasser, Justus Christoph Dithmar oder Georg Heinrich Zincke ragte insbesondere Johann Heinrich Gottlob von Justi hervor. 1763 wurde auch in Wien ein Lehrstuhl für Kameralistik eingerichtet, den Joseph von Sonnenfels übernahm. Die Perspektive war auf die postulierte Harmonie von Fürsteninteresse, Glück und Wohlstand des Volkes im Sinne eines absolutistisch-monarchischen Wohlfahrtsstaates gerichtet. In der Realität hatten diese Kameralisten wenig direkten Einfluß auf die Art und Weise der Landesverwaltung, denn gleichzeitig vollzog sich die Abtrennung des Kameralismus von der praktischen Politik und Verwaltung. Der Rückzug an die Universitäten begünstigte aber die Systematisierung und theoretische Durchdringung und führte zur Spezialisierung innerhalb der kameralwissenschaftlichen Disziplinen in die Polizei-, Wirtschafts- und Verwaltungslehre. Damit war auch ein Schritt in die Richtung der Entwicklung einer eigenen Volkswirtschaftslehre getan, die aber noch auf den Staat und sein Handeln orientiert blieb. Dies war durch die Ausweitung der Hofökonomie zur Landesökonomie im Kameralismus und die Einbeziehung des Handels in die Vorstellungen vom allgemeinen Nutzen und von Wohlstand und Macht eines Landes im Merkantilismus vorbereitet worden. Ideengeschichtlich kam es zur Verbindung der beiden Stränge der seit der Antike getrennten Traditionen des Denkens, der "oikonomia" und der Markt- und Handelslehre. Im Kameralismus wurde der Handel in die Landesökonomie einverleibt und zum "Kommerzienwesen". Die Orientierung am

150 Für Österreich siehe: Ignaz Beidtel, Geschichte der österreichischen Staatsverwaltung 1740-1848, 2 Bde., Innsbruck 1896-1898.

Handel in diesem "öffentlichen", gemeinwohlbezogenen Sinn fand sogar Fürsprecher, die ihn zum Gegenstand einer neuen Wissenschaft, der Handelswissenschaft, machen wollten, und zu Beginn des 18. Jahrhunderts wurde die Einrichtung von "Professores Mercaturae" an den Universitäten angeregt. Die nächste entscheidende Veränderung im Begriff der Ökonomie erfolgte durch die im Zuge der Industrialisierung bewirkte Umorientierung auf die Produktion als Leitprinzip der Wirtschaft. Im Unterschied zu der sich bei den britischen Nationalökonomen und den französischen Physiokraten abzeichnenden Betonung der "natürlichen" Ordnung der Wirtschaft, war der Kameralismus am Staatshandeln orientiert. Aber auch im deutschen Kameralismus gab es eine Ambiguität zwischen der Anerkennung der Führungsrolle des Staates, d. h. des staatlichen Großhaushalts, und der auch hier existierenden Vorstellung einer "natürlichen Wirtschaft", wie etwa schon bei Becher, und Sonnenfels trennt dann zwischen der Staatsfinanz und dem Markt als dem Objekt der Handlungswissenschaft.[151]

Der bedeutendste Kameralist in Wien war zunächst der am Theresianum lehrende Johann Heinrich Gottlob von Justi.[152] Justi stellte Polizei- und Finanz- oder Kameralwissenschaft einander gegenüber; daneben gab es noch die "Staatskunst" und die Kommerzienwissenschaft. Die Finanzwissenschaft wurde zusammen mit der Hauswirtschaftslehre und der Landwirtschaftslehre zur "Oekonomie"; dieser Begriff wurde also noch im traditionellen Sinn gebraucht. Justi ging es weniger um praktische Zwecke als um die curriculare Systematisierung. Höchster Staatszweck sollte die Verwirklichung der "allgemeinen Glückseligkeit" sein, der auch Justis Wirtschaftsauffassung untergeordnet wurde. Sie beruhte vor allem auf äußerer und innerer Sicherheit und auf dem Reichtum des Staates. Das Streben nach Glückseligkeit war auch in England der Motor allen wirtschaftlichen Handelns, führte dort aber zu jener Auffassung, die als "Utilitarismus" bekannt wurde. Sowohl das Glücksstreben als auch die Betonung der Sittlichkeit sind bei Justi "durchstaatlicht"[153], denn nicht nur der materielle Reichtum des Landes, sondern auch die Fähigkeiten der im Staat lebenden Menschen, diese Menschen selbst, gehörten zum Vermögen

151 Joseph von Sonnenfels, Grundsätze der Polizey, Handlung und Finanz, 5. Aufl., Wien 1786 (urspr. 1765).

152 Johann Heinrich Gottlob von Justi, Staatswissenschaft: oder systhematische Abhandlungen aller ökonomischen und Kameralwirtschaften, die zur Regierung eines Landes erfordert werden, 1. Neudruck der 2. Aufl., Leipzig 1758 (Aalen 1963).

153 Louise Sommer, Die österreichischen Kameralisten in dogmengeschichtlicher Darstellung, Bd. 2, Wien 1920, S. 226 ff.

des Staates.[154] Der Kameralismus fußte in der absolutistischen Staatstheorie Pufendorffs, die die oberste Verfügungsgewalt des Herrschers über alles private wie öffentliche Vermögen festlegte.

Reichtum schaffte laut Justi das Gewerbe, wobei er diesen Begriff zwar sehr weit verstand, aber doch als eine Kombination von "Gütern" und "Geschicklichkeit", also als Produktion. Damit verschob sich die Betonung der reichtumschaffenden Tätigkeiten weg vom Handel, wie bei den älteren Merkantilisten, hin zur Produktion, zur güterschaffenden Betätigung. "Geschicklichkeit" umfaßte manuelle Fertigkeiten und psychische Dispositionen, weshalb Justi der Hebung des "sittlichen Zustandes" der Bevölkerung große Bedeutung beimaß, was durchaus beinhaltete, daß schon Kinder in den gewerblichen Prozeß integriert werden sollten. Wie schon im 17. Jahrhundert wurde in der Vergrößerung der Bevölkerung eine der wichtigsten Bedingungen nationalen Reichtums erblickt. Technisch-methodische Rationalisierung wurde nur in bezug auf die Landwirtschaft als wichtig angesehen, damit die Ziele der Bevölkerungspolitik erreicht werden könnten. In der Industrie selbst wurde der technische Fortschritt hingegen skeptisch bis ablehnend betrachtet. Justi erblickte den Reichtum in den Gütern, nicht primär im Geld, d. h. hätte ein Land erst Überfluß an Gütern, würde es ihm auch nicht an Geld ermangeln. Er maß daher auch den Veränderungen in der Relation Gütermenge-Geld und damit der Kaufkraft große Bedeutung zu. Teuerungen sah er primär durch zu geringes Güterangebot, insbesondere im Bereich der Landwirtschaft begründet. Er stellte sich die Förderung des Gewerbes in Form eines Manufakturhauses (ähnlich wie schon Becher und Schröder) vor, in dem die Handwerker bzw. Kaufleute ihre Produkte sofort zu einem "gerechten Preis" verkaufen und von dem sie Rohstoffe billig beziehen könnten.[155] Hier sollten sie auch Maschinen benützen können, deren Anschaffung für den einzelnen zu teuer wäre, er sah also eine Art "Technologiepool" vor.

Den absolutistischen Staat und seine Politik sah Justi als Gestalter der Gewerbeförderung, die Entwicklung der Industrie sollte keinesfalls sich selbst überlassen bleiben. Die Gründung von Manufakturen und Fabriken durch geeignete Maßnahmen war Justi zufolge die Voraussetzung auch für die Steigerung des Außenhandels. Er sah die gewerblich-industrielle Entwicklung als weit wichtiger an als die "Commercien" selbst. Auch war ihm der Binnenhandel, der direkt mit der gewerblichen Entwicklung verbunden war, von größerer Bedeutung als der Außenhandel. Er for-

154 Johann Heinrich Gottlob von Justi, op. cit., S. 160.
155 Johann Heinrich Gottlob von Justi, Von Manufakturen und Fabriken, 2 Bde., 2. Aufl., Berlin 1780.

derte daher die freie Entwicklung des Zwischenhandels und befürwortete eine Zollpolitik, die den Aufbau der Industrie fördern sollte; allerdings trat er nicht für generelle Importverbote ein. Justi hob besonders die stimulierende Wirkung der Besteuerung hervor und folgte Montesquieu, der Staatsverfassungen und Art und Ausmaß der Besteuerung miteinander in Beziehung gesetzt hatte.[156] Er wich aber in charakteristischer Weise von Montesquieu ab, indem er vor zu niedrigen Steuern warnte und die wohlfahrtsstaatlichen Aufgaben des Staates unterstrich. Anders als viele Steuerpolitiker seiner Zeit lehnte er die Akzise, die indirekte Steuer auf Waren und Dienstleistungen, ab und empfahl an ihrer Stelle eine Gewerbesteuer, weil er die partielle Preissteigerung gewerblicher Produkte der allgemeinen Teuerung auf Grund der Akzise vorzog.

Joseph von Sonnenfels war 1763 bis 1780 Professor für "Policey- und Kameralwissenschaften", einer neuen Lehrkanzel an der Universität Wien. Er sah in seiner Systematik der Wissenschaften die Staatswissenschaften als dominierend an, weil sie als Grundprinzip die anderen Disziplinen miteinander verbinden. Alle anderen Wissenschaften stehen daher im Dienste der Staatswissenschaft. Drei (statt wie bei Justi zwei) Teile differenzierte er im Gebiet der eigentlichen Staatswissenschaften: Polizeiwissenschaft, Handlungswissenschaft und Finanzwissenschaft. Wie Justi zeigte Sonnenfels also eine eindeutige Staatsorientierung; anders als dieser suchte er aber nicht nach einer naturrechtlichen Begründung der Staatswissenschaften, sondern orientierte sich am real Existierenden, das er zur Norm erhob. Darin manifestierte sich der Einfluß der englischen Empiriker auf Sonnenfels. In seinem ökonomischen Denken war Sonnenfels stark von dem französischen Spätmerkantilisten Véron de Forbonnais und dessen "Elements de Commerce" von 1754 beeinflußt.[157] Neben den Werken der französischen Spätmerkantilisten kannte Sonnenfels zumindest aus sekundären Quellen auch die physiokratische Literatur, sowie die wichtigsten englischen und französischen Werke. Auch Adam Smith rezipierte er in seinen späteren Jahren. Wenngleich auch Sonnenfels die "allgemeine Glückseligkeit" als Endzweck des Staates betrachtete, so verlangte er andererseits nach einem konkreten Beurteilungsmaßstab, durch den man Anspruch und Realität vergleichen könne. Politik war ihm eine auf nationaler Ebene zu betreibende Praxis, die sich auf Wissenschaft stützen sollte. Die Annahme einer restlosen Rationalisierung des sozialen Le-

156 Charles-Louis de Montesquieu, De l'esprit des lois, Paris 1956 (urspr. 1748).

157 Hildegard Kremers hebt die Einflüsse durch englische und französische Autoren auf die österreichische Kameralistik hervor. Hildegard Kremers, Das kameralistische Werk von Joseph von Sonnenfels, in: Helmut Reinalter (Hg.), Joseph von Sonnenfels, Wien 1988, S. 171-190.

bens wies ihn als Aufklärer aus, wie Condorcet und später Comte. Bei Sonnenfels zeichnete sich auch eine Gesellschaftsauffassung ab, die den Staat als Stufe in der Entwicklung der Gesellschaften versteht. Sonnenfels orientierte sich dabei insbesondere an Adam Ferguson, während er Rousseaus Ideen ablehnte. Auf der anderen Seite aber sah er auch jede Beschränkung der Staatsgewalt, sowohl die Gewaltenteilung als auch die Volkssouveränität, als negativ an. Gesellschaft und Staat wurden als untrennbar gesehen; das Wohl der einzelnen kann nur in und durch den Staat ermöglicht werden, einen Staat allerdings, der ein "aufgeklärter" sein muß.[158] Sonnenfels rezipierte und kommentierte die englischen und französischen Theorien seiner Zeit, aber die liberalistischen Tendenzen darin nahm er zugunsten eines Festhaltens an kameralistisch-absolutistischer Orientierung nicht an. Sonnenfels kombinierte die kamerale Verwaltungsauffassung mit merkantilistischen Wirtschaftselementen. Wie Justi hob er die Entwicklung des Binnenhandels hervor und trat für Förderung der Handelsbetätigung der Bevölkerung ein, wobei er besonders auf den Adel Bezug nahm, der sich vermehrt dem Handel zuwenden sollte. Das war nur durch gesellschaftliche Aufwertung des Bürgertums, der Kaufleute, insbesondere aber der Handelstätigkeit als solcher möglich. Die Orientierung am Binnenhandel veranlaßte Sonnenfels, sich auch Gedanken über die Entwicklung des Inlandsmarktes, der Preisbildung und der Löhne zu machen. In bezug auf letztere sah er sehr wohl, daß die Inlandsnachfrage von der Einkommensentwicklung der Massen abhängig war und trat daher für die Erhöhung der Löhne über das Existenzminimum hinaus ein. Auch die Förderung der Konkurrenz, die Sonnenfels allerdings "Zusammenfluß" (frz. "concurrence") nannte, erschien ihm als wichtig für die Entwicklung eines funktionierenden Binnenmarktes. Und schließlich forderte er auch eine stärker auf die ökonomische Betätigung abzielende Ausbildung, denn die Fähigkeiten der Menschen eines Staates seien eigentlich dessen Reichtum, den er als Beschäftigungspotential verstand. Dementsprechend stellte er der numerischen Handelsbilanz die "Bilanz des Vorteils" gegenüber. Die Bedeutung von Maschinen und Arbeitsteilung schätzte er nicht besonders hoch ein, was wohl auch auf Grund der expansiven Bevölkerungspolitik in Österreich erklärbar war. Auch die physiokratischen Lehren wies er mit der Begründung zurück, daß es nicht auf die "natürliche" Produktivität, sondern auf die Beschäftigungsvermehrung ankomme. Nicht die Gewinnung, sondern die Umformung der Rohstoffe sei die eigentlich produk-

158 Joseph von Sonnenfels, Betrachtungen eines österreichischen Staatsbürgers an seinen Freund (1793), S. 145-183, in: Hildegard Kremers (Hg.), Joseph von Sonnenfels. Aufklärung als Sozialpolitik: ausgewählte Schriften aus den Jahren 1765-1798, Wien-Köln-Weimar 1995, S. 181.

tive Tätigkeit und bedeute eine Steigerung der Marktfähigkeit. Er verwies dabei auf die marktmäßige Verschränkung von Landwirtschaft und Industrie. Gewerbe- und Industrieproduktion sah er als wichtig an, wenn auch weniger dezidiert als Justi. Jede Form von Arbeit, ob händisch-materiell oder geistig-immateriell wurde darüber hinaus als produktiv angesehen, sofern sie zur Marktfähigkeit eines Gutes oder einer Leistung führt.

Eine Bedingung für die Entwicklung des Binnenmarktes und die Entfaltung der Wirtschaftskräfte des Staates war in Sonnenfels' Verständnis auch die Vergrößerung der Kapitalbasis durch Steuerreform und Zinssenkung. Sonnenfels hob die Kapitalfunktion des Geldes hervor, das einen Produktionsfaktor darstelle und gleichzeitig selbst Ware sei. Allerdings stand er auch der Anhäufung großer Kapitalien in wenigen Händen ablehnend gegenüber, wichtig erschien ihm vielmehr die Bildung eines breiten Mittelstandes. Er sah die Preisinflation in sozialdistributiven Ungleichgewichten begründet, nicht in einer übermäßigen Anheizung des Konsums. Vor einer Einschränkung des Konsums warnte er sogar und empfahl vielmehr eine gleichmäßigere Verteilung des Reichtums.[159] Diese Berücksichtigung des Distributionsproblems war in der merkantilistisch-kameralistischen Orientierung der Zeit durchaus unüblich. Die Bedeutung, die Sonnenfels dem Konsum beimaß, ließ ihn auch für die vollkommene Steuerfreiheit des Existenzminimums eintreten, wobei er von einem sozial differenzierten Existenzminimum ausging. Auch stellte er den Grundsatz auf, die Steuerpolitik solle sich nicht danach richten, was die Untertanen geben können, sondern vielmehr danach, womit die öffentliche Verwaltung auskommen könne. Die Besteuerung dürfe andererseits aber auch nicht die bestehenden Ungleichheiten vergrößern, sondern diese sogar verringern, wobei insbesondere die Besteuerung der arbeitenden Klassen niedrig zu halten sei. In bezug auf seine Steuerlehre waren Sonnenfels' Vorstellungen also durchaus als fortschrittlich und sozial zu bezeichnen.

Kameralismus und Merkantilismus sind, worauf auch Louise Sommer hinwies[160], keineswegs als eine mit Sonnenfels abgeschlossene "vorwissenschaftliche" Phase ökonomischen Denkens zu werten. Zwar kam es um 1848 zu einer Veränderung des Curriculums der Wiener Universität, als die Einheitlichkeit auf Basis des Sonnenfelsschen Systems aufgegeben wurde. Andererseits gingen kameralistische Ideen und Traditionen in die Staatswissenschaften der Folgezeit über. Die Vorstellungen,

159 Siehe: Joseph von Sonnenfels, Grundsätze der Polizey, Handlung und Finanz, 5. Aufl., Wien 1786 (urspr. 1765).

160 Louise Sommer, op. cit., S. 458/459.

die die Kameralisten in bezug auf Ökonomie vertraten, waren zwar eng mit der Wirtschaftspolitik der absolutistischen Staatswesen verbunden und zeigten auch Besonderheiten der jeweiligen politischen und ökonomischen Situation. Sie enthielten aber auch Elemente, die in den Argumenten im Rahmen späterer Diskussionen immer wieder auftauchten.

Vorspiel zur Soziologie der Moderne: Altständische und frühbürgerliche Gesellschaft

Die Französische Revolution war der gewalttätige Ausdruck eines tiefen Widerspruchs der Gesellschaften des 18. Jahrhunderts, der in den Begriffen, die Historiker für diese Epoche verwenden, "altständische Gesellschaft" und "frühbürgerliche Gesellschaft", zum Ausdruck kommt. Das 18. Jahrhundert war nicht, wie man in evolutionärer Sicht annehmen könnte, der Übergang von der einen zur anderen, sondern vereinte beide in sich. Es steht gleichzeitig für eine Feudalgesellschaft mit betont starren ständischen Schranken und die Herausbildung einer bürgerlichen Gesellschaft oder "Zivilgesellschaft". Das Zeitalter vereinte in sich das "Alte" und das "Neue" und brachte daher sowohl die Erfindung der "Tradition" als auch die des Fortschritts. In England war hingegen der revolutionäre Schritt zur bürgerlichen Gesellschaft schon im 17. Jahrhundert erfolgt, hier kam es im 18. Jahrhundert zu einer Verfestigung der noch bestehenden sozialen und vor allem kulturellen Schranken zwischen Aristokratie und Volk.

Zwei Merkmale werden oft mit der vormodernen Gesellschaft in Europa verbunden, die ständische Gesellschaftsordnung und die Sozialorganisation des "ganzen Hauses". Den Begriff des "ganzen Hauses" verwendete zunächst Wilhelm Riehl[161] in seiner Beschreibung deutschen Volkslebens, die er in der Absicht unternahm, der Staatswissenschaft ihr materielles Kernstück, die "Wissenschaft vom Volke" zu vermitteln. Riehl sah in seiner Zeit die Reste der bäuerlichen Gemeinschafts- und Genossenschaftsformen, die das "Haus" als Einheit hatten. Für ihn bedeutete dies nicht primär die Abgeschlossenheit und Autarkie des einzelnen Hauses, sondern das gemeinschaftliche Zusammenleben in Haus-, Nachbarschafts- und Dorfverband. Otto Brunner[162] verwendete den Begriff des "ganzen Hauses", um die lokale Bezogenheit und gleichzeitig Einheit von Zusammenleben und Wirtschaften der alten

161 Wilhelm H. Riehl, Die Naturgeschichte des Volkes als Grundlage einer deutschen Social-Politik, 3. Buch: Die Familie, 3. Aufl., Stuttgart 1861, S. 177 ff.

162 Otto Brunner, Das "ganze Haus" und die alteuropäische "Ökonomik", in: Ders., Neue Wege der Verfassungs- und Sozialgeschichte, 3. Aufl., Göttingen 1980 (urspr. 1956), S. 103-127.

"Ökonomik" auszudrücken. Auch die zünftischen Handwerkerhaushalte und das Bild, das die Hausväter-Literatur zeichnete, die auf die Bedingungen adelig-grundherrlicher Höfe bezogen war, stellten Modellvorstellungen dar, die in den Begriff vom "ganzen Haus" eingingen. Verglichen mit der empirischen historischen Realität etwa im Hinblick auf tatsächlich auffindbare Familienstrukturen wird der typisierend-generalisierende Charakter des Begriffs deutlich. Michael Mitterauer hat am Beispiel von Salzburg-Land und Salzburg-Stadt[163] gezeigt, daß es auch in Spätmittelalter und früher Neuzeit verschiedene Familienformen bis hin zu Kernfamilien gegeben hat. Es überrascht nicht, daß sich diese in größerem Maße im städtischen Bereich fanden, wo es auch zu allen Zeiten Lohnarbeiter gab. Valentin Gröbner hat am Beispiel Nürnbergs im 15. Jahrhundert gezeigt, daß die harmonisierende Vorstellung vom "ganzen Haus" auf einen doch beträchtlichen Teil der städtischen Bevölkerung nicht zutraf.[164] Wir finden in der Geschichte immer eine Vielzahl unterschiedlicher sozialer Organisationsformen, die mit verschiedenen Wirtschafts- und Lebensweisen, verschiedenen Regionen, Kulturen und Gruppierungen verbunden waren. Sowohl die Familienstrukturen als auch die Haushaltsformen waren in vorindustrieller Zeit vielgestaltig, so daß generelle Aussagen wie Orientierungen am "ganzen Haus" und erweiterte Familien für vorindustrielle Gesellschaften und Kernfamilien und -haushalte in Industriegesellschaften differenzierungsbedürftig erscheinen. Otto Brunner zielte darauf ab, die Wesensmerkmale der Lebens- und Wirtschaftsform des Mittelalters "als Ganzes" zu erfassen, als Staat und Gesellschaft noch nicht getrennt waren. Seine primäre Intention dabei lag in der Infragestellung der Übertragung von Begriffen des 19. Jahrhunderts auf das Mittelalter, also in begriffsgeschichtlicher Problematik. Nur so macht der Begriff des "ganzen Hauses" Sinn, d. h. er darf nicht als realgeschichtliche Generalisierung vormoderner Gesellschaft mißdeutet werden. Aber auch die Konstruktion des "Mittelalters als Ganzem" ist problematisch und kann nur dazu führen, "neu" und "alt" begrifflich zu trennen. Damit gehört diese Begriffssprache in den neuzeitlichen Kontext des 18. Jahrhunderts und seiner Konstitution der "Geschichte".[165] Was Otto Brunner letztlich am Mittelalter faszinierte, war "das *Volk* in der Ganzheit der alle Seiten seines Lebens gestaltenden Ordnungen"[166], also eine visionär-ideologische Schöpfung und nicht die historische Realität. Das Haus ist in allen Kulturen und

163 Michael Mitterauer, Vorindustrielle Familienformen, in: Ders., Grundtypen alteuropäischer Sozialformen, Stuttgart-Bad Cannstatt 1979, S. 35-97.

164 Valentin Gröbner, Ökonomie ohne Haus, Göttingen 1993.

165 Siehe dazu auch: Reinhart Koselleck, Vergangene Zukunft. Zur Semantik geschichtlicher Zeichen, 2. Aufl., Frankfurt/Main 1984.

166 Otto Brunner, Land und Herrschaft, Baden b. Wien 1939, S. 193.

Regionen die äußere Hülle für die sozialen Beziehungen, insbesondere die Familienbeziehungen, und die besondere Art derselben drückt sich auch in seiner Architektur aus.[167] Das Haus überdauerte Generationen und wurde zum Symbol einer Familie, es erlebte aber auch wechselnde Besitzer und blieb das Beharrende inmitten des Wandels. Es war solcherart ein Kulturelement größter Bedeutung, aber nur in Deutschland wurde es auch zum romantischen Mythos des Volkslebens.

Lothar Gall meint, daß die mitteleuropäische Gesellschaft des 18. Jahrhunderts "noch" als ständische Gesellschaft anzusehen sei, weil dem geburtsständischen Prinzip weiterhin dominante Bedeutung in bezug auf Ausgangslage und Lebensweg der Menschen zukam. Der Stand sei "in bezug auf die politisch-soziale Welt eine abgrenzbare soziale Gruppe in einem bestimmten gesellschaftlichen Gesamtsystem, eben dem ständischen, und zwar unter immanenter Bezeichnung ihres Platzes in diesem System, sprich in der politisch-sozialen Hierarchie".[168] Diese Definition betont das gesellschaftliche Gesamtsystem, die Einordnung der Stände in dieses und ihre vertikalen Beziehungen zueinander. Eine andere Definition betont die unterschiedlichen Lebensformen der Stände: "Die altständische Gesellschaft zerfiel in Stände, die in sich jeweils eigene Korporationen bildeten; spezifische Wertorientierungen, eigene Ehrbegriffe, Verhaltensformen, Gruppensymbole und Bräuche, ja besondere Rechtsnormen und Standesgerichte konstituierten sie."[169] Die unterschiedliche Schwerpunktsetzung in den beiden Aussagen verweist auf die Unterschiede im Begriff des Standes im Laufe seiner Geschichte. Schon in der Antike gab es Stände im korporativen Sinn, im Mittelalter legten Theologen sich eine zwischen Himmel und Erde als Kontinuum gedachte Ordnung zurecht. Während der langen Jahrhunderte vor der Moderne gab es für alle praktischen Zwecke ständische Vorrechte, Pflichten, Bräuche, Sitten etc., aber keine "ständische Gesellschaft", weil es keine "Gesellschaft" als integriertes Ganzes im Sinne des 18. Jahrhunderts gab. Die Idee der "ständischen Gesellschaft" entstand erst in einem Prozeß, der vom 16. Jahrhundert bis ins 18. Jahrhundert dauerte. Er setzte die Zentralisierung und Territorialisierung des politischen und rechtlichen Lebens und den absoluten Staat voraus. Erst in diesem konnte sie zur "Gesellschaftsordnung" (und nicht zur Ordnung der Menschen, der Welt oder des Himmels) werden. Erst in dieser wurden die Stände, die sich als soziale Gruppen seit dem Hochmittelalter

167 Vgl. dazu etwa auch: Alain Collomp, Wohnverhältnisse und Zusammenleben, in: Philippe Ariès/Georges Duby (Hg.), Geschichte des privaten Lebens, Bd. 3: Von der Renaissance zur Aufklärung, Frankfurt/Main 1991, S. 497-533.

168 Lothar Gall, Von der ständischen zur bürgerlichen Gesellschaft, München 1993.

169 Wolfgang Ruppert, Bürgerlicher Wandel, Frankfurt/Main 1983, S. 22/23.

entwickelt hatten, im profanen Staat zu "staatstragenden" Gruppierungen und entsprechend durch Gesetze, Privilegien, äußere Zeichen und sprachliche Wendungen institutionalisiert. Die ungleiche Ordnung der Menschen wurde staatsterritorial eingegrenzt und in diesem Sinne als statisch definiert. Tatsächlich war die berufliche und soziale Mobilität wahrscheinlich geringer als im Mittelalter oder im 17. Jahrhundert; das war eine Folge der weitgehenden Schließung der Zünfte, der Aristokratisierung der Kultur und der Privilegierung gesellschaftlich-öffentlicher Positionen. Die Charakterisierung als "ständische Gesellschaft" trifft in typischer Weise eigentlich erst für das 18. Jahrhundert zu, in dem auch der Begriff geprägt wurde, zusammen mit dem des "Feudalismus". Im Französischen gab es das Wort "féodalité" als juristischen Begriff des Lehensrechts seit dem 17. Jahrhundert, als kulturell-soziales Verhältnis kommt er 1727 bei Boulainvilliers und dann bei Montesquieu vor. Die Nationalversammlung beseitigte das von ihr so genannte "régime féodal" 1789, womit sie diese Einrichtungen nachträglich als System bzw. staatliche Ordnung feststellte.[170] Einmal auf den Begriff gebracht, überdauerte es aber Aufklärung und Revolution, denn "noch das Allgemeine Preußische Landrecht von 1794 schrieb die ständische Gliederung ausdrücklich fest".[171] Allerdings war sie nun auch Gegenstand der Diskussion und Kritik geworden. Dabei schieden sich auch die Verfechter von den Gegnern dieser "Ordnung".[172] Man sah sie als traditional und "herkömmlich" an und vermengte dabei alte Elemente mit solchen, die erst im 17. oder 18. Jahrhundert hinzugekommen waren.

Mit Bezug auf die ständische Gesellschaft des 18. Jahrhunderts muß festgehalten werden, daß sie keinesfalls das ganze Volk umfaßte, sondern eben nur die "ständischen" Gruppen, Personen "von Stand", auch wenn dies der relativ niedrige Stand des Bauern war. Landlose wie Knechte, Vagabunden, Besitzlose wie Gesellen, Angehörige nicht-zünftischer Berufe, sie waren die "unterständischen Schichten". Aber auch Abhängige, Frauen, Kinder und Dienstboten, gehörten nicht zur ständischen Gesellschaft. Es wäre eine Übertreibung zu sagen, daß der Besitz als Kriterium des Status in der "ständischen Gesellschaft" keine Rolle gespielt hätte und typisch sei für die bürgerlich-industrielle Gesellschaft. Geld oder Besitz war zu

170 Otto Brunner, "Feudalismus". Ein Beitrag zur Begriffsgeschichte, in: Ders., Neue Wege der Verfassungs- und Sozialgeschichte, 2. Aufl., Göttingen 1968 (urspr. 1956), S. 128-159.

171 Lothar Gall, Von der ständischen zur bürgerlichen Gesellschaft, München 1993, S. 5/6.

172 Dabei machte sich im Diskurs bis in unsere Gegenwart eine zunehmende Verwässerung der Inhalte bemerkbar; "feudalistisch" wurde gleichbedeutend in der Verwendung mit zunächst "nicht-bürgerlich", dann "nicht-demokratisch".

allen Zeiten ein Schlüssel für den sozialen Aufstieg. Das Kriterium auch der ständischen Gesellschaft des 18. Jahrhunderts war der Besitz, primär der von Grund und Boden, aber auch von Häusern, von Privilegien, Rechten etc., neben dem Nachweis des Adels durch Aufscheinen im Adelsregister und dem Adelsbrief. Die Unterschiede zwischen dem Adel und dem Rest des Volkes wurden in der Periode vom 16. bis zum 18. Jahrhundert stärker, nicht nur durch die Betonung einerseits der "höfischen" und andererseits der "bürgerlichen" Lebensart, sondern auch durch die Errichtung von institutionellen Mobilitätsschranken, Privilegierungen und symbolischen Distanzierungen. Es kam zu Zugangsbeschränkungen zu Ämtern für "homines novi" aus dem Bürgerstand und Amtsvererbungssteuern ("paulette"). Die Luxusgesetze und -verbote waren eine Erscheinung der altständischen Gesellschaft. Sie kamen zwar auch im Mittelalter vor, aber mehr als kirchliche Verbote; sie häuften sich in der Zeit des 16. bis 18. Jahrhunderts. Kleiderordnungen wurden noch im späten 17. und 18. Jahrhundert erlassen (z. B. 1693 in Nürnberg), wenn sie auch gleichzeitig anderswo abgeschafft wurden. Man kann sie sehr unterschiedlich interpretieren: als Spiegelbild des Säkularisationsprozesses, als Sozialdisziplinierung des absolutistischen Staates oder als Verteidigung der Standesschranken. Sie behinderten nicht nur den Prozeß hin zu Kapitalismus und Industrialisierung, in manchen Fällen wurden sie auch erlassen, um ihn zu fördern. Religiös-moralische Motive verbanden sich damit nicht nur in puritanischen Gegenden. Sie hatten unterschiedliche und oft komplexe Absichten: Förderung des Fleißes und der Selbst-Disziplin, Akzentuierung von Standesunterschieden, Sparappelle, Aufrechterhaltung der Ordnung und Sicherheit etc. und regelten bis auf das etwa bei Hochzeitstafeln zu verwendende Geschirr alles bis ins kleinste.[173] Wenn die Luxusverbote im 17. und 18. Jahrhundert abgeschafft wurden, traten an ihre Stelle meist Luxussteuern. Man hatte damit die Konsumgesellschaft auch als Quelle für die Staatsfinanzen entdeckt und nutzbar gemacht. Statt den "Luxus" zu verbieten, zog der Staat nun lieber Einkünfte daraus. Die Luxussteuern waren daher ein Element der entstehenden engen Verflechtung zwischen Staatsinteressen, Wirtschaftswachstum und Massenkonsum bzw. Inlandsmarktentwicklung, unter deren Einfluß sich auch die gesellschaftlichen Strukturen entscheidend wandeln sollten.

In Frankreich vor der Revolution waren es gerade die "Neuadeligen", die an der Spitze der aristokratischen Reaktion standen. Sie sorgten für ein Abriegeln der aristokratischen Gesellschaft und die Verhärtung der Standesgrenzen und dienten da-

173 Michael Stolleis, Luxusverbote und Luxussteuern in der frühen Neuzeit, in: Ders., Pecunia nervus rerum, Frankfurt/Main 1983, S. 9-61.

mit der Politik des Königs, der Adel und Bürgertum durch ihm persönlich verpflichtete Emporkömmlinge gegeneinander auszuspielen trachtete.[174] Sogar in den "bürgerlichsten" Gesellschaften, in England und in den Niederlanden, kam es zu einer Refeudalisierung und Aristokratisierung. Zwischen 1690 und 1740 wurde in der Republik der Niederlande der Zugang zum Patrizierstatus erschwert, die Elite schloß sich zunehmend nach unten hin ab und akquirierte einen Hang zu aristokratischen und höfischen Lebensformen, die an französischen Sitten und Etiketten orientiert waren. Sie zeigten sich im Stil der Reden, der Kunst und der Lebensweise und schufen eine stärkere Differenzierung der Kultur und der Sozialstruktur; die einfachen Leute wurden abgeschichtet und Arbeitersubkulturen entstanden. Gleichzeitig aber wurde die Republik von einem revoltierenden Außenseiter zu einem respektablen Mitglied der europäischen Staatengemeinschaft.

Auch in England wurde die Gesellschaft immobiler und geschlossener. Es war hier allerdings eine zweigeteilte Erscheinung: auf der einen Seite versuchte sich die Hocharistokratie stärker abzugrenzen, auf der anderen Seite kam es zu einer Oligarchisierung auf Grund von Vermögen und Reichtum durch die Dominanz der Whigs nach 1688. Sie repräsentierten die besitzenden und herrschenden Klassen, die Geschäftswelt und die Bank of England. Als 1710 das passive Wahlrecht an ein bestimmtes Ausmaß des Grundbesitzes gebunden wurde, begünstigte dies keineswegs den alten Grundherrenadel, sondern führte nur dazu, daß die Finanz- und Handelsleute verstärkt in Land investierten, wodurch es zur Ansammlung von Macht und Reichtum in wenigen Händen kam. Politik war inzwischen bereits zu einem teuren Geschäft geworden, das sich nur die Handelskompanien, die Finanzwelt und die reichen Kaufleute leisten konnten. Der unabhängige Landedelmann, der früher der typische Unterhausabgeordnete gewesen war, verschwand, und die großen Whig-Dynastien entstanden. Mit der Zerschlagung des letzten Restes des alten Grundbesitz-Toryismus durch Walpole wurde das Land praktisch zu einem Einparteienstaat. Die Tories waren in dieser Phase nicht mehr mit den landbesitzenden Klassen ident, sondern umfaßten alle Gegner der Whigs, von den Adeligen bis zu den städtischen Armen (z. B. Bolingbrokes demokratischer Toryismus um 1730). Die Unzufriedenheit und der Haß auf die Regierung waren weitverbreitet, fanden aber nur in wenigen Fällen manifesten Ausdruck wie etwa in den Gordon Riots von 1780, die eine Mischung aus Antipapismus und Arbeiteraufstand waren. Christopher Hill sah im England des Jahres 1780 nach wie vor eine durch und

174 Vgl. auch: Norbert Elias, Die höfische Gesellschaft, 5. Aufl., Darmstadt-Neuwied 1981, S. 308.

durch undemokratische Gesellschaft. Mehr denn je galt Sir Thomas Morus' Charakterisierung der Regierung als eine Art Verschwörung reicher Männer zur Sicherung ihrer persönlichen Vorteile im Namen des Gemeinwohls.[175] Aber in England war immerhin eine sich aus Handel, Finanz und Gewerbe rekrutierende besitzende Oberschicht bzw. Mittelschicht entstanden. Dazu konnte es in Frankreich lange nicht kommen, da die Vermögens- und Handelserträge wieder zum Ankauf von Amt, Adel oder Grundbesitz verwendet wurden und sich solcherart keine Handels- und Gewerbeschicht breiten Ausmaßes entwickeln konnte.[176]

Bürgertum bedeutete im 18. Jahrhundert sehr Unterschiedliches: teilweise, etwa in Nord- und Mitteleuropa noch jene lokal orientierten, protektionistisch, zünftisch denkenden Stadtbürger, teilweise, wie in England, ein ökonomisch orientiertes Handelsbürgertum, überlokal, weltoffen, politisch ambitioniert, teilweise auch eine neue Art von Bürgertum, das sich nicht auf Besitz, sondern auf Bildung gründete, teilweise aber auch eines, das nach adeliger Lebensführung und Anerkennung strebte. Dann gab es aber auch den aufkommenden Begriff des Staatsbürgers, der im Prinzip unabhängig von Stand, Besitz und Bildung das "ganze" Volk umfassen sollte.

Lothar Gall sah die "frühe bürgerliche Gesellschaft" als einen eigenen sozialen Typus, der sich von der ständischen Gesellschaft abhob, aber noch nicht die "bürgerliche Gesellschaft" der ökonomisch-industriellen Klassengegensätze war.[177] Sie hatte keine eigene spezifische Realität, sondern bestand aus einer Vielzahl von Merkmalen, die sich mitunter auch mit ganz gegensätzlichen Elementen vermischt präsentierten. Besitz, Bildung und individuelle Leistung wurden vereinzelt schon als überständische Kriterien eines von den Ständen unabhängigen "sozialen" Aufstiegs gedeutet, der aber dennoch auf eine deutliche vertikale soziale Differenzierung bezogen war. Die Entwicklung zur bürgerlichen Gesellschaft als Gesellschaft der selbständigen Hausväter, der gleichberechtigten Untertanen und der freien Menschen war schon im europäischen Absolutismus angelegt. Denn dieser war eben keine Despotie, sondern ging einher mit der Verrechtlichung territorialer Machtausübung und der Zentralisation und Integration des Staatsganzen. Dies beruhte zwar auf einem im wesentlichen aristokratischen Apparat, war aber auch keine aristokra-

175 Thomas Morus, Utopia, Berlin 1922 (urspr. 1516), S. 38 f.

176 Wolfgang Mager, Soziale Ungleichheit und Klassenstrukturen in Frankreich 1630-1830, in: Hans-Ulrich Wehler (Hg.), Klassen in der europäischen Sozialgeschichte, Göttingen 1979, S. 66-93.

177 Lothar Gall, op. cit., S. 33.

tische Herrschaft im Sinne einer Gentilverfassung, sondern auf das ganze Volk bezogen und durch ein mehr und mehr unabhängig werdendes Recht des Staates begründet. Hierin lag aber schon in nuce die Konsequenz, daß unter sich ändernden äußeren Umständen das Volk selbst den Staat repräsentieren konnte. In Frankreich wurde die Zweiteilung von Staat und Gesellschaft, in England die Unterwerfung des Staates unter die "civil society" betont, in Mitteleuropa versuchte man die vertikale, Staat und Gesellschaft integrierende Ordnung dadurch aufrechtzuerhalten, daß sich ein Monarch wie Friedrich II., selbst zum Organ des Staates erklärte.

Die Aufklärungsbewegung und die Reformpolitik des aufgeklärten Absolutismus in Mitteleuropa wurden parallelisiert durch ein neues bürgerliches Bewußtsein des Handels-Bürgertums der Städte, das sich seit dem Hochmittelalter entwickelt hatte, aber nun nicht nur zahlenmäßig angewachsen war, sondern auch selbstbewußter wurde, unabhängiger von den Fürsten und dem Adel, aber auch von den Zünften. Wahrscheinlich wichtig für diese Entwicklung war das stürmische Wachstum der Bevölkerung in Mitteleuropa, das den demographischen Einbruch des Dreißigjährigen Krieges im vorhergehenden Jahrhundert aufgewogen hatte. Dies schuf nicht nur veränderte Bedingungen für wirtschaftliche Chancen, sondern zunächst vor allem einen Nachfragedruck, der den Ausbau der Landwirtschaft und die Nebenerwerbsmöglichkeiten durch gewerbliche Arbeit auch auf dem Land mit sich brachte. In der Folge kam es aber auch zu Veränderungen in bezug auf wirtschaftliche, soziale und politische Strukturen. Neue Ideen kamen auf und beschränkten sich nicht auf kleine Gruppen von abgehobenen Intellektuellen, sondern trafen auf eine sich rasant verbreitende Öffentlichkeit und wurden auch praktisch relevant. Immer mehr Gruppen von Menschen fanden sich herausgefordert, Veränderungen für die Gesellschaft, für soziale, wirtschaftliche und wissenschaftliche Probleme zu entwerfen, zu verbreiten und zu diskutieren.

Im Bürgertum überwog noch eine starke Orientierung am Adel. Allerdings gab es auch im Adel reformbereite Kräfte und das Gros des Bürgertums war durchaus bereit, mit diesen eine Allianz einzugehen. Die Linie der soziopolitischen Auseinandersetzung verlief nicht so sehr zwischen privilegierten und nichtprivilegierten Klassen, sondern zwischen Kräften der "Tradition", i. e. dem grundbesitzenden Adel und den konservativen Gruppen in der hohen Bürokratie und im Militär, die die Standesschranken betonten, und jenen des "Fortschritts", die im Sinne der neuen Naturgeschichte der Gesellschaft und der Menschheitsideen, vor allem aber aus wirtschaftlichen und politischen Interessen heraus agierten. Politisch kulminierten diese Auseinandersetzungen in Frankreich in der großen Revolution, die eine bürgerliche war, auch wenn sie sich in ihrem Verlauf aller Schichten bediente[178], in Mitteleuropa in einer "Revolution" von oben. Die bürgerliche Gesellschaft barg grundsätzlich zwei Entwicklungsmöglichkeiten in sich: einmal die Alternative einer "klassenlosen" Bürgergesellschaft, zum anderen die einer durch eine Bürgerelite dominierten Klassengesellschaft. Die historische Wirklichkeit zeigte überdies, daß gerade die Bürgergesellschaft die brutalste Despotie im Jakobinismus hervorbringen konnte.

Das Bürgertum entwickelte in durchaus nicht geradlinigem Verlauf seine eigene Lebenswelt und praktisch relevante Normen und Wertvorstellungen, die sich hier langsamer, dort schneller von der Hinwendung zum kulturellen und sozialen Vorbild der Aristokratie lösten, ja in dieser zunehmend einen Gegner oder ein Hemmnis für die Verwirklichung bürgerlicher Freiheiten und ökonomisch-sozialer Chancen erblickte. Es entwickelte sich ein Bewußtsein von "Bürgerlichkeit", das in Mitteleuropa zunächst kulturell definiert war. Bürgertum als Kultur und als Wirtschaftsstand war nicht das gleiche. Kultur ist "gleichsam die 'zweite Natur' der Bürgerlichen, die sich in eigenen Formen und Normen habitualisiert und damit der Kultur eine doppelte Funktion zuschreibt, als Identitätsmodell wie als Distinktionsmittel".[179] Wolfgang Kaschuba betonte aber auch, daß gerade im bürgerlichen Selbstverständnis das Prinzip der Verbreitung und Vergesellschaftung der eigenen kulturellen Werte und Verhaltensmuster, der Anspruch auf gesellschaftliche Allgemeingültigkeit, angelegt war, neben dem Bedürfnis sich abzugrenzen. Die Werte, die mit "Bürgerlichkeit" verbunden wurden, teilten sich über die sozialstrukturell oder wirtschaftlich definierte Schicht des "Bürgertums" hinaus auch anderen Gruppen und Schichten, insbesondere Angehörigen des Adels, mit und wurden teilweise ident mit den Idealen der "Moderne".[180] Dies erfolgte in einem Prozeß der zunehmenden Öffentlichkeit gesellschaftsbezogener und politisch-kultureller Diskussion und Kommunikation.

178 Vgl.: Ernest Labrousse u. a., Geburt der bürgerlichen Gesellschaft: 1789 (hg. v. I. A. Hartig) Frankfurt/Main 1979.

179 Wolfgang Kaschuba, Deutsche Bürgerlichkeit nach 1800. Kultur als symbolische Praxis, in: Jürgen Kocka (Hg.), Bürgertum im 19. Jahrhundert, Bd. 2: Wirtschaftshunger und Bildungshunger, Göttingen 1995, S. 92-127, S. 101.

180 Über die sozialen und kulturellen historischen Aspekte der Bürgerlichkeit, insbesondere der Entwicklung des Privaten siehe: Philippe Ariès/Georges Duby (Hg.), Geschichte des privaten Lebens, op. cit., Bd. 3.

Das 18. Jahrhundert ist als das "gesellige Jahrhundert"[181] bezeichnet worden. Gesellschaften und Vereine schossen im 18. Jahrhundert in ganz Europa aus dem Boden, ihre Ziele, die Art ihres Zustandekommens, ihre Zusammensetzung und ihre Funktion waren aber nicht überall dieselben. Während man für die Entstehung der Gesellschaften in Großbritannien in der Regel rein private Initiativen annehmen konnte, die zwar dann meist königliche Anerkennung nach sich zogen, aber jedenfalls nicht auf obrigkeitlichem Willen basierten, war es in Frankreich und Österreich anders. Zahlreiche private Vereinigungen zum Zweck des Austauschs in gelehrten und gebildeten Kreisen entstanden in Großbritannien, wobei die Diskussion über die Naturwissenschaften im Vordergrund stand. Darüber hinaus wurden Gesellschaften mit gemeinnützigen, "menschenverbessernden" Zielen, literarische Vereine, patriotisch-politische oder ökonomische Sozietäten gegründet. Insbesondere die Freimaurerlogen erhielten eine besondere Bedeutung. Sie alle waren private Vereinigungen, wobei aber manche (insbesondere jene mit Schulcharakter, die Akademien) bald königliche Patentierung erlangten und andere wiederum auf Anregung von oben eingerichtet wurden. Allen diesen Gesellschaften gemeinsam war die Begeisterung für die "neuen" Ideen, die Ideen des Fortschritts und der Machbarkeit, das Interesse für Naturwissenschaft, Technik und Ökonomie. Auch neue Vorstellungen über die menschliche Gesellschaft, ihre "natürliche" Ordnung, ihre Grundlagen und Ziele, wurden diskutiert. David Zaret hat mit Bezug auf England darauf hingewiesen, daß die sogenannte bürgerliche Öffentlichkeit sich bereits während der Englischen Revolution im Zuge von Petitionen, Flugblättern und Demonstrationen herausbildete.[182] Ideen, Techniken und Maßnahmen wurden in privaten, d. h. nicht obrigkeitlich-offiziellen Kreisen, diskutiert und dennoch praktisch wirksam. Bemerkenswert war, daß die allgemeine und öffentliche Diskussion breite Bevölkerungsschichten erfaßte. Die ökonomischen Argumente waren auch die Form, in der die politisch und sozial progressiven Ideen zum Ausdruck kamen. In England entstanden Vereinigungen, die die gesellschaftliche und ökonomische Verbesserung auf ihr Banner schrieben. Von hier ging auch die Freimaurerei aus, und viele praktisch tätige Gesellschaften, wie die 1754 gegründete "Society for the Encouragement of the Arts, Manufactures, and Commerce" in London[183], entstanden, was

181 Ulrich Im Hof, Das gesellige Jahrhundert, Gesellschaft und Gesellschaften im Zeitalter der Aufklärung, München 1982.

182 David Zaret, Petitions and the "Invention" of Public Opinion in the English Revolution, in: American Journal of Sociology 101/1996, S. 1497-1555.

183 Ähnlich operierte die "Lunar Society" (1775) in Birmingham, die sich um Matthew Boulton entwickelte und Berühmtheit erlangte durch ihr Mitglied James Watt, oder die "Manchester Literary and Philosophical Society".

das Interesse breiter Kreise an der industriell-kommerziellen Entwicklung belegte.[184] In diesen Gesellschaften fanden sich Mitglieder verschiedener Schichten zusammen, wenn sie auch in der Regel von Bürgerlichen dominiert waren. Informationen über wissenschaftliche Erkenntnisse in Naturwissenschaft und Technik wurden ausgetauscht, eigene Forschungen betrieben, aber auch geschäftliche Verbindungen angeknüpft und praktisch-technische Probleme bearbeitet.

Frankreich wird als eigentlicher Ausgangspunkt der Sozietätsbewegung angesehen, weil hier bereits in der ersten Hälfte des 17. Jahrhunderts Gesellschaften in Paris und in der Provinz entstanden waren. Selbst dort, wo sie zunächst privater Initiative entsprungen waren, wurden sie aber umgehend unter die zentrale Kontrolle des Königs gestellt. Die zunächst selbständigen Provinzialakademien wurden in das königliche Verwaltungssystem integriert oder andernfalls finanziell ausgehungert. Alle anderen Gesellschaften wurden durch die Schaffung eines Vereinsrechtes kontrolliert. Die Ziele der wissenschaftlichen Gesellschaften wurden weitgehend von der Krone bestimmt und orientierten sich primär an der Verbesserung der Militärtechniken, erst später auch der Landwirtschaft. Generell blieb aber die praktische Nutzung der naturwissenschaftlichen und ökonomischen Ideen in Frankreich bis zur Revolution bescheiden. Die geographische Verteilung dieser Vereine reflektierte die Verwaltungsstruktur nach Intendanturen, an der Spitze wurde ein "Comitée d'Agriculture" unter der Leitung des Finanz- bzw. Agrarministers errichtet. Nach 1715 machte sich zwar der britische Einfluß geltend, Freimaurerlogen wurden gegründet und in den Salons wurden neue Ideen und Ereignisse diskutiert[185]. In allen Teilen des Königreichs entstanden nichtoffizielle Vereinigungen, deren Mitglieder sich sowohl aus den Reihen des niederen Adels als auch des Bürgertums rekrutierten. Die mit praktischen Zielsetzungen versehenen ökonomisch-agrarischen Gesellschaften entstanden jedoch wieder durch die Initiative eines königlichen Ministers. Solcherart finden wir in Frankreich auf der einen Seite eine zentrale Kontrolle in den Bereichen der offiziellen Förderung und Nutzung der Wissenschaften, auf der anderen Seite aber auch ein relativ starkes privates Interesse am Austausch von Ideen, das aber weniger mit konkreten praktischen Interessen verbunden war.

184 Im Gegensatz zu England war das Interesse an praktischer Umsetzung der Wissenschaft und an ökonomischer Verbesserung in den schon viel früher kommerziell und gewerblich hochentwickelten Niederlanden eher gering. Auffällig ist insbesondere im 18. Jahrhundert die geringe Zahl von ökonomischen Gesellschaften, die sonst überall - wenn auch mit unterschiedlichen Inhalten versehen - grosse Bedeutung erlangten.

185 Auch Adam Smith fungierte selbst als Attraktion französischer Salons und seine Ideen fanden auch auf diesem Wege ihre Verbreitung.

Auch in der Habsburger Monarchie verbreitete sich die Idee der bürgerlichen Gesellschaft, die aber, zumindest in der Auffassung von Gottfried van Swieten, keineswegs einen Gegensatz zum aufgeklärt-absolutistischen Staat bedeutete, sondern einerseits als "zivilisierte Gesellschaft", andererseits als "Gesellschaft, in der rechtsstaatliche Verhältnisse herrschen"[186] verstanden wurde. Auch hier entstand eine "bürgerliche Öffentlichkeit" in Form von Vereinen oder Medien, eine "bürgerliche" Geselligkeit, in der "bürgerlich" die Bedeutung guter Untertanen eines aufgeklärt-absolutistischen Staatswesens hatte. Die Gesellschaften unterschieden sich in quasi-offizielle und inoffizielle, wobei letztere Handwerkervereinigungen, Rosenkreuzer, Freimaurer (die auch immer wieder verboten wurden) und Salons umfaßten, während die aufgeklärten Monarchen die Förderung der Bildung sowie der Wirtschaft und des Handels verfolgten. Hierbei zeigte sich ein immer wiederkehrendes Muster: Die Obrigkeit ermunterte zur Gründung privater Vereine, weil sie an der Entstehung einer funktional differenzierten bürgerlichen Öffentlichkeit interessiert war als Gegengewicht gegen die zentrifugalen, anti-zentralistischen Bestrebungen der landständischen Organisation, in der der jeweils nationale und regionale Adel dominierte. Wenn diese Vereine und Organisationen aber allzu selbständig wurden oder sich mit ihren Äußerungen in das Gebiet des Politischen hineinwagten, so reagierte die Obrigkeit äußerst empfindlich, weil sie darin eine Bedrohung ihrer absoluten Autorität erblickte. Sie betrieb daher eine Schaukelpolitik zwischen Förderung und Unterdrückung, die die Gesellschaften zwar als private Vereine bestehen ließ, ihnen jedoch keine selbständige Interessensentfaltung und -förderung zugestand, sondern sie vielmehr als Beratungsstäbe der Regierung sah. Es gab daher auch relativ wenig Interesse an der Gründung solcher Gesellschaften.[187] Zwischen Aufklärung und der Entstehung der bürgerlichen Öffentlichkeit wurde oft ein enger genetisch-kausaler Zusammenhang gesehen. Tatsächlich haben wohl weniger die philosophischen Ideen die "bürgerliche Gesellschaft" hervorgebracht, sondern vielmehr konkrete politisch-ökonomische Probleme und Interessen sich durch die Territorialisierung und Universalisierung des absolutistischen Staates eine überlokale Öffentlichkeit geschaffen.

186 Siehe: Ernst Bruckmüller, Sozialgeschichte Österreichs, Wien-München 1985, S. 320.

187 Vgl.: Ernst Bruckmüller, Landwirtschaftliche Organisationen und gesellschaftliche Modernisierung, Salzburg 1977.

10. Kapitel: Realität und Theorie der frühen Industrialisierung

> "These are mere business relations, miss; there is no friendship in them, no particular interest, nothing like sentiment [...], In short, I have no feelings; I am a mere machine."[1]

> "Es sollte offensichtlich sein, daß nichts in der äußeren Realität einer Ökonomie ähnelt - bis zu dem Augenblick, wo wir ein derartiges Objekt konstruieren. Ist dies einmal erfolgt, sind wir in der Lage, überall in einem gewissen Maß mehr oder weniger entsprechende Aspekte wahrzunehmen, [...]."[2]

Das 19. Jahrhundert war eine Zeit großer sozioökonomischer Umwälzungen, die aber trotz Französischer Revolution und ihrer Auswirkungen in allen europäischen Staaten noch in weitgehend traditionellen politischen und sozialen Strukturen vor sich gingen. Die rechtlichen Grundlagen änderten sich zwar allmählich im Sinne der Genese einer Rechtsordnung, die nicht mehr auf Privilegierung und Unfreiheit beruhte, sondern auf den Bürger- und Menschenrechten jedes Individuums, die nach und nach in die Verfassungen der Staaten Eingang fanden. Aber im Grunde erwies sich diese Modernisierung als Chimäre, denn das ganze 19. Jahrhundert bis zum Ersten Weltkrieg blieben das gesellschaftliche Denken und die Realität der Lebenschancen nach wie vor an die Vorstellung und die Existenz von Ständen gebunden. "Gesellschaftlich im außerpolitischen Sinne" - und faktisch auch politisch und rechtlich - behielten die alten Stände, insbesondere der Adel, noch lange ihre privilegierte Stellung bei. Napoleons Herrschaft und seine Kriege gegen die alten Monarchien bescherten den Reformkräften überdies einen gewaltigen Legitimationsschaden und resultierten in Restauration und Reaktion. In Mitteleuropa kam es dadurch zu einer Zurückdrängung des ohnehin nur sehr kurz aufflammenden politischen Liberalismus und zum Wiederaufleben des Absolutismus, des Aristokratismus und der Bindung von Thron und Altar im 19. Jahrhundert. Der Adel errang nach den Schrecken der Französischen Revolution auch in Frankreich wieder eine

1 Das läßt Dickens Mr. Lorry, den Banker, über sich selbst sagen, obwohl er persönlich ein gütiger, liebenswürdiger Mensch ist. Charles Dickens, A Tale of Two Cities, London 1993 (urspr. 1859), S. 21/22.

2 Louis Dumont, Individualismus. Zur Ideologie der Moderne, Frankfurt/Main-New York 1991 (urspr. frz. 1983), S. 120.

starke Stellung, in Deutschland und Österreich hatte er sie ohnehin nie eingebüßt. Der dynastische Staat erfuhr durch die Restauration nach den Turbulenzen der Napoleonischen Kriege auf dem Kontinent wieder eine Stärkung, er wurde dominierender als je zuvor durch die effektivere Kontrolle über alle Schichten und Kreise der Bevölkerung. In politischer Hinsicht war das 19. Jahrhundert in Europa daher eine Epoche der Reaktion, unterbrochen von episodenhaften "Revolutionen" (1930 Julirevolution in Paris, 1848 Februarrevolution in Frankreich, Revolution in Frankfurt, Wien). Der Prozeß der politischen Demokratisierung erwies sich als langsamer Vorgang. Allerdings stieg das Bürgertum nun auch zur starken politischen Kraft auf und die Unterschichten transformierten sich in die "Arbeiterklasse", deren politisches Gewicht allerdings erst nach dem Ersten Weltkrieg und der Russischen Oktoberrevolution zum Tragen kam. Der Nationalismus distanzierte die Staaten und die nationalen Gruppierungen tiefgreifend voneinander. Die Folge war der Zerfall der beiden großen multinationalen Reiche, der Habsburgermonarchie und des Osmanischen Reiches. Andererseits führten die nationalen Tendenzen aber auch zu Integrationsbewegungen: das Deutsche Reich und Italien entstanden. Nationalismus und Wirtschaftsinteressen schufen auch eine konzertierte "Weltpolitik" der Großmächte als System, zunächst im Metternichschen "Gleichgewicht der Kräfte", das dann aber in einem imperialistischen Wettrennen um die Neuaufteilung der Welt in Kolonien und Protektorate zerfiel. Ihre Macht- und Handelsinteressen involvierten die Großmächte fortan in allen größeren Konfliktherden der Welt.

Es war ein europäisches Zeitalter par excellence; die Europäer beherrschten nicht nur viele außereuropäische Gebiete, sie besiedelten auch die Welt, und ihre Nachkommen wurden - vielfach vermischt mit der eingeborenen Bevölkerung - zur Oberschicht in den ersten unabhängigen Staaten der außereuropäischen Welt in Lateinamerika. Sie fühlten sich als Apex der zivilisatorischen Entwicklung, alle anderen Kulturen galten als primitiv oder erfreuten sich bestenfalls einer gewissen Beachtung als exotische Attraktionen. Waren auch die Leistungen der Europäer und in zunehmendem Maße die der Bürger der Vereinigten Staaten von Nordamerika in wissenschaftlicher, technischer, vielfach auch in künstlerischer Hinsicht beachtlich, so war die Lebenswelt des weit überwiegenden Großteils der Bevölkerung der europäischen Staaten doch eher erbärmlich. Was hätte sonst etwa 70 Millionen Europäer veranlaßt, in die neuen Welten in Übersee, insbesondere nach Nordamerika, dann auch nach Australien, Neuseeland, Argentinien, Brasilien, Kanada und Südafrika auszuwandern? Sie hatten ihre Heimat vorwiegend aus wirtschaftlichen Gründen verlassen, einem ungewissen und harten, aber wohl doch noch hoffnungsvolleren Schicksal entgegen, als sie in ihren alten Ländern erwartete. Die Bevölkerung

Europas stieg im Laufe des Jahrhunderts trotz der Auswanderung stark an, von etwa 200 Millionen im Jahr 1800 auf über 400 Millionen Einwohner um 1900. Sie stellte ein Fünftel bzw. ein Viertel der Weltbevölkerung dar, eine Relation, die sich im Verlauf des 20. Jahrhunderts drastisch verändern sollte. Das am stärksten wachsende Land waren natürlich die Vereinigten Staaten, in die sich die verschiedenen Wellen der Auswanderungsströme (als erstes kamen die Iren, ab etwa 1850 dann die Engländer, Schotten, Deutschen, Skandinavier, schließlich am Beginn des 20. Jahrhunderts die Italiener, Ungarn, Russen und Polen) hauptsächlich richteten. Nur in einem europäischen Land wuchs die Bevölkerung wenig, und zwar in Frankreich, was sich in charakteristischer Weise in der wirtschaftlichen Entwicklung niederschlug.[3]

Die Einbettung von Industrie und Arbeitsmarkt im sozialen Gefüge

Die wichtigsten Grundlagen der Industrialisierung des 19. Jahrhunderts waren die Energie aus der Kohle und der Eisenbahnbau. Die industrielle Fertigung und die Maschinenproduktion erhöhten den Energiebedarf gewaltig. Kohle war zum primären Energielieferanten für die Industrie geworden. Die Abhängigkeit von der Kohle bedingte zunächst die Konzentration der Produktion und mithin auch der Produzenten in der Nähe der Abbaugebiete. So entstanden die Midlands und das Ruhrgebiet als typische Industrieregionen. Aber sonst verlagerte sich die Produktion, die in der Protoindustrialisierung aufs Land gewandert war, wieder in die Städte, denn hier waren die Arbeitskräfte und die vor- und nachgelagerten Stufen des Produktions-, Finanzierungs- und Absatzprozesses. Die Stadt verlor damit vielfach ihren spezifischen Sozialcharakter und wurde zum Ballungsraum. Das Bevölkerungswachstum in Europa und den USA führte zu einer starken Landflucht, die zum einen durch die schlechten Bedingungen des bäuerlichen Lebens verursacht waren, zum anderen durch die neuen Beschäftigungsmöglichkeiten in den Industriezentren. Bevölkerungswachstum und -bewegung einerseits und Industrialisierung andererseits wirkten als einander abwechselnde Impulsfaktoren der Verstädterung. Vordem kleine Ortschaften wurden durch die Ansiedlung von Industriebetrieben und deren Arbeitskräfte zu Industriestädten. Die Industrialisierung und die Migration sowie die Verstädterung waren begleitet und vielfach erst ermöglicht durch die Verbesserung der Verkehrswege und der Transport- und Kommunikationsmedien. Der Eisenbahnbau hat hierbei eine das 19. Jahrhundert geradezu beherrschende Bedeu-

3 Vgl.: Fernand Braudel, Frankreich, Bd. 2: Die Menschen und die Dinge, Stuttgart 1990, S. 16 ff.

tung[4], und zwar in zweifacher Hinsicht: durch den großen Bedarf an Stahl, Kohle, Maschinen und Geräten wurde die Entwicklung der eisenverarbeitenden Industrie und der Maschinenbau ungemein angekurbelt, zum anderen ermöglichten die besseren Verkehrs- und Transportverbindungen durch die Eisenbahn eine schnellere und billigere Beförderung von Personen, Rohstoffen, Teilfabrikaten, Produktions- und Konsumgütern in großen Mengen. Entlang der Eisenbahnlinien, die eine Verbindung zwischen Bergbauzonen und Hüttenbetrieben oder zwischen Industrieregionen und Städten herstellten, entstanden Industrieansiedlungen und Verwaltungs- und Handelszentren. Überdies waren für den Eisenbahnbau so große Finanzmittel nötig, daß der Kapital- und Kreditmarkt dadurch eine Niveauverschiebung nach oben erlebte.

Die Kapitalaufbringung für die Industrie erforderte Beteiligungen mit beschränkter Haftung auf breiter Basis und führte zur Gründung zahlreicher Aktiengesellschaften, die aber zunächst noch an die staatliche Genehmigung gebunden waren.[5] Die wirklich "anonyme" beschränkte Haftung ("incorporation") wurde in den USA dann in den 1840ern, in Großbritannien 1862 und in Frankreich 1863 bzw. 1867 durch Aufhebung der Bindung an die staatliche Genehmigungspflicht verwirklicht. Damit konnten die ungeheuren Kapitalmittel, die die modernen Industrieunternehmen insbesondere gegen Ende des Jahrhunderts benötigten, aufgebracht werden. Die Industrialisierung und das Bevölkerungswachstum verursachten in Europa, allen voran in England, Veränderungen in bezug auf den Nahrungsmittelkonsum und die landwirtschaftliche Beschäftigung. Während die eigentliche Agrarproduktion bisher nur einen Teil der Gesamtarbeit der bäuerlichen Haushalte darstellte, denn diese erzeugten auch vielfach die dafür notwendigen Geräte und Arbeitsmittel, die Kleidung und alle anderen Bedarfsgüter des Haushalts, so kam es nun auch hier zu verstärkter Arbeitsteilung und Rationalisierung. Zudem lieferten die Industriebetriebe die Dinge des täglichen Bedarfs oft billiger, zumindest aber leichter, als wenn sie im Haus selbst hergestellt werden mußten. Die Bauern konnten ihren Bedarf an Klei-

4 1825 kam es zur Errichtung der ersten Eisenbahnstrecke zwischen Stockton und Darlington, 1830 dann zur Eröffnung der wichtigen Strecke Liverpool-Manchester. In der Folgezeit entwickelte sich der Eisenbahnbau auch auf dem Kontinent; erste preußische Strecke Berlin-Potsdam und in Nordamerika. Die große Bedeutung für die Verschiebung der Grenze nach Westen und für die Besiedelung des Landes muß kaum betont werden.

5 Von besonderer Bedeutung in rechtlicher Hinsicht war der napoleonische "Code Civile", der den Schutz der individuellen Eigentumsrechte festschrieb, und der "Code de Commerce" von 1807 in Frankreich, der erstmals gesetzliche Bestimmungen über die Unternehmensformen enthielt.

dung, Nahrungsmitteln und Arbeitsmitteln zunehmend auf dem Markt decken, was ihre Arbeitskraft für die reine landwirtschaftliche Produktion freimachte. Diese erzeugte nun mehr und mehr für den Markt, was allerdings einen hohen Grand von Spezialisierung und marktgerechter Orientierung voraussetzte. Dafür verfügten die Bauern, denen dies gelang, über ein wesentlich größeres Geldeinkommen, für das sie wieder auf dem Markt ihre sonstigen Bedürfnisse decken konnten. Das bedeutete aber auch einen starken Ausleseprozeß und reduzierte die agrarproduktiv tätige ländliche Bevölkerung. Teile der Landbevölkerung konnten solcherart in der Industrie beschäftigt werden, in die Stadt ziehen oder eine Nebenbeschäftigung annehmen. Der Wandel in den Lebens- und Arbeitsbedingungen, der in bezug auf die industrielle Arbeiterschaft immer wieder hervorgehoben wird, betraf auch die landwirtschaftliche Bevölkerung[6], wenn diese auch immer etwas weniger vom Markt abhängig blieb. Tatsächlich standen die Produktion und der Verbrauch von agrarischen und gewerblich industriellen Gütern immer in einer Beziehung zueinander. Auf dem Sektor der Landwirtschaft begann sich im 19. Jahrhundert eine Zweiteilung zwischen "traditioneller" nicht-kapitalistischer Landwirtschaft und markt- bzw. exportorientierter "kapitalistischer" Produktion, die sich in Europa selbst, aber vor allem auch in den Kolonien fand, herauszukristallisieren.[7]

In der Industrie bestand noch lange eine enge Vermischung zwischen den modernen Produktionsmethoden und traditionellen Formen der Produktion, weil sich erstere oft nur auf bestimmte Stufen des Herstellungsprozesses beschränkten, wie etwa in der Textilindustrie, wo Manufakturen bzw. Fabriken nur den Kern darstellten, der durch vor- oder nachgelagerte Prozesse oder die Erzeugung von Nebenprodukten auf der Basis der Hausindustrie und des Verlagssystems ergänzt wurde. Der Manufakturunternehmer war dann manchmal gleichzeitig Verleger oder beauftragte einen eigenen Verlagsunternehmer.[8] Das "Fabriksystem" entstand solcherart nur nach und nach und änderte noch für längere Zeit nichts an den familialen Lebens-

6 Ester Boserup, Population and Technological Change. A Study of Long-Term Trends, Chicago-Oxford 1981, S. 114 ff.

7 Eric J. Hobsbawm, Die Blütezeit des Kapitals. Eine Kulturgeschichte der Jahre 1848-1875, Frankfurt/Main 1980 (urspr. engl. 1975), S. 219 f.

8 Die funktionalen Aspekte des sich wandelnden sozialen Systems der Produktion im Verlauf der unterschiedlichen Phasen der Industrialisierung in der englischen Baumwollindistrie untersuchte Neil J. Smelser, Social Change in the Industrial Revolution. An Application of Theory to the British Cotton Industry, Chicago 1959.

und Wirtschaftsstrukturen. Michael Anderson[9] hat am Beispiel einer typischen Lancashire "cotton town" um die Mitte des 19. Jahrhunderts gezeigt, daß diese Gemeinde zwar von den Fabriken dominiert war und städtischen Charakter hatte, aber dennoch nur eine Enklave inmitten einer Agrargesellschaft darstellte. Außerdem bestand, auch wenn etwa ein Drittel bis ein Viertel der Männer und ein größerer Teil der Frauen und Kinder in den Fabriken mehr oder weniger kontinuierlich beschäftigt waren, noch immer ein großer Handwebersektor im Umkreis dieser Städte. Die Untersuchung der Familien- und Haushaltsstrukturen zeigte dabei auch, daß sich hier nicht nur keine Tendenz zur Kernfamilie abzeichnete, die man oft als Folge der Industrialisierung nannte, sondern sogar im Gegenteil das Zusammenleben mehrerer Generationen bzw. von Verwandten und eine relativ große Kinderzahl, bei gleichzeitig hoher Sterblichkeit, vorherrschten. Das aber hing wieder mit dem niedrigeren Heiratsalter zusammen, das viel mehr als die Familienstrukturen mit dem Ausmaß der Industrialisierung korrelierte.[10] Auch das Handwerk verlor keineswegs seine Bedeutung, obwohl neue Verfahren und Maschinen entwickelt worden waren. Zum einen machten diese nicht sofort alle handwerklichen Herstellungsschritte überflüssig, zum anderen waren es vielfach gerade Handwerker, die technische Neuerungen hervorbrachten. In Deutschland stieg der Anteil der Handwerker an der Gesamtbevölkerung an, noch ehe die Zahl der Industriearbeiter zunahm und blieb auch später hoch. Zumindest in der ersten Hälfte des 19. Jahrhunderts ging hier die Entwicklung noch nicht zu Lasten der Handwerker.[11] Dort, wo die Maschinen so groß und teuer wurden, daß sie in den einzelnen Haushalten nicht aufgestellt werden konnten, lag die Produktionsform der Fabrik, die als soziale Form der Arbeit schon lange bekannt war, nahe. Neue Verarbeitungsmethoden machten auch die Anleitung und Anlernung der Arbeiter durch den Unternehmer bzw. seine Gehilfen notwendig. Es ist eher erstaunlich, daß dies in einigen Branchen durchaus nicht immer sogleich der Fall war; in vielen Fällen wollten sich die Unternehmer gar nicht mit dem eigentlichen Produktionsprozeß beschäftigen und überließen dies Meistern mit ihren eigenen Arbeitern. Noch lange überwog das

9 Michael Anderson, Household Structure and the Industrial Revolution. Mid-nineteenth-Century Preston in Comparative Perspective, in: Peter Laslett (ed.), Household and Family in Past Time, Cambridge 1978 (urspr. 1972), S. 215-235.

10 Siehe dazu auch: Josef Ehmer, Heiratsverhalten, Sozialstruktur, ökonomischer Wandel. England und Mitteleuropa in der Formationsperiode des Kapitalismus, Göttingen 1991.

11 Rudolf Stadelmann/Wolfram Fischer, Die Bildungswelt des deutschen Handwerkers um 1800, Berlin 1955, S. 111. Vgl. auch die biographische Studie von: Ingeborg Weber-Kellermann, Vom Handwerkersohn zum Millionär. Eine Berliner Karriere des 19. Jahrhunderts, München 1990.

kommerzielle Element das Interesse der Unternehmer an der Kosteneinsparung durch Rationalisierung des Arbeitsprozesses selbst. Daher war die Kontrolle über die Produktion in der ersten Phase der Industrialisierung nicht so typisch, sondern setzte sich mit Ausnahme der Textilindustrie erst in der zweiten Phase der Industrialisierung durch. Wo handwerkliche oder technische Fertigkeiten und Kooperationsformen erforderlich waren, stützten sich die Unternehmer auf bestehende Qualifikationen und Sozialformen der Arbeit. Auch war die Aufmerksamkeit primär darauf gerichtet, einerseits für die teuren neuen Maschinen Kapital aufzutreiben, andererseits die Erzeugnisse für den Handel attraktiv zu machen. Der Arbeitsprozeß selbst stand noch nicht im Mittelpunkt und war noch nicht Angelpunkt für Gewinnmaximierung oder Kostenminderung. Die noch immer gängige Auffassung, daß hohe Löhne die Motivation der Arbeiter sinken lassen würden, zudem die tatsächlich niedrigen Lohnniveaus durch Substitutionsmöglichkeiten durch Frauen- und Kinderarbeit, in England auch die staatliche Subventionierung der Arbeitgeber durch die "Poor-Law"-Bestimmungen, ließen die Arbeit nicht als manipulierbaren Kostenfaktor erscheinen. Das änderte sich laut Karl Polanyi[12] entscheidend und grundlegend durch die Aufhebung des sogenannten Speenhamland-Systems im Jahr 1834. Er argumentierte, daß die Entstehung eines Arbeitsmarktes in England durch dieses Gesetz verhindert worden war, da es ein "Recht auf Lebensunterhalt" anerkannte und dadurch den "freien" Austausch von Arbeit unterband. Das Gesetz sah die Gewährung öffentlicher Zuschüsse zu den Löhnen vor, deren Höhe abhängig vom Brotpreis war, so daß ein den Lebensunterhalt gewährleistendes Minimaleinkommen in jedem Fall sichergestellt war. Es war also keine Armenfürsorge für jene, die keine Beschäftigung hatten, wie sie die elisabethanischen Gesetze vorgesehen hatten, sondern ein Zuschußsystem für alle, ob beschäftigt oder nicht. Natürlich führte dies dazu, daß die Löhne überall sanken, da die Arbeitgeber nicht einmal die physische Reproduktion ihrer Arbeiter gewährleisten mußten. Die Abschaffung des Speenhamland-Gesetzes 1934 war nicht nur eine dem liberalen Credo entsprechende Maßnahme, sondern auch im Interesse der Arbeiter, da das Gesetz alle Arbeiter zu Armengeldempfängern gemacht hatte. Durch die Wirkung des Gesetzes waren die Einkommen der Arbeiterfamilien aber so stark gesunken, daß der Übergang zum Lohnsystem ohne Zuschüsse nun zu größter Not führen mußte. Die Folgen dieser "Befreiung" ließen, wie Polanyi meinte, die "Gesetzmäßigkeiten" des Marktes überdeutlich ins Blickfeld rücken, was dann auch den Erfolg der Nationalökonomie erklärte.[13] Die Entstehung des "Arbeitsmarktes" bedeutete, daß Beschäf-

12 Karl Polanyi, The Great Transformation, Wien 1977 (urspr. engl. 1944).
13 Ebd., S. 105 ff.

tigung und Lohn von den Erträge und Gewinne kalkulierenden Unternehmern abhängig waren. Die Funktion des Marktes war aber noch immer durch eine Reihe von Faktoren behindert: Die Lohnhöhe war von den Vorstellungen des Existenzminimums und den Poor Laws bestimmt, in der Textilindustrie auch durch die Tradition der Frauen- und Kinderarbeit, die als "Zusatzeinkommen" immer schon sehr niedrig waren. In anderen Gewerbezweigen wirkten die alten zünftisch festgelegten Lohndifferentiale zwischen den einzelnen Handwerkergruppen weiter. In vielen Fällen waren nicht die Unternehmer, noch weniger die Kapitalgeber, diejenigen, die die Arbeiter einstellten und den Lohn auszahlten. Auch in der Textilindustrie besorgten das Arbeitsvermittler, vielfach die früheren Verleger. In der eisenverarbeitenden Industrie gab es das sogenannte "sub-contract-system", in dem das Meistersystem in modifizierter Form weiterbestand. Die Meister handelten als selbständige Arbeitsunternehmer eine bestimmte Summe für die Leistung der ganzen Gruppe aus, die sie dann an ihre Arbeiter verteilten. Die Arbeiter trugen auch die Risiken, die aus dem Nichterfüllen der vereinbarten Mengen oder Qualität, aus Bruch der Werkzeuge, Ausschuß, mangelnder Arbeitsdisziplin etc. resultierten, und Preisverfälle wurden an sie weitergegeben. Das Zunft-, das Manufaktursystem und das Verlagssystem existierten solcherart weiter, überlagert durch die neuen Arbeitsmarkt- und Produktionsbedingungen, sofern sie nicht überhaupt eine produktionsorganisatorische Verbindung eingingen.

Krishan Kumar wies auf die Neigung hin, die Effekte der industriellen Revolution in England zu früh anzusetzen und die Arbeitsverhältnisse und Marktprozesse, wie sie im 20. Jahrhundert diskutiert wurden, im wesentlichen schon für das frühe 19. Jahrhundert anzunehmen. Zu dieser Zeit herrschte noch eine ganz andere Auffassung von Arbeit und von der Behandlung der "labouring poor" vor und die Fabriksarbeit erfaßte nur eine Minderheit von Arbeitern, insbesondere unter den männlichen qualifizierten Erwerbspersonen.[14] Selbst um 1850 waren kleine Werkstätten und traditionelles Handwerk auch in England noch immer typisch. Auch die Vorstellung vom selbständigen Handwerker als Ideal des arbeitenden Menschen war im 19. Jahrhundert noch vorherrschend, und das auf jahrhundertealten Traditionen beruhende Ethos des Handwerkerstandes wurde erst im Verlauf der weiteren Industrialisierung zerstört.[15] In spezifischer Ausprägung zeigt sich das Weiterleben dieser Traditionen in Großbritannien auch in Begrifflichkeiten wie der Mehrfachbedeu-

14 Vgl.: Krishan Kumar, Prophecy and Progress. The Sociology of Industrial and Post-Industrial Society, Harmondsworth 1978.

15 Siehe: Rudolf Stadelmann/Wolfram Fischer, Die Bildungswelt des deutschen Handwerkes um 1800, Berlin 1955, S. 67 ff.

tung des Wortes "trade".[16] Jedenfalls war es nicht so, daß mit der Industrialisierung auch schon eine uniforme Masse industrieller Arbeiter entstanden wäre; vielmehr behielt der "gelernte Beruf" immer eine gewisse Bedeutung. Diese Vorstellung blieb durchaus auch bei den Fabrikarbeitern, zumindest bei männlichen und jenen, die aus den alten Handwerken kamen, lebendig. Auch die Fabrikarbeiter teilte man in gelernte und ungelernte, in "artisans" und "labourers", ein, wobei die Unterscheidung zwischen beiden im Lauf der Zeit allerdings immer verschwommener wurde bzw. nur in manchen Fällen zur Konstruktion eines neuen "gelernten Berufs" wie etwa bei den Druckern führte.

Die Gruppe der "Arbeiter" wurde im 19. Jahrhundert aber doch immer größer, d. h. immer mehr Menschen definierten sich in erster Linie über das Beschäftigungsverhältnis. Sie fielen damit aus den bisherigen ständischen Gesellschaftsvorstellungen heraus und dort, wo diese noch sehr lebendig waren, wie in Deutschland und Österreich, wurden sie als "Vierter Stand" im Sinne der traditionalen Ordnung bezeichnet. Es wurde aber mehr und mehr deutlich, daß sie genau diese Ordnung sprengten, weil sie eben "nicht von Stand" waren. Und manche sahen sie daher als die Vorboten einer zukünftigen Gesellschaft, die keine vertikalen Gliederungen mehr kennen würden. Die politischen Gruppierungen und Bewegungen des späteren 19. Jahrhunderts unterschieden sich vor allem in ihrer Haltung zur Arbeiterklasse und der Beziehung derselben zu Staat und Wirtschaftsgesellschaft in konservative, liberale, sozialistische und anarchistische Ideologien. Und doch waren "die Arbeiter" nicht in dem "realen" und umfassenden Sinn, wie das für den Stand über die Jahrhunderte hinweg typisch war, eine soziale Einheit, ganz zu schweigen davon, daß sie als solche zur Klasse "für sich" und zum historischen Akteur wurden, wie es Marx vorschwebte. Der Begriff "Klasse" hatte seine realhistorische Berechtigung nur im Sinne einer Zuordnung nach einem objektiven Merkmal, dem Beschäftigungsstatus. Die Arbeiterklasse selbst war keineswegs homogen, sie differenzierte sich in vielfacher Hinsicht: nach Gewerbe, Qualifikation, sozialer und regionaler Herkunft, Lebenslage und auch nach Wertvorstellungen, Traditionen und Interessen. Die Entstehung einer internen Ungleichheit innerhalb der Arbeiterklasse reflektierte die in den 1860ern entstandene Diskussion um die sogenannten "labour aristocrats", die sich in ihren ökonomischen und sozialen Bedingungen und auch

16 Sidney Pollard, Soziale Ungleichheit und Klassenstruktur in England: Mittel- und Oberklassen, in: Hans-Ulrich Wehler (Hg.), Klassen in der europäischen Sozialgeschichte, Göttingen 1979, S. 33-52, S. 45.

in ihrem Selbstwertgefühl deutlich von der Masse der Arbeiterschaft abhoben und sich der Mittelschicht zugehörig fühlten.[17]

Die Entstehung einer immer größer werdenden Gruppe von Lohnempfängern hatte auch Auswirkungen auf den Konsum und die Konsumgüterproduktion. Der Marktbedarf an Konsumgütern stieg, weil die privaten Haushalte weder über die Produktionsmittel für die Selbsterzeugung verfügten noch über Arbeitskraft, weil auch Frauen und Kinder außerhalb des Hauses tätig waren, um zum Unterhalt beizutragen; zu einem Unterhalt, der immer mehr vom Vorhandensein von Geld abhängig wurde, mit dem man sich die lebensnotwendigen Dinge kaufen konnte. Das waren dann nicht mehr die Rohstoffe, um selbst das Fertigprodukt mühsam und unrationell in kleinen Mengen herzustellen, sondern gleich die Fertigprodukte. Der Kreis schloß sich allmählich, er wurde allerdings sehr eng, denn das Geld, das durch den Verkauf der Arbeitskraft verdient wurde, war knapp und konnte kaum die notwendigsten Bedürfnisse decken. Noch lange mußten die durch die Löhne hereinkommenden Haushaltsgeldeinkommen ergänzt werden durch Eigenleistungen in den Haushalten und im sozialen Umfeld der Nachbarschaft. Die Arbeiterfamilie wurde zunehmend abhängig von der Industrie. Sie war einerseits Anbieter von Arbeitskraft, andererseits Nachfrager von Lebensmitteln, Kleidung, Wohnung etc. Der Konsum, der als Voraussetzung der Industrialisierung im England des 17. und 18. Jahrhunderts "entdeckt" wurde, veränderte sich; er wurde vom "sole end and purpose of all production" zum Anhängsel der Produktion, und in deren Folge kam es zur doppelten Abhängigkeit der Arbeiter von der Industrie. Im Verlauf des Transformationsprozesses durch Industrie, Binnenmarkt und Welthandel entstand eine gedankliche Bindung, die die Gewinnerzielung der industriell-kapitalistischen Wirtschaftsorganisationen zur Voraussetzung machte, die ihrerseits erst Arbeit schaffen konnte. Doch war dieser Transformationsprozeß ein langsamer, er schritt in bezug auf manche Branchen, Güter und Regionen schneller, in anderen langsamer voran und war außerdem lange Zeit dadurch verdeckt, daß diese neuen Prinzipien nur auf eine geringe Zahl von großen Unternehmen zutrafen. Noch lange galt die Konstanz der Bedürfnisse als die entscheidende Grenze der Produktion, denn das abschöpfbare Einkommen der Masse der Konsumenten war noch lange nicht hoch genug, um

17 Eric J. Hobsbawm, Soziale Ungleichheit und Klassenstrukturen in England: Die Arbeiterklasse, in: Hans-Ulrich Wehler (Hg.), Klassen in der europäischen Sozialgeschichte, op. cit., S. 53-65; Ders., Labouring Men. Studies in the History of Labour, London 1974.

"Bedürfnisproduktion" zu betreiben bzw. Kaufen zur Tugend und Bürgerpflicht hochzustilisieren.[18]

In der Theorie bzw. Rhetorik des Liberalismus standen einander der "Industrielle" oder der "Kapitalist" und der Arbeiter als Partner im Rahmen eines freien Arbeitsvertrages gegenüber. Disziplinäre Maßnahmen, wie die Führung eines Arbeitsbuches, Strafen für schlechte Arbeit, für Ausschußerzeugung, Fernbleiben, Zuspätkommen etc., die teilweise schon im Rahmen der Hausindustrie und in Manufakturen Anwendung gefunden hatten und sich keineswegs auf die moderne Fabrik beschränkten, standen dazu in krassem Gegensatz. Die Rechte der Eigentümer der Produktionsmittel und der "Arbeitgeber" wurden besonders geschützt, so daß der "freie Markt" und der freie Verkauf der Arbeitskraft tatsächlich durch zahlreiche Beschränkungen charakterisiert war; von den Arbeitern wurde nicht Freiheit, sondern Gehorsam und Disziplin erwartet. Die relative Freiheit des Webers in der Hausindustrie wich der angeblichen Freiheit des Arbeitsmarktes, die aber nur darin bestand, sich anderswo eine Arbeit suchen zu müssen, wenn man im bisherigen Betrieb nicht mehr gebraucht wurde.

Die Konflikte zwischen Fabriksherren und Arbeitern entstanden häufig aus Anlaß der Einführung neuer Maschinen oder Techniken, von denen die Arbeiter Arbeitsplatzverlust, Einkommenseinbußen und Veränderungen ihrer Arbeitsgestaltung befürchteten. Zu großen Streiks und Revolten mit vielen Arbeitern als Beteiligten kam es erst in der Zeit des beginnenden organisierten Kapitalismus. Sie waren neben dem steigenden Konkurrenzdruck eine Ursache für die Erkenntnis der Arbeitgeber, daß sie sich stärker um die Art und Weise, wie die Produktion vor sich ging, kümmern mußten. Das wurde vor allem dort wichtig, wo teure Maschinen aufgestellt wurden, deren Nutzung die Einhaltung der Kontinuität der Arbeit, eines bestimmten Arbeitsrhythmus und -ganges wie auch Pünktlichkeit und Disziplin erforderte. Die frühen Streikaktionen zeigten hingegen eine Spontaneität und Irregularität, die meist als Zeichen der "Unreife" der Arbeiterbewegung charakterisiert wurden; sie reflektierten aber vielmehr die Tatsache, daß die Unzufriedenheit der Arbeiter sich nicht auf Lohnkämpfe allein beschränken ließ, weil die liberalistische

18 Vgl.: R. E. Pahl (ed.), On Work. Historical, Comparative and Theoretical Approaches, Oxford-New York 1989, darin insbes.: R. W. Malcolmson, Ways of Getting a Living in Eighteenth-Century England, S. 48-60; Maxine Berg, Women's Work. Mechanization and the Early Phases of Industrialization in England, S. 62-94; Herbert G. Gutman, Work, Culture and Society in Industrializing America, 1815-1919, S. 125-137; Krishan Kumar, From Work to Employment and Unemployment. The English Experience, S. 138-164.

Vorstellung vom Arbeitsverhältnis eben nicht der Realität entsprach.[19] Tatsächlich ging es bei den Konflikten immer um wesentlich mehr als um Markt, Lohn und Arbeitskontrolle: es ging um die Unabhängigkeit des einzelnen, die Würde und den Zusammenhalt der Familie und die in dieser wurzelnden Identität, um die Autonomie der Arbeitsgestaltung und um ein sinnvolles Leben. Diese Werte können sicher als Festhalten an der "moral economy" interpretiert werden, wie das Edward Thompson[20] tat, aber sie sind deshalb nicht gleichzeitig als ein Festhalten an überholten, veralteten Lebenswelten der "toten" Vergangenheit zu deuten. Die Marktlogik ist nicht geeignet, die Wirklichkeit des Lebens und die möglichen Unterschiede menschlicher Wünsche und Interessen adäquat zu erfassen.

Der Markt als politisches Deutungsmodell und Produzent von Kultur

Die Ideen und Werte der modernen Gesellschaft, die Ideen von Freiheit und Gleichheit, von Demokratie und Rechtsstaat, und die Vorstellungen über den Markt und den Wirtschaftszusammenhang hängen eng miteinander zusammen. Die Entstehung einer Öffentlichkeit und eines spezialisierten wissenschaftlichen Diskurses in bezug auf Markt und Ökonomie spielten dabei eine große Rolle und standen in enger Beziehung zu sozialen und politischen Veränderungen des Verhältnisses von Staat und Zivilgesellschaft.[21] Die Entdeckung der "Wirtschaft" als Beziehungsgefüge auf territorialer staatlicher Ebene, das sich ähnlich wie "Natur" eigendynamisch auf Grund der vielen einzelnen "ökonomischen", i. e. eigennützigen Handlungen entfaltete, war gerade eines der Elemente, die als "neu" und "modern" gedeutet wurden. Mit ihm änderten sich auch die Vorstellungen von Gesellschaft, wurden universeller, zwar noch stark vertikal stratifiziert, aber durch den Aufstieg des Bürgertums und die Entstehung einer bürgerlichen Öffentlichkeit charakteri-

19 Vgl.: Gertraude Horke, Soziologie der Gewerkschaften, Wien 1977.

20 Edward P. Thompson, Plebejische Kultur und moralische Ökonomie, Frankfurt/Main 1980.

21 Zum historischen Begriff der Zivilgesellschaft: John Locke, Two Treatises of Government, 1690 (dt.: Zwei Abhandlungen über die Regierung, hrsg. v. Walter Euchner, Frankfurt/Main 1967); Zitate hier aus: John Locke, Bürgerliche Gesellschaft und Staatsgewalt, Berlin 1986; Adam Ferguson, An Essay on the History of Civil Society, 1767 (dt.: Versuch über die Geschichte der bürgerlichen Gesellschaft, Frankfurt/Main 1986); Wilfried Röhrich, Sozialgeschichte politischer Ideen, Reinbek bei Hamburg 1979; Zwi Batscha/Jörn Garber (Hg.), Von der ständischen zur bürgerlichen Gesellschaft, Frankfurt/Main 1981.

siert.[22] "Gesellschaft" wurde zu einer vom Staat abgelöst gedachten Sphäre, zu einem politischen Begriff, der nicht so sehr eine Gegebenheit feststellen, als vielmehr das Programm einer den Staat nur als eines seiner Instrumente begreifenden Gemeinschaft aufzeigen sollte. Er bezog seine "raison d'être" in England direkt aus der Wirtschaft, d. h. dem Zusammenspiel von Handels- und Geschäftsinteressen und -handlungen der vielen einzelnen Wirtschaftssubjekte, in Frankreich stärker aus der intellektuell-geselligen Existenz einer bürgerlichen Öffentlichkeit und den Hoffnungen auf einen rational machbaren Fortschritt. Im Habsburgerreich löste sich die "Gesellschaft" nie ganz vom aufgeklärten absolutistischen Staat und nahm eine mehr kulturelle Relevanz an. In Preußen-Deutschland wurde "Kultur" im 19. Jahrhundert im Zuge der nationalen Einigungsbestrebungen zum Identitätskriterium der nationalstaatlichen Gesellschaft.

Die Entwicklung "moderner" Vorstellungen von Wirtschaft ist nicht durch Rationalisierungstheorien, die von einem autonomen Fortschritt in Richtung größerer Rationalität des Denkens ausgehen, erklärbar. Diese Theorien legen wichtige Aspekte offen, sie implizieren aber allesamt eine Art eigendynamische, immanente "Entwicklung", während die rekursive Reflexität von Ideen als Instrumente im politisch-kulturellen Prozeß außer acht gelassen werden. Die Faszination von Begriffen wie Zweckrationalität, Eigennutz und Marktlogik bewirkte, daß diese Begrifflichkeiten eine eigene Dynamik über ihre Begründung in den realen materiellen Verhältnissen und weit über ihren jeweiligen lokalen kulturellen Entstehungsort hinaus entfalteten.[23] Sie wurden zu Ideen, die überall in Europa Verbreitung fanden, auch wenn die realen Verhältnisse unterschiedlich waren. Die Vorstellungen von Markt im modernen Sinn sind zusammen mit denen der freien, vom Staat getrennten "Gesellschaft" als Zeugnisse der Kulturproduktion[24] durch Kommuni-

22 Jürgen Habermas hat die Aufmerksamkeit auf den "Strukturwandel der Öffentlichkeit" in dieser Epoche gelenkt, die somit nicht nur auf Grund ihrer politischen Ereignisse markant ist, sondern auch als jene Zeit bezeichnet werden kann, in der sich die Basis der kulturellen Produktion verbreiterte. Gleichzeitig spaltete sie sich in eine "alte" und eine "neue" Kultur, die in den sozialen und politischen Formierungen der Zeit aufeinanderprallten. Vgl.: Jürgen Habermas, Strukturwandel der Öffentlichkeit, Neuwied 1962.

23 Siehe hier insbesondere: Joyce O. Appleby, Economic Thought and Ideology in Seventeenth-Century England, Princeton 1978; Joan Thirsk/J.P. Cooper, Seventeenth-Century Economic Documents, Oxford 1972. Im deutschen Sprachraum und von einem mehr begriffshistorischen Zugang her möchte ich hier nur auf: Wolf-Hagen Krauth, Wirtschaftsstruktur und Semantik, Berlin 1984, verweisen.

24 Siehe dazu insbes.: Robert Wuthnow, Communities of Discourse, Cambridge-Mass.-London 1989, S. 893.

kation entstanden. Der "Markt" und die "Gesellschaft" waren kulturell-diskursive Realitäten, lange bevor sie tatsächlich ganze Nationalstaaten dominierende Strukturen und Institutionen ausgebildet hatten.[25] Begriffsgeschichtlich stellen sie einen Wandel von Pluralbegriffen zu "Kollektivsingularen"[26] dar. Ideen und Begriffe stellen aber nicht nur Abstraktionen und geistige Konstruktionen dar, sondern sie schaffen auch durch ihre Verwendung in Diskussion und Diskurs eine eigene Realität, durch die sie zu kulturellen Mustern werden. Die Diskursrealität bestimmt sehr wesentlich auch das, was wir gesellschaftlich sind bzw. wie wir unsere soziale und politische Realität verstehen und gestalten.[27] Daher ist nicht nur die Frage ihrer Entstehung als "Ideen" von Interesse, sondern die ihrer Verwendung als strategisch-politische Argumente. Ihre Verwendung in der politischen Diskussion des 17. Jahrhunderts in England, des 18. Jahrhunderts auf dem Kontinent hat durch ihre Wirkung auf die Vorstellungen der Menschen die realen Verhältnisse verändert.[28]

Die Modellvorstellungen von Wirtschaft erlangten seit dem 17. Jahrhundert vor allem durch die ungeheure Faszination, die die Wissenschaft im allgemeinen und

25 Vgl. in bezug auf die Bedeutung der Marktrhetorik: William M. Reddy, The Rise of Market Culture, Cambridge-Paris 1984, S. 11 ff; Ders., Money and Liberty in Modern Europe. A Critique of Historical Understanding, Cambridge 1987.

26 Reinhard Koselleck, Historische Semantik und Begriffsgeschichte, Stuttgart 1979.

27 Daß Begriffe und Begriffsrhetorik einen großen Einfluß auf die Problemsicht und auf die Diskussion politischer Maßnahmen ausüben, zeigte in der Gegenwart das Wiederaufleben des Begriffs der "Zivilgesellschaft". Zum Begriff der "Zivilgesellschaft" in der gegenwärtigen Diskussion: Krishan Kumar, Civil Society: an Inquiry into the Usefulness of an Historical Term, in: The British Journal of Sociology 44/1993, S. 375-401; Adam Seligman, The Idea of Civil Society, New York 1992; Ernest Gellner, Bedingungen der Freiheit, Stuttgart 1995. Darüberhinaus kommt es auch zu Reflexionen über die Grundlagen der Moderne und der Demokratie. Die Abhandlungen über die Moderne und ihr mögliches Ende sind äußerst zahlreich; z. B.: Jean-Marie Guéhenno, Das Ende der Demokratie, München-Zürich 1994; Göran Therborn, European Modernity and Beyond, London-Thousand Oaks-New Delhi 1995.

28 Die "historisch-soziale "Einbettung" und die politische Funktion der Theorie, d. h. der Wirkungen ökonomischer Ideen auf politische Handlungen, haben in letzter Zeit verstärkt Beachtung gefunden. Verwiesen sei hier auf: Alfred Bürgin, Zur Soziogenese der politischen Ökonomie, Marburg 1993.Siehe insbes. zur politischen Funktion: Peter A. Hall, The Political Power of Economic Ideas: Keynesianism Across Nations, Princeton 1989; Mary O. Furner/B. Supple, The State and Economic Knowledge, Cambridge 1990; Dietrich Rueschemeyer/Theda Skocpol, States, Social Knowledge and the Origins of Modern Social Policies, Princeton-New York 1996.

die Ökonomie im besonderen ausübten, weitreichende Geltung und Anerkennung. Im 19. Jahrhundert begann durch die Akademisierung und Professionalisierung der Wissenschaft der Ökonomie vor allem in der zweiten Hälfte des Jahrhunderts eine Entwicklung, die die Diskussion über Wirtschaft zunehmend als Zuständigkeit der akademischen Wissenschaft definierte, während wirtschaftliche Fragen aus den Salons und geselligen Vereinen verschwanden. Mit dem individualistisch-liberalistischen Konzept war dann das Bild der Wirtschaft weitgehend abgeschlossen und die Ökonomen verfuhren damit im Sinne der wissenschaftsinternen Weiterentwicklung mit geringer Adaptation an die jeweiligen tatsächlichen Zustände und Ereignisse. Die Diskursrealität der Ökonomie wurde eine spezialisiert-akademische und nahm in dieser Form eine autonome Dynamik an, entwickelte sich als Theorie weiter und entfernte sich zunehmend von der jeweiligen konkret-historischen Wirklichkeit, während die Idee der Marktwirtschaft das Entscheidungen und Handlungen am stärksten prägende Deutungsmuster unserer Welt wurde. Umso wichtiger ist es, die Genese dieser Vorstellungen von Markt und Wirtschaftszusammenhang in der Diskussion und den politischen Anliegen der Wirtschaftsgesellschaften des 17. bis 19. Jahrhunderts aufzuzeigen.

In seiner Studie über den französischen Textilhandel im 18. und 19. Jahrhundert brachte William M. Reddy ein interessantes Argument: Seiner Meinung nach kam es in Europa im 19. Jahrhundert nicht zur Entstehung eines Arbeitsmarktes und einer Marktgesellschaft, sondern vielmehr dazu, daß die "laisser-faire"-Ideologie und ihre Vorstellung eines kompetitiven, selbstregulierenden Marktes für die Wirklichkeit gehalten wurde. Er schlug daher vor, statt von Marktgesellschaft von "Marktkultur" im Sinne von (falschen) Wahrnehmungsformen und Sprachgewohnheiten, sowie einer Reihe von Praktiken und Maßnahmen, die sich an diesen Vorstellungen orientierten, zu sprechen: "Market culture was the social order that emerged when the language of the mirage insinuated its assumptions into the everyday practice of European society."[29] Diese Vorstellungen wurden genährt durch die Fortschrittshoffnungen, den Glauben an die Naturwissenschaften und die Technik, exemplifiziert an einigen spektakulären Erfindungen und Konstruktionen, und die Idee der Produktion der Gesellschaft. Das Ereignis der Revolution, die anders als die Revolten der Vergangenheit tatsächlich zumindest für einige Zeit die alten Strukturen und Institutionen hinweggefegt hatte, ließ einen Bruch der Vorstellungswelt mit der Vergangenheit entstehen. Nicht nur die alten Autoritäten wurden da-

29 William M. Reddy, The Rise of Market Culture, op. cit., S. 1/2.

durch radikal in Frage gestellt, sondern die politische Gemeinschaft als solche und auch Gesellschaft und Wirtschaft erschienen machbar und "erfindbar".

Die Frage, um die es Reddy geht, ist, wie die Menschen des späten 18. und des 19. Jahrhunderts dazu kamen, das Marktdenken zu übernehmen: "How people came to accept that markets existed when they did not and to think of their defining social relationships exclusively in terms of commodities and exchanges when they continued to involve so much more - loyalty, deference, faith, fear, hostility - are the questions that must be answered."[30] Am Beispiel der englischen Handweber, die lieber drastische Lohnkürzungen in Kauf nahmen als in andere Berufe oder Beschäftigungen abzuwandern, zeigte er, daß die arbeitenden Menschen selbst die Marktlogik nicht in ihr Denken und Fühlen übernommen hatten. Aber diese Tatsache wurde überlagert durch die Übertragung der Funktionsprozesse des Handels mit Gütern oder mit Geld und der Termingeschäfte an der Börse[31] auf Gewerbe und Industrie und auf die Arbeit im Zuge der liberalistischen Argumentation. Jeder einzelne Arbeiter wurde zum freien Wirtschaftssubjekt erklärt, das rational in Geldgrößen kalkuliert. Die Not der Arbeiter konnte solcherart als fehlerhafte Anpassung an den Markt und irrationalem Verhalten entspringend erklärt werden. Der neue Begriff von Freiheit war eng mit Geld als Tauschmedium und allgemeines Äquivalent verbunden, er wurde als wesentliche Voraussetzung für persönliche Freiheit angesehen, eine Idee, die Reddy[32] als "most profoundly erroneous" bezeichnete. Nicht nur wurde in dem Tauschakt mit Geld die Handlung freier Individuen gesehen, sondern die Beziehung zwischen den Individuen wurde auf die Geldrelation reduziert. Das allerdings entsprach weder den sozialstrukturellen Bedingungen noch den tatsächlichen Lebensumständen und Beziehungsmustern, sondern war eine ideale Vorstellung von gerechten Beziehungen durch den meßbaren Ausdruck des Wertes oder des Nutzens einer Marktlage. "The liberal illusion is merely an elaborate social vision built upon a much older and more widespread presupposition, one that is inherent in the use of money. This presupposition is

30 Ebd., S. 3.

31 Wie Emile Zola in seinen Skizzen für den Romanzyklus Rougon-Macquart, insbesondere in denen über den Krach der "Union Générale" 1882 zeigt, ist zwar die Meinung des Börsenexperten die, daß die Geschehnisse an der Börse nicht provoziert werden, sondern ihrer eigenen Logik folgen, aber der Blick des Erzählers macht gleichzeitig klar, daß es sich hierbei auch um menschliche Verhaltensweisen, Erwartungen, Beziehungen und Emotionen handelt. Siehe: Emile Zola, Frankreich. Mosaik einer Gesellschaft, Wien-Darmstadt 1990.

32 William M. Reddy, Money and Liberty in Modern Europe. A Critique of Historical Understanding, Cambridge 1987, insbes. S. 73 ff.

that numerical measurement of what is exchanged between persons creates a valid, interpersonal standard that is at last potentially accurate and fair."[33] Reddy bezweifelte auch die reale Existenz von Klassen und schlug vor, die Arbeitskonflikte des 19. Jahrhunderts als "clash of cultures" und nicht als Klassenkämpfe zu interpretieren[34], da auch der Begriff der Arbeiterklasse ein Resultat der Marktrhetorik gewesen sei. Zwischen Marktrhetorik, dem naturwissenschaftlichen, mechanischen Weltbild und der Kommerzialisierung und Industrialisierung der nationalen Wirtschaften bestand eine Wechselwirkung, die den Zeitgeist bestimmte. Jeder erhielt seine perspektivische Stellung in ihr als Anbieter, Nachfrager, als Kapitaleigner oder Lohnempfänger. Handlungen auch außerhalb des eigentlich wirtschaftlichen Prozesses wurden durch die Metapher von Produktion und Konsum, Gewinn, Kredit, Preis- und Kosten ausdrückbar, Beziehungen wurden zu Tausch, Geschäft und Konkurrenz. Eine neue Sprache fand Eingang in Konversationen und Kommentare, in Zeitungen und Gesellschaften. Diese Vorstellungen verbreiteten sich auch unter den Führern der Arbeiterbewegung selbst, vor allem unter vielen ihrer Kommentatoren, die dann etwa die Funktionen der Gewerkschaften als "Arbeitsmarktparteien" hervorhoben. Die Ironie der Sache war, daß gerade die Kritiker des Kapitalismus und der kommerziellen Gesellschaft wie Marx, Engels, Thoreau, Dickens, Heine etc. die Überzeugung von der Realität der Marktgesellschaft erst wirklich miterzeugt haben.

Da Vorstellungen eng mit Handlungsweisen verbunden sind, führte das Marktdenken einerseits zur Veränderung der Kultur, baute andererseits aber seinerseits auf Werten und Verhaltensmustern auf: "In the absence of certain values and practices a market economy cannot come into existence. Once a market economy does exist, its very presence seems to encourage some ways of life and discourage others."[35] Der Markt selbst beruht demzufolge auf Werten, Verhaltensmustern und Beziehungsgefügen, weshalb es auch keine "single culture of the market" geben kann. Nicht immer waren dieselben kulturellen Formen mit dem Markt verbunden, auch sind nicht alle Kulturaspekte mit diesem kompatibel. Der Markt kann als eine Tradition der Moderne[36] gesehen werden, was bedeutet, daß Anschlüsse an eine

33 Ebd., S. 101.

34 Ebd., S. 30 ff.

35 Thomas L. Haskell/Richard F. Teichgraeber III., Introduction, in: Dies. (eds.), The Culture of the Market. Historical Essays, Cambridge 1993, S. 1-42, S. 2.

36 Zur "Erfindung" von Traditionen siehe: Eric J. Hobsbawm, Introduction: Inventing Traditions, in: Ders./Terrence Ranger (eds.), The Invention of Tradition, Cambridge 1989 (urspr. 1983), S. 1-14; insbes.: Eric J. Hobsbawm, Mass Producing Traditions: Europe, 1870-1914, in: Ders./Terrence Ranger (eds.), op.

heroisch-revolutionäre Vergangenheit geschaffen wurden, aber gleichzeitig die Qualität als "neu", zukunftsweisend und "modern" hervorgehoben wurde. Tatsächlich sind die Vorstellungen von bürgerlichen Freiheiten und auch von der Funktion des Marktes genauso "alt" wie die, die mit persönlicher Verpflichtung und Versorgungsökonomie im "oikos" verbunden wurden. Wir finden diese Elemente seit der Antike und vermutlich gab es sie schon früher. Sie tauchten in den städtischen Revolutionen des 13. Jahrhunderts genauso auf wie im Flandern des 15. Jahrhunderts usw. Sie sind Argumente im politischen Diskurs und ihre Geltung ist abhängig davon, wem sie gerade nützen und wer sich durchsetzt.

Die Rede vom "Markt" als der eigenständigen Sphäre jenseits von Staat und staatlicher Politik war gleichbedeutend mit der Geburt der "modernen Gesellschaft" zunächst als einer Vorstellung und als ein Argument im politisch-sozialen Konflikt. Im Zusammenspiel der diskursiven Konstitution von "Markt" und "Gesellschaft" gab es signifikante Unterschiede in den einzelnen, das europäische Denken besonders beinflussenden Ländern. Diese Differenzen waren erklärlich aus der historischen Konstitution und Veränderung der soziopolitischen Verhältnisse, und sie schlugen sich in unterschiedlichen intellektuellen Ansätzen der Analyse, Theorie und Gestaltung dieser neuen Wirklichkeiten nieder. In Großbritannien war ihr wissenschaftlicher Ausdruck die liberale Nationalökonomie. Der Staat behielt gerade durch seine "aufgeklärte" Haltung in Preußen und in Österreich weitgehend die führende Rolle als Gestaltungsorgan der neuen Verhältnisse. Intellektueller Ausdruck waren die in den Universitäten dominierenden Staatswissenschaften mit ihrer starken rechtlichen Orientierung. Zwar gab es auch andere Ansätze, allen voran die der "Gesellschaftswissenschaften", aber bei näherer Betrachtung wiesen auch sie meist starke Orientierungen am Staat auf. Die Staatswissenschaften blieben noch sehr lange der akademische Rahmen für die Wissenschaften von Gesellschaft und Wirtschaft, auch als ihre Inhalte ganz andere geworden waren. Die Denker der Aufklärung in Frankreich sahen die Wirtschaft als einen Motor des Fortschritts. Condorcet pries sie als Voraussetzung für den gesellschaftlichen und geistigen Fortschritt, als eine Form, in der die Vernunft walte. Die eigentliche Erkenntnis der Aufklärung, daß das von Natur gegebene Recht vor den von einzelnen Menschen und den Staaten gemachten Gesetzen komme, trifft auch für die Wirtschaft zu. Die

cit., S. 263-307. Hobsbawm spricht in diesem Sinn von der "Massenproduktion von Traditionen" in Europa zwischen 1870 und 1914, weil sich die sozialen und politischen Bewegungen und die neuen Staaten durch die Berufung auf traditionale Aspekte eine gewisse Legitimität versprachen.

Französische Revolution[37] und die Folgezeit schufen neue praktische Voraussetzungen für die Wirtschaft durch die Neuformulierung in Gesetzgebung und positivem Recht. Die Wissenschaft aber sollte die Hoffnungen auf eine rationale und gleichzeitig gerechte Gesellschaft erfüllen, auf eine Steuerung bzw. Selbstregulierung der Wirtschaft ohne willkürliche Eingriffe. Die Wissenschaft wurde als Garant für das Walten der Vernunft in Gesellschaft und Wirtschaft gesehen. In Frankreich kam es daher zur Erfindung der Einzelwissenschaft der Soziologie als der positiven Wissenschaft der Moderne.[38] Die Wirtschaft wurde als der natürliche Kreislauf von Gütern und Geld zur Grundlage der Gesellschaft in der "industriellen Zivilisation". Der wissenschaftlich-positive Geist sollte es möglich machen, daß der soziopolitische und ökonomische Fortschritt durch Anleitung der Politik "gemacht" werden könne. Für Comte war nicht der technische Wandel und auch nicht der Wirtschaftsprozeß - schon gar nicht das kaufmännisch-händlerische Verständnis von Wirtschaft - das Entscheidende, sondern die Verbreitung und Anwendung des wissenschaftlich-positiven Geistes auf die sozioökonomischen Verhältnisse.

In der zweiten Hälfte des 19. Jahrhunderts verlagerte sich dann das Gewicht auf methodische und disziplinabgrenzende Auseinandersetzungen. Es kristallisierten sich aber drei Synthesen heraus: die ökonomische, die naturalistische und die etatistische Denkweise. Die ökonomische Synthese ging von der Identität von Wirtschaft und Gesellschaft auf der Grundlage der Interessen der einzelnen Menschen an Versorgung mit lebensnotwendigen Gütern und an Vorteilsgewinnung aus. Der Staat spielte dabei nur die Rolle eines Normengebers als Rahmen der wirtschaftlichen Handlungen der einzelnen. Die im Werk von Adam Smith entstandenen Ansätze differenzierten sich in die liberale Ökonomie nach John Stuart Mill einerseits und in die Marxsche Kapitalismuskritik andererseits. Die natürliche Ordnung, wie sie am radikalsten in d'Holbachs System der Natur zum Ausdruck kam, sah in bezug auf Gesellschaft und Wirtschaft von den konkreten ereignishaften Dimensionen ab und suchte nach Naturgesetzen des Sozialen in bewußter Gegensatzbildung zum Staat. In bezug auf Wirtschaft finden wir diese Sicht insbesondere bei Bastiat in Frankreich und Gossen in Deutschland, über diese Ansätze bestimmte sie auch die Nutzentheorie der Neoklassik. Spielarten dieser Auffassung entstanden durch die Verbindung mit der Evolutionstheorie und der Organismusanalogie in bezug auf Wirtschaft und Gesellschaft, etwa bei Herbert Spencer. Die etatistische Synthese

37 Siehe: Bernhard Groethuysen, Philosophie der Französischen Revolution, Frankfurt/Main-New York-Paris 1989 (urspr. frz. 1956), S. 118 ff.

38 Auguste Comte, Soziologie, 3 Bde., Jena 1907-1911 (urspr. frz. 1842); siehe auch: Gertraude Mikl-Horke, Soziologie, 4. Aufl., München-Wien 1997.

entstand aus der kameralistischen Tradition und verband Ökonomie und Gesellschaftslehre im Rahmen der Staatswissenschaften wie im Werk Lorenz von Steins oder Robert von Mohls. Die einzelnen sich im 19. Jahrhundert herauskristallisierenden Denkströmungen verbanden vielfach Elemente mehrerer "Synthesetraditionen" mit unterschiedlichen Schwerpunkten, so daß verschiedene Ansätze ökonomisch-sozialen Denkens entstanden.

Liberale Ökonomie, logische Analyse und utopischer Sozialismus: Wirtschaftstheorie in England und Frankreich

In der ersten Hälfte des 19. Jahrhunderts hatten Marktwirtschaft, das Fabriksystem und die sozioökonomischen Strukturveränderungen in England bereits große Fortschritte gemacht und zu erstaunlichem Wohlstand einer großen Zahl von Gewerbetreibenden, Händlern und auch Grundbesitzern geführt. Auf der anderen Seite war das Heer der entwurzelten besitzlosen Massen angewachsen, für deren Versorgung und Wohlstand das Wirtschaftssystem nichts zu leisten schien. Noch immer galt das berühmte Bevölkerungsgesetz, wonach Krisen und Hungersnöte unvermeidlich seien, weil sich die Bevölkerung in geometrischer Progression vergrößere, die Nahrungsmittel, die die Landwirtschaft lieferte, aber nur in arithmetischer Reihe. Diesen Zusammenhang hatten schon Giovanni Botero, William Petty u. a. formuliert. Aber in der Darlegung durch Thomas Robert Malthus war das Gesetz zum führenden Beleg für das Abgehen von einer Politik der Bevölkerungsvermehrung, die unter den Regierenden der Staaten verbreitet war, geworden.[39] Malthus' düsteres Szenario bildete einen starken Kontrast zu der Vision von der Harmonisierung der Interessen, wie sie Adam Smith, Jean-Baptiste Say und andere Exponenten des Freihandels und der freien Wirtschaft gesehen hatten. Er teilte nicht mehr den Optimismus Smith', daß wachsender Reichtum des Landes und der arbeitenden Massen identisch wäre. Malthus sah zwar den Freihandel als wünschenswert an, bezeichnete aber die vollkommene Handelsfreiheit gleichzeitig als Traum, der "[...] wohl niemals verwirklicht werden kann".[40]

Auch David Ricardo entwickelte keine optimistische Sicht der Wirtschaft. Seine Weiterführung der Smithschen Ökonomie wurde aber zur einflußreichsten Wirtschaftsauffassung des 19. Jahrhunderts.[41] Er übernahm die Arbeitswertlehre und ver-

39 Thomas Robert Malthus, An Essay on the Principle of Population, London 1798; Ders., Principles of Political Economy, London 1820.
40 Ebd., S. 185.
41 David Ricardo, On the Principles of Political Economy and Taxation, London 1817.

suchte auch die Kapitaltheorie darauf zu begründen. Ricardo sah den relativen Wert einer Ware durch ihre Seltenheit und die relative Menge an Arbeit, die zu ihrer Produktion notwendig ist, bestimmt. Sinkt die Arbeitsmenge, die in die Produktion eines Gutes eingeht, so sinkt auch der Wert desselben. Die Höhe der Löhne hingegen wirkt sich nicht auf den relativen Wert der Waren aus, denn der natürliche Preis beim Tausch Gut gegen Gut ist nur durch die Arbeitsmenge, nicht durch den Lohn bestimmt. Der natürliche Preis der Arbeit ist jener, zu dem die Arbeiter sich und ihre Art ("race") erhalten können. Er ist abhängig vom Preis der Güter, die für diese Reproduktion gebraucht werden, d. h. die gewöhnlich für die Arbeiter und ihre Familien lebensnotwendig sind. Steigt der Marktpreis der Arbeit, weil sie knapp ist, so erhöht sich die Reproduktionsrate der Arbeiter, was die Löhne wieder unter das Existenzminimum fallen läßt und in der Folge die Zahl der Arbeiter reduziert. Die Löhne schwanken solcherart um den natürlichen Preis", den David Ricardo nicht als das physische Existenzminimum verstand, sondern als das zu verschiedenen Zeiten und in verschiedenen Gegenden differierende soziale Mindesteinkommen. Arbeit wird als beliebig vermehrbares Gut aufgefaßt, was mit der auch dem Malthusschen Bevölkerungsgesetz zugrundeliegenden Auffassung über das Reproduktionsverhalten zusammenhängt. Die von Ferdinand Lassalle dann "ehernes Lohngesetz" genannte Marktmechanik von Lohn, Geburts- und Todesraten ergänzte die Arbeitswertlehre in einer Weise, die die Chance einer langfristige Aufwertung oder Besserstellung der Arbeiter ausschloß. Von besonderer Bedeutung war Ricardos Feststellung, daß sich die Einkommen der drei Klassen, d. h. der Grundeigentümer, der Kapitalisten und der Arbeiterklasse, in einer gegenseitigen Abhängigkeit voneinander befinden, so daß sich ein Steigen der Löhne in einem Sinken der Profitrate und ein Steigen der Produktpreise in einem Sinken der Rente niederschlagen muß. Ricardo ging davon aus, daß der Lohnfonds eine fixe Größe sei, die Grundrente durch die Bevölkerungsvermehrung steige und daher die Profite sinken müßten. Diese "natürliche" Entwicklung weise auch die Verteilung des Nationalprodukts auf die Einkommen der wichtigsten gesellschaftlichen Gruppen auf, was Ricardo zufolge den Hauptgegenstand der Politischen Ökonomie darstellt. Bei steigender Bevölkerungszahl kann der Profit als Einkommen der Kapitalbesitzer nur steigen, wenn die Löhne sinken. Die einzigen, die gewinnen können - und das ohne eigene Arbeit - sind die Grundbesitzer. Hohe Kapitaleinkommen sah Ricardo als Potential für den wachsenden Reichtum des Landes an und trat daher für eine den Kapitalisten förderliche Wirtschaftspolitik des Freihandels und freien Wettbewerbs ein. Reichtum besteht immer in der Menge an Gütern, die produziert werden, aber es kommt darauf an, ob für mehr Güter auch mehr Arbeit eingesetzt werden muß. Dann erhöht sich zwar der Wert der Waren, aber dieser Mehrwert wird durch Investitionen in die Reproduktion erkauft. Wird mit gleichbleibendem Arbeitseinsatz aber ein Mehr an Gütern hervorgebracht, dann bleibt zwar der Wert der Waren niedrig, aber der Reichtum steigt. Ricardo verteidigte den Einsatz von Maschinen, obwohl sie Arbeitskräfte freisetzten, aber solange die Produktion im Inland erfolgte, würden sie dennoch für Beschäftigung sorgen. Mit der Steigerung des in Maschinen investierten Kapitals kommt es allerdings zu einer verhältnismäßig niedrigeren Rate des Wachstums der Nachfrage nach Arbeit.

Ricardos Analyse entsprang nicht dem Wunsch, eine akademische Disziplin und deren Logik weiterzubringen, sondern auf die Bedingungen und vor allem die von den Corn Laws geschaffene Situation zu reagieren und Politikempfehlungen aus der Analyse abzuleiten. Die Einteilung in die drei Klassen etwa war "real" in dem Sinne, daß dies tatsächlich die Hauptinteressen waren, die sich in der Wirtschaftsgesellschaft seiner Zeit ausmachen ließen und die in der politischen Diskussion vertreten waren. Sie war aber zugleich "abstrakt", weil sie auf der Analyse eines als "natürlich" angesehenen Entwicklungsganges der Wirtschaft beruhte.[42] Ricardos Ökonomie hat daher durchaus einen empirischen Gehalt, der sich aus seiner Zeit und der Situation Großbritanniens ergab. Allerdings verstand es Ricardo wie kein anderer, die Logik der Beziehungen knapp und präzise herauszuarbeiten. Er verband daher bestimmte theoretische Annahmen wie den individuellen Eigennutz mit historischen Voraussetzungen wie der Übervölkerung.

John Stuart Mill hingegen war "reiner" Philosoph und umfassend gebildeter Gesellschaftstheoretiker, der später auch ein Standardwerk der Nationalökonomie, "Principles of Political Economy" (1848), schrieb. Wenngleich er die Analysen und theoretischen Einsichten Ricardos übernahm, war seine Grundauffassung von der Wirtschaft doch durch einen vorsichtigen Optimismus bzw. eine milde Kritik am klassischen System geprägt. Im Unterschied zu den anderen liberalen Ökonomen seiner Zeit schwebte ihm die ständige Kapitalakkumulation nicht als Ideal vor, sondern er plädierte für den stationären Zustand der Wirtschaft. Die Marktökonomie schließt seiner Meinung nach auch nicht das Wirken des Staates aus, der negative Effekte des Marktes verhindern oder ausgleichen solle, was Mill auch in die

42 Vgl.: Cecil Clare North, The Sociological Implications of Ricardos Economics, Chicago o. J. Siehe auch: Albion Small, Adam Smith and Modern Sociology. A Study in the Methodology of the Social Sciences, Chicago 1907.

Nähe eines sehr moderaten Sozialismus rückte.[43] Sein Anliegen war auf die Verbesserung der Situation der Menschen im Sinne der radikalen Philosophie (Utilitarismus) gerichtet. Mill sah das Elend der Industriearbeiter und erkannte die über Generationen fortdauernde Spaltung der Gesellschaft in Arbeitgeber und Arbeitnehmer als Problem an. Aber anders als Karl Marx erhoffte er sich eine allmähliche Verbesserung durch graduelle Maßnahmen, insbesondere sah er in der Erziehung und Bildung eine notwendige Ergänzung des Eigentumsstrebens. Durch diese könne die utilitaristisch-liberale Ethik auch eine soziale Ethik werden, die in den Handlungen der Menschen in der Gesellschaft ihren Ausdruck finde. Den Utilitarismus Jeremy Benthams und seines Vaters James Mill verteidigte John Stuart Mill als eine Art "kategorischer Imperativ" im Sinne Kants. Mill verwahrte sich mehrmals dagegen, daß das "größte Glück der größten Zahl" einfach aus einer Aufaddition der individuellen "Glücksquanten" resultiere, was wohl die Auffassung Benthams gewesen war. Nutzen, Lust und Glück werden bei Mill auf ein inneres Gefühl zurückgeführt, das keineswegs allein das Resultat individueller Genußsucht, noch das des Eigennutzstrebens oder des Opportunismus ist, sondern mit dem Gewissen gleichgesetzt wird. Egoismus und Mangel an Bildung sind nach Mill gerade die Gründe, die zu Unlustgefühlen führen. Und Glück ist immer das Gesamtglück aller Menschen, so daß auch die Folgen des Handelns des einzelnen für die anderen bzw. die Gesamtheit in das Kalkül mit einzuschließen sind. Diese Bezogenheit auf andere wird insbesondere auch in dem berühmten Essay "On Liberty" (1859) deutlich.[44] Dabei setzt er allerdings voraus, daß der Mensch fähig ist, objektiv die Lage der anderen und die Folgen seines Tuns für diese einzuschätzen. Das Nützlichkeitsprinzip wird sogar in die Nähe des Postulats Jesu von der Nächstenliebe gerückt. Und es dient auch als Regel für die öffentliche Moral, "daß Gesetze und gesellschaftliche Verhältnisse das Glück oder - wie man es in der Praxis auch nennen kann - die Interessen jedes einzelnen so weit wie möglich mit dem Interesse des Ganzen in Übereinstimmung bringen".[45] Erziehung und öffentliche Meinung sol-

43 Heilbroner führt ihn daher auch im Kapitel über die utopischen Sozialisten an. Siehe: Robert Heilbroner, The Worldly Philosophers. The Lives, Times and Ideas of the Grat Economic Thinkers, 6. Aufl., London 1986 (urspr. am. 1953), S. 127 ff. Für den "utopischen" Charakter seines Denkens war jedoch mehr seine Version der utilitaristischen Philosophie verantwortlich.

44 John Stuart Mill, Über die Freiheit, Stuttgart 1988 (urspr. engl. 1859); siehe zur Gegenwartsrelevanz: Jens Harms (Hg.), "Über Freiheit". John Stuart Mill und die Politische Ökonomie des Liberalismus, Frankfurt/Main-New York 1994.

45 Mills Darlegung des Utilitarismus hatte den Charakter einer Verteidigungsschrift und enthielt Argumente gegen eine Vielzahl von Aspekten, die in der Öffentlichkeit seiner Meinung nach mißverstanden oder absichtlich bösartig fehlin

len dazu verwendet werden, um die gedankliche Beziehung zwischen dem eigenen Glück und dem Wohl des Ganzen in jeden einzelnen einzupflanzen, so daß er eine Gewohnheit entwickle, so zu handeln, wie es die Rücksicht auf das allgemeine Glück gebiete.

John Stuart Mill sah die Human- und Sozialwissenschaften[46] und ihre Erkenntnisse als Voraussetzungen für politische Entscheidungen; darin ähnelte er in gewisser Weise Auguste Comte, mit dem er in freundschaftlichem Kontakt stand. Er differenzierte zwischen "reiner" und "angewandter" Wissenschaft und verstand die politische Ökonomie nicht nur als Kunstlehre, sondern zunächst als eine reine Wissenschaft, die auf die Erkenntnis von Gesetzen gerichtet ist. Die Theorie muß dann durch empirische Untersuchungen des konkreten Handelns der Individuen ergänzt werden. Er verstand die Politische Ökonomie aber auch als eine Moralwissenschaft, die es mit Ideen und Gefühlen in bezug auf die Gesellschaft zu tun hat. Politische Ökonomie war ihm ein Teil der Sozialökonomie oder auch der Politikwissenschaft, der sich mit dem sozialen Verhalten des Menschen in bezug auf sein Verlangen nach Reichtum auf der Basis der rationalen Fähigkeiten zum Abschätzen alternativer Mittel für Ziele beschäftigt.[47] Mill sah die reine Ökonomie als abstrakte, logische Disziplin, die von Vorausannahmen und Definitionen ausgeht. Sie erklärt nicht und prognostiziert auch nicht reale Zustände, das muß erst durch die praktische Lehre auf Grund der Verbindung von Erfahrungstatsachen mit den abstrakten Gesetzen der Politischen Ökonomie geleistet werden. Die Aussagen der Sozialwissenschaften sind wie die der Mechanik bedingte Behauptungen, die unter gleichzeitiger Annahme der Konstanz der Bedingungen ("ceteris paribus"), die Wirkungen jeder einzelnen Ursache feststellen sollen. Dabei sind aber keine Vorhersagen von Einzelereignissen möglich, sondern nur von Tendenzen. Er analysierte die ökonomischen Prozesse mit Hilfe der kausalwissenschaftlichen Logik, ausgehend von der fiktiven Konstruktion eines Wirtschaftssubjekts, das die Züge des

terpretiert worden waren. Das landläufige Verständnis der Nützlichkeitsphilosophie war von dem Mills sehr weit entfernt. Allerdings waren seine Argumente auf Grund des Bestrebens, der Kritik zu begegnen, wohl auch etwas ins Positive hin übertrieben. John Stuart Mill, Der Utilitarismus, Stuttgart 1985 (urspr. engl. 1871), S. 3.

46 Mill befaßte sich mit den methodischen Fragen dieser Wissenschaften, wobei er einerseits für die Einheit der (natur-)wissenschaftlichen Methode eintrat, andererseits aber der Komplexität des Gegenstands dadurch Rechnung zu tragen suchte, daß er für eine Vielfalt empirischer Forschungsmethoden plädierte. Er kann daher auch als einer der Begründer der sozialwissenschaftlichen Methodenlehre gelten. John Stuart Mill, Auguste Comte and Positivism, London 1865.

47 John Stuart Mill, Essays on Some Unsettled Questions of Political Economy, Clifton-New York 1974 (urspr. 1844).

utilitaristischen Menschenbildes aufwies. Dieses Modell machte als abstrakt-formales Rationalprinzip ("homo oeconomicus") im Zuge der zunehmenden Formalisierung der Ökonomie Furore. Von angenommenen übersimplifizierten Sachverhalten auszugehen war unter Ökonomen stark verbreitet; insbesondere David Ricardo hatte sich dieser Form für die Entwicklung seiner Grundaussagen bedient.

In Frankreich hatten Smith' Ideen vor allem durch Jean Baptiste Say Aufnahme gefunden ("Traité d'économie politique", Paris 1803). Dieser verbreitete die Lehren Smith' auf dem Kontinent und systematisierte sie gleichzeitig. So unterteilte er die politische Ökonomie in die Lehre von der Erzeugung, der Verteilung und dem Verbrauch. Er ging aber auch über Smith hinaus, indem er das Schwergewicht vom Handel auf die Produktion verlagerte. Die Ökonomie von Smith war "Kaufmannsökonomie", die das Faktum der Wirtschaft in den Tauschvorgängen und in der Preisbildung erblickte. Say ergänzte Smith' berühmte Darstellung der Arbeitsteilung dadurch, daß er neben dieser auch den technisch-wissenschaftlichen Fortschritt hervorhob, der in neuen Produkten oder Produktionsverfahren resultiert, und daher die Wirtschaft belebt. Am bekanntesten aber wurde das sogenannte Saysche Gesetz. Dieses behauptet, daß die Güterproduktion eines Landes von sich aus eine effektive Gesamtnachfrage entstehen lasse, so daß das gesamte Güterangebot verkauft würde. Nicht der Konsum - bzw. die effektive Nachfrage - seien somit der Motor der Wirtschaft, sondern das Angebot oder die Produktion. Sollten die Menschen ihr Geld nicht in vollem Umfang ausgeben, so würde dennoch keine Überproduktion entstehen, da sich die Preise nach unten hin anpassen, so daß die Gesamtsumme der in Geld ausgedrückten Güter auf dem Markt wieder dem Geldbetrag der effektiven Nachfrage entspräche. Dieses erstaunliche Gesetz, das so offenkundig der Erfahrung widerspricht, daß gerade das effektive Nachfragedefizit in den sich entwickelnden Volkswirtschaften immer wieder Berge von unverkauften Gütern entstehen ließ, hielt sich dennoch lange als einer der grundlegenden Merksätze der Ökonomen. Erst die Weltwirtschaftskrise des 20. Jahrhunderts machte dem Sayschen Gesetz endgültig den Garaus und öffnete wieder den Weg für die Anerkennung der Wirkung staatlicher Interventionen zur Nachfrageförderung, die wir mit dem Namen Keynes verbinden. In Says Gesetz ist das Kreislaufdenken der französischen "économistes" mit einer strikten Freihandels- und "laisser-faire"-Argumentation verbunden, die von der Überzeugung von der Harmonie der Interessen aller Gruppen in der Volkswirtschaft und der nationalen Ökonomien im weltwirtschaftlichen Rahmen ausgeht. Von Say führt daher eine direkte Verbindung zur Ausformulierung der Gleichgewichtstheorie bei Léon Walras und der abstrakten Vorstellung vom Markt"system". Diese Entwicklung lag jedoch nicht in der Intention von

Smith und vielen anderen britischen Ökonomen.

Die cartesianische Denktradition war in Frankreich durch einen in allen Lehrbüchern vorkommenden Ökonomen vertreten: Antoine Augustin Cournot befaßte sich mit Mathematik, Philosophie und Ökonomie. Sein Interesse galt insbesondere der wissenschaftlichen Methode, die er auf Fakten und Theorien und auf der vereinigenden Grundlage der Mathematik beruhend, verstand. Er suchte dies in seinem ersten großen Werk anhand bestimmter Aspekte der Ökonomie, die sich für die mathematische Darstellung eigneten, aufzuzeigen. Die "Recherches sur les principes mathématique de la théorie des richesses" erschienen schon 1838, hatten aber kaum Erfolg, weil die Ökonomen mit der darin enthaltenen Mathematik nichts anzufangen wußten. Seine späteren Werke veröffentlichte er daher unter weitgehendem Verzicht auf die Mathematik. Erst später wurde seine Bedeutung gewürdigt, nachdem der Trend zur Mathematisierung der Ökonomie offenkundig wurde. Einer seiner wichtigsten Beiträge zur ökonomischen Theorie stellt die Nachfragefunktion dar, d. h. er erklärte die effektive Nachfrage als eine Funktion des Preises. Allerdings sah Cournot neben dieser einfachen Abhängigkeit auch den Einfluß, den der Wohlstand bzw. die Einkommensverteilung auf die Preisabsatzfunktion hat und erkannte auch schon die Bedeutung dessen, was später von Alfred Marshall Preiselastizität der Nachfrage genannt wurde. Eine weitere wichtige Leistung Cournots war die mathematische Analyse der Monopolpreisbildung. Der Kern derselben ist der später so genannte Cournotsche Punkt, Standardbestand aller Lehrbücher. Als Cournot jedoch versuchte, die mathematische Ableitung des Preis-Mengen-Zusammenhangs auch auf die Außenhandelstheorie anzuwenden, waren die Ergebnisse wenig überzeugend. Wenngleich er in seinen Analysen auf der klassischen Lehre aufbaute, betrachtete er die formale Relation zwischen den ökonomischen Größen keineswegs schon als Abbildung der natürlichen Harmonisierung wirtschaftlicher Abläufe, sondern befürwortete vielmehr die Eingriffe des Staates. Sein Werk zeigt in gewisser Weise auch die Grenzen der mathematischen Anwendung auf, deren sich Cournot selbst durchaus bewußt war. Die spätere Mathematisierung durch Walras, Jevons, Marshall und andere baute auf der Basis auf, die Cournot schuf.

In Frankreich war die Industrialisierung noch nicht so weit fortgeschritten wie in Großbritannien, und viel von dem Elend und der Armut der Menschen ging weniger auf das Konto der Industrie, sondern war verursacht durch die Nachwirkungen der Wirtschaftspolitik des "ancien régime", der großen Revolution und der Napoleonischen Kriege. Man konnte daher die neue Wirtschaftsweise kritisch als Verschärfung der Probleme interpretieren wie Sismondi, oder wie es schon im Aufklärungsdenken geschehen war, als Fortschrittshoffnung sehen.[48] Jean Charles Léonard de Sismondi kritisierte die Lehre Smith' nach anfänglicher Bewunderung, weil die Wirkungen der Industrie seiner Meinung nach zwei Klassen mit gegensätzlichen Interessen entstehen ließen. Sismondis Empfehlung war die, wieder zur Landwirtschaft zurückzukehren, womit er gegen den tatsächlichen Gang der Entwicklung argumentierte. Henri de Saint-Simon hingegen verstand die Industrie als produktive Tätigkeit im Dienste des Fortschritts.[49] Der Hinweis auf die Nützlichkeit von Industrie und Wissenschaft für die Gesellschaft wurde zum Hauptanliegen Saint-Simons. In einer Parabel brachte er zum Ausdruck, daß der Staat ohne weiteres seine höchsten Würdenträger in Politik, Militär oder Klerus verlieren könne, ohne großen Schaden zu nehmen, aber der Verlust der besten Wissenschaftler, Künstler, Techniker, Ärzte, Bankiers, Kaufleute, Fabrikanten etc. wäre eine Katastrophe. Sein Werk "Du Système industriel" (3 Bde., Paris 1820-22) ist eine Sammlung von Flugschriften und Briefen, die Saint-Simon als Unterstützung einer politischen Partei der Landwirte, Fabrikanten, Kaufleute und Bankiers, einer "Parti Industriel", geschrieben hatte. Dennoch ging es ihm keineswegs um die Förderung der Interessen der Bourgeoisie, sondern vielmehr um eine optimistische Sicht der Solidarität aller arbeitenden Menschen, was schließlich auch in seinem "Nouveau Christianisme" von 1825 visionär zum Ausdruck gebracht wurde. Bei Saint-Simon ist der Industrielle der neue Mensch und Wohltäter der Menschheit, denn er sorgt für die Güterproduktion, er setzt seinen Fleiß und Eifer ein, um Neues zu schaffen. Sein Handeln soll auf den Erkenntnissen der Wissenschaften beruhen und dadurch zum Allgemeinwohl beitragen.

Im Land Rousseaus entstand auch die vehementeste Kritik an den Lehren der englischen Nationalökonomen. Nur eines hatten sie mit Smith gemein: Die Erkenntnis der Wichtigkeit der Arbeit des einzelnen und der Volkswirtschaft insgesamt für Wohlstand und Glück. Sie waren nicht gegen die Industrie, sondern erblickten das

48 Dabei kam es zu einer charakteristischen Spaltung in "kapitalistische" und "industrialistische" Argumentationslinien. Je nachdem, ob die Not der Arbeiter bzw. die Arbeitsbeziehungen betont wurden, oder aber die neuen "wissenschaftlich-technischen" Möglichkeiten industrieller Produktion, kam es zu negativen oder positiven Beurteilungen.

49 Der Untertitel der Zeitschrift "L'Industrie" lautete daher auch: "Politische, moralische und philosophische Diskussionen im Interesse aller Menschen, die sich nützlichen und unabhängigen Arbeiten widmen." Siehe: Richard Martinus Emge, Saint-Simon. Einführung in ein Leben und Werk, eine Schule, Sekte und Wirkungsgeschichte, München-Wien 1987, S. 88.

Problem in den Eigentumsverhältnissen und den schlechten Arbeitsbedingungen. Hatte Saint-Simon die "Industriellen" noch als Wohltäter der Menschheit gezeichnet, so veränderte sich dies bei anderen Denkern grundlegend. Charles Fourier wies auf die Spaltung der Gesellschaft in Abhängige und Fabrikanten-Monopolisten hin und kritisierte sowohl die Politische Ökonomie als auch die Wissenschaft und die Moralphilosophie, wobei er aber zu groben Übertreibungen neigte und schließlich die gesamte Zivilisation verwarf. Sein Ideal war die in Assoziationen geordnete harmonische Gesellschaft und dafür entwickelte er eine "sozietäre Theorie".[50] Pierre Joseph Proudhon sah die Industriellen nicht mehr als schöpferische Erneuerer, sondern definierte sie als Eigentümer, die sich die Erträge in Form von Rente, Gewinn und Zins unrechtmäßig aneigneten ("Eigentum ist Diebstahl"). Er trat demgegenüber für Arbeitergenossenschaften und Arbeitereigentum an den Betrieben ein, ebenso wie für landwirtschaftliche und Konsumgenossenschaften. Proudhon sah bereits den Antagonismus zwischen Kapital und Arbeit, unterschied allerdings innerhalb der Bourgeoisie zwei deutlich voneinander getrennte Klassen: die "Industrie- und Handelsfeudalität" und die Mittelklasse.[51] In bezug auf die Arbeiterklasse war er sich der potentiell revolutionären Kapazität der Klassenbewegung bewußt. Diese setze allerdings eine klare Vorstellung in der Arbeiterklasse über ihre Stellung in der Gesellschaft sowie ihre Ziele voraus.[52] Das Verhältnis von Kapital und Arbeit erschien ihm als Ausbeutung auf Grund der Aneignung von Produkten. Diese Ausbeutung sah er aber nicht so sehr in dem Willen der Bourgeoisie als vielmehr in der ökonomisch-gesellschaftlichen Konstellation begründet. Proudhon ist als Vorläufer von Marx in bezug auf die Klassenanalyse zu sehen, wenngleich seine ökonomische Analyse und seine Folgerungen weniger überzeugend waren.

Diese kritischen Stimmen waren erklärlich durch die Verstärkung der ökonomischen und politischen Position des Besitzbürgertums, das insbesondere nach der Julirevolution von 1830 zur bestimmenden Kraft im Lande wurde, und das Hervortreten der Interessengegensätze zwischen den Kapitaleignern und den Arbeitern in der verstärkt einsetzenden Industrialisierung in Frankreich. Die Regierungszeit

50 Siehe: Charles Fourier, Ökonomisch-philosophische Schriften. Eine Textauswahl (hg. v. Lola Zahn) Berlin 1980.

51 Siehe dazu auch: Pierre Ansart, Die Soziologie Pierre-Joseph Proudhons, Frankfurt/Main u. a. 1994 (urspr. frz. 1967), S. 61 ff.

52 Proudhon erwartete zunächst den Impuls zur Revolution nicht von der Arbeiterklasse, sondern von der Mittelklasse. Erst 1848 sah er ein, daß diese Hoffnung unbegründet war.

des Herzogs von Orléans, als "Bürgerkönig" bekannt, begünstigte einseitig die Interessen der Bourgeoisie. Die Industriearbeiterschaft nahm in dieser Zeit auch an Zahl stark zu; ihre und die Unzufriedenheit des Kleinbürgertums lösten die Revolution von 1848 aus.

Unternehmer und Staat in Preußen und Österreich

Hans-Ulrich Wehler sieht die deutsche Industrialisierung als "eine eigentümliche Mischung von endogen-autonomen Antriebskräften und Imitationsleistungen, bezogen auf das englische Vorbild"[53], keinesfalls als eine nur abgeleitete Entwicklung, denn es gab schon vor der Frühindustrialisierung eine lange und eigenständige Tradition von Handwerk und Gewerbe, von technischem und kommerziellem Wissen und Erfahrung, die es erst ermöglichten, die neuen Methoden so schnell aufzunehmen. Tatsächlich wurden die Erfindungen von Watt, Arkwright u. a. nur wenige Jahre später schon in Deutschland eingesetzt, fanden allerdings nach diesen Anfängen keine weitere starke Verbreitung. Darüber hinaus entwickelte sich ein für die Situation Deutschlands charakteristischer Dreieckshandel mit England, wobei die östlichen Agrargebiete Deutschlands Getreide nach England lieferten, während der gewerblich stärker geprägte Westen aus England Halbfertigfabrikate bezog. Die deutschen Gewerbeprodukte gingen dann in den Osten Deutschlands.[54] Sicher waren die Handelsbarrieren, die durch die politische Zerstückelung Deutschlands gegeben waren, ein starkes Hemmnis, zum anderen wirkte die Tatsache der geringen weltwirtschaftlichen Verflechtung der deutschen Staaten retardierend auf die Industrialisierung. Der Zollverein hatte dann wichtige binnenwirtschaftliche Auswirkungen in bezug auf Fiskalwirtschaft und Inlandsmarkt. Aber erst nach der Gründung des Deutschen Reiches konnten die bestehenden Traditionen und die neu geschaffenen Institutionen durch die Vereinheitlichung des Wirtschaftsraumes ihre Kräfte voll entfalten und Deutschland schließlich zur ersten Wirtschaftsmacht Europas vor dem ersten Weltkrieg machen. Dem Staat kam dabei eine führende Rolle zu. Auch in Deutschland war die Industrialisierung eng mit Veränderungen in der Landwirtschaft verbunden. Diese war allerdings regional sehr unterschiedlich, wenn man den groß- und mittelbäuerlichen Süden mit den Gutswirtschaften in Preußen vergleicht. Insgesamt besehen kam es in der deutschen Agrarwirtschaft zu einer beträchtlichen Produktions- und Produktivitätssteigerung in der ersten

53 Hans-Ulrich Wehler, Deutsche Gesellschaftsgeschichte, Bd. 2: Von der Reformära bis zur industriellen und politischen "Deutschen Doppelrevolution": 1815-1845/1849, München 1987, S. 66.

54 Ebd. S. 138.

Hälfte des 19. Jahrhunderts, die aber nach Hans-Ulrich Wehler nicht als Agrarrevolution, also als unabdingbare Vorstufe und Initialzündung für die deutsche Industrielle Revolution, verstanden werden darf.[55] Sie führte nicht zur Freisetzung von Arbeitskräften als industrielle Reservearmee, vielmehr ernährte die Landwirtschaft noch lange eine große Zahl von pauperisierten Landbewohnern. Aus der Agrarproduktion konnten auch keine großen Kapitalien für die Industrie abgeschöpft werden. Gewerbekrise, rasant steigende Lebensmittelpreise, die allgemeine Rezession und schließlich die Auswirkungen der internationalen Banken- und Börsenkrise Ende 1847 verschärften die Lage der unteren Schichten der Bevölkerung und führten zusammen mit den politischen Problemen zur Revolution von 1848. Erst danach kam es zu einer politisch-industriellen Entwicklung, die auch agrarkapitalistische Veränderungen auslöste. Die industrielle Entwicklung, die ab 1850 zum Durchbruch gelangte, ging in Deutschland den agrarischen Umwälzungen voraus. Die deutsche Industrielle Revolution war anders als die englische nicht angeführt durch die Textilindustrie, sondern durch die Montanindustrie und den Eisenbahnbau. Die industrielle Revolution setzte auf dem Kontinent später als in England ein, verlief dann aber schneller, so daß Dieter Otten das eigentliche Entwicklungsgebiet der industriellen Revolution in Europa ortet.[56] Insbesondere im Gebiet des Deutschen Zollvereins wirkte sich der Eisenbahnbau durch die dabei beteiligten staatlichen Interessen beschleunigend auf die Industrialisierung aus.

Eine industrielle Unternehmerschaft entstand in Rahmen einer von staatlichen Interventionen gekennzeichneten Wirtschaft.[57] Die Banken verzeichneten ein spektakuläres Wachstum, insbesondere durch ihr Gründungsgeschäft und die Rolle, die sie bei der Umwandlung der Unternehmen in Kapitalgesellschaften spielten. Aktiengesellschaften waren in der deutschen Industrialisierung schon früh (ab etwa 1850) wesentlich wichtiger als vergleichsweise in der englischen.[58] Allerdings gab es auch Kritik gegen diese Form der Kapitalanhäufung, zumindest gegen eine völlige Ano-

55 Hans-Ulrich Wehler, Deutsche Gesellschaftsgeschichte, Bd. 3: Von der "Deutschen Doppelrevolution bis zum Beginn des Ersten Weltkrieges: 1849-1914, München 1995, S. 51.

56 Dieter Otten, Die Welt der Industrie, Bd. 1: Aufstieg und Expansion, Reinbek bei Hamburg 1986, S. 232.

57 Alexander Gerschenkron wies auf den Zusammenhang zwischen später Industrialisierung und staatlicher Lenkung hin: Alexander Gerschenkron, Relative Backwardness in Industrial Development, Cambridge-Mass.-London 1962 (urspr. in: Bert Hoselitz (ed.), The Progress of Underdeveloped Countries, Chicago 1952).

58 Jürgen Kocka, Unternehmer in der deutschen Industrialisierung, Göttingen 1975, S. 68.

nymisierung der Besitzverhältnisse, so daß der Aktienbesitz meist auf einen kleinen überschaubaren Kreis von Personen beschränkt blieb. Nur im Bergbau mit seiner langen Tradition der Trennung von Eigentum (Gewerken) und Kontrolle (Bergverwalter) setzten sie sich ohne weiteres durch; danach auch im Eisen- und Stahlbereich und im Eisenbahnbau. Erst in den 70er Jahren wurde der freie Verkauf der Aktien nach der Liberalisierung des Aktienrechts möglich. Allerdings konstituierten sich die Aktionäre weiterhin aus ganz bestimmten Kreisen um einen inneren Kern von Großaktionären, die zwar selten die Aktienmehrheit eines Unternehmens besaßen, aber ihr Kapital auf mehrere Unternehmungen verteilten und solcherart großen Einfluß auf die Wirtschaft gewannen. Meist kannten sie einander auch, entstammten einem relativ kleinen Kreis von Großindustriellen, Bankiers oder Großgrundbesitzern. Auch Auslandsinvestoren, vor allem britische, aber auch französische Kapitaleigner, beteiligten sich in einem markanten Ausmaß, die Industrie war stark internationalisiert.

Wenn man nach der Herkunft der industriellen Unternehmer insgesamt fragt, so zeigte sich hingegen in allen Ländern eine bemerkenswerte Breite des sozialen und beruflichen Hintergrunds. Die Unternehmer der zweiten Hälfte des 19. Jahrhunderts in Deutschland kamen aus verschiedenen Kreisen und Berufen: Kaufleute, Handwerker, Beamte, Verwalter, Techniker und Grundbesitzer.[59] Allerdings gab es auch eine starke Kontinuität in familiärer und sozialer Hinsicht[60]; vielfach betätigten sich die früheren Manufakturbetreiber oder -verwalter bzw. ihre Söhne später auch als Fabriksherren, so daß man geradezu von einer Reihe von Unternehmerdynastien wie den Krupps, den Schoellers u. a. sprechen kann, die eine Exklusivität in bezug auf ihre Verkehrs- und Heiratskreise zeigten, die den alten Aristokratenfamilien in nichts nachstand. Thomas Mann hat sie in den "Buddenbrooks" beschrieben. Die soziale Reproduktionsrate der industriellen Unternehmerschaft war in England, Frankreich und Deutschland relativ hoch[61], da trotz Expansion der Unternehmensstrukturen und Transformation in Kapitalgesellschaften meist die Familien der Gründer dominierten. Jürgen Kocka[62] sah auch den Zusammenhang zwischen protestantischer Ethik und Kapitalismus bestätigt, weil unter den industriellen Un-

59 Ebd., S. 42 ff.
60 Ebd., S. 30 ff.
61 Youssef Cassis, Wirtschaftselite und Bürgertum. England, Frankreich und Deutschland um 1900, in: Jürgen Kocka (Hg.), Bürgertum im 19. Jahrhundert, Göttingen 1995, S.9-34.
62 Ebd., S. 35 ff. Vgl. auch: Hans-Christoph Schröder, Max Weber und der Puritanismus, in: Geschichte und Gesellschaft 21/1995, S. 459-478.

ternehmern eine Dominanz der Protestanten zu bemerken war. Dies bedeutete nicht notwendig, daß das Religionsbekenntnis oder die besondere Art der religiösen Ethik die industriekapitalistische Betätigung der einzelnen Unternehmer begünstigte. Die Betonung von Individualismus, Askese, Bewährungseifer und Rationalismus im Zuge der Reformation kann auch auf schon bestehenden Traditionen beruht haben. Die empirische Feststellung statistischer Häufigkeit protestantischen Unternehmertums verweist vielmehr auf die Kontinuität in bezug auf kommerzielle, gewerbliche Tätigkeit in bestimmten Familien, Regionen und Berufen. Das aber ist ein ganz anderes Argument als das der Rolle der Religion als Motivationsfaktor "unternehmerischer" Personen.

Von einer Agrarrevolution kann in der Habsburgermonarchie noch weniger die Rede sein als in den deutschen Ländern. Manche Grundbesitzer kommerzialisierten und rationalisierten zwar ihre Güter, vergrößerten sie durch Ablösungen von Bauernland, schließlich durch die Grundentlastung 1848/1849. Die Öffnung für kommerzielle Agrarwirtschaft erfolgte dann durch die Schaffung des einheitlichen reichsweiten Wirtschaftsraumes, den Ausbau des Verkehrsnetzes und der rechtlichen Gleichstellung des landwirtschaftlichen Besitzes mit anderem Realbesitz.[63] In der Habsburgermonarchie kam es zu einer charakteristischen Divergenz zwischen liberalen und "feudalen" Interessen innerhalb der Agrargesellschaft. Die Großagrarier hatten ein Interesse an Liberalisierung und unterstützten daher die Zentralisierungsbemühungen des neoabsolutistischen Staates; demgegenüber hielten die "Feudalen" an den Länderrechten fest. Die sich formierenden ideologischen Positionen des 19. Jahrhunderts bedeuteten in Österreich etwas ganz anderes als in Westeuropa, was sich etwa darin zeigte, daß sich Revolutionen mit ständischen Argumenten (1848) verbanden, weil diese die antizentralistischen, nationalen Anliegen transportierten.[64] Zentralistische Bemühungen verbanden sich mit Liberalismus, d. h. mit liberalistischen Gruppeninteressen, soweit sich diese quer durch die Länder zu einer funktionalen anstelle der ständischen Ordnung verbanden. Bauernschaft, Bürgertum, niederer Adel und dann auch die Arbeiterschaft waren nicht nur entlang der Linien liberal/konservativ differenziert, sondern auch national. Die sogenannte Modernisierung erfolgte durchaus nicht durch "das Bürgertum", sondern war eine po-

63 Ernst Bruckmüller, Landwirtschaftliche Organisationen und gesellschaftliche Modernisierung. Vereine, Genossenschaften und politische Mobilisierung der Landwirtschaft Österreichs vom Vormärz bis 1914, Salzburg 1977.

64 Ernst Violand, Die soziale Geschichte der Revolution in Österreich 1848, Wien 1984. Heinrich von Srbik, Die Wiener Revolution des Jahres 1848 in sozialgeschichtlicher Beleuchtung, in: Schmollers Jahrbuch 43/1919, S. 19-58.

litisch-ökonomische Strategie zunächst der aufgeklärt-absolutistischen Herrscher, dann liberaler Grundbesitzer, Beamter und Wirtschaftsbürger, wurde aber konterkariert durch die traditionelle Förderung einer zahlenmäßig starken Bauernschaft. Die gegen die Kommerzialisierung gerichtete Bauernschaft versuchte den Konstitutionalismus zur Verhinderung der Modernisierung einzusetzen. Wahlrechtserweiterungen bedeuteten daher eine weitere Schwächung des liberalen Flügels. Die Folge war eine antiliberale Schutzgesetzgebung mit Einschränkung der Gewerbefreiheit, der Mobilität von Kapital und Grund und Boden zugunsten einer Politik der Sektorsubventionierung zur "Erhaltung des Bauernstandes".

Ein anderes Hemmnis war die labile Koalition von liberalem Bürgertum mit liberalem Großgrundbesitz, die die Mehrheit bis 1879 behalten konnte, aber an der Schaukelpolitik zwischen Modernisierung und Verhinderung "nationaler" Mehrheiten zerbrach. Konkurrenzkonflikte zwischen den Ländern machten die habsburgischen Bestrebungen zur Förderung der Wirtschaft immer schon im strategisch-politischen Vorfeld von Maßnahmen zunichte. Die effektive Entwicklung der Industrie wie auch eine exportorientierte Landwirtschaftsproduktion scheiterten u. a. auch an der Schwäche der Handelsorganisation, so daß Industrielle und die oft mit diesen identischen Großgrundbesitzer in bezug auf den Außenhandel eng mit der Regierung zusammenarbeiten mußten. Die Obrigkeit strebte zwar Industrialisierung an und ermunterte zur Gründung von Gewerbe- und Industrievereinen, wollte sich jedoch die Führung nicht aus der Hand nehmen lassen. Man hatte daher immer wieder zentrale Behörden eingerichtet, so etwa 1816 die Commerz-Hofkommission, in der Gewerbetreibende nur zur Beratung der Regierung saßen, oder die 1831/1832 gegründeten Provinzial-Handelskommissionen. Aber beide scheiterten, so daß sich schließlich doch die privaten Gewerbevereine durchsetzten. Diese förderten die technische Ausbildung der Mitglieder und übernahmen Funktionen der Öffentlichkeitsarbeit und der Markterschließung als Ersatz für eine funktionierende Handelsorganisation.[65] Nach 1848 wurden die privaten Gewerbevereine aber zu Handels-Kammern mit öffentlich-rechtlichem Charakter, die zur Begutachtung von Gesetzesentwürfen herangezogen werden mußten, aber gleichzeitig alle Gewerbetreibenden durch das Prinzip der Pflichtmitgliedschaft repräsentierten und Tendenzen zu einem bürgerlichen (nicht ständischen) Korporatismus reflektierten.[66] Bis 1859

65 Erzherzog Johann reiste etwa als Vereinsdirektor mit Warenmustern ins Ausland. Siehe: Otto Hwaletz, Zur ökonomischen, sozialen und ideologisch-politischen Formierung des industriell-gewerblichen Bürgertums, in: Ernst Bruckmüller et al. (Hg.), Bürgertum in der Habsburger-Monarchie, Wien-Köln 1990, S. 177-204.

66 Ebd., 177 ff.

war die Ausübung der Gewerbe- und Handelstätigkeit begrenzt und an die Erteilung spezieller Befugnisse durch das Handelsministerium gebunden. Auch die Kaufleute mußten für ihre Handelstätigkeit in einem bestimmten Gebiet erst um die entsprechende Befürwortung durch Handelskammer, -gericht, Polizeibehörde und Großhändlergremium ansuchen. 1848 gab es in Wien 90 solcher Großhändler, zu denen die prominentesten und einflußreichsten Wirtschaftsbürger der Monarchie zählten: Anselm Salomon Freiherr von Rothschild, Leopold Edler von Lämel, Simon und Johann Freiherren von Sina, Eduard Meyer u. a.[67] Erst 1850 wurde endgültig die letzte Binnenzollbarriere, die gegen Ungarn, aufgehoben, die Monarchie war zu einem einheitlichen Zoll- und Handelsraum geworden, der allerdings vom Deutschen Zollverein und daher vom rasch wachsenden deutschen Markt ausgeschlossen war. Das, sowie die endgültige Abschaffung der grundherrlichen Rechte schuf erst die Voraussetzungen für die wirtschaftliche Entwicklung Österreichs, die sich durch ein kurzes liberales Intermezzo zugleich mit dem politischen Übergang zum Neoabsolutismus ankündigte. Im Vergleich mit dem Aufschwung in den anderen Staaten blieb Österreich aber weit zurück. Neoabsolutismus und wirtschaftlicher Liberalismus führten nicht zu einer Verbesserung der ökonomische Lage der Bevölkerung, so daß es zu keiner wesentlichen Entwicklung der Konsumgüterindustrie kommen konnte. Obwohl Österreich industriell und in bezug auf die Einkommensentwicklung der Bevölkerung hinter den meisten anderen westeuropäischen Staaten zurückblieb, war der Finanzsektor relativ gut ausgebaut, denn hier arbeitete das Kapital des Adels und ausländischer, vor allem französischer Investoren. Die 1855 von Rothschild nach dem Muster des Crédit Mobilier gegründete "Österreichische Credit-Anstalt für Handel und Gewerbe" sollte Industrie- und Verkehrsunternehmen errichten und bis zu deren Börseneinführung betreiben. In der Folge wurden weitere Finanzierungsinstitute gegründet, die Boden-Credit-Anstalt, die Anglobank und die Verkehrsbank, die alle in- und ausländische Kapitalien sammelten und in Großprojekte investierten. Die Staatsfinanzen hingegen gerieten durch die wachsenden Militärausgaben und die stagnierenden Einnahmen wieder in eine Krise. Ab 1863 etwa setzte eine erneute Konjunktur ein, der Eisenbahnbau machte nach der Privatisierung rasche Fortschritte, und davon profitierten die Bauindustrie und der Maschinenbau. Das Bessemerverfahren in der Eisenindustrie wurde in den steirischen Betrieben der Schwerindustrie eingeführt; hemmend wirkte sich auf diese jedoch aus, daß die Verwendung der Mineralkohle noch immer durch das Vor-

67 Siehe: Konstantinos Raptis, Kaufleute im alten Österreich. Ihre Beziehungen zur Verwaltung und ihre Stellung in Wirtschaft, Gesellschaft und öffentlichem Leben, Wien 1996, S. 129.

handensein großer Holzressourcen verzögert wurde. In der Rübenzuckererzeugung avancierte die Donaumonarchie zum wichtigsten Zuckerproduzenten und -exporteur, allerdings begleitet von einer staatlichen Politik der Steuerbegünstigungen und staatlicher Subventionen. Die "Gründerzeit" nach der Liberalisierung von 1868 sah eine Reihe von neuen Unternehmensgründungen und Aktienemissionen, wobei sich meist die Banken als Gründer betätigten, insbesondere der Wiener Bankverein. Als noch immer stark erwies sich auch die Vermischung von Industrie, Finanz und Staat, das Abgeordnetenhaus schien eine Aktionärsversammlung und die Regierung ihr Verwaltungsrat zu sein. Sozial dominierte die "Ringstraßengesellschaft", Kapitalisten und Rentiers mit Palästen entlang dem Wiener Paradeboulevard. Die Gründungswelle hatte eine Anheizung der Spekulationsgeschäfte gebracht, die den Effektenkursen zunehmend ihre reale Grundlage entzogen. Es kam zur Häufung von Insolvenzen in den 70er Jahren und zum Börsenkrach von 1873. Die Erfahrungen mit der Depression und dem Börsekrach begünstigten einen wachsenden Anti-Liberalismus und Anti-Kapitalismus. In der Wirtschaft kam es wieder verstärkt zu Verstaatlichungen und zu Interventionen, der politische Liberalismus verfiel und an seine Stelle traten Massenparteien: die Christlich-Sozialen, die Deutsch-Nationalen und die Sozialdemokraten. Gleichzeitig erstand an der Wiener Universität die sogenannte Wiener Schule der Nationalökonomie um Carl Menger mit ihrer liberal-individualistischen und exakt-theoretischen Ausrichtung, und es kam allgemein zu einer bedeutenden und äußerst vielfältigen geistig-kulturellen Entwicklung.

Isolierter Staat und Volkswirtschaftslehre

In den deutschen Königreichen und Fürstentümern war die Orientierung am dynastischen Herrscherhaus und der fürstlichen Schatzkammer als Ausgangs- und Zielpunkt wirtschaftlichen Denkens und Handelns einerseits noch immer stark, andererseits wurde gerade hier durch die großen Philosophen Kant, Fichte und Hegel die Vorstellung vom Staat als dem einigenden Prinzip der Gesellschaft und Ausdruck der höchsten Vernunft entwickelt. Der Staat in Preußen war um 1800 eine nicht wegzudenkende Realität und die bürgerliche Gesellschaft bestenfalls eine "staatsbürgerliche" Gesellschaft. In diesem Kontext entstand eine Vorstellung von Volkswirtschaft, die privatrechtlich und staatsrechtlich fundiert war. Symptomatisch für die vollkommen andere Ausgangssituation Preußen-Deutschlands im Vergleich zu Großbritannien am Beginn der Ökonomie als Wissenschaft, war wohl Fichtes "Geschloßner Handelsstaat" von 1800. Er zeigte die starke ethisch-moralische und staatspolitisch-philosophische Tendenz in der Diskussion um wirtschaftliche Fragen, zusammen mit der Tatsache, daß Deutschland in der ersten Hälfte des 19. Jahrhunderts noch ein überwiegender Agrarstaat war. Fichte entwickelte das Modell des Vernunftstaates und stellte es den wirklichen Gegebenheiten gegenüber, um daraus Schlüsse für eine Politik der Anpassung der Wirklichkeit an das Modell zu ziehen. Die Konstruktion des geschlossenen Handelsstaates erinnert dabei stark an Platons Staatsmodell, nur daß es sich hier um eine Differenzierung in drei Wirtschaftsstände, die der Produzenten, der Kaufleute und der "Künstler" (gemeint sind Handwerk und Gewerbe) handelt, die ihrerseits durch die Regierung in allem und jedem kontrolliert werden. Sowohl die Festlegung der Anzahl der in jedem Stand vertretenen Individuen als auch die Prüfung ihrer Befähigung und vieles andere mehr wird durch den Staat durchgeführt. Da Fremde jedoch nicht in dieser Weise kontrollierbar sind, ist der Staat zu "schließen": "so ist der Vernunftstaat ein ebenso durchaus geschloßner Handelsstaat, als er ein geschloßnes Reich der Gesetze und der Individuen ist".[68] In der Marktwirtschaft sah Fichte nur den steigenden Kampf aller gegen alle und der freie Handel mit dem Ausland erschien ihm als das Gegenteil dessen, was der "Vernunftstaat" implizierte. Das Ziel konnte daher nur sein, daß der Staat sich vor allem Handel des Auslandes gänzlich verschließe. Wie die Staaten politische und rechtlich geschlossene Körper darstellen, so müssen sie auch handelsmäßig isoliert sein. Fichtes Werk hat, obwohl eine Randerscheinung im philosophischen Gesamtopus, große Beachtung gefunden, wohl weil hier so deutlich die Abschließung gegenüber Wirtschaftsauffassungen Westeuropas zum Ausdruck kam, aber auch weil es sich um "eines der frühesten und für lange Zeit um das theoretisch-logisch am gründlichsten ausgearbeitete Modell einer sozialistischen Planwirtschaft" handelte.[69]

In Preußen-Deutschland trat den naturgesetzlichen und individualistischen Ansätzen der Ökonomie ein Wirtschaftsdenken gegenüber, das auf dem Verständnis für die historische Dimension der Wirtschaft und ihrer Verknüpfung mit der Geschichte der Staaten aufbaute. Das drückte sich auch bei Friedrich List und bei den Romantikern wie Franz von Baader oder Adam Müller aus, sowie in der Historischen Schule der Nationalökonomie. Der Ausgangsgedanke der historischen Betrachtung war der, daß die klassischen Ökonomen das für allgemeingültig erklärt hatten, was eigentlich nur für Großbritannien vorteilhaft war, während die richtige Wirtschaftsweise nach dem jeweiligen historischen Kontext des betreffenden Landes zu beur-

68 Johann Gottlieb Fichte, Der geschloßne Handelsstaat, Hamburg 1979 (urspr. 1800) S. 34.

69 Hans Hirsch, Einleitung, in: Johann Gottlieb Fichte, op. cit., S. 10.

teilen sei. Impliziert dabei ist das staatliche "Gehäuse" der Wirtschaft, auf das sich auch die Geschichtsanalyse bezog, und die Aufgabe des Staates, die "gute Polizey" zu gewährleisten. Polizeistaatliche Lenkung oder korporative Reorganisation, wie sie Adam Müller vorschlug, waren hier die Alternativen, während die marktwirtschaftlich-bürgerliche Gesellschaft innerhalb dieses Rahmens nur eine begrenzte Existenz hatte. Darin kam auch die starke normative Orientierung des Wirtschaftsdenkens zum Ausdruck, das Bedürfnisse und Wohlstand nicht als empirische Resultate individuellen Handelns und prinzipiell unbegrenzt ansah, sondern von normativen Standards als Widerspiegelung obrigkeitsstaatlicher oder ständischer Interpretation gesellschaftlicher Strukturen ausging. Neben dem Staat spielte die Vorstellung von der Gemeinschaft des Volkes und den darauf beruhenden Traditionen und Institutionen eine große Rolle, wie sie in Wilhelm Riehls Darstellung zum Ausdruck kam.[70]

Allmählich entwickelte sich eine deutsche Volkswirtschaftslehre, die die staatswirtschaftliche Tendenz mit einer historischen Analyse des Wirtschaftslebens des Volkes verband.[71] Dabei fanden auch Marktelemente Berücksichtigung, aber es ging nicht um die Erklärung, wie aus den Kräften der freien wirtschaftlichen Betätigung der vielen einzelnen Ordnung entsteht und Reichtum der Nation gebildet wird, sondern darum, wie und in welchen Bereichen freie Märkte geschaffen werden können und sollen. Wirtschaftliches Handeln wurde zwar nicht mehr mit staatlichen Maßnahmen gleichgesetzt, sondern als "Verkehr" der individuellen oder auch kollektiven Wirtschafter verstanden, aus dem sich allerdings nicht von selbst Kapitalakkumulation und wachsender Wohlstand ergeben. Diese sind Zielbestimmungen, deren Erreichung durchaus politische Maßnahmen und staatliche Eingriffe voraussetzen. Der Staat und seine Exekutive, die Beamtenbürokratie, war auch der selbstverständliche Adressat der Ideen und Erkenntnisse der Ökonomen, er war die "Öffentlichkeit", vielfach auch der Auftraggeber oder Dienstherr. Während es in Smith' England durchaus eine an ökonomischen Diskussionen interessierte breite Öffentlichkeit gab, war dies in Preußen auf die Kreise der Gelehrten, Beamten und Honoratioren beschränkt. Das Volk wurde grundsätzlich nicht als Masse individueller Wirtschaftssubjekte gesehen, sondern abwechselnd als "Untertanen", Volksgemeinschaft, ständisch gegliederter "Volkskörper" oder als Ungebildete, denen geholfen werden muß, sich die neuen Rechte und Verhaltensweisen als "Sitten" anzu-

70 Wilhelm Riehl, Die Naturgeschichte des Volkes als Grundlage einer deutschen Social-Politik, 3 Bde., 3. Aufl., Stuttgart 1855-1861.

71 Birger P. Priddat, Die andere Ökonomie, Marburg 1995, S. 41 ff.

eignen. Bemerkenswerte Ausnahmen von diesen Denkweisen im Bereich der Ökonomie waren Karl Marx, Heinrich von Thünen und Friedrich List.

Johann Heinrich von Thünens Werk "Der isolierte Staat in Beziehung auf Landwirtschaft und Nationalökonomie", ein auch international berühmtes Werk, umfaßte bei seinem Ersterscheinen 1826 eine durch akribische Datensammlung belegte und in mathematische Formeln gegossene Darlegung einer Standortlehre für landwirtschaftliche Produkte, in dem Kreise der landwirtschaftlichen Nutzungen relativ zum Marktort bestimmt wurden. Das Werk war von großer Bedeutung für spätere Standorttheorien, belegt aber auch die überwiegend agrarische Wirtschaft in den meisten Gebieten Deutschlands. Thünen kannte und verarbeitete auch die Ansätze von Smith, Ricardo, Say u. a. Die Vorstellung eines "isolierten Staates" diente ihm als abstraktes Modell, um seine Erkenntnisse logisch und formal entwickeln zu können. Der "isolierte Staat" ist solcherart das Pendant zur "homo oeconomicus"-Abstraktion der "individualistischen" Lehre.[72] Thünens Modell des "isolierten Staates" ist eine Art Minmalmodell nach der Art eines Stadtstaates mit einem zentralen Ort als Kern und landwirtschaftlichen Nutzflächen darum herum. Dennoch verweist das Modell auf das Ganze, den Gesamtzusammenhang dieser Volkswirtschaft, für den eine optimale Konstruktion gefunden werden soll. Die zweite Auflage seines Werkes von 1850 wurde durch einen neuen Teil ergänzt, in dem das Modell durch die realen Bedingungen des Fortschreitens der Kapitalbildung und der Entstehung einer Arbeiterklasse erweitert wurde. In diesem Teil befaßte sich Thünen mit dem "naturgemäßen Arbeitslohn und dessen Verhältnis zum Zinsfuß und zur Landrente". Wieder ging er mit äußerster Akribie an die Datensammlung über Einkommen und Ausgaben von Arbeiterfamilien, wobei er sich wie schon im ersten Teil auf die von ihm geführten genauen Aufzeichnungen und Berechnungen seines Gutes Tellow und des Dorfes in Mecklenburg stützte. Der berühmteste Teil seiner Ausführungen ist seine Lohntheorie, die in der Formel $\sqrt{a.p}$, die auch seinen Grabstein ziert, resultierte. Dabei sind a die Reproduktionskosten und p das Produkt der Arbeit; die Wurzel aus dem Produkt beider Grössen ergibt den "natürlichen Lohn". Diese Formel war durchaus Gegenstand der Kritik, aber man muß zum Verständnis darauf hinweisen, daß sie nicht für reine Lohnarbeiter und den freien Arbeitsvertrag entwickelt worden war, sondern Elemente

72 Edgar Salin hat darauf hingewiesen, daß die Ganzheitsbetrachtung Thünens nicht die Absenz der rationalen Maximierungsannahme bedeutet. Vgl.: Edgar Salin, Der isolierte Staat, in: Ders., Lynkeus. Gestalten und Probleme aus Wirtschaft und Politik, Tübingen 1963, S. 89-106, S. 95.

einer Gewinnbeteiligung enthält, entsprechend seiner Auffassung: "In der Trennung des Arbeiters von seinem Erzeugnis liegt die Quelle des Übels."[73] Thünen hatte die Gewinnbeteiligung für seine Arbeiter auf dem Gut eingeführt und sie blieb noch lange nach seinem Tod aufrecht. In seinem Modell ging er von der Annahme aus, daß Landarbeiter gemeinsam ein neues Gut aufbauen. Sie müssen ihren Lebensunterhalt verdienen und gleichzeitig Kapital ansparen. Ein Teil widmet sich ein Jahr lang ganz dem Aufbau des Gutes, ein anderer Teil arbeitet weiter als unselbständige Arbeiter gegen Lohn. Dieser muß deren Subsistenz und die der ersten Gruppe von Arbeitern decken. Danach bewirtschaften sie ihr Gut mit fremden Lohnarbeitern. Bemerkenswert ist, daß in diesem Modell der Gegensatz von Kapitalisten und Lohnarbeitern aufgehoben ist, die Seiten sind austauschbar. Von größerer theoretischer Bedeutung als die Lohnformel aber war die Formulierung des Grenzprinzips des Lohnes und Kapitals durch Thünen: Der Einsatz von Arbeitskräften muß "so lange fortgesetzt werden, bis der durch den zuletzt angestellten Arbeiter erlangte Mehrertrag im Wert gleich dem Lohn ist, den der Arbeiter erhält".[74] Da für gleiche Leistung gleicher Lohn zu zahlen ist, bestimmt der Grenzlohn den Lohn aller Arbeiter gleicher Geschicklichkeit. Nur eine Tatsache konnte Thünens Lohn- und Produktivitätsmodell gefährden: ein zu starkes Wachstum der Bevölkerung, so daß Beschäftigungen geschaffen werden müßten, deren Produktivität keinen angemessenen Lohn ermöglichten. Obgleich keineswegs Sozialist oder gar Revolutionär, empfahl Thünen die Einbeziehung von Elementen sozialistischen Denkens in die Volkswirtschaftslehre.[75]

Friedrich List ist vor allem durch seine politische Aktivität im Hinblick auf die Entstehung des Deutschen Zollvereins sowie die Argumentation für Schutzzölle zum Aufbau der inländischen Industrie bis heute bekannt. Lists Leben verlief äußerst wechselhaft, und er verbrachte auch einige Jahre in Amerika, wo er publizistisch, agitatorisch und unternehmerisch tätig war. Professor für Staatswirtschaft in Württemberg war er nur kurze Zeit zu Beginn seiner Laufbahn und ohne entsprechende Ausbildung. Als amerikanischer Konsul nach Deutschland zurückgekehrt, widmete er sich mit großem Eifer dem Eisenbahnbau und dem Ausbau der Verkehrswege, die er als unabdingbare Voraussetzung der wirtschaftlichen Entwicklung erkannt hatte. Erst spät wandte er sich allgemeineren Veröffentlichungen zur

73 Johann Heinrich von Thünen, Der isolierte Staat in Beziehung auf Landwirtschaft und Nationalökonomie, 3 Bde., Aalen 1990 (Neudruck), S. 600.

74 Ebd., S. 415. Das Grenzprinzip gilt bei Thünen auch für die Bestimmung der Höhe des Zinsfußes: S. 557.

75 Ebd., S. 583/584.

Nationalökonomie zu, die nach einer in Paris 1837 verfaßten Abhandlung mit dem Titel "Le Système Naturel d'Economie Politique" (1927 auf Deutsch) schließlich in dem mehrbändig angelegten Werk "Das nationale System der politischen Ökonomie" resultierte, von dem jedoch nur der erste Band erschien (1841). In seinem letzten Lebensabschnitt richtete er seine Aufmerksamkeit auf eine gemeinsame Zollunion mit dem Habsburgerreich und den Ausbau der Eisenbahn im Donauraum.

List setzte sich mit Smith auseinander, betonte aber, daß die Kraft Reichtümer zu schaffen viel wichtiger sei als der Reichtum selbst. Er setzte der Smithschen Theorie der Werte daher eine Theorie der produktiven Kräfte - oder modern ausgedrückt - eine Wachstumstheorie entgegen. List fügte die Ökonomie in eine Sicht der Entwicklung ein und hob die Unterschiede zwischen England und den anderen Staaten hervor.[76] Dabei unterschied er drei Stadien: im ersten müsse ein Staat, der sich aus Barbarei und Ackerbau emporbringen wolle, mit höher entwickelten Ländern frei handeln, danach aber durch Beschränkung des Freihandels seine Manufakturen und den Außenhandel fördern, um schließlich wieder zum freien Handel nach außen und zu freier Konkurrenz im Inneren zu gelangen. Deutschland und die USA sah er auf der zweiten Stufe, Spanien, Portugal und Neapel auf der ersten, Frankreich an der Schwelle zur dritten und Großbritannien allein bereits auf dieser Stufe befindlich. Entsprechend diesen Stufen unterschied er zwischen "kosmopolitischer Ökonomie", politischer oder Nationalökonomie und Privatökonomie. Dem Stadium der Entwicklung, in dem sich Deutschland befand, konnte die Auffassung von der Wirtschaft als System der "Privatökonomie" der vielen einzelnen daher nicht entsprechen. Die Interessen des Staates waren viel zu stark, und in Deutschland war dieser überdies noch nicht einmal politisch verwirklicht. Die Ökonomie mußte daher eine nationale bzw. politische sein. List propagierte Erziehungszölle für die Industrieentwicklung, Förderung der "produktiven Kräfte" im Inland und die Betonung der Leitungsfunktion des Staates in bezug auf die wirtschaftliche Entwicklung.

Eine Reihe von Wirtschaftsdenkern, insbesondere Wilhelm Roscher, Bruno Hildebrand und Karl Knies in Deutschland bezogen sich auf List, weil sie mit ihm die Ansicht teilten, daß das, was Großbritannien nützte, keineswegs auch für Deutschland gut sein mußte. Sie betonten die jeweiligen Bedingungen des einzelnen Staates stärker, wie das vor ihnen schon die Merkantilisten getan hatten. Sie strebten

76 Er nahm in gewisser Weise Alexander Gerschenkrons "late development thesis" vorweg. Siehe: Alexander Gerschenkron, Economic Backwardness in Industrial Development, op. cit.

auch danach, von der allgemein-theoretischen, von den konkreten Realitäten absehenden abstrakten Orientierung der Ökonomie, die auf Smith aufbaute, wegzukommen, um der Volkswirtschaftslehre ihr "wirkliches" Forschungsgebiet, das Wirtschaften der einzelnen Völker, zuzuweisen. Dabei handle es sich um das konkrete Zusammenwirken von Menschen im Rahmen ihrer jeweiligen Staaten und deren Entwicklung und nicht um einen Tatbestand, der durch die statische Analyse von Preis-Mengen-Relationen wiederzugeben sei. Es mutet seltsam an, wenn man an die Schriften von Smith oder Ricardo denkt, daß ihnen mangelnde Realitätsnähe vorgeworfen wurde, da sie sich doch nur zu oft gerade mit tagespolitisch-pragmatischen Fragen auseinandersetzten. Die "Realität", um die es den deutschen Volkswirtschaftern ging, war aber nicht diese aktuelle Problemsicht, sondern die Bewegung der "Volkswirtschaft" im Rahmen der Geschichte und Entwicklung. Sie drückten dies auch dadurch aus, daß sie von "historischer Methode" sprachen oder "vom geschichtlichen Standpunkt"[77]. Diese Autoren wurden im Rückblick als "ältere historische Schule" der Volkswirtschaftslehre zusammengefaßt, obwohl sie keine Schule waren und ihre historische Orientierung sich von der Jüngeren Historischen Schule unterschied. Insbesondere darf man sich durch die Wendung "historische Methode" nicht dazu verleiten lassen, Roscher oder Knies historistisch zu interpretieren. Ihr Ziel war keineswegs auf Geschichte statt Theorie gerichtet, sie waren vielmehr überzeugt, eine neue Periode der nationalökonomischen Theorie einzuleiten.[78] Wilhelm Roscher sah historisch differente Methoden des Wirtschaftsdenkens: die theologische des Mittelalters, die juristische des 17. Jahrhunderts und die mathematisch-abstrakte seiner Gegenwart. Er registrierte die beschränkte Anwendbarkeit der in der Naturwissenschaft gepflogenen Methode auf die Nationalökonomie[79], weil sie es nicht mit identischen Erscheinungen, sondern mit verschiedenen Nationen zu tun habe. Als Denkhilfe ließ er sie aber gelten, verwies allerdings auf die Komplexität wirtschaftlicher Sachverhalte, die den Nutzen der Abstraktion minderten. Geschichtliche Methode und Gesetzeserkenntnis sind weder für ihn noch für Knies Widersprüche, denn aus der Geschichte will er Gesetze

77 Siehe: Wilhelm Roscher, Ansichten der Volkswirtschaft aus dem geschichtlichen Standpunkt, Leipzig-Heidelberg 1861; Bruno Hildebrand, Die Nationalökonomie der Gegenwart und Zukunft und andere gesammelte Schriften, Jena 1922; Karl Knies, Die Politische Ökonomie vom geschichtlichen Standpuncte, Braunschweig 1882 (1853 erstmals als "Die Politische Ökonomie vom Standpuncte der geschichtlichen Methode" veröffentlicht).

78 Siehe Karl Knies im Vorwort zu seinem Buch,Die Politische Ökonomie vom geschichtlichen Standpuncte, op. cit.

79 Wilhelm Roscher, Grundlagen der Nationalökonomie, Bd. 1: System der Nationalökonomie, Stuttgart 1880 (urspr. 1854), S. 45 ff.

erkennen, die die Richtung der Entwicklung offenlegen sollen. Auch Knies meinte: "Die Erforschung der geschichtlichen Entwicklung, das Vordringen zur Erkenntnis einer Gesetzmäßigkeit in derselben ist es gewiß allein, wodurch wir zum vollen Verständnis der ökonomischen Lage der Gegenwart und der Richtung, in welcher wir uns bewegen, gelangen können."[80] Entwicklung bedeutete für Roscher nicht einfach Übergang vom primitiven Sach- und Denkverhalten zu höherem, vielmehr betonte er die Achtung vor dem Wirtschaftsdenken früherer Zeiten. Entwicklung und Veränderung bestimmen die Wirtschaft der Völker, wobei sich nicht nur die Produktionsfaktoren Natur, Arbeit und Kapital wandeln und Stufen der Natural- und der Geldwirtschaft sowie der Haus-, Volks- und Weltwirtschaft hervorbringen, sondern auch unterschiedliche Denkweisen. Sehr genau differenzierte Wilhelm Roscher zwischen Sach- und Sollaussagen und unterschied dementsprechend die physiologische oder geschichtliche Methode und die idealistische Methode. Die Nationalökonomie hat es nur mit dem, was ist, zu tun und insofern sah er keinen Gegensatz zu naturwissenschaftlichen Methoden. Roscher setzte die "Anatomie" und "Physiologie" der Volkswirtschaft, ihre Geschichte und Statistik gleich und sprach auch von "Naturgesetzen der Volkswirtschaft"[81] und von der Volkswirtschaft als Organismus.

Die historische Nationalökonomie war auch in der Habsburgermonarchie vertreten, allerdings in geringerem Umfang und vermischt mit anderen Einflüssen. Bruno Hildebrand lehrte eine Zeitlang in Wien sowie Albert Schäffle und Lorenz von Stein. Stein hatte ausgehend von den Staatswissenschaften auch den Begriff der Gesellschaft untersucht und ein Konzept der Gesellschaftswissenschaften entwickelt, in das auch die Ökonomie, die vor allem aus Verwaltungslehre und Finanzwissenschaft bestand, eingebaut war. Unter Gesellschaft verstand er die durch die Eigentumsverhältnisse bestimmte, vom Staat abgetrennte Sphäre. Die bürgerliche Gesellschaft, die durch den Wandel von Arbeitsteilung und Arbeitsbeziehungen in Veränderung begriffen ist, sollte realwissenschaftlich erforscht werden, um Grundlagen für die sozialpolitischen Maßnahmen des Staates zu erhalten. Steins Denken reflektiert deutlich die Einflüsse Hegels sowie die profunde Kenntnis des französischen Sozialismus[82], fand aber in Wien trotz Steins dreißigjährigen Verweilens keine nachhaltige Wirkung. Schon auf Grund seiner politischen Funktion als Handelsminister war der Einfluß Albert Schäffles und seiner organizistischen Volkswirt-

80 Karl Knies, op. cit., S. 376.

81 Wilhelm Roscher, Grundlagen der Nationalökonomie, Bd. 1, S. 54.

82 Siehe etwa: Lorenz von Stein, Geschichte der sozialen Bewegung in Frankreich von 1789 bis auf unsere Tage, 3 Bde., München 1921 (urspr. 1850).

schaftslehre auf ethisch-anthropologischer Grundlage größer. Er zielte auf eine Reform der Nationalökonomie, in deren Zentrum er nicht das Gut stellte, sondern den Menschen, aber nicht "den einzelnen oder durchschnittlichen Menschen, sondern den tatsächlichen, den gesellschaftlich und geschichtlich mannigfaltigen Menschen".[83] Wirtschaft sei zwar auf das Ziel des Nutzengewinns gerichtet, aber dieser bestehe nicht so sehr im Geldreichtum als vielmehr in der sittlich-persönlichen Entwicklung und Bildung. Die menschliche Gemeinschaft war ihm das größte und höchste organische Wesen der irdischen Schöpfung, deren wissenschaftlich darstellbare Gesetzmäßigkeiten Gegenstand der Gesellschaftswissenschaften seien.[84] Fritz Karl Mann betonte Schäffles soziologische Bedeutung und sprach von der darin enthaltenen "Wirtschaftssoziologie", deren Charakteristikum er in der Kombination von antiindividualistischer Emphase und einem historisch-rationalistischen Entwicklungsoptimismus sah.[85] Schäffles Idealvorstellung orientierte sich am "vernünftigen" Sozialstaat, der sich aus einer Mischung von gemeinwirtschaftlichen, privatwirtschaftlichen und "widmungswirtschaftlichen" Organisationen konstituieren sollte.

Bürgerliche Gesellschaft und Kapitalismus: Theorie und Realität

Das preußische Landrecht von 1794 war schon ein erster Schritt gewesen, alle Personen als "Staatsbürger" in ein unmittelbares Verhältnis zu Gesetzgebung und Verwaltung zu bringen. Noch immer aber gab es gleichzeitig die Stände, so daß der ländliche Untertan adeliger Herrschaft gleichzeitig freier Bürger des Staates war, was eine widersprüchliche Situation mit sich brachte. Beeinflußt von naturrechtlichen Ideen und rechtsstaatlichen Vorstellungen läßt das Allgemeine Landrecht bereits die freie Staatsbürgerschaft der Zukunft erahnen, ist aber gleichzeitig noch in der altständischen Verfassung verankert. Es wies den Ständen ihre herkömmlichen und verliehenen Rechte und Privilegien zu und erkannte die ständische Ordnung daher einerseits an, andererseits aber nahm es sie in Dienst. Nicht nur wurde der König zum Staatsorgan, auch der regionale Herrschaftsstand wurde in bezug auf den Staat zum Dienstadel. Damit wurde die Ständeordnung ihrer autonomen Be-

83 Albert Schäffle, Mensch und Gut in der Volkswirtschaft oder der ethisch-anthropologische Standpunkt in der Nationalökonomie, in: Ders., Gesammelte Aufsätze, Tübingen 1885, S. 158-183, S. 160.

84 Albert Schäffle, Das gesellschaftliche System der menschlichen Wirthschaft. Ein Lehr- und Handbuch der ganzen politischen Oekonomie einschließlich der Volkswirtschaftspolitik und Staatswirtschaft, 2 Bde., 3. Aufl. Tübingen 1873.

85 Fritz Karl Mann, Schäffles Wirtschaftssoziologie. Aus einer Gedenkrede, in: Kölner Viertelsjahreshefte für Soziologie, 10/1932, S. 8-19.

deutung entkleidet, indem sie erst durch die staatliche Zuordnung rechtswirksam wurde. Das Landrecht wies allen Ständen eine besondere Stellung zum Staat zu, sicherte zwar dem einzelnen Freiheit und Gleichheit vor dem Gesetz, behielt sich aber vor, staatlichen Zwang zum Wohl der Allgemeinheit auszuüben. Da die Verfassung mithin auf einem Widerspruch zwischen ständischer Ordnung und Staatsbürgergesellschaft, zwischen Rechtsstaatlichkeit und Sozialstaatlichkeit beruhte, und sich in der Folge auch ein Widerspruch zwischen Satzung und Wirklichkeit auftat, wurde die Beziehung zwischen Staat und "bürgerlicher Gesellschaft", sowie die zwischen Verfassung und "sozialer Frage" zum Dauerthema des 19. Jahrhunderts.[86]

"Die bürgerliche Gesellschaft ist die Differenz, welche zwischen die Familie und den Staat tritt, [...] als die Differenz setzt sie den Staat voraus, den sie als Selbständiges vor sich haben muß, um zu bestehen. [...] In der bürgerlichen Gesellschaft ist jeder sich Zweck, alles andere ist ihm nichts. Aber ohne Beziehung auf andere kann er den Umfang seiner Zwecke nicht erreichen [...] der besondere Zweck befriedigt sich, indem er zugleich das Wohl des andren mit befriedigt."[87] Hegel definierte die bürgerliche Gesellschaft als einen zwar auf den Staat angewiesenen, aber ökonomisch eigenständigen Bereich, der außerpolitisch begründete und "rein gesellschaftliche" Strukturen entwickelte, als den Raum nicht mehr rechtlicher, sondern sozialer Ungleichheit, den Raum arbeitender und wirtschaftlich aktiver Bürger, in dem das individuelle Leistungsprinzip vorherrsche. Und Marx definierte sie durch ihre ökonomischen Voraussetzungen und durch soziale Klassendifferenzen, an denen gemessen alle Politik nur noch Überbau oder Epiphänomen sei. Die "bürgerliche Gesellschaft" blieb zum Teil Vorstellung und Wille, ihre Realität war beschränkt durch die Tatsache, daß der Grundbesitz politisch dominant blieb und zwar sowohl in Deutschland, als auch in England und in Frankreich.[88] Erst im letzten Drittel des 19. Jahrhunderts verschoben sich die Gewichte im Zuge der Formierung des vierten Standes. Bis dahin aber blieb das liberale Ordnungsmodell einer Gesellschaft gleicher Individuen, die sich nur nach Leistung,

86 Reinhard Koselleck, Preußen zwischen Reform und Revolution. Allgemeines Landrecht, Verwaltung und soziale Bewegung von 1791 bis 1848, Stuttgart 1981 (urspr. 1967).

87 Georg Wilhelm Friedrich Hegel, Grundlinien der Philosophie des Rechts, Frankfurt/Main 1970 (urspr. 1821), S. 339/340.

88 Zit. bei: Reinhard Koselleck/Ulrike Spree/Willibald Steinmetz, Drei bürgerliche Welten? Zur vergleichenden Semantik der bürgerlichen Gesellschaft in Deutschland, England und Frankreich, in: Hans-Jürgen Puhle (Hg.), Bürger in der Gesellschaft der Neuzeit, Göttingen 1991, S. 14-58, insbes. S. 7 und S. 18.

Reichtum und persönlichem Verdienst differenzierten, politisch überformt von den grundbesitzenden Führungsgruppen. Selbst in England brachte monetärer Reichtum allein kein Prestige und nur beschränkte politische Macht; der Adel löste sich keineswegs auf, sondern blieb sowohl sozial als auch politisch dominant, die "Standes"unterschiede erhielten sich noch über das 19. Jahrhundert hinaus. In Deutschland konnten Bürgerliche nur über Beamtenpositionen oder als Dienstadel in Führungspositionen aufrücken. In Frankreich trat der Adel etwas schneller als im übrigen Europa in den Hintergrund, sowohl der alte als auch der napoleonische Adel blieben aber bis nach 1848 und als Grundbesitzer darüber hinaus dominierend. Die Restauration ließ die "noblesse" unter den Notabeln wiedererstehen, wobei aber auch Vertreter des neuen Adels (Napoleon) und des Bürgertums in ihn Eingang fanden.[89] Was sie von der vorrevolutionären "Noblesse" unterschied, waren das Fehlen der rechtlichen Privilegierung und der Herrenrechte, sowie der damit verbundenen Einkommensquellen. Rentiers, Freiberufler und hohe Staatsbeamte wuchsen zu einem Notabeln-Bürgertum zusammen, dessen ökonomische Basis aber stärker in den Renteneinnahmen gründete, als dies etwa bei dem sich herausbildenden Besitz- und Bildungsbürgertum der Fall war. Frankreich in der ersten Hälfte des 19. Jahrhunderts wird daher mitunter als "Notabelngesellschaft" bezeichnet. Die Notabeln (vergleichbar den "Honoratioren" in Deutschland)[90] spielten sowohl in der Restaurationszeit als auch noch in der Julimonarchie des Bürgerkönigs Louis-Philippe eine führende Rolle, und erst von da an wurden sie durch das Wirtschaftsbürgertum verdrängt. Der französische Adel hatte sich teilweise zwischen 1830 und 1880 an die bürgerliche Führungselite angelehnt, ohne aber eine gewisse Binnenkultur aufzugeben. Nur wenige Adelige engagierten sich in Handels- und Industrieunternehmen, wie z. B. der Marquis de Solandes, der die Bergwerke in Carmaux leitete. Dies änderte sich im republikanischen Frankreich zwischen 1880 und 1914; vor allem die Neuadeligen engagierten sich in der Schwerindustrie, in Zuckerraffinierien oder Sektkellereien. Der Adel prägte jedoch nicht so wie in Deutschland und Österreich der Industrie und dem Handel seinen Stempel auf, sondern blieb minoritär. Er war immer stärker kulturell geprägt, stand für verfeinerte

89 Wolfgang Mager, Von der Noblesse zur Notabilité, in: Hans-Ulrich Wehler (Hg.), Europäischer Adel 1750-1950, Göttingen 1990, S. 260-285.

90 Max Weber, Wirtschaft und Gesellschaft, 5. Aufl., Tübingen 1985 (urspr. 1922), S. 170/171.

Lebensformen und -sitten, wurde aber zu einer kulturellen Subkultur in einer bürgerlichen Gesellschaft, in die er sich beruflich integrieren mußte.[91]

In Österreich waren drei Begriffsdimensionen in bezug auf das Bürgertum miteinander verbunden:[92] Zum einen die "Bürgerlichkeit" im Sinne des gesellschaftlichen Verkehrs, zum anderen die Staatsbürgerlichkeit, deren Entwicklungsstadien durch die Staatsreform Maria Theresias 1749, den Josephinismus und die Kodifizierung des "Allgemeinen Bürgerlichen Gesetzbuches" von 1811 umrissen sind, und zum dritten war Bürgertum definiert durch freie ökonomische Betätigung unter zunehmend kapitalistischen Vorzeichen. Dieser Aspekt war lange Zeit noch nachrangig. Bürgertum war in Österreich wie überall in Europa eng verbunden mit kultiviertem Lebensstil und mit Bildung, wobei hier vor allem ein akademisches Studium (insbesondere Jus) Prestige und Ansehen brachte. Im Laufe des 19. Jahrhunderts gelangten immer mehr "Bürgerliche" auch in die höheren Ämter, so daß der Beamte zum Paradetypus des Bürgerlichen wurde und der "Wirtschaftsbürger" in seiner Bedeutung zurücktrat.[93] Natürlich gab es auch im Habsburgerreich reiche Bankiers, Industrielle und Kapitalbesitzer. Ihr Ansehen und ihre Stellung im sozialen und kulturellen Leben ließ sie aber nicht als "Mittelschicht" erscheinen, sondern als Teil einer sich herausbildenden quasi-aristokratischen oder großbürgerlichen Schicht, während "Mittelstand" eher das darunter befindliche Kleinbürgertum umfaßte.[94] Auf Grund der merkantilistischen Privilegierung und Wirtschaftsförderung im Neoabsolutismus kam es auch zu einer Quasi-Verbeamtung im Bereich der Wirtschaft durch das Kammerwesen. Auch andere Berufsvertretungen wurden in einer Art berufsständisch-parastaatlichen Ordnung institutionalisiert: Advokaten-,

91 Heinz-Gerhard Haupt, Der Adel in einer entadelten Gesellschaft: Frankreich seit 1830, in: Hans-Ulrich Wehler (Hg.), Europäischer Adel 1750-1950, op. cit., S. 286-305.

92 Ernst Bruckmüller/Hannes Stekl, Zur Geschichte des Bürgertums in Österreich, in: Jürgen Kocka (Hg.), Bürgertum im 19. Jahrhundert, Bd. 1: Einheit und Vielfalt Europas, Göttingen 1995, S. 166-198; auch: Ernst Bruckmüller, Sozialgeschichte Österreichs, Wien-München 1985; Herbert Knittler, Handwerk und Gewerbe in Österreich, in: Erich Zöllner (Hg.), Österreichs Sozialstrukturen in historischer Sicht, Wien 1980, S. 70-82.

93 Der "Rat der Stadt Wien" konstituierte sich zu Zeiten von Maria Theresia noch überwiegend aus Handels- und Gewerbetreibenden; in der Folge kam es aber zu einer rasanten Verbeamtung, und insbesondere durch den Josephinismus stieg das soziale Ansehen der Beamten beträchtlich.

94 Insofern gibt es einen großen Unterschied zwischen dem, was in der ersten Hälfte des 19. Jahrhunderts in England "middle class" war und dem "Mittelstand" im 19. Jahrhundert in Deutschland und Österreich.

Ärzte- und Ingenieurkammern, in denen sich professionalistische und ständische Aspekte mischten. Solcherart entstanden vertikale Differenzierungen innerhalb des Bürgertums, die auch kulturell betont wurden. Die Formierung einer bürgerlichen Öffentlichkeit mit kritischer Orientierung fand nur kurzzeitig unter Joseph II. statt (Freimaurerlogen, Vereine, Kaffeehäuser, Salons, Flugschriften etc.) und wurde im Vormärz und Neoabsolutismus unterbunden. Die politische Partizipation war auf die Städte beschränkt, in den Landständen dominierten wie im Spätmittelalter die Adeligen, ergänzt durch den neuen Adel und die ehrenhalber aufgenommenen Intellektuellen und hohen Beamten. Eine politische Beteiligung an der Regierung wurde erst allmählich nach 1861/1862 gewährt, als der Honoratioren-Liberalismus kurzzeitig zur bedeutendsten politischen und geistigen Bewegung wurde.

Im Verlauf des 19. Jahrhunderts veränderte sich die Zusammensetzung und Stellung des Bürgertums als einer sozialen Schicht in Europa. War Bürgertum im 18. Jahrhundert verbunden mit der Stellung in einer herrschaftsständischen Privilegienordnung, so wurde Bürgertum im 19. Jahrhundert teilweise mit berufsständisch-amtsbezogenen Kriterien, teilweise mit ökonomisch-kommerziellem Erfolg identifiziert, aber auch mit einer bestimmte Kultur, Lebensart und Weltanschauung. Beruf und Bildung wurden dafür wichtig, wenn auch Geburtsstand und Vermögen nach wie vor relevante Statuskriterien blieben. Die Situation, Zusammensetzung und Stellung des Bürgertums zeigte markante Unterschiede in den einzelnen Ländern. Während sich in England Wirtschaftsgroßbürger und kommerziell orientierter Adel schon lange angenähert hatten, gemeinsame Verkehrs- und Heiratskreise besaßen, und sich im 19. Jahrhundert hier eher die Kluft zwischen der höheren Aristokratie und einer Schicht von Großbürgern adeliger und bürgerlicher Herkunft verstärkte, in Frankreich das Bürgertum im wirtschaftlichen und im kulturellen Sinne sowohl politisch als auch in bezug auf die kapitalistisch-industrielle Entwicklung maßgebend war, spielte das Wirtschaftsbürgertum in Deutschland und Österreich eine weit geringere Rolle, war relativ kleiner und lange Zeit politisch wenig präsent. Das Bürgertum war auch keineswegs eine einheitliche gesellschaftliche Gruppierung, sondern in sich stark vertikal differenziert, wie Youssef Cassis in bezug auf Frankreich feststellte: hier gab es die "aristocratie financière", eine "haute bourgeoisie", eine "bonne bourgeoisie", die "bourgeoisie moyenne" und eine "bourgeoisie populaire".[95] Die "Finanzaristokratie" stammte nicht notwendig

95 Youssef Cassis, Wirtschaftselite und Bürgertum. England, Frankreich und Deutschland um 1900, in: Jürgen Kocka (Hg.), Bürgertum im 19. Jahrhundert, Göttingen 1995, S. 9-34.

aus dem Adel, sondern reflektiert die traditionell bedeutende Rolle der "financiers", die einen so hohen Status hatten, daß es soziokulturell einer Adelung gleichkam. In bezug auf England und Frankreich kann man um 1900 wahrscheinlich von der Entstehung einer pluralistischen "Elite" sprechen, während dies auf Deutschland und Österreich nicht zutraf, weil hier der Adel noch immer sehr stark war, nicht nur sozial und kulturell, sondern auch politisch und wirtschaftlich. Der Adel, aber auch das Großbürgertum hatten - entweder offiziell auf Grund eines Amtes oder der Beziehung zu Hof, Kaiser und Reich - eine mehr "staatlich-öffentliche" als individuell-unternehmerische Orientierung. Er verbürgerlichte sich nicht wie in England, und er wurde auch nicht zu einer Subkultur wie in Frankreich, sondern das Bürgertum - wenn es Erfolg und Geltung beanspruchte - wurde quasi-adelig. Das führte wieder zur verstärkten Betonung der Standesunterschiede, auf die der "echte" Adel nun besonderen Wert legte.

Im 19. Jahrhundert erhielten die nunmehr zutage tretenden Veränderungen in Gesellschaftsstruktur und Wirtschaftsinteressen ihren Namen: "Kapitalismus". Das Merkmal des neuen, die Gesellschaft zunehmend bestimmenden Wirtschaftssystems trat immer deutlicher hervor. "Das Kapital", seine Interessen und die Gruppen, die es besaßen, bestimmten die Wirtschaft und über diese das Schicksal der Menschen in der Gesellschaft, insbesondere der Arbeitermassen. Die sich darauf richtende Kritik verband sich mit dem neuen Geist der wissenschaftlichen Gesellschaftsgestaltung und der neuen politischen Tradition der Revolution. Gesellschaftskritik ging nach den Ansätzen im Rahmen der Aufklärung von den frühen sozialistischen Denkern wie François Babeuf, Proudhon, Louis Blanc, Robert Owen aus, deren Ideen auch das Werk von Karl Marx und Friedrich Engels beeinflußten.

In Marx' Werk sind die geistigen und politischen Milieus im Europa des 19. Jahrhunderts reflektiert. Zunächst setzte er sich mit der deutschen Philosophie kritisch auseinander, was seine frühen Schriften prägte. Seine spät entdeckten "ökonomisch-philosophischen Manuskripte" von 1844 stammen aus dieser Zeit. Die französische Situation und die kritische Beschäftigung mit den sozialistischen Ideen Proudhons, Fouriers u. a., die er als "utopisch" ablehnte ("Das Elend der Philosophie" 1846/1847) führte zu dem revolutionären Aufruf des "Kommunistischen Manifests" von 1848. Sein großes Werk "Das Kapital" jedoch entstand inmitten der Wirtschafts- und Finanzwelt Londons und in der Auseinandersetzung mit den Schriften von Smith und Ricardo. Dieses wurde zu der prägnantesten Analyse des neuen Wirtschafts- und Gesellschaftssystems ("Das Kapital", Bd. 1 1867, Bde. 2

und 3 1885 - 1894 von Friedrich Engels redigiert). Die hervorragende Stellung, die Kapitalfunktion und Kapitalakkumulation in der neuen Wirtschaftsweise zukommt, wurde in ihren Voraussetzungen und Bewegungsprinzipien analysiert. Die schon von Cantillon bis Sismondi gesehene Spaltung des Volkes in Kapitalisten und Arbeiter faßte Karl Marx auf der Grundlage der Dialektik als Grundgesetz aller Geschichte, wobei es ihm jedoch anders als Hegel um die Verteilung der materiellen Güter zur Produktion der "Lebens"-Mittel ging ("historischer Materialismus"). Karl Marx interpretierte die Kapitalinteressen als die einer ganzen Klasse der Gesellschaft, der Bourgeoisie, und deckte die inhärenten Gegensätze und Widersprüche, die dadurch in der Gesellschaft entstanden, auf. In der bürgerlich-kapitalistischen Gesellschaft sei die wachsende Zahl der hinsichtlich der Produktionsmittel eigentumslosen Arbeiter (Proletarier) gezwungen, die eigene Arbeitskraft auf dem Arbeitsmarkt als Ware anzubieten und sich einer mannigfachen Entfremdung auszuliefern. Dadurch würde der Arbeiter nicht nur vom Kapitalisten abhängig, sondern verliere geradezu seine Menschlichkeit als potentiell schöpferisch-aktives und kooperatives Wesen. Unter den Bedingungen dieser Gesellschaft werden aber auch die Kapitalisten und Grundbesitzer entfremdet, und zwar zu "Charaktermasken", zu "Personifikationen ökonomischer Kategorien" bzw. Verhältnisse. Als Grundmerkmal des modernen Kapitalismus galt Marx der Warencharakter der Arbeitskraft, d. h. die Tatsache, daß der Lohnarbeiter seine Arbeitskraft auf dem Arbeitsmarkt anbieten muß, und diese von den Kapitalisten zu einem bestimmten Marktpreis, dem Lohn, gekauft wird. Die Ware "Arbeitskraft" hat aber im Gegensatz zu anderen Waren, die beim Gebrauch verbraucht oder abgenutzt würden, die Eigenschaft, durch ihren Gebrauch wieder Wert zu schaffen. Am Ende des Produktionsprozesses erhält der Kapitalist einen Wert des Produkts, der über den Kosten liegt, verursacht durch die Differenz zwischen dem Tauschwert der Arbeitskraft, ausgedrückt in Arbeitszeit, und dem tatsächlichen Gebrauchswert der Arbeitskraft, wie er sich im Wert des Produkts darstellt. Diese statische Analyse auf der Basis der Arbeitswerttheorie von Ricardo verband Marx dann mit der Analyse der Bewegungsgesetze des Kapitals. Das fundamentale Bewegungsgesetz der kapitalistischen Produktionsweise ist das der kapitalistischen Akkumulation; ein weiteres ist das von Ricardo übernommene Gesetz des tendenziellen Falls der Profitrate. Nur unter der Bedingung der fortschreitenden Konzentration des Kapitals in immer weniger Händen kann der Profit für den einzelnen Kapitalisten gleich bleiben oder steigen. Die kapitalistische Produktionsweise habe, so Marx, daher innere Widersprüche zwischen der Entwicklung der Produktivkräfte und den Produktionsverhältnissen, die sich im periodischen Auftreten von Krisen zeigen. Das Kapital selbst sah

Marx als die wahre Schranke der kapitalistischen Produktion, gerade weil es allein Zweck dieser Produktion sei. Diesen Gesetzmäßigkeiten kann nur durch den Klassenkampf und den Sieg der Klasse der Besitzlosen Einhalt geboten werden. Voraussetzung dafür aber ist, daß sich das Proletariat seines gemeinsamen Gegners bewußt wird und sich selbst als Klasse begreift, die als historischer Akteur sein eigenes Schicksal bestimmt. Marx faßte den Klassenbegriff einerseits als Beziehung von Unterdrückern und Unterdrückten; in diesem Sinne sei die Geschichte aller bisherigen Gesellschaft die Geschichte von Klassenkämpfen. Zum anderen verstand er ihn als historisch-epochalen Begriff, den die bürgerliche Gesellschaft als Klassengesellschaft unter den Bedingungen der kapitalistischen Produktionsweise repräsentiert. Anders als die Ökonomen sah er keineswegs die Möglichkeit einer Harmonisierung von Einzel- und Gesamtinteressen. Der Staat erschien ihm nicht als auf Recht und Vernunft gegründet, sondern als Okkupationsobjekt einer Klasse, der Bourgeoisie, der sich ein über alle nationalen Grenzen hinweg zusammengeschlossenes Proletariat entgegenstellen müsse. Da die materiellen Bedingungen des Lebens in materialistischer Auffassung das Denken und Werten der Menschen bestimmen, kann auch Bildung unter kapitalistischen Voraussetzungen nur von den Kapitalinteressen der Bourgeoisie und des von ihr beherrschten Staates bestimmt sein, und daher zur Indoktrination mit "falschem Bewußtsein", aber nicht zur Befreiung des Proletariats führen. Diese kann nur als Folge eines kollektiven Bewußtseinsprozesses der ganzen Klasse der Beherrschten erfolgen. Die interne Dynamik des Klassenkampfes läßt die Diktatur des Proletariats als logische Folge der historischen Gesetzmäßigkeit des Kapitalismus erscheinen.

Marx' Analyse des Kapitalismus und der bürgerlichen Gesellschaft als Klassengesellschaft entwarf ein radikal von den ständisch-bürgerlichen Vorstellungen differierendes Szenario. Die darin enthaltene Logik von Akkumulation, Ausbeutung und Klassenkampf war bestechend einprägsam, nahm aber gleichwohl die tatsächlichen Verhältnisse nicht wirklich zur Kenntnis. Sie zielte auf Veränderung derselben, nicht auf ihre Abbildung. Die Breite der Interpretation und die Radikalität der Schlußfolgerungen von Marx faszinierten die Mit- und Nachwelt und seine Ideen prägten in der Folge die weitere politische und geistige Geschichte Europas, allerdings im Sinne einer tiefen geistig-ideologischen Spaltung.

11. Kapitel: Der organisierte Kapitalismus und die Sozialwissenschaften

Die Epoche ab etwa 1880 war in Europa durch die Abkehr vom Liberalismus, die Entstehung von politischen Massenparteien und den spektakulären Aufstieg des Deutschen Reiches und der Vereinigten Staaten zu wirtschaftlicher Stärke gekennzeichnet. Gesellschaftlich Ideen und Ideologien formierten sich in sozialen Bewegungen mit organisatorischer Kontur und systematischer Interessens- und Machtpolitik. Gleichzeitig verwandelte sich auch die Wirtschaft durch Konzentrations- und Organisationsprozesse, das moderne industrielle Großunternehmen entstand, und der Markt wurde durch Absprachen und Finanzverflechtungen strukturiert und dominiert. Durch die imperialistische Großmacht- und Konkurrenzpolitik der europäischen Staaten um Kolonien und Einflußsphären kam es zu Veränderungen im weltpolitischen und weltwirtschaftlichen Gefüge.

Aspekte der Transformation

Mit dem neuerlichen Aufschwung der Wirtschaft nach den Bankenkrachs der 70er Jahre des 19. Jahrhunderts kam es in den folgenden Jahrzehnten zu einer grundlegenden Transformation. Sie war gekennzeichnet durch eine Niveauanhebung der wirtschaftlichen Aktivitäten, die Entwicklung neuer Technologien und den Aufbau neuer Industrien (Elektrizität, organische Chemie, Nichteisenmetalle, Turbinen, Verbrennungsmotoren). Diese neue Phase der industriellen Revolution nahm solch spektakuläre Ausmaße an, daß man von den Jahrzehnten um die Jahrhundertwende von einer zweiten industriellen Revolution spricht. Diese neue Phase der industriellen Revolution leitete auch den endgültigen Übergang von der Dominanz des agrarischen Sektors in bezug auf Beschäftigung und Nationaleinkommen zur eindeutigen Hegemonie des sekundären Sektors und innerhalb dessen der "manufacturing industry" ein. Bis 1940 sank dann der Anteil des primären Sektors in den USA und Deutschland von etwa 40 Prozent um die Jahrhundertwende auf zirka 25 Prozent in diesen beiden Ländern, während er in Großbritannien schon lange sehr niedrig war und nun überhaupt auf fünf Prozent absank. Demgegenüber hatte Großbritannien schon 1880 über 40 Prozent aller Beschäftigten in der Industrie, während es in den USA zu dieser Zeit erst ein Viertel, in Deutschland zirka 35 Prozent waren. Der Anteil im tertiären Sektor war in Großbritannien traditionell hoch, markanterweise gab es hier kaum eine Veränderung, hingegen verdoppelte er sich in den

USA in der Periode zwischen 1880 und 1950 auf etwa 30 Prozent. In Deutschland stieg er in dieser Zeit nur um zirka zehn Prozent auf eine ähnliche Höhe.[1]

Spektakulär waren die technischen Innovationen und die Erweiterung des Spektrums der industriell gefertigten Güter: Elektrifizierung, elektrische Geräte, Telefon, Telegraphie, Film, Fahrrad, turbinenbetriebene Schiffe, Automobil, Flugzeug, chemische und pharmazeutische Produkte. Die industrielle Revolution am Ende des 19. Jahrhunderts ersetzte zwar nicht die Errungenschaften der ersten, erweiterte sie aber in einem solchen Ausmaß, daß diese zweite Phase der industriellen Revolution eigentlich erst die Sozialstruktur und die politisch-ökonomische Organisation der europäischen Staaten tiefgreifend veränderte. Grundlage dafür war die Nutzbarmachung der naturwissenschaftlichen Erkenntnisse für die technisch-organisatorische Rationalisierung und Diversifizierung der industriellen Produktion. Im Laufe des 19. Jahrhunderts "verwissenschaftlichten" sich die Produktionsverfahren in der Industrie, und der technische Wandlungs- und Industrialisierungsprozeß wurde allmählich zu einem geplanten und zielbewußt verfolgten integrierten Prozeß, in dem sich Wirtschaft, Technik und Wissenschaft vereinigten.

Die Vereinigung von Wissenschaft und Technik mit unmittelbarer Nutzanwendung als ein geplanter Prozeß ist die "differentia specifica", die die technische Entwicklung Europas von der der alten Zivilisationen, und der vorindustriellen Zeit in Europa selbst unterschied, in denen die technischen Erfindungen eher unverbunden neben den philosophischen Denktraditionen standen.[2] Zwar gab es zu allen Zeiten beeindruckende Erfindungen, wie etwa die der Dampfkraft im alten Ägypten, aber diese blieben Kuriosa, die vor allem im kultischen oder höfischen Bereich - und auch hier nur selten - Anwendung fanden und zumindest aus der Perspektive der

1 Alfred D. Chandler Jr., Scale and Scope. The Dynamics of Industrial Capitalism, Cambridge-Mass. 1990, S. 7. Siehe auch: The Cambridge Economic History of Europe, Bd. 6: The Industrial Revolution and After: Incomes, Population and Technological Change, Cambridge 1965; Knut Borchardt/Carlo M. Cipolla (Hg.), Europäische Wirtschaftsgeschichte, Bd. 4: Die Entwicklung der industriellen Gesellschaften, Stuttgart-New York 1985; Toni Pierenkemper, Umstrittene Revolutionen. Die Industrialisierung im 19. Jahrhundert, Frankfurt/Main 1996, S. 13.

2 Gaston Bachelard, Die Bildung des wissenschaftlichen Geistes. Beitrag zur Psychoanalyse der objektiven Erkenntnis, Frankfurt/Main 1987 (urspr. frz. 1938); Toby E. Huff, The Rise of Early Modern Science. Islam, China and the West, Cambridge 1993; Joseph Needham, Science and Civilization in China, 6 Bde., Cambridge 1954-1985; Benjamin Nelson, Der Ursprung der Moderne. Vergleichende Studien zum Zivilisationsprozeß, Frankfurt/Main 1986; André Pichot, Die Geburt der Wissenschaft. Von den Babyloniern zu den frühen Griechen, Frankfurt/Main-New York-Paris 1995 (urspr. frz. 1991).

europäischen Welt unbekannt blieben bzw. in Vergessenheit gerieten. Die Entwicklung des menschlichen Wissens ist keineswegs ein unilinearer Prozeß des Fortschritts, sondern vielmehr eine Fieberkurve des Auftauchens und Wiedervergessens. Das beste Beispiel dafür ist wohl die wiederholte "Entdeckung" des amerikanischen Kontinents oder des Seewegs um die Südspitze Afrikas. Der in Europa berühmteste Fall des Wissens und Vergessens ist der Leonardo da Vincis und seiner technischen Erfindungen. Erst die institutionellen und kulturellen Umwälzungen des 16. Jahrhunderts, insbesondere das neue Weltbild, die Herausforderung der kirchlichen Autorität sowohl auf der Ebene der Religion als auch auf der der Erkenntniskompetenz und die daran anschließende Veränderung in der Beziehung der Disziplinen, die an den Universitäten gelehrt wurden, schufen die Voraussetzungen, die den wissenschaftlichen Erkenntnisprozeß vom Glauben ablösten und als selbsttragend erscheinen ließen. Damit konnte die "Natur" als jener Bereich, der von den Autoritäten unabhängig, zeitlos gültig und eigenen Gesetzen folgend definiert wurde, zum Objekt der gezielten Erkenntnis werden. Die Verwissenschaftlichung und die großen Veränderungen im geistigen und sozialen Leben riefen auch Gegenbewegungen wie die Romantik hervor. In der zweiten Hälfte des 19. Jahrhunderts wurde der Prozeß der technischen Entwicklung "schnell, bewußt und absehbar"; Alfred N. Whitehead bezeichnete "die Erfindung der Methoden des Erfindens" als die größte Errungenschaft des Jahrhunderts.[3] Das bestimmte auch, was man nun unter Wissenschaft verstand. Dabei kam es allerdings keineswegs immer und überall zu einer ausgewogenen Entwicklung ohne Stockungen und Disparitäten. Vielfach setzten sich noch immer einfache Verbesserungen aus praktischer Erfahrung durch, während große wissenschaftliche Erfindungen lange Zeit ungenutzt blieben. Dies war auch in der Stellung der einzelnen Länderkulturen auszumachen: so war zweifellos Frankreich das Land mit dem vielleicht bedeutendsten wissenschaftlichen Fortschritt, aber die industrietechnische Umsetzung fand anderswo statt, vornehmlich in England und dann in den Vereinigten Staaten von Nordamerika. Die Orte der industriellen Verwertung und die der Genese des Wissens waren nicht dieselben, aber allgemein wurde die Industrie wichtiger Abnehmer und auch selbst Produzent wissenschaftlichen Know-hows. Abhängig von ökonomischen Gegebenheiten, staatlichen Förderungen, sozialen Voraussetzungen und natürlichen

3 Alfred North Whitehead, Wissenschaft und moderne Welt, Frankfurt/Main 1988 (urspr. engl. 1925), S. 117.

Bedingungen entstand ein systematischer Prozeß der technischen Entwicklung, der sich bis heute immer mehr beschleunigte.[4]

Die Industrialisierung vollzog sich im Rahmen einer bereits handelsmäßig von Europa dominierten Weltwirtschaft, in der ein politisch-ökonomischer Konkurrenzkampf der Staaten um Wirtschaftssphären und Herrschaftsbereiche vor sich ging. Die Industrialisierung beruhte auf welthandelspolitischen Strategien der Staaten, für die der Rest der Welt Rohstofflieferant und/oder Absatzgebiet war. Weltpolitik, Welthandel und Industrialisierung waren von Anfang an nicht zu trennen. Das aber bedeutete, daß die Bedürfnisse der Menschen sowohl in den entwickelten als auch in den "nicht-entwickelten" Gebieten nicht die primären Ziele der Wirtschaftspolitik waren, vielmehr war "die Wirtschaft" immer schon eine staatspolitisch höchst wichtige Angelegenheit. Im Verlauf des 19. Jahrhunderts kam es zu einem starken Anwachsen des Welthandelsvolumens und zum endgültigen Ende jeder Handels- und Produktionsbeziehung zwischen europäisch-amerikanischen Kaufleuten und außereuropäischen Wirtschaften auf einer annähernd gleichberechtigten Basis. Ein Beispiel dafür ist der Ruin des indischen Textilgewerbes. Nicht nur wurde Europa zur "Werkstatt der Welt", die sich aus den Kolonien und Schutzgebieten ihre Rohstoffe und Nahrungsmittel kommen ließ, sondern ihre Handels- und Wirtschaftsinteressen bestimmten die Weltwirtschaft. Weigerungen von alten Staaten, sich an diesem Welthandel zu beteiligen (Japan, China), oder Protesten gegen europäisch-amerikanische Handelsinteressen wurde mit Waffengewalt begegnet (Opiumkrieg). Philip D. Curtin[5] konstatiert eine Vollendung der "westernization" des Welthandels auf Grund der militärischen Hegemonie der Europäer, die vor allem durch die Industrialisierung bisher undenkbare Ausmaße erreichte. Von Handelsdominanz bis zur territorialen Beherrschung reichte der Bogen der neuen imperialistischen Offensive der europäischen Staaten. Der Übergang zur Kolonialherrschaft vollzog sich aber meist nicht gewaltsam, sondern durch Ausweitung der Kontrolle durch die Übernahme von Verwaltung und Handel. Die Kolonialherrschaft war oft auch Ergebnis eines zweiseitigen Prozesses, an dem auch einheimische Kräfte sowie Konflikte zwischen verschiedenen Gruppen im Land mitwirkten. Das galt im besonderen für das Innere Afrikas, das nun auch erschlossen wurde. Die mit Hilfe westlicher Waffen nach Stammeskämpfen errichteten Staaten in Afrika gerieten am Ende des 19. Jahrhunderts vielfach unter europäische, insbesondere französische Ko-

4 Vgl.: Michael Adas, Machines as the Measure of Men. Science, Technology and Ideologies of Western Dominance, Ithaca-London 1989.

5 Philip D. Curtin, Cross-Cultural Trade in World History, Cambridge 1984, S. 230 ff.

lonialherrschaft. In anderen Teilen Afrikas hatten sich Engländer, Deutsche und Belgier festgesetzt, Ägypten wurde zum britischen Protektorat. Am Vorabend des Ersten Weltkrieges gab es in Afrika nur noch zwei unabhängige Staaten: Äthiopien und Liberia. Frankreich entwickelte vor allem unter Napoleon III. einen wahrhaft imperialistischen Furor, ein beachtliches Kolonialreich wurde in Hinterindien und Afrika aufgebaut. Andere Staaten wie Deutschland, Portugal und Belgien suchten ebenfalls noch einen Teil des Kuchens zu erhaschen. Im Fall von Rußland und den USA konzentrierten sich die Anstrengungen mehr darauf, das unmittelbare eigene Staatsgebiet zu vergrößern oder zu integrieren. Die letzten außereuropäischen Reiche wie China, Persien oder die Türkei wurden mehr und mehr von den Großmächten abhängig und drohten zu zerfallen.

Das größte Kolonialreich hatte Großbritannien aufgebaut. Bei den britischen Auslandsinteressen muß man allerdings zwischen Siedlungskolonien, Kolonien im eigentlichen Sinn und Schutzzonen unterscheiden, denn sie wurden ganz unterschiedlich behandelt. Während erstere zu Dominions mit Selbstverwaltung wurden, in die das Mutterland auch kräftig investierte, wurden Kolonien und Protektorate den britischen Interessen unterworfen. Die Auslandsinvestitionen waren meist öffentlich-staatliche Unternehmungen, erst etwa ab 1870 kam es vereinzelt zu Direktinvestitionen von Privaten. Die staatlichen Investitionen dienten der Förderung des europäischen Handels und zu diesem Zweck war es wichtig, den eigenen Einflußbereich zu vergrößern und Stützpunkte auf den Seerouten zu unterhalten. Diesen Interessen sind auch der Bau des Suezkanals und des Panamakanals zu verdanken, sowie der Ausbau der internationalen Schiffahrt und zahlreiche andere Verkehrsinvestitionen. Die entwickelten Länder lieferten einander erbitterte Konkurrenzkonflikte um Marktanteile und Einflußbereiche, die sich nach einer Phase der Liberalisierung in der zweiten Hälfte des Jahrhunderts mit stark protektionistischen Haltungen in der Zoll- und Handelspolitik verbanden. Nur Großbritannien, dessen Handelsbilanz wesentlich die gesamte Welthandelsbewegung bestimmte, führte keine Schutzzölle ein. Allmählich begann sich in der Folge eine Verschlechterung der britischen Position abzuzeichnen. Großbritannien führte hauptsächlich nach Übersee und in die Kolonien und Dominions aus, während seine Handelsbilanz mit den Ländern des Kontinents und den USA passiv war, die anderen europäischen Länder und die USA hatten ihrerseits ein Defizit in ihrem Handel mit Übersee. Solcherart glich sich die Welthandelsbilanz zu Lasten von Großbritannien aus.

Die Verschärfung der Konkurrenz und das Anwachsen des Handelsvolumens hatten die Reorganisierung der Industrie nach den Prinzipien technischer Effizienz und wachsender Produktivität, sowie eine Synchronisierung der Preisbewegungen über nationale Grenzen hinweg zur Folge. Man strebte nach "comparative advantages" im internationalen Handel, und es kam zur Spezialisierung der einzelnen Länder auf Produkte, die sie jeweils am billigsten und besten erzeugen und gegen die der anderen Staaten austauschen konnten. Bilaterale Verträge und Meistbegünstigungsklauseln in Handelsverträgen charakterisierten die internationalen Wirtschaftsbeziehungen. Die Preisbewegungen wurden nun nicht mehr nur durch Naturkatastrophen oder Kriege bestimmt gesehen, sondern durch die endogene Dynamik der weltweiten Nachfrageschwankungen, die eine zyklische Abfolge aufzuweisen begannen ("business cycles") und sich in allen Ländern fortpflanzten. Eine große Depression begann mit Finanzkrachs in Wien und New York 1873 und verbreitete sich auf alle Länder in Form von langdauernden Preisverfällen bis in die späten 90er Jahre, als Goldfunde die Preise wieder steigen ließen. Diese Depression erschütterte das Vertrauen in den freien Welthandel und das System der Handelsverträge und bewirkte die Rückkehr zu protektionistischen Maßnahmen, wobei insbesondere die Aufhebung der vom Zollverein eingegangenen Handelsverträge durch Bismarck eine große Rolle spielten. Diese Entwicklung verband sich auch mit staatspolitisch-militärischen Konfrontationen zwischen dem Deutschen Reich und Frankreich, die den Protektionismus auch in Frankreich verstärkten. Ähnliche Zollkriege folgten zwischen Frankreich und Italien und Deutschland und Rußland. Die anderen Länder wie Österreich-Ungarn und die USA folgten dem allgemeinen Trend zur Erhöhung der Zollbarrieren. Großbritannien bildete eine Ausnahme und auch die Niederlande, Belgien und Dänemark hielten noch am Freihandel fest.

Zwischen 1880 und 1913, einer Periode, die Hobsbawm als das "imperiale Zeitalter" bezeichnet,[6] vergrößerte sich der Umfang der Weltwirtschaft mengen- und wertmäßig beträchtlich. Aber es kam auch zu einer Verschiebung des wirtschaftlichen Schwergewichts. Großbritannien war nun nicht mehr das einzige vollindustrialisierte Land, es war nicht einmal mehr das dominierende Industrieland, obwohl seine weltwirtschaftliche Bedeutung für Handel und internationale Finanzen nach wie vor bestimmend war. Die USA, das Deutsche Reich, Frankreich, Belgien, Österreich-Ungarn und auch Japan und Rußland hatten ihre Industrie aufgebaut und die beiden ersteren liefen England in dieser Periode den Rang ab. Das Deutsche Reich und die Vereinigten Staaten verzeichneten den spektakulärsten Aufstieg. Auch die außereuropäische Welt begann langsam in der Weltwirtschaft

6 Eric J. Hobsbawm, Das imperiale Zeitalter 1875-1914, Frankfurt/Main-New York 1989 (urspr. engl. 1987).

eine neue Rolle zu spielen. Kanada und Argentinien wurden zu den größten Getreideexporteuren, zukunftsträchtige Regionen wie etwa in Südafrika, entstanden.

Der Staat sollte nach liberaler Doktrin eigentlich ein Minimum an Funktionen erfüllen und sich vor allem nicht in das freie Spiel der Marktkräfte einmischen. Tatsächlich jedoch waren die meisten Staaten auf dem Kontinent kaum den absolutistischen Zeiten entwachsen und wiesen nach einem liberalen Intermezzo bald wieder neoabsolutistische Konstellationen auf. Das 19. Jahrhundert war insbesondere auf dem Kontinent das Jahrhundert der Reformen und der Revolutionen "von oben" gewesen. Außerdem war die gesellschaftlich-kulturell führende Schicht, die durch Traditionen des Gehorsams und des Standes großen Einfluß auf Meinungen und Vorstellungen des Volkes ausübte, noch immer der Adel. Trotz phasenweiser liberaler Politik und der ökonomischen Rolle des Bürgertums hatte der Staat als Lenkungsinstanz der Wirtschaft nach wie vor große Bedeutung, wenn auch aus unterschiedlichen Gründen. Dies galt auch für England, obwohl hier weniger obrigkeitsstaatliche Traditionen als vielmehr die wachsende Erkenntnis von den Aufgaben des Staates in Hinsicht auf Infrastruktur und öffentliche Sicherheit seine Rolle verstärkten. Auf dem Kontinent waren es die Regierungen, die große Anstrengungen in Richtung auf Industrialisierung unternahmen, denn der hohe Kapitalbedarf ließ in vielen Fällen als Privatiniativen begonnene Projekte später in Staatskontrolle übergehen. Der moderne Staat und seine Interpretation als Rechtsstaat war ein wichtiges Instrument für die Entwicklung eines allgemeinen Wirtschaftsrechts und für die funktionale Differenzierung und Vernetzung in den alle Gruppen und Schichten der Bevölkerung umfassenden überlokalen und internationalen wirtschaftlichen Transaktionen. Richard Tilly hat auf die Unterschiede zwischen Deutschland und Großbritannien in der Epoche der zweiten industriellen Revolution hingewiesen: Während die Autonomie einzelner Unternehmer in Deutschland zugunsten kollektiver Regelungen durch Verrechtlichung eingeschränkt wurde, konnten britische Unternehmer freier agieren.[7] Die geringste Rolle spielte der Staat in den Vereinigten Staaten, wobei insbesondere der Staatsanteil am Eigentum von Industriebetrieben und Infrastruktureinrichtungen niedrig war.

In den meisten europäischen Staaten war das Bankensystem gemäß den spezifischen Gegebenheiten in den einzelnen Ländern erst in der zweiten Hälfte des 19. Jahrhunderts zu einem effektiven Instrument der kommerziellen und industriellen

7 Richard Tilly, Unternehmermoral und -verhalten im 19. Jahrhundert. Indizien deutscher Bürgerlichkeit, in: Jürgen Kocka (Hg.), Bürgertum im 19. Jahrhundert, Bd. 2: Wirtschaftsbürger und Bildungsbürger, Göttingen 1995, S. 35-64.

Entwicklung geworden. Eine Ausnahme stellte England dar, wo die Spezifika des Bankensystems in der regionalen Verbreitung der "country banks" und der großen Bedeutung privater "merchant banks" bestanden. Darüber hinaus verfügte England über eine Vielfalt spezialisierter Bank- und Kreditinstitutionen und bot somit ein stark diversifiziertes, überwiegend privatwirtschaftlich organisiertes System, das jedoch in der Folge keinen führenden Einfluß auf die weitere Industrialisierung des Landes hatte. Anders auf dem Kontinent; hier gab es in vielen Fällen in der ersten Hälfte des Jahrhunderts nur ein sehr unzureichendes Bankensystem und erst in den 50er und 60er Jahren entstanden die berühmten Banken in der Schweiz, in Frankreich, in Belgien, den Niederlanden, in Deutschland und Österreich. Dabei hatten vor allem die französischen Investmentbanken vom Crédit-Mobilier-Typ beispielgebende Wirkung in bezug auf die Finanzierung großer industrieller oder verkehrstechnischer Projekte. Generell war die Rolle der Banken für die wirtschaftliche Entwicklung auf dem Kontinent eine bedeutende. Auch in den Kolonien und den mehr oder weniger unabhängigen außereuropäischen Ländern entstanden Banken nach europäischem Muster, wobei sich vor allem britische und französische Einflüsse geltend machten. Die Vereinigten Staaten stellten in gewisser Weise ein Gegenstück zu den kontinentalen Erfahrungen dar, denn die zwischen bundesstaatlichen und nationalen, freien und regulierten Bankversionen schwankenden Bestimmungen und vor allem die Tatsache, daß den amerikanischen Banken bis 1913, also bis zur Schaffung des Federal Reserve System, verboten war, sich an internationalen Finanztransaktionen zu beteiligen (sie mußten dafür europäische Banken einschalten), stellten eine bedeutende Einschränkung der wirtschaftlichen Rolle der amerikanischen Bankinstitute dar.

In Großbritannien und den USA waren es private Konsortien, die die Gründung und Finanzierung der industriellen Unternehmen durchführten. Auf dem Kontinent überwog hingegen die Finanzierung durch auf Unternehmensgründungen spezialisierte Banken des Crédit-Mobilier-Typs und die Übernahme der Gründungen durch den Staat. Die starke Beteiligung der Banken beförderte die Ausbreitung des Aktienkapitals ganz außerordentlich.[8] Besonders groß war die Rolle der Banken wie auch die des Staates bei der Gründung von Industrieunternehmungen im Deutschen Reich und auch in der Habsburgermonarchie. Staatspolitik und Bankenkreise, in denen vielfach die reichen Adeligen eine führende Rolle innehatten, übernahmen in diesen Ländern wichtige Funktionen in der Industrialisierung. Alexander Gerschen-

8 Eric J. Hobsbawm, Die Blütezeit des Kapitals. Eine Kulturgeschichte der Jahre 1848-1875, Frankfurt/Main 1980 (urspr. engl. 1975), S. 266 f.

kron[9] folgerte daraus - wie erwähnt -, daß die fortgeschritteneren Länder weniger, die Nachzügler hingegen mehr Kreditmobilisierung und -lenkung brauchen. Der Grad der "relative backwardness" korreliere daher positiv mit stärker interventionistischen Methoden der Wirtschaftsentwicklung.

Staat und Finanzkapital: Deutsches Reich und Österreich-Ungarn

Im Deutschen Reich spielte der Staat seit 1871 eine besonders prägnante Rolle. Starkes Engagement in der Wirtschaft, der relativ bedeutende Beitrag der Adeligen als Unternehmer bzw. Financiers in der Großindustrie und die Vorbildfunktion der deutschen Bürokratie in der Organisation und Führung der Unternehmungen, sowie die im Anschluß an die Bismarcksche Sozialgesetzgebung entstandene "Sozialstaatsmythologie"[10] verbanden sich mit der nationalstaatlichen Ideologisierung im Rahmen des "Wilhelminismus". Der "bürokratische Absolutismus" der Stein-Hardenberg-Ära erweiterte sich zu einem "monarchisch-adelig-bürokratischen Kondominat", das im wesentlichen bis zum Ersten Weltkrieg weiterwirkte.[11] Die Aufwertung von Staatsgewalt und Adel, von Militär und Bürokratie im Kaiserreich zwang auch das Wirtschaftsbürgertum zu einer Orientierung am Staat, die bis zur Staatsuntertänigkeit reichen konnte. Die gesellschaftliche Struktur des kaiserlichen Deutschland charakterisierte Wehler als "marktgesellschaftliches Klassensystem mit ständischem Überhang"[12], das ein krasses Gefälle von Macht, Prestige und Einkommen vor 1914 hervorgebracht hatte. Die rasante Dynamik der industriellen und kapitalistischen Entwicklung traf auf gesellschaftliche und politische Traditionen, verband sich teilweise mit ihnen und begründete ein Janusgesicht von Moderne und Tradition. In der Phase der Konzentration der Industrie kam es im Deutschen Kaiserreich aber auch zur verstärkten Orientierung der Politik an der Wirtschaft, die immer mehr auch für die Verteilung von Macht und Einfluß bestimmend wurde. Durch die Bildung großer Wirtschaftsverbände und ihre Einflußnahme auf die staatliche Politik wurde diese immer mehr zum Balanceakt zwischen den Interessen

9 Alexander Gerschenkron, Relative Backwardness in Industriel Development, Cambridge-Mass.-London 1962 (urspr. in: Bert Hoselitz (ed.), The Progress of Underdeveloped Countries, Chicago 1952).

10 Eckard Reidegeld, Schöpfermythen des Wilhelminismus: Kaiser und Kanzler an der "Wiege des deutschen Sozialstaates", in: Lothar Machtan (Hg.), Bismarcks Sozialstaat, Frankfurt/Main-New York 1994, S. 261-279.

11 Hans Ulrich Wehler, Deutsche Gesellschaftsgeschichte, Bd. 1: Vom Feudalismus des alten Reiches bis zur defensiven Modernisierung der Reformen: 1700-1815, München 1987, S. 297 ff.

12 Ebd., Bd. 3: Von der "Deutschen Doppelrevolution" bis zum Beginn des Ersten Weltkrieges: 1849-1914, München 1995, S. 843 ff.

wirtschaftlicher Gruppierungen. Zugleich wurde der Staat wieder zum offen agierenden Interventionsstaat, der durch protektionistische Handels- und Zollpolitik, Subventionen und gezielte Staatsaufträge, die Einführung der gesetzlichen Sozialversicherung, die Kommunalisierung von Monopolbetrieben etc. in die Wirtschaft eingriff. Der Staatsbesitz nahm in Deutschland einen großen Umfang an, denn die von landesherrlichem in staatliches Eigentum übergegangenen Betriebe wurden nicht in so großem Umfang wie etwa in Frankreich privatisiert. Dennoch kam es nicht zu einer direkten geplanten staatlichen Lenkung, sondern zu einer Verbindung von Staatskontrolle, Konzernbildung und Bankenmacht. Diese Struktur zeichnete sich schon am Beispiel des Eisenbahnbaus deutlich ab. Zunächst kam es hierbei zu sehr komplizierten Konstruktionen, bei denen Kontrolle, Unternehmertätigkeit und Finanzierung in unterschiedlichen Händen lagen. Ein Generalbauunternehmer wurde von der Behörde mit der Leitung des Baus beauftragt und dieser beschäftigte seinerseits andere Unternehmen. Es entwickelte sich in diesem Bereich eine stark diversifizierte Dualstruktur aus großen, meist "marktbeherrschenden" Unternehmen und einer Vielzahl von wirtschaftlich abhängigen Klein- und Mittelbetrieben. Die Finanzierung erfolgte mittels Anleihen oder Aktienausgabe über ein Finanzkonsortium, oft aber in der Weise, daß der Generalbauunternehmer die Aktien erhielt und sie von sich aus meist unter pari plazieren mußte, um seine Kosten decken zu können. Der "Eisenbahnkönig" Strousberg ging in dieser Situation dazu über, einen ganzen Konzern aufzubauen, um die Kosten besser kontrollieren zu können.[13] Dies war für Deutschland in den 60er Jahren des vorigen Jahrhunderts eine völlig neue Konstruktion, die ursprünglich erst Hugo Stinnes zugeschrieben worden war. Die Großbetriebe der verschiedenen Sparten in der Schwerindustrie waren häufig stark aufeinander angewiesen: Bergbau, Hüttenbetriebe, Stahlerzeugung, Maschinenbau. Wo ein Produkt (Eisenbahn) die Beteiligung vieler Sparten erforderte und wo die Finanzierung große Kapitalien und Risiken involvierte, ging man mehr und mehr zur Konzentration oder Konzernbildung über, bei der die Banken meist eine dominante Rolle einnahmen. Eine ähnliche Struktur entwickelte sich auch bei den neuen Industrien, der Elektro-, der chemischen und der Fahrzeugindustrie. Der Eisenbahnausbau erfolgte zunächst gemischtwirtschaftlich und es entstand auch eine Reihe von Privatbahnen, von denen aber viele in den 70er und 80er Jahren verstaatlicht wurden. Weitere wichtige Sektoren, in denen es zu Verstaatlichungen bzw. zur Gründung von Staatsbetrieben kam, waren der Bergbau, die Elektrizitätswirtschaft und die Banken. Während und nach dem Ersten Weltkrieg weitete sich der Staatssektor

13 Joachim Borchart, Der europäische Eisenbahnkönig Bethel Henry Strousberg, München 1991, S. 74 ff.

durch Beteiligungen und durch das Größenwachstum verstaatlichter Betriebe aus. Die Kombination von Unternehmensform und öffentlich-rechtlichem Eigentum resultierte allerdings bald in Widersprüchen zwischen staatspolitischen Zielen und wirtschaftlicher Rationalität und Effizienz.

Seit den 1880er Jahren kam es in Deutschland auch verstärkt zur Kartellbildung, d. h. zu Absprachen zwischen Unternehmen im Hinblick auf ihr Marktverhalten in bezug auf Preise und/oder Mengen. Mitunter besaßen sie auch eine gemeinsame Absatzorganisation wie das Rheinisch-Westfälische Kohlensyndikat. Ganz im Gegensatz zu den USA, wo etwa zur gleichen Zeit der Sherman-Anti-Trust-Act Kartelle verbot, wurde im Deutschen Reich die Legalität von Kartellen 1897 durch das Reichsgericht bestätigt. In den folgenden Jahrzehnten vervielfachten sich die Kartelle. Parallel dazu organisierten sich die Unternehmen auch zunehmend in bezug auf die Durchsetzung ihrer sozialen und politischen Interessen, teilweise als Reaktion auf die staatliche Sozialpolitik sowie die staatliche Zoll- und Handelspolitik, teilweise als Konsequenz der Organisierung der Arbeitnehmerschaft. Gerade weil die staatliche Politik sehr interventionsfreudig war, organisierten sich die Interessenvertretungen der Arbeitgeber und der Arbeitnehmer von Anfang an eher auf überbetrieblicher als auf betrieblicher Ebene. Durch die Konzentration der Unternehmen, die Kartell- und Syndikatsbildungen, die Verbandsbildungen, entstand solcherart über der Produktionsorganisation ein ausgedehnter "Überbau", in dem vornehmlich angestelltes Personal die Entscheidungen und Strategien bestimmte. Alle diese Tendenzen wirkten in die Richtung, daß sich eine herrschende Wirtschaftselite herauskristallisierte, die aus Unternehmenseigentümern, Großaktionären und Direktoren von Großunternehmen, leitenden Personen in Konzernzentralen und Syndikaten, Direktoren großer Universalbanken bestand, und die die Wirtschaft beherrschte. Zusammen mit den internationalen Kooperationen, den schon damals existierenden multinationalen Unternehmen und den Auslandsinvestitionen ergaben sich internationale Vernetzungen dieser Elite von beachtlichen Ausmaßen. Der Kapitalismus hatte sein Gesicht geändert und Rudolf Hilferding[14] konstatierte einen Übergang vom anarchischen Kapitalismus der liberalen Phase zu einem "organisierten Kapitalismus", charakterisiert durch Staatsinterventionen, Stärke des Finanzkapitals und Organisierung der Klassen in Interessenverbänden. Die Stärke der Banken, die rela-

14 Rudolf Hilferding, Das Finanzkapital. Eine Studie über die jüngste Entwicklung des Kapitalismus, Frankfurt/Main-Wien 1968 (urspr. 1910). Vgl.: Heinrich August Winkler, Einleitende Bemerkungen zu Hilferdings Theorie des Organisierten Kapitalismus, in: Ders. (Hg.), Organisierter Kapitalismus, Göttingen 1974, S. 9-18.

tive Bedeutungslosigkeit des selbständigen Handels in bezug auf Industriegüter und die funktionale Integration von Produktion und Absatz in den großen Unternehmen bedingten einander. Der Einfluß der Banken in den Unternehmen bewirkte vor allem eine stärkere Bedachtnahme auf finanzielle Aspekte und auf langfristige Planungshorizonte. Rudolf Hilferding hatte gemeint, daß sich das Finanzkapital gegenüber dem Industriekapital durchgesetzt hätte. Hans-Ulrich Wehler stellt demgegenüber mit Bezug auf Deutschland zwar fest, daß in der Finanzwelt ein ähnlicher Konzentrations- und Wachstumsprozeß wie in der Industrie vor sich ging, bestreitet jedoch eine Herrschaft des Finanzkapitals, sondern spricht vielmehr von einer Interessenkongruenz und Zusammenarbeit zwischen beiden, wobei die Industrieunternehmen aber ihre Entscheidungsautonomie weitgehend beibehielten. Die große Bedeutung der Banken war jedenfalls am Ende des 19. Jahrhunderts am stärksten und nahm danach eher ab.[15] Die Kriegswirtschaft und die Resultate der Sozialisierungsansätze der Nachkriegszeit zeigten dann jedenfalls, daß Kapitalismus auch mit Organisation und einem gewissen Grad von Planwirtschaft vereinbar ist.

In den 80er Jahren kam es auch in der Habsburgermonarchie zu Konzentrationsbewegungen auf dem Industrie- und Bankensektor. Während der Aufschwung zwischen 1867 und 1873, neben dem Ausbau des Eisenbahnnetzes und den Bankgründungen durch überhitzte Spekulationen, gekennzeichnet war, zeigte sich nun eine verstärkten Tendenz, die Börse und den Markt durch Kartelle und Konsortien zu eliminieren. Die Eisenbahnen wurden wieder verstaatlicht, der Montansektor modernisiert und konzentriert, die Maschinenindustrie aufgebaut. Allmählich zeichneten sich die Konturen einer "österreichischen Version des Kapitalismus" ab.[16] Eine Tendenz zur Konzentration in der Industrie, zur Entstehung von Konzernen und Kartellen zeigte sich auch in Österreich, verbunden mit der Macht großer Industrieller ("Zuckerbarone"). Ab 1896 setzte dann der Aufbau der Elektroindustrie, der chemischen Industrie und des Fahrzeugbaus ein, daneben wuchs die Eisen- und Stahlindustrie noch weiter. Nun kam es auch zu einer Konsumausweitung auf die Massen, Vielfalt und Menge der Nahrungs- und sonstigen Konsumgüter nahmen zu, Warenhäuser wurden errichtet und der Fremdenverkehr begann zu einem wichtigen Wirtschaftszweig zu werden. Für diese Phase der industriellen Entwicklung war die enge Verflechtung zwischen Industrieunternehmen, Banken, Wirtschaftsverbänden (Industriellenverbänden) und Staat typisch. Die Industriellenverbände übten

15 Hans-Ulrich Wehler, op. cit., Bd. 2: Von der Reformära bis zur industriellen und politischen "Deutschen Doppelrevolution": 1815-1845/1849, S. 628 ff.

16 Helmut Rumpler, Eine Chance für Mitteleuropa. Bürgerliche Emanzipation und Staatsverfall in der Habsburgermonarchie 1804-1914, Wien 1997, S. 456-485.

auch über Kontakte und Verbindungen zu politischen Parteien, insbesondere den Christlich-Sozialen, Einfluß auf die staatliche Wirtschafts- und Handelspolitik aus. Sie suchten eine gemeinsame Linie gegenüber der Arbeiterbewegung und den Gewerkschaften. Die Regierung Taaffe widmete sich dem Aufbau der staatlichen Sozialpolitik, der Erhaltung des sozialen Friedens und dem Ziel einer ausgewogenen Wirtschaftsordnung mit protektionistischer Gewerbeförderung und Agrarmarktordnung. Die Banken betrieben die Industrialisierung besonders massiv zwischen 1890 und 1918, vor allem in den Bereichen Eisen, Zucker und Kohle im Wege der Kredite und der Kapitalbeteiligungen. Sie errangen einen großen Einfluß auf die Industrieunternehmen durch ihre Rolle bei der Umwandlung derselben in Aktiengesellschaften, durch die Monopolisierung der finanziellen Geschäfte "ihrer" Unternehmen und durch die Tatsache, daß sie sogar die Absatzfunktion für diese Unternehmen in Kommission oder auf eigene Rechnung durchführten. Eigene Warenabteilungen waren ein Spezifikum der österreichischen Banken. Die Bedeutung der "Hochfinanz" wird in der Gegenwart allerdings relativiert.[17] Insbesondere weist Franz Mathis[18] darauf hin, daß Banken und Staat in Österreich vor dem Ersten Weltkrieg nicht so stark als Gründer oder Investoren in Industrieunternehmen auftraten. Erst um die Jahrhundertwende setzte allmählich ein verstärktes industrielles Engagement der Banken ein, zusammen mit Konzentrationsbewegungen in der Unternehmenslandschaft.

Wenn auch das Bild der Beziehungen zwischen Banken und Industrie vor und nach 1914 differenzierter beurteilt werden muß, so kann die beherrschende Stellung der Banken über Beteiligung und Kredit doch nicht widerlegt werden. Das durch die Beteiligung internationaler Investoren hypertrophe Bankensystem Österreichs zeigte, daß dieses ohne entsprechende Industrie nicht auf Dauer bestehen konnte. Nach dem Zusammenbruch des Reiches schlitterte das österreichischen Bankensystem daher in eine tiefe Krise, die auch ohne Weltwirtschaftskrise nicht aufzuhalten gewesen wäre. Banken und Industrieunternehmen gerieten durch den Wegfall eines Großteils des Binnenmarktes stark unter Druck und viele gingen zugrunde. Während die Unternehmen in der Monarchie nur in einem relativ geringen Ausmaß im Ausland engagiert waren, so hing nun das Überleben von Exporten ab. Die Abhän-

17 Siehe dazu u. a.: Alice Teichova, Kontinuität und Diskontinuität. Banken und Industrie in Mitteleuropa im 20. Jahrhundert, in: Österreichische Zeitschrift für Geschichtswissenschaften, 4/1993, S. 527-541.

18 Franz Mathis, Big Business in Österreich, Bd. 2: Wachstum und Eigentumsstruktur der österreichischen Großunternehmen im 19. und 20. Jahrhundert. Analyse und Interpretation, Wien-München 1990, S. 65.

gigkeit von den Banken nahm drastisch zu, insbesondere die Creditanstalt-Bankverein scharte eine große Zahl von Industrieunternehmen um sich. Dennoch blieb der Großteil der österreichischen Unternehmen in Privatbesitz, denn die gewerbliche Struktur war durch eine große Zahl von Klein- und Mittelbetrieben charakterisiert. Diese waren organisatorisch in den Wirtschaftskammern zusammengefaßt. Die Wirtschaftskrise der 30er Jahre brachte Bankenzusammenbrüche und in der Folge den staatlich unterstützten Wiederaufbau in stark zentralisierter Form. Während in Deutschland wieder die Privatisierung erfolgte, blieb in Österreich die Creditanstalt - nunmehr die einzige Universalbank - unter staatlicher Kontrolle. Die um die Jahrhundertwende in der Habsburgermonarchie durch Unternehmenskonzentrationen und Bankenkontrolle, durch die Organisierung von Interessenverbänden und durch staatliche Interventionen entstandene Tendenz zu einem "organisierten Kapitalismus"[19] transformierte sich nach dem Zusammenbruch des Reiches in eine mehr korporatistische Struktur.

Die neue Gesellschaft: Amerika und das moderne Industriesystem

Die Erreichung der Unabhängigkeit von Großbritannien hatte für die Vereinigten Staaten von Nordamerika auch die gewerbe- und handelsmäßigen Beschränkungen der Kolonialzeit beseitigt. Die folgende starke Entwicklung der gewerblichen Eigenproduktion führte allerdings bald zu einer Verknappung qualifizierter Arbeitskräfte. In dem weiten Land mit seinen vielversprechenden Möglichkeiten strebten die meisten Einwanderer danach, sich auf einem Stück Land selbständig zu machen. Diese Tatsache ließ die Entwicklung eines handwerklich-orientierten Gewerbes von vornherein nur in geringem Umfang zu, da es hier in Ermangelung von Zünften auch von niemandem gefördert oder geschützt wurde. So entstand bald eine industrielle Fertigung auf fabriksmäßiger Basis. Samuel Slater errichtete schon 1790 die erste mechanische Baumwollspinnerei, dazu kam dann 1814 durch den Einsatz des mechanischen Webstuhls die Integration von Spinnerei und Weberei (Francis Cabot Lowell). Die Textilindustrie verbreitete sich und reorganisierte sich bald unter dem Druck der britischen Konkurrenz durch den Übergang zu größeren betrieblichen Einheiten. Auch andere Industrien entstanden und expandierten rasch, nachdem die Dampfkraft eingeführt worden war. Schon 1798 kam es zum Aufbau einer Massenproduktion von Gewehrteilen. Kohle- und Erzvorkommen in Pennsylvania ließen die Schwerindustrie entstehen, die insbesondere durch den Eisenbahnbau einen star-

19 Vgl.: Gerald Sturmayr, Industrielle Interessenpolitik in der Donaumonarchie, Wien-München 1996, S. 17 ff.

ken Aufschwung erlebte.[20] In den 1830ern erließen die einzelnen Staaten Inkorporationsgesetze, wodurch die bisherige Praxis der individuellen Genehmigung von Aktiengesellschaftseigentum durch das Parlament fallengelassen wurde, was die Kapitalbeschaffung für die Industrie wesentlich erleichterte.[21] Dennoch blieben die Vereinigten Staaten bis zum Bürgerkrieg doch ein überwiegendes Agrarland, während sich die Industrie auf bestimmte Regionen konzentrierte. In der Landwirtschaft kam es gerade durch die Weite des Landes zur frühen Entwicklung von Landwirtschaftsmaschinen, die Anbau und Ernte revolutionierten. Das Schwergewicht der Agrarproduktion in bezug auf Getreideanbau und Viehwirtschaft verlagerte sich auf die Gebiete im Westen mit ihren großen Farmen, während die kleinen Bauerngüter im Nordosten immer mehr verschwanden. Im Süden dominierte der Plantagenbau mit dem Hauptprodukt Baumwolle, daneben die Produktion von Zucker, Tabak und Reis. Drei sehr unterschiedlich strukturierte Regionen entstanden: der industrialisierte, urbanisierte Norden, der gutswirtschaftlich geprägte Süden mit scharfer Trennung zwischen weißen Herren und schwarzen Sklaven und der Westen mit den großen Farmen. Dementsprechend entstanden auch unterschiedliche Gesellschaftsstrukturen in den drei Regionen. Während sich die Nivellierung sozialer Unterschiede vor allem unter den Pionieren der Land- und Weidewirtschaft in den Weiten des Westens zeigte, gab es im Süden scharfe, durch rassische Vorurteile betonte Unterschiede einer Sklavenhaltergesellschaft. Aber auch im Nordosten zeigten sich soziale Ungleichheiten, die sich zum Teil noch aus den alten Gesellschaften Europas herleiteten. Hier galt es durchaus als Vorteil, aus "guter" Familie und eventuell aristokratischer Herkunft zu sein. Dennoch gab es keine institutionellen ständischen Schranken, und das rasante Anwachsen der Bevölkerung und ihre multikulturelle Komplexität ließen eine pluralistische Erwerbsgesellschaft entstehen, in der erst der Erfolg über den Status entschied. Das Bewußtsein des individuellen Erfolges jenseits aller kulturellen und sozialen Schranken prägte auch den neuen Typ der Unternehmer und "self-made-men". Die Fabriksarbeiter rekrutierten sich immer mehr aus Einwanderern aus der alten Welt, die sich hier bessere Arbeits- und Lebensbedingungen versprachen. Wechselhafte wirtschaftliche Bedingungen und kaum Schutz vor Ausbeutung und Not ließen auch hier ab der Mitte des Jahrhunderts Massenelend, insbesondere in den Städten des Nordens, entstehen. Nach dem

20 Zur Industrialisierung in den USA vgl.: Thomas C. Cochran, Frontiers of Change. Early Industrialism in America, New York 1981; Dieter Otten, Die Welt der Industrie, Bd. 1: Aufstieg und Expansion, Reinbek bei Hamburg 1986, S. 258 ff.

21 Zur Geschichte der USA: Udo Sautter, Geschichte der Vereinigten Staaten von Amerika, Stuttgart 1994; Carl Landauer, Sozial- und Wirtschaftsgeschichte der Vereinigten Staaten von Amerika, Stuttgart 1981.

Bürgerkrieg, der den Nordstaaten einen wirtschaftlichen und industriellen Aufschwung brachte, sank dann der Süden - und in diesem die nun freie schwarze Bevölkerung - zum Armenhaus der USA herab.

In den letzten Jahrzehnten des 19. Jahrhunderts entwickelte sich die Wirtschaft der USA rasant. Das Ende des Bürgerkriegs, das Bevölkerungswachstum durch die Einwanderungsströme und die Erschließung des riesigen Landes bewirkten ein Anwachsen der industriellen Produktion. Diese war auch durch die Tatsache gefördert worden, daß der große Inlandsmarkt eine riesige Nachfrage nach Massengütern begründete. Die wirtschaftlichen Anstrengungen konzentrierten sich daher zunächst auf das Inland. Die Außenhandelsbeziehungen hatten in dieser Phase eher eine nachrangige Funktion. Dies koinzidierte auch mit einer politischen Orientierung auf den amerikanischen Kontinent, wie er in der Monroe-Doktrin seinen Ausdruck gefunden hatte. Die Industrialisierung sowohl im Bereich der Schwer- und Grundstoffindustrie als auch in dem der Konsumgütererzeugung machte in den folgenden Jahrzehnten ungeheure Fortschritte. Riesige Unternehmensimperien wie die US-Steel-Corporation und das Ölimperium Rockefellers entstanden. Diese Giganten beherrschten die Wirtschaft und die Politik der Einzelstaaten und darüber hinaus der ganzen Nation. Der Kongreß verabschiedete daher den Sherman-Anti-Trust-Act 1890, der aber viel zu vage formuliert war, um die Konzentration und Macht der Großindustrie wirklich effektiv zu beschränken. Die wirtschaftliche Entwicklung ging in Amerika gegen Ende des Jahrhunderts mit großer Rasanz vor sich und schuf ein Klima der Aufstiegs- und Erfolgseuphorie, für das auch ein Buchtitel wie "Gospel of Wealth" von Andrew Carnegie Zeugnis ablegt. Reichtum trug seine eigene Rechtfertigung in sich, wurde zur Tugend, insbesondere wenn man es aus bescheidenen Anfängen - und daher wohl durch eigene Leistung - "geschafft" hatte. Selbst die Masse der durchaus nicht wohlhabenden und auch kaum durch staatliche oder unternehmerische Wohlfahrtsmaßnahmen geschützten Arbeiter hoffte doch wider alle Wahrscheinlichkeit auf den Erfolg. Und selbst wenn sie mit ihrer Lage unzufrieden waren, verhinderten die Unterschiede ihrer Herkunft, ihrer Traditionen und Kulturen die Entstehung eines Klassenbewußtseins und ließen nur lokale Proteste ausbrechen. Durch die Einwanderungswellen bedingt gab es in den letzten Jahrzehnten des 19. Jahrhunderts und den ersten des 20. Jahrhunderts ein Überangebot an Arbeitskräften, und es fanden sich immer Arbeiter, die um weniger Lohn oder zu noch schlechteren und riskanteren Bedingungen zu arbeiten bereit waren. So unterboten sich die Arbeiter gegenseitig, und Gewerkschaften hatten lange Zeit kaum Bedeutung, wenn sie nicht ohnehin nur qualifizierte Arbeiter organisierten und eine wirtschaftspragmatische Politik betrieben wie die "American Federation of Labour".

Der spektakuläre Aufstieg individueller Unternehmerpersönlichkeiten war dann am Ende des Jahrhunderts zwar noch möglich, typisch aber war das Wachstum großer Organisationen. Die Betriebsführung wurde als ein rational planbares Unterfangen aufgefaßt, bei dem "wissenschaftliche" Methoden zur Anwendung gelangten. Die wissenschaftliche Betriebsführung und das sogenannte Taylorsystem, das eine sehr grundlegende Rationalisierung der Arbeit - allerdings zunächst keinesfalls angewandt auf die "eigentliche" industrielle Produktionsarbeit an Maschinen - brachte, bedeuteten eine Revolutionierung der industriellen Arbeit. Denn nun wurde zum erstenmal eine systematische Begründung gefunden, um mit der traditionellen Art und Weise des Produzierens zu brechen, bei dem der eigentliche Produzent, der Arbeiter, immer noch über die Gestaltung und Durchführung seiner Arbeit entschied. So elend die Lebenssituation der protoindustriellen Weber, der Frauen und Kinder in der Textilindustrie und der Männer in den Bergwerken und Eisenhütten gewesen war, in bezug auf die Einteilung ihrer Arbeit waren sie relativ frei. Ihr Problem war vielmehr die Tatsache, daß die Löhne kein menschenwürdiges Leben für eine ganze Familie zuließen. Mit dem Taylorsystem ging jedoch die Souveränität der Arbeitsgestaltung auf die Betriebsführung über und auf Spezialisten der wissenschaftlich-rationellen "Arbeitsvorbereitung" - das "labor management" war entstanden. Damit war die Integration des gesamten Produktionsbereichs, die vertikale stromlinienförmige Hierarchisierung von Betriebsleitung hinunter bis zum ausführenden Arbeiter möglich. Das Wachstum der Produktion, die Vervielfältigung der Geschäftsbereiche und Produktionszweige bedingte Änderungen der Produktionstechnologie und -organisation, durch die Serienfertigung standardisierter Güter in großer Zahl möglich wurde. Die kostengünstige Gestaltung der industriellen Produktion wurde durch die Kombination von Mikroplanung der Arbeit und den Einsatz von Spezialmaschinen möglich. Die Verbindung der geteilten Arbeit durch das Fließband erlaubte die Entwicklung der industriellen Fertigung zu dem modernen System der Massenproduktion und des Managements der Arbeit. Diese "taylorisierte" Massenproduktionsorganisation war in der Phase vor dem Ersten Weltkrieg allerdings auch in den USA noch nicht allgemein verbreitet. In der Nähmaschinenproduktion hatten das Fließband und die Serienfertigung nach dem Vorbild der Waffenerzeugung schon seit den 50er Jahren des 19. Jahrhunderts Anwendung gefunden, dann in der Produktion von landwirtschaftlichen Maschinen, Fahrrädern und schließlich in der Automobilproduktion Henry Fords, die das "American System" erst ins Zentrum der Aufmerksamkeit rückte und zum System industrieller Massenfertigung machte.[22]

Unternehmensstrukturen und Kapitalismustypen

In der Zeit zwischen 1870 und dem Ersten Weltkrieg holte Deutschland im Hinblick auf seine industrielle Entwicklung rasant auf und überholte nicht nur alle anderen kontinentaleuropäischen Länder, sondern sogar Großbritannien. Dies war eng verbunden mit der wachsenden Größe und Komplexität der deutschen Unternehmen, wie sie durch inneren Ausbau, Fusionen, Diversifikation nach innen und Kombinationen nach außen, Kartelle und den Ausbau der Kapitalstruktur im Zusammenhang mit der Umwandlung in Aktiengesellschaften charakterisiert war. Im Unterschied zur britischen Situation wiesen die deutschen Unternehmungen eine stärkere funktionale Integration und eine Tendenz zu bürokratisch-rationalen Formen der Unternehmensorganisation auf. Insbesondere die Integration der distributiven Funktionen ist bemerkenswert und kann dadurch begründet gewesen sein, daß es in Deutschland wie auch in Österreich keine wirklich starke Organisation des Handels gegeben hatte, so daß die Industrieunternehmen von vornherein die Distributionsfunktion in gewissem Umfang wahrnehmen mußten. Oft bestand auch ein Mißtrauen der Industriellen gegenüber den Händlern, die das Streben nach Unabhängigkeit noch verstärkte. Jürgen Kocka meint: "Es könnte sein, daß in Deutschland mit seinen geringen kommerziellen und wirtschaftsbürgerlichen Traditionen jenes fundamentale Vertrauen in das faire Verhalten der anderen auf dem Markt nicht so stark entwickelt war, welches andererseits die Voraussetzung ist für ein arbeitsteilig-interdependentes Marktverhalten mit Spezialisierung der einzelnen Personen (und Institutionen) auf jeweils eine Funktion. Möglichst alle Funktionen von der Rohstofflieferung bis zum Endverkauf in der eigenen Hand zu vereinigen, war insofern ein zugleich expansiver und defensiver Wunsch."[23] In einem Vergleich der Herrschaftsformen in Großunternehmen in Deutschland und Frankreich im ausge-

22 Dieter Otten, Die Welt der Industrie, op. cit.; Alfred D. Chandler Jr., The Visible Hand. The Managerial Revolution in American Business, Cambridge-Mass. 1977; Thomas P. Hughes, Die Erfindung Amerikas. Der technologische Aufstieg der USA seit 1870, München 1991 (urspr. am. 1989); David A. Hamshell, From the American System to Mass Production 1800-1932, Baltimore 1984.

23 Jürgen Kocka, Unternehmer in der deutschen Industrialisierung, Göttingen 1975, S. 82.

henden 19. Jahrhundert stellt Patrick Fridenson fest[24], daß der Adel im Aufbau der deutschen Schwerindustrie eine wesentlich gewichtigere Rolle spielte als in Frankreich, so daß es nicht zu einer "bürgerlichen" Industrialisierung, sondern bestenfalls einer Kooperation von Adel und Bürgertum kam. Überdies waren die Unternehmen in Deutschland meist Kapitalgesellschaften, während in Frankreich Familienbetriebe überwogen. Auch hebt Fridenson die höhere Ausbildung der Unternehmer und Manager in Deutschland hervor. Überdies hatte Deutschland doch einen - wenn auch insgesamt noch geringen - höheren Anteil an angestellten Unternehmern. Diese Vorstandsdirektoren besaßen in Deutschland auf Grund der unterschiedlichen Unternehmensführungsstrukturen mehr Einfluß und Macht, während die "directeurs" in Frankreich in der Regel reine Managementfunktionen in der Organisation wahrnahmen (wie im übrigen auch in England die Manager, die nicht im "board of directors" saßen) und der "conseil d'administration" die strategischen Entscheidungen traf. Diese Unterschiede wirkten sich nach Meinung Fridensons auf die Arbeitsordnungen und daher auf die Art und Weise der Herrschaft im Unternehmen aus. Hinsichtlich der Organisationsgestaltung der Unternehmungen erwies sich in Deutschland gerade die späte Entwicklung als günstig, weil diese verbunden mit der starken staatlichen Rolle dazu führte, daß relativ früh rationale Prinzipien im Aufbau, der Leitung und der Funktionsweise der Unternehmen zur Anwendung gelangten. Auch die Integration der wissenschaftlichen Forschung in die Unternehmen ging in Deutschland wesentlich leichter als etwa in Großbritannien vonstatten. Die Diversifikations- und Konzentrationstendenzen waren besonders in den kapitalintensiven Industrien stark, weil die wissenschaftliche Fundierung der technischen Produktionsverfahren eine Eigendynamik der ständigen Suche nach neuen Anwendungen und neuen Techniken entwickelte. Hingegen waren diese Tendenzen in den arbeitsintensiveren Fertigungsindustrien weniger ausgeprägt. Bis heute hat sich dieser Unterschied zwischen der Grundstoffindustrie einerseits und der Textilindustrie andererseits erhalten. Bei einem Vergleich der nach der Zahl der Beschäftigten größten Unternehmungen in Großbritannien und im Deutschen Reich 1907 zeigte sich, daß die größten deutschen Unternehmen etwa doppelt so groß waren wie die englischen. Dabei fällt aber gleichzeitig eine gewisse Monotonie auf deutscher Seite auf: Alle Großunternehmen mit ganz wenigen Ausnahmen (Elektro: Siemens & Halske, AEG; Lokomotivbau: Borsig) finden sich im Bereich Eisen, Stahl und Kohle, während die Branchenzugehörigkeit der britischen Großbetriebe

24 Patrick Fridenson, Herrschaft im Wirtschaftsunternehmen. Deutschland und Frankreich 1880-1914, in: Jürgen Kocka (Hg.), Bürgertum im 19. Jahrhundert, Bd. 2: Wirtschaftsbürger und Bildungsbürger, Göttingen 1995, S. 65-91.

deutlich differenzierter war[25] und insbesondere auch den Konsumgütersektor umfaßte. Dennoch war das Deutsche Reich um 1913 auch der Welt größter Exporteur von Chemikalien, Elektrogeräten und Fertigungsmaschinen.

Alfred Chandler[26] zeigte in seinen Untersuchungen zur Geschichte der Unternehmensformen, daß sich nicht eine einzige Form des modernen Kapitalismus seit dem Ende des 19. Jahrhunderts entwickelte, sondern daß sich drei verschiedene Modelle herausbildeten, die jeweils typisch waren für die drei wichtigsten Industrienationen: der "competitive managerial capitalism" der USA, der "cooperative managerial capitalism" des Deutschen Reiches und der "personal capitalism" Großbritanniens. Chandler orientierte sich dabei an jenen Prozessen in den Großunternehmungen, die "scale" und "scope" derselben veränderten und das "modern industrial enterprise" entstehen ließen. Die Massenproduktion ("scale") bezog sich auf die Rationalisierung und Mechanisierung des Herstellungsprozesses in den einzelnen Betrieben und Betriebsteilen, die Erweiterung der Funktionen ("scope") auf die Ebene des gesamten Unternehmens. Während sich in den USA bis zum Ersten Weltkrieg große Industrieunternehmen entwickelt hatten, die von Teams von meist angestellten Managern und Direktoren geleitet wurden, und untereinander in (oligopolistischer) Konkurrenz um Gewinne und Marktanteile standen, blieben die britischen Unternehmen häufig in Familienbesitz und wurden von Eigentümer-Unternehmern geleitet, die oft genug verabsäumten, Investitionen zu tätigen, entsprechend qualifizierte Manager zu beschäftigen und ihnen auch Kompetenzen zu übertragen, so daß sie in der Konkurrenz mit amerikanischen und auch deutschen Unternehmen häufig unterlagen, Marktanteile verloren und in bezug auf den Aufbau moderner Industrieunternehmen zum "late-starter" wurden. Insbesondere gelang es ihnen nicht, die Möglichkeiten der neuen Technologien in dem Ausmaß zu nutzen, wie dies in Amerika und Deutschland der Fall war, oder vielmehr, dies schien angesichts der noch florierenden "alten" Industrien und der qualitativen Stärke des Konsumgütermarktes zunächst nicht verheißungsvoll, bis es dann zu spät war und andere bereits Vorteile errungen hatten. Deutsche Industrieunternehmen zogen es vor, Absprachen zu treffen oder Konzerne zu bauen, statt miteinander in Konkurrenz zu treten, weshalb Chandler von "cooperative capitalism" spricht. In diesen Unterschieden zwischen den drei Industrieländern reflektieren sich die sozialen Strukturen, die politischen Verhältnisse und auch die kulturellen Traditionen die-

25 Hans Ulrich Wehler, op. cit., Bd. 3: Von der "Deutschen Doppelrevolution" bis zum Beginn des Ersten Weltkrieges: 1849-1914, S. 66 ff.

26 Alfred D. Chandler Jr., Scale and Scope, Cambridge-Mass. 1990.

ser Gesellschaften, nicht nur die ökonomischen Ressourcen, Interessen und Strategien.

Die Unternehmensstrukturen hatten sich in den letzten Jahrzehnten des 19. Jahrhunderts entscheidend in Richtung auf Diversifikation, weite geographische Streuung, Fusionierung und Konzern- und Kartellbildung verändert, aber man darf nicht vergessen, daß es sich hierbei nur um die Veränderungen in den großen Unternehmen und den neuen Branchen handelt. Noch um die Jahrhundertwende waren Eigentümer-Unternehmer und Klein- und Mittelbetriebe in den USA und in Deutschland zahlenmäßig dominant. Die großen Gründerpersönlichkeiten wie Henry Ford, Andrew Carnegie, Alfred Krupp, Werner Siemens etc. waren selbst dann, wenn sie vielleicht nicht mehr über die Mehrheit der Aktien verfügten, nach wie vor maßgebend. Sie repräsentierten vielfach - vor allem in den USA - das Bild des Unternehmers und des Kapitalismus als eine heroische Sage von Aufstieg und Erfolg und von besonderen "unternehmerischen" Fähigkeiten.[27] Die Entwicklung des "modern industrial enterprise" war überdies an eine Reihe von je nach Branche und Region unterschiedliche Bedingungen geknüpft. Neue Technologien eröffneten Möglichkeiten für das Größenwachstum der Produktion und die Integration vor-, neben bzw. nachgelagerter Funktionen, allerdings in unterschiedlicher Art und Weise je nach den Produkten und ihren Fertigungsgegebenheiten und der Voraussetzung einer großen, möglichst homogenen Nachfrage. In Amerika zeigte sich bereits, daß es wichtig war, die jeweilige optimale Betriebsgröße auf Grund von Technologie und Marktgegebenheiten zu finden. Da es nicht möglich war, Betriebsgröße und Unternehmensfunktionen kurzfristig an technologische und Marktveränderungen anzupassen, erwies es sich bald als zielführend für die Unternehmen, einerseits selbst die technologische Entwicklung mitzubestimmen, und andererseits, den "Markt" für ihre Produkte zu "schaffen", zu erhalten bzw. zu erweitern. Bei Großserienfertigung wurde es nun für den Industriebetrieb günstig, die "economies of scale" im Vertrieb selbst abzuschöpfen. Auch dort, wo die Produkte besonderer Lagerungs-, Behandlungs- und Beratungstätigkeiten bedurften, erwies sich eine eigene Vertriebsorganisation als vorteilhaft. Desgleichen expandierten Industrieunternehmen auch in den Einkauf, bauten eigene Einkaufsabteilungen auf, um bei Beschaffung großer Mengen von Rohmaterialien, Halbfertigprodukten,Betriebsmitteln und Werkstoffen von Kosteneinsparungen zu profitieren bzw. bei vielen verschiedenen Beschaffungsgütern nicht von einzelnen Zwischenhändlern abhängig zu sein. Die Industrieunter-

27 Vgl.: Klaus P. Hansen, Die Mentalität des Erwerbs. Erfolgsphilosophien amerikanischer Unternehmer, Frankfurt/Main-New York 1992.

nehmen gingen dazu über, eigene Einkaufs-, Verkaufs- und Forschungsabteilungen einzurichten. Insbesondere Werbung und Marketing wurden nun zu wichtigen Funktionen der Unternehmen. Dies geschah in den 20er und 30er Jahren in besonderem Maße in den USA, während die Industriegroßmacht Deutschland vergleichsweise nicht so viel Gewicht auf Vertrieb und Absatz legte, dies vor allem deshalb, weil die potentesten Branchen der deutschen Industrie nicht im selben Ausmaß für den allgemeinen privaten Bedarf produzierten, wie dies in den USA, deren Inlandsmarkt viel größer war, der Fall war. Auch war in den USA die stärkere Wettbewerbsorientierung der Firmen förderlich für den Aufbau eigener Vertriebsorganisationen und Verkaufsstrategien.

In Branchen, in denen vorher mehrere Stufen des Produktionsprozesses auf verschiedene Unternehmen aufgeteilt waren, wie dies in der chemischen Industrie, im Maschinenbau und in der metallverarbeitenden Industrie der Fall war, kam es zur vertikalen Konzentration durch Übernahmen vor- und nachgelagerter Produktionsprozesse durch das jeweils stärkste Glied der Kette, das das größte Wachstum und den stärksten technologischen Fortschritt aufwies. Um nicht von womöglich ineffektiv arbeitenden Zulieferern abhängig zu sein, bauten die Industrieunternehmen entweder selbst entsprechende Betriebe auf oder übernahmen und reorganisierten die Zulieferbetriebe. Aber nicht nur rein ökonomisch-rationale Erwägungen bestimmten diese Vorgangsweisen, sondern auch historische Gegebenheiten und besondere Situationen. Alfred Chandler verweist auf die unterschiedliche Struktur der Automobilindustrie in der Zwischenkriegszeit, als Ford vollständig vertikal integriert war, während General Motors ein Viertel der Zulieferer kontrollierten und Chrysler die Teile von unabhängigen Produzenten geliefert bekam.[28] Unter diesen Voraussetzungen wurde der Preis nur zu einem ökonomischen Kriterium unter anderen, denn nun wurde es zumindest genauso wichtig für diese großen integrierten Unternehmenskomplexe, sich Marktanteile zu sichern und die Nase im technologischen Wettlauf vorne zu haben. Die Preiskonkurrenz war dazu nur ein Mittel zum Zweck, denn Marktanteile oder technologische Vorteile konnten auch durch Fusionen, Übernahmen von anderen Betrieben, Produktdiversifikation etc. erreicht werden. Und umgekehrt konnten sie durch allzu starkes Preisunterbieten auch gefährdet werden. Eine andere Erweiterung der Unternehmungen verdient daher durchaus stärkere Beachtung in bezug auf ihre Rolle im Prozeß des Wachstums der modernen Unternehmen: die geographische Expansion durch Errichtung von Vertriebsbüros und Produktionsstätten in entfernten Teilen des Landes, aber auch im Aus-

28 Alfred D. Chandler Jr., op. cit., S. 38.

land. Dadurch konnte das Unternehmen nicht nur Standortvorteile in bezug auf Arbeitskräfte, Transportwege, natürliche Ressourcen etc. ausnützen, sondern auch neue Märkte im In- und Ausland erschließen bzw. die Kosten für Transport und Verkauf senken.

Neue Strukturen des Handels und des Konsums und die Vision einer Markt- und Konsumgesellschaft

Traditionelle Strukturen des Handels und die "Struktur des Marktes", die zumindest für die Konsumgüter in enger Beziehung mit der demographischen, sozialstrukturellen und sozialökologischen Struktur der Gesellschaft zu sehen ist, wirkten sich auch auf die modernen Unternehmen in den verschiedenen Ländern aus. Das zeigte sich insbesondere in ihrer formativen Phase zwischen 1880 und 1930 in bezug auf die Distributionssysteme in den USA, Großbritannien und Deutschland. Generell ist dazu vorauszuschicken, daß die Handelsnetze in Europa eine weit längere Tradition hatten als in den USA; in Europa bestand eine Grundstruktur etablierter Groß- und Kleinhändler ehemaliger Zunfthändler, Handelskompanien und Verleger. Demgegenüber war Amerika, vor allem je weiter man nach Westen kam, ein Land der Farmer und der "self-made-men" in jeder Hinsicht. Mit dem rasanten Bevölkerungswachstum durch die Einwanderungswellen und nachdem das gigantische Problem des Verkehrs und Transports durch den Eisenbahnbau, durch den Ausbau des Postsystems, durch Telegraphen und Telefon etc. gelöst war, entstand hier ein ungeheurer Massengütermarkt im Inland. Diese Entwicklung löste zunächst eine Revolution der Distribution aus, der die inländische Produktion erst allmählich folgen konnte. Nach 1880 gewannen die neuen "mass retailers", also Massen-Einzelhändler, immer mehr an Bedeutung. Sie kauften und verkauften in großen Mengen und mit hoher Lagerumschlagsgeschwindigkeit. Charakteristisch für die amerikanischen "mass retailers" war, daß sie in der Regel auch mit einer großen Zahl unterschiedlicher Waren handelten. In den USA entstanden drei Arten von Massen-Einzelhändlern: die "department stores", die in den Städten ihren Markt fanden; die Versandhäuser, die auf Grund der Größe des Landes besonders wichtig waren und schließlich die Kettenläden, die in den Kleinstädten dominierten. Alle diese Typen von "mass retailers" bauten auch Großorganisationen auf mit zentralen Büros, Abteilungen und Managern für die einzelnen Produktsparten, regionalen Büros und Lagern im In- und auch im Ausland. Die amerikanischen Einzelhandelsunternehmungen errichteten Produktionsbetriebe oder beteiligten sich an bestehenden Erzeugern, wenn bei einem bestimmten Produkt eine relativ langfristig erwartbare Massennachfrage bestand, die nicht oder nicht zu angemessenem

Preis oder entsprechender Qualität durch unabhängige Produktionsbetriebe gedeckt werden konnte.[29] Die amerikanischen Produzenten ihrerseits gingen auch dazu über, ihre Produkte als verpackte Markenprodukte unter Einsatz hoher Werbekosten und mittels spezialisierter Werbeagenturen zu vermarkten. Reisende Handelsvertreter der Firmen besuchten die Großhändler und die "mass retailers". Für das produktspezifische Marketing wurden auch von den Produktionsunternehmen eigene Vertriebsabteilungen und -organisationen im In- und Ausland aufgebaut. Industrie und Massengüterhandel transformierten die Gesellschaft in einen "Markt" für standardisierte Güter: "New techniques for national marketing emerged in tandem with the mass-produced products they promoted. And as the creators of the first national market for manufactured consumer products, these companies faced a further task. A population accustomed to homemade products and unbranded merchandise had to be converted into a national market for standardized, advertised, brand-named goods in general."[30]

Auch in Großbritannien kam es nach 1880 zu bedeutenden Veränderungen in der Verteilung, die aber gegenüber den USA durch die unterschiedlichen Strukturen des Marktes anders ausfielen. Zum einen war der Inlandsmarkt kleiner, die Exportorientierung der britischen Industrie daher stärker. Viele Produzenten errichteten oft zuerst "marketing offices" im Ausland, vor allem in den Ländern des Commonwealth, aber auch in den USA und auf dem europäischen Kontinent, und dann erst im Inland. In bezug auf den Inlandsmarkt war die relativ enge Spezialisierung vieler Einzelhändler und Großhändler bemerkenswert. Im Handel gab es etablierte Verteilungsnetze von Großhändlern und Einzelhändlern, die nun aber ihren Markt hauptsächlich bei den städtischen Mittelschichten fanden. Die Versorgung der rasch anwachsenden Arbeiterviertel übernahmen die "department stores" und die "multiple shop-stores". Letztere waren Kettenläden, die aber älter als die amerikanischen Ketten und in ihrem Angebot relativ eng spezialisiert waren. Aus diesem Grund lag es nahe, daß sie viel stärker als ihre amerikanischen Gegenstücke die Rückwärtsintegration in die Produktion betrieben. In Großbritannien hatten auch die Konsumgenossenschaften eine sehr große Bedeutung; ihre Großhandelsorganisationen zählten zu den größten der Welt. Charakteristisch für sie war die starke Tendenz zur Integration der Produktion, oft sogar die Ausweitung in das Bank- und Versicherungswesen. Die Rückwärtsintegration war im Fall der Genossenschaften

29 Vgl.: John Benson/Gareth Shaw (eds.), The Evolution of Retail Systems, c. 1800-1914, Leicester-London-New York 1992.

30 Susan Strasser, Satisfaction Guaranteed. The Making of the American Mass Market, New York 1989, S. 6/7.

nicht nur ökonomisch motiviert, sondern hatte auch ideologische Gründe. Den britischen Produzenten gelang es im Bereich der Konsumgüter, etwa bei Nahrungsmitteln, bei Tabak, Getränken, Seife etc. international angesehene Marken aufzubauen (Cadbury, etc.) und auch eine effektive Marketingorganisation zu entwickeln. Sie ließen die Werbung von Spezialisten durchführen und das etablierte Netz des Handels wie auch die "mass retailers" durch reisende Handelsvertreter abdecken. Anders war die Sache vor allem in jenen Bereichen, die die zweite industrielle Revolution begründeten; hier mißlang in Großbritannien der rasche Einstieg in die neue Technologie oder es wurde verabsäumt, eine entsprechende Verwaltungs- und Vertriebsorganisation aufzubauen.

In Deutschland erfolgte die eigentliche Revolution primär in der Produktion, die Veränderungen in der Distribution folgten langsamer als in den USA und in Großbritannien, weil der Inlandsmarkt nicht entwickelt genug war. Die Industrien waren exportorientiert, wobei als Absatzländer vor allem Ost- und Südeuropa, die USA und Großbritannien fungierten. Während Großbritannien bei den Gütern der zweiten industriellen Revolution Schwächen aufwies, konnte Deutschland zwar gerade hier, also in den Sektoren Elektro, Chemie und Maschinenbau große Erfolge verbuchen, hinkte aber im Konsumgüterbereich nach. Charakteristisch für Deutschland war die Tatsache, daß mehrere Ebenen des Großhandels bestanden. Auch hier gingen die Großhändler von Kommissionsgeschäften zu Handel auf eigene Rechnung über, aber langsamer als in den USA. Die "mass retailers" entwickelten sich ebenso weniger spektakulär und erreichten kein so fulminantes Wachstum. Es entstanden hier zwar mehr Versandhäuser als in Großbritannien, sie waren aber von relativ geringer Bedeutung. Warenhäuser in den Städten wurden eher später errichtet und dann zeigten sie die charakteristische Form einer Kette kleinerer Geschäfte in verschiedenen Städten. Daneben entstanden, vielfach aus freiwilligen Zusammenschlüssen von kleinen Einzelhändlern, auch spezialisierte Ketten vor allem auf dem Nahrungsmittelsektor. Die Konsumgenossenschaften gab es auch in Deutschland, wenn sie auch von geringerer Bedeutung als in Großbritannien waren, und auch hier zeigten sie die Tendenz zur Rückwärtsintegration in die Produktion.

Wenn man die Entwicklung von der Seite des Konsums betrachtet, so kann man von einem zweigeteilten Prozeß sprechen: auf der einen Seite der Ge- und Verbrauch, der sich in der Regel im privaten Haushalt vollzog, zum anderen der Prozeß des Kaufens und Verkaufens, der in der öffentlichen Sphäre als Beteiligung am "Markt", als "Marktentnahme" vor sich ging und als solcher eine eigene Rationalität, eine Eigendynamik und eine eigene Motivdimension darzustellen begann.

Die von den Industrieunternehmen für den Massenkonsum standardisierten, abgepackten und etikettierten Güter waren in vielen Fällen neue Dinge, die die meisten Menschen bisher nicht gekannt und vielfach auch nicht gebraucht hatten, oder aber sie stellten sich in anderer Aufmachung, Qualität etc. dar. In beiden Fällen mußten Bedürfnisse geweckt bzw. orientiert und diese in effektive Nachfrage umgewandelt werden. Sowohl der Preis, als auch die Qualität, die Auszeichnung, der Markenname, die Verpackung aber auch die Art und Weise der Verkaufsumgebung, die Beziehung zum Verkäufer und das Verkaufsgespräch wurden zu wichtigen Faktoren dieser Marktschöpfung. Bedürfnisse mußten nicht nur hinsichtlich der sachlichen Kriterien des Gutes selbst erzeugt werden, sondern auch hinsichtlich des Zusatznutzens, der im Gewinn an sozialem Ansehen, in der Bequemlichkeit, in der Verbesserung des Lebens bestehen konnte. Sogar der Kaufakt selbst wurde zu einem Bedürfnis gemacht, das soziale Teilnahme, Abwechslung, Kommunikation vermittelt. In ganz außerordentlicher Weise griff somit die Industrie in die Lebensweise der Menschen, in ihre Bedürfniswelt ein und gab Möglichkeiten vor, Wünsche zu befriedigen, die man vorher nie hatte.

Der bürgerliche Haushalt wurde nun zum typischen Konsumenten-Haushalt und dieser erfüllte kaum mehr produktive, sondern nur mehr soziale und konsumtive Aufgaben. Er wurde daher über seine Konsumentenrolle hinaus weitgehend aus "der Wirtschaft" ausgeklammert. Diese Sicht des Haushalts als in produktiver Hinsicht "steril" wurde verallgemeinert, obwohl in den Unterschichten und im ländlichen Bereich auch noch im 20. Jahrhundert durchaus produktive Leistungen im Haus stattfanden. War der Haushalt auch Arbeitsstätte, so war er es aber in der unbezahlten und daher unbeachteten Form der Arbeit der "Hausfrau" oder des Hausdienstpersonals, das nun nur Dienstleistungsfunktion erfüllte. Das häusliche Personal hatte in der Industrialisierungsepoche insgesamt gesehen eine Nischenfunktion, was neben traditionalen und anderen Faktoren ein Grund dafür war, daß diese Arbeitnehmer sich stark von den Industriearbeitern unterschieden, geringer geachtet und entlohnt waren als diese.[31] In sehr anschaulicher Weise stellt Ruth Schwartz Cowan[32] die wachsende Abhängigkeit der Haushalte von der Marktwirtschaft dar, insbesondere in bezug auf die Folgen daraus für die Frauen. Diese Unabhängigkeit der vorindustriellen Haushalte war zwar auch niemals vollständig, da die Familien immer in bezug auf eine Reihe von Gütern (Salz, Metallgegenstände etc.) auf ande-

31 Vgl.: Rolf Engelsing, Zur Sozialgeschichte deutscher Mittel- und Unterschichten, Göttingen 1978, S. 225-261.

32 Ruth Schwartz Cowan, More Work for Mother. The Ironies of Household Technology from the Open Hearth to the Microwave, London 1989.

re angewiesen waren. Durch die geänderte Lebens- und Arbeitsweise ergaben sich Abhängigkeiten vom Markt, die vordem nicht denkbar waren. Mit dem Fortschreiten der industriellen Kommerzialisierung wurde auch die Frage nach der Notwendigkeit der Bedürfnisse und der Güter obsolet. Zumindest auf dem in dieser Periode schon allmählich entstehenden Massenmarkt in den Vereinigten Staaten zeichnete sich eine Entwicklung ab, die dadurch gekennzeichnet war, daß Bedürfnisse mit den Waren selbst mitproduziert wurden. In Europa trat diese Erscheinung allerdings erst in den 60er Jahren zutage. Seltsamerweise resultierte dies nicht in einer Verbesserung und Erleichterung des Lebens, vielmehr transformierte sich die Gesellschaft in eine auf Arbeit ausgerichtete Veranstaltung, in der die Lebenshaltung zur Konsumfunktion zugunsten des Wachstums der Industrie wurde, wie schon Herbert Spencer feststellte.[33] Und die Frauen mußten erfahren, daß zwar manche Arbeiten auch im Haushalt für sie durch Maschinen leichter wurden, gleichzeitig aber kompensatorisch neue Pflichten und Leistungen von ihnen zu erbringen waren.

Schon um die Jahrhundertwende setzte man auch die Wissenschaften für die Erforschung des Marktes und der Bedürfnisse der Konsumenten ein, insbesondere die Psychologie und die Statistik. Marketing, Market Research, Sales Promotion, Advertising entstanden als neue Funktionen von Wirtschaftsunternehmen und neue Bereiche des Wissens und der beruflichen "skills". Im Sprachgebrauch wurde das Wort "Markt" immer lockerer und großzügiger verwendet. Man ging dazu über, "den Markt" für Zahnpaste, für Seife, für Automobile, für Konserven etc. zu untersuchen und meinte eigentlich eine Menge von Menschen unterschiedlicher sozialer Herkunft, demographischer Merkmale und geographischer Verteilung, die ausschließlich unter dem Aspekt des realen oder potentiellen Kaufs von Zahnpaste einer bestimmten Marke, Qualität, Preis oder Verpackung betrachtet wurden, als reale oder potentielle Konsumenten.[34] Hinter der Verwendung des Begriffs "Markt" in diesem Zusammenhang steht also nicht die Beziehung von Käufern und Verkäufern, sondern die Vorstellung einer differenzierten Anzahl von Menschen, die als Käufer einer bestimmten Ware aufgetreten sind oder auftreten könnten. Der Begriff "Markt" wird solcherart zu einem Synonym für Gesellschaft unter

33 Herbert Spencer, The Principles of Sociology, 3 Bde., London-Edinburgh 1876-1897; Ders., The Man versus the State, London-Oxford 1902.

34 Vgl. hierzu die Marktforschungsstudien der Wirtschaftspsychologischen Forschungsstelle in Wien. Hans Zeisel, Die Wiener Schule der Motivforschung, in: Josef Langer (Hg.), Geschichte der österreichischen Soziologie, Wien 1988, S. 157-166.

der einseitigen Perspektive des Konsumverhaltens. Allmählich entstand die Vision einer Konsumgesellschaft, die dann zum Mythos der Marktwirtschaft im 20. Jahrhundert wesentlich beitrug. Klassenunterschiede verlieren in dieser Sicht ihre eigentliche Bedeutung, denn Konsument kann und muß jeder in der nun als Markt für industriell hergestellte Produkte und kommerziell angebotene Dienste vorgestellten Gesellschaft sein. In der Marktbeteiligung liegt daher auch ein egalisierendes Moment, denn keiner ist von vorne herein vom Markt ausgeschlossen, ganz im Gegenteil, jeder ist auf dem Markt willkommen. Allerdings muß er über Geld verfügen und willens sein, dieses in den Kauf von Gütern und Leistungen, die auf "dem Markt" (nun ist der Markt wieder die Gesellschaft der Verkäufer!) angeboten werden, zu investieren; er muß über Kaufkraft verfügen und sein Bedürfnis damit zum Bedarf machen, der auf dem Markt als effektive Nachfrage auftritt. Diese Kaufkraft erwirbt sich der Mensch in der Massenkonsumgesellschaft durch das Einkommen, das ihm als Lohn für seine Arbeit von den Arbeitgebern, die ihrerseits in anderer Funktion wieder Verkäufer auf dem Gütermarkt sind, gezahlt wird. Für die Anbieter von Gütern ist es nur gut, wenn viele Menschen über ein hohes Einkommen - bzw. ein hohes disponibles Einkommen - verfügen. Für die Arbeitgeber, die die Anbieter in der Regel gleichzeitig auch sind, ist das allerdings weit weniger einsichtig. Die Konflikte zwischen Konsumenten und Lohnarbeitern, zwischen Arbeitgebern und Verkäufern von Massenkonsumgütern werden in die konkreten Personen selbst hineinverlagert. Da die meisten Menschen in der Industriegesellschaft ihre Bedürfnisse nach Nahrung, Kleidung, Wohnung etc. nicht im eigenen Haushalt befriedigen können, entweder weil sie ihre Arbeitskraft einen Großteil ihrer Wachzeit verkaufen müssen, und weil die Selbsterzeugung in den meisten Fällen zu teuer oder insbesondere bei vielen neuen Gütern mangels Kompetenz unmöglich ist, müssen sie auf dem Markt als Konsumenten auftreten, wofür wieder Geld erforderlich ist. Daher lag es einerseits in der Natur der Sache, andererseits war Druck durch die Organisierung der Arbeitnehmer in Gewerkschaften erforderlich, um Lohnerhöhungen und Einkommenssicherung für die Arbeitnehmer zu erreichen.

Produktion, Verteilung und Konsum entwickelten sich mehr und mehr zu einem System, das ineinandergriff und sich gegenseitig bedingte. Dieser eng vernetzte Zusammenhang, das "Industriesystem", entstand allerdings erst allmählich, und zeigte auch strukturelle Spannungen, entfaltete dann aber eine beachtliche Eigendynamik. Gleichzeitig veränderte sich das Leben der Menschen in den Industriegesellschaften nachhaltig und mit dieser Veränderung entstand auch eine gesellschaftliche Wirklichkeit, in der ökonomisch-politische Strukturen in den Vordergrund gerückt waren, während die sozialen und kulturellen Merkmale dieser Gesellschaften nicht mehr insgesamt strukturbestimmend waren, wie dies in den "vorindustriellen" Gesellschaften der Fall war. Wir dürfen allerdings nicht vergessen, daß faktisch die ganze Geschichte ein Übergangsprozeß ist und daß nicht Typen von Gesellschaften einander ablösen. In den modernen Gesellschaften existieren soziokulturelle Strukturen "im Hintergrund"; sie sind nur zum Teil mit den ökonomisch-politischen Bedingungen verändert worden, zu einem beträchtlichen, meist aber übersehenen Teil setzen sie Strukturen einer anderen Zeit fort, die noch in den "modern times" ihre realen Auswirkungen haben. In den Vereinigten Staaten ging dieser Übergang zum Industriesystem schneller vor sich, da das Land von alten Strukturen nicht so belastet war wie die europäischen Staaten, das individuelle Erfolgsethos stark verbreitet war und gleichzeitig die ständig wachsende Bevölkerung eine dynamische Komponente darstellte. Eine auf Markt, Industrie und Konsum gegründete neue Gesellschaft zeichnete sich daher hier viel früher ab als in Europa. Der vor allem an der Funktion der Finanzmärkte orientierte Glaube an die Selbststeuerung der Wirtschaft und die Betonung individueller Leistung und Erfolge bildeten allerdings gerade in der Phase des organisierten Kapitalismus einen seltsamen Kontrast zu den Organisierungs- und Konzentrationsbewegungen, die sich in der Wirtschaft vollzogen. Die individualistisch-liberalen Argumente sind daher in eine Beziehung zu setzen mit der Anti-Trust-Gesetzgebung in den USA, wo ihnen eine Legitimierungsfunktion zukam. In Europa hingegen ging es erst um den Aufbau der Voraussetzungen für den Massenkonsum. Die Gesellschaft war durch den Widerspruch zwischen dem sich vor allem in Produktionsgüterindustrie und Banken manifestierenden Kapital und den Lohninteressen des Produktionsfaktors Arbeit charakterisiert. Einerseits spielten diese Gegensätze eine dominierende Rolle in der politischen Öffentlichkeit und auch im gesellschaftsbezogenen Diskurs, andererseits aber wurden individuelle Entscheidungen, Bedürfnisse und Verhaltensweisen auch hier zumindest imRahmen der ökonomischen Theorie betont. Der sozialwissenschaftliche Diskurs zeigte daher Divergenzen zwischen den Theorien individualistischen rationalen Handelns und den radikalen, sozialreformerischen und konservativen Varianten der Betonung des Gemeinwohls durch kollektive oder solidarische Aktionen.

Die zwei Ökonomien: Neoklassische Theorie und historische Volkswirtschaftslehre

Während das ökonomische Problem des 17. und 18. Jahrhunderts eines des Territorialstaates in der Beziehung zu anderen war, änderte sich das Verständnis des Ökonomischen im 19. Jahrhundert insofern, als das Handeln von einzelnen Produzenten und Konsumenten in ihrer Markt-Beziehung zueinander ins Zentrum trat.

Noch in der klassischen Nationalökonomie von Adam Smith war der Finanzwirtschaft des Staates ein großer Teil gewidmet. Die utilitaristische Philosophie und die politische und ökonomische Bewegung des Liberalismus hatten die Rolle des Staates und den Gesamtzusammenhang der gesellschaftlichen Wirtschaft zurückgedrängt. In der Folge kam es auch zu einer einseitigen Interpretation der Smithschen Lehre im Sinne einer individualistischen Ökonomie, die sich auch auf dem Kontinent und in den USA verbreitete und, mit Modifikationen versehen, zu einer formalisierten und rational-normativen Wissenschaft wurde. Es entstanden im wissenschaftlichen Diskurs verschiedene Ansätze einer Wirtschaftstheorie, die alle die ökonomischen Akteure in den Individuen sahen und Wirtschaft als Inbegriff und Resultat all dieser verschiedenen individuellen Wirtschaften verstanden. Gerade in der Zeit, als man sich unternehmens- und wirtschaftspolitisch in Richtung auf organisierten Kapitalismus oder Monopolkapitalismus entfernte, wurde die Wirtschaftstheorie als eine mathematisch-logische Disziplin des freien individuellen Rationalverhaltens zum beherrschenden theoretischen System.

Die Verknüpfung der Ökonomie als rationales individuelles Handeln in einer arbeitsteiligen, durch Angebot und Nachfrage gesteuerten Gesellschaft mit der Sozialethik des Utilitarismus suggerierte das Abgehen von dem problematischen Wertbegriff und seine Ersetzung durch "Nützlichkeit" bzw. "Nutzen". Der Begriff des Nutzens ist inhalts- und wertneutral, er setzt nur einen logischen Kalkül voraus. "Utility is a metaphysical concept of impregnable circularity; utility is the quality in commodities that makes individuals want to buy them, and the fact that individuals want to buy commodities shows that they have utility."[35] Das Agens dieser Wirtschaft sind die Bedürfnisse, und das Ausmaß der Befriedigung derselben ist durch die bei gegebener Kaufkraft verfügbaren Güter definiert. Diese Auffassung wurzelte in den Ideen des 17. und 18. Jahrhunderts über die Berechtigung der Leidenschaften und Interessen und der Erkenntnis, daß die Bedürfnisse grundsätzlich unbegrenzt sind. Das bedeutete letztlich, daß Bedürfnisse sich nicht inhaltlich bestimmen lassen, sondern sich im nachhinein als effektive Nachfrage zeigen. Güter haben keinen Wert an sich, sondern erhalten ihren Wert durch die Bedürfnisbefriedigung, die sie den Menschen bieten. Diese ist aber verschieden bei jedem Gut und auch gemäß der Menge, die davon vorhanden ist und/oder die davon bereits konsumiert wurde. Der Preis wurde zum Maß des Nutzens und seinerseits durch den Grenznutzen bestimmt.

35 Joan Robinson, Economic Philosophy, Harmondsworth 1962, S. 48.

Der Grenzgedanke war schon wiederholt angeklungen (bei Richard Cantillon, Hermann Gossen, Johann Heinrich von Thünen u. a.) und Mark Blaug wies darauf hin, daß es zwischen 1834 und 1874 eine ganze Reihe von Ökonomen gegeben hatte, die sich mit diesem Gedanken befaßten. Es handelte sich daher um einen längerfristigen Prozeß der Transformation der theoretischen Grundlagen, nicht um eine plötzliche Neuerung.[36] Nun allerdings wurde der Grenzgedanke mit dem im utilitaristischen Denken verwurzelten Nutzenkonzept verbunden. Beinahe gleichzeitig und unabhängig voneinander hatten William Stanley Jevons in England, Carl Menger in Österreich und Leon Walras in Lausanne das Konzept des Grenznutzens entwickelt, das die Preis- und Nutzentheorie auf eine neue Basis stellte. Damit wollten sie die klassische Nationalökonomie revolutionieren, weshalb die Theorien dieser Ökonomen auch als "Neoklassik" bezeichnet werden. Gemäß dem Grenzprinzip richtet sich der Preis nach der letzten und am wenigsten begehrten zusätzlichen Einheit eines Gutes und was dafür noch gezahlt würde. Die Preise wurden dadurch von den Produktionskosten gelöst und als Schnittpunkt zweier Kurven gedeutet: der fallenden Nachfragekurve und der steigenden Angebotskurve der Preise. Die Markteigendynamik von Angebot und Nachfrage und die Gleichgewichtstheorie der Preise eigneten sich hervorragend für die mathematische Formulierung und wurden zum Kern der modernen Ökonomie. Der Erfolg der marginalen Analyse erfolgte in einer Zeit, als die Nationalökonomie eine weitere Professionalisierung und Akademisierung erfuhr. Darüber hinaus entwickelte sich die neue Ökonomie mit unterschiedlichen Gewichtungen in den verschiedenen nationalen Kontexten: als sozialdarwinistisch-behavioristische Nutzentheorie im amerikanischen Raum, als psychologische, subjektive Nutzenkonzeption in Österreich und als mathematische Analyse in England und Frankreich.[37]

Auf die Mathematik setzten mit Ausnahme der österreichischen Schule die meisten der Ökonomen nun ihre Hoffnungen, allen voran Francis Ysidro Edgeworth, der 1881 in seinen "Mathematical Psychics" in jedem Menschen eine Lustmaschine erblickte und zu zeigen versuchte, daß der Ausgleich der individuellen Lust-Unlust-Kalküle mittels mathematischer Analyse unter der Annahme vollkommener

36 Mark Blaug fragte: "Was there a Marginal Revolution? (1972) in: Ders., Economic History and the History of Economics, New York 1986, S. 109-218.

37 Karl Pribram differenzierte zwischen der utilitaristischen, der mathematischen und der psychologischen Version der Grenznutzenlehre. Siehe: Karl Pribram, Geschichte des ökonomischen Denkens, 2 Bde., Frankfurt/Main 1992 (urspr. am. 1983), Bd. 1, S. 531 ff. Allerdings ist die mathematische Formulierung nicht auf Walras beschränkt und die utilitaristische Grundkonzeption eigentlich allgemein, wenn auch nicht immer in der Bentham-Mill-Version.

Konkurrenz erreicht werden kann. Auch W. Stanley Jevons stellte einen mathematischen Kalkül von Lust und Schmerz auf. Quantitäten und Preise waren die Bestimmungsfaktoren dieser Theorien, daneben aber auch eine seltsam verkürzte, sich auf die utilitaristischen Wurzeln berufende Psychologie individuellen rationalen Verhaltense. Leon Walras versuchte mit Hilfe der Mathematik zu zeigen, bei welchem Preis das Marktgleichgewicht erreicht wird. Die Gleichgewichtsvorstellung war bereits bei Smith und schon bei seinen Vorgängern vorgezeichnet. Nun aber wurden alle historischen, lokalen oder politisch-sozialen Bedingungen, die Smith noch berücksichtigt hatte, außer acht gelassen. Vilfredo Pareto, John Bates Clark, Irving Fisher, Knut Wicksell u. a. widmeten sich dem Problem der Bestimmung des Marktgleichgewichts auf teilweise sehr abstrakter Ebene und ohne unvollständige Konkurrenz, "externalities" oder wirtschaftspolitische Interventionen systematisch zu berücksichtigen.

Allerdings heißt das nicht, daß die Nationalökonomen den sozialen Problemen ihrer Zeit gleichgültig gegenüberstanden. So gut wie alle Ökonomen verstanden sie ihre Wissenschaften auch als eine Suche nach Lösungen für die drängenden sozialen Probleme des 19. Jahrhunderts.[38] Einer der wichtigsten akademischen Ökonomen war der Cambridge-Professor Alfred Marshall, dessen Lehrbuch "Principles of Economics" (1890) das theoretische Wissen der Ökonomie seiner Zeit vereinigte. Er sah in der Ökonomie die Chance, das Los der gesellschaftlichen Unterschichten zu verbessern und sympathisierte zunächst mit sozialistischen Ideen. In den Teilen seines Werkes, die nicht der Darlegung der Theorie als solcher gewidmet waren, kommt auch ein auf reale Erfassung der tatsächlichen Lage der Arbeiterschaft gerichtetes Interesse zum Ausdruck. Daß sich in Marshalls Werk Ansätze soziologischen Denkens fanden, hat auch Talcott Parsons in seiner 1937 erschienenen Arbeit "The Structure of Social Action" aufgezeigt, in der er bei Marshall wie bei Emile Durkheim, Max Weber und Vilfredo Pareto eine konvergente Entwicklung hin zur voluntaristischen Theorie des Handelns aufzeigte.[39] Darüber hinaus wies Parsons im-

38 Für Leon Walras etwa war die Mathematik immer nur Instrument und nicht Selbstzweck als Ausweis der Wissenschaftlichkeit, und er verstand Ökonomie als Antwort auf die soziale Frage. Siehe: Daniel Eckert/Leonhard Bauer, Die "soziale Frage" more geometrico beantwortet, in: Österreichische Zeitschrift für Geschichtswissenschaften 7/1996, S. 247-265.

39 Talcott Parsons, The Structure of Social Action. A Study in Social Theory with Special Reference to a Group of Recent European Writers, New York 1937. Siehe auch: Ders., Wants and Activities and Marshall, in: Quarterly Journal of Economics 46/1931, S. 101-140; Ders., Economics and Sociology: Marshall in Relation to the Thought of His Time, in: Quarterly Journal of Economics 46/1932,

mer wieder auf die soziologischen Aspekte in Marshalls Denken hin. Die Annahme individuellen Rationalverhaltens wird aber von Marshall genauso geteilt wie die Vorstellung eines allgemeinen Marktgleichgewichts bei Konkurrenz der rationalen Individuen.[40] Gleichzeitig bewahrte Marshall sich jedoch eine der empirischen Tradition Englands entspringende Abneigung gegen die Konstruktion allzu abstrakter Modelle, weshalb er die Gleichgewichtsanalyse auf kleine Ausschnitte und kurzfristige Situationen anwendete. Marshall stützte sich dabei auf die Verteilungstheorie Ricardos in Mills Fassung, während bei ihm die Grenznutzentheorie und auch der utilitaristische Kalkül von Lust und Leid in den Hintergrund trat bzw. zumindest anders formuliert wurde, um den inhärenten Hedonismus zu vermeiden. Marshall hielt die Nachfrage und damit den Nutzen für kurzfristig wirksam, das Angebot (i. e. die Produktionskosten) als den langfristig dominanten Faktor der Preisbestimmung. Er berücksichtigte bereits die "externalities" der Produktion, indem er die Gewinne aus der Produktion den Kosten, die dadurch für andere entstehen, gegenüberstellte, und kam so zur Konzeption eines Maßstabes der gesellschaftlichen Wohlfahrt. Marshalls sozialreformerische Haltung fand dann in der Wohlfahrtsökonomie seines Nachfolgers Alfred Pigou ihre Ausformung.

Die Smithschen Lehren hatten auch in die Habsburgermonarchie Eingang gefunden, wo auch die historischen, staatswissenschaftlichen und organizistischen Ansätze vertreten waren. Als Carl Menger den Lehrstuhl für Volkswirtschaftslehre an der Universität Wien übernahm, war das der Beginn einer neuen Ära. In den "Grundsätzen der Volkswirtschaftslehre" von 1871 entwickelte er seine Grenznutzentheorie, die für Jahrzehnte das maßgebende Werk über Nationalökonomie sein sollte. Menger differierte in der Auffassung des Wertes von Smith und Marx und der scholastischen Tradition, auf der sie aufbauten. Er sah den Wert eines Gutes durch die Bedürfnisbefriedigung, nicht durch eine dem Gut innewohnende Qualität bestimmt. Der Wert einer Menge eines Gutes resultiert aus der Addition der Werte der einzelnen Teilmengen, wobei diese aber einen je unterschiedlichen Wert besitzen, je nach dem Nutzen, den sie zu der schon vorhandenen Bedürfnisbefriedigung hinzufügen. Der Grenznutzen als der Nutzen der an der Grenze der Sättigung stehenden zusätzlichen Teilmenge bestimmt den Wert des Gutes. Mit dieser Definition des Wertes psychologisierte Menger die Werttheorie stärker als dies Walras und Jevons taten. Im Unterschied zu diesen plädierte er nicht für die Mathematisierung der Ökonomie, wohl aber für hypothetisch-deduktive Erklärung. Die Volks-

S. 316-347.

40 Vgl.: F. Haslinger/J. Schneider, Die Relevanz der Gleichgewichtstheorie, in: Ökonomie und Gesellschaft, Jahrbuch 1, Frankfurt/Main-New York 1983, S. 1-55.

wirtschaftslehre war ihm die Erforschung, Analyse und Theorie der elementarsten Faktoren der menschlichen Wirtschaft: der Bedürfnisse, der natürlich vorhandenen Güter und des Strebens nach Befriedigung der Bedürfnisse.

Im Hinblick auf die methodische Kontroverse Mengers mit Gustav Schmoller, dem Haupt der jüngeren historischen Schule der Nationalökonomie in Deutschland, sind die 1883 veröffentlichten "Untersuchungen über die Methode der Sozialwissenschaften und der Politischen Ökonomie insbesondere" grundlegend. Sie enthalten aber auch Mengers Auffassung von Gesellschaft und Sozialwissenschaft. Die Ökonomie verstand er als "Socialwissenschaft" und zwar als einen durch Gegenstand und Methode spezifischen Teil derselben, neben dem er durchaus andere Disziplinen und Forschungskonzepte anerkannte. Menger unterschied zwischen Sozialerscheinungen, die durch Übereinkunft bewußt und zweckorientiert bzw. durch positive Gesetzgebung entstanden, und jenen, die das unreflektierte Ergebnis geschichtlicher Entwicklung seien. Doch - so grenzte er sich zu den Organizismustheorien seiner Zeit ab - seien sie nicht "organisch", sondern ergeben sich als "unbeabsichtigte Resultante individuelle Interessen verfolgender Bestrebungen".[41] Carl Menger nahm damit die funktionalistische Erklärung gesellschaftlicher Erscheinungen vorweg.[42]

Er stellte in dem Werk, in welchem er sich grundlegend mit der Kritik an der (jüngeren) historischen Schule der Nationalökonomie befaßte, eine bedeutsame Frage: Wieso vermögen dem Gemeinwohl dienende und für dessen Entwicklung höchst bedeutsame Institutionen ohne einen auf ihre Begründung gerichteten Gemeinwillen zu entstehen? Die Lösung der wichtigsten Probleme der theoretischen Sozialwissenschaften und der theoretischen Volkswirtschaftslehre im besonderen sei daher verknüpft mit der Frage nach dem theoretischen Verständnis des Ursprunges und des Wandels der Sozialgebilde. Die Sprache, die Religion, das Recht, der Staat, die Märkte, die Konkurrenz, das Geld etc. treten uns bereits entgegen, wo von einer Ziel-Mittel-Begründung keine Rede sein kann. Sie sind ohne einen auf ihre

41 Carl Menger, Untersuchungen über die Methode der Socialwissenschaften und der Politischen Oekonomie insbesondere, Leipzig 1883, S. 182.

42 In diesem Zusammenhang ist es interessant, daß Bronislaw Malinowski, bei dem Parsons in London später den funktionalen Ansatz der Anthropologie hören sollte, möglicherweise mit Mengers Ideen, nachweislich mit denen Ernst Machs, vertraut gewesen ist. Siehe: Justin Stagl, War Malinowski Österreicher? in: Britta Rupp-Eisenreich/Justin Stagl (Hg.), Kulturwissenschaft im Vielvölkerstaat. Zur Geschichte der Ethnologie und verwandte Gebiete in Österreich ca. 1780-1980, Wien-Köln-Weimar 1995, S. 284-300.

Begründung gerichteten Gemeinwillen entstanden, d. h. diese Sozialphänomene können nicht aus den Absichten, den Meinungen und den verfügbaren Mitteln der gesellschaftlichen Vereinigungen der Menschen bzw. ihrer Machthaber erklärt werden, sondern aus dem Zusammenwirken der vielen einzelnen Handlungen. Aus dieser "soziologischen" Erklärung leitete Menger aber gerade die Berechtigung der exakten Ökonomie ab. Diese stellte er der politischen Ökonomie als historischer Wissenschaft gegenüber. Ökonomie war in seiner Sicht eine theoretisch-praktische Disziplin, sie teilt sich in eine realistisch-empirische und eine exakte Richtung. Letztere muß "atomistisch" argumentieren auf Grund der "Natur" der modernen "Volkswirtschaft", die gerade das nicht ist, was der Begriff suggeriert: eine Wirtschaft. Sie ist vielmehr eine "Complication" von Einzelwirtschaften. Menger wörtlich: "Weder die Thatsache, dass die Einzelwirthschaften in einem Volke in Verkehr mit einander treten, noch der Umstand, dass die Machthaber in einem Volke eine auf die Förderung der Einzelwirthschaften in ihrer Gesamtheit gerichtete Thätigkeit entwickeln, noch aber auch endlich der Bestand einer eigentlichen Finanzwirthschaft in einem Staate vermag die Einzelwirthschaften in einem Volke zu einer einheitlichen Wirthschaft des Volkes, zu einer Volkswirthschaft im eigentlichen Verstande des Wortes zu gestalten; immer stellt sich uns vielmehr jene Erscheinung, welche gemeiniglich mit dem obigen Ausdrucke bezeichnet wird, lediglich als eine organisirte Complication von Einzelwirthschaften, als eine zu höherer Einheit verbundene Vielheit von Wirthschaften dar, die indess nicht selbst eine Wirthschaft im strengen Verstande des Wortes ist."[43] Menger wies damit die aus der Modifikation kameralistischer Tradition entwickelte Auffassung der Einheit der Volkswirtschaft zurück, denn sie sei weder ein organisches Ganzes, noch reduzierbar auf den Staatshaushalt, sondern das Zusammenwirken atomistischer Einzelwirtschaften, d. h. der individuellen Nutzenbestrebungen in ihrer Summe. Menger sah die realistische Forschung als Bestandsaufnahme des Gegebenen durchaus als berechtigt an, stellte ihr aber die exakte (oder: atomistische) Interpretation der Sozialgebilde zur Seite. Das Ziel der exakten Forschung ist die Feststellung von strengen Gesetzen, von Regelmäßigkeiten mit zwingend geltender, weil logisch begründeter Aufeinanderfolge. Was immer auch nur in einem Fall beobachtet wird, muß unter denselben Bedingungen stets wieder auftreten. Die exakte Wissenschaft reflektiert daher unsere Denkgesetze, aber nicht die empirische Wirklichkeit in ihrer Totalität. Die Folgerung, die Menger daraus zog, war die, daß jede der resultierenden Sozialtheorien nur das Verständnis einer besonderen Seite von Erscheinungen menschlicher Tätigkeit ist. Und nur die Gesamtheit aller Theorien wird uns - in Verbindung mit den

43 Carl Menger, op. cit., S. 235.

Ergebnissen der realistisch-empirischen Forschung - das tiefste erreichbare theoretische Verständnis der Sozialerscheinungen in ihrer vollen empirischen Wirklichkeit eröffnen. Durch die Unterscheidung von logisch-atomistischer Theorie und realistischer Forschung bereitete er zwar die Trennung von Ökonomie und Soziologie vor, vollzog sie aber selbst noch nicht, weil es eine akademische Einzelwissenschaft Soziologie noch nicht gab; Soziologie war ihm vielmehr ident mit Sozialwissenschaft als Gesamtbereich der Befassung mit sozialen Erscheinungen. Seine Auffassung wirtschaftlicher Fakten wie Preise, Löhne oder Zinssätze ließ deren Charakter als Sozialgebilde im Sinne von Resultanten individueller Interessen noch zu wie auch die Tatsache, daß der Staat in diesen unreflektierten Werdeprozeß durch zielgerichtete gesellschaftliche Handlungen, insbesondere durch die positive Gesetzgebung eingreift. Mengers Denken scheint daher eine Dreiteilung der Disziplinen des Sozialen zu suggerieren: die Ökonomie als Individualpsychologie der Nutzenkalküle, die Soziologie als Interaktionstheorie der Gesellschaft und die Politik als Interventionswissenschaft. Für Menger stellten sie zwar getrennt zu entwickelnde, aber dennoch notwendig zusammengehörende Bereiche dar. Die getrennte akademisch-wissenschaftliche Entwicklung wurde kennzeichnend für das weitere Schicksal dieser Disziplinen, ihr Zusammenhang jedoch ist bis heute ein ungelöstes Problem.

Die intellektuelle Szenerie der Epoche um die Jahrhundertwende war gerade in der Habsburgermonarchie, wie schon oft genug aufgezeigt[44], eine äußerst angeregte und vielfältige. Das galt nicht nur für Kunst und Kultur, sondern auch für die Wissenschaften. Wenn auch Menger und die Grenznutzenschule die Ökonomie dominierten, so gab es auch sozialistische Theorien und utopisch-sozialreformerische Ideen. Gerade jene "milden" Geister, die Mittelwege zwischen den Konfrontationslinien beschritten, trafen so manche Aussagen, die erst viel später ihre Relevanz enthüllten. Als Beispiel sei auf Emil Sax verwiesen, der neben Menger an der Universität Wien lehrte, von diesem stark beeinflußt war, aber auch eine Auffassung von einander historisch abwechselnden sozialökonomischen Grundverhältnissen von Individualismus und Kollektivismus entwickelte.[45] Sax sah die freien Beziehungen der Menschen einerseits durch Egoismus, andererseits durch Mutualismus und Altru-

44 Albert Fuchs, Geistige Strömungen in Österreich 1867-1918, Wien 1984 (urspr. 1949); William Johnston, Österreichische Kultur- und Geistesgeschichte, Wien 1974 (urspr. 1972); Carl Schorske, Wien. Geist und Gesellschaft im Fin de Siècle, Frankfurt/Main 1982 (urspr. 1980).

45 Emil Sax, Das Wesen und die Aufgaben der Nationalökonomie, Wien 1894 (urspr. 1884).

ismus bestimmt.[46] Beide kennzeichnen aber individualistische Beziehungen, während im Falle von kollektivistischen Gebilden wie dem Staat der einzelne dem gemeinsamen Zweck untergeordnet wird. Individualismus in der Wirtschaft bedeutete für ihn daher ein liberales System mit geringen staatlichen Interventionen, Kollektivismus die Dominanz des Staates. Eine andere Form der Durchdringung von Gesellschaft und Wirtschaft manifestierte sich im Werk von Eugen von Philippovich[47], der in Wien Nationalökonomie lehrte, aber auch prominentes Mitglied im Vorstand des Vereins für Socialpolitik war. Philippovich verband eine historisch-empirische Orientierung und eine sozialreformerische Haltung vom Stile der Fabier mit einer ausgezeichneten Kenntnis der neuen theoretischen Entwicklungen in der Nationalökonomie. Was Menger trennte, vereinigte Philippovich in seiner sozialwissenschaftlichen Sicht der Volkswirtschaftslehre. Er differenzierte zwei Interpretationen des Wirtschaftens: zum einen verstand er Wirtschaft zielbezogen als Güterversorgung, zum anderen verhaltenslogisch auf der Grundlage des Wirtschaftlichkeitsprinzips.[48] Philippovich stellte deutlich fest, daß sich das Wirtschaften der Menschen immer innerhalb einer bestimmten sozialen Ordnung vollzieht und erklärte die "gesellschaftliche Form der Wirtschaft" zum Objekt der Wissenschaft der Politischen Ökonomie. Die Wirtschaft wird nicht nur gleichsam von außen durch gesellschaftliche Regelungen und Ordnungen bestimmt, sondern sie weist selbst auch durch eine soziale Ordnung geregelte Beziehungen auf. Eine Differenzierung wie die Tönniessche zwischen Gemeinschaft und Gesellschaft, aber auch die Orientierung an der in dieser Zeit aufgekommenen Solidaritätsphilosophie schwingt mit, wenn Philippovich meint: "Auch die Gliederung der Bevölkerung, wie sie sich uns aus ihrer Betrachtung unter dem Gesichtspunkt der Gesellschaft ergibt, schließt die Möglichkeiten von Beziehungen der Menschen in sich, die sich so verdichten, daß sie den Gemeinsinn auslösen oder einengen und das Interesse an gemeinsamer Wirtschaftsförderung in den Vordergrund stellen."[49] Damit erklärte er die Beschränkung auf eine rein individualistische Erklärung sozialer Erscheinungen für nicht ausreichend, sondern ergänzte sie durch solidarische Handlungen, deren Grundlage eine auch von der Wissenschaft zu erforschende Verankerung wirtschaftlicher Handlungen in ethischen Vorstellungen sei. Philippovich stand zwischen

46 Ähnlich argumentierten viel später Amartya K. Sen und Amitai Etzioni.

47 Eugen von Philippovich, Grundriß der Politischen Ökonomie, Tübingen 1893, das bis weit in die Zwischenkriegszeit hinein das Standardwerk der Nationalökonomie blieb.

48 Eine ähnliche Unterscheidung traf dann Karl Polanyi, indem er zwischen dem sachlichen und dem formalen Begriff der Wirtschaft unterschied.

49 Eugen von Philippovich, op. cit., S. 130.

den beiden Parteien des Methodenstreits, der in der deutschsprachigen Ökonomie zwischen den Auffassungen Carl Mengers einerseits und den Vertretern der jüngeren historischen Schule der Nationalökonomie um Gustav Schmoller andererseits aufgebrochen war und der einen breiteren Umorientierungsprozeß in den Geisteswissenschaften markierte.[50] In gewisser Weise war er damit in einer ähnlichen Lage wie Max Weber. Während dieser jedoch die Wirtschaft vom Standpunkt einer methodisch von der historischen Nationalökonomie differenzierten Soziologie neu beleuchtete, verblieb Philippovich im Denkansatz der Historisten in bezug auf die sozialen Aspekte der Wirtschaft.

Die jüngere Historische Schule der Nationalökonomie im Deutschen Reich, deren bekanntester Exponent Gustav Schmoller war, forderte in Abgrenzung gegenüber älteren historischen Ökonomen den Verzicht auf vorschnelle Verallgemeinerungen im Sinne sogenannter "Gesetze" zugunsten gründlicher historischer und wirklichkeitsnaher Forschung auf der Grundlage historischer Dokumente und statistischer Materialien. Für die realistische Erforschung wirtschaftlicher Prozesse und Erscheinungen wurde besonders auch die Einbeziehung psychischer und soziokultureller Aspekte als notwendig erachtet. Die gegen Ende des 19. Jahrhunderts diskutierte "Sociale Frage" wurde nicht nur als eine sozioökonomische Problematik begriffen, sondern auch als Bildungsproblem. Neue Denk- und Verhaltensmuster mußten von den in ihren Traditionen verhafteten Menschen des Volkes angenommen werden, wobei den "fortschrittlichen" Kräften, dem Staat, der Wissenschaft, aber auch den Oberschichten eine führende Rolle zukommen sollte. Das stärkere Engagement des Staates in Wirtschafts- und Sozialpolitik in Deutschland, das in Bismarcks Sozialgesetzgebung und spiegelbildlich in den "staats"-sozialistischen Ideen Rodbertus' und Lassalles kulminierte und sich in der Zentralisation der Arbeiterbewegung niederschlug, wurde bereits hervorgehoben. Die Nationalökonomen um Schmoller versuchten, die Wissenschaft in den Dienst der Politik zu stellen und zeitraumabhängige ethische Forderungen für die Sozialreform zu entwickeln. Diesem Zweck sollte der 1872 gegründete "Verein für Socialpolitik" dienen. Dabei gingen die Nationalökonomen von der Vorstellung einer Sprach-, Kultur- und Sitteneinheit aus, die auch das wirtschaftliche Handeln eines Volkes bestimme. Hüter dieser Einheit der Wertgrundlagen ist der Staat, der demnach die oberste sittliche Instanz dar-

50 Zu einem Methodenstreit kam es um die Jahrhundertwende auch in der Historie zwischen dem sozialwissenschaftlich-psychologischen Standpunkt Karl Lamprechts und der dominierenden quellenkritisch-ereignishistorischen Richtung. Luise Schorn-Schütte, Karl Lamprecht: Pioneer of Historical Sociology? in: Journal of Historical Sociology 6/1993, S. 186-226.

stellt, was in einem Land besonders wichtig erschien, das sich erst vor kurzem zu einem politischen Gebilde zusammengeschlossen hatte, und dessen Einheitlichkeit bisher in kulturellen und historischen Traditionen bestand. Man ging nach wie vor davon aus, daß nur der Staat das verwirklichen kann, was im allgemeinen Interesse ist, nicht die individuelle oder partikuläre Interessen verfolgenden Individuen oder Gruppen. Weder Markt noch Klassenkampf vermögen das Allgemeinwohl herzustellen oder zu sichern. Eine der Möglichkeiten, größere Gerechtigkeit in der Industriegesellschaft zu erreichen, bestand darin, Institutionen des Staates im Sinne einer Einheit von Wirtschaft, Recht und Sittlichkeit auf die Wirtschaft zu übertragen. Schmoller plädierte daher für die Idee einer konstitutionellen Betriebsverfassung und befürwortete die gesetzlichen Sozialversicherungsformen. "Gesellschaft" war für Schmoller keine vom Staat unabhängige "natürliche Ordnung", sondern eine Einheit von sozial-ökonomischer, kultureller und staatlich-politischer Ordnung im Sinne einer von der westeuropäischen Marktökonomie unterschiedenen "Socialökonomie". In dieser können die ökonomischen Kräfte nicht unabhängig sein, sondern sind nur im Kontext zu sehen und zu bewerten. Darüber hinaus hatte Schmoller aber keine organizistische oder kollektivistische Vorstellung von Gesellschaft, sondern sah sie als auf die Interaktionen und Aktivitäten der Individuen und Gruppen bezogene soziale Ordnung. Seine ökonomische Analyse stützte sich auf die Erkenntnisse der klassischen englischen Nationalökonomie, ergänzte sie aber durch ethische und sozialreformerische Aspekte. Das Gemeinwohl kommt seiner Auffassung nach nicht automatisch durch die Handlungen der einzelnen zustande, sondern bedarf der institutionellen Stabilisierung der Allokationsbedingungen durch den Staat. Der Staat wiederum bedarf für sein Handeln der sittlichen Maximen, um Gerechtigkeit und Allgemeininteresse zu fördern. "Wirtschaft" war ihm in sehr konkreter Weise "ein kleinerer oder größerer Kreis zusammengehöriger Personen, welche durch irgendwelche psychische, sittliche oder rechtliche Bande verbunden, mit und teilweise auch für einander oder andere wirtschaften".[51] Er sprach auch vom "einheitlichen Volksgeist", der zusammen mit den "einheitlichen" materiellen Ursachen ein System der wirtschaftlich-gesellschaftlichen Vorgänge und Veranstaltungen des Volkes bilde. Die enge Verbindung seiner Wirtschaftsauffassung mit einer idealistischen Psychologie und der Vorstellung von historischen Stufen bzw. Entwicklungen durchzieht den ersten Band seines "Grundrisses". Im zweiten Band kommt er dann mehr auf die wirtschaftlichen Aspekte im engeren Sinn in bezug auf Güterumlauf und Einkommensverteilung und die Ent-

51 Gustav Schmoller, Grundriß der allgemeinen Volkswirtschaftslehre, 2 Bde., München-Leipzig 1920 (urspr. 1900), Bd. 1, S. 3.

wicklung des volkswirtschaftlichen Lebens als Ganzes zu sprechen, wobei gleichzeitig auch stärker die institutionenorientierte historische Darstellung hervortritt. In einem Abschnitt über die "Methode der Volkswirtschaftslehre" legte er große Betonung auf die "strenge Wissenschaft", wobei er aber besonders die Beobachtung, Beschreibung, Begriffs- und Typenbildung hervorhob, während er die kausale Erklärung in der Sozialwissenschaft als schwierig bezeichnete. Gesetzeserkenntnis hielt er nur in begrenztem Umfang für möglich. Als großen Fortschritt sah er die Tatsache, daß die Volkswirtschaftslehre nicht mehr "bloß aus Natur- und Größenverhältnissen und den rohsten psychologischen Axiomen, sondern vor allem aus der Geschichte der volkswirtschaftlichen Institutionen heraus"[52] argumentiere. Er plädierte für eine Vielfalt der Methoden und Wissensgebiete, betonte aber vor allem die Rolle der Erfahrung und der historisch-realistischen Forschung.

Der "Methodenstreit" zwischen den beiden Richtungen der Nationalökonomie war nur vordergründig eine Auseinandersetzung um Methoden, denn beide Kontrahenten hatten eigentlich die "Lösung" schon vorgegeben, indem sie ihre Vorgangsweise und Betrachtung auf unterschiedliche Bereiche oder Schwerpunkte der sozialwissenschaftlichen Beschäftigung mit Wirtschaft konzentriert hatten.[53] Die Positionen von Menger und von Schmoller sind auf ihren jeweiligen historisch-politischen Kontext zu beziehen: Bei Schmoller auf die traditionell hervorgehobene, ethische Position des Staates im Diskurs und die aktuellen Politikprobleme des geeinten Deutschen Reiches; bei Mengers Werk manifestierte sich der österreichische Liberalismus mit seiner weltoffenen Haltung, der aber wenig bis keinen Einfluß auf die tatsächliche Politik und Praxis hatte. Der eigentliche Streit, der sich nicht mehr zwischen Menger und Schmoller abspielte und in den Diskussionen des Vereins für Socialpolitik des Jahres 1913/14 seinen Niederschlag fand, ging um die Frage des direkten Beitrags der Ökonomie zu politisch-ideologischen Diskursen und Maßnahmen und wurde daher zum "Werturteilstreit".[54] Dieser war ein Ausdruck der tiefen Widersprüche, die in bezug auf die intellektuelle Reaktion auf die sich dramatisch verändernde gesellschaftlich-ökonomische Situation vor dem Ersten Weltkrieg zutage traten. Sie äußerte sich einerseits in der Spannung von Kultur und Wirtschaft, zum anderen in der zunehmend problematischer werdenden Beziehung von Macht und "ökonomischem Gesetz" als dem Symbol der Staatsfreiheit

52 Ebd., S. 110.

53 Siehe dazu: Louise Sommer, Zur Methode der exakten und historischen Nationalökonomie, in: Schmollers Jahrbuch 52, München-Leipzig 1928, 1. Halbbd., S. 31-73.

54 Siehe dazu: Heino Heinrich Nau, Der Werturteilsstreit, Marburg 1996.

der individuellen Wirtschaftssubjekte. Die Referate zeigten, daß nicht die Vertreter des einstigen Methodenstreits als Kontrahenten auftraten, sondern die "Soziologen" untereinander in Konflikt gerieten, d. h. bei den Beratungen diskutierten Max Weber auf der einen Seite und ein heterogenes Spektrum sozialistisch bis humanreformerisch orientierter Sozialwissenschaftler wie Carl Grünberg und Eduard Spranger auf der anderen Seite. Der "Werturteilsstreit" reflektiert die Auseinandersetzung zwischen einem auf Praxiseinwirkung ausgerichteten und einem neuen akademisch-wissenschaftlichen Selbstbewußtsein der Sozialwissenschaften.

Kapitalismus als Kultur: Sombart, Weber, Simmel

Im vom Historismus und Neo-Kantianismus dominierten geistigen Klima des frühen 20. Jahrhunderts in Deutschland wurde Wirtschaft als Kultur gedeutet. Das soll nicht heißen, daß es nicht auch ganz andere Ansätze in der Ökonomie bzw. der Sozialwissenschaft gegeben hatte, aber die Perspektive der Kultur war doch vorherrschend. Sie äußerte sich bei Max Weber als Betonung des Zusammenhangs von Religion und Wirtschaftsethik und der Kulturbedeutung des Kapitalismus, bei Georg Simmel in der philosophisch-psychologischen Analyse des Geldes und der modernen Kultur, und bei Werner Sombart im historisch-analytischen Studium der Wirtschaftsgesinnung. Sowohl Weber wie Sombart standen der historischen Nationalökonomie nahe, wollten diese aber durch sozialtheoretische Perspektiven erweitern. Sie gelten daher als Soziologen, aber dies ist in einem anderen Sinn zu verstehen als bei den französischen Begründern der Soziologie, denn sie blieben der historischen Sicht verbunden, strebten aber nach einer Neukonstitution des Wissenschaftsverständnisses in bezug auf das Soziale. Bei Weber resultierte das in der Verbindung von Verstehen und Erklären sowie der Idealtypen-Methode und dem Wertfreiheitspostulat, bei Simmel in der Differenzierung von Form und Inhalt und der Konstitution einer formalen Soziologie, bei Sombart in einer historisch orientierten "Socialtheorie". Vor allem Simmel und Weber gelten daher als Begründer der Soziologie in Deutschland, aber es war eine Soziologie, die nicht so sehr einen eigenen Gegenstand für sich reklamierte, sondern eine soziologische Perspektive der historisch-komplexen Wirklichkeit entwarf.[55]

55 Sie können aus heutiger Sicht daher auch als Wegbereiter einer historisch-soziologischen Orientierung gelten. Volker Kruse, Von der historischen Nationalökonomie zur historischen Soziologie - ein Paradigmenwechsel in den deutschen Sozialwissenschaften um 1900, in: Zeitschrift für Soziologie 19/1990, S. 149-165. Er nennt als Vertreter dieser Weimarer historischen Soziologie: Werner Sombart, Max Weber, Alfred Weber und Franz Oppenheimer.

Die Verbindung von Kultur und Wirtschaft zeigte sich auch in der historischen Nationalökonomie bei Friedrich List, Wilhelm Roscher und Bruno Hildebrand, sowie insbesondere bei Karl Bücher in der Differenzierung von Wirtschaftsstufen. Allerdings waren diese Periodisierungen und Stufen auf historisch-realwirtschaftliche Formen bezogen. Demgegenüber hob Werner Sombart stärker die Kultur-, Denk- und Sozialformen hervor. Er bemühte sich um die Verbindung der soziokulturellen und der wirtschaftlichen Bereiche, sein Ziel war auf die Herausarbeitung der "Wirtschaftsgesinnung" verschiedener Epochen gerichtet. Als Schüler von Gustav Schmoller war Sombart in starkem Maße historisch und geisteswissenschaftlich orientiert, hatte sich aber auch wie fast alle jüngeren Mitglieder der historischen Schule mit dem Werk von Karl Marx auseinandergesetzt. In der Phase bis zum Ersten Weltkrieg erfuhr er wegen seiner marxistischen Neigung, die sich auch in der ersten Auflage seines Werkes "Der moderne Kapitalismus" von 1902 niederschlug, berufliche Nachteile, obwohl sein Marxismus ein so gemäßigter, verbürgerlichter war, daß er im Verein für Socialpolitik Aufnahme finden konnte. Das Fehlschlagen der reformistischen Strömungen in der sozialistischen Bewegung bewog ihn dazu, sich nach dem Ersten Weltkrieg von der Sozialdemokratie abzuwenden und einen ausgeprägten Kulturpessimismus und Ästhetizismus zu entwickeln. Er lehnte die Modelle der Neoklassiker ab und verstand die Nationalökonomie als theoretische Aufarbeitung der Wirtschaftsgeschichte.[56] Seine "Sozialtheorie" war vor allem an Ferdinand Tönnies orientiert und hatte von Max Weber die Idealtypen übernommen, war allerdings eine primär historisch begründete Entwicklungsdarstellung mit nur geringer theoretischer Durchdringung. Sein Hauptwerk, "Der moderne Kapitalismus", reflektiert in den verschiedenen Auflagen die Wandlungen in seiner Auffassung: Von einem marxistisch inspirierten Verständnis des Kapitalismus über die Herausarbeitung der antimaterialistischen Kräfte, der Rationalisierung und des sozialen Wandels, in der Entwicklung des abendländischen Wirtschaftslebens in der zweiten Auflage von 1916/1917 bis zum dritten Teil, der erst 1927 erschien und in dem er besonders die geist-seelischen Kräfte der Wirtschaft betonte.[57] Darin verlieh er auch seiner Überzeugung Ausdruck, daß der Kapitalismus bereits in die Phase des Spätkapitalismus eingetreten sei. Diesen sah er bestimmt durch Rationalisierung, Bürokratisierung, Staatsintervention und Kartellbildung

56 Vgl. die Analyse von: Michael Appel, Werner Sombart: Theoretiker und Historiker des modernen Kapitalismus, Marburg 1992.

57 Werner Sombart, Der moderne Kapitalismus, 2 Bde., 5. Aufl., München-Leipzig 1922. Dies auch in: Ders., Der Bourgeois. Zur Geistesgeschichte des modernen Wirtschaftsmenschen, München-Leipzig 1913.

im Übergang zur nun negativ beurteilten sozialistischen Planwirtschaft der Zukunft.[58]

Die Überzeugung, daß der liberale Kapitalismus in die Planwirtschaft münden werde, war in der Zwischenkriegszeit sehr verbreitet und koinzidierte allgemein mit einer antikapitalistischen Stimmung, die auch das Bürgertum erfaßte. Allerdings setzte man auf eine nicht-sozialistische Planwirtschaft gewisse Hoffnungen, die auf Reagrarisierung und nationale, auf Autarkie zielende Wirtschaftspolitik gerichtet waren. Bei Sombart verband sich dies mit einer an der Lebensphilosophie gestimmten kulturpessimistischen, konservativen Haltung, die trotz gewisser "völkischer" Töne dem Nationalsozialismus keineswegs entsprach. Er verstand den Kapitalismus als Wirtschaftssystem, das sich vor allem über gesellschaftliche - was für ihn gleichbedeutend war mit geistig-seelische - Prozesse der Veränderung entfaltet und in scharfem Kontrast zum System der handwerklich-gewerblichen Wirtschaft und dessen Wirtschaftsgesinnung steht. "Geist", "Ordnung" und "Technik" sind die Grundbegriffe des Wirtschaftssystems, während dem staatlich-politischen Prozeß und den materiellen Produktionskräften in seiner Sicht nur geringe Bedeutung zukommt. Die Wirtschaft ist in seiner Sicht eine Organisation des menschlichen Zusammenlebens, weshalb auch die Wirtschaftswissenschaft eigentlich ein Teilbereich der Soziologie sei.[59]

Eine historisch orientierte, den Stilbegriff der Kunstgeschichte auf die Wirtschaft verschiedener Kulturen und Epochen übertragende Interpretation der Wirtschaft entstand in den Werken Arthur Spiethoffs, Alfred Müller-Armacks und Heinrich Bechtels.[60] Alfred Müller-Armack erblickte in den verschiedenen Formen menschlichen Wirtschaftens im Lauf der Geschichte Stilepochen analog denen in der Kunstgeschichte und unterschied sie deutlich von der Differenzierung in Wirtschaftsstufen, da diese die Formenfülle früherer Wirtschaftsweisen unterschätzt hätten. Wenngleich man für diese Betrachtung von der Geschichte ausgehen muß, ist dennoch auch die theoretische Analyse unabdingbar zur idealtypischen Herauslösung des Wirtschaftsstils als Formidee. Allerdings ist das nicht auf der Basis einer statischen, sondern einer dynamischen Betrachtung möglich, und insofern geht es um

58 Ders., Der proletarische Sozialismus, 2 Bde., Jena 1924.

59 Vgl. dazu die Schrift: Werner Sombart, Nationalökonomie und Soziologie, Jena 1930.

60 Die Bezüge zur Kunstgeschichte sind explizit dargestellt bei: Heinrich Bechtel, Wirtschaftsstil des deutschen Spätmittelalters, München-Leipzig 1930. In der Gegenwart wurde der Wirtschaftsstilbegriff wiederbelebt. Siehe: Bertram Schefold, Wirtschaftsstile, 2 Bde., Frankfurt/Main 1994/1995.

die Erklärung der Stilentstehung aus dem geschichtlichen Prozeß, also um die "Genealogie der Wirtschaftsstile".[61] Dabei ging er von den geistigen Ursprüngen wirtschaftlicher und politischer Kultur aus, die sich in einer Einheit im Stil, der alle Lebensgebiete durchzieht, manifestierten. Müller-Armack wies dabei religiösen Haltungen eine bedeutsame Rolle zu, denn ihre Säkularisierungen seien das, was sich dann als wirtschaftliche Kultur darstelle. Er differenzierte eine Reihe von frühen Wirtschaftsstilen auf der Basis der Entwicklung des religiösen Denkens von magischen, animistischen und polytheistischen Formen bis zum monotheistischen Wirtschaftsstil, dessen besondere Ausprägungen im Mittelalter, im Übergang zur neuzeitlichen Wirtschaft durch das Kulturgefüge des Calvinismus bis hin zum liberalen Kapitalismus er darstellte. In jeder Zeit bestehe aber auch eine Mischung von Stilen, daher sprach Müller-Armack vom "Wirtschaftssystem" als der konkreten Mischung der Stile, die in einem Land zu einer bestimmten Zeit aufzuspüren sind.

Eine Verbindung der historischen Sicht mit analytischen Prinzipien stellt das Werk Max Webers dar, der sich die Integration von "Wirtschaft und Gesellschaft" als Aufgabe gestellt hatte.[62] Sein Ausgangspunkt sind nicht die materiellen Verhältnisse, sondern das ethisch-religiöse und methodische Bewußtsein und seine Ausprägungen in der praktischen Lebensführung. Die religionssoziologischen Studien stellen daher eine wichtige Grundlage für die Entwicklung der Sozialökonomik Webers dar; in ihnen untersuchte er die Wirtschaftsethik der großen Weltreligionen in Hinblick auf ihre sozioökonomischen Voraussetzungen und Folgen. Unter Wirtschaftsethik verstand er "die in den psychologischen und pragmatischen Zusammenhängen der Religionen gegründeten *praktischen Antriebe zum Handeln.*[63] Diese bewirken, daß äußerlich ähnliche ökonomische Organisationsformen mit einer sehr verschiedenen Wirtschaftsethik vereinbar sind und je nach deren Eigenart auch verschiedene historische Wirkungen zeitigen. Wirtschaftsethik ist daher nicht einseitig von der wirtschaftlichen Organisationsform bestimmt, aber sie prägt diese umgekehrt auch nicht ausschließlich. Sie ist nicht nur religiös oder

61 Alfred Müller-Armack, Genealogie der Wirtschaftsstile, in: Ders., Religion und Wirtschaft. Geistesgeschichtliche Hintergründe unserer Lebensform, Stuttgart 1959, S. 46-244.

62 Max Weber, Wirtschaft und Gesellschaft, 5. Aufl., Tübingen 1985 (urspr. 1922), (als III. Abteilung im Rahmen des "Grundrisses der Sozialökonomik" konzipiert).

63 Ders., Die Wirtschaftsethik der Weltreligionen, Teil 1, Konfuzianismus und Taoismus, Bd. 19 der Gesamtausgabe, Tübingen 1989, S. 85.

geistig-innerlich determiniert, sondern ebenso durch wirtschaftsgeographische und geschichtliche Gegebenheiten beeinflußt.

Im Zuge seiner historisch-religionssoziologischen Untersuchungen gelangte Weber zu dem Ergebnis, daß die auf eine bestimmte Lebensweise ausgerichtete Ethik des Protestantismus, vor allem des Calvinismus und Puritanismus, in entscheidender Weise zur Herausbildung des modernen Kapitalismus beigetragen habe.[64] Während Luther vor allem die Erfüllung der Berufsarbeit als göttlich bestimmte Pflicht herausstellte, steht in den Bewegungen des "asketischen Protestantismus" der wirtschaftliche Erfolg des Individuums - "zum Ruhme Gottes" - im Mittelpunkt der Wirtschaftsethik. Die aus der protestantischen Askese geborene rational-ökonomische Lebensführung war für Weber nur die Teilerscheinung eines allgemeineren, weitaus umfassenderen Entwicklungsprozesses, der sich in weltgeschichtlich einmaliger Weise im Okzident durchgesetzt hat:[65] der alle Lebensbereiche des Menschen durchdringende Prozeß fortschreitender intellektualistischer Rationalisierung durch Wissenschaft und wissenschaftlich orientierte Technik, die Beherrschung aller Dinge durch "technische Mittel und Berechnung", die "Entzauberung der Welt". Der Prozeß okzidentaler Rationalisierung umfaßt neben der Entfaltung rationaler Wissenschaft und Technik die Rationalisierung von Recht, Staat und bürokratischer Organisation. In der Entwicklung des modernen Kapitalismus verstärken sich die verschiedenen Rationalisierungsvorgänge gegenseitig. Die auf dem Prinzip der Kalkulation, der Berechenbarkeit aller Daten beruhende kapitalistische Wirtschaft hat die Entwicklung des rationalen, positiven Rechts gefördert. Die formalen Qualitäten des modernen Rechts sowie eine effektive Verwaltungsbürokratie schufen ihrerseits einen hohen Grad der Berechenbarkeit, der für das Funktionieren der modernen Wirtschaft und für die Führung der Unternehmungen unerläßlich ist. Die Bürokratisierung ist das Ergebnis des Rationalisierungsprozesses der Herrschaft; sie wurde ermöglicht durch die Entwicklung der Geldwirtschaft, die quantitative Erweiterung des Aufgabenkreises der Verwaltung, sowie durch die Entwicklung der Technik und die Konzentration der Betriebsmittel. Das moderne industrielle Großunternehmen, dessen Entstehung und Wachstum Weber in seiner Zeit miterleben konnte, erschien ihm als Inbegriff bürokratischer, d. h. rationaler Organisation. Die Bürokratisierung wurde gefördert durch die Nivellierung der sozioökonomischen Unterschiede in der Massendemokratie, und sie förderte ihrerseits die Tendenz zur Ni-

64 Ders., Die Protestantische Ethik und der "Geist" des Kapitalismus, 2. Aufl., Weinheim 1996 (urspr. 1904/1905).

65 Vgl. hierzu insbes.: Wolfgang Schluchter, Religion und Lebensführung, 2 Bde., Frankfurt/Main 1988.

vellierung. Der zweckrationale Typus des Handelns sowie die mit dem Übergang zur rational-legalen Herrschaft verbundene bürokratische Verwaltung wurden zu dominanten Zügen der Kultur. Bürokratie, rationale Verwaltung und zweckrationales Handeln hängen aber wieder eng mit der wirtschaftsethischen Sonderentwicklung des Westens zusammen.

Das zentrale Anliegen Webers war in der "Protestantischen Ethik" und den anderen Studien über die Wirtschaftsethik die Erkenntnis der Kulturbedeutung des modernen Kapitalismus, d. h. nicht der Kapitalismus als ökonomisches System oder als Ausfluß des Klasseninteresses der Bourgeoisie beschäftigte ihn, sondern Kapitalismus als Alltagspraxis, als methodisch-rationale Lebensführung. Das Merkmal des okzidentalen modernen Kapitalismus ist die rationale Organisation formell freier Arbeit in der Unternehmung. Die Selbst-Disziplinierung des Menschen wird mit der Entstehung der kapitalistischen Unternehmung durch rationales Recht und rationale Verwaltung, aber auch die Internalisierung von Prinzipien des methodisch-rationalen Handelns im Rahmen der praktischen Lebensführung der Menschen verbunden. Der moderne Kapitalismus ist daher fest in den Wertvorstellungen und Handlungsmotiven und in der ganzen Lebenspraxis der Menschen seiner Epoche verankert und wird solcherart zur Kultur, in der die Bedarfsdeckung erwerbswirtschaftlich und in der Form der Unternehmung rational, d. h. auf Basis der Kapitalrechnung erfolgt. Weber verband die gesamtgesellschaftliche Ebene der Kultur mit der des individuellen Handelns durch den Sinn, den die Handelnden ihrem Tun geben. Wirtschaften impliziert daher mehr als Bedürfnis, denn: man darf "das doch nicht so ausdrücken, wie es gelegentlich geschieht: Wirtschaften sei eine 'psychische' Erscheinung. Es fällt ja der Güterproduktion oder dem Preis oder selbst der 'subjektiven Bewertung' von Gütern - wenn anders sie r e a l e Vorgänge sind - gar nicht ein, 'psychisch' zu bleiben. Gemeint ist mit diesem mißverständlichen Ausdruck aber etwas Richtiges: sie haben einen besondersartigen gemeinten S i n n : dieser allein konstituiert die Einheit der betreffenden Vorgänge und macht sie allein verständlich."[66] Wirtschaften ist aber nicht an sich soziales Handeln, das an anderen sinnhaft orientiert ist. Wirtschaften ist für Weber die friedliche Ausübung von Verfügungsgewalt, die *primär* wirtschaftlich orientiert ist - d. h. Wirtschaften liegt dort vor, "wo ein Bedürfnis oder einem Komplex solcher, ein, im Vergleich dazu, nach der Schätzung des Handelnden k n a p p e r Vorrat von Mitteln und möglichen Handlungen zu seiner Deckung gegenübersteht und dieser Sach-

66 Max Weber, Wirtschaft und Gesellschaft, op. cit., S. 31.

verhalt Ursache eines spezifisch mit ihm rechnenden Verhaltens wird".[67] Vom "Wirtschaften" als dem engeren Begriff setzte er das "wirtschaftlich orientierte Handeln" ab, das entweder primär an anderen Zwecken orientiert ist, aber "auf den 'wirtschaftlichen Sachverhalt' (die subjektiv erkannte Notwendigkeit der wirtschaftlichen Vorsorge) in seinem Ablauf Rücksicht nimmt"[68], oder welches zwar primär wirtschaftlich orientiert ist, aber nicht friedlich, sondern unter Anwendung von Gewalt vor sich geht. Bei Weber finden wir daher im Ansatz einen historisch angeleiteten weiten Begriff von Wirtschaft, der für die "moderne Wirtschaft" definitorisch begrenzt wird, wobei Rationalität und formale Friedlichkeit wesentliche Kriterien darstellen.

Formale Rationalität ist in der Marktwirtschaft mit Geldrechnung - nicht schon bei Geldgebrauch - am klarsten verwirklicht. Materiale Rationalität hingegen beurteilt das - sehr unterschiedlich interpretier- und bewertbare - Ergebnis des Wirtschaftens von den verschiedensten Wert- und Interessenstandpunkten aus. Ob die Ergebnisse einer bestimmten Wirtschaftsweise "rational" sind, hängt in diesem Sinne von den Zielen und Wertmaßstäben ab, die angelegt wurden - oder kritisch von der Beurteilung der Ergebnisse aus anderen Prämissen. Die Differenzierung in formale und materiale Rationalität läßt daher einerseits zu, wirtschaftliches Handeln begrifflich durch logisch-typisierende Analyse aus dem modernen Kapitalismus herzuleiten, andererseits es aber dennoch in den Rahmen des jeweiligen historisch-kulturellen Kontextes zu stellen und perspektivisch-kulturspezifisch bzw. praktisch-wertend zu fassen. Die Grundannahme der klassischen Nationalökonomie behielt Weber bei und definierte rationale Wirtschaft als auf Tauschverträgen zwischen Einzelwirtschaften beruhenden planvollen Erwerb von Verfügungsgewalt. Er wandte sich aber gegen die Interpretation von Wirtschaft als "Mittel" und meinte, sie bedeute vielmehr vorsorgliche Wahl zwischen Zwecken, orientiert an der Knappheit der für diese Zwecke jeweils verfügbaren oder beschaffbaren Mittel. Gegenstand wirtschaftender Vorsorge nach Weber sind jedoch nicht nur Güter und Dienste, sondern auch "soziale Beziehungen, welche als Quelle gegenwärtiger oder künftiger möglicher Verfügungsgewalt über Nutzleistungen geschätzt werden".[69] Überdies bestimmen Sitten, Interessen, Konventionen und Recht die ökonomischen Chancen der einzelnen oder bestimmter Gruppen in Beziehung auf andere (Gruppen) und den Gesamtzusammenhang.

67 Ebd., S. 199.
68 Ebd., S. 31.
69 Ebd., S. 34.

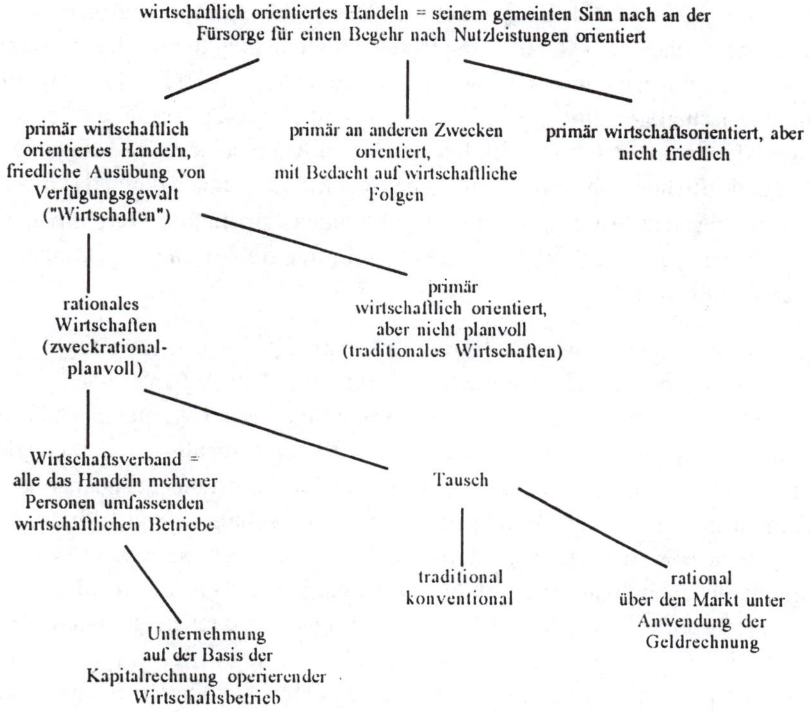

Weber differenzierte zwischen dem traditionalen, konventionalen und rationalen Tausch. Die Abgrenzung zwischen den Typen ist aber keineswegs eindeutig zu bestimmen. Der rationale Tausch bedingt eine Orientierung entweder an naturalen Versorgungszwecken oder an Erwerbszwecken bzw. Marktgewinnchancen. Allerdings kann ein rationaler Tausch für Weber nur bei marktgängigen bzw. erwerbswirtschaftlich genutzten oder getauschten Gütern zustande kommen, d. h. private Haushalte tauschen nicht rational, weil sie die Güter je nach individueller Wertschätzung rein subjektiv bewerten. Bei dem rationalen oder Markttausch spielt die Geldrechnung eine wichtige Rolle, denn sie bedeutet, daß Güter nicht nur nach ihrer jeweiligen örtlichen und/oder subjektiven Bedeutung geschätzt werden, sondern es besteht in bezug auf die Güter eine "Geldabtauschchance" in Form einer "Marktlage", also der erkennbaren Aus- und Eintauschchancen eines Gutes oder einer Leistung gegen Geld. Märkte können den einzelnen Tauschpartnern mehr oder weniger Freiheit oder Regulierung bieten. Die Regelung der Märkte kann traditional (durch seit langem bestehende, positiv bewertete Gepflogenheiten), konventional (durch allgemein übliche Formen), rechtlich (durch rechtliche Ge- und Verbote) oder voluntaristisch (durch Interessen und Aushandeln von Bedingungen, Rechten und Pflichten) bestimmt sein. Auch freie Märkte können durch das Bestehen von ständischen Privilegien, religiös oder anders bestimmte Werthaltungen, durch Vorurteile, Attitüden und Einstellungen in ihrem faktischen Funktionieren stark eingeschränkt sein.

Die Marktvergesellschaftung wirkt "vergemeinschaftend kraft realer Interessenbeziehungen von aktuellen und potentiellen Markt- und Zahlungsinteressenten".[70] Durch die Eigendynamik des Marktes, die Weber dem Tauschakt mittels Geld zuschreibt, kommt es zu einer spezifischen Art der Vergesellschaftung. Während der Tausch als solcher eine Beziehung zwischen zwei Tauschkontrahenten darstellt, ist der Geldtauschakt am Handeln aller potentiellen Tauschinteressenten orientiert. Dies schon deshalb, weil das Geld seine Funktion nur durch die Bezogenheit auf das potentielle Handeln anderer erfüllen kann und gebunden ist an die allgemeine Geltung als Tausch- und Zahlungsmittel. Soziologisch betrachtet, so meinte Weber, stellt der Markt daher ein Mit- und Nacheinander rationaler Vergesellschaftungen zwischen den aktuellen Kontrahenten, den möglichen Interessenten und der gesellschaftlichen Ordnung als solcher dar. Die Marktvergesellschaftung wurde von Weber auch als die "unpersönlichste praktische Lebensbeziehung" gesehen, weil es in ihr immer nur um die Sache selbst gehe. Sie widerspreche daher allen natürlichen und traditionellen Gemeinschaften, in denen Verbündung, Blutsverwandtschaft oder Solidarität herrschen. Daher konnte es ursprünglich Gewinn nur im Tauschverkehr mit Fremden oder sogar mit Feinden geben. Handel, Gewinn und Zins blieben immer ethisch problematisch. Nur in der modernen Gesellschaft entstand eine eigene Marktethik auf rationaler Grundlage. Die Wirtschaftsethik der Marktgesellschaft ist eine rational aus der Wirtschaft selbst erwachsende Ethik der Nützlichkeit. Die beste Verhaltensmaxime zur Erreichung der eigenen Ziele wurde bei regelmäßig im Markt agierenden Personen die "Redlichkeit des guten Kaufmanns". Webers Analyse des Markthandelns hebt idealtypisch die konstitutiven Merkmale rationalen Wirtschaftshandelns hervor. Sie ist an dem allgemeinen Sinn, den die Menschen mit Markttransaktionen, mit Geld und Unternehmung verbinden, aus der Sicht des Wissenschaftlers orientiert. Weber entwickelte daher eigent-

70 Ebd., S. 382.

lich eine kultursoziologische Analyse des nationalökonomischen Verständnisses von Wirtschaft, er verallgemeinerte die Grundlagen und Annahmen der Ökonomen und erklärte sie zu Voraussetzungen der Lebensführung und Handlungsweisen der Menschen.

Der Knies-Schüler und gebürtige Österreicher Friedrich Gottl von Ottlilienfeld warf sowohl der ökonomischen Güterlehre als auch der Soziologie Webers vor, die "Herrschaft des Wortes" zu unterstützen, die alles theoretische Denken vorweg und ganz einseitig in die Verhältnisse des heutigen Wirtschaftslebens verstricke.[71] Demgegenüber plädierte er für die "Freiheit vom Worte", wobei er zwischen der Auffassung einer neuen Theorie der Wirtschaft als Teilgestaltung des menschlichen Zusammenlebens und der Soziologie bzw. Wirtschaftssoziologie im Sinne Max Webers differenzierte. Gottl sah den grundlegenden Unterschied dabei in der Tatsache, daß die Wirtschaftssoziologie von den besonderen Gegebenheiten der modernen Wirtschaft ausgehe und darauf beschränkt bleibe, während seine "Allwirtschaftslehre" sich auf die Wirtschaft aller Zeiten und Völker erstrecke und in jedem Fall eine Wissenschaft vom "Ökonomisch-Sozialen" sei. Sie sollte aber nicht reine Soziologie unter Eliminierung der Wirtschaftstheorie sein, sondern eine Wirtschaftstheorie mit soziologischem Geist.

Georg Simmel widmete sich der Untersuchung der psychischen und kulturellen Voraussetzungen und Wirkungen moderner Wirtschaft vor allem in seiner "Philosophie des Geldes" (1900). Die Grundabsicht war, die wirtschaftlichen Faktoren als Ergebnis psychischer und kulturell-sozialer Voraussetzungen zu erkennen. Er stellte sich damit ganz absichtlich in Gegensatz zum historischen Materialismus. Der Tausch wird von Simmel als primäre wirtschaftliche Tatsache betrachtet, er ist "reinstes soziologisches Vorkommnis", "die vollständige Wechselwirkung"[72] und die Bedingung für die Entstehung des wirtschaftlichen Wertes. Dieser wird als Objektivation subjektiver Werte interpretiert, die durch die Distanzierung von Subjekt und Gegenstand zustande kommt. Das Geld als der verselbständigte Ausdruck der Tauschrelation bildet die Grundlage der relativistischen Werttheorie, denn die Dinge erhalten ihre Bedeutung in bezug aufeinander, in ihrer Gegenseitigkeit und nicht in ihrer Einzigartigkeit. Wirtschaft stellt sich somit als Tauschrelation und gleichzeitig als Ausdruck eines bestimmten Denkens und einer bestimmten Kulturentwicklung dar, deren Kennzeichen ein relativistisches Weltbild ist. Dessen ver-

71 Friedrich Gottl von Ottlilienfeld, Wirtschaft als Leben, Jena 1925, S. XIV.
72 Georg Simmel, Philosophie des Geldes, Frankfurt/Main 1989 (urspr. 1900), S. 55 ff.

selbständigter substantieller Ausdruck ist das Geld, durch das die Dinge ihre Bedeutung aneinander, in ihrer Gegenseitigkeit, finden. Geld ist die allgemeinste Form sozialer Beziehungen: "Das Geld ist Ausdruck und Mittel der Beziehung, des Aufeinanderangewiesenseins der Menschen, ihrer Relativität, die die Befriedigung der Wünsche des einen immer vom anderen wechselseitig abhängen läßt [...]."[73]

Das Geld zeigt in seiner Geschichte auch selbst die allgemeine Entwicklung von der Substanz zur Funktion, so daß es seines Eigenwertes entblößt und zum reinen Zeichen wird. Simmel interpretierte die klassische Ökonomie philosophisch als fortgeschrittenste Form relationaler Logik, fügte dann aber psychologische Erwägungen hinzu und illustrierte dies an einer Reihe von Einstellungen gegenüber dem Geld wie Geldgier, Geiz, Verschwendung, Askese. In bezug auf Geld gibt es durchaus Gefühle, die allerdings erst ab dem Überschreiten bestimmter Reizschwellen aktiviert werden. Im synthetischen Teil seiner Ausführungen wandte sich Simmel zunächst der Begründung der individuellen Freiheit durch die Unpersönlichkeit der Geldbeziehungen zu. Individuelle Freiheit als Ausprägung des Ich an den Dingen, als Besitz, bewirkt eine Verselbständigung des Individuums gegenüber seiner Herkunftsgruppe. Neue Beziehungen entstehen im Rahmen zweckorientierter Assoziationsformen. Geld ermöglicht die Freiheit von Bindungen und von Abhängigkeiten persönlich-gefühlsmäßiger Art. Diese führt aber auch zur Entwurzelung der Persönlichkeit, zur Entwicklung einer negativen Bedeutung von Freiheit durch die Ausbeutung. Die Geldwirtschaft verändert den Lebensstil, bringt ein Übergewicht der intellektuellen über die Gefühlsfunktionen und begründete das "rechnende Wesen der Neuzeit". (Was allerdings nicht wirklich einleuchtet, da Geld ein uraltes Phänomen der Menschheit ist.) Die Verwendung von Geld als Zahlungs-, Tausch- und Rechnungsmittel verwandelt direkte und persönliche Beziehungen in vermittelte und unpersönliche bzw. partielle Beziehungen. Dadurch entsteht eine neue - unpersönliche - Art der Abhängigkeit, wobei die Zahl der abhängigen Personen bzw. jener von denen man abhängen kann, sehr groß werden kann. In durch Geldbeziehung begründeten Zweckverbänden definieren die Individuen ihr Ich über ihren Besitz. Eine Tendenz zum Abwägen, Kalkulieren, zur Mathematisierung und Quantifizierung auch des Alltagslebens entsteht, die als Rationalisierung im Sinne der Affektreduktion und -kontrolle wirkt. Simmel wies damit bereits auf die Selbst-Disziplinierung des Menschen hin, die ihn nicht nur "vernünftiger", sondern auch berechen- und kontrollierbarer macht. Das Geld bewirkt durch Vergleich-

73 Ebd., S. 134.

barmachen aller möglichen Dinge eine Nivellierung auch der sozialen Geltung der Menschen in der Gesellschaft. Damit verbindet sich jedoch nicht nur größere soziale Angleichung und Gerechtigkeit, sondern auch eine psychische Verarmung und Sinnentleerung. Der Lebensstil wird "charakterlos" und objektiviert, die "Kultur der Dinge" wächst, während die Kultur der Personen zurückbleibt. Im Auseinanderklaffen von subjektiver und objektiver Kultur sah Simmel die "Tragödie der Kultur" in der Moderne. Das Geld ist als Determinante unserer Kultur für Simmel auch der vollendetste Repräsentant der modernen Erkenntnisform der Wissenschaft mit ihrer Reduktion qualitativer auf quantitative Bestimmungen. Ihr Ausdruck in den Wissenschaften ist die empirische Methodologie, denn diese bedeutet Abkehr von unbedingten Wahrheiten, Hinwendung zu Entwicklung und ständiger Veränderung. Simmels Analyse des Geldes ist kulturphilosophisch und teilweise auch kulturkritisch angelegt, sie sucht nicht die Wirtschaft zu erklären oder ihre sozialen, gesellschaftlichen Voraussetzungen aufzuzeigen, sondern die Wirkungen und Folgen für die Psyche des modernen Menschen, für seine sozialen Beziehungen und die Kultur als solche anzudeuten. Sie beruht auf der Auffassung, daß jeder ökonomische Tatbestand auch als psychologische, sittengeschichtliche oder ästhetische Tatsache betrachtet werden kann. Die "Philosophie des Geldes" ist Reflexion über eine Kultur, in der die Wirtschaft, und mit dieser Markt und Geld, eine dominante Rolle einzunehmen begannen. Das kontrastiert allerdings mit den viel drastischeren Veränderungen der Wirtschaft in dieser Epoche, deren markantes Kennzeichen keineswegs mehr die Geldwirtschaft als solche war, sondern ganz bestimmte Konzentrations- und Zirkulationsprozesse des Kapitals.

Die Kultursoziologen der Wirtschaft von Simmel bis Alfred Weber, aber auch Sombart oder Max Weber behandelten nicht die realen Transformationsprozesse ihrer Zeit, sondern setzten sich mit den grundlegenden Folgen von Tausch, Geld, Kapital auseinander. Sie wurden der eigentlichen wirtschaftssoziologischen Problematik ihrer Zeit auch deshalb nicht gerecht, weil sie Wirtschaftsprobleme einseitig auf die Dimension der Gesinnung, des Fühlens und Denkens bezogen. Die Annahmen der theoretischen Ökonomie wurden von den meisten zeitgenössischen Denkern nicht weiter hinterfragt, sondern als Faktum vorausgesetzt und eine Differenz zwischen "traditionaler" Gesellschaft und Wirtschaft und der modernen Wirtschaftsgesellschaft festgestellt, die es jedoch historisch gesehen in dieser Form nicht gibt. Wirtschaft und "moderne Wirtschaft" wurden identgesetzt bzw. nur mehr die zugeschriebenen Merkmale letzterer wie Geldwirtschaft, Marktlogik, Kosten-Nutzen-Rationalität, die eigentlich Inhalte der Nationalökonomie sind, wahrgenommen. Die Abstraktion von den realen Gegebenheiten sollte wohl auch dabei helfen, die disziplinäre Trennung der Soziologie von der historischen Nationalökonomie zu vollziehen. Die Kulturbetrachtung der Wirtschaft dissoziierte auch die materielle "Realität" oder den "Sachgehalt" von den kulturellen Werten, dem "Geistes-" und "Sinngehalt" der Wirklichkeit. Am stärksten kam dies bei Alfred Weber zum Ausdruck, der sich von der Nationalökonomie abwandte und eine Kultursoziologie auf historischer Grundlage konzipierte.[74] Er löste die Ebene der Kultur aus den Verankerungen, die sie als Lebensweise mit der Ebene der Wirtschaft verbinden, zugunsten der Erfassung der Totalität der Kulturerscheinungen.

Die Betonung der geistig-seelischen Aspekte des Wirtschaftens und die Erkenntnis, daß daher auch Denken und Wissen historisch und kulturell relativ sind, führte einerseits zur Hinwendung zu psychologischen Aspekten der Wirtschaft, andererseits zur Entstehung der Wissenssoziologie. Karl Mannheim versuchte zu zeigen, wie die Wirtschaft durch das Erfolgsstreben hindurch auf den ganzen Menschen prägend einwirkt.[75] Er setzte die Seelenhaltung bestimmter Wirtschafts- oder Berufsgruppen wie etwa Handwerksmeister, Rentier oder Bürokrat und historische Kulturtypen miteinander in eine Beziehung auf der Grundlage der unterschiedlichen Art ihres Erfolgsstrebens. Dabei stellte Mannheim fest, daß Motivationen durch die soziale Stellung bestimmt und begrenzt werden; der Beruf bzw. der "Ort" im Wirtschaftsgefüge setzt sich mehr oder weniger prägend im Wesen des Menschen fest. Mannheim nannte dies auch im Rahmen seiner Wissenssoziologie die Seinsverbundenheit des Denkens. Das "Dominierendwerden des Wirtschaftserfolges" in der modernen Gesellschaft hat überkommene ständische Sozialstrukturen aufgelöst, und die "Ökonomisierung" der Gesellschaft resultierte in einem Abbau aller vorweg gegebenen Zwänge und Schranken auch in ideologischer Hinsicht. Die Menschen reagieren, wie Mannheim meinte, nun direkt auf wirtschaftliche Zwänge und und ihr wohlverstandenes Eigeninteresse. Insofern übernahm auch er das Prinzip der freien Konkurrenz, wie sie die Vorstellung des (vollkommenen) Marktes enthält, als "mechanism which compels the individual to adjust himself to his own peculiar situation and to take the initiative without waiting for command"[76], in seine Analyse. Allerdings kam es nicht zu einer vollkommen ungebundenen, nur

74 Alfred Weber, Kulturgeschichte als Kultursoziologie, Leiden 1935. Siehe auch: Hans G. Nutzinger (Hg.), Zwischen Nationalökonomie und Universalgeschichte. Alfred Webers Entwurf einer umfassenden Sozialwissenschaft in heutiger Sicht, Marburg 1995.

75 Karl Mannheim, Über das Wesen und die Bedeutung des wirtschaftlichen Erfolgsstrebens. Ein Beitrag zur Wirtschaftssoziologie, in: Ders., Wissenssoziologie. Auswahl aus dem Werk (eing. u. hg. v. Kurt H. Wolff) Berlin 1964, S. 625-681.

76 Ders., Essays on Sociology and Social Psychology, London 1953, S. 285.

auf Bedürfnisse und Interessen hin orientierten Handlungsweise, da die wirtschaftliche Rationalität und der Markt ihrerseits Ideologien, Spielregeln und unterschiedliche soziale Stellungen implizieren. So definierte Mannheim das Wissen und Denken als notwendig seinsverbunden, die Verlagerung des Schwergewichts vom partikularen zum totalen Ideologiebegriff entfernt die Seinsverbindung aber gleichzeitig aus der Bestimmtheit durch die unmittelbar materiell-ökonomischen Lebenslagen.[77] Wenn alles Denken ideologisch ist, dann wird das "Sein", aus dem es stammt, sehr unbestimmt und expansiv. Die Relation zwischen Denken und Sein tritt als solche ins Zentrum und damit auch der Aspekt der generellen Funktionalität des Denkens, deren Erfassung bei Mannheim dann reflexiv als "Denksoziologie" konzipiert wurde, und die er aus der Situation der Zeit zu erklären suchte. Wirtschaft als solche spielt hierbei nur insofern eine Rolle, als sie Denkgegenstand ist, sowohl in der Wissenschaft als auch im Denken der Menschen in einem sehr allgemeinen Sinn als Reflex von Warenökonomie und Geldwirtschaft im "Zeitgeist". Die Wissenssoziologie wurde in Mannheims Sicht daher zu einer Grundlage der Sozialwissenschaften, aber nicht zur Ideologiekritik, die das Denken konkret durch Bezug auf wirtschaftlich und soziopolitisch begründete Lagen erklärt.

Wirtschaftssoziologie in Österreich

Während in Deutschland eine starke Tendenz bestand, die Eigenart "deutschen Geistes" insbesondere gegenüber Westeuropa zu betonen, war die Situation in Österreich durch eine große Offenheit für Einflüsse aus Frankreich und England geprägt. Die Orientierung an naturalistischen sowie individualistischen Theorieansätzen war hier stärker, aber auch die politisch-ideologische Differenzierung. Die Grenznutzenschule in Wien brachte eine Reihe von soziologisch und insbesondere wirtschaftssoziologisch wichtigen Anstößen hervor. Die Nachfolger Mengers in der Grenznutzenschule, Eugen v. Böhm-Bawerk und Friedrich v. Wieser, haben sich angesichts der offensichtlichen Konzentrations- und Gruppenprozesse in der Wirtschaft der Staaten die Frage gestellt, ob Quasi-Naturgesetze oder Macht die ökonomischen Prozesse bestimmen. Dabei wiesen sie zwar immer wieder auf die Bestimmtheit des individuellen wirtschaftlichen Verhaltens durch die gesellschaftlichen Mächte hin, verblieben aber im Bereich der individualistischen Theorie. Böhm-Bawerk "löste" die Frage "Macht oder ökonomisches Gesetz?"[78] in der

77 Ders., Ideologie und Utopie, 5. Aufl., Frankfurt/Main 1969 (urspr. 1929).
78 Eugen von Böhm-Bawerk, Macht oder ökonomisches Gesetz? in: Zeitschrift für Volkswirtschaft, Sozialpolitik und Verwaltung, Bd. XXIII, Wien 1914, S. 206-271.

Weise, daß er zwar die Wirkung der Macht auf Preise, Löhne und Verteilung anerkannte, diese aber nicht als Störungs-, sondern als Anwendungsfall des ökonomischen Gesetzes auffaßte. Macht kann nicht gegen, sondern nur innerhalb der ökonomischen Wert-, Preis- und Verteilungsgesetze wirken. Zudem werde durch die Macht nur der ökonomische Spielraum eingegrenzt, nicht aber der Markt beseitigt. Friedrich von Wieser hingegen schuf in seinem Spätwerk eine Soziologie der Macht, die Adolf Menzel ebenbürtig neben Max Webers Soziologie stellte.[79] "Das Gesetz der Macht" enthält allerdings kaum mehr wirtschaftliche Bezüge.[80] Die Schrift ist beeinflußt von Gaetano Moscas Elitetheorie, Lorenz von Steins Gesellschaftstheorie, enthält aber auch Elemente der Soziologie von Ludwig Gumplowicz. In Wiesers Vorlesung von 1915 über "Gesellschaft und Volkswirtschaft" und in seinem Buch "Theorie der gesellschaftlichen Wirtschaft" sind hingegen wirtschaftssoziologische Ansätze im Rahmen der Ökonomie enthalten. Das wirtschaftliche Handeln wird als ein gesellschaftliches begriffen, dessen Theorie die Volkswirtschaftslehre als "vorgeschobener Posten der Gesellschaftstheorie" sei. "Der volkswirtschaftliche Prozeß ist ein gesellschaftlicher Prozeß und er muß daher dieselben Probleme aufwerfen, die für alles gesellschaftliche Handeln gelten."[81] Die Volkswirtschaftslehre sei darüber hinaus aber noch durch die Orientierung an nationaler Geschichte und Politik bestimmt. Die individualistische Fassung des wirtschaftlichen Prinzips, wie sie in der Ökonomie üblich war, sah er als eine theoretische Idealisierung an. Die Grenznutzenökonomie siedelte er als Befürworter einer gemischten Wirtschaft zwischen der klassischen Nationalökonomie und den sozialistischen Auffassungen an.[82]

In knappester Form entwarf Wieser eine Gesellschaftstheorie des wirtschaftlichen Handelns. Er differenzierte zwischen gesellschaftlichen Freiheits- und Zwangsmächten, die auch das wirtschaftliche Handeln bestimmen, das sich in einem Rahmen von Recht und Sitte und gesellschaftlicher Schichtung vollzieht. Die gesellschaftliche Natur des Menschen läßt auch die Freiheit als einen gesellschaftlichen Zustand des Individuums erscheinen. Nicht nur die Bedürfnisse, sondern auch der Wille und der Egoismus der Menschen selbst sind gesellschaftlich bestimmt auf Grund

79 Adolf Menzel, Friedrich Wieser als Soziologe, Wien 1927, S. 3.
80 Friedrich Wieser, Das Gesetz der Macht, Wien 1926.
81 Ders., Theorie der gesellschaftlichen Wirtschaft, Tübingen 1914, S. 110.
82 John Torrance' Meinung, die Österreichische Schule hätte eine Art "Gegensoziologie" auf individualistischer Basis hervorgebracht, stimmt zumindest für Wieser nicht ganz. John Torrance, Die Entstehung der Soziologie in Österreich 1885-1935, in: Wolf Lepenies (Hg.), Geschichte der Soziologie, Bd. 3, Frankfurt/Main 1981, S. 443-495.

der Prozesse der Sozialisierung und der sozialen Kontrolle, die "auch oder gerade dort wirken, wo man ganz auf sich gestellt zu sein meint".[83] Geld, Markt und Erwerbswirtschaft sind "gesellschaftliche Bildungen", bei denen die Massengewohnheit erst die eigentliche "raison d'être" herstellt, nicht, wie Menger meinte, das zweckorientierte Tun der einzelnen. Auch in der Wirtschaft spielen Wieser zufolge Machtprozesse und - besonders in der modernen Gesellschaft - das Verhältnis von Führung und Masse eine große Rolle. Die Über- und Unterordnung der Klassen, für die neben dem Besitz auch die Bildung maßgebend ist, tritt als vertikale Schichtung neben die horizontale berufliche Arbeitsteilung. Friedrich Wieser setzte Wirtschaftsformen, Kulturformen und Schichtungstypen in Beziehung und versuchte eine kulturell-historische Typologie gesellschaftlicher Schichtungen zu entwickeln. Für die modernen gesellschaftlichen Strukturen sei allerdings typisch, daß die Kräfte, die ihnen zugrunde liegen, aus der Wirtschaft selbst kommen.

Hatte Wieser die gesellschaftliche Bestimmtheit der Wirtschaft betont, so erklärte der Hauptvertreter der dritten Generation der Grenznutzenschule das wirtschaftliche Handeln zum Prototyp allen rationalen Individualverhaltens. Ludwig von Mises erweiterte Mengers Ansatz der an den Bedürfnissen der Individuen orientierten Wertlehre und bestimmte jedes menschliche Handeln als logisch "begreifbares", subjektiv rationales Handeln. Egal, ob aus wirtschaftlichen oder nichtwirtschaftlichen Motiven, "Handeln sucht immer Mittel, um Zwecke zu verwirklichen, und ist in diesem Sinne immer rational auf Nutzen bedacht, ist mit einem Worte: menschlich".[84] Handeln ist - ob im Bereich der Wirtschaft oder nicht - immer Entscheiden zwischen möglichen Zielen. Soweit sich dieses Handeln in Geld ausdrücken läßt, spricht Mises von "wirtschaftlichem Handeln im engeren Sinne".[85] Während die Klassiker vom Unternehmer und damit von materiellen Gütern und der "ökonomischen" Rationalität des Geschäftsmannes ausgingen[86], sah Mises die spezielle "soziologische" Perspektive der Grenznutzenlehre darin, daß die subjektivistische Wertlehre vom Konsumenten, also von uns allen, ausgehe. Die klassische Ökonomie mußte notwendigerweise zwischen dem wirtschaftlichen und dem nichtwirtschaftlichen Handeln unterscheiden, denn sie konnte nur das erfassen,

83 Friedrich Wieser, Theorie der gesellschaftlichen Wirtschaft, S. 117.

84 Ludwig von Mises, Grundprobleme der Nationalökonomie. Untersuchungen über Verfahren, Aufgaben und Inhalt der Wirtschafts- und Gesellschaftslehre, Jena 1933, S. 63.

85 Ebd., S. 140.

86 Das stimmt allerdings für Smith nur bedingt, wie wir gesehen haben, sondern im eigentlichen Sinn für die Epigonen, allen voran Say, die den Produktionsaspekt stärker betont hatten.

was sich aus der Rationalität des Kaufmannes erklären und in den Bewegungen seiner Geschäftsbücher in Geld veranschlagen läßt. Daher war das Ziel die Maximierung des Geldgewinnes und nicht die aktive Verfolgung der Bedürfnisbefriedigung, die sich aus der (onto)logischen Bedingtheit allen menschlichen Handelns ergibt. Nationalökonomie und Soziologie gehen bei Mises in einer Theorie der rationalen Wahl auf. Die Betonung der subjektiven Rationalität des Handelns brachte Mises zunächst in eine gewisse Übereinstimmung mit Max Weber, die sich auch in relativ engen persönlichen Kontakten ausdrückte. Später offenbarte sich doch eine starke Differenz der Anschauungen, so daß Mises dann nicht mehr von "Soziologie" in bezug auf seine Handlungstheorie sprach, sondern von Praxeologie.[87]

Mises übte, obwohl in Österreich selbst immer akademischer Außenseiter, sowohl hier wie im amerikanischen Exil großen Einfluß aus. Sein Liberalismus bestimmte wesentlich nicht nur seine unmittelbaren Schüler wie Friedrich August Hayek, Gottfried Haberler u. a., sondern auch die sogenannte neoösterreichische Schule, wie sie sich dann in den USA entwickelte. Mises' subjektive Handlungstheorie beeinflußte auch Alfred Schütz und damit indirekt die Entwicklung der modernen phänomenologischen Soziologie.[88] Alfred Schütz suchte eine Verbindung zwischen Webers Handlungstheorie und der von Mises herzustellen und drang dabei in tiefere Schichten der Erklärung ein, wofür er sich insbesondere mit Husserls Phänomenologie auseinandersetzte. Das führte Schütz aber wieder dazu, den Hegemonialanspruch von Mises auf den Gegenstandsbereich der Ökonomie einzugrenzen und Kriterien für die Unterscheidung von "wirtschaftlichem" und nichtwirtschaftlichem Handeln in Anlehnung an Pareto[89] einzuführen.

Sowohl bei Friedrich Wieser wie bei Ludwig von Mises zeigte sich trotz all ihrer Unterschiede, daß hier Sozialwissenschaft und Ökonomie so eng miteinander verbunden waren, daß sie untrennbar erschienen. Insbesondere wurde die Ökonomie immer auch als soziologisch aufgefaßt bzw. Soziologie war die gesellschaftliche Seite der Wirtschaftstheorie und wurde als wichtig und grundlegend verstanden. Eine spezielle, von der Ökonomie abgelöste soziologische Betrachtung kam erst

87 Ludwig von Mises, Erinnerungen, Stuttgart-New York 1978.

88 Christopher Prendergast, Alfred Schütz and the Austrian School of Economics, in: American Journal of Sociology 92/1986, S. 1 ff.

89 Siehe: Thomas S. Eberle, Die deskriptive Analyse der Ökonomie durch Alfred Schütz, in: Elisabeth List/Ilja Srubar (Hg.), Alfred Schütz: Neue Beiträge zur Rezension seines Werkes, Amsterdam 1988, S. 67-119, insbes. S. 96 ff.

bei Joseph A. Schumpeter zum Ausdruck.[90] Schon in seiner "Theorie der wirtschaftlichen Entwicklung" von 1911 differenzierte er zwischen dem "rein Wirtschaftlichen" und dem "Gesellschaftlichen". Der Wirtschaft wird eine besondere Realität zugeschrieben, die es ermöglichte, sie aus sich selbst heraus zu erklären. Schumpeter definierte den Begriff des wirtschaftlichen Handelns ohne Berücksichtigung der "erfahrungsbedingten Regelmäßigkeiten" und unabhängig von Kultur und Situation, gleichsam "bei gegebener sozialer Organisation". Besonders deutlich wurde die Trennung in der Diskussion des Begriffs der wirtschaftlichen Entwicklung, die er als "selbsttätig" aus den rein wirtschaftlichen Bedingungen bezeichnete. Die Volkswirtschaft war ihm ein bis in ihr innerstes Wesen rein wirtschaftlich zu erklärendes Phänomen.[91] Die Zukunft der Sozialwissenschaften sah Schumpeter in Arbeitsteilung und innerdisziplinärer Theoriebildung: dennoch war er für das "Soziologisieren", "jene Tendenz nach dem Begreifen von möglichst Vielem an uns, von Recht, Religion, Moral, Kunst, Politik, Wirtschaft, ja selbst von Logik und psychischen Erscheinungen aus der Soziologie heraus"[92], ungewöhnlich offen. Das zeigte sich nicht nur daran, daß er als eines der Themen seines Habilitationsvortrags bereits ein soziologisches vorgeschlagen hatte, sondern auch an vielen Stellen seiner "History of Economic Analysis". Aber gerade weil er in der Soziologie, die er gut kannte, eine eigene wissenschaftliche Disziplin sah, die von der Ökonomie, wie er sie verstand, getrennt sei, hat er die Möglichkeit für eine eigene Soziologie der Wirtschaft geschaffen, die er als eine soziologische Erklärung der Wirtschaftsgeschichte sah.[93]

An anderer Stelle warf Schumpeter den Wirtschaftstheoretikern vor, daß sie den Wandel immer nur mit kausalen Faktoren erklären wollten, aber die Möglichkeit vielfältiger Reaktionen nicht entsprechend berücksichtigten. Er sprach in diesem Zusammenhang von "creative responses"[94] im Unterschied zu "adaptive respon-

90 Richard Swedberg/Joseph A. Schumpeter. Eine Biographie, Stuttgart 1994, S. 127 ff.

91 Joseph A. Schumpeter, Theorie der wirtschaftlichen Entwicklung. Eine Untersuchung über Unternehmergewinn, Kapital, Kredit, Zins und den Konjunkturzyklus, Leipzig 1911, S. 96.

92 Ders., Vergangenheit und Zukunft der Sozialwissenschaften, München u. Leipzig 1915, S. 133.

93 Er hat sich aber auch mit finanz- und steuersoziologischen Aspekten beschäftigt und - angeregt von dem Soziologen Ludwig Gumplowicz - auch mit der Frage der "sozialen Klassen im ethnisch-homogenen Milieu" (1927). Siehe: Joseph A. Schumpeter, Aufsätze zur Soziologie, Tübingen 1953.

94 Ders., The Creative Response in Economic History, in: The Journal of Economic History VII/1947, S. 149-159.

ses" als den erwarteten Anpassungen der Wirtschaft an geänderte Bedingungen. Schöpferische Reaktionen sind ihm zufolge aber wesentliche Elemente des historischen Prozesses, der sich nicht deterministisch begreifen ließe. Abhängig sind die "creative responses" aber von der Qualität des allgemeinen und spezifischen Reservoirs menschlichen Wissens, den Verhaltensmustern und den individuellen Handlungs- und Entscheidungsprozessen. Schumpeter sah sie als Voraussetzungen dessen an, was er "entrepreneurship" nannte. "Unternehmer" können nach zwei Klassifikationen bestimmt werden, erstens nach ihrer Herkunft bzw. ihrem soziologischen Typus (als Feudalherr, Bürokrat, Handwerker, Bauer etc.) oder zweitens nach der Funktion und den Fähigkeiten und Antrieben. In der akkumulierten Wirkung unternehmerischer Innovationen erblickte er den entscheidenden Faktor für Depressionen und Konjunkturen. Anzeichen für einen Rückgang der schöpferischen unternehmerischen Innovation wirkten sich in Richtung Bürokratisierung der Wirtschaft aus. "Therefore, the sociology of enterprise reaches much further [...]. It extends to the structure and the very foundations of, at least, capitalist society or the capitalist sector of any given society."[95] Das führte ihn dann in seinem Werk "Capitalism, Socialism and Democracy"[96] zu der fast marxistisch anmutenden Erkenntnis, daß dem kapitalistischen System aus seinen eigenen Erfolgen und Wirkungen heraus eine Tendenz zur Selbstzerstörung innewohne. Die mit der Entfaltung des Kapitalismus verknüpfte fortschreitende Rationalisierung führe zu einem Abbau von Traditionen, Normen und Institutionen. Dadurch entstehe aber keine neue Ordnung, vielmehr würden die moralischen und sozialen Energien, die das System ermöglicht hatten, untergraben und dieses daher in seinem Bestand bedroht.

Im Wien der Jahrhundertwende gab es ein reges geistiges Leben, in dem auch alle Arten des Sozialismus eine große Rolle spielten. Was die Sozialisten von den neoklassischen Ökonomen, aber auch den historisch-kultursoziologisch argumentierenden Intellektuellen ihrer Zeit unterschied, war die realistische Analyse der Konzentration und der Macht von Banken, Konzernen und Staat. Rudolf Hilferding war in Wien noch Student im Seminar von Böhm-Bawerk und wurde erst in Deutschland zu dem berühmten Theoretiker des organisierten Kapitalismus. Sein 1910 erschienenes Werk über das "Finanzkapital" entstand allerdings konzeptionell schon in seiner Wiener Zeit.[97] Besonders hervorzuheben ist die im Schlußkapitel von Hilfer-

95 Ebd., S. 158.
96 Joseph A. Schumpeter, Capitalism, Socialism and Democracy, New York 1942.
97 Auf die Bedeutung von Hilferdings Studie in bezug auf eine soziologische Krisentheorie hat bereits Gerald Mozetic in seinem Aufsatz, Rudolf Hilferdings "Finanzkapital" als soziologische Krisentheorie, in: Geschichte und Gegenwart

ding angesprochene Veränderung der Klassenbeziehungen durch die finanzkapitalistische Formation. "Die Entwicklung des Finanzkapitals ändert von Grund auf die wirtschaftliche und damit die politische Struktur der Gesellschaft."[98] Immer mehr Gruppen und Schichten entwickelten kapitalistische Interessen, dadurch daß Großgrundbesitzer zu Industriellen oder Bankiers, Klein- und Mittelbetriebe zu Zulieferern von Großbetrieben würden und sich der neue Mittelstand aus Angestellten in Handel und Industrie rekrutierte. Sie alle, Großgrundbesitzer, Gewerbetreibende und Angestellte, würden mit den Kapitalisten zu Gegnern der Arbeiterklasse. Nur die Eroberung der politischen Macht sei daher die Voraussetzung für die ökonomische Befreiung des Proletariats.

Demgegenüber meinte Rudolf Goldscheid, ein sozialreformerisch und wissenschaftlich interessierter Mann ohne akademische Verankerung[99], der moderne Kapitalismus gehe einher mit der Trennung des Staates von den Produktionsmitteln; die Bourgeoisie habe den Staat durch seine Expropriation in ihre Hand gebracht, die Arbeiterschaft muß ihn durch seine Repropriation zu gewinnen trachten, denn sie kann den besitzlosen Staat wohl vorübergehend politisch erobern, aber nicht dauernd wirtschaftlich behaupten. Goldscheid gilt als "Schöpfer der Finanzsoziologie".[100] Unter Finanzsoziologie verstand er "die Lehre von der gesellschaftlichen Bedingtheit des öffentlichen Haushalts und seiner die Gesellschaftsentwicklung bedingenden Funktion".[101] Die Finanzgeschichte zeige, wie die jeweiligen gesellschaftlichen Verhältnisse und deren Wandel die Wechselbeziehungen zwischen öffentlichen Ausgaben und Einnahmen prägen, und wie es zur "Entstehung der Kapitalhörigkeit des Staates"[102] gekommen sei. Da es in der Finanzsoziologie um die Beziehung von Gesellschaft und Staat geht, sah er in dieser die Schlüsselpo-

3/1984, S. 63-72 und S. 144-166, hingewiesen.

98 Rudolf Hilferding, Das Finanzkapital, Frankfurt/Main-Wien 1968 (urspr. 1910), S. 460.

99 Goldscheid war ein sehr aktives Gründungsmitglied sowohl der Soziologischen Gesellschaft in Wien als auch der Deutschen Gesellschaft für Soziologie, der auch wesentlich zum Zustandekommen des Ersten Soziologentages in Deutschland beigetragen hatte. Siehe: Ferdinand Tönnies, Nachruf auf Rudolf Goldscheid (1870-1931), in: Kölner Vierteljahreshefte für Soziologie 10/1932, S. 430-433.

100 Siehe: Fritz Karl Mann, Finanztheorie und Finanzsoziologie, Göttingen 1959. Das Hauptwerk Goldscheids auf diesem Gebiet ist: Rudolf Goldscheid, Staatssozialismus oder Staatskapitalismus? Ein finanzsoziologischer Beitrag zur Lösung des Staatsschuldenproblems, Wien-Leipzig 1917.

101 Rudolf Goldscheid, Staat, öffentlicher Haushalt und Gesellschaft, in: Rudolf Hickel, Finanzkrise des Steuerstaates. Beiträge zur politischen Ökonomie der Staatsfinanzen, Frankfurt/Main 1976, S. 254 ff.

102 Ders., Finanzwissenschaft und Soziologie, in: Rudolf Hickel (Hg.), op. cit., S. 324.

sition der gesamten Soziologie überhaupt. Die ökonomischen Probleme des Staates im Ersten Weltkrieg wollte Goldscheid mit seinem Vorschlag einer Rekapitalisierung des Staates, der sich über Beteiligungen an Wirtschaftsunternehmen und nicht nur über Steuern finanzieren sollte, lösen, denn unter den Bedingungen des besitzlosen Staates sei die ständig wachsende Verschuldung, die Konzentration von negativem Kapital in Händen des Staates unvermeidbar. Das Ziel der Finanzpolitik müsse es darüber hinaus aber sein, Mittel aufbringen zu können, um die Volkswirtschaft im Sinne der Menschenökonomie mit Förderung der Sozialversicherung, Gesundheitswesen, Sozialhygiene und Bildungswesen zu betreiben.

Der Grundgedanke seiner "Menschenökonomie" war der verantwortliche Umgang mit dem Menschen als dem wertvollsten Gut der Ökonomie. Der Begriff wurde seinerzeit viel gebraucht und auch gründlich mißverstanden. Goldscheid argumentierte zwar ähnlich wie Taylor, soweit damit die technisch-rationelle und auf organisch-physiologischen Grundlagen beruhende Erleichterung der Arbeit gemeint war, jedoch nicht im Sinne der Gewinnrationalität, sondern von einem teils volkswirtschaftlich-entwicklungsökonomischen, teils humanistisch-ethischen Gesichtspunkt aus. "Menschenökonomie" meint die Anpassung der Maschine an den Menschen, die vertiefte Einsicht in die organischen und psychischen Bedürfnisse des Menschen und die Funktions- und Reproduktionsbedingungen der Arbeitskräfte, die Schaffung "entwicklungsförderlicher Arbeit", sowie die Erhöhung und Verbesserung der Qualifikation der Arbeiter. Die Wirtschaftswissenschaft interpretierte Goldscheid als einen Zweig der Soziologie auf der Basis von Marx' "Kapital", das er wie Max Adler als soziologisches Werk verstand. Der eigentliche Sinn der soziologischen Interpretation sei die Erkenntnis, daß die Wirtschaft einer Zeit vor allem aus den Klasseninteressen und aus der Macht, über die die verschiedenen Klassen verfügen, zu verstehen ist.[103]

Die Sozialisierungsdebatte während und unmittelbar nach dem Ersten Weltkrieg rückte die Probleme des Wirtschafts- und Gesellschaftssystems besonders in den Vordergrund. Der die Sozialisierung am radikalsten vertretende unter den österreichischen Sozialwissenschaftlern war Otto Neurath, dessen Werke in der Gegenwart wiederentdeckt und mehrfach, teils im Auszug, teils als Gesamtausgabe, her-

103 Ders., Naturrecht. Verhandlungen des 5. Deutschen Soziologentages 1926 in Wien, Tübingen 1927, S. 144 ff.

ausgegeben wurden.[104] Soziologie verstand Neurath auf materialistischer Basis als Vereinigung von Nationalökonomie und Geschichte in der Tradition von Marx und Engels.[105] Themen seiner ökonomischen Schriften waren Sozialisierung, Wirtschaftsplanung und sozialistische Wirtschaftsrechnung. Auch Karl Polanyi hatte vor seiner 1933 erfolgten Emigration nach London und dann in die USA in Wien bereits einige Arbeiten verfaßt, darunter zwei Aufsätze über sozialistische Rechnungslegung. In diesen Beiträgen deuten sich bereits einige Aspekte seiner Auffassung über Gesellschaft und Wirtschaft an.[106] Für Polanyi, wie für viele seiner Zeitgenossen bestand kein Zweifel daran, daß sie sich in einer Übergangswirtschaft vom Kapitalismus zum Sozialismus befanden. Polanyi hielt die Kontroverse zwischen den Verfechtern einer marktlosen Wirtschaft und denen der liberalen Marktwirtschaft für theoretisch überholt und führte eine dritte Position ein, die er "funktionellen Sozialismus"[107] nannte. Dessen Ziele und gleichzeitig Merkmale seien: erstens die Ausrichtung auf maximale Produktivität, zweitens die Verwirklichung sozialer Rechte in der Verteilung und drittens die prinzipielle Trennung zwischen dem System der Produktion und dem der Verteilung. Polanyi führte eine Zweiteilung zwischen der technischen Produktivität und der "sozialen Produktivität" ein, wobei letztere auf die Sicherung der höheren Gemeinnützigkeit der Produkte gerichtet sei und zum Bereich der durch das "soziale Recht"[108] bestimmten Verteilungsproblematik gehöre. Parallel dazu differenzierte er zwischen naturalen Kosten (Löhne und Rohstoffpreise) und "sozialen Kosten", unter denen er - anders als später Kapp[109], der von der Marktwirtschaft ausging - jene Kosten verstand, die auf

104 Siehe: Rainer Hegselmann (Hg.), Otto Neurath. Wissenschaftliche Weltauffassung, Sozialismus und logischer Empirismus, Frankfurt/Main 1979; Rudolf Haller/Heiner Rutte (Hg.), Otto Neurath. Gesammelte philosophische und methodologische Schriften, 2 Bde., Wien 1981; Paul Neurath/Elisabeth Nemeth (Hg.), Otto Neurath oder Die Einheit von Wissenschaft und Gesellschaft, Wien-Köln-Weimar 1994.

105 Otto Neurath, Empirische Soziologie, Wien 1931.

106 Karl Polanyi, Sozialistische Rechnungslegung, in: Archiv für Sozialwissenschaft und Sozialpolitik, Bd. 49, Tübingen 1922, S. 377-420; Ders., Die funktionelle Theorie der Gesellschaft und das Problem der sozialistischen Rechnungslegung, in: Archiv für Sozialwissenschaft und Sozialpolitik, Bd. 52, Tübingen 1924, S. 218-228. Dieser letzte Teil wurde wiederabgedruckt in: Karl Polanyi, Ökonomie und Gesellschaft, Frankfurt/Main 1979, S. 81-90.

107 Karl Polanyi, Sozialistische Rechnungslegung, op. cit., S. 379.

108 Zur Diskussion um das soziale Recht: Anton Menger, Das Recht auf den vollen Arbeitsertrag in geschichtlicher Darstellung, 2. Aufl., Stuttgart 1891; Julius Ofner, Das soziale Rechtsdenken, Stuttgart-Gotha 1923.

109 K. William Kapp, The Social Costs of Business Enterprise, Nottingham 1963 (urspr. 1950).

Grund der Verwirklichung des sozialen Rechts durch die Gesellschaft verursacht werden. Diese Zweiteilung in "Natur" und "Gesellschaft", Produktivität und soziales Recht, Produktionssystem und Kommune bezeichnete er als funktionellen Unterschied. Diese "funktionelle Theorie der Gesellschaft" unterscheidet seine Vorstellung vom Gildensozialismus, dem er sonst ähnlich ist. Der funktionelle Interessenausgleich erfolgt durch gesonderte Willensvertretungen der zwei im Lebensprozeß der Individuen vereinten Grundmotive: des Produzenten und des Konsumenten. "Statt des Widerstreites gleichartiger Interessen verschiedener Menschengruppen, wie es in einer Klassengesellschaft der Fall ist, bildet im Sozialismus der Widerstreit verschieden gearteter Interessen ein und derselben Menschengruppen das grundlegende Bewegungsprinzip der Gesellschaft und damit auch der Wirtschaft."[110] Es kann wohl angenommen werden, daß Polanyi Anregungen zu dieser funktionellen Theorie der Gesellschaft sowohl von Ernst Machs wie von Carl Mengers Denken sowie von den gildensozialistischen Ideen, die in Österreich relativ stark vertreten waren, erhalten hatte.

Die empirische Arbeiterforschung war in der Zwischenkriegszeit eine der bedeutendsten soziologischen Entwicklungen: Lazarsfelds Studie "Jugend und Beruf", Käthe Leichters Untersuchungen über die Lebens- und Arbeitsbedingungen von Industriearbeiterinnen[111] sind hier besonders hervorzuheben. Die Studie "Die Arbeitslosen von Marienthal" von Paul F. Lazarsfeld, Marie Jahoda und Hans Zeisel ist vielleicht das bekannteste soziologisch-empirische Werk überhaupt. Erwähnt werden müssen als wirtschaftssoziologisch relevant auch die von der Wirtschaftspsychologischen Forschungsstelle durchgeführten empirischen Markt- und Produktstudien.[112]

Eine Wirtschaftssoziologie, die sowohl aus dem national-ökonomischen wie dem sozialistisch inspirierten Gesellschaftsdenken gespeist wurde, entstand in dieser Epoche in Österreich zumindest im Ansatz. Während vor und um die Jahrhundertwende vielversprechende Ansatzmöglichkeiten für die Weiterentwicklung der Soziologie und der Wirtschaftssoziologie im speziellen vorhanden waren, schwenkten die verbliebenen Diskurse nach dem Zusammenbruch und nach einer kurzfristigen

110 Karl Polanyi, Die funktionelle Theorie der Gesellschaft und das Problem der sozialistischen Rechnungslegung, op. cit., S. 218-228, S. 224.

111 Käthe Leichter, So leben wir .... 1320 Industriearbeiterinnen berichten über ihr Leben, Wien 1932.

112 Siehe: Hans Zeisel, Market Research in Austria, in: The Human Factor 8/1934, S. 1-4.

Blüte in den 20er Jahren endgültig in die weltanschaulich-ideologisch voneinander abgeschotteten Gleise ein und ließen einen soziologischen Diskurs über diese hinweg nur mehr sehr beschränkt zu. In den 30er Jahren erst wird in Österreich das "Kapitalismusproblem" diskutiert, was auch Vorlesungen etwa des Othmar Spann-Schülers Jakob Baxa wie des linkskatholischen Ökonomen Josef Dobretsberger zeigen.[113] Ob durch die universalistische Lehre mit ihrer Identifizierung von Staat, Gesellschaft und Wirtschaft und ihrer Ausrichtung auf die ständische Gliederung als die der Ganzheitslehre entsprechende Ordnung des Staates, oder aber die Betonung der "soziologischen" Aspekte der Wirtschaft bei einer Reihe von Autoren von Hilferding über Emil Lederer bis zu Josef Dobretsberger, in all diesen Ansätzen spiegelte sich eine Abkehr von den Annahmen, die der klassischen und mehr noch der neoklassischen Ökonomie als der freien Wirtschaft der Individuen zugrundelagen und der Übergang zu mehr staatlichen Eingriffen.

Wirtschaftssoziologie der Reformökonomen

Eine Gruppe von Ökonomen formierte sich im Deutschland der 20er und 30er Jahre, die mit starken sozialistischen oder sozialdemokratischen Orientierungen und mit einem gewissen Naheverhältnis zu Gewerkschaftsbewegungen eine kritische Analyse der Wirtschaft betrieb. Charakteristisch war, daß sie zwar vieles aus dem Marxschen Denken entlehnten, sich aber dennoch im Sprachspiel und dem Diskurssystem der Marktökonomie bewegten. Zu dieser Gruppe von Ökonomen zählten Eduard Heimann, Adolph Löwe, Emil Lederer, Jakob Marschak, Gerhard Colm u. a. Sie betonten die Rolle des Staates und der Politik in der Steuerung der Wirtschaft, vor allem aber analysierten sie die Strukturmerkmale nationaler Wirtschaften und standen solcherart in einer großen Nähe zu soziologischen Problemstellungen. Hier ist vor allem auf Emil Lederer hinzuweisen, der zahlreiche Arbeiten verfaßt hat, die legitimerweise als Wirtschaftssoziologie gelten können, da sie sich mit sozialen und kollektiven Erscheinungen der Wirtschaftsgesellschaft seiner Zeit auseinandersetzen. Zu nennen ist insbesondere die Studie über die Privatangestellten, die schon 1912 erschien, sowie "Der neue Mittelstand".[114] Lederer hat überdies die Entwicklung der Verbände, vor allem der Gewerkschaften

113 Josef Dobretsberger plädierte für eine empirische Theorie der Monopole, die diese aus der historisch-räumlichen Organisation der Wirtschaft und nicht der Preistheorie erklärt. Josef Dobretsberger, Konkurrenz und Monopol in der gegenwärtigen Wirtschaft, Leipzig-Wien 1929, S. 6.

114 Emil Lederer, Die Privatangestellten in der modernen Wirtschaftsentwicklung, Tübingen 1912; Ders./J. Marschak, The New Middle Class, New York 1937.

in Deutschland und Österreich analysiert und kommentiert und hat sich zu vielen wirtschaftlichen und sozialen Fragen geäußert.[115] Hervorzuheben sind dabei die Untersuchungen über die Beziehung von technischem Fortschritt und Arbeitslosigkeit und über die Klassen auf dem Arbeitsmarkt.[116] Jedenfalls verbinden sich diese wirtschaftssoziologischen Studien viel inniger mit seinem Namen als seine "Grundzüge der ökonomischen Theorie" von 1922. Sein Interesse galt weniger der Theorie oder den wirtschaftlichen Prozessen, als vielmehr dem "sozialen Unterbau des Geschehens".[117]

Eine Reihe von Publikationen dieser Reformökonomen verwendete die Begriffe "Soziologie" und "Ökonomie" gemeinsam im Titel.[118] Adolph Lowe plädierte 1935 für eine Kooperation der Sozialwissenschaften und die Schaffung einer "economic sociology".[119] Lowe verwies dabei auf die Werke der Klassiker, die noch eine moralphilosophische Einheit und eine realitätsorientierte Behandlung des gesellschaftlichen Phänomens Wirtschaft aufgewiesen hätten. Die Apriorisierung gewisser Sätze in der modernen Ökonomie aber führe zu einer nicht nur inkompletten, sondern falschen Beurteilung wirtschaftlicher Prozesse. So seien Ungleichgewichte, Friktionen und Krisen keineswegs Ausnahmen, sondern die Normalität industrieller Entwicklung. Die Wirtschaftssoziologie sollte nach seiner Vorstellung eine synthetische Wissenschaft sein, die aus beiden Disziplinen "mittlere Prinzipien" entnehmen sollte, um die Veränderungen des ökonomischen Prozesses zu erklären und um aufzeigen zu können, wie darauf zu reagieren sei. Das ist eine bemerkenswert andere Auffassung von Wirtschaftssoziologie als die später üblich gewordene. Diese "mittleren Prinzipien" ähneln stark den späteren "middle range theories" des amerikanischen Soziologen Robert K. Merton. Auch Lowe forderte,

115 Z. B.: Ders., Die wirtschaftlichen Organisationen, Leipzig 1913; Ders., Zum sozialpolitischen Habitus der Gegenwart, in: Archiv für Sozialwissenschaft und Sozialpolitik 46/1918/1919, S. 114-139; Ders., Die ökonomische und sozialpolitische Bedeutung des Taylorsystems, in: Archiv für Sozialwissenschaft und Sozialpolitik 38/1914, S. 769-784.

116 Ders., Technischer Fortschritt und Arbeitslosigkeit, Tübingen 1931; Ders./J. Marschak, Die Klassen auf dem Arbeitsmarkt und ihre Organisationen, in: Grundriß der Sozialökonomik, IX. Abt.: Das soziale System des Kapitalismus (II. Teil), Tübingen 1927, S. 106-258.

117 Hans Speier/Emil Lederer, Leben und Werk, in: Emil Lederer, Kapitalismus, Klassenstruktur und Probleme der Demokratie in Deutschland 1910-1940 (hg. v. Jürgen Kocka), Göttingen 1979, S. 253-272, S. 261.

118 Z. B.: Robert Wilbrandt/A. Löwe/G. Salomon (Hg.), Wirtschaft und Gesellschaft. Beiträge zur Ökonomik und Soziologie der Gegenwart, Frankfurt/Main 1924.

119 Adolph Lowe, Economics and Sociology, London 1935.

die Wirtschaftssoziologie solle realistische Theorien auf der Grundlage von Generalisierungen aufstellen, die in der Reichweite der Zeitgenossen lägen. Dies begründete er damit, daß die laufenden Änderungen der Bedingungen in der modernen Wirtschaft insbesondere durch den technischen Fortschritt keine universalen Kriterien erlauben. Lowe ging davon aus, daß der ökonomische Prozeß mit seinen gesamtgesellschaftlichen Wirkungen zum Kernbereich der soziologischen Forschung gehöre. In dem 30 Jahre später veröffentlichten "On Economic Knowledge. Toward a Science of Political Economics"[120] war keine Rede mehr von einer Wirtschaftssoziologie und Lowe weigerte sich auch, seine Schrift von 1935 noch einmal herauszugeben, weil er sie sonst, wie er meinte, total umarbeiten müßte. Dieser Wandel in der Einstellung Lowes in bezug auf die Möglichkeit oder das Interesse an einer Wirtschaftssoziologie ist an sich symptomatisch für die Entwicklung, die in der Zwischenzeit im Verhältnis von Ökonomie und Soziologie vor sich gegangen war. Lowe wußte über die Soziologie gut Bescheid, stand er doch mit amerikanischen Soziologen, unter ihnen auch Talcott Parsons, in Verbindung.[121]

Eine besondere Stellung zwischen Historismus und Sozialdemokratie nahm Eduard Heimann ein, der sich mit der Thematik der geistigen und gesellschaftlichen Wurzeln der Sozialpolitik befaßte.[122] Seine Kapitalismustheorie beruhte auf der Überzeugung, daß durch die Sozialpolitik dem Kapital nach und nach die Herrschaft über die Arbeiterklasse entrissen werden könne und ein Weg in einen humanen und liberalen Sozialismus geöffnet werde. Tatsächlich entstand jedoch der Nationalsozialismus und nach dessen Ende ein ganz neuer Kapitalismus, ein technologisch beschleunigter Überflußkapitalismus, mit dem sich Heimann dann auch auseinandersetzte.[123] Heimann differenzierte zwischen "Gesellschaftssystemen", das sind jene, bei denen die Wirtschaft in die Normen und Traditionen der Gesellschaft eingebettet ist und eine "kulturelle Wirtschaft" darstellt, und in "Wirtschaftssysteme", bei denen sich die Wirtschaft als ein eigenes Subsystem mit spezifischen Normen und Institutionen ausdifferenziert habe. Merkmal des Wirtschaftssystems sei die Expansion, die auf der Reinvestition der Überschüsse, nicht der kulturellen Verausgabung beruhe. Kapitalismus und Kommunismus seien die zwei reinen Formen

120 Ders., On Economic Knowledge. Toward a Science of Political Economics, New York-Evanston 1965.

121 Erwähnenswert ist, daß auch zwischen Parsons und Lowe in den USA über einige Zeit hinweg eine intellektuelle Diskussion stattfand. Siehe: Claus-Dieter Krohn, Der philosophische Ökonom. Zur intellektuellen Biographie Adolph Lowes, Marburg 1996, S. 76 f.

122 Eduard Heimann, Soziale Theorie des Kapitalismus, Tübingen 1929.

123 Ders., Soziale Theorie der Wirtschaftssysteme, Tübingen 1963.

der Wirtschaftssysteme, die es historisch nur in den modernen Gesellschaften gäbe. Auch er sah die Wurzel der modernen Wirtschaftsentwicklung in den geistig-sozialen Veränderungen der Reformation, den Durchbruch erzielte sie aber durch die Herauslösung der menschlichen Arbeit aus den traditionellen, kulturellen und sozialen Bindungen. Dies ließ im Frühkapitalismus den Sozialismus als Idee und Bewegung und die staatliche Sozialreform als Reaktion darauf entstehen. Neue Elemente gelangten in die kapitalistischen Strukturen: die Zentralisation des Kapitals in monopolistischen Strukturen, die Prosperität aller Schichten durch Arbeiterschutzgesetzgebung, Sozialversicherung und Tarifvertragswesen. Das begründete auch die Umleitung der Rationalisierung auf Technik und Organisation. Monopole sah er nicht als Bedrohung der Marktwirtschaft, sondern als Voraussetzung, unter der es überhaupt zu Investitionen in Technik, Organisation und neue Güter kommen könne. Durch das Gegenmonopol der Gewerkschaften wie auch durch die Entwicklung der Demokratie komme es trotz Zentralisation des Kapitals nicht zur einseitigen Ausbeutung der Arbeiterklasse. Allerdings kommt Heimann angesichts des "reformierten Systems" zu dem Schluß, daß dieses nicht mehr als Kapitalismus zu klassifizieren sei. Die Gesellschaft sei auch keine Klassengesellschaft mehr, sondern eine mobile, geschichtete Gesellschaft, und auch der Markt wirke auf Grund des Tarifvertragssystems nicht mehr ungestört selbsttätig. Heimann bewertete das reformierte System zwar durchaus positiv, sah es aber keineswegs unkritisch, da er darin die Ursprünge von neuen Problemen sah. Diese bestehen vor allem in vier Risikopotentialen: der Verelendung der Dritten Welt, der, wie er meinte, voraussehbaren Absatzkrise der auf ständiges Wachstum ausgerichteten industriellen Produktion durch die Sättigung der Bedürfnisse, die ökologische Gefährdung durch die destruktive Kraft der Technik, und schließlich die Sinnentleerung und Atomisierung in der modernen Gesellschaft durch Individualismus und Vernunftglauben. Immer wieder kommt bei dem christlichen Sozialisten Heimann das Thema des Religionsverlustes auf, werden ethische Grundlagen offenkundig.[124] Heimann schloß: Wenn das Wirtschaftssystem trotz seiner Transformation zu Sinnkrise und neuen Risiken führt, muß der Überschuß statt reinvestiert zu werden, alternativen Zwecken gewidmet werden: der Beseitigung von Armut in der westlichen Welt, Entwicklungshilfe, Subventionierung der Kultur, des Schulwesens und der Dinge, die die Lebensqualität der Menschen erhöhen, so daß sich das Wirtschaftssystem wieder in ein Gesellschaftssystem auf höherem technischen und ökonomischen Niveau transformiere.

124 Das führte am Ende seines Lebens sogar zum Versuch einer "Theologie der Geschichte". Siehe: Ders., Theologie der Geschichte, Stuttgart 1966.

Ökonomie und Soziologie in Amerika: Soziale Voraussetzungen und Folgen der Wirtschaft

In Europa waren die sozialen Vorstellungen noch zu einem guten Teil durch die althergebrachten ständischen, vertikal differenzierenden Strukturen geprägt, und die Umwälzungen, die Industrie und Technik bewirkten, verwandelten diese nicht von heute auf morgen. Ganz anders war die Ausgangssituation in den Vereinigten Staaten von Nordamerika: die Weite des Landes verhinderte für einige Zeit zumindest soziale Spannungen durch das Hinausschieben der Grenze nach Westen, und die soziale Struktur der arbeitenden Bevölkerung schuf, insbesondere durch die Einfuhr schwarzer Sklaven und die Einwanderungsströme, ganz andere Bedingungen. Hier konnte sich ein extremer Individualismus genauso wie die starke Solidarität in kleineren, ethnisch, religiös oder lokal bestimmten Gruppen entwickeln. Große Wirkung hatten insbesondere jene Auffassungen, die sich an den Erfolgswillen und das Erwerbsstreben des einzelnen wandten, wie Samuel Smiles' "Self-Help" (1859), das vor allem unter den Voraussetzungen der Neuen Welt in den Vereinigten Staaten geradezu zu einem Manifest der Wirtschafts-Ideologie Amerikas werden konnte. Erfolgsstories von Unternehmern prägten die sozialethischen Implikationen des amerikanischen Kapitalismus und darüber hinaus das Image des Unternehmers weltweit. Die klassische Wirtschaftstheorie, die utilitaristische Ethik, die hier sozialdarwinistische Züge annahm, hatten in diesem Land besonders gute Chancen. Die liberale, utilitaristische Lehre vom Markt, von der vollkommenen Konkurrenz und der unsichtbaren Hand diente als Rechtfertigung für jede Form der Bereicherung und dafür, die Not und das Elend der Armen und der hoffnungsvoll in Amerika angekommenen Immigranten auszunützen. Es verwundert wenig, daß aus der Self-Help-Ideologie Smiles' im Zuge der explosiven Entfaltung der Wirtschaftskräfte im Amerika der letzten Jahrzehnte des 19. Jahrhunderts die Begeisterung für den Sozialdarwinismus wurde. Der amerikanische Soziologe William Graham Sumner schloß euphorisch, daß die Millionäre das Ergebnis natürlicher Auslese seien.[125] Hier kam es auch relativ bald zur akademischen Etablierung der Ökonomie, und der Liberalismus und Individualismus der neoklassischen Ökonomie breitete sich in der Folge besonders stark aus. Auf der anderen Seite kam es im 20. Jahrhundert dann in den Vereinigten Staaten auch zur Entwicklung der Sozialpsychologie und der Kleingruppenforschung in charakteristischer Weise.[126]

125 Zit. nach: John Kenneth Galbraith, Die Entmythologisierung der Wirtschaft, Wien-Darmstadt 1988 (urspr. am. 1987), S. 150.

126 Vgl. dazu: Gertraude Mikl-Horke, Soziologie, 4. Aufl., München-Wien 1997, S. 188 ff.

Unter dem Einfluß der Historischen Schule, aber auch des Marxismus und der Evolutionslehre entfaltete sich um 1900 innerhalb der amerikanischen Wirtschafts- und Sozialwissenschaften der Institutionalismus als eine wirtschaftssoziologisch bedeutsame Richtung der Volkswirtschaftslehre. Die hervorragenden Vertreter waren John R. Commons, Thorstein Veblen und Wesley Clair Mitchell. Im Gegensatz zu der von konstanten Rationalitätsprämissen ausgehenden neoklassischen Wirtschaftstheorie wurde von den Institutionalisten betont, daß das Wirtschaftsleben von sozialen, politischen, rechtlichen und ökonomischen Institutionen bestimmt werde, die ihrerseits dem geschichtlich-gesellschaftlichen Wandel unterworfen seien. Die Institutionen bilden sich als gesellschaftlich vorherrschende Denkgewohnheiten und Verhaltensformen im Verlaufe der Auseinandersetzung des Menschen mit sich verändernden materiellen Umwelteinflüssen heraus. Die in einer bestimmten geschichtlich-gesellschaftlichen Situation sich vollziehenden Prozesse der Arbeits- und Lebensbewältigung überformen die instinktiven Antriebe des Menschen und transformieren das Eigentumsstreben. Die Institutionalisten inkludierten wie die historischen Nationalökonomen in Deutschland soziale Probleme und gesellschaftliche Ordnungsfragen; sie befaßten sich oft viel unmittelbarer mit den realen Ereignissen und Bedingungen der sozialen Welt als die frühen amerikanischen "Soziologen" wie Small, Ward oder Giddings.

Der amerikanische Institutionalismus entfaltete sich jedoch in einer ganz anderen Welt als die deutsche historische Nationalökonomie, in einer Welt der extremen sozialen und ökonomischen Unterschiede, deren Grundlage der individuelle materielle Erfolg war. Die Haltung gegenüber der dynamischen Wirtschaftsszenerie, die den Institutionalismus auszeichnete, war eine realistisch-analytische und zielte auf sozialreformerische Politik. Am politisch einflußreichsten erwies sich John R. Commons und der sich um ihn sammelnde Kreis in Wisconsin, dem auch die Ursprünge wohlfahrtsstaatlicher Politik zugeschrieben werden. Der schillerndste und speziell aus soziologischer Sicht interessanteste aber war zweifellos Thorstein Veblen, dessen "Theory of the Leisure Class" (1899) eine der bemerkenswertesten Sozialanalysen überhaupt geblieben ist, die sehr anschaulich den Unterschied zur Gegenwart klarmacht, in der die Reichen keinesfalls mehr einfach "demonstrativ müßig" oder nur der "conspicuous consumption" lebend auftreten können, sondern sich ganz im Gegenteil ein Image des ständig höchst verantwortungsbewußt Arbeitenden zulegen müssen. Was Veblen heute wieder aktuell macht, ist der anthropologische Blick "aus der Ferne" auf die eigene Gesellschaft, nur daß Veblen tatsächlich die moderne Gesellschaft seiner Gegenwart nicht so weit entfernt sah von den Kulturen der "Wilden". Wirtschaftliches Rationalverhalten erschien ihm nicht als die höchste Entwicklung von Vernunft und Zivilisation, sondern nur als eine andere Art von Beutegier und Demonstration der Stärke. In seiner "Theory of Business Enterprise" (1904) skizzierte er den Konflikt zwischen Technikern und Geschäftsleuten, wobei für ihn die Maschinenwelt offensichtlich die eigentlich moderne Dimension des Industriesystems darstellte, während die kommerziellen Interessen Sand ins Getriebe des technischen Systems streuten. Wir finden hier bei Veblen die Umkehr der weithin anerkannten Auffassung, wonach der Unternehmer der eigentliche Motor der Wirtschaft sei. Tatsächlich reflektierte Veblens Analyse aber die Tatsache, daß für viele Großkapitalisten in Amerika seiner Zeit das Geldverdienen bei weitem Vorrang hatte vor Produktionsinteressen. Diese Haltung würde jedoch die Kapitalisten zum Untergang verurteilen, meinte Veblen, weil die Techniker sie durch ein maschinendominiertes Planungssystem der Produktion überflüssig machen würden. Veblen sah damit bereits die Konsequenzen der Vergrößerung, Integration und Verwissenschaftlichung der Betriebsorganisationen, die in seiner Zeit gerade von den Vereinigten Staaten ausging.

Die amerikanische Frühsoziologie befaßte sich zwar nicht direkt mit der Wirtschaft, aber mit den sozialen Folgen derselben. Sie versuchte dabei einerseits auf die Diskrepanz zwischen individuellen und sozialen Bedürfnissen aufmerksam zu machen, andererseits auf die Notwendigkeit der staatlichen Reform (insbesondere Lester F. Ward). Schon früh tauchte hier aber auch der Begriff der "Social Control" (Edward A. Ross, 1905) auf als eine selbsttätige Kontrolle der Gesellschaft, die vom Staat genutzt werden kann, um ausgleichend im Sinne der Erhöhung der Wohlfahrt aller zu wirken. Albion Small, Begründer der Chicagoer-Schule der Soziologie, setzte sich nicht nur mit Herbert Spencer, Ludwig Gumplowicz und Gustav Ratzenhofer und den Entwicklungen der Soziologie in Europa auseinander, sondern auch mit der Ökonomie. Er sah angesichts der Dominanz neoklassischen ökonomischen Denkens die Notwendigkeit für die Erweiterung der ökonomischen Erkenntnisse durch den Bezug auf das weitere soziale Umfeld menschlicher Erfahrungen. Das drückt sich auch in der Differenzierung von sechs grundlegenden Interessen, die das soziale Handeln der Menschen nach Small bestimmen, aus. Neben dem Reichtums- und Besitzinteresse müssen die Interessen an Gesundheit, Geselligkeit, Erkenntnis, Schönheit und Rechtlichkeit berücksichtigt werden. Small erweiterte solcherart den rein ökonomisch gefaßten Begriff des Interesses, auch ökonomische Sachverhalte seien soziale Tatbestände. Das "rein" Ökonomische, so äußerte er gerne, sei eben gerade nicht wirklich ökonomisch.[127] Er übte auch Kri-

127 Siehe: Albion Small, Adam Smith and Modern Sociology, Chicago 1907.

tik am amerikanischen Kapitalismus und der Politik des ökonomischen Liberalismus und plädierte, wie Lester F. Ward, für eine soziologisch fundierte staatliche Reformpolitik.

Während die frühen Soziologen in den USA eine naturalistisch-evolutionistische Sicht des Sozialen mit einer starken sozialreformerischen Absicht verbanden, wandten sich die Soziologen der zweiten Generation, insbesondere der Chicago-Schule wie William I. Thomas und Robert C. Park in konkret-pragmatischer Weise den sozialen Problemen in der Massengesellschaft der Städte und der Sozialanalyse der Gemeinden zu. Vielfach ging das auch einher mit einer Abwendung von den europäischen Wurzeln und der Konzentration auf autochthone anthropologisch-soziologische Entwicklungen. Dabei stellten die wirtschaftlichen Aspekte zwar deutlich die Rahmenbedingungen, aber sie waren weder Gegenstand noch Ziel der Studien im Sinne der Entwicklung wirtschaftssoziologischer Fragestellungen. Die Bedeutung wirtschaftlicher Erfolge und individueller Nutzenerwägungen blieb weitgehend unkritisiert. Es waren vielmehr jene Faktoren, die den individuell-wirtschaftlichen Erfolg behinderten, die ins Zentrum der Aufmerksamkeit traten. Die Wirtschaftsweise selbst mit allen Folgen wurde nicht hinterfragt, sie war wie ein Elementarereignis selbstverständlich und natürlich. Die Gründe, warum viele Menschen arm waren und nicht aktiv am Wirtschaftsprozeß teilnahmen, wurden in ethnisch-rassischer Diskriminierung, in städtischen Problemen, die sich aus der Einwanderung zahlreicher Menschen aus allen Teilen Europas und Asiens und deren Ansiedlung in den urbanen Zentren ergaben, den Problemen der sozialen Desintegration, der sozialen Abschichtung, der Arbeitslosigkeit, dem Alkoholismus und der Kriminalität gesehen. Diese Probleme erforderten praktische Lösungen, die aber nicht so sehr der Staat, sondern die Betroffenen selbst finden sollten; das aber war primär eine Frage des Miteinander-Umgehens, der Kommunikation, des Zusammenhelfens und des praktischen Handelns. Verhalten, Interaktion und Kommunikation wurden zum Kern dessen, was "Gesellschaft" im Sinne der Inszenierung des Alltags der Menschen bedeutete.

Die Trennung von Ökonomie und Soziologie: Durkheim, Pareto und die Folgen

In der Epoche, in der auch die Soziologie allmählich als Einzelwissenschaft begriffen und in den Universitäten Eingang fand, d. i. die Zeit etwa von 1890 bis 1920, zeigten Ökonomie und Soziologie einerseits noch eine starke Gemeinsamkeit, andererseits erfolgte aber auch die Lösung ihrer Gegenstandsdefinitionen, ihrer

Ziele und Methoden voneinander. Die Ambivalenz wird besonders deutlich darin, daß viele der “Gründerväter” der Soziologie in dieser Epoche auch Ökonomen waren: Herbert Spencer, Vilfredo Pareto und Max Weber. Das hing auch von der Institutionengeschichte der Disziplinen in den einzelnen Ländern ab und verlief daher zeitlich unterschiedlich. Für Deutschland galt dabei aber, daß viele der späteren Soziologen ein nationalökonomisches Studium absolviert und teilweise auch eine akademische Karriere als Ökonomen gemacht hatten.[128] In den Ländern, in denen sehr bald die neoklassische Wirtschaftstheorie zu Dominanz im universitären Bereich aufgestiegen war, galt das hingegen in einem weit geringeren Maße. Wo also die Nationalökonomie konkret, empirisch historisch und sozialreformerisch betrieben wurde, produzierte sie selbst Soziologen oder nahm den Charakter einer Gesellschaftswissenschaft an. Wo der Abstraktions- und Formalisierungsgrad der Ökonomie hoch war, kam es zu einer frühen disziplinären Trennung.

Die Gründe für die weitgehende Ausklammerung der Wirtschaft aus der Soziologie der Folgezeit lagen in akademisch-institutionellen Absichten. Da die Ökonomie bereits eine fundierte akademische Tradition hatte, zielte die Intention der Begründer der Soziologie als Einzelwissenschaft darauf, diese auf eigene Beine zu stellen, d. h. einen Gegenstand zu konstruieren, der nicht aus ökonomischen und politischen Gegebenheiten und Problematisierungen erwuchs, und den Anspruch vieler Ökonomen, eine Soziologie gleich mitzuliefern, zurückzuweisen. In Frankreich erfolgte die deutlichste Konstitution der Soziologie durch Auguste Comte und dann Emile Durkheim; hier war der Gegenstandsbereich der “Gesellschaft” auch am stärksten begrifflich konturiert, die Ökonomie hingegen eine bereits stark formalisierte Disziplin auf individualistisch-liberaler Grundlage. “Soziologie” war für Comte begründet auf der positiven Philosophie und sollte als Grundlage der Politik wirken. Erst in der Dritten Republik in Frankreich gelang die Einrichtung eines universitären Lehrstuhls für Emile Durkheim, dessen Konzeption einer empirischen Soziologie mit einem eigenen Erkenntnisobjekt, den Kollektivvorstellungen, die weitere Entwicklung der modernen Soziologie tief prägte. Die unsichtbare Hand, die Adam Smith in der Wirtschaft wirken sah, deutete Emile Durkheim als Funktionszusammenhang einer arbeitsteilig differenzierten Gesellschaft, deren moralischer Zusammenhalt durch “organische Solidarität” der Berufsgruppen ermöglicht wird.[129] Anders als die neoklassischen Ökonomen, die die individuellen Interes-

128 Dirk Käsler, Die frühe deutsche Soziologie 1909 bis 1934 und ihre Entstehungs-Milieus, Opladen 1984, S. 626-628.

129 Emile Durkheim, Über die Teilung der sozialen Arbeit, Frankfurt/Main 1977 (urspr. frz. 1893).

sen, Bedürfnisse und Präferenzen der atomisierten Wirtschaftenden als Grundlage des resultierenden Systems sahen, sah Durkheim die Konsequenzen von Arbeitsteilung und Eigentum für die Entstehung einer neuen Moral der differenzierten Gesellschaft und erklärte daraus die Art des gesellschaftlichen Zusammenhangs in der Industriegesellschaft. Nicht die materiellen Bedingungen der Wirtschaft als solche, sondern das sie begleitende Kollektivbewußtsein läßt die Ordnung der modernen Gesellschaft entstehen. Damit wird einerseits der modernen Wirtschaftsweise eine zentrale Bedeutung zuerkannt, sie selbst aber dennoch aus der Betrachtung ausgeklammert und nur die damit verbundenen Werte, die Moral, das Normensystem, die Verhaltensweisen aufgezeigt und zum Gegenstand, zur Realität "sui generis" der Einzelwissenschaft Soziologie gemacht. Diese Vermittlung wirtschaftlicher Phänomene durch die Ebene der sich in den Verhaltensweisen ausdrückenden Bewußtseins- oder Sinnlagen wurde in der Soziologie vorherrschend.

In Großbritannien hatte die Ökonomie eine sehr starke Stellung und Gesellschaft schien ohnehin von Wirtschaft durchdrungen. Hier wirkte noch stark die ökonomische Synthese der klassischen Nationalökonomie sowie eine ethnologisch-universalhistorische Ausrichtung. Eine Soziologie als Wissenschaft im Rahmen seiner naturalistischen synthetischen Philosophie begründete zwar Herbert Spencer, war jedoch damit im eigenen Land nicht sehr erfolgreich. Er verstand die Soziologie als eine Theorie der sozialen Evolution analog der Darwinschen Theorie von Auslese und Anpassung und entwarf auch schon eine durchaus moderne soziologische Systemtheorie.[130] In die evolutionäre Entwicklung sollte möglichst wenig eingegriffen werden, um den natürlichen Prozeß nicht zu stören. Als liberaler Ökonom, der er auch war, war sein Bild der Gesellschaft ein "individualistisches", d. h. er verstand sie getreu dem Marktdenken als zusammenwirkende Individuen, die inneren und äußeren Einflüssen ausgesetzt sind. Spencer lehnte als Verfechter des Liberalismus die enge Verbindung zwischen Soziologie und Politik ab. Die wirtschaftlichen Dimensionen der Gesellschaft wurden in diese integriert und durch naturgesetzliche Abläufe bestimmt gesehen. Spencer artikulierte auch das Selbstverständnis der modernen Gesellschaft als Wirtschafts- bzw. Industriegesellschaft, die einen gewaltigen Fortschritt der Industriegesellschaften gegenüber den früheren, vor allem auf der Basis von Krieg organisierten, da die Dominanz des ökonomischen Systems in den ersteren auch einen Vorrang demokratischer, pluralistischer und voluntaristischer Prinzipien, bewirke. Diese Verknüpfung zwischen Demokratie und

130 Vgl.: Paul Kellermann, Kritik einer Soziologie der Ordnung. Organismus und System bei Comte, Spencer und Parsons, Freiburg i. Br. 1967, S. 57 ff.

Marktwirtschaft prägt bis heute das liberale Wirtschaftsdenken und über dieses hinaus die Haltung der Moderne zur Wirtschaft.

In Deutschland, wo sich die historische Schule der Nationalökonomie als eine Fusion von Ökonomie und Soziologie auf der Basis der Geschichte, Statistik und der Sozialreform zum dominanten Paradigma entwickelt hatte, blieb die Soziologie entweder im Rahmen dieser Nationalökonomie oder suchte sich methodisch statt gegenstandsbezogen abzugrenzen. Große Bedeutung kam zwar der Wirtschaft im Gesellschaftsbegriff des Nestors der deutschen Soziologen, Ferdinand Tönnies zu, der alle jene Denker beeinflußte, die das Differenzdenken von "Gemeinschaft-Gesellschaft"[131] übernahmen. Gesellschaft erscheint bei Tönnies als primär ökonomisch begründet, und zwar auf der Tatsache des individuellen Besitzes beruhend, als dessen Folge es zum Tausch kommt, der den Wert der Güter bestimmt, und schließlich in Geld ausdrückt. Die Gesellschaft stellt sich für Tönnies insbesondere im Papiergeld selbst dar, sie produziert sozusagen ihren eigenen Begriff in Form von Papiergeld. Die Gesellschaft ist aber auch abstrakte Vernunft und ihr typischer Ausdruck die Wissenschaft. Zwischen dem Geld und der Wissenschaft sah Tönnies charakteristische Ähnlichkeiten: Wissenschaftliche Begriffe sind wie Waren auf dem Markt, und die abstraktesten unter ihnen sind gleich dem Geld. Tausch als gesellschaftlicher Akt beruht auf Kontrakt. Vertragsbeziehungen sind daher typisch für "Gesellschaft", und sie erfordern die Intervention des Rechts und des Kredits. Gewohnheiten, die sich im Bereich der Gesellschaft ausbreiten, sind nicht Brauch, sondern Konvention, und Gesellschaft ist ein durch Konvention und Naturrecht einiges Aggregat; Handel, Industrie und Wissenschaft sind die typischen Beschäftigungen. Tönnies faßte "Gesellschaft" daher nicht als anthropologische Konstante, sondern als ein historisch-ideologisch abgrenzbares gedankliches Konstrukt, das auf bestimmten realen Gegebenheiten, die vornehmlich in Lebenssituation, Vorstellungswelt und Interessensphäre des Bürgertums lokalisiert sind, beruhte. In der Skizzierung dieser "bürgerlichen Gesellschaft" stützte sich Tönnies sehr stark auf Marx' Analyse des Kapitalismus; er übernahm auch dessen Arbeitswerttheorie. Die Differenzierung in Gemeinschaft und Gesellschaft implizierte dennoch einen Zusammenhalt, der nicht in den materiellen Grundlagen der Wirtschaft begründet ist, sondern in der Art des "Willens" zum Zusammenhalt, der zunächst ein vorgegebener Wesenswille war und in der bürgerlichen wissenschaftlich-rationalen "Gesellschaft" ein absichtsvoller Kürwille wird. Dieser voluntaristische Aspekt wurde auch von

131 Ferdinand Tönnies, Gemeinschaft und Gesellschaft, Darmstadt 1979 (urspr. 1887).

Max Weber aufgegriffen. Nicht die Gegebenheiten einer "natürlichen Ordnung" oder eines systemisch oder utilitaristisch definierten Funktionszusammenhanges, sondern das Handeln wurde zum Gegenstand des Sozialen, und die Soziologie als eine Handlungswissenschaft verstanden, wie sie Parsons dann auf Grund der voluntaristischen Elemente bei Pareto, Marshall, Weber und Durkheim zu entwerfen suchte.[132] Wirtschaft und ihre spezifische Rationalität werden bei Weber als Teil eines breiteren kulturellen Geschichtsprozesses gedeutet. Verstehen und Erklären der Kulturbedeutung der Wirtschaft und der Rolle der Werte und Institutionen für den Sinn und die Motive des Wirtschaftens sind für Weber die soziologisch relevanten Problemstellungen.

Die Differenzierung von Soziologie und Ökonomie hatte auch ideologisch-gesellschaftsphilosophische Gründe in der Diskussion der Zeit. Die große Auseinandersetzung der Denksysteme, die sich vor dem Hintergrund der Transformation von Wirtschaft und Gesellschaft der zweiten industriellen Revolution, dem organisierten Kapitalismus und den national-politischen Machtkonflikten der Epoche zwischen 1870/80 und der Zwischenkriegszeit des 20. Jahrhunderts abzeichnete, war die zwischen Individualismus und Kollektivismus.[133] Sie betraf die kontroversen Vorstellungen von "Gesellschaft" als auf dem freien Willen der vielen einzelnen Individuen oder den kollektiven Interessen und Bewußtseinsformen von Klassen, Nationen und Völkern begründet und von "Wirtschaft" als staatsfreier Aktivität individueller Unternehmer oder als geplantes kollektives Unterfangen. Menger, Jevons, Mises und andere reduzierten die Ökonomie auf die Theorie der individuellen Bedürfnisbefriedigung. Spencer trat für liberalen Individualismus ein und prangerte den Terror der Organisation und die Tendenzen zur sozialistischen Planwirtschaft an. Durkheim hingegen sah die Kollektivvorstellungen als Gegenstand sui generis der Soziologie und Gumplowicz zeigte den Irrtum der Annahme der Willensfreiheit der Individuen im sozialen Naturprozeß auf.[134] Zwischen diesen extremen Standpunkten suchten Ökonomen wie Soziologen ihren Weg.

Das Ziel der neuen Wissenschaft der Soziologie war auf die Erkenntnis des Gesamtzusammenhangs der Gesellschaft gerichtet. Das Problem der Ordnung ange-

132 Talcott Parsons, The Structure of Social Action, New York 1937.

133 Karl Pribram, Die Entstehung der individualistischen Sozialphilosophie, Leipzig 1912; Emil Sax, Das Wesen und die Aufgaben der Nationalökonomie, Wien 1894 (urspr. 1884).

134 Für eine weitergehende Darstellung der Annahmen der frühen Soziologen siehe: Gertraude Mikl-Horke, Soziologie, 4. Aufl., München-Wien 1997.

sichts einer durch individuellen Eigennutz charakterisierten Gesellschaft und des Zusammenhalts trotz Gruppen- bzw. Klassenkonflikten beherrschten das Erkenntnisinteresse. Das Gruppenkonfliktmodell setzte sich gegenüber dem Ordnungsdenken unter den Soziologen, die schließlich als die Begründer der Soziologie galten, nicht durch. In dezidierter Weise finden wir es auf naturalistischer Basis nur bei Ludwig Gumplowicz[135], und auf Basis der ökonomischen Synthese bei Marx und den sozialistischen Soziologen, die aber gerade weil Gesellschaft und Wirtschaft in ihrer konkret-materialistischen Bedeutung nicht voneinander zu trennen sind, nicht dem Zeitgeist zu entsprechen schienen. Es kam vielmehr zu einer "Immaterialisierung" der Wirtschaft in der Soziologie dadurch, daß sie über die Moralvorstellungen, die Denk- und Handlungsweisen der Menschen erfaßt wurde.

Ein Wirtschaftstheoretiker und Soziologe hat großen Einfluß auf die Trennung von Ökonomie und Soziologie, vor allem durch seine Wirkung auf Talcott Parsons, George C. Homans und andere Soziologen nach dem 2. Weltkrieg gehabt: Vilfredo Pareto. Dieser den Ökonomen bestens bekannte Nachfolger von Leon Walras in Lausanne ist vor allem durch seine mathematischen Markt- und Gleichgewichtstheorien hervorgetreten. Für die Zwecke der Theorie wurde ökonomisches Handeln mit rational-logischem Handeln gleichgesetzt. Pareto sah wohl, daß eine solche Nationalökonomie nicht die Wirklichkeit erklären, sondern nur ein krypto-normatives Modell rationalen ökonomischen Handelns konstruieren kann. Der Großteil des menschlichen Handelns sei aber irrational, nicht-logisch, selbst im Bereich der Wirtschaft. Die Soziologie als logisch-experimentelle Erfassung des nicht-logischen Handelns sollte die Wirtschaftstheorie daher ergänzen und die Ökonomie zur Erfahrungswissenschaft machen.[136] Pareto differenzierte die Gegenstandsbereiche der Soziologie und der Ökonomie, indem er letztere als zuständig für die Erfassung des logischen Handelns, erstere für die des nicht-logischen Handeln erklärte. Logische Handlungen sind für Pareto solche, bei denen die subjektive Ziel-Mittel-Beziehung mit der objektiven Gegebenheit, wie sie logisch-experimentell ermittelt wurde, übereinstimmt. Bei nichtlogischen Handlungen fehlt die Konsistenz von subjektiver und objektiver Wirklichkeit. Sie fehlt, weil sich Gefühle, Weltanschauungen, Glauben etc. dazwischenschalten. Pareto nannte dies "Residuen". Die Menschen geben aber nicht gerne zu, daß sie irrational handeln, und oft wissen sie es auch nicht. Sie geben aber gerne verbale Rechtfertigungen ihres Handelns, die die-

135 Ludwig Gumplowicz, Der Rassenkampf, Aalen 1973 (urspr. 1883).
136 Vilfredo Pareto, Allgemeine Soziologie, Tübingen 1955 (urspr. it. 1916).

ses als logisch erscheinen lassen. Dafür verwendete Pareto die Bezeichnung "Derivationen".

Damit hat Pareto eine folgenschwere "Arbeitsteilung" zwischen Soziologie und Ökonomie festgeschrieben, die der Soziologie lange Zeit die Beschäftigung mit dem "Kern" der Wirtschaft, den rationalen wirtschaftlichen Kalkülen, dem Markt und der Preisbildung, verweigerte. Gleichzeitig aber übertrug er die Wissenschaftsauffassung der Ökonomie auf die Soziologie. Paretos "Gesellschaft" ist ein Gleichungssystem, das dazu dient, das Pareto-Optimum als jenen Gleichgewichtszustand zu finden, über den hinaus kein Individuum mehr Nutzen ("Ophelimität") erhalten kann, ohne gleichzeitig ein anderes zu schädigen. Pareto sprach in diesem Sinne vom "sozialen System", und seine Theorie der Gesellschaft sollte eigentlich auch eine krypto-normative Theorie sein, ähnlich der Wirtschaftstheorie. Das Gleichgewicht des komplexen und vielfach auf interdependenten Beziehungen beruhenden sozialen Systems wird durch den Ausgleich von Residuen und Interessen erreicht. Die Elemente des sozialen Systems sind: Residuen, Interessen, Derivationen; seine Struktur ist bestimmt durch soziale Heterogenität, wobei insbesondere die vertikale Spaltung in die Elite und die Masse bedeutsam ist. Aus der Bewegung der Eliten, d. h. dem Auftauchen neuer Eliten erklärte Pareto den gesellschaftlich-politischen Wandel.

Es ist ein Paradoxon der modernen Entwicklung der Sozialwissenschaften, daß gerade jene Denker, die sowohl ökonomisch wie soziologisch verankert waren, auch die disziplinäre Trennung zwischen Ökonomie und Soziologie begründeten: Vilfredo Pareto, Joseph Schumpeter, ja selbst Max Weber. Während Pareto und Weber die Differenzierung hinsichtlich der Logik bzw. Rationalität des Handelns vollzogen, sah Schumpeter sie in der Methode begründet. Heiner Ganßmann meint zurecht, daß diese Differenzierung sowohl für die Soziologie wie für die Ökonomie ein "Fluch" war. Die Konzentration auf die interpersonalen Beziehungen in der Soziologie blendete die sachliche, materiale Dimension sozialer Verhältnisse aus.[137] Das bedingte eine entmaterialisierte Behandlung des Sozialen, die Reduktion sozialer Beziehungen auf "Geist", Sinn und Kommunikation. Die Konstruktion eines eigenen Erkenntnisobjekts der Soziologie sowie die Kompetenzverteilung zwischen Ökonomie und Soziologie in bezug auf logisches, zweckrationales Han-

137 Heiner Ganßmann, Geld und Arbeit, Frankfurt/Main-New York 1996, S. 21 ff. Bezüglich der Ausblendung materialer Aspekte aus der Soziologie siehe auch: Gertraude Mikl-Horke, Die materiale Dimension des Sozialen, in: Tamas Meleghy et al. (Hg.), Soziologie im Konzert der Wissenschaften, Opladen 1997, S. 159-172.

deln und nicht-logisches, nicht rationales Verhalten führten zu einem wirtschaftslosen Gesellschaftsbild und umgekehrt zu der Konzeption einer Wirtschaft ohne Gesellschaft.

Gleichzeitig wurde die Übertragung von Modellvorstellungen von der Ökonomie auf die Soziologie zur stillschweigend akzeptierten Praxis, dadurch daß Wirtschaft und (neoklassische) Ökonomie vielfach identifiziert wurden. Das Marktgleichgewicht wurde zum Modell der (liberaldemokratischen) Gesellschaft, der gesellschaftliche Zusammenhang konnte als nicht-autoritär funktionierender Sanktionszusammenhang definiert werden. Soweit sich die Soziologie in der Folge überhaupt mit Wirtschaft befaßte, ließ sie die Annahmen der Ökonomen unwidersprochen gelten. Den "sozialen Elementen" wurde die Rolle von "Störfaktoren" oder Rahmenbedingungen der Wirtschaft zugewiesen und "andere" Wirtschaftsformen auf historische Gesellschaften beschränkt. So wurde der Gegenstand der Soziologie immer mehr zu einem "Restbestand dessen [...], was die Wirtschaftstheorie nach Aussonderung des allein zu exakt-wissenschaftlicher Bearbeitung Befähigten zurückließ, ein über sein eigentliches Forschungsobjekt und die anzuwendenden Methoden tief unsicheres Residuum".[138] Zwar gab es in den ersten Jahrzehnten des 20. Jahrhunderts noch eine ganze Reihe von Ansätzen einer sozialwissenschaftlich orientierten Befassung mit Wirtschaft, den Voraussetzungen, Formen und Erscheinungen und Folgen des "historischen Kapitalismus".[139] Diese Ansätze einer eigenständigen realistischen Behandlung der Wirtschaft durch die Soziologie gingen durch den Bruch in der europäischen Entwicklung, den Nationalsozialismus, Faschismus und Zweiter Weltkrieg markieren, besonders aber danach durch den starken Einfluß des amerikanischen Wissenschafts- und Soziologieverständnisses fast vollständig unter.

138 Gottfried Eisermann, Wirtschaftstheorie und Soziologie, Tübingen 1957, S. 5.

139 Mit diesem Ausdruck ist die Betonung der Spezifizität der europäisch-amerikanischen Wirtschaftsweise, wie sie in der Neuzeit entstand, verbunden. Siehe: Immanuel Wallerstein, Der historische Kapitalismus, Berlin 1984 (urspr. engl. 1983).

12. Kapitel: Die Entstehung des Wohlfahrtsstaates und die Ökonomie des regulierten Kapitalismus

> "In the eighteenth and nineteenth centuries economics took over politics [...]. Now politics bids once again to take over economics. Whether it will succeed turns ultimately upon whether we can establish enough little socialism to allay the clamor for one big socialism."[1]

Wirtschaftskrisen, hervorgerufen durch natürliche Ereignisse, Kriege, Handelsboykotts, Münzverschlechterung etc., hatte es zu allen Zeiten gegeben, sie waren einfach die wirtschaftlichen Begleiterscheinungen dieser Ereignisse, stellten sich als Hungersnöte, Preisrevolutionen oder -einbrüche dar und hatten soziale, politische und auch kulturelle Folgen. Aufschwung und Depression waren allen Menschen im 19. Jahrhundert bekannte und vertraute Dinge. Daneben zeigte sich, daß es innerhalb der Handels- und Bankkreise entstandene Krisen gab, die sich in Geldentwertung, Bankenkrachs, Verlusten der Handelsgesellschaften oder Beschäftigungskrisen offenbarten und ausbreiteten. Ökonomen begannen nun ihrerseits nach Gesetzmäßigkeiten dieser Entwicklungen zu suchen. Seit alters bestanden Überzeugungen von Zyklen oder Stadien der Entwicklung der "Geschichte" (Griechenland: Hesiod bis Giovanni Battista Vico, Oswald Spengler etc.). Man meinte, zyklische Abfolgen von Aufschwüngen und Krisen in der Wirtschaft feststellen zu können, und suchte nach Erklärungen für dieses das Gleichgewicht störende Phänomen. Da man die Krisen zunächst nicht als endogene Schwankungen akzeptieren wollte, kam es zu oft kuriosen Erklärungsversuchen wie dem von Jevons konstatierten Zusammenhang zwischen Konjunkturen und Sonnenfleckenperioden. Sie beruhten auf den von Juglar in den 1860ern festgestellten Konjunkturzyklen von sieben bis elf Jahren. Später stellte Joseph Kitchin kürzere Schwingungen fest. Am Ende des 19. Jahrhunderts erschien im Rückblick eine andere Bewertung der Bewegungen, denn die industrielle Epoche hob sich doch zu deutlich von den kurzfristigen Schwankungen ab. Nicolai D. Kondratieff behauptete 1926, lange Zyklen von fünfzig bis sechzig Jahren Dauer seien auf epochale technische Innovationen zurückzuführen. In den

1 Joseph J. Spengler, The Role of the State, in: The Journal of Economic History VII/1947, S. 123-143, S. 143.

30er und 40er Jahren stellte Simon Kuznets anhand v. a. amerikanischer Daten andere Zyklen von zwanzig bis fünfundzwanzig Jahren Dauer fest.[2] Fatalerweise schien es so, als wäre in den 20er Jahren nun auch der Abschwung der langen Welle gekommen. Das förderte pessimistische Erwartungen über das Ende des Kapitalismus, aber zugleich auch Versuche, in diese eigendynamischen Zyklen einzugreifen. Die Trendberechnung wurde als Grundlage für die Annahme verwendet, man könne den Zyklen durch geeignete Maßnahmen gegensteuern. Insbesondere die Theorie von John M. Keynes bewegte viele Ökonomen dazu, Wirtschaftssteuerung für möglich zu halten. Schließlich wurden ab den 60er Jahren Trend- und Zyklenberechnungen kombiniert; das ergab einen langfristigen, langsam steigenden linearen Trend. Die Zwischenkriegszeit stellte eine Abweichung davon nach unten, die unmittelbaren Nachkriegsjahrzehnte eine nach oben hin dar.

In der Zeit der Großen Depression[3] wurde überall in der industrialisierten Welt der Überzeugung Ausdruck verliehen, daß der Kapitalismus in eine Endzeit einmünde, während die Zukunft in der Planwirtschaft und der staatlichen Lenkung bestehe. Die Erkenntnis von kurzen, längeren und sehr langen Konjunkturwellen, die Erfahrungen mit der Kriegswirtschaft, das Intermezzo des Rätesystems in Europa und die Unsicherheit, die das Zusammenspiel der organisierten Interessengruppen und ihr Partikularismus auslösten, förderten diese Vorstellungen in der ersten Hälfte des Jahrhunderts. Nach der Zäsur durch Nationalsozialismus, Faschismus und Krieg in Europa zeigten sich die Ausprägungen eines neuen Systems des regulierten Kapitalismus nach dem Wiederaufschwung der Wirtschaft in den 6oer Jahren in vollem Ausmaß.[4] Es war charakterisiert durch Industriesystem, Managerkapitalismus und Wohlfahrtsstaat. Die ersten beiden hatten sich bereits in den Vereinigten Staaten der Zwischenkriegszeit herausgebildet, der letztere entstand in seinen verschiedenen Ausprägungen in den europäischen Ländern nach dem Zweiten Weltkrieg. Auch in der Ökonomie fand diese Entwicklung in den Ansätzen der Wohlfahrtsökonomie und im Keynesianismus ihren Niederschlag. Dennoch blieben die marktökonomisch-individualistischen Ansätze weiter dominierend und bildeten dann zusammen mit der keynesianischen Makroökonomie die "mainstream"-Synthese der Ökonomie, die als Diskurselemente den pragmatischen Strukturen einer neuen Bezie-

2 Siehe u. a.: Irving Fisher, Booms and Depressions, New York 1933; Joseph A. Schumpeter, Business Cycles, 2 Bde., New York 1939.

3 Lionel Robbins, The Great Depression, London 1934.

4 Schumpeter sprach 1942 vom "gefesselten Kapitalismus", bzw. vom "Großunternehmungs-Kapitalismus *in Fesseln*". Siehe Joseph A. Schumpeter, Kapitalismus, Sozialismus und Demokratie, 4. Aufl., München 1975 (urspr. am. 1942), S. 322.

hung von Privatwirtschaft, Staat und organisierten Interessengruppen gegenüberstanden. Die Wirtschaftspolitik wurde zu einem führenden Bereich innerhalb der Wirtschaftswissenschaften, wobei sich unterschiedliche Leitvorstellungen in bezug auf die Art und die Effizienz politischer Eingriffe in die Wirtschaft zeigten. Der regulierte Kapitalismus bot auch gerade zu einer Zeit als er durch Wirtschaftswachstum und Wohlstandssteigerung begünstigt Erfolge zu zeigen begann, eine Plattform für die Entstehung kritischer Reflexion.

Die Polarisierung der Regulationsszenarien in Ost und West

Vor dem Ersten Weltkrieg wuchs der Welthandel schneller als die Weltproduktion, weshalb die Ökonomen die Ursachen für den wirtschaftlichen Fortschritt im internationalen Handel sahen. In der Zwischenkriegszeit wuchs der Welthandel langsamer als die Weltproduktion, vor allem die Industriegüterproduktion, was den Liberalen den Wind aus den Segeln nahm, die Vertreter wirtschaftlicher Autarkie aber stärkte. Es entstand sogar die These von der gesetzmäßigen Verringerung des Außenhandels, die besagt, daß Industrialisierung und technischer Fortschritt im Verein mit anderen Faktoren eine relative Reduzierung des internationalen Austauschs von Gütern bedingen. Auch führe die Erhöhung der Realeinkommen zu einem Rückgang der Einfuhren, weil immer weniger für Nahrungsmittel ausgegeben würde, dafür aber immer mehr für im eigenen Land hergestellte Industriegüter.[5] Tatsächlich war, wie leicht einzusehen ist, diese "Gesetzmäßigkeit" eine historisch begrenzte und an bestimmte in dieser Phase gerade gegebene Bedingungen gebundene. Schließlich führte auch die politisch begründete und kriegsbedingte Entscheidung für relative Autarkie zum verstärkten Aufbau der Industrieproduktion und zu einer Reduktion des Außenhandels.

In den Verliererstaaten des Ersten Weltkrieges schien die wirtschaftliche Konsolidierung nach dem Krieg fast aussichtslos angesichts der riesigen Inflation mit ihren traumatischen Effekten auf die bürgerlichen Schichten der Gesellschaft, die das Kapital für den Wirtschaftsaufbau hätten beisteuern können. Nicht nur war dies nun faktisch nicht mehr möglich, sondern der Schock saß gerade bei diesen für die öffentliche Meinung und die bürgerlich-kapitalistische Gesinnung wichtigen Gruppen tief und bereitete das Feld für den Ruf nach Intervention und Lenkung. Auch die unrealistischen Kriegsschulden-Bestimmungen, die eine enorme Überschuldung Deutschlands zur Folge hatten, ließen eine Wiedererholung der Weltwirtschaft in der Zwischenkriegszeit nicht wirklich zu. Nur die US-amerikanische Wirtschaft

5 Wolfram Fischer, Die Weltwirtschaft im 20. Jahrhundert, Göttingen 1979, S. 48.

wuchs weiter, innerhalb einer Weltwirtschaft, die deutlich desintegrative Tendenzen aufwies. Länder wie Großbritannien, die stark vom Welthandel abhängig waren, traf dessen Rückgang besonders stark, während dies für die USA in weit geringerem Maße der Fall war. Die USA setzten auf "Kapitalismus in einem Land", denn sie exportierten zwar im Verhältnis zu anderen Staaten mengenmäßig viel, was aber angesichts des rasanten Wachstums der amerikanischen Binnenwirtschaft dennoch nur einen geringen Teil des Nationaleinkommens ausmachte. Die Inlandsnachfrage blieb im Verhältnis zur Produktion weit unter den Erwartungen, so daß man versuchte, durch eine starke Ausweitung der Verbraucherkredite nachzuhelfen. Die Ausstände aus diesen belasteten die Kreditwirtschaft und die Industrie stark, was sich dann wieder auf die Einkommen auswirkte. Da die Kredite gerade für dauerhafte Güter wie Autos, Elektrogeräte, Wohnungsausstattungen etc. aufgenommen worden waren, und diese Anschaffungen eine hohe Einkommenselastizität aufwiesen, kam es zu einem Teufelskreis. Die "Roaring Twenties" waren eine schillernde Epoche; Masseneinwanderung, forcierte Industrialisierung, Kapitalkonzentration und Verstädterung prägten die gesellschaftlichen Bedingungen. Das Ideal weiter Kreise und auch der Politiker blieb aber die agrarisch-mittelständische Gesellschaft unabhängiger Individuen. Von der liberalen Wirtschaftspolitik profitierten aber die Großindustrie und die Spekulanten, so daß die 20er Jahre durch das Auseinanderklaffen von politischen Leitbildern und der realen Entwicklung gekennzeichnet waren. Dadurch entstanden nicht nur große Unterschiede des Einkommens, der Macht, des Ansehens und damit große soziale Ungleichheit, sondern es kam auch zu einer Erosion der moralischen Standards in der Wirtschaft; Korruption, Bestechung, gewaltsame Unterdrückung der Arbeiterbewegung und der Schwarzen waren durchaus keine Seltenheit.

Die Wirtschaftsexpansion der 20er Jahre war eine völlig unkontrollierte und auch in ihren sozialen und ökonomischen Folgen unbegriffene und nicht handhabbare Entwicklung. 1929 mit der durch den Börsen- und Bankenkrach vom 29. Oktober ausgelösten Weltwirtschaftskrise war sie mit einem Mal zu Ende, und die schon so nahe scheinende Gesellschaft des allgemeinen Wohlstands erwies sich als das, was sie immer war: als völlig unrealistische Utopie. Das Ausmaß der Krise erschütterte die Fortschrittseuphorie und den sozialen Optimismus von Grund auf und stürzte die amerikanische Gesellschaft in lähmende Verzweiflung. Die Industrieproduktion sank in den USA um ein Drittel mit allerdings gewaltigen Einbrüchen in einigen Sektoren, die ihrerseits die Länder, die Rohstoffe, Halbfabrikate oder Teile lieferten, mit sich in die Depression rissen. Das amerikanische Kapital, das davor in großem Umfang nach Deutschland geströmt war, wurde abgezogen; die Rezession weitete sich rasant auf die ganze Welt aus. In den Industrieländern stieg die Arbeitslosigkeit der nunmehr bereits so gut wie vollständig von Markt und Industrie abhängigen Beschäftigten astronomisch, in Deutschland betrug sie etwa 44 Prozent.[6] Die Staaten reagierten mit einem weiteren Rückzug aus dem System der liberalen Weltwirtschaft, indem die Meistbegünstigungsklauseln in den Wirtschaftsverträgen verschwanden und der Goldstandard abgeschafft wurde. Das Land, das in den letzten Jahrhunderten zum Symbol des freien Handels geworden war, Großbritannien selbst, sagte sich vom Prinzip des freien Handels los. Somit war nur mehr der Weg in den nationalstaatlichen Protektionismus möglich, damit aber auch die Unterwerfung der Wirtschaft unter national-politische und sozial-politische Ziele. Der New Deal in den USA trug Züge eines Abgehens vom bisherigen rein marktwirtschaftlichen Kurs. In Deutschland und Japan wurden nationalen und totalitären Regimen der Boden geebnet. Da zu dieser Zeit nach der russischen Revolution der Sozialismus als großer weltpolitischer Gegner aufzutreten begann, konnten sich diese antiliberalen Tendenzen nur mit rechtsgerichteten Ideologien verbinden. Eric Hobsbawm sieht darin die geschichtliche Bedeutung der Großen Depression: "Ohne diesen Zusammenbruch hätte es mit Sicherheit keinen Hitler und mit ziemlicher Sicherheit auch keinen Roosevelt gegeben. Es wäre auch äußerst unwahrscheinlich gewesen, daß das sowjetische System in diesem Fall als ernsthafter wirtschaftlicher Rivale und als Alternative zum Weltkapitalismus angesehen worden wäre."[7]

Die sowjetische Wirtschaftsplanung hatte in der Zwischenkriegszeit, begünstigt durch Krise und anti-liberale Stimmung, im Westen eine gewisse Popularität erlangt. Vielen erschien sie als ein Versuch, trotz geringer Mittel mit Hilfe von Vernunft und Mobilisierung des Willens einer ganzen Nation die Wirtschaft aufzubauen und zu lenken. Teilweise entstand eine Art Schwärmerei - sogar unter französischen Unternehmern und in der traditionell kollektivistischen und staatlicher Lenkung gegenüber wenig positiv eingestellten britischen und US-amerikanischen Öffentlichkeit.[8] Intellektuelle wie Bernard Shaw, H. G. Wells oder Sidney und Beatrice Webb begeisterten sich für die Sowjetunion. Bei anderen wiederum ent-

6 Burkart Lutz, Der kurze Traum immerwährender Prosperität, Frankfurt/Main u. a. 1984, S. 64 ff.

7 Eric Hobsbawm, Das Zeitalter der Extreme. Weltgeschichte des 20. Jahrhunderts, München-Wien 1995 (urspr. engl. 1994), S. 116.

8 François Furet, Das Ende der Illusion. Der Kommunismus im 20. Jahrhundert, München 1996 (urspr. frz. 1995), S. 201 f.

stand eine Art Endzeitstimmung, basierend auf der Überzeugung vom Ende des Kapitalismus und der Unabwendbarkeit der Planwirtschaft.[9]

Die wirtschaftlichen Voraussetzungen für das sowjetische Planungssystem gehen auf das vorrevolutionäre Rußland zurück. Dieses war zwar ein überwiegendes Agrarland, hatte aber gleichzeitig mit den westlichen Ländern ab etwa 1830 Anstrengungen in Richtung Industrialisierung unternommen. Insbesondere um Moskau und St. Petersburg entwickelte sich die Baumwollindustrie, gefolgt von Rübenzuckerverarbeitung, Metallverarbeitung und Maschinenbau, vielfach noch unter dem System der Leibeigenschaft. Eine erste größere Umorganisierung der Wirtschaft und Gesellschaft erfolgte nach dem Krimkrieg, als man die Unterentwicklung Rußlands gegenüber dem Westen erkennen mußte. 1861 wurde die Leibeigenschaft abgeschafft, der Eisenbahnbau stark forciert, das Bankwesen reorganisiert und ausländisches Kapital und Know-how eingeführt. Ganz ähnlich wie im Westen kam es auch in Rußland zu einem großen Aufschwung in den 1890er Jahren, wobei hier noch immer der staatliche Eisenbahnbau (Trans-Sibirische Eisenbahn) eine führende Rolle spielte. Die Eisenbahn ermöglichte den Abbau und die Verwertung der großen Kohlen- und Eisenerzlager im Donbas-Gebiet und um Krivoi Rog und den Aufbau der ersten Kombinate. Von Anfang an waren in Rußland die staatliche Initiative, Finanzierung und Kontrolle ausschlaggebend für den Prozeß der Industrialisierung; die meisten Eisenbahnlinien waren in Staatsbesitz, der Staat übernahm Garantien für Anleihen von Privatbahnen, er hob Schutzzölle für Eisen und Stahl ein, förderte die Importe von Kapital, Maschinen und Wissen und schuf die institutionellen Voraussetzungen für die Industrie. Nach dem Aufschwung kam es zu einer Krise zu Anfang des neuen Jahrhunderts, gefolgt von den Rückschlägen durch den russisch-japanischen Krieg und die Revolution von 1905/1906. Letztere wurde unterdrückt, löste aber doch Reformen in der Landwirtschaft (Stolypin-Reform) aus, die zu einer Produktivitätssteigerung führten. Trotz allem erwies sich Rußland den industrialisierten Mächten des Westens, insbesondere Deutschland, unterlegen, wie sich im Ersten Weltkrieg zeigte. Die Wirtschaft lag durch den Krieg darnieder, als Streiks und Aufruhr unter Arbeitern in St. Petersburg ausbrachen. Soldaten beteiligten sich und bewaffneten die Streikenden. Als Lenin die Führung im Petrograder Soviet übernahm, gelang es den Roten Garden mit Leichtigkeit, die provisorische Regierung abzusetzen, und Lenin gründete den Rat der Volkskommissäre.[10] Jahre

9 Z. B.: Werner Sombart, Die Zukunft des Kapitalismus, Berlin-Charlottenburg 1932.

10 Vgl.: Adam B. Ulan, Lenin and the Bolsheviks, London 1966 (urspr. russ. 1965).

des Bürgerkriegs folgten, geprägt durch die Opposition der Weißen Armeen und der sozialrevolutionären Gruppen wie auch innerhalb der Bolschewiken durch die "Arbeiteropposition". Der Krieg mit Polen veranlaßte Lenin zum Übergang zum Kriegs-Kommunismus mit Verstaatlichung, Enteignung, Neuverteilung des Bodens, staatlicher Preisfestsetzung und Beschlagnahmung der Ernten. Neue Rechtsgrundlagen wurden geschaffen und die Ein-Parteien-Regierung konstituiert. Die Meuterei der Matrosen von Kronstadt 1921 überzeugte Lenin dann aber, daß eine gewisse Liberalisierung insbesondere den Bauern gegenüber notwendig war. Es folgte die sogenannte Neue Ökonomische Politik (NEP). Landwirtschaftliche Produkte wurden nicht mehr von den Bauern konfisziert und ausschließlich auf Grund von Staatskontrollen und fixierten Preisen verteilt, sondern auch über den Markt gehandelt. Privateigentum für Betriebe unter zwanzig Beschäftigten wurde wieder eingeführt und auch auf dem Kapitalsektor kam es zu Liberalisierungen. Aber die Großindustrie, die Infrastruktur, das Bankwesen und der Außenhandel blieben fest in staatlichen Händen. Der Staat unternahm auch ein ausgedehntes Elektrifizierungsprogramm, reorganisierte die Staatswirtschaft und schuf Ausbildungsinstitutionen für Ingenieure und Industriemanager.

Nach dem Tod Lenins und einer Phase des Interregnums und der Konflikte um die Führung schaffte es Joseph Stalin, Verfechter der Politik des Aufbaus des "Sozialismus in einem Land", zum Führer aufzusteigen. Er lancierte ab 1929 ein Programm der massiven staatlichen Industrialisierung mittels Fünf-Jahres-Plänen, die von der staatlichen Planungskommission (Gosplan) aufgestellt, weitergegeben und kontrolliert wurden. Die Wirtschaft der 1922 begründeten Union der Sozialistischen Sowjetrepubliken wurde damit auf eine rigide, bürokratische Planwirtschaft eingeschworen und umorganisiert, während im Westen die Wirtschaftskrise herrschte. Obwohl die Pläne immer wieder darauf abzielten, die Schwerindustrie und die Rüstungsindustrie auszubauen, blieb die Sowjetunion landwirtschaftlich dominiert, wobei der Agrarsektor aber gleichzeitig der produktiv schwächste war. Die Bauern wurden zu staatlichen Landarbeitern auf Staatsgütern, Kolchosen und Sowchosen. Das führte zunächst zu heftigem Widerstand gegen diese Kollektivierung, so daß selbst Stalin in manchen Fällen die Möglichkeit für genossenschaftliche Strukturen, die allerdings durch staatliche Maschinen-Traktoren-Stationen kontrolliert wurden, zugestehen mußte. Die wirtschaftliche Leistung in der Landwirtschaft wie in den meisten Sektoren der Industrie blieb in der Regel weit hinter den Vorgaben der Pläne zurück. Bürokratisierung, unrealistische Planung, Ineffizienz und Widerstand waren Sand im Getriebe, dem Stalin dann 1936/1937 mit einer "Großen Säuberung" gewaltsam entgegentrat.[11] Der Kriegseintritt im Zweiten Weltkrieg verschärfte die staatlichen Kontrollen noch im Sinne eines Kriegs-Kommunismus. Nach 1945 wurden die großen Verluste an Menschen und Wirtschaftsressourcen wieder mit dem alten System der Fünf-Jahres-Pläne auszugleichen versucht und eine forcierte Industrialisierungs- und Rüstungspolitik angesichts der weltpolitischen Rolle der UdSSR als zweite Supermacht betrieben.

In den USA war es im Gefolge der großen Krise zu einer spezifischen Form des regulierten Kapitalismus im New Deal Präsident Franklin D. Roosevelts gekommen. Seinen deutlichsten Ausdruck fand er in der Diskussion um Regierungsverantwortung und private Initiative, um wissenschaftlich-industrielle Systemplanung und staatliche Regionalplanung in bezug auf das berühmte Tennessee-Valley-Projekt der Elektrifizierung.[12] Die Wirtschaftspolitik Roosevelts unterschied sich grundsätzlich von der bisherigen Praxis und setzte entschieden auf Gestaltung, Planung und Lenkung durch den Staat bzw. öffentliche Körperschaften und durch die Verbände im National Industrial Recovery Act. Sie wandte das Keynessche Prinzip des "deficit spending" zur Lösung des Arbeitslosenproblems an und schuf eine Reihe öffentlicher Planungsbehörden wie die Public Work Administration, die Tennessee Valley Authority u. a., und schließlich nach einem weiteren "Linksruck" Roosevelts die umfassende Sozialgesetzgebung von 1935, etwa den National Labour Relations Act und den Social Security Act. Auf bundesstaatlicher Ebene wurde die Institutionalisierung eines Sozialversicherungssystems betrieben, ein wesentlicher Schritt in Richtung eines modernen Sozialstaates, das in der Folge aber im Vergleich zur Entwicklung der europäischen Wohlfahrtsstaaten wieder zurückfiel. Trotz aller Maßnahmen und zwischenzeitlichen wirtschaftlichen Aufschwungsphasen blieb die Arbeitslosigkeit in den USA eines der größten Probleme der Zeit bis zum Zweiten Weltkrieg. Dazu kamen weitere "social problems" auf Grund der Verstädterung, der Masseneinwanderung und der Rassendiskriminierung. Es würde zu weit führen, alle Reformmaßnahmen des New Deal im einzelnen anzuführen, die insbesondere ab 1935 unternommen wurden. Wesentlich ist anzumerken, daß sie von einem neuen Gesellschaftskonzept getragen wurden: nicht die unabhängige Mittelstandsgesellschaft war Ideal und Ziel, sondern die städtisch-industrielle Massengesellschaft. Massengesellschaft aber meinte auch Massenproduk-

11 Vgl.: Roy A. Medvedev, Let History Judge. The Origins and Consequences of Stalinism, New York 1971.

12 Theda Skocpol, State Formation and Social Policy in the United States, in: Theda Skocpol/John L. Campbell (eds.), American Society and Politics, New York et al. 1995, S. 497-511.

tion und -konsum, Großserienfertigung von Konsumgütern, zentrale Steuerung des Produktionsprozesses im Unternehmen und die Nutzung zukunftsträchtiger technischer Errungenschaften. Fords Betriebssystem wurde zum Prototyp eines neuen Industriesystems, das viel später als "Fordismus" bezeichnet wurde.[13] Dieses beruhte auf der Erkenntnis, daß Massenproduktion und Massennachfrage einander bedingen, was auch eine Veränderung der Betriebs- und Unternehmensstrukturen, sowie der Lohn- und Einkommenspolitik der Arbeitgeber einerseits und der staatlichen Politik der Einkommenssicherung und Arbeitsbeschaffung andererseits nach sich ziehen mußte. Allerdings war die Zeit nicht günstig für die volle Entfaltung des Massenkonsums als Grundlage für das Industriesystem. Die Wirtschaft in allen Industrieländern war nach der großen Depression angeschlagen, und insbesondere in Europa konnte der "Fordismus" seine volle weltwirtschaftliche Entwicklung erst nach dem Zweiten Weltkrieg entfalten.

In den USA zeichnete sich in der Folge die Entwicklung eines liberalen Kompromisses zwischen Regulation und Demokratie ab: ein pluralistisches System der Aushandlung sozialer Standards durch Interessengruppen, die als "countervailing powers"[14] ein labiles Gleichgewicht der Kräfte zwischen den großen Gruppen der Gesellschaft, den industriellen Unternehmern, den Farmern und der Arbeiterschaft erzeugte. Insbesondere in bezug auf die Regelung der industriellen Arbeitsbeziehungen glich die nur durch Rahmengesetze geregelte freie Aushandlung durch die Organisationen von Arbeitgebern und Arbeitnehmern dem repräsentativ-demokratischen Zweiparteiensystem in der Politik, etablierte in der Wirtschaft eine Art repräsentativer "industrial democracy". Diese konnte den Tendenzen zur staatlichen Planwirtschaft dann als Muster einer mit Markt und Demokratie vereinbaren Regelung entgegen gesetzt werden. Zwischen "Markt" und "Staat" entstanden jene realen Machtgebilde, die das 20. Jahrhundert beherrschen sollten[15]: Die großen Unternehmensorganisationen und -konzentrationen, die sich zu den "new style-corporations" transformierten, in denen der Einfluß der Eigentümer gering war, und die Verbände der Arbeitsmarktparteien, die durch Aushandeln von Interessen und autonome Normsetzung ein System der Regelung neben dem des Staates schufen.

13 Siehe etwa: Joachim Hirsch/Roland Roth, Das neue Gesicht des Kapitalismus. Vom Fordismus zum Post-Fordismus, Hamburg 1986.

14 John Kenneth Galbraith, American Capitalism, Boston 1952.

15 Frederick Lewis Allen, The Big Change. America Transforms Itself 1900-1950, New York 1988 (urspr. 1952), S. 234 ff.

In Europa führten die wirtschaftlichen und politischen Konstellationen der Zwischenkriegszeit zunächst zur Entstehung militärisch-machtpolitisch agierender Staaten in Italien und Deutschland, die in der Folge auch die anderen Staaten in kriegerische Auseinandersetzungen hineinzogen. Auch die USA nahmen dann an diesen teil und nach dem Sieg der Alliierten über NS-Deutschland übte Amerika einen großen Einfluß auf die europäischen Staaten, insbesondere die Verliererstaaten aus, zum einen durch seine Besatzungspolitik, zum anderen durch den Marshallplan zur Hilfe für den Wiederaufbau, aber auch in ideologisch-politischer Hinsicht durch die Förderung der Sozialwissenschaften diente.[16] Die USA wurden zum Vorbild in bezug auf wirtschaftlich-technische Entwicklung, Wissenschaft und auch in bezug auf das Gesellschaftsverständnis. Allmählich zeichneten sich Differenzierungen innerhalb der allgemeinen Tendenz zur Organisierung der Industriegesellschaft ab, je nachdem wie groß der Anteil des Staates und seiner Politik gegenüber Markt und Verbänden war. Dort wo die Rolle der staatlichen Organe eine starke war, mußten sich auch Großunternehmen und die Arbeitsmarktverbände um den institutionellen Einfluß auf Staat und Gesetzgebung bemühen. Im anderen Fall vollzog der Staat mehr das, was die Verbände aushandelten bzw. die "Wirtschaft" für notwendig ansah. Die verschiedensten Mischungen zwischen korporatistischen und pluralistisch-voluntaristischen "Systemen" entstanden, kristallisierten sich allerdings deutlich erst in den 60er Jahren heraus. Dabei zeigten Deutschland, Skandinavien und Österreich stärker korporatistische Züge, während Großbritannien seine voluntaristische Tradition beibehielt. Frankreich und Italien zeigten eine davon in einigen Aspekten abweichende durch sozialistische und teilweise syndikalistische Traditionen nuancierte Tendenz.[17] Ähnliche Abweichungen zeigten sich auch im Osten, wo sich der Einflußbereich der Sowjetunion nach 1945 auf die Länder Osteuropas ausgeweitet hatte, zwischen den einzelnen Ländern des "Ostblocks", je nach Stärke der zentralen Planung und der Existenz syndikalistischer oder privatwirtschaftlicher Elemente.

Die vielfältigen und engmaschigen Verstrickungen und Vernetzungen zwischen Staat und Markt, die die Wirtschaftssysteme der zweiten Hälfte des Jahrhunderts kennzeichneten, sind ohne Berücksichtigung der historischen Ereignisse wie der großen Krise und die Art und Weise der Reaktion darauf nicht zu verstehen. Diese

16 Siehe dazu: Friedrich A. Tenbruck, Die unbewältigten Sozialwissenschaften oder die Abschaffung des Menschen, Graz 1984.

17 Vgl.: Philippe C. Schmitter, Still the Century of Corporatism, in: Philippe C. Schmitter/G. Lehmbruch (eds.), Trends Towards Corporatist Intermediation, London 1979, S. 93 ff.

führte allgemein zu einer stärkeren Übernahme der Verantwortung für die Grundlagen und den Gesamtzusammenhang der industriellen Volkswirtschaft durch den Staat, wobei diese "Verantwortung" im Sinne eines demokratischen Staates, aber auch eines totalitären Systems und in vielen Schattierungen des Übergangs interpretiert werden konnte. Auch eine stärkere "Nationalisierung" der Wirtschaft und damit auch der Gesellschaft kennzeichnete die Staatenwelt dieser Epoche. Man suchte die eigene Volkswirtschaft vor den schädlichen Einflüssen "von außen" zu schützen und im Inneren eine regulative Politik einzurichten. Nationale Bewegungen entstanden aber auch in den Kolonien, die antikolonialistischen Impulse wurden gestärkt und damit die nationalen, politischen und sozialen Bewegungen gefördert, die sich dann im Ende des Imperialismus niederschlugen. Die Weltwirtschaft wurde vorsichtig unter den Zeichen der Bretton-Woods-Abkommen wieder aufgerichtet. Seit dem Ende des Zweiten Weltkrieges wuchs der Handel wieder stärker, wobei es zu einem einseitigen Vorteil für die Industrieländer kam. Die ehemaligen Kolonien, Protektorate oder manche unabhängige außereuropäische Staaten wurden zur Dritten Welt der "Entwicklungsländer".

Theorie und Praxis der nationalsozialistischen Wirtschaft

In Deutschland verband sich die antikapitalistische und antiliberale Stimmung mit einer Distanzierung vom "Händlergeist" Großbritanniens, vom politischen Mythos der Französischen Revolution und vom Pluralismus Amerikas, während die eigene kulturelle Besonderheit gegenüber der materialistischen Zivilisation des "Westens" hervorgehoben wurde. Man besann sich auf die geistige Kultur des deutschen Volkes und den idealisierten Begriff des Staates. Der liberale Kapitalismus individualistischen Zuschnitts wurde geradezu zum gegnerischen Gesellschaftsmodell des deutschen Weges. Werner Sombart meinte: "Die Wirtschaft ist nicht unser 'Schicksal'. Eine Eigengesetzlichkeit der Wirtschaft gibt es nicht."[18] Die Lenkung der Wirtschaft im kollektiven Interesse, allerdings nicht kommunistischen Zuschnitts, erschien vielen als Notwendigkeit. Der Aufstieg des Nationalsozialismus im Deutschen Reich, der Ständestaat Dollfuß' in Österreich und der Faschismus Mussolinis waren jeweils spezifische Ausprägungen autoritärer nationalistischer Bewegungen. In Westeuropa gab es zwar auch eine gewisse antiliberale Stimmung und nationalistische und faschistische Bewegungen, die aber vergleichsweise unbedeutend blieben. Ihrer Ausbreitung waren Grenzen gesetzt, weil sie na-

18 Werner Sombart, Die Zukunft des Kapitalismus, Berlin-Charlottenburg 1932, S. 5.

tionalistisch orientiert waren und daher keine internationalen Zusammenschlüsse bildeten, sondern ganz im Gegenteil eine antagonistische Konstellation zwischen Staaten und Nationen mit begründeten.[19]

Die Meinungen über das NS-Wirtschaftssystem gehen auseinander, weil dieses in bezug auf die Organisation der Wirtschaft ambivalente Züge zeigte. Manche Kommentatoren meinten, Konturen eines spezifischen, ideologisch bestimmten "Systems" der Wirtschaftsorganisation zu erkennen, die anderen sahen in der NS-Wirtschaftspolitik Anpassungsmaßnahmen ohne Systemzusammenhang. Die Schwierigkeit in bezug auf die Beurteilung erwuchs daraus, daß Eingriffe des Staates in die Wirtschaft durchaus auch in den westlichen Ländern üblich geworden waren und Deutschland hier noch vom Kaiserreich begründete Formen des organisierten Kapitalismus in stärkerem Ausmaß besaß, andererseits auch sehr bald die Vorbereitungen für die Kriegswirtschaft anfingen. Die Aufrüstung schuf solcherart als eine willkommene Nebenwirkung auch Vollbeschäftigung und schon lange vor Aufnahme der Kriegshandlungen eine planmäßige "Kriegswirtschaft im Frieden". Avraham Barkai versuchte zu zeigen, daß das Wirtschaftssystem des NS-Regimes nicht rein politisch zu begründen war und zu Beginn Arbeitsbeschaffungspolitik und Aufrüstung nebeneinander betrieben wurden, sich gegenseitig stützten und ergänzten, aber dennoch nicht als Planwirtschaft angesehen werden können.[20]

In der Beurteilung des NS-Regimes zeichnen sich aber auch die ideologisch-theoretischen Standpunkte der Interpreten deutlich ab. Während die DDR-Forschung die Staatsmonopolkapitalismus-These verfocht, wonach sich die deutsche Großindustrie des Regimes zu ihren Zwecken bediente, herrschte im Westen unter nichtmarxistischen Autoren die Auffassung vor, daß der Primat der Politik auch die Wirtschaft beherrscht hätte. Die Industrie profitierte zwar von Arbeitsbeschaffung und Aufrüstung und sah daher wenig Grund zur Gegnerschaft, hatte aber politisch wenig Einfluß, meint auch Barkai.[21] In einer amerikanischen Untersuchung über die Rolle der Großindustrie beim Aufstieg Hitlers[22] wird sogar betont, daß für die Erfolgsstory Hitlers die deutschen Großunternehmer eigentlich gar nicht erwähnt werden müßten, weil sie kaum eine Rolle gespielt hätten. Eine andere Auffassung

19 Ernst Nolte, Der Faschismus in seiner Epoche, München-Zürich 1979 (urspr. 1963).

20 Avraham Barkai, Das Wirtschaftssystem des Nationalsozialismus. Ideologie, Theorie, Politik 1933-1945, Frankfurt/Main 1988 (urspr. 1977).

21 Ebd., S. 23.

22 Henry A. Turner, Die Großunternehmer und der Aufstieg Hitlers, Berlin 1985 (urspr. am. 1985), S. 422.

lief auf eine Koalition von NSDAP, Großkapital und Militär hinaus. Eine solche Koalition von Partei, Kapital und Bürokratie (einschließlich Militär) nahm Friedrich Pollock 1941 wahr und charakterisierte sie als totalitäre Form des Staatskapitalismus.[23] Allerdings konstatierte auch Pollock, daß der Nationalsozialismus keine Planwirtschaft in dem Sinn geschaffen habe, daß das gesamte wirtschaftliche Leben gemäß einem wohlkonzipierten und detaillierten Plan gestaltet und dirigiert wurde. Die ständigen Eingriffe in die Wirtschaft hätten den Monopolkapitalismus dennoch in den Staatskapitalismus transformiert, auch wenn das nicht systematisch geplant war. Der am stärksten gelenkte Sektor war die Landwirtschaft, aber auch für die Industrie gab es ein allgemeines Programm: Vollbeschäftigung, größtmögliche Unabhängigkeit von Importen, Konsumentzug, Produktionsankurbelung insbesondere bei Rüstungsgütern, aber auch bei anderen Produktionsgütern. Zwar gab es Preise, aber sie waren nicht mehr Signale für die Produktion, Profite wurden in großem Umfang erzielt, aber sie bestimmten nicht mehr den Kapitalfluß. Friedrich Pollock meinte darin durchaus eine neue Ordnung zu sehen, zwar keine Planwirtschaft, aber eine Befehlswirtschaft.[24]

Franz Neumann hingegen lehnte den Begriff Staatskapitalismus ab, soweit damit verbunden wird, daß es in NS-Deutschland keine Gewerbe-, Vertrags- oder Investitionsfreiheit gegeben habe, daß der Staat alles gelenkt und kontrolliert hätte. Das aber sei im NS-Staat nicht der Fall gewesen, meinte Neumann und zog auch aus logisch-begrifflichen Gründen die Bezeichnung "totalitäre Monopolwirtschaft"[25] vor. Er leugnete die Existenz einer eigentlichen Wirtschaftstheorie des Nationalsozialismus und meinte, die Organisation der Wirtschaft erfolgte rein pragmatisch und auf die maximale Effektivität und Produktivität für die Zwecke der Kriegsführung hin orientiert. Allerdings lassen sich aus den Parolen des Parteiprogramms von 1926 wie "Brechung der Zinsknechtschaft, restlose Einziehung aller Kriegsgewinne, Verstaatlichung bereits vergesellschafteter Betriebe, Gewinnbeteiligung an Großbetrieben, Ausbau der Altersversorgung, Förderung des Mittelstandes, Enteig-

23 Daneben hielt er aber auch einen demokratischen Staatskapitalismus für möglich. Friedrich Pollock, Staatskapitalismus (urspr. am. 1941), in: Helmut Dubiel/Alfons Söllner (Hg.), Wirtschaft, Recht und Staat im Nationalsozialismus, Frankfurt/Main 1981, S. 81-110.

24 Friedrich Pollock, Ist der Nationalsozialismus eine neue Ordnung? (urspr. am. 1941), in: Helmut Dubiel/Alfons Söllner (Hg.), Wirtschaft, Recht und Staat im Nationalsozialismus, Frankfurt/Main 1981 S. 111-128.

25 Franz Neumann, Behemoth. Struktur und Praxis des Nationalsozialismus 1933-1944, Frankfurt/Main 1984 (urspr. am. 1942), S. 269 ff.

nung von Boden und generell Gemeinnutz vor Eigennutz"[26] doch gewisse Tendenzen ablesen, die sich aber keineswegs zu einem konsistenten Plan zusammenfügen lassen. Auch wurden diese Prinzipien nach der Machtergreifung kaum verwirklicht. Es gab auch Ansätze zur Reorganisation der Wirtschaft: die Bildung von Stände- und Berufskammern und allgemein die Neuordnung als Ständestaat etwa in der Art, wie ihn Adam Müller vorgezeichnet hatte und Othmar Spann vertrat. Diese Ideen waren schon vor dem Nationalsozialismus als Reaktion auf den Liberalismus aufgetaucht. Die Nationalsozialisten nahmen aber sehr bald Abstand von diesen Ideen, die für ihre Zwecke viel zu dezentrale und politikfremde Elemente enthielten. Franz Neumann meinte, die ökonomische Organisation des Nationalsozialismus, wie sie sich nach der Machtergreifung darstellte, hätte keine Ähnlichkeit mit korporativen oder ständischen Ideen gezeigt, selbst wo das Wort "Stand" verwendet wurde (z. B. "Nährstand" für die Landwirtschaft). Das NS-Regime hatte auch nicht daran gedacht, das Privateigentum aufzuheben. Die Struktur der Wirtschaft blieb gegenüber der Weimarer Republik nahezu unverändert, allerdings wurde das Prinzip der Zwangsmitgliedschaft und das Führerprinzip innerhalb der einzelnen Organisationen durchgesetzt und die politische Aufsicht über die Verbände geschaffen. Die Organisationen waren funktional und gebietsmäßig strukturiert, im NS-Staat stromlinienförmiger als vorher. Oberstes Organ war die Reichswirtschaftskammer, daneben bestanden jedoch die Kartelle weiter. In Hinblick auf die Preise gab es eine gewisse Preislenkung, aber nicht die totale Aufhebung des Marktes. An die Stelle der Gewerkschaften und ihrer Dachorganisation trat die Deutsche Arbeitsfront. Der Staatssektor der Wirtschaft war nicht unbeträchtlich, er umfaßte die verstaatlichten Betriebe, die allerdings bereits vorher bestanden hatten. Diese wurden im NS-Staat sogar meist durch Beamte und Privatunternehmer gemeinsam kontrolliert, was durchaus auf enge Verflechtungen zwischen Großunternehmern und NS-Staat hinweist. Jedenfalls kam es zu keiner Ausweitung der Verstaatlichung, sondern eher zu einer Beteiligung des Privatkapitals an der Kontrolle öffentlicher Unternehmungen. Anders lagen die Dinge beim Partei-Sektor (Göring-Konzern). Dieser wuchs mit erstaunlicher Geschwindigkeit, allerdings weniger durch wirtschaftliches Wachstum als durch Enteignung (Thyssen), Aktienaustausch und Kauf durch Reich und Privatindustrie gemeinsam. Der Göring-Sektor sollte der Partei eine ökonomische Machtbasis für ihre politischen Zwecke liefern. Den Gegner sahen die Nationalsozialisten nie im Industriekapital, sondern allein im Finanzkapital. Die Parole hieß daher "Selbstfinanzierung". Das Resultat war allerdings nicht die Abschaffung des Finanzkapitals, sondern seine Verlagerung vom privaten Bankensek-

26 Ebd., S. 279.

tor zu den Kapitalgesellschaften der Industrie und der Stärkung ihrer Monopolmacht neben der der Reichsbank.

In bezug auf die Neigung, den Nationalsozialismus nicht als moderne Erscheinung zu sehen,[27] wies Albrecht Ritschl darauf hin, daß die NS-Wirtschaftsideologie nicht viel mit Romantik und rückwärtsgewandter Agrarideologie zu tun hatte, sondern vielmehr auf die "Errichtung eines kontinentaleuropäischen Imperiums mit Zentraleuropa als industriellem Machtzentrum und Osteuropa als einem Kolonialraum" zusteuerte.[28] Der Nationalsozialismus hatte zwar keine spezifische Wirtschaftstheorie oder Generalkonzeption als Grundlage der konkreten Planung entwickelt, aber durchaus eine eigene Wachstums- und Modernisierungsideologie. Ritschl sieht einen spezifischen malthusianischen Ökonomismus vorliegen, der die nationalsozialistische Dynamik in Gang setzte. Dabei kam es weniger auf das Kapitalwachstum der bestehenden Wirtschaftskräfte an, als vielmehr auf das extensive Wachstum durch Eroberung von Land und Ressourcen.

Die "managerial revolution" und das Industriesystem

Das Industriesystem mit seiner Verschränkung von Massenproduktion und Massenkonsum in den USA verstärkte die Bedeutung des Managements in den Unternehmen gegenüber den Eigentumsinteressen. Adolf Berle und Gardiner Means hatten den Übergang vom Eigentümer-Kapitalismus zum Managerkapitalismus 1932 auf Grund der Tatsache festgestellt, daß die Trennung zwischen Eigentum und Kontrolle in den modernen Kapitalgesellschaften zur beinahe autonomen Macht der Unternehmensführung gegenüber den Aktionären geführt habe.[29] Die Personengruppe der angestellten Direktoren und die Trennung von Eigentum und Führung hatte es zwar schon immer gegeben, aber nicht in diesem Ausmaß. Außerdem lag die Betonung dieses Phänomens im Zeitgeist, der anti-liberalkapitalistische Züge und die stärkere Intervention des Staates aufwies. Die "managerial revolution"[30] hatte Implikationen für die Ziele und die Art und Weise der Unternehmensentscheidungen,

27 Insbesondere der totalitäre Charakter des Nationalsozialismus wird in einen Gegensatz zur Moderne gebracht. Dagegen: Rainer Zitelman, Die totalitäre Seite der Moderne, in: Michael Prinz/Rainer Zitelman (Hg.), Nationalsozialismus und Modernisierung, Darmstadt 1994, S. 1-20.

28 Albrecht Ritschl, Die NS-Wirtschaftsideologie - Modernisierungsprogramm oder reaktionäre Utopie? In: Michael Prinz/Rainer Zitelman (Hg.), op. cit., S. 48-70, S. 69.

29 Adolf A. Berle/Gardiner C. Means, The Modern Corporation and Private Property, New York 1932.

30 James Burnham, The Managerial Revolution, Harmondsworth 1945.

denn die Verwalter-Unternehmer haben, soweit sie selbst nicht Kapitaleigner sind, andere Interessen als Aktionäre. Für sie ist Wachstum und langfristiger Erfolg wichtiger als Dividendenhöhe. Sie sind daher mehr an Marktanteilen und Umsätzen einerseits, an der Erhaltung und Entwicklung der Organisation als solcher und an den Mitarbeitererwartungen andererseits orientiert. Managerkontrolle bedeutete daher einen zusätzlichen Impetus in Richtung auf das Wachstum der Unternehmen in bezug auf Umsatz- und Produktionskapazität. Das wiederum bedingte bei weitgehend gleichbleibender Technologie Personalaufstockung und soziale Rationalisierung. Aber sie hatte auch Auswirkungen in bezug auf die Gesellschaftsauffassung, denn dadurch wurde der marxistischen Klassentheorie - scheinbar - jede Grundlage entzogen. Der "Kapitalist" alter Prägung schien obsolet geworden zu sein. Die Trennung in jene, die die Kontrolle ausüben, aber kein Eigentum haben, und jene, die Eigentum, aber keine Macht haben, schien überdies ein Element demokratischer Kontrolle zu enthalten. Da die Verwalter-Unternehmer ihre Bedeutung aus der Stellung in der intra-organisatorischen Hierarchie ableiten, ist nicht nur ihre Perspektive stärker auf die Erhaltung des Unternehmens selbst gerichtet, sondern sie ähneln den Spitzenbeamten der öffentlichen Bürokratie und bilden mit diesen eine neue "Dienstklasse" im modernen Rechtsstaat.[31] Damit wurde der Ausweitung der Bürokratisierung auf die Unternehmen der Privatwirtschaft Rechnung getragen und damit verbunden einer Art "Dienst- oder Service-Orientierung" auch der Top-Manager in bezug auf ihr berufliches und gesellschaftliches Selbstverständnis betont. In der Managerwirtschaft kam es zwar auch auf Geschäfte und Gewinn an, aber darüber hinaus schien die Organisation als solche durch die Art und Weise, wie die Aufgaben verteilt wurden und die Kooperation funktionierte, wirtschaftlichen Erfolg zu gewährleisten. "Organisation ist die neue Produktivkraft des zwanzigsten Jahrhunderts", meinte Henry Jacoby.[32] Allerdings nur, wenn die Nachteile der Bürokratie beseitigt werden können, was zunächst in den USA, dann auch in Europa eine Unzahl von Organisationstheorien, -konzepten und -techniken hervorrief. Organisationen und ihr Wandel wurden zu den am meisten untersuchten Phänomenen. Große Organisationen wurden im 20. Jahrhundert zu den bestimmenden Größen in der Wirtschaft, und damit veränderte sich diese selbst nachhaltig. Die Großkonzerne und -unternehmungen wuchsen durch Diversifikation und Skalensteigerung zu beherrschenden, aber auch zunehmend schwerfälliger werdenden Organi-

31 Karl Renner, Wandlungen der modernen Gesellschaft, Wien 1953; Ralf Dahrendorf, Class and Class Conflict in Industrial Society, London 1959.

32 Henry Jacoby, Die Bürokratisierung der Welt, Frankfurt/Main-New York 1984 (urspr. 1969), S. 146.

sationen. Die Selbsterhaltungs- und Entwicklungsdynamik der Organisationen bestimmten die wirtschaftlichen Ziele in den Unternehmen, die an Größe und technisch-organisatorischer Rationalität orientiert waren. Die Unternehmen mußten über professionalisiertes Wissen verfügen, so daß es zum Einsatz zahlreicher Professionen in Stabstellen der Organisationen kam: in Forschungslaboratorien, in der Arbeitsvorbereitung, in technischen Entwicklungsabteilungen arbeiteten Ingenieure, Techniker, Chemiker und Wissenschaftler verschiedenster Art. Es war sehr oft die Organisation selbst, die professionelle Strategien verfolgte und wissenschaftlich angeleitete Entscheidungsmethoden benutzte. Sie wurde zu einem Produktionssystem, aber gleichzeitig auch zu einer Welt für sich, mit einer eigenen Sprache, Denkweise und Kultur. Und das verwundert nicht, denn einige der großen Wirtschaftskorporationen gebieten über ein Kapital, das das Bruttosozialprodukt so mancher Staaten übersteigt. Wie Charles Perrow meint, leben wir in einer Welt der Organisationen, die zu den dominierenden historischen Akteuren unserer Zeit geworden sind.[33]

Die Management- und Organisationseuphorie fand allerdings auch ihre Kritiker. Zum einen wurde hervorgehoben, daß die Trennung von Eigentum und Kontrolle nicht in einer Demokratisierung resultiere, sondern in der Entstehung einer neuen Form der Kombination von Eigentum und Kontrolle, die weniger durch Personengruppen, sondern durch die Kapitalmacht über Unternehmensgrenzen hinweg wirke. Zum anderen stellen die Manager auf Grund ihrer Macht und ihres Einflusses nicht nur eine elitäre Berufsgruppe dar, sondern üben auch eine neue Art von Klassenherrschaft aus.[34] Durch die Transformation in den Kapitalismus der großen Organisationen geriet dieser in der zweiten Hälfte des 20. Jahrhunderts in einen Widerspruch einerseits zum Prinzip der Demokratie, andererseits zur Marktwirtschaft. So meinte etwa Charles Lindblom mit Bezug auf das Verhältnis zwischen der Macht der großen Privatunternehmen und der Demokratie: "Es ist ein merkwürdiges Kennzeichen des demokratischen Denkens, daß das Privatunternehmen noch nicht als eine fremdartige Organisation innerhalb einer angeblich demokratischen Ordnung erkannt worden ist. Von enormer Größe, reich mit Mitteln ausgestattet, verfügen die großen Unternehmen über mehr Ressourcen als die meisten Regierungen. In vielen Punkten können Unternehmen darauf bestehen, daß die Regierung

33 Charles Perrow, Eine Gesellschaft von Organisationen, in: Journal für Sozialforschung 29/1989, S. 3-19.

34 John Child, The Business Enterprise in Modern Industrial Society, London 1969; Theo Nichols, Ownership, Control and Ideology, London 1969; John Scott, Corporation, Classes and Capitalism, 2. Aufl., London 1985.

ihren Forderungen nachkommt, auch wenn dies den Ansprüchen der Bürger, wie sie in polyarchischer Willensbildung artikuliert worden sind, zuwiderläuft. Außerdem sind sie nicht disqualifiziert, die Rolle eines interessengebundenen Bürgers wie jeder andere zu spielen, denn das Unternehmen ist, juristisch betrachtet, eine Person. Und sie üben ungewöhnliche Veto-Macht aus. In all diesen Punkten verfügen die Großunternehmen über unverhältnismäßig großen Einfluß. Das große Privatunternehmen paßt nur sehr schwer in Theorie und Vision der Demokratie. Eigentlich paßt es gar nicht."[35] John K. Galbraith[36] sah den "New Industrial State" bestimmt durch die große Bedeutung der "Technostruktur" als der für den modernen Industrialismus maßgebenden Gruppe von Technikern und Ingenieuren im Rahmen der großen Arbeitsorganisationen. Er sprach geradezu von einer "Revolution der Technostruktur". Dieses Planungssystem, das sich neben und über dem Marktsystem entwickelt habe, ist für Galbraith der eigentliche Inhalt dessen, was er "Industriesystem" nennt. Die enge Verbindung zwischen Planungssystem und Staat erklärt sich auf Grund der großen Bedeutung der Organisationen für die Wirtschaft und dieser für die Gesellschaft. Diese Bedeutung in Staat und Gesellschaft führt zur Anpassung von sozialen Zielen an die Ziele der Unternehmen und deren Technostruktur, so daß das, was man als soziale Ziele ansieht, eigentlich die Ziele der Technostruktur sind: hoher Lebensstandard = Produktionssteigerung; sozialer Fortschritt = Absatzsicherung. Preis- und Absatzkontrolle durch die Unternehmen sind typisch für das Industriesystem, was wieder dessen Interesse an der Sicherung der Gesamtnachfrage, mithin der Kontrolle der Einkommen, die für den Konsum verfügbar sind, begründet. Das Industriesystem muß sich auch eine Ideologie schaffen, muß die Marktrhetorik aufrecht erhalten, die Werte von freier Wahl und Demokratie betonen und dem Konsumenten Souveränität suggerieren, selbst aber Bedürfnisproduktion betreiben. Erwähnt müssen auch die am Ausgang der Phase des regulierten Kapitalismus von ökologischer und alternativ-wirtschaftlicher Seite vorgebrachte Kritiken an Großtechnologie, (Waren-) Wirtschaftswachstum und Organisationsgigantomanie werden.[37] Sie sind nach Effektivwerden der Dritten Industriel-

35 Charles Lindblom, Jenseits von Markt und Staat. Eine Kritik der politischen und ökonomischen Systeme, Frankfurt/Main u. a. 1983, S. 559.

36 John Kenneth Galbraith, Die moderne Industriegesellschaft, München-Zürich 1968 (urspr. am. 1967), S. 76 ff.

37 Vgl.: André Gorz, Kritik der Arbeitsteilung, Frankfurt/Main 1974; Ernst K. Schumacher, Small is Beautiful. A Study of Economics as if People Mattered, London 1973; Martin Jänicke, Wie das Industriesystem von seinen Mißständen profitiert, Opladen 1979.

len Revolution und dem Ende des realen Sozialismus in eine reine ökologische Diskussion übergegangen.

Typisch für die Phase der Expansion des Industriesystems war auch die Entstehung dualer Wirtschaftsstrukturen zwischen einem traditionellen klein- und mittelbetrieblichen und einem dynamischen industriell-marktwirtschaftlichen Sektor der Großunternehmen. Während sich die duale Wirtschaftsstruktur in den USA vielfach so entwickelte, daß Großindustrien und Großhandelsorganisationen relativ rasch im nationalen Maßstab wuchsen und rund um diese abhängige Zuliefer- oder Einzelhandelsbetriebe entstanden, war die Entwicklung in Europa eher umgekehrt, d. h. ein dichtes Netz kleiner, für den lokalen Bedarf oder Markt arbeitender Betriebe hatte sich seit langer Zeit entwickelt, während die Großunternehmen vor allem in der zweiten Phase der Industrialisierung durch staatliche Förderung und im Zuge der Konzentrationsprozesse aufgebaut wurden. Die Bedeutung des "traditionellen" Sektors war daher eine andere als in den USA, insbesondere eine viel breitere, die nicht auf den rein größenmäßigen Unterschied der Betriebe reduziert werden konnte; und auch nicht auf die Differenzierung in einen "stabilen" und einen prekären Waren- und daraus folgenden Arbeitsmarkt, wie das die Theorie des dualen Arbeitsmarkts implizierte.[38] Lutz deutet die Nachkriegsprosperität als Resultat der allmählichen Überwindung des Wirtschaftsdualismus durch den Wohlfahrtsstaat und die Absorption des traditionellen Sektors durch den modernen.[39]

Die Entstehung des Wohlfahrtsstaates

Aus dem 19. Jahrhundert waren unterschiedliche politisch relevante Vorstellungen über die Rolle des Staates in Gesellschaft und Wirtschaft geläufig. Zum einen überließ der Nachtwächter-Staat des Liberalismus dem Staat nur die Durchsetzung von Freiheitsrechten und betonte die Gewaltenteilung im Sinne der Verwirklichung des freiheitlichen Rechtsstaates, dessen Verfassung auf Vernunft und den menschlichen Grundrechten aufbaut. Diese Konzeption war mit der Idee der freien Bürgergesellschaft verbunden, die sich ihren Staat auf der Basis von Recht und Vernunft schafft. Im 20. Jahrhundert hingegen wies der Liberalismus nur mehr wirtschaftliche Züge

38 Siehe: Peter B. Doeringer/Michael J. Piore, Internal Labour Markets and Manpower Analysis, Lexington-Mass. 1971.

39 Burkart Lutz, Der kurze Traum immerwährender Prosperität, Frankfurt/Main u. a. 1984, S. 115 ff. Der "traditionelle Sektor" in entwickelten Industriegesellschaften ist geprägt durch relativ hohe Kommerzialisierung und gut fundierte handwerklich-gewerbliche Tradition, weshalb es zumindest nicht zulässig ist, ihm innovative Kraft abzusprechen.

auf und wurde zu einer negativen Ideologie, charakterisiert durch die Abwehr staatlicher Interventionen in den "Marktmechanismus". Auch diese Argumentation brach in der Krise zusammen. Sie erhielt sich am stärksten in den USA, wo sie auch ideologische Grundlage der Gegenposition gegen den Sozialismus war. Eine andere Sicht des Staates im 19. Jahrhundert war Marx' Überzeugung vom Staat als dem Exekutor der herrschenden Klasse der Bourgeoisie; sie wurde teilweise verallgemeinert zu einer Sicht des Staates als durch Gruppen, Klassen und Organisationen beherrscht. Interventionen werden daher nicht durch "Vernunft" oder Recht begründet gesehen, sondern als diktiert von partikulären Interessen. Das daraus folgende allgemeine Mißtrauen gegen den Staat, soweit er sich in die Wirtschaft einmischt, wird allerdings relativiert je nach der Stellung der eigenen Gruppe. In der Massendemokratie wird es überdies aufgehoben durch die Legitimität von Mehrheitsentscheidungen. Im Sozialismus wird der Staat dann durch die Übernahme der Macht durch den historischen Akteur, die Arbeiterklasse, rehabilitiert. Die dritte Gestalt des Staates, der patriarchalische oder paternalistische Staat, der auch mit der monarchischen Idee verbunden wurde, lebte vor allem in der Habsburgermonarchie und in Bismarck-Deutschland weiter. Die Reichsverfassung Bismarcks verzichtete auf einen Grundrechtskatalog, und die Sozialgesetzgebung wurde als Komplement für das Sozialistengesetz angesehen. Das begründete eine Tradition der Einstellung zum Staat, die diesen über die Bindung an partikuläre Interessen hinaushob, ihn aber auch nicht dem Walten der individuellen Bestrebungen überließ, sondern als Sozialstaat zum "sorgenden Staat aller Bürger" machte.

Das Ende des Zweiten Weltkrieges leitete in den europäischen Staaten einen Neubeginn in wirtschaftspolitischer Hinsicht ein, während es nach dem Ersten Weltkrieg eher zu einer Rekonstruktion gekommen war. In den einzelnen Staaten entstanden auf der Basis historischer Traditionen und Erfahrungen (Depression, Revolution, NS-Regime etc.) und angesichts unterschiedlicher soziopolitischer Kräfteverhältnisse verschiedene Ausformungen der Beziehung Staat-Wirtschaft-Gesellschaft. Generell wuchs die Bedeutung des Staates und seiner Eingriffe in die Wirtschaft und die Legitimität von Interventionen. Dem Staat kam eine führende Rolle bei der Verbesserung der Angebotsbedingungen, der Produktion und der Stabilisierung der Nachfrage zu. In den einzelnen Ländern kamen ordnungspolitische Modelle zur Anwendung, die auf den historischen Erfahrungen, den aktuellen politischen Kräfteverhältnissen und der Entwicklung der Produktivkräfte begründet waren. Sie wurden mit zu Voraussetzungen des enormen Wirtschaftsaufschwungs, der in den EG-Staaten auch durch den Abbau der Zollschranken gefördert wurde. Seit dem Ende der 50er Jahre und in den 60er Jahren kam es auch in den marktwirtschaftlichen

Ländern zu stärkeren Planungsbemühungen, während die Planwirtschaften Osteuropas Elemente kurzfristiger Konjunkturpolitik einbauten. Kommentatoren sprachen daher von einer Konvergenz der Wirtschaftssysteme. Die "planification" in Frankreich hatte ursprünglich sogar imperative Ziele der Investitionslenkung und Preis- und Lohnadministration. Im allgemeinen ging man aber von regulativer Planung (Prognose, Budget- und Verwaltungsplanung, Verkehrs-, Energie-, Raumplanung) zu indikativer Planung (Globalsteuerung, wirtschaftlicher Rahmenplanung, aktiver Strukturpolitik, Investitionsanreize) über. Das verband sich in der Regel mit der Übernahme keynesianischer Prinzipien und einer ausgeprägten Konjunkturpolitik. Während man in Westeuropa grundsätzlich am Bekenntnis zur Marktwirtschaft festhielt, setzte man doch großes Gewicht auf die Politik und eine gemischte Wirtschaftsordnung und hatte damit auch Erfolg, so daß die Aufgaben weiterhin nur mehr in der Stabilisierung und der langfristigen Lenkung der Wachstumsprozesse zu bestehen schienen. Dieser Optimismus sowie der Anspruch einer übergreifenden Wirtschaftssteuerung wurden im Lauf der 70er Jahre durch Ölkrise, Rezession und technologische Umstellung erodiert. Obwohl - oder vielmehr gerade weil - die nationalen Wirtschaftsgesellschaften des Westens sich über den Markt organisierten, wurde der Staat verantwortlich für Eingriffe in Fällen der Krise, des ungleichgewichtigen Wachstums oder der besonderen Ereignisse. Und er wurde zum Regulator, um die negativen Effekte auch der "normalen" Funktion der Marktwirtschaft zu kontrollieren und auszugleichen, insbesondere in bezug auf die Übernahme der sozialen Kosten privater wirtschaftlicher Tätigkeit und in Hinblick auf die Gewährleistung von Erwerbsarbeitsmöglichkeiten in einer sich immer mehr über Arbeit definierenden Gesellschaft. Dennoch mischte sich der Staat in den meisten Fällen in Westeuropa und Nordamerika in "die Wirtschaft" im Kern nur über fiskal- oder finanzpolitische Teilmaßnahmen ein; der eigentliche Bereich von Produktion, Verteilung und Konsum wurde kaum staatlich geregelt. Dem Staat kam hingegen vor allem in Mitteleuropa eine bedeutende Rolle als Ordnungsfaktor in bezug auf den Widerstreit der gesellschaftlichen Gruppen und Bewegungen zu durch die Regelung der sozialen Beziehungen und die Bewältigung der sozialen Probleme durch die Schaffung rechtlicher Institutionen, eine an Arbeitsbeschaffung orientierte Politik und sozialpolitischer Maßnahmen zum Ausgleich sozioökonomischer Ungleichheit.[40] Der Beginn dieser Bestrebungen des Staates datiert bereits aus der Phase

40 Lothar Machtan (Hg.), Bismarcks Sozialstaat. Beiträge zur Geschichte der Sozialpolitik und zur sozialpolitischen Geschichtsschreibung, Frankfurt/Main-New York 1994; Monika Breger, Der Anteil der deutschen Großindustriellen an der Konzeptualisierung der Bismarckschen Sozialgesetzgebung, in: Lothar Machtan

der 2. Industriellen Revolution. Zwischen 1880 und 1930 lassen sich in den einzelnen Staaten drei Pfade in Richtung Wohlfahrtsstaat aufzeigen: der Bismarck-Pfad, der britischen Lib-Lab-Pfad und die katholischen Konzepte.[41]

Im allgemeinen wird Bismarcks Sozialgesetzgebung[42] als Beginn der modernen Sozialpolitik gesehen, denn die anderen europäischen Staaten folgten dem deutschen Beispiel weitgehend. Im Zentrum stand die Idee der Sozialversicherung für Arbeitende als Schutz gegen Einkommensverluste bei Krankheit oder Unfall, Invalidität und Alter; erst später und viel unterschiedlicher geregelt wurde die Versicherung gegen Arbeitslosigkeit. Schon 1889 war ein internationaler Kongreß für Sozialversicherungen gegründet worden, wo die grundlegenden Prinzipien, sowie die Verwaltungs- und Finanzierungsmodalitäten diskutiert wurden. Die tatsächliche Einführung erfolgte in den einzelnen Staaten nur allmählich und in geringerem Umfang als programmiert. Strittig war die Frage, ob es sich um eine öffentliche Pflichtversicherung oder eine private bzw. freiwillige Versicherung handeln solle. Vor dem Ersten Weltkrieg wurde das Pflichtprinzip nur im Deutschen Reich, in Österreich, Ungarn, Luxemburg, Norwegen und den Niederlanden in allen Sparten eingeführt.[43] Ein weiterer Impuls ging dann erst während des Zweiten Weltkrieges von Großbritannien aus, und zwar durch den "Beveridge-Report on Social Insurance and Allied Services" (1941), der nicht nur eine Grundlage für den Aufbau des Welfare State durch die Labour-Regierung unter Premierminister Attlee nach Kriegsende war, sondern darüber hinaus international, insbesondere für Deutschland und Österreich maßgebenden Einfluß ausübte. Der Beveridge-Report enthielt Vorschläge für eine ziemlich radikale Neuordnung des Systems der sozialen Siche-

(Hg.), op. cit., S. 25-60; Florian Tennstedt, Sozialgeschichte der Sozialpolitik in Deutschland, Göttingen 1981; Heinz Lampert, Lehrbuch der Sozialpolitik, 2. Aufl, Berlin u. a. 1991; Anton Burghardt, Kompendium der Sozialpolitik, Berlin 1979; Timothy Mason, Sozialpolitik im Dritten Reich. Arbeiterklasse und Volksgemeinschaft, Opladen 1975.

41 Alexander Hicks/Joya Misra/Thang Nah Ng, The Programmatic Emergence of the Social Security State, in: American Sociological Review 60/1995, S. 329-349.

42 Im einzelnen: das Gesetz betreffend die Krankenversicherung der Arbeiter von 1883, das Unfallversicherungsgesetz von 1884 und das Gesetz betreffend die Invaliditäts- und Alterssicherung von 1889; siehe insbes.: Heinz Lampert, op. cit., S. 70 ff.

43 Die Form der staatlichen Pflichtversicherung war durchaus im Interesse der Großindustrie, die in den Entscheidungsprozessen vor der Gesetzwerdung maßgeblich eingebunden waren. Siehe: Monika Breger, Der Anteil der deutschen Großindustriellen an der Konzeptualisierung der Bismarckschen Sozialgesetzgebung, in: Lothar Machtan (Hg.), Bismarcks Sozialstaat. Beiträge zur Geschichte der Sozialpolitik und zur sozialpolitischen Geschichtsschreibung, Frankfurt/Main-New York 1994, S. 25-60.

rung in Großbritannien wie Mindestunterhalt durch Familienzuschüsse, Aufbau eines allgemeinen nationalen Gesundheitsdienstes, Aufrechterhaltung der Vollbeschäftigung und Aufbau eines universalen beitragspflichtigen Versicherungssystems für alle sozialen Risiken. Die Vorschläge wiesen darüber hinaus weitergehende Regulierungen auf, insofern als Vollbeschäftigung nicht durch die Nachfrage, sondern durch staatliche Kontrolle der Industrie und die schrittweise Sozialisierung gewährleistet werden sollte. Dies reflektierte eine weit verbreitete Überzeugung hinsichtlich der Notwendigkeit einer Neuordnung der britischen Gesellschaft, die durch die solidarisierende Erfahrung im Krieg beeinflußt war. Der Beveridge-Plan wurde von vielen als "halber Weg nach Moskau" und als Abkehr von marktwirtschaftlichen und liberalkapitalistischen Prinzipien interpretiert. Beveridge selbst schrieb 1942, "daß wir uns entschließen zu einer Gemeinschaft zu werden, in der unternehmerischer Gewinn als leitendes Produktionsprinzip für alle Zeit aus großen Teilen unseres Wirtschaftslebens ausgeschaltet wird".[44] Wie José Harris dazu bemerkt, ist das Erstaunlichste daran wohl, daß derartige Auffassungen sowohl für die Vertreter der Unternehmer als auch für die der Arbeiterschaft akzeptabel waren, und die Tatsache des Wegfalls der politischen Opposition in dieser Frage bedeutete, daß nach dem Krieg der Aufbau des Wohlfahrtsstaates relativ rasch vor sich gehen konnte. Das Programm der Labour-Partei 1945 sah eine umfassende Reform mit Betonung auf Vollbeschäftigung, Einführung wirtschaftlicher Kontrollen, Verstaatlichung wichtiger Industrien und soziale Wohlfahrt vor.[45] Zwar beruhte die Labour-Politik nicht in allen Punkten auf dem Beveridge-Report, dieser stellte aber den grundlegenden Bezugsrahmen dar. Man schuf ein vereinheitlichtes Sozialversicherungssystem, baute den National Health Service auf, die Sozialhilfe und andere soziale Einrichtungen. Nicht verwirklicht wurde das Prinzip des Mindestunterhalts sowie die Einbeziehung der Hilfskassen in die Verwaltung der Sozialversicherung und damit deren direkte staatliche Kontrolle. Das Sozialversicherungssystem sah einheitliche Beiträge und einheitliche Leistungen für alle Bürger vor, folgte also dem Prinzip der Volksversicherung. Allerdings zeigten sich nach der Überwindung der Notzeiten die Schwächen des universalen, einheitlichen Systems der Sozialen Sicherheit, insbesondere in bezug auf die Rentenversicherung. Die staatliche Rente war niedrig und wurde meist nur als Zuschuß zum Lebensunterhalt im Alter angesehen. Sozia-

44 Zit. in: José Harris, Einige Aspekte der britischen Sozialpoltik während des Zweiten Weltkrieges, in: Wolfgang J. Mommsen (Hg.), Die Entstehung des Wohlfahrtsstaates in Großbritannien und Deutschland 1850-1950, Stuttgart 1982, S. 255-270, S. 262.

45 Jürgen C. Heß, Die Sozialpolitik der Regierung Attlee, in: Wolfgang J. Mommsen (Hg.), op. cit., S. 306-324.

le Ungleichheiten wurden solcherart nicht ausgeglichen, da die Besserverdienenden über private Zusatzversicherungen ihr Einkommen aufbessern konnten bzw. Großbetriebe für ihre Arbeitnehmer Betriebspensionssysteme unterhielten. 1959 wurde daher ein einkommensbezogenes System ergänzend zur staatlichen Mindestrente eingeführt.

Deutschland war zwar durch die Bismarcksche Sozialgesetzgebung das auf dem Gebiet der Sozialpolitik führende Land gewesen, die Prinzipien, auf denen dieses aber bis nach Kriegsende beruhte, waren andere als die, welche der Beveridge-Plan in Großbritannien vorsah. Grundsätzlich waren nur als schutzbedürftig definierte Gruppen in die gesetzliche Pflichtversicherung einbezogen, höhere Angestellte und Selbständige waren daher nicht gesetzlich versichert. Auch waren die verschiedenen Gruppen der Arbeiter und der Angestellten durch getrennte Sozialversicherungsträger erfaßt, und die Sozialversicherung war lohnbezogen. Sozialleistungen wurden als Äquivalent für individuelle Beiträge definiert, zweckbestimmte Beiträge sollten sie finanzieren (Versicherungsprinzip) und nicht so sehr Steuern (Versorgungsprinzip). Während der NS-Zeit wurden auch zentralistische, einheitliche Systeme eingeführt, was dazu führte, daß man sich nach Kriegsende und Überwindung des NS-Regimes besonders gegen die neuerliche Vereinheitlichungstendenz nach dem Muster des Beveridge-Plans wehrte.[46] Auch war die konservative Regierung unter Konrad Adenauer dieser nicht zugeneigt, man wollte nicht nur Eigeninitiativen fördern, sondern auch am Subsidiaritätsprinzip, also dezentralisierter Selbstverwaltung, festhalten. Hingegen favorisierte die SPD die Beveridge-Ideen. Beratungspolitik, Oppositionsideen und internationale Trends wirkten auch in Deutschland in die Richtung einer gewissen Abänderung der tradtitionellen Prinzipien. Dies geschah zum einen im Bereich der Rentenversicherung (Rentenreform 1957) durch Abgehen vom Kapitaldeckungsprinzip hin zu einem Umlageverfahren auf der Basis des Konzepts vom Generationenvertrag (die arbeitende Generation tritt Konsumansprüche zugunsten der noch nicht bzw. der nicht mehr arbeitenden Generationen ab). Zum anderen wurde die "dynamische Rente" eingeführt, wodurch sichergestellt werden sollte, daß die Renten in bezug auf die Berechnungsgrundlage sowie die Rentenhöhe am wirtschaftlichen Wachstum teilnahmen. Damit sollte verhindert werden, daß es mit dem Ausscheiden aus dem Erwerbsleben zu einem Absinken des Lebensstandards kommt; die Rente sollte als Lohnersatz die Stellung des einzelnen im Sozialgefüge erhalten. Die Sozialleistungsquote Deutschlands nach

46 Hans Günter Hockerts, Deutsche Nachkriegssozialpolitik vor dem Hintergrund des Beveridge-Plans, in: Wolfgang J. Mommsen (Hg.), op. cit., S. 325-350, S. 330.

dem Krieg war vergleichsweise hoch auf Grund des insgesamt niedrigen Sozialprodukts und der großen Zahl der Leistungsempfänger aus Kriegsfolgen und blieb auch nach dem Wirtschaftsaufschwung auf hohem Niveau, obwohl man 1972 einen durchschnittlichen Mindestplafond einführte. Das System erwies sich als weit "wohlfahrtsstaatlicher" als das britische, weil private Versicherungen dabei wesentlich weniger Marktchancen vorfanden als bei einheitlichen, niedrigen staatlichen Renten, obwohl es eigentlich gerade das Gegenteil bezwecken sollte. Österreich unterschied sich insofern vom deutschen System, als die Solidaritätstendenzen in Richtung auf Einbeziehung möglichst aller Gruppen hier stärker waren als in Deutschland. Auch war die Sozialpolitik Gegenstand kooperativer Regelung im Rahmen der Sozialpartnerschaft und der direkten staatlichen Initiative und Kontrolle daher stärker entzogen.[47]

In der Atlantic Charta von 1941, der Menschenrechtserklärung der Vereinten Nationen und in nationalen Verfassungen, wurde das Ziel der sozialen Sicherheit verankert. Nach dem Zweiten Weltkrieg gewann die Vorstellung international Gewicht, daß die Sozialpolitik nicht nur Hilfe in der Not darstellen sollte, sondern darüber hinaus Vorsorge für dauernde Sicherheit von Arbeit, Einkommen und Wohlfahrt aller Bürger gewährleisten sollte. Die Konzeption des britischen Wohlfahrtsstaats auf der Basis des Beveridge-Plans mit seiner umfassenden Neuordnung von Sozialversicherung, Wirtschafts-, Sozial-, Bildungs- und Finanzpolitik im Sinne der Prinzipien der Demokratisierung, Angleichung der Chancen und der Vollbeschäftigung wurde auch in den skandinavischen Ländern als Ziel angenommen. Im Grundgesetz der BRD wurde diese zum "sozialen Staat" erklärt. Ihr angestrebtes Wirtschaftsmodell war die "soziale Marktwirtschaft". Die Entwicklung zum Wohlfahrtsstaat in seinen verschiedenen Ausprägungen wurde selbstverständlich auch durch die Wirkung und den aktiven Kampf der Arbeiterbewegung gefördert, aber die wirtschaftlich-gesellschaftliche Konstellation, die sich in der Zwischenkriegszeit herausgebildet hatte, enthielt eine inhärente Entwicklungsdynamik in Richtung auf den Wohlfahrtsstaat. Da die Gesellschaft mehr und mehr auf Erwerbsarbeit, insbesondere abhängiger Erwerbsarbeit, basierte, und die Wirtschaft in bezug auf Ziele und Lenkungsprinzipien nach den Sondierungen in Richtung Planwirtschaft dann doch dem "Markt", d. h. den Interessen und autonomen Aktionen der Unternehmungen überlassen blieb, wurde der Staat zuständig für jene Lebenspha-

47 Anton Burghardt, Zielsysteme und Leitbilder der Angewandten Sozialpolitik in Österreich, in: Soziologie und Sozialpolitik (hg. v. A. Brusatti et al.), Berlin 1980, S. 274-293.

sen und sozialen Situationen, die außerhalb von Erwerbsarbeit und Marktwirtschaft angesiedelt sind: Familie und Kinder, Jugend und Ausbildung, Alter, Krankheit, Arbeitsunfähigkeit etc. Die Staatsausgaben stiegen in der Folge auf Grund gesteigerter Ansprüche und demographischer Entwicklungen in allen Industrieländern beträchtlich und waren Mitverursacher einer hohen Staatsverschuldung, die ihrerseits wachsende Steuer- und Beitragsaufkommen der arbeitenden Bevölkerung erforderte.

Die Gründe und Motive für den Wohlfahrtsstaat waren verschiedene und die Ausformungen desselben ebenfalls, aber er beruhte in jedem Fall auf einem Kompromiß, der auf demokratischem Wege zustande kam. Die allgemeinste Zielsetzung war zunächst die Beseitigung von Armut gewesen. Die Einrichtungen des Wohlfahrtsstaates schufen dafür zweifellos gute Voraussetzungen, in vollem Umfang allerdings spät, so daß seine Maßnahmen erst dann griffen, als die Massenarmut durch den Nachkriegsaufschwung der Wirtschaft eine Sache der Vergangenheit geworden war. Ob die Beseitigung der Armut eine Leistung des Wohlfahrtsstaates oder die Folge des Wirtschaftswachstums war, ist eine müßige Frage, weil beide zusammenwirkten und auch so legitimiert werden, d. h. Wirtschaftswachstum und Wohlfahrtsstaat werden wechselseitig jeweils als Voraussetzung des anderen interpretiert. Für den Wohlfahrtsstaat bedeutete dies aber, daß bereits sehr bald Veränderungen und Neuorientierungen seiner Ziele und Einrichtungen notwendig wurden.

Eine andere Facette betrifft die Ideologien, mit denen der Wohlfahrtsstaat verbunden wurde. Von Gewerkschaftsseite wurde er als Erfolg des Kampfes der organisierten Arbeiterklasse bzw. als Folge der Bemühungen um die Verbesserung der Lage der Arbeitenden gewertet, von Unternehmerseite befürwortet als Mittel gegen die Radikalisierung der Arbeiterklasse und zur Abwehr des Kommunismus. Der Wohlfahrtsstaat stand daher in Beziehung zu den Entwicklungen und der Stellung der organisierten Arbeiterklasse nach innen und nach außen sowie zu den Veränderungen der sozialistischen Ideologie. Ein starker Legitimitätsgrund für den Wohlfahrtsstaat fiel überall dort weg, wo sozialistische Ideologien und/oder die Arbeiterbewegung relativ schwach waren (z. B. in den USA). Am besten etablierte er sich dort, wo relativ gemäßigte, starke sozialdemokratische Regierungen und starke, zentralisierte Gewerkschaftsorganisationen bestanden (z. B. in Skandinavien). Der Zusammenhang zwischen Wohlfahrtsstaat und Marktwirtschaft ist widersprüchlich. Einerseits beruht er auf regulativen Normen und Staatseingriffen in die Wirtschaft zum Zweck der Verminderung sozialer Ungleichheit und Armut und des Ausgleichs sozialer Risiken, wobei grundsätzlich das selbsttätige Wirken des Marktes "gestört" wird;

zum anderen wird er auf Marktwirtschaft begründet gesehen; etwa kritisch von den Vertretern der regulationstheoretischen Auffassung oder positiv im Konzept der sozialen Marktwirtschaft.[48] Die ökonomische Theorie hat im paretianischen Ansatz und auch mit der Humankapitaltheorie zwar marktkonforme Wohlfahrtsimplikationen entwickelt, die auf mikroökonomischen Annahmen beruhen, aber im großen und ganzen in makroökonomischer Sicht doch stärker die negativen ökonomischen Effekte der Staatseingriffe betont. Die Verbindung von Keynesianismus und wohlfahrtsstaatlichen Interventionen verlagerte die Bedeutung der Sozialpolitik auf die Beschäftigungspolitik.

Die gesellschaftlichen Implikationen des Wohlfahrtsstaates gehen über diese Sozialpolitik-Interpretationen hinaus, weil sie die Übernahme sozialer Gemeinschaftsfunktionen durch den Staat, bei gleichzeitig fortschreitender Demokratisierung, und damit eine grundlegend andere Beziehung zwischen Staat und Gesellschaft, beinhalten. Unter dieser Perspektive differenziert Richard Titmuss residuale, institutionale und industrielle Wohlfahrtsstaatstypen. In allen Wohlfahrtsstaaten bezieht sich ein Teil der Normen und Maßnahmen auf minimale ergänzende Eingriffe zur Anhebung privater Vorsorge bzw. Behebung eklatanter sozialer Probleme. Ein anderer Teil beruht auf institutionell verankerten gesellschaftspolitischen Entscheidungen und wieder ein anderer geht auf die Möglichkeiten zurück, die durch Industrie- und Wirtschaftswachstum begründet wurden.[49] Seine Differenzierung findet sich in abgeänderter Form in einer Vielzahl späterer Ansätze, so auch in Esping-Andersens Typologie des liberalen, konservativen und sozialdemokratischen Wohlfahrtsstaates.[50] Dabei werden Titmuss' Typen mit den Prinzipien der Sozialpolitik sowie mit historisch-genetischen Aspekten ihrer Funktion und Ideologie kombiniert, sodaß sich solcherart drei "Welten" des Wohlfahrtskapitalismus ergeben: Das "residual welfare model" zeichnet sich durch die Dominanz des Fürsorgeprinzips aus, d. h. subsidiär zum Funktionieren von Markt und familialen Leistungen werden an dem Grad der Bedürftigkeit orientiert staatliche Unterstützungen gewährt, auf die jedoch kein Rechtsanspruch aus Bürgerrechten besteht. Die Ideologie entspricht dem Frühliberalismus, der auch die Armengesetzgebung des 19. Jahrhunderts motivierte. In der Gegenwart kommen ihm die "welfare"-Leistungen

48 Gösta Esping-Andersen, Welfare States and the Economy, in: Neil J. Smelser/Richard Swedberg (eds.), The Handbook of Economic Sociology, Princeton-New York 1994, S. 711-732.

49 Richard H. Titmuss, Essays on the Welfare State, London 1958.

50 Gösta Esping-Andersen, The Three Worlds of Welfare Capitalism, Cambridge-Princeton 1990.

des US-Modells am nächsten. Das "institutional redistributive model" betont die Versorgungsfunktion des Staates mit dem Ziel der solidarisch begründeten Umverteilung und egalitären Beteiligung auf der Basis von staatsbürgerlichen Grundrechten. Die Ideologie entstammt sozialistischen Konzepten und die programmatische Umsetzung stellte der Beveridge-Plan dar. In der Gegenwart entspricht das schwedische Modell diesem Typ am stärksten. Das "industrial achievement-performance model" beruht auf dem Versicherungsprinzip, wobei Sozialleistungsansprüche aus dem Arbeitsverhältnis abgeleitet und durch Beitragsleistungen begründet werden. Die Ideologie dahinter ist je nach dem terminologischen Gebrauch der Begriffe "liberal" oder "konservativ", historisch verbunden mit dem "Bismarck-Typ" der Sozialpolitik und in der Gegenwart noch immer in Deutschland am deutlichsten ausgeprägt. Konkrete Wohlfahrtsstaaten sind Mischungen aus beitragsfinanzierten (Versicherungsprinzip) und steuerfinanzierten (Versorgungsprinzip) Sozialleistungen sowie Sozialhilfe und rekrutieren sich aus Elementen aller drei Typen.[51] Unterschiede in bezug auf die ökonomischen Strukturen, den politischen und institutionellen Kontext sowie den konkreten Pfad der Wohlfahrtsstaatsgenese führten dazu, daß identische Maßnahmen in unterschiedlichen Gefügen andere Wirkungen haben konnten. Trotz aller Unterschiede konstatierte aber Hartmut Kaelble für die vergangenen Jahrzehnte in Europa eine allgemein stärkere Durchsetzung der staatlichen Pflichtversicherung, verbunden mit einem steigenden Anteil der Ausgaben für die soziale Sicherheit, die sich überdies bis 1975 "dramatisch" ähnlicher wurden, so daß die bestehenden Unterschiede nur noch als "Spielarten eines grundsätzlich gleichen, nirgendwo sonst so entwickelten, europäischen sozialen Sicherungssystems" erscheinen.[52]

51 Auf eine detaillierte Analyse der Unterschiede muß hier aus leicht einsehbaren Gründen verzichtet werden. Verwiesen sei auf die umfangreiche Literatur: Heinz Lampert, Lehrbuch der Sozialpolitik, 2. Aufl., Berlin u. a. 1991; Bernd Casmir, Staatliche Rentenversicherungssysteme im internationalen Vergleich, Frankfurt/ Main 1990; OECD, Ageing in OECD Countries, Social Policy Studies, No. 20, Paris 1996; Allan Cochrane/John Clarke (eds.), Comparing Welfare States, London 1993; Norman Johnson (ed.), Private Markets in Health and Welfare. An International Perspective, Oxford 1995.

52 Hartmut Kaelble, Auf dem Weg zu einer europäischen Gesellschaft. Eine Sozialgeschichte Westeuropas 1880-1980, München 1987, S. 126.

Die Ökonomie in der Epoche des regulierten Kapitalismus: "Welfare Economics", Keynes und die "mainstream"-Synthese

Die Abkehr vom Liberalismus, die Konzentrations- und Organisationstendenzen, die stärkere Rolle des Staates und die großen sozioökonomischen Disparitäten hatten auch die Relevanz der "individualistischen" Marktökonomie erschüttert. Die "Welfare Economics" entstanden als eine Strömung innerhalb der Ökonomie insofern, als man an der individualistischen Marktmechanik einerseits festhalten, andererseits Kriterien für die Beurteilung gesamtwirtschaftlicher Effizienz einführen wollte. Vilfredo Paretos Theorie der Wahlakte[53], die auf den Ansichten von Leon Walras und Francis Ysidro Edgeworth aufbaute, sah das Individuum als alleinigen - logisch handelnden - Maßstab seiner Bedürfnisse an. Er verließ damit die pseudopsychologische Sicht des Nutzens als Gefühlsgröße und schloß auf den Nutzen aus den erfolgten Handlungen der Individuen, die unter der Annahme logischen Handelns mathematisch formuliert werden können. Hindernisse, auf die das Individuum trifft, wenn es seinen Nutzen vergrößern will, ergeben sich aus den Bedürfnissen der anderen Teilnehmer der Volkswirtschaft, aus der Knappheit der Güter und den institutionellen Vorgaben der jeweiligen Gesellschaftsordnung. Das volkswirtschaftliche Gleichgewicht ist dann eine Art Balance von Bedürfnissen und einschränkenden Bedingungen, wobei es allerdings eine unendlich große Zahl solcher Gleichgewichtslagen gibt. Sie lassen sich aber nicht als Summe darstellen, weil die Nutzen verschiedener Individuen inkommensurabel sind. Aber es gibt eine Gleichgewichtslage, für die man ein Maximum an "Ophelimität" (Nutzen) für die Mitglieder einer Gesellschaft annehmen kann, weil jede Abweichung sofort einem Teil der Individuen schadet, während es einem anderen nützt. Das Pareto-Optimum stellt eine ohne Intervention von außen bei vollkommenem Wettbewerb erreichbare optimale Aufteilung der vorhandenen Ressourcen dar. Jede Änderung dieser Verteilung kann nur so geschehen, daß ein Individuum etwas gewinnt, was aber ein anderes verlieren würde. Jenseits dieses Punktes wirken alle Handlungen wohlfahrtserhöhend, wenn dabei zumindest ein Wirtschaftssubjekt besser, niemand aber schlechter gestellt wird. Dieses Kriterium für Wohlfahrt kümmert sich nicht um bereits bestehende Ungleichheiten der Einkommens- bzw. Ressourcenverteilung, es geht von der Fiktion völlig freier individueller Tauschhandlungen aus. Pareto war jedoch weit davon entfernt anzunehmen, diese reine Ökonomie spiegle die Realität wider. Das wird deutlich in seiner Soziologie, die sich mit den irrationalen Aspekten menschlichen Handelns befaßt. Paretos Ökonomie ist ein kryp-

53 Vilfredo Pareto, Manuale d'economia politica, Milano 1903.

to-normatives Modell rationalen Handelns und der sich ergebenden Zusammenhänge zwischen den individuellen Wahlen ausgedrückt als mathematisches Gleichungssystem. Vorschläge nachfolgender Wohlfahrtsökonomiker wie John R. Hicks, Abba P. Lerner, Nicholas Kaldor, Ian H. D. Little, Oskar Lange, Paul A. Samuelson, Kenneth R. Arrow oder Maurice Allais suchten nach Anwendungs- und Ergänzungsmöglichkeiten Paretianischer Ökonomie. Etwa denen, daß bei Änderung der Wirtschaftssituation die Gewinner den Verlierern Entschädigungen zahlen sollten. Zumindest aber sollten die Gewinne der einen so hoch sein, daß sie daraus den Verlust der anderen decken könnten. Man versuchte auch zu zeigen, daß optimale Zustände allein im Rahmen freien Wettbewerbs möglich sind. Monopole, Oligopole und alle anderen Formen unvollkommenen Wettbewerbs bringen nur suboptimale Lösungen hervor, weshalb wohlfahrtsökonomische Maßnahmen darin bestehen können, diese Formen in Richtung freien Wettbewerbs zu verändern. Nur rationale Planung, verstanden als gleichgewichtsorientierte Steuerung, findet in den wohlfahrtsökonomischen Vorstellungen ihre Rechtfertigung.[54]

Von der sich an Pareto anlehnenden Wohlfahrtsökonomie unterschied sich die Auffassung von Arthur Cecil Pigou[55], der zwar von den Annahmen des vollkommenen Marktes und der Inkommensurabilität des Nutzens ausging, aber einen abnehmenden Grenznutzen auch des Geldes annahm und solcherart die Grundlagen für die ökonomisch-theoretische Legitimation der Einkommensumverteilung und für eine Theorie staatlicher Eingriffe schuf, die die Wohlfahrt der Gesellschaft steigern sollten. Pigou stand der Harmonieannahme des Marktes bei Konkurrenz zunehmend kritisch gegenüber und versuchte, grenznutzentheoretisch eine Umverteilung der Einkommen durch Transferzahlungen an die Armen zu begründen. Diese sollte durch Steuern zu Lasten der Reichen finanziert werden, weil diese aus zusätzlichen Einkommensteilen einen geringeren Nutzen zögen als die Armen. Eine Umverteilung von den Reichen zu den Armen erhöhe damit die gesellschaftliche Wohlfahrt, wenn das Sozialprodukt gleich bleibt. Die Steuerpolitik sah er als Instrument der Wohlfahrtssteigerung, was im Extremfall die Angleichung der Grenznutzen des Einkommens, i. e. eine Nivellierung, bedeutet. Auch den Begriff der sozialen Kosten übernahm er von Alfred Marshall und plädierte für die Abdeckung der "externalities" durch steuerliche Maßnahmen. Die Leistungen des Staates sollten seiner

54 Zur Wohlfahrtsökonomie: Kenneth E. Boulding, Welfare Economics, in: Bernard F. Haley (ed.), A Survey of Contemporary Economics, 2 Bde., Homewood-Ill. 1952, S. 1-34; George J. Stigler, The New Welfare Economics, in: American Economic Review 33/1943, S. 355-359.

55 Arthur Cecil Pigou, The Economics of Welfare, London 1920.

Meinung nach aber auch der ökonomischen Beurteilung unterzogen und der Wert öffentlicher Güter durch ihren Nutzen gemessen werden. Nur wenige Ökonomen folgten der Wohlfahrtstheorie Pigous, die neoklassisch-liberale Theorie dominierte, obwohl sie sich immer mehr von der Wirklichkeit entfernte.

Das Problem, an dem die Inadäquanz der neoklassischen Ökonomie in der Zwischenkriegszeit am klarsten zutage trat, war die Beschäftigungstheorie. Die reale Situation stand hier allzu deutlich der Hypothese von der Tendenz der Gleichgewichtsökonomie zur Vollbeschäftigung entgegen. Auch die gängigen Auffassungen von der Beschäftigungswirkung von Lohnsenkungen und der Substitution von arbeitsintensiven durch kapitalintensive Produktionsverfahren bei Anhebung der Lohnhöhe erwiesen sich nicht als zutreffend. Vielmehr führten Beschäftigten- bzw. Lohnsenkungen keineswegs zu erhöhten Investitionen, sondern zu einer Verschärfung der Stagnation durch drastische Reduktion der Nachfrage. Darin erblickte John Maynard Keynes im Jahr 1936, also nach der großen Depression, das Hauptproblem.[56] Während die klassischen Ökonomen behaupteten, in einer Konkurrenzwirtschaft spiele sich Vollbeschäftigung automatisch ein, bestritt Keynes dies - und das war nach dem Einbruch durch die Wirtschaftskrise nicht schwer einzusehen. Seine Leistung beruhte jedoch darin, ein einheitliches System zur Erklärung realer ökonomischer Prozesse geschaffen und die Bedingungen aufgezeigt zu haben, unter denen Vollbeschäftigung unrealisierbar ist. Bei gegebenen Preisen und Geldlöhnen ist die Höhe der Beschäftigung eine direkte Funktion der effektiven Gesamtnachfrage, die ihrerseits die Produktionshöhe bestimmt. Allerdings geht diese nicht ganz in die Konsumtion, sondern ein Teil wird auf Grund zukünftiger erwarteter Erträge investiert. In bezug auf die Nachfrage wies Keynes darauf hin, daß die subjektiven Faktoren des "Hangs zum Verbrauch" von den Gebräuchen, den Hoffnungen und Erfahrungen, der bestehenden Verteilung des Reichtums und den Stufen der Lebenshaltung sowie dem Grad der Kapitalausstattung abhängen. Da sich diese Dinge aber nur langsam verändern, zumindest im Vergleich zu Änderungen der Zinssätze oder anderer Daten, werden sie als gegeben angenommen. Kurzfristige Änderungen im Verbrauch werden auf Änderungen der Einkommenshöhe zurückgeführt und nicht auf den Wandel dieser Hintergrunddaten. Keynes beschäftigte sich auch mit den langfristigen Erwartungen, die maßgebend für die Investitionstätigkeit sein können, und hob hierbei den "Zustand des Vertrauens" in die zukünftigen Ereignisse sowie die Bedeutung von Übereinkunft und Konvention be-

56 John M. Keynes, General Theory of Employment, Interest and Money, London 1936.

sonders hervor. Damit zeigte er wesentliche psychologische und soziale Grundlagen wirtschaftlichen Handelns auf, ohne sich allerdings deren Analyse im einzelnen zu widmen. Keynes argumentierte, daß Arbeitslosigkeit nicht durch Lohnsenkungen - selbst wenn diese von den Gewerkschaften akzeptiert würden - behoben werden könne, da diese ein Sinken des allgemeinen Preisniveaus mit Deflationswirkungen nach sich ziehen würde. Aber auch die Relation zwischen Konsum und Einkommen sah er als eine differenzierte, da die Grenzneigung zum Konsum mit steigenden Einkommen abnehme. Die Tendenz zum Sparen in der Bevölkerung und die Liquiditätspräferenz der Unternehmen führen daher zu einer Reduktion der Investitionen und der effektiven Nachfrage.

Diese Erkenntnisse ermöglichten ein neues Verständnis von Konjunkturen und Krisen der kapitalistischen Wirtschaft. Während sie von der traditionellen Theorie meist als außerökonomisch induziert aufgefaßt wurden, zeigte Keynes, daß die Wirtschaftszyklen durch das Zusammenwirken ökonomischer Variablen selbst verursacht werden: durch den im Vergleich zu den Einkommen unterproportional wachsenden Konsum, durch die Liquiditätspräferenz in Abhängigkeit vom Zinssatz und die Investitionsneigung als Funktion des Verhältnisses von Investitionsertrag und Zinssatz. Der Interventionismus in Form von autonomen Nachfrageerhöhungen ("deficit spending") war in dieser Sicht eine regelmäßig durchzuführende wirtschaftspolitische Funktion des Staates. Niedrige Zinssätze und "deficit spending" produzierten Multiplikatoreffekte in bezug auf die Gesamtnachfrage. Dem Ausgabeverhalten der öffentlichen Hand maß er deshalb so große Bedeutung bei, weil dadurch zusätzliche, nicht allein kompensatorische Impulse erzielt werden können. Anders als bei den klassischen und neoklassischen Ökonomen kam in der Keynesianischen Wirtschaft in der Folge dem Staat daher eine dominierende Rolle zu, weil seine Maßnahmen nicht nur als Krisenintervention wirken sollten. Über seine Geld-, Zins- und Beschäftigungspolitik ist der Staat ständig als wirtschaftlicher Akteur tätig.

Im Rückblick scheint eine Tendenz der Konvergenz von staatlicher Krisenintervention und Keynes' Ideen auf der Hand gelegen zu sein. Man darf jedoch die Wirkung von theoretischen Innovationen auf praktische politische Maßnahmen nicht überschätzen, denn tatsächlich erfolgten die Maßnahmen der Regierung meist in Unkenntnis oder Ablehnung der Keynesschen Konzepte.[57] Das ist insbesondere in

57 Peter Wagner, Sozialwissenschaften und Staat. Frankreich, Italien, Deutschland 1870-1980, Frankfurt/Main-New York 1990, S. 259 ff.

bezug auf Deutschland zutreffend, wo ganz andere Ideen und auch politische Orientierungen den organisierten Kapitalismus und die Erwartungen einer künftigen Planwirtschaft bestimmt hatten, es gilt aber in unterschiedlicher und spezifischer Weise auch für Österreich, Frankreich und Italien. Keynessche Ideen fanden hingegen ihren Niederschlag in der Regierungspolitik in den USA, Großbritannien und zum Teil in Schweden. Gerade in den USA und in Großbritannien waren die Interessen an der Erhaltung einer bürgerlich-demokratischen Struktur und der Marktgesellschaft allgemein verbreitet und Keynes' Wirtschaftspolitik wies einen willkommenen, marktökonomisch vertretbaren Weg aus der Krise, denn anders als viele zur Zeit kursierende Ansichten stellte Keynes' Theorie keinen Bruch mit den marktwirtschaftlichen Traditionen in Theorie und Praxis dar. Sein ökonomisches Denken wurzelte in der Marshall-Pigouschen Wirtschaftstheorie und stellte keinen alternativen Denkansatz zur bestehenden Ökonomie dar. Er wich nur in bezug auf die Annahme eines langfristig bestehenden Unterbeschäftigungsgleichgewichts von der herrschenden Lehre ab. "Keynes war einer jener Ökonomen, [...] der die Informationen über die wirtschaftliche Situation in den zwanziger Jahren ernst nahm [...] und der Problematik durch "die *kleinste* denkbare Modifikation, also unter größtmöglicher Beibehaltung der essentiellen Bestandteile des Diskurssystems, gerecht werden wollte."[58]

Auf dem europäischen Kontinent, wo Tendenzen zur Regulierung immer stärker gewesen waren und nach dem Ersten Weltkrieg durch die Diffusion sozialistischer und faschistisch-korporativer Ideen verstärkt wurden, galt Keynes keineswegs als originell. Diese staatsinterventionistischen Tendenzen, die auf dem Kontinent schon lange vor Keynes da waren, schufen die Grundlagen für die durch Kriegswirtschaft, die Erfahrung der Depression und die faschistischen Regime verstärkten Staatsfunktionen, und diese zeigten auch nach dem Zweiten Weltkrieg eine Kontinuität der Strukturen. In dem Land, in dem das "laisser-faire" gefordert worden war, in Frankreich, war der ökonomische Liberalismus wenig in der Gesellschaftsauffassung und -politik verankert. Vielmehr herrschte hier das Ideal der Spätaufklärung, die wissenschaftlich angeleitete Politik, als eine persistente Grundorientierung noch immer vor. Die neoliberale Theorie vom selbstregulierenden Markt war zwar in den Universitäten fest verankert, hatte aber wenig politisch-praktische Relevanz. Ingenieur-Ökonomie und sozialistisch inspirierte Planungsökonomie bestimmten das Wirtschaftshandeln der Administratoren in der Zwischenkriegszeit. Die Marktökonomie der liberalen Neoklassiker war also überall auf dem Konti-

58 Ebd., S. 263.

nent, sowohl in Frankreich als auch in Deutschland, Österreich und Italien akademisch präsent, hatte aber politisch auf das praktische Handeln kaum Einfluß, ja geriet zunehmend in die Isolation oder auch unter politischen Druck nach der Machtübernahme durch Faschismus, Ständestaat und Nationalsozialismus. Besonders in Frankreich und in Italien war die Diskrepanz zwischen den akademisch angesehenen liberalen Ökonomen einerseits und den staatlichen Strukturen und der politischen Praxis andererseits eine große. In Deutschland hatten sich die Neoklassiker in den Universitäten nie zu dominierender Bedeutung aufschwingen können, und in Österreich ergab sich trotz der großen Reputation der Menger-Schule die Situation, daß zwar Friedrich Wieser und sein Nachfolger Hans Mayer diese Tradition fortführten, aber dem Zeitgeist doch ein gewisses Zugeständnis machten, während die vehementen Neoklassiker und Liberalen wie z. B. Ludwig von Mises nie eine bedeutende akademische Stellung errangen, so daß Othmar Spann und seine Schule die geschlossenste und beherrschendste Stellung in der Zwischenkriegszeit einnahm. Durch die Emigration sowohl vieler der liberalen als auch der sozialistischen Intellektuellen in den 30er Jahren erfolgte dann praktisch die Extinktion dieser Strömungen.

Nach Kriegsende behielt die Beschäftigungspolitik als Aufgabe des Staates überall ihre Bedeutung, allerdings ergänzt durch Bekenntnisse zu freiem Wettbewerb, Marktwirtschaft und Förderung der Wohlfahrt. Auch in Europa nahm die Betonung der Marktwirtschaft nach dem Zweiten Weltkrieg unter amerikanischem Einfluß stark zu. Aber Strukturen und Traditionen, die dem Staat eine große Rolle in wirtschaftlicher Hinsicht zubilligten, waren noch immer ein wichtiger und breit akzeptierter Garant für nationale Identität und Wohlfahrt. Mit der steigenden Bedeutung des wirtschaftlichen Wachstums wurde dieses nur ungern allein dem Markt überlassen. Waren zuerst noch konservative Regierungen als Träger der traditionalen Sozialstaatsorientierungen an der Macht, so änderte sich das in den folgenden Jahrzehnten zugunsten sozialdemokratischer Regime, die den Keynesianismus in ihre politischen Programme aufnahmen und damit eine Fusion teilweise sich noch auf Marx berufender Analyse der sozioökonomischen Verhältnisse mit einem marktwirtschaftlich begründeten Interventionismus eingingen. Der Bezug auf Keynes, den die sozialdemokratischen Regierungen mit ihrer Wirtschaftspolitik als theoretisches Etikett verbanden, rechtfertigt aber nicht, all diese Strukturen und Praktiken auf Keynes zurückzuführen. Das was in der zweiten Hälfte des 20. Jahrhunderts als Siegeszug des Keynesianismus bezeichnet wurde, war Resultat sehr unterschiedlicher Strukturtraditionen und politischer Praktiken wie auch mit sehr differenten Ideologien einhergehende allgemeine Tendenzen eines Staatsinterventionismus.

Die USA wurden zum Verkünder der marktwirtschaftlich-liberalen Ordnung in der Welt. Sie übertrugen kraft ihrer Rolle als Supermacht der "freien Welt" ihre spezifische Verbindung von Marktwirtschaft und Demokratie auf die Länder der entstehenden Dritten Welt, und sahen die Übernahme marktwirtschaftlicher Prinzipien als Voraussetzung für das Beschreiten eines demokratischen Weges in politischer Hinsicht an. Als Vorbild galt die US-Wirtschaft und Gesellschaft, sie wurde in der Zeit des Kalten Krieges zum Hüter der liberalen Demokratie und der Werte der Moderne. Dem tat auch die Tatsache keinen Abbruch, daß die amerikanische Wirtschaft keineswegs ein Muster vollkommener Konkurrenz und die Vernetzung zwischen Politik, Wirtschaft und Militär eine so enge war, wie sie unter anderen Vorzeichen nur in der Sowjetunion gegeben war. Auch empfahl sich die US-amerikanische Ordnung wenig für die eben erst selbständig gewordenen Neuen Staaten, weil in diesen die im Westen wichtige Gegenmacht einer dynamischen, strukturierten Öffentlichkeit gegen die politisch-industrielle Verfilzung vorweg nicht gegeben war.

In wissenschaftlicher Hinsicht etablierte sich eine Mischung aus Keynesianismus und Neoklassik. Die keynesianische Ökonomie wurde in ein System mit den neoklassischen Grundlagen gebracht, und beherrschte vor allem die makroökonomischen Ansätze. Daneben bestand die liberale Neoklassik weiter, die immer mehr eine reine Wissenschaft rationalen Handelns wurde. Sie behauptete sich insbesondere in den Universitäten, so daß es zu einer deutlichen Trennung zwischen Politik und akademischer Lehre kam. Ludwig von Mises und die anderen Vertreter der österreichischen Schule, wie Friedrich August von Hayek, Fritz Machlup oder Gottfried Haberler, hoben nach ihrer Emigration die Werte der individualistischen freien Marktwirtschaft hervor und sahen in jeder Art von staatlichem Eingriff eine Bedrohung der individuellen Freiheit. Sie kämpften gegen die Einflüsse marxistischer, keynesianischer und pigouscher Interventionismen und gegen die Tendenzen zur Planwirtschaft. Andere, wie z. B. George J. Stigler, wiesen darauf hin, daß Staatsinterventionen meist im Sinne mächtiger Interessenorganisationen mißbraucht werden. Stigler entwickelte daraus eine Theorie der Regulierung und führte auch die Kosten der Information und die individuelle Bewertung in die Preistheorie ein. Er war einer der Mitbegründer der Chicago-Schule, und seine Auffassungen beeinflußten auch Gary Becker, James Coleman, Milton Friedman, u. a.[59] Piero Sraffa unternahm in seiner Analyse der "Warenproduktion durch Waren"[60] eine

59 George J. Stigler, Five Lectures on Economic Problems, London 1949.
60 Piero Sraffa, Produzione di merci a mezzo di merci, Turin 1960.

Rückkehr zu klassischen Traditionen, insbesondere David Ricardos Begriff des Profits als Residuum, des Lohns als sozial bestimmter Größe und die Differenzierung des Konsums in einen produktiven und einen nichtproduktiven, und löste damit die Auseinandersetzung zwischen neoklassischer und neoricardianischer Ökonomie aus. Er unterzog die Markt- und Kapitaltheorie der Neoklassiker einer Revision und gründete seine Ökonomie auf einer stärkeren Betonung der Produktion gegenüber dem Markt. Die Idee des einheitlichen, allgemeinen Marktes ließ er zugunsten der Vorstellung, daß jeder Betrieb in gewisser Weise seinen eigenen Markt hat, fallen. Dieser unternehmensspezifische Markt ist durch außerökonomische Gegebenheiten wie die Gewohnheit der Käufer, bei einem bestimmten Betrieb zu kaufen, persönliche Bekanntschaft, Vertrauen, räumliche Nähe, Prestige, Image oder besondere Gestaltung der Ware bestimmt. Zwar verfügt der Betrieb nicht über ein Monopol, weil in der Regel Substituierbarkeit durch die Produkte der anderen Betriebe möglich ist, aber wenn er mit seinen Preisen nicht eine gewisse Schwelle übersteigt oder in bezug auf Qualität oder andere Aspekte nicht zu sehr enttäuscht, besteht doch für jeden Betrieb die Möglichkeit, seine Produkte zu einem eigenen Preis zu verkaufen. Joan Robinson und Edward Chamberlin entwickelten die Marktformenlehre weiter und trugen damit der Tatsache Rechnung, daß vollkommene Konkurrenz nur eine denkbare Konstellation des Marktes ist. Chamberlin wies besonders auf die Produktdifferenzierung und Produktkonkurrenz hin und definierte eine mittlere Marktform, die "monopolistische Konkurrenz", die er sowohl dem reinen Monopol als auch der reinen Konkurrenz gegenüberstellte.[61] Trotz Keynes, Sraffa, Robinson und Chamberlin blieb die neoklassische Formulierung mit ihren zentralen Annahmen des Gleichgewichts des Marktes bei vollkommener Konkurrenz und der Nutzenrationalität der Akteure eine Grundlage der modernen Ökonomie. In der mikroökonomischen Analyse entwickelte sich die ökonomische Verhaltensforschung insbesondere in bezug auf die Erfassung des Konsumverhaltens (George Katona, Günter Schmölders)[62] und erbrachte viele, vor allem soziologisch interessante Ergebnisse, die auch von der Disziplin der Kon-

61 Joan Robinson, The Economics of Imperfect Competition, London 1933; Edward H. Chamberlin, The Theory of Monopolistic Competition, Cambridge-Mass. 1933.

62 Siehe: George Katona, Das Verhalten der Verbraucher und Unternehmer. Über die Beziehungen zwischen Nationalökonomie und Sozialpsychologie, Tübingen 1960; Günter Schmölders, Verhaltensforschung im Wirtschaftsleben. Theorie und Wirklichkeit, München 1984; Burkhard Strümpel et al. (eds.), Human Behavior in Economic Affairs. Essays in Honor of George Katona, Amsterdam 1972.

sumsoziologie aufgegriffen wurden.[63] Als eine wichtige Entwicklung kam die Entstehung empirischer Wirtschaftsforschung hinzu und im Bereich makroökonomischer Zusammenhänge ist auf die Input-Output-Analyse Wassilij Leontiefs und die Genese der Ökonometrie hinzuweisen. Ökonomen forderten auch wieder eine stärkere Berücksichtigung von Problemen der Macht, auch der außerökonomisch begründeten Machtunterschiede und der Rolle und Bedeutung staatlicher Aktivitäten in der Wirtschaftswissenschaft.[64] Nicholas Kaldor, einer der bedeutendsten wirtschaftspolitisch orientierten Theoretiker dieses Jahrhunderts, adaptierte Keynes' Unterbeschäftigungsmodell für die Vollbeschäftigungssituation.[65] Die im "goldenen Zeitalter" der Wirtschaftswissenschaft zwischen 1947 und 1973 vorherrschende Synthese keynesianischer und neoklassischer Ökonomie wurde erst in den 80er Jahren durch Reagonomics, Thatcherism, Monetarismus und neoliberale Wirtschaftstheorie beendet.[66] Dies brachte auch zusammen mit realpolitischen, weltwirtschaftlichen und technologisch-strukturellen Veränderungen eine Abkehr von der Epoche des regulierten Kapitalismus und leitete eine neue Phase neoliberalistisch-konservativer Politik ein.

Ökonomie als Ideologie

Die Wissenschaft der Ökonomie wurde weniger von Soziologen als von Wirtschaftswissenschaftlern selbst auf ihren ideologischen Charakter hin untersucht. Karl Marx verstand unter Ideologie alle geistigen Äußerungen, die keinen Zusammenhang mit den materiellen Grundlagen derer, die die Aussagen machen oder jener, auf die sie sich beziehen, herstellen. Der Ideologiebegriff, der eine weit längere Geschichte hat, wurde damit direkt auf die Beziehung zwischen Theorien und materiellen Lebensbedingungen bzw. Stellungen innerhalb der Produktionsverhältnisse hin orientiert. Bei Marx nahm der Begriff auch eine negative Bedeutung an, weil er zur Bezeichnung des "falschen Bewußtseins" der Bourgeoisie verwendet wurde. Dem stellte er das Klassenbewußtsein eines seiner materiellen Stellung bewußten Proletariats gegenüber, das dadurch befähigt sei, zum historischen Subjekt der Zukunft zu werden. Joseph Schumpeter versuchte in seiner monumentalen "Geschich-

63 Z. B.: Günter Wiswede, Soziologie des Verbraucherverhaltens, Stuttgart 1972.

64 Z. B.: François Perroux, Wirtschaft und Macht, Bern-Wien 1983 (urspr. frz. 1973); Helmut Arndt, Wirtschaftliche Macht, München 1974; Kurt W. Rothschild (ed.), Power in Economics, Harmondsworth 1971.

65 Siehe dazu: Nicholas Kaldor, Grenzen der "General Theory", Berlin 1983.

66 Vgl.: Daniel Bell, Modelle und Realität im wirtschaftlichen Denken, in: Daniel Bell/Irving Kristol (Hg.), Die Krise in der Wirtschaftstheorie, Berlin 1984, S. 58-102.

te der ökonomischen Analyse" den Vorwurf Marx' zu widerlegen, daß auch die wissenschaftliche ökonomische Theorie ideologisch sei. Schumpeter sah wohl, daß sich politische Ökonomie und Wirtschaftsdenken in enger Verbindung zu sozio-historischen Tatsachen entwickeln, die ökonomische Analyse jedoch zeichne sich durch einen hohen Grad an Autonomie von diesen aus.[67] Schumpeter meinte, die vorwissenschaftlichen Wirtschaftslehren seien zwar ein Spiegel ihrer Zeit gewesen, die wissenschaftliche Ökonomie aber ermögliche einen von der Realität unabhängigen eigendynamischen Erkenntnisfortschritt. Ein anderer österreichischer Nationalökonom, Josef Dobretsberger, hingegen wies auf die vielschichtige ideologische Bedingtheit insbesondere der abstrakten oder reinen Theorie hin. Gerade in der Bestimmung dessen, was als "wirtschaftlich" gilt, zeige sich der ideologische Kern. Die Beschränkung von Wirtschaft auf individuelle Nutzenerwägungen in einem abstrakten Marktkontext, wie sie die Neoklassik vorgenommen hat, ziehe die Grenzen zwischen dem, was als wirtschaftlich definiert wird, und dem Außerwirtschaftlichen falsch. Auch ziehe sie für die Nachwelt falsche Schlüsse, da sie eine überhistorische, erfahrungsunabhängige Theorie zu sein beansprucht, während sie doch den historischen Erfahrungen und liberalen Wertungen bestimmter Generationen und Kreisen verhaftet ist.[68] Dobretsberger leitete die ideologische Situation der herrschenden Nationalökonomie auf den Naturrechtsgedanken zurück. Als die drei Einbruchstellen naturrechtlicher Ideologien in die Nationalökonomie nannte er die Philosophie, insbesondere die Erkenntnistheorie und Ethik, sodann die Beeinflussung des menschlichen Denkens durch die soziale und ökonomische Umwelt und schließlich das pragmatische Erkenntnisziel der Sozialwissenschaften, die Probleme jeder Zeitepoche in wissenschaftliche Probleme umzuformulieren. Die Übertragung naturwissenschaftlicher Grundlagen wie des Entwicklungsgedankens, der Kräftelehre oder des Energieprinzips auf die Wirtschaftswissenschaft, sowie des Psychologismus auf die Grenznutzenlehre, enthalten seiner Meinung nach ideologische Momente. Die Individualpsychologie werde dazu verwendet, die individuellen Bedürfnisse und Wahlakte als Grundelemente der Wirtschaft zu definieren und die Ökonomie damit massendemokratisch zu legitimieren. Die Methode der Abstraktion überschreite die Aufgabe eines wissenschaftlichen Hilfsmittels, weil sie die aus den einfachsten Grundannahmen deduzierten Gesetze zur Erklärung kom-

67 Joseph Alois Schumpeter, Geschichte der ökonomischen Analyse, 2 Bde., Göttingen 1965.

68 Josef Dobretsberger, Zur Soziologie ökonomischen Denkens, in: Archiv für angewandte Soziologie, Bd. IV, 32/1931, S. 21-55; Ders., Die Gesetzmäßigkeit in der Wirtschaft, Wien 1927. Ders., Über historische und soziale Gesetze, in: Handwörterbuch der Soziologie, Stuttgart 1959, S. 211-221.

plexer Situationen benutze. Dobretsberger sah überdies in der Tendenz unseres Denkens, aus der Allgemeinheit der Begriffe auf ihre Allgemeingültigkeit zu schließen, eine Grundlage der Ideologie. Die Verwechslung des wissenschaftlichen Hilfsmittels des Idealtypus mit dem Ideal der Wirtschaft und mit Wirtschaft schlechthin deutet sich in Ausdrücken wie "rein ökonomisch" oder "die Forderung der Wirtschaft" an. Andere Ursachen für den ideologischen Charakter der Ökonomie liegen in der Realitätsferne der Theorie, in statischen Betrachtungen historischer Institutionen auf Grund abstrakter Modelle oder der Postulierung zwangsläufiger Entwicklungen. Hauptquelle von Ideologien ist aber das Naheverhältnis zu den Lebensinteressen wirtschaftlicher Gruppen, d. h. die Stellungnahme der Wissenschaft für die eine oder andere Gruppe in der Wirtschaft, für die Landwirtschaft bei den Physiokraten, für die Unternehmerinteressen bei Ricardo, für die Arbeiterklasse bei Marx. Aber auch in seiner Gegenwart sah er diese Identifizierung von Wissenschaft und Gruppeninteressen: "Die Propheten der wirtschaftlichen Zukunft, welche ihre Sonderwünsche als notwendige Entwicklung in die Zukunft projizieren, sind heute keineswegs ausgestorben."[69] Dobretsbergers Schriften entstanden in der Zwischenkriegszeit, als die Frage nach der Zukunft des Kapitalismus heftig diskutiert wurde. Verwunderlich erschien ihm, daß die einen die Konzentrationsbewegungen als Weg in die Wirtschaftsdemokratie, die anderen in den Ständestaat, die nächsten in die klassenlose Gesellschaft interpretierten, während wieder andere Theoretiker meinten, diese Erscheinungen hätten nicht das geringste an den Wirtschaftsprinzipien geändert.

In der Phase des regulierten Kapitalismus schienen die realen ökonomischen Probleme nicht mehr so drängend, man meinte auch, die Eigendynamik der Wirtschaftskräfte so beeinflussen zu können, daß große Krisen verhindert werden, Armut und Ungleichheit beseitigt und wachsender Wohlstand gesichert werden könnten.[70] Die Kritik orientierte sich nun weniger an konkreten sozialen Problemen oder der Herrschaft von Klasseninteressen, sondern verlagerte sich auf die Ebene des Denkens. Mit dem durch die kapitalistischen Verhältnisse bestimmten Denken, das sich in traditioneller Gesellschaftstheorie und positiver Wissenschaft äußerte, setzte sich die sogenannte Frankfurter Schule auseinander, deren prominenteste Vertreter Max Horkheimer und Theodor W. Adorno waren. Im Unterschied zu Marx nahm Horkheimer nicht an, daß die Arbeiterklasse im Besitz des wahren Be-

69 Josef Dobretsberger, Zur Soziologie des ökonomischen Denkens, in: Ders., Die Gesetzmäßigkeit in der Wirtschaft, Wien 1927, S. 32.

70 Siehe: Burkart Lutz, Der kurze Traum immerwährender Prosperität, Frankfurt/Main u.a. 1984

wußtseins sei, solange sie innerhalb von irrationalen historischen Umständen existiere. Kritische Theorie formuliert daher seiner Auffassung nach nicht die Interessen der Arbeiterklasse in allgemeine theoretische Aussagen um, sondern verweist auf zukünftig Mögliches, auf dessen Basis am Bestehenden Kritik geübt werden kann.[71] Diese richtet sich gegen die Dominanz der subjektiven Vernunft, die Horkheimer mit instrumenteller ökonomischer Rationalität des Individuums gleichsetzte. Sie ist die in der modernen Gesellschaft dominierende Vernunft, während die objektive Vernunft autonom in dem Sinne ist, daß sie nicht durch Zweck-Mittel-Kalküle begrenzt ist, und daher über deren Sinnhaftigkeit und Vernünftigkeit befinden kann. In Fortführung des Hegelschen Vernunftbegriffs wurde diese nicht als eine dem einzelnen innewohnende Fähigkeit, sondern als eine Kraft, die die ganze Gesellschaft durchwaltet und ihr unerkannter Sinn ist, verstanden. Verantwortlich für die Instrumentalisierung der Vernunft ist aber nicht primär die wachsende Bedeutung von Wirtschaft und ökonomischem Denken, sondern das Totalitärwerden der Aufklärung.[72] Diese transformiere sich in einen Mythos, der selbst zum alle Lebensbereiche durchwaltenden herrschenden System geworden sei und damit zu ihrem eigenen Widerspruch. Horkheimer sah die Instrumentalisierung der Vernunft als viel weiteren, die Wirtschaft mitumfassenden Prozeß. Zwar klingen hier und da auch wirtschaftliche Faktoren wie Arbeitsteilung und Markt als Ursachen an, aber es geht in erster Linie um die Transformation von veränderungsorientiertem Denken in ein Gewalt ausübendes System der Herrschaft, wie sie sich im Nationalsozialismus manifestierte. Dieser wurde als epochaler Prozeß der Entwicklung des Aufklärungsdenkens unter den Bedingungen der industriellen Marktwirtschaft und als Endprodukt des Liberalismus gesehen, der realhistorisch die allgemeine Tendenz zu autoritär-bürokratischer Herrschaft und Wirtschaftslenkung reflektierte. Diese Tendenz, so Horkheimer, sei charakteristisch nicht nur für Faschismus und Nationalsozialismus, sondern auch für den Sozialismus, weshalb er verallgemeinernd vom "integralen Etatismus" sprach.[73] Die Kritik richtete sich also nicht mehr gegen die realen gesellschaftlichen und wirtschaftlichen Verhältnisse, sondern gegen das moderne Denken als solches. Damit "immaterialisierte" sich die Kritik, was

71 Max Horkheimer, Traditionelle und kritische Theorie, in: Ders., Kritische Theorie, Bd. 2, Frankfurt/Main 1968, S. 137 ff.

72 Max Horkheimer/Theodor W. Adorno, Dialektik der Aufklärung, Frankfurt/Main 1987 (urspr. 1944), S. 44.

73 Max Horkheimer, Autoritärer Staat, in: Helmut Dubiel/Alfons Söllner (Hg.), Wirtschaft, Recht und Staat im Nationalsozialismus, Frankfurt/Main 1984, S. 55-79.

sich auch im sogenannten "Positivismusstreit" in der deutschen Soziologie[74] zwischen der dialektisch-kritischen Theorie und der empirisch-analytischen Wissenschaftsauffassung zeigte. In der Folge kam es zur Transponierung der Argumentation auf die Ebene der Wissenschaftstheorie. Wissenschaft und Technik durchdringen als Teil der Lebenspraxis die institutionellen Bereiche der Gesellschaft und das Denken in der Lebenswelt; auf diesem Wege wird Wissenschaft zur Ideologie.[75]

Kritik in bezug auf die Ökonomie verschmolz entweder mit einer allgemeinen Wissenschaftskritik oder hob die Realitätsferne und den Szientismus dieser Disziplin besonders hervor. Das bemerkenswerte Charakteristikum der modernen Ökonomie sei aber nicht, daß es durch Abstraktheit und Formalisierung der Ökonomie zu Realitätsferne komme, sondern daß von vielen Theoretikern gerade diese Distanz auf Grund ihres Wissenschaftsverständnisses als bewußt angestrebtes Ziel verstanden werde, kritisierte Gottfried Eisermann.[76] Auch John K. Galbraith vermutet hinter der Szientifizierung der Ökonomie Absicht: "Die Anmaßung der Volkswirtschaftslehre, eine exakte Wissenschaft zu sein, rührt ganz entschieden aus der Notwendigkeit her, sich aus der Verantwortung für die Unzulänglichkeiten und Ungerechtigkeiten des Systems, das die große klassische Tradition errichtet hatte, zu entziehen. Sie dient auch heute noch als Rechtfertigung eines stillen, ungestörten Berufslebens."[77] Hans Albert kritisierte den "Modell-Platonismus" der Neoklassik und lastete ihm die Schuld für die Trennung von Ökonomie und Soziologie an.[78] Joan Robinson bezeichnete das theoretische Schema der neoklassischen Nationalökonomie als "Darstellung der kapitalistischen Welt als ein Kibbuz, der in völlig erleuchteter Weise zur größtmöglichen Wohlfahrt aller seiner Mitglieder gelenkt wird".[79] Dennoch hielt sie es für möglich, Ideologie und Wissenschaft zu trennen

74 Theodor W. Adorno et al., Der Positivismusstreit in der deutschen Soziologie, Neuwied-Berlin 1969.

75 Jürgen Habermas, Technik und Wissenschaft als Ideologie, Frankfurt/Main 1968.

76 Gottfried Eisermann, Wissenssoziologie und ökonomische Theorie, in: Ders., Wirtschaft und Gesellschaft, Stuttgart 1964, S. 128-147, S. 129.

77 John Kenneth Galbraith, Die Entmythologisierung der Wirtschaft. Grundvoraussetzungen ökonomischen Denkens, Wien-Darmstadt 1988 (urspr. am. 1987), S. 153.

78 Hans Albert, Modell-Platonismus. Der neoklassische Stil des ökonomischen Denkens in kritischer Beleuchtung, in: Ders., Marktsoziologie und Entscheidungslogik, Neuwied-Berlin 1967, S. 331-367.

79 Joan Robinson, Ökonomische Theorie als Ideologie, Frankfurt/Main 1974 (urspr. am. 1971), S. 131.

und "metaphysische Spekulationen" ohne logische oder empirische Begründung zu vermeiden.

In der modernen Ökonomie finden sich scharfe Differenzierungen zwischen jenen, die die fiktiv-konstruktivistischen Modelle der Ökonomie für notwendige Denk- und Analyseinstrumente halten, und jenen, die diese als Ideologien sehen. Unter vielen Vertretern der neoklassischen Theorie wird die Berechtigung der "reinen", wertfreien Ökonomie verteidigt; so meint etwa Robert Solow: "Die Nutzentheorie ist ein Musterbeispiel für eine bestimmte Art von Wirtschaftstheorie. Sie will nichts anderes sein, als eine abstrakte Theorie rationalen Wahlverhaltens, frei von Tiefenpsychologie und gesellschaftlichen Vorbelastungen, für Kapitalismus und Sozialismus gleichermaßen gültig."[80] Aber auch die Auffassung, wonach Ökonomie partikuläre Ideologie, Reflex von Weltanschauungen und Interessen ist, findet in der Gegenwart wieder verstärkten Ausdruck. Für Benjamin Ward ist die Ökonomie von Ideologie ganz und gar durchdrungen. Er versteht darunter die Tatsache, daß es einen Zusammenhang gibt zwischen den Vorstellungen über Ziel und Aufgabe einer Wissenschaft, der erkenntnistheoretischen Position, von der aus die Wissenschaft betrieben wird, und den moralisch-kulturellen und politischen Anschauungen, die der jeweilige Autor vertritt. Um das zu beweisen, unternahm er den Versuch, die Ökonomie aus liberaler, radikaler und konservativer Weltsicht jeweils überzeugend darzulegen.[81] Er geht von einem Standpunkt der totalen Ideologie, wie sie Mannheim vorschwebte, aus, und meint, daß unser ökonomisches Wissen notwendig und immer ideologisch ist, weil unsere Sicht stets durch unsere Herkunft und familiale Sozialisation, durch die Lehrer, die uns beeinflußten, durch die spezifischen persönlichen Erfahrungen, die wir aufgrund der Verknüpfung von Biographie und Geschichte machen, bestimmt ist. Er selbst enthält sich jedoch expressiv verbis eigener Stellungnahmen, die US-amerikanische liberale Weltsicht scheint ihm aber doch am meisten entgegen zu kommen.

Auf der einen Seite mündeten die ideologiebezogenen Argumente in der Kritik am Wissenschaftscharakter der Ökonomie, auf der anderen Seite in der Feststellung der Unvermeidbarkeit der Ideologie auf Grund wissenschaftssoziologisch begründbarer

80 Robert M. Solow, Wirtschaftswissenschaft und Ideologie, in: Daniel Bell/Irving Kristol, Kapitalismus heute, Frankfurt/Main-New York 1974 (urspr. am. 1970), S. 134-150.

81 Anzumerken ist, daß die von ihm differenzierten Perspektiven die institutionalisierten Ideologien in ihrer spezifischen US-amerikanischen Ausformung darstellen. Benjamin Ward, Die Idealwelten der Ökonomen. Liberale, Radikale, Konservative, Frankfurt/Main-New York 1981 (urspr. am. 1979).

Gebundenheit des Denkens. Was jedoch wenig erörtert wurde, war die politische Funktion ökonomischer Theorien und Argumentationslinien. Teilweise war das darauf zurückzuführen, daß diese erst durch die Bezugnahme auf Keynes durch sozialdemokratische Regime in der zweiten Hälfte des 20. Jahrhunderts offenbar wurde. In den 80er Jahren trat die Politikrelevanz ökonomischer Konzepte in bezug auf Politikberatung und -legitimierung wesentlich deutlicher hervor.

Leitorientierungen in bezug auf Markt und Politik

Im Zuge der zunehmenden Institutionalisierung der Wirtschaftspolitik als systematische Interventionen kam diesem Bereich auch innerhalb der Wissenschaft steigende Bedeutung zu. Darüber hinaus hatten unter Ökonomen in differenzierter Weise verbreitete Leitvorstellungen politische Orientierungsfunktion. Im folgenden werden beispielhaft drei "Leitmotive" wirtschaftspolitischen Denkens vorgestellt, deren Ursprünge meist in die Zwischenkriegszeit zurückreichen, die aber in der zweiten Hälfte des Jahrhunderts zunächst noch ihre Relevanz beibehielten.

Eine neue Bedeutung und Relevanz verband sich mit dem Begriff der "Politischen Ökonomie" in den 60er und 70er Jahren."Politische Ökonomie" kann Verschiedenes bedeuten und hat sich auch immer wieder gewandelt, von der "économie politique" über Rousseaus Differenzierung in die "herrschende" Ökonomie und die politisch durchzusetzende revolutionäre Wirtschaftsgestaltung, bis zur Identifikation des Begriffs mit der Wissenschaft der Volkswirtschaft, wobei der öffentlichen Wirtschaft und der Wirtschaftspolitik eine bedeutende Rolle neben dem Funktionieren des Marktes, also der Privatwirtschaft, zukommt. In der sozialistischen oder auch "radikalen" Ökonomie der 60er Jahre wurde stärker auf die politische Wirkung der ökonomischen Macht des Staates oder von Gruppen bzw. Klassen Bedacht genommen. Adolph Lowe forderte eine politische Ökonomie, die die bisherige "positive Analyse" durch eine aktiv auf Veränderung zielende "instrumentale Analyse" ersetzen sollte.[82] Der ehemalige Kieler Reformökonom verstand darunter das Verfolgen sozialer Ziele mit Hilfe ökonomischer Mittel. Der Grundgedanke war dabei derselbe wie schon am Beginn von Lowes Laufbahn, nämlich der, daß die systemische Instabilität der industriellen Entwicklungsdynamik eine Analyse erforderlich macht, die nicht nur als autonom behandelte Prozesse beobachtet, sondern die aktiv auch die Möglichkeiten für eine funktionierenden Ordnung untersucht und fördert. Lowe teilte zwar mit den liberalen Ökonomen die Prinzipien der individu-

82 Adolph Lowe, On Economic Knowledge. Toward a Science of Political Economics, New York-Evanston 1965.

ellen Freiheit und Selbstbestimmung neben der optimalen Versorgung als oberste Ziele der Wirtschaftspolitik, aber der Markt schien ihm dafür kein Garant und die Gleichgewichtsvorstellung geradezu ein Widerspruch zur Freiheit zu sein. Die Vorgangsweise der instrumentalen Analyse ist dabei die, daß die zu erreichenden Ziele politisch definiert werden müssen, so daß die nötigen Anpassungspfade durch die Analyse ermittelt werden können. Für jedes Ziel gebe es jeweils nicht nur einen Weg, sondern Alternativen, aus denen die als optimal anzusehende wieder durch den politisch-sozialen Prozeß ausgewählt werden muß. Lowes Politische Ökonomie verbindet Marktwirtschaft mit politischer Lenkung im Sinne einer liberalen, nicht-kollektivistischen Planung.[83] Um diese Auffassung auch in die Geschichte des ökonomischen Denkens einzufügen, bezog sich Lowe auf die Klassiker wie Smith, Ricardo und Marx und verstand sich solcherart als "neuklassischer " Ökonom (im Unterschied zur Neoklassik). Die Ökonomie sah er als Instrument der Politik und nicht als Erkenntnis einer autonomen Eigenlogik; sie wird aus Politik und Ethik abgeleitet. Lowes Denken beeinflußte Robert L. Heilbroner stark, sowie eine Reihe anderer Ökonomen, Philosophen und Sozialwissenschaftler, die eine Facette einer radikalen, liberal-sozialistischen Strömung in den USA darstellt, welche allerdings gegenüber der "mainstream"-Wissenschaft ein Schattendasein fristet.

"Politische Ökonomie" als Wirtschaftsanalyse, die auf den politischen Prozeß bezogen ist, wurde auch oft durch Wertungen bestimmt angesehen. Dadurch sollte die systemimmanente Logik der Neoklassik überwunden und Wirtschaftssysteme miteinander in Beziehung gesetzt und verglichen werden.[84] Dies erwies sich insbesondere für die Analyse der Wirtschaft der Entwicklungsländer als wichtig, da sich die Folgen der Wirtschaftsweise der Industrieländer für die Dritte Welt nunmehr in Form von Abhängigkeiten manifestierte.[85] Die beiden radikalen Ökonomen Paul Baran und Paul Sweezy charakterisierten die Wirtschaftsweise der Industrieländer als Monopolkapitalismus und zeigten, daß die starke Konzentration von Eigentum und Kontrolle und ein durch Lohnsteigerungen ermöglichter Massenkonsum industrieller Produkte eine inhärente Tendenz zur Stagnation aufweise, da die Kapitalisten nur mehr die rentabelsten Investitionen vornehmen.[86] Das aber

83 Lowes Konzeption wurde aus den verschiedenen Blickwinkeln mehrerer Disziplinen, insbesondere der Philosophie und Wissenschaftstheorie, diskutiert. Robert L. Heilbroner (Hg.), Economic Means and Social Ends. Essays in Political Economics, Englewood Cliffs-New York 1969.

84 Vgl. zur Bedeutungsvielfalt politischer Ökonomie in den 70er Jahren: Klaus Heinemann, Politische Ökonomie - Heute, Tübingen 1974.

85 Paul Baran, The Political Economy of Growth, New York 1957.

86 Paul Baran/Paul Sweezy, Monopoly Capital, New York 1966.

führe zu steigenden Arbeitslosenzahlen und hohen staatlichen Wohlfahrtsausgaben, zu imperialistischer Wirtschaftspolitik und zu "vested interests" in den "Kalten Krieg" zwischen den Supermächten, der vollbeschäftigte Rüstungsindustrien garantiere. Die Kritik an den USA der 60er richtete sich gegen jene Machtstruktur, die von der "Power Elite" aus der Allianz von Politik, Militär und Industrie beherrscht wird.[87] In Europa sah man hingegen diese Formation nicht als eine neue Konstellation, sondern als eine Spätphase des zum Niedergang verurteilten Kapitalismus. Die Diskussion um den "Spätkapitalismus"[88] war unter den linken Kritikern verbreitet und mit einer Krisenerwartung verbunden. Die Kritik sozialistischer Denker an dem bestehenden kapitalistischen System verband sich mit den Effekten der Studentenunruhen und der Streiks 1968 und ließ eine "New Political Economy" oder eine Wirtschaftsanalyse der neomarxistischen Neuen Linken entstehen. Noch figurierte dabei die sozialistische Wirtschaftsweise als Ideal, während jedoch an der realen sowjetischen Zentralverwaltungswirtschaft zunehmend Kritik geübt wurde. Die Ökonomiekritik der Neuen Linken fügte sich in einen weiteren Diskurs der Gesellschafts- und Wissenschaftskritik ein, wobei der ideologische Charakter der "bürgerlichen" Ökonomie besonders hervorgehoben wurde.

In Deutschland errang nach dem Zweiten Weltkrieg eine am Gedanken der Wirtschaftsordnung orientierte Auffassung, die vor allem auf Walter Eucken[89] und die von ihm begründete Freiburger Schule zurückgeht, große Bedeutung. Der Ordoliberalismus war eine der Grundlagen der nach wie vor vielzitierten wirtschaftspolitischen Konzeption der sozialen Marktwirtschaft. Eucken versuchte, durch eine Morphologie der Wirtschaftsformen[90] die große Antinomie zwischen individuell-historischer und allgemein theoretischer Betrachtungsweise zu überwinden. Er bediente

87 Charles Wright Mills, The Power Elite, New York-Oxford 1956.

88 Z. B.: Ernest Mandel, Der Spätkapitalismus. Versuch einer marxistischen Erklärung, 2. Aufl., Frankfurt/Main 1973 (urspr. frz. 1972); Maurice Dobb, Studies in the Development of Capitalism, London 1963 (urspr. 1946); Theodor W. Adorno, Spätkapitalismus oder Industriegesellschaft? Stuttgart 1969.

89 Walter Eucken, Die Grundlagen der Nationalökonomie, 9. Aufl., Berlin 1989 (urspr. 1939); Ders., Grundsätze der Wirtschaftspolitik, 6. Aufl., Stuttgart 1990 (urspr. 1952).

90 Hierbei gibt es eine gewisse Ähnlichkeit mit den Wirtschaftsstilen, die Alfred Müller-Armack, ein weiterer Wegbereiter der Sozialen Marktwirtschaft, differenzierte. Allerdings ist seine Konzeption stärker historisch. Siehe: Alfred Müller-Armack, Genealogie der Wirtschaftsstile, in: Ders., Religion und Wirtschaft. Geistesgeschichtliche Hintergründe unserer Lebensform, Stuttgart 1959, S. 46-244; Ders., Soziale Marktwirtschaft, in: Handwörterbuch der Sozialwissenschaften (hg. v. Erwin v. Beckerath u. a.) 12 Bde., Stuttgart 1956-1968, Bd. 6, S. 390-392.

sich dabei der phänomenologischen "pointierend hervorhebenden Abstraktion", also der Bildung von Idealtypen. Jede konkrete Wirtschaftsordnung wird generalisierend als Realtypus betrachtet, und jeder Ordnungsform schrieb er eine Art und Weise des wirtschaftlichen Prozesses zu, deren Merkmale idealtypisch definiert werden können. Ordnung bedarf jedoch der gestaltenden Eingriffe, für die die Nationalökonomie das Instrumentarium zu liefern habe. Grundgedanke der Ordnung ist die Beziehung der Lebensbereiche zueinander; die Wirtschaft steht demzufolge in ständiger Relation zu den anderen Sektoren Recht, Staat und Gesellschaft. Es besteht eine Interdependenz der Ordnungen. Die Wirtschaft selbst ist durch Interdependenz der Institutionen und Handlungen charakterisiert, die aber nicht die Selbstregelung des Systems begründet, sondern der Ordnungspolitik bedarf. Eucken bezog also Gesellschafts- und Wirtschaftssystem aufeinander und sah jedes vom anderen wechselseitig abhängig. Der Ordoliberalismus schloß auch die Dimension der Ethik mit ein und bezog sich nicht von ungefähr auf den "ordo"-Begriff des Mittelalters. Impliziert darin ist auch eine spezifische Gesellschaftsauffassung, in der die Schichten oder Klassen nicht als Interessen- und Machtgruppen aufgefaßt werden, sondern als Ordnungen, zwischen denen es weder eine eindeutige Abstufung noch eine prinzipiell konfliktäre Beziehung gibt. Eucken selbst verstand seine Auffassung daher nicht primär als "liberal", sondern die Ordnung soll die menschliche Freiheit erst ermöglichen; diese besteht nicht schon in der Verfolgung der individuellen Interessen. Insbesondere die internationalen Großkonzerne veränderten nach Auffassung Euckens den Sinn des Begriffs "liberal" so stark, daß dabei die Freiheit der Menschen zu kurz komme. Eucken schwebte daher die Förderung der Klein- und Mittelbetriebe und die Gewinnbeteiligung der Arbeiter sowie die partielle Selbstverwaltung in Teilen der Produktionsbetriebe als Ziel vor. Ein anderer Wegbereiter der Sozialen Marktwirtschaft, der auch mit Eucken und Alexander Rüstow in enger Beziehung stand, war Wilhelm Röpke.[91] Auch er suchte einen "dritten Weg" zwischen Liberalismus und Zentralverwaltungswirtschaft und setzte dabei auf den Staat als unabhängigen Rahmengeber für die Wirtschaft. Durch "marktkonforme" Interventionen sollte dieser die schädlichen Auswirkungen der Konkurrenzwirtschaft auf der Basis einer ethischen Grundlegung der Marktwirtschaft unterbinden. Einerseits setzte er sich vehement für die "internationale Ordnung" und den freien Welthandel ein, andererseits wollte er aber auch die bäuerliche Landwirtschaft, das Handwerk und den Kleinhandel erhalten und wandte sich gegen die Macht der Kon-

91 Wilhelm Röpke, Die Lehre von der Wirtschaft, Erlenbach-Zürich-Stuttgart 1968 (urspr. 1937); Alexander Rüstow, Ortsbestimmung der Gegenwart, 3 Bde., Erlenbach-Zürich 1957.

zerne. Er wies auf die sozialen Kosten der Großproduktion hin und war dabei einer der Wegbereiter der Umweltdiskussion. Die Soziale Marktwirtschaft als vorherrschendes Verständnis der Wirtschaft und der Wirtschaftspolitik im Deutschland der zweiten Hälfte des 20. Jahrhunderts hatte noch eine Reihe anderer Väter. So wurde etwa in jüngster Zeit auch Franz Oppenheimer als Vordenker genannt.[92] Das kommt daher, daß die Verbindung von Marktwirtschaft und Interventionen des Staates zur Sicherung von Wohlstand und Gerechtigkeit allgemein im Zug der Zeit lag. Dabei sah man eine funktionierende Wachstumsökonomie geradezu als Voraussetzung für die Sozialpolitik des Staates an. Während der 70er bis 90er Jahre wurde auch vom Standpunkt der Vertreter der Sozialen Marktwirtschaft aus dann allmählich eine Reform des Sozialstaates in Richtung auf die Beschränkung auf die "unverzichtbaren" Staatsaufgaben als notwendig erachtet.[93]

Ein rigoroses Festhalten an den Werten individueller Freiheit und liberaler Demokratie kennzeichnet andere Gruppen von Ökonomen. Wir greifen hier zwei Beispiele heraus: Friedrich August Hayek als den vielleicht bekanntesten, aber auch "sozialphilosophischesten" der "Neoösterreicher", und Milton Friedman als den "hardliner" der neoklassisch-neoliberalen Chicago-Ökonomie. Von Ludwig von Mises beeinflußt blieb Friedrich A. Hayek sein Leben lang ein vehementer Verfechter des Anti-Interventionismus und Gegner jeder Art von Planwirtschaft. 1944 wandte er sich gegen die sozialistischen Tendenzen zur zentralwirtschaftlichen Planung und wies darauf hin, daß der Aufstieg des Nationalsozialismus demselben Irrglauben an die Planung zu danken gewesen sei.[94] Die Hauptvorteile der liberalen Marktwirtschaft sah er in der optimalen Nutzung der in einer Gesellschaft verstreut vorhandenen Informationen, die in Wissen, Fähigkeiten und Fertigkeiten der Menschen beruhen. Auch würde dadurch innovatives Verhalten gefördert. Dabei wirkt das System der Marktpreise als Kommunikationssystem, das evolutiv eine spontane soziale Ordnung entstehen läßt. Dieses System sei insofern optimal, meinte Hayek, als es nicht durch den Wissensstand der Organisatoren, wie dies beim zentralen Plan der Fall ist, beschränkt werde. Hayeks Auffassung kommt recht gut in einem

92 Werner Kruck, Franz Oppenheimer - Vordenker der Sozialen Marktwirtschaft und Selbsthilfegesellschaft, Berlin 1997.

93 Siehe: Christian Watrin, Marktversagen versus Staatsversagen, Zürich 1986; Ders., Der Weg zur Freiheit, Freiburg i. Breisgau 1991.

94 Friedrich A. Hayek, Der Weg zur Knechtschaft, Bonn 1991 (urspr. engl. 1944); Ders., Die Verfassung der Freiheit, Tübingen 1991.

Vortrag über "Competition as a Discovery Procedure"[95] zum Ausdruck. Die Konkurrenz wird allgemein als Such- und Entdeckungsprozeß verstanden, mit Implikationen weit über den eigentlichen ökonomischen Bereich hinaus. Er zeigt gewisse Ähnlichkeiten mit dem wissenschaftlichen Erkenntnisprozeß, nur daß als Auswahlkriterium spezifische, zeitlich begrenzte Zwecke gelten. Mit Bezug auf den Entdeckungsprozeß, der sich auf dem Markt abspielt, meinte Hayek, es gehe dabei um die Definition der Güter und ihrer Knappheit bzw. ihres Werts. Was knapp ist und welchen Preis die Güter haben, steht nicht fest, bevor der Konkurrenzprozeß auf dem Markt begonnen hat. Hayek verstand also den Marktprozeß als einen intersubjektiven Interpretationsprozeß, denn die Marktteilnehmer erfahren erst durch die vorläufigen Ergebnisse des Marktprozesses, wonach sie suchen sollen. Der Indikator dabei ist der Preis der Güter, der sich in diesem Prozeß bildet. Das "Wissen", das auf dem Markt erworben wird, ist weniger ein Faktenwissen als eine Fähigkeit, bestimmte Optionen auf Grund der jeweiligen vom Markt vermittelten Informationen über Bedarf und Dringlichkeit zu wählen. Das Wissen um die relevanten Aktionsparameter entsteht erst im Marktprozeß, ist dann aber grundsätzlich allen Individuen zugänglich. Hayek kritisierte aber die Annahme der vollkommenen Konkurrenz, weil diese alle Parameter als bekannt annehme, und solcherart eigentlich keinen Raum für aktuelle Konkurrenz erlaube.

Von großer Bedeutung ist die Tatsache, daß Hayek zwischen der "Wirtschaft" und dem "Markt" differenziert. Unter "economy" versteht er eine Organisation zur Allokation von Ressourcen für eine Reihe vor- oder nachgeordneter Zwecke. Die sozialistische Wirtschaft ist ein Paradebeispiel dafür, d. h. für die Transformation eines Marktes in eine Wirtschaft. Theoretiker der "Marktwirtschaft" gehen aber fälschlicherweise auch so vor, daß sie den Markt als "economy" definieren, der eine optimale Allokation entsprechend der vorgegebenen Rangordnung der Zwecke bewirke. Tatsächlich führt der Markt jedoch zu einer spontanen Ordnung, in der von keiner vorgegebenen Ziel- oder Präferenzordnung ausgegangen werden kann. Der katallaktische Prozeß des Marktes entzieht sich diesen Vorgaben, denn die Ziele, um die es geht, sind die separaten Ziele aller individuellen Teilnehmer in ihrer Verschiedenheit und Widersprüchlichkeit. Welche Ziele der Markt optimiert, ist vorweg nicht festgelegt und auch nicht vorhersehbar, von Optimierung kann man daher nur in bezug auf die Chancen der individuellen Teilnehmer, ihre Ziele

95 Dieser Vortrag wurde ursprünglich 1968 gehalten; die deutsche Version erschien in: Friedrich A. Hayek, Freiburger Studien, Tübingen 1969. Ich stütze mich hingegen auf den Abdruck in: Friedrich A. Hayek, New Studies in Philosophy, Politics, Economics and the History of Ideas, Chicago 1978, S. 179-190.

zu erreichen, sprechen. Man könnte Hayek vielleicht dahingehend interpretieren, daß er dem Markt eine "prozedurale Optimierungsfähigkeit" zuschreibt. Er lehnte auch die Bezeichnung "Gleichgewicht" zugunsten des Begriffs "Ordnung" ab. Diese manifestiert sich auf Grund der Tatsache, daß die Transaktionserwartungen der verschiedenen Teilnehmer zum größten Teil realisiert werden können. Das erfolgt durch gegenseitige Anpassung der individuellen Planungen oder durch "negative feedback". "It is [...] as if we had agreed to play a game partly of skill and partly of chance."[96] Nur insoweit - so könnte man folgern - als der Marktprozeß tatsächlich die Ziele der meisten Individuen erfüllt, funktioniert er auch. Hayek erklärte den Markt nicht zur besten aller denkbaren Allokationsformen, sondern nur zur besten realisierbaren Möglichkeit ohne Vorgaben.

"Markt" ist ein Prozeß, der auch ohne unseren Willen ständig vor sich geht, er kann nur überlagert oder explizit durch politische Entscheidungen begrenzt oder ausgeschlossen werden. Damit kommt die Dimension des Zusammenhangs zwischen Markt und Demokratie ins Spiel. Hayek hält Interventionen etwa im Sinne des Wohlfahrtsstaates in Demokratien für problematisch, weil keine Maßnahme akzeptiert werden kann, die nicht von der Mehrheit als "gerecht" und als notwendig im Sinne sich wandelnder Verhältnisse gesehen wird. Diese Definition geschieht aber auf der Basis unterschiedlicher Standorte und Auffassungen und hätte für viele Gruppen, die sich nicht durchsetzen, den Charakter der Unterdrückung. Schließlich ist eine solche Vorgangsweise besonders in bezug auf technologische Innovationen nicht sinnvoll, weil niemand den technischen Wandel als solchen vorhersehen kann, es sei denn, er steuert ihn. Hayek sah die Funktion des Staates im Schutz der Individuen gegen Unterdrückung, Ausbeutung und Gefährdung, aber nicht in der aktiven Lenkung der Handlungsweisen. Diese Schutzfunktion gründet auf der Institution des Privateigentums und der freiheitlichen Rechtsordnung. Den Begriff der spontanen sozialen Ordnung sah er weit über den engeren "traditionellen" Bereich der Wirtschaft hinaus für die menschliche Gesellschaft und die kulturelle Evolution als relevant an. In gewisser Weise evoziert er Assoziationen zum Begriff des autopoietischen Systems, unterscheidet sich von diesem aber dadurch, daß die Konkurrenz der Akteure konstitutiv ist.[97] Desgleichen ist für ihn "Organisation",

96 Friedrich A. Hayek, Competition as a Discovery Procedure, in: Ders., New Studies in Philosophy, Politics, Economics and the History of Ideas, Chicago 1978, S. 179-190.

97 Roland Kley, Friedrich A. Hayeks Idee einer spontanen sozialen Ordnung: Eine kritische Analyse, in: Kölner Zeitschrift für Soziologie und Sozialpsychologie, 44/1992, S. 12-34.

die mit seinem Begriff von "economy" verbunden ist, keineswegs das, was moderne Organisationstheorien darunter verstehen, bei denen die Systemvorstellung und die Selbststeuerung eine große Rolle spielen. Diesen Begriff von Organisation meint Hayek aber nicht, denn er versteht unter Organisation ein nach einem Plan von einem "Organisator" geschaffenes Zweckgebilde, das daher einer spontanen Ordnung widerspricht.[98] Der Markt ist primär kein Modell für Zusammenarbeit. Hayek versuchte zwar, den Markt auch als Erklärung für freiwillige Kooperation heranzuziehen, was aber nicht als geglückt anzusehen ist. Zwar ist es durchaus möglich, daß sich Zusammenarbeit spontan ergibt und auch, daß dabei Angebot-Nachfrage-Situationen und Konkurrenzbeziehungen eine Rolle spielen. Aber zum einen sind diese Bedingungen nicht die konstitutiven Faktoren der Entstehung von Kooperation und zum anderen sind solche Kooperationen meist ephemere Gebilde, eben weil sie spontan entstanden sind. Sie bedürfen für ihren Weiterbestand, um mit Weber zu sprechen, der "Veralltäglichung" und damit einer Bürokratie, also Plan und Apparat. "Spontane Ordnungen" sind kurzfristig, sind Momente und Ereignisse, aber eben nicht auf Dauer angelegt. Der Markt und die Regeln, auf denen er basiert, geben nur einen Anlaß und einen weiten Rahmen für Verhalten aber er ist selbst keine Ordnung im Sinne eines Verhaltensgefüges mit Positionen und Rollen für alle Individuen. Er erlaubt es vielmehr, daß ein und dasselbe Individuum in verschiedenen Funktionen zu verschiedenen Zeiten oder in verschiedenen Märkten auftritt. Da er ihn daher nicht einfach als logisches Prinzip des Handelns verstand, setzte seine Auffassung vom Markt doch wieder Regeln - die des liberalen Rechtsstaates - voraus, die nicht selbst durch Marktprozesse bestimmt sind.

Von Hayek differieren jene neoliberalen Theoretiker, die meist mit der Chicago-Schule verbunden werden, und deren wirtschaftspolitisch bedeutendster Exponent Milton Friedman ist.[99] Als erklärter Gegner des Keynesianismus trat er stets kompromißlos gegen staatliche Interventionen und für eine möglichst niedrige Staatsquote ein. Statt für Staatsausgaben plädierte Friedman für die Ausweitung der Geldmenge zur Wirtschaftsankurbelung, allerdings eben nicht durch die konjunkturpolitischen Ausgaben des Staates, da diese nur die Inflation erhöhen. Friedman hält die Marktwirtschaft nicht nur für die beste aller möglichen Wirtschaftsformen, son-

98 Es ist daher nur allzu klar, daß Hayeks Auffassungen verstehbar sind und einen Zusammenhang erkennen lassen, solange man sie auf den Markt bezieht, außerhalb dieses ökonomischen Kontexts aber zusammenbrechen, wie Kley folgert. Vgl.: Roland Kley, op.cit., S. 30.

99 Milton Friedman, Capitalism and Freedom, Chicago 1991 (urspr. 1967).

dern auch für die, in der individuelle Freiheit am ehesten verwirklicht werde. Insbesondere fordert er immer wieder den Abbau des Sozialstaats und aller Marktregelungsinterventionen wie Lizenzen, Konzessionen, Schulpflicht etc. Weder staatliche Altersversorgung noch sozialer Wohnbau, Gesundheitspolitik oder Bildungsinterventionen seien von Nutzen. Friedmans Ansichten gelangten durch die Erfahrung der Stagflation unter den Regierungen Reagan und Thatcher in den USA und Großbritannien zu Einfluß auf die Wirtschaftspolitik. Die Geldmenge wurde gesteuert, Sozialausgaben gekürzt oder abgeschafft, Steuern wurden gesenkt und in allen Bereichen dereguliert. Dennoch kamen enorme neue Staatsschulden hinzu und damit wurde der Effekt dieser Maßnahmen teilweise wieder zunichte gemacht, ganz abgesehen vom Anwachsen der ökonomischen und sozialen Ungleichheit in diesen Staaten während der 80er Jahre.

13. Kapitel: Soziologie der Wirtschaft - Ökonomie des Sozialen

> "[...] the border line between two of the major social sciences is being redrawn, thereby providing new perspectives on a whole range of very important problems both in the economy and in society at large."[1]

Eine charakteristische Entwicklung, die sich auf der Basis von Fundamenten aus der ersten Hälfte des 20. Jahrhundert dann vor allem in den 60er und 70er Jahren manifestierte, war die akademische Expansion der Soziologie und die Betonung der methodisch-theoretischen Grenzen zwischen dieser und der Ökonomie. Das führte in der Soziologie dazu, daß die Beschäftigung mit Wirtschaft von der Position der norm- und institutionenorientierten Sozialtheorie her erfolgte, die Erklärung der eigentlichen Kernprozesse der Wirtschaft aber der Ökonomie überlassen blieb. Das galt auch für jene Theorieansätze, die innerhalb der Soziologie von einem individualistischen Programm ausgingen. In den Wirtschaftswissenschaften hingegen machte sich mehr und mehr die Tendenz geltend, auch gesellschaftliche Erscheinungen mit Hilfe des Instrumentariums der individualistischen Markttheorie zu erfassen oder diese in ihren Gegenstand einzubeziehen. Die neoklassische Wirtschaftstheorie wird von außen und zum Teil auch innerhalb der Disziplin selbst nach wie vor als eine Art theoretischer "hard core" betrachtet. Allerdings sind auch die Neoklassiker keineswegs einheitlich, und auch hier gibt es unterschiedliche Auffassungen hinsichtlich der ökonomischen Grundprobleme wie dem individuellen Wahl- und Entscheidungsverhalten, der Konstanz der Präferenzen, der Zieldefinition der Maximierung oder des "satisficing", dem Phänomen der kollektiven "Wahlen" und Entscheidungen, den Entscheidungen unter Unsicherheit, dem Einbezug der Zeitdimension in das individuelle oder kollektive Wahlverhalten, den Konkurrenz- und Marktformen oder die Behandlung öffentlicher Aufgaben und der von Kollektivgütern.[2] Vielfach bewegten sie sich in Gegenstandsbereichen, die vordem als Objekte soziologischer Betrachtung angesehen worden waren. Mit dem Abgehen von den

1 Richard Swedberg, Economics and Sociology, Princeton-New York-Oxford 1990, S. 5.

2 Joseph E. Stiglitz, Another Century of Economic Science, in: John D. Hey (ed.), The Future of Economics, Oxford-Mass. 1992, S. 134-141, S. 134 ff.

Regulationsprinzipien und dem Aufschwung des Neoliberalismus begannen sich die Soziologen stärker mit der Wirtschaft auch in bezug auf Bereiche wie Markt und Preisbildung zu befassen, wobei sie sich häufig ökonomischtheoretischer bzw. individualistisch-rationaler Ansätze bedienten. Eine "neue" Wirtschaftssoziologie entstand. Man erkannte die Marktprozesse und die individuellen Nutzenkalküle als grundlegende Merkmale der Gesellschaft, was dazu führte, daß die Theorie der rationalen Wahl von einem Teil der Soziologen auch als theoretisches Paradigma für ihre ganze Wissenschaft proklamiert wird. Demgegenüber sehen die Ökonomen wenig Anlaß, ihre Sichtweise der Wirtschaft zu revidieren, so daß sich eine Kombination zwischen eklektischer und problembezogener Mitberücksichtigung sozialer Aspekte, soweit sie für die angewandten Disziplinen erforderlich ist, und die Dominanz eines universaltheoretischen Anspruchs der Nutzenökonomie für den ganzen Bereich der Gesellschaft, Wirtschaft und Politik abzeichnet.

Homo oeconomicus und homo sociologicus: Die zwei Welten von Wirtschaft und Gesellschaft

Die Ökonomie implizierte immer auch eine Gesellschaftsauffassung. Manchmal tat sie das ganz explizit wie bei Adam Smith und Karl Marx, deren Ökonomie gleichzeitig Gesellschaftstheorie ist, manchmal nur implizit, wie bei vielen Neoklassikern, die den Gegenstand, mit dem sie sich beschäftigen, deutlich aus dem gesellschaftlich-realen Zusammenhang zu lösen suchen; am markantesten taten dies Carl Menger und Vilfredo Pareto. Mitunter hatten sie ein Bild der Gesellschaft, das entweder eine konstruierte oder realistische Gegenwelt ihrer Ökonomie war. Pareto begründete seine Ökonomie als Gleichgewichtsmodell auf der Annahme logischer individueller Handlungen, in bezug auf die Gesellschaftsvorstellung hingegen war er "Realist" und betonte die Irrationalität der realen Welt; seine Soziologie war der Versuch, diese Irrationalität logisch zu erklären. Durch die Akademisierung der Soziologie veränderte sich auch das Verhältnis der Ökonomie zur Gesellschaft. Wurde Gesellschaft zunächst als "reale" Seite der abstrakt definierten logischen oder natürlichen Gesetze der Wirtschaft verstanden, die mehr oder weniger berücksichtigt wurde, so veränderte sich dies dahingehend, daß Wirtschaft und Gesellschaft zwei unterschiedliche Perspektiven der Konstruktion von Realität wurden.

Die Auseinanderentwicklung von Soziologie und Ökonomie war schon in den geistigen Traditionen der Moderne angelegt. Der Differenzierung von Gesellschaft und Staat folgte im organisierten und im regulierten Kapitalismus die von Gesellschaft und Wirtschaft, in denen sich nicht nur konstitutive Elemente moderner Gemeinwesen ausdifferenzierten, sondern auch unterschiedliche Weltanschauungen und Ideologien ihre Bezugspunkte hatten. Das Prinzip der Ausdifferenzierung wurde die bevorzugte Perspektive für die Interpretation moderner Gemeinwesen. Die "Welt" zerfällt in dieser Sicht in Subsysteme, die zwar Austauschverhältnisse unterhalten, aber auch eine gewisse funktionale Autonomie besitzen. Die Koexistenz verschiedener Wertvorstellungen, Ziele und Interessen und auch die von Ideen, Techniken und Praktiken wird in weitgehend unabhängig voneinander existierenden Lebenswelten und Systemen repräsentiert. Die Trennung zwischen Ökonomie und Soziologie entspricht der Ausdifferenzierung der Systeme.

Es entstanden Paralleluniversen des Sozialen. Ihre begriffliche Symbolik kann in den wechselseitigen Zerrbildern des "homo sociologicus"[3] und des "homo oeconomicus" ausgedrückt werden. Für ersteres Modell gilt: Das menschliche Handeln wird durch die Gesellschaft bestimmt; d. h. am Anfang wird "die Gesellschaft" als eine ontologische Einheit gesetzt und das Verhalten des einzelnen leitet sich insofern daraus ab, als der Mensch durch seine gesellschaftliche Umwelt und die Interaktion mit ihr geformt wird; der Mensch verhält sich gemäß einer Rolle. Die Gesellschaft präsentiert sich als ein Gefüge von Verhaltensregeln, die ein "routiniertes" Zusammenleben ermöglichen. Diese resultieren in Erwartungen der Umwelt an ein Individuum in einer bestimmten Position im Gesellschaftsgefüge. Der Mensch ist daher in seiner Freiheit der Entscheidungen und Handlungen begrenzt. Abweichungen vom erwarteten Rollenverhalten sind zwar möglich und für den sozialen Wandel sogar notwendig, aber sie müssen sich gegen die sozialen Wertvorstellungen behaupten, deren Inhalte überdies im Sozialisationsprozeß seit früher Kindheit vom Individuum internalisiert worden sind; Normabweichungen werden von der Gesellschaft sanktioniert, die dadurch eine soziale Kontrolle ausübt. Bestrafung dient zur Verstärkung der Sozialisierung und Bewußtmachung des "Normalen", erfolgt aber nicht infolge einer expliziten Befehlsordnung durch Oktroyierung, sondern im Zuge des sozialen Austauschs in der Gesellschaft oder Gruppe, so daß es grundsätzlich zu unterschiedlichen und veränderbaren Normsystemen kommt. Demgegenüber kann man das ökonomische Verhaltensmodell neoklassischer Provenienz ebenfalls vereinfacht durch folgende Annahmen kennzeichnen:[4] Das Handeln erfolgt immer durch einzelne Menschen. Das auf der Ebene der Gesellschaft beobachtete Geschehen wird auf das Handeln von Indivi-

3 Ralf Dahrendorf, Homo Sociologicus, Ein Versuch zur Geschichte, Bedeutung und Kritik der Kategorie der sozialen Rolle, 15. Aufl., Opladen 1977.

4 Vgl. etwa: Hans-Bernd Schäfer/Klaus Wehrt (Hg.), Die Ökonomisierung der Sozialwissenschaften, Frankfurt/Main 1989.

duen zurückgeführt (methodologischer Individualismus); das menschliche Verhalten wird durch Kalküle bestimmt. Der Mensch wägt die Vor- und Nachteile der ihm zur Verfügung stehenden Handlungsmöglichkeiten ab (Kosten/Nutzen-Kalkül), wobei er auch entgangenen Nutzen nicht gewählter Alternativen (Opportunitätskosten) in Rechnung stellt, zukünftige Nutzen/Kostenerwartungen diskontiert und Risiken und Wahrscheinlichkeiten berücksichtigt. Voraussetzungen und Bedingungen, die der einzelne nicht kontrollieren kann, werden als Restriktionen des Handelns im Modell berücksichtigt. Menschen versuchen grundsätzlich, ihren Nutzen zu maximieren oder zu optimieren (mitunter auch nur einen zufriedenstellenden Zustand zu erreichen). Sie sind auf ihren eigenen Vorteil bedacht, was nicht gleichzeitig bedeutet, daß sie andere benachteiligen wollen. Die Beziehung zwischen Individuum und den angestrebten Dingen oder Zuständen wird zentral gesetzt, so daß Beziehungen zu anderen Menschen oder Gruppen durch diese vermittelt erscheinen; im allgemeinen gilt daher das Nachfragegesetz: Erhöht sich der "Preis" (die Kosten) eines Gutes oder einer Aktivität im Vergleich zu anderen Gütern und Aktivitäten (d. h. erhöht sich der relative Preis), wird von dem betreffenden Gut weniger nachgefragt (konsumiert) oder die betreffende Aktivität vermindert. Der Mensch der individualistisch-behavioristischen Ökonomik kommuniziert nicht, sondern "hat" - oder hat nicht - Informationen, er ist nicht erkennbar geprägt durch ein bestimmtes Milieu, ist nicht sozialisiert in bezug auf gesellschaftliche Traditionen, Normen und Institutionen, er ist in seinem Handeln frei, hat allerdings restriktive Bedingungen zu berücksichtigen. Er hat keine Geschichte und keine Biographie, er ist typischerweise ein atomisiertes Individuum in einer Masse anderer Individuen.

Die Differenzierung zwischen den beiden Modellen verläuft über die Kriterien "rational" versus "nicht-rational", "Eigennutzorientierung" versus "Normorientierung", "individualistisch" versus "kollektivistisch"; duale Begriffspaare, die sowohl in der Ökonomie als auch in der Soziologie eine lange Tradition haben. Hinter beiden stehen auch Vorstellungen idealer Gesellschaft, die einander widersprechen: "Würde eines der beiden verwirklicht, so wäre im Sinne der anderen die Gesellschaft ein Alptraum."[5] Mancur Olson sieht beide Vorstellungen als Pole eines Kontinuums und schreibt die Wahl der Position zwischen dem ökonomischen und dem soziologischen Ideal dem politischen System zu.

Die Weiterentwicklungen im Bereich der Ökonomie wie der Soziologie sind nicht nur im Sinne eines wissenschaftsinternen Fortschritts allein zu sehen, sondern folg-

5 Mancur Olson, Umfassende Ökonomie, Tübingen 1991 (urspr. am. 1990), S. 181.

ten in bemerkenswerter Weise Entwicklungen, Brüchen und Veränderungen in der sozialpolitischen Realität. Im Grunde blieben die Modellvorstellungen dennoch gleich, aber die Ökonomen erweiterten ihren Gegenstandsbereich, während die Soziologen umfassende Konzepte entwarfen oder sich ebenfalls individualistischer Modelle für die Erklärung eines vom Ökonomischen abgelösten "Sozialen" bedienten. Das schlug sich in bemerkenswerten Parallelentwicklungen nieder: der Spieltheorie entspricht die Theorie der strategischen Interaktionen, der Logik des kollektiven Handelns die Soziologie des kollektiven Handelns, der Theorie der "public choice" die Soziologie der Politik etc. Die Paralleluniversen des "ökonomischen Menschen" und des "soziologischen Menschen" nahmen dennoch wenig voneinander Notiz. Die Ausklammerung von hundert Jahren der Entwicklung von Erkenntnissen der Soziologie und Sozialpsychologie aus den Modellen der individualistischen Ökonomen, so als hätte es so etwas überhaupt nicht gegeben, führt dazu, daß diese, sofern sie nicht am Minimalmodell orientiert bleiben, "das Rad neu entdecken" wollen. Während Ökonomen versuchten, ihre Ansätze durch soziale und institutionelle Elemente zu erweitern, rückten Soziologen von der reinen Normorientierung in Richtung Einbeziehung der Situation und der Tatsache der Aushandlung in der Interpretation der Wirklichkeit und damit auch der Normen ab. Voluntaristische Elemente und individuelle, subjektive Dimensionen fanden zunehmend Eingang in soziologisches Denken; die Ökonomie aber fühlte sich veranlaßt, die Existenz von Regeln, Institutionen, Gruppen und Organisationen zu berücksichtigen. Die Verbindung in einem "homo socio-oeconomicus", der weder solipsistischer Egomane noch "ruhiger Untermieter normierter Räume"[6] ist, gelang jedoch nicht.

Die Wirtschaft und die sozialen Systeme: Soziologische Universaltheorien

Die explizite Absicht einer Integration von Ökonomie und Soziologie verfolgte Talcott Parsons, der sich schon in seinen ersten Aufsätzen mit der Beziehung zwischen Soziologie und Ökonomie beschäftigt hatte[7], zusammen mit Neil J. Smelser in "Economy and Society" (1956). Dieses Werk widmeten die Autoren Max Weber und dem englischen Ökonomen Alfred Marshall, weil deren Werk bei zusam-

6 Peter Weise, Homo oeconomicus und homo sociologicus: Die Schreckensmänner der Sozialwissenschaften, in: Zeitschrift für Soziologie 18/1989, S. 148-161, S. 150.

7 Vor allem: Talcott Parsons, Sociological Elements in Economic Thought, in: Quarterly Journal of Economics 49/1935, S. 414-453, S. 646-667. Siehe auch die frühen Aufsätze abgedruckt in: Talcott Parsons, The Early Essays (hg. von Charles Camic), London 1991.

menfassender Betrachtung ein hohes Maß an Annäherung von Soziologie und Wirtschaftswissenschaft zum Ausdruck gebracht hatte. Besonders hervorgehoben wurde auch Vilfredo Pareto, der zur Entwicklung einer allgemeinen Theorie sozialer Systeme beigetragen hatte. Mit dieser Studie, die sich primär an Ökonomen richtete, von diesen aber kaum beachtet wurde, wollten die Autoren die "boundary interchanges" zwischen Wirtschaft und anderen Aspekten des sozialen Lebens aufzeigen; daraus sollte die Notwendigkeit für Ökonomen erhellt werden, sich auf andere Disziplinen sowohl auf theoretischer als auch empirischer Ebene einzulassen und über die Grenzen des ökonomischen "Territoriums" hinauszublicken. Das Problem der ökonomischen Theorie wird in ihrem Abstraktionsniveau gesehen, das dazu zwinge, sie auf die "rein wirtschaftlichen" Faktoren zu beschränken und die "nicht-wirtschaftlichen" Faktoren außer acht zu lassen.[8] Gerade die nicht-ökonomischen Faktoren seien es aber, die erforscht und in eine integrative Theorie mit aufgenommen werden müssen. Aus dieser Zielsetzung resultierte dann die Frage für Parsons, ob es einen theoretischen Ansatz gäbe, der diese nicht-ökonomischen Faktoren differenzieren und analysieren kann, und er gelangte zu der Auffassung: "A theoretical scheme other than economic theory is the only possible way to analyse these non-economic factors in such a way as to articulate successfully with economic theory."[9] Parsons und Smelser strebten also danach, die mit wirtschaftlichen Prozessen verbundenen nichtökonomischen Elemente durch eine andere als die ökonomische Theorie zu erfassen. Diese Theorie soll aber in Beziehung zur Wirtschaftstheorie gesetzt werden können. Es ging demnach in erster Linie um die Konstitution einer universalen Theorie, die diese Verbindung ermöglicht und gleichzeitig von den außerwirtschaftlichen Elementen als ihrem Gegenstandsbereich ausgeht. Die Theorie von Parsons und Smelser zielte daher nicht auf eine Soziologie der Wirtschaft im eigentlichen Sinn als eine alternative Erklärung von Wirtschaftsabläufen. Der "Kern" der ökonomischen Theorie, die "ökonomischen Faktoren", bleiben unangetastet, nur die Verbindungen derselben mit außerökonomischen Bereichen werden aufgezeigt. In "Economy and Society" ist das Ziel darauf gerichtet, soziale und wirtschaftliche Elemente in einem gemeinsamen theoretischen Schema auszudrücken, so daß "economic theory need not remain an 'island' of theoretical spe-

8 Problematisch ist zum einen die Annahme, daß sich ökonomische und nicht-ökonomische Faktoren differenzieren lassen und zum anderen, daß die Ökonomie nur ökonomische Faktoren berücksichtigt. Immerhin impliziert die neoklassische Ökonomie eine Reihe psychologischer Hypothesen und rechtliche Voraussetzungen etc.

9 Talcott Parsons/Neil J. Smelser, Economy and Society, London 1984 (urspr. 1956), S. 307/308.

cificity totally alone in an uncharted 'sea' of theoretical indeterminacy".[10] Nicht nur werden die Annahmen der Wirtschaftstheorie nicht in Frage gestellt, sondern sie werden sogar zum Teil auch für andere Bereiche als relevant angesehen, wie Robert J. Holton mit Bezug auf Parsons' Ziel meint: "This aim [...] is connected with his view that the strategies of instrumental rationality characteristic of economic action are of universal adaptive significance for processes of evolutionary social change and for the making of modern society."[11] Hierin fand die Betonung der Kulturbedeutung des Rationalisierungsprozesses im Sinne von Max Weber ihren Niederschlag; es bedeutete nicht die Übernahme der ökonomischen Theoriekonzepte, wie das bei den späteren Verfechtern eines Rationalwahlansatzes der Fall war. Talcott Parsons und Neil J. Smelser versuchten zwar auch die Divergenz zwischen theoretischer und historischer Nationalökonomie zu überwinden, distanzierten sich aber bewußt von den institutionalistischen Ansätzen, die den ökonomischen Aspekten ihre eigenständige theoretische Position zugunsten einer historischen Interpretation der sozialen Entwicklung absprachen. Demgegenüber folgten sie Vilfredo Pareto insofern, als sie die Relevanz der ökonomischen Theorie für das soziale Verhalten in "der Wirtschaft" anerkannten; aber sie müsse ergänzt werden durch andere Theorien, die die nicht-ökonomischen signifikanten Variablen behandeln.

Parsons und Smelser sahen die ökonomische Theorie als Theorie der typischen Prozesse in der "Wirtschaft", versuchten aber eine "Supertheorie" darüber auf der Basis der Verbindung von allgemeiner Handlungstheorie und funktionalistischer Systemtheorie zu entwickeln. Die ökonomische Theorie stellt dann einen Sonderfall der allgemeinen Theorie sozialer Systeme und der allgemeinen Handlungstheorie dar. Die Autoren stellten sich damit eine wahrhaft ehrgeizige Aufgabe: "To sketch in crude outline, a 'Columbian' map of the social world, on which all the main land masses can be located relative to each other."[12] Mit Hilfe der allgemeinen Theorie sozialer Systeme im Kontext des "action frame of reference" sollte es gelingen, eine bestimmte Anzahl von Aspekten der menschlichen Gesellschaft miteinander so in Beziehung zu setzen, daß ihre strukturell-funktionalen Abhängigkeiten und die daraus resultierenden Austauschaktionen bestimmt werden können. Sie verstanden Wirtschaft als System von Handlungselementen und -relationen, das sich aus den übrigen gesellschaftlichen Beziehungen ausdifferenziert hat, aber trotz-

10 Ebd., S. 308.

11 Robert J. Holton, Talcott Parsons and the Theory of Economy and Society, in: Ders./Bryan S. Turner (eds.), Talcott Parsons on Economy and Society, London-New York 1986, S. 25-106, S. 95.

12 Talcott Parsons/Neil J. Smelser, op. cit., S. 4.

dem ein Sub-System des Gesellschaftssystems ist. System wird als Handlungssystem verstanden, als System aus "unit acts", die eine bestimmte Struktur ergeben und durch ihre Funktionalität für das Ganze miteinander als "system units" verbunden werden. Die Wirtschaft ist demnach ein System von Handlungen, die ökonomische Funktionen für die Gesellschaft erfüllen, sie gewährleisten das materiell bestimmte, physische Überleben der "gesellschaftlichen Gemeinschaft". Die Wirtschaft besitzt die Autonomie eines Subsystems, ist aber über ihre Funktion mit dem Gesellschaftssystem verbunden. Das Wirtschaftssystem ist selbst ein Handlungssystem und gleichzeitig ein funktional ausdifferenziertes Subsystem des Gesellschaftssystems. Wirtschaftliches Handeln wird von der funktionalistischen Theorie als ein Aspekt des institutionellen Verhaltens verstanden und nicht als Entscheidungsverhalten oder als rationale Verfolgung des Eigeninteresses, allerdings ohne die Relevanz desselben für die Wirtschaftstheorie anzuzweifeln. Aus der Perspektive des Gesamtzusammenhangs der Gesellschaft erscheine, so meinten sie, wirtschaftliches Handeln jedoch als institutionell begründete Orientierung an der Versorgung des Ganzen. Rationalität ist aus dieser Sicht eine Norm der gesellschaftlichen Interaktionen, nicht eine Maxime des individuellen Handelns. Das Wertsystem der Gesellschaft weist dem ökonomischen Wertsystem seine relative Bedeutung zu. Die ökonomische Funktion beruht auf der Produktion und Allokation von disponiblen Ressourcen als Mittel für alternative Ziele. Ökonomisches Handeln ist somit nur ein unter funktionalen Aspekten differenzierter Spezialfall einer allgemeinen Theorie des Handelns. Anders ausgedrückt: Die von der ökonomischen Theorie angenommenen individuellen Nutzenentscheidungen und deren Rationalität werden in den systemisch definierten Rahmen des Gesamtzusammenhangs der Handlungen gestellt. Damit überwinden Parsons und Smelser die Diskrepanz zwischen den Ebenen individuellen Handelns und der teleologisch-wertbezogenen Ganzheitsbetrachtung. Sowohl der "need-disposition" der Individuen als auch der "value-orientation" an sozialen Werten wird Rechnung getragen und solcherart auch die Mikro-Ebene individuellen Verhaltens mit der Makro-Ebene der Kultur und des Gesellschaftssystems verbunden. Die Verknüpfung der Mikro- und Makroebene wird für das Sozialsystem durch die "Rollen" hergestellt, mit denen die Akteure an den jeweiligen Handlungssystemen beteiligt sind. Der Mensch wird zu einem vielfältigen Rollenträger im Rahmen der Handlungssysteme und deren sozialsystemischen Komponenten. Die Beziehungen der Wirtschaft zur Gesellschaft bzw. den anderen Sub-Systemen derselben können dann durch die Annahmen der allgemeinen Systemtheorie für offene Systeme definiert werden. Die Wirtschaft und die anderen gesellschaftlichen Subsysteme ergeben die Struktur des Gesellschaftssystems auf Grund der vier Funktionen, die Parsons als funktionale Erfordernisse sozialer Systeme angibt. Die Subsysteme auf der Ebene der Gesellschaft sind daher: das Kultursystem, das die Übereinstimmung und Erhaltung der Werte und der Verhaltensmuster leistet; das Institutionensystem, das über Gesetze und Rechtsprechung die Integration der Gesellschaft sichert; das Subsystem der Politik, in der die gesellschaftlichen Kollektivitäten die Entscheidungen über die Zielsetzung des Ganzen treffen, und das Wirtschaftssystem, welches die Funktion der Anpassung an Umweltveränderungen erfüllt.

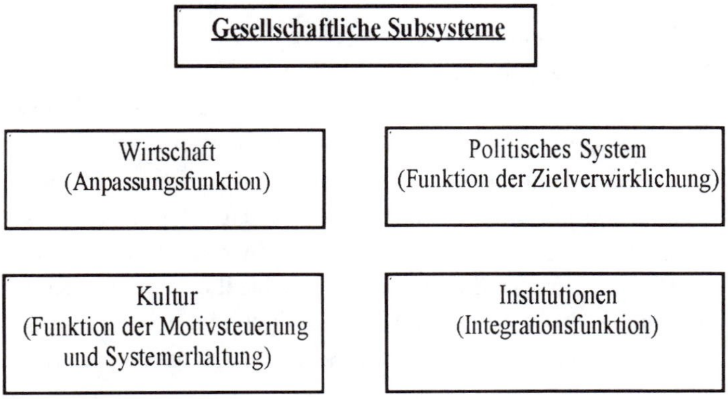

Die Systemelemente der Wirtschaft, Politik, Institutionen und der Kultur stellen Handlungen dar, die auf Beziehungen beruhen, die im Falle der Wirtschaft jenen Aspekt derselben enthalten, durch den Preise, Mengen und Produktionsweisen bestimmt werden. Die ganze Gesellschaft bildet gewissermaßen Teil der Wirtschaft, weil alle ihre Mitglieder an ihr teilhaben, sich aber nicht ausschließlich "wirtschaftlich" betätigen, selbst dort wo sie "wirtschaften", da auch politische, kulturelle und institutionelle Aspekte damit verbunden sind. Die Wirtschaft ist nicht eine "collectivity" von Personen, sondern ein Sub-System von Handlungen, das aus der Gesellschaft auf der Basis der Funktion der Anpassung ausdifferenziert ist. Die Anpassungsfunktion beinhaltet als eine der wichtigsten Voraussetzungen für das Überleben der Gesellschaft die gestaltende Auseinandersetzung mit der natürlichen Umwelt, die Gewinnung und den Einsatz von Ressourcen zur Herstellung von Gütern sowie zur Bereitstellung von Dienstleistungen, ausgerichtet auf die Befriedigung großenteils soziokulturell bestimmter Bedürfnisse und Wünsche der Menschen. Differenzierungen innerhalb des Wirtschaftssystems, die mögliche

Instabilität hervorrufen, werden nicht nur endogen verursacht, sondern durch den Einfluß "sozialer", d. h. nicht-ökonomischer Faktoren, bestimmt.

Die "Wirtschaft" ist ein spezialisiertes soziales Systems, es tauscht "inputs" und "outputs" über seine Grenzen hinweg mit anderen Sozialsystemen aus. Der Austausch zwischen den Systemen ist kein zufälliger, sondern ein systematischer und konkrete ökonomische Prozesse sind daher immer beeinflußt von nicht-ökonomischen Faktoren. Aus dem Gesellschaftssystem kommen wichtige "inputs"; z. B. die rechtlichen Grundlagen des Vertrages, der als zentrale Institution der Wirtschaft bezeichnet wird. "Contract thus constitutes the institutional framework for the basic economic process of exchange; hence contract is the institutional basis of market structure."[13] Der Vertrag verbindet als institutionelle Komponente zwei Handlungssysteme, die unterschiedliche Rollen und Ziele und gemeinsame Werte und Motive aufweisen. Der Vertrag wird bei Parsons und Smelser als Grundlage der Marktbeziehung gesehen, nicht die individuell-rationalen Aktionen als solche. Die vertraglich geregelte Marktbeziehung bildet die Grundlage des sozialen Systems der Wirtschaft, das allerdings weitgehend mit der Marktwirtschaft in modernen Gesellschaften identifiziert wird. Märkte weisen unterschiedliche soziale Strukturen auf; Konsumgütermärkte differieren von Arbeitsmärkten und beide unterscheiden sich vom Kapitalmarkt, weil sie die Wirtschaft mit verschiedenen Sektoren der Gesellschaft verbinden.

In strukturfunktionalistischer Betrachtung hat die Wirtschaft selbst auch Systemeigenschaften und muß daher ihrerseits die vier funktionalen Erfordernisse aller Systeme erfüllen: Die Zielverwirklichung, die Integration im Inneren, die Anpassung an sich ändernde Umweltbedingungen und die Motivations- und Wertebalance. Sie tut dies durch das Produktionssubsystem, das auch die Verteilungsfunktion beinhaltet (Zielerreichung), das organisatorische Subsystem der Unternehmerfunktion (Integration), das Finanzierungs- und Investitionssubsystem (Anpassung) und das Subsystem der Wirtschaftsmotivation auf der Basis der physischen, kulturellen und psychischen Ressourcen. Zur Funktion des Unternehmers ist zu sagen, daß diese auf Grund der besonderen Bedeutung der Integration für die Erhaltung des Systems bei Parsons und Smelser eine große Rolle spielt, allerdings weniger, wie bei Schumpeter, auf Grund der Innovation durch unternehmerisches Handeln, sondern im Hinblick auf Zusammenhalt und Organisation der wirtschaftlichen Aktivitäten im Rahmen des Unternehmens. Die Rolle der "eigentlich ökonomischen"

13 Ebd., S. 105.

Funktion wird der Finanzierung und Investition übertragen, was zwar der großen Bedeutung der Kapitalbildung und -verwendung im Kapitalismus entspricht, sich jedoch bei vergleichender Analyse als problematisch erweist. Die Annahme einer "Wirtschaftsmotivation", die dem Leistungs- oder Erwerbsstreben zugrundeliegt, bringt die Übernahme der grundlegenden Auffassung der klassischen Ökonomie, daß individueller Eigennutz sich mit gesellschaftlicher Harmonie verbinde, zum Ausdruck. Die strukturfunktionale Differenzierung des Wirtschaftssystems beruht solcherart auf einer ganzen Reihe impliziter Voraussetzungen, die die Theorie vielleicht als eine systemische Zusammenstellung der für die modernen europäisch-amerikanischen Gesellschaften üblichen Denkusancen, aber für eine theoretische Erfassung der Beziehungen zwischen Wirtschaft und Gesellschaft in allgemeiner und vergleichender Hinsicht wenig geeignet erscheinen lassen.

Die Bedeutung der strukturfunktionalen Systemtheorie liegt nicht in der Erklärung und Analyse, sondern vor allem in ihrer Leistung in bezug auf die Kodifikation soziologischer Begriffe und in der Relationierung der Begriffe auf theoretischer Ebene. Daher bleibt die Semantik und Geschichte der Begriffe außer Betracht, wobei allerdings bestimmte Bedeutungen aus der Ökonomie oder auch dem konventionellen Sprachgebrauch übernommen werden. Smelser definierte andernorts Wirtschaftssoziologie als die Anwendung soziologischer Kategorien und Theorien zur Erklärung jenes Teils des sozialen Handelns, das sich mit der Produktion, Distribution und dem Konsum knapper Güter und Dienstleistungen beschäftigt.[14] Auch daraus geht hervor, daß die Grundannahmen der ökonomischen, insbesondere der neoklassischen Theorie nicht hinterfragt, sondern übernommen und nur in den Gesamtzusammenhang der anderen gesellschaftlichen Funktionen gestellt werden. Die Verbindung mit diesen erfolgt aber systemrelational und selektiv, so daß "die Wirtschaft" als ein eigendynamisches Subsystem mit Austauschbeziehungen in ihrem Verhältnis zur "Umwelt" interpretiert wird. Diese Sicht, die auf der systemischen - nicht empirischen - Ausdifferenzierung der Wirtschaft aus der Gesellschaft beruht, hat ein grundlegendes Problem, da ökonomische Elemente im Gesellschaftssystem und in allen seinen Sub-Systemen gleichzeitig integriert und doch von diesen geschieden sind. "Die Wirtschaft" wird daher in eine "Gesellschaft", in der die sozialen Beziehungen durch die ökonomischen Relationen mitgeprägt sind, als funktional ausdifferenzierte Dimension derselben theoretisch reintegriert.[15]

14 Neil J. Smelser, On the Relevance of Economic Sociology for Economics, in: Tjerk Huppes (ed.), Economics and Sociology, Leiden 1976, S. 1-26.

15 Vgl. auch: Talcott Parsons, Die Motivierung des wirtschaftlichen Handelns, in: Ders., Soziologische Theorie, Neuwied-Berlin 1964, S. 136 ff.

Während Parsons und Smelser der allgemeinen Handlungstheorie grundlegende Bedeutung beimaßen und die Systemtheorie nur als Relationierungsinstrument einsetzten, hat Niklas Luhmann einen konstruktivistischen systemtheoretischen Zugang zur Wirtschaft gesucht oder anders ausgedrückt: die Systemtheorie Luhmanns ist ihr eigenes Objekt.[16] Da er den Grad der Abstraktion der Soziologie für ungenügend hält, versucht Luhmann die Reduktion von Komplexität der Welt dadurch zu erreichen, daß die Theorie ohne die Annahme einer Wirklichkeit, die sie erklären sollte, auskommt. Es geht ihm auch anders als Parsons und Smelser nicht um die systematische Erfassung von Austauschbeziehungen zwischen "Wirtschaft" und "Gesellschaft", sondern um die Konstruktion der Wirtschaft als ein sich selbst erzeugendes System. Nicht der Austausch oder die Verbindung zur Umwelt steht daher im Mittelpunkt, sondern die Selbstselektionsprozesse des Systems begründen dieses erst, d. h. die Systeme sowie deren Theorie sind selbstreferentiell. Luhmann faßt Wirtschaft als autopoietisches System von Zahlungen auf. Mit dem Begriff Autopoiesis, der aus der Biologie stammt, wird die Eigenart solcher Systeme bezeichnet, die die Elemente, aus denen sie bestehen, selbst produzieren und reproduzieren. Dementsprechend heißt Autopoiesis für derartige Systeme: ständiges, tendenziell unbeendbares Produzieren von Elementen des Systems durch Elemente des betreffenden Systems. Somit ist auch die Einheit eines autopoietischen Systems durch seine Selbsterzeugungsfähigkeit bestimmt, und das System ist selbstreferentiell und zirkulär, weil sich alle Elemente aufeinander beziehen. Autopoietische Systeme sind geschlossene und immer zugleich auch offene Systeme, in Luhmanns provokanter Formulierung: "Geschlossene Systeme sind nur als offene Systeme möglich."[17] Sie sind geschlossen durch "rekursive Zirkularität". Damit ist gemeint, daß diese Systeme ihre Elemente stets nur aus ihren Elementen selbst produzieren. Die Elemente eines Systems kommen nicht aus der jeweiligen Umwelt, die keinerlei Elemente dieser Art enthält. Durch diese Form selbstreferentieller Geschlossenheit können sich autopoietische Systeme in stärkerem Maße der Beeinflussung durch ihre Umwelt entziehen. Sie sind aber immer zugleich offene Systeme, da sie ihre ständige Selbstproduktion nur in einer Umwelt, d. h. nur in Differenz zu und Abgrenzung gegenüber einer Umwelt vollziehen können. Nach Auffassung von Luhmann ist nun die Wirtschaft innerhalb der modernen Gesellschaft ein autopoietisches System, weil sie aufgrund ihrer elementaren und zugleich exklusiven Operationen rekursive, selbstreferentielle Geschlossenheit er-

16 Siehe: Niklas Luhmann, Soziale Systeme. Grundriß einer allgemeinen Theorie, 2. Aufl., Frankfurt/Main 1988.

17 Ebd., S. 15.

reicht hat. Die entscheidende Voraussetzung für die Ausdifferenzierung der Wirtschaft zu einem autopoietischen System innerhalb der Gesellschaft war die Herausbildung eines besonderen symbolisch generalisierten Kommunikations- und Interaktionsmediums, des Geldes. Mit Hilfe dieses spezifischen Mediums gewinnt die Wirtschaft ihre Einheit als autopoietisches, sich selbst produzierendes und reproduzierendes System dadurch, daß sie eine eigene Art von Elementen verwendet. Diese Elemente kommen nur in der Wirtschaft vor und gewinnen nur in rekursivem Bezug auf andere Elemente desselben Systems ihre Einheit. Was nicht über Geld vermittelt ist, gehört nicht zur "Wirtschaft". Durch das Geld kommt es andererseits zur operativen Schließung des Systems Wirtschaft. Als Medium ist Geld selbst nicht beobachtbar, sondern nur seine "Verkörperung" in den einzelnen Zahlungsmitteln. So kann es auch zur Ausdifferenzierung eines besonderen Funktionssystems für wirtschaftliche Kommunikation kommen, weil sich mit Hilfe von Geld eine bestimmte Art kommunikativer Handlungen systematisieren läßt, nämlich Zahlungen. In dem Maß, in dem sich wirtschaftliches Verhalten an Geld orientiert, kann von einem funktional ausdifferenzierten Wirtschaftssystem gesprochen werden. Zahlungen als spezifische Elemente und Grundoperationen des Systems Wirtschaft haben die Eigenschaften eines autopoietischen Elements: Sie sind nur auf Grund von anderen Zahlungen möglich und haben im rekursiven Zusammenhang der Wirtschaft keinen anderen Sinn, als wiederum Zahlungen zu ermöglichen. Zahlungen sind also aus Zahlungen entstanden und bringen neue Zahlungen hervor. Die Wirtschaft besteht somit aus unaufhörlich neuen Zahlungen. Würden keine Zahlungen mehr erfolgen, dann würde die Wirtschaft aufhören, als ausdifferenziertes, funktional autonomes, autopoietisches System zu existieren. Die Grundoperationen der Wirtschaft stehen daher unter dem ständigen Zwang der Selbsterneuerung. In diesem kontinuierlichen Ermöglichen von Zahlungen durch Zahlungen liegt der Grund für die rekursive Geschlossenheit und für den autopoietischen Charakter der modernen Wirtschaft. Luhmann vertritt die Auffassung, daß der Prozeß der Ausdifferenzierung zu einer "relativen Autonomie der Wirtschaft" geführt habe. Die Ausdifferenzierung ermöglicht zwar nicht Autarkie von anderen gesellschaftlichen Subsystemen, aber einen hohen Grad von Autonomie im Sinne von Selbststeuerung der Wirtschaft. Die mit Hilfe des Mediums Geld ausdifferenzierte, voll monetarisierte Wirtschaft muß die Bewältigung von zwei Knappheiten leisten: die weltbedingte Knappheit der Güter und Leistungen und die künstlich geschaffene Knappheit des Geldes. Die Vermittlung zwischen diesen beiden Knappheiten leisten die Preise. In der Regulierung von Knappheiten zur Bewältigung künftiger Bedürfnisbefriedigung liegt die zentrale Funktion der Wirtschaft. "Mithin kann es nicht die Funktion der Wirtschaft sein, Knappheit zu beheben; vielmehr erzeugt sie Knappheit als systemeigenes Problemschema [...]. Deshalb nimmt Knappheit durch Steigerung der wirtschaftlichen Leistungsfähigkeit nicht ab, sondern zu."[18] Geld ist chronisch knapp und symbolisiert die abstrakte Notwendigkeit, die Befriedigung künftiger Bedürfnisse gegenwärtig sicherzustellen.[19] Die Bedürfnisse sind die aus der Umwelt kommenden Veranlassungen für Zahlungen. Vor allem mit Hilfe des Geldmechanismus hat die Wirtschaft als sinnkonstituierendes soziales System eigene Werte, Zwecke, Normen und Rationalitätskriterien herausgebildet, an denen sich das wirtschaftliche Handeln orientiert. Die Ausdifferenzierung der Wirtschaft als System in der Theorie wird auch von Luhmann als Reflex der Autonomie der Wirtschaft, die diese vor allem mit Hilfe des Geldmechanismus erlangt hat, gesehen. Sie erfolgt vor allem durch die Ausdifferenzierung von Märkten. Die gedankliche Autonomisierung der Wirtschaft ermöglicht in konstruktivistischer Sicht ihr eigendynamisches Wirksamwerden als Kommunikations- und Handlungssystem und dieses fördert wiederum die Sinnrelevanz bzw. die Selbstverständlichkeit der autopoietischen Vorstellung von Wirtschaft.

Wenn man nach einem Bezugspunkt der Luhmannschen Wirtschaft zu der uns "bekannten" wirtschaftlichen Umwelt sucht, so läßt sich sagen, daß er durch die Betonung der Zahlungen die Banken[20], zwar nicht als Akteure, aber als Clearingstelle für Zahlungen, in den Vordergrund rückt; Produktion und Handel treten demgegenüber als relevante Perspektiven zurück. Folgerichtig geht Luhmann ab von der unter Ökonomen üblichen tauschtheoretischen Argumentation. Die Theorie erhebt das, was Fernand Braudel die abgehobene "Zirkulationssphäre des Kapitalismus" genannt hat, zum Prototyp der Wirtschaft, der sich am deutlichsten in den unpersönlichen Finanztransaktionen darstellt oder der damit in der Vorstellung und in der Kommunikation darüber verbunden wird. Selbst in Börsentransaktionen sind emotionale, habituelle, "nicht-wirtschaftliche" Elemente sehr wohl am Werk, die "Zahlungen" sind nur die spezifischen Formprozesse in diesem Feld. Da Luhmann aber ausschließlich auf diese abstellt, zeichnet sich in seinem Begriff von "Wirtschaft" selbst eine verbreitete, geradezu magisch zu nennende Rationalitäts- und

18 Niklas Luhmann, Wirtschaft als soziales System, in: Ders., Soziologische Aufklärung, Bd. 1, Opladen 1970, S. 204 -231, S. 207.

19 Niklas Luhmann, Knappheit, Geld und die bürgerliche Gesellschaft, in: Jahrbuch für Sozialwissenschaft 23/1972, S. 186 ff.

20 Ihrem Handeln hat auch Dirk Baecker auf der Grundlage der Luhmannschen Systemtheorie eine Untersuchung gewidmet. Siehe: Dirk Baecker, Womit handeln Banken? Eine Untersuchung zur Risikoverarbeitung in der Wirtschaft, Frankfurt/Main 1991.

Mechanismusvorstellung ab, die die formalen, logischen Aspekte der ökonomischen Theorie verabsolutiert.

Luhmann vermeint einen Primat der Wirtschaft vor den anderen Teilsystemen der Gesellschaft (Teil- statt Subsystem) darin begründet zu sehen, daß die Wirtschaft sich mit höherer Eigenkomplexität ausdifferenzieren und strukturieren läßt. Zugleich wird die Wirtschaft dadurch gegen direkte externe soziale Kontrollen, gegen Forderungen und Interventionen anderer gesellschaftlicher Subsysteme, gegen "Übergriffe" des Privatlebens abgeschirmt.[21] Moralische, ethische und ästhetische Gesichtspunkte bleiben in der ausdifferenzierten, relativ autonomen Wirtschaft weitgehend außer Betracht oder sind sogar irrelevant, so daß die Wirtschaft von Rücksichtnahmen auf andere gesellschaftliche Subsysteme entlastet ist. Damit können Wertorientierungen, Normen und Rollen anderer Subsysteme, die für den Rationalitätsfortschritt in der Wirtschaft nicht geeignet sind und die Erfüllung ökonomischer Funktionen beeinträchtigen würden, ausgegrenzt werden. Die relative Autonomie gewährleistet einen hohen Rationalitätsgewinn der Wirtschaft, einen weiten Spielraum für verhältnismäßig freie, auf wirtschaftliche Ziele ausgerichtete Entscheidungen, die effiziente Spezialisierung auf rein wirtschaftliche Funktionen. Sie sind in dieser Theorie reduziert auf Zahlungsvorgänge, wobei diese nicht als mit zusätzlichen symbolischen Bedeutungen befrachtet, sondern als "rein wirtschaftlich" angenommen werden. Es ergibt sich somit ein ganz anderes Bild der Wirtschaft als bei Parsons und Smelser, denen es um die grenzüberschreitenden Austauschprozesse zwischen der Wirtschaft und den anderen Subsystemen ging. Bei Luhmann ist das Ziel nicht auf die Integration von Wirtschaft und Gesellschaft gerichtet, sondern auf die sinnhafte Selbsterzeugung des Systems Wirtschaft. Beide Theorien reflektieren Stadien der Bewußtseinsentwicklung, die durch eine starke Zunahme in bezug auf die Zuschreibung von Eigendynamik und Selbststeuerung an "die Wirtschaft" charakterisiert sind. Parsons/Smelser und Luhmann trennt mehr als es zunächst den Anschein hat. Während erstere noch die Möglichkeit einer einheitlichen Weltdeutung aufrecht erhalten, zerfällt der Kosmos, in dem sich Luhmanns Menschen bewegen müssen, in eine Vielzahl von emergenten Diskurs- und Sinnwelten, die

21 Luhmann differenziert, ähnlich wie Habermas dies mit der Differenzierung in Lebenswelt und Erwerbssystem tut, zwischen den "privatisierten" und dann kompensatorisch humanisierten und kultivierten Erscheinungen auf der einen Seite und dem "öffentlichen Raum" auf der anderen Seite, in dem Geld, politische Macht und Wissenschaft dominierende Medien darstellen. Vgl.: Niklas Luhmann, Die Wirtschaft der Gesellschaft, Frankfurt/Main 1988, S. 242/243.

nichts miteinander gemeinsam haben - und die verschwinden, wenn sie sich, d.h. ihren kommunikativ erzeugten Sinn, nicht reproduzieren.

Individuelle rationale Wahl in Ökonomie und Soziologie

Nicht eine umfassende Theorie des Handelns, in der sowohl das zweckrationale Nutzendenken wie das an Normen und Gemeinschaft orientierte Verhalten subsumiert werden können, sondern eine Reduktion des Sozialen auf individuelles Verhalten, verfolgte die am Erklärungsmodell des Behaviorismus orientierte verhaltenstheoretische Psychologie und Soziologie. Der Behaviorismus entstand aus psychophysischen Wurzeln in den USA zu Beginn des 20. Jahrhunderts, als sich von der "Bewußtseinspsychologie" abgrenzende experimentell-kausalwissenschaftliche Psychologie. Sie gewann sehr bald über die Grenzen der Disziplin hinaus Bedeutung für die Sozialwissenschaften, da sie den pragmatischen Problemstellungen und der Anwendungsorientierung des amerikanischen Wissenschaftsverständnisses stark entgegenkam. In den Sozialwissenschaften war es vor allem der individualistische, auf die Ebene konkreter, beobachtbarer, meß- und daher veränderbarer Reaktionen von Individuen in mikrosozialen Situationen abstellende Charakter des Behaviorismus, die ihn als geeigneten Ansatz der Forschung empfahl. Das Soziale wurde nicht in Kollektivbewußtsein, Gemeinschaft oder in Institutionen als Realität "sui generis" gesehen, sondern in den elementaren Austauschprozessen, den Interaktionen zwischen "Verhaltensorganismen", die als Stimuli und Reaktionen der Individuen der kausalen Erklärung unterzogen werden können.

George C. Homans entwickelte in den 50er und 60er Jahren, beeinflußt vom Studium Vilfredo Paretos und der Verhaltenspsychologie B. F. Skinners, eine "behavioral sociology", die er der funktionalistischen Systemtheorie entgegenstellte. Entsprechend dem behavioristischen Denken beruht sie auf der Annahme, daß das Objekt der Soziologie das individuelle Verhalten bzw. die Interaktionen von individuellen Akteuren sind. Auch soziale Strukturen und Institutionen sind nichts anderes als zusammengesetzte individuelle Verhaltensweisen.[22] Institutionen sind "human behavior", und daher müssen sie auch durch die psychologischen Gesetzmäßigkeiten, die diesem Verhalten zugrundeliegen, erklärt werden. Homans orientierte sich

22 Siehe dazu u. a.: George C. Homans, Elementarformen sozialen Verhaltens, Köln-Opladen 1968; Peter M. Blau, Power and Exchange in Social Life. Ein Exkurs über die Liebe, in: Walter L. Bühl, Reduktionistische Soziologie, München 1974, S. 110 ff.; Peter P. Ekeh, Social Exchange Theory. The Two Traditions, London 1974; Tjerk Huppes, Economic Sociology or Sociological Economics? in: Ders. (ed.), Economics and Sociology, op. cit., S. 27-50.

aber nicht nur an der behavioristischen Psychologie, sondern auch an der neoklassischen Tauschtheorie und deren methodischen und psychologischen Grundannahmen, vor allem dem "methodologischen Individualismus".[23] Entsprechend der Reduktion auf die behavioristische Psychologie sind die "Menschen", die Homans "wieder in die Soziologie zurückführte"[24], Verhaltensorganismen, die auf die Einwirkung von externen Reizen reagieren. Dabei spielt die Häufigkeit der Sanktionen eine große Rolle. Die Knappheitsvorstellung, die die Ökonomie auf die Güter bezog, wird im Rahmen der behavioristischen Psychologie auf alle als Belohnungen oder Bestrafungen empfundene "Verstärker" des Verhaltens übertragen. Der Behaviorismus selbst hat damit bereits ökonomische Grundlagen in seine Theorie aufgenommen. Die Qualität der Aktivitäten ist der Wert derselben in bezug auf den Zustand des Organismus zwischen Entbehrung und Sättigung und damit auch als subjektiver Nutzen im Sinne der modernen neoklassischen Ökonomie definierbar. Gemeinsam ist der behavioristischen Psychologie und der neoklassischen Ökonomie die individualistische Grundorientierung und die duale Argumentationslogik, hier positive und negative Verstärker, dort Nutzen und Kosten.

Verstärker im Interaktionsprozeß sind Aktivitäten wie Anerkennung, Lob, Sympathie oder Mißachtung, Tadel, Abneigung, oder auch Geldzuwachs oder Geldeinbußen, die für Ego belohnend (positiv verstärkend) oder bestrafend (negativ verstärkend) wirken. Es wird daher kein grundsätzlicher Unterschied zwischen ökonomischen und nicht-ökonomischen Reizen bzw. Reaktionen gemacht. Die Häufigkeit, mit der Ego ein Verhalten setzt, wird durch die Reaktionen verstärkt. Darin kommt die behavioristische Formulierung des Grenznutzenprinzips zum Ausdruck. Ego wird ein Verhalten, das zu einer von ihm als Belohnung empfundenen Aktivität Alters geführt hat, wiederholen. Allerdings hätten alternative Aktivitäten ebenfalls zu Belohnungen führen können, so daß sich Ego am Nettowert (Gewinn) einer Aktivität orientieren wird, wenn er die Wahl zwischen mehreren möglichen Handlungen hat, in ökonomischer Formulierung sind das die Opportunitätskosten bzw. der entgangene Nutzen nichtgewählter Alternativen. Die verhaltenstheoretische Soziologie beansprucht, auch komplexe soziale Phänomene mit Hilfe des Hypothesenvorrats der Verhaltenspsychologie-cum-Ökonomie erklären zu können, wie Strukturen und Prozesse in Organisationen, soziale Schichtung, Bürokratie und Gruppenprozesse. Sie beschränkt sich, ähnlich wie die Anwendungsbereiche der Ökonomie,

23 Der Ausdruck geht auf Schumpeter zurück: Joseph A. Schumpeter, Das Wesen und der Hauptinhalt der theoretischen Nationalökonomie, Leipzig 1908, S. 88 ff.

24 George C. Homans, Bringing Man Back In, in: American Sociological Review 29/1964, S. 809 f.

nicht auf das Erklären, sondern zielt auf das Erreichen eines gewünschten Zustands. Durch sozialtechnologische Manipulation können auf der Basis der operanten Konditionierung Verhaltensänderungen erzielt werden. Homans sah daher die wichtigste Anwendung dieser Soziologie in bezug auf das Problem der Führung im Unternehmen.[25]

Eine andere Version einer individualistischen Soziologie, die gleichzeitig eine empirische Ökonomie begründen sollte, entwickelte Hans Albert, der einerseits die ökonomischen Wurzeln des modernen sozialphilosophischen Denkens aufzeigte, andererseits die soziologische Grundorientierung der Ökonomie hervorhob.[26] Er bezeichnete die Ökonomie als soziologische Disziplin, weil sie aus der Idee eines nicht-autoritären Sanktionsmechanismus, der Eigendynamik der Handlungen der Individuen in ihrem Zusammenwirken und einer marktsoziologischen Vorstellung entstand.[27] Erst die formal-abstrakte Ökonomie, wie sie sich, vorbereitet durch die Physiokraten, insbesondere in der Neoklassik zu einem "Modell-Platonismus" entwickelt hatte, führte zur Trennung von Ökonomie und Soziologie und zur Überschätzung der Bedeutung formaler Konstruktion zu Lasten der Berücksichtigung realer sozialer Zusammenhänge. In seiner Kritik identifizierte Albert Ökonomie mit Neoklassik oder beschränkte sie zumindest weitgehend darauf. Seine Alternative war eine Marktsoziologie, die aber durchaus auf utilitaristisch-individualistischer Basis beruht, sich allerdings durch das methodische Prinzip der kritischen empirischen Prüfung von Hypothesen auszeichnet. Er beschränkte die Anwendungsbereiche dieser methodisch-theoretischen Grundlagen der Marktsoziologie aber nicht auf den engeren Bereich der Wirtschaft, sondern sah darüber hinaus die Annahmen der Ökonomie als zutreffend für alles menschliche Verhalten an. Alberts Soziologieverständnis geht von der empirisch-analytischen Wissenschaftstheorie aus. Er distanzierte sich von historischer, funktionaler und marxistischer Soziologie zugunsten einer empirischen Soziologie auf individualistischer Grundlage, für die Benthams Utilitarismus, das Marktsystem und individuelle Bedürfnisse grundlegend seien.[28] Sein Anspruch, die Ökonomie als Marktsoziologie zu konzipieren, beruht daher auf der Identsetzung von Soziologie mit empirisch-analytisch orientierter Sozialforschung.

25 George C. Homans, The Sociologist's Contribution to Management in the Future, in: Ders., Sentiments and Activities, London 1962, S. 103-112.

26 Hans Albert, Marktsoziologie und Entscheidungslogik, Neuwied-Berlin 1967, S. 13 ff.

27 Ebd., S. 245 ff.

28 Ebd., S. 317 ff.

Diesen individualistischen Ansätzen in der Soziologie entsprachen Bestrebungen von Ökonomen, ihr Modelldenken durch empirische Forschungsansätze, historische Studien und Berücksichtigung von Ergebnissen der anderen Sozialwissenschaften zu ergänzen oder zu erweitern, vor allem aber ihren Objektbereich auszuweiten. Da soziale und kollektive Aspekte des Verhandelns, politische Entscheidungen, Organisationen und Institutionen zunehmend als wichtig auch für den Bereich der Ökonomie erkannt wurden, versuchte man die ökonomische Logik auch auf diese Gebiete auszudehnen, um sie in einem Ansatz zusammen mit dem individualistischen Marktmodell erfassen zu können. Die weitestgehende Übertragung stellt die Konzeption dar, die die Theorie der rationalen Wahl als universale Theorie des Verhaltens behandelt. Der Chicago-Ökonom (und Soziologe) Gary S. Becker[29] übertrug die in der modernen Mikroökonomie fundamentale Theorie des rationalen Wahlhandelns vom ökonomischen Kontext auf Bereiche wie: Zeitverwendung, Heiratsverhalten und Kinderzahl, Diskriminierung und Kriminalität und erweiterte das Tauschmodell der rationalen Wahlhandlungen über die Begrenzung auf den Waren- und Dienstleistungsmarkt hinaus zu einer Theorie des menschlichen Rationalverhaltens. Die Übertragung der ökonomischen Logik auf Bereiche, die im allgemeinen als nicht-wirtschaftlich gelten, wird durch die Annahme begründet, daß individuelles Verhalten die Grundlage auch für die Erklärung von Gruppen, Organisationen und Institutionen sei und daß Individuen sich rational verhalten in dem Sinn, daß sie Wünsche und Bedürfnisse haben und diese erfüllen wollen. Ob sie dazu durch die Einbindung in ihre soziokulturelle Umwelt gebracht werden oder nicht, sei irrelevant, ebenso unerheblich sei es, ob es sich dabei um materielle oder immaterielle Güter handle. Die Relation von knappen Ressourcen und alternativen Zwecken wird als eine sehr allgemeine Beziehung angesehen, die weit über den Bereich materieller Güterversorgung hinaus Bedeutung hat. Der "economic approach" geht davon aus, daß Knappheit und Wahlhandeln die beiden Grundfaktoren menschlichen Handelns charakterisieren und nicht auf einen bestimmten Gegenstand beschränkt sind. Becker ging von der Fixierung auf Marktpreise ab und ersetzte sie durch Schattenpreise, d. h. Opportunitätskosten der Verwendung knapper Ressourcen, ließ unvollkommene Information zu und stellte Transaktionskosten in Rechnung. Er ging vom Begriff des "sozialen Einkommens" aus, unter dem er das jeweilige Geldeinkommen der Individuen zuzüglich der in Geldgrößen ausgedrückten Bewertungen seiner sozialen Umwelt versteht. Er behält jedoch grundsätzlich die Maximierungsannahme bei, sowie auch individuel-

29 Vor allem: Gary S. Becker, The Economic Approach to Human Behavior, Chicago-London 1976; Ders., A Treatise on the Family, Harvard 1981.

le Entscheidungen, stabile Präferenzen, und das nicht nur für Waren, sondern auch für Gesundheit, Prestige, Güte, Neid, Sex etc. Er behält ebenso die Annahme des Marktgleichgewichts bei (auch auf "Als-ob"-Märkten wie dem Heiratsmarkt). Die Kombination von Maximierungsverhalten, Marktgleichgewicht und stabilen Präferenzen stellen für Becker den Kern des ökonomischen Ansatzes dar, gleichgültig ob es um die Marktpreise für die Nachfrage nach Eiern oder die Schattenpreise für Kinder geht. Einleuchtend erscheint der Ansatz bei Überlegungen über Kosten und Nutzen von Bildungsinvestitionen, Verkehrssünden, Steuervermeidung und vielleicht bei Eigentumsdelikten. Investitionen in die eigene Ausbildung ("human capital") werden nach Becker von Individuen dann getätigt, wenn sie sich davon eine Verbesserung ihrer Arbeitsmarktchancen erwarten; auch die Annahme, daß steigende Reallöhne die Opportunitätskosten der Zeit für die Individuen erhöhen, so daß es zu einer Substitution von Zeit durch Güter und Dienstleistungen kommt, ist plausibel. Gleichzeitig wird jedoch auch klar, daß es sich dabei nicht um allgemeine Gesetzmäßigkeiten ohne zeitlich-räumliche Bezüge handelt, denn sie gelten offensichtlich nur dann, wenn sie nicht durch andere Motive der Menschen, die aus ihrem jeweiligen historischen Kontext erklärbar sind (z. B. Präferenz für Muße, Anstreben von Adelstiteln, religiöse Haltungen etc.) überlagert werden. Die Annahmen, von denen Becker, Tullock und andere ausgehen, sind daher nicht unumstritten. Herbert A. Simon hatte schon vor einigen Jahrzehnten darauf hingewiesen, daß Menschen nicht notwendig eine Maximierung ihrer Zielerfüllung anstreben, sondern sich mit einem Niveau der Befriedigung bescheiden, das sie als zufriedenstellend, "satisficing", akzeptieren können. Die unbeschränkte Zweck-Mittel-Rationalität stellte sich als nicht verhaltensgerecht heraus. Simon plädierte daher für die "bounded rationality", die Annahme einer begrenzten Zweckrationalität des Handelns, begrenzt vor allem durch die mangelhaften Fähigkeiten der Menschen. Auch wies er auf die Bedeutung der "procedural rationality"[30] hin, die die "substantive rationality" überlagern kann und bei der es auf das Handeln als solches und nicht auf die Zweck-Mittel-Relation ankommt, eine Unterscheidung, die schon der Max Webers in die formale und materiale Rationalität zugrundelag. Die Logik der Nutzentheorie kann zwar universell gefaßt werden, so daß sie auf alle möglichen Bereiche anwendbar ist, ihre methodischen Implikationen führen aber dazu, daß in Geld gemessene Kosten und Nutzen aus der Perspektive eines "freien" Individuums im Vordergrund stehen. Wenn Nutzen und Kosten eines zusätzlichen Kindes abgewogen werden, dann spielen geldliche Momente

30 Herbert A. Simon, Rationality as Process and as Product of Thought, in: The American Economic Review 68/1978, S. 1 ff.

durchaus im Hinblick auf die Kosten eine Rolle, aber daneben auch ganz andere wie Verlust an persönlicher Freiheit, und auf der Gegenseite finden sich fast nur nicht-quantifizierbare Dinge. Es ist zwar durchaus anzunehmen, daß Menschen solche Abwägungen bei fast allem, was sie tun, vornehmen, aber sie gehen dabei viel komplexer und zielsicherer vor, als das der Ökonom mit seinem Werkzeug nachstellen kann. Vor allem die theoretische Bestimmung des Optimums ist problematisch. Während wir das im Alltag im Laufe nur eines Tages in einer großen Zahl von Fällen mit großer Geschwindigkeit und relativ beachtlicher Treffsicherheit tun, wirken die Bemühungen der Ökonomen um die Bestimmung des Optimums ziemlich bescheiden. Die eigentliche Bedeutung des Beckerschen Ansatzes und seine eigene Intention liegen wohl darin, daß sich menschliches Verhalten nicht nach Gegenstandsbereichen getrennt untersuchen läßt, sondern daß bestimmte Verhaltensprinzipien für jedes Handeln gelten, und wie auch Raymond Boudon[31] aufzeigt, die Paretosche Einteilung in die Bereiche des logischen und des nicht-logischen Handelns und die entsprechenden Zuständigkeiten für Ökonomie und Soziologie hinfällig sind.

Der ökonomische Ansatz[32] ist in der Gegenwart auch in der Soziologie stark vertreten, wobei es vor allem zu einem Anknüpfen an die "rational-choice"-Theorie, die Analyse des rationalen Wahlhandelns der Individuen, kommt. Durch die Auffassung auch des sozialen Verhaltens als rationales Handeln kann die Paretianische Reduktion der Soziologie auf den Bereich des nicht-logischen Handelns überwunden werden. Das ist ein Hauptattraktionspunkt der "rational-choice"-Theorie für die Soziologen. Andere Gründe liegen in der Tatsache der seit den 80er Jahren verstärkten Betonung ökonomischer Effizienz und der Ausbreitung marktwirtschaftlicher Prinzipien auch in vordem nicht privatwirtschaftlichen Bereichen sowie in der damit auch für die Universitäten und Disziplinen größeren Notwendigkeit, ihre Legitimität im Sinne von Nützlichkeit zu beweisen. Soziologen, die sich der "rational-choice"-Theorie zuwenden, definieren soziales Verhalten grundsätzlich als rational, wobei sie an den Ergebnissen dieses Handelns oder an der interpretativ-interaktiven Genese von Rationalität interessiert sein können. Die Untersuchung der Rationalität im sozialen Handeln ist ein Hauptarbeitsbereich der "rational-choice"-So-

31 Raymond Boudon, Die Logik des gesellschaftlichen Handelns. Eine Einführung in die soziologische Denk- und Arbeitsweise, Neuwied-Darmstadt 1980, S. 14 ff.

32 Vgl.: Karl-Dieter Opp, Das "ökonomische Programm" in der Soziologie, in: Soziale Welt 29/1978, S. 129-154.

ziologie.[33] Dabei wird vielfach an eine Tradition angeknüpft, die sich aus der ursprünglichen Nahebeziehung zwischen Max Weber und dem österreichischen Nationalökonomen Ludwig von Mises ergab. Letzterer vertrat die Auffassung, Handeln sei immer Wählen und Werten, Vorziehen und Zurückstellen und daher ex definitione rational. Sein individualistischer Standpunkt differierte aber von den objektivistischen Ansätzen der Neoklassik, denn er ging wie Max Weber von der Annahme des subjektiven Bewußtseins des Handelnden als Ausgangspunkt der Analyse aus. Er differenzierte sehr deutlich zwischen diesem Verständnis des Handelns als subjektiv rational und der behavioristischen Interpretation des Verhaltens, bei dem der Entscheidungsleistung des einzelnen wenig Gewicht zukommt. Er kritisierte aber auch Webers Unterscheidung von zweckrationalem, wertrationalem, affektivem und traditionalem Handeln, weil für ihn alles über die rein reaktiven Organismusfunktionen hinausgehende Verhalten immer Wahl und Entscheidung implizierte. Die Unterschiede zwischen Webers und Mises' Denken suchte dann Alfred Schütz zu überwinden, wobei er sich jedoch vom Problem des wirtschaftlichen Handelns in Richtung auf die Analyse des Verstehens entfernte.[34] Alfred Schütz war Mitglied des Mises-Kreises und von dessen Auffassung neben der von Weber und Husserl beeinflußt. An diese Tradition von Mises über Schütz hin zur modernen Soziologie hat Hartmut Esser mit seiner Version rationaler sozialer Handlungstheorie angeknüpft. Er wies darauf hin, daß subjektive Rationalität habituelles, affektives und normorientiertes Verhalten mitumfaßt, weil auch in bezug darauf Kosten und Nutzenüberlegungen der Individuen erfolgen. Esser wandte sich damit auch gegen die Kritik an der "rational-choice"-Theorie von Seiten der Vertreter des sogenannten interpretativen Paradigmas, welche sich häufig auf Alfred Schütz und dessen Begriff des Alltagshandelns und das Verstehen desselben berufen. Er zeigte auf, daß Alfred Schütz als Schüler von Mises vielmehr von der Annahme ausging, daß auch das Alltagshandeln rational sei.[35]

Eine Erweiterung des ökonomischen Modells durch Berücksichtigung strategischer Verhaltensalternativen anderer Personen oder Gruppen stellte die schon 1944 durch

33 Große Aufmerksamkeit haben dabei die Überlegungen des Philosophen Jon Elster auch in der Soziologie gefunden. Jon Elster, Rational Choice, Oxford 1986; Ders., Nuts and Bolts for the Social Sciences, Cambridge 1989.

34 Vgl.: Alfred Schütz, Der sinnhafte Aufbau der sozialen Welt, Frankfurt/Main 1974 (urspr. 1932); Christopher Prendergast, Alfred Schütz and the Austrian School of Economics, in: American Journal of Sociology 92/1986, S. 1-26.

35 Hartmut Esser, Alltagshandeln und Verstehen. Zum Verhältnis von erklärender und verstehender Soziologie am Beispiel von Alfred Schütz und "Rational choice", Tübingen 1991.

die Zusammenarbeit des Mathematikers John von Neumann und des Ökonomen Oskar Morgenstern begründete Spieltheorie dar.[36] Die mathematische Spieltheorie behandelt das Phänomen, daß durch die soziale Interaktion subjektiv rationaler Akteure und durch deren strategisches Handeln eine Interdependenz der Entscheidungen entsteht, wobei "unintended consequences" auftreten, die das individuell rationale Wahlverhalten als suboptimal erweisen können. Zwei oder mehrere Akteure, jeder mit einer Menge von möglichen Wahlen und Präferenzordnungen, interagieren, wobei zwar jeder seinen Nutzen zu maximieren sucht; dies ist aber auf Grund von Interdependenzen und Ungewißheit nicht immer die beste Lösung. In der Spieltheorie wird von der Analogie des ökonomisch-rationalen Verhaltens von Marktteilnehmern mit bestimmten Situationen von Glücksspielen ausgegangen. Strategien und mögliche Ergebnisse werden mit Hilfe der Mathematik dargestellt. Es geht dabei um Entscheidungen mit mehreren Mitspielern in Situationen mit nicht-probabilistischer Ungewißheit. Da in einer solchen Situation das Ergebnis jeder Entscheidung einer Person von denen der anderen Spieler mitbeeinflußt wird, ist es nicht möglich bzw. nicht zielführend, einfach von einer Maximierungszielfunktion auszugehen. Spieler schlagen daher eine sogenannte Minimax-Strategie ein, die ermöglicht, das maximale Verlustrisiko zu minimieren. Solche Spiele können Nullsummenspiele, wobei der Gewinn des einen der Verlust des anderen ist, oder auch Nicht-Nullsummenspiele sein, wenn die Teilnehmer kooperieren oder gemischte Strategien verfolgen bzw. teilweise kooperieren. Damit wird es möglich, Kooperation in das ökonomische Modell zu integrieren. Es ist allerdings eine Kooperation in einer Welt von Egoisten und ohne eine ordnungsschaffende Zentralgewalt.[37] Dennoch sieht Jon Elster sie als typisch für das soziale Leben an, in dem es immer wieder ähnliche Nicht-Nullsummen-Entscheidungssituationen gibt.[38] Insbesondere das sogenannte Gefangenen-Dilemma der Spieltheorie hat unzählige Kommentare und Experimente in Ökonomie, Psychologie, Politologie und Soziologie ausgelöst. Anatol Rapoport allerdings wies darauf hin, daß sich gerade an diesem Beispiel zeige, daß hier eine kollektive Rationalität mit der individuellen Rationalität in Konflikt gerät, wobei das für beide Seiten optimale Resultat nicht als "Zurückstehen hinter dem Gemeinwohl" erscheint, sondern als Vor-

36 John von Neumann/Oskar Morgenstern, Theory of Games and Economic Behavior, Princeton 1944.

37 Siehe hierzu v. a.: Robert Axelrod, Die Evolution der Kooperation, München 1987.

38 Jon Elster, Nuts and Bolts for the Social Sciences, op. cit., S. 29.

teil für beide.[39] Aber auch moralische und normative Elemente können die Strategiemöglichkeiten, die durchaus auch Moralkodices (Ganovenehre, Vertrauen) enthalten, bestimmen. Andererseits umfaßt die Strategie möglicherweise nicht nur Nutzenmaximierungs- und Erwartungskalküle, sondern auch manifeste Schädigungsabsichten des Gegners, wobei die Annahme individueller Rationalität auch problematisch wird. Dilemmata nach der Art der Spieltheorie gibt es auch in Situationen, in denen Individuen ohne Kommunikation untereinander interagieren und das Gesamtergebnis der Verhaltensweisen aller Akteure die Nutzen/Kosten-Resultate für jeden einzelnen bestimmt. Beispiele dafür sind das Samariter-Dilemma, das Beitragszahler-Dilemma bei öffentlichen Gütern, das Spender-Dilemma und sogar ein Eltern-Dilemma. In den meisten dieser Fälle würden bei Anwendung der Spieltheorie moralisch wenig wünschenswerte Ergebnisse erzielt werden, weil die Individuen nicht notwendig besser aussteigen, wenn sie jeweils die altruistische Lösung wählen. Eigeninteresse und Gemeinschaftswohl stehen allerdings nur in einem Konflikt, wenn die Individuen nicht bewußt eine altruistische Haltung einnehmen, d. h. moralischen Normen und nicht dem Eigeninteresse folgen.[40]

Kommunikation spielt in ökonomischen Modellen keine große Rolle. Der ökonomische Ansatz der "rational choice" und die Spieltheorie gehen von einer Vervielfältigung von Robinson-Crusoe-Ökonomien aus, aber nicht von realen Bedingungen. Darauf hat der Ökonom Amartya K. Sen verwiesen, der die Begrenztheit des behavioristischen Ansatzes der Ökonomie kritisiert: "Much of economic theory seems to be concerned with strong, silent men who never speak!"[41] Tatsächlich können aber in realen Viel-Personen-Dilemmatas kommunikative Prozesse nicht ausgeschlossen werden. Ungewißheit ist daher nur eine Dimension des Problems in solchen Situationen, denn durch Gruppenbildungen und Koalitionen, durch Verhandlungen und Informationsstreuung werden die Gewinn- und Verlustchancen der einzelnen effektiv verändert. Diese aber bestimmen erst den konkreten Inhalt von "Nutzen", "Kosten" und die Regeln und Auswahlkriterien, die dabei eine Rolle spielen. In der Soziologie wurde nicht die einzelne Person, sondern der Aktions-Reaktions-Zusammenhang zwischen Individuen zum eigentlichen Gegenstand. Das impliziert, daß alles, was das Individuum denkt und tut, aus dem Zusammenhang

39 Anatol Rapoport, Prisoner's Dilemma - Recollections and Observations, in: Brian Barry/Russell Hardin (eds.), Rational Man and Irrational Society? Beverly Hills 1982, S. 71-84.

40 Derek Parfit, Prudence, Morality and the Prisoner's Dilemma, in: Jon Elster, Rational Choice, Oxford 1986, S. 34-59.

41 Amartya K. Sen, Choice, Welfare and Measurement, Oxford 1982, S. 9.

seiner sozialen Beziehungen und Erfahrungen erklärt wird. Das seinen Eigennutz autonom definierende Individuum ist dabei die Ausnahme von der Regel. Während die Spieltheorie davon ausgeht, daß die Gegenspieler Strategien für jede Variante des gegnerischen Zuges entwickeln, aber nicht miteinander kommunizieren, versteht Erving Goffman[42] jede zwischenmenschliche Interaktion als eine, in der die Individuen miteinander verbal und nonverbal kommunizieren. Er macht die kommunikative Situation selbst zum Ort und gleichzeitig Gegenstand strategischer Interaktion, bei der es darum geht, den jeweils anderen dazu zu bringen, die eigene Interpretation der Situation bzw. die eigene Selbstdarstellung zu akzeptieren. Die Individuen setzen Mittel der Kommunikation ein, um bestimmte Ziele bei ihren Gegenspielern zu erreichen. Die Tatsache, daß Menschen in sozialen Situationen Interpretationen derselben oder Selbst-Images durchsetzen, hat auch für wirtschaftliche Situationen Bedeutung, denn in Verhandlungssituationen kommunizieren Geschäftsleute miteinander, wobei es zwar um Preise und Mengen geht, tatsächlich sich aber ein komplexer Prozeß der Kommunikation abspielt. Das Ziel besteht in der Regel weniger darin, dem anderen einen Preis zu diktieren, sondern ihm die Höhe des Preises aus der Sicht des Verkäufers akzeptabel zu machen. Dabei werden vielfach persönliche und Beziehungs-Elemente teils bewußt, teils unbewußt, eingesetzt. Insofern ist Verständigung die Voraussetzung für ein optimales Ergebnis für beide Kontrahenten und bringt auch die beste Kosten/Nutzen-Lösung. Kommunikative Rationalität[43] ist daher in vielen Fällen wichtiger als die rein instrumentelle Rationalität.

Ökonomie der Politik, der Organisationen und Institutionen und eine Neubegründung der Sozialtheorie

Ausgangspunkt der Social- oder Public-Choice-Theorie[44] war das sogenannte Arrow-Paradoxon der Wohlfahrtsökonomie, d. h. die Erkenntnis, daß es nicht möglich ist, individuelle Präferenzordnungen zu einer sozialen Ordnung zu aggregieren, die bestimmte logische Bedingungen wie Konsistenz und Transitivität der

42 Erving Goffman, Strategic Interaction, Oxford 1970.

43 Jürgen Habermas, Theorie des kommunikativen Handelns, 2 Bde., Frankfurt/Main 1981.

44 Hier wird nicht zwischen positiver ökonomischer Theorie der Politik und normativen bzw. wohlfahrtsökonomischen sozialen Wahlen unterschieden. Auch auf die Unterschiede zwischen den verschiedenen Vertretern und Schulen kann nicht eingegangen, sondern nur gewisse zentrale Werke, die für das Feld konstitutiv waren, erwähnt werden.

Präferenzen erfüllen.[45] Zwar gelang es zu zeigen, daß unter bestimmten Bedingungen dieses Paradoxon in sehr beschränkten Fällen bei Mehrheitsentscheidungen nicht auftreten muß, aber diese sind als Wohlfahrtsentscheidungen kaum sinnvoll. Der Ansatz der Social oder Public Choice berücksichtigt die Abstimmungsprozesse in der Demokratie. Diese werden mit dem Funktionieren des Marktes verglichen, wobei hinsichtlich der Tatsache, daß beide theoretisch von einer "herrschaftsfreien" Interaktion ausgehen, eine Analogie hergestellt wird.[46] In einer Demokratie sollen Gruppen-, Verbands- und staatliche Entscheidungen auf möglichstem Konsens oder zumindest auf Mehrheit beruhen. Die Public-Choice-Theorie versucht daher eine theoretische Grundlage dafür zu entwickeln, wobei die Beziehungen zwischen individuellen Präferenzen und sozialen Wahlentscheidungen analysiert werden. Ausgegangen wird dabei grundsätzlich von individuellen rationalen Wahlen, die zur Grundlage einer ökonomischen Theorie der Politik gemacht wurden.[47] Wie im Bereich des wirtschaftlichen Handelns wird auch für den Bereich der Politik angenommen, daß die individuellen eigennutz-rationalen Austauschhandlungen die Grundlage bilden. Der "Calculus of Consent", eines der Hauptwerke der Public-Choice-Theorie, steht in der Tradition der neoklassischen Nutzentheorie und der Paretianischen Wohlfahrtsökonomie. James Buchanan und Gordon Tullock gehen von der Demokratie als politischer Organisation einer Gesellschaft freier Menschen aus, in der alle Entscheidungen im Prinzip von allen Mitgliedern getroffen werden. Einer solchen Gesellschaft entspricht ein theoretischer Ansatz, der von den rationalen individuellen Wahlen ausgeht, wie sie die neoklassische Theorie darstellt. Diesem Erklärungsmodell kann es gelingen, Makroentscheidungen mikrotheoretisch zu begründen. Buchanan und Tullock kennen keine grundsätzliche Differenzierung von Privatsphäre und Öffentlichkeit, sie differenzieren aber in eine konstitutionelle Ebene (oder in eine Ebene des Staates) und eine postkonstitutionelle Ebene, die sich in eine Sphäre kollektiver, politischer Aktivität und den privaten Bereich gliedert. Der Markt ist insofern relevant, als alle Marktakte als Konsensmanifestationen aufgefaßt werden, und umgekehrt wird auch der politische Konsens als Ergebnis eines Austauschprozesses definiert. Buchanan und Tullock verstehen jede politische Entscheidung als einen Tausch unter den an der Willensbildung Beteiligten, die jeweils unterschiedliche Interessen verfolgen. Objekte des Tauschs

45 Kenneth J. Arrow, Social Choice and Individual Values, New York 1951.

46 Siehe dazu auch: Anthony Downs, Ökonomische Theorie der Demokratie, Tübingen 1968 (urspr. am. 1957).

47 James M. Buchanan/Gordon Tullock, The Calculus of Consent. Logical Foundations of Constitutional Democracy, Michigan 1962; Anthony Downs, op. cit.

sind im politischen Bereich die Stimmen; sie werden getauscht, ver- und gekauft. Amartya K. Sen hat darauf hingewiesen, daß dieses Erklärungsmodell kollektiver Entscheidungen auf der Grundlage individueller Präferenzen auch zwischen verschiedenen Typen von Aggregaten unterscheiden müßte, etwa zwischen Entscheidungen einer Kommission, sozialen Wohlfahrtseinschätzungen und der normativ begründeten Messung von Indikatoren (wie Armut, Ungleichheit etc.).[48] Auch werden dabei unterschiedliche Dinge ausgetauscht bzw. gegeneinander aufgerechnet: Meinungen, Optimalitätskriterien oder Interessen. Buchanan stützt sich auf eine ökonomische Rechtstheorie, die Recht nicht auf das Verhältnis einer Person zu einer Sache, sondern auf die Beziehungen der Individuen zueinander begründet sieht. So bedeutet Eigentum etwa, über eine Sache nach Belieben verfügen und andere davon ausschließen zu können. Rechte erscheinen als Handlungsmöglichkeiten in bezug auf Besitz ("property rights"), die durch Vertrag festgelegt sind. Die Stimme jedes einzelnen ist somit ein marktgängiges Eigentumsrecht. In diesem Modell gibt es nicht den Politiker, der von sich aus zu wissen meint, was "das Volk" will oder braucht, und es gibt auch kein "Staatsinteresse" oder "Gemeininteresse", unabhängig von den individuellen Präferenzen. Der Staat ist reduziert auf ein öffentliche Güter produzierendes Kollektiv.

Es mutet seltsam an, wenn Brennan und Buchanan mehr als hundert Jahre nach Emile Durkheim dieselbe Frage stellen: "Wie aber kann überhaupt gesellschaftliche Ordnung aufgebaut und bewahrt werden?"[49] Ähnlich wie John Rawls ist auch das Anliegen von James Buchanan[50] auf die Möglichkeit eines Gesellschaftsvertrages gerichtet, das er in Form eines konstitutionellen Regelwerks erblickt, das die gesellschaftlichen Dilemmata lösen kann und das auf konsensuellem Wege erreicht werden soll. Durkheim ging davon aus, daß der einzelne als Mitglied seiner Kultur, Gesellschaft oder Schicht bestimmte Normen mehr oder weniger bewußt in sein Denken und Handeln aufnimmt. Diese nehmen als Kollektivbewußtsein einen obligatorischen Charakter an, der gewährleistet, daß die Ordnung der Gesellschaft erhalten wird und "die Gesellschaft" den sich abweichend Verhaltenden bestraft. Daß es durchaus ökonomische Gründe für Regeln gibt, haben Ökonomen wie James Buchanan, Richard B. McKenzie und Gordon Tullock aufzuzeigen versucht.

48 Amartya K. Sen, Social Choice Theory: A Re-Examination, in: Ders., Choice, Welfare and Measurement, Oxford 1982, S. 158-200.

49 Geoffrey Brennan/James M. Buchanan, Die Begründung von Regeln. Konstitutionelle politische Ökonomie, Tübingen 1993 (urspr. am. 1985), S. XX.

50 James M. Buchanan, Die Grenzen der Freiheit. Zwischen Anarchie und Leviathan, Tübingen 1984 (urspr. am. 1975); Geoffrey Brennan/James M. Buchanan, op. cit.

Das Dilemma der ökonomischen Theorie ist jedoch, daß der Trittbrettfahrer darin derjenige ist, der sich rational verhält und keinen Grund hat, Opfer zu bringen, wenn es unsicher ist, ob dadurch das Gesamtergebnis überhaupt beeinflußt wird bzw. das Verteilungsergebnis für ihn oder die anderen besser wird. Wieso sollen die Menschen sich an Regeln halten, wenn die Nicht-Einhaltung keine unmittelbar erkennbaren Nachteile, sondern eher Vorteile bringt? Diese zentrale Fragestellung der Public-Choice-Theorie läßt erkennen, daß es bei den "Regeln" im Rahmen dieses Ansatzes um etwas ganz anderes geht als um "Normen". Während die Individuen Normen im Sozialisierungsprozeß internalisieren, stellen sie sich auf die Regeln zweckrational ein - wenn sie sie kennen. Brennan und Buchanan kritisieren zwar die Annahmen des "homo oeconomicus"-Modells, sehen es aber dennoch als eine nützliche Fiktion an, ohne sich mit der Frage der empirischen Geltung des Modells zu befassen.

Die Auffassungen der Ökonomie und der Soziologie in bezug auf die Politik hat Lars Udehn gegenübergestellt und verglichen.[51] Er kritisiert die ökonomische Annahme, daß der politische Mensch nur aus seinem individuellen Eigeninteresse her zu interpretieren ist, denn schon die Tatsache der Beteiligung an Wahlen ist schwer aus individuellen Interessen heraus zu erklären. Desgleichen meint er, Marktelemente seien im politischen Leben auf einzelne Erscheinungen wie "logrolling" beschränkt und reflektieren nicht "die Politik" im demokratischen System. Der Individualismus, der der Public-Choice-Literatur zugrundeliegt, ist zudem ein normatives Prinzip, das sich des Marktarguments aus ideologischen Gründen bedient. Die grundlegende Annahme der Willensfreiheit der Individuen begünstigt die idealisierende Sicht von Verfassungen, Rechtssystemen und Betriebsordnungen als auf allgemeinem Willen der vielen einzelnen beruhend. Machtmißbrauch, Bürokratieeffekte, Manipulation und internalisierte Zwänge hingegen werden nicht berücksichtigt. Auch Kommunikationsprozesse bleiben außer Betracht. Tatsächlich werden Regeln aber ausgehandelt, mitgeteilt, interpretiert und praktisch umgesetzt, und in allen diesen Prozessen spielen soziale und symbolische Aspekte eine bedeutsame Rolle, denn sie entscheiden darüber, wie effektiv Regeln in der Realität sind.

Der Tatsache, daß in Politik und Wirtschaft moderner Gesellschaften nicht Einzelindividuen, sondern Gruppen und Organisationen eine bestimmende Rolle spielen, hat das 1965 erschienene Werk "The Logic of Collective Action " von Mancur

51 Lars Udehn, The Limits of Public Choice, London-New York 1996.

Olson Rechnung getragen. Mit "collective action" ist nicht das in der Chicago-Soziologie vielbeachtete Masseverhalten gemeint, sondern das mehr oder weniger organisierte Handeln im Rahmen von sozialen Bewegungen und Mitgliederorganisationen. Das Problem der Demokratie bzw. der Eigeninteressen der Führung der großen sozialen Organisationen wurde schon lange diskutiert und untersucht, wie etwa bei Robert Michels.[52] Zwischen den individuellen und den gemeinsamen Interessen der Mitglieder wurde dabei kein Unterschied gesehen, sondern die beobachtete Divergenz wurde auf Bürokratisierungs- und Machtprozesse zurückgeführt. Bei Olson steht jedoch nicht das Verhältnis von Führung und Mitgliedern im Vordergrund, sondern es geht um das rationale, individuelle Mitgliederverhalten in organisierten Interessengruppen. Das Problem wird daher folgendermaßen formuliert: "Wenn die Mitglieder einer großen Gruppe rational danach streben, ihre persönliche Wohlfahrt zu maximieren, werden sie nicht so handeln, daß ihre gemeinsamen oder Gruppenziele erreicht werden, sofern sie nicht durch Zwang [...] oder besondere Anreize (Kollektivgüter) dazu gebracht werden."[53] Interessengruppen können größer oder kleiner, organisiert oder auch unorganisiert sein. Während der Zusammenhalt in kleinen organisierten Gruppen so stark sein kann, daß individuelle Vorteile hinter der Erreichung der gemeinsamen Ziele zurücktreten, ist das bei großen Gruppen weit weniger der Fall. Sind sie überdies nicht organisiert, gibt es auch keine explizit formulierten gemeinsamen Ziele und jeder einzelne verfolgt seine eigenen Interessen. In großen organisierten Gruppen gibt es hingegen häufig einen Konflikt zwischen dem, was für die ganze Gruppe als Ziel formuliert bzw. von Vorteil ist, und den Eigeninteressen bestimmter einzelner. Bei diesen handelt es sich nicht notwendig um die Funktionäre der Organisation, sondern potentiell um jedes einzelne Mitglied. Olson sieht keinen prinzipiellen Unterschied zwischen Unternehmensgruppen und Gewerkschaften. Wenn hohe Preise für die Unternehmen einer Branche von Vorteil sind, so ist es doch für jedes einzelne Unternehmen auch wichtig, möglichst viel zu verkaufen, was aber wieder die Preise senken wird und daher den Gruppeninteressen entgegensteht. Bei den Gewerkschaften gibt es ähnliche Phänomene, da es im Sinne der rein individuellen Interessen des einzelnen vorteilhaft ist, die von den Organisationen bereitgestellten Kollektivgüter auszunutzen, ohne eigene Leistungen zu erbringen bzw. sich im Konfliktfall nicht solidarisch zu verhalten. Gewerkschaften haben daher entweder Zwang (obligatorische Mitgliedschaft durch "union shop"- bzw. "closed shop"-Vereinbarungen)

52 Robert Michels, Zur Soziologie des Parteiwesens, Leipzig 1925 (urspr. 1911).

53 Mancur Olson, Jr., Die Logik des kollektiven Handelns, Tübingen 1968 (urspr. am. 1965), S. 2.

oder Anreize (von effektivem Lohn-Bargaining bis zu allen Arten von Nebenleistungen) eingesetzt, um diese Phänomene einzudämmen. Der Mitgliedsbeitrag ist dann der Preis, den die Mitglieder für die Leistungen der Organisation zahlen. Hinter dieser Theorie steht die Realität der US-amerikanischen "lobbies" und des "business unionism", die diese individualistischen Marktanalogien inspiriert. Zwar haben verschiedentlich Untersuchungen die "instrumentelle Orientierung" auch der europäischen Gewerkschaftsmitglieder aufgezeigt[54], jedoch folgt aus diesem Einstellungswandel der Mitglieder kein Übergang zu "busines unionism", weil europäische Gewerkschaften sich am Solidaritätsprinzip orientieren und auch häufig stärker direkt in politische Entscheidungen einbezogen sind. Daraus kann mangelnde Mitgliederorientierung der Verbandsspitze resultieren, aber keine Organisationsvorstellung, die am Tausch- bzw. Marktmodell ausgerichtet ist. Verbände und Interessengruppierungen sind hier noch immer stärker aus ihrer Geschichte als soziale Bewegungen als aus Nutzenkalkülen und Effizienzkriterien heraus zu verstehen.[55] Dennoch kann das Marktmodell ein denkbarer Erklärungsansatz sein, der einzelne Elemente oder Erscheinungen in der Beziehung der Mitglieder zu ihrer Organisation erhellen kann. Olson hingegen argumentiert so, als wären Interessengruppen Vereinigungen, die von ihren Mitgliedern Opfer verlangen.[56] Aber Interessengruppen sind im Unterschied zu politischen Parteien, Kirchen, Sekten etc. durch die Gemeinsamkeit der individuellen Interessen definiert. Daher kann es in bezug auf partielle Aspekte oder Nebenerscheinungen Nicht-Übereinstimmungen zwischen individuellen Interessen und den vom Verband als Ziele formulierten Interessen geben, aber nicht prinzipielle oder systematische Nicht-Übereinstimmung. Interessengruppen sind auch keine ethisch-kulturellen Gruppen oder Gebietskörperschaften, bei denen die Vielfalt der Dimensionen, die in der Vereinigung eine Rolle spielen, zu einer Divergenz von Einzelinteressen und Gemeinwohl führen. Was daher als Divergenz zwischen Einzelinteressen und Gruppeninteresse übrig bleibt, beruht auf der Tatsache, daß die Formulierung der Verbandsziele nicht immer die Interessen der Mitglieder adäquat wiedergibt bzw. daß das Verbandshandeln - i. e. das Handeln der Führungsspitze - diesen nicht entspricht. Es geht also um Probleme, auf die die Soziologen bereits hingewiesen haben. Olson nahm zwar als einer der wenigen Ökonomen die Existenz der Soziologie durchaus zur Kenntnis, allerdings in

54 John H. Goldthorpe et al., The Affluent Worker in the Class Structure, London 1969.

55 Siehe: Gertraude Horke, Soziologie der Gewerkschaften, Wien 1977.

56 Dieser Aspekt kommt implizit bei kleinen Gruppen in Olsons Argumentation zum Tragen.

der Form, die Parsons ihr gegeben hatte. Er hat in seiner Analyse wichtige Differenzierungen wie die zwischen exklusiven und inklusiven Gruppen behandelt, aber weniger das positions- und rollentheoretische "framing" der Interessen beachtet. Das hätte er auch nur auf der Basis einer radikalen Änderung der Perspektive tun können, d. h. von den Interessen der einzelnen hätte er den Blick auf den Gesamtzusammenhang der Gruppe richten müssen. Schließlich läßt sich auch gegen die ökonomische Theorie kollektiven Handelns einwenden, daß sie Kommunikationsprozesse nicht berücksichtigt. Gerade für soziale Bewegungen und Interessenorganisationen aber sind Symbole, Ideen und soziale "events" besonders wichtig in bezug auf die Genese kollektiver Identität und die Motivation der Mitglieder.

Eine andere Perspektive nahm der sogenannte Transaktionskostenansatz ein, der nach der ökonomisch rationalen Begründung für die Entstehung von Unternehmungen und die Ersetzung von Markt durch Organisation fragt. Dieser beruht auf theoretischen Arbeiten der 30er Jahre, insbesondere einem berühmten Aufsatz von Ronald Coase[57], in dem dieser die Betriebe nicht als technisch bestimmte, feste Größen behandelte, sondern Unternehmen und Märkte als alternative Möglichkeiten ökonomischer Organisation und Koordination sah. Coase entwickelte seine Ideen dann insbesondere in dem Aufsatz "The Problem of Social Cost" aus dem Jahr 1960[58] weiter. Er nahm die Effizienz des unregulierten Zustandes, i. e. des Marktes an, und knüpfte die Erklärung der Existenz von (großen) Unternehmen sowie von Regulierung an den Nachweis der Ineffizienz des Marktes. Diese ist anzunehmen, wenn die sogenannten Transaktionskosten hoch sind.[59] Der Begriff verweist auf Bedingungen institutioneller, sozialer oder sonstiger Art, die die Effizienz der Interdependenzen stören, etwa im Sinne von "Betriebskosten des Wirtschaftssystems". Coase ging von einem idealen unregulierten Zustand effizienter Interdependenzen aus, einem Zustand, den es in der realen Welt nicht gibt, und erklärte daraus einerseits die Entstehung von Planungssystemen, andererseits die Institutionen. Die Organisation des Unternehmens wird hierbei explizit in die Kosten-Nutzen-Abwägungen einbezogen und auch der Markt wird nicht einfach als

57 Ronald Coase, The Nature of the Firm, urspr. in Economica N. F. 4 (1937), abgedr. in: George J. Stigler et al., Readings in Price Theory, Chicago 1952, S. 386-405.

58 Ronald Coase, The Problem of Social Cost, in: Journal of Law and Economics 3/1960, S. 1 ff.

59 Sturn weist darauf hin, daß die US-Regulierungskommissionen im Laufe der 80er Jahre von der Annahme des Marktversagens (Pigou) zu der der Effizienz des unregulierten Zustands nach Coase übergegangen sind, was die praktisch-politische Bedeutung des Coase-Theorems zeigt. Siehe: Richard Sturn, Individualismus und Ökonomik. Modelle, Grenzen, ideengeschichtliche Rückblenden, Marburg 1997.

Angebots- und Nachfragemechanismus definiert, sondern als rechtlich institutionalisiertes Beziehungsgefüge, bei dem Kosten durch Übertragungen von Gütern und Leistungen entstehen. Transaktionen werden immer dann durchgeführt, wenn die Vorteile aus der Transaktion größer sind als die Transaktionskosten. Wenn die Kosten für Markttransaktionen hingegen eine gewisse Höhe überschreiten, werden diese Funktionen in das Unternehmen integriert. Der Unternehmer vergleicht demnach die Kosten, die ihm erwachsen, wollte er alle Dienste und Güter, die er braucht, auf dem Markt kaufen, mit denen der Herstellung in seinem Unternehmen. In gewisser Weise ist das die altehrwürdige Hausvateralternative: "Kaufen oder Selbermachen?" Der Ansatz bleibt insofern der neoklassischen Wirtschaftstheorie verbunden, als es um Wirtschaftlichkeit und rationale Unternehmerentscheidung geht. Effizienz wird aber nicht im Sinne des klassischen Produktionskostenansatzes interpretiert, sondern durch Analyse und Bewertung von Vertrags-, Überwachungs- und Kontrollkosten definiert.

Das Coase-Theorem und die Transaktionskostenbegründung von Unternehmungsorganisationen haben große Aufmerksamkeit und eine Vielzahl von Interpretationen gefunden. Rechtswissenschaft, Wirtschaftstheorie und Organisationstheorie wurden in eine Verbindung gebracht, es entstand eine interdisziplinäre Organisationen- und Institutionenökonomie. Oliver Williamson hat 1975 in seinem Buch "Markets and Hierarchies" den Ansatz weiterentwickelt. Anders als die neoklassische Theorie, die die Unternehmung nur als Produktionsfunktion betrachtet, bezieht er die Organisation mit ein und deutet sie als Überwachungs- und Beherrschungssystem. Strukturunterschiede in den Organisationen werden nach den Einsparungen von Transaktionskosten beurteilt und somit prinzipiell als auf rationaler Entscheidung begründet erklärt. Die Theorie ersetzt die Beschäftigung mit Technologie und Produktions- und Verteilungskosten durch die Untersuchung der komparativen Kosten von Planung, Veränderung und Überwachung der Aufgabenerfüllung in alternativen "governance structures". Wirtschaftlichkeit und Effizienz können dann gewährleistet werden, wenn "Reibungsverluste" (bzw. Kosten), die durch Unterschiede in Wissen, Fertigkeiten, Informationsstand, Interessen, durch begrenzte Erkenntnismöglichkeiten und opportunistisches Verhalten entstehen, minimiert werden. Diese Probleme machen sich vor allem bei Veränderungen durch die Einführung neuer Technologien, die Erschließung neuer Märkte etc. bemerkbar. Die Verhaltensannahmen sind: begrenzte Rationalität und Opportunismus der Akteure. Da sich der Ansatz als mikroökonomisch versteht, ist es der Standpunkt des Unternehmens, von dem und in dessen Interesse die Entscheidung für Markt oder Integration in die Organisation getroffen werden muß. Allerdings stellt Williamson in Abwandlung von Coase fest: "Wann immer private und soziale Nutzen und Kosten voneinander abweichen, sollten die sozialen Kosten den Ausschlag geben, wenn Handlungsempfehlungen angestrebt werden."[60] Er führt auch die Unterscheidung zwischen freiwillig und bewußt in Kauf genommenen Effizienzeinbußen (= Kosten) und unfreiwilligen oder nicht erkennbaren Einbußen ein, was einer Öffnung des Wirtschaftlichkeitsdenkens für soziale Kosten sowie für gemeinwohlbezogene Werte gleichkommt.

Als wichtigste ökonomische Institutionen des Kapitalismus bezeichnet Williamson Unternehmen, Märkte und Vertragsbeziehungen und sieht den Hauptzweck letzterer darin, Transaktionskosten einzusparen. Jedes Problem, das als Vertragsproblem interpretiert werden kann, läßt sich sinnvoll unter dem Aspekt der Einsparung von Transaktionskosten verstehen. Die Unternehmensorganisation wird als Netz interner Verträge vorgestellt. Der isolierte Markttausch kann durch komplexere Formen des Vertrags ersetzt werden, um residuale Kontrollrechte denen zu übertragen, die diese am produktivsten verwerten können, etwa bei vertikaler Integration bzw. Ausgliederung von Organisationsteilen, so daß der Übergang zwischen Markt und Unternehmensorganisation auf Grund von Kooperationsübereinkommen fließend ist. Durch fehlgeleitete Vergabe bzw. Nutzung von Verfügungsrechten können auch nach Vertragsabschluß Kosten entstehen. Die Transaktionskostentheorie beschränkt sich daher nicht nur auf die Vertragserstellung, sondern sieht die Vertragsbeziehung als einen ständigen Verhandlungsprozeß an. Es geht dann nicht einfach um Gewinnmaximierung, sondern um die Art und Weise der effizienten Organisation von Transaktionen durch Zuweisung von Kontroll- und Überwachungsrechten unter den Bedingungen begrenzter Rationalität und Opportunismus. Ziel ist die Bestimmung der "effizienten Unternehmensgrenze". Transaktionskosten können laut Williamson auch aus dem sozialen Zusammenhang, in den Transaktionen eingebettet sind (Sitten, Gebräuche, Gewohnheiten) erwachsen. Soziale Normen, die die freie Verfügbarkeit des Eigentums einschränken, wie die Norm der Sozialpflichtigkeit des Eigentums, erhöhen die Kosten wirtschaftlichen Handelns, die sich als Verlust von Ansehen, göttlich-kirchlicher Gnade oder auch als Verlust an Vertrauen niederschlagen. Williamson stellt damit explizit die "embeddedness" der Wirtschaft in Gesellschaft und Kultur fest und weist auch auf die Notwendigkeit hin, dies bei interkulturellen Transaktionen zu berücksichtigen.

60 Oliver E. Williamson, Die ökonomischen Institutionen des Kapitalismus, Tübingen 1990 (urspr. am. 1985), S. 26.

Die Transaktionskostentheorie steht in enger Verbindung mit der sogenannten Neuen Wirtschaftsgeschichte und dem Neoinstitutionalismus, der das Ziel der ökonomischen Erklärung der Institutionen verfolgt.[61] Das moderne Wirtschaftssystem wird in seiner historischen Genese[62] durch die Entstehung und Verbreitung von Eigentums- und Verfügungsrechten erklärt. Diese stellen die notwendigen Anreize für die wirtschaftliche Entwicklung dar und geben die Spielregeln vor, die die Strategien der Spieler beschränken. Stabile vorhersehbare Regeln und Strukturen sind für die Entwicklung von Marktbeziehungen bedeutsam; "property rights" reduzieren Unsicherheit durch Ordnung. Die Institutionen haben daher eine wichtige Funktion als Voraussetzung für die Entstehung von ökonomischen Handlungsmotiven. Allerdings entstehen Institutionen nicht notwendig aus diesen Gründen, sondern aus Staatsinteressen oder Wertentscheidungen jenseits der Marktentwicklung, so daß sie aus ökonomischer Sicht auch ineffizient sein können. Die Ordnung der Gesellschaft, die in der Soziologie durch Kollektivbewußtsein, Interaktionseffekte und Institutionensystem bestimmt wird, sieht die Institutionenökonomie durch vertragsmäßige Vereinbarungen über Kontrollrechte gewährleistet.[63] Der neue Institutionalismus geht vom individuellen Handeln aus und erklärt Institutionen als Resultat des Zusammenwirkens und Austausches zwischen den Individuen. Die Erklärung der Veränderung von Institutionen ist ein Komplement der Theorie der individuellen Wahlhandlungen, denn Kooperation kann nach Meinung der neuen Institutionalisten nicht nur als strategisches Handeln aufgefaßt werden, sondern auch als Zusammenwirken in bezug auf die Formulierung und Veränderung der gemeinsamen Spielregeln. Da Institutionen die Wirtschaft sehr stark beeinflussen, liegt

61 Der Institutionalismus umfaßt heute neben diesem sogenannten Neoinstitutionalismus eine Vielzahl von heterodoxen Ökonomien, die sich durch dynamisch-evolutionäre Orientierung, Interdisziplinarität und Realitäts- und Problembezug auszeichnen. Beispiele dafür sind die Arbeiten John Kenneth Galbraith', Alva Myrdals, Robert Heilbroners und Harvey Leibensteins. Stadler bezeichnet den Institutionalismus neben dem neoklassisch-keynesianischen Hauptparadigma und der marxistischen Ökonomie als dritte Kraft. Markus Stadler, Institutionalismus heute. Kritische Auseinandersetzung mit einer unorthodoxen wirtschaftswissenschaftlichen Bewegung, Frankfurt/Main-New York 1983.

62 Douglass Cecil North/Robert Paul Thomas, The Rise of the Western World. A New Economic History, Cambridge 1989 (urspr. 1973).

63 Wir haben zwar gesehen, daß der Vertrag auch in der modernen Soziologie von Durkheim bis Parsons eine große Rolle spielt, aber dort wird er sehr allgemein als Beziehung zwischen Gleichen, die aus gemeinsamen Normen resultieren, auf der Basis der Unterscheidung von "status" und "contract" bei Henry Maine, Ancient Law, London 1861, verstanden. Im Neoinstitutionalismus aber stehen die "property rights" des einzelnen, die auf Verträgen beruhen, im Mittelpunkt.

die Frage nahe, wieso offenkundig ineffiziente Institutionen bestehen bleiben und damit wirtschaftliche Stagnationsperioden, wie sie in der Geschichte auftauchten, riskiert werden. Douglass Cecil North beantwortet dies folgendermaßen: "Transaktionskosten auf politischen und auf ökonomischen Märkten bewirken ineffiziente Eigentumsrechte, aber die unvollkommenen subjektiven Modelle der Spieler, die versuchen, die Vielschichtigkeit der Probleme zu erfassen, denen sie sich gegenübersehen, können den Fortbestand solcher Eigentumsrechte nach sich ziehen."[64] Ineffizienz wird also durch die Komplexität von Entscheidungssituationen begründet. Ideen und Ideologien prägen die subjektiven Denkmodelle, die die Menschen brauchen, um die Welt rund um sich zu deuten und Entscheidungen zu treffen. Und Institutionen bestimmen mit, wie sehr diese von Belang für das tatsächliche Handeln sind. Indem sie die Interaktionen der Menschen in bestimmter Weise ordnen, wirken die Institutionen auf den "Preis" ein, den sie für ihre Handlungen bezahlen. Wenn die Institutionen so gestaltet sind, daß der Preis für Handeln nach den eigenen Vorstellungen niedrig ist, geben sie den Menschen die Freiheit, ihre Ideen und Ideologien in ihre Entscheidungen einzubringen. Politische Prozesse beeinflussen die Funktionsfähigkeit von Wirtschaften stark, was zu einer viel weiter gehenden Integration von Politik und Ökonomie als bisher führen muß. Wenn Organisationen - Unternehmen, Gewerkschaften, Agrarverbände, politische Parteien - ihre Kräfte auf unproduktive Aktivitäten verwenden, so haben institutionelle Bedingungen das Anreizsystem für solche Betätigungen geliefert. Die Länder der Dritten Welt sind dieser Auffassung zufolge deshalb arm, weil die institutionellen Restriktionen für politisches bzw. ökonomisches Handeln ein System von Zahlungen vorsehen, die eine produktive Tätigkeit nicht begünstigen. Steuersystem, staatliche Regulierungen, rechtliche Entscheidungen und Verordnungen gestalten die Politik von Unternehmen, Gewerkschaften und anderen Organisationen mit und bestimmen damit spezifische Aspekte der Wirtschaftsleistung. Nicht nur bestimmt und sichert der Staat die Eigentumsrechte, die im wesentlichen das Anreizsystem einer Wirtschaft prägen, sondern in der modernen Welt sind auch der Staatsanteil am Bruttonationalprodukt und die jeden Lebensbereich erfassenden, sich unablässig ändernden Regulierungen seitens des Staates, wichtige Bestimmungsfaktoren wirtschaftlicher Leistung. Einen effizienten Pfad der institutionellen und in der Folge wirtschaftlichen Entwicklung sieht North in der Geschichte der USA, wo im Laufe des 19. Jahrhunderts die grundlegenden institutionellen Voraussetzungen im Rahmen der wirtschaftlichen und politischen Ordnung geschaffen wurden, die eine

64 Douglass Cecil North, Institutionen, institutioneller Wandel und Wirtschaftsleistung, Tübingen 1992 (urspr. am. 1990), S. 9.

Steigerung der Produktivität und des Wirtschaftswachstums ermöglichten, indem sie die Preise bzw. die Kosten für unternehmerisches Handeln, für technische und Organisationsinnovationen sowie für Absatzoffensiven senkten. Sozialwissenschaftler haben immer nur versucht zu erklären, warum es Institutionen gibt, wichtiger sei es aber aufzuzeigen, wie sie am Zustandekommen von Ergebnissen beteiligt sind, meint North. Der Neoklassik wirft er vor, daß Fixierung auf die Probleme rationaler Entscheidung und effizienter Märkte verhindere, die Auswirkungen unvollständiger Information und die komplexen Beziehungen zwischen Umwelt und subjektiven Wahrnehmungen der äußeren Welt durch den einzelnen zu berücksichtigen. Am Paradigma vom rationalen Handeln findet North zwar grundsätzlich nichts auszusetzen, nur eine stärkere Beachtung der Komplexität menschlicher Motive und der Probleme, die sich aus der Informationsverarbeitung ergeben, hält er für notwendig.

Organisations- und institutionenökonomische Ansätze gingen auch in das Werk des Soziologen James S. Coleman in seiner Neuformulierung der "Social Theory"[65] ein. Er sah Normen als rational begründet an, führte den Begriff der Interessen in die soziologische Theorie ein und beschrieb das Grundproblem in der Soziologie wie der Ökonomie als das des Erwerbs und Ausübens von Handlungs- und Kontrollrechten. Die Handlungen der Akteure in der sozialen Welt verstand er als durch Zuteilung, Ausübung und Entzug von Kontrollrechten über knappe Ressourcen motiviert an. Die Grundbegriffe des neuen Institutionalismus, Elemente der Soziologie und Ökonomie der Organisation und des kollektiven Handelns faßte Coleman in seiner Sozialtheorie zusammen, wobei er auch von dem universalökonomischen Ansatz Gary S. Beckers, dessen Kollege er in Chicago war, stark beeinflußt war. Er argumentierte, daß Sozialtheorie heute nicht mehr von den Ansätzen der großen Soziologiebegründer der Jahrhundertwende ausgehen dürfe, sondern den Gegebenheiten am Ende des 20. Jahrhunderts Rechnung tragen müsse. Aus dieser Sicht ist die Analyse der "corporate actors" von besonderer Bedeutung im Werk Colemans. Er ging von einem individualistischen Ansatz aus und bekannte sich als Nachfolger Homans'[66], wich aber insofern von diesem ab, als es ihm um Wahlhandeln und nicht um reaktives Verhalten ging. Daher nahm er auch die "rational-choice"-Theorie als Ausgangspunkt und untersuchte die Wege und Formen, wie daraus Erklärungen für kollektive Entscheidungen, korporatives Han-

65 James S. Coleman, Foundations of Social Theory, Cambridge-Mass.-London 1991.

66 James S. Coleman, Individual Interests and Collective Action, Cambridge 1986, S. 15.

deln und gesellschaftliche Ordnung abgeleitet werden können. Seine Darlegungen zeigen eine Verbindung und Relationierung von klassischen soziologischen Perspektiven mit den für moderne Gesellschaften von Coleman als adäquat erachteten Kategorien der Rechte, Interessen, "corporate actions" und der "social choice", also einerseits des Einflusses des sozialen Systems als solchem auf die Individuen und der rationalen Handlungen der einzelnen und deren Beziehungen als Grundlage eben dieses sozialen Systems andererseits. In dieser dualen Betrachtung sah er die Chance, einerseits den kollektivistisch-normorientierten Bias der Soziologie zu überwinden und zum anderen die ideologisch-idealistische Überbetonung der individuellen Willensfreiheit zu beschränken. Die große Bedeutung, die Coleman ökonomischen Kategorien in bezug auf das Verständnis des Sozialen beimaß, führte allerdings zu einer verzerrten Sicht gesellschaftlicher Entwicklung, sodaß er diese zweigeteilt sah in eine "primordial social organization" und eine "constructed social organization". Letztere entstand erst durch die Prozesse der Industrialisierung, Demokratisierung und Organisierung etwa ab der Mitte des 19. Jahrhunderts und ist durch die bewußte Gestaltung von Gesellschaft und Wirtschaft durch Recht, Markt, Organisation und Interessengruppen charakterisiert. Von der Sozialtheorie erhoffte Coleman ein Wissen über die Grundlagen und die Dynamik dieser Kräfte für die Rekonstruktion der Gesellschaft.[67]

Die "neue" Wirtschaftssoziologie: Zwischen rationaler Wahl und sozialer Einbettung des Marktes

In den USA verstärkte sich die Betonung der empirischen Forschung zur Lösung sozialer Probleme in den Kriegs- und Nachkriegsjahren. Auch in der Soziologie kam es zu einer überwiegend pragmatischen Interpretation von Ziel und Inhalt der Forschung. Das ging Hand in Hand mit einer Spezialisierung und Differenzierung in einzelne Teildisziplinen mit empirischer Ausrichtung. In der Folge expandierten vor allem Teil-Soziologien, die sich der empirischen Erforschung wirtschaftlicher Bereiche widmeten. Die Probleme des Konsum- und Arbeitsverhaltens und der internen sozialen Beziehungen in den Wirtschaftsorganisationen traten in den Vordergrund des Interesses, da man sich davon auch Anwendungsmöglichkeiten in den Unternehmen versprach. Für den US-amerikanischen Kontext war auch die enge Verschmelzung soziologischer mit sozialpsychologischen Fragestellungen und Gegenstandsdefinitionen typisch. In Europa war die makrogesellschaftliche Orientierung der europäischen Soziologie der Zeit vor dem Zweiten Weltkrieg, die ins-

67 James S. Coleman, Foundations of Social Theory, op. cit., S. 651.

besondere in bezug auf wirtschaftliche Problemstellungen bestand, weitgehend dem Einfluß der verhaltenswissenschaftlich orientierten Mikrosoziologie, wie sie sich in den USA entwickelt hatte, gewichen.[68] Auch hier konzentrierte man sich in der Folge auf die empirische Forschung in der Konsumsoziologie, Industriesoziologie oder Organisationssoziologie. Soweit sich die Zielsetzung auf den Bereich der Wirtschaft als solcher bezogen, wurden die sozialen Rahmenbedingungen des "eigentlich wirtschaftlichen" Prozesses untersucht und Wirtschaftssoziologie als Hilfswissenschaft der Nationalökonomie zur Konkretisierung ihrer Modelle verstanden. Dabei wurden die Spielregeln von der Ökonomie, insbesondere ihre alleinige Kompetenz für die eigentliche wirtschaftliche Sphäre, bestimmt. Im übrigen herrschte die Vorstellung einer Trennung zwischen den Bereichen des Ökonomischen und des Nicht-Ökonomischen vor. So bezeichnete Neil J. Smelser die "Beziehungen zwischen den ökonomischen und nicht-ökonomischen Aspekten der Gesellschaft" bzw. "die wechselseitige Beeinflussung zwischen den soziologischen Variablen der ökonomischen und außerökonomischen Sphäre"[69] als Gegenstand der Wirtschaftssoziologie. Die säuberliche Separation von ökonomisch und außerökonomisch durch die wissenschaftliche Spezialisierung verstärkte die Alltagsvorstellungen von "der Wirtschaft" und "der Gesellschaft".

Das Konsumverhalten einerseits, die Organisationssoziologie andererseits wurden die beiden wichtigsten Teilbereiche der empirisch-soziologischen Befassung mit Wirtschaft in der entwickelten Industriegesellschaft. Als Zulieferer für die Ökonomie interessierten sich die Wirtschaftssoziologen in erster Linie für die Aspekte der Einkommensverwendung und der Marktentnahme bzw. im Bereich der Organisationssoziologie für Arbeitsmotivation, Verhaltensbeeinflussung und Führungsstile. Dabei wurden vor allem jene Faktoren hervorgehoben, die sich die Ökonomie nicht selbst erklären konnte: das irrationale oder arationale Verhalten bzw. die Einflüsse von Geschlecht, Alter, sozialer Herkunft, Schicht, Beruf und Informationsstand, die es dann ermöglichen sollten, differenzierte Verbrauchertypologien oder-profile aufzustellen. Eine Reihe von anderen Bereichen, wie die Finanzsoziologie, die Geldsoziologie oder die Inflationssoziologie, die europäische Vorläufer hatten, existierten nur als Begriffshülsen weiter. Vereinzelt wurden Analysen und Vergleiche von Wirtschafts- und Gesellschaftssystemen oder Untersuchungen der wirtschaftlichen Entwicklung unternommen. Im wesentlichen blieb die Forschung aber

68 Friedrich A. Tenbruck, Die unbewältigten Sozialwissenschaften oder die Abschaffung des Menschen, Graz-Wien 1984.

69 Neil J. Smelser, Soziologie der Wirtschaft, München 1968 (urspr. am. 1962), S. 12 resp. S. 64.

auf die Untersuchung von Verhaltensweisen, sozialstrukturelle Unterschiede und auf norm- und institutionenorientierte Erklärungen wirtschaftlichen Verhaltens beschränkt.

Allmählich entstand dann wieder eine Wirtschaftssoziologie, die allerdings weitgehend ein Sammelbecken der einzelnen wirtschaftsbezogenen Teildisziplinen war. Im deutschen Sprachraum erschienen eine Reihe von Lehrbüchern, von denen einige auch die Bedeutung einer allgemeinen Wirtschaftssoziologie unterstrichen.[70] Friedrich Fürstenberg legte das Programm für eine Wirtschaftssoziologie recht breit an und ging von den Handlungen der wirtschaftenden Menschen "[...] (als) Ergebnis einer Wechselbeziehung zwischen subjektiver Haltung und objektiver Situation" aus.[71] Als Zuständigkeitsbereich der Wirtschaftssoziologie nannte er die Untersuchung der Bestimmungsgründe des Wirtschaftsverhaltens, die Erfassung der Sozialstrukturen des Wirtschaftslebens und des Zusammenhangs von wirtschaftlicher Dynamik und Veränderung der Gesellschaftsstruktur. Viel stärker betonen Wiswede und Kutsch "die Übertragung und Anwendung soziologischen Wissens auf ökonomische Tatbestände"[72] und die praktische Verwertbarkeit der Theorien und Befunde der Wirtschaftssoziologie; sie sollen z. B. konkret Aufschluß darüber geben, welche ökonomischen, sozialen und psychischen Folgen die Arbeitszeitverkürzung im einzelnen hat oder in welcher Weise sich die Veränderung eines bestimmten Führungsstils auf Leistung und Zufriedenheit der Mitarbeiter auswirkt; welche Probleme Unternehmer auf internationalen Märkten zu gewärtigen haben oder wie sich unsere Wirtschaftsgesellschaft in Zukunft entwickeln wird. Die systematische Problemlösungsforschung erfolgt in den speziellen Bereichen wie Arbeit, Berufe, Markt, Geld, Industrie, Betrieb, etc. "Wirtschaft" ist auf Grund seiner besonderen technisch-professionellen Voraussetzungen aus dem Ganzen des Lebensvollzugs herausgehoben, ihr eigentliches "Funktionieren" hat die Ökonomie aufzudecken. Während sich Ökonomen insbesondere nach der verhaltenswissenschaftlichen Wende in der Managementlehre und Unternehmensführung mehr und mehr Kompetenz auch für die Einbeziehung des sozialen Bereichs erwarben, blieb ihre exklusive Zuständigkeit für die Erkenntnis des "Wirtschaftlichen" unangetastet. Dies kritisierte bereits Klaus Heinemann und stellte fest, daß Aussa-

70 Siehe etwa: Anton Burghardt, Allgemeine Wirtschaftssoziologie, Pullach b. München 1974; Karl-Heinz Hillmann, Allgemeine Wirtschaftssoziologie, München 1988; Toni Pierenkemper, Wirtschaftssoziologie, Köln 1980.

71 Friedrich Fürstenberg, Wirtschaftssoziologie, in: Gottfried Eisermann, Die Lehre von der Gesellschaft, Stuttgart 1969, S. 260-295, S. 270.

72 Günther Wiswede/Thomas Kutsch (Hg.), Wirtschaftssoziologie, Stuttgart 1986.

gen über zentrale sozialökonomische Institutionen wie Geld, Markt, Eigentum, Preisbildung und wirtschaftliche Entwicklung einzig der Nationalökonomie als legitimes Erkenntnisobjekt überlassen wurden, während die Soziologie nur als Zubringerin von Daten fungiere, ohne von der Problemstellung her eigenständige Forschung zu betreiben. Er versuchte daher, sowohl die Kategorie des Interesses in die Wirtschaftssoziologie einzuführen, als auch Geld und Markt als soziologischen Forschungsgegenstand zu entwickeln. Als notwendig erklärte Klaus Heinemann empirische Untersuchungen, die die faktischen Einbindungen der Wirtschaft in einer konkreten Raum-Zeit-Situation aufzeigen. Er wies darauf hin, daß die Soziologie dabei auf ihre selbstgewählten Beschränkungen verzichten und die Kategorie der Interessen neben der der Normen berücksichtigen müsse. Sie dürfe auch Organisation und Konflikt nicht nur in hierarchischen Ordnungen, sondern auch in horizontalen Beziehungen, wie sie der Markt darstellt, behandeln.[73] Eine Perspektive, die die Wirtschaft als unser aller Leben betreffend versteht und daher nicht ausschließlich der spezifischen Perspektive der Ökonomie zuordnet, die ihr Selbstzweckhaftigkeit zuschreibt, setzte sich nicht durch. Die Differenzen zwischen den Disziplinen wurden stark betont, was auch dadurch begünstigt wurde, daß im regulierten Kapitalismus der Soziologie relativ viel akademischer Raum gegeben wurde. Ihr Ansehen stieg, ihre akademische Verankerung festigte sich, das Interesse an gesellschaftlichen Strukturen und Prozessen war im Wohlfahrtsstaat vorhanden. Dazu kam, daß in diesen Jahrzehnten die sozialdemokratischen Parteien in Europa häufig die Regierung in den einzelnen Staaten stellten. Insgesamt resultierte diese günstige Situation in einer Expansion der Lehrstühle, aber nicht in einer stärkeren Befassung der Soziologie mit Wirtschaft als solcher, sondern in einer breiten Auffächerung unterschiedlicher theoretisch-methodischer Richtungen und einer Konzentration auf vornehmlich mikrosoziologisch orientierter Forschungsgegenstände.

Das Szenario veränderte sich dann in den 80er Jahren durch Deregulierungsmaßnahmen, neoliberale Politikberatung im Westen und ein Andauern der Krisenstimmung, sowie insbesondere nach dem Zusammenbruch der Sowjetunion durch die Delegitimierung nicht nur marxistischer Bewegungen und Ideologien, sondern "al-

73 Klaus Heinemann, Politische Ökonomie - Heute, Tübingen 1974, S. 109 ff.; Ders., Grundzüge einer Soziologie des Geldes, Stuttgart 1969; Ders., Zur Soziologie des Interesses, in: Sociologica Internationalis 8/1970, S. 80; Ders., Zum Verhältnis von Volkswirtschaftslehre, Wirtschaftssoziologie und politischer Ökonomie, in: Jahrbuch für Sozialwissenschaft 23/1972, S. 301-320, S 315; Ders., Elemente einer Soziologie des Marktes, in: Kölner Zeitschrift für Soziologie und Sozialpsychologie 28/1976, S. 48-69.

ternativer" Denkweisen als solcher. Damit veränderten sich auch die Beziehungen zwischen Ökonomie und Soziologie in Richtung auf eine Annäherung. In der britischen und amerikanischen Diskussion erblickte Richard Swedberg eine massive Tendenz, die Grenzen zwischen den Disziplinen der Ökonomie und der Soziologie abzubauen.[74] Insbesondere die Grenzüberschreitungen, wie sie Gary S. Becker, George A. Åkerlof, Oliver E. Williamson auf Seiten der Ökonomen und James S. Coleman, Harrison C. White, Mark Granovetter auf Seiten der Soziologen vornahmen, zogen große Aufmerksamkeit auf sich. Eine gewisse Initialzündung kam dabei dem "ökonomischen Imperialismus" zu, wie er in Gary S. Beckers Arbeiten in Chicago und der Virginia-Schule als universale Anwendung der Nutzentheorie auf alle sozialwissenschaftlichen Bereiche konzipiert wurde. Besondere Bedeutung hatten auch der Neue Institutionalismus und die Transaktionskostentheorie. Eine Dominanz des ökonomischen Ansatzes ist für diese neuen Integrationsbestrebungen daher konstitutiv; sie sind theoretische Ansätze, die das Marktmodell entweder durch zusätzliche Parameter erweitern, wie das George Åkerlof mit seinen "psycho-socio-anthropo-economics" tut[75], oder es einfach - wie Becker - in nicht-ökonomische Bereiche ausdehnen. Waren in den 50er und 60er Jahren noch Integrationsvorstellungen in Richtung einer Erweiterung der Soziologie auf den Bereich der Wirtschaft denkbar, so wurde diese Möglichkeit in den 80er Jahren auf Grund der Umorientierung des Wirtschaftsdenkens im Gefolge des politischen Konservatismus, insbesondere nach dem Zusammenbruch des realen Sozialismus, obsolet. Das marktökonomische Denkmodell wurde zum bevorzugten Integrationsmuster. Die Pluralität der wissenschaftlichen Objekttheorien ging seit den 80er Jahren, besonders aber in den 90er Jahren rapide zurück, während der "ökonomische Erklärungsansatz" sich in alle Bereiche der Sozialwissenschaften, auch in der Soziologie selbst, ausbreitete. Die beobachtete Annäherung zwischen Ökonomie und Soziologie bedeutet jedenfalls kein Abgehen von neoklassischer Nutzentheorie und dem Marktmodell, etwa durch Kooperation zwischen Soziologie und historischen oder politischen Ökonomieansätzen, sondern zwischen modifiziert neoklassisch orientierten Ökonomen und einer ökonomische Ansätze diskutierenden Soziologie, die sich nicht mehr durch gesellschaftspolitische oder -kritische Erkenntnisziele legitimiert.

74 Richard Swedberg, Economics and Sociology, Princeton-New York-Oxford 1990.

75 Siehe: George A. Åkerlof, An Economic Theorist's Book of Tales, Cambridge 1984.

Vor dem weltpolitischen und ökonomiepolitischen Hintergrund seit den späten 70er Jahren entstand die "neue" Wirtschaftssoziologie, die nicht auf der Übertragung oder Anwendung soziologischer Begriffe und Theorien auf die Wirtschaft, sondern auf der ökonomische und soziologische Ansätze kombinierenden Analyse von Marktprozessen beruht. Sie steht auch für die Abwendung von der bisherigen Stellung der Wirtschaftssoziologie als Sammelbecken oder Oberbegriff für die empirischen Forschungsbereiche der Arbeits-, Industrie-, Berufs-, Konsum- und Geldsoziologie etc. Die "Integration" von Ökonomie und Soziologie nahm zunächst die Form der Ko-Existenz an, etwa in dem Sonderband des American Journal of Sociology [76], in dem Beiträge zur "sociological analysis of economic institutions" und zur "economic analysis of social institutions" vereinigt wurden. Soziologen, die sich mit wirtschaftlichen Objektbereichen, Ökonomen, die sich mit sozialen Institutionen befaßten, charakterisierten die "Grenzüberschreitungen", aus denen sich die neuen wirtschaftssoziologisch-sozioökonomischen Interessen ergaben. 1994 erschien dann ein umfangreiches "Handbook of Economic Sociology", das Neil J. Smelser und R. Swedberg edierten.[77] Eine Reihe von Voraussetzungen für den Umgang der Soziologen mit wirtschaftlichen Problemen kann als weithin gültig angesehen werden: "First, sociologists must become more familiar with the literature in economics. Second, sociologists should try to address boldly key problems in economic life - the structure of markets, price formation, productivity etc. - and not only aim at "complementing" the economists' analyses. And third, economic sociology should try to stick to that nonideological and creative mixture of theoretical and empirical research that has been called 'middle-range sociology'. An economic sociology conceived along these lines, we think, would stand the best chance to pick up where the classical economic sociologists left off and to improve the social scientific understanding of the economy."[78]

Die Gegenstände wirtschaftssoziologischer Analyse beziehen sich in der Gegenwart auf sehr "wirtschaftliche" Themen wie Finanzmärkte, Distributionsprobleme, Kapitalverflechtungen, etc. Daneben existieren "klassische" wirtschaftssoziologische Themen wie Arbeitsmarkt, Arbeitsmotivation, Religion und Wirtschaft, Konsum-

76 Christopher Winship/Sherwin Rosen (eds.), Organizations and Institutions. Sociological and Economic Approaches to the Analysis of Social Structure, in: Supplement American Journal of Sociology 94/1988.

77 Neil J. Smelser/Richard Swedberg (eds.), The Handbook of Economic Sociology, Princeton-New York 1994.

78 Richard Swedberg/Ulf Himmelstrand/Göran Brulin, The Paradigm of Economic Sociology, in: Sharon Zukin/Paul DiMaggio (eds.), Structures of Capital. The Social Organization of the Economy, Cambridge 1990, S. 57-86, S. 61.

verhalten etc. weiter, sowie Ansätze der Inklusion der Kultur in die wirtschaftssoziologische Betrachtung und historisch orientierte "social-change"-Analysen. Unter den neuen Wirtschaftssoziologen lassen sich grundsätzlich zwei Tendenzen ausmachen: zum einen die der Erweiterung und Erneuerung der soziologischen Theorie und Analyse durch Einbeziehung der Deut- und Sprachformen der Ökonomie, was im Extremfall auf den ökonomischen Imperialismus Gary S. Beckers hinausläuft. Unter den theoretischen Ansätzen dominieren der Transaktionskostenansatz sowie die Netzwerkanalyse zwischenbetrieblicher Beziehungen neben der "rational-choice"-Theorie. Die andere Tendenz betont die Zentralität sozialer Beziehungen für wirtschaftliche Prozesse stärker. Dabei spielt der auf Karl Polanyi zurückgehende Begriff der "Einbettung" eine bedeutsame Rolle und wird in spezifischer Weise verstanden. Karl Polanyi hatte die Wirtschaft der vorindustriellen Welt in die Gesellschaft "eingebettet" gesehen, während in der modernen Industriegesellschaft umgekehrt eine Einbettung der Gesellschaft in die Wirtschaft erfolgt sei. Er ging von der Vorstellung des eigendynamischen Markttausches in der modernen Wirtschaft aus, wehrte sich aber gegen die Übertragung der Marktlogik auf vormoderne Gesellschaften. Einbettung bedeutet bei Polanyi Absenz "wirtschaftlicher" Rationalität im Sinne individualistischer Orientierung. Das wirtschaftliche Handeln erscheint durch soziale, religiöse und politische Vorstellungen überlagert. Polanyi bringt dafür Beispiele vom Geschenktausch in den archaischen Gesellschaften oder in den Tempelökonomien Sumers, der Theokratie Ägyptens, der feudalen Wirtschaft des europäischen Mittelalters bis hin zum merkantilistischen Staat und zur Zentralverwaltungswirtschaft der realsozialistischen Gesellschaften. Einbettung heißt auch, daß wirtschaftliche Ziele nicht durch spezifische Strukturen und Institutionen repräsentiert werden, sondern durch soziale Beziehungsmuster zwischen Gleichen und Ungleichen. Polanyi unterschied zwischen den "Transaktionsweisen" der Reziprozität[79], der Redistribution und dem Markttausch. In den vorindustriellen Gesellschaften dominierten reziprozitäre und redistributive, damit soziale und politische Formen, in die die Wirtschaft "eingebettet" war. Für Polanyi entstand der Markt im modernen Sinn erst im 19. Jahrhundert, weil er die Existenz einer Marktgesellschaft voraussetze, in der auch Boden, Arbeit und Kapital zu Waren geworden sind. Erst der politische Aufstieg des Liberalismus befreite den Markt von den staatlichen Regelungen und eröffnete damit die Möglichkeit für die Einbeziehung

79 Polanyi verwendet Reziprozität im Sinne einer gemeinschaftsorientierten sozialen Norm, also in ganz anderer Weise als Spieltheoretiker und Tauschtheoretiker, die sie in der Bedeutung eines Austauschs von Belohnungen und Bestrafungen bzw. im Sinne des "do-ut-des"-Prinzips verstehen.

immer weiterer Bereiche in den Markt.[80] Die Identifikation von Wirtschaft mit Markt wurde begleitet von der "commodity fiction", der Übertragung des Warenbegriffs auf Arbeit und Land und transformierte solcherart nicht nur die Wirtschaft, sondern die ganze Gesellschaft. Sie wurde zur Marktgesellschaft "embedded in the mechanism of its own economy".[81] Polanyi sah solcherart einen gewaltsamen Bruch mit früheren Formen von Wirtschaft und Kultur. Die Herauslösung des Marktes ließ auch die "Gesellschaft" entstehen, die Polanyi mit dem Marktsystem identifizierte.[82] Er verstand den "Markt" in der modernen kapitalistischen Wirtschaft als selbstregulierend und nicht im Sinne von geregelten Märkten, die zu den verschiedensten Zeiten der Menschheitsgeschichte in vielen Gegenden der Erde existierten. Diese, so Polanyi, hatten nicht den Wettbewerb zur Grundlage, sondern sie beruhten auf Regeln, Ordnungen, Monopolen und Privilegien. Die Eigendynamik des modernen Marktes aber kommt gerade dadurch zustande, daß sie die ganze Gesellschaft in einen Markt verwandelt. Entsprechend dieser realen Veränderungen kam es auch zu einer Veränderung des Wirtschaftsdenkens von einem sachlichen Verständnis der Wirtschaft, das sich aus der Tatsache ableitet, daß Menschen, um überleben zu können, eine ihnen die materiellen Mittel dazu bietende Umwelt haben müssen, zu einer formalen marktlogischen Vorstellung von Wirtschaft. Polanyis Auffassung stellt in gewisser Weise eine Antithese zu Becker dar, der die ökonomische Logik als allgemeine Logik des Rationalverhaltens auffaßt und daher durchaus auch für vormodernes Wirtschaften als relevant ansieht.

Mark Granovetter, einer der Begründer der neuen Pespektive in der Wirtschaftssoziologie, hat sich sowohl gegen die individualistische, auf einem untersozialisierten Menschenbild beruhende Sicht der Ökonomie, wie sie die Neoklassiker vertreten, als auch gegen Karl Polanyis Beschränkung der Einbettung wirtschaftlichen Handelns auf vormoderne Gesellschaften und damit gegen die in der Soziologie oft beschworene Ausdifferenzierung der Wirtschaft in den modernen Gesellschaften ausgesprochen. Schon Bernard Barber meinte, daß Polanyis Betonung der "disembeddedness" moderner Marktwirtschaft zu Mißverständnissen geführt habe, weil damit eine Eigensteuerung ohne Dazwischentreten institutioneller und politischer

80 Demgegenüber sieht Fernand Braudel bereits zwischen dem 15. und dem 18. Jahrhundert eine Marktwirtschaft in Europa, die er anders als Polanyi einfach an die Tatsache knüpft, daß Märkte in einem bestimmten Gebiet gemeinsame Preisschwankungen aufweisen. Fernand Braudel, Sozialgeschichte des 15.-18. Jahrhunderts, 3 Bde., München 1985-1986 (urspr. frz. 1979).

81 Karl Polanyi, The Great Transformation, Wien 1977 (urspr. engl. 1944), S. 9.

82 Ebd., S. 80 ff.

Prozesse suggeriert worden sei. Tatsächlich jedoch bedeute die Möglichkeit, die moderne Marktwirtschaft als strukturell ausdifferenziert zu interpretieren, nicht gleichzeitig, daß Marktprozesse nicht in den sozialen Kontext eingebettet sind: "market exchange ist no less interdependent with its social environment than are reciprocal and redistributive exchange."[83] Mark Granovetter sieht die Wirtschaft in den modernen Gesellschaften in zweifacher Weise "eingebettet": zum einen in die institutionellen Strukturen und Kulturmuster, zum anderen in die sozialen Netzwerke der Menschen, die sich Tag für Tag aktivierenden und verändernden Beziehungen, die vom Individuum selbst auch mitgestaltet werden. Die Einbettung weist daher "relational aspects" und "structural aspects" auf[84] und bedeutet sowohl die Bestimmung wirtschaftlichen Handelns durch den kulturell-institutionellen Komplex als auch die Einbeziehung individuellen wirtschaftlichen Handelns, das diesen Komplex verändert. Durch die Vernetzung der persönlichen, sozialen und politischen Beziehungen und Handlungen und deren Veränderungen kommt es zu Wandlungen im kulturell-institutionellen Kontext. Granovetter geht so weit, die reale Existenz des "anonymen" Marktes, wie ihn die neoklassischen Modelle konstruiert haben, zu leugnen. Marktprozesse sind Geschäftsbeziehungen und als solche soziale Beziehungen. Die Verfolgung ökonomischer Ziele wird daher begleitet von nicht-ökonomischen Zielen wie Geselligkeit, Anerkennung, Status oder Macht; wirtschaftliches Handeln ist "sozial situiert" und kann nicht durch individuelle Vorteilskalküle allein erklärt werden, und wirtschaftliche Institutionen entstehen nicht automatisch auf Grund externer Umstände, sondern sind "sozial konstruiert".[85] Die Ökonomen weisen den sozialen Aspekten bestenfalls eine marginale, vielleicht eine störende Rolle zu, jedenfalls aber keine zentrale Bedeutung für den Markt. Demgegenüber behauptet Granovetter, "all market processes are amenable to sociological analysis and [...] such analysis reveals central, not peripheral, features of these processes".[86] Die sozialen Aspekte stellen nach Granovetters Ansicht zentrale, nicht nur kontextuelle Elemente des Marktes dar.

83 Bernard Barber, Absolutization of the Market. Some Notes on How we Got from There to Here, in: Gerald Dworkin/G. Bernant/P. G. Brown (eds.), Markets and Morals, Washington-London 1977, S. 27.

84 Mark Granovetter, Economic Action and Social Structure: The Problem of Embeddedness, in: American Journal of Sociology 91/1985, S. 481-510.

85 Mark Granovetter, The Social Construction of Economic Institutions, in: Amitai Etzioni/Paul R. Lawrence (eds.), Socio-Economics, New York-London 1991, S. 75-81, S. 75 ff.

86 Mark Granovetter, Economic Action and Social Structure: The Problem of Embeddedness, in: American Journal of Sociology 91/1985, S. 481-510, S. 505.

Mehrere Ebenen der sozialen Einbettung ökonomischen Handelns, die auch kognitive und politische Strukturen erfassen, unterscheiden Sharon Zukin und Paul DiMaggio[87]: "Cognitive embeddedness" bedeutet, daß die Denkstrukturen die wirtschaftlichen Vorstellungs-, Wahrnehmungs- und Argumentationsmöglichkeiten beschränken. Die Einbettung in die vielfach soziokulturell geformten kognitiven Muster bestimmt die Rationalität ökonomischen Handelns. "Cultural embeddedness" betrifft die Interpretationsmuster, die die Mitglieder einer bestimmten Kultur entwickeln, und die als Glaubens- und Wertsysteme, Ideologien, Vorurteile, Stereotypien und Einstellungen die ökonomischen Strategien und Ziele beeinflussen. Von besonderer Bedeutung sind dabei die obligatorischen Muster, die Normen und Institutionen, die einerseits die ökonomischen Handlungen ermöglichen und formen, andererseits sie beschränken. "Structural embeddedness" bezieht sich auf die Kontextualisierung des wirtschaftlichen Austausches im Rahmen der interpersonalen Beziehungen. "Political embeddedness" meint die Bedeutung, die die vielfältigen Kämpfe um Macht und Einfluß zwischen Wirtschaftssubjekten und außerwirtschaftlichen Akteuren - insbesondere dem Staat und sozialer Klassen - auf die Form und Interpretation ökonomischer Institutionen und Entscheidungen haben, denn "the political context of economic action ist made up of a complex web of interrelations and expectations".[88] Zukin und DiMaggio haben damit ein etwas weiteres "framework" entworfen, das auch kognitive und politische Strukturdifferenzen zu erfassen vermag. Aus der Sicht der neuen Wirtschaftssoziologen beschränkt sich die soziologische Analyse der Wirtschaft nicht auf die "irrationalen", die kulturellen oder institutionellen Aspekte oder auf "intervenierende" soziale Variablen, sondern ist auch für die Kernbereiche dessen, was die angeblich "selbststeuernde" Wirtschaft ausmacht, relevant. Vertrauen, Gemeinschaftsgefühl, Habitusformen und soziale Ungleichheit, Macht und Autorität, kollektive Vorstellungen, Emotionen etc. spielen auch in Markttransaktionen eine zentrale Rolle. Die Folgerung der neuen Wirtschaftssoziologen daraus ist der Anspruch auf die Wirtschaft als legitimes Erkenntnisobjekt der Soziologie und damit das Aufbrechen des Monopols der Ökonomen in bezug auf die Analyse der zentralen wirtschaftlichen Prozesse.

87 Sharon Zukin/Paul DiMaggio (eds.), Structures of Capital. The Social Organization of the Economy, Cambridge 1990, S. 14-23.

88 Ebd., S. 20.

Die Bedeutung sozialer Netzwerke: Dauerhafte Wirtschaftsbeziehungen und Sozialkapital

Den neuen Wirtschaftssoziologen geht es nicht um die traditionelle Frage der Soziologie von Comte über Durkheim bis Luhmann: Wie ist Ordnung der Gesellschaft möglich? sondern um die Koordination des sozialen Lebens, die aktive Gestaltung anstelle einer mehr oder weniger sich selbst regelnden Ordnung. In Form von "Markt", "Hierarchie" und "Netzwerken"[89] werden durch das Verfolgen von Zwecken der Versorgung, des Tausches und des Erwerbs die sozialen Beziehungen und die gesellschaftlichen Strukturen und Prozesse gebildet und verändert. Die dem Markt zugeschriebenen typischen sozialen Beziehungen sind die zwischen Anbietern und Nachfragern einerseits, die der Konkurrenz auf jeder der beiden Seiten des Marktes andererseits. Die Marktbeziehung kann als eine "Aspektstruktur" sozialer Beziehungen aufgefaßt werden, d. h. der Aspekt der "wirtschaftlichen" Transaktionen wird hervorgehoben, löst aber nicht die Verbindungen anderer Art und zu anderen Personen. Die Reziprozität sozialer Beziehungen, die den "single act" an vergangene und zukünftige Handlungen der Akteure bindet, bezieht auch die Geschäftsaktivität in den Fluß der sozialen Prozesse mit ein. In der Wirklichkeit der sozialen Welt sind Austausch- und Konkurrenzbeziehungen in Interaktionen und Kommunikationen der Individuen verwoben. Die Ökonomie berücksichtigt aber nicht die Existenz von dauerhaften Beziehungen, sondern stellt auf die in jedem Zeitpunkt bestehende Summe der einzelnen Markttransaktionen ab. Marktaktivitäten sind nicht nur durch die Präferenzen hinsichtlich der Güter und Leistungen bestimmt, sondern durch Merkmale, die aus den Beziehungen selbst resultieren: Verpflichtung, Verantwortung, Vertrauen, Mitleid, Snob-Appeal etc. Diese Beziehungsmerkmale verknüpfen die sozialen, persönlichen und wirtschaftlichen Handlungen der Menschen miteinander. Für die neuen Wirtschaftssoziologen sind Marktprozesse Geschäftsbeziehungen und damit gleichzeitig auch soziale Beziehungen. In den Interaktionen gehen Geschäft und Gesellschaft ineinander über, aus "sozialen" Kontakten werden Geschäftsbeziehungen und umgekehrt. Dies gilt besonders im Falle "der Wirtschaft", also der ökonomischen Elite, und auch der Beziehungen zwischen dieser und den politischen und kulturellen Eliten: Man trifft einander sonntags beim Tennis oder Golf, besucht Empfänge, Arbeitsessen, Konferenzen u. a. und "macht" dabei auch "Wirtschaft". Natürlich beschränken sich die sozialen Beziehungen nicht auf das Spitzenmanagement, sondern entwickeln sich

89 Vgl. dazu: Grahame Thompson et al. (eds.), Markets, Hierarchies and Networks. The Coordination of Social Life, London u. a. 1991.

überall dort, wo es zu Transaktionen und in deren Verlauf auch zu persönlichen Kontakten kommt. Bei Firmeneinkäufern machen sich etwa Vorlieben für bestimmte Lieferanten geltend, wofür nicht nur die Vermeidung von Informations- und Suchkosten verantwortlich ist, sondern mehr noch Gewohnheit, persönliche emotionale Beziehungen und Vertrauen. "Geschenktausch", Höflichkeitsrituale, Sympathie oder Bevorzugung etwa auf Grund gemeinsamer Bekannter oder gemeinsamer Herkunft aus einer bestimmten Gegend oder gemeinsamen Schulbesuchs; all das überlagert und durchzieht die "wirtschaftlichen" Erwägungen. Auch Wirtschaftsbeziehungen sind daher Ungleichheitsbeziehungen, die durch Bedingungen außerhalb des eigentlichen Tauschaktes "vorbelastet" sind.

Für "soziale" Situationen gilt, daß Menschen miteinander interagieren und kommunizieren und ihr zweckhaftes Handeln sowohl in bezug auf ihre eigenen Ziele als auch die Positionen der anderen einem wechselseitigen Interpretationsprozeß unterliegen. Die Ungewißheit auf Grund der doppelten Kontingenz, der wechselseitigen Abhängigkeit der Akteure voneinander, wird nicht nur durch Tradition, Routine und Normen reduziert, sondern auch durch strukturelle Bedingungen wie soziale Netzwerke, organisationale Strukturen und Pfadabhängigkeit (vergangene Entscheidungen prädisponieren gegenwärtige bzw. künftige) und durch Macht und situationsbezogene Deutungen.[90] In Wirtschaftsbeziehungen vermischen sich individuelles zweckrationales Handeln und gemeinschaftsorientiertes Verhalten. Sowohl die individuellen Zwecke als auch die Aufrechterhaltung der Beziehung spielen bei allen länger dauernden Verbindungen eine große Rolle. Während unter der Perspektive des" spezifischen Austauschs" die Funktion desselben weitgehend durch die individuellen Zwecke bestimmt erscheint, ist die Funktion des "generalisierten Austauschs" auf die Aufrechterhaltung der Beziehung selbst gerichtet. Der generalisierte Austausch ist wichtig für den Aufbau und die Erhaltung von Vertrauen und Solidarität in der Gesellschaft bzw. zwischen den Individuen und wirkt als Sicherungsmechanismus angesichts der Risiken und Ungewißheiten der Marktsituation. Die Institutionalisierung verallgemeinerter Austauschstrukturen involviert in hohem Maße vertikale Machtbeziehungen, was wiederum die Suche nach Vertrauen und Solidarität verstärkt. Diese führt zur Einbeziehung von zwischenmenschlichen Bindungen wie Freundschaft, rituelle oder symbolische Verwandtschaftsbeziehungen oder Pseudo-Verwandtschafts- bzw. Klientelbeziehungen. Samuel Noah Eisenstadt

90 Jens Beckert, Was ist soziologisch an der Wirtschaftssoziologie? Ungewißheit und die Einbettung wirtschaftlichen Handelns, in: Zeitschrift für Soziologie 25/1996, S. 125-146.

und L. Roniger[91] halten letztere zwar für typisch vor allem für traditionale Gesellschaften, sie finden sich aber auch in modernen Gesellschaften. Meist wirken sich die sozialen Beziehungen in Konfliktfällen günstig aus, sie können aber ihrerseits zu Problemen in den Geschäftsbeziehungen führen, erhöhen sie doch ganz beträchtlich die Komplexität der Entscheidungen. Besonders wenn es zu Diskrepanzen zwischen persönlicher Loyalität und Geschäftsinteresse bzw. organisatorischen Rollenerwartungen kommt, entstehen schwierige Entscheidungs- und Konfliktsituationen. Während diese Aspekte im "Westen" lange unbeachtet blieben, obwohl sie gleichzeitig allseits bekannt sind und im Geschäftsverkehr auch entsprechende Erwartungen begründet haben, sind sie in anderen Kulturen durchaus offen anerkannte Bestandteile der Geschäftsabwicklung. Das Bestehen auf "rein geschäftlichen" Beziehungen behindert daher oft den Erfolg des westlichen Geschäftspartners.[92] In vielen nicht-westlichen Ländern sind je nach den kulturellen Gepflogenheiten differierende soziale Rituale, Praktiken und Erwartungen mit dem Geschäftsverkehr verbunden. Sie zu kennen und damit die sozialen Spielregeln zu beherrschen, ist oft ausschlaggebend für Geschäfttransaktionen und dauerhafte Beziehungen.

Sozialstrukturelle Analysen von Märkten betrachten diese als Netzwerke sozialer Beziehungen zwischen Marktteilnehmern, zwischen Konkurrenten, Lieferanten und Kunden, unter Berücksichtigung von Aktivitäten des Staates, der Verbände, Gemeinden und anderer Kollektivitäten. Die Netze differieren nach bestimmten Merkmalen des Produkts, der Produktionsweise und der beteiligten Betriebe und ihrer Kunden. Sie beruhen nicht nur auf ephemeren Kontakten, sondern stellen in vielen Fällen dauerhafte, stabile Beziehungen zwischen Firmen dar. Es ist ein temporär geschlossenes Netzwerk, Konkurrenz gibt es als Umweltbedingung, aber nicht als primäres Kriterium im Netz. Wenn der Kostenvoranschlag des einen Betriebes im Vergleich zu anderen Offerten zu hoch ausfällt, wird der Kunde dennoch die große "Kooperationsfähigkeit" und Funktionstüchtigkeit des ganzen "Teams" mit veranschlagen müssen. Harrison C. White stellt daher der Vorstellung der Ökonomen vom "volatilen" Markt das Konzept relativ stabiler sozialer Beziehungen in Netzwerken gegenüber. Das Hauptaugenmerk der Firmen gilt seiner Auffassung zufolge

91 Samuel Noah Eisenstadt/L. Roniger, Patrons, Clients and Friends. Interpersonal Relation and the Structure of Trust in Society, Cambridge 1984, S. 33 ff.; siehe auch: Peter P. Ekeh, Social Exchange Theory. The Two Traditions, Cambridge 1964.

92 Vgl. etwa: Edward T. Hall/Mildred Reed Hall, Hidden Differences. Doing Business with the Japanese, New York 1987. Zwar wird die Betonung kultureller Unterschiede derzeit von Japans Sozialwissenschaftern als überholt betrachtet, was diese aber keineswegs beseitigt.

weniger der Preis- oder Qualitätskonkurrenz, sondern der Position im Markt und der Kooperation im Netzwerk. Jeder Betrieb definiert seine Position relativ zu den Positionen der anderen Produzenten im Markt. Der eine ist bekannt für hohe Qualität, der andere für ganz spezielle Einsatzzwecke des Produkts, wieder ein anderer für breite Anwendungsmöglichkeiten etc. So gibt es z. B. nicht den Markt für Gummireifen, sondern Märkte für die verschiedensten Produzentenspezialitäten, wie schon die Ökonomen Chamberlin und Sraffa gezeigt haben. "Markt", Betrieb und Produkt verändern sich in Abhängigkeit voneinander; der einzelne Betrieb paßt sich nicht autonom und isoliert an technische Veränderungen und Marktwandel an, sondern als Teil eines Netzwerks. Märkte für bestimmte Produkte sind daher Aspekte von allgemeinen sozialen Netzwerken. White hat sich insbesondere mit den Produktionsgütermärkten befaßt, die er als Rollenstrukturen auffaßt. Sie sind seiner Auffassung zufolge nicht bestimmt durch eine Menge von Käufern bzw. Verkäufern, die Spekulationen über eine amorphe "Nachfrage" anstellen, sondern durch die gegenseitigen Beobachtungen und Erwartungen der konkurrierenden Produzenten: "Instead of a unique equilibration of supply and demand, or devious schemings by speculators in psychology and taste, we see a historically shaped structure of roles among a stable set of producer firms [...]."[93] Produzenten sind in seiner Sicht eine miteinander verknüpfte Clique, die Geschäfte mit Käufern machen, die ihrerseits eine unterschiedene, aber ebenfalls aggregierte Clique darstellen. Jeder Produzent richtet sich nach den tatsächlichen Erfolgen anderer Produzenten, nicht nach Spekulationen über die Reaktionen der Käufer auf seine Handlungen. Der Markt bildet sich als eine Struktur von Rollen mit einer differenzierten Sparte für jeden Betrieb. "Markets are self-reproducing social structures among specific cliques of firms and other actors who evolve roles from observation of each other's behavior."[94] Der Produktmarkt ist ein besonderer Fall der sozialen Formation, oder "interface", also einer gemeinsamen Situation, in der sich die Teilnehmer durch ihre Handlungen vergleichen und relative Positionen beziehen. Die ökonomische Analyse wird als ein Spezialfall der allgemeinen Analyse der sozialen Struktur betrachtet. Dabei handelt es sich allerdings um einen Begriff von Sozialstruktur, der nicht auf Einstellungs-, Denk- oder Verhaltensmustern gründet, sondern als "soziale Formation" verstanden wird, die aktiv von einzelnen Akteuren in ihrem Zusammenwirken gebildet wird und eine neue gemeinsame Identität entste-

93 Harrison C. White, Where Do Markets Come From? in: American Journal of Sociology 87/1981, S. 517-547, S. 526.

94 Ebd., S. 518.

hen läßt.[95] Die Akteure, mit deren Beziehungen sich die neue Wirtschaftssoziologie befaßt, sind in erster Linie Unternehmen. Die sozialen Aspekte der "interfirm relations" sind, anders als die sozialen Beziehungen innerhalb der Organisationen, kaum erforscht. Während in der Soziologie dem Konsumverhalten, dem Verhalten in der Organisation und dem Arbeitshandeln relativ viel Augenmerk zugewendet wurde, sind die eigentlichen Marktbeziehungen und das Managerverhalten im zwischenbetrieblichen Bereich, bisher wenig beachtet worden. Diesem gilt nunmehr ein Hauptaugenmerk der "neuen" Wirtschaftssoziologen. Die ökonomische Unternehmenstheorie interpretiert die Organisation als Entscheidungsalternative zum Markt.[96]

Aber auch die Organisation der Unternehmen ist kein Bereich, der fein säuberlich von den externen Märkten abgeschottet ist. Arbeitsmarktforscher haben das Unternehmen als Struktur interner Arbeitsmärkte gesehen, und Organisationsstrukturen von Unternehmen zeigen, daß diese aus mitunter mit großer Autonomie ausgestatteten Teilbereichen (z. B. "profit-centers") bestehen. "Preis" einerseits und "Autorität" andererseits sind die Entscheidungsvariablen, wobei Preise aber nicht als Ergebnisse des Marktes, sondern von Interaktionsprozessen gedeutet werden: "[...] prices are not something offered up by a reified market; rather, they are constructed by the actors involved in both intrafirm and interfirm transactions."[97] Robert F. Eccles und Harrison C. White zeigen, daß Transaktionen innerhalb eines Unternehmens wie zwischen Unternehmen durch die kombinierten Effekte von Preis- und Autoritätsmechanismen bestimmt werden. Die internen Transaktionskosten können durchaus höher sein als die externen. Sie entstehen durch "structural dilemmas" und äußern sich in Konflikten oder unterdurchschnittlichen Ergebnissen. Damit argumentierten die Autoren gegen die Auffassung, daß es nur auf dem Markt Transaktionskosten gäbe.

Ins Zentrum des ökonomischen Herrschaftsbereichs wagte sich Wayne E. Baker[98] mit einer empirischen Untersuchung des Verhaltens von zwei Gruppen von Börsen-

95 Harrison C. White, Markets in Production Networks, in: Richard Swedberg (ed.), Explorations in Economic Sociology, New York 1993, S. 165.

96 Peter Doeringer/Michael Piore, Internal Labour Markets and Manpower Analysis, Lexington-Mass. 1971; Oliver E. Williamson, Markets and Hirarchies. Analysis and Antitrust Implications, New York-London 1975.

97 Robert F. Eccles/Harrison C. White, Price and Authority in Inter-Profit Center Transaction, in: American Journal of Sociology 5/1994, S. 17-51, S. 19.

98 Wayne E. Baker, The Social Structure of a National Securities Market, in: American Journal of Sociology 89/1984, S. 775-811.

maklern an einer großen Börse. Er versuchte zu zeigen, daß die mikroökonomische Annahme, wonach der Markt mit wachsender Zahl der Teilnehmer wettbewerbsintensiver und ausgeglichener werde, nicht stimmt, sondern daß die Relation zwischen Marktgröße und -funktion einen kurvilinearen Verlauf aufweist; ab einer bestimmten Größe wird das Verhalten der Marktteilnehmer weniger wettbewerbsorientiert, dafür aber kooperativer, es kommt zu Preisabsprachen. Soziale Beziehungen zwischen Börsenmaklern beeinflussen überdies die Preisbildung in einem Ausmaß, das für die Käufer und Verkäufer von Wertpapieren bedeutende Konsequenzen hat. Auch Baker hob daher die Zentralität der sozialen Beziehungen für die wirtschaftliche Transaktion hervor. Charles W. Smith unternahm eine alternative Sicht der Auktionen und fand, daß die Teilnehmer an Auktionen keinesfalls klar definierte Präferenzen haben, wie dies die ökonomische Theorie der Auktionen nach Walras annimmt. Der Preis erwies sich von sekundärer Bedeutung gegenüber sozialer Anerkennung und sozialen Ranginteressen, die sich im Verhalten der Auktionsteilnehmer niederschlugen. Die Preisvorstellungen waren den Untersuchungen von Smith zufolge durch Vorstellungen eines "legitimen Preises" bestimmt. Die Teilnehmer von Auktionen weisen einander Rollen zu und verfolgen kooperative Strategien; die Situation ist überdies durch starke Emotionen geprägt. "In summary, auctions are not so much a paradigm for the exchange of material goods among rational, knowing, self-interested actors as they are for a collective, highly emotional, groping process of assigning values and attributes to material goods."[99] Soziale Position und Selbstbestätigungsmotive, Insider-Outsider-Stellung, Reputation und Statusansprüche sind die eigentlich wichtigen Dinge, die die Handlungen bestimmen, und auch Vorstellungen über Fairness und Angemessenheit in bezug auf Preise und Transaktionsmodalitäten und Teilnehmerberechtigung spielen eine große Rolle.

Die Tatsache, daß soziale Beziehungen Vorteile auch in wirtschaftlicher Hinsicht darstellen, wird mit dem Begriff des Sozialkapitals bezeichnet. Kontakte zu Personen in einflußreichen Positionen, "funktionierende" persönliche Beziehungen, aber auch Netzwerke von sozialen Beziehungen selbst stellen soziales Kapital dar in dem Sinn, daß sein Einsatz den wirtschaftlichen Erfolg mitbestimmt. James Coleman hat die Bedeutung von "social capital" in bezug auf die Arbeitsmarkt- und Berufschancen betont und zwischen Verpflichtungen und Erwartungen, Informati-

99 Charles W. Smith, Auctions: From Walras to the Real World, in: Richard Swedberg (ed.), Explorations in Economic Sociology, New York 1993, S. 176-192, S. 184.

onskanälen und sozialen Normen unterschieden.[100] Ronald S. Burt sieht Sozialstruktur als "a network of contacts in the (competitive) arena".[101] Sie kann die Konkurrenz in einem Markt unvollkommen machen, weil bestimmte Positionen oder Beziehungen in den sozialen Netzwerken relative Vorteile für einige Teilnehmer darstellen können. Burt sieht seinen "competitor" mit drei Arten von Kapital ausgestattet: Finanzkapital, Humankapital und soziales Kapital, das in den Beziehungen zu anderen sowohl innerhalb der Firma als auch außerhalb derselben besteht. Beziehungen und Kontakte vermitteln Chancen für den Einsatz von Finanz- und Humankapital. Dieses soziale Kapital einzelner Mitglieder aggregiert sich in dem Unternehmen als das Sozialkapital der Firma, wobei es in bestimmten Branchen mehr, in anderen weniger Einfluß auf den Unternehmenserfolg haben kann. Überall jedoch ist es wichtig, und in einigen Bereichen wie Werbung und Finanzberatung gibt es eigene Berufs- und Funktionsgruppen, deren Aufgabe es ist, ihr soziales Kapital einzusetzen. Soziales Kapital ist für Burt der entscheidende Faktor für den Erfolg, weil es direkt darauf abzielt, den Markt unvollkommen zu machen, also Wettbewerbsvorteile zu erringen: "Players with well-structured networks obtain higher rates of return."[102] Die Gründe dafür sind bessere oder mehr Informationen durch ausgedehntere Kontakte, die aber eine bestimmte Qualität, ein bestimmtes Ausmaß und eine Ordnung besitzen müssen, um wirklich effizient zu sein. Nicht nur die Anzahl der Kontakte, sondern auch die "Qualität" der Beziehungen (starke gegenseitige Beziehungen, i. e. "strong ties") sind wichtig in bezug auf den Zugang zu nützlichen Informationen. Erwartungen und Verpflichtungen sind stärker in "strong-tie"-Netzen, während es sich in bezug auf Informationsbeschaffung empfiehlt, die Beziehungen zu diversifizieren, was in der Regel durch "weak ties"[103] bewerkstelligt wird. Die Aufnahme von "weak tie"-Kontakten hat jedoch wieder Folgen für die Geltung und Sicherheit in bezug auf die Verpflichtungen und Erwartungen in den Gruppen. Dieses Problem taucht allerdings vor allem dann auf, wenn nicht nur reine "interfirm relations" berücksichtigt werden, sondern auch außerbetriebliche Vernetzungen der Individuen. Während durch soziale Kohäsion und Äquivalenz der Beziehungen starke Bindungen in dichten Netzen entstehen, liegen dazwischen "strukturelle Löcher".[104] Durch gelegentliche Kontakte zwi-

100 James S. Coleman, Social Capital in the Creation of Human Capital, in: American Journal of Sociology 94/1988, S. 95-120.

101 Ronald S. Burt, Structural Holes, Cambridge-Mass. 1992, S. 65.

102 Ebd., S. 70.

103 Mark Granovetter, The Strength of Weak Ties, in: American Journal of Sociology 81/1973, S. 1287-1303.

104 Ronald S. Burt, Structural Holes, op. cit.

schen den in mehreren "dichten Netzen" involvierten Personen können Informationen ausgetauscht werden. Gerade diese "weak ties" ermöglichen den Erwerb und die Diffusion von neuen Informationen. Die Marktteilnehmer gewinnen Vorteile in bezug auf Kontrolle und Macht im Markt durch die aktive Handhabung und den gezielten Einsatz der Beziehungen, so daß diese als ein wichtiger Aktivposten erscheinen, um den nun seinerseits Wettbewerb entsteht: "The social structure of competition is not about the structure of competitive players. It is about the social structure of the relations for which players compete."[105] Burts Begriff des Sozialkapitals bezieht sich ausschließlich auf Geschäftsbeziehungen, für Coleman hingegen ist soziales Kapital eine umfassende Ausstattung der Person mit direkten und indirekten "advantages" und "disadvantages", so daß ein harmonisches Familienleben mit "strong ties" ebenfalls miteinbezogen wird. Sozialkapital hat dann ganz allgemein die Funktion, Handlungen des Akteurs zu erleichtern; es ist eine Ressource für Personen im Hinblick auf Ziele, sowohl in Geschäftsbeziehungen, als auch in anderen sozialen Beziehungen und persönlichen Konstellationen etwa bei der Verwertung von Humankapital.

Ein mit dem Begriff des Sozialkapitals eng verbundenes Phänomen, das gegenwärtig viel Aufmerksamkeit erlangt[106], ist das Vertrauen in Wirtschaftsbeziehungen. Für die Soziologie besteht das Problem des Vertrauens in bezug auf die Erfüllung von Rollenerwartungen als notwendiger Bestandteil aller dauerhaften sozialen Beziehungen. Während das Vertrauen in den Beziehungen etwa zwischen Mutter und Kind grundlegend ist, bedarf es hingegen einer Entscheidung, ob der "trustor" dem "trustee" Vertrauen entgegenbringen soll, wenn es sich um Geschäftsbeziehungen handelt. Dies sind durchaus rationale Überlegungen, die Vor- und Nachteile, Kosten und Nutzen und Wahrscheinlichkeiten einkalkulieren müssen. Sie können auch durchaus als Nutzenerwägungen unter Risikobedingungen definiert werden.[107] Vertrauensbeziehungen involvieren Entscheidungen im Rahmen einer Marktstruktur, wenn mehrere mögliche Partner um den "Vertrauenszuschlag" konkurrieren. Zwischen Vertrauen, den sozialen Normen und der Geltung von Verpflichtungen gibt es Zusammenhänge; bei "strong ties" sind obligatorische Ver-

105 Ebd., S. 97.

106 Siehe etwa: Bernard Barber, The Logic and Limits of Trust, New Brunswick 1988; Diego Gambetta (ed.), Trust: Making and Breaking of Cooperative Relations, Oxford 1988; Adam B. Seligman, The Problem of Trust, Princeton-New York 1997.

107 James S. Coleman, Foundations of Social Theory, Cambridge-Mass.-London 1991, S. 91-116 und S. 175-196.

pflichtungen intensiv und werden streng sanktioniert, d. h. die Kosten, Vertrauen zu enttäuschen, sind hoch. Das wirkt sich auch auf Geschäftschancen aus und wird dadurch verstärkt, daß Berufsgruppen sich eigene disziplinäre Bestimmungen geben, um das Image und den Vertrauens"vorschuß" des Berufsstandes oder der Branche in der Gesellschaft zu stärken. Hervorzuheben ist auch die Besonderheit der "mutual-trust"-Beziehung, die sich in "do-ut-des"-Gegenseitigkeit oder in der Praxis des "overpaying", des Übertreffens des anderen durch die Gegenleistung in der Erwartung zukünftigen "Verpflichtungskredits", äußern kann. So entstehen ganze Systeme von Vertrauensbeziehungen, die noch durch die Existenz von Mittlern zwischen Vertrauensgebern und -nehmern an Komplexität gewinnen (Makler, Banken, Notare, Heiratsvermittler etc.). Auch die bestens bekannte Figur des Bürgen, die in traditionellen Sozialbeziehungen eine viel umfangreichere Bedeutung hatte als in dem eingeschränkten Sinn des Bürgen bei einem Kredit, bringt eine strukturelle Variation in Vertrauensnetze. Besonders wichtig ist natürlich der Unterschied zwischen natürlichen Personen und "corporate actors" in bezug auf Vertrauen, sowie die Zusammenhänge zwischen Informationsnetzwerken und -flüssen und der Entstehung und Erhaltung von Vertrauen. Die "Zuteilung" von Vertrauen oder Mißtrauen ist keine "Alles-oder-Nichts-Entscheidung", sondern Resultat eines Prozesses der gegenseitigen Verhandlung und der länger- und kürzerfristigen Prozesse des Vertrauensaufbaus. Vertrauen involviert daher die Interpretation der gemeinsamen Vergangenheit, etwa der Firmengeschichten, der Erfolgsbiographien von Unternehmern, der "Unternehmenskultur" etc. Der Geschäftserfolg kann vom Vertrauen abhängen, das durch das "soziale" Image und den "guten Ruf" des Unternehmens aufgebaut wurde, was besonders in Situationen starker Konkurrenz von Bedeutung ist. Auch Loyalität und die Vorstellungen von "Fairness" spielen eine große Rolle in bezug auf Vertrauen in sozialen Beziehungen und mithin in Wirtschaftsbeziehungen. Charles Sabel verweist, im Gegensatz zur oft genannten Differenzierung in das typisch "vormoderne", auf Glauben beruhende, und das moderne funktionale Vertrauen, auf die Bedeutung der Gegenseitigkeit als Grundprinzip und Voraussetzung der sozialen Beziehungen[108] und äußert Kritik an der neoklassischen Definition von Vertrauen als reines Kalkül aus der Sicht des jeweiligen Akteurs; er betont die konstitutive Bedeutung von Vertrauen in bezug auf das soziale Leben allgemein und für den Aufbau kooperativer Beziehungen. Vertrauen ist daher besonders im gesellschaftlichen Veränderungsprozeß von Bedeutung, besonders

108 Charles F. Sabel, Studied Trust: Building New Forms of Cooperation in a Volatile Economy, in: Richard Swedberg (ed.), Explorations in Economic Sociology, New York 1993, S. 104-144.

dann, wenn es zur Transformation des Wirtschafts- und Gesellschaftssystems kommt.

Kooperation ist neben Konkurrenz ein strukturelles Merkmal von Wirtschaftsbeziehungen. Beide können als alternative Strategien der Vorteilserringung angesehen werden; das zeigt sich an den Kartellen und Absprachen, die den Wettbewerb mindern oder umgehen sollen und auch an den Firmenkonzentrationen und -übernahmen, die zwar nicht immer "kooperativ" vor sich gehen, aber jedenfalls im Endeffekt eine Reduktion der Konkurrenz darstellen. Auch Firmenverflechtungen in finanzieller und personeller Hinsicht stellen Beziehungsnetze zwischen Unternehmungen dar, die den Markt vorordnen. In allen diesen Fällen wird "Kooperation" als Gegenbegriff zu Konkurrenz primär auf Macht und Streben nach Vorteil gerichtet und als Marktstrategie verstanden. Es gibt jedoch auch eine andere Bedeutung von Kooperation, die eine gegenseitige Unterstützung zum gemeinsamen Besten impliziert. Ihr Grundprinzip ist das der Reziprozität und der wechselseitigen Ergänzung. In diesem Sinn hatte schon Kropotkin das Prinzip der Kooperation dem Konkurrenzdenken der liberalistischen Wirtschaft gegenübergestellt.[109] In ausgeprägterer Form finden wir Kooperationsbeziehungen im Rahmen der Sozialhilfe-Netzwerke, da die Grenzen zwischen den Familien- und Nachbarschaftsbeziehungen und kleinbetrieblichen Wirtschaftsstrukturen insbesondere in unterentwickelten Regionen schwer zu ziehen sind.[110] Aber kooperative Formen von Zusammenarbeit finden sich auch zwischen Betrieben, oft vermischt mit Konkurrenzbeziehungen. Sie zeigen sich deutlicher als bei Großbetrieben im Bereich der Klein- und Mittelbetriebe.[111] Ihre wirtschaftlich rationale Begründung haben diese Beziehungen entweder im Sinne funktionaler Ergänzungen (z. B. Bau- und Bauhilfsgewerbe) oder im Sinne des partiellen Zusammenschlusses zur gemeinsamen Nutzung teurer Technologien, Maschinen oder des Zugangs zu Informationen im Verkehr mit Gebietskörperschaften, Verbänden oder Behörden. Die "small firm networks" haben im An-

109 Die Dominanz des Konkurrenzdenkens in der Wirtschaft wurde durch den Anarchisten Graf Kropotkin kritisiert, der die Bedeutung der gegenseitigen Hilfe in allen sozialen Gemeinschaften und Beziehungen hervorhob, um der sozialdarwinistischen Begründung des ökonomischen Wettbewerbs zu begegnen. In jüngerer Zeit betonte etwa Richard M. Titmuss die Notwendigkeit reziprozitärer Beziehungen in modernen Gesellschaften. Richard M. Titmuss, The Gift Relationship, New York 1971.

110 Vgl. hierzu insbes.: Enzo Mingione, Fragmented Societies. A Sociology of Economic Life Beyond the Market Paradigm, Oxford u. a. 1991.

111 Siehe: Charles Perrow, Small Firm Networks, in: Richard Swedberg (ed.), Explorations in Economic Sociology, New York 1993, S. 377-402; Gernot Grabher (ed.), The Embedded Firm, London-New York 1993.

schluß an Michael J. Piores und Charles F. Sabels Vision[112] vom Ende der Massenproduktion und dem Auftauchen von erfolgreichen, mit neuester Technologie arbeitenden Klein- und Mittelbetrieben, für die sie Beispiele aus der Textil- und Möbelindustrie Norditaliens brachten, große Aufmerksamkeit auf sich gezogen. Mit der "flexible specialization" brach auch die Dualität von wachstumsorientierten effizient arbeitenden Großbetrieben und traditionellen ineffizienten Klein- und Mittelbetrieben auf, sowie das Muster vom dominanten Großbetrieb und dem abhängigen Kleinbetrieb als Zulieferer und Konjunkturpuffer. "Nondependent subcontracting", also Zulieferverträge ohne Abhängigkeiten, und Zusammenarbeitsstrukturen zwischen Klein- und Mittelbetrieben wurden vor allem im Textilsektor, im Nahrungsmittelsektor, in der Metallwarenerzeugung, der Elektronik, Keramik, Möbelindustrie, der Motorradproduktion etc., also vor allem im Konsumgütersektor, "entdeckt". Die Kombination von geringer Größe und Netzwerkbeziehungen ermöglicht größere Flexibilität und Synergieeffekte durch die bessere Ausnutzung von Informationen, technologischem Know-how und in bezug auf Humanressourcen. Mitunter umfassen die Netzwerke den ganzen Prozeß vom Erzeuger bis zum Konsumenten wie die "value-adding partnership", von der Johnston und Lawrence[113] anhand eines Beispiels aus dem Pharmakahandel berichten, wo Strukturen der Zusammenarbeit zwischen Großhändlern und Apotheken schon lange bestehen und sich auf Buchführung, Finanzierung und Beratungsleistungen erweiterten. Edward H. Lorenz[114] konstatierte eine bemerkenswerte Leistungs- und Erfolgsverbesserung in französischen Maschinenbaubetrieben von kleiner und mittlerer Größenordnung, die mit anderen Firmen in bezug auf Standardoperationen zusammenarbeiteten. Zulieferbeziehungen verwandelten sich in strukturelle Dezentralisierung der Produktion. Manchmal entstanden solche Netze im Gefolge der Einführung der neuen Computertechnologien, in vielen Fällen aber kam es zu Kooperationen auch ohne diesen Anstoß durch die Technologie. Die Bindungen können durch Kapital-, Finanzierungs- und Personalverflechtungen, aber auch durch Autorität, Vertrauen und Loyalität verstärkt sein.

112 Michael J. Piore/Charles F. Sabel, The Second Industrial Divide. Possibilities for Prosperity, New York 1984.

113 Russell Johnston/Paul R. Lawrence, Beyond Vertival Integration - The Rise of the Value-Adding Partnership, in: Grahame Thompson et al. (eds.), Markets, Hierarchies and Networks, London u. a., S. 193-202.

114 Edward H. Lorenz, Neither Friends Nor Strangers. Informal Networks of Subcontracting in French Industry, in: Grahame Thompson et al. (eds.), op. cit., S. 183-192.

Während der Transaktionskostenansatz von inhaltlich definierten Verhaltensannahmen ausgeht und die Entscheidungen der einzelnen Organisationen, Funktionen zu integrieren oder auszugliedern zum Ziel hat, betont der Netzwerkansatz Merkmale von Beziehungen wie Interdependenz, Reziprozität und Dominanz. Der Netzwerkbegriff ist in der neuen Wirtschaftssoziologie weit verbreitet. Er hat sehr unterschiedliche Bedeutungen und Verwendungen, je nachdem welche Strukturen damit abgebildet werden sollen: persönliche Beziehungen, Verwandtschaftsstrukturen, Rollen- bzw. Funktionsbeziehungen oder Informationsstrukturen. Netzwerke stehen für Solidaritäts- und Reziprozitätsbeziehungen, Rollenstrukturen oder Informationsflüsse und Reduktion von Marktkonkurrenz. Wie Walter W. Powell und Laurel Smith-Doerr[115] aufzeigen, können Netzwerke sowohl als analytische Instrumente als auch als Strategien der Kontrolle behandelt werden. Sie unterscheiden Informationsnetze, die Aufschluß geben über den Zugang zu und den Fluß von Informationen, Machtstrukturen etwa durch Kapitalverflechtungen oder organisatorische Integration, Vertragsbeziehungen und Produktionsnetze, die den Zusammenhang von vor- und nachgelagerten Produzenten wiedergeben. Allerdings sind die Netzwerke als analytisches Instrument nur dann praktikabel, wenn jeweils klar definiert wird, welche Merkmale den Positionen und Beziehungen zugeordnet werden.

Kultursoziologie der Waren und des Geldes

In der Gegenwart entstand ein neues Interesse an "Kultur"[116], wobei der Kulturbegriff aber im Gegensatz zu früher üblichen Auffassungen eine bedeutsame Veränderung erfahren hat. Pierre Bourdieu[117] begriff Kultur als soziale Praxis, in der sich materielle und immaterielle Aspekte, traditionale und dynamische Elemente aktiv vermengen, um "strukturierende Strukturen" hervorzubringen. Kultur hat man nicht einfach, sondern sie wird ständig auf dem Boden des Vorgefundenen gemacht, verändert und gestaltet. Der Kulturbegriff hat sich gewandelt von einem auf Tradition und Statik hin orientierten Verständnis zu dem, was Robert Wuthnow

115 Walter W. Powell/Laurel Smith-Doerr, Networks and Economic Life, in: Neil J. Smelser/Richard Swedberg (eds.), The Handbook of Economic Sociology, Princeton-New York 1994, S. 368-402.

116 Heinz Bude spricht von der "Kulturbedeutung der Kultur", in: Heinz Bude, Kultur als Problem, in: Merkur 49/1995, S. 775-782. Die Literatur dazu ist kaum mehr zu überblicken. Ich erwähne hier nur selektiv: Diana Crane (ed.), The Sociology of Culture, Oxford-Cambridge 1994.

117 Pierre Bourdieu, Entwurf einer Theorie der Praxis, Frankfurt/Main 1976 (urspr. frz. 1972).

"cultural production perspective"[118] nennt. Dadurch kam es auch zu einem Wandel im Verständnis des Verhältnisses von Wirtschaft und Kultur. Der Begriff "Wirtschaftskultur" verweist nicht mehr auf die Rolle von Religion, Bräuchen und Institutionen in bezug auf Wirtschaftsgesinnung, Wirtschaftsethik oder Praktiken des Wirtschaftens, sondern auf die fortwährende symbolisch-kommunikative Konstitution von "Wirtschaft", "Markt" oder "Geld". Robert Holton hat versucht, eine "culture-inclusive economic sociology" zu skizzieren. Er definiert die Wirtschaft selbst als Kultur, geht dabei aber über die Kulturbedeutung, die Weber an der Wirtschaft interessierte, hinaus. "All economic practices, whether they be linked with contract, efficiency, the firm or the consumer, have a cultural dimension to them in that they all depend on questions of meaning and action based on agreements to or expectations about meaning."[119] Kultur wird solerchart notwendig in allen Handlungen und Prozessen des Wirtschaftens mitproduziert, weil sie Kommunikation, Aushandeln und Interpretation involvieren. "Der Markt" als Prototyp des Ökonomischen kann als Ergebnis eines kulturellen Prozesses interpretiert werden und ist andererseits auch Auslöser kultureller Entwicklungen. "To speak of 'the culture of the market', then, is not to assume that culture is merely a reflection of autonomous economic factors, or to suppose that the market is always associated with the same cultural forms, independent of time, place, tradition, or human volition."[120] Der Markt produziert keine einheitliche "Marktkultur", sehr wohl aber Prozesse der Interaktion, Interpretation und der symbolisch-kommunikativen Konstruktion von Wirklichkeit. Die relativ stabile Vorstellung einer "kapitalistischen Kultur"[121] ist einer sich ständig selbst umformenden, reflexiven und vielgestaltigen Wirklichkeitskonstitution gewichen. Darin mag sich auch die "Entwicklung von einer materiell-technisch orientierten Ökonomie zu einer symbolisch-kulturellen Ökonomie" reflektieren, wie sie Peter Koslowski wahrnimmt.[122]

Der Aufstieg der neuen Kultursoziologie, die Forschungen der strukturalistischen und post-strukturalistischen Kulturanthropologen und die der "neuen" Kulturhistoriker haben besonders die Interpretation des Konsums und der Güter des Alltags entscheidend verändert. Der Konsum ist zu einem zentralen Gegenstand der inter-

118 Robert Wuthnow, Communities of Discourse, Cambridge-Mass.-London 1989, S. 9/10.

119 Robert J. Holton, Economy and Society, London-New York 1992, S. 212.

120 Thomas L. Haskell/Richard F. Teichgraeber III (eds.), The Culture of the Market. Historical Essays, Cambridge 1993, S. 2.

121 Dieter Claessens, Kapitalismus als Kultur, Düsseldorf-Köln 1973.

122 Peter Koslowski, Die postmoderne Kultur, München 1987.

pretativen Soziologie geworden, während er früher ein an die Untersuchungen der empirischen Wirtschaftsforscher anschließender und diese ergänzender Objektbereich der Konsumsoziologie war. Konsum wird - wohl seiner Rolle in unserer modernen Gesellschaft gerecht werdend - als bedeutender Teil einer alle Gruppen und Schichten erfassenden "Alltagskultur" verstanden. Konsum bzw. Konsumgüter haben symbolische Bedeutung in bezug auf soziale Teilnahme und kulturelle Distinktion, über die sozialpsychologische Betrachtung der Kaufmotive hinaus. Erwerbssystem, Beruf und damit verbundene Einkommens- und Machtdifferentiale sind zwar noch wichtige Schichtungskriterien, der Konsum aber ist zum davon teilweise unabhängigen Instrument der Geltungsstrategien geworden; er ist nicht mehr nur Resultat und Niederschlag anders begründeter Unterschiede, sondern aktiv und bestimmend für die Konstitution - und die Interpretation - derselben. Allgemein ist die symbolische Bedeutung von Gütern mit ihrer Rolle bei der Signalisierung und Definierung sozialer Unterschiede, als Symbole der Teilnahme oder Nicht-Teilnahme an der "modernen" Gesellschaft, an bestimmten Gruppen oder Organisationen verbunden. Selbst die Massengüter der modernen Industrie haben in diesem Sinn eine "Sprache": ihr Erwerb, Besitz und Gebrauch ist Ausdruck von Wünschen des Dazugehörens oder sich Differenzierens. Die materielle Kultur, immer schon unser primärer Zugang zu vergangenen Lebenswelten und zu segmentären Gesellschaften, wird auch für die moderne Gesellschaft zu einem Quellenmaterial von großer Bedeutung.

Mary Douglas widmete den Wahlentscheidungen der Konsumenten ihre Aufmerksamkeit und meinte, diese seien Signale der Affiliation in bezug auf bestimmte Lebensstile. Diese wiederum verweisen auf die soziale Komplementarität der Güter, von denen jeweils mehrere gemeinsam Muster oder Designs darstellen, in denen sich Menschen repräsentieren. Einkaufen stellt für Douglas einen Prozeß der Konstruktion von Kultur durch die Konsumenten dar. Diese werden also nicht als passive Empfänger industriell vorgefertigter Konsumgüter dargestellt, sondern als aktiv schöpferisch und rational. Sie brauchen Güter nicht nur, um Bedürfnisse zu befriedigen, sondern sie nutzen sie als Informationssystem, als ein Mittel, sich ihrer Kultur zu versichern und soziale Beziehungen anzuknüpfen und aufrechtzuerhalten. Der Kauf eines Tennisrackets bedeutet viel mehr als die Entscheidung für sportliche Betätigung, er impliziert auch das Eingehen bestimmter sozialer Beziehungen mit Tennislehrern und Partnern in regelmäßigen Intervallen, sowie den Einstieg in eine eigene Welt der Tenniskultur mit vielen Normen, Geschichte(n) und Verhaltensmustern. Ähnliches gilt für alle Güter und Dienstleistungen. "Man needs goods for communicating with others and for making sense of what is going on around him", meint Mary Douglas[123]. Daß "Bedürfnisse" als Grund für den Erwerb von Gütern eine wenig aussagekräftige "Begründung" sind, wissen Ökonomen zwar auch, aber für sie ist nur die "effektive Nachfrage" in Geldgrößen wichtig.[124] Allerdings ist dies eine sehr ineffektive Erklärung, da sie wenig Möglichkeiten für das Begreifen und Verändern der Praxis eröffnet. "Bedürfnisse" sind tatsächlich Ausdruck für historisch und gruppen- bzw. schichtmäßig variierende Existenzminima und Lebensstile, für unterschiedliche "tastes", genauso wie für differenzierte Wahrnehmungen der Notwendigkeit und des Mangels. Der Fernsehapparat wurde in fast allen amerikanischen Haushalten sehr rasch als selbstverständliche Notwendigkeit erkannt, während sich etwa das Telephon zunächst nur in den oberen Schichten und erst sehr langsam nach unten hin durchsetzte.[125] Einen ganz anderen Verlauf zeigt die Diffusion der "handies" in den letzten Jahren, die sich sehr rasch in allen Schichten und Gruppen verbreiteten. Unterschiedliche Motive wie Nachahmung und Mitläufertum, Vorstellungen über die "richtige" Reihenfolge des Kaufs verschiedener Güter und über die periodische Ersatzbeschaffung, die Neigung, Neuigkeiten zu kaufen oder das jeweils letzte Modell zu erwerben, spielen eine Rolle, wie uns die Konsumforschung schon seit langem klargemacht hat. Aber nicht nur individuelle Präferenzen oder familiäre Notwendigkeitsdefinitionen in bezug auf Güter selbst sind entscheidend, sondern auch Wünsche und Ziele, die sich auf die mit dem Erwerb dieser Güter oder Leistungen verbundenen sozialen Kontakte oder den Eintritt in bestimmte soziale Kreise beziehen. Mitunter sind diese Erwägungen sogar von primärer Bedeutung, der damit verbundene Vorteil nicht Zusatz-, sondern Grundnutzen. Das ist besonders beim Konsum von "Kultur" zutreffend. Nicht Preishöhe oder verwendete Einkommensteile an sich sind dabei maßgebend, sondern die interpretative Differenzierung in "höhere" und "niedere" Kultur, wie Pierre Bourdieu gezeigt hat.[126] Seine Vorstellungen vom "Kulturkonsum" reflektieren noch die elitäre Trennung in Hoch- und Volkskultur; seine "Lebensstile" sind tatsächlich "Stile" im ästhetisch-kulturellen Sinn. Dabei mögen gewisse Besonderheiten französischer "Lebensart" und Persistenz von Klassen-

123 Mary Douglas/Baron Isherwood, The World of Goods. Towards an Anthropology of Consumption, London 1979, S. 95.

124 Auch George Katona hatte schon die Formel, wonach der Konsum einfach eine Funktion des Einkommens ist, angezweifelt, und die Differenz von Kauffähigkeit und Kaufwillen eingeführt. Siehe: George Katona, Der Massenkonsum, Wien-Düsseldorf 1965. Und Tibor Scitovsky hatte die Theorie der "revealed preferences" zugunsten einer psychologischen Analyse des Konsums verworfen. Siehe: Tibor Scitovsky, The Joyless Economy, New York-London-Toronto 1976.

125 Mary Douglas/Baron Isherwood, op. cit., S. 98 ff.

126 Pierre Bourdieu, Die feinen Unterschiede, Frankfurt/Main 1992 (urspr. frz. 1979).

differenzen mitspielen, die es in dieser speziellen Form in anderen Gesellschaften nicht gibt.

Die Kultursoziologen entdeckten im Gefolge der Ethnologen nicht nur die kulturelle Bedeutung der Dinge, sondern auch die symbolischen Aspekte der Transformation von Dingen in Güter und von Gütern in Waren. "Commodification" ist ein Prozeß, der komplexe Interpretationsvorgänge enthält und daher auch in Kulturen, in denen die Marktwirtschaft nicht zum dominanten Wirtschaftssystem zählt, auf Verständnis- und Akzeptanzprobleme stößt. Er involviert psychische, kulturelle und soziale Bedeutungen und kommt dem Übergang von einer Vorstellungswelt in eine andere gleich. Der Warencharakter eines Gutes ist perspektivisch, zeitlich begrenzt und durch die Marktbeziehung bestimmt. In ähnlicher Weise kommt es auch umgekehrt zu einem Transformationsprozeß von Waren in Güter, bei denen dann nicht mehr der Tauschwert, sondern der Gebrauchswert im Vordergrund steht, was ebenfalls eine komplexe Angelegenheit mit tiefgehender Bedeutung für die Identität der Person, das soziale Ansehen und die sozialen Beziehungen sein kann. Daniel Miller zeichnet den Prozeß, der dem eigentliche Kaufakt folgt, als Transformationsprozeß, als langen und komplexen Prozeß der "recontextualization" und der "reappropriation" und spricht in diesem Sinn von "Konsumarbeit", bei der ein entfremdetes Objekt aus der abstrakten Welt der Waren und des Geldes in ein persönliches, unverwechselbares Gut verwandelt wird. "Arbeit" bedeutet hier In-Besitz-Nehmen und Einordnen des Objekts in eine expressive Ordnung mit symbolischer Bedeutung für die Stellung und Beziehung ihres Schöpfers in bezug auf andere Personen: "The object is transformed by its intimate association with a particular individual or social group, or with the relationship between these." Dabei spielt das gesamte kulturelle Milieu hinein: "A pint of beer includes the whole culture of pub behavior."[127] Die Güter implizieren Prozesse der Identitätskonstitution und verweisen auf soziale Werte und bestimmte kognitive Ordnungen. Massengüter sind die Artefakte unserer Kultur, nicht nur als Output der Industrie, sondern durch die Prozesse der "appropriation", durch die Einbeziehung in den Prozeß der sozialen Selbst- und Kultur-Schöpfung. Allerdings, so fügt Miller am Schluß seiner Ausführungen hinzu, ist dieser Prozeß auf Grund der empirisch feststellbaren Praxis keineswegs so schöpferisch, so daß diese Sicht vielmehr ein Ideal der Kulturaneignung in der Massenkonsumgesellschaft zeichnet.

127 Daniel Miller, Material Culture and Mass Consumption, Oxford-New York 1987, S. 191.

Kultur hat aber auch "wirtschaftliche" Bedeutung, Geltung als Vermögen bzw. als "Kapital" ihres Besitzers, das ihm unterschiedliches Ansehen, aber auch unterschiedliche Chancen auf Macht- und Reichtumserwerb einbringt. Pierre Bourdieu hat in diesem Sinne vom symbolischen bzw. kulturellen Kapital gesprochen. Die Ökonomen haben Bildung als Humankapital entdeckt, und die neuen Wirtschaftssoziologen die Bedeutung von Sozialkapital für Status, Macht und Einkommenserwerb. Aber nicht nur die Ausstattung mit Geld und Gütern oder die "guten" Beziehungen, sondern auch die Umgangsformen, die kulturellen und intellektuellen Ambitionen, der Lebensstil, die gesellschaftlichen Kontakte und Beziehungen, die Bildungsmöglichkeiten, die Titel und Diplome etc. stellen Chancen dar, relative Vorteile auf dem "Markt" zu erringen. Sie vermitteln Konkurrenzvorteile in Geschäftsbeziehungen, bei der Bewerbung um eine Position und auch auf anderen "Märkten" wie z. B. dem Heiratsmarkt. Kultur wird in Werbebotschaften für Güter verwendet, wird selbst als Ware verfremdet, etwa als Souvenirs in standardisierter Massenauflage nachgemacht, über Massenmedien verbreitet, auf Tonträger, Filme oder elektronische Medien gebannt, in Ausstellungen auf der ganzen Welt gezeigt. Kultur als Ware zeigt allerdings besondere Eigenschaften, denn es handelt sich dabei noch vielfach um positionale Güter[128], die durch Vergrößerung der Menge an Wert verlieren, zumindest soweit es sich um das "real thing" handelt, also um die genuinen Kulturgüter und nicht ihre Massenkopien. Andererseits zeigt sich der Prozeß der Kulturschöpfung auch daran, daß Dinge, die von den "opinion leaders" gekauft, getragen oder benutzt werden, dadurch zu Kulturgütern werden können. Das wird mit Hilfe der Massenmedien und der Werbung auch zur Schaffung neuer Bedürfnisse gezielt eingesetzt.

Wirtschaft kann als Kultur und Kultur als Wirtschaft betrachtet werden. Waren sind Symbole und Symbole werden zu Waren. Die Kulturwirtschaft ist ein wichtiger Sektor der Wirtschaft geworden. Daß Kultur, allen voran die Kunst, Gegenstand der Wirtschaft ist, konnte erst wieder durch den Wegfall des romantisch geprägten Ideals der Kunst offenbar werden. Tatsächlich waren Kunst und Kultur immer schon Gegenstand von Geschäft, von Erwerb und Bereicherung, allerdings im Rahmen anderer sozioökonomischer Strukturen, in denen der Beziehung zwischen Auftraggeber und Künstler große Bedeutung zukam.[129] In der Gegenwart wurden

128 Fred Hirsch, Die sozialen Grenzen des Wachstums, Reinbek bei Hamburg 1980 (urspr. am. 1976).

129 Siehe dazu insbes.: Michael Baxandall, Die Wirklichkeit der Bilder. Malerei und Erfahrung im Italien des 15. Jahrhunderts, Frankfurt/Main 1984 (urspr. engl 1972); Edgar Zilsel, Die Entstehung des Geniebegriffs, Tübingen 1926.

Teile der Kulturproduktion Gegenstand einer Massennachfrage, und der Warencharakter der Kunst wurde klar ersichtlich. Damit wurde auch die Notwendigkeit "wirtschaftlicher", d. h. rationaler und effektiver Produktion und Vermarktung von Kultur und kulturellen Gütern entdeckt, und es entstanden neue Wirtschaftszweige und -berufe des Kulturmanagements, des Kulturmarketings und der Organisation der Kulturbetriebe.[130] Die Güter und Leistungen der Kultur werden auf Märkten gehandelt, wie etwa dem Kunstmarkt, dem Markt für Bildung etc.

Der Markt ist selbst aber auch Kultur, zunächst in seiner lokalen und konkreten Form. Der Markt als konkretes Phänomen ist auch in den modernen Gesellschaften noch vorhanden; es gibt Fischmärkte, Blumenmärkte, Gemüsemärkte, Flohmärkte, Bauernmärkte, die Basare für wohltätige Zwecke, die Auktionen verschiedenster Art, ja die Börse selbst. Viele von ihnen haben auch größte Bedeutung für die moderne Wirtschaft (Finanzmärkte, Großhandelsmärkte etc.), aber die Ökonomie nimmt sie nicht als konkrete Veranstaltung und soziale Situation wahr, sondern nur als Mechanismus, dessen "output" allein interessiert. Für die Ökonomen ist all das, was die Farbigkeit und gestaltmäßige Vielfalt der Wirtschaft ausmacht, nicht oder nur peripher relevant. Sie konzentrierten sich auf die Logik und Effizienz der Prozesse der rationalen, modernen Marktwirtschaft. Für die Soziologen ist hingegen der soziale Prozeß des Kommunizierens, Deutens und Aushandelns von Interesse. Sie befassen sich damit, wie die Preise auf Auktionen und Börsen tatsächlich zustande kommen in Hinsicht auf die Motive, Situationsdefinitionen und interaktiven Deutungsprozesse der verschiedenen involvierten Personen und Gruppen. Dabei können sie mehr von Kulturanthropologen oder auch Historikern, die sich mit Märkten in vormodernen Gesellschaften befassen, lernen, als von der Ökonomie. Das Marktleben in den spätmittelalterlichen Städten, die Vorgänge auf den Börsen in Venedig und Amsterdam oder die "bazaar economy" der arabischen Welt sind keineswegs ganz anders in Hinblick auf Strukturen und soziale Prozesse als die Märkte der modernen Großstädte. Clifford Geertz bezeichnete "clientalization" und "bargaining" als die zwei typischen Formen der "bazaar economy". Die Situation ist dadurch gekennzeichnet, daß sowohl über die Person des Kontrahenten als auch über die Qualität der Güter, die herrschenden Preise, die Produktionskosten nur in sehr geringem Umfang Wissen vorhanden ist. Die Suche nach Informationen bringt, nach Geertz' Meinung, die typischen Verhaltensweisen des Aushandelns und der Entstehung von persönlichen Käufer-Verkäuferbeziehungen hervor. Die soziale Situation von Käufer und Verkäufer ähnelt dabei einer "perso-

130 Vgl.: Thomas Heinze (Hg.), Kultur und Wirtschaft, Opladen 1995.

nal confrontation between intimate antagonists".[131] Diese Sicht der sozialen Beziehungen kann sicherlich nicht auf die vielfältigen Austauschsituationen in modernen Wirtschaften übertragen werden, aber sie gibt situative Anhaltspunkte für die Art und Weise, wie konkrete Geschäftskontakte als "ongoing social processes" betrachtet werden können.

Die Konsum- und Konsumentenforschung in den modernen Gesellschaften war bisher am Blickwinkel des "Massenkonsums" ausgerichtet und orientierte sich an den als ökonomische Daten gefragten quantitativen Ergebnissen über Konsumentenverhalten. Daher hat man die modernen Konsumenten und die Märkte in viel geringerem Maße als das in bezug auf vormoderne Gesellschaften geschehen ist, auf die tatsächlich vor sich gehenden Prozesse hin untersucht. Während die vielschichtigen Beziehungen und Deutungen der Käufer und Verkäufer im Suk eines marokkanischen Dorfes uns dank der einfühlsamen Beobachtungen und "dichten Beschreibungen" der Ethnologen geradezu bildlich vor Augen geführt werden, der Handel in den Häfen von Gujarat vor dem Erscheinen der Europäer, ja sogar der stumme Tausch, den Herodot beschrieb, uns als Erfahrung und Begegnung von Menschen vor Augen stehen, erscheint das Kaufen und Verkaufen in den modernen Gesellschaften als eine massenhafte, gleichförmige Angelegenheit, die durch Preise, Standorte, Marketing- und Werbestrategien gelenkt wird. Reale Märkte sind aber spezielle Formen sozialer Beziehungen, die kulturelle Werte involvieren, meint Viviana A. Zelizer[132], und verweist auf die Vielfalt von Marktkulturen. Sie verwirft gleichzeitig die Auffassung, wonach die moderne Gesellschaft mit ihrer besonderen Betonung der Marktrationalität grundsätzlich anders konstituiert sei als primitive oder traditionale Gesellschaften. Die Annahme, der Markt zentralisiere die sozialen Beziehungen und homogenisiere kulturelle Unterschiede, wie sie der ökonomischen Interpretation zugrunde liegt, stimmt nicht mit den tatsächlichen Gegebenheiten überein, wenn man die Dimension der Bedeutung wirtschaftlicher Sachverhalte und Prozesse für die handelnden Menschen mitberücksichtigt. Nicht der tatsächlichen pragmatischen Bedeutung entspricht auch die Sicht des Geldes in der Ökonomie als reines Medium und Recheneinheit, dessen Form, Gestalt und Symbolik belanglos seien. In symbolisch interpretativer Analyse zeigt sich, daß das Geld in bezug auf seine konkrete Bedeutung etwas sehr Vielfältiges und Vielgestal-

131 Clifford Geertz, The Bazaar Economy, in: Mark Granovetter/Richard Swedberg (eds.), The Sociology of Economic Life, Boulder-San Francisco-Oxford 1992, S. 225-232, S. 230.

132 Viviana A. Zelizer, The Social Meaning of Money. Pin Money, Paychecks, Poor Relief, and Other Currencies, New York 1994.

tiges ist und mit unterschiedlichen Sinn- und Zweckzuschreibungen verknüpft werden kann. Geldbeträge sind nicht einfach aufrechenbar, sondern werden mit besonderen Widmungen oder Bedeutungen verbunden. Zelizer stellt solcherart die Existenz von "multiple monies"[133] fest und zeigt, daß Geld im Alltag kein einheitliches, uniformes und verallgemeinertes Medium ist. Die Menschen differenzieren Geld nach Zweckwidmungen; Hausfrauen bewahren etwa kleine Geldsummen in Laden oder Büchsen für bestimmte Haushaltszwecke auf; sie teilen sich das Wirtschaftsgeld nach bestimmten Verwendungen ein. Viele Menschen haben verschiedene "Töpfe", in denen Geld für unterschiedliche Zwecke angespart oder beiseitegelegt wird. Dabei können auch durchaus moderne Formen der Geldanlage eingesetzt werden. So etwa verwenden viele mittlere bis höhere Einkommensbezieher einen gewissen nicht-gebundenen Teil ihres Einkommens als "Risikokapital", das sie in Aktien investieren. Geld aus verschiedenen Einkunftsquellen (Lohn, Geldgeschenk, Gewinn) wird häufig unterschieden, wird mit differenten Bedeutungen versehen und auch mit unterschiedlichen Verwendungen verbunden. Durch einen Prozeß des "earmarking" entstehen solcherart unterschiedliche "Gelder" bzw. "Währungen", z. B. Taschengeld, Wirtschaftsgeld, Trinkgeld, Mitgift, Spargeld, Benzingeld etc. In Familienhaushalten ist das Einkommen nach solchen Verwendungszwecken sowie nach den verschiedenen Empfängern aufgeteilt. Auch die Regelmäßigkeit der Einkünfte stellt einen Differenzierungsgrund dar: Geld aus regelmäßigen Lohneinkommen wird anders verwendet, anders gesehen und bewertet, als etwa überraschende Lotteriegewinne. Geld spielt auch als Geschenk eine besondere Rolle in den sozialen Beziehungen. Hier wird vielfach versucht, auch die äußere Erscheinung dieses Geldes zu verändern, etwa durch eine spezielle Verpackung. Vielfach wird auch Geld verschiedener Art "geschaffen", etwa in Form von Gutscheinen, Geschenkmünzen, Briefmarken, Wertpapieren, Andenkenmünzen, Essensbons oder auch der Zigaretten"währung". Schließlich gibt es nach Zelizer auch das sogenannte moralische Geld, d. h. Geld, das nach sozialen Werten beurteilt wird wie "Opfergroschen", Spendengelder, "schmutziges Geld", Bestechungsgeld, Blutgeld oder Schwarzgeld. Diese vielfältigen modernen Formen von symbolischer Geldschöpfung haben ihre historischen Vorläufer z. B. im Wergeld der Germanen oder im "conto per iddio" der Renaissancebankiers. Diese Sicht des Geldes von der Bedeutungszuschreibung der Menschen auf Grund von Herkunft, Funktion und Verwendungszweck macht aus dem rationalisierten, bereits zum Teil unsichtbaren Zirkulations- und Tauschmedium ein differenziertes Kulturgut.

133 Viviana A. Zelizer, Making Multiple Monies, in: Richard Swedberg (ed.), Explorations in Economic Sociology, New York 1993, S. 193-212.

Sie impliziert aber gerade dadurch auch eine breitere Interpretation des Begriffs der Wirtschaft, weil sie auf Zonen der Bedeutung verweist, die zum großen Teil aus der Perspektive von Ökonomen, Managern oder Wirtschaftspolitikern nicht nachvollziehbar sind und doch "Wirtschaft" darstellen. Wir sehen sie meist nicht, weil unsere Wahrnehmung und besser: das, was wir uns wahrzunehmen gestatten, durch unser "Wissen" über Ökonomie rationalistisch beschränkt ist. Vielfach haben dabei die "ökonomischen" Analysen und Theorien eine Bedeutung über den Bereich der Wissenschaft hinaus für unsere Wahrnehmung und Interpretation der Wirklichkeit, die uns umgibt, angenommen. Zumindest erscheint alles das, was zwar zu unserem Leben erfahrungsgemäß gehört, was die Wissenschaft aber als irrelevant ausscheidet, als irgendwie überflüssig, wenn nicht gar als peinlich. Das führt aber auch zu einer Verarmung unserer Kultur, weil die persönlichen, sozialen und humanen Teile der Wirklichkeit aus unserem Wahrnehmungs- und Handlungsrepertoire verschwinden.

Wirtschaft aus der Perspektive der Kultur gesehen beschränkt sich nicht auf die effizientesten Organisationsstrukturen, die letzte Technologie-Generation und auch nicht die neueste Managementlehre, sondern umfaßt alle Ideen, Werte, Verhaltensweisen und materiellen Ergebnisse aller Individuen und Gruppen in einem bestimmten Raum, die der materiellen Vorteilsgewinnung oder Versorgung dienen. Wenn wir uns nicht durch die ökonomische Vordefinition von Wirtschaft einengen lassen, müssen wir auch alle jene Bereiche miteinbeziehen, die nicht die eigentlich "modernen" Merkmale darstellen. Auch die Wirtschaft des Bergbauern, die Schwarzarbeit, die kleine Werkstatt oder der kleine Laden gehören dazu, und ebenso die Werte, Ziele und Vorstellungen, die unser Denken und Wollen prägen. Auch wenn diese nicht "ökonomisch rational" sind, können sie dennoch ihre eigene Rationalität besitzen. Erscheinungen, die bislang auf Grund der seit der Aufklärung begründeten Modernitätspräferenz in den Vorstellungen über unsere Kultur als Merkmale vormoderner Wirtschaften galten, erweisen sich auch in modernen Gesellschaften als durchaus existent, wie etwa der Geschenktausch oder andere reziprozitäre Wirtschaftsbeziehungen und -formen. Sie werden heute gerne mit dem Begriff der informellen Wirtschaft erfaßt, der aber selbst wieder durch die Definition der offiziellen Wirtschaft bestimmt und auf diese hin orientiert ist. Die kulturwissenschaftliche Erfassung der Wirtschaft hingegen trifft keine derartigen Vorordnungen und Ausgrenzungen, sondern untersucht die konkreten Gegebenheiten, in ihrer symbolischen Bedeutung und als Schöpfung praktischen Handelns.

14. Kapitel: Wirtschaft und Soziologie am Beginn des Dritten Jahrtausends

> "Thus it is we have arrived at the present era, which I think of as the Black Period before us."[1]
>
> Es geht darum, sich der Zukunft zu *stellen* und nach den uns offenstehenden Möglichkeiten zu fragen oder *mit dem Rücken voran* ohne solche Horizonte oder Ideen hineinzustolpern."[2]

Peter F. Drucker sieht in der Geschichte der westlichen Welt immer wieder Transformationen, die sich alle paar hundert Jahre ereignen und in deren Verlauf die Gesellschaften ihre Werte, ihre sozialen und politischen Strukturen und ihre Institutionen verändern.[3] Eine solche Transformation fand im 13. Jahrhundert statt, an der Wende vom 15. zum 16. Jahrhundert, seit 1776 (Erscheinungsjahr von Smith' "Wealth of Nations" und Ausbruch der Amerikanischen Revolution), und in der Gegenwart stellt Drucker seit den 60er Jahren des 20. Jahrhunderts wieder eine solche fest. Da die Wandlungsprozesse seiner Annahme nach etwa 50 Jahre dauern, befinden wir uns noch mitten im Umbruch. Das markanteste Merkmal der gegenwärtigen Transformation ist für ihn der Übergang zur Wissensgesellschaft.[4] Das impliziert, daß Wissen das Kapital als Produktionsfaktor in seiner Bedeutung überrundet und unsere Gesellschaft sich in eine post-kapitalistische Formation verwandelt. Dies führt seiner Auffassung nach auch zu einer neuen Klassenteilung zwischen "knowledge workers" und "service workers". Tatsächlich kann man sich gegenwärtig nicht des Eindrucks erwehren, daß sich ein epochaler Wandel vor unseren Augen abspielt. Wirtschaftshistoriker erfassen dies in der sog. Strukturbruchhypothe-

1 Immanuel Wallerstein, After Liberalism, New York 1995, S. 265.

2 Stephen Toulmin, Kosmopolis. Die unerkannten Aufgaben der Moderne, Frankfurt/Main 1991 (urspr. am. 1990), S. 322.

3 Peter F. Drucker, Post-Capitalist Society, New York 1993.

4 Der Gesellschaftsbegriff wurde immer wieder mit einer redundanten Flut von Beifügungen verbunden, um Veränderungen anzudeuten. Siehe etwa: Daniel Bell, The Coming of Post-Industrial Society, New York 1973; Peter Gross, Die Verheißungen der Dienstleistungsgesellschaft, Opladen 1983; Gernot Böhme/Nico Stehr (eds.), The Knowledge Society, Dordrecht 1986; Ulrich Beck, Die Risikogesellschaft, Frankfurt/Main 1986.

se[5], die auf der Auffassung beruht, daß es verschiedene Phasen oder Epochen gibt, die jeweils ihre eigene Struktur besitzen und für die daher verschiedene Erklärungen gefunden werden müssen. Die Brüche werden durch Ereignisse wie Kriege (z. B. die beiden Weltkriege im 20. Jahrhundert) oder andere einschneidende Änderungen markiert und äußern sich dadurch, daß sich die Volkswirtschaften nach einem Bruch in anderer Weise restrukturieren. Seit der Mitte der 70er Jahre des 20. Jahrhunderts scheinen wir uns in einer Phase fundamentaler Umgestaltung zu befinden, die nicht nur die technisch-ökonomischen, sondern auch die politisch-ideologischen und sozialkulturellen Dimensionen unserer Welt betrifft. Der gegenwärtige Strukturbruch wird durch den Übergang zu neuen technologischen Grundlagen, aber auch durch politisch-ökonomische Veränderungen markiert. Im ökonomischen Bereich zeichnete sich im Gefolge der Krise der 70er Jahre und der darauffolgenden Stagflation der polit-ökonomische Umschwung zu Neoliberalismus, Ab- oder Umbau des Wohlfahrtsstaates und Deregulierung der Finanzmärkte ab. Globalisierung, Finanzspekulationen, Firmenübernahmen bzw. -fusionen sind damit verbundene Erscheinungen, genauso wie eine permanent hohe Rate der Arbeitslosigkeit in den Industriestaaten. Die Folgen sind eine Erhöhung des Drucks in Richtung Effizienz und Rentabilität für die Unternehmen, der auch auf Bildungsinstitutionen und andere öffentliche Funktionsträger weitergegeben wird. Wissen im Sinne von ökonomisch verwertbaren und sich daher rasch umschlagenden Qualifikationen spielt in dieser Wirtschaftswelt mit ihrer neuen Dynamik eine große Rolle und wird auch die gesellschaftlichen Strukturierungen stärker als bisher bestimmen. Darin kann man Drucker zweifellos zustimmen, aber sein Schluß, daß wir uns auf eine post-kapitalistische Gesellschaft zubewegen, ist weit weniger überzeugend. Zum einen läßt sich feststellen, daß sich auch der Kapitalbegriff - wie schon der Arbeitsbegriff - in der Gegenwart verändert; er wird ubiquitär und generalisiert und umfaßt auch immaterielle Dinge wie "Wissen", Beziehungen und Kultur im Sinne von Humankapital, Sozialkapital, kulturellem Kapital. Die Kapitalfunktion jedoch, der Einsatz von "Vermögen", um Gewinn zu erzielen, scheint sich in der Gegenwart erst voll und ungehindert als Grundprinzip nicht nur in der Wirtschaft im engeren Sinn, sondern auch in sozialen Beziehungen, in der Bewertung von Kultur durchzusetzen. Die Bildungsinstitutionen etwa erscheinen unter dieser Perspektive als die Stätten, in denen der Produktionsfaktor "Wissen" erzeugt wird und die daher dem Markt- und Effizienzdruck durch den Abbau von anderen, zwischengeschalteten institutionellen Zwecksetzungen ausgesetzt werden. Zum anderen aber stimmt die Prognose

5 Siehe: Gerold Ambrosius/William H. Hubbard, Sozial- und Wirtschaftsgeschichte Europas im 20. Jahrhundert, München 1986, S. 155/156.

des Übergangs zu einer post-kapitalistischen Gesellschaft deshalb nicht, weil die Finanzmacht der Geldgeber heute stärker oder zumindest offensichtlicher zutage tritt als früher, und sich auch eine weitgehend global agierende Klasse von Finanzmanagern mit oder ohne eigenen Kapitalbesitz, jedenfalls aber mit großer Macht, feststellen läßt. Wirtschaftliche Macht und kapitalistische Klasse werden daher im folgenden auf der Grundlage wirtschaftssoziologischer Forschungsergebnisse näher untersucht und auch die Frage aufgeworfen, welche Art von Kapitalismus wir gegenwärtig haben. Konzepte und Konstrukte der Wissenschaft haben immer einen über die reine Feststellung dessen, was ist, hinausgehenden visionären Charakter, der Wahrnehmungen hervorruft oder begünstigt und solcherart Veränderungen bewirkt. Das gilt für die Diskussion des gegenwärtigen Kapitalismus, aber auch für jene redundanten Hinweise auf die Globalisierung, auf das Weltsystem und die Weltgesellschaft. Im nationalen Kontext sind es die vielzitierte Krise des Wohlfahrtsstaates und die Funktionalisierung der Bürgergesellschaft, die sowohl in den Medien wie in der Wissenschaft immer wieder abgehandelt werden. Neue Haltungen werden von den Menschen gefordert, Bereitschaft zum ständigen Umlernen, zur Eigenvorsorge, zur Übernahme von Initiative und Verantwortung, bei gleichzeitigem Abbau von Sicherheiten und dem generellen Ansteigen der Risiken des Lebens in einer durch Großtechnologie und Konsumwachstum geschädigten Umwelt. Das wird den dritten Aspekt des wirtschaftlich-gesellschaftlichen Szenarios der Gegenwart ausmachen, der hier vorgestellt wird. In allen diesen Diskussionen zeigt sich deutlich, daß weniger konkrete Fakten als Diskurse und Rhetoriken die Grundlagen sozialwissenschaftlicher Reflexion darstellen. Die Thematisierung der politischen Funktionalisierung der Wissenschaft und die vergessene Frage nach den Zwecken der Wirtschaft beschließen dieses Kapitel, dem wir noch einen Abschnitt über den Wandel des Verhältnisses von Ökonomie und Soziologie im Rückblick anfügen.

Wirtschaftliche Macht im neuen Finanzkapitalismus

Wirtschaftliche Macht wird hier aus soziologischer Perspektive als Macht, die in der Gesellschaft von Gruppen von Personen in bestimmten Positionen in bezug auf die Kontrolle von Kapital- und Güterströmen und die Verteilung von Einkommen und Vermögen ausgeübt wird, verstanden. Sie beruht auf Position, Kapitalbesitz und Einfluß. Aufschlußreich in bezug auf die Feststellung wirtschaftlicher Macht in diesem Sinn sind besonders die Kapital- und Personalverflechtungen zwischen Unternehmungen. Aus Gründen der Marktbeherrschung, der Kapitalkonzentration, der Finanzierungssicherheit sowie der Vermeidung überhöhter Transaktionskosten auf internationalen Märkten entstanden im Laufe der Entwicklung der modernen Industriegesellschaften verschiedene Formen von Unternehmensverbindungen wie Konzerne, multidivisionale Unternehmen, Kapital- und Finanzverflechtungen, Kartelle und Absprachen zwischen Unternehmungen. Dabei zeigte es sich, daß es auch nationale Traditionen und typische Ausprägungen von Unternehmensstrukturen gibt, wie die Integration in multidivisionalen Großunternehmen in den USA, den "kooperativen Kapitalismus" in Deutschland, aber auch in anderer Form in Japan.[6] Die starke Konzernkonzentration in Deutschland beruht in der Regel auf der anteilsmäßigen Beherrschung durch ein Unternehmen. In den USA und Großbritannien ist eine stärkere Streuung des Kapitalbesitzes unter mehreren Unternehmen zu bemerken. Während kein Unternehmen zwangsläufig beherrschenden Einfluß ausübt, besitzen doch viele Unternehmen Anteile an anderen, es besteht also eine fragmentierte Struktur der Beteiligung. Allerdings können mehrere Ebenen der Verflechtung bestehen, wenn etwa ein Unternehmen hohe Beteiligungen an zwei anderen Firmen besitzt, die ihrerseits wieder andere beherrschen. Dieser Pyramidenaufbau findet sich häufig.[7] Die Kapitalverflechtungen in japanischen "keiretsu"-Gruppen sind meist wechselseitig und vom Ausmaß her eher gering; die ganze Gruppe besitzt im Durchschnitt nur einen Teil der Aktien jedes Unternehmens. Zwar erweist sich ein Unternehmen, meist eine Handelsgesellschaft oder eine Bank, als zentral; dessen Einfluß beruht aber nicht primär auf dem Besitz von Kapitalanteilen. Sowohl in Deutschland als auch in Großbritannien ist es der Finanzsektor, der den größten Anteil an Verflechtungsaktivitäten aufweist. Die intrasektorale Verflechtung ist in Deutschland generell stärker als in Großbritannien, wo die Beteiligungen quer durch die Branchen breiter gestreut erscheinen. Der Grad der Kapitalverflechtungen in Deutschland und Japan ist auf den ersten Blick höher als in den USA und Großbritannien, aber das beruht darauf, daß die rechtliche Autonomie der "Töchter" erhalten bleibt, während es in den USA in stärkerem Maße zur organisatorischen Integration durch Übernahmen oder Fusionen kommt.

6 Siehe: Alfred D. Chandler, Scale and Scope, Cambridge-Mass. 1990; Paul Windolf/Jürgen Beyer, Kooperativer Kapitalismus, in: Kölner Zeitschrift für Soziologie und Sozialpsychologie 47/1995, S. 1-36.

7 Die Formen der Netzwerke bei Kapitalverflechtungen sind die Clique, der Stern, der inverse Stern und die Pyramide, sowie der Kreis, bei dem ein dominantes Unternehmen A ein anderes Unternehmen B beherrscht, das wieder hohe Anteile eines dritten Unternehmens C besitzt, das seinerseits Anteile von A hält. Hierbei werden die tatsächlichen Eigentumsverhältnisse verschleiert, wodurch unter anderem auch erreicht wird, daß externe Einflüsse und Übernahmen abgewehrt werden können.

Neben den Kapitalverflechtungen sind auch die Personalverflechtungen zu berücksichtigen, etwa durch Vorstandsmitglieder eines Unternehmens, die gleichzeitig in den Aufsichtsrat eines anderen Unternehmens gewählt werden. Personalverflechtungen kommen bei Kapitalbeherrschung, Bankenkontrolle auf Grund von Fremdfinanzierung oder auch bei starker politisch-sozialer Interpenetration vor. Durch informelle Pervertierung des Aktiengesetzes kam es häufig dazu, daß der Vorstand die Aufsichtsratsmitglieder vorschlug und durch die Hauptversammlung "bestätigen" ließ, wodurch der Einfluß der Eigentümer praktisch ausgeschaltet und die viel diskutierte Tendenz zur Managerherrschaft gestärkt wurde. In vielen Fällen stärken die Personalverflechtungen aber die Eigentümermacht, etwa in Deutschland und Japan, weil sie parallel zu den Kapitalverflechtungen laufen, demgegenüber besteht in Großbritannien keine solche Parallelisierung von Kapital- und Personalstruktur, weil die Eigentumsverhältnisse stärker fragmentiert sind. Neben den Kapitalverflechtungen und den offiziellen Personalverflechtungen, sowie den Absprachen zwischen Firmen, gibt es auch informelle Beziehungen zwischen Repräsentanten verschiedener Unternehmen. Diese können mit Kapital- und Personalverflechtungen verbunden sein, sie existieren aber auch unabhängig davon.

Alle diese Arten von Beziehungen bestimmen die Strukturen der "interfirm relations" und lassen Gruppierungen von Unternehmen entstehen, die Granovetter als " collection of firms bound together in some formal and/or informal ways" bezeichnet.[8] In seinem Verständnis sind "business groups" immer charakterisiert durch die Bedeutung informeller, persönlicher Beziehungen zwischen den Unternehmern und Managern verschiedener Firmen, in denen eine Atmosphäre von Vertrauen und gegenseitiger Loyalität besonders hervortritt, begründet durch die hohe Beständigkeit des Zusammenschlusses, so daß eine Erklärung, die sie nur als Anpassungen an Wirtschaftsschwankungen sieht, nicht adäquat ist. In manchen Fällen existieren auch gar keine Eigentumsbindungen, und dennoch werden die Firmen als Gruppen identifiziert. Kooperationen werden oft auf mehreren Ebenen gepflegt, nicht nur auf der des Top Management. Häufig kommt es auch in internationalen Geschäftsbeziehungen zu Kooperationen, wobei fremde und einheimische Unternehmungen sich einander annähern und nach gemeinsamen Beziehungsgrundlagen suchen, das kann dann zu Zusammenarbeit und - erst später und nicht in allen Fällen - zu Kapital- und Personalverflechtungen führen. Stabile Kartelle und lose Koalitionen von Firmen, bei denen kein Unternehmen beherrschend ist, passen am besten in diese Vor-

8 Mark Granovetter, Business Groups, in: Neil J. Smelser/Richard Swedberg (eds.), The Handbook of Economic Sociology, Princeton-New York 1994, S. 453-475.

stellung von "business groups", die insbesondere in Lateinamerika und Ostasien (japanische "keiretsu", koreanische "chaebol", taiwanesische Gruppen etc.) häufig anzutreffen sind.[9] Die Beziehungen in den Gruppen können horizontal, etwa durch gegenseitige Kapital- und Personalverflechtung oder Kontakte auf gleicher Ebene strukturiert sein oder aber vertikal auf Grund von Kapitalbeherrschung, Familien- und Clanstrukturen (z. B. Korea) und/oder Zulieferbeziehungen. In vielen Fällen verbinden sich Eigentumsstrukturen, Solidaritätsbeziehungen, hierarchisch-autoritäre Beziehungen und gemeinsame Normen, wobei auch die nach außen hin demonstrierte Disziplin die "business groups" kennzeichnet.

Eine wesentliche Dimension, die gerade im Hinblick auf Macht und Einfluß der Unternehmensgruppen nicht unberücksichtigt bleiben darf, ist ihre Beziehung zu Institutionen des Staates und ihre Rolle in der Politik. Dabei geht es nicht nur um den Einfluß und die Art und Weise, in der dieser ausgeübt wird, sondern auch um die Rückwirkungen der Einflußnahme auf die Gruppen. Die Struktur und die Politik des Staates bestimmen in gewisser Weise auch die Struktur der "business groups". Antitrust-Politik behindert ihre Formierung und ihr Handeln, zentralisierte staatliche Institutionen begünstigen entsprechende Zusammenarbeitsstrukturen auch in der Wirtschaft (z. B. im System des Korporatismus), Vielparteiensysteme bewirken eine größere Aufsplitterung der Einflußkanäle; Zwei-Parteiensysteme eine heftigere Konkurrenz zwischen verschieden orientierten Gruppen etc. Unternehmens- oder Gruppengröße hat auch symbolische Bedeutung als Zeichen der Macht und des Erfolges, erhöht das Vertrauen und die Möglichkeiten politischer Einflußnahme.

Veränderungen der Eigentumsstrukturen zwischen Unternehmungen, etwa durch Kauf oder Übernahme einer Firma durch eine andere, ziehen Veränderungen der Verteilung ökonomischer Ressourcen, der Kontrollmacht und der Zusammensetzung und der Beziehungen innerhalb der Wirtschaftselite eines Landes, einer Branche oder auf der internationalen Ebene nach sich. Übernahmen sind aber auch durch die Art und Struktur der Beziehungen in der Elite selbst mitbestimmt; so kam es in den 60er Jahren in den USA, wie dann wieder in den 80ern, zu einer Reihe von "predatory takeovers", die neben der Stellung der Unternehmen in wirtschaftlicher und finanzieller Hinsicht auch von der Stellung der Direktoren in der Eigentümer-

9 Siehe auch: Harry Strachau, Family and Other Business Groups in Economic Development, New York 1976.

struktur des Unternehmens oder im sozialen Netz der Wirtschaftselite abhingen.[10] Die Welle von Übernahmen, die in den 80er Jahren vor sich ging, war in den USA durch die Beseitigung von rechtlichen Schranken und die neuen Leitlinien für Fusionen von 1982 ausgelöst worden. Die Reagan-Administration sah Fusionen und Übernahmen überdies als einen Marktmechanismus an, von dem sie sich als Ergebnis größere Effizienz erhoffte. In der Öffentlichkeit wurden Übernahmen von den neuen Eigentümern damit begründet, daß schlechtes Management eine ungenügende Entwicklung des Unternehmenswertes bewirkt habe. Unter den wirtschaftlichen Gründen erwiesen sich Strukturdaten wie die Ressourcenabhängigkeit der Unternehmen und der Grad ihrer daraus resultierenden "strukturellen Autonomie" als wichtig. Ist diese niedrig, wird in der Regel auch die Bereitschaft zum Übernommenwerden groß sein und damit die Wahrscheinlichkeit von "friendly takeovers" steigen. Ist sie jedoch hoch, wird es eher zu "predatory takeovers" kommen. Auch dort, wo Top-Manager starke Eigentümerinteressen haben oder bei "inside directors", kommt es häufiger zu Widerstand gegen Übernahmen, da diese mit Einbußen an Macht- und Entscheidungskompetenzen des Managements assoziiert werden. Daß soziale Beziehungen einen Einfluß auf die Entscheidungen von Top-Managern bei Übernahmen haben, konnten Gerald Davis und Heinrich Greve anhand von zwei Standard-Reaktionen bei drohenden "takeovers", den "poison pills" und den "golden parachutes", aufzeigen. "Golden parachutes" sind Verträge, die Spitzenmanagern enorme Abfindungen bei ihrer Entlassung infolge eines "takeover" zusichern, und "poison pills" sollen die Aktien für feindliche Aufkäufer dadurch empfindlich verteuern, daß bereits bestehenden Aktionärsgruppen eine 50-Prozent-Reduktion der Preise der Aktien gewährt wird. Bei der Erforschung des Einsatzes dieser Strategien gelangten Davis und Greve zu der Erkenntnis, daß Netzwerkkontakte zwischen Managern für die Diffusion dieser Praktiken wesentlich sind.[11]

Die Macht von Spitzenmanagern im Rahmen von Firmennetzwerken und Verflechtungen werfen erneut die Frage der gesellschaftlichen Stellung und Bedeutung dieser Gruppe auf. Aber damit ist auch die Frage verbunden, ob die auf Grund der Trennung von Eigentum und Verwaltung konstatierte Managerkontrolle vor Eigentümermacht bzw. der Vorrang der organisationsbezogenen vor den kapitalorientierten Interessen noch gültig ist. Die Manager als gesellschaftliche Gruppe wurden je

10 Donald Palmer/Brad M. Barber/Xueguang Zhou/Yasemin Soysal, The Friendly and Predatory Acquisition of Large U. S. Corporations in the 1960s. The Other Contested Terrain, in: American Sociological Review 60/1995, S. 469-499.

11 Gerald F. Davis/Heinrich R. Greve, Corporate Elite Networks and Governance Changes in the 1980s, in: American Journal of Sociology 103/1997, S. 1-37.

nach grundlegender Orientierung entweder als Dienstklasse[12], als meritokratische Elite[13], als die Kapitalistenklasse des organisierten Kapitalismus, als Teil der "power elite"[14] oder als Avantgarde einer "Neuen Arbeiterklasse" gesehen.[15] In allen diesen Auffassungen wurden die Manager und Unternehmer aber als Gruppierung behandelt, ohne daß ihre internen Vernetzungen und die dadurch mitbestimmten "interfirm relations" berücksichtigt wurden. Demgegenüber befaßt sich das Forschungsgebiet der "corporate interlocks" gerade mit den Beziehungen innerhalb der Wirtschaftselite auf Grund ihrer Positionen in Unternehmensnetzwerken. James Bearden und Beth Mintz unterschieden "corporate networks" und "director networks" als die zwei Segmente der kapitalistischen Organisation.[16] In ähnlichem Sinn sprechen Donald Palmer, Roger Friedland und J. V. Singh von "interorganizational and intraclass perspectives"[17]. In beiden Studien gelangten die Autoren zu der Auffassung, daß sich die zwei Ebenen der Firmen- und der Personennetzwerke ergänzen und häufig auch gegenseitig verstärken, insbesondere in bezug auf langfristige Verbindungen, die auch gegenseitige Verpflichtungen und gemeinsame Normen begründen. Beth Mintz und Michael Schwartz[18] bedienten sich der Netzwerkanalyse, um den "interlock networks" in der US amerikanischen Wirtschaft auf die Spur zu kommen. Als Grundlage dienten ihnen die "capital-flow patterns". Dabei zeigte sich eine systematische Beziehung zwischen Strukturen der Kapitalbeherrschung der Unternehmen und Positionen im Netz der Personalverflechtung. Den

12 Ralf Dahrendorf, Class and Class Conflict in Industrial Society, London 1959.

13 Auch die Entwicklung der Berufsgruppe der Manager hat mehr Aufmerksamkeit erfahren, was an sich schon bemerkenswert ist, als sie sich selbst nur ungern als Gruppe sehen. Z. B.: Myron J. Roomkin (ed.), Managers as Employees, New York-Oxford 1989; Michael I. Reed, The Sociology of Management, New York 1989; Hans-Dieter Ganter/Gerd Schienstock (Hg.), Management aus soziologischer Sicht, Wiesbaden 1993.

14 C. Wright Mills, The Power Elite, New York 1956. Mills hat auch Untersuchungen über die historischen Veränderungen von Herkunft, Position und politischem Einfluß der Wirtschaftselite seit den frühesten Kolonialzeiten durchgeführt: Charles Wright Mills, The American Business Elite, in: John Scott (ed.), The Sociology of Elites, Vol. 1, Aldershot 1990, S. 265-299.

15 Serge Mallet, La nouvelle classe ouvrière, Paris 1963. Das Argument Mallets bezog sich jedoch vor allem auf die technischen Führungskräfte.

16 James Bearden/Beth Mintz, The Structure of Class Cohesion: The Corporate, Network and its Dual, in: Mark S. Mizruchi/Michael Schwartz (eds.), Intercorporate Relations, Cambridge-New York 1992, S. 187-207.

17 Donald Palmer/Roger Friedland/J. V. Singh, The Ties that Bind. Organizational and Class Base of Stability in a Corporate Interlock Network, in: American Sociological Review 51/1986, S. 781-796.

18 Beth Mintz/Michael Schwartz, The Power Structure of American Business, Chicago-London 1985.

stabilen Kern des Netzes bildeten die Geldmarktinstitutionen und die Versicherungsgesellschaften, aber auch Industriebetriebe können mitunter einen hohen Grad von Zentralität durch ihre Beziehungen zum Finanzsektor erreichen. Die zentrale Position der Finanzinstitute im System der "interlocking directorates" bestimmten Mintz und Schwartz unter Anlehnung an den Begriff der "strukturellen Hegemonie" Antonio Gramscis als finanzielle Hegemonie. Darunter verstehen sie das Phänomen einer nicht-interventionistischen Führung von seiten der dominanten Unternehmungen, die eine Koordination der Handlungen auch ohne offenen Zwang oder systematische Manipulation bewirkt. Diese Koordination kann dauerhaft oder episodisch sein, je nach der Beziehung zwischen dem Finanzsektor und den anderen Organisationen auf Grund von Kreditvergabe und Aktienbesitz. "What emerges is a loosely coordinated system that financial institutions dominate in the long run, while considerable day-to-day autonomy and flexibility exist for individual units."[19] Die "interlocking directorates" sind ein Instrument der Planung und Geschäftsführung der Entscheider in den Finanzinstituten, das auf einer "symbiotischen" langfristigen Allianz zwischen den Banken und Versicherungen beruht. Die Netze gehen quer durch nationale und regionale Ebenen, so daß sie meist eine mehrschichtige hierarchische Struktur aufweisen. Diese nicht-direktive Führerrolle üben die Banken durch die Kontrolle über den Kapital- und Kreditfluß aus, nicht durch direkte Eingriffe in die Entscheidungen der Unternehmen. Zwar gibt ihnen ihr Aktienbesitz auch dazu in mehr oder weniger großem Umfang die Möglichkeit, aber ihre primäre Bedeutung liegt in der Lenkung der Kapitalströme. Allerdings lassen die Autoren offen, ob dadurch die Banken die wichtigsten Akteure des Kapitalismus sind, wie dies schon Rudolf Hilferding meinte, oder ob die "capitalist class" sich Netzwerke geschaffen hat, in denen sie die Banken für ihre Zwecke instrumentalisiert. Die Befunde über "interlocking directorates" in den Vereinigten Staaten dürfen jedoch nicht verallgemeinert werden. Beim Blick auf andere Industriegesellschaften muß man an die unterschiedlichen Ausgangsbedingungen und Pfade der Industrialisierung denken. In einem Versuch, diese historischen Pfade zum "Spätkapitalismus" zu typisieren, unterscheidet John Scott[20] das "entrepreneurial system", wie es für Großbritannien charakteristisch war, mit der Dominanz der Handelsbanken und der Familienunternehmen, das "holding system", charakteristisch für Frankreich, wo die Holdings sowohl im Finanz- wie im Indu-

19 Ebd., S. 249.

20 John Scott, Intercorporate Structures in Western Europe. A Comparative Historical Analysis, in: Mark S. Mizruchi/Michael Schwartz (eds.), Intercorporate Relations, Cambridge-New York 1992, S. 208-232.

striesektor bestimmend waren, und das "hegemonic system" in Deutschland, bei dem große Universalbanken und Industrie- und Handelsunternehmungen durch Kredit-, Kapital- und personale Verflechtungen eng miteinander verbunden sind und ein bestimmtes Unternehmen alle anderen beherrscht. Mit Bezug auf die Entwicklung in den letzten Jahrzehnten in Westeuropa stellt allerdings auch er eine zunehmende Macht der Banken fest, die aber in einigen Staaten wie Italien, Österreich und Frankreich durch die Verstärkung der Rolle des Staates in der Wirtschaft überdeckt oder zurückgedrängt wurde.

Für Großbritannien kamen Philip Stanworth und Anthony Giddens[21] in ihrer Analyse der "interlocks" für die Periode 1906-1970 zu folgenden Schlüssen: Die Wirtschaftselite wies in diesen Jahrzehnten eine wachsende Homogenität in bezug auf soziale Herkunft und Ausbildung auf. Die Elite bestand überwiegend aus Verwalter-Unternehmern, d. h. Direktoren ohne bedeutende Eigentümerinteressen. Das ist jedoch nicht gleichbedeutend mit der Abnahme der Rolle des Kapitals, denn eine relativ geschlossene Elite mit einem Hintergrund von ererbtem Reichtum und Vermögen besaß einen Großteil des Kapitals. Nicht das Eigentum des einzelnen Direktors an seinem Unternehmen zählt, sondern das Eigentum der gesamten Elite und ihrer Familien am produktiven Vermögen. Auch in Großbritannien sind es die Positionen in Banken und Finanzinstitutionen, die mehr und mehr ins Zentrum der "interlock"-Netze rückten. Stephen Hill[22] stellte in einer Untersuchung unter Direktoren großer Unternehmen in Großbritannien fest, daß es viel mehr Eigentümerkontrolle gibt, als bislang angenommen, und daß unter den Vorstandsmitgliedern jedenfalls die Überzeugung vorherrscht, daß sie ohnehin im Eigentümerinteresse agieren und ihre eigenen Ziele mit diesen übereinstimmen. Auch kommt Hill zu dem Schluß, daß neben den Kapital- und Personalverflechtungen persönliche Kontakte und Freundschaften eine große Rolle für die Besetzung und die Funktion der Vorstände spielen. "[...] the leading directors of major companies are members of networks that flow across the corporate world, some of these being structured via interlocks but many based on contacts and friendships made in other ways."[23] Vor allem für Vorstandsmitglieder, die keine leitenden Positionen in dem Unternehmen haben, sind soziale Beziehungen von großer Bedeutung. Hill zeigt auch die Aspek-

21 Philip Stanworth/Anthony Giddens, The Modern Corporate Economy. Interlocking Directorship in Britain, 1906-1970, in: John Scott (ed.), The Sociology of Elites, Vol. I, Aldershot 1990, S. 372-395.

22 Stephen Hill, The Social Organization of Boards of Directors, in: The British Journal of Sociology 46/1995, S. 245-278.

23 Ebd., S. 273.

te der internen Machtstrukturen und der Konflikte im Vorstand auf, die durch die Dualität von Generaldirektor und Vorstandsvorsitzendem bedingt sind, sowie auch die Vorstellungen und Interpretationen, die die "boards" dennoch befähigen, gemeinsam zu agieren.

In den Untersuchungen wird deutlich, daß die soziale Kohäsion und Integration der Wirtschaftselite ein wesentlicher Machtfaktor ist. William G. Ouchi spricht daher mit Bezug auf die interorganisationalen Beziehungen zwischen Top-Managern von "Clans", um die Rolle der persönlichen sozialen Aspekte und der gemeinsamen Ziele und des Gemeinschaftsgefühls zu unterstreichen.[24] Die "Clans" mit ihrer Verschränkung von persönlichen und institutionellen Beziehungen, bestimmen nicht nur die Personalbesetzungen in den Unternehmensspitzen, sondern haben auch Außenwirkungen, da die "multiplen Direktoren", die im Netz der Personalverflechtung zwei oder mehr Positionen bekleiden, auch zu den Ansprechpersonen für Interessenorganisationen, Parteien und öffentliche Körperschaften zählen, wenn sie nicht ohnehin schon Funktionen im politischen System innehaben. Die naheliegendsten Außenfunktionen sind Führungspositionen im Interessenverband der Arbeitgeber, aber auch Parteifunktionen, Sitze in den Beiräten der verschiedensten Institutionen, in Gemeinderäten etc. Die Beziehungen im Netzwerk der Top-Manager sind zwar durch deren jeweilige Funktionen und Positionen in ihren Unternehmen und die bestehenden Verbindungen zwischen diesen stark vorstrukturiert, aber sie enthalten auch andere Elemente mit gruppengenerierender Wirkung. Insbesondere ist hier auf die politische Parteiorientierung als "link" zu verweisen, aber auch Herkunftskriterien oder gemeinsame Schulzeit können konstitutiv für Beziehungen sein. Das ist in bezug auf Japan wie auch die USA bestens bekannt. Diese "links" umfassen keineswegs nur horizontale Beziehungen, sondern können auch Elemente sozialer Ungleichheit in diesen begründen. So stellt in Japan das Absolvieren einer bestimmten Schule oder Universität ein stark vereinigendes Band dar, wobei gleichzeitig eine soziale Abstufung zwischen "seniors" und "juniors" besteht. Der jüngere Absolvent schuldet dem älteren Ehrerbietung und Respekt, der ältere dem jüngeren Unterstützung und Förderung. Außerdem begründen diese Beziehungen natürlich Rekrutierungskanäle und Aufstiegsschienen. In gewisser Weise ähneln sie Klientelverhältnissen, wie sie Samuel Noah Eisenstadt und L. Roniger[25] behandeln. Ihnen zufolge zeichnen sich Beziehungen zwischen Patron und Klient dadurch aus, daß sie par-

24 William G. Ouchi, Markets, Bureaucracies and Clans, in: Grahame Thompson et al. (eds.), Markets, Hirarchies and Networks, London u. a. 1991, S. 246-255.

25 Samuel Noah Eisenstadt/L. Roniger, Patrons, Clients and Friends, Cambridge 1984, S. 48/49.

tikularistisch und diffus sind. Sie beruhen auf dem Austausch wechselseitiger Loyalität, die aber aus ungleichen Positionen erfolgen. Sie sind langdauernde Beziehungen, die Verpflichtungen begründen und die Verteilung ökonomischer Güter und politischer Macht mitbestimmen. Diese Beziehungen sind in bezug auf Japan immer wieder hervorgehoben worden. Ähnliche Beziehungen bestehen in anderen Ländern, nicht nur in nicht-westlichen Kulturen oder weniger entwickelten Gesellschaften, sondern auch in Europa und den USA. In jedem Fall ist die spezifische Ausprägung durch Kultur, Geschichte und Wirtschaft des Landes bestimmend, aber die Existenz ungleicher, diffus-partikularistischer, auf Loyalität und gegenseitiger Verpflichtung beruhender Beziehungen kann allgemein angenommen werden.

In den 80er Jahren legten eine Reihe von Autoren Länderstudien über "corporate interlocks" vor.[26] Dabei lag allerdings, wie auch bei den meisten früheren Untersuchungen, die Betonung stärker auf der Wirtschaftsmacht als auf den sozialen Beziehungsnetzen. Der Vergleich der nationalen Netze multipler Direktoren ergab eine Einteilung in drei "Systeme":[27] das "Latin"-System (Belgien, Frankreich, Italien, Finnland) mit einem hohen Anteil von multiplen Direktoren und einer hohen Kommunikationszentralität der Positionen; das angloamerikanische System (Großbritannien, USA) mit niedriger Kumulierung der Positionen und das deutsche System (Österreich, Deutschland, Niederlande, Schweiz) mit größerer Variation, aber im Durchschnitt zwischen den beiden anderen liegend. Dabei zeigte sich, daß die Netzwerkstrukturen in hohem Maße von der Struktur der Unternehmensführung, dem Board System, beeinflußt wurden. In bezug auf Österreich[28] wurde besonders die Existenz von "big linkers" hervorgehoben, die typischerweise auch im korporatistischen System der Interessenorganisation als Funktionäre der Industriellenvereinigung bzw. der Wirtschaftskammer tätig waren. Über sie liefen die Hauptintegrationslinien des "corporate network". Darüber hinaus stellen die fließenden Übergänge der "interlocks" zwischen öffentlichem und privatem Sektor eine Charakteristik des österreichischen Systems dar. Unterschiede der Bildungssysteme bedingen Unterschiede ausbildungsbezogener Kriterien für die soziale Kohäsion in den "networks". Während die gemeinsame Schule in Großbritannien, den USA und auch

26 Frans N. Stokmann/Rolf Ziegler/John Scott (eds.), Networks of Corporate Power. A Comparative Analysis of Ten Countries, Cambridge-Oxford 1985.

27 Frans N. Stokmann/Frans W. Wasseur, National Networks in 1976. A Structural Comparison, in: Frans N. Stokmann/Rolf Ziegler/John Scott (eds.), op. cit., S. 20-44.

28 Rolf Ziegler/Gerhard Reissner/Donald Bender, Austria Incorporated, in: Frans N. Stokmann/Rolf Ziegler/John Scott (eds.), op. cit., S. 73-90.

in Japan ("old boys") ein wichtiges Kriterium ist, fehlt dieses in Deutschland und Österreich. Der Grund liegt darin, daß die Differenzierung zwischen den Schulen in Großbritannien und den USA hoch ist und die einzelnen Bildungsinstitutionen in sozialer und kultureller Hinsicht eine starke Identität entwickeln. Die dadurch begründete hohe Identifikation und das starke Gemeinschaftsgefühl unter den Absolventen dieser Schulen hängt einerseits mit Tradition (Eton, Oxford, Cambridge), andererseits mit dem elitär-exklusiven Charakter (wie in Frankreich) zusammen[29] und wird durch die Existenz von Campus-Organisation sowie die Betonung geselliger Veranstaltungen und sozialer Bindungen (US-Schulen) noch unterstrichen. In Deutschland und Österreich stellte die Zugehörigkeit zu Studentenverbindungen in der Vergangenheit ein gewisses Äquivalent in bezug auf soziale Kohäsion dar, verschwand aber mehr und mehr, nachdem in den 70er Jahren eine neue Generation von Führungskräften ohne diesen Hintergrund an die Spitze der Unternehmungen gelangte. Zunehmend besteht auch eine enge Beziehung zwischen der sozialen Stellung der Top-Manager und ihrer Exklusivität als Gruppe. So zeigt Michael Hartmann,[30] daß sich die im Vergleich zu Frankreich, England und den USA bisher beobachtbare größere soziale Durchlässigkeit in Deutschland in bezug auf die Spitzenpositionen in der Wirtschaft ab den 70er Jahren in Richtung auf größere Selbstreproduktion der Elite verändert und damit den Gegebenheiten in Westeuropa und den USA angeglichen habe. Insbesondere in den traditionsreichen Großunternehmen der Elektro- und Chemieindustrie und den Großbanken ist die Rekrutierung der Top-Manager eine besonders exklusive, so daß die Chefs der großen Konzerne und Banken in den letzten beiden Jahrzehnten überwiegend aus bestimmten oberen Kreisen der Gesellschaft stammen. Bei der Rekrutierung spielen zwar formale Bildungsabschlüsse, d. h. Hochschulabschluß, eine große Rolle, aber mehr die einer selbstverständlichen Voraussetzung, wichtiger ist der nachweisbare Erfolg in bisherigen Positionen. In den letzten Jahren kam es zu einer größeren Bedeutung von Persönlichkeitsmerkmalen und Fähigkeiten wie soziale Kompetenz, ganzheitliches Denken, internationale Ausrichtung, Flexibilität sowie allgemeines Auftreten und persönliche Autorität. Dabei handelt es sich um Fähigkeiten, die nur bedingt erlernbar sind, und die in gewisser Weise mit dem, was Pierre Bourdieu den Habitus der Klasse nennt, zusammenhängen. Zu diesem Befund kamen auch französische

29 Siehe dazu auch: Pierre Bourdieu et al., Titel und Stelle. Über die Reproduktion sozialer Macht, Frankfurt/Main 1981 (urspr. frz. 1971); Pierre Bourdieu, Grandes écoles et esprit de corps, Paris 1989.

30 Michael Hartmann, Top-Manager. Die Rekrutierung einer Elite, Frankfurt/Main-New York 1996.

Untersuchungen[31], obwohl hier die schulische Ausbildung, insbesondere die Absolvierung einer der "grandes écoles" eine sehr große Rolle bei der Rekrutierung von Führungskräften spielt. Da die Bedingungen für die Aufnahme in diese Schulen schwierig sind, unterwerfen sich jene, die auf Familienunternehmen zurückgreifen können, diesen Anforderungen selten. Dennoch zeigt sich, daß jene, die die "grandes écoles" absolvierten, zum weit überwiegenden Teil aus der Ober- bzw. gehobenen Mittelschicht stammen. Sie stellen auch die Top-Manager der großen privaten und halböffentlichen Unternehmen Frankreichs, wobei hier im Unterschied zu anderen Ländern vor allem die ingenieurwissenschaftliche Ausrichtung überwiegt.[32] Auch die Top-Manager in Großbritannien stammen zum größten Teil aus der Oberschicht oder der gehobenen Mittelschicht.[33] Hier spielen die elitären Public Schools und die Universitäten von Oxford und Cambridge eine wichtige Rolle bei der Rekrutierung vor allem für die begehrten Positionen im Finanzbereich. Der Nachwuchs der Oberschicht und der renommierten Bildungsinstitutionen drängt in die Londoner City. Demgegenüber kann die Industrie im allgemeinen nicht so exklusiv rekrutieren und die Reproduktion der Top-Positionen in den Finanzinstituten erfolgt auf Grund der Netzwerkrelationen einer kleinen sozialen Elite.

Der Frage, inwieweit die Klassenkonzeption auf die "interlocking directorates" anwendbar ist, ging Maurice Zeitlin nach.[34] Entgegen der vorherrschenden Meinung von der Trennung von Management und Eigentum, die daher zum Verschwinden einer Klasse von Eigentümer-Kapitalisten geführt habe, versucht er aufzuzeigen, daß unter Berücksichtigung der komplexen strukturellen Beziehungen zwischen Unternehmungen in bezug auf Kapital- und Personalverflechtungen eine Verdichtung von Familienzugehörigkeit, Kapitalbesitz, persönlichem Einfluß und Entscheidungsmacht sichtbar wird. Ein spezifischer Typus, der "Finanzkapitalist", geht aus dem System von "interlocks" und Kapitalströmen zwischen Industrieunternehmen und Finanzinstituten nach Meinung Zeitlins hervor. Ergänzende Analysen über den Vermögens- und Kapitalbesitz von Manager-Familien legten den Schluß nahe, daß es noch immer eine Klasse von Kapitalisten im ursprünglichen marxisti-

31 Pierre Bourdieu/M. de Saint Martin, Le patronat. Actes de la recherche en sciences sociales 20/21/1978, S. 2-82.

32 Siehe dazu die Beiträge in: André Grelon/ Heiner Stück (Hg.), Ingenieure in Frankreich, 1747-1990, Frankfurt/Main 1993; sowie: Guy Groux, Les Cadres, Paris 1983.

33 Anthony Giddens, Elites in the British Class Structure, in: John Scott, The Sociology of Elites, Vol. 1, Aldershot 1990, S. 345-424.

34 Maurice Zeitlin, The Large Corporation and Contemporary Classes, Cambridge 1989.

schen Sinn gibt. In vergleichender Sicht kam Tom Bottomore ebenfalls zu dem Ergebnis, daß es auch in modernen Gesellschaften noch eine klar abgegrenzte Kapitalistenklasse gäbe, die in bezug auf die Stellung innerhalb der Klassenstruktur ihre Macht und Position sogar verstärken konnte. Die Unterschiede des soziokulturellen Kontexts haben zwar einen formenden Einfluß auf die Klassenstruktur und ihre Bedeutung, aber überall zeigt sich die Relevanz von Familienreichtum und dem dadurch ermöglichten Einfluß, selbst bei den großen multinationalen Unternehmen. Die Stärkung der Kapitalmacht ist auch auf die Änderung der sozialen Strukturen und die dadurch bedingte Schwäche der politischen und wirtschaftlichen Opposition, insbesondere der Organisationen der Arbeiterklasse und der sozialistischen Ideologie zurückzuführen. Am Ende der 80er Jahre konnte Bottomore jedenfalls feststellen: "The capitalist class is dominant economically, politically and culturally."[35] Allerdings wies er auch darauf hin, daß der politische Einfluß und die kulturelle Dominanz sich nicht automatisch aus der ökonomischen Macht ergeben, und daher nicht notwendig die kapitalistische Klasse auch die herrschende Klasse ist. Durch ihre sozialen Interaktionen, die Familienverbindungen, die "interlocking directorates" und das "lobbying" kommt es zwar zu einem engeren Austausch zwischen den Mitgliedern der kapitalistischen Klasse, der als Vorstufe ihrer einheitlichen organisierten Macht und ihres Einflusses im politisch-ökonomischen System angesehen werden kann. Andererseits gibt es aber auch Brüche und Spaltungen, die quer durch die Klasse verlaufen (politische Parteizugehörigkeit), was allerdings trotz oder gerade wegen des demokratischen Systems nicht wirklich in einer Reduktion der Macht der Kapitalisten resultiert. Der Einfluß von Direktoren bzw. Aufsichtsratsvorsitzenden der Banken hat auch Bedeutung für die Ziele und Entscheidungen in den Unternehmen, wie Michael Soref und Maurice Zeitlin zeigten.[36] Die grundlegende Annahme der Managementtheorie, wonach die große Firma ein "distinct island of self-interest" und die Verkörperung der ökonomischen Rationalität schlechthin ist, muß daher fallengelassen werden. Die Annahme der Autonomie der großen Unternehmungen und ihres Managements ist eine Fiktion, vielmehr regiert die kapitalistische Klasse in die Unternehmen hinein. Die Manager entstammen in den Vereinigten Staaten zu einem überproportionalen Teil aus

35 Tom Bottomore, The Capitalist Class, in: Tom Bottomore/Robert J. Brym (eds.), The Capitalist Class. An International Study, New York 1989, S. 1-18, S. 10. Siehe auch: Paolo Sylos Labini, Die neuen Klassenverhältnisse, Frankfurt/Main-New York 1988 (urspr. it. 1986).

36 Michael Soref/Maurice Zeitlin, Finance Capital and the Internal Structure of the Capitalist Class in the United States, in: Mark S. Mizruchi/MichaelSchwartz (eds.), Intercorporate Relations, Cambridge-New York 1992, S. 56-84.

den etablierten Kapitalistenfamilien des Landes, die kapitalistische Klasse ist in hohem Maße selbstreproduktiv, denn "it is not a process of autonomous self-selection or of 'interorganizational elite cooptation' that underlies the pattern of interlocking and the selection of the interlocking directors themselves, but rather a process of intraclass integration, coordination, and control".[37] Die einzelne Unternehmung, Bank oder Industrie- und Handelsunternehmung, wird solcherart zu einem Punkt in einem wesentlich weiteren Netz von Klasseninteressen, deren Personifikation die "Finanzkapitalisten" sind, die die Machtpositionen in Finanzinstitutionen und in Industrie- und Handelsunternehmungen innehaben. Durch die Interpenetration des industriellen, kommerziellen und Kreditkapitals kommt es solcherart zum Erscheinungsbild einer "neuen" historischen Form des Kapitals, nicht jedoch zum Übergang zu einer nach-kapitalistischen Gesellschaft.

In der Phase des regulierten Kapitalismus herrschte eine Perspektive vor, die die Bedeutung des Managements gegenüber den Aktionären betonte. Seit den 80er Jahren zeichnet sich hier jedoch eine Wende ab, die in einem wachsenden Einfluß der Aktionäre bzw. ihrer Vertreter in den großen Unternehmen resultierte. Der Übergang zu einem "investor capitalism"[38] zeichnet sich ab. Zwar waren die Eigentümerinteressen immer ein wichtiger Aspekt, den auch die Verwalter-Manager berücksichtigen mußten, dennoch war es ihnen gelungen, eigene betriebsspezifische Strategien zu verfolgen. Seit der Krise der 70er Jahre und der einsetzenden Deregulierung kam es zu einem Übergang von einer an Marktanteilen und Umsätzen orientierten Strategie zu dem, was Rappaport 1986 "shareholder value" nannte.[39] Als einen wichtigen Anstoß in diese Richtung sieht er die "takeover"-Bewegung der zweiten Hälfte der 80er Jahre in den USA, wobei Unternehmen, deren Marktwert unter ihrem potentiell erreichbaren Wert lag, von finanzkräftigen "raiders" übernommen wurden.[40] Zwar nahmen die "take-overs" in den 90er Jahren wieder ab, aber strukturelle Faktoren blieben bestehen, die die Ausrichtung an der Wertschaffung der Unternehmen aufrecht erhalten. Dabei zeigt sich die Bedeutung der Investitionsfonds in den USA, insbesondere jener, die Pensionsgelder verwalten. Nicht nur durch ihre Kapitalkraft, sondern auch durch die "Informationen", die sie erzeugen,

37 Ebd., S. 58.
38 Michael Useem, Investor Capitalism. How Money Managers are Changing the Face of Corporate America, New York 1996.
39 Alfred Rappaport, Creating Shareholder Value, 2. Aufl., New York 1989 (urspr. 1986).
40 Siehe: John C. Coffee jr./Louis Lowenstein/Susan Rose-Ackermann (eds.), Knights, Raiders and Targets, New York-Oxford 1988.

beeinflussen sie die Entscheidungen von Unternehmensführern und Investoren. Während es in der Vergangenheit möglich war, daß Unternehmen mit schlechten Ergebnissen lange Zeit weiter bestehen konnten, werden ihre Leistungen jetzt der Öffentlichkeit preisgegeben. Die Fonds geben regelmäßig Listen von "guten" und "schlechten" Firmen heraus, so etwa veröffentlicht der "Council of Institutional Investors" eine Liste der "letzten Zwanzig". Damit dringen Leistungsergebnisse aus den bisher eher nur kleineren Kreisen von Börsenspezialisten, Spekulanten und Wirtschaftsexperten bekannten Bereichen der Unternehmens"performance" in die breitere Öffentlichkeit. Die Manager geraten unter öffentlichen Druck; Befunde, Meinungen und Informationen aus dem vordem für die Massenmedien und ihr Publikum wenig interessanten Gebiet "der Wirtschaft" nehmen einen wachsenden Teil der Berichterstattung und Analysen ein. Damit wächst auch die Entstehung der öffentlichen (bzw. veröffentlichten) Meinung in bezug auf Leistung und Potential bestimmter Banken, Unternehmen oder Wertpapiere, und diese hat wieder entscheidende Rückwirkungen auf die Chancen der betreffenden Unternehmen, Kapitalmittel aufzubringen oder Zugang zu Finanzierungen zu erhalten. Die Aktienkurse werden solcherart nicht nur zu öffentlichen Indikatoren der wirtschaftlichen Situation der Unternehmen, sondern zumindest ebenso sehr zu autonomen Determinanten des Schicksals der Unternehmen.

Die Fonds wirken auch aktiv mit bei der Eliminierung von "underperforming management". Diese Öffentlichkeitswirksamkeit ihrer Leistungen hat das Management großem Druck ausgesetzt, ihre Ergebnisse im Sinne von Dividenden und Aktionskursen zu verbessern. Dadurch entstanden auch neue soziale Normen, die durch öffentliche Kontrollsanktionen gestützt werden und die Unternehmensentscheidungen bestimmen. "Shareholder value" ist zur selbstverständlichen Orientierung amerikanischer Top-Manager geworden. Bestimmte Voraussetzungen verstärken diese, wie etwa die positive Sanktionierung für "shareholder return performance", die Gefahr von Übernahmen bei schlechten Ergebnissen und ein kompetitiver Markt für Top-Manager. Im Bereich des Arbeitsmarktes für "top executives" wirkt bereits die Veröffentlichung von Listen oder Porträts von erfolgreichen Managern stark handlungsmotivierend - neben den effektiven Arbeitsmarktgegebenheiten - im Sinne der Anpassung an die herrschenden Kriterien für Erfolg. Das führte zu einem Anstieg des Aktienbesitzes der "corporate executives" bis hin zu den Leitern der "divisions", wo die tatsächlichen Entscheidungen über Ressourcenallokation getroffen werden. Die wachsende öffentliche "Kontrolle", denen die Manager und die Erfolge ihrer Unternehmen unterliegen, wird im Zuge der im neoliberalistischen Geist geförderten Übertragung "ökonomischer" Prinzipien auf alle Bereiche der Gesellschaft, etwa auch auf das "ranking" von Schulen und die Ausweitung der Evaluierung in vielen Berufen und Organisationen übertragen. Diese Transparenz der Leistungen hat in den USA eine gewisse Tradition; Individuen und Organisationen verstanden sich hier immer schon als Akteure auf einem Markt. Das ist nicht nur in der größeren Privatisierung der Eigentumsverhältnisse begründet, sondern auch in der Existenz einer die Denkweisen prägenden individualistischen Marktkultur. Studierende sind daher gleichzeitig Nachfrager der Leistungen der Privatuniversitäten und Colleges, die überdies Sponsoren benötigen, denen zumindest immaterielle "Renditen" geboten werden müssen. Gewerkschaften haben sich zum Großteil seit jeher als "business unions" verstanden, die Verhandlungsergebnisse wie Lohnerhöhungen gegen Mitgliedsbeiträge anbieten. Diese Denkweise wird in der Gegenwart auch in die, auf Grund von historisch-institutionellen und normativen Voraussetzungen andere europäische Kultur, importiert.

In der Gegenwart wird der Übergang von innerorganisatorischen Aspekten und Managementorientierung auf Kapitalinteressen und damit Rentabilitätsdenken und dessen gesellschaftliche Akzeptanz und Legitimität dadurch gefördert, daß damit die Vision einer demokratischen Aktionärsgesellschaft verbunden wird. Peter Drucker hatte schon in den 70er Jahren auf die dominierende Rolle der Pensionsfonds auf dem US-amerikanischen Kapitalmarkt hingewiesen und sie als eine heimliche Revolution im Sinne dessen, was er "Pension Fund Socialism"[41] nannte, gesehen. Er betonte damit den Übergang bedeutender Teile des Eigentums an den großen Unternehmen in die Hände von Angehörigen breiterer Schichten der Bevölkerung. Tatsächlich ist der Aktienbesitz in privaten Haushalten in den USA relativ weit verbreitet. Rappaport nennt einige Ziffern dazu: 40 Prozent der Haushalte besitzen Kapitalanteilsscheine, dazu zählen auch viele besserverdienende Arbeitnehmer, die Anteile an Pensionsfonds haben. Diese sowie die "mutual funds" besitzen 57 Prozent des Aktienkapitals der tausend größten Unternehmen und 47,5 Prozent des gesamten Wertpapiermarktes.[42] Diese Ziffern verweisen auf eine fundamentale Änderung des Bildes vom Aktionär bzw. Kapitalisten; die Erkenntnis: "Shareholders are 'Us'" scheint den neuen Kapitalismus geradezu in das Gegenteil dessen zu verwandeln, was seine Kritiker immer in ihm sahen. Er ist nicht mehr die Herrschaft reicher sichtbarer oder unsichtbar die Fäden ziehender Financiers, sondern es bestehen sehr konkrete Interessen der Arbeitnehmer selbst sowie breiter Schichten des

41 Peter F. Drucker, The Unseen Revolution. How Pension Fund Socialism Transforms America, London 1976.

42 Alfred Rappaport, op. cit., S. 11.

Volkes an den Gewinnen und der Kapitalmarktposition der Unternehmen. Für einen wachsenden Teil der Menschen in der modernen Gesellschaft kam es damit zu einer Rollenerweiterung: Sie sind nicht nur Konsumenten und zum überwiegenden Teil Arbeitnehmer, sondern in beträchtlichem Maße auch Kapitaleigner. Ihr Einkommen beziehen sie nicht mehr ausschließlich durch den Verkauf ihrer Arbeitskraft. Nicht nur die Interessenkonflikte zwischen Konsumenten und Arbeitnehmern, sondern auch die zwischen Kapital und Arbeit verlagern sich als Rollenkonflikte in jedes einzelne Individuum. Sie hören auf, Konflikte zwischen differenzierten Gruppierungen der Gesellschaft zu sein. Allerdings ist dieses Szenario eine Vision, denn selbst für die amerikanische Gesellschaft beschränkt sich der Aktienbesitz der Individuen und Haushalte auf die Besserverdienenden, während breite Schichten nur die Risiken und Nachteile des Systems zu spüren bekommen. Tendenzen einer neuen Konturierung einer Zwei-Klassen-Gesellschaft, deren Grenzen auch quer durch die Großgruppe der unselbständig Beschäftigten verlaufen, sind deutlich wahrzunehmen, die nicht in Richtung eines demokratischen Finanzkapitalismus oder gar eines "Finanzsozialismus" weisen.

Die Kontrolle über die Unternehmen, deren Kapitalpapiere sie besitzen, haben die vielen kleinen Aktionäre allerdings nicht, sondern die die verschiedenen Fonds verwaltenden Manager. Sie stehen als übermächtige Funktionäre einer Masse von kleinen bis kleinsten Klienten-Aktionären gegenüber, die sie noch viel leichter beherrschen können als die Manager der "shareholder"-gestylten Unternehmen. Die Macht und der Einfluß dieser Schicht neuer Finanzmanager ist beträchtlich gewachsen. Die Machtinteressen der Fonds-Manager sowie die Zunahme von Spekulationsgeschäften bewirken auch nicht langfristige Unternehmenswertsteigerungen, wie von den Verfechtern der "shareholder value"-Konzeption angenommen, sondern kurzfristige Kursschwankungen, die exzessive Kapitalbewegungen zur Folge haben können und die Unternehmen mit starken Instabilitäten konfrontieren. Die Kapital- und Portfolio-Strategien verweisen in Richtung auf kurzfristige Veranlagungen; die Bereitschaft für langfristige Investitionen sinkt zum Schaden der zukünftigen Möglichkeiten der Unternehmen sowie der Sicherheit der Arbeitnehmer.[43] Ein Bild der Unternehmen entsteht, das diese als flüchtige Gebilde erscheinen läßt. Über die Sicht der Unternehmung als ökonomisch-rationale Anpassung an Transaktionskosten und die Auflösung des Sozialraums Betrieb im virtuellen Raum, zumindest

43 Fred Block, The Second Paradox of Thrift, in: Neva R. Goodwin (ed.), As if the Future Mattered. Translating Social and Economic Theory into Human Behavior, Ann Arbor 1996, S. 83-102.

aber seine Dezentralisierung, hinaus, wird sie nun verstärkt von Börsenkursschwankungen abhängig.

Die Kontextbedingungen, unter denen die Unternehmen arbeiten, die Rolle des Staates, der Politik und des Rechts sowie die historischen und institutionellen Beziehungen zwischen Eliten, Unternehmungen und Staaten, und auch kulturelle Faktoren wie unterschiedliche Vorstellungen, Denkweisen und Verhaltensmuster, werden in den Unternehmenskonzepten nicht einbezogen. Dadurch wird übertriebene Betonung in bezug auf Erfolg oder Mißerfolg der Unternehmen auf das Geschick von Managern und die Entwicklung von Indikatoren gelegt. Die Entscheidungen und Handlungen der Manager werden aber von verbreiteten Ideen über "richtiges" Unternehmensverhalten, vom Produktionskontext und von der organisationalen Umwelt bestimmt. Besonders stark sind die Wirkungen des politischen Kontexts und des Einflusses des Staates als Gestalter von Normen etwa im Bereich des Gesellschafts- oder Aktienrechts. Die Welt der Top-Manager ist hochgradig strukturiert und durch den sozialen und politischen Kontext vorgeformt. Die zentralen Ziele der Manager über die letzten hundert Jahre hinweg waren auf das Überleben der Unternehmen gerichtet, was durch verschiedene Formen der Kontrolle innerhalb und außerhalb der Organisation und vor dem Hintergrund sich wandelnder institutioneller und sozialer Kontexte zu gewährleisten gesucht wurde.[44] Gewinnmaximierung war nur eine von vielen Möglichkeiten, um dieses Ziel zu erreichen. Neil Fligstein zeigt, daß in den einzelnen Phasen der Entwicklung des Kapitalismus kontextbedingt unterschiedliche Strategien verfolgt wurden. Zunächst wurde versucht, die Konkurrenten direkt zu kontrollieren, etwa durch aggressive Handelspraktiken, Kartelle und Monopole, dann zielte man auf Integration der Produktion, Kostenkontrolle und Marktanteilvergrößerung ab; die dritte Konzeption orientierte sich an der Ausweitung der Umsätze, der Eröffnung neuer Märkte, an Qualitäts- und Preispolitik und an der Diversifikation durch neue Produkte. Die in der Gegenwart vorherrschende Vorstellung setzt auf Kontrollmöglichkeiten durch den Einsatz von Finanzinstrumenten, wobei den Profitraten eine große indikative Bedeutung zukommt. Produkte werden nach kurzfristigen Rentabilitätsgesichtspunkten beurteilt, und Unternehmen als Ensemble von Vermögensteilen, die verschiedene Profitraten einbringen, gesehen. In der Gegenwart erscheint das Unternehmen nicht mehr als eine Entität, die als solche erhalten werden soll. Daher treten nicht nur Fusionen und Übernahmen in größerer Zahl auf, sondern auch Ausgliederungen und Aufteilungen bestehender Unternehmen. Dahinter sieht Fligstein sich wandelnde Vorstel-

44 Neil Fligstein, The Transformation of Corporate Control, Cambridge-Mass. 1990.

lungen: "Conceptions of control are world views that define one firm's relationship with others, what appropriate behavior is for firms of that type, and how those kinds of organizations ought to work."[45] Sie implizieren bestimmte Strategien und Strukturen und definieren auch die Marktstrukturen der Unternehmen, so daß nicht der Markt die Kontrollkonzepte bestimmt, sondern umgekehrt diese den Markt strukturieren, ja ihn erst schaffen: "The forms of social organization produced the market, not the reverse."[46]

Der Zerfall des Weltsystems: Globalisierung und kultureller Pluralismus

Weltwirtschaften gab es zu allen Zeiten, wenn auch die Ausdehnung der "Welt" sehr unterschiedlich war. Immer waren Handels- und Finanztransaktionen zwischen Regionen, Völkern und Staaten zugleich auch politische Prozesse und soziokulturelle Begegnungen. Daß es sich dabei um die Eigendynamik und Selbststeuerung der Wirtschaft handelt, ist eine Erfindung der Gegenwart, die nachdrücklich in den redundanten Diskursen über die Globalisierung verbreitet wird. Das Bemerkenswerteste an der gegenwärtigen Weltwirtschaft sind nicht das Wachstum von transnationalen Unternehmen oder die "real-time"-Kapitalverschiebungen, sondern die diskursive Konstitution einer Sachzwanglogik.

Der Begriff "Weltwirtschaft" kann verschiedenes bedeuten:[47] Etwa die Zusammenfassung der produktiven und distributiven Prozesse aller Länder der Welt oder die internationalen Handelsströme. Eine andere Bedeutung hat der Begriff im Rahmen der Weltsystemtheorie von Immanuel Wallerstein[48] erhalten. Dieser unterschied zwei globalökonomische Typen von Weltsystemen in historisch-vergleichender Analyse: Weltreiche und Weltwirtschaften. Das Kriterium dieser Differenzierung ist die Beziehung zwischen dem politischen und dem ökonomischen System. In allen bisherigen Weltwirtschaften war es Wallerstein zufolge so, daß über kurz oder lang die ökonomisch miteinander verbundenen Weltgegenden zu einem politisch integrierten Weltreich wurden. Nur die sich seit dem 16. Jahrhundert mit dem Zentrum Holland/England/Frankreich entwickelnde Weltwirtschaft resultierte nicht in politisch-administrativer Integration, sondern in einer ökonomischen Strukturie-

45 Ebd., S. 295.
46 Ebd., S. 300.
47 Vgl.: Fritz Baade, Dynamische Weltwirtschaft, München 1969; Andreas Predöhl, Das Ende der Weltwirtschaftskrise, Reinbek b. Hamburg 1962; Walt W. Rostow, The World Economy, London 1978.
48 Immanuel Wallerstein, The Modern World-System, Vol. I-III, San Diego-New York 1974-1989.

rung mit spezifischen Abhängigkeiten und soziopolitischen Ungleichheiten zwischen den zentralen Staaten, den ökonomisch und politisch geschwächten, aber ihre Selbständigkeit behauptenden Regionen und den Kolonien und Randzonen, deren zugrundeliegende politische Logik der Kapitalismus darstellt. Der Kapitalismus konnte gerade in dieser arbeitsteilig verbundenen und politisch differenzierten Weltwirtschaft entstehen und wurde selbst zu seinem vereinigenden Prinzip. In dieser Dualität von ökonomischer Kooperation und politischer Autonomie liegt Wallerstein zufolge die Stärke des modernen Weltsystems und seine globale Bedeutung. Es umfaßt Staaten, Regionen und Haushalte und verbindet sie miteinander in einer kapitalistischen Weltwirtschaft und bestimmte dadurch auch die Aktionsbedingungen der sozialistischen Länder und der Entwicklungsländer. Auch Genese, Lage und Funktion der Klassen sind im Weltmaßstab zu beurteilen, da Wallerstein das Weltsystem dadurch charakterisiert sieht, daß in ihm eine umfassende Teilung der Arbeit stattfindet, die nicht nur funktional, sondern auch geographisch strukturiert ist. Die Arbeitsteilung im Weltsystem bedeutet eine Hierarchie von Regionen je nach ihren Aufgaben, denn nur bestimmte Gebiete können jene Leistungen erbringen, die ein hohes Niveau der Ausbildung, große Kapitalinvestitionen und den gezielten Einsatz beider erfordern. Wallerstein unterscheidet die Positionen von Kern, Semiperipherie, Peripherie und Außenarena, wobei als Kriterium die Stärke der jeweiligen Staatsstrukturen angenommen wird. Im "Kern" des Weltsystems ist die Integration und Macht des Staates groß. Wallerstein spricht daher von "core states"; in Peripherieräumen ist sie gering. Die Ausweitung des Volumens der Weltwirtschaft vergrößert tendenziell die ökonomische und soziale Kluft zwischen Kernstaaten und Peripherie. Die Bedeutung, die Wallerstein den Staaten zuerkennt, reflektiert deren starke Beteiligung an den Prozessen der Industrialisierung und des Imperialismus des 18. und 19. Jahrhunderts. In gewisser Weise setzte Wallerstein mit seiner Konzeption die Imperialismustheorien Rosa Luxemburgs, Rudolf Hilferdings u. a. fort, die den bemerkenswerten Vorstoß der Kolonialisierungpolitik der europäischen Mächte zwischen 1870 und 1914 zum Anlaß hatten.

Die Beziehungen zwischen armen und reichen Gebieten der Erde fanden auch in den verschiedenen Entwicklungstheorien ihren Ausdruck. Während die Dependenztheorie und die von der Monopolkapitalismustheorie ausgehenden Ansätze die postkoloniale Ausbeutung betonten[49], nahm die Entwicklungsökonomie mehr auf die strategisch-politischen Voraussetzungen der Entwicklung Bezug. Sie gingen vielfach recht einseitig von der Annahme eines allgemeinen Entwicklungspfades[50] bzw. von der genereller Prinzipien[51] der Industrialisierung und gleichzeitigen Demokratisierung[52] aus. Zwar stellten Alexander Gerschenkron und Albert Hirschman schon in den 60er Jahren fest, daß es unterschiedliche und zumindest partiell autonome Wege der Entwicklung gegeben habe und dies auch für die einzelnen Länder der Dritten Welt gelten müsse.[53] Aber erst nach und nach setzte sich die Erkenntnis durch, daß Entwicklungswege und -formen historisch und strukturell eingebettet sind und jedes Land auf der Grundlage seiner spezifischen Voraussetzungen und Möglichkeiten seine eigene Strategie finden müsse (pfadabhängige Entwicklung), so daß Modernisierung gegenwärtig nicht mehr allein entsprechend den Werten, Zielen und dem Entwicklungsweg der Industriestaaten verstanden werden kann, sondern die Reflexion über diesen Prozeß impliziert und damit die Möglichkeit von Veränderungen.[54]

Die Weltsystemperspektive Wallersteins, die sich auf die Entwicklung des europäischen Weltsystems seit dem 16. Jahrhundert bezieht, wird in der Gegenwart hinsichtlich ihrer auf Europa bzw. den "Rise of the West"[55] zentrierten Sicht kritisiert. Sie wird der Vielfalt der Kulturen und deren eigenständigen Entwicklungspfa-

49 Siehe: Andre Gunder Frank, Dependent Accumulation and Underdevelopment, New York-London 1978; Samir Amin, Die ungleiche Entwicklung. Essays über die Gesellschaftsformationen des peripheren Kapitalismus, Hamburg 1975; Paul A. Baran/Paul M. Sweezy, Monopoly Capital. An Essay of the American Economic and Social Order, New York 1966.

50 Z. B.: Walt W. Rostow, The Stage of Economic Growth, Cambridge 1965; Ders., The World Economy, London 1978.

51 Etwa den "evolutionary universals": Talcott Parsons, Gesellschaften, Frankfurt/Main 1975 (urspr. am. 1966); Clark Kerr et al. (Hg.), Der Mensch in der industriellen Gesellschaft. Die Probleme von Arbeit und Management unter den Bedingungen wirtschaftlichen Wachstums, Frankfurt/Main 1966.

52 Diese Modernisierungstheorien setzten die Entwicklung der europäischen Kernstaaten und vor allem der USA als Muster voraus und implizierten auch eine politische Ideologie, die an den Werten "der Moderne" orientiert war.

53 Alexander Gerschenkron, Relative Backwardness in Industrial Development, Cambridge-Mass.-London 1962; Albert O. Hirschman, Journeys Towards Progress. Studies of Economic Policy-Making in Latin America, Boulder u. a. 1993.

54 Ulrich Beck spricht von reflexiver Modernisierung. Ulrich Beck, Risikogesellschaft. Auf dem Weg in eine andere Moderne, Frankfurt/Main 1986, S. 249 ff.

55 Siehe dazu auch: William McNeill, The Rise of the West. A History of the Human Community, Chicago 1963; Douglass C. North/Robert Paul Thomas, The Rise of the Western World. A New Economic History, Cambridge 1989 (urspr. 1973).

den nicht gerecht. Daher wird darauf hingewiesen, daß das Weltsystem wesentlich älter und umfassender ist; nicht von einem fünfhundertjährigen Weltsystem, sondern von einer mindestens fünftausendjährigen Geschichte der Wirtschaftsräume im afro-asiatischen Bereich ist die Rede.[56] Das westliche System erscheint demzufolge nur als eine Phase in einem langen Prozeß, in dessen Verlauf es immer wieder zu Schwerpunktverlagerungen und neuen Beziehungen zwischen den Staaten, Regionen und Völkern in diesem großen Gebiet kam. Die Hegemonie des Systems, das seinen Kern in Europa und Nordamerika hat, kann daher in Zukunft auch enden. Mit der Sicht, die bewußt von der Einzigartigkeit und Fortschrittlichkeit des westlich dominierten Systems abweicht, ist auch die Wahrnehmung der Vielfalt wirtschaftlicher und soziopolitischer Konstellationen und Entwicklungspfade eng verbunden. Als Differenzierungsgrundlage werden dabei besonders "kulturelle" Unterschiede herangezogen, die entgegen früheren Annahmen nicht als Barrieren, sondern als mögliche alternative Wege wirtschaftlicher Entwicklung gesehen werden.

Der Begriff der Kultur wird in sehr weiter und unterschiedlicher Bedeutung gebraucht; einmal steht er für traditionelle Glaubens- und Verhaltensformen, dann für neue virtuelle oder symbolische Wirklichkeiten, aber auch für ethnisch-politische Unterschiede und Ideologien zur Mobilisierung der Massen. Er erfüllt damit heute Funktionen, die früher mit den Begriffen von Nation und Nationalstaat, aber auch mit dem der Klasse verbunden wurden.[57] Im Unterschied zu diesen läßt er sich aber vielfältiger und mehrdimensionaler einsetzen: auf den Ebenen weltpolitischer Auseinandersetzungen genauso wie für politische Zwecke von Minderheiten oder Randgruppen und auch für die von Organisationen und ihren Strategien der Veränderung von Denk- und Verhaltensweisen. Die europäische Integration hat dazu beigetragen, daß nicht nur die Gemeinsamkeiten, sondern auch die kulturellen und institutionellen Unterschiede zwischen den Ländern Europas die Aufmerksamkeit auf sich zogen. Desgleichen haben die Probleme der Transformation in den ehemaligen sozialistischen Ländern die Bedeutung von Einstellungen und Verhaltensmustern in den Vordergrund gerückt.[58] Große Beachtung in bezug auf kulturelle Faktoren der Wirtschaft haben vor allem die ostasiatischen Länder, insbesondere Süd-Ko-

56 Andre Gunder Frank/Barry K. Gills, The World System. Five Hundred Years or Five Thousand? London-New York 1996 (urspr. 1993).

57 Siehe dazu: Samuel P. Huntington, Kampf der Kulturen, München-Wien 1996; Bassam Tibi, Krieg der Zivilisationen, München 1998.

58 Siehe etwa: David J. Hickson (ed.), Management in Western Europe, Berlin-New York 1993; Hartmut Kaelble, Auf dem Weg zu einer europäischen Gesellschaft. Eine Sozialgeschichte Westeuropas 1880-1980, München 1987.

rea, Taiwan, Indonesien und Singapur, durch ihren, wenn auch kurzfristigen ökonomischen Erfolg gefunden. Dabei wurde immer wieder auf die Rolle des Konfuzianismus für das wirtschaftliche Handeln verwiesen.[59] Insbesondere die Entwicklung Chinas läßt eine große Veränderung in bezug auf das vielfältige Szenario wirtschaftlicher Kulturen in der Zukunft erwarten. Sowohl die kommunistisch geprägten Denk- und Verhaltensweisen als auch die langfristigen Traditionen der chinesischen Zivilisation der Vergangenheit wirken in den kulturellen Formen der wirtschaftlichen Entwicklung in China und in ganz Ostasien nach.[60]

Ob Kulturunterschiede Verschiedenheit in bezug auf Wirtschaftsform und -erfolg und wieweit umgekehrt wirtschaftliche Unterschiede auch Kulturdifferenzierungen zur Folge haben, ist eine Forschungsperspektive, die in der Gegenwart wieder verstärkt behandelt wird. Peter L. Berger unternahm im Rahmen des "Institute for the Study of Economic Culture" der Boston University breit angelegte vergleichende Studien von Wirtschaftskulturen und stellte fest, daß die Religion nach wie vor eine der wichtigsten Bestimmungsfaktoren bei der Identifikation der Wirtschaftskulturen ist.[61] Er setzt damit nicht nur die Auffassungen Max Webers, Richard H. Tawneys, Joseph Needhams etc.[62] fort, sondern trägt ebenso der erneuten Bedeutung der Religion durch die fundamentalistischen Bewegungen im Islam Rechnung. Berger geht allerdings nicht einseitig von einer kulturalistischen Sicht aus, sondern von der gegenseitigen Beeinflussung von Wirtschaft und Kultur. In Vergleichen verschiedener Wirtschaftskulturen wurde oft die Geschichtlichkeit der Kultur und

59 Vor allem: Randall Collins, An Asian Route to Capitalism. Religions Economy and the Origins of Self-Transforming Growth in Japan, in: American Sociological Review 62/1997, S. 843-865; Ronald Dore, Taking Japan Seriously. A Confucian Perspective on Leading Economic Issue, California 1987. Eine Sammlung von Beiträgen zum Konfuzianismus in Ostasien enthält: Gilbert Rozman, The East Asian Region. Confucian Heritage and its Modern Adaptation, Princeton-New York 1991.

60 Vgl. etwa: Gordon Redding, The Spirit of Chinese Capitalism, Berlin-New York 1993.

61 Peter L. Berger, The Capitalist Spirit. Toward a Religious Ethic of Wealth Creation, San Francisco 1990. Ders., The Cross National Product and the Gods. Problems of Economic Culture, in: Walter M. Sprondel, Die Objektivität der Ordnungen und ihre kommunikative Konstruktion, Frankfurt/Main 1994, S. 342-355.

62 Max Weber, Wirtschaftsethik der Weltreligionen, Teil 2, Hinduismus und Buddhismus, Bd. 20 der Gesamtausgabe, Tübingen 1996; Richard H. Tawney, Religion and the Rise of Capitalism, Harmondsworth 1938; Joseph Needham, Science and Civilisation in China, 6 Bde., Cambridge 1954-1985; Robert N. Bellah, Tokugawa Religion, Glencoe-Ill. 1957; Maxime Rodinson, Islam und Kapitalismus, Frankfurt/Main 1986 (urspr. frz. 1966).

damit die Veränderungen in einer Wirtschaftskultur zu wenig berücksichtigt. "Die" islamische, chinesische, japanische etc. Wirtschaftskultur gibt es nicht in dem Sinne, daß es genügen würde, nur die "Konstanten" herauszuarbeiten. Und ebenso ging man häufig von der Vorstellung geschlossener Kulturräume aus und vernachlässigte die Prozesse der Kulturdiffusion. Von besonderer Relevanz für die Beziehungen zwischen Wirtschaftsräumen ist etwa die Frage, welche Rolle die Religionsübertragung für die wirtschaftliche Entwicklung gespielt hat.[63] Die Beziehung zwischen "der Kultur" und den beobachtbaren Wirtschaftsstrukturen und -praktiken wird häufig allzu einfach und direkt gesehen, wenn sie nicht überhaupt zu ganz groben Verallgemeinerungen über "beziehungsorientierte" und "ergebnisorientierte" Wirtschaftskulturen führt.[64] Diese Begrifflichkeiten mögen für die Anforderungen des interkulturellen Managements genügen, aber sie werden den oft komplexen Gegebenheiten nicht gerecht, vor allem weil sie die seit Jahrhunderten vor sich gehenden Auseinandersetzungen zwischen den verschiedenen Kulturen und deren Geschichte nicht mitberücksichtigen.

In nicht-westlichen Kulturen spielt die Spannungsbeziehung zwischen den äußeren Einflüssen, insbesondere aus dem Westen, und den jeweils als "eigene Kultur" definierten Haltungen und Einstellungen eine große Rolle. Auf verschiedenen Ebenen werden dabei unterschiedliche Reaktionsmuster wirksam, und wirtschaftlicher Erfolg hängt nicht zuletzt davon ab, wie gut es in diesem Prozeß gelingt, "fremde" Wirtschaftsideen und -techniken in die eigene Kultur zu integrieren und dennoch das für eigenes innovatives Wirtschaftshandeln wichtige kulturelle Selbstbewußtsein zu behalten. Große Aufmerksamkeit hat in bezug auf die Untersuchung der Rolle der Kultur für die Wirtschaftsentwicklung der Fall Japans gefunden, das als einziges nicht-westliches Land schon seit langem zu den höchstentwickelten Industriestaaten zählt.[65] Die wirtschaftliche Dynamik Japans erklärt sich zu einem

63 Hier ist nicht nur an die katholische Missionierung in Lateinamerika zu denken, sondern auch an den Beitrag, den der Protestantismus in der Gegenwart in dieser Region leistet. David Martin, Tongues of Fire. The Explosion of Protestantism in Latin America, Oxford 1993.

64 Vgl. etwa: Geert Hofstede/M. H. Bond, The Confucius Connection. From Cultural Roots to Economic Growth, in: Organizational Dynamics 4/1988, S. 5-21; Richard Gesteland, Cross-Cultural Business Behavior, Kopenhagen 1996.

65 Aus der umfangreichen Literatur über Japan sei hier nur verwiesen auf: James C. Abegglen, The Japanese Factory, Glencoe-Ill. 1958; Ronald Dore, British Factory - Japanese Factory, London 1973; Ezra F. Vogel, Japan As Number One. Lessons for America, Cambridge-Mass.-London 1979; Penelope Francks, Japanese Economic Development, London-New York 1992.

guten Teil aus dem Kontrast zu seiner alten Kultur[66], an der in symbolisch-rituteller Form eben deshalb festgehalten wurde, weil sie das "ganz Andere" und "typisch Japanische" darstellt. Japaner betonten lange Zeit mit großem Nachdruck ihre kulturelle "uniqueness"[67]. In gewisser Weise schöpfte man Kraft und Selbstbewußtsein aus der Betonung des Andersartigen der eigenen Kultur. Diese Funktion der Kultur für die Mobilisierung der Wirtschaftskräfte scheint heute nicht mehr nötig zu sein, weshalb "kulturelle" Erklärungen japanischer Wirtschaftsentwicklung zunehmend auf Ablehnung stoßen.[68] In der islamischen Welt, aber auch in Osteuropa, mag gerade jetzt die Betonung der eigenen Kultur eine ähnliche Funktion für die wirtschaftliche Entwicklung leisten.[69]

In der Gegenwart erleben wir die Diffusion der Kultur nicht mehr nur in eine Richtung wie in der Phase des Kolonialismus und Imperialismus. Durch den wirtschaftlichen Erfolg nicht-westlicher Länder, durch die ausgedehnten Migrationsbewegungen und durch die kulturelle Herausforderung durch fundamentalistisch beherrschte Wirtschaftsräume steigt die Notwendigkeit, sich mit anderen Kulturen auseinanderzusetzen. Aber auch die eigene Wirtschaftskultur verändert sich, die Gesellschaften Europas werden in sich kulturell heterogener, was aber nicht bedeutet, daß auch die Differenzen der Wirtschaftskultur oder der Wirtschaftsstile verschwinden. Der Begriff des Wirtschaftsstils wird in diesem Zusammenhang bevorzugt, weil damit die spezifische Verschränkung und Wechselwirkung der Wirtschaft mit politischen, gesellschaftlichen und kulturellen Faktoren und deren Entwicklung differenzierter erfaßt werden kann.[70] Der Vorteil der Wirtschaftsstilvergleiche gegenüber denen auf der Basis von Wirtschaftskulturen bzw. Wirtschaftssystemen ist der, daß dabei

66 Ruth Benedict, The Chrysanthemum and the Sword. Patterns of Japanese Culture, Boston 1946.

67 Peter N. Dale, The Myth of Japanese Uniqueness, New York 1986.

68 Vgl. zur gegenwärtigen Literatur über Japan: James C. Abegglen/George Stalk jr., Kaisha. The Japanese Corporation, New York 1985; David Friedman, The Misunderstood Miracle, Ithaca-London 1988; Japan-Nouveaux défis, Sociologie du Travail XXXIII/1/1991.

69 Siehe dazu die Kritik westlicher Interpretationen bei: Edward Said, Orientalism, London 1978; zu Osteuropa: Ernest Gellner, Nationalismus und Moderne, Berlin 1995.

70 Die Wirtschaftsstilforschung unterscheidet sich von ihren Vorläufern durch den weitgehenden Verzicht auf die Einbettung in eine historistische Methode. Der "Stil" ist einfach Bestimmungsgröße der Handlungsweise, nicht Ausdruck von "Essenz" oder "Geist" einer Epoche. Vgl.: Bertram Schefold, Wirtschaftsstile, Bd. 1: Studien zum Verhältnis von Ökonomie und Kultur, Frankfurt/Main 1994, S. 8.

durchaus mehrere Wirtschaftsstile als gleichzeitig existierend angenommen werden können. Das zeigt etwa Klaus Stemmermann anhand der Differenzierung verschiedener Stilzonen in Italien.[71] Günther Amann untersuchte den französischen Wirtschaftsstil und stellte seine längerfristige Stabilität fest.[72] Wirtschaftsstile lassen sich insbesondere innerhalb von weiteren Wirtschaftskulturen wie etwa des ostasiatischen Raumes oder Europas untersuchen. Gegen die pauschale Subsumierung unter eine Kultur wandten sich auch Untersuchungen des ostasiatischen Kapitalismus auf der Basis eines an Max Weber orientierten institutionellen Ansatzes.[73] Die Autoren differenzieren sich von dem kulturellen Ansatz, der Wirtschaftsstrukturen und -praktiken als kollektive Inszenierung von Glaubens- und Wertsystemen darstellt. Institutionen sind selbst viel mehr als ein Produkt der wirtschaftlichen und soziopolitischen Voraussetzungen und Bedingungen zu verstehen, die das Handeln nicht einseitig bestimmen, sondern nur den Rahmen dafür liefern. Vergleiche auf der Basis dieses Ansatzes ergeben sowohl Gemeinsamkeiten als auch Unterschiede in den Wirtschaftsstrukturen und -praktiken der verschiedenen Gesellschaften.[74] Betonung auf die wechselseitige Abhängigkeit von gesellschaftlichen Bedingungen und institutionellen Regelungen geschäftlicher Transaktionen im jeweiligen nationalen Kontext legen Analysen der "business systems", deren Kriterien die Struktur der Unternehmen, die Marktorganisation und die Institutionen der Koordination und Kontrolle umfassen.[75] In jedem "business system" kann etwa unter "Unternehmung" etwas anderes verstanden werden, abhängig davon, wieweit privatwirtschaftliches Management die Wirtschaftsaktivitäten bestimmt, wie groß die Unabhängigkeit der Unternehmensführung von den Eigentümern ist, wie spezialisiert die Mana-

71 Klaus Stemmermann, Gibt es einen italienischen Wirtschaftsstil? In: Rainer Klump (Hg.), Wirtschaftskultur, Wirtschaftsstil und Wirtschaftsordnung, Marburg 1996, S. 93-124.

72 Günther Amann, Der französische Wirtschaftsstil, München 1988; Ders., Der französische Wirtschaftsstil. Eine Bestandsaufnahme nach 12 Jahren Liberalisierung, in: Rainer Klump (Hg.), Wirtschaftskultur, Wirtschaftsstil und Wirtschaftsordnung, Marburg 1996, S. 125-139.

73 Nicole Woolsey Biggart, Explaining Asian Economic Development. Toward a Weberian Institutional Perspective, in: Marco Orrù/Nicole Woolsey Biggart/Gary G. Hamilton (eds.), The Economic Organization of East Asian Capitalism, Thousand Oaks-Cal.-New Delhi 1997, S. 3-32.

74 Marco Orrù, The Institutional Analysis of Capitalist Economies, in: Marco Orrù/Nicole Woolsey Biggart/Gary G. Hamilton (eds.), The Economic Organization of East Asian Capitalism, Thousand Oaks-Cal.-New Delhi 1997, S. 297-310.

75 Richard Whitley, Society, Firms and Markets. The Social Structuring of Business Systems, in: Ders. (ed.), European Business Systems, London u. a. 1994 (urspr. 1992), S. 4-45, S. 6.

gementfunktionen sind, ob das Wachstum der Unternehmen beständig oder diskontinuierlich verläuft und wieweit Risiken mit Geschäftspartnern und Belegschaft gemeinsam bewältigt werden. Die Marktorganisation ist durch das Ausmaß langfristiger kooperativer Beziehungen zwischen Unternehmungen, die Bedeutung von Vermittlern in Markttransaktionen, die Konzentration der Wirtschaft und die Funktion von Firmengruppen sowie durch die Bedeutung persönlicher Beziehungen bestimmt. Koordination und Kontrolle beziehen sich auf die Strukturen der internen sozialen und technischen Arbeitsorganisation, die Verbändebeziehungen und die Institutionalisierung von Mitbestimmung. Darüber hinaus wirken sich Kontextvariable wie der soziokulturelle Hintergrund und die Normen und Einrichtungen, die den Grad der Abhängigkeit der Wirtschaft vom Staat, die Ordnung des Kapital- und Finanzmarktes, das Ausbildungs- und Berufssystem, das Gewerkschaftswesen etc. betreffen, aus. Die differenzierten Vergleichsperspektiven, die mit den Begriffen der Wirtschaftsstile, Institutionen und "business systems" verbunden sind, reflektieren die Bedeutung, die gegenwärtig der Vielfalt unterschiedlicher Denkweisen, Strukturen und Regelungen zugemessen wird. Diskussionen in der Art der "Wirtschaftssysteme" sind heute obsolet geworden, die Unterscheidung von auf Grund von "Markt" oder "Plan" organisierten Wirtschaften, aber auch die von "Kapitalismus" und "Sozialismus" ergibt kaum mehr Sinn.

Gegenwärtige Wirtschaftszusammenhänge können aber auch nicht mehr allein aus der Perspektive von nationalstaatlich begrenzten Handlungsräumen erfaßt werden. Die Bedeutung, die Wallerstein den Nationalstaaten im Rahmen seines Weltsystems zuweist, wird in der Gegenwart durch die abnehmende Rolle der Nationalstaaten gegenüber den global vernetzten Wirtschaftstransaktionen und den transnational agierenden Unternehmen in Frage gestellt. Christopher Chase-Dunn differenziert, was bei Wallerstein im Begriff des Weltsystems vereinigt war und unterscheidet vier Hauptstrukturen der Weltwirtschaft: "[...] the world class system, the core/periphery hierarchy, the interstate system, and the world market."[76] Auf allen diesen Ebenen gibt es spezifische Interdependenzen, die alle zusammen das Weltsystem konstituieren. Damit erweitert er die Konzeption Wallersteins durch eine mehrschichtige Strukturierung, in der es vielfältige Überschneidungen und Querverläufe gibt und in der auch der Dissoziation von staatlichem Handeln und globaler Wirtschaft Rechnung getragen werden kann. Die Akteure des Weltsystems haben sich im historischen Prozeß seit dem 16. Jahrhundert gewandelt: von den Fürsten

76 Christopher Chase-Dunn, Global Formation. Structures of the World-Economy, Cambridge-Mass.-Oxford 1989, S. 4.

und den spätmittelalterlichen Handelsgesellschaften über die Handelskompanien der merkantilistisch-absolutistischen Staaten bis zu den modernen Staaten und Klassen und schließlich den "global players" der Gegenwart. Die sich seit den späten 70er Jahren abzeichnende globale Transformation stellt den Nationalstaat als den dominierenden weltpolitischen Akteur in Frage. Das bedeutet aber nicht gleichzeitig, daß die enge Beziehung von ökonomischen und politischen Prozessen aufgehoben ist. Die Weltwirtschaft der Gegenwart bezieht alle sozialen Einheiten bis zur Ebene der Haushalte direkt in den Weltmarkt mit ein.[77] Dabei spielen die neuen elektronischen Möglichkeiten des Kaufens, Investierens und Zahlens eine große Rolle. Die globale Vernetzung läßt neben den konkreten Prozessen der Wirtschaft auch virtuelle Märkte entstehen, Transaktionen können dadurch ohne Zeitverzögerungen durchgeführt werden, was insbesondere für Finanzmarktoperationen und Spekulationsgeschäfte von großer Bedeutung ist. Auf diesem Weltmarkt spielen die Staaten gegenwärtig einerseits auf Grund dieser elektronischen Entwicklung, andererseits auch dadurch, daß eine Deregulierungsorientierung in bezug auf staatliche oder internationale Regelungen vorherrscht, eine weniger wichtige Rolle, als das in den Jahrhunderten davor der Fall war. Das ermöglichte zusammen mit den Konzentrationsprozessen der Unternehmen und der Ausweitung der Finanzgeschäfte die Stärkung der Bedeutung globaler Akteure wie transnationaler Unternehmen und Finanzinstitutionen.

Das Problem der "multinationalen Unternehmen" wurde relativ spät zum Gegenstand der Diskussion[78], denn industrielle und/oder kommerzielle Operationen im Ausland bzw. ausländische Direktinvestitionen hatte es schon lange gegeben. In gewisser Weise erinnern die Multis von heute an die Handelsgesellschaften des Spätmittelalters, die ihre Geschäfte im Weltmaßstab (damals aus der Sicht und dem Kenntnisstand der Augsburger oder Genueser Handelshäuser) betrieben, oder auch an die Handelskompanien der Neuzeit. Von ersteren differieren sie durch die Tatsache, daß sie in einer Welt der Nationalstaaten agieren, die das Mittelalter noch nicht kannte, von letzteren dadurch, daß sie nicht Handelsvorposten der dynastischen Staaten mit militärisch-politischen Befugnissen sind. Ausländische Enga-

77 Vgl.: Joan Smith/Immanuel Wallerstein/H.-D. Evers (eds.), Households and the World-Economy, Beverly Hills-London-New Delhi 1984.

78 Der Begriff geht auf einen Aufsatz von David E. Lilienthal aus dem Jahr 1960 zurück, dessen Titel "The multinational corporation" lautete. Siehe: D. K. Fieldhouse, The Multinational. A Critique of a Concept, in: Alice Teichova et al. (eds.), Multinational Enterprise in Historical Perspective, Cambridge-Paris 1989 (urspr. 1986), S. 9-29.

gements von modernen Unternehmungen gehen zumindest auf die letzten Jahrzehnte des 19. Jahrhunderts zurück, als vor allem europäische Unternehmen sich weltweit - nicht nur in den Kolonien, sondern etwa auch in den Vereinigten Staaten - betätigten.[79] Durch die bemerkenswerte Konzentration und Integration in bezug auf Größe und Funktionsumfang der Unternehmen in dieser Epoche wurden auch Industriekonzerne zu wichtigen Akteuren der Weltwirtschaft. Die Internalisierung von Marketing, Verteilung und Beschaffung in die Produktionsunternehmen und die kompetitiven Vorteile durch "scale and scope" waren die wichtigsten Voraussetzungen für die geographische Expansion der Unternehmungen und bestimmten auch die Unterschiede in den technologischen und organisatorischen Entwicklungen der Multis.[80] In der Phase des regulierten Kapitalismus waren die Aktivitäten der multinationalen Unternehmen aber durch die starken Regelungsinteressen sowohl der einzelnen Staaten als auch der Staatengemeinschaft auf internationaler Ebene eingeschränkt. Das änderte sich seit der Mitte der 70er Jahre, weil den USA als der führenden Wirtschaftsmacht, auf die hin sich alle internationalen Transaktionen richteten, in den neuerstarkten Wirtschaften Europas und Japans konkurrierende Zentren erwachsen waren. Auch der Gegenstand der Transaktionen veränderte sich von einer Dominanz von Warenströmen zu einem Anwachsen der Kapitalbewegungen und der diese unterstützenden Dienstleistungen. Diese Veränderung bewirkte auch den Zusammenbruch der Bretton-Woods-Abkommen, das eine internationale Währungsordnung auf der Basis fixer Wechselkurse dargestellt hatte. In den 80er Jahren kam es dann in der Wirtschaftspolitik der Industriestaaten zu einer Umorientierung von Nachfrage- zu Angebotssteuerung und damit einer Verschiebung der Aufmerksamkeit vom Konsum auf die Produktion, allerdings weniger der von Gütern als vielmehr der von Dienstleistungen, Informationen, Software und Finanzinstrumenten. Die Weltwirtschaft trat, wie allgemein festgestellt wird, in eine neue Phase, die des globalen Kapitalismus, ein. Durch den Zusammenbruch des realen Sozialismus in Osteuropa schien es auch keine Alternative zur Marktwirtschaft mehr zu geben, zumal sich auch die verbleibenden nicht-kapitalistischen Systeme in der Folge stärker an den Finanz- und Produktionsmärkten der Welt orientieren mußten. Die Globalisierung wurde ausgelöst durch die Deregulierung der Finanzmärkte, die elektronisch ermöglichte Gleichzeitigkeit der Kapitalbewegungen und die

79 Mira Wilkins, European Multinationals in the United States: 1875-1914, in: Alice Teichova et al. (eds.), op. cit., S. 55-64.

80 Alfred D. Chandler, jr., Technological and Organizational Underpinnings of Modern Industrial Multinational Enterprise. The Dynamics of Competitive Advantage, in: Alice Teichova et al. (eds.), op. cit., S. 30-54.

Ströme frei floatierender Gelder. Der enorme Anstieg von Finanztransaktionen rund um den Erdball beruht nur zu einem Teil auf Handelstransaktionen, während die Bewegungen der reinen Kapitalwerte stark zugenommen haben. Große Teile der Kapitalströme fließen in die neuen Märkte in den erfolgreichen Ländern der früheren Dritten Welt durch Direktinvestitionen von multinationalen Unternehmen und großen Anlegern. Deren Engagement ist abhängig vom Vertrauen, das sie in die Marktorientierung und wirtschaftliche Kraft dieser Länder setzen. Da dieses Vertrauen bereits durch Gerüchte und Vermutungen erschüttert werden kann, entsteht eine starke Abhängigkeit und Krisenanfälligkeit der "newly industrialized nations" von den internationalen Anlegern und Investoren. Den Ergebnissen der Verselbständigung des Geldes auf deregulierten Finanzmärkten und der Transnationalisierung der Wirtschaftsaktivitäten stehen die Staaten relativ hilflos gegenüber.

Die technologisch-kommunikativen Entwicklungen der letzten Jahrzehnte und die positive Haltung nationaler Regierungen diesen ausländischen Direktinvestitionen gegenüber machten eine systematische Ausweitung der Produktionsnetze auf die ganze Welt möglich. Zwar war es schon lange zur Errichtung von Produktionsstätten im Ausland gekommen, aber dies waren doch vereinzelte Erscheinungen gewesen. Diese Entwicklungen, die zu einer Globalisierung der Wirtschaft über die bisherigen weltwirtschaftlichen Verbindungen hinaus führten, ließen auch die nationale Verankerung der multinationalen Unternehmen in ihren nationalen Herkunftskontexten sowohl in bezug auf die institutionell regulative Einbindung als auch auf die soziokulturelle Zugehörigkeit obsolet erscheinen. Die multinationalen Unternehmen scheinen im Rahmen eines neuen globalen, von Nationalstaaten abgelösten Netzwerks von Beziehungen zu agieren, sie werden daher auch begrifflich nun vornehmlich als "transnationale Unternehmen" (TNCs) bezeichnet. An die Stelle der durch den internationalen Handel repräsentierten internationalen Wirtschaft, die rein als Zirkulation von Gütern und Leistungen zwischen Nationalstaaten verstanden werden konnte, trat durch die Internationalisierung der Produktion und die Transnationalisierung der Geld- und Finanzbewegungen die globale Wirtschaft, deren Grundeinheit nicht mehr der Nationalstaat, sondern ein sich mehr und mehr integrierendes System weltweiter wirtschaftlicher Vernetzung ist.[81] In dieser "borderless world" dienen die "global firms" allen Märkten in gleicher Weise, ihre Manager bewahren eine Äquidistanz zu allen Kontexten, in denen sie agieren, ohne

81 Charles-Albert Michalet, From International Trade to World Economy. A New Paradigm, in: Harry Makler/Alberto Martinelli/Neil J. Smelser (eds.), The New International Economy, Beverly Hills-London 1982, S. 37-57.

"headquarter mentality", meint Kenichi Ohmae.[82] Tatsächlich ist die Ablösung der "global firms" von den nationalstaatlichen Bindungen überzeichnet, die TNCs agieren nicht vollkommen "footloose", also ohne nationale Einbettung, vielmehr ist die wirtschaftliche Stärke des Ursprungslandes Voraussetzung für die grenzüberschreitenden Operationen der Unternehmungen. Multis aus großen Staaten zeigen ein stärkeres Ausmaß an "Globalisierung", solche aus kleineren Staaten eine größere Einbindung in die jeweiligen nationalen Kontexte. Es entwickelt sich in vielen Fällen eine Hybridstruktur, wobei das Mutterunternehmen im ursprünglichen nationalen Kontext verankert bleibt, aber auch die im Ausland agierenden Töchter bzw. Partner stark in ihre jeweiligen nationalen Szenarien eingebunden sind. Globalisierung und Lokalisierung ergänzen einander solcherart und stellen nicht Gegensätze dar, sondern differenzierte Prozesse auf Grund konkreter Bedingungen und unterschiedlicher Strategien. Unterschiede in der Organisation der transnationalen Produzentennetze bestehen je nach den Produktionsbereichen. Im kapital- und technologieintensiven Bereich kontrollieren TNCs häufig das gesamte Liefer-, Produktions- und Absatzsystem, das weltweit verstreut ist. Sie arbeiten mit einer Vielzahl von Zulieferern, "marketing-agents" etc. in den verschiedenen Ländern zusammen. Ein anderer Fall sind meist europäische oder amerikanische Firmen, die ihre Markennamen zur Verfügung stellen und ihre Produkte nach genauen Standards von Produzenten in aller Welt erzeugen lassen. Sie gliedern zentrale Unternehmensfunktionen wie Produktentwicklung und Herstellung, aus, so daß es sich eigentlich hierbei nicht mehr um Produktionsfirmen, sondern um "merchandisers" handelt. Ihre Funktion besteht allein darin, die Produktion und den Vertrieb ihrer Marken auf Grund einer genauen Kenntnis der Konsum- und Verteilungsstrukturen der Absatzländer zu kontrollieren. Diesen Typus findet man vor allem im design- und marketing-intensiven Bereich der Konsumgüter wie bei Marken-Schuhen, Modebekleidung etc.[83] Im Fall des "triangle manufacturing", das sich im ost- und südostasiatischen Raum und in Lateinamerika zwischen Multis auf der einen Seite und den Firmen der "newly industrialized countries" entwickelt hat, bringen die asiatischen oder lateinamerikanischen Partner ihre genauere Kenntnis des Raumes und seiner Gegebenheiten ein und agieren ihrerseits als Vermittler zu Betrieben in Billigproduzentenländern. Gerade in diesen weltweiten Netzwerken zeigt sich, daß die Bezie-

82 Kenichi Ohmae, The Borderless World. Power and Strategy in the Interlinked Economy, London 1992, insbes. S. 82 ff.

83 Gary Gereffi, The International Economy and Economic Development, in: Neil J. Smelser/Richard Swedberg (eds.), The Handbook of Economic Sociology, Princeton-New York 1994, S. 206-233.

hungen zwischen den involvierten Firmen auch soziale Beziehungen sind, daß kulturelle und historisch-strukturelle Elemente eine große Rolle spielen. Die Stellung der einzelnen Firmen in diesen Netzen und die Art ihrer Funktion in bezug auf die Lieferung von Rohstoffen, die Durchführung arbeitsintensiver Prozesse wie etwa der Montage, die Erzeugung von Teilen, oder die von Fertigprodukten bzw. die Produktion und der Vertrieb eigener Marken, sind unterschiedlich. Darin manifestiert sich noch immer die charakteristische Verteilung, wonach die Firmen der Entwicklungsländer in den ersten drei Funktionen dominieren. Nach und nach sind aber auch große Unterschiede zwischen den Ländern der ehemaligen Dritten Welt entstanden, wie etwa zwischen den bereits in den Markenproduktionsbereich vorgedrungenen ostasiatischen Ländern (Hongkong, Taiwan, Südkorea), den NICs in Südostasien und Lateinamerika und dem noch auf die Rohstoff- und Primärproduktion beschränkten südasiatischen und afrikanischen Raum, in dem es jedoch auch große Differenzen gibt.

Der Bereich, in dem sich die Internationalisierung am stärksten durchgesetzt hat, ist zweifellos der Finanzsektor, der allerdings schon in früheren historischen Epochen stark internationalisiert war.[84] Das Finanzsystem hat in der Gegenwart eine Produktausweitung erfahren, die die involvierten Wertpapier- und Kreditvolumina weit über die in Geldgrößen ausgedrückten Warenwirtschaftsniveaus hinaus anwachsen ließ. Und auch die Diversifikation auf dem Finanzsektor ("futures", "options", "swaps") sowie die Schnelligkeit der Reaktionen auf Kursveränderungen und der Kapitalbewegungen sind um ein Vielfaches angewachsen. Die Finanzmärkte werden auf nationaler wie transnationaler Ebene durch Finanzkonglomerate (Allfinanzunternehmen) beherrscht, die ein weites Sortiment unterschiedlicher finanzieller Dienstleistungen (Bank-, Wertpapier-, Versicherungsgeschäfte) anbieten. Sie sind Gruppierungen von rechtlich selbständigen Unternehmen, zwischen denen Kapitalverflechtungen von unterschiedlicher Art und unterschiedlichem Ausmaß bis hin zur Konzentration bestehen. Über die Beteiligungen, die die Banken der einzelnen Staaten an diesen Konglomeraten haben, wirken sich Schwankungen der internationalen Kapitalmärkte auf die nationalen Wirtschaften aus. Aus diesem Grund und angesichts der umfangreichen Spekulationsgeschäfte mittels der derivativen Finanz-

84 Richard Swedberg, International Financial Networks and Institutions, in: Alberto Martinelli/Neil J. Smelser (eds.), Economy and Society. Overviews in Economic Sociology, London-Newbury Park-New Delhi 1990 (urspr. it. 1990), S. 259-282. Swedberg vergleicht die Finanznetzwerke des 15. Jahrhunderts mit denen im 19. Jahrhundert und mit dem modernen System nach 1945.

instrumente wird wieder die Absenz einer globalen Regulierung dieser Kapital- und Geldmarkttransaktionen durch eine internationale Bankenaufsicht, durch internationale Abkommen, Wechselkurskoordinierung oder eine internationale Insolvenzordnung in starken und nicht durch substantielle Veränderungen begründete Kursschwankungen auf den Aktienbörsen spürbar. Der Finanzsektor hat in den letzten Jahrzehnten auch eine strukturelle Veränderung zu verzeichnen, denn die Globalisierung hat nicht zu einer stärkeren Bedeutung einzelner Großbanken, sondern von bestimmten Welt-Finanzplätzen wie London, New York und Tokyo geführt. Dies hat eine räumliche Diversifikation und Spezialisierung der großen Finanzplätze auch innerhalb Europas entstehen lassen.[85] Es hat aber auch zu konkreten räumlich-sozialen Veränderungen in einzelnen Städten geführt, denn die globalen Wirtschaftsaktivitäten spielen sich nicht nur in elektronischen Netzen ab, sondern finden ihre räumliche Einbettung in den "global cities", wie Saskia Sassen gezeigt hat.[86] Damit entsteht eine Struktur, die stärker der Situation während des Spätmittelalters und der frühen Neuzeit ähnelt, als zunächst Florenz, dann Amsterdam und schließlich London die Finanzzentren der Weltwirtschaft waren. Im Zeitalter des Merkantilismus übernahmen die Hauptstädte der entstehenden Nationalstaaten diese Rolle. Heute dominieren mehrere transnationale Zentren, die ihrerseits ein Weltsystem bilden. Die "global cities" stellen eine von drei typischen strategischen Standorten der modernen Weltwirtschaft dar, neben den meist in Niedriglohnländern angesiedelten exportorientierten Produktionszonen und den "Off-Shore"-Bankenzentren.[87] Darüber hinaus spielen die Hafenstädte und die Industriegebiete der Industriestaaten noch eine große Rolle, aber sie sind nicht charakteristisch für die gegenwärtige globale Wirtschaft. Die "global cities" sind zentrale Standorte für hochentwickelte Dienstleistungen und Telekommunikationseinrichtungen, wie sie für die Durchführung und das Management globaler Wirtschaftsaktivitäten erforderlich sind. Die in Bankenzentren und spezialisierten Dienstleistungen Beschäftigten stellen einen bedeutenden Teil der Arbeitskräfte in diesen Städten dar. Ihre Bedürfnisse haben ihrerseits wieder ein spezifisches hochpreisliches Woh-

85 Scott Lash/John Urry, Economies of Signs and Space, London-Thousand Oaks-New Delhi 1994.

86 Saskia Sassen, Metropolen des Weltmarkts. Die neue Rolle der Global Cities, Frankfurt/Main-New York 1996 (urspr. am. 1994).

87 Das sind Ansammlungen von Kapitalien in Steueroasen wie den Cayman-Inseln, Manila, Taipeh, Bahrain etc., in Europa in der Schweiz und in Luxemburg. Sie entstanden in der Epoche starken Wachstums der Finanzmärkte und vor den staatlichen Deregulierungsmaßnahmen. Sie unterstützen die Finanztransaktionen der Kapitalmärkte der "global cities".

nungsmarktsegment und spezifische Dienstleistungs- und Warenangebote zur Folge, die das Aussehen der Städte verändern. Die bestehenden konsumentenorientierten Güter- und Dienstleistungssektoren nehmen demgegenüber eine inferiore Optik an und geraten durch die hohen Grundstücks- und Mietpreise in den Zentren der Städte in Bedrängnis. Es kommt daher zu Ausgrenzungen und einer betonten Differenzierung zwischen den "global-modernen" Bereichen und den urbanen konsumentenorientierten Sektoren der Städte. Sowohl Lohnniveaus als auch Ausbildungsgrad sinken gerade in den Schaltzentralen der Weltwirtschaft, den "global cities", im Durchschnitt; nur die Einkommen der hochspezialisierten Fachleute steigen.

Neue Ungleichheiten entstehen in und zwischen den Gesellschaften auch dadurch, daß die Orientierung nicht mehr so sehr auf den Konsum und die Nachfrage gerichtet ist. Der Lohn ist zwar noch immer als Nachfragefaktor wirtschaftlich bedeutsam, aber nicht das leitende Prinzip. Die Industriearbeiterschaft stellt nicht mehr den "pacesetter" in bezug auf Einkommen und Sozialleistungen für andere Wirtschaftsbereiche dar. Die Abhängigkeit von Weltwährungsbewegungen überträgt sich auf die Konkurrenzsituation auf den Warenmärkten und läßt eine Obsession mit der Konkurrenzfähigkeit und der Präsenz auf dem Weltmarkt entstehen. Das aber hat wieder Auswirkungen auf die Arbeitsmärkte, die nicht in dem Maße dereguliert sind wie die Finanzmärkte. Hohe Arbeitslosigkeit, Gewinne durch die Ausbeutung von Notsituationen und das Ansteigen von schutzlosen Arbeitnehmergruppen sind die Folge. Personalabbau in allen Bereichen außer den elektronischen Diensten und den Finanz- und Beratungsdiensten schaffen wachsende Arbeitslosigkeit, eine Zunahme irregulärer Beschäftigung, steigende Arbeitsmigration und Probleme wie Obdachlosigkeit und Kriminalität. Altvater interpretiert auch die steigende Staatsverschuldung als "Solidarisierung der Verpflichtung zum Schuldendienst zugunsten privater Geldvermögen" durch öffentlich garantierte Zinszahlungen.[88] Diese soll dann durch Einsparungen vor allem im wohlfahrtsstaatlichen Bereich reduziert werden, was die Risiken und Lasten wieder auf die Arbeitnehmer und Konsumenten verlagert, die zu größerer Eigenverantwortung und Eigenvorsorge aufgerufen werden. Die "global players" können durch Beteiligungen, Marktanteile und Standortwahlen, durch politisches Lobbying die Politik der Staaten beeinflussen und deren Bedeutung empfindlich schwächen. Sie haben auch großen Einfluß auf die Beziehungen zwischen Staaten und das Verhältnis zwischen Industriegesellschaften und

88 Elmar Altvater, Die Welt als Markt? In: Florian Müller/Michael Müller (Hg.), Markt und Sinn, Frankfurt/Main-New York 1996, S. 19-43; siehe auch: Elmar Altvater/Birgit Mahnkopf, Grenzen der Globalisierung, Münster 1996.

Entwicklungsländern. Dennoch ist es zweifelhaft, ob dies das Ende der nationalen Ökonomien bedeutet.[89] Gerade auf Grund der vielfältigen Folgeprobleme der Globalisierung kommt, wie Lester Thurow meint, in den kapitalistischen Gesellschaftsordnungen dem Staat die Rolle zu, "die Interessen der Zukunft in der Gegenwart zu vertreten".[90]

Die wirtschaftlichen Veränderungen in der Gegenwart beruhen auf institutionellen und politischen Voraussetzungen. Als die Inflationsraten in den 80er Jahren sanken, gegengleich die Arbeitslosenraten stiegen, war dies keineswegs das Resultat einer inhärenten Automatik der Wirtschaft, sondern durch politische Umorientierungen, staatliche Deregulierung und die Auswirkungen der Dritten Industriellen Revolution bedingt. Die wachsende Staatsverschuldung, das Ausbleiben der Wachstumssteigerung und die anhaltende Inflation brachten in den 8oer Jahren einen ideologischen Umschwung, der vom Keynesianismus und Konsum- und Wohlfahrtsdenken zu einer monetaristisch-neoliberalen Austerity-Politik führte, die ihr Hauptaugenmerk auf die Verbesserung der Produktionsbedingungen und der Effizienz der Unternehmen sowie der Staatsverwaltung richtete. Streben nach Preisstabilität, nach Verbesserung der Zahlungsbilanz und Betonung der Marktkräfte sind Kennzeichen dieser Politik. In Großbritannien und den USA gelangten konservative Parteien an die Macht, die einen harten neoliberalen Kurs begründeten, dessen Auswirkungen auch in anderen Staaten zu entsprechenden Änderungen der Politik führten. In Skandinavien und Österreich erfolgte die Neuorientierung vergleichsweise spät und ohne durchgehende Verlagerung der Regierungsmacht weg von den sozialdemokratischen Parteien. Trotz gewisser Erfolge der spar- und marktorientierten Politik zeigten die unvermindert hohen Arbeitslosenraten in Europa und die unbefriedigende Wirtschaftserholung in den USA trotz relativ guter Beschäftigungslage, daß ganz allgemein keine Wiederkehr hoher Wachstumsraten für längere Zeit zu erwarten ist. Der Eintritt in ein "age of diminished expectations" zeichnete sich ab.[91] Paul Krugman meint damit, daß in Zukunft höhere Investitionen in Anlagen und Humankapital benötigt werden, um die niedrigen Produktivitätsraten wieder anzuheben. Produktivität wurde zu Ende des Jahrhunderts wieder zum Zauberwort wie

89 Vgl. etwa: Robert Reich, Die neue Weltwirtschaft. Das Ende der nationalen Ökonomie, Frankfurt/Main 1993.

90 Lester C. Thurow, Die Zukunft des Kapitalismus, Düsseldorf-München 1996 (urspr. am. 1996), S. 31.

91 Paul Krugman, The Age of Diminished Expectations, Cambridge-Mass.-London 1997 (urspr. 1994).

am Beginn desselben.[92] Die Konsequenz daraus war die Umorientierung auf Produktionssteigerungen im jeweiligen Land; dies aber wird laut Krugman wieder eine neue protektionistische Abschließung der Volkswirtschaften einleiten. Das ist aus amerikanischer Sicht durchaus verständlich, angesichts der Aussichten auf Grund der wachsenden Integration der Wirtschaften Europas. Es ist aber fraglich, ob man es verallgemeinern kann. Wichtiger als die Prognose hinsichtlich der wirtschaftspolitischen Neuorientierung ist jedoch hier Krugmans Auffassung der politischen und kommunikativen Implikationen wirtschaftlicher Konzepte. Er hält das Festhalten am freien Handel und die Abneigung gegen Protektionismus vor allem durch "symbolism and politics" begründet.[93] Nicht "der Markt" oder die Eigendynamik der Wirtschaft, sondern die Politik und deren symbolisch-kommunikative Voraussetzungen, Instrumente und Wirkungen sind es, die die Annahme bestimmter Theorien, Strategien, Entscheidungen und damit das Ergebnis bestimmen. Es bleibt abzuwarten, welche Theorien oder Visionen die Wendung weg von der globalen Vernetzung und den deregulierten Transaktionen begleiten und legitimieren werden.

Auch Immanuel Wallerstein wendet den Blick weg von den rein ökonomischen Kriterien hin zum Zusammenhang zwischen den politischen und wirtschaftlichen Strukturen und Prozessen im Weltsystem. Er zeichnet allerdings ein ganz anderes Bild als Krugman und sieht in der Gegenwart den Zusammenbruch der modernen Epoche, die 1789 begann, markiert durch das historische Ereignis des Untergangs des Kommunismus im Osten Europas im Jahr 1989. Für ihn ist 1989 zugleich ein Symbol für den Untergang der Ideen, Werte und politischen Prinzipien der Moderne[94]. Es bedeutet die Desintegration des kapitalistischen Weltsystems, das auf den Beziehungen von Nationalstaaten im Geflecht der Weltwirtschaft auf der Basis der kapitalistischen Verhältnisse beruhte. Der Zerfall des Weltsystems und die Globalisierung der Wirtschaft gehen gemeinsam einher. Markantes Ereignis für den Beginn der neuen Ära war für Wallerstein der Golfkrieg, denn er führte zu der Erkenntnis, daß eine Neuverteilung der Kräfte auf internationaler Ebene nicht durch natio-

92 Siehe die Diskussion über Produktivität auf der Wiener Tagung des Vereins für Socialpolitik: Franz Boese, Geschichte des Vereins für Socialpolitik 1872-1932, München 1939.

93 Paul Krugman, op. cit., S. 124.

94 Immanuel Wallerstein, After Liberalism, New York 1995. Wallerstein verwendet den Begriff "Liberalismus", wie er auch im US-Kontext üblich ist, als rationalen Reformismus auf der Basis von individueller Freiheit, Demokratie und Marktwirtschaft.

nalstaatliche Entwicklung passieren kann, sondern durch das Ausscheren aus dem System mit den USA als Führungsmacht bzw. die Entstehung neuer überstaatlicher Machtregionen, etwa im Nahen Osten. Die Weltordnung zerbrach zusammen mit einem Prozeß der "delegitimization" der staatlichen Regelungen. Die Sicherheiten, die die staatlichen Rahmen vermitteln, verlieren an Geltung und Wirkung. Gruppen mit eigenen Zielen und Interessen suchen sich gegeneinander und über Grenzen hinweg durchzusetzen. Während die Funktionen des Weltmarktes kaum darunter leiden werden, ja eine neue Periode der Expansion mit wachsender Ungleichheit der Verteilung der Erträge als Resultat bevorsteht, verschiebt sich die Desintegration auf die politisch-kulturelle Ebene, wo die Staaten ihrer Legitimation zusehends verlustig gehen und die gemeinsame Basis der Geokultur zusammenbricht. Wallerstein zieht daraus den Schluß, daß wir mitten in einer Phase der Umorientierung und des Chaos sind. Der Liberalismus (im US-amerikanischen Sinn!) war Wallerstein zufolge der ideologische Schutzschild gegen diese antisystemischen Kräfte. Er hatte es sogar geschafft, durch indirekte Zulassung von scheinbaren Gegenströmungen quasi-sozialistische Elemente in das System einzubauen und sich solcherart zu immunisieren. Dieser Schild wurde 1968 erschüttert und 1989 zerstört, und Wallerstein sieht die Zukunft für die nächsten 25 bis 50 Jahre in düsterem Licht.

Die neue Unsicherheit

In Zeiten des raschen technologischen, sozialen und ökonomischen Wandels steigt auch die Unsicherheit in bezug auf die Grundlagen der Lebensweise und die zukünftigen Chancen. Die gegenwärtige Transformation zeichnet sich allerdings durch einige besondere Merkmale in dieser Hinsicht aus: Zum einen sind die Auswirkungen des technologischen Fortschritts und dessen Umsetzung durch unsere auf ständiges Wachstum ausgerichtete Wirtschaftsweise schon längere Zeit in der Diskussion, denn Umweltzerstörung, Ressourcenvergeudung und Überlebensrisiken haben gegenwärtig ein nie gekanntes Ausmaß erreicht. Zum zweiten führt der durch die Deregulierung und Globalisierung der Märkte verstärkte Effizienz- und Leistungsdruck nicht nur zu strukturellen Veränderungen der Unternehmenslandschaft und hoher Arbeitslosigkeit, sondern auch zu einer Fragmentierung der Arbeit und zur weiteren Entwertung beruflichen Humankapitals. Zum dritten wird über die Krise des Wohlfahrtsstaates nicht nur geredet, sondern der Ab- bzw. Umbau desselben, oder zumindest seine permanente Reform, ist zum politischen Programm geworden, und "moral persuasion" im Hinblick auf die Individualisierung der Risiken ist angesagt.

Der Wohlfahrtsstaat oder Sozialstaat gerät gegenwärtig zunehmend unter Legitimationsdruck. Das auslösende Kriterium ist zwar das Ausmaß der Staatsausgaben, darüber hinaus geht es aber auch um die Art von Maßnahmen und die Beziehungen zwischen den organisierten Gruppen, dem Staat und der Wirtschaft um die politisch-institutionellen Grundlagen des Wohlfahrtsstaates. Von der Krise des Wohlfahrtsstaates wurde zwar seit seiner Entstehung gesprochen, gegenwärtig scheint ein Abbau oder zumindest ein "Umbau" desselben aber unvermeidlich zu sein. Zu unterschiedlich werden die Lebenslagen und die Risiken für die Menschen in der Gegenwart und zu stark ist der Druck auf die Regierungen, vergleichbare Sozialausgaben auf relativ niedrigem Niveau vorzuweisen. Die europäischen Staaten stehen dabei unter einem doppelten Druck, einmal durch die Globalisierung der Finanz- und Investitionsströme, zum anderen durch die europäische Integration, in deren Gefolge Ausweitungen der Klassendisparitäten in den europäischen Gesellschaften zu erkennen sind, die zusammen mit Segmentierungstendenzen im Zuge innereuropäischer Migrationsprozesse auch eine neue Zentrum-Peripherie-Struktur in Europa entstehen ließ.[95]Die Europäische Union erwies sich zwar in wirtschaftlicher Hinsicht als relativ erfolgreich, jedoch im Hinblick auf die Schaffung einer gemeinsamen Sozialpolitik ging es kaum über rhetorische Fortschritte vom "Europäischen Sozialraum" über die "Sozialcharta" bis zur "Sozialunion" hinaus.[96] Insbesondere die anhaltenden Beschäftigungsprobleme in Europa lassen Zweifel an der Effektivität der wohlfahrtsstaatlichen Sozial- und Wirtschaftspolitik aufkommen. Man blickte daher auf die ungleich erfolgreichere Beschäftigungspolitik der USA, die mit dem metaphorischen Ausdruck einer "job machine" bedacht wurde. Im Vergleich der Systeme der sozialen Sicherheit und der Wohlfahrtspolitik in Europa und Amerika trat besonders deutlich zutage, daß die noch in den 60er und 70er Jahren unter den demokratischen und gemäßigt konservativen Regierungen ausgebaute US-Sozialpolitik in den 80er Jahren unter der Reagan-Administration und der monetaristisch-angebotsorientierten Wirtschaftspolitik einen Rückzug aus dem Wohlfahrtsstaat begonnen hatte. Die tatsächlichen Abbauinterventionen blieben zwar hinter der neoliberalen Rhetorik zurück und waren ausschließlich an Kostenreduktion orientiert, es entstand jedoch ein anderes Klima, das durch die Enttäuschung über die mangelnden Erfolge bei der Bekämpfung der Armut und der anderen sozialen

95 Max Haller, Klassenstruktur und Arbeitslosigkeit. Die Entwicklung zwischen 1960 und 1990, in: Stefan Hradil/Stefan Immerfall (Hg.), Die westeuropäischen Gesellschaften im Vergleich, Opladen 1997, S. 377-421.

96 Vgl.: Hermann Berié, Europäische Sozialpolitik, in: Gerhard Kleinhenz (Hg.), Soziale Integration in Europa I, Berlin 1993, S. 31-108.

Probleme die in den USA immer schon starke anti-etatistische und individualistische Stimmung förderte. Die Betonung von Selbsthilfe und Eigenvorsorge sowie die Präferenz für autonome Institutionen und Wirtschaftsunternehmen als Betreiber von sozialen Leistungen gegenüber dem Staat als Wohlfahrtsträger sind weit verbreitet.[97]

Im Gefolge der Rezession der 70er Jahre und dem Übergang der Regierungsgewalt auf konservative Parteien in vielen Staaten kam es auch in Europa zu einer Abkehr von den keynesianischen Prinzipien der Wirtschafts- und Sozialpolitik und in der Folge mehrten sich die Stimmen, die den Wohlfahrtsstaat kritisch kommentierten. Seine Voraussetzungen, hohe Wachstumsraten, Massenkonsumexpansion und Verbändemacht, die den "fordistischen Klassenkompromiß"[98] ermöglicht hatten, gerieten aber im letzten Viertel des Jahrhunderts zunehmend in die Krise, so daß sowohl das "Akkumulationsregime", der Modus der systematischen Verteilung und Reallokation des Gesellschaftsprodukts, als auch die "Regulationsweise", die Gesamtheit der Institutionen, Normen und Beziehungen in den einzelnen Gesellschaften unter starken Veränderungsdruck kamen.[99] Die gesellschaftliche Formation wandelte sich in wirtschaftlicher, politischer und ideologischer Hinsicht in Richtung auf einen nur sehr vage gezeichneten "Post-Fordismus".[100] In den 80er Jahren schoben sich dann neoliberale Argumentationen in den Vordergrund, die den Wohlfahrtsstaat als Beschneidung der Eigeninitiative der Unternehmer und Hemmnis für die Entfaltung der Marktdynamik sehen. Individualistische Wertorientierungen der Marktwirtschaft und ökonomisch-rationale Effizienzargumente bedingten eine Delegitimierung staatlicher Sicherungsmaßnahmen und gegengleich die Betonung individueller Eigenvorsorge. Da der Wohlfahrtsstaat stark vom politischen Gewicht der organisierten Arbeiterbewegung und der Existenz einer funktionierenden kooperativen Basis der wirtschaftlichen Großgruppen des organisierten Kapitalismus abhängt, wirkten sich die Stagnation und die hohen Arbeitslosenzahlen negativ auf die Argumente für die Aufrechterhaltung der bisherigen Politik aus. Die Grundlagen der Akkomodation der Interessengruppen von Kapital und Arbeit änderten sich, das Kapital gewann in den 80er Jahren entscheidend an Boden und konnte

97 Nathan Glazer, The Limits of Social Policy, Cambridge-Mass.-London 1990, S. 180.

98 Joachim Hirsch, Kapitalismus ohne Alternative? Hamburg 1990, S. 102 f.

99 Alain Lipietz, Mirages and Miracles. The Crisis of Global Fordism, London 1987.

100 Joachim Hirsch/Roland Roth, Das neue Gesicht des Kapitalismus. Vom Fordismus zum Post-Fordismus, Hamburg 1986.

den Regierungen und lokalen Behörden Bedingungen diktieren, unter denen man bereit wäre, zu investieren. Die Wohlfahrtsstaaten in Europa erwiesen sich dabei gezwungenermaßen gerade auf Grund ihrer selbstgewählten Verantwortung für Beschäftigungssicherung als Mitspieler des Kapitals. Die großen Unternehmen wuchsen durch Übernahmen und verstärkten so ihre internationale Machtstellung. Sie betonen das "right to manage" ohne Beschränkung durch soziale oder gruppenpartikulare Interessen und Solidaritätsvorgaben. Aber auch die sozialen Probleme änderten sich. Die Beseitigung der Armut größerer Bevölkerungsschichten war ein Erfolg des Wohlfahrtsstaates und des Wirtschaftswachstums der Vergangenheit, der sich aber nun als "Nachteil" für die Einschätzung des Nutzens staatlicher Hilfen und organisierter Interessenvertretung herausstellt. Nur mehr der plötzliche Wegfall der Erwerbstätigkeit oder Notsituationen rufen die existentiellen Risiken abhängiger Arbeit ins Bewußtsein; die Leistungen des Wohlfahrtsstaates wie auch die der Gewerkschaften nehmen den Charakter von "dissatisfiers" an, sie erzeugen Unzufriedenheit, wenn sie fehlen, sonst werden sie als entbehrlich gesehen. Im Vordergrund des Problembewußtseins und des medienvermittelten Interesses stehen andere Dinge: Gleichbehandlung oder Nicht-Diskriminierung von Frauen, von ethnischen Gruppen, Behinderten, Ausländern oder Randgruppen, Umweltprobleme etc. Diese Probleme sind oft nur mittelbar oder nebenbei ökonomisch begründet oder lösbar, und sie reflektieren eine Zersplitterung in der Struktur der "neuen sozialen Konflikte".[101] Die sie vertretenden neuen sozialen Bewegungen mißtrauen dem Wohlfahrtsstaat insofern, als er an uniformen Lebenslagen und bürokratischer Regelung orientiert ist. Der Staat erleidet einen Verlust an Vertrauen, der sich nicht nur gegen seine Einrichtungen, sondern auch gegen die darin Beschäftigten (Beamte, Lehrer etc.) wendet. Einerseits wird dem Wohlfahrtsstaat angelastet, die kulturellen Wurzeln des Erwerbsstrebens zu untergraben, andererseits autonome soziale Hilfe zu behindern. Einerseits baue er auf dem modernen individualistische Bewußtsein auf und verstärke es, so daß gemeinschaftliche, solidarische Hilfe und soziale Netze weitgehend verloren gingen, andererseits erzeuge er Erwartungen von Leistungen des Staates, wodurch die Eigenvorsorge zurückgedrängt werde. Kritisch wird auch bemerkt, daß die Ansprüche an öffentliche Leistungen eigendynamisch durch die Wirkungen des "wohlfahrtsstaatlichen Lebensstils" auf Grund geänderter Werte und Bedürfnisse, höherer Erwartungen und Machbarkeitsvorstellungen und den Wegfall traditionaler sozialer Netze steigen.[102] Veränderungen des Wohlfahrtsstaates im Sinne

101 Alain Touraine, Les noveaux conflicts sociaux, in: Sociologie du Travail 17/1975, S. 1-17.

102 Manfred Prisching, Bilder des Wohlfahrtsstaates, Marburg 1996, S. 119 ff.

einer Anpassung an neue Bedingungen sind auf Grund der legislativ-bürokratischen sowie der politischen Gegebenheiten meist nicht oder nicht rasch genug möglich. Probleme wie die demographische Entwicklung der Bevölkerung in den europäischen Staaten stellen Einrichtungen wie die durch Generationenvertrag und Umlageverfahren charakterisierte Rentenversicherung in Frage, der technische Fortschritt und die wachsenden Ansprüche an das Gesundheitswesen in der Medizin lassen die Kosten in diesem Bereich explodieren, die hohen Arbeitslosenraten stellen nicht nur das System der Arbeitslosenversicherung, sondern die Verantwortung des Wohlfahrtsstaates für Vollbeschäftigung vor große Probleme.

Die Kritik am deutschen Wohlfahrtsstaat orientiert sich einerseits an der Existenz von Sicherungslücken, andererseits an der Inflexibilität durch die Lohnarbeitszentriertheit und dem Festhalten an der Vorstellung von Normalarbeitskarrieren und lebenslanger kontinuierlicher Beschäftigung.[103] Die Zwangsversicherung gewähre zu wenig individuelle Freiheit und keinen Anreiz für Eigenvorsorge, sondern führe zur Ausnutzung der Leistungen durch "freeriders" und Sozialparasiten. Die Lösung scheint für einen Teil der Fragen im Übergang zu Grundsicherung zu bestehen, wobei je nach ideologischer Position, die einen für ein relativ hohes Niveau, die anderen für Mindestsicherung eintreten. Eine pragmatischere dritte Position sieht den Einbau von Grundsicherungselementen in bestehende Sozialversicherungssysteme (durch Sockelungen von Mindestleistungen, Einbeziehung von Nicht-Erwerbszeiten bzw. gesellschaftlich als nützlich erkannten Nicht-Erwerbstätigkeiten) vor.[104] Dabei sind verschiedene Möglichkeiten der Kombination von Grundsicherungs- oder partikulärer Lebensstandardsicherung auch im Rahmen der europäischen Integration möglich.[105] Überlegungen über die Transformation des Wohlfahrtsstaates werden auch mit der Restrukturierung der Sozialversicherungssysteme nach dem Kapitaldeckungsprinzip verbunden. In den USA spielen Einkünfte aus Kapitalanlagen schon lange zur Sicherung des Lebensstandards im Alter eine wesentlich

103 Siehe hierzu: Georg Vobruba, Arbeiten und Essen. Politik an den Grenzen des Arbeitsmarktes, Wien 1989; oder auch den Vorschlag, anstelle der Arbeitslosenpolitik ein allgemeines Legitimationsgeld einzuführen. Siehe: Burkhard Wehner, Der Neue Sozialstaat. Vollbeschäftigung, Einkommensgerechtigkeit und Staatsentschuldung, Opladen 1992, S. 127 ff.

104 Siehe dazu etwa: Thomas Olk/Barbara Riedmüller, Grenzen des Sozialversicherungsstaates oder grenzenloser Sozialversicherungsstaat? In: Dies. (Hg.), Grenzen des Sozialversicherungsstaates, Opladen 1994, S. 9-36.

105 Richard Hauser, Soziale Sicherung in westeuropäischen Staaten, in: Stefan Hradil/Stefan Immerfall (Hg.), Die westeuropäischen Gesellschaften im Vergleich, Opladen 1997, S. 521-543.

größere Rolle als in Deutschland. Ein beträchtlicher Teil des gesamten Alterseinkommens kommt aus Erträgen von Kapitalanlagen, wobei der Anteil natürlich bei den höheren Einkommensschichten wesentlich größer ist, während er nach unten hin minimal wird. Die Abschaffung der staatlichen Versorgungs- und Versicherungssysteme zugunsten einer privaten Vorsorge mit minimaler Grundsicherung wurde von neoliberalen Kreisen propagiert, aber Verbindungen von privater Versicherung und zusätzliche Einkommenssicherung im Alter durch Kapitalanlage sowie die Heranziehung privat-familialer oder ehrenamtlicher Humanressourcen mit staatlichen Programmen werden sich als realistische Formen herauskristallisieren. Verschiedene Modelle staatlichen Handelns stehen wieder zur Wahl: Minimalstaat, souveränitätsorientierter Staat, emanzipatorischer Sozialstaat und subsidiärer Sozialstaat. Letzterer charakterisiert das dominierende Leitbild des Sozialstaats in Deutschland. Eine Reform desselben, die dennoch an den Leitgedanken des bestehenden deutschen Wohlfahrtssystems anknüpft, strebt Heinz Lampert an.[106] Er setzt bei der Veränderung der gesetzlichen Normen an, und sieht die Probleme des Sozialstaats nur zu einem geringen Teil durch diesen selbst verursacht, sondern als exogen generiert an.

Die hohen Kosten der staatlichen Wohlfahrtsleistungen wurden zunehmend kritisiert, wie ganz allgemein Staatsausgaben als solche nicht mehr als Investitionen für zukünftige Wachstumschancen oder zumindest notwendige Hilfen, sondern vielfach als unproduktive Kosten interpretiert werden. Effektivität und Effizienz staatlicher Maßnahmen und Regelungen werden unter dem Eindruck der enorm gestiegenen Staatsschulden angezweifelt. Bürokratische Eigeninteressen bzw. Ineffizienz verursachen dieser Auffassung zufolge steigende Kosten. Die Bestrebungen gehen daher dahin, den Wohlfahrtsstaat in zweifacher Hinsicht effizienter zu machen: zum einen ihn mehr an den Anliegen der Bevölkerung zu orientieren, zum anderen die Kosten öffentlicher Ausgaben zu senken. Je nach ideologischer Orientierung werden unterschiedliche Akzente gesetzt: mehr Kosteneffizienz und/oder mehr Kundenorientierung. Dabei orten manche Kommentatoren eine neue Ideologie des "managerialism", die vor allem durch neoliberale Strömungen gestützt wird.[107] Die Methoden reichen von Privatisierung über den Einbau von Konkurrenz-, Autonomie- und Marktelementen in die öffentliche Verwaltung bis zum Übergang zu neuen Managementpraktiken, wie sie bislang nur für privatwirtschaftliche Organisationen typisch

106 Heinz Lampert, Krise und Reform des Sozialstaates, Frankfurt/Main 1997, S. 51.

107 Siehe: John Clarke/Janet Newman, The Managerial State. Power Politics and Ideology in the Remaking of Social Welfare, London 1997; Willard F. Enteman, Managerialism. The Emergence of New Ideology, London 1993.

waren. Effizienzkriterien werden vorgegeben, autonome Finanzgestaltung für bestimmte Bereiche geschaffen, die Ergänzung des staatlichen Apparats durch Zukauf aus dem Markt vorgesehen. Die Beschäftigten des öffentlichen Sektors sollen sich in einen stark reduzierten Kern von Beamten und einen breiteren Kreis von auf Zeit-Beschäftigten differenzieren. Neue Formen der Kontrolle der Effizienz und Kundenorientierung werden durch Evaluationsmethoden geschaffen. Damit einher geht die Vorstellung höherer Flexibilität in bezug auf Qualifikation, Kompetenzen und deren Verwendung in der Organisation, d.h. aber daß die in diesen arbeitenden Menschen sich entsprechend den jeweiligen Effizienzvorgaben, den sich verändernden Ansprüchen der "Kunden" und der Öffentlichkeit und den jeweiligen Managementstrategien ständig anpassen müssen. Die Veränderbarkeit soll möglichst schon in den Strukturen der Organisationen angelegt werden. Da gleichzeitig aber echte Dezentralisierung im Sinne vollständig autonomer kleiner Einheiten nicht möglich ist, ergeben sich bei der Schaukelpolitik von Autonomisierung und Kontrollverstärkung bei der Neuorganisierung der öffentlichen Verwaltung geradezu atemberaubende Koordinationsschwierigkeiten, die durch zusätzliche Stabstellen und Ebenen der Entscheidungsfindung gelöst werden sollen, was aber im Gesamteffekt kaum effizienter und sicher nicht kostensparender ist. Vielfach wird in bezug auf die Kosten nur ein kosmetischer Effekt erreicht, weil der Abbau von Personal im öffentlichen Sektor sich zwar in den Ziffern der öffentlichen Ausgaben positiv niederschlägt, dafür aber gigantische Steigerungen in den "privatwirtschaftlichen" Budgets erfolgen. Der "schlanke Staat" fettet sich aus dem Markt beträchtlich auf. Die Strategien ähneln einer Quadratur des Kreises, weil steigende Ansprüche an Sozialleistungen mit einer Reduktion der Kosten befriedigt werden sollen. Das "permanent reengineering" der öffentlichen Leistungen erzeugt seinerseits Kosten und setzt auch wieder Regelungen und Prozeßsteuerungen voraus. Die Umorientierungen und Neustrukturierungen erfordern die Änderung gesetzlicher Bestimmungen und eine Flut von Verordnungen und Durchführungserlässen. Die ständig neuen Regelungen erzeugen überdies Unsicherheit bei Beschäftigten wie Bevölkerung. In den Organisationen steigt der Aufwand in bezug auf Prozesse der Willensfindung, Entscheidung und Planung, so daß diese Aufgaben überproportional aufgebläht werden, obwohl sie nicht den eigentlichen Zweck der Organisation darstellen. Die Selbstzweckhaftigkeit und Selbstreferenz der Organisationen wächst zu Lasten ihrer sachlichen Aufgaben.[108] Die Organisationen helfen sich in dieser Situation durch die Konzentra-

108 Tony Cutler/Barbara Waine, Managing the Welfare State, London 1994; Julian LeGrand/W. Bartlett (eds.), Quasi-Markets and Social Policy, Basingstoke 1993; Peter Taylor-Gooby/Robyn Lawson (eds.), Markets and Managers. New

tion auf die leichter durchsetzbaren und öffentlichkeitswirksameren Aufgaben, durch Verschieben der belastenderen Fälle auf andere Organisationen oder den Markt, durch Erhöhen von Beiträgen für kleinere Gruppen, wo dies weniger auffällt, durch Minderung von Leistungen dort, wo es ungestraft möglich ist. Es erfolgen solcherart komplexe Prozesse von Kostentransfers zu Lasten der schwächeren Klientengruppen, was die sozialen Ungleichheiten verstärkt.

Große Bedeutung wird gegenwärtig von verschiedenen Seiten den sog. intermediären Netzwerken und privaten Institutionen als eine "zivilgesellschaftliche" Alternative oder Ergänzung zum Wohlfahrtsstaat zugeordnet. In den USA und in Japan, die wegen ihrer geringen Sozialorientierung noch bis vor kurzem kritisiert wurden[109], waren immer schon die sozialen Netze der Familie und Nachbarschaft sowie freiwillige Hilfe notwendig als Ergänzung der staatlichen Leistungen. Die Vorstellungen in bezug auf die intermediären Netze sehen den Staat nicht als den direkt die Wohlfahrt gestaltenden und verantwortlichen Akteur, sondern mehr als einen Vermittler zwischen Individuen und ehrenamtlichen Helfern. In der Diskussion werden vor allem die Non-Profit-Organisationen, die Bürgerinitiativen bzw. Selbsthilfegruppen und die ehrenamtlichen Tätigkeiten als Alternativen zur Staatshilfe hervorgehoben.[110] Der informelle bzw. der intermediäre Sektor kann differenziertere Situationen und Bedürfnisse berücksichtigen als die allgemeinen Einrichtungen des Sozialstaates. Zu einem Teil entziehen sich diese Leistungen auch der offiziellen Erwerbswirtschaft, werden auf Gegenseitigkeit, "schwarz" oder unentgeltlich erbracht. Vielfach entfaltet dieser Bereich seine Aktivitäten neben und unter denen des Wohlfahrtsstaates, in zunehmendem Maß werden die Grenzen zwischen dem staatlichen und den anderen Bereichen, nicht nur dem intermediären, sondern auch dem informellen Sektor und dem Marktsektor durchlässiger, so daß es zu

Issues in the Delivery of Welfare, Buckingham 1993; John Clarke/Janet Newman, The Managerial State, London 1997.

109 Stephan Leibfried, Sozialstaat oder Wohlfahrtsgesellschaft? Thesen zu einem japanisch-deutschen Sozialpolitikvergleich, in: Soziale Welt 45/1994, S. 389-410.

110 Vgl. dazu: Christoph Badelt, Politische Ökonomie der Freiwilligenarbeit, Frankfurt/Main 1985; Adalbert Evers/Thomas Olk (Hg.), Wohlfahrtspluralismus. Vom Wohlfahrtsstaat zur Wohlfahrtsgesellschaft, Opladen 1996; Werner W. Engelhardt, Zur Frage des Bezugsrahmens von Selbsthilfegruppen des Gesundheitsbereichs, in: Albrecht Iwersen/Egon Tuchfeld (Hg.), Sozialpolitik vor neuen Aufgaben, Bern-Stuttgart-Wien 1993, S. 399-419; D. Green, Reinventing Civil Society. Rediscovering Welfare Without Politics, London 1993; Jens Alber, Soziale Dienstleistungen. Die vernachlässigte Dimension vergleichender Wohlfahrtsstaats-Forschung, in: Karlheinz Beutele et al. (Hg.), Die Reformfähigkeit von Industriegesellschaften, Frankfurt/Main-New York 1995, S. 277-293.

einer Mischung von Formen kommen kann. Da die Beiträge für die staatlichen Leistungen von den Haushalten jedenfalls gezahlt werden müssen, ergibt sich eine sehr hohe insgesamte Kostenbelastung für ein adäquates Wohlfahrtsniveau. Vorschläge, die die privaten sozialen Hilfen systematisch in eine zukünftige Gestaltung von Wohlfahrtseinrichtungen auf der Basis der Eigeninitiative von Individuen und Gruppen einbeziehen wollen, gehen mitunter von überzogenen Erwartungen aus. Sie sind überdies mit der Schwierigkeit konfrontiert, daß spontane Solidarität oder freiwillige Hilfe ihren eigentlichen Charakter verlieren, wenn sie routinisiert und institutionalisiert werden.

Die informellen Arten der sozialen Hilfe gehören zum Großteil in einen Bereich der Wirtschaft, der aber jenseits von Markt und Staat liegt, der "informellen Wirtschaft".[111] Was man darunter versteht, ist allerdings sehr unterschiedlich. Generell handelt es sich um wirtschaftlich relevante Aktivitäten, die sich nicht in der volkswirtschaftlichen Gesamtrechnung erfassen lassen. Informelle Wirtschaft ist diesbezüglich (und nur in diesem Sinne) "unsichtbar", sie beinhaltet kriminelle Transaktionen, nicht erfaßte und nicht gemeldete Wirtschaftsaktivitäten, die von der "Nachbarschaftshilfe" bis zur Schwarzarbeit reichen können, Schwarz- und Graumarktaktivitäten genauso wie Arbeit in Selbsthilfegruppen, Eigenarbeit und "alternative" Formen der Produktion und Distribution. Was jeweils als "informell" bezeichnet wird, hängt davon ab, wie die dazugehörige "formelle" Wirtschaft aussieht, und wie der Beobachter sie deutet.

Der Begriff und die Thematik eines "informellen Sektors" kamen im Zusammenhang mit Arbeitsmarktstudien in Entwicklungsländern auf.[112] Neben einer relativ dünnen Schicht von "modernen" Beschäftigungsverhältnissen in Industrie und Handel führte die Urbanisierung in Entwicklungsländern zu einer großen Zahl von nicht-registrierten Arbeitsverhältnissen und Wirtschaftsaktivitäten, die auf der Basis von "informellen" Beziehungen, von Brauch, Sitte, Tradition, auf Grund von Verwandtschaft, ethnischer oder Stammeszugehörigkeit etc. zustandekommen. Internationale Organisationen, die sich mit Entwicklungsländern befaßten, verstanden diese informelle Wirtschaft zunächst als Zeichen für "unterentwickelte" ökonomische Verhältnisse ohne Wachstumspotential. Manche Forscher, die sich mit latein-

111 Vgl.: Jonathan I. Gershuny, The Informal Economy. Its Role in Industrial Society, in: Futures 11/1978, S. 3-15; L. A. Ferman/S. Henry/E. Hoyman (eds.), The Informal Economy, London-Beverly Hills 1987.

112 "Kenya-Report" im Rahmen des "World Employment Programme" des Internationalen Labour Office 1972.

amerikanischen oder auch asiatischen informellen Wirtschaften befaßten, wiesen allerdings darauf hin, daß diese Aktivitäten keineswegs so ineffizient seien, sondern durchaus dynamische Aspekte aufweisen bzw. entwickeln können. In den 80er Jahren kehrte sich die Beurteilung dann ganz um; die informelle Wirtschaft erschien als "job-creation"-Wunder unter Bedingungen der Krise und der Unfähigkeit vieler Staaten der ehemaligen Dritten Welt, Arbeitslosengeld zu zahlen. Der informelle Sektor beschäftigt Schätzungen zufolge weltweit zwischen zwanzig und sechzig Prozent der städtischen, nicht-agrarischen Erwerbsbevölkerung.[113] Irreguläre Beschäftigungsverhältnisse sind in unterentwickelten Regionen der Welt im Bereich des "micro-business" die Regel. Allerdings ist ihre Erfassung dadurch erschwert, daß sie auf den traditionellen sozialen Beziehungen selbst beruhen und die Grenzen zum formalen Sektor fließend und kaum zu ziehen sind. Dies stellt für diese Ökonomien ein Steuerungsproblem im Hinblick auf Modernisierungsmaßnahmen dar, insbesondere sind den Möglichkeiten für den Aufbau von sozialen Sicherungsinstitutionen Grenzen gesetzt, wodurch sich die existenzbedrohenden Unsicherheiten und Risiken für große Zahlen von Arbeitenden und ihre Familien perpetuieren. In Entwicklungsländern beruht der Schutz gegen die Risiken der Existenz faktisch noch zu einem großen Teil auf informellen Strukturen. Deren Erosion durch die Einführung staatlicher Maßnahmen, so wichtig diese für große Teile der Bevölkerung wären, käme einer Katastrophe gleich. Dort wo die Not am größten ist, können die Staaten angesichts der Masse der Betroffenen und ihrer eigenen finanziellen Schwäche wenig ausrichten. So gibt es zwar formale Institutionen wohlfahrtsstaatlicher Art, die noch immer Einflüsse der jeweiligen ursprünglichen Kolonialmacht zeigen, deren Effektivität ist aber gering.[114] Informelle Aktivitäten werden erst "sichtbar", wenn sie überhaupt in eine Beziehung zum formellen System treten. Ein Subsistenzlandwirt der Dritten Welt gehört nicht zum "informellen Sektor", sondern erst, wenn er in die Stadt zieht, um in einem irregulären Beschäftigungsverhältnis zu arbeiten. Der informelle Sektor ist auch in Entwicklungsländern heterogen; er umfaßt sehr unterschiedliche und in sich vertikal geschichtete Soziallagen: vom Eigentümer informeller Läden oder Werkstätten über selbständige Händler, Handwerker, Unternehmer, Arbeiter in informellen Läden oder Werkstätten bis

113 Jacques Charmes, A Critical Review of Concepts, Definitions and Studies in the Informal Sector, in: David Turnham/B. Salané/A. Schwarz (eds.), The Informal Sector Revisted, OECD, Paris 1990, S. 10-48, S. 17.

114 James Midgley, Social Welfare in Global Context, London-New Delhi 1997.

zu Hausbediensteten.[115] Denen, die "Kapital" einsetzen, geht es dabei in bezug auf Einkommenshöhe besser als irregulär beschäftigten Arbeitern, während die Hausbediensteten die unterste Schicht darstellen. Vor allem die Selbständigen im informellen Sektor erscheinen als die eigentlich kreativen Unternehmer, weil sie es schaffen, unter ungünstigen und ungeschützten Bedingungen zu überleben und Beschäftigungsmöglichkeiten zu schaffen.

In entwickelten Staate entstehen gerade durch die sozialstaatlichen Institutionen irreguläre Aktivitäten, die den Steuer- und Wohlfahrtsstaat zu umgehen suchen und es kommt zur Entstehung einer "underclass" ohne die sozialen Sicherungsnetze der offiziellen Ökonomie und des Wohlfahrtsstaates. In den 80er Jahren kam es zu einer Ausweitung des informellen Sektors.[116] Untersuchungen in Entwicklungsregionen innerhalb der Industriestaaten (z. B. Mezzogiorno) weisen auf die Existenz von irregulärer Beschäftigung in traditionellen Sektoren und ärmeren Regionen hin, aber auch auf die Tatsache, daß gerade durch moderne Technologien und neue Absatzstrategien Tendenzen zur informellen Beschäftigung entstanden sind.[117] Im Gefolge der wachsenden Migration aus unterentwickelten Regionen in Industrieländer und insbesondere der illegalen Einwanderung kommt es zu Abhängigkeit und Ausbeutung durch die irreguläre Beschäftigung von Immigranten.[118] In den osteuropäischen Planwirtschaftssystemen waren ungeregelte Marktaktivitäten entstanden, die nach dem Zusammenbruch der formellen Wirtschaft nicht von sich aus zur Entstehung einer sozial verträglich funktionierenden Marktwirtschaft, sondern vielmehr zu Korruption und schwarzer Wirtschaft führten..[119] Die informellen Aktivitäten inmitten der städtisch geprägten Marktwirtschaften der Industrieländer wurden in den 70er Jahren zum Teil auch als Selbsthilfe- und Protestaktionen der Menschen gedeutet, die gegen "den Markt" und "den Staat" gerichtet waren und auf

115 In bezug auf Lateinamerika siehe: Victor E. Tokman, The Informal Sector in Latin America. Fifteen Years Later, in: David Turnham/B. Salané/A. Schwarz (eds.), The Informal Sector Revisited, OECD, Paris 1990, S. 93-110, S. 101.

116 Vgl.: EEC, Underground Economy and Irregular Forms of Employment, Brüssel 1989.

117 In bezug auf Italien: Rosario Villari (ed.), Il sud nella storia d'Italia, Bari 1966; Paolo Sylos-Labini, Saggio sulle classi sociali, Bari 1976; Arnaldo Bagnasco, Tre Italie. La problematica territoriale dello sviluppo italiano, Bologna 1977. Vgl. auch: Michael Piore/Charles Sabel, The Second Industrial Divide, New York 1984.

118 Saskia Sassen, The Mobility of Labor and Capital, Cambridge 1988.

119 Péter Galasi/G. Sziraczki (eds.), Labour Market and Second Economy in Hungary, Frankfurt/Main-New York 1985; G. Grossmann (ed.), Studies in the Second Economy of Communist Countries, Berkeley 1988.

alternativen Formen der Wirtschaft und Arbeit aufbauten.[120]. Der Markt bewies in der Folge seine starke Sogwirkung in bezug auf alternative, informelle Wirtschaftstätigkeiten, denn viele anfänglich als Nicht-Markt-Transaktionen und im Rahmen basisdemokratischer sozialer Beziehungen erstellte Leistungen transformierten sich in formelle Geschäftstransaktionen. Manche informellen Prozesse sind Markttransaktionen, allerdings auf illegalen Märkten (Schwarzmarkt, Markt für gestohlene Güter).[121] Diese Märkte sind Spiegelbilder der offiziellen Märkte und werden reguliert, wenn auch mit illegalen Mitteln (Schutzgelderpressung, Territorienabgrenzung). Es gibt auch hier verschiedene Formen unvollständiger Märkte, Verbandsbildungen mit starker normativer Kontrolle nach innen und nach außen, und Akteure, die mitunter gleichzeitig in der offiziellen Wirtschaft tätig sind. Es gibt überdies für jeden Markt und jede Region spezifische, für diese illegalen Transaktionen obligatorische Normen und spezialisierte "Berufe" (Rauschgifthändler, Hehler, Schlepper).

Wirtschaft ist immer in gewisser Weise eine Verbindung von "formellen" und "informellen" Strukturen und Prozessen oder auch von assoziativen und reziprozitären Beziehungen.[122] Die "assoziative Regulierung" erfolgt durch Interessengruppen, insbesondere Gewerkschaften und Arbeitgeberverbände, Kartelle und Finanzierungskonsortien, aber auch durch den Staat selbst. Auch die Gruppenbildungen in der schwarzen Wirtschaft gehören hierher. Reziprozitäre Beziehungen hingegen regulieren wirtschaftliche Transaktionen durch Familien-, Nachbarschafts- und Gemeinschaftssolidaritäten oder -normen. Mit der Krise des Wohlfahrtsstaates, insbesondere der enormen Finanzierungsprobleme, entdeckte auch die Politik die Möglichkeiten informeller Netzwerke als die institutionellen Strukturen ergänzende oder ersetzende Ressourcen und leitete eine teilweise Einbeziehung derselben in die offiziellen Gesellschafts- und Wirtschaftsprozesse ein. Auch Bestrebungen zur Deregulierung verschieben die Grenzen zwischen informellen und formellen Beschäftigungsverhältnissen in bezug auf staatliche und institutionelle Regelbereiche. Zahlreiche Formen der Beschäftigung im Grenzbereich zwischen formeller und informeller Wirtschaft entstehen, die einerseits Verbesserungen der Ausstattung mit sozia-

120 Carl Paul Simon/Ann D. Witte, Beating the System. The Underground Economy, Boston-Mass. 1982; L. Razeto, Las empresas alternativas, Santiago 1985; Johannes Berger et al. (Hg.), Selbstverwaltete Betriebe in der Marktwirtschaft, Bielefeld 1986.

121 Arnold Heertje/M. Allen/ H. Cohen, The Black Economy, London 1982.

122 Arnaldo Bagnasco, La costruzione sociale del mercato, Bologna 1988; Ders., L'altra metá dell' economia, Neapel 1986; Enzo Mingione, Fragmented Societies, Oxford u. a. 1991.

len Dienstleistungen darstellen, andererseits aber auch neue Möglichkeiten für Ausbeutung bieten und die existentielle Unsicherheit für viele Menschen vergrößern. Wirtschaftliche "Entwicklung" ist keineswegs gleichbedeutend mit einem ständig fortschreitenden Anstieg der Lohnarbeit in den großen Industrieorganisationen und der nationalstaatlichen Bürokratie; gerade heute zeigt sich eine Tendenz zur Informalisierung und "casualization" der Arbeit, zu dezentralen flexiblen Strukturen. Die Flexibilisierung der organisationalen Strukturen und die Reduktion der staatlichen Leistungen bringen aber auch eine Abnahme der Arbeitsplätze, die ihren Inhabern ein langfristig gesichertes Familieneinkommen in ausreichender Höhe einbringen. Das verstärkt die Tendenz zur Zunahme fragmentierter Arbeit, von Teilzeitjobs, Gelegenheitsarbeit, Leiharbeit etc. als Ersatz oder Ergänzung der offiziellen Erwerbsarbeit. Die wirtschaftliche Lage der Betriebe und die hohe Arbeitslosigkeit führen dazu, daß immer mehr Arbeitende in temporären und partiellen Beschäftigungsverhältnissen stehen. Formen der Beschäftigung werden geschaffen, die aus der Regulation durch Sozialstaat (SV-Beiträge, gesetzliche Arbeitszeitregelungen etc.) und tarifvertragliche Vereinbarungen (Tariflöhne etc.) ausgenommen sind. Die Argumente dafür stützen sich auf die unbestreitbare Tatsache, daß es besser ist, überhaupt neue Arbeitsmöglichkeiten zu haben, als "Normalarbeit", von dieser aber zu wenig. Individuelle Verantwortung, Leistungsbereitschaft und Flexibilität gelten als wünschenswerte Eigenschaften der Menschen in Arbeitswelt und Wirtschaft. Tatsächlich kam es oft zu innovativen Formen von Dienstleistungen durch "neue" Unternehmer, aber der Großteil der durch die Reduktion des Wohlfahrtsstaates und den Personalabbau im öffentlichen Sektor sowie die Deindustrialisierung Betroffenen ist vor schwerwiegende Probleme gestellt. Eine "fragmentation of the social fabric and the occupation structure"[123] wird sichtbar, die Arbeitsmarktchancen, die Beschäftigungsformen und die Lebenslagen der Menschen unterscheiden sich stärker, wobei die gutverdienenden Arbeiter und Angestellten nicht mehr den Großteil der Erwerbstätigen ausmachen, sondern zur Minderheit zu werden drohen. Fragmentierte Arbeit verbindet sich zudem zu "negativen Arbeitskarrieren" von durch Erwerbsarbeit unterbrochener Arbeitslosigkeit.[124] Das bedeutet aber nicht nur ein großes Maß an existentieller Unsicherheit, sondern auch das Fehlen beruflicher Identität und Kontinuität in bezug auf Aufgaben, Kompetenzen und Lebensplanung. Es bedeutet auch die Unbeständigkeit und Fragmentierung sozialer Beziehungen und die Orientierungslosigkeit im Hinblick auf die eigene Zugehörigkeit.

123 Enzo Mingione, op. cit., S. 220.

124 Vgl.: Wolfgang Bonß/Rolf Heinze (Hg.), Arbeitslosigkeit in der Arbeitsgesellschaft, Frankfurt/Main 1984.

Auch die Zersplitterung der Zeitstrukturen in bruchstückhafte Teile durch die Flexibilisierung der Arbeitszeit trägt zur Erfahrung fragmentierter Lebenslagen bei. Die dabei gebotenen Chancen werden von jenen, für die sie sich als Erfolg erwiesen haben, positiv bewertet, aber für viele andere bedeuten sie existentielle Bedrohung, insbesondere wenn sich die wirtschaftliche Lage verschlechtert. Nicht nur für die ständig von Arbeitslosigkeit Bedrohten oder die irregulär Beschäftigten gilt die Erfahrung von Risiko und Chance, die Anforderungen gehen auch und insbesondere bei höheren Positionen in der formellen Wirtschaft in Richtung gesteigerter beruflicher, betrieblicher und örtlicher Mobilität. Permanentes "re-engineering" wird als Nachweis der Effizienz und gleichzeitig der sozialen Verantwortung der Organisationen ausgegeben. Fachwissen und Fachkompetenz im bisherigen Sinne längerfristigen Ausübens erlernter Fähigkeiten ist dabei nicht mehr gefragt, sondern Flexibilität und Umlernfähigkeit, die materiellen und immateriellen Kosten des ständigen Weiterlernens tragen dabei zum Großteil die Arbeitnehmer sowie auch das damit verbundene Marktrisiko. Die "tyranny of transformation" läßt Unsicherheit über das adäquate Wissen und über die individuellen Fähigkeiten entstehen, was seinerseits quantitative Beschäftigungsanpassungen der "lernenden Unternehmen" erleichtert. Die Unternehmenslandschaft selbst verändert sich ständig; Unternehmen werden verkauft, geschlossen, fusioniert oder übernommen, große Organisationen dezentralisiert, Finanzpakete konzentriert; Organisationen werden zu "lernenden", d.h. sie werden ständig umstrukturiert und "entwickelt", Positionen und Kompetenzen werden in Frage gestellt und evaluiert, kontrolliert und eingespart. Der Kapitalismus wird flexibel, was andersherum heißt: die Unsicherheit steigt. "Die Bedingungen der neuen Wirtschaftsordnung befördern [...] eine Erfahrung, die in der Zeit, von Ort zu Ort und von Tätigkeit zu Tätigkeit driftet", meint Richard Sennett und schließt daraus, daß "der kurzfristig agierende Kapitalismus [...] jene Charaktereigenschaften, die Menschen aneinander binden und dem einzelnen ein stabiles Selbstgefühl vermitteln" bedroht.[125]

Die Unsicherheit des Lebens in der modernen Welt wird durch die destruktiven Potentiale der gegenwärtigen ökonomisch-technischen Entwicklung in einer Weise gesteigert, die sich qualitativ von den existentiellen Risiken der Menschen früherer Wirtschaftsepochen unterscheidet. In der Gegenwart bedroht der Wachstumsfetischismus in bezug auf Technologie und Wirtschaft die Chancen nicht nur des guten Lebens zukünftiger Generationen, sondern sogar des Überlebens der Mensch-

125 Richard Sennett, Der flexible Mensch. Die Kultur des neuen Kapitalismus, Berlin 1998 (urspr. am. 1998), S. 31.

heit. Im Vordergrund steht die Frage der Zerstörung der Natur, der natürlichen wirtschaftlichen Ressourcen und des Lebensraums der Menschen. Die destruktive Kraft der modernen Wirtschaft als der Vereinigung von Kapitalismus, Marktwirtschaft und Industrialismus betrifft aber in zunehmendem Maße auch organisatorische Strukturen und soziale Beziehungen. Mancur Olson hat darauf hingewiesen, daß das Wirtschaftswachstum keineswegs befriedend auf die sozialen Verhältnisse wirkt, wie die Apologeten der Industriegesellschaft annahmen.[126] Immer wieder und in sich immer mehr beschleunigendem Tempo werden nicht mehr "nur" traditionelle Bindungen und Strukturen zerstört, sondern alle dauerhaften Beziehungen bedroht. Die Klassen- und Schichtenbindungen der Menschen lockern sich, Frustrationen entstehen, weil die Zahl der Verlierer erheblich größer ist als die der Gewinner. Die Kritik am Kapitalismus hatte in der Ära der Wohlfahrtsstaaten einer begrenzten Industrialismuskritik Platz gemacht und verlagerte ihr kritisches Potential vor dem Hintergrund des globalen Finanzkapitalismus in die Verfolgung praktischer Projekte.[127]

Jede Wirtschaftsweise weist auch zerstörerische Aspekte auf, mit jeder "Produktion" geht auch Destruktion einher, aber das Vernichtungspotential der modernen industriellen Wirtschaftsweise stellt die Vergeudungspraktiken agrarischer Gesellschaften weit in den Schatten. Anders als diese vernichtet sie nicht nur Überschüsse, sondern der gigantischen Erzeugung von Industriegütern entspricht die Zerstörung derselben und das Anwachsen riesiger Berge von obsolet gewordenen Gütern sowie die Ausbeutung und Vernichtung natürlicher Ressourcen. Das gefährdete Ökosystem unserer "natürlichen" Umwelt läßt diesen destruktiv verschwenderischen Aspekt der Wirtschaft heute als besonders problematisch für das Überleben der Menschheit erscheinen. Ausmaße und grenzüberschreitende Dynamik der Gefährdung durch die Großtechnologie haben die Erwartung von Katastrophen normal gemacht.[128] Zudem entsteht ein Gefühl der Ohnmacht angesichts der destruktiven Potentialitäten, die das neuzeitliche Bewußtsein der Kontrolle über die Natur in ein "modernes Mittelalter der Gefahr" verwandelt.[129] Die Tendenzen der zukünftigen Wirtschaft hin zu einer stärkeren Orientierung auf die Produktion immaterieller

126 Mancur Olson, Umfassende Ökonomie, Tübingen 1991 (urspr. am. 1990), S. 129 ff.

127 Z. B.: Johano Strasser/Klaus Traube, Die Zukunft des Fortschritts, 2. Aufl., Bonn 1981.

128 Charles Perrow, Normale Katastrophen, Frankfurt/Main 1989.

129 Ulrich Beck, Risikogesellschaft. Auf dem Weg in eine andere Moderne, Frankfurt/Main 1986, S. 8.

Güter wie Informationen, Kommunikationen und Dienstleistungen scheint der immanenten Vernichtung materieller Ressourcen nicht wirklich entgegenzuwirken, weil gerade die elektronische Technologie und die Computerisierung eine ungeheure Steigerung materieller Zerstörung durch die Beschleunigung des technischen Fortschritts, durch eingeplante Obsoleszenz und durch Nebenerscheinungen der Benutzung der EDV-Technik bedingen. Nicht nur die Vergeudung materieller Ressourcen wird dadurch bewirkt, sondern die Zerstörung von Wissensbeständen durch die unübersehbare Flut von weitgehend redundanten Informationen, die sich ständig selbst vernichten und durch neue ersetzt und erweitert werden.

Versuche, diesen Entwicklungen gegenzusteuern, setzen mit Vorliebe am Ende des Produktions-Verwertungszyklus an statt am Anfang, bei den Industrieunternehmen. Appelle an die Konsumenten und deren Umweltbewußtsein bedienen sich des Arguments von der Konsumentensouveränität. So fordert etwa Meinhard Miegel stellvertretend für die weit verbreitete Meinung einer individualistischen Ultraspätaufklärung, daß anstelle der "kolonnenhaft formierten konsumorientierten Arbeitnehmergesellschaft"[130] mehr Selbständigkeit und Verantwortung durch die einzelnen erfolge im Sinne der Umorientierung zu einer "unternehmerischen Gesellschaft". Von den Wirtschaftsunternehmen erwartet man hingegen keine Einsicht, sondern akzeptiert deren gewinnorientierte Ziele, da diese ja gleichzeitig Wachstum und damit Arbeitsplätze bedeuten. Umweltauflagen für Produzenten sind nur sehr schwer durchzusetzen, insbesondere in globalem Umfang, wie die Ergebnisse der diversen Umweltkonferenzen zeigen. Es besteht ein Zielkonflikt zwischen Wohlstandssteigerung durch Wirtschaftswachstum und der Vermeidung von Schäden und Risiken, die damit verbunden sind. Solange zwei Drittel der Weltbevölkerung in Armut leben, können sich die Wirtschaftswachstumsargumente auch auf Legitimität stützen, selbst wenn allen klar ist, daß die Verteilung der Zuwächse global sehr ungleich erfolgt. Solange die Regierungen der einzelnen Staaten an den Wachstumsraten gemessen werden, wird auch von ihnen nicht zu erwarten sein, daß sie die Risiken effektiv bekämpfen. Solange "die Wirtschaft" durch das Handeln der Unternehmen und Konzerne bestimmt wird, wäre es paradox anzunehmen, daß sie gegen ihre Interessen oder die ihrer Aktionäre agierten. Gegenwärtig erwarten wir aber, daß die Unternehmen "die Wirtschaft" machen und dabei gleichzeitig für das Wohl der Menschheit sorgen. Von den Regierungen erwarten wir, daß sie Wirtschaftswachstum fördern und gleichzeitig Risiken verhindern bzw. für die Schäden

130 Meinhard Miegel, Ökonomie. Eine Kolumne, in: Merkur 51/1997, S. 1129-1133, S. 1129.

zahlen, womit im Endeffekt wir alle vor das Dilemma gestellt sind, das Wirtschaftswachstum und zugleich seine ständige immanente Zerstörungsdynamik anzustreben und seine Gesamtkosten durch Konsumausgaben, Steuerleistungen und Spenden zu finanzieren.

Vernunft, Ethik und Politik in der Wirtschaft

Wirtschaft impliziert immer die Frage nach der Relation von Handeln und Zielen. Zu allen Zeiten involvierte Wirtschaft sowohl das Eigeninteresse der Individuen oder Gruppen als auch den Bezug auf die Gemeinschaft, die für die Erreichung der Ziele und Zwecke des Wirtschaftens notwendige Voraussetzung ist. Zwecke werden gemeinhin als Handlungsdeterminanten von individuellen Subjekten verstanden, während Funktionen auf den Beitrag bestimmter Handlungen zur Erhaltung und Weiterentwicklung des Ganzen bezogen werden. Die Frage der Zwecke führt uns zu der nach der Ethik der Wirtschaft in der Gegenwart und den Wandlungen in der Beziehung zwischen Vernunft und Ethik.

Zwischen Vernunft und ökonomischer Rationalität entstand in der Moderne ein Gegensatz: "Während entsprechend dem ökonomischen Modell individuellen Verhaltens derjenige rational handelt, der, gegeben die jeweiligen Restriktionen, seine eigenen Interessen optimal durchsetzt, handelt derjenige vernünftig im Sinne des philosophischen Ansatzes, der auf die Durchsetzung eigener (partieller) Interessen zugunsten allgemeiner (verallgemeinerungsfähiger) Interessen verzichtet."[131] Noch für die Humanisten bedeutete "vernünftiges Denken und Handeln" gleichzeitig Selbstreflexion der eigenen Fähigkeiten und Toleranz gegenüber sozial, kulturell und theoretisch unterschiedlichen Denkweisen. Den Beginn der Reduktion des Wirtschaftsdenkens auf die reine Wahlhandlungsrationalität und die Aussonderung ethischer, ästhetischer und teleologischer Elemente ortet Stephen Toulmin bei Descartes und seiner neuen Auffassung von Vernunft.[132] Für Descartes bestand das Rationale darin, am Nullpunkt anzufangen und auf der Gewißheit formallogischer Beweise zu bestehen. Für jedes Problem konnte es daher nur eine richtige Lösung geben, die auf Abstraktion von den "unwesentlichen" Aspekten und auf der Logik beruhte. Tatsächlich war dies aber nur der Beginn einer neuen Periode der Geschichte mit ihrem eigenen Ideal der Vernunft. In der Folge erweiterte und veränderte sich auch die cartesianische Rationalität, die gesellschaftlichen und wirtschaftlichen

131 Gebhard Kirchgässner, Homo Oeconomicus, Tübingen 1991, S. 178.
132 Stephen Toulmin, Kosmopolis. Die unerkannten Aufgaben der Moderne, Frankfurt/Main 1991 (urspr. am. 1990), S. 361 ff.

Transformationen der Neuzeit ließen Rationalität immer mehr durch das ökonomische Denken bestimmt werden. Aus verwerflicher Selbstsucht und Habgier hatte sich die zweckorientierte individuelle Rationalität durch die Ökonomie zur wissenschaftlich legitimierten Vernünftigkeit verwandelt. Eine eigene individualistisch-hedonistische Universalethik, wie sie der Utilitarismus darstellte, half der Ökonomie, sich von den Ansprüchen der sozialen Ethik und der Sozialeinbettung zu befreien und selbst zu einer Weltanschauung zu werden. Peter Koslowski meint dazu: "Die Nationalökonomie ist in diesem Prozeß der Säkularisation selbst zu einem Stück Metaphysik und Theologie geworden".[133] Die weitgehende Gleichsetzung von Rationalität und ökonomischer Effizienz prägt gegenwärtig den Vernunftbegriff und führte zu einer Kontrastierung von Ökonomie und nichtökonomischer Ethik, wie sie schon 1885 Friedrich Jodl thematisierte; weder von der einen noch der anderen allein erhoffte er sich den Königsweg zu einer humanen und wohlhabenden Gesellschaft, sondern von der Gesetzgebung.[134] Angesichts der Tatsache, daß wir in der Gegenwart eine tiefgehende Transformation unserer Gesellschaft und Wirtschaft im Weltmaßstab erleben, meint Toulmin, man müsse sich auf einen vorcartesianischen Vernunftbegriff besinnen. Was er damit impliziert, ist nicht einfach das Zurückgreifen auf Vergangenes, sondern die Notwendigkeit, vielfältige Perspektiven und Sichtweisen dessen, was vernünftig ist, zuzulassen und Rationalität nicht als einfaches mechanisches oder kalkulatorisches Problem aufzufassen. Eine andere Rationalität kann auch unsere Auffassungen über Wirtschaft im Sinne einer post-mechanischen Ökonomie verändern.[135]

Am Gegensatz zwischen Rationalität und Ethik setzt auch Peter Ulrich an.[136] Durch die Betonung der Rationalität habe sich die Wirtschaft aus dem Zusammenhang der Grundbedingungen "guten" Lebens gelöst. Ökonomische Rationalität und lebenspraktische Vernunft sind zu Gegenpositionen geworden. Ulrich baut auf der Unterscheidung von "Erwerbssystem" und "Lebenswelt" auf, die Jürgen Habermas in seiner "Theorie des kommunikativen Handelns" eingeführt hat.[137] Auch diese Sicht führt zu einem erweiterten Rationalitätsverständnis oder besser: zur Einführung einer "Gegenrationalität" der Lebenswelt, einer kommunikativen Rationali-

133 Peter Koslowski, Ethik des Kapitalismus, Tübingen 1990, Vorwort zur vierten Auflage, S. 38.

134 Friedrich Jodl, Volkswirtschaftslehre und Ethik, Berlin 1885, S. 23.

135 Karl-Heinz Brodbeck, Die fragwürdigen Grundlagen der Ökonomie, Darmstadt 1998, S. 256.

136 Peter Ulrich, Transformation der ökonomischen Vernunft, Bern-Stuttgart 1986.

137 Jürgen Habermas, Theorie des kommunikativen Handelns, 2 Bde., Frankfurt/Main 1981.

tät, die der instrumentellen Rationalität des Erwerbssystems gegenübergestellt wird. Während es im Erwerbssystem, das auf der Grundkategorie der Arbeit aufbaut, um den instrumentellen Einsatz von Mitteln für Ziele geht, zielt Verständigung im Rahmen der Interaktion auf die Überführung von monologischem in dialogisches Handeln. Grundproblem und Spezifikum der modernen Gesellschaft ist für Habermas die Entkoppelung von System und Lebenswelt. Sie äußert sich zunächst in einem Versachlichungsprozeß moderner Lebenswelten durch die Umpolung auf sprach- und kommunikationsunabhängige Medien wie Geld und Macht, was in der "Kolonisierung", d.h. der Assimilierung der Lebenswelten durch die Systeme resultiert.[138] Ulrich öffnet dieses düstere Szenarium wieder mit einer bewußt wertenden Wendung hin zu einer praktischen Sozialökonomie auf der Grundlage der kommunikativen anstelle der utilitaristischen Ethik. Mit dem Wechsel zum Prinzip des kommunikativen, d.h. verständigungsorientierten, diskursiven Handelns soll die Wirtschaft wieder an die Lebenswelt angekoppelt werden, die ökonomische Rationalität darf nicht mehr ein autonomes und sogar die Lebenswelt dominierendes Kriterium sein. Die Priorität der Kommunikationsgemeinschaft im Denken und Handeln der Menschen muß die entfesselte Ökonomie wieder in ihre Schranken weisen. Um dieses Ziel zu erreichen, bedarf es einer "kommunikativen Rationalisierung" des ökonomischen Systems, etwa durch eine neue Eigentumsordnung, die Demokratisierung der Verfügungsrechte und eine emanzipatorische Sozialpolitik. Solcherart gelangt Ulrich zu einer Vernunftethik als der Integration von ökonomischer Rationalität und ethischer Vernunft durch die praktische Selbstbestimmung des mündigen Menschen.[139]

Ökonomen versuchen im allgemeinen, an individualistischer Nutzenrationalität festzuhalten und dennoch Gemeinwohlziele anzustreben. Das entspricht der Vorstellung von der Verbindung der Marktidee mit Demokratie und Freiheitsidee, wodurch eine soziale Utopie der nicht-autoritären Lenkung bei gleichzeitig schöpferischer und eigenverantwortlicher Handlungsfreiheit der Individuen begründet wurde. Diese Verbindung der Ökonomie mit politischen Idealen macht das Prinzip des individuellen - oder besser: einzelorganisatorischen - Erwerbsstrebens zur Ideologie der Vereinbarkeit von Individualismus und Gemeinwohlorientierung.[140] Zwar betonen mitunter auch Ökonomen wie Kenneth Arrow die Widersprüche zwischen Eigennutz und Gemeinwohl, allerdings überlassen sie deren Bewältigung den

138 Jürgen Habermas, Legitimationsprobleme im Spätkapitalismus, Frankfurt/Main 1973, S. 104.
139 Peter Ulrich, Integrative Wirtschaftsethik, 2. Aufl., Bern-Stuttgart-Wien 1998.
140 Z. B.: Michael Baurmann, Der Markt der Tugend, Tübingen 1996.

Zweck-Mittel-Entscheidungen der Individuen selbst: "The tension between society and the individual is inevitable. Their claims compete within the individual conscience as well as in the arena of social conflict.....All I try to insist here is that some sense of rational balancing of ends and means must be understood to play a major role in our understanding of ourselves and our social role."[141] Individual- bzw. Gemeinschaftsbezug waren eine wichtige Dimension der diskursiven Differenzierung zwischen Ökonomie und Soziologie. Die Polarisation zwischen Eigeninteresse und Gemeinwohl ist aber auch für einen Teil der modernen Nationalökonomie wie etwa die Wohlfahrtsökonomie oder die Ökonomie der Politik ein Problem. Der Begriff des Sozialvertrags wurde daher in der Gegenwart wiederbelebt[142], etwa bei John Rawls, der ihn als Legitimation einer Staats- und Gesellschaftsordnung versteht, deren Leitgedanke die Selbstbestimmung freier und rationaler Menschen über ihre Zusammenarbeit ist. In seiner Theorie der Gerechtigkeit nahm er an, daß auch egoistische Individuen unter Bedingungen der Ungewißheit in bezug auf ihre zukünftigen Positionen, Interessen und die Auswirkungen der zu entscheidenden Norm die Interessen aller berücksichtigen werden[143]. Rawls stellte ein alternatives Wohlfahrtskriterium zum Pareto-Optimum auf, das an den Begriff der Rechte ansetzt, während die ökonomischen Wohlfahrtskonzepte von einem aggregativen Nutzenmodell ausgehen. Auch Robert Nozick[144] meinte, daß der Ausgleich der Nutzen und deren Aggregation zu einem sozialen Nutzen unmöglich sei; die Gesellschaft stelle vielmehr eine Kooperation zu gegenseitigem Vorteil dar, was die Idee des Sozialvertrags und der Vertragsgerechtigkeit nahelegt. Für James Buchanan sind gerechte Zustände das Ergebnis gerechter Entscheidungsverfahren. Er differenziert zwischen dem reinen Rechtsschutzstaat und dem Leistungsstaat, der öffentliche Güter erstellt, über die aber die Menschen vorher bestimmen müssen.[145]

Die Beschränkung auf die rationale Bestimmung von Gerechtigkeit, die zudem primär in ökonomischen Verteilungsaspekten gesehen wird, reduziert Ethik auf die politischen Axiome des abstrakten Markt(gesellschafts)modells. Auf Grund der individualistischen Annahmen rationaler, freier, selbstbestimmter Menschen, die ihren "Eigennutz" in Form von Interessen, Rechten und Ansprüchen vertreten, fehlt die

141 Kenneth J. Arrow, The Limits of Organization, New York-London 1974, S. 15.

142 Siehe zu den verschiedenen Ansätzen: Wolfgang Kersting, Die politische Philosophie des Gesellschaftsvertrages, Darmstadt 1994.

143 John Rawls, A Theory of Justice, Cambridge-Mass. 1971.

144 Robert Nozick, Anarchy, State and Utopia, New York 1974.

145 James Buchanan, The Limits of Liberty, Chicago-London 1975; siehe auch: Brian Barry, Justice, Freedom, and Basic Income, in: Horst Siebert (ed.), The Ethical Foundations of the Market Economy, Tübingen 1994, S. 61-89.

Existenz einer vor diesen Interessen und Rechten bestehenden Sozialität und einer darauf beruhenden Solidarität. "The need for ethical norms and behavior to supplement and, on occasion, to supplant self-interest appears with great clarity and urgency in the....situations of 'market failure'. But this need is actually always there to some degree...., economic efficiency and enterprise are premised on the existence of trust between contracting parties, and this trust must be autonomous, that is, it must not be tied narrowly to self-interest."[146] Wie Albert Hirschman weist auch Amartya K. Sen darauf hin, daß die Annahme der neoklassischen Wahltheorie, wonach Menschen nur im eigenen Interesse handeln bzw. nur ein solches Handeln als rational anzusehen ist, nicht zutrifft.[147] Wenn sie nicht eigennützige Wahlen treffen, handeln sie nicht einfach gefühlsbetont, spontan bzw. eben irrational, sondern ihr Verhalten kann dennoch durchaus rational sein, auch wenn es nicht einer Präferenzordnung auf der Basis des eigenen Nutzens entspricht. Wie Max Weber weist auch Sen auf die Tatsache hin, daß Entscheidungen nicht immer das Ergebnis einer Wahl auf Grund einer eindimensionalen Präferenzordnung sind, sondern durch einen Kompromiß zwischen verschiedenen Überlegungen zustandekommen. Sen unterscheidet zwischen "sympathy" (Mitgefühl) und "commitment" (Engagement). Mitgefühl bedeutet eine direkte Beeinträchtigung der eigenen Wohlfahrt durch die Notlage anderer und ist daher in gewisser Weise auch "egoistisch", da mein Wohl mit dem anderer verbunden erscheint. "Commitment" hingegen liegt nach Sen vor, wenn die Not anderer mit dem eigenen Wohl nicht direkt verbunden ist, man die auslösende Situation aber als schlecht oder falsch versteht und bereit ist, etwas dagegen zu tun. Moralvorstellungen spielen hier eine große Rolle und für den Bereich der Wirtschaft kommt dem "commitment" als Handlungsmotiv bei der Produktion und dem Konsum öffentlicher Güter oder in bezug auf die Arbeitsmotivation besonders große Bedeutung zu. Das impliziert aber auch die Annahme von Werten um ihrer selbst willen, während die ökonomische Theorie Ehrlichkeit, Vertrauen, Engagement etc. meist nur soweit zuläßt, als dafür auch Eigennutzerwägungen sprechen. "Commitment" unterscheidet sich aber von Webers Typus des wertrationalen Handelns durch die unmittelbare politisch-pragmatische Bezogenheit auf andere.

146 Albert O. Hirschman, Morality and the Social Sciences: A Durable Tension, in: Ders., Essays in Trespassing. Economics to Politics and Beyond, Cambridge 1980, S. 294-306, S. 300/301.

147 Amartya K. Sen, Rational Fools: A Critique of the Behavioral Foundations of Economics, in: Ders., Choice, Welfare and Measurement, Oxford 1982, S. 84-106.

Die individualistische Orientierung als solche sieht hingegen der Soziologe Amitai Etzioni als die Ursache aller Übel der modernen amerikanischen Gesellschaft an. Auch die Wirtschaft selbst werde dadurch ihrer ursprünglichen moralisch-ethischen Orientierung, die die Handlungen der wirtschaftenden Individuen und Gruppen bestimmen, beraubt. Wirtschaftliches Handeln läßt sich nicht unter dem Einheitsetikett "Nutzen" subsumieren, denn die Handlungsmotive der Menschen umfassen sowohl Eigeninteresse, Lust, Gewinn einerseits als auch moralisches Handeln andererseits. Er ersetzt die utilitaristische Ethik der neoklassischen Theorie durch das "I & We-Paradigma", also eine Orientierung an der Beziehung zwischen den Eigeninteressen und der Gemeinschaftsperspektive. Während die Ökonomie ethisch-moralische Variablen in ihren Objekttheorien ausschließt, bezieht Etzioni die Moral als zweite Grundlage der Bewertung der Menschen und auch der Unternehmungen neben der Lust bzw. dem Gewinn mit ein. Individuen sind Mitglieder von Gruppen, Kulturen, Organisationen; die meisten ihrer Wahlakte sind gar keine Entscheidungen im eigentlichen Sinne. Sie können zwar individualistisch rational handeln, "but their ability to do so is deeply affected by how well they are anchored within a sound community and sustained by a firm moral and emotive personal underpinning...".[148] Die Entscheidungen über Ziele und Mittel beruhen auf Werten und Gefühlen und es sind nicht so sehr die Individuen als die sozialen Kollektive, die als Entscheidungsträger fungieren. Etzionis Auffassung hat zur Begründung einer Bewegung des "Kommunitarismus" geführt, der es darum geht, moralisch-ethische und Gemeinwohlorientierungen wieder in die Wirtschaft einzuführen. Die entsprechende Ökonomiekonzeption versteht sich als "socio-economics".[149]

Von der Soziologie wurde die Funktion der Wirtschaft durch Bezug auf eine vorausgesetzte Ganzheit der Gesellschaft oder des Sozialsystems zu bestimmen gesucht. Moral wurde schon seit Durkheim in einen Zusammenhang gebracht mit dem Funktionsbegriff und auf die Integration der Gesellschaft bezogen. Moral dient der Orientierung des Individuums in der Gesellschaft, der Stabilisierung der sozialen Ordnung und der "Normerhaltung", dann der Rechtfertigung und der Selbstbestätigung. Moral ist daher auch im wirtschaftlichen Handeln grundlegend. In gewisser Weise ist Wirtschaft immer eine "moral economy"[150] im Sinne der in einer

148 Amitai Etzioni, The Moral Dimension, New York 1988, S. IX.

149 Vgl.: Amitai Etzion/Paul R. Lawrence (eds.), Socio-Economics, New York-London 1991; Karl S. Althaler/Egon Matzner/Manfred Prisching/Brigitte Unger (Hg.), Sozioökonomische Forschungsansätze, Marburg 1995.

150 Edward P. Thompson, Plebejische Kultur und moralische Ökonomie, Frankfurt/Main 1980.

"moral community" bestehenden Voraussetzung des gegenseitigen Vertrauens, das wirtschaftliches Handeln überhaupt ermöglicht und Beziehungen zwischen wirtschaftenden Akteuren begründet. Moral kann aber auch schöpferisch wirken. Moral ist nicht vollständig in Regeln, Gesetzen, Geboten institutionalisiert bzw. dogmatisiert, sondern sie ist pluralistisch und dynamisch und besitzt daher mimetische Eigenschaften; sie kann daher zu Innovationen und zur Weiterentwicklung der Wirtschaft beitragen.

Während "Gerechtigkeit" immer auf absolute Geltung abzielt, ist Fairness eine pragmatische Alltagsregel des Verhaltens mit breiter sozialer Akzeptanz. Prinzipien der Fairness spielen im alltäglichen Wirtschaftsleben eine große Rolle.[151] Das gegenwärtig große Interesse an Vertrauen in Wirtschaftsbeziehungen unterstreicht diese Funktionalität der Moral, die immer schon in der Wirtschaftspraxis existent und bewußt war. Der redliche Kaufmann konnte darauf rechnen, beständige Geschäftsbeziehungen aufrecht zu erhalten, von der Obrigkeit akzeptiert zu werden und Wettbewerbsvorteile gegenüber anderen mit weniger gutem Ruf zu genießen. Im 17. Jahrhundert priesen die Engländer die hohe Geschäftsmoral und Wirtschaftskultur Hollands, die Franzosen die der Engländer im 18. Jahrhundert, und im 19. Jahrhundert war der rückständige Osten Europas als Hort niedriger Wirtschaftsmoral bekannt. Der Zivilisierungsprozeß wurde auf die (ökonomische) Rationalisierung bezogen, die auch als eine Ethisierung der Kultur verstanden wurde.[152] Mit der Entwicklung der wirtschaftlichen Beziehungen verstärkte sich die Notwendigkeit von universellen rationalen Rechtsnormen im Bereich der Ökonomie und des unternehmerischen Handelns. Die Vorteile der Redlichkeit bewahrten vor den materiellen und immateriellen Kosten von Vertragsbrüchen in einer Gesellschaft, die marktwirtschaftlich vernetzt ist und durchsetzungsfähige Rechtsnormen im Bereich des Vertragsrechts entwickelt hatte. Die universellen Normen und die Erkenntnis von den Vorteilen der Ehrlichkeit setzten sich nicht überall in gleicher Weise und kontinuierlich durch. Vielmehr war dies ein Prozeß, der mit der wechselhaften Geschichte der europäischen Gesellschaften in all ihrer Vielfalt und in ihren inneren Konflikten eng verbunden ist. Das Bild der anderen war stets moralisch verzerrt, das der Unternehmer aus der Sicht der Arbeiter, das der Arbeiter aus der Sicht der Unternehmer als Folge ihrer unterschiedlichen Position im Wirtschaftsgefüge, und diese Bilder wurden auch als Argumente der Interessendurchsetzung verwendet.

151 Kurt W. Rothschild, Ethics and Economic Theory, Cambridge 1993.
152 Vgl.: Norbert Elias, Über den Prozeß der Zivilisation, 2 Bde., 2. Aufl, Frankfurt/ Main 1969.

Kapitalismus und Marktwirtschaft hängen in bezug auf ihre Entstehung wie ihre Erhaltung von der Existenz von Moral ab. Darüber hinaus benötigen sie vermutlich sogar mehr Moral als andere Systeme, meint Neva R. Goodwin, und stellt eine wachsende Bewußtheit fest, daß unser wirtschaftliches und soziales Wohlergehen von Moral in bezug auf Berücksichtigung der Zukunft, Kooperation, Selbstbeschränkung, Verantwortung, Vertrauen, Vertrauenswürdigkeit, Fairness etc. abhängt.[153] Goodwin meint, daß die Marktwirtschaft eine Weiterentwicklung der sozialen Moralgrundlagen mit sich gebracht habe, die in der einen oder anderen Weise durch die Verlagerung von Macht von den Mächtigen hin zu den Schwächeren resultierten. Dies geschah zweifellos zu einem guten Teil unbeabsichtigt auf Grund der Tatsache, daß die Einbeziehung der unteren Schichten in den Markt von Vorteil für die Industrie und das Kapital war. Da "Moral" - in einer von Durkheims Soziologismus distanzierten Sicht - nicht etwas ist, was man wie ein "Ding" hat oder nicht hat, sondern vielmehr sowohl Grundlage und Gegenstand als auch Ergebnis von Kommunikations- und Sozialisationsprozessen ist, unterliegt sie aber auch der Manipulation und dem Einsatz zur Forderung des eigenen Nutzens. Sie kann daher auchzur besten Geschäftsstrategie oder zum Lippenbekenntnis werden. Moral oder die Berücksichtigung des Gemeinwohls empfiehlt sich als rationale Strategie in Phasen, in denen die öffentliche Diskussion in eine Stimmung gegen "die Wirtschaft" umzuschlagen droht. Daher "leisten" sich auch Wirtschaftsunternehmen moralische Akte, die ihre Marktchancen vielleicht weniger kurz- als langfristig verbessern.

Interessen und Moral manifestierten sich oftmals auf unterschiedlichen Ebenen, auf der des manifesten Handelns die einen, auf der der Rhetorik und des Diskurses die anderen. Auf der diskursiven Ebene war es daher sehr hilfreich, daß die ökonomische Theorie eine logische Argumentation und eine im Grunde einfache Rhetorik anbieten konnte, um eine prinzipielle gemeinsame Marktkultur zu ermöglichen. Die Entwicklung der modernen Wissenschaft spielte ganz allgemein eine wichtige Rolle für die diskursive Konstitution von Wirklichkeit und die Bestimmung von Werten und Zielen im Rahmen der politisch-sozialen Verhältnisse. Der Kapitalismus brachte eine Umwandlung von wirtschaftlichen Mitteln in Ziele der Gesellschaft und die Transformation von außerwirtschaftlichen Zielen, wie sie die Moral repräsentierte, in Mittel für die Ziele der Gesellschaft, die ihrerseits immer mehr

153 Neva R. Goodwin, Conclusion: A Moral/Economic Regime That Could Act as if the Future Matters, in: Dies. (ed.), As if the Future Mattered. Translating Social and Economic Theory into Human Behavior, Ann Arbor 1996, S. 293-313, S. 294.

wirtschaftlich bestimmt wurden. Dabei spielten politische und wissenschaftliche Diskurse eine große Rolle. Die Konstitution der Wirklichkeit erfolgt gegenwärtig nicht so sehr über Ideologien, die für parteipolitisch organisierte Gruppen stehen, sondern durch die Konstruktion von "Selbstverständlichkeiten". Diese verweisen nicht auf Ziele oder Werte, denn das wäre undemokratisch, sondern stellen Mittel wie Leistung, Effizienz, Rationalität an ihre Stelle. Wirtschaftliche und technologische Entwicklungen werden als Sachzwänge oder unveränderliche Gegebenheiten dargestellt und Argumente mit implizit oder explizit hortativem Charakter hinzugefügt, die die Zukunft gleichzeitig als von unser aller Handeln bestimmt zeichnen. In unserem Denken über Wirtschaft vermischt sich die Erkenntnis der Ubiquität und Dominanz von Organisationen mit dem Festhalten an der Vorstellung, daß individuelles Handeln in seinem Zusammenwirken "die Wirtschaft" darstellt. Es entstehen "meta-narratives",[154] die dies illustrieren, und die keiner weiteren Begründung auf der Basis ihrer Sinn- und Zweckhaftigkeit bedürfen und deren Widersprüchlichkeit auch nicht weiter auffällt; sie sind quasi-ethische Prinzipien sui generis geworden.

Die Soziologie ließ die politischen Prozesse und die Rolle, die die Wissenschaft dabei spielt, weitgehend unberücksichtigt; sie wird sich aber gerade in bezug auf die Frage von Wirtschaft und Moral in der Gegenwart damit auseinandersetzen müssen. Sowohl die "Globalisierung" als auch der "Neoliberalismus" sind in diesem Sinn, was nur allzu leicht übersehen wird, "a political project"[155]. Für die Politik selbst ist die Ethik in der Moderne zu einem paradoxen Problem[156] geworden. Den negativen Effekten unserer Wirtschaftsweise entgegen zu wirken, ohne aber gleichzeitig Werte und Ziele mit vorzugeben, sondern sie dem "demokratischen Diskurs" zu überlassen, verlagert die Problematik weg von den Inhalten zur Form der diskursiven Prozesse. Das aber bedeutet, daß sich die Ethik zuerst - und im Endeffekt ausschließlich - um ihre eigenen Entstehungsbedingungen, etwa im Sinne der Gewährleistung eines herrschaftsfreien Diskurses, kümmern muß. An die Stelle der Frage nach der Gerechtigkeit der Lebenschancen rückt die der Gerechtigkeit des Diskurses; die Ethik wird zur Diskursethik.[157] Während wir mit dem Aus-

154 John Clarke/Janet Newman, The Managerial State, London 1997, S. 46.
155 Alan Scott, Globalization: Social Process or Political Rhetoric? In: Ders. (ed.), The Limits of Globalization, London-New York 1997, S. 1-22, S. 2.
156 Karl-Otto Apel, Transformation der Philosophie, 2 Bde., Frankfurt/Main 1973.
157 Die Diskursethik erblickt den Ursprung von Werten und Zielen im Kommunikationsprozeß. Erst wenn Verständigung über die regulativen Prinzipien des Diskurses erreicht ist, kann es um inhaltliche Aspekte gehen. Das Konzept der Diskursethik entstand im Zusammenhang der konstruktiven Erkenntnistheorie der Erlan

handeln von Wirklichkeitsdeutungen beschäftigt sind, werden unsere Werte und Ziele unterdessen weitgehend durch "den Markt" bestimmt.[158]

Gegenwärtig wird wieder viel über Ethik in der Wirtschaft geredet und geschrieben. Begriffe wie Unternehmensethik, Ethik des Kapitalismus, etc. haben Konjunktur. Im Gegensatz zu diesen allgemeinen "labels" sind konkrete Themen wie die in den 70er Jahren florierende Debatte über die "Humanisierung der Arbeitswelt" fast vollständig aus der Diskussion verschwunden. Der Kapitalismus erscheint durch den Verlust seines Gegenspielers als "entideologisiert" und selbstverständlich. Krisenstimmung und hohe Arbeitslosigkeit wirken in diesselbe Richtung. Damit fällt auch die legitimatorische Notwendigkeit weg, nicht nur "wirtschaftliche" Zwecke, sondern soziale und humane Zwecke zu erfüllen. Das Problem der Ethik wird daher als eines des Ausgleichs unterschiedlicher Interessen formuliert. In bezug auf Wirtschaftsunternehmen, aber auch auf das System der Wirtschaft als solches, entstehen grundsätzliche Dilemmata, weil immer in unterschiedlichsten Positionen und Lagen befindliche Personengruppen in bezug auf das Organisationshandeln involviert oder davon betroffen sind: Mitarbeiter, Eigentümer, Konsumenten, Gesetzgeber, Berufsgruppe, Öffentlichkeit, andere Unternehmen, zwischen denen es auch Unterschiede und Gegensätze der Interessenlage, der Erwartungen und der Machtpositionen sowie differente Einschätzungen und Wertvorstellungen gibt. Homann meint daher, Unternehmensethik sei eigentlich ein anderes Wort für das Management dieser Dilemmata.[159]

Ethik muß heute mit Organisationen in Verbindung gebracht werden, nicht in erster Linie mit individuellem Handeln. Das trägt zweifellos der Tatsache Rechnung, daß die Aktivitäten von Organisationen einen ungleich größeren Einfluß auf die Gestaltung und Veränderung unserer Welt haben als das Handeln einzelner. In unseren Gesellschaften, insbesondere aber in der globalen Wirtschaft, spielen Organisationen eine dominante Rolle. Ethik im traditionalen Verständnis bezieht sich jedoch auf das Wollen und Tun von Individuen; sie sind die eigentlichen ethischen Subjekte, die zwar durch ausgebildete und mehr oder weniger explizit formulierte

ger Schule sowie der Frankfurter Schule um Karl-Otto Apel und Jürgen Habermas.Siehe: Karl-Otto Apel, Diskursethik als Verantwortungsethik und das Problem der ökonomischen Rationalität, in: Bernd Biervert/Klaus Held/Josef Wieland (Hg.), Sozialphilosophische Grundlagen ökonomischen Handelns, Frankfurt/Main 1990, S. 121-154.

158 Vgl. dazu auch: Florian Müller/Michael Müller (Hg.), Markt und Sinn. Dominiert der Markt unsere Werte? Frankfurt/Main-New York 1996.

159 Karl Homan, Wirtschaftsethik. Die Funktion der Moral in der Modernen Wirtschaft, in: Josef Wieland, (Hg.), op. cit., S. 32-53.

Wert- und Normensysteme wie die Religion, die Verfassung und das Rechtssystem des politischen Gemeinwesens beeinflußt, ja geprägt sein können, aber letztlich persönliche Wert- und Zielentscheidungen treffen. Allerdings tun sie das auf Grund ihrer Sozialisation und der dadurch übernommenen allgemeinen und partiellen Werte. Organisationen "bestehen" zwar aus Individuen, aber die Verknüpfung ihrer Handlungen erfolgt nach vorgeplanten Strukturen des Zusammenwirkens sach- und nicht personenbezogener Aufgaben. Individuelle Ziele und Handlungsmotive haben nach der Position der Personen in der Hierarchie, ihrer Autorität, Kompetenz und Macht sehr unterschiedliche Einflüsse auf die Organisation, aber das, was mitunter als "Unternehmensethik" bezeichnet wird, ist von den ethischen Beweggründen unternehmerischen Handelns und den Zwecken der individuellen Mitglieder der Organisationen zu unterscheiden.

Organisationen werden für ganz bestimmte Zwecke eingerichtet, für die Erzielung von Gewinnen für die Kapitaleigner, für die Bereitstellung von Gütern oder Dienstleistungen für die Allgemeinheit, und sie entwickeln die Tendenz, neue oder zusätzliche Ziele zu setzen, wenn bisherige erreicht oder obsolet geworden sind. Erhaltung und Wachstum sind jedoch keine Ziele der Organisation, sondern jener, die die Entscheidungskompetenz in oder über sie haben. Sie befinden letztlich auch über die ethische Vertretbarkeit ihrer Zielsetzungen. Untersuchungen über das ethische Bewußtsein von Managern zeigten, daß viele von ihnen eine Harmonie von Ethik und langfristigem Unternehmenserfolg auf der Basis der Selbstheilungskräfte des Marktes annehmen. Verbreitet ist auch das Bewußtsein, daß Ethik als Instrument für den Erfolg begriffen werden kann. Andere, die stärker dazu neigten, die Wirtschaft als Teil der Gesamtkultur zu sehen, gingen von der Vorstellung der moralischen Rolle der Unternehmer aus. Nur eine verschwindende Minderheit bekundete eine kritische Einstellung und äußerte die Hoffnung auf einen Wandel hin zu weniger "egoistischen" und "materialistischen" Werten.[160] Das zeigt, daß Manager sich relativ stark mit den Zielen ihrer Unternehmen identifizieren und die Tatsache der Zugehörigkeit - in hoher Position - zu diesen die individuellen ethischen Ansichten beeinflußt.

160 Peter Ulrich/Ulrich Thielemann, Wie denken Manager über Markt und Moral? Empirische Untersuchungen unternehmensethischer Denkmuster im Vergleich, in: Josef Wieland (Hg.), Wirtschaftsethik und Theorie der Gesellschaft, Frankfurt/Main 1993, S. 54-92; Dies., Ethik und Erfolg. Unternehmensethische Denkmuster von Führungskräften, Bern-Stuttgart 1992.

In bezug auf die Unternehmensethik ist zwischen einer Innen- und Außenperspektive zu differenzieren. Während sich erstere eigentlich als eine Führungsethik darstellt, betrifft die zweite die ethische Dimension der Wirtschaft als solcher, d.h. die Folgen und Wirkungen der Produktion, der Art und Qualität der Produkte, der Verantwortung im Hinblick auf Umwelt, in bezug auf die Regionalentwicklung, die Wirkungen auf die vom Handeln der Unternehmen betroffenen Menschen. Die Beurteilung dieser Folgen kann weder der Einschätzung durch die Vertreter der Unternehmen noch den innerorganisatorischen Aushandlungsprozessen allein überlassen bleiben, weil die Organisationsperspektive die individuellen Einschätzungen stark bestimmt. Die Existenz und das Handeln von Organisationen strukturieren und gestalten unsere Welt, aber sie sind nicht dazu berufen, über die Ziele eines Gemeinwesens zu entscheiden. Das ist Angelegenheit der Politik und der Normgeber. Durch gesellschaftliche Rahmengesetze, die positionale Verankerung externer Interessen ("stakeholders") in der Organisation oder andere Regelungen, muß die soziale Verantwortung der Organisationen über rhetorische Gesten hinaus gewährleistet werden.[161] Insbesondere bei den global agierenden multinationalen Unternehmen stellt dies ein Problem dar, weil sie nur durch einzelstaatliche Gesetze in ein Normensystem eingebunden sind, aber nicht in bezug auf ihre weltweite Wirkung. Die Positionen von Arbeitnehmerorganisationen und Staat gegenüber großen Konzernen sind gegenwärtig nicht sehr stark, daher kommt Bürgerinitiativen oder dem "Markt" (über die beschränkte Macht, die Ökonomen euphemistisch als "Konsumentensouveränität" bezeichnen) eine gewisse Bedeutung zu. Tatsächlich sind die Möglichkeiten der ethischen Verpflichtung der Organisationen gegenwärtig eher gering. Umgekehrt aber sind die Einflüsse der Organisationen nicht nur durch die Verfolgung ihrer Zwecke, sondern auch durch ihre Macht im Vorfeld der Politik, ihre immer stärker werdende Bedeutung für Orientierung und finanzielle Grundlage der Wissenschaften und der Bildungsinstitutionen und durch ihre medial-kommunikative Präsenz in der Öffentlichkeit sehr groß.

Zwei Aspekte treten in bezug auf die wertebezogene Diskussion der Wirtschaft in der Gegenwart besonders hervor: Zum einen die Erhebung des Marktes zu einer quasi-moralischen Instanz, die über Tugenden wie effiziente Verwendung von Ressourcen und nützliche Leistungen für die Gemeinschaft entscheidet. Angesichts der Dominanz großer Organisationen erscheint es merkwürdig, daß "der Markt" heute so unangefochten wie noch nie beschworen wird. Im globalen Markt werden zwar

161 Vgl. dazu die Diskussion bei: James S. Coleman, Foundations of Social Theory, Cambridge-Mass.-London 1990, S. 553 ff.

auch Riesen als einige unter vielen wahrgenommen, aber diese Darstellung entspricht mehr den oben erwähnten Widersprüchen in den Diskursen über Wirtschaft. Der politisch-ethische Bezug auf den Markt als Garant für Demokratie nimmt ab, da dies nach dem Zusammenbruch des ideologischen Gegenspielers, des realen Sozialismus, nicht mehr erforderlich und im transstaatlichen Bereich nicht so wichtig ist. Zum anderen ist die unverblümte Offenheit des Bekenntnisses zur Gewinnerzielung als dem Hauptziel der privaten Wirtschaftstätigkeiten und die selbstverständliche Akzeptanz derselben in der Öffentlichkeit eine neue Entwicklung, denn im Zeichen des Sozialstaates und des regulierten Kapitalismus wurde das Image der sozialverantwortlichen Mitarbeiterorganisation stärker gepflegt. Die Legitimität der Gewinnmaximierung wird heute durch die Krisen- und Globalisierungsrhetorik unterstrichen, da diese für die Erhaltung bzw. Wachstum der Wirtschaftskraft der Unternehmen und damit auch für Wohlstand und wirtschaftliche Sicherheit der Menschen vorauszusetzen sei. Allerdings stimmt dieser Konnex zwischen Gewinnsituation der Wirtschaft und dem Wohlstand der Menschen nur für einen immer kleiner werdenden Teil der Bevölkerung. Das gilt auch für das Argument der breiteren Veranlagung von Arbeitseinkommen in Kapitalwerte, die nur einen Teil der Besserverdienenden wirklich betrifft. Das dadurch gezeichnete visionäre Bild bewirkt aber, daß der "Profit" von seinen gesellschaftspolitischen Altlasten aus den Zeiten der Klassengesellschaft befreit wird. Der Finanzmarkt "demokratisiert" sich in bezug auf sein Image, obwohl nach wie vor die Massen auch in den reichen Industrieländern von den Segnungen des Kapitalbesitzes weitgehend unberührt bleiben. Die Wirklichkeit der Gesellschaften ist vielmehr durch eine deutliche vertikale Abschichtung zwischen einer "inner society" und einer "underclass"[162] charakterisiert. Es gibt eine Gruppe der Bevölkerung, die faktisch "die Gesellschaft" darstellt: sie besteht aus den in den progressiven Sektoren und Bereichen der Wirtschaft Beschäftigten, den Medien, den technisch oder handlungspragmatisch verwertbaren Wissenschaften und einer Elite aus Wirtschaft, Politik und Kultur. Sie definieren auch, was die Zukunftsszenarien der Gesellschaft und Wirtschaft sein sollen. Das Lob der Selbstverantwortung, des Erfolgs und der Eigenvorsorge fällt jenen, die zur "inner society" gehören, leicht, während sie auf die Menschen in der "underclass", deren Erfahrungen aus Kompetenzverlust, Einkommensunsicherheit und wechselhaften Arbeitskarrieren bestehen, weit weniger überzeugend wirkt.

162 Clark Kerr, Marshall, Marx and Modern Times, Cambridge 1969.

Konjunkturen sozialwissenschaftlicher Perspektiven im politisch-wirtschaftlichen Wandel

Das Wirtschaftsdenken selbst bzw. die Diskussionen über Wirtschaft haben die Entwicklung der Wirtschaft mitbestimmt; sie haben ein jeweils spezifisches Bewußtsein gefördert und auch die politischen Argumente bestimmt, wurden aber von diesen ihrerseits wieder geprägt. Der Zusammenhang zwischen sozialwissenschaftlicher Theorien und politischen Interessen und Zielen erweist sich im historischen Rückblick als so prägnant, daß man von Konjunkturen des sozialen und wirtschaftlichen Denkens sprechen kann.

Seit der Entdeckung des Marktes als politisches Argument, das gegen die zentrale Autorität im England des 17. Jahrhunderts gerichtet war, ist die Beziehung zwischen Wirtschaftstheorien und Politik eine besonders enge. Im Liberalismus gingen sie eine offene Allianz ein, und Markt und Demokratie wurden als die die Werte der Moderne garantierenden Institutionen gepriesen. Die Erfahrungen mit dem liberalkapitalistischen Industrialismus brachten im Laufe des 19. Jahrhunderts dann eine Ernüchterung und die Entstehung organisierter Gegenbewegungen. Auf der Ebene der Theorie übernahmen der Marxismus und die verschiedenen Sozialismen die Aufgabe, ein alternatives Szenario zu entwickeln. Innerhalb des bürgerlichen Denkuniversums entstand die Soziologie als Ausdruck dafür, daß Gesellschaft nicht auf Wirtschaft reduziert werden kann. Aber auch viele Ökonomen erblickten ihre Aufgabe noch darin, Antworten auf die Fragen nach der Beseitigung von Armut, der Möglichkeit von Wohlstand und stetiger wirtschaftlicher Entwicklung zu finden, und sahen Formalisierung und akademische Wissenschaftlichkeit noch nicht als Selbstzweck an. Die Differenzierung zwischen Ökonomie und Soziologie war daher nicht sehr deutlich, denn Organisierung, Konzentrationsbewegungen und politische Kämpfe veränderten sowohl die Gesellschaft als auch die Wirtschaft. Erst als die sowjetische Zentralverwaltung und das dazugehörige autoritäre sozialistische Regime entstanden waren und auch im Westen die Vision der Planwirtschaft zu einer realen Möglichkeit zu werden schien, polarisierten sich die Ideologien schärfer. Die Verteidiger von Liberalismus und Marktwirtschaft sahen sich als Bewahrer der Ideale der Demokratie und Freiheit. Diese Konturierung der Standpunkte veränderte auch die Beziehung zwischen Ökonomie und Soziologie in Europa. Zwar waren die Standpunkte innerhalb beider Richtungen stark differenziert, aber allmählich kam es doch zu einer Gleichsetzung der Ökonomie mit individualistischer, auf die Funktionsweise des Marktes konzentrierter Betrachtung, während Soziologie mit der Orientierung an Gruppen, Institutionen und der Bedingtheit menschlichen Denkens und Handelns durch soziale Lage und Kultur identifiziert wurde.

Nach dem Zweiten Weltkrieg schwächte sich diese Konturierung durch die Dominanz der amerikanischen Soziologie und ihre verhaltensorientierte Mikroperspektive sowie durch die zunehmende Verwissenschaftlichung und Akademisierung der Soziologie ab. Politisch gesehen verstand sich diese Soziologie auch als Verfechterin der liberaldemokratischen Gesellschaftsvorstellung. "Gesellschaft" wurde aber gleichzeitig entpolitisiert, d. h. ihrer makrosozialen Bedeutung entkleidet und zum interaktionsanalytischen Begriff. Die verbleibenden Unterschiede in Gesellschafts- und Menschenbild führten zur Entstehung von Parallelentwicklungen theoretischer Ansätze in beiden Wissenschaften, die aber gleichzeitig immer weniger voneinander Notiz nahmen. Ein letzter Konflikt manifestierte sich im Positivismusstreit, der aber eigentlich das Ende der kritischen Funktion der Soziologie markiert.

Die Soziologie differenzierte sich in empirische Teildisziplinen und einige theoretische Ansätze sozialphilosophischer oder universaltheoretischer Art. Die Ökonomie erfuhr einen ungeheuren Aufschwung durch das Nachkriegswachstum, und das Marktparadigma konnte wieder mit großem Selbstvertrauen vertreten werden, zumal die Zuwachsraten auch den Aufbau des Wohlfahrtsstaates erlaubten und auf diese Weise Kapitalismus, Marktwirtschaft und Industrialismus legitimierten. Entsprechend der Bedeutung großer Organisationen in der Wirtschaft wurde allerdings die ökonomische Managementlehre zur stärksten praxisrelevanten Disziplin und zur dominanten Ausbildungsschiene. Die wirtschaftliche und politische Konstellation führte zur Stärkung des Kapitals in politisch-legitimatorischer Hinsicht, und das Aufkommen einer leichten Krisenstimmung in den 70er Jahren wurde zum Anlaß für einen Umschwung, der sich in den USA und Großbritannien in einem Politikwechsel hin zu konservativen Wirtschaftsideologien, d. h. in der Stärkung der individualistisch-marktorientierten Kräfte manifestierte. Die Wirtschaftspolitik in diesen Ländern brachte auch den Aufstieg von Hardlinern in der Wissenschaft der Ökonomie und die Zusammenarbeit der Regierungen mit diesen. Als dann die Sowjetunion zerbrach, wurde die Marktwirtschaft zur einzigen funktionierenden Wirtschaftsgrundlage. James Buchanan meint zwar, daß eine Abkehr von der neoklassischen Position in der Ökonomie in den nächsten Jahrzehnten als Folge des Zusammenbruchs des Sozialismus im Osten Europas möglich sei[163], da damit der ideolo-

163 James M. Buchanan, Economics in the Post-Socialist Century, in: John D. Hey (ed.), The Future of Economics, Oxford, U. K.-Cambridge-Mass. 1992, S. 15-21.

gische Druck zur Betonung der individualistischen Marktökonomie wegfallen könne. Tatsächlich ist eher das Gegenteil eingetreten. Allerdings hat Buchanan auch nicht ganz unrecht, denn weggefallen ist die idealistische Verbrämung, die Marktwirtschaft mit individueller Freiheit und Demokratie verband und durch diese legitimierte. Ökonomisches Eigennutzdenken der "corporate actors" tritt vielmehr unverhüllt und unkaschiert als solches auf und wird nur durch einen nicht weiter begründeten Sachzwang zur "Effizienz" verbunden. Wenngleich die Ökonomie ihren überideologischen und überpolitischen Charakter zu beweisen suchte, wurde klar, daß "Marktwirtschaft" politische Entscheidungen voraussetzt und nicht "von selbst" entsteht. Der politische Prozeß im weiteren wie im engeren Sinn spielt in der Wirtschaft eine große Rolle, "markets as politics"[164] ist daher bestimmt von den Werten, Interessen und Ideologien der verschiedenen Gruppen, die im wirtschaftlichen Prozeß und in bezug auf seine Definition und Bedeutung eine Rolle spielen. In diesem Prozeß spielen auch die Theorien und Wissenschaften eine Rolle und werden ihrerseits von den politisch-ökonomischen Konjunkturen und Krisen bestimmt. Politisch betrachtet sind Ökonomie und Soziologie Legitimierungsreservoirs. Da wirtschaftliche Sachzwänge und Effizienzrhetorik derzeit den Diskurs beherrschen, beziehen die politischen Akteure ihre Bestätigungen aus den Angeboten der Ökonomie, der Informationswissenschaft, der Managementlehre.

Für die Soziologie bedeutete die Entwicklung auf der sozioökonomischen und politisch-diskursiven Ebene seit den 7oer Jahren einen Legitimations- und Funktionsverlust. Die Politik, die sich "nur als Administrationsagentur des Ökonomischen" versteht, hat keinen Bedarf für die Geistes- und Kulturwissenschaften.[165] Die Transgression der Ökonomie auf das Gebiet der Soziologie ist symptomatisch dafür. Das Auftauchen "ökonomischer" Erklärungen in der Soziologie und die stark an ökonomischen Ansätzen und Problemstellungen orientierte neue wirtschaftssoziologische Forschung belegen die Tendenz zur Ausbreitung von Markt- und Managementdenken und die Soziologie gerät auch als Ausbildungswissen immer mehr unter Druck. Die globale Wirtschaft und das moderne Management brauchen kaum etwas weniger als eine auf kollektiven Werten, sozialen Normen und Nationalstaat beruhende "Gesellschaft". Der Begriff verliert daher die letzten Reflexe politisch-sozialer Anliegen, die damit für das Denken der Moderne verbunden waren. Er wird zum Synonym für interpretativ-symbolische Sozialesoterik oder für virtuelle Vernet-

164 Fligstein verwendet diesen Ausdruck allerdings metaphorisch: Neil Fligstein, Markets as Politics, in: American Sociological Review 61/1996, S. 656-673.

165 Karl Acham, Die kulturellen Grundlagen des Politischen, in: Wiener Journal Juli/August 1997, S. 23/34, S. 24.

zung. Soziologen sehen in der Konzeption der "Weltgesellschaft" die Chance einer neuen Vision für die Sozialwissenschaft und das Denken in Gemeinschaft und Kultur. Der Begriff der "Weltgesellschaft" im Sinne einer kommunikativ und reflexiv vermittelten Ordnung und Einheit wird als eine virtuelle und dennoch reale Gegebenheit, die "Sinn macht", diesen auch selbsttätig erzeugt und sich solcherart selbst konstituiert, beschworen.[166] Sie plädieren für die Notwendigkeit einer Soziologie des "global system", wobei sehr unterschiedliche Schwerpunkte gesetzt werden.[167] Häufig trifft man jedoch in bezug auf den Begriff der Weltgesellschaft und eine daran orientierte Soziologie auf Konstruktionen, die die moderne Informations- und Kommunikationstechnologie zum Gesellschaftsersatz mythisieren. Für Scott Lash und John Urry löst sich der "organisierte Kapitalismus"[168], wie er im 19. und 20. Jahrhundert entstanden war, auf, und mit ihm gewissermaßen auch die bisherige Vorstellung vom Sozialen, von der Gesellschaft mit ihrer Bindung an Nation und Staat und endogen bestimmte Sozialstrukturen. Es entstehen immer schneller zirkulierende "flows of people, of commodities, of information, of communications, of money and capital investments"[169]. Dieser postmoderne Kapitalismus mit seiner "globalized localization", den über alle Grenzen hinweg fließenden Strömen von wandernden Menschen, von Geld und von Symbolen scheint die Gesellschaft als endogen strukturiertes Soziales aufzulösen. Gleichzeitig sind aber, wie die Kommentatoren meinen, die weltweiten Strukturen der Informationen und Kommunikationen begleitet von einem neuen Prinzip der Reflexivität, das die Menschen befähige, ihre Situation zu reflektieren und die bestehenden Strukturen zu verändern.[170] Lash und Urry schließen daraus, daß die fortschreitende Individua-

166 Niklas Luhmann sieht dies als altes Menschheitsproblem und definiert den Begriff als systemische Konstruktion einer Weltgesellschaft auf kommunikativer Basis ohne politische und normative Integration. Niklas Luhmann, Die Weltgesellschaft, in: Soziologische Aufklärung, Bd. 2, 3. Aufl., Opladen 1986 (urspr. 1975), S. 51-71.

167 Z. B.: Leslie Sklair, Sociology of the Global System, New York 1991; John W. Meyer et al., World, Society and the Nationstate, in: American Journal of Sociology 103/1997, S. 144-181; Roland Robertson, Globalization. Social Theory and Global Culture, London 1992; Georg Vobruba, Die soziale Dynamik von Wohlstandsgefällen. Prolegomena zur Transnationalisierung der Soziologie, in: Soziale Welt 46/1995, S. 326-341.

168 Scott Lash/John Urry, The End of Organized Capitalism, Oxford 1987.

169 Scott Lash/John Urry, Economies of Signs and Space, London-Thousand Oaks-New Delhi 1994, S. 17 f.

170 Siehe auch: Ulrich Beck, Risikogesellschaft. Auf dem Weg in eine andere Moderne, Frankfurt/Main 1986; Anthony Giddens, Modernity and Self-Identity, Cambridge 1991; Ulrich Beck/Anthony Giddens/Scott Lash, Reflexive Modernization, Cambridge-Oxford 1994.

tion nicht notwendig zur Atomisierung der Gesellschaft führe, sondern sich soziales Leben wieder aus der gedachten, reflexiven Orientierung an der Weltgesellschaft konstituieren könne; sie basiert nicht auf der Solidarität in der kleinen Gruppe, sondern auf der gedachten Gemeinschaft im Weltumfang, dem "world wide web" als Nachfolgerin der Mead'schen Kommunikationsgemeinschaft. Warum die ungebremste Informationsüberflutung die Reflexionsfähigkeit der Menschen steigern soll, ist allerdings nicht leicht einzusehen. "Analysen" wie diese dokumentieren die Suche nach einer positiven Vision, die als Leitbild soziologischer Imagination und Legitimation dienen kann. Der Utopie der Moderne folgt die Utopie der Post-Moderne, aber die konkreten Zusammenhänge zwischen Wirtschaft, Politik und medialer Öffentlichkeit bleiben weitgehend unberücksichtigt.

Während Visionen immer einen wichtigen Beitrag gerade der Soziologie zu unserem Weltverständnis darstellten, so bedarf es doch einer kritischen Distanz zu den gängigen, veröffentlichten Denkmustern der jeweiligen Gegenwart. Die europäische Soziologie besaß diese in der Zeit ihrer Entstehung und intellektuellen Begründung und bot für interessierte Ökonomen, Politiker, Historiker etc. eine Grundlage sozialwissenschaftlicher Orientierung. Das hat sie seither zu einem guten Teil eingebüßt, und zwar teilweise durch ihre einzelwissenschaftliche Etablierung und Entwicklung selbst, teilweise durch die sozioökonomischen und politisch-diskursiven Konjunkturverläufe. Für die Soziologie genügt es gegenwärtig nicht, sich auf "Gesellschaft" als ihr Objekt zu berufen. Das heißt aber auch, es genügt nicht, n u r Soziologie sein zu wollen. Vielleicht sollten wir die Gründerväter neu lesen und entdecken, daß sie nie nur das sein wollten, sondern - je nach Kontext und Anliegen - unterschiedliche Wissenschaften als ihre Grundlagen in bezug auf Objekt und Methode ansahen. Die Krücken, die die Sozialwissenschaften benötigten, um sich als jeweilige Einzelwissenschaften zu konstituieren, förderten ihre Spezialisierung als Disziplinen und gleichzeitig auch die differenzierende Sicht der Objektbereiche, allerdings nicht in realistischer Art und Weise, sondern in Form der Konstruktion von Differenzmodellen. So kam es zur Trennung von "Wirtschaft", "Technik", "Politik", "Gesellschaft", "Kultur", wobei es den Sozialwissenschaften aber immer nur um die Erfassung der "modernen" Elemente ging, also jener, die für die europäisch-amerikanischen Gesellschaften der "erweiterten Gegenwart" der Moderne als typisch oder konstitutiv angesehen wurden. Politik, Technik, Gesellschaft und Wirtschaft greifen aber ineinander, und es gibt keine Wirtschaft, die nicht gleichzeitig politisch, gesellschaftlich, kulturell und technisch ist. Wirtschaft ist nicht durch Expertenwissen, akademische Etablierungsszenarien und in Theorien gegossene Weltanschauungen bestimmt, sondern ein Teilaspekt des historischen, konkreten Lebensvollzugs. Auch Ökonomen wie Mancur Olson sehen den Bedarf für umfassende, konkret-historische Analysen der Wirtschaft. Olson plädiert daher für das Abgehen von einer veralteten, willkürlichen und engen Definition von Ökonomie, die auf Geschäftstätigkeit und Markttausch abstellt, und für eine historisch-vergleichende Orientierung im Rahmen einer "umfassenden Ökonomie".[171] Das bringt auch die Erweiterung des Spektrums der Begriffe, Theorien und Methoden mit sich, mit denen der Sozialwissenschaftler, ob Ökonom, Soziologe, Politologe oder Historiker, versuchen muß, sich wieder der Wirklichkeit anzunähern, statt sie zu konstruieren.

Theorien, Begriffe, Wissenschaften unterliegen Konjunkturen oder wenn man will: Moden, und es ist wichtig, sich die Gründe zu überlegen, die diese Bewegungen bewirken und fördern, und was sich daraus für die Veränderung der Soziologie ableiten läßt. Hier sollen aber keine Rezepturen vorgeschlagen werden, um der Soziologie wieder Geltung zu verschaffen. Auch Wissenschaft läßt sich nicht einfach "machen", sondern wird im Zuge der Veränderung der sie umgebenden sozialen, wirtschaftlichen, politischen Welt und der darüber vor sich gehenden kommunikativen Prozesse und Deutungen mitgeformt. Wir dürfen aber auch nicht vergessen, daß die Erzeugung neuer Wirklichkeiten nicht nur durch politische und wissenschaftliche Diskurse erfolgt, sondern auch Veränderungen der Lebenslagen, soziale Bewegungen und politische Umbrüche bedeuten kann. Wirtschaft und Gesellschaft sind in diesem Sinne der Grundtatbestand der Geschichte, der "vergangenen" Geschichte und der sich unaufhörlich in diese verwandelnden Gegenwart und Zukunft. Das zu zeigen, war ein Anliegen dieses Buches, das die relativ umfangreiche historische Darstellung rechtfertigen mag. Darüber hinaus habe ich damit das Ziel verbunden, nicht einfach nur eine Deskription früherer Wirtschaftsformen und Theorien zu geben, sondern Wirtschaft als Menschheitsphänomen bewußt zu machen.

Mit dem zweiten Jahrtausend geht eine Epoche zu Ende, die in der Neuzeit Europas begann und eine spektakuläre Entwicklung nationalstaatlich strukturierter Wirtschaft brachte. In der Gegenwart stehen zwei Akteure auf der Bühne der Weltwirtschaft: Unternehmen und Staaten, die sich zueinander in einem Verhältnis der Nebenordnung befinden. In Zukunft werden auch Regionen und Kulturen eine gewichtige Rolle spielen. Aus diesen Veränderungen resultieren neue soziale Strukturen, Lebens- und Denkformen. Ihrer Erforschung, Kritik und Gestaltung sollten sich die Sozialwissenschaften zuwenden, ohne die Kontinuität der Geschichte zu übersehen.

171 Mancur Olson, Umfassende Ökonomie, Tübingen 1991 (urspr. am. 1990), S. 2/3.

Auswahlbibliographie

Abu-Lughod, Janet L., Before European Hegemony. The World System A. D. 1250-1350, New York-Oxford 1989

Acham, Karl, Philosophie der Sozialwissenschaften, Freiburg-München 1983

Acham, Karl, Geschichte und Sozialtheorie, Freiburg-München 1995

Acham, Karl, Fortschritt und Demokratie. Betrachtungen zur Gesellschaftstheorie Condorcets, in: Annalen für dialektische Philosophie VI/1989, S. 152-158

Adams, Julia, Trading States, Trading Places: The Role of Patrimonialism in Early Modern Dutch Development, in: Comparative Studies in Society and History 36/1994, S. 319-355

Adas, Michael, Machines as the Measure of Men. Science, Technology and Ideologies of Western Dominance, Ithaca-London 1989

Adler, Max, Die Anfänge der merkantilistischen Gewerbepolitik in Österreich, Wien-Leipzig 1903

Adorno, Theodor W. (Hg.), Spätkapitalismus oder Industriegesellschaft? Stuttgart 1969

Aglietta, Michel, Genèse des banques centrales et légitimité de la monnaie, in: Annales: Économies-Sociétés-Civilisations 47/1992, S. 675-698

Aglietta, Michel, Régulation et crises du capitalisme, Paris 1976

Åkerlof, George A., An Economic Theorist's Book of Tales, Cambridge 1984

Albert, Hans, Marktsoziologie und Entscheidungslogik, Neuwied-Berlin 1967

Alessandrini, Sergio/Dallago, Bruno (eds.), The Unofficial Economy, Aldershot 1987

Alföldy, Géza, Die römische Gesellschaft, Wiesbaden 1986

Allen, Frederick Lewis, The Big Change. America Transforms Itself 1900-1950, New York 1988 (urspr. 1952)

Althaler, Karl S./Matzner, Egon/Prisching, Manfred/Unger, Brigitte (Hg.), Sozioökonomische Forschungsansätze. Historische Genese, Methoden, Anwendungsgebiete, Marburg 1995

Altvater, Elmar/Mahnkopf, Birgit, Grenzen der Globalisierung. Ökonomie, Ökologie und Politik in der Weltgesellschaft, Münster 1996

Altvater, Elmar, Die Zukunft des Marktes, Münster 1991

Ambrosius, Gerold/Hubbard William H., Sozial- und Wirtschaftsgeschichte Europas im 20. Jahrhundert, München 1986

Amin, Samir, Die ungleiche Entwicklung. Essays über die Gesellschaftsformationen des peripheren Kapitalismus, Hamburg 1975

Ammerer, Gerhard/Haas, H. (Hg.), Ambivalenzen der Aufklärung, Wien-München 1997

Anderson, Perry, Lineages of the Absolutist State, London-New York 1989 (urspr. 1974)

Anderson, Perry, Passages from Antiquity to Feudalism, London-New York 1988 (urspr. 1974)

Appleby, Joyce O., Economic Thought and Ideology in Seventeenth-Century England, Princeton 1978

Aquin, Thomas von, Über die Regierung der Fürsten. Ein Compendium der Politik (hg. u. m. Anm. vers. von A. Portmann) Luzern 1897

Aquin, Thomas von, Ökonomie, Politik und Ethik aus Summa theologiae (hg. von Horst C. Recktenwald) Düsseldorf 1991

Aretz, Hans-Jürgen, Ökonomischer Imperialismus? Homo Oeconomicus und soziologische Theorie, in: Zeitschrift für Soziologie 26/1997, S. 79-95

Ariès, Philippe/Duby, Georges (Hg.), Geschichte des privaten Lebens, 5 Bde., Frankfurt/Main 1989-1993 (urspr. frz. 1985)

Aristoteles, Politik (übers. von Eugen Rolfes), 4. Aufl., Hamburg 1981

Aristoteles, Nikomachische Ethik (übers. von Eugen Rolfes), 4. Aufl., Hamburg 1985

Arrow, Kenneth J., Social Choice and Individual Values, New York 1951

Arrow, Kenneth J., The Limits of Organization, New York-London 1974

Atiya, Aziz S., Kreuzfahrer und Kaufleute, Stuttgart 1964

Augustinus, Aurelius, Vom Gottesstaat, 2 Bde., München 1977/1978

Austin, Michael/Vidal-Naquet, Pierre, Gesellschaft und Wirtschaft im alten Griechenland, München 1984 (urspr. frz. 1981)

Axelrod, Robert, Die Evolution der Kooperation, München 1987

Aymard, A., Etudes d`histoire ancienne, Paris 1967

Aymard, Maurice (ed.), Dutch Capitalism and World Capitalism, Cambridge 1982

Baechler, Jean/Hall, John A./Mann, Michael (eds.), Europe and the Rise of Capitalism, Oxford 1988

Baecker, Dirk, Information und Risiko in der Marktwirtschaft, Frankfurt/Main 1988

Bagnasco, Arnaldo, La costruzione sociale del mercato, Bologna 1988

Baker, Wayne E., The Social Structure of a National Securities Market, in: American Journal of Sociology 89/1984, S. 775-811

Baker, Wayne E./Faulkner, R. R./Fisher, G. A., Hazards of the Market. The Continuity and Dissolution of Interorganizational Market Relationships, in: American Sociological Review 63/1998, S. 147-177

Balazs, Etienne, Chinese Civilisation and Bureaucracy, New Haven-London 1964

Baloglou, Christos P./Peukert, Helge, Zum antiken, ökonomischen Denken der Griechen 800 v. u. Z.-31 n. u. Z., Marburg 1992

Baran, Paul/Sweezy, Paul, Monopoly Capital. An Essay of the American Economic and Social Order, New York 1966

Barber, Bernard, Absolutization of the Market, in: Dworkin, Gerald/Bernant, G./ Brown, P. G. (eds.), Markets and Morals, Washington-London 1977, S. 15-32

Barber, Bernard, The Logic and Limits of Trust, New Brunswick 1988

Barloewen, Wolf D. von/Barloewen, Constantin von, Die Gesetzmäßigkeit der Geschichte. Von den Anfängen der Menschheit bis ins dritte Jahrtausend, 2 Bde., Frankfurt/Main 1988

Bataille, Georges, Die Aufhebung der Ökonomie, 2. Aufl., München 1985 (urspr. frz. 1967)

Batscha, Zwi/Garber, Jörn (Hg.), Von der ständischen zur bürgerlichen Gesellschaft. Politisch-soziale Theorien im Deutschland der zweiten Hälfte des 18. Jahrhunderts, Frankfurt/Main 1981

Bauer, Leonhard/Matis, Herbert, Geburt der Neuzeit. Vom Feudalsystem zur Marktgesellschaft, München 1988

Bauer, Volker, Hofökonomie. Der Diskurs über den Fürstenhof in Zeremonialwissenschaft, Hausväterliteratur und Kameralismus, Wien-Köln-Weimar 1997

Baurmann, Michael, Der Markt der Tugend. Recht und Moral in der liberalen Gesellschaft, Tübingen 1996

Beck, Ulrich/Giddens, Anthony/Lash, Scott, Reflexive Modernization, Cambridge-Oxford 1994

Becker, Gary S., Der ökonomische Ansatz zur Erklärung menschlichen Verhaltens, Tübingen 1982 (urspr. am. 1976)

Becker, Marvin B., The Emergence of Civil Society in the Eighteenth Century, Bloomington-Indianapolis 1994

Beckert, Jens, Grenzen des Marktes, Frankfurt/Main 1997

Beckert, Jens, Was ist soziologisch an der Wirtschaftssoziologie? Ungewißheit und die Einbettung wirtschaftlichen Handelns, in: Zeitschrift für Soziologie 25/1996, S. 125-146

Bendix, Reinhard, Könige oder Volk. Machtausübung und Herrschaftsmandat, 2 Bde., Frankfurt/Main 1980 (urspr. am. 1978)

Benson, John/Shaw, Gareth (eds.), The Evolution of Retail Systems, c. 1800-1914, Leicester-London-New York 1992

Benveniste, Emile, Indoeuropäische Institutionen. Wortschatz, Geschichte, Funktionen, Frankfurt/Main-New York 1993 (urspr. frz. 1969)

Berger, Peter, Finanzwesen und Staatswerdung. Zur Genese absolutistischer Herrschaftstechnik in Österreich, in: Matis, Herbert (Hg.), Von der Glückseligkeit des Staates, Berlin 1981, S. 105-136

Berger, Peter L. (ed.), The Capitalist Spirit. Toward a Religious Ethic of Wealth Creation, San Francisco 1990

Berle, Adolf A./Means, Gardiner. C., The Modern Corporation and Private Property, New York 1932

Beutele, Karlheinz et al. (Hg.), Die Reformfähigkeit von Industriegesellschaften, Frankfurt/Main-New York 1995

Biervert, Bernd/Held, Klaus/Wieland, Josef (Hg.), Sozialphilosophische Grundlagen des ökonomischen Handelns, Frankfurt/Main 1990

Binswanger, Hans Christoph, Die Glaubensgemeinschaft der Ökonomen, München 1998

Blaug, Mark, Economic History and the History of Economics, New York 1986

Bloch, Marc, Die Feudalgesellschaft, Frankfurt/Main-Berlin-Wien 1982 (urspr. frz. 1939)

Block, Fred, The Second Paradox of Thrift, in: Goodwin, Neva R. (ed.), As if the Future Mattered. Translating Social and Economic Theory into Human Behavior, Ann Arbor 1996, S. 83-102

Bluestone, Barry/Harrison, Bennett, The Deindustrialization of America, New York 1982

Boardman, John, Kolonien und Handel der Griechen, München 1981

Böhme, Hartmut/Böhme, Gernot (Hg.), Das Andere der Vernunft. Zur Entwicklung von Rationalitätsstrukturen am Beispiel Kants, Frankfurt/Main 1985

Böhm-Bawerk, Eugen von, Macht oder ökonomisches Gesetz? in: Zeitschrift für Volkswirtschaft, Sozialpolitik und Verwaltung, Bd. XXIII, Wien 1914, S. 206-271

Boese, Franz, Geschichte des Vereins für Sozialpolitik 1872-1932, München 1939

Bois, Guy, Umbruch im Jahr 1000: Lournand bei Cluny - ein Dorf in Frankreich zwischen Spätantike und Feudalherrschaft, Stuttgart 1993 (urspr. frz. 1989)

Borchardt, Knut/Cipolla, Carlo M. (Hg.) Europäische Wirtschaftsgeschichte, 5 Bde., Stuttgart-New York 1983-1986 (urspr. engl. 1973)

Boserup, Ester, Population and Technological Change. A Study of Long-Term Trends, Chicago-Oxford 1981

Bosl, Karl, Die Gesellschaft in der Geschichte des Mittelalters, 4. Aufl., Göttingen 1987

Bosl, Karl, Europa im Aufbruch. Herrschaft, Gesellschaft, Kultur vom 10. bis zum 14. Jahrhundert, München 1980

Bosl, Karl, Die Grundlagen der modernen Gesellschaft im Mittelalter. Eine deutsche Gesellschaftsgeschichte, 2 Bde., Stuttgart 1972

Bottomore, Tom/Brym, Robert J. (eds.), The Capitalist Class. An International Study, New York 1989

Bourdieu, Pierre, Entwurf einer Theorie der Praxis, Frankfurt/Main 1976 (urspr. frz. 1972)

Bourdieu, Pierre, Die feinen Unterschiede. Kritik der gesellschaftlichen Urteilskraft, Frankfurt/Main 1982 (urspr. frz. 1979)

Braudel, Fernand, Schriften zur Geschichte, 2 Bde., Stuttgart 1993 (urspr. frz. 1990)

Braudel, Fernand, Das Mittelmeer und die mediterrane Welt in der Epoche Philipps II., 3 Bde., Frankfurt/Main 1990 (urspr. frz. unveröff. 1949)

Braudel, Fernand, Frankreich, 3 Bde., Stuttgart 1989-1990

Braudel, Fernand, Die Dynamik des Kapitalismus, Stuttgart 1986 (urspr. frz. 1985)

Braudel, Fernand, Sozialgeschichte des 15.-18. Jahrhunderts, 3 Bde, München 1985-1986 (urspr. frz. 1979)

Brennan, Geoffrey/Buchanan, James M., Die Begründung von Regeln. Konstitutionelle politische Ökonomie, Tübingen 1993 (urspr. am. 1985)

Brenner, Y. S./Kaelble, Hartmut/Thomas, Mark (eds.), Income Distribution in Historical Perspective, Cambridge-Paris 1991

Brennig, Heribert R., Der Kaufmann im Mittelalter, Pfaffenweiler 1993

Breuer, Stefan, Imperien der Alten Welt, Stuttgart-Berlin-Köln-Mainz 1987

Brewer, John/Porter, Roy (eds.), Consumption and the World of Goods, London-New York 1993

Brewer, John, The Sinews of Power. War, Money and the English State, 1688-1783, New York 1980

Britnell, Richard, Commerce and Capitalism in Late Medieval England: Problems of Description and Theory, in: Journal of Historical Sociology 6/1993, S. 359-376

Brocker, Manfred, Arbeit und Eigentum. Der Paradigmenwechsel in der neuzeitlichen Eigentumstheorie, Darmstadt 1992

Brodbeck, Karl-Heinz, Die fragwürdige Grundlage der Ökonomie, Darmstadt 1998

Brown, Peter, Welten im Aufbruch. Die Zeit der Spätantike, Bergisch-Gladbach 1980

Bruckmüller, Ernst et al. (Hg.), Bürgertum in der Habsburger-Monarchie, Wien-Köln 1990

Bruckmüller, Ernst, Sozialgeschichte Österreichs, Wien-München 1985

Brunner, Otto, Sozialgeschichte Europas im Mittelalter, Göttingen 1978

Brunner, Otto, Neue Wege der Verfassungs- und Sozialgeschichte, 2. Aufl., Göttingen 1968

Brunner, Otto/Conze, Werner/Koselleck, Reinhart (Hg.), Geschichtliche Grundbegriffe. Historisches Lexikon zur politisch-sozialen Sprache in Deutschland, 7 Bde., Stuttgart 1972-1992

Buchanan, James M./Tullock, Gordon, The Calculus of Consent. Logical Foundations of Constitutional Democracy, Michigan 1962

Bücher, Karl, Die Entstehung der Volkswirtschaft. Sechs Vorträge, Tübingen 1893

Bürgin, Alfred, Zur Soziogenese der Politischen Ökonomie, Marburg 1993

Burckhardt, Jacob, Die Zeit Constantins des Großen, München 1982

Burghardt, Anton, Allgemeine Wirtschaftssoziologie, Pullach bei München 1974

Burke, Peter, Venedig und Amsterdam im 17. Jahrhundert, Göttingen 1993 (urspr. engl. 1974)

Burkhardt, Johannes, Das Verhaltensleitbild "Produktivität" und seine historisch-anthropologische Voraussetzung, in: Saeculum 25/1974, S. 277-289

Burnham, James, The Managerial Revolution, Harmondsworth 1945

Burn, Andrew Robert, The World of Hesiod. A Study of the Greek Middle Ages c. 900-700 B. C., New York 1966 (urspr. 1936)

Burt, Ronald S., Structural Holes. The Social Structure of Competition, Cambridge-Mass. 1992

Buss, Andreas E. (ed.), Max Weber in Asian Studies, Leiden 1985

Cahnmann, Werner, Weber and Toennies: Comparative Sociology in Historical Perspective, New Brunswick-London 1995

Cameron, Euan, The European Reformation, Oxford 1992

Cameron, Rondo, A Concise Economic History of the World, New York-Oxford 1989

Cantillon, Richard, Abhandlung über die Natur des Handels im allgemeinen, Jena 1931

Carruthers, Bruce G., City of Capital. Politics and Markets in the English Financial Revolution, Princeton 1996

Cerman, Markus/Ogilvie, Sheilagh C. (Hg.), Protoindustrialisierung in Europa, Wien 1994

Chaloupek, Günther/Eigner, Peter/Wagner, Michael, Wien. Wirtschaftsgeschichte 1740-1938, 2 Bde., Wien 1991

Chamberlin, Edward H., The Theory of Monopolistic Competition, Cambridge-Mass. 1933

Chandler, Alfred D. Jr., Scale and Scope. The Dynamics of Industrial Capitalism, Cambridge-Mass. 1990

Chandler, Alfred D. Jr./Daems, Herman (eds.) Managerial Hierarchies. Comparative Perspectives on the Rise of the Modern Industrial Enterprise, Cambridge-Mass.-London 1981

Chandler, Alfred D. Jr., The Visible Hand. The Managerial Revolution in American Business, Cambridge-Mass. 1977

Chartier, Roger, Die kulturellen Ursprünge der Französischen Revolution, Frankfurt/Main-New York-Paris 1995 (urspr. frz. 1990)

Chase-Dunn, Christopher, Global Formation. Structures of the World-Economy, Cambridge-Mass.-Oxford 1989

Chaudhuri, Kirti N., Asia before Europe. Economy and Civilisation of the Indian Ocean from the Rise of Islam to 1750, Cambridge 1990

Chaudhuri, Kirti N./Dewey, C. J. (eds.), Economy and Society: Essays in Indian Economic and Social History, Oxford 1979

Chaudhuri, Kirti N., The Trading World of Asia and the English East India Company, 1660-1760, Cambridge 1978

Childe, Vere Gordon, Soziale Evolution, Frankfurt/Main 1975 (urspr. engl. 1951)

Chirot, Daniel, Social Change in the Modern Era, San Diego 1986

Cipolla, Carlo M., Geld-Abenteuer. Extra vagante Geschichten aus dem europäischen Wirtschaftsleben, Berlin 1995 (urspr. it. 1994)

Cipolla, Carlo M., Before the Industrial Revolution. European Economy and Society, 1000-1700, Vol. III, New York 1980

Claessens, Dieter, Kapitalismus als Kultur, Düsseldorf-Köln 1973

Clarke, John/Newman, Janet, The Managerial State. Power Politics and Ideology in the Remaking of Social Welfare, London 1997

Clegg, Stewart R./Redding, Gordon S. (eds.), Capitalism in Contrasting Cultures, Berlin-New York 1990

Coase, Ronald, The Nature of the Firm, in: Stigler, George J. et al., Readings in Price Theory, Chicago 1952, S. 386-405 (urspr. in Economica N. F. 4/1937)

Cochrane, Allan/Clarke, John (eds.), Comparing Welfare States, London 1993

Coffee, John Jr./Lowenstein, Louis/Rose-Ackermann, Susan (eds.), Knights, Raiders and Targets, New York-Oxford 1988

Coleman, James S., Foundations of Social Theory, Cambridge-Mass.-London 1990

Coleman, James S., Individual Interests and Collective Action, Cambridge 1986

Collins, Randall, An Asian Route to Capitalism. Religious Economy and the Origins of Self-Transformation Growth in Japan, in: American Sociological Review 62/1977, S. 843-865

Cowan, Ruth Schwartz, More Work for Mother. The Ironies of Household Technology from the Open Hearth to the Microwave, London 1989

Cowling, Keith/Sugden, Roger, Beyond Capitalism. Towards a New World Economic Order, London 1994

Crane, Diana (ed.), The Sociology of Culture, Oxford-Cambridge 1994

Curtin, Philip D., Cross-Cultural Trade in World History, Cambridge 1984

Curtin, Philip D., The Atlantic Slave Trade, Madison 1969

Dahrendorf, Ralf, Homo Sociologicus. Ein Versuch zur Geschichte, Bedeutung und Kritik der Kategorie der sozialen Rolle, 15. Aufl., Opladen 1977

Dalton, George (ed.), Primitive, Archaic and Modern Economies. Essays of Karl Polanyi, Boston-Mass. 1971

Davis, Gerald F./Greve, Heinrich R., Corporate Elite Networks and Governance Changes in the 1980s, in: American Journal of Sociology 103/1997, S. 1-37

Delumeau, Jean, Naissance et Affirmation de la Réforme, Paris 1973 (urspr. 1965)

De Martino, Francesco, Wirtschaftsgeschichte des alten Rom, 2. Aufl., München 1991

Diamond, Jared, Arm und Reich. Die Schicksale menschlicher Gesellschaften, Frankfurt/Main 1998 (urspr. am. 1997)

Dobb, Maurice, Studies in the Development of Capitalism, London 1963 (urspr. 1946)

Dobretsberger, Josef, Konkurrenz und Monopol in der gegenwärtigen Wirtschaft, Leipzig-Wien 1929

Doeringer, Peter P./Piore, Michael J., Internal Labour Markets and Manpower Analysis, Lexington-Mass. 1971

Dollinger, Philippe, Die Hanse, 3. Aufl., Stuttgart 1981

Donadoni, Sergio (Hg.), Der Mensch des Alten Ägypten, Frankfurt/Main-New York-Paris 1992 (urspr. it. 1990)

Dopsch, Alfons, Naturalwirtschaft und Geldwirtschaft in der Weltgeschichte, Wien 1930

Dopsch, Alfons, Wirtschaftliche und soziale Grundlagen der europäischen Kulturentwicklung: aus der Zeit von Cäsar bis auf Karl den Großen, 1. Teil, Wien 1918

Douglas, Mary/Isherwood, Baron, The World of Goods. Towards an Anthropology of Consumption, London 1979

Drucker, Peter F., Post-Capitalist Society, New York 1993

Drucker, Peter F., The Unseen Revolution. How Pension Fund Socialism Transforms America, London 1976

Dubiel, Helmut/Söllner, Alfons (Hg.), Wirtschaft, Recht und Staat im Nationalsozialismus, Frankfurt/Main 1981

Duby, Georges, Die drei Ordnungen. Das Weltbild des Feudalismus. Frankfurt/Main 1986 (urspr. frz. 1978)

Duby, Georges, Krieger und Bauern. Die Entwicklung der mittelalterlichen Wirtschaft und Gesellschaft bis um 1200, Frankfurt/Main 1984 (urspr. frz. 1973)

Düwel, Klaus/Jankuhn, Herbert/Siems, Harald/Timpe, Dieter (Hg.), Untersuchungen zu Handel und Verkehr der vor- und frühgeschichtlichen Zeit in Mittel- und Nordeuropa, Abhandlungen der Akademie der Wiss. in Göttingen, Teil I-VI Göttingen 1985/1987/1989

Dumont, Louis, Individualismus. Zur Ideologie der Moderne, Frankfurt/Main-New York 1991 (urspr. frz. 1983)

Dumont, Louis, Homo aequalis. Genèse et épanouissement de l'idéologie économique, Paris 1977

Duri, Abdalaziz, Arabische Wirtschaftsgeschichte, Zürich-München 1979

Dux, Günter/Wenzel, Ulrich (Hg.), Der Prozeß der Geistesgeschichte. Studien zur ontogenetischen und historischen Entwicklung des Geistes, Frankfurt/Main 1994

Dworkin, Gerald/Bernant, G./Brown, P. G. (eds.), Markets and Morals, Washington-London 1977

Ehmer, Josef, Heiratsverhalten, Sozialstruktur, ökonomischer Wandel. England und Mitteleuropa in der Formationsperiode des Kapitalismus, Göttingen 1991

Eisenstadt, Samuel Noah, Kulturen der Achsenzeit, 2 Bde., Frankfurt/Main 1987 (urspr. am. 1984)

Eisenstadt, Samuel Noah/Roniger, L., Patrons, Clients and Friends. Interpersonal Relation and the Structure of Trust in Society, Cambridge 1984

Eisermann, Gottfried, Galiani. Ökonom, Soziologe, Philosoph, Frankfurt/Main 1997

Eisermann, Gottfried, Wirtschaft und Gesellschaft, Stuttgart 1964

Eisermann, Gottfried, Wirtschaftstheorie und Soziologie, Tübingen 1957

Eliade, Mircea, Geschichte der religiösen Ideen, 2 Bde., Freiburg-Basel-Wien 1978 (urspr. frz. 1976)

Elias, Norbert, Die höfische Gesellschaft, 5. Aufl., Darmstadt-Neuwied 1981

Elias, Norbert, Über den Prozeß der Zivilisation. Soziogenetische und psychogenetische Untersuchungen, 2 Bde., 2. Aufl., Frankfurt/Main 1969 (urspr. 1939)

Elster, Jon, Rational Choice, Oxford 1986

Endreß, Gerhard, Der Islam. Eine Einführung in seine Geschichte, 2. Aufl., München 1991

Engelhardt, Werner W., Gustav von Schmollers Verständnis der Sozialpolitik und die Probleme von heute, in: Sozialer Fortschritt 3/1996, S. 72-79

Engelsing, Rolf, Zur Sozialgeschichte deutscher Mittel- und Unterschichten, Göttingen 1978

Engelsing, Rolf, Sozial- und Wirtschaftsgeschichte Deutschlands, Göttingen 1973

Ennen, Edith, Die europäische Stadt im Mittelalter, 4. Aufl., Göttingen 1987

Enteman, Willard F., Managerialism. The Emergence of a New Ideology, London 1993

Esping-Andersen, Gösta, The Three Worlds of Welfare Capitalism, Cambridge-Princeton 1990

Etzioni, Amitai/Lawrence, Paul R. (eds.), Socio-Economics. Toward a New Synthesis, New York-London 1991

Etzioni, Amitai, The Moral Dimension. Toward a New Economics, New York 1988

Eucken, Walter, Die Grundlagen der Nationalökonomie, 9. Aufl., Berlin 1989 (urspr. 1939)

Evers, Adalbert/Olk, Thomas (Hg.), Wohlfahrtspluralismus. Vom Wohlfahrtsstaat zur Wohlfahrtsgesellschaft, Opladen 1996

Favier, Jean, Gold und Gewürze. Der Aufstieg des Kaufmanns im Mittelalter, Hamburg 1992 (urspr. frz. 1987)

Febvre, Lucien, Martin Luther, Frankfurt/Main-New York 1996 (urspr. frz. 1928)

Feilbogen, Siegmund, Smith und Turgot. Ein Beitrag zur Geschichte und Theorie der Nationalökonomie, Wien 1892

Feldbauer, Peter, Die islamische Welt 600-1250. Ein Frühfall von Unterentwicklung? Wien 1995

Fenske, Lutz/Rösener, Werner/Zotz, Thomas (Hg.), Institution, Kultur und Gesellschaft im Mittelalter, Sigmaringen 1984

Ferguson, Adam, Versuch über die Geschichte der bürgerlichen Gesellschaft, Frankfurt/Main 1986 (urspr. engl. 1767)

Ferman, L. A./Henry, S./Hoyman, E. (eds.), The Informal Economy, London-Beverly Hills 1987

Festinger, Leon, Archäologie des Fortschritts, Frankfurt/Main-New York 1985 (urspr. am. 1983)

Fetscher, Iring/Münkler, Herfried (Hg.), Pipers Handbuch der politischen Ideen, 5 Bde., München 1985-1993

Fichtenau, Heinrich, Lebensordnungen des 10. Jahrhunderts, München 1994 (urspr. 1984)

Fichte, Johann Gottlieb, Der geschloßne Handelsstaat, Hamburg 1979 (urspr. 1800)

Finley, Moses I., Die antike Wirtschaft, 3. Aufl., München 1993 (urspr. am. 1984)

Finley, Moses I., Die Sklaverei in der Antike, Frankfurt/Main 1985 (urspr. engl. 1980)

Firth, Raymond, Primitive Polynesian Economy, London 1965 (urspr. 1939)

Fischer, Wolfram, Die Weltwirtschaft im 20. Jahrhundert, Göttingen 1979

Fligstein, Neil, Markets as Politics, in: American Sociological Review 61/1996, S. 656-673

Fligstein, Neil, The Transformation of Corporate Control, Cambridge-Mass. 1990

Fligstein, Neil/Mara-Drita, Iona, How to Make a Market. Reflections on the Attempt to Create a Single Market in the European Union, in: American Journal of Sociology 102/1996, S. 1-33

Fox-Genovese, Elisabeth, The Origins of Physiocracy, Ithaca-London 1976

Frank, Andre Gunder/Gills, Barry K. (eds.), The World System. Five Hundred Years or Five Thousand? London-New York 1996 (urspr. 1993)

Freyer, Hans, Die Bewertung der Wirtschaft im philosophischen Denken des 19. Jahrhunderts, Leipzig 1921

Fried, Johannes, Die Formierung Europas 840-1046, München 1991

Friedland, Klaus (Hg.), Gilde und Korporation in den nordeuropäischen Städten des späten Mittelalters, Köln-Wien 1984

Friedland Roger/Robertson A. F. (eds.), Beyond the Marketplace. Rethinking Economy and Society, New York 1990

Friedman, David, The Misunderstood Miracle. Industrial Development and Political Change in Japan, Ithaca-London 1988

Friedman, Milton, Capitalism and Freedom, Chicago 1991 (urspr. 1967)

Fürstenberg, Friedrich, Wirtschaftssoziologie, 2.Aufl., Berlin 1970

Fürstenberg, Friedrich/Ruttkowski, Renate, Bildung und Beschäftigung in Japan, Opladen 1997

Fumagalli, Vito, Coloni e signori nell'Italia settentionale, Bologna 1978

Furet, François, Das Ende der Illusion. Der Kommunismus im 20. Jahrhundert, München 1996 (urspr. frz. 1995)

Furner, Mary O./Supple, Barry (eds.), The State and Economic Knowledge. The American and British Experiences, Cambridge 1990

Fustel de Coulanges, Numa Denis, Der antike Staat, Stuttgart 1981 (urspr. frz. 1864)

Galbraith, John Kenneth, American Capitalism. The Concept of Contervailing Power, Boston 1952

Galbraith, John Kenneth, Die Entmythologisierung der Wirtschaft, Wien-Darmstadt 1988 (urspr. am. 1987)

Gall, Lothar, Von der ständischen zur bürgerlichen Gesellschaft, München 1993

Gambetta, Diego (ed.), Trust. Making and Breaking of Cooperative Relations, Oxford 1988

Ganßmann, Heiner, Geld und Arbeit, Frankfurt/Main-New York 1996

Garin, Eugenio (Hg.), Der Mensch der Renaissance, Frankfurt/Main-New York 1990 (urspr. it. 1988)

Geary, Patrick J., Die Merowinger. Europa vor Karl dem Großen, München 1996 (urspr. am. 1988)

Geertz, Clifford, The Bazaar Economy, in: Granovetter, Mark/Swedberg, Richard (eds.), The Sociology of Economic Life, Boulder-San Francisco-Oxford 1992, S. 225-232

Gellner, Ernest, Bedingungen der Freiheit. Die Zivilgesellschaft und ihre Rivalen, Stuttgart 1995

Gellner, Ernest, Reason and Culture. The Historic Role of Rationality and Rationalism, Oxford 1992

Gellner, Ernest, Pflug, Schwert und Buch. Grundlinien der Menschheitsgeschichte, Stuttgart 1990

Geremek, Bronislaw, Poverty. A History, Oxford-Cambridge-Mass. 1994

Gernet, Jaques, Die chinesische Welt, Frankfurt/Main 1979

Gerschenkron, Alexander, An Economic Spurt that Failed. Four Lectures in Austrian History, Princeton-New York 1977

Gerschenkron, Alexander, Relative Backwardness in Industrial Development, Cambridge-Mass.-London 1962

Gershuny, Jonathan J., The Informal Economy, in: Futures 11/1978, S. 3-15

Gerstein, Dean u. a. (Hg.), Sozialwissenschaften für morgen, Berlin 1990 (urspr. am. 1988)

Giardina, Andrea (Hg.) Der Mensch der römischen Antike, Frankfurt/Main-New York-Paris 1991 (urspr. it. 1989)

Gide, Charles/Rist, Charles, Geschichte der volkswirtschaftlichen Lehrmeinungen, 3. Aufl., Jena 1923

Giddens, Anthony, Elites in the British Class Structure, in: Scott, John, The Sociology of Elites, Vol. I, Aldershot 1990, S. 345-424

Giddens, Anthony, Politics, Sociology and Social Theory, Cambridge 1995

Gilbert, Felix, Venedig, der Papst und sein Bankier, Frankfurt/Main-New York 1994

Gimpel, Jean, Die industrielle Revolution des Mittelalters, 2. Aufl., Zürich-München 1981 (urspr. frz.)

Glazer, Nathan, The Limits of Social Policy, Cambridge-Mass.-London 1990

Godelier, Maurice, Rationalität und Irrationalität in der Ökonomie, Frankfurt/Main 1966 (urspr. frz. 1966)

Godelier, Maurice, Natur, Arbeit, Geschichte. Zu einer universalgeschichtlichen Theorie der Wirtschaftsformen, Hamburg 1990 (urspr. frz. 1984)

Godelier, Maurice, L'enigme du don, Paris 1996

Good, David F., The Economic Rise of the Habsburg Empire 1750-1914, Berkeley-Los Angeles-London 1984

Goodwin, Neva R. (ed.), As if the Future Mattered. Translating Social and Economic Theory into Human Behavior, Ann Arbor 1996

Goody, Jack, The East in the West, Cambridge 1996

Gordon, Barry, Economic Analysis before Adam Smith. Hesiod to Lessius, London and Basingstoke 1975

Gottl von Ottlilienfeld, Friedrich, Wirtschaft als Leben, Jena 1925

Grabher, Gernot (ed.), The Embedded Firm. On the Socioeconomics of Industrial Networks, London-New York 1993

Granovetter, Mark, Business Groups, in: Smelser, Neil J./Swedberg, Richard (eds.), The Handbook of Economic Sociology, Princeton-New York 1994, S. 453-475

Granovetter, Mark, The Social Constructions of Economic Institutions, in: Etzioni, Amitai/Lawrence, Paul R., Socio-Economics. Toward a New Synthesis, New York-London 1991, S. 75-81

Granovetter, Mark, The Old and the New Economic Sociology. A History and an Agenda, in: Friedland, Roger/Robertson A. F., Beyond the Marketplace, New York 1990, S. 89-112

Granovetter, Mark, Economic Action and Social Structure: The Problem of Embeddedness, in: American Journal of Sociology 91/1985, S. 481-510

Granovetter, Mark/Swedberg, Richard (eds.), The Sociology of Economic Life, Boulder-San Francisco-Oxford 1992

Groethuysen, Bernhard, Die Entstehung der bürgerlichen Welt- und Lebensanschauung in Frankreich, 2 Bde., Halle 1927

Gudeman, Stephen, Economics as Culture, London 1986

Gurevic, Aron J., Das Weltbild des mittelalterlichen Menschen, München 1986 (urspr. russ. 1972)

Gurevic, Aron J., Historical Anthropology of the Middle Ages, Chicago 1992

Gustafsson, Bo (ed.), Power and Economic Institutions, Aldershot-Vermont 1991

Habermas, Jürgen, Strukturwandel der Öffentlichkeit, Neuwied 1962

Haferkamp, Hans/Smelser, Neil J. (eds.), Social Change and Modernity, Berkeley-Los Angeles-Oxford 1992

Hall, John A., Powers and Liberties. The Causes and Consequences of the Rise of the West, London-Oxford 1985

Hall, Peter A., The Political Power of Economic Ideas: Keynesianism Across Nations, Princeton 1989

Haller, Max, Klassenstrukturen und Mobilität in fortgeschrittenen Gesellschaften. Eine vergleichende Analyse der BRD, Österreichs, Frankreichs und der USA, Frankfurt/Main 1989

Halperin, Rhoda H., Economies Across Cultures. Towards a Comparative Science of the Economy, Basingstoke-London 1988

Hanisch, Ernst/Faulhaber, Theodor (Hg.), Mentalitäten und wirtschaftliches Handeln in Österreich, Wien 1997

Hartmann, Ludo Moritz, Zur Wirtschaftsgeschichte Italiens im frühen Mittelalter, Gotha 1904

Hart, Jeffrey A., Rival Capitalists. International Competitiveness in the United States, Japan and Western Europe, Ithaca-London 1992

Hart, Keith, The Idea of Economy. Six Modern Dissenters, in: Friedland, Roger/Robertson A. F., Beyond the Marketplace, New York 1990, S. 137-160

Haskell, Thomas L./Teichgraeber, Richard F. III. (eds.), The Culture of the Market, Cambridge 1993

Hayek, Friedrich A., Die Verfassung der Freiheit, Tübingen 1991

Hayek, Friedrich A., New Studies in Philosophy, Politics, Economics and the History of Ideas, Chicago 1978

Heertje, Arnold/Allen, M./Cohen, H., The Black Economy, London 1982

Hegel, Georg Wilhelm Friedrich, Grundlinien der Philosophie des Rechts, Frankfurt/Main 1970 (urspr. 1821)

Heilbroner, Robert L., The Worldly Philosophers. The Lives, Times and Ideas of the Great Economic Thinkers, 6. Aufl., London 1986 (urspr. am. 1953)

Heilbroner, Robert L. (ed.), Economic Means and Social Ends. Essays in Political Economics, Englewood Cliffs-New York 1969

Heimann, Eduard, Soziale Theorie der Wirtschaftssysteme, Tübingen 1963

Heimann, Eduard, Soziale Theorie des Kapitalismus, Tübingen 1929

Heinemann, Klaus (Hg.), Soziologie wirtschaftlichen Handelns, Sonderheft 28, Kölner Zeitschrift für Soziologie und Sozialpsychologie, Opladen 1987

Heinemann, Klaus, Elemente einer Soziologie des Marktes, in: Kölner Zeitschrift für Soziologie und Sozialpsychologie 28/1976, S. 48-69

Heinemann, Klaus, Politische Ökonomie - Heute, Tübingen 1974

Heinemann, Klaus, Zum Verhältnis von Volkswirtschaftlehre, Wirtschaftssoziologie und politischer Ökonomie, in: Jahrbuch für Sozialwissenschaft 23/1972, S. 301-320

Heinemann, Klaus, Grundzüge einer Soziologie des Geldes, Stuttgart 1969

Heller, Agnes, Der Mensch der Renaissance, Frankfurt/Main 1988 (urspr. ungar. 1982)

Hering, Ernst, Geschichte der Fugger, 1939

Hertz, Friedrich, Economic Problem of the Danubian States. A Study in Economic Nationalism, London 1947

Hicks, John R./Hart A. G., The Social Framework of the American Economy, New York 1945

Hilferding, Rudolf, Das Finanzkapitals, Frankfurt/Main-Wien 1968 (urspr. 1910)

Hill, Christopher, Von der Reformation zur Industriellen Revolution. Sozial- und Wirtschaftsgeschichte Englands 1530-1780, Frankfurt/Main-New York 1977 (urspr. engl. 1967)

Hill, Christopher, Change and Continuity in 17th Century England, London 1974

Hill, Stephen, The Social Organization of Boards of Directors, in: The British Journal of Sociology 46/1995, S. 245-278

Hillmann, Karl-Heinz, Allgemeine Wirtschaftssoziologie. Eine grundlegende Einführung, München 1988

Himmelstrand, Ulf (ed.), Interfaces in Economic and Social Analysis, London 1992

Hindess, Barry (ed.), Sociological Theories of the Economy, London 1977

Hintze, Otto, Feudalismus - Kapitalismus, Göttingen 1970

Hirsch, Fred, Die sozialen Grenzen des Wachstums, Reinbek bei Hamburg 1980 (urspr. am. 1976)

Hirsch, Joachim/Roth, Roland, Das neue Gesicht des Kapitalismus. Vom Fordismus zum Post-Fordismus, Hamburg 1986

Hirschman, Albert O., Entwicklung, Markt und Moral. Abweichende Betrachtungen, Frankfurt/Main 1993 (urspr. am. 1989)

Hirschman, Albert O., Leidenschaften und Interessen, Frankfurt/Main 1980 (urspr. am. 1977)

Hirschman, Albert O., Essays in Trespassing. Economics to Politics and Beyond, Cambridge 1981

Hobsbawm, Eric J., Das Zeitalter der Extreme. Weltgeschichte des 20. Jahrhunderts, München-Wien 1995 (urspr. engl. 1994)

Hobsbawm, Eric J., Das imperiale Zeitalter 1875-1914, Frankfurt/Main-New York 1989 (urspr. engl. 1987)

Hobsbawm, Eric J., Die Blütezeit des Kapitals. Eine Kulturgeschichte der Jahre 1848-1875, Frankfurt/Main 1980 (urspr. engl. 1975)

Hobsbawm, Eric J., Industrie und Empire. Britische Wirtschaftsgeschichte seit 1750, Frankfurt/Main 1972

Hobsbawm, Eric J./Ranger, Terrence (eds.), The Invention of Tradition, Cambridge 1989 (urspr. 1983)

Hocquet, Jean-Claude, Weißes Gold. Das Salz und die Macht in Europa von 800 bis 1800, Stuttgart 1993 (urspr. frz. 1985)

Hodgson, Marshall G. S., The Venture of Islam, 3 Bde., Chicago-London 1974 (urspr. 1958/1959)

Hoffman, Philip/Postel-Vinay, Gilles/Rosenthal, Jean-Laurent, Economic et Politique. Les marchés du crédit à Paris 1750-1840, in: Annales: Histoire, Sciences Sociales 49/1994, S. 65-98

Holton, Robert J., Economy and Society, London-New York 1992

Holton, Robert J./Turner, Bryan S. (eds.), Talcott Parsons on Economy and Society, London-New York 1986

Homans, George C., Elementarformen sozialen Verhaltens, Köln-Opladen 1968

Homans, George C., Sentiments and Activities, London 1962

Hopcroft, Rosemary, The Social Origins of Agrarian Change in Late Medieval England, in: American Journal of Sociology 99/1994, S. 1559 ff

Hopper, Robert J., Handel und Industrie im klassischen Griechenland, München 1982 (urspr. engl. 1979)

Horke, Gertraude, Soziologie der Gewerkschaften, Wien 1977

Horkheimer, Max/Adorno, Theodor W., Dialektik der Aufklärung, Frankfurt/Main 1987 (urspr. 1944)

Hoselitz, Bert, The Progress of Underdeveloped Countries, Chicago 1952

Hradil, Stefan/Immerfall, Stefan (Hg.), Die westeuropäischen Gesellschaften im Vergleich, Opladen 1997

Hughes, Thomas P., Die Erfindung Amerikas. Der technologische Aufstieg der USA seit 1870, München 1991 (urspr. am. 1989)

Huizinga, Johan, Herbst des Mittelalters, 11. Aufl., Stuttgart 1975 (urspr. engl. 1941)

Hume, David, Politische und ökonomische Essays, 2 Bde., Hamburg 1988 (urspr. engl. 1741/1742)

Huppes, Tjerk (ed.), Economics and Sociology. Towards an Integration, Leiden 1976

Hunt, Alan, Moralizing Luxury: The Discourses of the Governance of Consumption, in: The Journal of Historical Sociology 8/1995, S. 352-374

Hutchinson, Terrence, Before Adam Smith, Oxford-Cambridge 1997 (urspr. 1988)

Im Hof, Ulrich, Das gesellige Jahrhundert, München 1982

Inglehart, Ronald, Modernisierung und Postmodernisierung. Kultureller, wirtschaftlicher und politischer Wandel in 43 Gesellschaften, Frankfurt/Main-New York 1998 (urspr. am. 1997)

Israel, Jonathan, Dutch Primacy in World Trade 1585-1740, Oxford 1989

Jacob, Margaret C., The Newtonians and the English Revolution 1689-1720, New York 1990

Jacobs, Norman, The Origin of Modern Capitalism in Eastern Asia, Hongkong 1958

Jacoby, Henry, Die Bürokratisierung der Welt, Frankfurt/Main-New York 1984 (urspr. 1969)

Jankuhn, Herbert, Haithabu. Ein Handelsplatz der Wikingerzeit, 8. Aufl., Neumünster 1986

Jodl, Friedrich, Volkswirtschaftslehre und Ethik, Berlin 1885

Johann, Horst-Theodor, Gerechtigkeit und Nutzen. Studien zur ciceronischen und hellenistischen Naturrechts- und Staatslehre, Heidelberg 1981

Johnson, Allen W./Earle, Timothy, The Evolution of Human Societies. From Foraging Group to Agrarian State, Los Angeles-Cal. 1987

Johnson, Norman (ed.), Private Markets in Health and Welfare. An International Perspective, Oxford 1995

Kadrnoska, Franz (Hg.), Aufbruch und Untergang. Österreichische Kultur zwischen 1918 und 1938, Wien 1981

Kaelble, Hartmut, Auf dem Weg zu einer europäischen Gesellschaft. Eine Sozialgeschichte Westeuropas 1880-1980, München 1987

Kaelble Hartmut, Soziale Mobilität und Chancengleichheit im 19. und 20. Jahrhundert, Göttingen 1983

Käsler, Dirk, Die frühe deutsche Soziologie 1909 bis 1934 und ihre Entstehungs-Milieus, Opladen 1984

Kaldor, Nicholas, Causes of Growth and Stagnation in the World Economy, Cambridge-New York-Melbourne 1996

Kaldor, Nicholas, Grenzen der "General Theory", Berlin 1983

Kapp, William K., The Social Costs of Business Enterprise, Nottingham 1963 (urspr. 1950)

Katona, George, Der Massenkonsum, Wien-Düsseldorf 1965

Kaufmann, Franz-Xaver, Nationalökonomie und Soziologie, in: Küng, Emil (Hg.), Wandlungen in Wirtschaft und Gesellschaft, Tübingen 1980, S. 31-49

Kellermann, Paul, Kritik einer Soziologie der Ordnung. Organismus und System bei Comte, Spencer und Parsons, Freiburg im Breisgau 1967

Kellermann, Paul/Mikl-Horke, Gertraude (Hg.), Betrieb, Wirtschaft, Gesellschaft, Klagenfurt 1994

Kerr, Clark, Marshall, Marx and Modern Times, Cambridge 1969

Kerschagl, Richard, John Law und Prinz Eugen, Wien 1956

Kersting, Wolfgang, Die politische Philosophie des Gesellschaftsvertrages, Darmstadt 1994

Keynes, John M., General Theory of Employment, Interest and Money, London 1936

Kindleberger, Charles P., A Financial History of Western Europe, London 1984

Kirby, Stuart E., Wirtschafts- und Sozialgeschichte Chinas, München 1955 (urspr. engl. 1953)

Kirchgässner, Gebhard, Homo Oeconomicus, Tübingen 1991

Klengel, Horst, Handel und Händler im alten Orient, Wien-Köln-Graz 1979

Kley, Roland, Friedrich A. Hayeks Idee einer spontanen sozialen Ordnung, in: Kölner Zeitschrift für Soziologie und Sozialpsychologie 1/1992, S. 12-34

Klump, Rainer (Hg.), Wirtschaftskultur, Wirtschaftsstil und Wirtschaftsordnung, Marburg 1996

Knies, Karl, Die politische Ökonomie vom geschichtlichen Standpuncte, Braunschweig 1882 (urspr. 1853)

Knittler, Herbert, Zwischen Ost und West. Niederösterreichs adelige Grundherrschaft 1550-1750, in: Zeitschrift für Geschichtswissenschaften 4/1993, S. 191-217

Knöbl, Wolfgang, Polizei und Herrschaft im Modernisierungsprozeß. Staatsbildung und innere Sicherheit in Preußen, England und Amerika, Frankfurt/Main 1998

Kocka, Jürgen (Hg.), Bürgertum im 19. Jahrhundert, 3 Bde., Göttingen 1995

Kocka, Jürgen, Weder Stand noch Klasse. Unterschichten um 1800, Bonn 1990

Kocka, Jürgen, Unternehmer in der deutschen Industrialisierung, Göttingen 1975

Köhler, Erich, Einzelhandel im Mittelalter, Stuttgart-Berlin 1938

Kofler, Leo, Zur Geschichte der bürgerlichen Gesellschaft, Neuwied-Berlin 1996 (urspr. 1948)

Kopcke, Günther, Handel, Göttingen 1990

Koselleck, Reinhart, Vergangene Zukunft. Zur Semantik geschichtlicher Zeiten, 2. Aufl., Frankfurt/Main 1984 (urspr. 1979)

Koselleck, Reinhart, Preußen zwischen Reform und Revolution. Allgemeines Landrecht, Verwaltung und soziale Bewegung von 1791 bis 1848, Stuttgart 1981 (urspr. 1967)

Koselleck, Reinhart, Kritik und Krise, Frankfurt/Main 1973 (urspr. 1959)

Koslowski, Peter, Politik und Ökonomie bei Aristoteles, Tübingen 1993

Koslowski, Peter, Prinzipien der Ethischen Ökonomie, Tübingen 1988

Koslowski, Peter, Haus und Geld. Zur aristotelischen Unterscheidung von Politik, Ökonomik und Chrematistik, in: Philosophisches Jahrbuch 86/1979, S. 60-83

Kraemer, Klaus, Der Markt der Gesellschaft, Opladen 1997

Krauth, Wolf-Hagen, Wirtschaftsstruktur und Semantik. Wissenssoziologische Studien zum wirtschaftlichen Denken in Deutschland zwischen dem 13. und 17. Jahrhundert, Berlin 1984

Kriedte, Peter, Spätfeudalismus und Handelskapital, Göttingen 1980

Krugmann, Paul, The Age of Diminished Expectations, Cambridge-Mass.-London 1997 (urspr. 1994)

Kruse, Volker, Von der historischen Nationalökonomie zur historischen Soziologie - ein Paradigmenwechsel in den deutschen Sozialwissenschaften um 1900, in: Zeitschrift für Soziologie 19/1990, S. 149-165

Kuchenbuch, Ludolf/Michael, Bernd (Hg.), Feudalismus, Frankfurt/Main-Berlin-Wien 1977

Kulke, Hermann/Rothermund, Dietmar, Geschichte Indiens, Stuttgart-Mainz-Köln 1982

Kumar, Krishan, Civil Society. An Inquiry into the Usefulness of an Historical Term, in: The British Journal of Sociology 44/1993, S. 375-401

Kumar, Krishan, The Rise of Modern Society, Oxford-New York 1988

Labib, Subhi Y., Handelsgeschichte Ägyptens im Spätmittelalter (1171-1517), Wiesbaden 1965

Labrousse, Ernest et al., Geburt der bürgerlichen Gesellschaft 1789, Frankfurt/Main 1979

Lampert, Heinz, Krise und Reform des Sozialstaates, Frankfurt/Main 1997

Landauer, Carl, Sozial- und Wirtschaftsgeschichte der Vereinigten Staaten von Amerika, Stuttgart 1981

Landes, David, Der entfesselte Prometheus. Technologischer Wandel und industrielle Entwicklung in Westeuropa von 1750 bis zur Gegenwart, Köln 1973

Landesmann, Michael A., Adam Smith's Stages Theory of Economic Development and the Problem of the Relative Productiveness of Different Economic Sectors, in: Ökonomie und Gesellschaft 9, Frankfurt/Main-New York 1991, S. 224-243

Lane, Christel, European Business Systems. Britain and Germany Compared, in: Whitley, Richard (ed.), European Business Systems, London u. a. 1994 (urspr. 1992), S. 64-97

Lane Robert E., The Market Experience, Cambridge 1991

Langer, Josef (Hg.), Geschichte der österreichischen Soziologie, Wien 1988

Langholm, Odd, Economics in the Medieval Schools. Wealth, Exchange, Value, Money and Usury According to the Paris Theological Tradition, 1200-1350, Leiden-New York-Köln 1992

Larsen M. T. (ed.), Power and Propaganda. A Symposium on Ancient Empires, Kopenhagen 1979

Lash, Scott/Urry, John, Economies of Signs and Space, London-Thousand Oaks-New Delhi 1994

Lash, Scott/Urry, John, The End of Organized Capitalism, Oxford 1987

Laslett, Peter (ed.), Household and Family in Past Time, Cambridge 1978 (urspr. 1972)

Lederer, Emil, Kapitalismus, Klassenstruktur und Probleme der Demokratie in Deutschland 1910-1940 (hg. von Jürgen Kocka), Göttingen 1979

Lederer, Emil/Marschak, J., The New Middle Class, New York 1937

Le Goff, Jacques, Die Geburt des Fegefeuers. Vom Wandel des Weltbildes im Mittelalter, München-Stuttgart 1991 (urspr. frz. 1981)

Le Goff, Jacques, Kaufleute und Bankiers im Mittelalter, Frankfurt/Main 1993 (urspr. frz. 1956)

Le Goff, Jacques (Hg.), Der Mensch des Mittelalters, Frankfurt/Main-New York 1989 (urspr. it. 1987)

Le Goff, Jacques, Wucherzins und Höllenqualen. Ökonomie und Religion im Mittelalter, Stuttgart 1988 (urspr. frz. 1986)

LeGrand, Julian/Bartlett, W. (eds.), Quasi-Markets and Social Policy, Basingstoke 1993

Leibenstein, Harvey, Beyond Economic Man, Cambridge 1976

Lepage, Henri, Der Kapitalismus von morgen, Frankfurt/Main 1979

Leroi-Gourhan, André, Hand und Wort. Die Evolution von Technik, Sprache und Kunst, Frankfurt/Main 1988 (urspr. frz. 1964/1965)

Le Roy Ladurie, Emmanuel, Die Bauern des Languedoc, München 1990 (urspr. frz. 1969)

Lévy-Garboua, Louis (ed.), Sociological Economics, London 1979

Lévi-Strauss, Claude, Das wilde Denken, Frankfurt/Main 1989

Lindblom, Charles, Jenseits von Markt und Staat. Eine Kritik der politischen und ökonomischen Systeme, Frankfurt/Main u. a. 1983

Lipietz, Alain, Mirages and Miracles. The Crisis of Global Fordism, London 1987

Lombard, Maurice, Blütezeit des Islam. Eine Wirtschafts- und Kulturgeschichte 8.-11. Jahrhundert, Frankfurt/Main 1992 (urspr. frz. 1971)

Lopez, Roberto S., The Commercial Revolution of the Middle Ages 950-1350, Cambridge-Mass. 1976

Lowe, Adolph, On Economic Knowledge. Toward a Science of Political Economics, New York-Evanston 1965

Lowe, Adolph, Economics and Sociology, London 1935

Luhmann, Niklas, Die Wirtschaft der Gesellschaft, Frankfurt/Main 1988

Luhmann, Niklas, Knappheit, Geld und die bürgerliche Gesellschaft, in: Jahrbuch für Sozialwissenschaft 23/1972, S. 186-210

Luhmann, Niklas, Organisation im Wirtschaftssystem, in: Ders., Soziologische Aufklärung. Aufsätze zur Theorie sozialer Systeme, Bd. 3, Opladen 1981, S. 390-414

Lutz, Burkhart, Der kurze Traum immerwährender Prosperität, Frankfurt/Main u. a. 1984

Lutz, Mark A./Lux, Kenneth, Humanistic Economics, New York 1988

Machtan, Lothar (Hg.), Bismarcks Sozialstaat, Frankfurt/Main-New York 1994

Macpherson, Crawford B., The Political Theory of Possessive Individualism: Hobbes to Locke, London 1962

Makler, Harry/Martinelli, Alberto/Smelser, Neil J. (eds.), The New International Economy, Beverly Hills-London 1982

Malinowsi, Bronislaw, Argonauten des westlichen Pazifik, Frankfurt/Main 1984 (urspr. 1921)

Mandel, Ernest, Der Spätkapitalismus. Versuch einer marxistischen Erklärung, 2. Aufl., Frankfurt/Main 1973 (urspr. frz. 1972)

Mandeville, Bernard, Die Bienenfabel oder Private Laster als gesellschaftliche Vorteile, München 1988 (urspr. engl. 1724)

Mannheim, Karl, Ideologie und Utopie, 5. Aufl., Frankfurt/Main 1969 (urspr. engl. 1929)

Mannheim, Karl, Über das Wesen und die Bedeutung des wirtschaftlichen Erfolgsstrebens. Ein Beitrag zur Wirtschaftssoziologie, in: Ders., Wissenssoziologie, Berlin-Neuwied 1964, S. 625-687

Mann, Michael, The Sources of Social Power, Vol. I, II, Cambridge 1986/1993

Martin, Alfred von, Soziologie der Renaissance. Physiognomik und Rhythmik einer Kultur des Bürgertums, München 1974 (urspr. 1931)

Martinelli, Alberto/Smelser, Neil J. (eds.), Economy and Society, London-Newbury Park-New Dehli 1990 (urspr. it. 1990)

Mathis, Franz, Big Business in Österreich, 2 Bde., Wien-München 1987-1990

Matis, Herbert (Hg.), Von der Glückseligkeit des Staates. Staat, Wirtschaft und Gesellschaft in Österreich im Zeitalter des aufgeklärten Absolutismus, Berlin 1981

Mauss, Marcel, Die Gabe. Form und Funktion des Austausches in archaischen Gesellschaften, in: Ders., Soziologie und Anthropologie 2, Frankfurt/Main 1989 (urspr. frz. 1950), S. 9-144

McKendrick, Neil/Brewer, John/Plumb, John H. (eds.), The Birth of a Consumer Society. The Commercialisation of Eighteenth-Century England, London 1982

McKenzie, Richard B./Gordon Tullock, Homo Oeconomicus, Frankfurt/Main 1984

McNeill, William, The Rise of the West, Chicago 1963

Menger, Carl, Untersuchungen über die Methode der Socialwissenschaften und der politischen Oekonomie insbesondere, Leipzig 1883

Meyer, John W. et al., World Society and the Nation State, in: American Journal of Sociology 103/1997, S. 144-181

Midgley, James, Social Welfare in Global Context, London-New Delhi 1997

Mikl-Horke, Gertraude, Soziologie. Historischer Kontext und soziologische Theorie-Entwürfe, 4. Aufl., München-Wien 1997

Mikl-Horke, Gertraude, Wirtschaft als sozialer Prozeß, in: Kellermann, Paul/Mikl-Horke, Gertraude (Hg.), Betrieb, Wirtschaft und Gesellschaft, Klagenfurt 1994, S. 118-153

Miller, Daniel, Material Culture and Mass Consumption, Oxford-New York 1987

Mill, John Stuart, Über die Freiheit, Stuttgart 1988 (urspr. engl. 1859)

Mill, John Stuart, Der Utilitarismus, Stuttgart 1985 (urspr. engl. 1871)

Mills, Charles Wright, The Power Elite, New York-Oxford 1956

Mingione, Enzo, Fragmented Societies. A Sociology of Economic Life Beyond the Market Paradigm, Oxford u. a. 1991

Mintz, Beth/Schwartz, Michael, The Power Structure of American Business, Chicago-London 1985

Mises, Ludwig von, Grundprobleme der Nationalökonomie, Jena 1933

Mitterauer, Michael, Grundtypen alteuropäischer Sozialformen, Stuttgart-Bad-Cannstatt 1979

Mitterauer, Michael, Markt und Stadt im Mittelalter, Stuttgart 1980

Mizruchi, Mark S./Schwartz, Michael (eds.), Intercorporate Relations. The Structural Analysis of Business, Cambridge-New York 1992

Mollat, Michel, Die Armen im Mittelalter, 2. Aufl., München 1987 (urspr. frz. 1978)

Mollat, Michel/Wolff, Philippe, The Popular Revolution of the Late Middle Ages, London 1987

Moore, Barrington, Soziale Ursprünge von Diktatur und Demokratie. Die Rolle der Grundbesitzer und Bauern bei der Entstehung der modernen Welt, Frankfurt/Main 1969 (urspr. am. 1966)

Moore, Wilbert E., Economy and Society, New York 1955

Morgan, Lewis Henry, Ancient Society, New York 1877

Mozetic, Gerald, Rudolf Hilferdings "Finanzkapital" als soziologische Krisentheorie, in: Geschichte und Gegenwart 3/1984, S. 63-72 und: Geschichte und Gegenwart 3/1984, S. 144-166

Müller-Armack, Alfred, Religion und Wirtschaft. Geistesgeschichtliche Hintergründe unserer Lebensform, Stuttgart 1959

Müller, Florian/Müller, Michael (Hg.), Markt und Sinn. Dominiert der Markt unsere Werte? Frankfurt/Main-New York 1996

Münch, Paul, Lebensformen in der frühen Neuzeit 1500-1800, Frankfurt/Main-Berlin 1996

Münch, Richard, Globale Dynamik, lokale Welten, Frankfurt/Main 1998

Münch, Richard/Smelser, Neil J. (eds.), Theory of Culture, Berkeley-Los Angeles-Oxford 1992

Murray, Patrick (ed.), Reflections on Commercial Life. An Anthology of Classic Texts From Plato to the Present, New York-London 1997

Myrdal, Gunnar, The Political Element in the Development of Economic Theory, London 1998 (urspr. 1953)

Neal, Larry, The Rise of Financial Capitalism, Cambridge 1990

Needham, Joseph, Science and Civilisation in China, 6 Bde., Cambridge 1954-1985

Nelson, Benjamin N., The Usurer and the Merchant Prince. Italian Businessmen and the Ecclesiastical Law of Restitution, 1100-1550, in: The Journal of Economic History VII/1947, S. 104-122

Neumann, John von/Morgenstern, Oskar, Theory of Games and Economic Behavior, Princeton 1944

Neurath, Otto, Antike Wirtschaftsgeschichte, 2. Aufl., Leipzig-Berlin 1918

North, Douglass Cecil, Institutionen, institutioneller Wandel und Wirtschaftsleistung, Tübingen 1992 (urspr. am. 1990)

North, Douglass Cecil/Thomas, Robert Paul, The Rise of the Western World, Cambridge 1989 (urspr. 1973)

North, Douglass Cecil, Structure and Change in Economic History, New York-London 1981

North, Michael, Das Geld und seine Geschichte, München 1994

Novak, Michael, Die Katholische Ethik und der Geist des Kapitalismus, Trier 1998 (urspr. am. 1993)

Olson, Mancur, Aufstieg und Niedergang von Nationen. Ökonomisches Wachstum, Stagnation und soziale Starrheit, 2. Aufl., Tübingen 1991 (urspr. am. 1982)

Olson, Mancur, Umfassende Ökonomie, Tübingen 1991 (urspr. am. 1990)

Olson, Mancur jr., Die Logik des kollektiven Handelns, Tübingen 1968 (urspr. am. 1965)

Oppenheimer, Wolfgang, Necker. Finanzminister am Vorabend der Französischen Revolution, Stuttgart 1988

Opp, Karl-Dieter, Das "ökonomische Programm" in der Soziologie, in: Soziale Welt 29/1978, S. 129-154

Origo, Iris, "Im Namen Gottes und des Geschäfts". Lebensbild eines toskanischen Kaufmanns der Frührenaissance, München 1986 (urspr. engl. 1957)

Orrù, Marco/Biggart, Nicole Woolsey/Hamilton, Gary G. (eds.), The Economic Organization of East Asian Capitalism, Thousand Oaks-Cal.-New Delhi 1997

Orrù, Marco, The Explanation of Economic Structures, in: Theory and Society 20/1991, S. 539-553

Otten, Dieter, Die Welt der Industrie. Entstehung und Entwicklung der modernen Industriegesellschaften, 2 Bde., Reinbek bei Hamburg 1986

Ottow, Raimund, Modelle der unsichtbaren Hand vor Adam Smith, in: Leviathan 19/1991, S. 558-574

Pahl, R. E. (ed.), On Work. Historical, Comparative and Theoretical Approaches, Oxford-New York 1989

Pareto, Vilfredo, Allgemeine Soziologie, Tübingen 1955 (urspr. it. 1916)

Parish, William L./Michelson, Ethan, Politics and Markets. Dual Transformations, in: American Journal of Sociology 10/1996, S. 1042-1059

Parker, Geoffrey, The Emergence of Modern Finance in Europe 1500-1730, London 1973

Parsons, Talcott, Sociological Elements in Economic Thought, in: Quarterly Journal of Economics 49/1935, S. 414-453

Parsons, Talcott, Economics and Sociology: Marshall in Relation to the Thought of His Time, in: Quarterly Journal of Economics 46/1932, S. 316-347

Parsons, Talcott/Smelser, Neil J., Economy and Society, London 1956

Pekáry, Thomas, Die Wirtschaft der griechisch-römischen Antike, Wiesbaden 1976

Perrow, Charles, Eine Gesellschaft von Organisationen, in: Journal für Sozialforschung 29/1989, S. 3-19

Philippovich, Eugen von, Grundriß der politischen Ökonomie, Tübingen 1893

Pierenkemper, Toni, Wirtschaftssoziologie, Köln 1980

Pigou, Arthur Cecil, The Economics of Welfare, London 1920

Piore, Michael J./Sabel, Charles F., The Second Industrial Divide. Possibilities for Prosperity, New York 1984

Pirenne, Henri, Sozial- und Wirtschaftsgeschichte Europas im Mittelalter, 7. Aufl., Tübingen-Basel 1994 (urspr. frz. 1933)

Pirenne, Henri, Mohammed und Karl der Große. Untergang der Antike am Mittelmeer und Aufstieg des germanischen Mittelalters, Frankfurt/Main 1985 (urspr. frz. 1936)

Polanyi, Karl, Ökonomie und Gesellschaft, Frankfurt/Main 1979

Polanyi, Karl, The Great Transformation. Politische und ökonomische Ursprünge von Gesellschaften und Wirtschaftssystemen, Wien 1977 (urspr. engl. 1944)

Polanyi, Karl, The Livelihood of Man, New York-San Francisco-London 1977

Polanyi, Karl/Arensberg, Conrad M./Pearsons, Harry W. (eds.), Trade and Market in the Early Empires, Glencoe-Ill. 1957

Popitz, Heinrich, Der Aufbruch zur artifiziellen Gesellschaft. Zur Anthropologie der Technik, Tübingen 1995

Postan, Michael M., The Medieval Economy and Society, London 1972

Pribram, Karl, Geschichte des ökonomischen Denkens, 2 Bde., Frankfurt/Main 1992 (urspr. am. 1983)

Prien, Hans-Jürgen, Luthers Wirtschaftsethik, Göttingen 1992

Prisching, Manfred, Bilder des Wohlfahrtsstaates, Marburg 1996

Rappaport, Alfred, Creating Shareholder Value, 2. Aufl., New York 1998 (urspr. 1986)

Raptis, Konstantinos, Kaufleute im alten Österreich 1848-1900, Wien 1996

Rawls, John, A Theory of Justice, Cambridge-Mass. 1971

Reddy, William M., Money and Liberty in Modern Europe. A Critic of Historical Understanding, Cambridge 1987

Reddy, William M., The Rise of Market Culture. The Textile Trade and French Society, 1750-1900, Cambridge-Paris 1987

Reich Robert B., Die neue Weltwirtschaft. Das Ende der nationalen Ökonomie, Frankfurt/Main 1993 (urspr. am. 1991)

Reinhold, Gerd (Hg.), Wirtschaftssoziologie, München-Wien 1988

Renner, Karl, Wandlungen der modernen Gesellschaft, Wien 1953

Robinson, Joan, Ökonomische Theorie als Ideologie, Frankfurt/Main 1974 (urspr. am. 1971)

Robinson, Joan, The Economics of Imperfect Competition, London 1933

Rodinson, Maxime, Islam und Kapitalismus, Frankfurt/Main 1986 (urspr. frz. 1966)

Röhrich, Wilfried, Sozialgeschichte politischer Ideen. Die bürgerliche Gesellschaft, Reinbek bei Hamburg 1979

Rörig, Hermann, Hansische Beiträge zur Deutschen Wirtschaftsgeschichte, München-Leipzig 1928

Root, Hilton L. , The Fountain of Privilege. Political Foundations of Markets in Old Regime France and England, Berkeley-Los Angeles 1994

de Roover, Raymond, The Decline of the Medici-Bank, in: The Journal of Economic History, VII/1947, S. 69-82

Ross, Robert J. S./Trachte, Kent C., Global Capitalism. The New Leviathan, New York 1990

Rostovcev, Michail, Gesellschaft und Wirtschaft im Römischen Kaiserreich, 2 Bde., Leipzig 1931

Rostow, Walt W., The World Economy, London 1978

Rothermund, Dietmar, Asian Trade and European Expansion. The Age of Mercantilism, New Delhi 1981

Rothschild, Kurt W., Ethics and Economic Theory, Cambridge 1993

Rozman, Gilbert, The East Asian Region. Confucian Heritage and its Modern Adaptation, Princeton-New York 1991

Rueschemeyer, Dietrich/Skocpol, Theda, States, Social Knowledge and the Origins of Modern Social Policies, Princeton-New York 1996

Rumpler, Helmut, Eine Chance für Mitteleuropa. Bürgerliche Emanzipation und Staatsverfall in der Habsburgermonarchie 1804-1914, Wien 1997

Ruppert, Wolfgang, Bürgerlicher Wandel. Die Geburt der modernen deutschen Gesellschaft im 18. Jahrhundert, Frankfurt/Main 1983

Sabel, Charles F./Zeitlin, Jonathan, Historical Alternatives to Mass Production. Politics, Markets and Technology in Nineteenth-Century Industrialization, in: Past and Present 108/1985, S. 133-176

Saglio, Jean, Echange social et identité collective dans les systémes industriels, in: Sociologie du Travail XXXIII/1991, S. 529-544

Sahlins, Marshall, Culture and Practical Reason, Chicago-London 1976

Sahlins, Marshall, Stone Age Economics, ondon 1974

Salin, Edgar, Lynkeus. Gestalten und Probleme aus Wirtschaft und Politik, Tübingen 1963

Sanderson, Stephen K. (ed.), Civilisations and World Systems, Walnut Creek-London-New Delhi 1995

Sandgruber, Roman, Ökonomie und Politik. Österreichische Wirtschaftsgeschichte vom Mittelalter bis zur Gegenwart, Wien 1995

Sandgruber, Roman, Die Anfänge der Konsumgesellschaft. Konsumgüterverbrauch, Lebensstandard und Alltagskultur in Österreich im 18. und 19. Jahrhundert, Wien 1982

Sapori, Armando, Il mercante italiano nel Medievo, Firenze 1990

Sapori, Armando, Studi di storia economica medievale, Firenze 1940

Sassen, Saskia, Metropolen des Weltmarkts. Die neue Rolle der Global Cities, Frankfurt/Main-New York 1996 (urspr. am. 1994)

Sauer, Manfred, Aspekte der Handelspolitik des "aufgeklärten Absolutismus", in: Matis, Herbert (Hg.), Von der Glückseligkeit des Staates, Berlin 1981, S. 235-265

Saurwein, Karl-Heinz, Ökonomie und soziologische Theoriekonstruktion, Opladen 1988

Sautter, Udo, Geschichte der Vereinigten Staaten von Amerika, Stuttgart 1994

Schäfer, Hans-Bernd/Wehrt, Klaus (Hg.), Die Ökonomisierung der Sozialwissenschaften, Frankfurt/Main 1989

Schama, Simon, The Embarrassement of Riches, Berkeley-Los Angeles-London 1988

Schefold, Bertram, Wirtschaftsstile, 2 Bde., Frankfurt/Main 1994/1995

Schefold, Bertram/Peukert, Helge, Wirtschaftssysteme im historischen Vergleich, in: Jahrbuch für Wirtschaftsgeschichte 1/1992, S. 243-254

Schelkle, Waltraud/Nitsch, Manfred (Hg.), Rätsel Geld. Annäherungen aus ökonomischer, soziologischer und historischer Sicht, Marburg 1995

Schluchter, Wolfgang, Religion und Lebensführung, 2 Bde., Frankfurt/Main 1988

Schmitter, Philippe C./Lehmbruch, G. (eds.), Trends Towards Corporatist Intermediation, London 1979

Schmölders, Günther, Verhaltensforschung im Wirtschaftsleben. Theorie und Wirklichkeit, München 1984

Schmoller, Gustav, Grundriß der allgemeinen Volkswirtschaftslehre, 2 Bde., München-Leipzig 1920 (urspr. 1900)

Schneider, Helmuth (Hg.), Zur Sozial- und Wirtschaftsgeschichte der späten Römischen Republik, Darmstadt 1976

Schoenberger, Erica, The Cultural Crisis of the Firm, Cambridge-Mass.-Oxford 1997

Schüßler, Rudolf, Der Homo Oeconomicus als skeptische Fiktion, in: Kölner Zeitschrift für Soziologie und Sozialpsychologie 40/1988, S. 447-463

Schultz, Helga, Handwerker, Kaufleute, Bankiers. Wirtschaftsgeschichte Europas 1500-1800, Frankfurt/Main 1997

Schulze, Winfried (Hg.), Europäische Bauernrevolten der frühen Neuzeit, Frankfurt/Main 1982

Schumpeter, Joseph Alois, Kapitalismus, Sozialismus und Demokratie, 5. Aufl., München 1980 (urspr. engl. 1942)

Schumpeter, Joseph Alois, Geschichte der ökonomischen Analyse, 2 Bde., Göttingen 1965 (urspr. engl. 1955)

Schumpeter, Joseph Alois, Aufsätze zur Soziologie, Tübingen 1953

Schumpeter, Joseph Alois, Vergangenheit und Zukunft der Sozialwissenschaften, München-Leipzig 1915

Schumpeter, Joseph Alois, Theorie der wirtschaftlichen Entwicklung, Leipzig 1911

Scott, Alan (ed.), The Limits of Globalization, London-New York 1997

Scott, John (ed.), The Sociology of Elites, Vol. I-III, Aldershot 1990

Scott, John, Capitalist Property and Financial Power. A Comparative Study of Britain, the United States and Japan, Brighton 1986

Sen, Amartya K., On Ethics and Economics, Oxford 1987

Sen, Amartya K., Choice, Welfare and Measurement, Oxford 1982

Sennett, Richard, Der flexible Mensch. Die Kultur des neuen Kapitalismus, Berlin 1998 (urspr. am. 1998)

Service, Elman R., Ursprünge des Staates und der Zivilisation. Der Prozeß der kulturellen Evolution, Frankfurt/Main 1977 (urspr. am. 1975)

Shammas, Carole, The Preindustrial Consumer in England and America, Oxford 1990

Siebert, Horst (ed.), The Ethical Foundations of the Market Economy, Tübingen *1994*

Siegrist, Hannes/Kaelble, Hartmut/Kocka, Jürgen (Hg.), Europäische Konsumgeschichte, Frankfurt/Main-New York 1997

Siems, Harald, Handel und Wucher im Spiegel frühmittelalterlicher Rechtsquellen, Hannover 1992

Simmel, Georg, Philosophie des Geldes, Frankfurt/Main 1989 (urspr. 1900)

Sklair, Leslie, Sociology of the Global System, New York 1991

Skocpol, Theda/Campbell, John L. (eds.), American Society and Politics, New York u. a. 1995

Small, Albion, Adam Smith and Modern Sociology. A Study in the Methodology of the Social Sciences, Chicago 1907

Smelser, Neil J./Swedberg, Richard (eds.), The Handbook of Economic Sociology, Princeton-New York 1994

Smelser, Neil J., Soziologie der Wirtschaft, München 1968 (urspr. am. 1962)

Smelser, Neil J. (ed.), Readings on Economic Sociology, New York 1965

Smelser, Neil J., The Rational and the Ambivalent in the Social Sciences, in: American Sociological Review 63/1998, S. 1-16

Smith, Adam, Der Wohlstand der Nationen. Eine Untersuchung seiner Natur und seiner Ursachen, München 1974 (urspr. engl. 1776)

Smith, Adam, Theory of Moral Sentiments, Glasgow 1759 (repr. Düsseldorf 1986)

Smith, Charles W., Auctions. The Social Construction of Value, Berkeley-Los Angeles 1990

Smith, Joan/Wallerstein, Immanuel/Evers, H.-D. (eds.), Households and the World-Economy, Beverly Hills-London-New Delhi 1984

Sombart, Werner, Nationalökonomie und Soziologie, Jena 1930

Sombart, Werner, Der moderne Kapitalismus, 4 Bde., 5. Aufl., München-Leipzig 1922

Sommer, Louise, Die österreichischen Kameralisten in dogmengeschichtlicher Darstellung, 2 Bde., Wien 1920

Spencer, Herbert, The Man Versus the State, London-Oxford 1902

Sraffa, Piero, Produzione di merci a mezzo di merci, Torino 1960

Subrahmanyam, Sanjay, The Political Economy of Commerce. Southern India 1500-1650, Cambridge 1990

Starbatty, Joachim (Hg.), Klassiker des ökonomischen Denkens, 2 Bde., München 1989

Stark, Werner, The History of Economics in its Relation to Social Development, London 1944

Stigler, George J./Becker, Gary S., De Gustibus Non Est Disputandum, in: American Economic Review 64/1977, S. 76-90

Stinchcombe, Arthur L., Economic Sociology, Orlando-San Diego-San Francisco u. a. 1983

Stokman, Frans N./Ziegler, Rolf/Scott, John (eds.), Networks of Corporate Power. A Comparative Analysis of Ten Countries, Cambridge-Oxford 1985

Stolleis, Michael, Pecunia nervus rerum, Frankfurt/Main 1983

Strasser, Susan, Satisfaction Guaranteed. The Making of the American Mass Market, New York 1989

Streminger, Gerhard, Der natürliche Lauf der Dinge. Essays zu Adam Smith und David Hume, Marburg 1995

Strieder, Jakob, Zur Genesis des modernen Kapitalismus, Leipzig 1904

Sturmayr, Gerald, Industrielle Interessenpolitik in der Donaumonarchie, Wien-München 1996

Sturn, Richard, Individualismus und Ökonomik. Modelle, Grenzen, ideengeschichtliche Rückblenden, Marburg 1997

Swedberg, Richard (ed.), Economic Sociology, Celtenham-Brookfield 1996

Swedberg, Richard (ed.), Explorations in Economic Sociology, New York 1993

Swedberg, Richard, Economics and Sociology. Redefining Their Boundaries: Conversations with Economists and Sociologists, Princeton-Oxford 1990

Sylos-Labini, Paolo, Die neuen Klassenverhältnisse. Ein internationaler Vergleich des gesellschaftlichen und ökonomischen Wandels, Frankfurt/Main-New York 1988 (urspr. it. 1986)

Tawney, Richard H., Religion and the Rise of Capitalism. A Historical Study, Harmondsworth 1938

Teichert, Volker, Das informelle Wirtschaftssystem, Opladen 1993

Teichgraeber, Richard III., "Free Trade" and Moral Philosophy, Durham 1986

Teichova, Alice/Lévy-Leboyer, Maurice/Nußbaum, Helga (eds.), Multinational Enterprises in Historical Perspective, Cambridge-Paris 1989

Tennstedt, Florian, Sozialgeschichte der Sozialpolitik in Deutschland, Göttingen 1981

Therborn, Göran, European Modernity and Beyond, London-Thousand Oaks-New Delhi 1995

Thirsk, Joan/Cooper, J. P., Seventeenth-Century Economic Documents, Oxford 1972

Thompson, Edward P., Plebejische Kultur und moralische Ökonomie, Frankfurt/Main 1980

Thompson, Grahame et al. (eds.), Markets, Hierarchies and Networks. The Coordination of Social Life, London u. a. 1991

Thünen, Johann Heinrich von, Der isolierte Staat in Beziehung auf Landwirtschaft und Nationalökonomie, 3 Bde., Aalen 1990 (urspr. 1910)

Thurow, Lester C., Die Zukunft des Kapitalismus, Düsseldorf-München 1996 (urspr. am. 1996)

Tilly, Charles, Coercion, Capital, and European States, AD 990-1990, Oxford 1990

Titmuss, Richard M., The Gift Relationship, New York 1971

Tocqueville, Alexis de, Der alte Staat und die Revolution, München 1976 (urspr. frz. 1856)

Tönnies, Ferdinand, Gemeinschaft und Gesellschaft, Darmstadt 1979 (urspr. 1887)

Toulmin, Stephen, Kosmopolis. Die unerkannten Aufgaben der Moderne, Frankfurt/Main 1991(urspr. am. 1990)

Touraine, Alain, Die Vorstellung von Gesellschaft aufgeben, in: Guido Hischier/ Levy, R./Obrecht, W., Weltgesellschaft und Sozialstruktur, Diessenhofen 1980, S. 715-725

Tracy, James D. (ed.), The Rise of Merchant Empires. Long-Distance Trade in the Early Modern World 1350-1750, Cambridge 1993

Tracy, James D. (ed.), The Political Economy of Merchant Empires, Cambridge 1991

Trevor-Roper, Hugh R., Religion, Reformation und sozialer Umbruch, Frankfurt/ Main-Berlin 1970 (urspr. engl. 1967)

Tuchmann, Barbara, Der ferne Spiegel. Das dramatische 14. Jahrhundert, Düsseldorf 1980 (urspr. am. 1978)

Udehn, Lars, The Limits of Public Choice, London-New York 1996

Ulrich, Peter, Integrative Wirtschaftsethik. Grundlagen einer lebensdienlichen Ökonomie, 2. Aufl, Bern-Stuttgart-Wien 1998

Ulrich, Peter, Transformation der ökonomischen Vernunft, Bern-Stuttgart 1986

Useem, Michael, Investor Capitalism. How Money Managers are Changing the Face of Corporate America, New York 1996

Veblen, Thorstein, Theorie der feinen Leute. Eine ökonomische Untersuchung der Institutionen, Frankfurt/Main 1986 (urspr. am. 1899)

Vernant, Jean-Pierre (Hg.), Der Mensch der griechischen Antike, Frankfurt/Main-New York-Paris 1993 (urspr. frz. 1991)

Vester, Michael, Die Entstehung des Proletariats als Lernprozess. Die Entstehung antikapitalistischer Theorie und Praxis in England 1792-1848, 2. Aufl., Frankfurt/Main 1972

Veyne, Paul, Die Römische Gesellschaft, München 1995 (urspr. it. 1990)

Veyne, Paul, Brot und Spiele. Gesellschaftliche Macht und politische Herrschaft in der Antike, Frankfurt/Main-New York-Paris 1988 (urspr. frz. 1976)

Vidal-Naquet, Pierre, Der schwarze Jäger. Denkformen und Gesellschaftsformen der griechischen Antike, Frankfurt/Main-New York-Paris 1989 (urspr. frz. 1981)

Vilar, Pierre, Gold und Geld in der Geschichte, München 1984 (urspr. frz. 1974)

Villari, Rosario (Hg.), Der Mensch des Barock, Frankfurt/Main-New York-Paris 1997 (urspr. it. 1991)

Vobruba, Georg, Arbeiten und Essen. Politik an den Grenzen des Arbeitsmarktes, Wien 1989

Vovelle, Michel, Die Französische Revolution - Soziale Bewegung und Umbruch der Mentalitäten, München-Wien 1982 (urspr. frz. 1979)

Vries, Jan de, The Economy of Europe in an Age of Crisis, 1600-1750, Cambridge 1976

Wagenführ, Horst, Handelsfürsten der Renaissance, Stuttgart 1957

Wagner, Peter, Sozialwissenschaften und Staat. Frankreich, Italien, Deutschland 1870-1980, Frankfurt/Main-New York 1990

Wagner, Peter, Soziologie der Moderne, Frankfurt/Main-New York 1995

Wallerstein, Immanuel, After Liberalism, New York 1995

Wallerstein, Immanuel, The Modern World-System, Vol. I-III, San Diego-New York 1974-1989

Wallerstein, Immanuel u.a., Die Sozialwissenschaften öffnen. Ein Bericht der Gulbenkian Kommission zur Neustrukturierung der Sozialwissenschaften, Frankfurt/Main-New York 1996 (urspr. am. 1996)

Ward, Benjamin, Die Idealwelten der Ökonomen. Liberale, Radikale, Konservative, Frankfurt/Main-New York 1981 (urspr. am. 1979)

Weber, Max, Die Protestantische Ethik und der "Geist" des Kapitalismus, 2. Aufl., Weinheim 1996 (urspr. 1904/1905)

Weber, Max, Die Wirtschaftsethik der Weltreligionen, Konfuzianismus und Taoismus, Bd. 19 der Max Weber Gesamtausgabe (hg. v. H. Schmidt-Glinther), Tübingen 1989

Weber, Max, Die Wirtschaftsethik der Weltreligionen, Hinduismus und Buddhismus, Bd. 20 der Max Weber Gesamtausgabe, Tübingen 1996

Weber, Max, Gesammelte Aufsätze zur Sozial- und Wirtschaftsgeschichte, 2. Aufl., Tübingen 1988 (urspr. 1889)

Weber, Max, Wirtschaft und Gesellschaft. Grundriß der verstehenden Soziologie, 5. Aufl., Tübingen 1985 (urspr. 1922)

Weber, Max, Wirtschaftsgeschichte. Abriß der universalen Sozial- und Wirtschaftsgeschichte, 3. Aufl., Berlin 1958 (urspr. 1923)

Weede, Erich, Wirtschaft, Staat und Gesellschaft, Tübingen 1990

Wehler, Hans-Ulrich, Deutsche Gesellschaftsgeschichte, 3 Bde., München 1987-1995

Wehler, Hans-Ulrich, Das Deutsche Kaisereich 1871-1918, 7. Aufl., Göttingen 1994 (urspr. 1973)

Wehler, Hans-Ulrich (Hg.), Klassen in der europäischen Sozialgeschichte, Göttingen 1979

Wehler, Hans-Ulrich, Geschichte und Ökonomie, Köln 1973

Wehling, Peter, Die Moderne als Sozialmythos, Frankfurt/Main-New York 1992

Weise, Peter, Homo oeconomicus ond homo sociologicus: Die Schreckensmänner der Sozialwissenschaften, in: Zeitschrift für Soziologie 18/1989, S. 148-161

Weulersse, Georges, Le mouvement physiocratique en France de 1756 a 1770, Paris 1910

Wheeler, Mortimer, Der Fernhandel des Römischen Reiches in Europa, Afrika und Asien, München 1965

White, Harrison C., Where Do Markets Come From ? in: American Journal of Sociology 87/1981, S. 517-547

Whitley, Richard (ed.), European Business Systems. Firms and Markets in their National Contexts, London u. a. 1994 (urspr. 1992)

Whitley, Richard (ed.), Business Systems in East Asia. Firms, Markets and Societies, London 1992

Wieland Josef (Hg.), Wirtschaftsethik und Theorie der Gesellschaft, Frankfurt/Main 1993

Wieser, Friedrich, Theorie der gesellschaftlichen Wirtschaft, Tübingen 1914

Wilbrandt, Robert/Löwe, A./Salomon, G. (Hg.), Wirtschaft und Gesellschaft. Beiträge zur Ökonomik und Soziologie der Gegenwart, Frankfurt/Main 1924

Williamson, Oliver E., Die ökonomischen Institutionen des Kapitalismus, Tübingen 1990 (urspr. am. 1985)

Williamson, Oliver E., Markets and Hierarchies. Analysis and Antitrust Implications, New York-London 1975

Windolf, Paul/Beyer, Jürgen, Kooperativer Kapitalismus, in: Kölner Zeitschrift für Soziologie und Sozialpsychologie 47/1995, S. 1-36

Windolf, Paul, Die neuen Eigentümer. Eine Analyse des Marktes für Unternehmenskontrolle, in: Zeitschrift für Soziologie 23/1994, S. 79-92

Winkler, Heinrich August (Hg.), Organisierter Kapitalismus, Göttingen 1974

Wiswede, Günther/Kutsch, Thomas (Hg.), Wirtschaftssoziologie, Stuttgart 1986

Woolcock, Michael, Social Capital and Economic Development, in: Theory and Society 27/1998, S. 151-208

Wolf, Eric R., Die Völker ohne Geschichte. Europa und die andere Welt seit 1400, Frankfurt/Main-New York 1991 (urspr. am. 1982)

Wuthnow, Robert, Communities of Discourse. Ideology and Social Structure in the Reformation, the Enlightment and European Socialism, Cambridge-Mass.-London 1989

Zeitlin, Maurice, The Large Corporation and Contemporary Classes, Cambridge 1989

Zelizer, Viviana A., The Social Meaning of Money. Pin Money, Paychecks, Poor Relief and Other Currencies, New York 1994

Zelizer, Viviana A., Making Multiple Monies, in: Swedberg, Richard (ed.), Explorations in Economic Sociology, New York 1993, S. 193-212

Zelizer, Viviana A., Human Values and the Market. The Case of Life Insurance and Death in 19th-Century America, in: American Journal of Sociology 84/1978, S. 591-610

Ziegler, Uwe, Die Hanse. Aufstieg, Blütezeit und Niedergang der ersten europäischen Wirtschaftsgemeinschaft, Wien 1994

Zilsel, Edgar, Die sozialen Ursprünge der neuzeitlichen Wissenschaft, Frankfurt/Main 1976

Zöllner, Erich (Hg.), Österreichs Sozialstrukturen in historischer Sicht, Wien 1980

Zsifkovits, Valentin, Wirtschaft ohne Moral? Innsbruck-Wien 1994

Zukin, Sharon/DiMaggio, Paul (eds.), Structures of Capital. The Social Organization of the Economy, Cambridge 1990

Register ausgewählter historisch und literarisch bedeutsamer Personen